로마서 주석

The Epistle to the Romans

by John Murray

Volume 1 ⓒ 1959 by Wm. B. Eerdmans Publishing Co.
Volume 2 ⓒ 1965 by Wm. B. Eerdmans Publishing Co.
Originally published in English under the title *The Epistle to the Romans* by John Murray
Published by Wm. B. Eerdmans Publishing Co.
2140 Oak Industrial Drive NE, Grand Rapids, Michigan 49505, U.S.A.
All rights reserved.

This Korean edition is translated and used by permission of Wm. Eerdmans Publishing Co.
through arrangement of rMaeng2, Seoul, Republic of Korea.

This Korean Edition Copyright ⓒ 2017 by Abba Book House, Seoul, Republic of Korea.

John Murray

THE EPISTLE TO THE ROMANS

로마서 주석

존 머리 지음

아바서원

일러두기

「로마서 주석」은 성경원어에 익숙하지 않은 평신도들도 쉽게 사용할 수 있도록 펴낸 어드만사의 「뉴 인터내셔널 신약주석」(NICNT) 시리즈 가운데 한 권(1996년에 더글라스 무의 주석으로 교체됨)을 정식 계약을 맺어 우리말로 옮긴 것이다. 본래 1, 2권으로 출간되었던 영어판이 1968년에 합본되었고, 이 한국어판은 합본을 번역·출판한 것이다. 『존 머리 로마서 주석』(2014)으로 출간 당시 수록하지 않았던 원서의 부록과 색인을 더하고 번역을 다듬은 완역본이다.

원서에서는 「ASV 성경」(1901)을 사용했으나 한국어판에서는 「개역개정판 성경」을 사용했다. 다만 저자의 설명과 개역개정판 번역 사이에 차이가 있을 경우에는 옮긴이 주를 달았다.

차례

한국어판 서문

존 머리(1898-1975)는 스코틀랜드에서 태어나 글래스고 대학교를 졸업하고(1923, M. A.), 스코틀랜드 자유장로교회 소속으로 프린스턴 신학교를 졸업(1924-1927, Th. B., Th. M.)한 후, 프린스턴 신학교에서 1년간 강의했다. 그는 당시 프린스턴 신학교가 이사회의 재편과 더불어 종교다원주의를 교육 방향으로 정한 데 반대하여 구 프린스턴 신학(Old Princeton Theology)의 전통을 지켜가려는 마음으로 새롭게 설립된 웨스트민스터 신학교(1929년 설립)의 교수가 되어 은퇴하기까지 학생들을 가르쳤다(1930-1966).

이 책은, 웨스트민스터 신학교에서 평생을 바쳐 강의한 저자의 신학 업적의 백미로 불리기에 합당하다. 이 책이 처음부터 한 권의 책으로 독자들을 만난 것은 아니다. 1959년에 어드만 출판사에서는 NICNT 시리즈 중 한 권으로 로마서 1-8장의 내용만을 담아 제1권을 출간했고, 9-16장을 담은 제2권은 1965년에나 출간되었다. 그리고 1968년에 1, 2권을 묶어서 영문판 단권 주석으로 출간하였다. 제1권은 출간 당시 학계에서 최고의 로마서 주석으로 인정받았고, 지금도 여전히 세계적인 학자들 사이에서 '최고의 로마서 주석' 5권을 선정할 때 빠지지 않는, 역사적 개혁신학을 담고 있는 주석으로 인정받고 있는 책이다.

이 책의 여러 강점 중 몇 가지를 꼽자면, 우선 로마서 5장 12-21절의 주석 부분이다. 그리스도의 속죄에 관한 사도 바울의 가르침에서 온 인류의 머리로서의 아담과 새 인류의 머리로서의 그리스도의 유사성을 논하면서, 아담의 "한 범죄"와 그리스도의 "한 의로운 행위"를 대조하고, 그리스도의 순종—십자가와 피 흘리심—을 통해 절정을 이룬 우리 주님의 중보사역으로 말미암아 우리가 의롭다 하심을 받되, 이 경우 칭의(Justification)는 단지 "선언적 행위"가 아니라 "구성적 행위"(constitutive act)라고 지적한다(롬 5:19 참조). 또한 로마서 6장 주석에서는 우리가 지금까지 알아 온 점진적 성화 외에 결정적 성화(Definitive Sanctification)를 밝히고 있으며, 특히 7장 14-25절에서 "나"에 대한 해설은 압권에 속한다. 무엇보다 이번 완역본을 통해 국내에 소개되는 영문판 1권 부록에 속한 "칭의"에 대한 해설과 2권 부록에 속한 로마서 13장과 관련한 "권세"에 대한 논의, 그리고 로마서 14장과 관련한 신약의 "안식일"에 대한 저자의 논의는 경청할 필요가 있다.

2014년에 아바서원에서 1, 2권의 서론과 로마서 각 장의 주석을 합해 『존 머리 로마서 주석』이라는 이름으로 출간했었으나, 영문판 단권 주석에 실린 내용을 전부 싣지 못한 점이 아쉬움으로 남았는데, 종교개혁 500주년을 맞이하여 각 장의 주석을 새롭게 다듬는 수고와 함께 1, 2권 각각에 실린 부록과 색인까지 합하여 완역본을 출간하게 된 것에 교수이자 학자로서 매우 감격스럽다. 역사적 개혁주의 관점에서 기술된 이 주석이 한국교회 성도들과 목회자들, 그리고 신학생들이 신앙과 신학의 지평을 넓혀가는 계기를 마련해 주기를 간절히 소원하며 모두에게 일독을 권한다.

김길성 박사
(총신대학교 신학대학원 명예교수, 성경해석학 및 조직신학 전공)

저자 서문

나는 성경 원어에 익숙하지 못한 사람들이라도 쉽게 이 주석을 사용할 수 있도록 하기 위해 본문에서는 히브리어와 헬라어 사용을 자제하고, 각주에 이를 포함시켰다. 이런 원칙을 지키며 주석을 집필하다 보니 여러 가지 어려움이 따랐다. 차라리 독자가 원문에 익숙하다는 전제하에 원어를 설명하며 주석을 쓴다면, 특정한 절, 구, 단어를 주해하기가 훨씬 더 쉽다. 그러나 본 주석은 그런 가정은 배제하고 독자들의 이해를 돕기 위해 다른 방법을 선택했고, 그러다 보니 원고 분량이 상당히 늘어났다. 비록 책은 두꺼워졌지만, 성경 원어에 익숙하지 않은 평신도들이 이해할 수 없는 용어들과 계속 부딪쳐야 하는 불편 없이 활용할 수 있는 주석을 제공한다는 원래의 취지는 달성한 것 같다. "하나님의 말씀은 만유 가운데 충만히 거하며 사람들이 합당한 방법으로 하나님을 경배하고 또 성경이 말하는 인내와 위안으로 소망을 가질 수 있도록" 번역해야 한다(*The Westminster Confession of Faith*, I, viii). 따라서 주석도 원어를 알지 못하는 사람들에게 유익을 주려고 노력해야 한다. 성경 본문은 ASV(American Standard Version)을 사용했다(한글판에서는 개역개정 성경을 사용했다—옮긴이). 주석가는 어떤 성경을 텍스트로 삼느냐에 따라 특정한 본문에 대해 다르게 해석할 수밖에 없다. 나 역시 이 주석을 쓰면서 종종 그랬다. 때로는 각 부분의 서두에 본문의 번역이 만족스럽지 못함을 지적하기도 했다. 이는 곧 성경번역판에 아직도 개선될 부분이 많음을 보여 준다. 그렇지만 독자들은 어떤 번역판도 완벽하지 않고 아무리 정확하고 적절한 번역일지라도 학자들마다 의견이 다를 수 있다는 점을 알아야 한다. 나의 번역 역시 가장 정확하기보다는 그 본문의 사상을 바르게 전달하려고 애쓴 번역일 뿐이다. 나는 원문에 대해 지나친 자유를 행사하지 않으려고 자제했다.

나는 성경 원문의 다양한 번역을 놓고 원문비평이라는 특화된 학문 분야에 대해 권위가 있는 것처럼 나를 내세우지 않았다. 특정 본문에 대해서는 종종 분명하게 결론을 내리지 못하고, 각 본문이 담고 있는 의미가 무엇일지 추정하려고 노력했다. 어떤 번역을 다른 번역보다 독단적으로 선호한다면 그것은 주제넘은 일일 것이다.

주석가마다 특별히 관심을 두고 있는 부분에 더 호감을 갖기 마련이다. 이 책도 예외는 아니다. 각 주석은 저자의 한계와 특별한 관심을 반영하는 법이다. 나는 이 서신의 핵심 사안을 설명하려고 노력했고, 다른 주석가들의 중요한 견해들을 나름대로 판단하는 가운데 그렇게 했다. 그러나 안타깝게도 이 책의 원고를 마무리한 후 출간된 주석들은 참고할 수 없었다.

로마서는 하나님의 말씀이다. 로마서의 주제는 하나님의 은혜의 복음이며, 복음은 하나님의 놀라운 낮아지심과 사랑을 우리에게 말해 준다. 우리가 그 복음의 영광에 사로잡히지 않은 채 하나님이 임재하시는 지성소에 들어간다면, 우리는 이 거룩한 보고의 위대한 목적을 상실하고 만다. 주석을 집필하는 특권과 과제를 부여받은 것은 은혜의 하나님이 우리 같은 질그릇에 보배를 넣어 주셨기 때문이다. 그리고 어느 정도 성공을 거두었다면, 그것은 오직 성령의 영감으로 로마서가 기록되었고 성령께서 이 서신을 해석하게 하셨기 때문이다. 우리는 언제나 겸손해야 한다. 능력의 탁월함은 하나님께 속한 것이지 우리에게 속한 것이 아니다. 하나님께만 찬양과 영광을 돌려야 한다.

존 머리

THE EPISTLE TO THE ROMANS

서론

1. 저자

바울이 로마서의 저자임은 논란의 여지가 없다. 따라서 한 주석가가 말한 것처럼, 그 문제는 "논의할 필요조차 없는 하나의 명제"다.[1] 그러나 우리가 이 사실을 로마서의 내용과 관련지을 때는 그 중요한 의미를 반드시 이해해야 한다.

로마서에서는 하나님의 은혜, 좀 더 구체적으로는 은혜에 의해 믿음으로 말미암아 의롭게 됨을 강조하고 있다. 바울이 택정함을 입은 것은 바로 이 복음을 위해서다(1:1). 바울이 "택정함을 입었다"라고 말하는 것은 복음 전파를 방해하는 모든 개인적 관심과 애착에서 완전히 자유롭게 되어 복음이 자기를 사로잡았음을 의미한다. 이렇게 자신을 구별하고 복음에 헌신하는 모습은 바울의 과거 행적과 대조된다. 바울은 "내가 우리 종교의 가장 엄한 파를 따라 바리새인의 생활을 하였다"라고 직접 증언했다(행 26:5).[2] 바울은 자신이 바리새주의자이기 때문에 "나사렛 예수의 이름을 대적하여 많은 일을 행하여야 될 줄 스스로 생각하고"(행 26:9), 교회를 핍박하는 일에 우두머리가 되었다(행 26:10, 11; 딤전 1:13). 바울이 이와 같이 교회에 반대한 것은 하나님을 향한 종교적 열정 때문이었다. 그러나 이 종교적 열정은 은혜, 즉 믿음으로 의에 이른다는 것과는 전혀 다르다. 이제 바울은 은혜의 복음을 설명하고 변호하기 위해 논증한다. 그는 예수 그리스도의 종으로서 과거에 자신이 신봉하던 종교가 죄와 사망이라는 것을 체험과 헌신을 통해 충분히 이해하고 있다. 사실 바리새주의는 율법의 종교였다. 바리새주의의 종교적 지평은 율법과 율법에 따른 행위들로 규정되고 한정되었다. 다메섹 도상에서 예수를 만난 바울은 자신을 사로잡았던 바리새주의로부터 온전히 자유롭게 되었다(행 9:3-6; 26:12-18). 이러한 자신의 경험을 바울은 이렇게 말한다. "생명에 이르게 할 그 계명이 내게 대하여 도리어 사망에 이르게 하는 것이 되었도다"(7:10). "내가 율

---

1 C. K. Barrett, *The Epistle to the Romans*, New York, 1957, p. 1.
2 '바리새인'(Pharisees)은 '분리된 자들'을 의미하는 셈어에서 온 단어이다. 바울이 롬 1:1에서 "택정함을 받아"(separated)라는 용어를 사용할 때는 어느 정도 그런 분리를 암시하고 있을지도 모른다. 그러나 바울의 택정함은 바리새인이라는 말이 가리키는 것과는 전혀 다른 차원이다. 이제 바울은 바리새적 의미의 '분리된 자'에서 다시 분리되어 복음을 위해 성별된 것이다.

법으로 말미암아 율법에 대하여 죽었나니 이는 하나님에 대하여 살려 함이라"(갈 2:19). "그러므로 율법의 행위로 그의(하나님) 앞에 의롭다 하심을 얻을 육체가 없나니 율법으로는 죄를 깨달음이니라"(3:20). 바울은 은혜와 율법, 믿음과 행위를 대조적으로 설명할 때, 자신의 삶을 크게 두 부분으로 나뉘게 한 다메섹 도상 사건 전후의 대조적인 삶을 반영시켰다. 바울에게 이러한 대조는 매우 중요하다. 바울은 다메섹 사건 이전에도 자신이 믿는 것에 대해 매우 강한 열정이 있었고, 다메섹 사건 이후에도 타의 추종을 불허할 만큼 믿음의 열정이 있었기 때문이다. 율법을 충족시켜 얻게 되는 의와, 이와는 대조적인 영광스러운 하나님의 의에 대해 바울보다 더 잘 아는 사람은 없었을 것이다.

로마서의 저자가 바울인 것을 이해해야 하는 중요한 이유는 단지 그것이 로마서의 핵심 주제와 관련이 있기 때문만은 아니다. 로마서에는 바울이 저자라는 사실과 반드시 관련지어야 할 주목할 만한 다른 특징이 있다. 로마서를 읽는 독자들은 로마서 9-11장이 로마서의 주제와 관계가 없다고 생각할지도 모른다. 이 세 장은 논리적 통일성과 전개 과정이 서로 잘 맞지 않는 듯이 보인다. 그러나 이 세 장이 로마서에 포함된 것을 통해 바울이 로마서의 저자라는 사실보다 더 중요한 것을 알게 된다. 그것은 바로 바울이 유대인이었다는 점이다. 이 사실을 간과해서는 안 된다. 그는 평범한 유대인이 아니라 당시 유대인 전체를 특징지었던 외고집을 버리고 회심한 유대인이었다. 바울은 누구보다도 유대인의 정신을 잘 알고 있었다. 육신적인 동족의 불신앙과 관련된 문제의 중대성도 알고 있었다. 바울은 유대인들의 불신이 하나님과 그리스도를 불명예스럽게 한다고 평가했다. "하나님의 의를 모르고 자기 의를 세우려고 힘써 하나님의 의에 복종하지 아니하였느니라"(10:3). "하나님이 오늘까지 그들에게 혼미한 심령과 보지 못할 눈과 듣지 못할 귀를 주셨다"(11:8). 바울은 복음을 전하면서 복음에 적대적인 유대인들과 많은 갈등을 겪었다(행 13:45-47; 14:2, 19; 17:5-9; 18:6, 12; 19:9). 유대인들은 바울을 핍박하고 복음에 적대적이었지만, 동족을 사랑하는 바울의 마음을 막지는 못했다. 이렇게 동족을 사랑했던 바울은 성경의 다른 책에서는 보기 드문 말을 할 수 있었다. "나의 형제 곧 골육의 친척을 위하여 나 자신이 저주를 받아 그리스도에게서 끊어질지라도 원하는 바로라"(9:3). 로마서의 웅대한 주제는 부분적으로 유대인의 전형적인 죄를 다루고 있음을 알 수 있다. 이것은 바울이 로마서 2:17-29에서 유대인을 직접 고발하는 죄다. 그만큼 바울은 자기 형제인 유대인의 구원에 대한 애타는 마음을 표현하지 않을 수 없었다. "형제들아 내 마음에 원하는 바와 하나님께 구하는 바는 이스라엘을 위함이니 곧 그들로 구원을 받게 함이라"(10:1).

바울의 저작과 관련해서 또 하나 주목해야 할 것은 바울이 이방인의 사도였다는 점이다(행 13:47, 48; 15:12; 18:6, 7; 22:21; 26:17; 갈 2:2, 8; 엡 3:8; 딤전 2:7). 바울은 로마서에서 자신이 이방인의 사도임을 밝히며(11:13; 1:13), 그에 따른 사명과 의무감 때문에 이 서신을 기록했다고 언급한다. 바울은 특별히 로마에 있는 그리스도인들에게 자신이 여러 번 로마를 방문하려 했음을 확신시키려고 애쓴다(1:11-13; 15:22-29). 하지만 그러한 노력이 무산되자 바울은 사도의 사명을 다하기 위해 이 서신을 기록했다. 로마서를 읽을 때 우리는 바울이 이방인의 사도로서 선교를 향한 강한 목적의식과 열정을 갖고 적극적으로 헌신했음을 고려해야 한다. 또한 그는 로마 교회의 지리적 조건과 영향력을 신중히 생각해 그곳을 사도로서의 자신의 활동을 위해 매우 중요한 지역으로 간주했다.

2. 저작 장소와 시기

사도행전에 나타난 바울의 행적에 관한 기사를 비교해 보면 로마서의 집필 시기와 기록 장소에 대해서 어느 정도 확실한 자료를 얻을 수 있다. 바울은 마게도냐와 아가야의 성도들이 모은 헌금을 예루살렘의 가난한 성도들에게 전해 주기 위해 막 예루살렘을 향해 떠나려고 했다(15:25-29). 이 사실은 바울이 마게도냐와 아가야에서 가까운 곳에 있었을 가능성이 높다는 것을 말해 준다. 또 고린도의 항구 도시인 겐그레아에 대한 언급도 있으며(16:1), 로마를 향해 떠나려는 교회 사역자 뵈뵈를 추천하는 내용도 있다. 이런 사실들에 비춰 볼 때 사도 바울이 로마서를 기록할 당시 어디에 있었는지를 더 잘 알 수 있다. 더욱이 그는 가이오에 대해 온 교회를 잘 돌보는 사람이라고 말한다(16:23). 바울은 가이오를 자신이 고린도에서 세례를 준 사람들 중의 하나로 소개한다(고전 1:14). 바울이 로마서를 기록할 때, 고린도에 있던 가이오와 온 교회를 잘 돌보던 가이오가 동일 인물임은 의심할 여지가 없다.

사도행전 20:2-3에는 바울이 제3차 선교여행 때 그리스에 와서 3개월을 보냈다는 내용이 있다. 그 후 바울은 그리스를 떠나 마게도냐를 거쳐 예루살렘으로 갔다. 그는 무교절 후 배를 타고 빌립보를 떠났다(행 20:6). 그리고 오순절에 맞춰 예루살렘에 도착하기 위해 서둘렀다. 이 사실은 바울이 늦어도 그해 3월경에는 고린도를 떠났음을 의미한다. 바울은 벨릭스 총독 앞에서 한 연설 중에 예루살렘 여행을 언급했으며, 이스라엘을 위한 헌금과 구제금을 가지고 왔다고 말했다(행 24:17). 그런데 사도행전의 구제금과 로마서 15:26의 마게도냐와 아가야에서 모은 헌금을 동일한 것으로 볼 만한 이유가 충분하다. 이러한 사실은 바울이 제3차 선교여행의 막바지에 이르러 그리스에서 3개월 체류하던 즈음에 고린도 혹은 고린도 부근에서 로마서를 기록했음을 분명히 보여 준다. 무교절에 관한 내용(행 20:6)을 통해 바울이 빌립보를 떠나던 때가 그해 늦은 3월이나 이른 4월이라는 것을 알 수 있다. 이것은 로마서가 그해 이른 봄에 기록되었음을 의미한다.

바울이 정확하게 몇 년에 예루살렘에 갔는지에 대해서는 학자들 간에 견해가 다르다. 바렛(C. K. Barrett)은 "바울의 여행 연대가 논란의 여지가 있지만" 그래도 주후 55년으로 잡는 것이 어떤 다른 제안보다도 타당하다고 말한다(앞의 책, p. 5). 바렛뿐 아니라 다른 학자들도 로마서의 저작 연대를 이른 시기로 잡으려고 한다. 그러나 여기서 문제시된 봄은 주후 58년이라는 주장이 가장 일반적인 견해[3]이나 램지(W. M. Ramsay)는 주후 57년이라고 말하기도 한다.[4] 신약성경은 로마서 저작 시기에 대해서 침묵한다. 그러므로 우리는 갈리오가 총독이 된 사건(행 18:12), 바

---

3 Theodor Zahn, *Introduction to the New Testament*, E. T., Edinburgh, 1909, Vol. I, p. 434; W. Sanday and A. C. V Headlam, *The Epistle to the Romans*, New York, 1901, pp. xxxviff.; J. B. Lightfoot, *Saint Paul's Epistle to the Galatians*, London 1905, pp. 40, 43.
4 그의 *Pauline and Other Studies*, New York, 1906, pp. 352-361을 보라.

울이 제2차 선교여행 시 고린도에 체류했던 일(행 18:1-18), 바울이 가이사랴에서 구금된 기간 말기에 시작된 보르기오 베스도의 총독직(행 24:27-25:12; 26:30-27:2) 등과 같은 기록에 의존해 로마서 저작 시기를 산출할 수밖에 없다.

3. 로마 교회

로마 교회는 바울의 선교 활동의 결과로 설립된 교회가 아니다. 바울은 "남의 터 위에 건축하지 아니하려 함이라"(15:20)고 말했는데, 이러한 바울의 언급으로 미루어 보아 다른 사도의 노력으로 세워진 것도 아닌 듯하다. 그렇다면 로마의 기독교 공동체는 어떻게 설립된 것일까? 로마 제국 안에서 로마라는 도시의 전략적 위치와 오순절 이후 교회 안에 성령의 역사를 통해 발생한 사건들을 고려한다면, 로마에 어떻게 기독교인들이 생겼는지에 대한 답을 쉽게 찾을 수 있다. 오순절에 베드로의 설교를 듣거나 오순절에 일어났던 기적을 목격한 많은 사람들 가운데는 로마에서 온 여행자들도 있었음을 주목해야 한다. 이들 중 로마로 되돌아간 사람이 한 명도 없었다고 믿기는 어렵다. 베드로의 설교를 듣고 기적을 목격한 사람들 가운데 적어도 소수는 그 당시 회심해 예수를 믿고 로마로 돌아간 것이 확실하다. 믿음이 있는 곳에는 성도의 교제가 있기 마련이다. 지금까지 설명한 대로 베드로의 설교와 오순절의 기적을 목격한 사람들이 로마에 갔다는 사실만으로도 로마의 기독교 공동체와 기독교 회중의 기원을 충분히 설명할 수 있다. 그러나 이것은 어디까지나 공동체의 기원을 설명하는 하나의 요인일 뿐이지 주요 요인은 아니다. 이 요인을 완전히 부정해도, 로마의 기독교 공동체의 기원을 분명하게 설명할 수 있는 다른 많은 사실들이 있다. 윌리엄 샌데이(William Sanday)와 아서 헤들램(Arthur C. Headlam)이 이에 대해 잘 설명하고 있기에 그들의 주석 서론 일부분을 인용할까 한다.

자유로운 왕래와 여행이 가능했던 시기는 역사상 로마 제국이 처음이다.

이런 왕래는 특정한 경로와 방식을 통해 이루어졌다. 지중해 동부해안 전역에서 이루어지는 여행은 로마에서 시작해 로마에서 끝나는 것이 보통이다. 지방총독이 새로 부임하는 등 로마 관리들의 빈번한 왕래가 있었고, 신병이 입대하고 고참병이 제대하는 것과 더불어 지역 간의 부대 이동도 있었다. 생활필수품에서 사치품에 이르기까지 무역에 대한 끊임없는 요구가 있었다. 자연히 거대한 주요 도시들은 출세를 위해 이러한 거대 도시로 반드시 가야한다고 생각하던 동양의 젊은이들을 끌었다. 야망과 직업과 쾌락 등 수많은 목적을 가지고 동방에서 로마로 가려는 많은 무리들의 행렬이 끊이지 않았다. 이들 중에는 몇몇 그리스도인도 있기 마련이다. 이들의 국적과 출신 배경은 다양했다. 바울은 생을 마감하기 전 3년 동안 지중해 동부지역의 주요 상업도시 중 한 곳에 체류했다. 그가 가장 오래 머물렀던 세 곳의 대도시는 안디옥, 고린도, 에베소다. 이 세 도시는 (알렉산드리아와 더불어) 통상이 가장 활발했던 곳이다. 바울의 제자 중에도 상당수가 분명히 로마로 갔다. 상황에 맞는 전략을 구사하는 예리한 안목을 지닌 바울이 브리스가와 아굴라가 반드시 로마에 있어야 한다고 말한 것은 당연한 일이었다. 바울은 로마를 방문하기 위해 에베소에서 남은 사역을 모두 마무리했다. 바울은 문득 이런 생각을 하게 되었다. 브리스가와 아굴라가 로마에 가서 로마의 기독교인들에게 줄 수 있는 도움이 무엇인지 말이다. 에베소에서의 사역을 생각하면 사실 바울에게는 브리스가와 아굴라의 도움이 필요하지 않았다. 그래서 바울이 로마를 방문하기 전에 그들을 로마로 보내 바울의 사역을 도울 수 있도록 미리 준비하게 하려고 했다. 따라서 바울이 로마 기독교인들에게 어떤 문제를 제기하기보다는 이미 그들을 잘 알고 있는 브리스가와 아굴라를 로마로 보내려 한 것은 지극히 당연한 일이다.[5]

로마 교회 구성원에 대해서는 상당한 견해 차이가 있다. 유대인이 우세했는가?

---

5 앞의 책, pp. xxvif

이방인이 우세했는가? 바울이 언급한 사람들 가운데는 유대인과 이방인 모두 등장한다. 먼저 유대인을 언급한 경우부터 살펴보자. 로마서 2:17 이하에 유대인에 대한 직접적인 언급이 있다. 예컨대 브리스가와 아굴라에게 전하는 문안(16:3)—적어도 아굴라는 유대인이다(행 18:2)—과 바울이 친척이라고 부른 안드로니고와 유니아와 헤로디온에게 전한 문안(16:7, 11), 9-11장에서 유대인에 대해 깊은 관심을 갖고 그들의 문제점들을 철저하게 다룬 논증 등이다. 이 논증의 결론은 아무런 문제제기를 할 수 없을 정도로 철저하다. 이런 사항들을 고려하면 로마 교회 안에 유대인들이 있었음을 충분히 알 수 있다.

그러나 바울이 "내가 이방인인 너희에게 말하노라"(11:13; 11:19-31)고 한 것처럼 로마 교회에는 이방인들도 있었다. 로마서 15:8-29 또한 이 교회가 이방인들로도 구성되었음을 분명하게 말해 준다. 이 단락에서 사도는 자신이 "이방인을 위해 그리스도 예수의 일꾼이 된" 사실을 들어 자기가 기독교적인 사랑과 관용을 그의 독자들에게 담대하게 요구했다고 말한다(15, 16절).

로마 교회의 유대인과 이방인 구성비 문제는 비중 있게 다룰 사항은 아니다. 다만 우리는 바울이 이 두 그룹을 돕기 위해 취한 태도와 방식을 고려할 필요가 있다. 바울이 유대인과 이방인의 구원 문제가 상호관련이 있는 것으로 간주했음을 보여 주는 명백한 증거가 있다(특히 11:11-15, 25-28). 유대인과 이방인의 구성 비율이 우리가 로마서를 해석하는 데 근본적인 영향을 주지는 않는다.

이 문제를 다룬 학자들 중에서 학계에서 가장 인정받는 인물은 테오도르 잔(Theodor Zahn)이다. 그는 "로마에는 이방인 그리스도인의 수가 상대적으로 적었다"[6]라고 강력히 주장한다. 잔이 제시한 다양한 논거들은 대개 이 견해를 설득력 있게 지지한다. 그럼에도 나는 그것들이 결정적이지는 않다고 생각한다. 그의 주장을 들어보자.

로마서 7:1-6에서 바울은, 마치 독자들이 바울 자신과 같이 회심과 중생 이

---

6 앞의 책, p. 422.

전 율법 아래 살았던 것처럼 그들에게 말한다. 합리적인 사람이라면 아무도 이 말을 이방인에게 했다고 말할 수 없을 것이다. … 결국 이 이유 때문에 이들의 민족성의 문제는 일단락될 수 있는데, 그것은 바울이 여기서 그의 독자 중 일부는 다루지 않고 있음이 분명하기 때문이다.[7]

잔은 '율법 아래'(under the law)라는 용어가 모세 내지는 구약의 경륜을 가리킨다고 가정해서 이렇게 주장했다. 물론 이 용어가 때로는 그런 의미를 갖고 있기는 하지만(갈 3:23; 4:4), 사실 '율법 아래'라는 말을 이런 제한적인 의미로 해석하는 것은 몇몇 저명한 주석가의 편견에 근거한 오류이다. 이 책에서 반복해서 말하지만, 바울은 '율법'이란 용어를 매우 유동적으로 사용한다. '율법 아래'라는 표현이 때로는 '모세의 경륜 아래'를 의미할 수 없는 경우도 있고, '율법 아래'라는 표현이 모세의 제도 아래에 있는 사람만을 제한적으로 가리키지 않을 때도 있다. 이 사실이 로마서 6:14에 명확히 나타난다. 6:14의 '율법 아래'라는 말은 유대인과 이방인을 포함한 모든 불신자들을 두고 하는 말이다. "너희도 그리스도의 몸으로 말미암아 율법에 대하여 죽임을 당하였다"(7:4)는 바울의 말은 그리스도의 죽음에 참여한 모든 사람을 겨냥한 것이다. 그러므로 로마서 7:1-6의 독자가 유대인만이라는 생각은 잘못된 성경해석에 기초해 있는 것이다.

그뿐만 아니라, 바울이 로마서 7:1에서 "내가 법 아는 자들에게 말하노니"라고 말했을 때, 이 말은 유대인 회심자에게만 국한되지 않는다. 잔이 말한 바와 같이 "바울은 법을 아는 독자와 법을 모르는 독자를 구분하지 않았다"[8]는 것은 사실이다. 그래서 '법 아는 자들'이 유대인이었으며 로마 교회는 대부분 유대인으로 구성되었다고 추론해서는 안 된다. 이방인 그리스도인들도 마찬가지로 율법에 관한 지식을 상당히 지니고 있었으며, 여기서 사도가 지적하고 있는 특정 규례에 대해 특별히 잘 알고 있었다. 이방인들이 그리스도인이 되면 짧은 기간에 구약성경

---

7 앞의 책, p. 375; 참고. p. 421.
8 앞의 책, p. 375.

과 친숙하게 되었다. 그리고 우리는 '상당히 많은 이방인 그리스도인'이 예전의 유대교와의 접촉을 통해 기독교에 접근하게 된 것을 간과해서는 안 된다.[9] 갈라디아 교회의 주 구성원이 이방인이었다는 점은 의심의 여지가 없다.[10] 갈라디아서의 주 독자가 이방인이었음에도 불구하고 바울은 갈라디아서에서도 구약을 자주 인용하는데, 이것은 갈라디아 교회의 이방인들이 구약성경에 익숙했음을 말해 준다.

잔이 지적한 것처럼 '민족'(nations)[11]이란 용어가 어떤 경우에는 유대인과 이방인 모두를 포함하는 포괄적인 의미로 사용되었다. 사복음서의 여러 구절에서는 확실히 그러하다(마 25:32; 28:19; 막 11:17; 눅 24:47). 이 포괄적인 의미가 로마서 1:5, 13, 15:18, 16:26에도 적용된다고 하는 것이 합리적인 해석이다. 그런데 이 용어가 바울의 다른 서신에서처럼 로마서에서도 유대인과 구별해 이방인을 가리키는 용례로 매우 자주 사용되었기 때문에(2:14, 24; 3:29, 9:24, 30; 11:11, 13, 25; 15:9, 10, 11, 12, 16, 27), 로마서 전체에 걸쳐 나타난 '민족'이란 용어도 이방인을 의미하는 것으로 이해해야 한다는 견해를 충분히 지지할 수 있다. 로마서 4:17, 18의 "많은 민족의 조상"은 창세기 17:5을 인용한 것으로, 이 단어를 이방인뿐만 아니라 유대인까지 포함하는 것으로 이해해야 한다는 것을 당연시해서는 안 된다. 바울이 호소한 것같이, 아브라함에게 주어진 약속은 아브라함의 아버지 됨이 아브라함의 육신적 후손을 넘어서까지 적용된다는 의미로 이해해야 한다. 그래서 이 구절마저도 "민족들"이란 용어가 포괄적인 의미로 사용된 예로 볼 수 없다(참고. 갈 3:8, 9). 로마서 16:4의 '민족들'이란 말은 포괄적인 의미이기 때문에 "민족들의 모든 교회"보다는 "이방인의 모든 교회"로 번역하는 편이 좀 더 자연스럽다.

바울서신 곳곳에 나타난 '민족들'이라는 단어의 용례를 정리해 보자. 이 단어는 유대인과 구별해 이방인을 의미하는 것으로 빈번히 그리고 주로 사용되었으며 일부는 포괄적인 의미로 이해될 수 있지만, 이방인들은 물론 유대인들까지 포함하는

---

9 Sanday and Headlam, 앞의 책, p. xxxiv.
10 Lightfoot, 앞의 책, p. 26; Zahn, 앞의 책, p. 421, pp. 173-202.
11 여기에 언급된 용어는 복수형 ἔθνη이다.

모든 민족들을 명확하게 의미하는 예는 없다.[12] 바울이 자신을 이방인의 사도라고 했으므로 로마서 11:13은 그가 이방인에게 말하고 있는 것임이 분명하다. 로마서 15:9-13 또한 이방 민족들을 위한 하나님의 약속을 말하고 있음을 부정할 수 없다. 바울은 15절에서 하나님이 자신에게 베푸신 은혜를 말하고, "나로 이방인을 위하여 그리스도 예수의 일꾼이 되어 하나님의 복음의 제사장 직분을 하게 하사 이방인을 제물로 드리는 것이 성령 안에서 거룩하게 되어 받으실 만하게 하려 하심이라"(16절)고 하면서 독자들에게 이 은혜가 자신에게 주어진 목적임을 주지시 킨다.

하나님의 은혜가 이방인들에게 임한 사실과 바울 자신의 사도직과 사역이 주로 이방인과 직결되어 있음을 거듭 강조한 것으로 볼 때, 로마서 1:13에 나타난 그 목적은 바울이 "다른 이방인 중에서와 같이" 로마에서도 어떤 열매를 맺으려 한 것 으로 해석해야 하고, 이는 독자 대상이 전반적으로 이방인이었음을 의미한다. 또 한 바로 앞의 문맥상 로마서 15:18에 언급된 "순종"은 "이방인들의 순종" 외에 다른 해석이 거의 불가능하다. 로마서 16:26은 복음의 계시가 인종을 초월해 보편적 으로 주어졌다는 사상을 피력하고 있지만 이방 민족들이 믿음으로 순종할 수 있도록 복음의 신비가 그들에게 알려졌음을 강조하고 있다.

로마 교회의 유대인과 이방인 비율이 어느 정도였는지 알 수는 없다. 그러나 로 마서를 살펴보면, 바울이 유대인을 중요하게 생각했고 그의 동족이 하나님과 관 계를 회복하며 그리스도의 몸 안에서 교제를 통해 연합하기를 간절히 바라긴 했지만, 그는 로마 교회의 존재를 대체로 이방인에게 구체적으로 드러난 하나님의 은혜를 보여 주는 실례로 생각했다. 그리고 이방인의 사도로서 그 교회를 든든히 세우고 증진시키는 것이 목표였다.

---

12 이런 결론은 단순히 복수형 ἔθνη와 관련이 있다. 바울은 그의 유대 백성을 하나의 ἔθνος라고 말한 다(행 24:17; 26:4; 28:19).

4. 본문 개요

1) 1-8장

1. 인사 1:1-7

2. 서론 1:8-15

3. 로마서의 주제 1:16, 17

4. 죄와 정죄의 보편성 1:18-3:20

   1) 이방인의 경우 1:18-32

   2) 유대인의 경우 2:1-16

   3) 유대인의 정죄의 심각성 2:17-29

   4) 하나님의 신실성과 공의 3:1-8

   5) 결론 3:9-20

5. 하나님의 의 3:21-31

6. 구약의 확증 4:1-25

7. 칭의의 열매 5:1-11

8. 유추 5:12-21

9. 성화의 열매 6:1-23

   1) 은혜의 남용 6:1-11

   2) 거룩하게 된 자들을 위한 명령 6:12-23

10. 율법에 대한 죽음 7:1-6

11. 과도기의 체험 7:7-13

12. 신자의 갈등 7:14-25

13. 성령 안에 사는 삶 8:1-39

바울은 아직 로마를 방문하지 않았다. 그래서 위의 개요에서 볼 수 있듯이 '서론' 부분이 길어졌다. 바울은 로마 교회에 가기 원하고 있음을 그 교회에 알리려

노력한다(1:10-15; 참고 15:22-29). 바울이 로마를 방문하지 않았다는 사실은 '인사'에도 나타난다. 로마서 1:3-4은 복음을 잘 요약했다. 복음이 하나님의 아들 예수 그리스도에 대한 것임을 탁월하게 정리했다. 1:16-17에서 언급한 주제는 전후 문맥을 고려해서 이해해야 한다. 그가 로마에서 전하려고 한 것(1:15)은 1:3-4에서 간략하게 정의한 복음이다. 바울이 로마에서 복음을 전하려고 한 유일한 이유는 복음과 이 복음의 열매를 향한 열정 때문이었다. 1:16-17에서 선언된 주제는 어떤 형태로든 로마서 나머지 부분에서 다룬 내용 전부를 포괄한다.

인간을 구원하는 하나님의 능력으로서 복음은 죄, 저주, 불행, 사망을 떠나서는 의미가 없다. 그래서 바울은 먼저 온 인류가 하나님 앞에서 죄인이며 하나님의 진노와 저주 아래 놓여 있음을 보여 주고자 했다(1:18-3:20). 우리는 1:18-32에 묘사된 죄악과 부패를 휘장으로 가려 주었으면 좋겠다고 생각할지 모른다. 이런 종교적 추악함과 비윤리적 행동에 대한 언급 자체가 매우 수치스럽기 때문이다. 그러나 바울은 현실을 숨기지 않고 인간의 타락상과 저주받을 죄의 실체를 보여 주기 위해 휘장을 열었다. 왜일까? 인간의 타락 위에 하나님의 의가 개입했고, 복음의 영광은 하나님의 의가 복음을 통해 가장 더럽고 추한 죄와 불행에 처한 인간의 상황을 해결함으로써 밝히 드러나기 때문이다. 하나님의 진노를 제대로 이해하지 못하면 죄로 인한 인간의 상태가 얼마나 심각하고 절박한지 올바로 평가할 수 없다. 바울은 인간의 타락에 대한 묘사를 다음과 같은 선언으로 시작한다. "하나님의 진노가 불의로 진리를 막는 사람들의 모든 경건하지 않음과 불의에 대해 하늘로부터 나타나나니"(1:18). 하나님의 진노 아래 놓였다는 것은 인간 불행의 축도이다. 하나님의 진노를 "우리를 향한 하나님의 태도"로 여기지 않고 단순히 "객관적 사실의 영역 안에 있는 어떤 작용 내지는 영향력" 정도로만 해석한다면,[13] 우리는 하나님이 그분 자신과 모순되는 것을 대적하실 때 드러나는 그분의 거룩함의 의미를 놓치게 된다. 복음에 나타난 하나님의 의는 곧 임하게 될 그분의 진노를 해결하기 위한 하나님의 은혜로운 섭리다. 이만큼 복음의 영광과 효력을 밝히 보여

---

13 C. H. Dodd, *The Epistle of Paul to the Romans*, London, 1934, p. 22.

주는 것은 없다.

여기서 숙고하는 의는 하나님의 의이다. 따라서 신성을 지니고 신성이 함축하는 효력과 미덕을 소유하는 의이다. 그 의는 공의의 속성이 아니지만 신적 속성과 특성을 지니고 있으므로 인간의 불의뿐 아니라 인간의 의와도 대조를 이룬다. 로마서 초반부의 대주제는 믿음을 통해 은혜로 주어지는 칭의다. 인간의 의는 하나님의 복음과 모순되는 이 세상 종교의 본질이다. 오직 하나님의 의만이 우리의 절실한 필요를 충족시킬 수 있으며, 복음을 구원을 주시는 하나님의 능력으로 만든다.

로마서 3:21-26에서 이 주제가 전개된다. 이 의는 그리스도 예수 안에 있는 구속과 그리스도의 피 안에 있는 화목을 통해 이루어진다. 이 의는 하나님의 칭의를 확보해 준다. 화목은 하나님이 그분의 공의를 보여 주심으로써 하나님은 공의롭고 경건치 아니한 자들을 의롭게 하시는 분임을 말해 주는 하나님의 대책이다. 이 주제는 5:15-21에 집중적으로 나타난다. 여기서 이 의는 그리스도의 의로운 행위와 순종을 통해 우리에게 값없이 주시는 선물이다(17, 18, 19절). 은혜는 우리 주 예수 그리스도로 말미암아 영생에 이르게 하는 의를 통해 왕노릇한다(21절).

바울은 계속 믿음을 강조한다. 복음은 "모든 믿는 자에게 구원을 주시는 하나님의 능력"이다(1:16 참고. 1:17; 3:22). 그러므로 이 의는 무조건적이고 무차별적으로 모든 사람에게 구원을 주는 것이 아니다. 그러나 믿음이 있는 곳에서는 언제나 효력을 발생한다. 우리는 여기에 존재하는 일치성을 간과해서는 안 된다. 하나님이 주신 의라면 그것은 믿음을 통해 얻은 의다. 이 둘은 본질적으로 상호 의존적인 관계에 있다. 믿음은 영접하고 안식하는 것인즉 우리로 하여금 이 의와 적절한 관계를 맺게 한다. 믿음은 자기를 포기하고 그 자체에서 눈을 돌려 그리스도 안에서 모든 것을 발견한다.

이와 같은 은혜의 교리는 죄를 허가해 주는 것처럼 보일지도 모른다. 은혜를 더하게 하려고 죄 가운데 계속 거하자는 식이다(6:1). 로마서 6장은 이런 잘못된 추론을 반박한다. 우리가 죄에 대해 죽었다면 더 이상 죄 안에서 살 수 없는 단순한 사실에 의해 그 오류가 드러난다(6:2). 우리는 그리스도의 죽음과 부활에 참여함으로써 죄에 대해 죽게 된다(6:3-5). 죄의 권능은 율법인데, 우리가 그리스도의 몸에 의해 율법에 대해 죽었다면(7:4), 또한 죄에 대해서도 죽은 것이다. 더 나아가, 우리는 그리스도와 연합함으로써 은혜의 지배 아래로 들어오게 되었고 죄가 더 이상 지배하지 못하게 되었다(6:14). 이것이 성화의 기초이며 보증이다. 그리스도께서 우리를 위해 죽으셨다. 이것이 우리의 칭의다. 그러나 그리스도께서 우리를 위해 죽으셨고 우리 또한 그와 더불어 죽었다면, 우리는 이 사실로 인해 우리의 성화를 보장받게 된다.

로마서 6:1에서 7:6까지는 우리가 죄에 대해 죽었고 죄의 지배에서 벗어났으며 예수의 부활로 생명이 새롭게 되었음을 두드러지게 강조한다. 이로써 우리는 믿는 자들이 죄를 완전히 끊어버리고 온전히 거룩한 자가 되었다고 생각할지 모른다. 그러나 로마서 7:14-25의 갈등은 그러한 생각이 오해임을 알려 준다. 이런 갈등은 우리 안에 내주하는 죄로 인해 내재하는 모순이며, 결코 절망적인 갈등은 아니다. "이 사망의 몸에서 누가 나를 건져내랴 우리 주 예수 그리스도로 말미암아 하나님께 감사하리로다"(7:24, 25). 이것은 우리를 부끄럽게 하지 않는 소망 안에서의 승리의 외침이다. 승리를 확신하는 외침은 갈등을 부정하지 않는다. 이 승리의 외침에 믿음과 소망의 승리라는 진정한 성격을 부여하는 것은 곧 이 갈등의 실재다. 로마서 8장에서 부연 설명된 것도 바로 이 확신이다. 신자가 자신 안에 있는 죄와의 갈등에서 벗어나지 못하는 이상, 순례의 길을 둘러싸고 있는 고통은 물론 대적들과의 갈등에서도 벗어날 수 없다. 로마서 8장은 하나님을 사랑하는 자들에게는 모든 것이 합력하여 선을 이루며, 또 그들은 그들을 사랑하시는 분을 통해 넉넉히 승리할 수 있다는 확신에 차 있다. 그들을 향한 하나님의 은혜의 폭은 창세 전에 있었던 선택에서 시작해 그리스도와 더불어 영광을 받는 완성의 순간에까지 이른다. 그들은 하나님의 아들의 형상을 닮도록 미리 예정되었으며 그리스도와 더불어 영화롭게 될 것이다(8:17, 28-30).

2) 9-16장

9-11장의 기록 목적은 무엇인가? 로마서의 이 부분에 불연속성이 있는 듯이 보이고, 그 길이도 문제를 심화시키는 것 같다. 그렇게 보이는 이유는 이 장들이 로

마서의 논지와 맺고 있는 관계를 우리가 식별하지 못하거나 간과하기 때문일 것이다. 그러나 이 부분을 더 면밀하게 검토해 보면 1:16-17에서 언급된 논지를 결정적으로 변호하고 있고, 나아가서는 1-8장에서 설명된 교리와 상호 연관성이 있다는 것을 알 수 있다. 만약 로마서에서 이 부분이 없다면, 여러 질문을 그냥 방치하고 그에 따른 혼란을 초래했을 것이다. 그렇다고 모든 질문에 대한 해답을 우리가 요구하거나 기대해도 좋다는 말은 아니다. 그러나 성경의 위대한 저자께서 사도 바울에게 영감을 주어 이 서신의 위대한 주제와 관련된 질문들, 지성적인 독자들이 제기하는 절박한 질문들은 다루게 하셨고, 그것이 너무나 감사할 뿐이다.

9-11장에서 답한 것은 로마서에서 나온 문제들만이 아니다. 그것들은 성경 전체에서 나오는 성경적·신학적 관점이 필연적으로 제기하는 질문들이다. 바울이 이 부분에서 어느 정도로 구약성경에 호소하는지를 주목해 보라. 바울이 구약에 호소한 이유는 그가 다루는 주제들이 구약에 뿌리를 두고 있기 때문이다. 따라서 사도의 해석 및 적용에 비추어 그것들을 이해해야 한다. 즉, 사도는 그리스도의 강림이 초래한 완전한 성취의 빛 안에서 그리고 오순절의 성령의 영감을 받아 편지를 쓰고 있기 때문에 우리에게 예언의 말씀을 이해하는 데 필요한 오리엔테이션을 제공하고 있다.

더욱이, 이 장들은 유대인과 이방인에 대한 하나님의 범세계적인 계획을 묘사하고 있다. 이 장들은 신약의 계시에서 유례를 찾을 수 없는 특이한 방식으로 유대인과 이방인에 대한 하나님의 다양한 섭리가 그분의 구원 계획을 위해 상호 작용하는 모습을 보여 준다. 바울은 이런 모습을 묘사하면서 11:32에서 최절정에 이른다. "하나님이 모든 사람을 순종하지 아니하는 가운데 가두어 두심은 모든 사람에게 긍휼을 베풀려 하심이로다." 따라서 우리는 바울과 더불어 경이감을 느끼며 다음과 같은 놀라운 선언을 하게 된다. "깊도다 하나님의 지혜와 지식의 부요함이여!" 이 부분의 이 결론에서 바울이 그처럼 굉장한 찬양과 송영을 터뜨렸다는 것 자체가 9-11장의 주제는 앞의 여덟 장에서 개진된 복음의 논지에 어울리는 후속편임을 말해 준다.

9장의 서두에 제기된 질문은 이 서신의 주제를 표현하는 말에서 나온 문제다.

복음은 "모든 믿는 자에게 구원을 주시는 하나님의 능력이 됨이라, 먼저는 유대인에게요 그리고 헬라인에게로다"(1:16). "먼저는 유대인에게요." 이 우선성은 이스라엘의 대규모 불신과 배교와 상충되는 듯이 보인다. 역사의 결말을 보면 정말 유대인이 우선권을 갖고 있다는 증거를 찾을 수 없다. 그래서 유대인의 불신앙이 제기하는 문제를 다룰 필요가 있는 것이다. 이것 자체가 로마서 9-11장의 충분한 이유가 된다. 그러나 이것이 그런 논리적 일관성을 볼 수 있는 유일한 각도는 아니다. 앞에 나오는 장들에서 바울은 아브라함을 "믿는 모든 자의 조상"이라 했으며 (4:11), 이 문맥에서 아브라함에게 주어진 약속을 언급한다(4:13). 이 약속의 모든 함축적 의미가 이런 언급이 나오는 문맥에서 다 다뤄진 것은 아니지만, 그럼에도 그 함축적인 의미가 잊히거나 그와 관련된 문제들이 묵살될 수는 없다. 그래서 9장에 "하나님의 말씀이 폐하여진 것 같지 않도다"라는 말이 나오는데, 이는 아브라함에게 하신 약속의 말씀을 가리킨다.

9-11장에서 사도는 이 서신의 전반부의 주제들에서 나오는 문제들을 다룬다. 이것들은 이스라엘의 불신앙과 관련되어 있기 때문이다. 바울의 대답을 요약하면 이렇다. 아브라함과 그의 씨에게 준 약속은 아브라함에게서 나온 모든 육신적 후손에게 해당되지 않는다는 것이다. 그 약속은 진정한 이스라엘에게 준 것이며 선택에 따른 하나님의 목적은 변함이 없다(9:6-13). 은혜의 선택에 따른 남은 자는 언제나 있는 법이다(11: 5, 7). 남은 자 가운데서 약속의 말씀은 성취된다. 그러므로 하나님의 말씀은 수포로 돌아가지 않는 것이다. 이것이 이스라엘의 대규모 불신앙과 그들이 버림받는 문제에 대한 첫째 답변에 해당한다. 그러나 그것이 답변의 전부는 아니다. 사도는 11장에서 이스라엘에 대한 하나님의 섭리의 또 다른 측면을 설명한다.

9장에서는 이스라엘의 불신앙과 배척이 총체적인 것이 아님을 증명하는 것으로 충분하다. 거기에는 남은 자가 있었다. 11:11-32에서 바울은 11:25에서 그가 "이 비밀"이라고 부르는 것, 곧 이스라엘의 반역이 최종적인 것이 아님을 밝힌다. 아브라함의 언약에는 모든 세대에 남은 자가 보존된다는 것 이외에 또 다른 의미가 함축되어 있는데, 이는 장래에 입증될 것이다. 아브라함과 맺은 언약의 결과로서, 한 백성으로서의 이스라엘에 대한 하나님의 은총과 사랑이 아직도 살아 있다는 것이다. 그들은 조상들 덕분에 사랑을 받고 있다. 하나님의 은총과 축복에서 멀어져 있지만 여전히 사랑을 받고 있는 것이다(11:28). 9:4-5에 나오는 이스라엘의 특권은 여전히 유효하다. "하나님의 은사와 부르심에는 후회하심이 없기" 때문이다(11:29). 언약의 약속에 함축된 의미에 걸맞게 이스라엘은 장차 믿음과 복음의 축복을 회복하게 될 것이다. 이것을 바울은 "그들의 충만함"이라 부른다(11:12). 이 충만함은 그들의 허물과 상실과 대조된다. 그것은 그만한 규모가 장차 정반대 방향으로 나가는 것으로 귀결될 것이다. 바울은 이것을 그들을 "받아들이는 것"이라 부르고 이것은 그들을 "버리는 것"과 대조를 이룬다(11:15). 이것은 그들을 원래의 감람나무에 다시 접붙이는 일이다(11:23-24). 끝으로, 그 회복은 "온 이스라엘이 구원을 받으리라"는 말로 표현되어 있다(11:26).

이스라엘의 회복에 관한 예언 및 약속을 이렇게 설명하면서 바울은 이스라엘과 관련된 아브라함의 언약이 어떻게 성취되고 또 진실로 입증될 것인지를 보여 줄 뿐만 아니라, 이방인에 관한 하나님의 계획이 어떻게 이스라엘 역사의 다양한 국면과 얽혀 있는지도 보여 주고 있다. 이스라엘의 넘어짐이 세상의 풍성함이고, 이스라엘의 실패가 이방인의 풍성함이며, 이스라엘의 버림받음이 세상의 화목이다(11:12, 15). 또 이스라엘의 충만함과 그들을 받아들임이 이방 세계에게는 비할 데 없이 큰 축복이 된다. 그것만이 아니다. 한편으로는 이스라엘의 넘어짐으로 이방인들에게 귀속되는 축복과, 다른 한편으로는 이스라엘의 충만함과 회복으로부터 이방인들에게 귀속되는 축복이 이스라엘의 구원을 중진시키는 역할을 한다. 이방인의 구원이 이스라엘의 질투를 유발하고(11:11), 이방인의 충만함이 이스라엘의 완악함에 종지부를 찍게 한다(11:25).

이와 같이 하나님의 구원 목적의 실현을 위한 하나님의 범세계적인 계획의 전모가 밝혀졌다. 11장이 제공하는 것은 유대인과 이방인의 구원과 관련된 하나님의 역사철학에 대한 통찰이다. 우리가 이러한 관점을 얻게 된다면 바울과 같이 "깊도다 하나님의 지혜와 지식의 풍성함이여"(11:33)라고 외치지 않을 수 없다.

이 서신에서 12-16장이 8장 바로 뒤에 나왔더라면, 우리가 예상했을 법한 순서와 일치했을 것이다. 이제 곧 살펴보겠지만, 12:1부터 15:13에 이르는 단락은 신자들에게 부과된 구체적이고도 실제적인 의무를 다룬다. 여기서 다루는 것은 특히 공동체 내에서의 상호관계와 성도의 교제이다. 또한 신자들은 다른 사람들 및 다른 조직과도 관계를 맺기 때문에 바울은 사회적·정치적 책임을 수행할 때 취해야 할 성도다운 행위를 다룬다. 15장 후반부에서는 이방인 사역을 위한 선교 정책 및 계획을 제시하고 있다. 바울이 로마의 교회 내지는 교회들에게 보내는 서신에서 이런 주제를 다루는 것은 시의적절하다.

바울은 로마 교회를 세운 사람이 아니기에, 이방인의 사도로서 그의 정책을 자세히 설명한 것이 로마의 성도들에게 편지를 쓰되 담대하게 쓴 데 대한 변명처럼 보일지도 모르겠다(참고. 15:15). 그러나 이 서신이 제공하는 증거는 그런 해석을 지지하지 않는다. 서두를 보면, 바울은 로마를 방문하고자 하는 열망의 성취가 지연된 데 대해 변명했다(1:11-13). 그는 할 수 있는 대로 로마에 복음 전하기를 원한다고 주장하고 있다(1:15). 그리고 15장에서 동일한 주제를 재개할 기회를 잡아 그의 열망과 의도의 실행이 지연된 데 대한 보충적인 설명을 하고 있다(15:22-26). 더욱이 16장의 인사가 보여 주듯, 바울은 로마에 많은 친구들을 두고 있었으며 이들 가운데는 복음 사역에 동참한 가까운 동료들도 있었다. 이 친구들, 특히 동역자인 아굴라와 브리스가 같은 이들은 바울이 로마에 오기를 간절히 바랐을 것이다. 그러므로 우리는 이런 열망을 로마의 기독교 공동체도 공유했을 것으로 추측할 수 있다. 이런 취지를 담은 긴급한 의사소통이 있었을지도 모른다. 그래서 1장에 나오는 열망과 목적에 대한 확신이 15장에서 다시 되풀이되고 있는 것이다.

사도가 그의 선교정책 및 계획을 말하는 또 다른 이유가 있었다. 로마는 바울의 이방인 선교를 위한 순회여행에서 중요한 위치를 차지하고 있었다. 그러므로 유럽의 서쪽 지방까지 선교사역을 확장하려는 큰 비전에 비추어 보면, 그의 로마 방문은 꼭 필요한 일이었다(15:28). 그것만이 아니다. 그곳에 있는 성도들이 바울의 방문 목적이나 기간에 관해 그릇된 생각을 품지 않도록 하기 위해 바울의 로마 방문 성격을 명백히 밝혀 둘 필요가 있기도 했다. 로마는 스페인으로 가는 길에 들르는 정박지일 뿐이었고, 로마 교회는 바울을 새로운 선교 개척지로 보내게 될 것이었다(15:24, 28).

16장은 주로 인사로 채워져 있다(16:1-16; 21-23). 복음을 오염시키는 자에 대한 최종 경고가 있으며(16:17-20), 마지막에 나오는 송영은 그 길이나 내용이 이 서신의 전반적인 성격 및 범위와 잘 일치한다(16:25-27).

THE EPISTLE TO THE ROMANS

1장

1. 인사(1:1-7)

1. 예수 그리스도의 종 바울은 사도로 부르심을 받아 하나님의 복음을 위하여 택정함을 입었으니
2. 이 복음은 하나님이 선지자들을 통하여 그의 아들에 관하여 성경에 미리 약속하신 것이라
3. 그의 아들에 관하여 말하면 육신으로는 다윗의 혈통에서 나셨고
4. 성결의 영으로는 죽은 자들 가운데서 부활하사 능력으로 하나님의 아들로 선포되셨으니 곧 우리 주 예수 그리스도시니라
5. 그로 말미암아 우리가 은혜와 사도의 직분을 받아 그의 이름을 위하여 모든 이방인 중에서 믿어 순종하게 하나니
6. 너희도 그들 중에서 예수 그리스도의 것으로 부르심을 받은 자니라
7. 로마에서 하나님의 사랑하심을 받고 성도로 부르심을 받은 모든 자에게 하나님 우리 아버지와 주 예수 그리스도로부터 은혜와 평강이 있기를 원하노라

로마서의 인사는 바울의 서신서 인사말 가운데 가장 길다. 바울이 로마 교회를 세우지 않았을 뿐더러 아직 방문하지도 않았기 때문이다(1:10, 11, 13; 15:22). 그러나 우리는 로마서에 강한 논쟁적 특징이 있음을 알아야 한다. 갈라디아서의 인사도 상당히 긴 것은 그 서신의 논쟁적 성격을 인사에서 미리 밝히고 있기 때문이다. 따라서 로마서에서 인사의 성격과 그 내용이 길어진 이유는 다음 두 가지 사실로 충분히 짐작할 수 있다. 바울이 아직 로마 교회를 직접 가보지 못했다는 점, 그리고 그가 로마서에서 논쟁할 중심 내용을 아예 서두에서부터 상세히 제시해야 할 필요가 있었다는 점이다.

1-2절 바울은 보통 자신의 사도 직분에 호소하면서 서신서를 시작한다(고전 1:1; 고후 1:1; 갈 1:1; 엡 1:1; 골 1:1; 딤전 1:1; 딤후 1:1). 그러나 이 경우(참고. 빌 1:1; 딛 1:1)에

는 바울이 자신을 "예수 그리스도의 종"으로 소개한다.[1] 바울이 자신을 예수 그리스도의 종이라고 말한 목적은 자신을 로마서의 독자들과 같은 부류로 놓기 위한 것이 아니다(고전 7:22; 엡 6:6; 벧전 2:16). 물론 바울은 굉장히 겸손해서 자신을 "모든 성도 중에 지극히 작은 자보다 더 작은 나"라고까지 했다(엡 3:8). 그러나 여기에서 자신을 "예수 그리스도의 종"이라고 부른 목적은 자신의 사명이 예수 그리스도께 받은 것일 뿐만 아니라 그분에게 자신을 전적으로 맡긴다는 것을 공언하기 위해서다. 바울은 이 서신을 자신의 주관으로 기록하려 하지 않았다. 그는 그리스도의 종이기 때문이다. '종'이란 호칭의 의미는 구약에서 찾아야 한다. 아브라함(창 26:24; 시 105:6, 42), 모세(민 12:7, 8; 신 34:5; 수 1:1, 2, 7; 시 105:26), 다윗(삼하 7:5, 8; 사 37:35), 이사야(사 20:3), 선지자들(암 3:7; 슥 1:6)은 여호와의 종들이었다. 바울은 여호와께 의존하고 헌신한다는 이 고상한 개념을 예수 그리스도를 섬기는 일에 적용시켰다. 또한 구약의 여호와의 자리에 그리스도 예수를 놓는 것을 조금도 주저하지 않았다. 이는 로마서의 독자들이 공유한 그리스도에 대한 관점을 보여주며, 바울이 자신을 그리스도 예수의 종으로 그들에게 추천하고 있는 것이다.

빌립보서, 데살로니가전후서, 빌레몬서를 제외한 모든 서신서처럼 바울은 로마서의 인사에서도 자신을 사도라고 소개하는데, 이는 그가 사도 직분에 부여하는 중요성을 말해 준다.[2] 상황에 따라 바울은 자신의 사도권을 강력히 변호하기도 했다(고전 9:1, 2; 고후 12:11-13; 갈 1:1, 15-17). 사도 직분의 고유한 사명 및 권위에 대한 의식은 그리스도가 정하신 제도 속에서 사도가 차지하는 특별한 위치를 반영하는 것이다(마 16:17-19; 19:28; 눅 22:29, 30; 요 16:12-14; 20:21-23; 행 1:2-8, 15-26; 엡 2:20). 사도의 가르침과 설교에 그리스도와 성령의 권위가 있음은 바로 이 때문이다.

사도는 반드시 갖추어야 할 자격이 있다(요 15:16, 27; 행 1:21; 2:32; 3:15; 10:39-

---

1 Χριστοῦ Ἰησοῦ라는 독법은 B(바티칸 사본)사본과 롬 1:1-7이 담긴 제4세기 한 단편의 지지를 받고 있으나 이 번역에 반대하는 것으로 채택되기는 어렵다.

2 ἀπόστολος라는 용어를 좀 더 연구하려면 다음을 참조하라. The article by Karl Heinrich Rengstorf in *Theologisches Wörterbuch zum Neuen Testament* ed. Kittel and the English translation of the same by J. R. Coates under the title *Apostleship*(London, 1952).

41; 26:16, 17; 고전 9:1, 2; 15:8; 고후 12:11-13; 갈 1:1, 12). "사도로 부르심을 받아"라는 바울의 말은 사도의 자격 요건의 핵심을 지적한다(고전 1:1). 사도직은 소명이다. 바울이 사도가 된 것은 소명에 의한 것이다. 바울은 소명에 따라 사도의 역할을 하도록 임명되었다. 따라서 바울은 사도로서의 권위를 의식하며, 이를 근거로 사람들에게 권위 있게 말도 하고 글도 썼던 것이다(고전 5:4, 5; 7:8, 12, 17, 40; 14:37, 38; 살후 3:10, 12, 14).

바울은 "하나님의 복음을 위하여 택정함을 입었으니"와 "사도로 부르심을 받아"를 병행해 사용한다. 여기서 "택정함을 입었음"은 갈라디아서 1:15처럼 바울이 사도직으로 예정되었음을 가리키는 것이 아니라, 실제로 사도직에 부르심을 받아 헌신했던 것을 말한다. 따라서 바울의 사도직은 소명을 따른 것이다. 하나님의 결정적인 행위와 복음에 온전히 헌신한 바울의 모습을 이보다 더 유창하게 표현하기는 불가능하다. 복음 전파와 무관한 모든 개인적 관심과 집착은 버리고 이제 바울은 따로 세움을 받아 복음 전파에 그의 모든 관심과 야망을 쏟았다. 물론 그것은 '메시지'로서 복음을 선포해야 함을 암시한다. 그런데 만일 우리가 '복음'을 실제적인 선언으로 이해한다면, 이 선언에 헌신하는 것은 이해할 만하고 가치 있는 일이다. 그렇지만 '복음'이라는 용어는 선포 행위라는 의미로 사용된 것이 아니다. 복음은 선포된 메시지이기 때문이다. 그리고 성경은 이 복음을 "하나님의 복음"이라고 언급한다(막 1:14). 바울의 생각은 "하나님의 복음을 위해 택정함을 입었다"로 적절하게 표현할 수 있다. 여기서 강조하는 것은 복음의 신적 기원과 성격이다. 복음은 하나님으로부터 온 기쁜 소식이며 결코 신성을 잃지 않는다. 복음은 언제나 잃어버린 자를 구원하는 하나님의 메시지이기 때문이다.

바울은 2절에서 복음시대와 구약시대의 통일성과 연속성을 적극적으로 설명한다. 바울은 복음을 전하기 위해 택정함을 받았다. 그 복음은 그리스도의 오심과 사도들의 사역을 통해 갑자기 세상에 나타난 것이 아니다. 이는 이미 하나님이 "선지자들을 통하여 성경에 미리 약속하신 것"이었다. 예수께서는 세상에 계시는 동안 자주 구약에 호소하셨는데(눅 24:25-32, 44-47), 그것은 주님 특유의 방법이었다. 사도들도 예수님의 방법을 따랐다. 바울은 로마서의 논지를 독자들에게 설득시키기 위해 구약의 상당 부분을 인용했다. 바울이 택정함을 받아 사도가 된 것은 복음 전파를 위한 것이었기 때문에 그는 처음부터 복음 계시의 근원이 '성경'에 있음을 독자들에게 상기시키고 있는 것이다.

　"미리 약속하신 것"이라는 바울의 말은 오로지 때가 차서 과거의 계시가 성취되어 유효하게 되는 것과만 관련이 있다는 뜻이 아니다. 이런 추측은 이후에 살펴볼 로마서 4장과 모순된다. 복음은 그것을 약속의 형태로 받아들인 자에게 유효했다. 그러나 우리는 구약에 계시된 것이 약속이었다는 점을 충분히 이해해야 한다. 이 경우에 강조되는 점은 약속과 성취의 구별이다. 구약에는 복음이 약속의 형태로 있었지만, 지금 사도가 말하려는 주제는 그 약속이 성취된 복음이다.

　이 구절에 나오는 "선지자들"이란 용어를 공식적인 선지자들로 제한하는 것은 불가능하다. 그리스도에 관해 기록한 사람은 모두 선지자로 여겨지기 때문이다 (눅 24:27; 행 2:30). 또 이 구절의 마지막 부분은 '그 성경'(in the holy scriptures)보다는 '거룩한 경전들'(in holy scriptures)로 번역하는 쪽이 좀 더 정확하다. 이는 성경의 '거룩한 속성'을 강조하는데, 이처럼 성경은 그 거룩한 특성 때문에 다른 문헌과 구별된다. 또한 오직 성경에만 그런 약속이 존재함을 강조한다.

　그러므로 성경에 대한 바울의 관점에 관해 두 가지 결론을 내릴 수 있다. ① 바울에게는 독특한 성격과 권위를 지닌 기록문집이 있었는데, 이것은 거룩하기 때문에 다른 문헌과 구별되는 그야말로 신성한 책이다. ② 바울은 선지자들이 중재자로서 전달한 약속과 성경을 따로 구별하지 않는다. 약속은 성경 안에 구현되어 있다. 하나님은 선지자들을 통해 복음의 약속을 주셨다. 그리고 이 약속은 성경 안에 있다. 성경으로 기록된 말씀은 약속의 말씀이다. 나중에 밝혀지겠지만(특히 3:2), 하나님의 계시의 말씀과 성경과의 관계에 대한 바울의 개념이 변증법적 신학과 얼마나 근본적으로 다른지 명백히 드러난다. 칼 바르트가 『로마서 주석』에서 바울의 진술에 함축된 성경의 개념을 올바로 평가하지 않고 그런 진술을 그냥 넘겨 버린 사실을 우리는 유의해야 한다.

3-4절 이 두 구절은 약속과 관련된 내용을 설명한다. 이 약속은 다름 아닌 하나

님의 복음인즉, 이 두 구절도 복음의 주제를 정의한다. 복음은 하나님의 아들과 관련이 있다. "그의 아들에 관하여"에서 "아들"이란 칭호가 무엇을 가리키는지 반드시 밝혀 둘 필요가 있다. 그 칭호가 결국 이 구절 끝에 나오는 "우리 주 예수 그리스도"임은 말할 것도 없다(4절). 이 칭호는 아들이 육신으로 태어나기 전에 아버지와 유지하고 있던 독특한 관계를 가리킨다. 그 이유는 다음과 같다.

(1) 바울은 그리스도께서 신적 신분을 갖고 계시고 영원 전부터 선재했다는 점에서 그리스도에 관한 최고의 개념을 받아들였다(9:5; 빌 2:6; 골 1:19; 2:9). 바울은 "아들"이라는 칭호를 영원히 선재하는 그리스도에게 적용하며, 아버지와 그리스도와의 영원한 관계를 가리키는 데 사용한다(8:3, 32; 갈 4:4).

(2) 아들이라는 칭호가 이 서신에서는 여기서 처음 사용되었기 때문에 우리는 여기에 내포된 최고의 의미를 예상해야 한다. 게다가 이 칭호는 로마서 8:3과 32절에 분명히 나타난 그 칭호의 의미보다 결코 낮지 않은 의미임이 분명하다. 지금 사도는 이 서신의 주제인 복음과 관련해 아들이란 칭호를 사용하는 것이다.

(3) 3절의 "아들"이란 칭호는 4절의 내용 때문에 붙여 준 칭호가 아니다. 3절 하반부에서 소개되는 성육신이라는 역사적 사건 속에 나타난 아들과 동일시하는 것이 3절을 가장 자연스럽게 해석하는 방법이다. 그러므로 우리는 다음과 같이 결론을 내릴 수 있다. 예수는 아버지와의 영원한 관계를 가리키는 아들이라는 칭호를 통해 아버지와 동일시되고 있으며, 복음의 주제가 하나님의 영원한 아들과 관계되는 것으로 정의되는 만큼, 바울은 여기서 독자들에게 복음을 하나님과 동등한 아들과 관계가 있는 것으로 소개한다.

복음의 주제는 바로 지존하신 인격이다. 바울은 예수 그리스도를 섬기는 일과 사도직을 위해 전적으로 헌신했다고 이미 말했다(1절). "아들"이라는 칭호는 왜 복음에 대한 전적 헌신이 필요한지를 설명해 준다. 그것은 하나님의 복음일 뿐만 아니라 하나님의 영원한 아들을 주제로 삼기 때문이다.

다음의 구절들은 병행 및 대조를 이룬다. "나셨고"(3절)는 "선포되셨으니"(4절)와, "육신으로는"(3절)은 "성결의 영으로는"(4절)과, 그리고 "다윗의 혈통"(3절)은 "죽은 자들 가운데서 부활"(4절)과 상응한다. 상응, 병행, 대조되는 것을 간과해서는 안 되지만, 그렇다고 인위적인 결론을 만들어 내려고 이것을 지나치게 강조해서도 안 된다.

지금까지 이 병행법을 해석해 온 역사를 보면, 주로 그리스도의 인격의 다양한 측면들이나 구성 요소들을 가리키는 것으로 이해했다. 때로 그리스도의 신성과 대조되는 그리스도의 인성 안에 두 가지의 다른 측면들이 있다고 생각했다.[3] 다른 사람들은 두 가지 측면을 그리스도의 인격 안에 있는 두 가지 별개의 본성으로 보기도 했다. 그것은 그리스도의 인성과 신성인데, "육신"은 전자를 가리키며 "성결의 영으로는 하나님의 아들"이란 말은 후자를 가리킨다고 본 것이다.[4] "육신으로는 다윗의 혈통에서 나셨고"라는 말은 하나님의 아들이 성육신한 것을 가리키며, 따라서 아들이 인간의 본성을 지니게 되었다는 것은 의심할 수 없는 사실이다. 그러나 "성결의 영으로는… 하나님의 아들"이라는 표현이 단순히 그리스도의 인격의 다른 측면, 즉 인성과 대조되는 신성을 가리키는 것인지는 확실하지 않다. 이런 유형의 해석을 취할 경우, 그것이 그리스도의 인성의 두 가지 측면이나 신성과 인성이 결합된 그리스도의 인격을 가리킨다고 생각해야 하는데, 이런 해석을 따르기보다는 다음과 같이 해석하는 것이 좋다. 여기서 구별 짓는 것은, 하나님의 아

3 Heinrich A. W. Meyer, *Über den Brief des Paulus an die Römer*(Göttingen, 1872), Rom. 1:4. "이 πνεῦμα ἁγιωσ는 σάρξ와는 대치되는 것으로서 지상에서 하나님의 아들의 존재의 다른 면이다. σάρξ가 감각으로 지각할 수 있는 외부적인 요소인 것 같이, πνεῦμα는 내적 정신적 요소로서 주의 νοῦζ의 기초이고(고전 2:16), 주의 내적 생명의 원리와 능력이며, 하나님과 교통할 수 있는 지적이고도 도덕적인 "자아"(Ego)이다. 요컨대, 그리스도의 ἔσω ἄνθρωπος이다(E.T., Edinburgh, 1876, I, p.46). 다음을 참조하라. William Sanday and Arthur C. Headlam, *A Critical and Exegetical Commentary on the Epistle to the Romans*(New York, 1926), Rom. 1:3, 4. "κατὰ σάρκα … κατὰ πνεῦμα는 서로 대비된다. '인성' 대 '신성'으로서가 아니라 '몸' 대 '영'으로다. 그리스도 안에서 이 둘은 모두 인성이다. 그러나 하나님의 성령의 영원한 성품인 성결은 인성 이상의 그 무엇이다"(p.7).
4 John Calvin, *Commentaries on the Epistle of Paul the Apostle to the Romans*(E.T., Grand Rapids, 1947), Rom. 1:3. "우리가 구원을 얻으려면 신성 및 인성, 이 두 가지가 반드시 그리스도 안에 있어야 한다. 그래서 바울은 복음을 요약하면서 이 두 가지를 명시적으로 언급한다. 그리스도가 육신으로 나타나셨다고 말하면서, 그리스도는 친히 하나님의 아들이라고 선언했다"고 말한 것이다(p.44). 기타 참고 문헌을 아래에 소개한다. J. A. Bengel, *Gnomon of the New Testament*, Rom. 1:4; Charles Hodge, *Commentary on the Romans*(Edinburgh, 1864), Rom. 1:3, 4; F. A Philippi, *Commentary on St. Paul's Epistle to the Romans*(E.T., Edinburgh, 1878), Rom. 1:3, 4; Robert Haldane, *Exposition of the Epistle to the Romans*(Edinburgh, 1874), Rom 1:4.

들이 주체로 등장하는 역사적 과정에서 발생하는 '두 개의 연속적인 단계'이다.[5] 이 견해는 바울이 복음의 주제를 정의하는 목적과도 완전히 일치한다. 이렇게 해석하는 이유는 주석해 나가는 과정에서 차차 밝혀질 것이다.

(1) "다윗의 혈통에서 나셨고." 이렇게 번역하든 문자적으로 "다윗의 씨에서 나셨고"(참고. 갈 4:4)로 번역하든지 간에, 이 구절은 역사적인 시작을 말하고 있다. 이 시작의 주체는 하나님과 동일하게 신성하며 영원히 선재하는 하나님의 아들이라는 점을 주목해야 한다. 그는 하나님의 아들로서 신성이 그 안에 있으며 다윗의 혈통에서 나신 분이다. 3절의 탄생에 대한 언급은 곧 그의 인간됨을 가정하지만, 여기서 그리스도는 단지 인간으로만 묘사되지 않는다. 바울이 그리스도의 영원한 아들 되심을 힘써 강조한다고 해서 그 아들에게 역사적 출발점이 있다는 사실이 퇴색되는 건 아니다. 또한 그리스도의 역사성을 강조한다고 해서 그의 영원한 아들 되심이 손상되지도 않는다. 이렇게 성육신하신 하나님 아들의 인격의 두 측면이 공존한다는 점이 틀림없이 강조되고 있다. 그리고 4절에 나타난 대조를 설명하기 전에 이미 3절에서 이 사항을 분명히 강조한 것은 특별한 의미가 있다.[6]

---

5 본 저자가 이 구절의 해석에 이와 같은 관점을 갖게 된 것은 게할더스 보스에게 힘입은 바 크다. "The Eschatological Aspect of the Pauline Conception of the Spirit" in *Biblical and Theological Studies* (New York, 1912), pp. 228-230을 보라. 그는 아래와 같이 말하고 있다. "이 언급은 구주의 인격 속에 공존하는 두 측면을 가리키는 것이 아니라, 그의 생애를 구성하는 두 연속적인 단계를 가리키는 것이다. 먼저는 γενέθαι κατὰ σάρκα가 있었고, 다음엔 ὁρισθῆναι κατὰ πνεῦμα가 있었다. 두 개의 전치사 구는 부사의 의미를 지니고 있다. 그 전치사 구들은 진행의 방식을 묘사하는 것이나 최초의 행위보다는 오히려 결과를 더 강조하고 있다. 그리스도는 신체적 존재로 오셨으며, ὁρισμός에 의해 영적 존재로 되었다.

ὁρίζειν은 추상적 결정이 아니라 유효적 임명이다. 바울은 γενομένου이란 말의 반복을 명백히 피하고 있는데, 그것은 단지 표현상의 이유가 아니라 (전 문장을 읽고 나서 미처 수정하기도 전에) 다음과 같은 오해를 일으킬지도 모르기 때문이다. 즉, 그 오해라는 것은 그리스도의 하나님의 아들 되심이 부활하실 때에 시작되었다고 생각하는 것이다. 바울의 의도는 ἐν δυνάμει에서 그리스도의 하나님의 아들 되심이 나중에 능력으로 확증된 것을 말하려는 것일 뿐, 이 신분은 본래 선재적인 상태로 소급되는 것이다. κατά의 이중적 표현에 의해 각각의 존재방식은 각각의 기원이 이중적인 ἐκ로 대조된다. 그리하여 '다윗의 혈통에서' 기원한 κατὰ σάρκα 존재가 있으며, '죽은 가운데서 부활하여' 기원한 κατὰ πνεῦμα 존재가 있다"(p. 229). 롬 1:3, 4의 이 주석은 보스의 다음 책에 다시 나온다. *The Pauline Eschatology* (Princeton, 1930). pp. 155f. n.

6 다드의 다음과 같은 진술은 어떤 근거도 없다. 3, 4절에 언명된 신학은 "바울 자신의 신학의 진술일 수

특별히 "다윗의 혈통"이란 어구를 통해 주님의 족보는 다윗에서 시작함을 볼 수 있다. 그리고 바울은 구약의 예언을 주목했으며 그 예언이 성취되었음을 입증하려 한다.

(2) "육신으로는." 신약에서 이 용어를 그리스도에게 사용할 때는 인간의 본성 전체를 의미하는 것 외에 다른 뜻은 없다(요 1:14; 롬 9:5; 엡 2:14; 딤전 3:16; 히 5:7; 10:20; 벧전 3:18; 4:1; 요일 4:1; 요이 7).[7] 이 용어가 어떤 경우에는 신체적이며 감각적인 측면을 특별히 강조할 때도 있다. 그러나 그런 용례의 증거로 볼 때 신체적인 것과 비신체적인 것을 대조하기 위해 이 용어를 사용했다고 여기는 것은 불가능하다. 그러므로 하나님의 아들이 인성을 지니셨고 다윗의 혈통에서 나셨음을 우리는 3절을 통해 알 수 있다.

(3) "능력으로 하나님의 아들로 선포되셨으니." "선포되셨다"(declared)라고 번역한 이 용어는 신약의 다른 곳에서는 "작정하다", "임명하다", "세우다"라는 의미로 사용되었다(눅 22:22; 행 2:23; 10:42; 11:29; 17:26, 31; 히 4:7). 이런 예들 중에서 "선포하셨다"의 의미로 쓰인 곳은 없다. '구별하다', '경계를 정하다'의 뜻으로 사용될 때에는 "선포하셨다"라는 의미를 이끌어 낼 수 있을지도 모른다. 이런 의미에서 그리스도는 하나님의 아들로 구별되셨다고 말할 수 있다.[8] 그러나 "선포되셨다"라

없다. 바울은 주장하기를 그리스도는 영원 전부터 하나님의 아들이었으며, 그리스도는 '때가 차매' 한 사람의 인간으로 성육신하셨으며, 그리스도는 그의 부활로써 만유의 주로서의 신적 지위를 지닌 능력과 영광을 얻었다고 한다. … 그러므로 현재의 진술은 바울이 그리스도의 인격에 관한 적절한 교리로 생각하는 것과는 거리가 멀다. 그것은 행 2:22-34에서 베드로가 전했던 원시 설교를 기억케 한다(*The Epistle of Paul to the Romans*, London, 1934, pp. 4 이하). 이 구절에서 최고의 그리스도론이 제시된 것은 아주 분명하다. 아울러 구속적 성취의 과정에서의 부활의 의미를 제대로 인정하고 있다. 그 부활의 의미는 오순절에 베드로의 설교에서 베드로가 인정한 것과 같은 것이다. 베드로가 행 2:33-36에서 말한 것은 롬 1:4과 아주 유사하며 이에 대한 설명이라 할 수 있을 것이다.

7 이 점에서 나는 κατὰ σάρκα가 단지 우리 주님의 인성의 육체적인 면만을 가리킨다고 주장하는 사람의 해석에 반대하지 않을 수 없으나, 그것을 인성의 모든 면으로 보는 견해에는 동의한다. 그러나 같은 해석자라도 κατὰ πνεῦμα ἁγιωσύνης를 인성과 대조되는 우리 주님의 신성을 가리킨다고 주장할 때에는 내가 동의할 수 없다.

8 칠십인역에서는 ὅρια를 경계 또는 테두리의 의미로 자주 사용한다. 같은 용법이 신약에도 나타난다(마 2:16; 4:13; 8:34; 15:22, 39; 19:1; 막 5:17; 7:24, 31; 10:1; 행 13:50). ὁρίζω는 경계를 정하거나 표시하는 의미로 칠십인역에서 사용되고 있다(민 34:6; 수 13:27; 15:12; 18:20; 23:4).

는 의미에 이르기 위해 굳이 이러한 과정을 거칠 필요는 없다. 신약성경에 나타난 다른 예들을 따라 능력을 지닌 하나님의 아들로 "세워졌다" 또는 " 임명되셨다"라고 번역하는 것 외에 다르게 번역해야 할 이유는 없다. 그러므로 역사적 시작을 위해 아들로 세운 것은 3절에 언급된 역사적 시작과 병행을 이룬다. 혹자는 이런 생각에 강하게 반박할지도 모른다. 즉, 예수는 하나님의 아들로 지명된 것이 아니라 우리가 알고 있듯이 그분은 원래부터 영원한 아들이었으므로, 따라서 아들 되심은 어떤 역사적 시작이 없다고 주장할 것이다. 그러나 그런 반박은 "능력으로"[9] 라는 표현의 위력을 간과할 때에만 타당하다. 바울이 예수가 "하나님의 아들"이 아니라 "능력으로 하나님의 아들"로 세우심을 입었다고 말했음을 유의해야 한다. "능력으로"가 추가되었기에 많은 차이가 생겼다. 더욱이 우리가 잊어서는 안 될 사실은 이미 3절에서 하나님의 아들은 단순히 영원하신 아들로서가 아니라 성육하신 영원한 아들, 곧 역사적 조건에 종속되어 다윗의 혈통에서 나신 영원한 아들로 묘사되었다는 점이다. 그러므로 4절은 성육신하신 하나님의 아들과 관련이 있으므로, 복음의 주제를 제공하는 역사적 과정의 또 다른 단계로 생각하는 것이 적절하고 합리적인 해석이다. 바울은 성육한 하나님의 아들이 주권자의 위치에 임명되고 능력을 부여받던 특별한 사건을 다룬다. 지금 바울이 언급한 사건은 성육신하신 그리스도에게 예전에 임한 모든 것을 능가하는 능력으로 세우심을 입은 사

---

9 ἐν δυνάμει를 υἱοῦ Θεοῦ와 연결시키기보다는 ὁρισθέντος와 연결시켜 해석하는 것을 선호하는 주석가가 더 많지만(참고로 예를 들면 Meyer, Sanday and Headlam, Henry Alford, F. Godet), 이런 구문을 취해야 할 강력한 이유는 없는 것 같다. 샌데이와 헤들램이 결정적인 근거로 드는 고후 13:4도 문제를 해결하는 데 충분한 병행 구는 아니다. ἐν δυνάμει는 υἱοῦ Θεοῦ에 가까이 있고 이 구문이 구절 전체의 해석과 잘 들어맞기 때문에 다른 견해를 채택할 이유가 없다(이 해석을 지지하는 이들을 참고하라. Philippi, 앞의 책.; Vos, 앞의 책.; J. Gresham Machen, *The Virgin Birth of Christ*, New York, 1930, p. 21; R. C. H. Lenski, *The Interpretation of St. Paul's Epistle to the Romans*, Columbus, 1936; J. P. Lange, *The Epistle of Paul to the Romans*, E. T, New York, 1915; C. K. Barrett, *A Commentary on the Epistle to the Romans*, New York, 1957). 그러나 ὁρισθέντος와 연결해서 해석할 경우라 하더라도 이 구절 전체에 대한 상기한 해석을 배제시키는 것은 아니라는 점을 분명히 언급해 둔다. 왜냐하면 이 경우에는 그의 부활한 상태와 영광을 통해 하나님의 아들로서 예수께서 소유하시고 발휘하시는 능력을 강조하기보다는 예수께서 그의 주되심의 새로운 위상을 부여받아 행사한 능력을 강조하고 있기 때문이다. 부활과 그에 따른 새로운 서임을 통해 발휘되고 입증된 능력을 강조하는 것은 하나님의 아들이 사람이 되어 권능자의 우편에 올라갔을 때에 진입한 새로운 위상과 잘 어울린다.

건을 말한다. 이 사건이 무엇이며 이 세우심이 어떤 것인지 살펴보자. "능력으로" 라는 표현을 "하나님의 아들"이라는 칭호에 연결하기보다는 "선포되셨으니"라는 동사에 연결해도 해석에 특별한 문제는 없다. 바울은 그리스도께서 부활로 말미 암아 새로운 국면의 주되심과 영광을 가진 하나님의 아들로 세우심을 입었다고 말할 수도 있다. 그러나 그가 그때 새삼스럽게 하나님의 아들로 존재하기 시작했 다는 뜻은 아니다. 이 진술은 베드로가 한 말과 비슷하다. 베드로는 하나님이 예 수를 부활을 통해 "주와 그리스도"가 되게 하셨다고 했다(행 2:36). 이는 예수께서 처음으로 주와 그리스도가 되셨다는 뜻이 아니다. 베드로의 진술은 그리스도의 메시아적 주되심의 새로운 국면을 가리킨다.

(4) "성결의 영으로는." 이 구절은 여기 말고는 신약성경 어디에도 없는 표현이 라서 해석하는 데 많은 난점이 있다. 이 표현은 3절의 "육신으로는"과 병행되며 육 신이란 말이 주님의 인성을 지시하는 것인 만큼, "성결의 영으로는"은 분명 신성을 가리킨다고 추측하지만, 우리는 이런 해석을 받아들일 수 없다. 이 구절에는 바울 이 다루는 주제와 관련된 다른 대조점도 있는데 이 부분도 반드시 고려해야 한다. "성결의 영으로는"은 "죽은 자들 가운데서 부활하사"라는 표현과 매우 긴밀한 관 계에 있다. 그런데 잊어서는 안 될 사실은 이 후자의 표현은 그리스도의 인성과 관 계가 있다는 점이다. 다시 말하면, 그리스도께서 죽은 자들 가운데서 부활하셨음 은 오직 인성의 측면에서 일어난 일이다. 더욱이 "성결의 영으로는"이란 표현이 죽 은 자들 가운데서의 부활과 관련이 있음은 이 표현의 해석 방향을 명확하게 제시 한다. 3절의 "육신으로는"이 다윗의 혈통에서 유래한 국면을 설명하듯이, "성결의 영으로는"은 부활이 초래한 국면을 특징짓는다. 하나님의 아들이 부활을 통해 진 입한 새로운 국면에 대해서는 신약성경이 암시하거나 설명하는 것이 매우 풍부하 다(행 2:36; 엡 1:20-23; 빌 2:9-11; 벧전 3:21, 22). 성육하신 하나님의 아들이 부활 승천 하심으로 주권의 새로운 국면에 진입하셨고, 만물의 머리로서 몸 된 교회에 중보 자로서 수행할 새로운 능력을 부여받으셨다. 바울이 "마지막 아담은 살려주는 영 이 되었나니"(고전 15:45)라고 한 것은 이와 동일한 부활의 맥락에서 그리스도가 부 활할 때 받은 것을 암시한 말이다. 바울은 "주는 영이시다"(고후 3:17)라고도 말했

는데, 이것도 같은 사실을 가리킨다. 여기서 "주"는 바울이 흔히 가리키듯이 주 그리스도시다. 따라서 이제 그리스도는 부활로 인해 성령을 부여받고 성령에 좌우되어서 위격 간에 아무런 혼동 없이 성령과 동일시되며 또 "주의 영"이라 불리기도 한다(고후 3:18). 이제 다시 "성결의 영으로는"이라는 표현을 생각해 보자. 이 표현은 예수께서 부활을 통해 진입하게 된 영적 선물의 단계를 가리킨다. 게다가 이 텍스트는 "성결의 영으로는 능력으로 하나님의 아들로"란 어구를 "죽은 자들 가운데서 부활하사"와 연결해 준다. 이렇게 임명된 것은 당연히 부활 때문에 생긴 일이다. 따라서 4절의 사상은, 그리스도께서 부활을 통해 받은 주되심은 온통 영적인 능력을 조건부로 한다는 것이다. 3절에 나오는 그리스도의 부활 이전 상태의 상대적인 연약함은 부활 이후의 주되심에서 나타난 승리에 찬 능력과 대조된다. 이는 예수께서 하나님의 아들인 단계와 아닌 단계 사이의 대조가 아니다. 예수는 승천하신 상태에서뿐만 아니라 인간으로 낮아지신 상태에서도 성육하신 하나님의 아들이다. 이 두 상태 모두에서 예수를 하나님의 아들로 보는 것은 바울이 말하는 하나님의 복음의 본질에 속한다. 부활 이전 상태와 부활 이후 상태가 서로 비교되며 대조되고 있으나, 그 대조는 어디까지나 부활 이후 상태를 특징짓는 능력 부여에 달려 있다.

주님이 메시아로서 업적을 성취한 과정과 점차 메시아로 임명된 과정이 여기서 분명히 밝혀진다. 이 발전 과정은 죽은 자들 가운데서의 부활을 통해 명확해졌다. 성육신하여 이 땅에 사신 모든 삶은 부활을 향해 움직이고 있으며, 부활 후의 모든 것도 부활에 기초하며 부활을 조건으로 삼는다. 이것이 하나님의 복음의 주제이며 선지자들을 통한 약속이다. 바울은 여러 칭호를 함께 묶어 복음의 모든 중요한 요소를 요약 정리한다. 그는 4절 끝에서 복음 그 자체인 분을 "우리 주 예수 그리스도"라고 했다. 각각의 이름은 제각기 특별한 연상과 의미가 있다. "예수"라는 명칭은 그가 역사적 인물임을 확정하고 그의 구주되심을 말해 준다. "그리스도"는 기름 부음을 받은 자로서 맡은 공식적 사역을 가리킨다. "주"는 그가 승천하여 하나님 아버지 오른편에 앉아 하늘과 땅의 모든 권세를 행사하는 주되심을 가리킨다. 역사성과 공식적 직분, 위탁과 성취, 낮아지심과 승천하심은 하나님의 아들을 가리키는 일련의 칭호들 안에 암시되어 있다.

5절 바울은 중재하는 그리스도를 이 서신 전체에 걸쳐 반복해 보여 주는데, 여기에 처음 나온다. 바울은 그리스도를 통해 은혜 및 사도의 직분을 받았다. 바울은 "우리가 받았다"라고 말하는데, 이것은 바울이 자기 자신과 더불어 다른 사도들을 모두 가리키는 말은 아닌 것 같다. 또한 그가 디모데와 실루아노처럼 함께 수고한 다른 동료들을 지칭할 가능성은 더 낮다(빌 1:1; 살전 1:1; 살후 1:1). 이들은 사도의 직분을 받은 자들이 아니다. 그런즉 "우리"라는 복수형은 바울이 단지 자기 자신을 가리킬 때 쓰던 '범주적 복수'(plural of category)[10]로 사용한 것이다. 바울은 여기서 자신이 이방인을 위해 사도로 부름받았음을 강조하는데, 이때에는 반드시 단수로 표현할 필요가 있었다. "은혜와 사도의 직분"은 '사도직의 은혜'를 의미할 수 있다. 그러나 여기서 말하는 "은혜"는 하나님이 아무런 자격이 없는 자에게 주시는 일반적인 호의일 가능성이 더 많다. 그는 자신이 구원을 받아 그리스도와 교제하게 된 은혜와 긍휼을 결코 잊을 수 없었다(고전 15:10; 갈 1:15; 딤전 1:13-16; 딤후 1:9; 딛 3:5-7). 바울의 경우 구원에 나타난 은혜를 그가 따로 택정함을 받은 사도의 직분과 무관한 것으로 생각할 수 없다. 은혜와 사도의 직분은 그가 다메섹 도상에서 체험한 회심에서 분리되지 않았다(행 26:12-18). 이는 그의 서신들에서도 나타난다(참고. 15:15, 16; 갈 1:15, 16; 딤전 1:12-16). 이를 통해 일반 은혜와 특별 은혜가 이 경우에 밀접하게 연결되어 있는 이유를 알 수 있다(고전 15:10).[11]

---

10 이는 다음 책의 표현이다. F. Godet, *Commentary on St. Paul's Epistle to the Romans*(E. T., Edinburgh, 1880).

11 이 경우의 "은혜"를 구체적으로 사도적 직분의 은혜로 보는 몇몇 주석가들이 있는데 그 예로 칼빈과 필리피 등이 있다.
바울이 χάρις라는 말을 특정한 은사, 즉 특정한 기능이나 직분을 담당하도록 주어지는 은혜라는 의미로 자주 사용하는 것은 사실이다. 즉, 그것은 특수한 기능이나 직분의 활용상 주어진 은혜이다(12:6; 고전 3:10; 고후 1:15; 8:6,7,19; 갈 2:9; 엡 3:8; 4:7; 고전 16:3; 롬 15:15; 고후 8:1). 여기 나오는 "은혜와 사도의 직분"이란 어구의 구조와 가장 비슷한 것은 고후 8:4일 것이다. 거기서 바울은 "은혜와 성도 섬기는 일에 참여함"에 대하여 말하고 있다. 여기서는 "은혜"가 특정한 의미를 지닌 것으로 해석해야 하지만, "참여"와는 구별되어야 할 것이며, 따라서 성도들을 섬기는 일에 참여하는 은혜로 생각해서는 안 될 것이다.

바울이 은혜와 사도의 직분을 받은 목적은 "모든 이방인 중에서 믿어 순종하게" 하려는 것이었다. "믿어 순종하게"(obedience of faith)라는 말은 "믿음에의 순종"(obedience to faith)을 의미할 수도 있다(행 6:7; 고후 10:5; 벧전 1:22). '믿음'이란 용어가 믿음의 대상이나 내용, 믿게 된 진리를 뜻한다면, 그 말은 '복음에 순종'한다는 말과 같은 것이 된다(참고. 10:16; 살후 1:8; 3:14). 그러나 여기서는 "믿음"이 복음의 진리라는 의미로 사용되었다고 보기 어렵다. 여기서 믿음은 복음에 반응해서 나타난 주관적으로 믿는 행위다. 믿음의 순종을 믿음의 대상에게 자기 자신을 온전히 맡긴다는 것으로 생각할 수도 있지만, 여기서는 "믿음"과 "순종"을 동격 관계로 이해하고, 순종은 믿음 안에 존재하는 것으로 이해하는 쪽이 더 합리적이고 적절한 해석이다. 믿음은 그리스도의 복음에 헌신하는 순종의 행위로 간주되고 있다. 그러므로 "믿어 순종하게"라는 표현은 매우 폭넓은 뜻을 가진다. 사도의 직분을 통해 증진시키려고 했던 이 믿음은 잠시 있다 사라질 감정적인 행동이 아니라 그리스도와 복음의 진리에 온 마음을 다해 헌신하는 것이기 때문이다. 모든 나라는 바로 이런 믿음을 갖도록 초대받았다.

"모든 나라"(모든 이방인)란 어구를 유대인과 이방인 모두 포함한 것으로 이해해야 할지, 아니면 단지 이방인들만 가리키는 것으로 이해해야 할지는 결정하기 힘든 문제다. 이와 같은 난제는 16:26과 15:18에도 있다. 바울의 서신에서 "열방"(nations)이라는 단어는 흔히 유대인과 구별되는 이방인들을 가리킨다(2:14, 24; 3:29; 9:24, 30; 11:11; 11:25; 15:9, 10, 11, 12, 16, 27; 고전 1:23; 5:1). 바울은 여기서 자신의 사도 직분을 생각하며, 이방인의 사도가 된 것을 영광스럽게 여기기에(11:13; 행 26:17, 18; 갈 1:16; 2:7-9), 이방인을 심중에 두고 말했다고 생각하는 편이 더 자연스럽다. 이방인의 사도로서 바울은 자신의 직분이 특별히 모든 이방 나라들 가운데 복음에 대한 믿음을 증진시키는 것이라고(1:13) 생각한 것 같다.

"그의 이름을 위하여." 이 문구는 앞에 언급한 계획과 완전히 연결되어 있다. 더욱 많은 사람들로 믿어 순종케 하는 것은 모두 그리스도를 위함이다. 이렇게 추가한 것이 지향하는 바가 무엇인지 주목해야 한다. "그 이름을 위하여"라는 말이 가리키고 있는 방향을 주목하는 것이 좋다. 복음을 증진해야 하는 가장 중요한 목적은 이방인들의 유익을 위함보다는 그리스도의 영예와 영광이다. 그리스도의 대사는 복음을 증진시킬 계획을 세울 때 이 최고의 관심사, 즉 그리스도의 영예와 영광을 지향해야 한다. 그리스도의 대사의 주관적인 계획은 하나님이 앞서 계획하신 객관적인 계획을 반영해야 한다.

6절 로마의 신자들은 복음을 전파해서 얻은 열매다. "너희도 그들 중에서 예수 그리스도의 것으로 부르심을 받은 자니라." 이 구절에서 "부르심을 받은"이란 단어의 사용은 매우 중요하다. 바울은 하나님의 부르심에 의해 사도의 직분을 받았음을 이미 드러내 밝혔다(1절). 그런데 로마의 신자들이 그리스도의 제자가 된 것도 동일한 종류의 부르심에 의한 것이었다. "예수 그리스도의 것으로 부르심을 받은"이란 표현은 예수 그리스도가 부르심의 주체라는 의미가 아니다. 한결같이 하나님이 부르심의 주체로 나타나기 때문이다(8:30; 11:29; 고전 1:9; 딤후 1:9). 하나님이 신자들을 하나님의 아들과 교제하도록 부르셨기 때문에(고전 1:9), 로마의 신자들은 그리스도에게 속한다는 의미에서 예수 그리스도의 것으로 부르심을 받았다.

7절 5절에서 말했듯이 바울은 이방인 중에서 복음을 전하는 것을 염두에 두었다. 하지만 로마의 신자들에게 인사를 할 때[12] 그는 결코 유대인과 이방인을 차별하지 않고 두 그룹을 모두 포함해 '로마에 있는 사람들에게'라고 했다. 바울은 인종을 구별하지 않고, 하나님의 은혜로 인해 생긴 구별에 대해 자세히 설명한다. 바울은 "하나님의 사랑하심을 받고 성도로 부르심을 받은 모든 자에게" 인사했던 것이다. 이 경우에 바울은 명시적으로 로마의 교회를 지칭하지 않는다(이것과 대조적인 구절은 고전 1:2; 고후 1:1; 갈 1:2; 살전 1:1; 살후 1:1). 로마서의 인사에서 교회라는 말이 빠졌다고 바울이 로마에 교회가 없다고 생각했다는 뜻은 아니다(12:5; 16:5). 교회라는 용어의 생략은 바울의 다른 서신에도 나타나는 단순한 변칙에 불과하

---

12 ἐν Ρώμη 독법을 지지하는 증거는 그것을 보유하는 방향으로 기울어지게 한다. 15절에 대해서도 같은 말을 할 수 있다.

다(엡 1:1; 빌 1:1; 골 1:2). 바울이 "하나님의 사랑하심을 받고"라는 문구를 다른 서신의 인사말에 쓴 경우는 없다. 오직 이 구절에만 바로 이 형태로 나타날 뿐이다. 동일한 의미를 지닌 형태가 골로새서 3:12, 데살로니가전서 1:4, 데살로니가후서 2:13에 나타나기 한다. "사랑하는"이란 단어를 바울은 자기 형제들에게 사랑을 표현하기 위해 즐겨 사용했다(12:19; 16:5, 8, 9, 12; 고전 4:4; 고후 7:1; 딤후 1:2). "하나님의 사랑하심을 받고"라는 표현은 하나님 아버지께서 그의 백성을 애정 어린 마음으로 자신의 품안에 안는, 친밀하고 부드러운 하나님의 사랑을 가리킨다. 로마의 성도들과 바울을 묶어 주는 끈도 하나님의 이러한 사랑이다. "성도가 되게 부르심을 받다" 또는 "성도로 부르심을 받다"라는 문구는 믿는 자들을 성도가 되도록 하시는 하나님의 행동이 효력이 있음을 강조한다. 하나님의 부르심을 통해 성도가 된다. 신자들은 성도의 지위로 인도받은 것이다. "하나님의 사랑하심을 받다"는 신자에 대한 하나님의 태도를 묘사한다. 이는 그들이 다른 사람들과 구별됨을 보여 준다. "부르심을 받았다"라는 말은 하나님이 특별하게 그들을 사랑하셔서 하신 행동이 효과를 발휘했음을 보여 준다.

"성도로 부르심을 받았다"라는 말은 유효한 소명의 의도와 효과를 통해 거룩히 구별되었음을 묘사한다. "성도"라는 단어는 무엇보다 먼저 하나님에게 따로 구별되었다는 개념을 갖고 있음이 분명하지만 "성도"라는 용어로부터 그러한 성별됨을 보완하는 거룩한 성품을 떼어내는 것은 불가능하다. 다시 말하면, 신자는 성령에 의해 거룩하게 된 것이며, 이 서신에서 계속 가르치는 것처럼, 신자의 특징을 가장 잘 보여 주는 것은 그들의 마음과 생활방식의 거룩함이다.

바울이 사용한 인사는 본질적으로 기독교의 특징을 잘 보여 준다. 우선 "은혜"는 하나님이 우리에게 베푸시는 호의이다. 바울이 말하는 "평강"(평화)의 의미는 죄로 인해 하나님과 인간의 관계가 소원해진 배경을 모르면 전혀 이해할 수 없다. 그러므로 "평강"은 그리스도께서 성취하신 화해에 기초해 하나님과 더불어 다시 화목하게 되는 것이다. 이렇게 다시 회복된 관계의 기본적인 의미는 5:1, 2에서 설명한다. 지금 바울의 선언처럼 성경이 말하는 평강의 풍성한 의미를 이해하려면, 우리는 먼저 하나님과 인간의 관계가 멀어진 것의 의미와 이런 소외 관계가 보여 주는 진노의 실재를 제대로 알아야 한다. 평강은 아무런 제약 없이 담대하게 하나님의 임재 안으로 들어가는 특권을 받은 지위를 의미한다. 하나님의 평화는 그리스도 예수 안에서 마음과 생각을 지키시는 하나님의 평강과 분리될 수 없다(빌 4:7). "은혜"와 "평강"은 반드시 구별되지만 이 인사에서는 각기 고유의 개념을 유지하면서 서로 밀접한 관계를 유지한다. 이 두 단어의 상호의존 관계를 고려하면, 바울이 서신들에서 사람들에게 상기시킨 풍성한 축복의 의미를 알 수 있다(고전 1:3; 고후 1:2; 갈 1:3; 엡 1:2; 빌 1:2; 골 1:2; 살전 1:1; 살후 1:2; 딛 1:4; 몬 3).

"하나님 우리 아버지와 주 예수 그리스도로부터." 다음의 내용들을 통해 우리는 이 문구의 풍성한 의미를 알 수 있다.

(1) "하나님"은 여기서 삼위일체의 제1위격인 아버지다. 이 표현은 바울이 사용하는 특징적인 용법으로서 이 서신 전체에 걸쳐 반복해서 나타난다. "하나님"이라는 칭호를 사용한다고 해서 다른 위격들의 완전한 신성을 삭감했다고 해석해서는 안 된다. "주"는 아버지와 성령과는 구별되는 그리스도의 호칭으로 흔히 쓰이나 이 또한 다른 위격들의 주되심이나 주권을 절대 삭감하지 않는다. 이 호칭들은 각 위격들을 구별하기에 매우 중요한 의미가 있다. 그러나 신학적으로, 이런 명칭이 아버지에게만 신성을, 그리스도에게만 주되심을 부여하는 것으로 해석해서는 안 된다. 바울은 그리스도는 "만물 위에 계셔서 세세에 찬양을 받으실 하나님이시니라"고 했으며(9:5), 또 그 안에는 "신성의 모든 충만"이 거한다고 증언했기 때문이다(골 2:9).

(2) 신자들의 아버지는 주 예수 그리스도와 구별되는 성부이시다. 이는 바울이 한결같이 사용하는 표현이다.[13]

(3) 아버지는 신자와 그리스도가 공유하는 아버지가 아니다. 그리스도의 아들 되심의 유일성을 특히 변호하고 있다. 그리스도는 하나님 아버지의 친아들이다. 따라서 아버지와 아들과의 독특한 관계가 암시되어 있다(8:3, 32). 이는 예수 자

---

13 이 주제를 좀 더 고찰하려면, 저자의 *Redemption Accomplished and Applied*(Grand Rapids, 1955), pp.110 이하를 보라.

신의 증언과도 일치한다. 예수는 제자들과 자신을 하나로 묶어 하나님 아버지를 "우리의 아버지"라고 부르신 적이 전혀 없다. 예수는 자신이 속해 있던 공동체 안에서 제자들과 똑같은 입장에서 아버지께 나아가신 적이 한 번도 없다(마 5:45, 48; 6:9, 14; 7:11; 눅 6:36; 12:30; 요 5:17, 18; 20:17).

(4) 아버지와 주 예수 그리스도는 바울이 구하고 있는 은혜와 평강을 공동으로 창조하신 분이다. 예수 그리스도께서 하나님과 더불어 구속에 속한 많은 복의 근원이자 수여자로 제시된 것은 그리스도의 위엄에 합당하다.

2. 서론(1:8–15)

8. 먼저 내가 예수 그리스도로 말미암아 너희 모든 사람에 관하여 내 하나님께 감사함은 너희 믿음이 온 세상에 전파됨이로다

9. 내가 그의 아들의 복음 안에서 내 심령으로 섬기는 하나님이 나의 증인이 되시거니와 항상 내 기도에 쉬지 않고 너희를 말하며

10. 어떻게 하든지 이제 하나님의 뜻 안에서 너희에게로 나아갈 좋은 길 얻기를 구하노라

11. 내가 너희 보기를 간절히 원하는 것은 어떤 신령한 은사를 너희에게 나누어 주어 너희를 견고하게 하려 함이니

12. 이는 곧 내가 너희 가운데서 너희와 나의 믿음으로 말미암아 피차 안위함을 얻으려 함이라

13. 형제들아 내가 여러 번 너희에게 가고자 한 것을 너희가 모르기를 원하지 아니하노니 이는 너희 중에서도 다른 이방인 중에서와 같이 열매를 맺게 하려 함이로되 지금까지 길이 막혔도다

14. 헬라인이나 야만인이나 지혜 있는 자나 어리석은 자에게 다 내가 빚진 자라

15. 그러므로 나는 할 수 있는 대로 로마에 있는 너희에게도 복음 전하기를 원하노라

바울이 교회와 개인에게 편지를 보낼 때는 인사 다음에 그 교회나 개인이 받은 은혜로 인해 하나님께 감사를 드리는 것이 일반적이다(고전 1:4; 빌 1:3, 4; 골 1:3; 살전 1:2; 살후 1:3; 딤후 1:3; 몬 4, 5). 고린도후서 1:3과 에베소서 1:3은 약간 예외적인 경우인데, 거기서는 감사가 송영의 형식을 취한다. 갈라디아서 1:6은 주목할 만한 예외인 경우로, 거기서는 "내가 감사하노라"가 아닌 "내가 이상히 여기노라"로 표현했다. 그럴 만한 이유가 분명 있었다.

8절 여기서 바울은 "무엇보다 먼저" 감사하는 사실에 우리를 주목시킨다. 바울이

아직 방문하지 못한 로마 교회에 편지를 쓸 때, 그의 마음에 가장 먼저 떠오른 생각은 그곳 성도의 믿음이다. 그러나 바울의 감사는 성도들에게 향하지 않고 바로 하나님께 향한다. 성도의 믿음은 하나님이 주신 은혜의 증거이므로 바울은 먼저 하나님께 감사를 드려야 했다. "나의 하나님께 감사한다"(빌 1:3; 몬 4)는 표현은 하나님과의 지극히 개인적인 관계를 드러내며 여기에는 상호관계가 내포되어 있다. 이는 마치 바울이 "나는 그의 것이요 그는 나의 것"(행 27:23)이라고 말하는 것 같다. 바울은 그런 친밀한 관계를 생각하면서 하나님께 감사드린다.

그리스도의 중재적 역할(5절)이 이 감사에 나타난다. 그리스도야말로 바울이 감사를 드리도록 이끄신 중재자이시다.[14] 그는 바울의 현재 모습이 있게 하시고 바울이 감사할 수 있는 원인을 제공하셨기 때문이다. 바울은 신약의 다른 곳에서도 그리스도를 통해 감사를 드린다고 했다(엡 5:20; 골 3:17; 히 13:15; 벧전 2:5). 그런즉 예수 그리스도를 하나님께 감사를 드리는 중보자로 보는 것이 타당하다.

로마 교회 성도들의 믿음 때문에 바울은 감사를 드리지 않을 수 없었다. "너희 믿음이 온 세상에 전파됨이로다." 분명 바울은 이 믿음으로 인해 하나님께 감사를 드렸으며, 그들에게 있는 믿음을 하나님의 선물로 생각했다. 그러나 바울이 **그들로 인해** 감사를 드린 사실에 주목해야 한다. 바울이 **그들 때문에** 하나님께 감사를 드릴 수 있었던 특별한 이유는 믿음이었다. 믿음은 인격 안에 있는 것으로서, 사람이 하나님과 맺고 있는 관계를 생각하지 않으면 무의미하다. 바울은 로마 교회 성도들에게 관심이 많다는 것을 드러낸다. 바울은 로마 교회에 있는 모든 사람으로 인해 감사를 드렸다. 바울이 비록 로마에 있는 모든 사람을 다 알고 있지는 않았지만, 바울이 이렇게 로마 교회의 모든 성도로 인해 감사드린 것은 바울과 그들을 묶어 주는 유대관계를 잘 보여 준다. 그리스도인의 유대관계는 개인적 친분에 의해 형성된 작은 그룹에게만 제한되지 않는다. "온 세상"이란 표현은 일종의 과장으로 간주되어 왔다. 물론 바울은 온 세계, 하늘 아래 모든 사람이 다 로마

---

14 마이어의 말을 빌리면 다음과 같다. "그리하여 그리스도는 감사의 원인을 제공하는 중보자이다. 그를 감사를 중재하는 존재로 여긴다는 것은 바울의 다른 글로 보아서도 합당하지 못하며 히 13:15에 의해서도 정당화될 수가 없다"(앞의 책).

교회 성도의 믿음에 관해 들었다는 의미로 말한 것은 아니다. 아무리 문자적으로 이해하더라도 바울의 그런 표현이 하늘 아래 만인이 다 그들의 믿음에 관해 들었다는 의미는 아니다. 그렇지만 이 표현은 바울 당시에 알려진 세계에 복음이 광범위하게 퍼졌음을 보여 준다(골 1:23; 행 17:30, 31). 이 구절이 보여 주는 것은 복음이 광범위하게 퍼지는 것과 함께 로마 교회 성도의 믿음도 널리 퍼졌다는 사실이다. 이는 온 세계 여러 교회들 사이에 성도의 교제가 있었음과 로마 교회의 성도가 복음의 신실한 증인이었음을 증언한다.

9-10절 9절은 로마 성도들의 믿음으로 인해 하나님께 감사드린 8절을 확증한다. "하나님이 나의 증인이 되시거니와"는 일종의 맹세다. 맹세는 가장 강력한 증언이다. 바울은 다양한 이유로, 여러 형태의 맹세를 사용한다(고후 1:23; 11:31; 갈 1:20; 살전 2:5). 이는 거룩한 목적을 위해 경건한 자세로 하는 맹세는 괜찮다는 것을 보여 준다. 거짓되고 신성모독적인 맹세만이 정죄를 받는다. 여기서 바울은 왜 맹세를 했는가?

바울은 그가 로마의 성도에 대해 굉장한 관심을 갖고 주목하고 있음을 그들에게 확신시키고, 또 자기가 로마를 방문하지 못하게 된 것은 열의 부족이나 목적이 없어서가 아니라, 나중에 언급하듯 하나님의 섭리로 인한 것이었음을 설명하려고 했다(13절; 15:22-25). 이런 맹세를 통해 로마 방문의 지연 때문에 발생할 수 있는 여러 가지 오해를 해소하려 했다. 아울러 로마 교인들이 바울의 편지를 받고 혹시 어떤 불미스러운 거부반응이라도 보이지 않을까 염려해 로마 교인들의 마음속에 바울과 그들이 애정과 존경으로 굳게 맺어진 관계임을 깊게 인식시켜 놓으려는 의도가 있었다. 하나님을 증인으로 내세운 호소는 "내가 그의 아들의 복음 안에서 내 심령으로 섬기는"이란 말로 강화되었다. 바울이 하나님을 섬기는 깊이와 진실성은 "내 심령으로"라는 말에서 잘 나타난다. 그리고 "그의 아들의 복음"은 하나님의 아들을 주제로 삼고 있는 복음을 말하는데(3절), 이는 곧 바울이 헌신적으로 섬기는 영역을 가리킨다.

바울은 복음 안에서 하나님을 위해 일했고, 또 그 사역에 깊이 헌신했다. 그러므로 바울은 그 사역의 성격과 헌신의 깊이를 저변에 깔고 그의 진실함을 보증하시는 하나님을 증인으로 내세우고 있는 것이다. 하나님의 증언에 호소하면서까지 주장하고 있는 사실은 9절 하반부와 10절에 나오는 "항상 내 기도에 쉬지 않고 너희를 말하며… 좋은 길 얻기를 구하노라"는 내용이다. "항상 내 기도에"라는 표현은 앞의 단어 "말하며"와 연결할 수도 있고 뒤의 단어 "구하노라"와 연결할 수도 있다. 그러나 후자의 경우가 더 타당한 이유는 다음과 같다. ① "항상 내 기도에"를 앞의 단어와 연결하면, 번거롭게 같은 주제를 놓고 "쉬지 않고"와 "항상"이란 두 단어를 장황하게 늘어놓는 셈이다. ② 후자를 받아들이면, "항상 내 기도에… 구하노라"는 표현은 로마에 있는 신자들에 대해 끊임없이 언급한다는 의미를 구체적으로 설명하기 때문에 후자가 더 합당하다. "쉬지 않고"라는 말은 다른 것은 배제한 채 오로지 어느 한 가지만을 생각한다는 의미로 이해해서는 안 된다(살전 1:3; 2:13; 딤후 1:3). 바울은 우리에게 '쉬지 않고 말한다'는 어구의 의미를 정의해 주거나, 최소한 그 예를 구체적으로 보여 준다. 즉, 바울은 로마의 신자들과 직접적으로 관계된 열망에 대해 하나님께 기도한다.

바울은 "어떻게 하든지 이제 하나님의 뜻 안에서 너희에게로 나아갈 좋은 길 얻기를 구하노라"고 기도했다(10절).[15] 이 구절을 통해 우리는 다음과 같은 사항을 생각할 수 있다.

(1) 바울은 하나님께 특별히 간구한 주제를 간절한 마음으로 품고 있었지만, 이 기도가 하나님도 성취되기를 원하시는지 확신할 수 없었다.

(2) 이 기도는 하나님의 섭리로 인해 결국 성취되지 못했다(13절).

(3) 그러나 바울은 이 때문에 열망을 포기하지 않았으며 그것이 성취되기를 간구했다.

(4) 바울이 그 요구를 가슴에 품고 그것을 언제나 기도의 제목으로 삼는 것이 하나님의 계시된 뜻과 특별히 사도의 사명과 일치한다는 확신을 하게 되었다.

(5) 바울은 이 문제를 완전히 하나님의 뜻에 맡겨 버린다. 이것이 "하나님의 뜻

---

15 마이어는 "어떠한 경우라도"라는 말로 εἴ πως ἤδη ποτέ의 생각을 표현했다.

안에서"라는 말의 의미다. 하나님의 섭리적인 뜻을 강조한 것이다.

(6) 하나님이 정하신 섭리 속에 나타날 최종적인 결과에 대해 우리는 잘 모르지만, 계속 간구할 수는 있다. 양자는 서로 모순되지 않는다.

11절 이 구절은 9절과 10절에 나오는 기도에 대한 이유를 설명해 준다. 바울이 로마의 성도들을 보려고 한 간절한 열망은 특별한 목적 때문이었다. 즉, 그들을 견고하게 할 신령한 은사를 그들에게 주려고 했다. 바울은 그들의 신앙을 확신했고 그들에게 나타난 은혜의 역사로 인해 하나님께 감사드렸지만, 그의 생각과 태도가 그리스도인으로서 받은 소명에 따른 것임을 보여 준다. 그래서 바울은 그들이 하나님의 은혜로 성취한 것을 축하하면서도, 그들을 만나고 싶은 갈망 속에는 그들의 신앙이 진보하고 견고해지도록 하려는 마음이 있었다. 빌립보서 3:12은 바울 자신과 그들에 대한 그의 생각을 잘 표현하고 있다.

"신령한(영적인) 은사"는 성령으로부터 나오고 성령에 의해 부여되는 은사다. 그러나 무슨 종류의 은사를 생각하고 있는지는 확실치 않다. 즉, 그것이 사도시대의 교회에 주어진 기적을 행하는 은사인지(고전 12:9, 10, 28, 30), 또는 더 일반적인 성격을 지닌 은혜의 은사인지(11:29; 15:29; 12:6-8; 고전 1:7; 벧전 4:10) 확실치 않다. 기적을 행하는 은사를 고려할 수는 없었다고 단정해서는 안 된다. 교회를 견고케 하고 덕을 세우기 위해 기적을 행하는 은사가 주어진 예도 있기 때문이다(고전 12:9-13, 28-30; 14:35, 26-33; 엡 4:11-14; 히 2:4). 그러나 분명하게 표현된 "어떤 신령한 은사"라는 말을 성령의 특별한 은사 또는 기적을 행하는 은사로만 생각할 수는 없다. 다만 우리가 말할 수 있는 것은 바울이 사람들을 견고케 할 수 있는 성령의 어떤 은사를 로마의 성도들에게 전달해 주는 대리자가 되기를 갈망했다는 사실이다. 바울은 자기가 "그들을 견고케 하려 한다"고는 말하지 않았다. 설사 그가 그렇게 말한다고 해도 그것이 비성경적이거나 전혀 바울적이지 않다는 뜻은 아니다(눅 22:32; 행 18:23; 살전 3:2). 그러나 이 문맥에서는 성령을 언급하고 있고, 겸손하게 수동태를 사용하고 있다. "너희가 견고하게 되기를 바람이다"(to the end that ye may be established, 참고. 16:25; 살후 2:17).

12절 11절의 수동태에 나타난 묘미가 12절에서는 더 명백히 나타났다. 고데트(F. L. Godet)는 이렇게 말한다. "바울은 너무나 진술하리만큼 겸손하며 동시에 그의 감정은 매우 섬세한지라, 바울이 함께 있음으로 그들이 받는 영적인 유익이 일방적인 성격을 띠게 허용할 수 없었다."[16] 그래서 바울은 "이는… 내가 피차 안위함을 얻으려 함이다"라고 말한다. 바울은 성도를 강건하게 하려는 간절한 마음을 표현했었다(11절). 그런데 지금 바울은 그들을 강건하게 하고 싶다고 말하면서 '격려'로 번역되는 용어를 사용한다(개역개정판에서는 "안위"로 번역했다—옮긴이). 즉, 바울은 로마의 성도들과 더불어 자신도 격려와 힘을 얻기를 바라는 것이다. 이런 격려의 매개체는 성도와 바울 상호 간의 믿음이다. 바울과 그들이 동일한 믿음으로 상호 작용을 주고받음으로써 서로에게 힘과 위로를 주게 된다.[17]

13절 13절에 있는 "너희가 모르기를 원하지 아니하노니"라는 관용적인 표현은 앞으로 말하려는 정보의 중요성과 그들이 이를 반드시 고려해야 함을 강조한다(참고. 11:25; 고전 10:1; 12:1; 고후 1:8; 살전 4:13). 이 정보는 바울이 로마에 가는 목적과 관계가 있다. 10, 11절에서 바울은 자신의 간절한 소원을 표현했고 그 성취를 위해 간구했다. 바울은 이제 그의 독자들에게 로마에 가려는 열망과 그것을 위한 기도와 방문의 목적을 알려 주고, 이런 결심에도 불구하고 로마에 갈 수 없었던 것은 다른 상황이나 일 때문이었음을 말해 준다. 이 좌절된 계획에 관한 언급이 15:22에 다시 나타난다. "그러므로 또한 내가 너희에게 가려 하던 것이 여러 번 막혔더니." 그러나 이 문장에서도 바울은 예루살렘으로 가야 했기 때문에 로마를 방문하려는 계획이 막혔다고만 말하고(15:25-27) 다른 방해 요소에 대해서는 아무런 정보도 주지 않는다. 아마 전적으로 섭리에 의해서, 혹은 바울이 통제할 수 없는 상황 때문에 가지 못했을 것이다. 이런 방해 요소의 성격에 관해 추측하는 것

---

16 앞의 책, 동일한 곳.
17 "그는 로마인들 가운데서, 그리고 동시에 그들과 더불어(ἐν ὑμῖν) 힘을 얻으려고 갈구한다. 로마인들과 바울이 공유하는 믿음에 의해 그렇게 되기를 바란다. 이는 조화로운 믿음에 기초한 동정심을 품고 상호작용을 주고받음으로 이뤄진다"(Meyer, 앞의 책).

은 쓸데없고 불필요하다. 그 방해들은 순전히 섭리에 따른 것이고 바울이 어쩔수 없는 환경 때문이었을지 모른다. 그런 방해들은 하나님의 계시에 의한 것이기에 바울이 이전에 결정했던 것과는 정반대의 행동을 취하도록 했을지도 모른다(참고. 행 16:7). 이 두 가지 종류 모두에 속하는 것일지도 모른다. 바울이 이와 관련해 우리에게 명확히 말하는 바는 없다. 그가 로마를 방문하기로 결정한 유일한 이유는 그가 말한 대로 "다른 이방인 중에서와 같이 열매를 맺게 하려 함"이다. 바울은 로마의 성도들이 바울 자신에게서 거둘 열매보다는 바울이 직접 그들을 방문함으로써 그들에게서 거둘 열매에 대해 생각했다. 여기서 또다시 바울의 겸손이 드러난다. 여기에 나타난 생각은 열매를 거둔다는 것이지, 열매를 맺는다는 것이 아니다. 그러나 이 말의 저변에는 성도의 진보와 유익이 깔려 있다. 바울이 열매를 모으려면 로마의 성도들이 열매를 이미 맺었기 때문에 가능할 것이며, 따라서 그 열매의 공을 그들에게 돌릴 것이다(빌 4:17).

로마의 교회에 이방인 비율이 월등하게 높다는 사실은 "이는 너희 중에서도 다른 이방인 중에서와 같이"라는 표현에 잘 나타난다.

14절 14절은 13절과 논리적으로 매우 긴밀한 관계가 있다. 13절에서 바울은 이방인들에게 복음을 전해서 거둬들인 열매를 강조하기 때문에, 헬라인이나 야만인이나 지혜 있는 자나 어리석은 자에게 진 빚이 바울로 모든 사람에게 복음을 전하게 만든 신성한 의무가 아니라 오히려 그들 가운데서 거둬들인 열매로 인해 모든 계층에게 감사해야 할 빚처럼 보일지도 모른다.[18] 그러나 용어를 자세히 보면 이와 같은 한정된 의미의 빚을 말하는 것이 아님을 알 수 있다. 빚이란 단어는 어떤 것을 반드시 갚아야 한다는 의무의 개념과 분리해서 생각할 수 없다. 15:27에는 상대방으로부터 어떤 물질을 받았기 때문에 빚을 졌다는 개념이 확실히 드러난다. 그러나 여기서도 감사의 빚을 강조하지 않고 빚진 상태에서 생기는 의무를 강

---

18 고데트는 이렇게 말한다. "바울은 어떤 부류에 속하든지 간에 모든 개개인을 자기의 채권자로 보았다. 사도는 자기에게 부여된 은혜와 자기가 받은 직분에 의해 자기의 생명, 자기의 인격을 그 모든 개인들에게 빚진 것이다"(앞의 책).

조한다. 그런즉 지금의 경우도 마찬가지다.

"빚"은 바울이 사도로서 수고해 거둬들인 열매의 견지에서 해석해야 할지라도, "빚진 자"라는 말은 일차적으로 바울이 헬라인이나 야만인이나 지혜 있는 자나 어리석은 자에게 진 의무를 반영하고 있는 것으로밖에 해석할 수 없다(마 6:12; 18:24; 눅 13:4; 롬 8:12; 갈 5:3). 그리고 완수해야 할 의무를 강조하고 있는 만큼 수많은 주석가처럼, 바울이 온 민족과 모든 계층의 사람들에게 복음을 전해야 할, 하나님으로부터 받은 전도의 의무로 보는 편이 더 자연스럽다(참고. 고전 9:16, 17). 바울이 로마의 성도들에게서 열매를 거두기 위해 여러 번 로마에 가려던 목적이 이방인들을 차별하지 않고 그들에게 복음을 전해야 할 사도로서의 사명의 일환이었다는 점에서, 13절과 14절은 논리적으로 밀접한 관련이 있다.

바울이 로마인을 그리스인의 부류에 포함했는지, 아니면 야만인의 부류에 포함했는지에 대해 우리가 어떤 결정을 내릴 필요는 없다. 로마인은 어리석은 자가 아닌 지혜 있는 자로 여겨졌을 가능성이 높지만 꼭 그렇다고 단정할 수는 없다. 지혜로운 자와 어리석은 자의 구별은 문화적 발달과 관계가 있기에 같은 국적을 지닌 사람들도 두 부류로 나뉜다. 따라서 로마인 가운데도 지혜로운 자와 지혜롭지 못한 자가 있다. 이렇게 구분하는 목적은, 복음이 국적이나 문화적 발달과 상관없이 모든 사람을 위한 것이며, 이방인의 사도로서 바울은 모든 사람에게 복음을 전파할 신성한 의무가 있음을 말하기 위함이다.

15절 바울은 모든 사람에게 복음을 전하는 것이 자신의 의무임을 확인한 뒤, 15절에서는 이를 로마 교회에 적용한다. 아직까지 로마에서 복음을 전파하지 못한 이유는 로마에서 복음을 전하는 것이 싫어서가 아니었다. 바울은 간절한 열망과 결단과 목적의식을 품은 채 로마에서 복음을 전할 준비를 갖추고 있다.[19]

---

19 τὸ κατ' ἐμὲ πρόθυμον을 어떻게 해석하느냐 하는 문제는 주석가들의 논란거리이다. 혹자는 그 말 전체를 주어로 여겨 "나는 로마에 있는 여러분에게도 복음을 전파할 준비를 했다"(my readiness is to preach the gospel to you are at Rome also)라고 이해한다. 그런데 혹자는 τὸ κατ' ἐμέ를 주어로 πρόθυμον을 술어로 본다. πρόθυμος는 마 26:41, 막 14:38에서처럼 술어로 분명히 사용될 수 있다. τὸ πρόθυμον은 또한 명사로 이해될 수도 있는데(참조. LXX of III Macc. 5:26), 이 경우에는 '준

3. 로마서의 주제(1:16-17)

16. 내가 복음을 부끄러워하지 아니하노니 이 복음은 모든 믿는 자에게 구원
을 주시는 하나님의 능력이 됨이라 먼저는 유대인에게요 그리고 헬라인에
게로다
17. 복음에는 하나님의 의가 나타나서 믿음으로 믿음에 이르게 하나니 기록
된 바 오직 의인은 믿음으로 말미암아 살리라 함과 같으니라

16-17절 바울은 앞에서 강하게 결단하고 목적을 세워 로마에 가서 복음을 전
할 준비를 했다고 단언했다. 16, 17절에서 바울은 이렇게 결정한 이유를 말한
다. 바울은 "내가 복음을 부끄러워하지 아니하노니"[20]라고 말하면서 복음에 대
해 부정적 어법으로 이야기하는데, 이는 복음에 대해 확신을 품고 그것을 영광스
럽게 생각하며(5:2, 3, 11; 갈 6:14), 같은 구절 하반부에서 복음의 효력에 대해 확
신하는 모습과 어울리지 않는다고 생각하기 쉽다. 그렇지만 이 세상의 지혜로운
자들이 복음을 멸시하며(고전 1:18, 23-25), 세계 제국의 왕좌인 로마가 모든 권세

비'(readiness), 또는 '열망'(eagerness)을 의미한다. 이 경우에 κατ᾽ ἐμέ는 소유격의 의미가 있어서 '나
의'(my)와 동일하다. 따라서 이 어구의 의미는 '나의 준비'(my readiness)가 된다(행 17:28; 18:15;
엡 1:15에서는 대격 대명사와 붙은 κατά의 의미가 있으며, 행 26:3에서는 'Ιουδαίους와 붙은 κατά
의 의미가 있음). 만일 우리가 이 견해를 채택한다면, 동사 ἐστιν을 덧붙여서 '전파할 준비를 했다'(my
readiness is to preach) 등으로 번역할 수 있다. 그러나 τὸ κατ᾽ ἐμέ는 주어로서 빌 1:12의 τὸ κατ᾽
ἐμέ와 같이 홀로 설 수 있고, 엡 6:21, 골 4:7에서와 같이 동사의 목적어로 홀로 설 수도 있다. 이런 경
우에 κατ᾽ ἐμέ는 아직도 소유격의 의미를 지니고 있어서 그 표현이 의미하는 내용은 '나의 임무'(my
affairs) '나에게 속한 일'(the things belonging to me)이다. 우리는 이런 후자의 예들, 특히 빌 1:12의
예와 같은 유추를 따르지 않을 이유가 전혀 없다. 즉, τὸ κατ᾽ ἐμέ를 주어로, πρόθυμον을 술어로 보지
못할 이유가 전혀 없다. 따라서 τὸ κατ᾽ ἐμέ의 의미는 '나에게 속한 것'(that which belongs to me)이다.
그리하여 '내 능력이나 권한 아래 들어오는 모든 것이 준비되어 있다' 또는 '나로 말하면 준비가 되어 있
다'는 뜻이 된다. 이것은 ASV역은 물론 KJV역에서도 쓰인 의미다. 매끄러운 구문과 유추를 감안해도 이
해석이 낫다.
20 Dᶜ K L P와 기타 문헌에서는 τοῦ Χριστοῦ가 τὸ εὐαγγέλιον에 붙어 있다. 그러나 ℵ A B C D* E G
그리고 몇 개의 초서 및 번역에서는 이것이 생략되어 있다. 이것은 원래는 그 말이 붙어 있지 않았음을 강력
히 증언한다. 더욱이 전달 과정에서 생략된 것으로 보기보다는 추가된 것으로 이해하는 것이 더 쉽다.

를 다 갖고 있음을 기억할 때, 우리는 바울의 부정적인 표현과 그 저변에 깔린 확신의 중요한 의미를 발견할 수 있다. 인간의 지혜와 권력의 위세와 마주치게 되면 우리는 복음을 수치스럽게 생각하기 쉽다. 이런 수치심은 복음의 진리를 불신하고 있음을 드러낸다. 반면에 부끄러워하지 않는 것은 믿음의 증거다(막 8:38; 딤후 1:8).

바울은 이 본문에서 복음을 부끄러워하지 않는 이유를 계속해서 점진적으로 말한다. 바울은 먼저 우리에게 그가 로마에서 복음을 전할 준비가 되어 있다고 말하는 이유를 설명한다. 그는 복음을 부끄러워하지 않기 때문이다. 그 다음 바울은 자신이 왜 복음을 부끄러워하지 않는지 그 이유를 말한다. 그것은 복음이 구원을 주시는 하나님의 능력이기 때문이다. 마지막으로 바울은 우리에게 복음이 구원을 주시는 하나님의 능력이 되는 이유를 설명하는데, 그것은 복음 안에 하나님의 의가 계시되었기 때문이다.

"그것은 구원을 주시는 하나님의 능력이다"라는 문장에서 주어는 의심할 여지 없이 복음이다. 복음은 곧 메시지이고, 그것은 언제나 선포된 메시지다. 복음 그 자체가 메시지다. 그러므로 복음의 메시지는 구원을 주시는 하나님의 능력이라는 명제의 분명한 의미를 간과해서는 안 된다. 하나님은 복음의 메시지를 통해 구원하신다(고전 1:21). 이것은 구원하시는 하나님의 능력이 오직 복음을 통해서만 작동한다는 의미다. 구원을 주시는 하나님의 능력이 곧 복음이다. 그 메시지는 하나님의 말씀이며, 이 하나님의 말씀은 살아 있고 힘이 있다(히 4:12).

"하나님의 능력"은 하나님께 속한 능력이며, 따라서 그 능력은 신성하다. 이를 제대로 설명하려면 하나님의 전능성을 언급해야 하는데, 이것은 결국 복음이야말로 구원에 이르게 역사하시는 하나님의 전능성을 의미한다는 말이다. "구원"은 부정적인 면과 긍정적인 면을 모두 갖고 있다. 즉, 그것은 죄와 사망의 상태에서 의와 생명으로 나아가는 것이다. 이 '구원'에 포함되어 있는 다양한 측면이 이 서신에서 개진되고 있다.

하나님의 능력이 구현된 것이 복음인데, 이 구원을 주시는 하나님의 능력은 아무 조건 없이 보편적으로 구원에 이르게 하지 않는다. "모든 믿는 자에게"라는 표현이 그 이유를 말해 준다. 즉, 믿음이 없다면 구원은 이루어지지 않는다.[21] 그러므로 바울이 로마서에서 다룰 구원은 믿음을 떠나서는 아무런 실재나 의미나 타당성이 없다. 여기서 바울은 로마서 전체에 걸쳐 믿음을 강조할 것을 시사한다. 그러므로 로마서에 나타나는 구원의 개념은 **믿음으로 말미암아 구원을 주시는 하나님의 능력**이다. 복음을 통해 선포된 것이 바로 이 구원이며, 메시지로서의 복음은 이 능력의 구현체이다.

"복음은 믿는 모든 사람(every one)에게 구원을 주신다"에서 강조된 "모든"(every)을 약화시켜서는 안 된다. 이는 복음의 성격 및 믿음의 의미와도 직결된다. 인종이나 문화로 인한 차별은 없다. 죄를 짓고 타락했다고 해서 그것이 방해물이 되지는 않는다. 믿음이 있는 곳, 그곳에 전능하신 하나님의 구원의 역사가 일어난다. 이는 예외가 없는 법칙이다.

"먼저는 유대인에게요 그리고 헬라인에게로다." 바울은 이방인을 위한 사도였으며 로마 교회에 이방인이 더 많이 있었으므로(13절), 바울이 유대인의 우선권을 공개적으로 말한 것은 더욱 의미심장하다. 하나님의 경륜 때문에 복음이 가장 먼저 유대인에게 전파되어야 했다(눅 24:49; 행 1:4, 8; 13:46). 이를 단지 시간상의 우선권으로만 볼 수는 없다. 본문에는 이 우선권이 단지 시간상의 우선권임을 암시하는 내용이 없다. 오히려 믿음으로 말미암아 구원을 주시는 하나님의 능력이 일차적으로 유대인에게 해당된다는 의미다. 성경의 비유에 의하면 이렇게 하나님의 능력이 먼저 유대인에게 해당되는 것은 하나님이 그들을 복음의 약속의 수령자와

---

21 구원의 질서에서 유효적 소명과 중생의 우선권이 우리의 생각이나 복음 전파에서 이 진리를 침해하게 해서는 안 된다. 중생이 인과관계로 보면 믿음에 선행함은 사실이다. 그러나 그것은 단지 인과관계상 선행에 불과한 것이며, 중생한 성인은 언제나 믿음을 발휘한다. 그러므로 복음적인 구원은 믿음을 떠나서는 결코 우리의 것이 될 수 없다. 이것은 유아의 경우에도 사실이다. 중생에 믿음의 씨앗이 박혀 있기 때문이다. 구속의 적용에는 순서가 있다. 그러나 그것은 다양한 요소들을 종합한 불가분적 통일성을 이루는 것 안에 있는 순서다. 여기서 사도가 말하고 있는 구원은 통전적인 구원이다. 믿음이 없이는 결코 우리의 것이 될 수 없는 구원이다. 우리는 믿음으로 말미암아 은혜를 인하여 구원을 받는다(엡 2:8). 단지 중생만 한 사람은 구원받지 못한다. 그런 사람은 존재하지 않기 때문이다. 일단 구원받은 사람은 또한 부르심도 받은 자요, 의롭게 된 자요, 양자로 입양된 자다. 사도 바울이 믿음에 강조를 둔 것은 그의 구원교리와 어울릴 뿐만 아니라, 이 서신의 전반부를 이끄는 주제라고 할 수 있는 칭의에도 적절하다. 믿음을 강조한 것은 무엇보다도 칭의와 결부되어 있다.

하나님의 말씀을 맡은 자로 선택하셨기 때문이다. 구원은 유대인에게서 났다(요 4:22; 행 2:39; 롬 3:1, 2; 9:4, 5). 복음의 계시가 완성되어 가는 준비작업이 이스라엘에게 주어졌다. 그러기에 복음은 일차적으로는 유대인을 위한 복음이다. 기독교는 이방인을 위한 것이지 유대인을 위한 것이 아니라는 현재 유대 민족의 태도는 이 사실과 완전히 반대되는 것이다.

복음이 일차적으로 유대인에게 해당된다고 해서 이방인에게는 복음이 필요하지 않다는 것은 아니다. "그리고 헬라인에게로다." 유대인은 물론 이방인도 구원의 수령자이며, 따라서 은혜를 받아 누리는 면에서는 차별이 없다. 이 본문에서 나타난 "헬라인"은 유대인 이외의 모든 민족을 의미하며 14절의 "헬라인과 야만인"을 포함한다.

17절에는 복음이 구원을 주시는 하나님의 능력인 이유가 나온다. 그 이유는 복음에 하나님의 의가 나타났기 때문이다. 바울이 여기서 다루는 개념들이 구약과 어떤 유사점이 있는지와 분명히 구약에서 가져온 것임을 살펴볼 필요가 있다. 이 구절에는 네 개의 주요한 개념이 결합해 있다. 하나님의 능력, 구원, 계시, 하나님의 의. 구약에는 16, 17절을 연상시키며 동일한 개념들을 묶어 놓은 구절들이 있다. "새 노래로 여호와께 찬송하라 그는 기이한 일을 행하사 그의 오른손과 거룩한 팔로 자기를 위하여 구원을 베푸셨음이로다 여호와께서 그의 구원을 알게 하시며 그의 공의를 뭇 나라의 목전에서 명백히 나타내셨도다"(시 98:1, 2). "내가 나의 공의를 가깝게 할 것인즉 그것이 멀지 아니하나니 나의 구원이 지체하지 아니할 것이라 내가 나의 영광인 이스라엘을 위하여 구원을 시온에 베풀리라"(사 46:13). "내 공의가 가깝고 내 구원이 나갔은즉… 나의 구원은 영원히 있고 나의 공의는 폐하여지지 아니하리라… 나의 공의는 영원히 있겠고 나의 구원은 세세에 미치리라"(사 51:5-8). "나의 구원이 가까이 왔고 나의 공의가 나타날 것임이라"(사 56:1). "나는 시온의 의가 빛같이, 예루살렘의 구원이 횃불같이 나타나도록 시온을 위하여 잠잠하지 아니하며 예루살렘을 위하여 쉬지 아니할 것인즉"(사 62:1; 참고. 사 54:17; 61:10, 11). 이로 보건대, 구원을 알리는 것과 의를 나타내는 것은 유사한 표현이며 동일한 사상을 전달한다.

그러므로 위에 제시한 구약의 표현에서 하나님의 구원과 하나님의 의는 사실상 동의어이고, 구원의 역사(役事)와 의의 계시는 동일한 결과를 가져온다. 이것과 동일한 내용을 우리는 로마서에서 보게 된다. 그래서 바울은 "복음은 구원을 주시는 하나님의 능력"이라고 말할 수 있었다. "복음에는 하나님의 의가 나타났기" 때문이다.

이상의 구약 구절들에서 사용된 "나타나다"(revealed, 계시되다)라는 용어의 의미처럼, 우리는 "복음에는 하나님의 의가 나타나서"(17절)에도 역동적인 의미를 부여해야 한다. 선지자가 하나님의 의가 "나타난다"고 말할 때, 그것은 하나님의 의가 인간이 이해할 수 있도록 드러난다는 것 이상의 의미가 있다. 하나님의 의는 행동으로 나타나고 구원의 열매로 명백하게 드러난다는 뜻이다. 그런즉 바울이 "하나님의 의가 나타나서"라고 말할 때는 복음 안에서 하나님의 의가 죄의 상태에 있는 인간에게 능동적이고 역동적으로 임하게 되었다는 의미다. 그것은 단순히 복음 안에서 하나님의 의가 인간에게 이해되도록 드러난 것만이 아니라, 하나님의 의가 구원의 능력과 함께 밝히 드러났다는 것이다. 따라서 복음은 구원을 주시는 하나님의 능력이다. 즉, 하나님의 의는 인간의 죄와 타락의 영역에서 활동하여 인간을 구속한다.

그러면 이 "하나님의 의"란 무엇인가? 때론 "하나님의 의"가 의의 속성, 하나님의 올바름(3:5, 25, 26)을 지칭하기도 한다. 하지만 이 본문에 나타난 의는 우리를 구원으로 인도하는 의다(3:21, 22; 10:3; 고후 5:21; 빌 3:9). 여기서 나오는 의는 구원에 이르도록 역사하는 하나님의 능력과 관련이 있듯이, 믿음과도 관계가 있다. 우리가 누리고 있는 구원에서 하나님의 공의의 속성이 침해될 수 없는 게 사실이고, 구원에 이르게 하는 믿음과 하나님의 올바름에 대한 믿음은 서로 분리될 수 없는 관계이지만, 우리의 구원을 초래하는 것은 단순한 공의의 속성이 아니다(사실 공의의 속성 그 자체는 우리를 정죄한다). 구원에 이르는 믿음이 지향하는 것도 하나님의 올바름이 아니다. 따라서 이 경우 하나님의 의는 공의의 속성이 아닌 어떤 것을 의미한다. 칭의가 이 서신의 주제다. 이 두 구절에서 바울은 그의 논지를 요약하고 있다. 그러므로 하나님의 의는 우리의 칭의를 도모하는 하나님의 의다. 그것은 바울이 나중에 말한 대로 값없이 주어지는 의의 선물이고(5:17), 한 의로운 행위이며 (5:18), "한 사람의 순종"(5:19)이라고 말한 바로 그 의다. 그러면 "하나님의 의"라는 말의 의미를 좀 더 자세히 살펴보자.

어떤 주석가들은 그 기원의 측면을 중요하게 여겨서 하나님에게서 나오는 의라고 해석하는가 하면,[22] 다른 학자들은 하나님이 인정하는 의로 해석한다.[23] 또 다른 학자들은 하나님에게 소용 있는 의라서 하나님이 의도하신 목적에 유효한 의라고 해석하기도 한다.[24] 이상의 모든 해석이 그 자체는 옳다. 그러나 이상의 해석들이 과연 가장 중요한 고려사항에 초점을 맞추고 있는지는 의심스럽다. 즉, 무엇보다도 소유와 속성의 측면에서 하나님과 더 밀접한 관계를 맺게 하는 의라는 점에 주목하지 않는 것 같다.

그 의는 앞에서 말한 이유로 공의의 속성은 아니지만 하나님과 아주 밀접한 관계에 있어서 신적 속성을 지닌 의라고 할 수 있다. 그것은 '하나님의 의'(God-righteousness)이다. 그러므로 하나님이 그 의의 창시자이다. 그것은 하나님이 인정하는 의이며, 하나님의 공의가 요구하는 모든 것을 만족시키는 의라서 하나님 앞에서 효과가 있는 의다. 하지만 이 의는 하나님의 속성이라는 점이 특별히 강조되고 있어서 인간의 불의와 대조되는 것은 물론이거니와 인간의 의와도 대조된다. 인간의 의가 비록 완전하여 하나님이 요구하시는 수준까지 이른다고 해도 우리의 죄를 해결하기에는 충분하지 못하다. 복음은 구원을 주시는 하나님의 능력이라서 우리의 죄와 타락 위에 역사하는 하나님의 의이기 때문에 이 복음은 영광스러운 것이다. 하나님의 의가 역동적으로 나타나서 우리의 칭의를 이뤄 주기 때문에 복음은 구원에 이르게 하는 하나님의 능력이다. 바울은 처음부터 칭의에 이르게 하는 의는 하나님의 인격과 행위에 속하기에 완전하다고 말한다. 바울의 목적은 바로 이 점을 확립하고 변호하는 것이다. 이 논거만큼 칭의의 효과와 완전함과 확고함을 강조하는 것은 없다. 이것이 바로 '하나님의 의'라는 말의 의미다.

---

22 소유격 θεοῦ는 기원이나 창시를 의미한다. 마이어의 책을 참고하라.
23 Calvin, 앞의 책.
24 Philippi, 앞의 책.

믿음의 매개성 또는 도구성이 다시 전면에 나타난다. 17절의 "믿음으로 믿음에 이른다"는 말은 16절의 "모든 믿는 자"와 같은 취지다. 이런 표현의 의도에 대한 의견은 다양하다. 즉, 한 단계에서 다른 단계로 믿음이 발전한다는 의미라거나,[25] 또는 "오직 믿음으로만"이란 말과 동일하다고 하거나,[26] 혹은 하나님의 의는 처음부터 끝까지 믿음에 의한 것이라고[27] 해석하곤 했다. 그러나 해석의 실마리는 바울 자신이 로마서 3:22에서 제시한 가장 유사한 병행구절에 있다(참고. 갈 3:22).[28] 거기서 바울은 "예수 그리스도를 믿음으로 말미암아 모든 믿는 자에게 미치는 하나님의 의"에 관해 말한다. 이때 "모든 믿는 자에게"라는 표현은 군더더기처럼 보일지 모른다. "예수 그리스도를 믿음으로 말미암아"라는 표현에 이미 "모든 믿는 자"라는 의미가 내포되기 때문이다. 그러나 우리가 보기에는 같은 말의 되풀이 같지만 거기엔 어떤 목적이 있음이 분명하다. 그 목적은 하나님의 의는 **믿음으로 말미암아** 우리에게 구원을 주며 또한 믿는 **모든 사람**에게 구원을 준다는 사실을 강조하기 위해서다. 양자를 강조하는 것은 군더더기가 아니다. 하나님의 의가 믿음으로 말미암는다는 것은 사실이지만, 그 자체가 믿음이 언제나 이런 결과를 수반한다는 명제는 아니기 때문이다. 우리가 살펴보았듯이 바울이 16절에서 "모든 믿는 자"라고 말했을 때 벌써 이점을 강조했었다. 이와 똑같은 강조점이 "믿음으로 믿음에 이른다"는 말로 표현되었다고 보는 것이 합리적이다. "믿음으로"라는 말은 오직 '믿음에 의해서만' 의를 얻게 된다는 진리를 우리에게 말해 준다. 따라서 그것은 "하나님의 의"(God—righteousness)인 동시에 또한 믿음의 의(faith—righteousness)인 것이다. "믿음에"라는 말은 모든 믿는 자가 인종이나 문화나 믿음의 정도와 관계없이 의를 받는 수혜자가 된다는 진리를 강조한다. 믿음은 **언제**

---

25 Calvin, 앞의 책.

26 Charles Hodge, 앞의 책. "만일 이 구절이 오직 믿음만을 의미하는 것으로 해석된다면 그 의미는 명백하고 훌륭하다. '죽음에서 죽음으로'(death unto death)와 '생명에서 생명으로'(life unto life)가 집약적인 표현이듯이, '믿음에서 믿음으로'(faith unto faith)도 '완전히 믿음으로'를 의미할 것이다."(p. 32); Anders Nygren, *Commentary on Romans*(E. T., Philadelphia, 1949), pp. 78f.

27 C. H. Dodd, 앞의 책.

28 Philippi, 앞의 책.

나 의롭게 하는 하나님의 의를 수반한다.[29]

"믿음으로 믿음에 이르게 하나니"라는 말은 "하나님의 의"와 연결해도 비합리적으로 보이지 않는다. 이 의는 오직 믿음으로 말미암아 구원에 이르도록 작용하기에 믿는 모든 자에게 주어지는 믿음의 의라고 할 수 있다. 그러나 "믿음으로 믿음에 이르게 하나니"라는 말은 "나타나서"라는 단어와 연결하는 것이 더 자연스럽다. "나타나다"라는 단어의 역동적인 의미는 '계시는 믿음에 의존하지 않는다'는 식의 반대 의견을 해결한다. "나타나다"라는 용어의 역동적인 의미를 염두에 두면, 하나님의 의는 오직 믿음으로 말미암아 칭의에 이르도록 한다는 사실이 알려지며, 또 믿는 사람 누구에게나 그런 작용을 한다는 점을 알 수 있다.

이에 대해 구약[30]으로 확증하려고 하박국 2:4[31]에 호소한다. "믿음으로 말미암아(믿음에 의해)"라는 어구를 문장의 주어와 연결할지 아니면 술어와 연결할지에 대해서는 논의가 있어 왔다. "믿음으로 의인은 살리라"(The righteous by faith, shall live)[32]로 해야 할까 아니면 "의인은 믿음으로 살리라"(The righteous shall live by faith)로 번역해야 할까? 이 명제는 의인은 살 것이라는 의미인지 아니면 의인이 어떻게 살아야 하는지, 즉 '믿음으로 살리라'는 의미인지가 문제다. 후자가 더 적합한 이유를 몇 가지 소개한다.

(1) 하박국 2:4은 후자와 다른 방법으로는 자연스럽게 해석되지 않는다. 그리고 마소라(Massoretic) 본문의 장절 구분도 이 견해를 선호한다.

(2) 바울이 지금까지 정립한 진리는 하나님의 의는 믿음으로 말미암는다는 것이

---

29 최근에 ἐκ πίστεως는 하나님의 신실하심을, εἰς πίστιν은 인간의 믿음을 가리킨다는 견해가 제시되기도 했다. Thomas F. Torrance, "One Aspect of the Biblical Conception of Faith" in *The Expository Times*, January, 1957(Vol. LXVIII, 4), pp. 111-114. 마이어는 메링이 다음과 같은 견해를 주장한 것으로 말하고 있다. εἰς πίστιν은 하나님의 신실하심을 가리키며, 이 표현 전체는 하나님의 신실성을 믿는 믿음을 의미한다고.

30 "바울은 옛 언약과 새 언약 사이의 통일성을 확신했기에 구약에서 성경 구절을 인용하지 않고는 복음의 위대한 진리 중의 하나를 주장할 수가 없을 정도였다"(Godet, 앞의 책).

31 이 구절과 אמונה 및 πίστις의 의미를 논의하려면 다음 책을 참조하라. J. B. Lightfoot, *Saint Paul's Epistle to the Galatians*(London, 1905), pp. 154-158.

32 이 구문을 강하게 변호하는 견해는 다음 책을 참고하라. Anders Nygren, 앞의 책, p. 84 이하.

다. 즉, 사람이 이 의를 받는 방법을 강조한다. 우리는 인용문에 있는 '믿음'에 대한 언급도 동일한 의미를 갖고 있다고 생각한다.

(3) '믿음으로 의인은'(the righteous by faith)이라는 표현은 성경에서 사용되는 용례와 맞지 않는다. [33]

---

33 라이트푸트가 그의 저서 *Notes on the Epistle of St. Paul*(London, 1895)에서 이런 해석을 선호하는 주장을 다음과 같이 요약하고 있다. "나는 ἐκ πίστεως가 ζήσεται와 연결되지 ὁ δίκαιος와 연결되지는 않는다는 점을 조금도 의심할 수 없다. 그 이유는 다음과 같다. ① 원문이 그런 뜻을 가리키는 것으로 보인다. ② 여기 ἐκ πίστεως는 이 구절의 상반부에 있는 ἐκ πίστεως와 상응한다. 그것은 술부에 속하지 않고 주부에 속한다. 앞에서는 그 말이 ὁ δίκαιος와 분리되듯이 여기서는 그 말이 δικαιοσύνη와 분리된다. ③ ὁ δίχκαιος ἐκ πίστεως는 자연스러운 어구가 아니다. 바울의 글에 그와 유사한 것이 없는 것 같다. ④ 다른 구문은 '믿음'을 강조하지 않고 있다. 그러나 문맥은 진실로 믿음을 강조하고 있으며 '살리라'는 동사에 방점을 찍고 있다. 갈 3:11에서는 이 문맥이 더욱 뚜렷이 부각되어 있다"(p. 250f.).

4. 죄와 정죄의 보편성(1:18–3:20)

1) 이방인의 경우(1:18–32)

18. 하나님의 진노가 불의로 진리를 막는 사람들의 모든 경건하지 않음과 불의에 대하여 하늘로부터 나타나나니
19. 이는 하나님을 알 만한 것이 그들 속에 보임이라 하나님께서 이를 그들에게 보이셨느니라
20. 창세로부터 그의 보이지 아니하는 것들 곧 그의 영원하신 능력과 신성이 그가 만드신 만물에 분명히 보여 알려졌나니 그러므로 그들이 핑계하지 못할지니라
21. 하나님을 알되 하나님으로 영화롭게도 아니하며 감사하지도 아니하고 오히려 그 생각이 허망하여지며 미련한 마음이 어두워졌나니
22. 스스로 지혜 있다 하나 어리석게 되어
23. 썩어지지 아니하는 하나님의 영광을 썩어질 사람과 새와 짐승과 기어다니는 동물 모양의 우상으로 바꾸었느니라

로마서 1:18에서 3:20까지의 주제는 죄와 정죄의 보편성이다. "모든 사람이 죄를 범하였으매 하나님의 영광에 이르지 못하더니"(롬 3:23), "의인은 없나니 하나도 없으며"(롬 3:10). 그 결과 모든 입은 막혔고 온 세상은 하나님의 심판 아래 있게 되었다(3:19). 이 단락은 이 논지를 확립하기 위해 작성되고 있다. 바울은 이 논지를 정립하려는 계획을 3:20에서부터 명백히 밝힌다. 그는 율법의 행위로는 모든 육체가 하나님 앞에서 의롭다 함을 얻을 수 없다고 말한다. 다시 말하면, 복음 안에 준비된 구원은 모든 사람에게 필요하며, 하나님의 능력은 믿음으로 얻은 하나님의 의의 계시를 통해서만 구원에 이르게 역사한다는 사실을 보여 주고자 하는 계획이다. 바울의 모든 주장은 결국 한 가지로 귀결되는데, 그의 결론적인 논증은 유대인과 이방인 모두 하나님 앞에 죄가 있으며, 하나님을 기쁘게 하는 선이 결핍

되어 있고, 따라서 모두 하나님의 진노 아래 있다는 것이다. 지금 우리가 다루려는 이 본문(1:18-32)은 이방인의 죄와 배교와 타락에 관한 내용이다.

18절 헬라어 성경에서는 18절이 "나타나나니"라는 단어로 시작하는데 그것은 이 단어를 특별히 강조하기 위해서다. 이는 17절에 있는 같은 단어인 "나타난다"와 상응한다. 그러나 18절의 "나타나나니"의 주어는 17절의 주어와 다르기 때문에 완전히 대조된다. 18절의 "하나님의 진노"는 17절의 "하나님의 의"와 정반대되는 것이다. 이 두 표현이 정반대라는 사실은 "하나님의 의"(17절)가 공의의 속성이 아니라, 하나님의 진노로 표명된 인간의 필요를 충족하기 위해 복음 안에 마련된 의임을 보여 준다. 하나님의 공의는 죄에 따른 대가를 요구하기 때문에 하나님의 진노를 피하기 위한 대책은 아니다.

하나님의 진노에 감정적인 요소가 없다는 생각은 불필요한 것이며 하나님의 진노에 대한 성경적 개념을 약화시키는 것이다. 하나님의 진노를 인간이 흔히 화를 내는 것과 같은 변덕스러운 분노로 생각해서는 안 된다. 하나님의 진노를, 죄를 벌하거나 죄와 그에 수반하는 불행을 주기 위해 존재한다고 해석한다면[34] 이것은 진노와 그에 따른 결과를 동일시하는 것이며, 나아가서 하나님 안에 작동하는 움직임의 측면을 무시하는 것이다.

진노란 하나님의 거룩함에 모순되는 것에 대한 하나님의 거룩한 혐오이다. 이런 특성을 지닌 하나님의 진노의 실재는 "사람들의 모든 경건하지 않음과 불의에 대하여 하늘로부터 나타난다"라는 사실로 잘 입증되고 있다. 17절에도 있는 "나타나나니"라는 표현이 여기서도 동일하게 역동적인 특징을 갖고 있다. 하나님의 진노는 인간 세상 속에서 강력하게 작동하고 있다. 그 진노는 하늘에서부터, 즉 하나님의 보좌로부터 나오기 때문에 능동적으로 작용한다. 그러므로 우리는 형

---

34 예를 들면, 이는 핫지가 좋아하는 개념이다. "'하나님의 진노'는 하나님의 형벌적 정의다. 그것은 죄를 벌하시겠다는 하나님의 결의다. 사람 속의 분노는 상대방에게 악행을 가하기 때문에, 하나님의 진노라는 말은 성경에 편만한 원리에 따라 하나님의 마음의 침착하고도 확고한 목적에 적용된다. 그 목적은 하나님의 물리적 또는 도덕적 통치상의 어떤 다른 법칙이 작용하는 방식과 똑같이 죄와 불행을 서로 연결시키려는 것이다"(앞의 책). 칼빈의 논평에도 이것이 인정되고 있다(앞의 책).

벌적인 고통을 경건치 않은 자들에게 나타나는 하나님의 진노로 보아야 한다. 하나님의 불쾌함이 활발하게 표출되고 있는 것이다.

필리피(F. A. Philippi)는 "나타나나니"는 오직 기적을 통해 나타난 '특별한 계시'를 가리키며, 그렇기 때문에 이 단어는 초자연적인 것만을 언급한다고 주장한다. 이 견해는 신약에서 사용하는 '나타난다'와 '계시'라는 단어의 용법에 의해 지지를 받는다. 그렇지만 이 본문에 나오는 진노의 나타남을 필리피가 말하는 것처럼 굳이 최후 심판(2:5)과 홍수, 민족의 흩어짐, 언어의 혼잡 등과 같이 특별한 경우에만 국한시킬 수는 없다. "나타나나니"라는 말의 현재 시제는 17절에 나오는 것과 유사한 것 같다. 다음 구절들에는 이방인들의 죄 때문에 그들에게 가해진 고통의 심판이 언급되는데, 이는 하나님이 진노를 따라서 집행된 형벌로 봐야 한다. 마이어(H. A. Meyer)가 지적했듯이, "나타난다"라는 용어는 신약에서 이런 방식으로 여러 번 사용된다(마 10:26; 16:17; 눅 2:35; 살후 2:3, 6, 8). 이런 예들은 "나타난다"라는 용어가 하나님이 행하신 일 가운데 특수하고 기적적인 것 외에 다른 경우들도 가리킬 수 있음을 보여 준다. 그러므로 초자연적인 사건이 아닌 경우에 대해서도 하나님의 진노가 "나타난다"고 생각할 수 있다. 문맥을 잘 검토해 보면 이 본문이 바로 이런 경우에 해당함을 알 수 있다.

"경건하지 않음"은 종교와 관계된 타락을 가리키고 "불의"는 도덕적인 타락을 말하는 것이다. 전자는 우상숭배의 형태로, 후자는 부도덕한 행동으로 나타난다. 여기서는 순서가 중요하다. 바울이 묘사한 인간의 타락 모습을 보면, 불경건은 부도덕의 전조다.

지금까지 살펴본 진노의 계시는 바울이 언급하고 있는 인류의 특정한 부분에 한정되어 나타난다. 이미 말한 대로 바울은 이방인들에 대해 이야기하고 있다. 이방인으로 한정한다는 내용은 18절에 있다. 하나님의 진노는 모든 경건치 않음과 불의에 대해 나타나는데, 이런 것들은 "불의로 진리를 막는 사람들"에게 속한 것이다. 이 표현의 의미는 무엇인가? "막다"(hinder)라고 번역된 이 단어는 자주 '억누르다' 또는 '억압하다'는 의미로 해석됐다. 진리는 그런 사람들 속에서 자기 목소리를 내지만 사람들은 그것을 억누르거나 억압한다. 이 생각은 그 자체로 봤을 때

충분히 옳다. 물론 사람의 내면에서 솟아오르는 진리의 증거가 있지만, 사람은 그들의 불의로 그것을 억누른다. 그러나 "막다"라는 용어로 번역한 것을 보면 더 정확하게 바울의 사상을 분별한 것 같다. 신약에 쓰인 이 단어의 용법은 '억누르다' 또는 '억압하다'라는 개념을 전혀 지지하지 않는다. "막다"라는 단어는 흔히 '굳게 지키다', '소유하다', '보유하다'를 의미한다. 만일 이 의미가 이 본문에 적합하지 않다면,[35] 이 용법이 보증하는 다른 유일한 의미는 '억제한다' 또는 '저지한다'라는 의미일 것이다(살후 2:6, 7; 눅 4:42; 몬 13). 이 의미는 문맥에 잘 맞는다. 이제 곧 보겠지만, 바울이 지금 다루고 있는 진리는 관찰 가능한 하나님의 창조세계에서 나온 것이기 때문이다. '저지하다'라는 용어는 사람들이 명백히 나타난 진리에 대해 불의한 행실로 반응하는 모습을 묘사하는 데 알맞은 표현이다. "불의로"라는 말은 진리에 저항하기 위해 사용하는 수단을 일컫는 용어다.

19절 19절은 앞 절과의 인과적인 관계를 가리키는 접속사("왜냐하면")로 시작한다(개역개정판에는 접속사가 생략되어 있다—옮긴이). 그런데 문제는 19절이 18절의 무엇과 관련이 있는가 하는 것이다. 19절은 하나님의 진노가 나타난 이유를 말하는가? 아니면 인간이 불의로 진리를 막게 된 이유를 말하는가? 많은 주석가들과 달리 나는 후자가 더 좋은 해석이라고 생각한다. 19절은 인간이 불의로 진리를 막는다고 말할 수 있는 이유를 설명한다. 사람들은 그들에게 나타난 진리가 있기 때문에 그 진리를 막는다. 그들에게 나타난 진리는 "하나님을 알 만한 것"이다.[36] 이 지식의 내용은 20절에 묘사되어 있다. 현재로서 말할 수 있는 것은 그 지식이 **그들에게** 보였으며 **그들 속에서** 보인다는 것이다. 하나님이 **그들에게** 그것을 계시하셨기 때문에 그들 안에서 그것이 보이는 것이다. 그런데 "그들 속에 보임이라"는 표현을 잘못 이해해서 바울이 나중에 2:14, 15에서 다루는 것과 동일한 주제

---

35 그러한 개념을 불의로 진리를 굳게 지킨다는 개념으로 생각하기는 어렵다. 진리는 의와 조화를 이루기 때문이다. 이 밖에도, 뒷 문맥에서 묘사하는 사람들은 하나님의 진리를 거짓 것으로 바꾸며(25절), 저희 지식(마음)에 하나님 두기를 싫어하는 사람들이다(28절, 참고 23절).
36 KJV에 나오는 "알려진 것"이란 표현은 적당하지 않다.

로 착각하기 쉽다. 사실 바울이 나중에 다루는 것은 인간 외부의 계시에서 나오는 지식과는 명백히 구별되는 인간 마음(mind) 속에 있는 선천적인 지식이다.[37] 즉, 이 지식은 앞에서 말한 "그들 속에 보이는 지식"과 다르다. 따라서 19절의 용어를 이렇게 해석할 근거가 없다. 지금 바울은 하나님이 사람에게 나타내신 그 지식, 창조의 작품을 통해 인간에게 알려진 그 지식을 다루고 있음이 분명하다. 다시 말해, 그 지식은 하나님의 관찰 가능한 작품을 통해 알려졌는데, 바울이 여기서 이런 지식을 언급하고 있다. 이 지식이 "그들 속에 보인다"고 말한 이유는 사람에게 진리가 나타날 때는 언제나 인간의 지성과 의식을 전제하기 때문이다. 계시는 언제나 지적 의식을 소유한 사람에게 주어진다. 만일 그것이 우리에게 주신 하나의 계시라면 또한 우리 안에도 있는 것이 틀림없다. 우리에게 향한 것은 우리 속에도 있어야 하기 때문이다. 이는 지성과 마음을 일컫는다.

"하나님의 의가 나타나서"(17절)와 "하나님을 알 만한 것"(19절)은 서로 대조를 이룬다. 이 대조는 계시의 양식과 진리의 내용과 관련이 있다. 이런 구별은 구원의 효과를 발휘하는 특별계시와 모두에게 나타나는 일반계시 사이의 구분이다. 그러므로 지금 본문에서 생각하고 있는 불의로 진리를 막는 행위는 복음에 적용될 수 없다. 지금 여기 나타난 사람들은 복음 계시의 범위 밖에 있는 사람들이다. 그러므로 "하나님을 알 만한 것"은 그런 사람들에게 주어진 하나님에 관한 진리의 내용을 가리키기 위해 사용되고 있는 말이다.

20절 기포드(E. H. Gifford)는 19절과 20절의 관계를 잘 설명해 준다. "'그의 보이지 아니하는 것들이 분명히 보여 알려졌나니'라는 문장은 '하나님이 이를 그들에게 보이셨느니라'에 대한 설명이다. 그들에게 보이셨던 방법은 모든 사람에게 항상 보이신 그 방법이기에, 이에 대한 설명은 시간이나 사람을 제한하지 않고 아주 일반적이고도 추상적인 형태(현재 시제와 수동형)로 표현되어 있다."[38] "하나님의 보

---

37 하나님의 본성이나 신성으로 불리는 것.
38 *The Epistle of St. Paul to the Romans* (London, 1886).

이지 아니하는 것들"은 그 뒤에 나오는 보이지 아니하는 속성들, 곧 '그의 영원하신 능력과 신성'이다. 이런 비가시적인 속성의 특징은 감각에 의해서 인식되지 않는다는 점이다. 동시에 그런 속성들에 대해 "분명히 보여"라고 말한 것은 감각적으로는 인식할 수 없지만 정신적 개념으로는 이해된다고 말하는 하나의 모순어법이다. "분명히 보여"라는 말의 의미는 "그 만드신 만물에 의해 알려졌나니"라는 표현으로 설명되는데, 이것은 지적 개념으로 이해할 수 있는 지각이다. 여기서는 우리가 피조물을 통해 하나님의 비가시적 속성을 알게 된다는 사실이 강조된다. 그 속성들이 분명히 "보여 알려지게 된 것이다."

"그가 만드신 만물"은 우리가 감각으로 관찰할 수 있는 피조물임이 확실하다. 그러므로 "창세로부터"라는 말을 시간적인 의미로 이해하는 것이 필요하다. 가령, 이 말을 비가시적 속성에 대한 인식이 도출되는 원천으로 여긴다면, 이는 같은 말을 공연히 반복하는 동어반복이 된다. "그가 만드신 만물"은 비가시적인 것들에 대한 인식의 원천을 가리킨다. 따라서 또다시 인식의 원천을 반복할 필요가 없는 것이다. 그뿐만 아니라, '창세'(세계창조)는 가시적 창조세계를 가리키지 않는다. 한편, '창조'(creation)를 능동적인 의미로 해석할 경우, 그 시간적인 의미가 명백히 드러나고 하나님의 보이지 않는 속성들이 그의 보이는 작품 속에서 계속 나타나고 있다고 주장하는 본문의 사상과도 밀접한 관계가 있는 것으로 보인다.

이 구절의 앞부분에 나타난 "보이지 아니하는 것들"이 무엇을 의미하는지가 이제 명확해졌다. 그 의미는 "영원하신 능력과 신성"이다. 그러나 바울이 하나님의 창조물 가운데서 영원하신 능력과 신성이 드러났다고 말한다고 해서 하나님의 모든 속성이 다 드러났다는 뜻은 아니다. 바울이 잘 이해하고 있는 구약에서는 능력과 신성 외에 하나님의 지혜, 하나님의 선하심, 하나님의 의와 같은 다른 속성들도 하나님의 가시적인 작품 속에 드러나 있다고 말하기 때문이다.

바울의 생각은 성경의 유추에 강한 영향을 받았는데, 그러한 유추들을 보면 바울이 열거했던 것보다 더욱 광범위한 속성들이 나타나 있다. 그러나 바울이 여기서 말한 속성의 중요한 의미를 잘 이해해야 한다. "영원하신 능력"이란 어구에 나타난 '영원성'은 하나님의 능력을 서술하는 속성이다. 하나님의 능력의 영원성뿐만 아니라 하나님의 영원성도 의미한다. "신성"(divinity)은 특정한 능력과는 구별되는 일반적인 것이다. 이는 하나님의 완전성에 대해 성찰한다. 마이어는 이에 대해 이렇게 말한다. "거룩한 속성을 지닌 분으로서의 하나님 존재 전부를 가리킨다." 그러므로 신성은 어떤 비가시적 속성 하나를 가리키는 것이 아니라, 하나님을 특징짓는 비가시적 완전성의 총화이다. 결국 "영원하신 능력과 신성"은 많은 비가시적 속성들을 전부 포괄하며, 가시적 창조물에 나타난 하나님의 존재와 위엄과 영광의 풍성함에 대해 성찰한다.

우리는 본문에 나타난 바울의 가르침을 약화시켜서는 안 된다. 바울은 다음과 같은 사항을 분명하게 말한다. 즉, 하나님이 창조하신 가시적 세계는 창조자이신 하나님의 비가시적 완전성을 드러내며, 감각으로 인식되는 사물에서 비가시적 완전성에 대한 인식이 도출되고 하나님의 완전성에 대한 분명한 이해는 그분의 관찰 가능한 작품으로부터 얻어질 수 있다. 현상계는 하나님의 초월적 완전성과 구체적 신성을 계시한다. 그의 만드신 만물 가운데 창조주의 영원한 능력과 신성이 나타나기 때문이다. 이것을 다른 말로 표현하면 하나님은 그의 작품 위에 그의 영광의 흔적을 두셨으며 이 영광이 모든 사람에게 나타났다. "하나님이 이를 그들에게 보이셨느니라"(19절).

"그러므로 그들이 핑계하지 못할지니라." 이것은 목적을 말함이지 단순하게 결과만 표현하는 것은 아니다. 하나님이 그분이 만드신 가시적 작품 가운데서 그의 영원하신 능력과 신성을 그토록 공개적으로 명백히 보여 주신 목적은 모든 사람으로 하여금 핑계를 대지 못하도록 하기 위함이다. 만일 사람들이 하나님을 영화롭게 하지 않고 경배도 하지 않는다면, 자기들의 불경건함에 대해 핑계할 수 없다. 또 그들이 불경건함에 대해 핑계할 수 없는 것은 하나님이 만드신 작품에 나타난 그분의 영광 때문이다. 이 견해를 받아들이지 않는다면, 사람으로 하여금 불경건함에 대해 핑계할 수 없게 하는 그 계시의 은혜로움과 충분성을 고려하지 않기 때문에 사람들로 창조주를 경배하며 그분을 영화롭게 하기에 충분하고, 그 목적은 사람들로 핑계하지 못하게 하려는 것이다. 사람들이 하나님을 영화롭게 하지 않는다면, 그것은 하나님의 자격이 미달되기 때문이 아니다. 그뿐만 아니라,

이 절이 목적보다는 결과를 표현한다고 할지라도 우리는 하나님이 제정하신 포괄적인 규례와 섭리에서 목적을 제거할 수는 없다. 그 목적은 실제적인 결과 속에 이미 전제되어 있기 때문이다. 핑계할 수 없음이 그 결과를 말한다면, 그것은 하나님의 규례에 의해 계획되었던 결과다.[39]

21절 21절의 상반부는 20절의 마지막 부분과 인과관계에 있으며 사람들이 핑계할 수 없는 이유를 제시한다. 그 이유는 "하나님을 알되 하나님을 영화롭게도 아니하며 감사하지도 아니하기" 때문이다. 이 문맥에 나오는 하나님을 아는 지식은 가시적 창조세계에 나타난 것으로부터 얻는 지식이다. 바울이 지금 말하는 것이 바로 그런 현현이며 20절에서 사람들이 핑계할 수 없다고 말한 것도 바로 그 현현 때문이다. 그러므로 하나님이 창조하신 가시적 세계 안에 나타난 하나님의 영광의 현현으로부터 이끌어 낸 인지적 인식이 곧 '하나님을 아는 지식'이다. 사람들이 핑계할 수 없는 것은 그들이 소유한 지식은 마땅히 감사와 영광을 돌리게 했어야 하는데도 그렇게 하지 않았기 때문이다. 하나님께 합당한 영광을 돌린다는 것은 하나님의 영광을 증대하거나,[40] 더 추가하는 것이 아니다. 그것은 단순히 하나님께 속한 영광을 고스란히 하나님께 돌린다는 뜻이며, 가시적 세계를 통해 알 수

---

39 이 어구를 목적보다는 결과를 표현한다고 보는 견해를 가장 강력히 지지하고 있는 것은 21절의 서두에 있는 설명, 즉 "하나님을 알되 하나님을 영화롭게도 아니하며 감사하지도 아니하고"라는 어구이다. 이것은 그들이 핑계할 수 없는 이유를 제시하는 듯하며, 그러므로 목적보다는 결과에 결부시키기가 더 편리할 수 있을 것이다. 그러나 그것이 결정적이지는 않다. 왜냐하면 위에서 언급한 바와 같이 20절의 마지막 부분이 명백하게 목적을 표현한다 할지라도, 목적과 일치하는 결과라는 생각을 억누를 수 없다. 또한 21절은 앞 절의 목적의 의미를 제거하지 않고도 변명할 수 없는 '사실상의' 이유를 제시할 수 있다. 위트 버튼(*Syntax of the Moods and Tenses in New Testament Greek*, Edinburgh, 1955, §411)은 부정사를 지닌 εἰς는 때로는 결과를 표현한다고 주장한다. 그가 인용한 어떤 예들이 결정적이진 않지만, 히 11:3, 고후 8:6에서는 결과 외에 다른 것을 발견하기 어렵다. 그러나 마이어는 후자와 관련해서는 정반대로 주장한다. 하반부의 목적의 의미를 강력하게 변호하는 입장을 참조하려면 마이어의 책과 기포드의 책(p. 70)을 보라. 마이어와 기포드가 바울 서신들 가운데서 인용한, 부정사를 지닌 εἰς가 목적의 의미를 갖고 있음을 보여 주는 실례들은 여기서 목적을 의미한다는 입장을 지지한다. 그렇지만, 우리는 이런 예들이 문제를 결정적으로 해결한다고 주장하면 안 된다.

40 Sanday and Headlam, 앞의 책, p. 44에서 종교적 및 성경적 용법으로 사용된 δοξάζω의 의미에 대한 간결한 요약을 참조하라.

있는 하나님의 완전성 때문에 우리의 생각과 마음과 헌신으로 그분께 어울리는 자리를 드린다는 뜻이다. 사람들은 이 영광을 하나님께 돌리는 일에 실패했다. 그 지식으로 인해 당연히 드려야 할 감사를 하지 않고 있는 것이다. 여기서 바울은 이 교도의 우상숭배가 축약해서 보여 주는 타락과 부패의 근원을 보여 준다. 우리에게는 거짓 종교에 대한 성경적인 철학이 있다. 마이어는 이렇게 말한다. "이교는 인간이 점진적으로 참되신 하나님에 관한 지식에 이르게 되는 원시적 종교가 아니라, 이와 반대로 하나님의 작품 속에 나타난 참되신 하나님에 대한 계시로부터 떨어져 나간 결과일 뿐이다."[41]

하나님의 의를 만족시키기에는 많은 것들이 부족한 인간의 상태를 진술한 뒤에 바울은 인간의 종교적 타락을 적극적으로 묘사한다. 사람의 마음은 종교적인 진공상태가 아니다. 진리가 없는 곳에는 언제나 거짓이 있는 법이다. "오히려 그 생각이 허망해지며 미련한 마음이 어두워졌나니"에서 "생각"(reasonings)은 종종 좋지 못한 의미, 즉 악한 것을 생각하거나 상상한다는 의미를 갖고 있다.[42] 여기서는 이런 부정적인 의미로 사용되고 있다. 사람들은 악한 생각 때문에 실속 있는 생각을 전혀 하지 못한다. 빛의 근원에서 떠난 이성은 허황된 망상에 빠지게 된다. 그들의 마음과 관련하여 "미련한(지각없는)"이란 용어는 본문의 사상을 정확하게 전달하지 못하는 듯하다. '깨달음이 없다'는 표현이 문자적이며 더 낫다.[43] 여기서 말하고자 하는 사상은 감정과 지성과 의지의 보좌인 마음이 이미 이해력을 잃어 어둡게 되었다는 것이다.

22-23절 이 두 구절은 종교적 타락과 부패 상태를 더 세밀하게 묘사하고 있다. 22절은 그들이 사실은 어리석지만 지혜롭다고 주장한다는 뜻일 뿐만 아니라, 그들이 지혜 있는 체했기 때문에 스스로 어리석은 자가 되었다는 것을 의미한다. 이

---

41 앞의 책, 1:22.
42 διαλογισμός라는 말 그 자체는, 말하자면, 악하며 의심스럽고 논란의 여지가 있는 생각과 추론을 흔히 가리킨다(참조. 빌 2:14; 딤전 2:8; 눅 5:22; 24:38; 롬 14:1; 고전 3:20). 키텔이 편집한 *Theologisches Wörterbuch zum Neuen Tesament*의 διαλογισμός를 보라.
43 마 15:16; 막 7:18; 롬 10:19을 참고하라.

는 하나님으로부터 그 마음이 멀어진 사람들의 허식이 어떠한 것인지를 예리하게 파헤치고 있다. 23절은 종교가 흉물이 되어가는 타락의 과정을 묘사한다. "썩어지지 아니하는 하나님의 영광을… 바꾸었느니라." 이는 썩어지지 아니하는 하나님의 영광이 변질될 수 있다는 의미가 아니다. 하나님의 영광이 인간에 의해 변질될 수 있다는 의미는 더더욱 아니다. 예배와 숭배의 대상으로서의 하나님의 영광을 다른 것으로 교체했다는 뜻이다. 하나님의 '영광'은 앞의 본문에서 언급된 대로 완전성의 총화(總和)다. 그것은 하나님이 창조하신 가시적인 세계에 명백히 나타난 것을 통해 알게 된다(19, 20절). 하나님을 경배하는 대신 피조물의 형상을 경배하는 어리석음과 탈선행위는 하나님의 영광과 피조물 모양의 우상을 대조시키고, 썩어지지 아니하는 하나님과 썩어질 인간을 대조시킴으로써 더욱 부각된다. 종교적으로 기괴한 현상은 사람들이 창조주보다 피조물을 경배하고 섬길 뿐만 아니라(25절), 하나님의 영광을 "썩어질 사람과 새와 짐승과 기어 다니는 동물 모양의 우상으로" 대치시킨 사실에서 나타난다. 사람들은 이런 형상화된 우상을 경배의 대상으로 삼았으며 또 이것들을 하나님의 영광과 뒤바꾸었다.

24. 그러므로 하나님께서 그들을 마음의 정욕대로 더러움에 내버려 두사 그들의 몸을 서로 욕되게 하셨으니
25. 이는 그들이 하나님의 진리를 거짓 것으로 바꾸어 피조물을 조물주보다 더 경배하고 섬김이라 주는 곧 영원히 찬송할 이시로다 아멘
26. 이 때문에 하나님께서 그들을 부끄러운 욕심에 내버려 두셨으니 곧 그들의 여자들도 순리대로 쓸 것을 바꾸어 역리로 쓰며
27. 그와 같이 남자들도 순리대로 여자 쓰기를 버리고 서로 향하여 음욕이 불일듯 하매, 남자가 남자와 더불어 부끄러운 일을 행하여 그들의 그릇됨에 상당한 보응을 그들 자신이 받았느니라

24절 21-23절에서 우리는 이방인들의 배교 모습을 봤다. 배교는 종교적인 용어로 묘사되어 있고, 그 행위는 23절 하반부에 묘사된 괴상한 우상숭배에서 절정에 이

른다. 24절에서 바울은 이 배교에 대한 하나님의 징벌을 다룬다. "그러므로"라는 용어는 이 징벌의 근거가 이전의 죄에 있으며 범한 죄에 대한 정당한 형벌임을 말해 준다. 이를 통해 우리는 하나님이 죄에 대한 심판으로 징벌을 하시고 그렇지 않을 경우에는 징벌하지 않으신다는 불변의 원리를 알 수 있다. 이 사실은 강조할 필요가 있다. 특별히 본문의 경우처럼 구체적인 성격의 징벌과 관련해서는 더욱 강조해야 한다. 그 징벌은 먼저 그들을 그들의 더러움에 안주하도록 내버려 두는 것이다(26, 28절). 이 형벌이 종교적 영역과 구별되는 도덕적 영역에 속한 것임을 주목할 필요가 있다. 즉, 종교적 타락이 부도덕한 상태로 방치되는 처벌을 받는 것이다. 종교적 영역의 죄가 도덕적 영역의 죄로 처벌받는 것이다. 하지만 앞의 죄성이 오직 종교적 범주에만 해당된다고 생각하면 안 된다. 마이어가 말했듯이 "마음의 정욕대로"라는 어구는 "하나님이 그들을 부정한 상태로 버려두었을 때에 그들이 처했던 도덕적 상태"를 묘사한다. 그리고 그들이 어떤 상태로 버림받았는지를 자세히 묘사하지 않고 단지 "더러움"에 방치되었다고 진술되어 있다(26, 28절). 그들이 버림받은 그 더러움은 법정에 기원을 둔 것이 아니었다. 그들이 더러움에 내어버림을 당한 것은 이미 더러움이 그들에게 있었음을 전제한다. 형벌은 예전에 그들을 특징지었던 더러움에 내버려진 사실에 있고, 이것을 "저희 마음의 정욕대로"라는 말로 표현하고 있다.

다른 곳에서와 마찬가지로 여기서도 "더러움"은 성적인 타락의 의미로 사용된다(고후 12:21; 갈 5:19; 엡 5:3; 골 3:5; 살전 4:7). 이 타락의 구체적인 모습이 27절에 나온다. 24절의 마지막 부분은 "그들 가운데 서로 자기들의 몸을 더럽히게 하셨으니"라고 번역하는 것이 좋다.[44] 그러나 이 절은 더러움의 목적은 언급하지 않고, 다만 더러움이 무엇인지만 말해 주고 있다(28절).

이 구절의 핵심 문제는 "내버려 둔다"와 관련이 있다. "하나님이 내버려 두사"라는 말은 하나님이 그냥 내버려 두심으로 벌하셨다는 의미다. 이 행위의 특성을 이

---

44 ἀτιμάζεσθαι는 수동형으로 보고, 이 절 전체가 더러움을 묘사하는 것으로 보는 것이 좋다(참조. Meyer, 앞의 책). ἐν αὐτοῖς는 B C D* 등의 독법이다. ἐν ἑαυτοῖς는 초서체 대부분의 독법이다. 이런 변이로 인해 의미가 변하지는 않는다. 그렇지만 후자는 왜곡된 모습을 더 강조한다.

해하기 위해 몇 가지 사항을 알아야 한다.

(1) 이미 언급했듯이, 하나님이 그들을 내버려 두신 행위 때문에 그들이 부도덕하게 된 것이 아니다. 사람들은 이미 그들이 처한 기존의 상태로 버려졌을 뿐이다.

(2) 죄 안에는 연쇄적으로 작용하는 자연 법칙이 있다. 죄가 제재를 받지 않으면 더 악랄해지고 악화된다. 이런 순환 내지는 연쇄작용은 죄의 형벌의 일부다.

(3) 하나님이 사람들을 내버려 두시는 것이 죄의 자연적 결과에 간섭하지 않는 것으로 축소될 수는 없다. 물론 하나님이 그들을 그냥 내버려 두시는 것, 즉 사람들을 방치해서 비극적 결과가 생기도록 허용하시는 것 자체로 사법적 형벌이다. 그렇지만 24, 26, 28절에 나오는 "내버려 둔다"는 표현은 이렇게 해석하는 것으로 충분하지 않다. 하나님이 계시하신 선한 뜻을 전적으로 거역하는 행위에 넘겨주는 적극적인 측면도 있다. 하나님이 사람들을 더 악랄하고도 악화된 마음의 정욕의 상태에 방치해 두는 것은 하나님의 분노의 표출이다. 그 결과 그들은 스스로 더 큰 응보적 보복의 열매를 맺게 된다.

25절 25절은 23절의 내용을 반복한다. 이런 사실상의 반복을 통해 바울은 세 가지 목적을 이루려고 했다. 범죄의 성격을 보여 주고, 사법적인 형벌의 근거를 재확인하며, 형벌을 초래한 종교적 타락을 강조해 엄중한 처벌의 정당성을 입증하려고 했다. 25절의 첫 번째 단어는 인과관계를 나타내는 대명사로 "그것 때문에"라는 번역이 적절하다. 그것은 "하나님의 진리를 거짓 것으로 바꾸는" 사람들이 어떤 부류인지를 말한다. 그러므로 그들은 버림받아야 마땅하다.[45]

"하나님의 진리"라는 표현은 다음 세 가지 중 하나를 의미한다. ① '하나님이 소유하신 진리', 곧 하나님이 알게 하셨고 하나님께 속한 진리, ② 진리이신 하나님 자신, ③ 하나님에 관한 진리이다.

만일 "피조물을 조물주보다 더 경배하고 섬김이라"는 절이 선행한 절에 대한 설

---

[45] οἵτινες는 그들이 속한 종류나 계급을 가리키며, 그들을 특징짓고 있는 속성을 여기서 강조하고 있다 (참고. Arndt and Gingrich, *A Greek English Lexicon of the New Testament* ad ὅετις).

명이라면[46] 여기서 "하나님의 진리"는 "창조주"와 일치하며, 피조물을 경배하고 섬기는 행위는 "거짓 것"과 일치한다. 그런 경우 "하나님의 진리"는 참되신 하나님, 곧 그 존재와 영광의 실재를 지닌 하나님과 동일한 것이며, 따라서 두 번째 의미가 맞을 수 있다. 그러나 이 두 절이 서로를 설명한다고 생각할 명백한 이유가 없다. 두 절은 동격이며 종교적 배교 행위가 뚜렷이 나타나는, 밀접한 관계는 있으나 명백히 구별되는 두 가지 양상을 표현한다. 또한 "거짓 것"을 피조물을 경배하고 섬기는 행위와 동일시하는 것은 적절하지 않고 오히려 어색하다. 첫 번째 절은 사람들이 이미 알았던 진리를 진리와 모순되는 것, 즉 "거짓 것"과 바꾸게 되는 극단적인 죄악에 대한 지적으로 보는 편이 더 합당하다. 이렇게 볼 때, 진리와 거짓 사이의 반립관계가 궁극적으로 드러나게 마련이며, 하나님이 심판하셔서 그들을 버리셔야 했던 이유가 더 선명해질 것이다. 그러므로 "하나님의 진리"는 위의 세 가지 중에서 첫 번째 의미로 봐야 한다. 즉, 그 진리란 하나님이 알려 주신 진리인 것이다. 이것이 앞 문맥의 강조점과도 일치하며, 또한 "거짓 것"이란 표현에 나타난 반대 개념과도 일치한다.

두 번째 절은 진리를 거짓으로 바꾸는 것이 예배와 종교적 섬김의 구체적 행위로 표현되는 방식을 설명하는 것으로 생각할 수 있다. 이 어구는 "오히려 조물주보다"라고 번역하는 것이 더 적합하다. 헬라어 본문은 "조물주 위에"라고 번역할 수도 있지만, 조물주 위에 다른 무엇이 경배를 받으며 섬김을 받을 때에는 조물주에 대한 경배와 섬김은 제거된다. 바꾼다(23, 25a)는 개념은 이 경우에도 적용된다.

25절을 마무리하는 송영은 '창조주' 하나님에 대한 자발적인 경배의 탄성이며 앞 절에 나타난 하나님을 모욕하는 행위에 대한 반작용이다. 엄격히 말해 그것은 송영이 아니다. 그것은 하나님을 송축하는 것이 아니고 그분께 드리는 감사도 아니다(참고. 눅 1:68; 고후 1:3; 엡 1:3; 벧전 1:3). 그것은 초월적 복이 하나님께 속한다는 확신이며 사람들이 하나님을 모욕한다고 해도 이처럼 고유하고 불변하는 복되심이 손상되지 않는다는 의미다. 하나님은 영원히 송축을 받으실 분이시다. "아

---

46 마이어의 책을 참고하라.

멘"이라고 덧붙이면서 바울은 앞의 표현이 하나님께 부여하는 영광에 대해 온 마음으로 인정하고 있다. "아멘"은 곧 예배의 응답이다.

26절 다시 한 번 바울은 하나님이 이방 나라들을 이런 사법적 형벌에 넘겨주는 이유를 말한다. 24절의 "그러므로", 25절의 "이는", 26절의 "이 때문에"라는 표현은 이런 면에서 모두 같은 의미를 갖고 있다. 하나님이 사람들을 내버려 두심은 종교적 배교에 대한 형벌이다. 그러나 26절에서는 내버려 둠의 성격을 더욱 철저히 묘사한다. 하나님이 저희를 추잡한 욕심에 내버려 두셨다. 문자적으로는 "부끄러운 욕심에" 내버려 두셨다는 의미다.[47] 이는 치욕적인 특성을 강조한다. 이 치욕적인 욕심의 정체가 구체적으로 나타났다. "그들의 여자들도[48] 순리대로 쓸 것을 바꾸어 역리로 쓰며." 여기서 바울이 "더러움에 내버려 두사 그들의 몸을 서로 욕되게 하셨으니"(24절)라고 말했을 때와 "부끄러운 욕심"(26a)이라고 말했을 때 마음속에 품고 있던 사악한 행동의 구체적인 형태가 무엇인지 우리가 처음으로 알게 된다. 바울은 그가 염두에 두고 있는 것이 더러움과 치욕적인 욕심의 가장 심한 형태라고 규정한다. 이 구절과 27절은 동성애를 명백하게 혐오한다. 그가 먼저 여인부터 언급한 것은 분명히 악의 심각성을 강조하기 위해서다. KJV 성경은 헬라어 본문에 불변화사(관사, 전치사처럼 어형의 변화가 없는 품사—옮긴이)가 있음에 주목한다. 불변화사를 고려해 번역하면 '그들의 여인들조차도'(for even their women)라고 할 수 있다. 여성은 무척 미묘하기 때문에 여자들의 경우에는 동성애의 타락성이 더 명확하게 드러난다. 바울은 먼저 레즈비언의 악이 만연된 것을 언급하는 한편, 남자 동성애를 다루는 27절에서는 그것을 자세히 묘사하지 않는다. 아마도 묘한 감정 때문에 그렇게 했을 것 같다. "순리대로 쓸 것"을 "역리로" 바꾸어 쓰게 되었다고 여자에 대해 말한 내용은 27절에도 그대로 사용된다. 27절에 "순리대로 여

---

47 ἀτιμίας는 속성 또는 특징을 말해 주는 소유격이다.
48 바울은 θήλειαι 사용하되 γυναῖκες는 사용하지 않는다. 역시 ἄρσενες는 사용하나 ἄνδρες는 사용하지 않는다. 사도는 "여자", "남자"란 말을 사용하는데 그 이유는 지금 성의 문제를 강조하고 있기 때문이다. "성의 육체적인 면만을 부각시키고 있다"(Philippi, 앞의 책).

자 쓰기"라는 말이 있는데 26절의 표현도 그와 같다. 그러므로 26절에도 "순리대로 남자 쓰기"라는 뜻이 있다고 생각하는 것이 합리적이다. 그러나 바울이 생각하는 것은 그들의 성적 기능을 순리대로 사용하는 것을 의미한다는 마이어의 설명은 설득력이 있다. 여성의 순리적 성기능은 남자와의 성관계를 의미하지만, 바울은 이것이 '순리대로 남자 쓰기'라고 말하기를 의식적으로 피하고 있다. 우리가 어떤 견해를 선택하든, 그들의 악한 행동은 **비순리적**임을 강조한다. 27절에서처럼 26절에서도 그들에 대한 굉장한 혐오가 나타난다. 간통이나 간음도 물론 심각한 악이지만 동성애에 내포된 신성 모독은 더 저급한 타락을 의미한다. 그것은 비순리적이며 따라서 더 근본적인 타락상을 보여 준다.

27절 27절에는 남자 동성애의 악이 더 구체적으로 묘사되어 있다. 특별히 주목해야 할 세 가지 표현이 있다.

(1) "순리대로 여자 쓰기를 버리고." 바울이 다른 곳에서 가르쳤듯이(고전 7:1-7), 이성 간의 성적 행위는 존귀하며 따라서 그것의 타당성은 하나님이 정하신 자연스런 체질에 근거한다. 동성애는 성에 관해 하나님이 정하신 질서를 포기하는 행위다.

(2) "서로 향하여 음욕이 불 일듯 하매."[49] 음욕의 강도를 "불 일듯 하다"라는 말로 표현하고 있다. 여기서 "불 일듯 하다"는 말이 고린도전서 7:9에 언급된 표현과 같다고 생각하는 것은 잘못이다.[50] 후자는 자연적 성욕이 불탄다는 말이고, 거기서는 그것을 부도덕하다고 고발하지 않는다. 이런 성욕을 해결하는 출구로 결혼을 권하고 있다. 그러나 지금 이 본문에서는 순리적이거나 합법적이지 않은 욕망을 말한다. 이는 하나님이 정하신 법칙에서 벗어난 음욕이며 본질적으로 모든 상황에서 불법적인 것을 향한다.

(3) "남자가 남자로 더불어 부끄러운 일을 행하여." 헬라어 본문을 따르면 "부끄러운 일"(참고. 엡 5:12)이란 표현이 적절하다. 이는 이 사악한 행습에 대한 누적

---

49 헬라어의 부정 과거 수동형은 문자적으로 '불길에 휩싸였다'란 뜻이다. 그들은 정욕의 불길에 휩싸였다.
50 이것은 여기서의 ἐξεκαύθησαν과 고전 7:9의 πυροῦσθαι의 차이가 아니라, 사도 바울의 입장에서 내린 평가의 차이다.

된 고발의 위력을 말해 준다.

27절의 마지막 부분은 부도덕한 상황 가운데 버려두심은 배교의 사법적 결과라고 언급한 24, 25, 26절의 내용을 다시 말한다. 그러나 여기서는 새로운 요소가 추가되는데, 버려둔 것을 "상당한 보응"이라고 말한다. 아무런 이유 없는 형벌은 결코 하나님의 심판이 아니다. 여기서 바울은 죄와 형벌의 상응관계에 대해 숙고한다. 이런 부자연스런 악행에 내버려 두게 만든 "잘못"은 21-23, 25절에 묘사된 하나님 경배를 떠난 배교라고 말한다. 그리고 쉐드(W. G. T. Shedd)의 말을 빌리면, 이에 대한 보응은 "가공할 만한 방탕의 신체적, 도덕적 결과와 더불어 결코 채울 수 없는 정욕 그 자체"에 있다.[51] 도덕적 타락에 대한 바울의 묘사에서 우리는 하늘로부터 나타나는 하나님의 진노의 본보기를 발견해야 한다(18절). 타락은 우상숭배에 따라오는 부패를 보여 준다. 우리의 타락한 본성은 하나님을 모독하며 우리를 "대낮에도 장님이 되게 한다."[52] 이렇게 해서 우리는 하나님의 사법적인 심판에 대해 자세히 분석할 준비를 마쳤다.

28. 또한 그들이 마음에 하나님 두기를 싫어하매 하나님께서 그들을 그 상실한 마음대로 내버려 두사 합당하지 못한 일을 하게 하셨으니

29. 곧 모든 불의, 추악, 탐욕, 악의가 가득한 자요 시기, 살인, 분쟁, 사기, 악독이 가득한 자요 수군수군하는 자요

30. 비방하는 자요 하나님께서 미워하시는 자요 능욕하는 자요 교만한 자요 자랑하는 자요 악을 도모하는 자요 부모를 거역하는 자요

31. 우매한 자요 배약하는 자요 무정한 자요 무자비한 자라

32. 그들이 이같은 일을 행하는 자는 사형에 해당한다고 하나님께서 정하심을 알고도 자기들만 행할 뿐 아니라 또한 그런 일을 행하는 자들을 옳다 하느니라

---

51 William G. T. Shedd, *A Critical and Doctrinal Commentary upon the Epistle of St. Paul to the Romans*(New York, 1879).
52 이 표현은 칼빈에게서 끌어온 것이다. "ut caecutiant in meridie."

28절 앞 구절들에서 묘사한 배교에 대한 형벌은 성적 부도덕에 국한되었다. 아마도 바울은 동성애를 하나님이 열방을 내버려 두게 한 가장 현저한 타락의 증거로 생각했기 때문일 것이다. 28절에서 바울은 하나님의 내버려 둠이 성적인 타락에만 국한되지 않음을 말한다. 29-32절에서 바울은 열방을 내버려 두게 한 다른 악한 행위도 요약해서 열거한다. 28절의 서두에 나오는 "또한"이란 말은 27절에 나타난 생각이 28절에서도 동일하게 나타남을 보여 준다. 즉, 범한 죄와 그것에 대한 보응에 상응관계가 있음을 뜻한다. 이 본문에서 말하는 죄는 그들이 마음에(혹은 지식에) 하나님 두기를 거절한 것이다. 그들은 하나님을 마음에 두는 것이 적절하지 않다고 생각했고, 마음은 명백히 하나님이 없는 상태였다. 그들은 하나님을 생각하고 주목할 만한 대상으로 여기지 않았기에 하나님에 관한 지식을 소중히 여기지 않았다. 이에 상응하는 보응은 "하나님께서 그들을 그 상실한 마음대로 내버려 두신" 것이다. 이는 무가치하게 여겨져서 버림받은 마음이다(참고. 고전 9:27; 고후 13:5, 6, 7; 딤후 3:8; 딛 1:16; 히 6:8). 그러므로 상실한 마음은 하나님께 버림받거나 배격당한 것인 만큼 존경이나 인정을 받을 만한 행동을 하기엔 적합하지 않다. 하나님의 심판은 생각과 행동의 좌소(座所)에 떨어진다. "합당하지 못한 일을 하게 하셨으니"라는 말은 상실한 마음에 의해 생긴 행동을 설명하며, 바울이 여기서 말하는 "마음"(mind)은 생각은 물론 행동과도 관계가 있다.

29-31절 이 구절들에는 악덕의 목록이 나온다. 여기에 열거된 행동을 체계적으로 분류하려는 것은 인위적인 시도이다. 바울은 여러 인종과 사람의 상태를 관찰하면서 발견한 악덕들을 생각나는 대로 열거했을 뿐이다. 또한 그는 동시대와 앞선 시대의 사람들 가운데서 이방인의 도덕적 상태에 대한 자료들을 자유롭게 택해 제시한 것이 분명하다. 우리는 본문에 나열된 악덕들의 긴 목록과 다양성에 깊은 인상을 받지만 이는 단순한 선택일 뿐이다. 바울은 여기서 언급하지 않은 다른 악덕들을 다른 본문에서 말하기도 했다(갈 5:19-21). 부패의 정도는 "불의가 가득한 자요"라는 표현을 보면 충분히 알 수 있다. 불의는 일반적 용어로 다른 구체적인 악덕들을 모두 포괄하는 개념이다. 여기서는 불의가 그 주체들을 완전히 사로잡아 통제

하고 있음을 강조한다. 사람들은 온갖 형태의 불의로 가득 차 있다. "추악, 탐욕, 악의"란 말이 추가된 것은 불의가 자아낸 부패의 총체성과 강도를 강조한다.

바울이 제시한 악덕의 순서에서 분류 체계를 찾는 게 가능한지는 모르겠지만 구문상의 변화를 보면 세 그룹으로 나누는 것은 가능하다. "불의, 추악, 탐욕, 악의" 그리고 "시기, 살인, 분쟁, 사기, 악독", 마지막으로 31절의 끝까지 이어지는 다양한 성격의 악덕들이다.

이 악덕의 목록을 살펴보면 하나님을 변절한 인간 본성의 부패에 대한 통찰력, 이런 도덕적 상태에 대한 심각한 평가, 그리고 인간 타락상의 구체적인 양상에 관한 폭넓은 지식에 우리는 감명을 받지 않을 수 없다.

32절 결론에 해당하는 이 절은 바울이 지금까지 묘사한 사람들에 대한 최종적인 고발장으로 보아도 좋다. 이 구절의 첫 번째 단어는 대명사로, 여기 관여된 사람의 특성에 주의를 끌게 한다. "그들"은 그런 품질의 사람들이라는 뜻이며 이 절의 마지막 구절과 연결된다. 그들이 범하는 죄의 심각성은 "또한 그런 일을 행하는 자들을 옳다 하는" 사실에 있다. 이렇게 사악한 일을 행하는 사람을 두둔한다는 점에서 그들의 죄는 심각하다. 그들은 악한 행위를 한 범죄자들에게 박수갈채를 보낸다. 지금 고려하는 것이 그 구체적인 성품이다.

이 본문에 있는 "하나님이 정하심"이란 말은 하나님의 사법적 규례를 의미하며, 그것은 앞부분에서 명확히 정의하는 대로 "이 같은 일을 행하는 자는 사형에 해당한다"는 것을 말한다. 여기서 "사형"은 현세적인 죽음에 국한되는 것이 분명 아니다. 헬라인들은 악인에게는 사후에 그에 상응하는 형벌이 있다는 교리를 가르쳤다. 그런즉 바울은 이방인들이 그것을 알고 있다고 전제하고 이렇게 진술하고 있다. 더욱이 지금 그는 "하나님의 정하신" 것을 규정짓고 있는 만큼, 다른 곳에서의 가르침에 비추어 사형이란 단어를 단지 현세적인 죽음의 심판으로 국한시킬 수 없다. 그러므로 바울은 장차 올 세상에서 고통을 부과할 하나님의 형벌적 심판에 관한 지식을 그들이 갖고 있다고 생각했다. 그러나 그들이 버림받은 상태에 있으면서도 이런 지식을 갖고 있는 것인지, 아니면 과거에는 갖고 있었지만 지금은 그 지식을 잃어버린 것인지에 대한 의문은 남아 있다(21절). 신중히 살펴보면 후자가 타당성이 있어 보인다. "알았다"(having known)라는 단어의 시제를 보면 그들이 더 이상 과거의 지식을 갖고 있지 않다는 의미인 듯하다. 더욱이 그들이 벌을 받아 마음이 어두워졌다는 묘사를 보면(21-23, 28절), 그들이 하나님이 정하신 것을 지금까지 실제로 알고 있는 것 같지는 않다. 그러므로 과거에는 갖고 있던 지식을 지금은 잃어버렸다는 후자를 인정할 만하다.

그렇지만 여기서 말하는 지식은 그들이 예전에 지녔던 지식만을 의미하는 것이 아니라고 주장할 만한 강력한 근거가 있다. 즉, 과거엔 가졌으나 지금은 잃어버린 지식이라는 견해를 부정해야 할 이유가 있다.

(1) 여기에 사용된 시제는 현재 그 지식을 갖고 있다는 생각과 양립이 가능하다. 그것은 이 구절의 하반부에 언급된 행위들과 같은 시기에 나타난 상태를 가리킬 수 있다.

(2) 하나님의 사법적 규례에 대한 지식은 그들의 상태가 매우 심하게 타락했음을 돋보이게 하려고 언급되었다. 만약 이 지식을 단지 과거의 것으로 돌린다면 그에 대한 언급의 적실성이 사라지고 말 것이다. 반면에 이 지식을 현재 갖고 있다고 주장할 경우에는 그에 대한 언급의 적실성이 즉시 뚜렷해진다. 즉, 이 같은 일을 행하는 자에게 내릴 하나님의 심판에 대해 그들이 잘 알고 있으면서도, 그들이 계속 그와 같은 일을 할 뿐만 아니라 그런 일을 행하는 자를 옳다고 두둔한다는 사실을 고려해 보면 그렇다는 말이다.

(3) 이런 지식을 갖고 있으면서도 계속 어두운 타락의 상태로 빠져든다는 것은 명백히 모순되는 것 같지만, 바울이 21절에서 한 말을 읽어 보면 이 문제는 해결된다. 하나님에 대해 알고 있었지만 하나님께 영광과 감사를 드리지 않았다. 즉, 하나님에 관한 지식과 타락이 공존하고 있다. 21절에 나오는 하나님을 알 만한 지식은 32절의 하나님이 정하신 것에 대한 지식보다 더 포괄적이다. 그러나 하나님에 관한 지식과 타락은 공존한다.

(4) 이런 지식을 이방인의 의식구조에서 제거하는 것은 2:14, 15의 의미와 정면으로 충돌된다. 그뿐만 아니라, 위에서도 언급한 바와 같이, 역사적인 증거가 증

명해 주듯 이방 민족이라고 해서 그런 지식이 없었던 것은 아니며, 그들 역시 하나님이 그의 사법적 규례 속에 정하신 결과에 대해 인식할 수 있었다.

이상과 같은 견해를 지지한다면 우리는 중요한 논거를 세울 수 있게 된다. 앞 구절들에서 묘사한 것과 같이 모든 영역, 즉 종교적, 도덕적, 그리고 정신적인 타락에도 불구하고, 바울은 바로 그런 사람들마저도 악을 행한 사람들은 마땅히 지옥의 고통을 당해야 한다는 하나님의 의로운 규정에 대한 지식을 지니고 있는 것으로 보았다는 사실이다. 다음과 같은 추론도 가능하다. ① 하나님께 형벌을 받아 버림받을 정도로 가장 타락한 사람들도 하나님 및 하나님의 의로운 심판에 관한 지식이 없지 않다. 2:14, 15에서는 양심이 스스로 증거한다고 했다. ② 이 사람들이 이런 지식을 갖고 있다고 해서, 하나님의 심판을 받아 죽음에 이르는 죄에 빠지지 않는 것은 아니다. ③ 하나님의 의로운 심판에 관한 지식이 죄에 대한 증오를 품게 하는 것도 아니며, 죄를 회개하는 성향을 키워 주는 것도 아니다.

이 본문의 모든 절들은 다음과 같은 결론에 종속되어 있다. "또한 그런 일을 행하는 자들을 옳다 하느니라." 앞에서 묘사한 죄악들이 여기서는 서로 지지하고 협력한다. 이방인을 고발하게 하는 결정적인 요인은 이렇게 상호 간에 악을 행하도록 두둔하는 행태이다. 이제까지 바울이 묘사한 부패한 인간의 모습이 혹독해 보이지만, 가장 저주스러운 묘사는 오히려 끝부분에 언급하려고 남겨두었다. 그것은 인간들이 죄악을 범하는 일에서 한마음을 품고 있다는 것이다. 가장 저주스러운 상태는 죄악을 범하는 것 자체가 아니다. 물론 이것도 하나님에게 버림받았고 또 죄에 내버려졌음을 보여 주는 증거지만, 가장 저주스러운 모습은 다 함께 죄악을 저지를 뿐만 아니라 그런 짓을 하는 사람들을 지지하고 격려하는 것이다. 다시 말하면, 우리는 우리 자신을 멸망시키고 있을 뿐만 아니라, 죄악을 저지르면 멸망에 처하게 됨을 알면서도 그런 일을 행하는 사람들을 보고 그들을 축하한다는 사실이다. 우리는 우리 자신을 증오하듯 남도 증오한다. 그러기에 죄악을 범하고 또 남이 범하는 것을 두둔하는 것이 아닌가? 우리는 멸망할 짓을 하는 것을 옳다고 말하고 있다. 다른 사람이 죄를 짓지 못하게 막기는커녕 범죄 행위를 잘했다고 다 같이 격려할 때 악은 더욱더 심화되기 마련이다.

John Murray

THE EPISTLE TO THE ROMANS

2장

2) 유대인의 경우(2:1-16)

1. 그러므로 남을 판단하는 사람아, 누구를 막론하고 네가 핑계하지 못할 것은 남을 판단하는 것으로 네가 너를 정죄함이니 판단하는 네가 같은 일을 행함이니라
2. 이런 일을 행하는 자에게 하나님의 심판이 진리대로 되는 줄 우리가 아노라
3. 이런 일을 행하는 자를 판단하고도 같은 일을 행하는 사람아, 네가 하나님의 심판을 피할 줄로 생각하느냐
4. 혹 네가 하나님의 인자하심이 너를 인도하여 회개하게 하심을 알지 못하여 그의 인자하심과 용납하심과 길이 참으심이 풍성함을 멸시하느냐

로마서 2장의 처음 부분(1-16절, 특히 1-8절)에 언급된 사람들이 누군지에 대해서는 해석자 사이에 의견이 분분하다. 어떤 사람들은 바울이 1:18-32에서 이방인에 대해 묘사하고 이제 유대인에게로 시선을 돌려 비록 유대인의 이름이 17절까지는 나타나지 않지만, 직접 유대인을 향해 말하는 것이라고 주장한다. 그런가 하면 또 어떤 사람들은, 여기서 바울이 유대인은 물론 이방인에게도 적용될 수 있는 "단지 일반적인 명제를 진술하고 있다"[1]고 주장하기도 한다. 기포드는 앞 장에 나온 타락에 대한 묘사를 지적하면서 이렇게 말한다. "그러나 앞에서 묘사한 맹목적인 우상숭배와 끔찍한 악덕의 가장 뚜렷한 외적 특징들을 적용할 수 없는 사람들도 있다. 이교도 중에도 더러 있고 유대인들 가운데는 많다. 이들은 하나님의 참 성품에 대한 지식을 전부 상실하지는 않았고, 더 비열한 형태의 악덕을 행하지 않음은 물론 두둔하지도 않았다. 그들의 도덕적 의식은 다른 사람들의 죄를 충분히 정죄할 만큼 예민하다. 그렇건만 그들 역시 하나님 앞에서 스스로 죄책감을 느끼게

---

1 Moses Stuart, *A Commentary on the Epistle to the Romans* (Andover, 1835), p. 95.

끔 만들어야 한다."[2]

이것은 명확하게 해결할 수 있는 문제가 아니다. 바울은 특별히 유대인을 생각하면서도, 유대인뿐만 아니라 앞에서 언급한 도덕적·종교적 부패에 빠지지 않았다고 생각하는 사람들까지 공격하기 위해 더 일반적인 말로 그의 담론을 구성하는 것 같다. 이 견해를 선택하는 것은 여러 면에서 유익하다. 그것은 유대인에게 적실한 성격을 잃지 않는 동시에 유대인과 동일하게 책망을 받아야 할 다른 사람들도 배제시키지 않기 때문이다. 또한 바울은 수사적인 장점도 고려한 것 같다. 그는 2:17-29에서 유대인에게 직접 적용할 내용을 효과적으로 말하기 위해 먼저 더 일반적으로 적용할 수 있는 명제부터 언급했다.

그렇지만 이처럼 보다 일반적인 성격을 지닌 내용이라고 추정할 만한 결정적인 이유는 없다. 오히려 그 반대로 유대인에게 하는 말임을 보여 주는 강력한 이유들이 있다. 물론 이런 이유들이 이 문제를 결정적으로 해결하는 것은 아니지만 유대인을 대상으로 했음을 가리킨다.

(1) 이방인의 종교적, 도덕적 타락을 들어 그들을 판단하려는 경향은 유대인 특유의 성격이다. 유대인은 높은 특권 의식을 품고 있다. 바울은 17-20절에서 이에 관해 명백히 언급한다. "남을 판단하는 사람아"라는 말은 유대인을 가리키며 유대 민족의 특성을 드러낸다.

(2) 여기 언급된 사람은 "그[하나님]의 인자하심과 용납하심과 길이 참으심이 풍성함"에 참여한 자다. 이방인도 하나님의 인자하심에 참여한 것은 사실이지만, "하나님의 인자하심의 풍성함"이란 표현은 유대인들이 언약의 특권 안에서 누렸던 특별한 은혜의 풍성함을 가리킨다.

(3) 바울은 특별한 권리나 유리한 점이 있다고 해서 하나님의 심판에서 면제되지 않음을 주장한다(3, 6-11절). 이것은 유대인들이 아브라함의 후손들로서 다른 사람들이 공유할 수 없는 면죄부를 기대하며 그들의 특권을 남용한 경우이기 때문에 이는 분명 유대인에게 해당하는 것이 확실하다(마 3:8, 9; 눅 3:8; 요 8:33, 39, 53;

---

2 앞의 책, p.71.

갈 2:15). 더욱이 심판(9절)과 영광에 있어서(10절) 유대인에게 우선권을 주고 있는데, 이는 유대인이 누리는 특권을 가리킨다.

(4) 17절에서 유대인이 청중임을 분명히 말하는데, 만일 유대인을 여기서 처음으로 지목했다면 그것은 돌발적인 표현이겠지만, 앞부분에서 유대인을 계속 유념하다가 17절에서 이름을 밝혔다면 그것은 극히 자연스러운 흐름이다.

1절 1절의 "그러므로"가 어느 부분과 관련이 있는지 명확하지 않다. 앞의 단락 전체(1:18-32)[3] 또는 32절과 관련지을 수도 있다.[4] 그런데 이 접속사가 앞의 내용이 아닌 뒤의 내용과 관련될 가능성도 배제할 수 없다. 마지막 대안을 취한다면, 그것은 1절의 하반부에서 이끌어 낼 수 있는 하나의 결론을 가리킨다. 다시 말해, 바울의 삼단 논법의 결론이 먼저 언급되고 그 후에 이에 대한 근거가 나오는 것이다.[5] 이 사상의 진행 과정은 다음과 같다. ① 너는 어떤 사람이 어떤 일을 행한다고 해서 그를 판단하고 있다. ② 너도 같은 일을 행하고 있다. ③ 그러므로 네가 너를 정죄하니 너도 핑계할 수 없다.

그런데 1절의 "그러므로"라는 말이 그 앞에 있는 내용에 대한 결론이라면, 32절보다 더 많은 내용을 고려하는 것이 필요하다. "핑계하지 못할 것"이란 표현은 1:20을 생각하게 한다. 거기서는 이방인들에게 그와 똑같은 말을 한다. 유대인이 다른 사람을 판단하는 성향은 앞 단락 전체에서 열거한 죄들과 관련이 있다. 유대인도 같은 죄로 고발받기 때문에 유대인의 행습도 동일한 일반적인 범주에 속한다. 그런 일을 행하는 사람은 사형에 해당된다는 하나님의 규례를 알고 있다는 사실은 2:1로 넘어와서 그들을 고발하는 전제가 된다. 당신이 다른 사람을 판단한다는 사실로 입증된 것처럼, 하나님의 법적 규례를 당신이 알고 있기 때문에 당신은 핑계할 수가 없다. 당신의 판단 행위 자체로 스스로를 정죄했기 때문이다.

---

3 이것은 마이어의 견해다.
4 고데트의 앞의 책을 참고하라.
5 "이 접속사는 앞장의 어떤 것에서 이끌어 낸 것이 아니라 뒤에 나오는 진리를 확정하기 위한 결론을 소개한다"(Robert Haldane, 앞의 책).

위에서 진술한 이유들로 인해 바울이 유대인을 향해 말하고 있긴 하지만, 반드시 책망하기 위해서가 아니라(9:20), 더 진지하고 효과적으로 호소하기 위해 "사람아"라는 더 일반적인 표현을 사용한다. 32절에서 이방인의 타락이 최절정에 이르렀다는 것은 그런 범죄에 대해 아무도 정죄하지 않는다는 사실로 입증되었다. 그와 반대로 이방인은 범죄행위를 보고 적극적으로 동의했다. 그것이 이방인들의 잘못이다. 바울은 이방인과는 다른 방식으로 유대인을 고발한다. 이는 이방인에게는 없고 오직 유대인에게만 있던 특별한 성향 때문이다. 유대인은 다른 사람이 죄를 범했을 때 그들을 정죄하고 판단한다는 이유로 고발당하고 있다. 우리가 주목할 것은 유대인이 다른 사람의 범죄를 단지 판단했다는 이유로 고발당하는 것이 아니라, 유대인 자신도 그런 일을 행하면서 다른 사람을 판단하기 때문에 고발당한다는 사실이다. 즉, 유대인은 그들 자신의 모습을 깨닫지 못한 무분별함과 위선 때문에 고발당했다. 자신도 동일한 죄를 범한 죄인이면서 타인을 판단하기 때문에 위선이고, 또 타인은 정죄하면서 자신의 죄는 보지 못하기 때문에 무분별하다. 그들이 무분별하고 위선으로 가득하기 때문에 그들의 마음은 밝아질 수 없고 결국 아무런 핑계도 대지 못한 채 자신의 행동에 책임을 지기에 이른다. 이런 면에서 유대인도 이방인과 동일한 범주에 속해 있다.

2절 1절에서 바울은 유대인이 이방인을 판단하는 문제를 다루고, 이러한 판단은 부지불식간에 자기를 판단하는 것이라고 말한다. 그런데 2절은 유대인으로 하여금 그와 같은 일을 행하는 사람들에 대한 하나님의 심판을 직면하게 한다. 이 경우 "판단"은 판단하는 행위가 아니라 유죄 선고이다(3절; 3:8; 5:16; 13:2; 고전 11:29, 34; 딤전 3:6; 5:12; 약 3:1). "진리대로"라는 표현은 '사실과 일치하게'라는 의미다. 이는 11절에 나오는 "하나님이 외모로 사람을 취하지 아니하심이라"는 말씀을 가리킨다. "진리대로"라는 말이 설사 공평이나 공정과 같은 뜻이 아니라고 해도 이런 개념과 구별하기는 거의 불가능하다(시 96:13). 이 일반적 원리는 그 다음에 나오는 가르침의 근거가 된다. 하나님의 진리와 공평이 하나님의 심판을 지배하고 있기에 누구에게도 특권이란 있을 수 없다. 이 원리를 두고 바울은 "우리가 아노라"

라고 말했다. 이것은 그가 조금도 주저함 없이 담대히 말할 수 있는, 논란의 여지가 없는 진리란 뜻이다. 바울은 그것을 우리가 하나님의 심판을 말할 때 반드시 고려해야 할 자명한 원리로 소개한다. 하나님은 진리이시기 때문이다(3:4).

3절 바울은 2절에 나오는 기본 원리를 지금 언급하는 사람들에게 구체적으로 적용한다. 1절에 나오는 것과 근본적으로 동일한 표현이 반복되는 것으로 봐서 이는 명백하다. "사람아"라는 표현이 다시 나타나는데 이것은 유대인의 주의를 환기시키는 데에 더할 나위 없이 좋다. 이 수사적 질문은 부정적인 답을 함축하고 있다. 이는 공의와 진리라는 신적 질서가 유대인의 유익을 위해서라면 폐지될 수도 있다는 허망한 생각을 지닌 유대인에게 도전하고 있다. 여기서는 그런 관대함을 바랄 수 없다. 하나님의 판단은 사람의 외모가 아니라 진실에 근거하기 때문이다. "하나님의 심판"은 2절의 표현과 동일하며 하나님의 유죄적 선고를 가리킨다.

4절 4절에는 "혹"이란 단어로 시작하는 질문이 있다. "네가 멸시하느냐?"라는 질문은 3절의 "네가 생각하느냐?"라는 질문과 병행한다. 여기 "혹"이란 단어의 목적은 대안들을 제안하려는 것이 아니다. 그것은 어디까지나 수사학적으로 쓰인 표현으로 유대인에게 점점 강하게 불경건한 죄를 인식시켜 주려고 사용되었다. 즉, 이는 유대인의 태도를 해석하는 다른 방식들이 있는 것이 아니라 유대인의 태도를 진술하는 다른 방식이 있다는 말이다. 바울은 유대인이 하나님의 인자하심의 풍성함을 경멸하고 있다는 사실을 생각하고 있음을 5절에서 명백히 드러낸다. 바울이 지금 다루고 있는 사람은 완고한 유대인이다. 그는 유대인에게 그의 타락상을 직면하도록 갈수록 더 거세게 몰아치고 있다.

하나님의 인자하심의 "풍성함"은 유대인에게 부여된 인자하심의 부요함과 크기를 가리킨다. 이 표현은 유대인과 맺은 언약에 나타난 하나님의 인자하심을 염두에 두고 있다(3:2; 9:4, 5). "용납하심과 길이 참으심"에 대해서도 같은 말을 할 수 있다. "풍성함"은 이 세 용어에 모두 해당된다. 이스라엘에 대한 하나님의 "인자하심과 용납하심과 길이 참으심"의 풍성함은 구약 역사 가운데 계속 되풀이되지만,

바울이 이 서신을 기록할 당시에 유대인에게 베풀어진 용납하심과 길이 참으심을 특히 유념하고 있음이 틀림없다. 유대인은 그리스도 안에 나타난 은혜와 인자하심을 배척해서 하나님의 진노와 형벌을 마땅히 받아야 할 자들이기 때문이다. 오직 용납하심과 길이 참으심의 "풍성함" 때문에 유대인은 아직도 보존되고 있는 것이다. 우리가 "용납하심"과 "길이 참으심"을 인위적으로 구별할 필요는 없다. 이 둘은 하나님이 형벌의 부과를 일시 중단하시고 진노의 집행을 억제하고 계심을 말해 준다. 하나님이 용납하심과 길이 참으심을 실행하실 때에는 진노의 즉각적인 집행으로 죄를 보복하지 않으신다. 그러므로 용납하심과 길이 참으심은 죄가 마땅히 받아야 할 진노와 형벌에 대해 생각하며, 하나님이 죄의 형벌을 친히 억제하고 계심을 말해 준다. 바울은 이 억제하심이 하나님의 선하심과 은혜로우심, 인자하심과 관련이 있다고 말한다. 하나님의 인자하심이 얼마나 큰지를 강조하고 있고, 이는 언약의 특권으로 표현되었다.[6] 하나님의 인자하심에 함축된 친절과 은혜는 하나님의 용납하심과 길이 참으심과 분리되지 않는다. 양자를 분리시키는 것은 용납하심과 길이 참으심을 경직된 개념으로 이해하기 때문이다. 그것들은 분리할 수 없게 결합되어 있다.

"멸시한다"는 말은 어떤 것의 가치를 과소평가하며 가볍게 생각함으로 그 마땅한 가치를 인정하지 않음을 의미한다. "멸시한다"는 말은 조소와 경멸의 의미가 강하다. 유대인은 그들이 누리고 있는 인자하심의 풍성함을 제대로 평가하지 못했다. 하나님의 선물은 과소평가될 때마다 멸시를 받는 셈이다. 바울은 그리스도 안에 나타난 은혜의 계시를 배척한 유대인의 불신앙을 다루고 있는데, 우리는 유대인이 가장 분명하고 직접적으로 멸시와 조소를 던진 것으로 이해해야 한다. 이와 같이 우리는 바울의 질문을 해석해야 한다.

"네가 하나님의 인자하심이 너를 인도하여 회개하게 하심을 알지 못해"라는 표현을 죄에 대해 정상을 참작하는 말로 이해해서는 안 된다. 바울은 상대방의 무지

---

6 χρηστότης의 의미를 말해 주고 있는 구절들은 다음과 같다. 마 11:30; 눅 6:35; 롬 11:22; 갈 5:22; 엡 2:7; 4:32; 골 3:12; 벧전 2:3.

를 들어 그의 죄를 양해하는 것이 아니라, 오히려 그들을 고발하기 위한 근거를 넓히고 있는 중이다. 바울은 사실 이렇게 말하고 있는 것이다. "너는 하나님의 인자하심의 위대한 교훈과 목적을 상실했다. 그것은 네 책임이다." "알지 못해"라는 말은 이 경우에 '고려하지 못해'[7]라는 의미가 있다. 따라서 하나님의 인자하심의 목적이 아주 명백하기 때문에 그것을 이해하지 못하는 것은 전적으로 핑계할 수 없는 일임을 의미한다. "회개"는 마음의 변화를 의미하는데, 우리로 지(知), 정(情), 의(意)에 걸쳐 죄에서 돌이켜 하나님께로 향하게 하는 우리 의식의 변화를 가리킨다. 회개는 믿음과 더불어 성도의 삶이 시작되고 죄를 용서받고 영생으로 나아가게 하는 행위이다(행 20:21; 히 6:1; 막 1:4; 눅 24:47; 행 2:38; 3:19; 11:18). 하나님의 인자하심이 회개로 인도한다는 주장을 단지 우리에게 회개를 가리킨다는 의미로 약화해서는 안 된다. "인도한다"는 단어는 행동으로 나타나게 하는 진정한 능력을 의미한다(8:14; 고전 12:2; 살전 4:14; 딤후 3:6). 바울은 하나님의 인자하심을 받는 사람이면 누구나 다 회개에 이른다고 말하지 않는다. 그가 지금 믿지 않는 유대인을 고발하는 내용을 보면 오히려 정반대 입장이다. 즉, 이 유대인은 하나님의 인애와 용납하심과 오래 참으심의 풍성함에 참여했지만 그럼에도 불구하고 회개하지 않는다. 또한 바울은 회개의 열매를 맺는 내적으로 유효한 은혜를 다루고 있는 것도 아니다. 지금 바울이 말하는 것은, 용납하고 오래 참으시는 하나님의 인자하심은 회개의 목표를 지향한다는 것이다(벧후 3:9). 그런데 유대인은 분수를 모른 채 자신에 대한 하나님의 특별한 인자하심 때문에 다른 사람을 판단하는 기준에서 자기는 제외되는 것으로 해석하고 하나님으로부터 면죄부를 받았다고 주장했다. 따라서 이방인은 회개할 필요가 있으나 자기는 그렇지 않다고 했다. 바울이 지금 말하는 내용은, 하나님의 인자하심을 제대로 이해하면 그것이 회개로 인도한다는 것이다. 하나님의 인자하심은 회개를 유발하도록 되어 있다. 다시 말해 유대인은 오직 이방인에게만 회개하는 마음이 필요하다고 생각했다. 그러나 하나님의 인자하심의 진정한 의도와 목적은 회개일 뿐만 아니라, 그것을 제대로 이해

---

7 Philippi, 앞의 책.

하면 회개의 열매가 맺힐 수밖에 없다. 유대인이 정죄를 받는 것은 이 단순한 교훈을 이해하지 못했기 때문이다.

5. 다만 네 고집과 회개하지 아니한 마음을 따라 진노의 날 곧 하나님의 의로우신 심판이 나타나는 그 날에 임할 진노를 네게 쌓는도다
6. 하나님께서 각 사람에게 그 행한 대로 보응하시되
7. 참고 선을 행하여 영광과 존귀와 썩지 아니함을 구하는 자에게는 영생으로 하시고
8. 오직 당을 지어 진리를 따르지 아니하고 불의를 따르는 자에게는 진노와 분노로 하시리라
9. 악을 행하는 각 사람의 영에는 환난과 곤고가 있으리니 먼저는 유대인에게요 그리고 헬라인에게며
10. 선을 행하는 각 사람에게는 영광과 존귀와 평강이 있으리니 먼저는 유대인에게요 그리고 헬라인에게라
11. 이는 하나님께서 외모로 사람을 취하지 아니하심이라

5절 4절에서 바울은 유대인의 실상에 대해 소극적으로 말했지만 5절에서는 적극적으로 그들의 실상을 설명한다. 바울은 비유적으로 유대인이 스스로 진노를 쌓아올린다고 표현한다. 이제는 더 이상 수사적 질문이 없고 직설적으로 죄를 규탄한다. 하나님의 인자하심이 목표로 삼았던 회개와, 여기에 서술된 회개하지 않는 완고한 마음 상태가 주목할 만한 대조를 이룬다. 마음이 완악하다고 일컬어지는 이 사람은 스스로 진노를 쌓고 있는 장본인이다. 여기에 나타난 교묘한 솜씨를 간과하면 안 된다. 여기서 진노는 하나님의 진노이다(1:18과 이후의 내용 참고). 그러므로 오직 하나님이 진노의 시행자이자 시발자이다. 그러나 이 진노를 쌓고 있는 것은 사람이라고 했다. 다시금 우리는 2절에 언급되고 3절에서 적용된 원리를 기억하게 된다. 하나님의 심판은 진리대로 된다는 원리이다. 죄에 대응하는 하나님의 공의와 진리가 없다면 하나님의 진노는 존재할 수 없다. 사람이 짓는 죄가

그 진노를 불러일으키지 않는다면 진노를 쌓는 일도 없게 된다. 그러므로 우리 인간이 스스로 진노를 쌓는다고 말하는 것이다.

"진노의 날… 그날에 임할 진노를 쌓는도다." 이는 쌓인 진노가 진노의 날에 집행된다고 해석하는 편이 좋다. 이날은 16절에서 하나님이 "사람들의 은밀한 것을 심판하시는 그날"과 같은 날인데, 여기서는 "하나님의 의로우신 심판이 나타나는 그날"이다. 하나님의 의로운 심판은 자명하다.[8] "계시"(나타나는 것)는 이 의로운 심판의 현현 및 집행이 미래의 어느 한 날을 위해 보류되었다는 사실을 가리킨다. 하나님의 의로운 심판이 세계 역사상 한 번도 나타난 바가 없었다고 생각할 수는 없으며, 바울이 이런 생각을 인정하지도 않는 만큼, 여기 본문에서 "나타나는"이란 말은 심판이 완전히 나타나고 집행된다는 의미로 사용된다. 이미 1:17에 나온 "나타난다"는 말과 동일한 역동적인 의미가 여기서도 발견된다. 그것은 하나님의 의로운 심판이 완벽하게 집행된 상태다.[9] 어쨌든 "진노의 날 곧 하나님의 의로우신 심판이 나타나는 그날"이라는 묘사는 최후 심판의 날과 동일하다.[10] 심판의 날은 "진노의 날 곧 하나님의 의로우신 심판이 나타나는 날"로 규정되고 있기 때문에, 우리는 여기 언급되고 있는 그날을 오로지 악인을 심판하는 날로 생각할는지도 모른다. 그러나 그렇지 않다. 심판은 이중적이기 때문이다. 즉, 악인에게는 진노의 날이지만 의인에게는 그 열망이 실현되고 영광과 존귀와 평안이 주어지는 날이기 때문이다(7, 10절).

6절 6절은 하나님의 의로우신 심판의 세 가지 양상을 말한다.

    (1) 심판의 보편성: "각 사람에게". 이 표현은 9, 10절에 반복된다.

    (2) 심판 집행의 기준: "그 행한 대로"에 나타나 있다.

---

8 대부분의 권위적인 사본은 δικαιοκρισίας 앞에 καί를 생략하는 것을 선호한다.

9 δικαιοκρισία는 제한적인 의미, 즉 최후 심판을 뜻한다고 주장할 수도 있다. 이 경우에는 "나타남"이란 용어에 함축된 의미를 강조할 필요는 없다.

10 바울이 "날"(ἡ ἡμέρα)이란 말을 심판과 동의어로 사용한 경우를 참조하려면 고전 4:3을, 종말론적 호칭으로 사용한 경우를 참조하려면 13:12, 고전 3:13, 살전 5:4을, 단순히 지시 대명사가 붙은 경우를 보려면 살후 1:10, 딤후 4:8을 보라.

(3) 확실하고 유효한 보상의 분배: "보응하시되"라는 표현을 통해 알 수 있다.

심판의 기준과 관련해서 하나의 문제가 발생하는데, 그것은 바울이 이 구절에서 미래에 실제로 일어날 심판을 말하는지, 아니면 가설적으로 말하는지에 대한 것이다. 어떤 해석자들은 후자가 설득력이 있다고 생각한다. 그 이유는 다음과 같다. 만일 사람들이 자기의 행위에 따라 심판을 받는다면, 이것은 행위로는 아무도 의롭다 하심을 얻을 수 없다는 로마서의 주제와 모순된다. 만일 행위가 기준이라면 하나님이 어떻게 사람들이 영생을 얻도록 심판하실 수 있겠는가(7절)? 그래서 이렇게 주장하는 이들도 있다. "바울은 복음에 관해서가 아니라 단지 율법에 대해 이야기한다. 그는 상과 벌이 하나님의 다스림 아래서 분배된다는 원리를 보여 주기 위해 배교나 구속에 상관없이 창조되었을 때의 인간의 법적인 지위를 묘사한다."[11] 또 홀데인(R. Haldane)의 말을 빌리면 "만일 이 구절들이 복음을 가리킨다면, 그것은 로마서 1:18부터 3:20에 나오는 바울의 일련의 추론에 혼동을 일으킨다. 바울은 율법의 행위로는 하나님 앞에서 의롭다 하심을 얻을 육체가 없다고 결론을 내리고 있기 때문이다."[12] 그러나 한 가지 주목할 사실이 있다. 이 구절에 제시된 미래의 심판에 관한 원리는 신약의 다른 곳, 특히 바울서신에 제시된 원리와 다르지 않다는 점이다(마 16:27; 25:31-46; 요 5:29; 고전 3:11-15; 고후 5:10; 갈 6:7-10; 엡 6:8; 골 3:23, 24; 참고. 전 12:14). 위에 인용한 해석자들의 해결안을 로마서 2:6-16에 적용한다면 비단 이 구절만이 아니라 다른 구절들도 그런 식으로 해석해야 할 것이다. 그러나 다른 구절들을 깊이 연구하면 이런 해석은 불가능하다. 게다가 우리는 바울이 이 본문에서 복음의 대책을 포기해야만 하는 상황에 있다고 생각해서는 안 된다. 물론 그의 주목적은 모든 사람이 죄 아래 있으며 율법의 행위로는 하나님 앞에서 의롭다 하심을 얻을 육체가 없음을 증명하는 것이다. 그리고 3:21 이전에는 바울이 믿음으로 말미암아 은혜에 의해 의롭게 된다는 주제를 자세하게 밝히지 않은 것도 사실이다. 그러나 바울이 1:3, 4에서 복음과 관련된 인물에 대

---

11 쉐드의 앞의 책을 참고하라.
12 앞의 책, 2:7. 핫지는 강력하게 주장하지는 않지만 동일한 취지로 진술하고 있다. "그는 율법을 설명하고 있는 것이지 복음을 설명하고 있는 것이 아니다"(앞의 책).

해 언급하며, 1:16, 17에서는 이 서신의 중대한 주제를 말했음을 잊어서는 안 된다. 더욱이 이 본문에서(16절) 바울은 구체적으로 복음이 말하는 심판 교리에 호소하고, 2:28, 29에서는 복음을 떠나서는 아무런 의미가 없는 명제를 확고히 한다. 마찬가지로, 이미 지적한 바와 같이, 4절에서는 복음 안에 나타난 하나님의 인자하심의 특별한 대책을 시사한다. 최종적으로, 바울이 이 구절에서 심판의 날에 나타날 것에 대해 말하고 있는 단호한 태도는 필리피의 다음과 같은 결론을 낳는다. "바울은 추상적인 가설의 방법을 사용해서 말하지 않고, 구체적인 단언의 방법을 통해 말한다. 그러므로 그는 하나님이 최초의 법칙과 율법의 표준을 따르려고 했다면 어떻게 했을지가 아니라, 그 법칙에 따라 실제로 행하실 일에 대해 말하고 있는 것이다."[13] 6절에서 언급된 일반적 원리가 7-10절에서는 두 부류의 사람들에게 적용된다. 7, 10절은 의인에게 적용되고, 8, 9절은 악인에게 적용된다.

7절 의인은 무엇보다 먼저 "영광과 존귀와 썩지 아니함을 구하는 자"라는 특징이 있다. 여기에 있는 세 단어는 부패하지 않는 영광과 명예 또는 영화롭고 명예로운 불멸성이라는 의미로 해석되었다. 그렇지만 이 세 단어를 반드시 그렇게 해석할 필요는 없다. 이 단어들은 경건한 자들의 열망을 명백히 보여 주지만, 그보다는 성도들이 간절히 바라고 기대하는 바에 포함된 요소들을 가리킨다. 바울은 이 서신과 다른 곳에서 "영광"이란 말을 자주 쓰고 있는데, 이것은 신자의 궁극적인 기대를 묘사하기 위함이다(5:2; 8:18, 21, 30; 9:23; 고전 2:7; 15:43; 고후 4:17; 골 3:4). 또 이 "영광"은 신자가 하나님의 아들의 형상을 입어 하나님의 영광을 반영할 때에 있을 변화를 가리킨다. 존귀는 영광과 매우 유사하다(히 2:7; 벧전 1:7; 벧후 1:17; 계 4:9, 11; 5:13). 이 구절에서 "존귀"는 하나님이 불경건한 자에게 내리시는 영원한 불명예와 책망과 대조된다. 이 용어들의 용법의 중심에는 하나님이 영광과 존귀를 주시는 분이란 사실이 있다. "썩지 아니함"은 영광과 존귀와 관련이 있지만 경건한 자들의 열망 속에 있는 분명한 요소이며, 하나님의 백성에게 있는 부활의 소망을

---

13 앞의 책. 참조. Sanday and Headlam, 앞의 책.

가리킨다. 여기 사용된 "썩지 아니함"이란 용어는 그것이 다른 곳에서 지니는 의미와 떼어놓을 수 없다(고전 15:42, 50, 52, 53, 54; 참고. 롬 8:23; 고후 5:4; 벧전 1:4). 바울이 이 세 단어를 사용할 때는 반드시 구속을 연상시켰다. 이 점을 고려하면 여기에 언급된 종말론적 열망은 구속의 계시가 제공하는 것과 다름이 없다. 이 세 단어는 그리스도인의 소망이 가장 높은 경지에 이르렀을 때의 열망을 묘사한다. 이 열망에 대한 보상은 역시 신자의 종말, 곧 "영생"이다.

"참고 선을 행하여." 마이어의 주석이 이 표현을 잘 설명한다. "이 표현에는 영광을 추구할 때 필요한 기준, 규정적 원리가 담겨 있다."[14] "참고"로 번역된 단어는 "인내" 또는 "견딤"으로 번역하는 편이 더 좋겠다. 우리는 "끝까지 견디는 자는 구원을 얻으리라"(마 24:13)는 말씀과, "우리가 시작할 때에 확신한 것을 끝까지 견고히 잡고 있으면 그리스도와 함께 참여한 자가 되리라"(히 3:14, 골 1:2, 23)는 말씀도 기억이 난다. 참고 선을 행하는 것과 소망에 대한 열망이 상호보완적이기 때문에 이것들은 결코 분리될 수 없다. 구속적 열망이 없는 행위는 죽은 행위요, 선행이 없는 열망은 주제넘은 것이다.

8절 불경건한 사람들의 첫째 특징을 문자적으로 번역하면 '다툼의 사람들'이다. 이 표현은 "할례 받은 자"(롬 4:12; 딛 1:10), "믿음으로 말미암은 자들"(갈 3:7), "율법 행위에 속한 자들"(갈 3:10), "율법에 속한 자들"(롬 4:14)과 문장 형식이 유사하다. '다툼의 사람들'이란 의미는 단순히 '다툼이나 당쟁을 일삼는 자들'이란 뜻이다. 이는 능동적으로 하나님께 불복종하는 자들이다. 이들은 하나님께 반역하고 있다. 그들이 하나님께 대항하고 있다는 사실은 본문의 강한 어조에서뿐만 아니라 그와 관련해서 특별히 언급된 구절, 즉 "진리를 따르지 아니하고 불의를 따르는 자"라는 데서도 나타난다. 이런 표현들은 당파가 존재했음을 말한다.[15] 진리

---

14 앞의 책. 필리피가 이와 동일한 견해를 취하고 있으니 참조하라.

15 바렛은 *A Commentary on the Epistle to the Romans*(New York, 1957)에서 ἐριθεία는 '직접적이고 이기적인 이익을 위해 떠나는 사람들'이라는 의미가 있다고 말하고, '당을 짓는 그들'은 ἐριθεία의 잘못된 번역이라고 추정한다. 즉, 그것은 ἔρις(다툼)에서 온 것을 시사한다고 주장하고 있다. 그는 계속해서 이렇게 말하고 있다. "그 말은 사실 타산적인 사람을 뜻하는 ἔριθος에서 유래한 것이다. 타산

와 불의는 상반되지만(1:18; 고전 13:6; 살후 2:12), 진리와 의는 상호 연관성이 있다(엡 4:24). 여기서 "진리"는 문맥 때문에(4절) 구속적 내용이 주어져야 한다. 이런 면에서 여기에 사용된 진리는 로마서 1:18에 언급된 진리보다 범위가 더 넓다. 그렇지만 불의로 진리를 반대하는 동일한 원리가 두 경우에 모두 나타나고 있음은 의미심장하다. 2:8에 사용된 용어는 전자보다 더 강하고 거센 반대를 의미한다. 그래서 바울은 불신이 지닌 적극적인 불순종에 집중한다. "진노와 분노"는 이런 불순종에 대한 보응이다. 이는 5절에서 진노의 날이 올 때까지 쌓아둔다고 했던 그 진노와 같고, 4절의 인자하심과 용납하심과 길이 참으심과는 대조적인 억제되지 않은 하나님의 진노다. 분노는 진노와 본질적인 차이가 없지만 폭력성을 품고 있다. 이 두 단어는 의로운 심판의 날에 불경건한 자에게 쏟아질 하나님의 진노의 실재와 그 강도를 강조한다. 이미 1:18에서도 본 바와 같이, 우리는 이 하나님의 진노를 단순히 형벌을 주려는 의지로 해석할 수 없고, 불경건한 자에게 부과되는 하나님의 적극적인 불쾌함을 표현하는 것으로 본다. 기포드가 말한 바와 같이, 이 고통의 부과는 불경건한 자들이 받게 될 영원한 멸망에서 "하나님의 진노에 대한 인식이 주된 요소가 될 것"임을 의미한다.

9절 만일 8절의 "분노"란 말 뒤에 마침표(.)나 적어도 콜론(:)이라도 있었다면 바울의 사상이 더 정확하게 표현되었을 것이다(KJV 성경을 보라—옮긴이). "환난과 곤

적인 사람으로 행동한다, 돈을 위해 일한다, 행동한다 등의 뜻을 가진 ἐριθεύειν은 타산적인 정신을 보여 준다. 그러므로 ἐριθεία는 타산적인 사람의 활동이나 특징이나 정신을 의미한다. 이 의미는 이 말이 사용된 바울 서신의 모든 구절에 적용된다(고후 12:20; 갈 5:20; 빌 1:17; 2:3). 처음 두 곳에서는 그 말이 ἔρις와 함께 열거된 목록 중에 나오고, '당파'란 말로 번역된다면 바울은 반복하는 실수를 범하는 셈이다"(p.47). ἐριθεία에 대한 이와 같은 해석을 추천할 만하고 몇몇 학자도 이를 주장한다. 보다 자세한 설명을 참고하려면 Arndt and Gingrich, *A Greek-English Lexicon of the New Testament*, ἐριθεία를 보라. 우리가 롬 2:8의 ἐριθεία를 '이기주의적 야망'의 의미로 해석할 경우, 우리는 여기 언급된 사람들의 특징을 적절하게 말하는 셈이다. 그렇지만 이 의미가 확정적인 것은 아니다. 빌 1:17에서 그 의미는 15절의 ἔρις의 의미와 동의어는 아니라도 아주 가까운 것은 사실이다. 사악한 행위를 나열하는 가운데 그 두 단어가 모두 나온다고 해서 반드시 양자를 뚜렷이 구별해야 하는 건 아니다. 왜냐하면 바울이 나열한 사악한 행위 중에는 약간의 의미의 차이만으로 구별되는 용어들이 나타나기 때문이다. 그리고 ἔρις와 ἐριθεία 사이의 차이는 '다툼'과 '당파' 사이의 차이다.

고"(9절)는 "진노와 분노"(8절)와 동격이 아니다. 즉, 이 네 단어를 형벌의 요소들을 줄줄이 열거한 것으로 보면 안 된다. 7절과 8절은 양립하며 모두 하나님의 의로운 심판이 나타나는 날에 경건한 자와 불경건한 자에게 임할 결과를 각각 보여 준다. 그런데 고데트가 잘 표현해 준 것같이 9절과 10절은 "7절과 8절의 대조를 역순으로 재구성했다."[16] 그러므로 생각의 흐름이 8절 끝에서 단절된다고 생각할 충분한 이유가 있다. 진노와 분노는 하나님의 입장에서 불경건한 자들을 향한 그분의 불쾌함이고, 환난과 곤고는 불경건한 자들의 입장에서 그들이 경험할 형벌을 묘사했다. 곧 자세히 살펴보겠지만 이 양자 간에는 매우 밀접한 관계가 있다. 그러나 우리가 사고의 단절을 이해하지 못하면 상호관계를 놓쳐 버리게 된다. 8절에서는 불경건한 자의 특징이 먼저 소개되고 마지막으로 형벌적 결과가 따라온다. 그런데 9절에서는 이 순서가 거꾸로 되어 있다. "환난과 곤고"(9절)는 "진노와 분노"(8절)와 상응한다. 이런 이유로 "환난과 곤고"는 인간이 하나님의 "진노와 분노"를 체험한 결과로 해석해야 한다. 그리고 의심할 여지없이 "곤고"와 "환난"과의 관계는 "분노"와 "진노"의 관계와 같이 전자가 후자보다 강도가 높다. 그렇지만 더 나아가서 고데트처럼, 환난은 진노에 상응하고 곤고는 분노에 상응한다고 말하는 것은 인위적인 듯하다. "악을 행하는 각 사람의 영에"라는 표현은 보편성을 강조한 말이다. "영"(soul)을 환난과 곤고의 장본인 속에 있는 영혼으로 이해해서는 안 된다. 성경에서 영은 흔히 사람이란 단어의 동의어다(행 2:41, 43; 3:23; 롬 13:1). "먼저는 유대인에게요 그리고 헬라인에게며"(1:16). 유대인의 우선권은 구원에서와 마찬가지로 정죄 및 멸망에도 적용된다. 복음이 유대인에게 나타나고 적용된 것이 시간상으로도 먼저이며 관계 면에서도 먼저인 만큼, 유대인이 받은 특권과 책임이 큰 만큼 그에 상응하는 보응을 초래한다. 은혜도 유대인이 먼저 받았다는 이유 때문에 유대인에게 속해 있는 우선권은 최후 심판의 판결에도 고려되어 적용된다. 최후 심판의 집행 시에도 유대인이 먼저 심판을 받는다는 사실은 유대인이 품고 있던 자만심, 즉 형벌적 보응은 이방인에게나 있지 아브라함의 후손에

---

16 앞의 책, 동일한 곳.

게는 해당되지 않는다는 따위의 생각과 전적으로 상반된다.

10절 바울은 앞에서 언급한 반전된 구조에 따라 이제는 의인의 보상으로 되돌아 간다(참고. 7절). 바울은 여기서도 7절에서 사용된 "영광"과 "존귀"란 두 단어를 사용한다. 그러나 여기서는 "썩지 아니함" 대신에 "평강"을 사용한다. 이 단어는 최고의 차원에서 실현된 화목의 열매를 총망라하는 포괄적인 의미로 쓰였다. 그것은 하나님과의 평화이며 영원히 하나님을 즐거워하는 마음과 정신의 평안이다. "먼저는 유대인에게요 그리고 헬라인에게라"는 형식을 반복함은 유대인에게 있는 복음에 대한 우선권이 최후 보상의 집행에도 적용됨을 말한다. 즉, 유대인은 영광을 받는 것에도 우선권이 있다. 유대인의 우선권은 최후 심판에서 보응을 당하는 일에서는 물론(9절) 복을 받는 일에까지 유효하다.

11절 이 구절은 전후 단락과 긴밀히 연결된 것으로 앞 단락의 내용을 확증하며 앞으로 전개될 내용으로 이어지는 이행절이다.[17] 앞 단락에 대해서는 하나님의 심판이 공정함을 확증한다. 하나님은 결코 불공평하시지 않다.[18] 심판의 기준은 특권이나 지위가 아니라 앞에서 계속 단언한 바와 같이 사람들의 행위의 성격이다. 9, 10절에서 유대인에게 부여된 우선권이 하나님은 사람을 외모로 보시지 않는다는 원리와 모순된 것으로 보일지 모른다. 그러나 유대인에게 우선권이 있다고 해서 모든 사람에게 차별 없이 적용되는 심판의 기준에서 유대인이 제외되는 것이 아님을 반드시 기억해야 한다. 그 결과가 형벌이냐 영광이냐를 결정하는 요소는 유대인의 특권적인 지위가 아니라 악한 행동을 했느냐 선한 행동을 했느냐에 있다. 유대인의 우선권은 복의 보상에도 적용되며 형벌적 심판에도 적용된다. 앞으로 12절과 관련해서 보게 되겠지만, 하나님의 심판의 공정성과 하나님이 사람을 외모로

---

17 "이 구절은 앞의 내용을 확증할 뿐 아니라 앞으로 전개될 내용으로 전환하는 역할을 한다."(Henry Alford, *The Greek Testament*, London, 1877)

18 προσωπολημψία에 관한 참고 구절을 소개하면 아래와 같다. 삼상 16:7; 대하 19:7; 욥 34:19; 행 10: 34, 35; 갈 2:6; 엡 6:9; 골 3:25; 약 2:1; 벧전 1:17.

보시지 않는다는 사실은 사람들이 처한 다양한 상황과 저촉되지 않는다. 하나님 편에서의 심판의 공정성은 다양한 상황을 고려하기 때문에 유대인의 놀라운 특권으로 인한 우선권이 오히려 악행에 대한 하나님의 정죄를 더욱 부각시킨다. 이와 마찬가지로 하나님의 의로운 심판은 그들의 선한 행동으로 말미암아 영광의 보상을 받을 때에도 뚜렷이 입증된다. 또한 유대인의 우선권 때문에 유대인에게 부여될 영광과 존귀와 평강이 더 큰 것은 아니라는 점을 주목해야 한다.

12. 무릇 율법 없이 범죄한 자는 또한 율법 없이 망하고 무릇 율법이 있고 범죄한 자는 율법으로 말미암아 심판을 받으리라

13. 하나님 앞에서는 율법을 듣는 자가 의인이 아니요 오직 율법을 행하는 자라야 의롭다 하심을 얻으리니

14. (율법 없는 이방인의 본성으로 율법의 일을 행할 때에는 이 사람은 율법이 없어도 자기가 자기에게 율법이 되나니

15. 이런 이들은 그 양심이 증거가 되어 그 생각들이 서로 혹은 고발하며 혹은 변명하여 그 마음에 새긴 율법의 행위를 나타내느니라)

16. 곧 나의 복음에 이른 바와 같이 하나님이 예수 그리스도로 말미암아 사람들의 은밀한 것을 심판하시는 그 날이라

12절 위에서 언급한 바와 같이, 12절은 11절과 밀접한 관계가 있다. 하나님이 사람을 외모로 취하지 않으신다는 사실이 12절에서 확증되고 예증되었다. 즉, 심판을 집행하실 때 하나님은 사람들이 소유했던 율법에 따른다는 것이다. 다시 말해, 하나님은 외모로 사람을 취하지 않으시는 것이 사실이지만, 하나님의 율법에 대한 지식에 따라 사람을 다루시는 것도 사실이다. 하나님께서 이렇게 다양한 상황을 고려하시는 것은 그분의 심판의 공정성에서 나오며 사람을 외모로 취하지 않으신다는 사실을 확증한다. 다양한 상황에 의거하여 인류는 두 부류로 나눌 수 있다. 그것은 '율법 없는 사람들'과 '율법 아래 있는 사람들'이다. 바울은 이제 이 두 그룹과 하나님의 심판의 관계에 대해 말한다.

그런데 여기서 주목해야 할 사실은 바울이 정죄의 심판만 이야기한다는 점이다.[19] 바울은 이 두 그룹에 포함된 사람들에게 나타날 멸망의 심판이 공정함을 말해 주고 있다. 이는 의미심장하다. "율법 없는" 사람들이 무엇을 의미하든 간에, "율법 없는" 자들 가운데서 누구든지 영생의 보상을 얻을 수 있는 가능성을 전혀 암시하지 않는다.

바울이 말하는 "율법 없는"(without law)이란 무슨 의미일까? 명사와 형용사 형태는 더 빈번히 나오는 데 비해 부사형은 신약에서 오직 여기에만 나온다. 명사로 쓰일 때는 언제나 불법, 범법을 의미한다(4:7; 6:19; 고후 6:14; 딛 2:14; 히 1:9; 요일 3:4). 형용사로 쓰일 때는 거의 불법한, 악한 등을 의미한다(행 2:23; 살후 2:8; 딤전 1:9; 벧후 2:8). 유일한 예외는 고린도전서 9:21이다. "율법 없는 자에게는 내가 하나님께는 율법 없는 자가 아니요 도리어 그리스도의 율법 아래에 있는 자이나 율법 없는 자와 같이 된 것은 율법 없는 자들을 얻고자 함이라." 이 경우 "율법 없는"이란 말은 불법적이거나 사악하다는 뜻이 아니다. 바울이 사악한 사람들에게는 자신이 사악해졌다거나 범법자가 되었다고 말할 수 없었기 때문이다. 그러므로 그것은 단순히 "율법"이 없었다는 의미다. 다시 말하면 율법을 가지고 있지 않다는 의미다. 이것이 로마서 2:12에서 부사로 쓰일 때의 의미임이 분명하다.

바울이 다루는 두 그룹의 사람들, 바울이 정죄의 심판을 말하고 있는 두 그룹의 사람들은 율법이 없는 자와 율법이 있는 자이다. 문제는 바울이 무슨 율법을 말하고 있는가 하는 점이다. 여기서 율법 없는 사람들은 전적으로 율법이 결여되어 있는 자들이란 뜻이 아니다. 14, 15절에서도 동일한 사람들에 대해 이야기하는데, 그들은 스스로에게 율법이 되고 그들의 마음에 기록된 율법의 행위를 나타낸다고 말한다. 그러므로 그들에게는 없는 율법 또는 그들이 갖고 있지 않는 율법은(참고. 14절) 다른 그룹의 사람들이 소유하고 있는 율법, 이들을 지배하는 특별히 계시된 율법을 말함이 분명하다(12b). 그러므로 여기에 나타난 대조는 특별계

---

19 "오직 정죄의 심판에만 관련된다. 왜냐하면 불신자가 메시아의 축복을 받는다는 사상은 바울 사도와는 무관한 것이기 때문이다"(Meyer, 앞의 책).

시의 영역 밖에 있는 사람들과 그 영역 안에 있는 사람들 사이의 대조다.

율법 없는 자와 관련된 바울의 가르침은 다음과 같다.

(1) 특별히 계시된 율법이 죄의 전제 조건은 아니다. "율법 없이 범죄한 자"라는 말로 그것을 알 수 있다.

(2) 그들은 이런 죄인이기 때문에 멸망할 것이다. 이 멸망은 앞에서 묘사된 것, 곧 하나님의 진노와 분노를 받는 것과 환난과 곤고를 겪는 것을 말한다. 이는 영생의 상속자들에게 주어지는 영광과 존귀와 썩지 아니함과 대조된다.

(3) 그들이 이런 멸망을 당할 때 그들이 소유하지 않은 율법, 즉 특별히 계시된 율법에 따라 심판을 받지 않을 것이다. 그들은 율법 없이 망할 것이기 때문이다. 그러므로 "율법 없이" 범한 그들의 죄의 성격과 "율법 없이" 그들에게 내려진 최후 파멸은 정확히 일치한다. 로마서 2장과 성경의 일반적인 문맥을 보면 이런 멸망이 얼마나 혹독한지를 알 수 있다(눅 12:47, 48; 마 11:22, 24; 눅 10:14).

"율법 아래" 있는 사람, 좀 더 문자적으로 "율법을 지닌" 사람이란 특별히 계시된 율법을 소유한 사람을 말한다. 그들의 죄의 성격은 율법에 따라 결정된다. 그들의 최후 심판은 그들의 죄의 심각성에 상응하여 악화될 것이다. 여기서 바울은 그들이 율법으로 말미암아 멸망한다고 말하지 않았다. 그런 식의 표현은 어색하고 부적절하다. "율법으로 말미암아 심판을 받으리라"고 한 것은 선포된 심판을 가리키며 그에 따른 멸망을 의미한다. "율법"을 심판의 기준 또는 도구로 보는 것은 적절하지만 그것을 멸망의 도구로 여겨서는 안 된다.

13절 이 구절은 바로 앞에 있는 내용과 직접적인 관계가 있으며, 율법이 율법 아래서 범죄한 사람들에게 선언된 정죄의 도구라는 명제를 지지하거나 확증한다. 13절의 강조는 "율법을 듣는 자"와 "율법을 행하는 자" 사이의 차이점에 있다.[20] 단

---

20 대문자 사본 ℵ A B D G에 의하면 관사 τοῦ는 13절의 두 경우에 νόμου 앞에 생략되어 있다. 그렇다고 해서 여기에 언급된 율법이 모호하다는 의미는 아니다. 12절의 ἀνόμως와 ἐν νόμῳ와 διὰ νόμου에서 명백히 드러난 대로 이 율법은 특별히 계시된 율법이며 따라서 그것은 구체적인 것이다. 정관사 생략이 언제나 불확정적인 것을 의미하는 것은 아니다. 확정적인 것임은 다른 사항들을 고려하면 분명히 드러난다. 다른 곳에서도 흔히 그렇지만 이 경우도 그러하다.

순히 율법을 소유한다고 해서 하나님으로부터 호의적인 심판을 받을 수 있다고 보장되는 것은 아니다. 율법은 심판의 표준이지만, 그것은 순종을 요구하는 율법이다. 유대인 특유의 왜곡된 생각은 하나님의 특별계시와 이에 수반하는 특권을 소유하기만 하면 이런 은혜를 받지 못한 다른 사람들에게 적용되는 엄격한 심판을 모면할 수 있다는 것인데, 바울은 바로 이와 같이 그릇된 그들의 생각을 논박한다. 바울이 "율법을 듣는 자"에 대해 말하는 이유는 대부분의 유대인이 성경을 읽는 소리를 들어서 성경에 친숙하기 때문이며, 그런 의미에서 그들은 율법을 소유하고 있다고 말할 수 있었기 때문이다(눅 4:16; 요 12:34; 행 15:21; 고후 3:14; 약 1:22). 이 구절에서 행위에 의한 칭의 교리를 찾는 것은 불필요하며, 그것은 나중에 전개될 로마서의 가르침과 상치된다. 지금 바울은 이 세상에서나 최후 심판에서 행위에 의한 칭의가 있을 것이냐 하는 문제에 대해서는 관심이 없다. 이 구절의 요점은 율법을 듣는 자나 단순한 소유자가 하나님 앞에서 의롭게 되는 것이 아니라, 그 기준은 율법을 행함이지 들음이 아니라는 사실이다. 바울이 이 원리에 호소하는 것은 매우 설득력이 있고 효과적이다. 따라서 이 보편적인 주장에 적절치 않은 질문은 제기할 필요조차 없다.[21] 이 서신에서 "의롭다 하심"이라는 단어는 이 구절에서 처음 사용되었다. 물론 여기 사용된 것이 본 서신의 위대한 주제인 칭의와 관련된 것은 아니지만, 그 용어의 법적 의미는 이 경우에도 자명하다. "의롭다 하심을 얻으리라"는 말은 '하나님 앞에서의 의인'과 동의어다. 후자는 하나님의 입장에서 바라보는 그들의 지위 또는 상태를 가리킨다. 칭의의 성격과 의미에 관해서는 부록을 참고하라.

---

21 필리피의 진술은 인용할 만한 가치가 있다. "그와 같이 완전한 ποιηταὶ τοῦ νόμου의 유무를 사도가 이 구절에서 말하지는 않지만, 유대인의 그릇된 표준에 진정한 표준을 대립시키고 있다. 즉, ἀκροαταὶ τοῦ νόμου가 하나님 앞에 의롭다는 것이다. 로마서의 전반적인 추론은 이런 결론에 이르고 있으니, 즉 어느 누구도 본성적으로 그와 같은 ποιητὴς τοῦ νόμου일 수 없고 그렇게 될 수도 없다". 하지만 다음과 같이 두 가지 종류의 칭의가 있다는 고데트의 견해에는 동의할 수 없다. "첫 번째 칭의는 오직 믿음에만 기초하고, 마지막 칭의는 믿음과 그 열매에 기초를 두고 있다"(Godet, 앞의 책).

14절 이 구절과 앞 구절의 관계는 논란의 여지가 있다.[22] 가장 수용할 만한 견해는 14절이 12절과 연결되며,[23] 12절에서 일어나는 문제, 즉 "율법이 없는 곳에는 범법도 없느니라"(4:15; 5:13)고 했기 때문에 만일 이방인들에게 율법이 없으면 어떻게 그들이 죄를 범했다고 간주할 수 있느냐는 질문에 대해 답변을 제공하는 것이 14절이라고 보는 것 같다. 이에 대한 답변은 이렇다. 비록 이방인들은 '율법이 없으며' 특별히 계시된 율법이란 의미의 '율법을 소유하지 않았다'고 할 수 있지만, 그렇다고 그들에게 전혀 율법이 없지는 않다. 다만 방식이 다를 뿐이지 그들에게도 율법이 알려졌다. 그들은 "자기가 자기에게 율법이 된다." "그 마음에 새긴 율법의 행위를 나타내느니라"(15절). 율법이 그들에게는 그런 식으로 주어졌기 때문에 그들은 율법을 범한 것이고 죄를 지은 것이다. 그들은 어떤 의미로는 "율법이 없는" 사람들이지만 또 다른 의미로는 율법 아래 있는 사람들이다. 12절과 14절의 관계가 이렇다고 해서 13절을 삽입 구절로 보아야 한다는 뜻은 아니다. 12절과 13절은 긴밀히 짜놓은 한 단위이기 때문에, 13절을 종속절이나 삽입으로 생각할 필요 없이, 14절을 12-13절의 일부와 연결시키는 편이 합리적이다.

"이방인"(Gentiles) 앞에 정관사가 생략된 것은 바울의 생각을 대변하는 것일지도 모른다. 헬라어에는 정관사가 없기 때문이다. 그러나 정관사가 생략된 이유를, 마이어가 말한 것처럼 일부 이방인은 율법이 없으므로 이 명제가 적용되지 않기 때문이라고 생각해서는 안 된다. 만약 바울이 일부 이방인에게 국한된 뜻으로 율법 관계를 설명했고 또 그런 이유 때문에 정관사를 생략했다면, 그것은 결국 율법을 소유한 일부 이방인이 존재하고 따라서 이들은 지금 바울이 말하는 범주 안에 들어오지 않는다는 이론이 나온다. 그러나 본문의 명제는 그렇지 않다. 본문은 이방

---

22 이방인도 ἀϰϱοαταὶ τοῦ νόμου라는 가정에 근거하여 14절이 13절, 특히 상반부와 연결된다고 보는 필리피와 고데트의 견해는 다음과 같은 세 가지 이유로 주장하기가 곤란하다. ① 13절 상반부의 율법은 구체적인 것이다. 매 안식일마다 회당에서 듣던 기록된 율법이다. ② 이방인들은 이 율법을 들은 자로 언급되고 있지 않다. 그들은 이 율법과 관련해서는 율법 없는 자라고 일컬어지고 있기 때문이다. ③ 이방인이 소유하고 있던 본성의 율법을 13절 상반부에서 말하는 사람들이 들은 그 율법이라고 말하는 것은 합당하지 못하다. 만일 그렇다면 이방인의 소유한 율법과 이방인의 관계를 전혀 다른 말로 표현했을 것이다.
23 Calvin, 앞의 책. Hodge, 앞의 책.

인들에게는 율법이 없으나 본성으로 율법의 일을 행하고 있다고 말한다. 그런즉 앞에서 규정한 의미에서 "율법이 없는" 이방인들에게 이상의 명제를 전체적으로 적용하지 못한다고 추측할 만한 이유는 전혀 없다.[24]

"본성으로"란 말은 외부의 출처에서 나오는 것과 대조되는 것으로 우리의 타고난 체질에 새겨진 것을 가리킨다. 본성에 의한 행동은 천성적 본능이나 성향, 자발적인 충동에 의해 행한 일로서 외부의 어떤 세력이 유발한 일과 구별된다. 이러한 본성에 의해서 한 일을 "율법의 일"이라고 바울은 말했다. 바울이 그 일들이 율법을 행하거나 성취한다고 말하지 않는 것을 주목해야 한다. 바울은 의도적으로 그렇게 표현하지 않았다. "율법의 일"은 율법이 지시하는 어떤 일을 의미함이 분명하며, 이방인들이 행하는 율법에 규정된 일들을 가리킨다. 즉, 합법적인 직업 추구, 자녀 출산, 효도 및 가족애, 가난한 자와 병자 보호 등 법이 요구하고 있는 여러 가지 자연적인 미덕이다.[25] 이런 일들을 "본성"에 따라 행함으로 그것들은 "그들 자신에게 율법이 된다." 이 표현을 '인간은 그 자신에게 하나의 법이다'라는 통속적인 말로 이해해서는 안 된다. "자기가 자기에게 율법이 되나니"라는 표현은 그것과는 정반대의 의미가 있다. 사람들은 자기들의 본성에 심겨져 있는 그것 때문에 스스로 하나님의 율법에 직면하는 것이다. 사람들은 스스로 하나님의 율법을 자신에게 나타낸다. 그들은 계시의 매개체다. 마이어의 말을 빌리면, "사람들의 도덕적 본성은 명령하고 금지하는 양심의 소리와 더불어 그들의 자아에게 유대인이 소유한 그 계시된 율법의 자리를 제공한다."[26] 그러므로 특별히 계시된 율법이 없는 자들에 대해 다음 세 가지 사실을 말할 수 있다. ① 하나님의 율법은 그들과 대면하며, 그들의 본성과 체질로 인해 그들의 의식 속에 새겨진다. ② 그들도

---

24 마이어는 μὴ νόμον ἔχ와 νόμον μὴ ἔχ 사이의 구별에 주의를 환기시키고 있다. "전자는 **율법**의 소유를 부정하고, 후자는 율법을 **소유하고 있음**을 부정한다. 유대인들은 율법을 소유하고 있으나 그들에겐 율법이 없다".

25 "바울은 단순히 τον νόμον이라고 말하지 않는다. 지금 그는 율법 전체를 성취하는 이방인에 대해 생각하는 것이 아니라, 구체적인 경우에 그들의 행동을 통해 연관된 율법의 특정 부분에 반응하는 모습에 대해 생각하고 있기 때문이다"(Meyer, 앞의 책). 같은 취지로 말하는 자료를 보려면 다음의 책을 참고하라. Philippi, 앞의 책. Hodge, 앞의 책.

26 앞의 책, 동일한 곳.

이 율법이 명하는 것들을 행한다. ③ 이런 행동은 외부의 자극에 의해서가 아니라 본성에 의한 것이다.[27]

15절 "그 마음에 새긴 율법의 행위를 나타내느니라." 사람들이 율법의 행위를 행하며 그들 자신에게 율법이 되고 있다는 사실은 율법의 행위가 그들의 마음에 기록되어 있다는 것을 증명한다. 이와 관련해 다음과 같은 점을 말할 수 있다.

(1) 여기에 언급된 율법은 앞의 여러 절에서 명시된 하나님의 율법이다. 다시 말하면, 이 율법은 이방인들이 갖지 못했던 그 율법, 유대인은 소유했고 또 그 통치 아래 있게 된 그 율법, 사람들이 심판의 날에 정죄받을 때 기준이 되는 율법이다. 그러므로 그것은 이방인이 소유하지 못했다고 하던 율법과 다른 어떤 율법이 아니라, 단지 다른 계시의 방법으로 이방인에게 주어진 동일한 율법이다.

(2) 바울은 율법이 그들의 마음에 기록되었다고 말하지 않는다. 바울은 14절에서 이방인들이 "율법의 일을 행한다"라고 말했지 그들이 율법을 행했거나 성취했다고 말하지 않은 것과 같은 이유로, 여기 15절에서도 율법이 마음에 새겨진 것이라고 표현하지 않고 율법의 행위가 새겨진 것이라고 말하고 있다.

(3) "율법의 행위"는 집합적인 것으로 해석해야 하고 "율법의 일"과 실제적으로 동일하다고 말할 수 있다(14절). 율법에 의해 요구되고 규정된 일들이 마음에 새겨져 있는 것이다.

(4) 그런 일들이 마음에 새겨져 있다는 말은 앞 절에서 "본성으로"라고 언급한 것을 다시 가리킨다. 율법의 명령은 도덕적이고 영적인 존재의 가장 심오하고 결정

---

27 14절의 세 경우에서 νόμος 앞에 정관사가 생략된 것은 주어가 확정적일 때 생략되는 하나의 재미있는 실례이다. 처음 두 경우에 염두에 두고 있는 율법은 성경에 나타난, 특별히 계시되어진 율법이다. 이것이 확실하다는 사실은 τὰ τοῦ νόμου라는 표현으로 알 수 있다. 그러므로 우리는 결론 부분에 있는 νόμος 는 분명히 확정된 율법을 가리킨다고 보는 것이 합리적이다. 즉, 이방인들은 자기들에게 단순히 하나의 율법(a law)이 되는 것이 아니라, 이 구절의 다른 부분에서 말하고 있는 그 율법(the law)이 되고 있는 것이다. 이 사실은 τὸ ἔργον τοῦ νόμου라는 표현이 있는 15절에 의해 확증된다. 요점은 그것은 이방인들이 직면했던 율법과 전혀 다르지 않다는 점이다. 이방인들이 행하는 율법은 전혀 다른 율법이 아니다. 그 것은 본질적으로 동일한 율법이다. 다만 차이가 있다면 율법에 직면하는 방법의 차이고, 그 율법의 내용에 관한 구체적이고 명백한 지식이 적다는 차이뿐이다.

적인 부분에 새겨지며 또 그것과 더불어 자생한다.

(5) 율법의 일들이 마음에 기록되어 있다는 사실은 돌판이나 성경에 기록된 하나님의 율법을 암시하며, 또한 그 율법을 지닌 자가 율법의 명령에 직면하는 방식과 특별계시 영역 밖에 있는 이방인들에게 그 율법의 명령이 주어지는 방식의 대조적인 모습을 시사한다.

"그 양심이 증거가 되어." 여기서 양심이 "그 마음에 새긴 율법의 행위"와 동일시될 수 없는 세 가지 이유가 있다.

첫째, 양심은 공동의 증인으로 등장한다. 만일 양심이, 양심이 증언하는 것과 동일하다면 이 말은 진실일 수 없다.

둘째, 양심은 하나의 기능이다. 도덕적 분별과 판단의 영역에서 기능하는 것은 인격이다. 양심은 도덕적 의식의 측면에서 본 인격이다. 마음에 기록된 율법의 행위는 우리의 본성 속에 생긴 그 무엇이며, 양심의 작용과 그 원인보다 선행한다.[28]

셋째, 양심의 작용은 율법의 행위가 마음에 새겨져 있음을 증언한다. 율법의 일들을 행하는 것이 마음에 기록된 율법의 행위를 증언할 뿐만 아니라 양심의 증거 또한 그렇게 한다. 그러므로 율법의 행위와 양심을 구별할 필요가 있다.[29]

"그 생각들이 서로 혹은 고발하며 혹은 변명하여." 이런 행위는 양심의 증거와 연관이 있으며, 율법의 행위가 마음에 새겨져 있다는 증거를 다른 측면에서 보여주고 있다. 고발과 변명은 우리의 것이든 타인의 것이든 도덕의식의 존재를 증언하며 우리의 파괴될 수 없는 도덕적 본성을 가리킨다. 이것의 유일한 근거는 마음에 있는 하나님의 율법의 행위다. 본문의 번역이 좀 모호한 듯해서 주석하기에 어려운 점도 있다. 문제는 "서로"라는 표현이 원래 무엇을 의미하는가이다. 이 단어가 서로 대화를 나누는 생각과 생각을 의미하는 것인지, 고발과 변명을 주고받는 이방인과 이방인을 의미하는 것인지가 문제다. 이 두 견해 모두 문맥과 잘 어울린

---

28 신학자들은 선행적 양심(conscientia antecedens)과 결과적 양심(conscientia consequens) 사이를 구별해 왔다. 바울이 여기서 말하는 것은 후자이며 "율법의 행위"는 전자에 해당할 것이다.
29 양심은 파멸 불가한 우리의 도덕적 본성의 한 증거이며, 하나님이 우리 마음속에서 그 자신을 증언하고 계신다는 사실을 입증하는 것이다.

다. 자기 고발과 자기변명은 마음에 있는 지워 버릴 수 없는 율법의 행위를 증언하며, 다른 사람에 대한 고발과 변명도 마찬가지다. 과연 바울이 어느 것을 의도했는지는 알기가 어렵다.[30]

16절 이 구절의 중심 사상에 대해서는 전혀 의심의 여지가 없다. "하나님이 사람들의 은밀한 것을 심판하시는 그 날이라"는 말은 별다른 날이 아니라 5절의 "진노의 날", 곧 하나님의 의로우신 심판이 나타나는 그날이다. 이와 관련된 유일한 질문은 심판의 날에 관한 이 언급이 앞의 구절들과 어떤 관계가 있느냐는 것이다. 칼빈은 그것을 앞 절과 직접 연결시키면서 다음과 같이 생각한다. "바울은 이 고발과 변명의 작용을 주의 날로 돌리고 있다. 이런 작용은 지금도 계속되고 있기 때문에, 그날에 처음으로 시작되는 것이 아니라 그날에도 작용하고 있을 것이다. 바울은 이런 고발과 변명의 작용을 무가치하며 사라질 것인 양 무시해서는 안 된다는 것이다".[31] 그렇지만 앞 절의 고발과 변명을 이처럼 부자연스럽게 확대하고 적용할 필요는 없다. 16절은 12절이나 13절 혹은 심판을 다루고 있는 단락인 5-14절과 쉽게 연결될 수 있다. 심판 날의 성격과 결과는 5-16절의 요지다. 16절은 모든 사람 위에 내려지는 하나님의 심판과 직결되었다고 보는 것이 합리적이다.

16절은 두 가지 특징이 있다. 그것은 사람들의 은밀한 것들에 대한 언급과 "나의 복음에 이른 바와 같이"라는 말의 의미다.

---

30 KJV역은 아무런 근거 없이 μεταξύ를 하나의 부사, '그동안'(the meanwhile)으로 번역한다. μεταξύ는 요 4:31의 시간의 경우처럼 시간이나 장소에 대해서 부사적 의미를 지닌다. 그러나 그 구절에서의 형식은 ἐν τῷ εταξύ이다. 그러나 여기 롬 2:15에서는 ἀλλήλων을 지닌 하나의 전치사다(마 18:15; 눅 16:26; 행 12:6; 15:9). 그러므로 그것은 마땅히 '그들 사이'(between themselves) 혹은 '서로 간의'(between one another)라고 번역해야 한다. 유일한 문제는 ἀλλήλων이 그들 가운데 있는 이방인을 가리키는 것인지, 아니면 그들의 생각을 말하는 것인지다. 저자가 보기에는 전자에 호감을 가진 마이어의 주장이 가장 설득력이 있는 것 같다. 그것은 ἀλλήλων이 그 앞 절의 αὐτῶν과 대치되면서 이방인을 의미한다는 것이다. 이 견해에 의하면 송사나 변명은 이방인들의 도덕적 판단에 의해 이방인들 사이에서 일어나고 있는 것들이다. 마이어는 이렇게 말한다. "이 견해는 전면에 강조된 αὐτῶν과 μεταξὺ ἀλλήλων의 상호연관성이 요구하는 것이다. 그래서 개인적인 양심(αὐτῶν)의 증거와 상호 간의 판단이 내적 작용을 동반하는 것으로서 μεταξὺ ἀλλήλων을 확증하는 것으로 제시된다."

31 앞의 책, 동일한 곳.

(1) 마땅히 심판을 받아야 할 대상에는 인간의 명백한 행위뿐만 아니라 마음에 숨겨진 것도 포함된다. 우리는 이 단락 전체에서 바울이 믿지 않는 유대인에 관해 말하고 있음을 간과할 수 없다. 반복해서 바울은 유대인의 주제넘은 추측의 오류를 폭로했다. 여기서 바울은 유대인의 형식주의의 어리석음을 드러낸다. "하나님의 심판이 진리대로 된다"(2절). 그러므로 하나님의 심판은 생각과 마음의 뜻을 살핀다. "사람들의 은밀한 것"은 생각과 의도와 마음의 성향에만 제한되는 것이 아니라, 다른 사람들 몰래 행한 은밀한 행위까지 포함한다(고후 4:2; 엡 5:12).

(2) "나의 복음에 이른 바와 같이"(나의 복음에 따라서)라는 말을 심판의 보편적 법칙으로 해석하면 안 된다. 이는 바울이 앞서 말한 사실, 곧 "율법 없이 범죄한 자는 또한 율법 없이 망하고"라는 말과 모순되기 때문이다. 만일 특별히 계시된 율법이 그런 경우의 기준이 아니라면 특별히 계시된 복음은 더욱더 기준이 될 수 없을 것이다. 그런즉 바울이 "나의 복음에 이른 바와 같이"라고 말한 것은 하나님이 사람의 은밀한 것을 심판하실 것이라고 복음이 선포한다는 뜻이든지 하나님이 '예수 그리스도를 통해' 심판하실 것이라는 뜻이다. 후자는 오직 복음을 통해서만 알려지는 것이다(마 25:31-46; 행 17:31; 고전 4:5; 고후 5:10; 딤후 4:1). 어떤 사람들이 주장하듯 "나의 복음에 이른 바와 같이"라는 말은 바로 이 사실을 가리키는 것으로 이해할 수도 있다. 그러나 우리는 그 표현을 이 사항에만 국한시킬 필요가 없다. 심판이 있다는 사실은 복음 이외의 다른 출처들을 통해서도 알 수 있지만, 모든 사람들의 은밀한 것과 행위에 대한 하나님의 의로운 심판의 선언은 복음의 뛰어난 특징이다. 바울이 "나의 복음"이라고 말하는 것은 자신에게 위탁되고 자신이 택정함을 받았던 바로 그 복음임을 독자들에게 상기시키기 위해서다(1:1). 그 복음은 비록 은혜의 복음이지만 의인과 악인을 포함한 모든 사람에게 내리는 심판의 선포를 내포한 복음이었다. 은혜는 심판을 폐지하지 않는다. 오직 복음 안에서 이 선언이 완벽하게 표현되어 있다. 그러므로 바울이 하나님이 사람들의 은밀한 것들을 심판하실 날이 있다는 교리를 지지하기 위해 복음에 호소하는 것은 당연하다.

이 단락과 관련해(5-16절) 다루어야 할 질문이 있다. 바울이 가르친, 행위에 근거한 심판의 교리와 은혜로 인한 구원이 어떻게 양립할 수 있는가? 이 문제를 다루기에 앞서 구원받지 못할 자들에게 영향을 미칠, 하나님의 심판에 관한 두 가지 사항을 고려해야 한다.

(1) 특별계시 영역 밖에 있는 사람들의 심판은 그들의 행위에 의해 결정될 것이 분명하다. 즉, 그들의 심판은 그들이 소유했던 율법의 기준, 그들이 그들 자신에게 된 율법, 그들의 마음에 기록된 율법의 행위(14, 15절), 그리고 창조세계에 나타난 하나님의 영광에서 나온 지식에 의거해서 그들에게 내려진다(1:20). 이것은 12절에서 명백히 확립되었다. 그런 사람들은 복음의 기준이나 유대인에게 특별히 계시된 율법의 기준에 의해 심판받을 수 없다. "그들은 율법 없이 망하리라."

(2) 특별계시의 영역 안에 있으면서도 복음을 거절하는 사람들의 심판은 그들에게 적용 가능한 세 가지 기준에 의해 집행된다. 첫째, 모든 사람에게 적용되는, 자연적으로 계시된 율법의 기준이고, 둘째, 앞의 부류에게는 적용되지 않았던 특별히 계시된 율법의 기준이고, 셋째, 앞의 부류에게는 적용되지 않았던 복음의 기준이다. 그들이 복음에 의해 심판을 받는 것은 그들이 복음을 거절했기 때문이다. 즉, 그들은 복음을 불신했기 때문에 정죄를 받는다. 그러나 복음에 대한 불신앙만이 유일하게 그들을 정죄한다고 생각하는 것은 큰 오류다. 자연적으로 그리고 특별하게 계시된 율법을 거스른 죄가 간과될 것으로 추측하는 것은 모든 진리와 공평의 잣대에 저촉되는 생각이다. 복음의 은혜를 믿는 믿음에 의해 죄들은 지워지지만, 복음을 믿지 않는 죄는 다른 죄들을 털어버릴 수 없다. 그러므로 매우 엄격한 율법이 이 범주 안에 들어 있는 사람들의 심판에 적용된다. 그들은 그들의 행위대로 심판을 받게 된다. 이는 또한 12절에 명백히 언급되어 있다. "무릇 율법이 있고 범죄한 자는 율법으로 말미암아 심판을 받으리라." 그러므로 행위에 따른 심판은 멸망을 받을 모든 사람에게 적용된다.

신자의 심판과 관련해서는 다음과 같이 말할 수 있다.

(1) 행위에 따른 심판과 행위로 인한 구원을 잘 구별할 필요가 있다. 행위로 인한 구원은 바울이 전파한 복음과 모순되고, 행위에 따른 심판에 포함되지도 않으며, 로마서의 요지와도 상반된다. 바울은 신자와 관련해서는 행위로 인한 심판을 거론조차 하지 않았다.

(2) 신자들은 오직 믿음으로 의롭게 되며, 오직 은혜로 구원을 받는다. 이런 전제에 두 가지 조건을 추가해야 한다. 첫째, 신자들은 홀로 존재하는 믿음에 의해서만 의롭게 되지 않는다. 둘째, 우리는 구원에 있어서 은혜를 강조하는 나머지 구원 자체를 간과해서는 안 된다. 구원의 개념은 우리가 무엇으로부터 구원을 받는 것은 물론 무엇을 위해 구원을 받는지도 포함한다. 우리는 거룩함과 선행을 위해 구원을 받았다(엡 2:10). 거룩함은 선행을 통해 구체적으로 나타난다.

(3) 하나님의 심판은 한 사람의 모든 관계를 총망라하고 있어서 구원과 구원받은 상태에 따르는 열매를 반드시 고려해야 한다. 하나님의 심판이 고려하는 것은 추상적인 믿음이나 칭의가 아니라, 구원받은 상태의 모든 요소와 올바른 관계를 맺고 있는 믿음과 칭의이다.

(4) 선행의 기준은 하나님의 율법이다. 하나님의 율법은 신자라고 해서 폐기되지 않는다. 신자는 하나님과의 관계에서 율법 밖에 있지 않다. 오히려 그리스도의 율법 아래에 있다(고전 9:21). 신자의 선행이 무시될 경우에는 하나님의 심판은 진리대로 되지 않을 것이다.

(5) 그러므로 은혜에 의한 구원의 증거이자 믿음의 증거인 선행은 심판의 기준이다. "하나님이 각 사람에게 그 행한 대로 보응하시는" 원리가(6절) 신자와 아무런 관련도 없다고 생각한다면, 이것은 성경적 구원론에서 선행이 차지하는 필수적인 위치에서 선행을 배제시키는 것이 된다.[32]

3) 유대인의 정죄의 심각성(2:17-29)

17. 유대인이라 불리는 네가 율법을 의지하며 하나님을 자랑하며
18. 율법의 교훈을 받아 하나님의 뜻을 알고 지극히 선한 것을 분간하며

---

32 이 구절이 고려하는 것은 신자들에게 할당되는 보상의 정도의 차이가 아니라(고전 3:8-15) 앞에서 언급된 일반적인 원리이다.

19. 맹인의 길을 인도하는 자요 어둠에 있는 자의 빛이요

20. 율법에 있는 지식과 진리의 모본을 가진 자로서 어리석은 자의 교사요 어린 아이의 선생이라고 스스로 믿으니

21. 그러면 다른 사람을 가르치는 네가 네 자신은 가르치지 아니하느냐 도둑질하지 말라 선포하는 네가 도둑질하느냐

22. 간음하지 말라 말하는 네가 간음하느냐 우상을 가증히 여기는 네가 신전 물건을 도둑질 하느냐

23. 율법을 자랑하는 네가 율법을 범함으로 하나님을 욕되게 하느냐

24. 기록된 바와 같이 하나님의 이름이 너희 때문에 이방인 중에서 모독을 받는도다

25. 네가 율법을 행하면 할례가 유익하나 만일 율법을 범하면 네 할례는 무할례가 되느니라

26. 그런즉 무할례자가 규례를 지키면 그 무할례를 할례와 같이 여길 것이 아니냐

27. 또한 본래 무할례자가 율법을 온전히 지키면 율법 조문과 할례를 가지고 율법을 범하는 너를 정죄하지 아니하겠느냐

28. 무릇 표면적 유대인이 유대인이 아니요 표면적 육신의 할례가 할례가 아니니라

29. 오직 이면적 유대인이 유대인이며 할례는 마음에 할지니 영에 있고 율법 조문에 있지 아니한 것이라 그 칭찬이 사람에게서가 아니요 다만 하나님에게서니라

이 본문의 핵심은 13절에서 선언한 원리, 곧 "하나님 앞에서는 율법을 듣는 자가 의인이 아니요 오직 율법을 행하는 자라야 의롭다 하심을 얻으리"라는 말씀에서 나왔다. 이제 바울은 직접 유대인에게 말한다. 만일 유대인이 자기가 가르치는 교훈을 실천에 옮기지 못한다면 그가 향유한 모든 특권과 특전은 그의 죄를 더 심각하게 만들 것이다. 이는 분명 21-23절이 주는 도전이다. 17-20절에는 유대

인이 스스로 뽐내는 특권과 특전이 나열되어 있다. 우리는 이 대목에서 '숨은 아이러니'[33]와 분노 및 책망을 간과하지만, 유대인들만의 위엄 및 특전을 바울이 의심하는 것으로 해석해서는 안 된다. 유대인의 특전들은 완전히 인정되고 있다(25절; 3:1; 9:35; 갈 2:15). 지금 바울이 심하게 꾸짖는 것은 유대인이 지닌 독특성이 아니고, 그들이 자기네의 독특성을 높이 평가하고 인정하는 모습도 아니다. 유대인의 인상적인 특권 목록은 21절과 22절에 나오는 유대인의 위선을 폭로하기 위한 서론에 해당한다. 유대인의 특권을 많이 나열할수록 그들의 범죄는 더욱 극악해진다. 따라서 우리는 특권을 나열하는 모습에서(17-20절) 그 결과를 예상할 수 있으며, 21-24절에서 표현되는 책망과 분노가 치솟는 장면을 상상할 수 있다. 17-23절의 구문은 이 사상을 전개하기 위함이었다. 17-20절은 조건절이고 21-23절은 귀결절이다. 유대인의 특권이 사실이라면(17-20절에 언급된 것), 어째서 그들은 이를 실천에 옮기지 않는가?(21-23절)[34]

17-18절 "유대인"이라는 단어가 처음 나오는 곳은 열왕기하 16:6이다. 포로 시대와 포로 시대 이후 이 단어가 자주 사용되었다. 다른 곳에서처럼(갈 2:15; 계 2:9; 3:9; 슥 8:23) 17절 및 28, 29절에서도 바울이 유대인이란 단어를 사용하고 있는데, 유대인이라는 이름은 유대인이 스스로 자랑하고 있는 모든 특권을 연상시키는 말이다. "유대인이라 불리는 네가"라는 말은 결국 그 뒤에 따르는 여러 가지 특권과 관계가 있다. "율법을 의지하며"는 바울이 13절("하나님 앞에서는 율법을 듣는 자가 의인이 아니요")에서 책망한 사실과 같은 문제를 언급한다(미 3:11; 요 5:45). "하나님을 자랑한다"는 것 자체는 참된 예배의 핵심이다(사 45:25; 렘 9:24; 고전 1:31). 그런데도 바울이 이 점을 암묵적인 고발에 사용하는 데는 그만한 이유가 있다. 이는 하나님을 자랑한다는 최고의 특권이 어떻게 가장 악한 행동과 결부되며 또 최

---

33 Gifford, 앞의 책, 2:18.

34 "17-20절에는 유대인이 뽐내던 특권과(17, 18절), 다른 사람들보다 더 우월하다는 생각(19, 20절)을 (영어성경에서) "if"라는 단어로 추정하고 있는데, 이것이 일시적으로 인정되고 있다. 그 다음에는 이런 것에 기초한 일련의 날카로운 질문이 이어진다(그러면 네가, 21절). 이런 사실들은 날카롭게 대조를 이루면서 실제 행동과 말뿐인 자백 사이의 엄청난 모순점을 제시하고 있다(21, 22절)"(Gifford, 앞의 책, p.77).

선의 것이 어떻게 최악의 것을 섬기는 데 악용되는지를 잘 보여 주고 있다. "하나님의 뜻을 알고"는 원어에서 그냥 '그 뜻'(the will)이다. 하나님의 뜻을 가리키는 것이 자명할 때에는 그렇게 쓰이기 때문이다.[35] 계시된 하나님의 뜻인 성경을 소유한 사실이 여기에 언급되고 있다(3:2). "지극히 선한 것을 분간하며." 이 어구는 '다른 것을 분별하고'라고 다르게 번역할 수도 있다. 만일 후자의 번역을 선택하면, 그것은 선악을 구별하는 능력을 가리키며, 더 좋게 표현한다면, 하나님의 뜻과 다른 것을 분간해 거절하는 능력을 말한다. 이 견해에 따르면 유대인, 특히 랍비들이 늘어놓는 궤변이 거기에 암시되어 있다. 그러나 바울의 생각을 확실히 알 수는 없다. 마이어는 현재의 번역을 적극적으로 선호한다. 그는 다른 번역은 18절의 두 요소가 서로 맺고 있는 결정적인 관계와 모순되고, "네가 하나님의 뜻을 알고"라고 말한 후에 나타난 논증의 절정을 파괴한다고 말한다. "율법의 교훈을 받아"라는 말은 앞에 있는 어구의 두 가지 해석 모두와 잘 어울린다. 이 교훈은 율법을 들음으로써 그리고 부모, 제사장, 랍비들의 가르침에서 받은 공적인 교훈을 말한다(레 10:11; 신 24:8; 33:10; 느 8:8).

19-20절 19절에서는 하나님을 향한 특권의 열거에서 이제 타인과 관련된 특전으로 바뀐다.[36] 이 특전은 그 특권에서 나왔으며 또 그것과 결합되어 있다. 하나님의 말씀을 소유한 유대인은 그런 특권의 영역 밖에 있는 사람들에 대해 마땅히 "맹인의 길을 인도하는 자요 어둠에 있는 자의 빛이며, 어리석은 자의 교사요 어린 아이의 선생"이어야만 했다. 유대인에게 있는 이런 책임의식은 그 자체로 미덕이지 악덕이 아니다. 그러나 유대인이 그 책임을 이행하지 못하고 그들의 특권을 헛되이 뽐내기 때문에 악덕이 되는 것이다. "율법에 있는 지식과 진리의 모본을 가졌다"는 것은 유대인이 앞에서 언급된 자신감을 가질 만한 이유이다. 즉, 유대인은 율법 안

---

35 J. B. Lightfoot, *On a Fresh Revision of the English New Testament*(New York, 1873)를 참고하라. "τὸ θέλημα는 하나님의 뜻이다. θέλημα는 하나님의 뜻이기 때문에 이런 의미로 흔히 정관사 없이도 쓸 수 있다"(p. 98). 그는 이그나시우스의 주석들을 들어 고전 16:12, 롬 15:32을 이런 식으로 해석한다.
36 전접사(enclitic) τέ를 사용하고 등위사(等位詞)인 καί를 사용하지 않은 19절의 처음 어구는 선행하는 어구와 긴밀한 관계가 있음을 보여 준다.

에 나눠 줄 구체적 지식을 갖고 있었기 때문에 스스로 가르치는 역할을 소유했고 또 그 능력을 갖고 있다고 확신했다. 여기서 "모본"(form)은 디모데후서 3:5에 있는 단어("모양")의 의미와 다르다. 여기에는 '모양만 있고 실체가 없다'는 암시가 없다. 유대인은 율법 안에 구현된 지식과 진리의 명료한 형태를 소유하고 있었다(유사한 표현이 6:17; 딤후 1:13에 있다).

21-23절 바울은 앞의 세 구절에서 준비작업을 한 뒤, 여기서는 그들을 대놓고 책망한다. 기포드의 말을 빌리면 "이런 특권의 시인에 근거해 일련의 날카로운 질문을 쏟아낸다. 그것은 그들의 시인과 현저하게 대조되는데, 이 질문들은 그들의 고백과 실천 간의 극악한 모순을 끌어낸다"(21, 22절).[37] "그러면"은, "만일"(but if, 개역개정판에는 생략되어 있다—옮긴이)이란 단어로 시작하는 17절의 조건절에 대한 귀결절을 이끈다. "다른 사람을… 가르치지 아니하느냐?"라는 일반적인 용어를 사용한 첫째 질문은 단지 "어린아이의 선생"만이 아니라 19, 20절에 언급된 네 개의 특전을 모두 가리킨다. 그러나 이 질문의 형태는 가장 뒤에 나오는 특전에 의해 결정되는 듯하다. 다른 질문들은 구체적이고, 다른 사람들을 가르치지만 정작 자신은 그 가르침을 행하지 않는 사례들을 제시한다. 도둑질, 간음, 우상숭배가 이에 해당된다. 바울은 유대인이 자랑하던 그 율법의 핵심으로 들어간다(23절). 바울이 제시한 범죄들은, 유대인의 위선을 폭로하고 또 유대인으로 하여금 그들의 잘못된 특권 의식이 초래한 자기만족에서 떠나도록 하기 위해 특별히 잘 준비한 것이다(시 50:16-18). 유대인이 이교도 이웃을 비난하는 것은 무엇보다도 그들의 우상숭배 때문이다. 그리고 이방 나라에서 성적 문란보다 더 부도덕한 것이 무엇이겠는가? 그러나 지금은 유대인이 바로 그런 가증한 일들로 고발을 당하고 있다.

"우상을 가증히 여기는 네가 신전 물건을 도둑질하느냐?" 우상숭배에 대해 가증히 여기는 것과 이교도의 신전 물건을 훔치는 것이 정확히 상반되지 않고, 신전 물건을 훔치는 행위가 유대인들 사이에 성행하지 않았다는 사실에 근거해, 이

---

37 앞의 책, p.77.

구절의 번역이 정확하지 않다는 주장이 제기되었다.[38] 문제시되고 있는 "신전 물건 도둑질"은 하나님의 위엄을 모독하는 것 또는 성전 예배에서 하나님께 드려야 할 존귀를 드리지 않는 행위를 의미하는 것으로 지금까지 해석되어 왔다(말 1:6-14; 3:8). 그러나 우상숭배의 물건들을 취하는 것이 율법에 명확히 금지되었으며(신 7:25, 26), 또 에베소의 서기장이 바울과 그의 일행을 변호해 그들이 신전의 물건을 훔친 일이 없다고 말한 것으로 미뤄 보아(행 19:37), 유대인이 성전 기물을 훔치는 일은 전혀 없었다고 말할 수도 없다.[39] (다시 말하면 그런 일이 가능했기 때문에 율법에서도 이 행위를 금지했고 서기장도 이 사람들만은 예외라고 변명한 것이 아닌가?) 또 이 구절의 문자적 번역과 의미를 버려야 할 그럴듯한 이유도 없다. 그뿐만 아니라, 이방인들의 분노는 그들의 신전이 더럽혀질 때 가장 크게 폭발했을 것이고, 그럴 경우 하나님의 이름이 모독을 당했을 것이다(24절). 그러므로 24절은 문자적 번역을 지지해 준다.

23절은 질문 또는 단언적 주장으로 간주될 수 있다.[40] 그러나 어느 쪽으로 보든, 그것은 17-22절의 내용을 요약한다. "23절 중 첫 어구는 17-20절의 요약이며 마지막 어구는 21, 22절의 네 가지 질문에 대한 결정적인 대답이다."[41] 23절을 단언적 주장으로 볼 경우에는 분명히 그러하다. 또한 23절을 질문으로 본다 해도 암묵적으로 그러하다. 하나님과 율법 사이에 존재하는 밀접한 관계가 이 고발에 암시되어 있다. 율법의 위반은 하나님에 대한 모독이다. 그것은 마땅히 하나님의 이름에 돌릴 존귀를 가로채는 것이며, 율법이 말하고 있는 존귀함을 욕하는 것이다.

---

38 참고. Hodge, 앞의 책. "포로시대 이후 유대인들이 우상을 가증하게 여겼다는 것은 잘 알려진 사실이다. 그들이 우상을 신전에서 훔쳤다는 것은 알려지지 않은 일이다. 여기서 거론된 것은 우상숭배와 비슷한 어떤 것이지, 이교도의 신전을 약탈하는 행위는 아닐 것이다. 후자는 우상 증오의 자연적인 표현으로 볼 수 있다."

39 요세푸스는 모세가 죽기 전에 요단강 가까이서 그의 백성들에게 연설하며 다음과 같이 권고했다고 묘사한다. "어느 누구도 다른 시민들이 섬기는 신들을 모독하지 말며, 다른 사람의 신전에서 노략질하지 말며, 어떤 신의 이름으로든지 헌납된 보물을 취하지 말라"(*Antiquities of the Jews*, IV, viii, 10).

40 Gifford, 앞의 책, p.77을 참고하라. 마이어는 앞의 책에서는 이렇게 말한다. "23절은 책망을 담은 네 가지 질문에 대해 결정적인 대답을 주고 있다."

41 Gifford, 앞의 책.

24절 24절은 23절의 내용을 확증하기 위해 이사야 52:5을 인용했다. 인용 형식은 칠십인역과 가까우며, 차이점이 있다면 이사야서의 직접적인 표현을 바울이 간접적인 말로 번역한 것뿐이다. 바울은 그 본문을 적용해서 유대인의 악한 행위가 이방인에게 하나님의 이름을 모독할 계기를 준다고 말한다. 이방인들이 생각하기로는, 백성은 그들의 하나님을 닮는 만큼 만일 유대 백성이 그러한 범죄를 저지를 때에는 하나님도 같은 성품의 소유자이기 때문에 비난을 받아야 마땅하다는 것이다.[42] 여기서 비극적인 아이러니가 나타난다. 참되신 하나님을 예배하는 일에서 모든 열방의 지도자로 자처하는 유대인들이 열방으로 하나님을 모독하게 하는 도구가 되어 버렸다. 여기서 바울의 고소는 최절정에 이른다.

25절 이제 바울은 "유대인을 그의 최후 방어선으로 몰고 간다"(헤들램). 그는 "유대인들이 흔히 호소하던 최후의 피난처, 할례의 소유에 대한 그들의 허황된 신뢰를 박탈하고 만다"(필리피). 그러나 3:1, 2을 예상하고 바울은 주의 깊게 할례의 유익을 말하기도 한다. "네가 율법을 행한즉 할례가 유익하나라". 이 경우에 율법을 행하는 것은, 더 정확히 말해 율법의 실천은 율법주의에 기초한 율법의 완전한 성취라는 뜻은 아니다. 할례는 아브라함에게 내린 약속과 은혜의 언약에 대한 표시이자 보증이다. 그러므로 그것은 은혜의 맥락에서만 적실한 것이지, 은혜와 대립되는 율법과 행위의 맥락에서는 완전히 부적절하다. 그러므로 할례를 유익하게 만드는 율법의 실천은 믿음과 순종이란 조건을 충족하는 것인즉, 만일 이를 떠나서 언약의 약속과 은혜와 특권을 주장한다면 그것은 주제넘은 일이요 어리석은 일이다. 율법의 실천은 언약을 지키는 행위와 동일하다.[43] 마찬가지로, 할례를 무할례가 되게 만드는 율법의 위반은 언약의 규정에 불성실한 것이며, 이는 구약의 언어로 말하면 언약을 깨뜨리는 것이다. 다시 말해, 이 구절에서 바울은 율법주의적 체계의 규정들을 선언하는 게 아니라, 할례에 의미를 부여했던 은혜 언약의 의무를

---

42 Meyer, 앞의 책.
43 참고. φυλάσσῃ(26절)와 τελοῦσα(27절).

말한다. 이런 의무가 무시되고 위반될 때, 할례는 무할례가 되며 외적 표시는 그 의미를 상실한다. 전체 문맥에 비추어, 할례는 하나의 의무이며 정죄를 중대시킨다는 사실이 함축되어 있다. 그러나 바울은 여기서 그 측면을 성찰하진 않는다.

26절 "무할례자"는 할례를 받지 않은 사람, 곧 이방인을 말한다. "율법의 규례"는 율법의 의로운 요구 사항들이다. 그렇다면 이방인의 입장에서 율법의 규례를 지킨다는 것은 무슨 뜻인가? "율법의 규례를 지킨다는 것"을 "율법의 일을 행한다"(14절)는 것과 똑같은 말로 볼 수 없다. 마이어가 주장한 것처럼 "이방인들이 도덕적인 자연법을 순종할 때에" 이런 규례가 지켜진다고 생각할 수 없다. 이 율법의 규례는 위에서 언급했듯이(25절) 할례의 맥락에 속하며 따라서 언약적 양상을 지닌 규례다.[44] 우리는 그 대상을 이방인 개종자에게만 국한해서도 안 된다(행 13:26). 우리는 다음과 같은 고데트의 말에 동의한다. 원래는 무할례자였지만 복음으로 전향하여 그리스도의 영으로 율법을 성취해 참 이스라엘, 곧 "하나님의 이스라엘"(갈 6:16)이 된 많은 이방인들을 가리킨다.[45] 그러므로 율법의 규례를 지킨다는 것은 25절에서 율법의 준수와 동일시한 믿음과 순종의 견지에서 해석해야 한다. 비록 무할례자라 할지라도 할례가 대변하는 언약을 굳게 붙잡고 그 의무를 존중하여 이런 의무들이 표현된 규례들을 소중히 다룰 때는 그의 무할례도 할례로 간주된다. 할례 의식은 그것이 나타내는 실체를 떠나서는 아무런 효력이 없기 때문이며, 또한 할례가 나타내는 실체가 존재한다면 그 표시가 없다 해도 이 은혜가 취소되지 않기 때문이다.

27절 이 구절은 26절과 이어지는 질문으로 26절과 같이 긍정적인 대답을 하게 하는 질문이다. 27절을 질문으로 보든지 아니면 단언적 주장으로 보든지 의미의 차이는 없다. 그러나 27절도 23절의 경우처럼 단언적 형식일 수 있다. 따라서 27절

---

44 물론 마이어는 이것을 부정하기보다는 오히려 지지한다.
45 앞의 책, 동일한 곳.

은 하나의 주장으로서 26절에서 긍정적인 대답을 기대했듯이 역시 긍정적인 대답을 기대할 수 있다. 이런 식으로 유대인의 자만과 허식을 한층 더 폭로한다. "본래 무할례자라는 것은 원래부터 할례를 받지 아니한 상태로 남아 있는 사람들을 묘사하는 방식이다". 여기서는 유대인의 관점에서 불결함의 표시라고 할 수 있는 무할례를 강조하는 데 그 목적이 있었다.[46] "율법을 온전히 지키면"이란 말은 "네가 율법을 행하면"(25절)이란 말과 같으며 "율법의 규례를 지킨다"(26절)라는 말과도 같지만, 각 문장은 나름의 중요한 의미가 있다.[47] "너를 정죄하지 아니하겠느냐?"는 표현은 그들이 심판의 자리에 앉을 것이라는 의미가 아니라 비교와 대조의 심판을 가리킨다(마 12:41-42). "율법 조문과 할례를 가지고 율법을 범하는 너"[48]에서 유일한 문제는 "조문"의 의미다. 바울이 이 단어를 사용한 용례를 보면(7:6; 고후 3:6, 7) "조문"은 율법을 가리키는데, 그 이유는 율법을 돌이나 성경에 기록된 것으로 보기 때문이다. 그런즉 27절의 조문도 바울이 다른 곳에서 설정해 놓은 의미와 다른 것으로 볼 타당한 이유가 없다. 이 경우에는 성경에 구체적으로 나타난 율법을 말한다. 유대인은 기록된 율법을 소유하고 있었고 육신에 할례를 받았지만 범법자로 고발되고 있다. 이 범법은 율법의 의로운 규례 안에 표현된 언약의 의무를 위반하는 행위를 가리킨다(25, 26절).

---

46 ἡ ἐκ φύσεως ἀχροβυστία에 대해서 제임스 데니는 이렇게 말한다. "바울처럼 강한 문체를 구사하는 저자에게는 문법적 불규칙성 정도는 별것이 아니지만, 나는 버튼과 같이(*Moods and Tenses*, §427), ἐκ φύσεως를 τελοῦσα와 연결해서 이렇게 번역하는 것이 더 좋다고 본다. '본성으로 율법을 이루는 무할례자.' 14절을 참고하라"(*St. Paul's Epistle to the Romans in The Expositor's Greek Testament*). 혹자는 다음 세 가지 이유로 이 견해를 배격한다. ① ἐκ φύσεως를 ἀχροβυστία와 연결하지 않고 τελοῦσα와 연결한다는 것은 문법적으로 거슬린다. ② 여기서 사도가 심중에 품고 있는 율법은 자연에 계시된 율법이 아니다(14절 참조). 그것은 특별히 계시된 율법이다. 오직 그 율법만이 앞에서 보여 주었듯이 사도의 주장과 조화를 이룬다. ③ 사람들은 본성으로는 율법을 이루지 못한다. 사도가 여기서 심중에 품고 있는 성취는 성령에 의해 마음으로부터 완성되는 성취이지(29절 참조), 특별계시의 영역 밖의 이방인들이 율법의 일을 본성으로 행하는 것이 아니다(14, 15절 참조).
47 참고. Sanday and Headlam, 앞의 책. vs. 26.
48 διὰ γράμματος καὶ περιτομῆς라는 표현에서 διά는 부대환경의 표현이며, "어떤 일이 되거나 그것에 수반되는 환경을 묘사한다"(Denney, 앞의 책).

28-29절 바울은 지금 진정한 유대인이 되도록 만드는 것, 그리고 진정한 할례가 어디에 있는지를 보여 주고자 한다. 다시 말하면, 바울은 진정한 유대인은 누구며 진정한 할례는 무엇인지를 보여 주고자 한다. 이것을 28절에서는 부정적으로 보여 주고, 29절에서는 긍정적으로 보여 준다. 28절의 "왜냐하면"(개역개정판에는 없음)이라는 단어는 28, 29절에서 제시된 진정한 유대인 및 진정한 할례의 기준이 앞의 세 절에서 주장했던 것을 지지하고 확증해 준다는 것을 시사한다. 여기에 나타난 대조는 표면적인 것과 이면적인 것 사이의 대조다.

표면적 유대인은 겉으로만 아브라함의 자연적인 후손으로서 그런 관계가 수반하는 특권을 소유함을 의미한다. 할례의 경우에 표면적(외적인)이라는 것은 "표면적 육신의 할례"로 설명되는 바(28절), 신체적으로 나타나는 할례를 가리킨다. 할례는 그런 것에 있지 않다고 말한다고 해서, 바울이 지금 의식적 행위의 존재나 그것이 육신에 미친 영향을 부정하는 것은 아니다. 표면적인 것은 그것이 상징하는 실체의 표시와 보증으로서의 의미만 있고 영적인 의미가 없다는 것이다. 진정한 할례는 외형적 의식이 상징하는, 곧 마음속에 일어나는 은혜의 행위라고 바울은 생각했다.

유대인과 관련해 "이면적(내면적)"이란 말은 "은밀한"이란 뜻으로 사용되고 있고, 이는 외부로부터 볼 수 없게 숨겨져 있음을 의미한다(2:16; 고전 4:5; 14:25; 고후 4:2; 벧전 3:4). 이면적이란 마음속의 숨은 사람이며, 따라서 외적 고백과 구별되는 마음의 깊숙한 곳에 있는 사람으로 이해해야 한다. 할례와 관련해 이면적이라는 말은 "마음에 할지니 영에 있고 율법 조문에 있지 아니한" 할례이다. "마음에 할지니"라는 말은 충분히 이해되는 말로서, 구약의 언어로는 마음을 새롭게 하고 정결케 하는 것을 의미한다(신 10:16; 30:6; 렘 4:4; 9:25, 26). 그러나 "영에 있고 율법 조문에 있지 아니한"이라는 어구의 뜻은 단순하지 않다. 여기에서 "영"으로 번역된 단어는 명백히 인간의 영을 가리키는 것으로 해석되어 왔으며, 따라서 더 구체적으로는 할례가 상징하는 정화가 일어나는 내적 영역을 가리킨다고 해석되었다. 할례는 인간의 마음에 하는 것인 즉 인간의 영에 하는 것이다. 대조 형식으로 사용된 "조문"은 외적·문자적·신체적 할례를 의미한다. 이 모든 해석이 그 자체로는 옳지만 그 타당성에 대해 두 가지 문제를 제기할 수 있다.

(1) 바울이 "할례는 마음에 할지니"라고 말한 후 그 영역을 또 구체적으로 언급하는 것은 군더더기다.

(2) 바울이 율법 조문과 성령을 대조시킨다고 보는 것은 이런 사고 노선과 어울리지 않는다(7:6; 고후 3:6, 7, 8; 17, 18).

그 대조는 성령과 외적으로 집행되는 율법 사이의 대조다. 다시 말하면, 성령이 부여하는 생명을 주는 능력과 단순한 법으로서의 율법에 속한 무기력함 사이의 대조다. 우리는 여기서 이 대조를 채택할 수밖에 없다. 바울이 말하는 것은 성령이 마음에 행한 할례이지, 율법에 의한 할례가 아니다.[49] 바울은 또다시 유대인의 허식이 지닌 어리석음과 단지 율법을 소유했다고 뽐내는 어리석음을 폭로하고 있다. 그러므로 "영"이란 단어는 소문자 'spirit'이 아니라 대문자 'Spirit'를 사용해 성령을 언급하고 있음을 명백히 했어야 했다. 비록 성령의 사역에 관한 교리는 본 서신의 뒷부분에 가서야 나오지만, 죄와 정죄의 보편성을 주장하는 데에 성령론이 전제되고 또 도입된 것이다.

기포드는 마지막 절이 적절한지에 대해 문제를 제기한다.

언뜻 보기에 바울이 "그 칭찬이 사람에게서가 아니요 다만 하나님에게서니라"는 절을 왜 덧붙였는지 명백하지 않다. 그러나 우리는 바울이 17절에서 유대인이 "스스로 유대인이라 불리는" 이름을 자랑하던 것을 시사하면서 유대인에 대해 이야기하고 있다는 사실을 기억해야 하며, 또 이 구절에서 유대인이라고 불릴 만한 유대인을 이제 막 묘사했다는 사실도 기억해야 한다. 그렇기 때문에 유대인이란 이름의 의미에 대해 새로 언급하는 것보다 더 자연스럽거나 더 바울의 문체답다고 할 것이 있을까? 레아가 넷째 아들을 낳고 말하기를 "내가 이제는 여호와를 찬송하리로다 하고 이로 말미암아 그가 그 이름을 유다라 하였고"(창 29:35).

다음 구절은 야곱이 죽기 전에 유다를 축복한 대목의 서두이다. "유다야, 너는 네 형제의 찬송이 될지라"(창 49:8).

---

49 이것은 마이어, 필리피, 핫지, 데니를 비롯한 여러 사람들의 견해다.

"바울은 그 이름의 의미를 암시하는 방법으로 진정한 유대인에 관해 말할 때에 '그 칭찬이 사람에게서가 아니요 다만 하나님에게서니라'고 한 것이다."[50] 바울이 "유대인"이라는 이름의 원래 의미를 암시해야 했던 복합적인 이유가 있다. 그는 이 장을 통해 자기 사상의 배경을 보여 주고 있다. 그것은 유대인에 대한 그의 고발의 기초를 형성한다. 즉, 그것은 외모와 사람의 판단에만 의존하는 잘못이다. 그것은 우리 주님께서 친히 하신 말씀, 곧 "너희가 서로 영광을 취하고 유일하신 하나님께로부터 오는 영광은 구하지 아니하니 어찌 나를 믿을 수 있느냐"라는 말씀을 이 주제에 적용하는 것이다(요 5:44; 41-44).

---

50 샌데이나 헤들램이 믿는 것처럼, 여기에 "유대인"이란 이름을 갖고 노는 장난이 있음을 지적한 최초의 사람은 기포드가 아니다. 이것은 로버트 홀데인의 주석에도 나온다. 참고. W. G. T. Shedd, 앞의 책.

THE EPISTLE TO THE ROMANS

3장

4) 하나님의 신실성과 공의(3:1-8)

1. 그런즉 유대인의 나음이 무엇이여 할례의 유익이 무엇이냐
2. 범사에 많으니 우선은 그들이 하나님의 말씀을 맡았음이니라
3. 어떤 자들이 믿지 아니하였으면 어찌하리요 그 믿지 아니함이 하나님의 미쁘심을 폐하겠느냐
4. 그럴 수 없느니라 사람은 다 거짓되되 오직 하나님은 참되시다 할지어다 기록된 바 주께서 주의 말씀에 의롭다 함을 얻으시고 판단 받으실 때에 이기려 하심이라 함과 같으니라
5. 그러나 우리 불의가 하나님의 의를 드러나게 하면 무슨 말하리요 [내가 사람의 말하는 대로 말하노니] 진노를 내리시는 하나님이 불의하시냐
6. 결코 그렇지 아니하니라 만일 그러하면 하나님께서 어찌 세상을 심판하시리요
7. 그러나 나의 거짓말로 하나님의 참되심이 더 풍성하여 그의 영광이 되었다면 어찌 내가 죄인처럼 심판을 받으리요
8. 또는 그러면 선을 이루기 위하여 악을 행하자 하지 않겠느냐 어떤 이들이 이렇게 비방하여 우리가 이런 말을 한다고 하니 그들은 정죄 받는 것이 마땅하니라

1-2절 바울은 앞에서 육신의 할례가 효력이 없다고 주장했다. 즉, 성령에 의해 마음에 행해진 할례와는 무관한, 단순한 할례 의식만으로는 아무런 효력이 없다는 말이다. 이로 인해 구약에 나타난 하나님의 제도가 소용이 없는 것처럼 보였을지도 모른다. 특히 바울이 2:27에서 언급한 내용이 이 점을 암시하는 듯 보였을 것이다. 본래 무할례자가 율법을 온전히 성취하면 죄를 짓는 할례자를 판단하고 정죄할 것이라고 했다. 어쩌면 할례는 특권을 더하기보다는 불이익과 책임만 가중시키는 듯 보였을지도 모른다. 바울이 이와 같은 추론을 예상하고 논박한다. 이후 바울은 질문을 하고 그에 대한 답을 한다. "그런즉 유대인의 나음이 무엇이며

할례의 유익이 무엇이냐." 이에 대해 바울은 "범사에 많다"라고 답한다. 이는 모든 면에서 많다는 의미다. 바울은 하나님이 정하신 제도를 경시하는 태도를 도무지 허용하지 않는다. 앞으로 살펴보겠지만, 그는 다른 것과 관련해 인간의 불신앙이 하나님의 신실하심을 폐할 수 없다고 주장한다. 여기서 바울의 생각은 범법을 수반할 때는 표면적 규례 의식이 아무런 소용도 없지만, 그렇다고 해서 하나님이 정하신 제도의 수탁자인 유대인에게 돌아오는 이점과 유익까지 없어지는 것은 아니라는 것이다. 이 사상은 오늘날 교회에 만연해 있는 태도도 책망할 수 있다. 오늘날 많은 사람들은 하나님이 교회 안에 세우신 제도들을 경시하기 때문이다. 이들의 그럴듯한 변명을 들어보면, 이런 제도들을 준수하는 사람들이 그 목적과 의도에 충실하지 못한 데 비해, 오히려 이런 제도들에 무관심하고 어쩌면 적의를 품고 있는 사람들이 오히려 그것들을 더 두둔해 주는 듯한 복음주의적인 신앙과 열성을 드러낸다는 것이다. 이와 같은 그럴듯한 상황을 제시해 실상 교회 안에 하나님이 정하신 제도를 경시하는 일이 있다. 그러나 이는 잘못된 것이다. 이런 상황에서는 더욱더 강력하게 바울이 유대인의 할례에 대해 말한 것과 동일한 답변을 제시해야 한다. 이제는 준수되지 않는 제도인 할례의 이점과 유익에 관해서도 바울이 "범사에 많다"라고 말할 수 있었다면, 하물며 그리스도 재림 때까지 영구적으로 교회 안에서 그 삶과 헌신을 요구하는 제도들에 대해 우리는 더 존중해야 하지 않겠는가?

우리는 바울이 언급하고 있는 유익과 이점이 실제로 획득한 것이 무엇인지 궁금하다. 그는 이 서신 후반부에 가서 이것을 밝히고 있다. 바울은 이스라엘에게 "양자 됨과 영광과 언약들과 율법을 세우신 것과 예배와 약속들이 있다"고 했다(9:4). 바울이 "우선은"(2절)이란 단어를 사용하기 시작할 때는 우리가 더 많은 것을 기대하게 된다. 우리는 자연스럽게 둘째, 셋째도 찾을 것이다. 그러나 그런 것은 없었다. 바울은 한 가지만 언급했고 그것에 만족했다. 따라서 바울이 2절에서 "우선은"이라고 말하든 "주로"라고 말하든 그 의미는 아무런 차이가 없다. 어느 경우든 바울은 유대인의 특권 중 가장 뛰어난 것을 제시하고자 했다. "그들이 하나님의 말씀을 맡았음이니라." 유대인은 하나님의 특별계시의 수탁자들이다.

"하나님의 말씀"이라는 표현은 매우 특별한 의미가 있다.

(1) 여기서 하나님의 말씀이라고 할 때 바울은 분명 구약 전체를 염두에 두고 있다. 그는 구약의 여러 곳에 나오는 신탁의 말씀들만을 생각한 것이 아니다. 즉, 바울이 지금 말하는 하나님의 말씀이란 유대인이 위탁받은 것, 유대인에게 맡겨진 것을 의미하는 것이지 그 전체 내용 가운데 어느 부분에 한정시키는 것이 아니다.

(2) 이 말씀은 성경의 형태로 유대인에게 위탁되었다. 유대인은 오직 성경이라는 형태 안에서 하나님의 말씀을 위탁받았다.

(3) 구약성경에 담긴 계시의 수탁물이 "하나님의 말씀"이라 일컬어진다. 그러므로 성경은 바울에 의해 "하나님의 말씀"으로 간주되었다. 성경은 하나님이 하신 말씀이요 선지자들이 하나님으로부터 직접 받은 말씀이다. 성경 그 자체가 "여호와께서 이르시되"이다. 이것이 유대인이 위임받은 성경에 대한 바울의 개념이다. 기록된 성경은 바울에게 하나님의 말씀이며, 하나님의 말씀은 이스라엘에게 "위탁물"의 형태로 존재한다. 하나님의 말씀은 늘 확정적인 형태를 지닌다. 이 사실에 비추어 보면, 바울이 유대인에게 속한 수없이 많은 유익이나 특권을 일일이 다 나열하지 않고 가장 중요하다고 생각한 한 가지 특권만을 제시한 이유를 우리는 이해할 수 있다. 그 한 가지 특권이란 하나님의 말씀을 맡은 것을 말한다. 유대인의 영구적인 소유가 될 수 있는 특권은 분명 하나님의 말씀을 맡았다는 사실이다. 그리고 바울은 성문화된 하나님의 말씀을 이렇게 평가할 때 성경숭배자라는 비난을 받게 될 것을 두려워하지 않았다.

3-4절 3절은 "그러면 어찌하리요?"라는 질문을 던진다. 이는 이스라엘의 불신앙이 하나님의 말씀을 소유한 이스라엘의 특권의 실재를 위협하거나 소멸시킨다고 생각해서는 안 된다고 주장하기 위한 질문이다. 2장 후반부에서 바울이 한 말이 옳다면, 이스라엘이 이 특권을 이미 포기한 것처럼 보일지 모르기 때문이다. 그러나 바울은 그렇지 않다고 말한다. 바울은 그런 주장을 강한 어조로 상쇄하려는 의도로 다음 질문을 던지기 때문이다. "어떤 자들이 믿지 아니하였으면 어찌하리요. 그 믿지 아니함이 하나님의 미쁘심을 폐하겠느냐?" 우리는 이 질문에 부정적

인 대답을 기대한다. 바울은 이에 대해 혐오하는 말투로 대답한다. 그가 사용한 형식을 좀 더 문자적으로 번역하면 "전혀 그렇지 않다"로 옮길 수 있지만, 영어성경에 많이 나타나는 "천만에!"(God forbid)라는 강력한 표현이 필요하다.[1]

앞선 질문에 나오는 불신앙에 대한 가장 합리적인 견해는 바울 당시의 유대인의 불신앙이다. 이는 메시아 예수를 배척하는 행위로 드러난 불신앙이며, 2절에 언급된 하나님의 말씀에 대한 불신앙이다. 암묵적으로 바울은 믿지 않는 유대인에게 그들이 스스로 자랑하던 말씀을 배척하고 있다고 책망한다. 이는 복음에 대한 배척이 구약 전체와 관련되지만, 특별히 메시아의 약속과 관련된 부분과 연관이 있다고 바울은 판단한다. 이 평가는 갈라디아서에서 좀 더 자세히 나타난다. 바울이 염두에 두고 있는 것이 바울 당시 유대인의 불신앙이라고 봐야 하는 이유는, 바울이 사용하고 있는 용어와 더불어 문맥상으로 믿지 않고 불순종하는 유대인에게 말하고 있다는 사실 때문이다(2:17 이하). 하지만 바울은 모든 유대인을 다 이 범주 안에 넣지 않으려고 주의한다. 이는 "어떤 자들이 믿지 아니하였으면"이란 표현을 통해서 알 수 있다.

그러므로 일부 유대인의 불신앙이 하나님의 말씀을 소유한 이스라엘의 특권을 무효로 만들지 않으며, 또 이런 점에서 이방인을 능가하는 유대인의 특권을 부정하지도 않는다. 하지만 이 주장에 내재된 더 중요한 점은 유대인의 불신앙이 하나님의 말씀이 진리임을 폐기하지 않는다는 것이다. 어떤 사람들의 불신앙이 하나님의 미쁘심을 폐기하지 않는다. "하나님의 미쁘심"은 우리가 하나님에 대해 갖는 신앙이 아니라 하나님 자신의 신실하심을 말한다. 이는 4절에 분명히 나타난다. 4절은 3절과 밀접한 병렬관계에 있기 때문에 "하나님의 미쁘심"이란 말이 의도하는 내용을 우리에게 잘 설명해 준다. 그것은 인간의 신실하지 못함과 대조되는 하

---

1 "God forbid"라는 번역은 구약에 근거를 두고 있다. μὴ γένοιτο는 히브리어 חלילה와 상응하며 칠십 인역에서 동일하게 번역된다(창 44:7, 17; 수 22:29; 24:16; 왕상 20:3). חלילה는 때로는 하나님을 말하는 이름들인 יהוה, אל, אלהים와 더불어 사용되고 있으며(삼상 24:6; 26:11; 왕상 21:3; 대상 11:19; 욥 34:10; 삼상 2:30), 역시 하나님을 언급할 때에는 대명사와 더불어 사용되기도 한다(창 18:25). 그런 즉 영어 표현인 "God forbid"는 성경적인 전례가 있다. 혐오감을 표현하는 헬라어 μὴ γένοιτο는 히브리어에서 나온 강한 영어 단어로 번역될 필요가 있다. J. B. Lightfoot, Comm., 갈 2:17.

나님의 신실함이다. 이는 진실하시고 성실하신 하나님의 성품이다.

"사람은 다 거짓되되 오직 하나님은 참되시다 할지어다"라는 말은 하나님이 자신의 말씀에 완벽하게 충실하신 점을 부각시킨다. 이 문장은 이 서신 전체를 지배하는 개념을 보여 준다. 그것은 하나님 자신이나 하나님의 의지 이외의 어떤 것으로 인해 하나님의 목적이나 약속이 결정되지 않음을 의미한다. 이 진리는 무엇보다도 다음의 사실을 고려할 때 가장 돋보인다. 즉, 하나님은 사람들에게 복음의 말씀을 주시는데, 인간들이 그 복음의 진리와 취지를 저버리고 믿지 않는다고 해서 하나님의 말씀이 무효화되지 않는다는 사실이다. 비록 만인이 다 거짓말쟁이라도 하나님의 신실하심은 손상되지 않는다.[2]

이 본문에서 바울이 인용한 성경(시 51:4)에 대해 약간의 의문점이 있다. 그것은 다윗이 시편에서 실제로 한 말과 바울이 이것을 인용한 것에 차이가 있기 때문이다. 먼저 다윗의 말부터 보자. "내가 주께만 범죄하여 주의 목전에 악을 행하였사오니 주께서 말씀하실 때에 의로우시다 하고 주께서 심판하실 때에 순전하시다 하리이다." 이 구절의 내용은 다음과 같다. 죄는 직접 하나님께 범한 것이다. 다윗의 경우처럼 동료 인간들에게 범한 죄라도 무엇보다 먼저 궁극적으로 하나님께 범한 것이기 때문이다. 그러므로 하나님이 죄에 대해 사람을 심판하실 때 그분의 정당함이 입증되는 것이다. 그뿐만이 아니다. 하나님께 범한 죄는 하나님의 공정성을 손상시키기는커녕, 하나님의 심판이 공정함을 확증해 준다. 이런 추론이 혹독하게 들릴지 모르나, 바울이 다루고 있는 주제와 잘 들어맞는다. 바울은 지금까지 사람들의 불신앙이 하나님의 신실하심(미쁘심)을 무효화할 수 없음을 강조해 왔다. 바울이 다윗의 고백에 호소한 것은 독자에게 강한 확신을 주기 위해서다. 다윗에 따르면 죄는 하나님께 범하는 것인 만큼 하나님의 공정성을 입증하고 세워 준다. 죄가 하나님의 공의를 폐기하지 않는다면, 인간의 신실하지 않음과 진리를 거역하는 행위도 하나님의 신실성과 진리를 무효화할 수 없다. 사람은 다 거짓말쟁이라

---

2 이것은 일종의 웅변과 같다. 단지 어떤 자들이 믿지 않는다고 해서(3절) 하나님의 신실하심이 폐기되지 않는 것만이 아니다. 비록 모든 사람들이 다 거짓되더라도 하나님의 진리만은 조금도 요동함이 없이 건재한다(시 100:5).

도 하나님은 참된 분이시기 때문이다. 이것이 시편 51:4을 인용한 바울의 용법이며 해석임을 이어지는 문맥이 말해 준다. 이어서 바울은 죄가 하나님의 공의와 심판의 정당성을 입증한다는 명제에서 끌어낸 반대자들의 그릇된 추론을 다루기 때문이다. "그러나 우리 불의가 하나님의 의를 드러나게 하면 무슨 말 하리요?"[3]

5-8절 5절에는 두 개의 질문이 나온다. 그것은 앞에 나타난 진리를 악용하는 것과 관계가 있다.[4] 즉, 우리가 하나님의 약속을 믿지 않는 것이 하나님의 신실하심을 파괴하지 않고 오히려 더 드러내거나, 5절에서 말하고 있는 것같이 사람의 불의가 하나님의 의를 더 분명하게 드러내는 역할을 한다면, 하나님이 불경건한 자에게 진노를 내리신다는 것을 의롭지 않다고 생각하는 것이다. 인간의 행동이 하나님의 진리와 의를 더 잘 드러내도록 사용되었는데 그런 인간의 행동에 대해 하나님이 처벌해서는 안 된다는 생각은 타당해 보일 수 있다. 바울이 5절에서 사용한 말을 자세히 보면 이와 같은 논리가 그럴듯하게 보인다. 하나님은 자기의 영광

---

3 바울이 인용하는 칠십인역의 번역문에서 생기는 난점은 해석의 관점에서 볼 때에 겉으로 보이는 만큼 그렇게 큰 것은 아니다. 히브리어 성경에서는 바울이 인용한 두 부분이 병행하는 것으로 취급하는 게 좋고, 따라서 다음과 같은 동일한 의미를 갖고 있다. '하나님께서 말씀하실 때에 의로우시다 하고, 판단하실 때에 결백하시다 하리이다.' 바울에 의해서 인용된 칠십인역은 둘째 부분에서 명백한 생각의 변화를 소개하는 것으로 보인다. 왜냐하면 히브리어 תזכה는 νικήσεις로 번역되고 בשׁפטך는 κρίνεσθαι로 번역되고 있어서 결국 "당신이 판단을 받을 때 당신이 그것을 이기시려는 것입니다"로 번역이 된다. κρίνεσθαι는 수동형을 취하고 있다. 그리하여 하나님은 판단을 받는 분으로 표현되고 있지만, 그럼에도 불구하고 하나님은 소송에서 결백한 것으로 판명된다. 그렇지만 이런 번역이 바울이 생각한 것을 방해하지 않는다는 사실을 반드시 이해해야 할 것이다. 바울이 생각한 것은 죄가 조금이라도 하나님의 공정성을 손상시키지 않고 오히려 하나님의 공정성을 변호하고 입증하는 목적에 쓰이고 있다는 것이다. 그렇지만, 우리는 κρίνεσθαι가 수동형이란 견해에 얽매여서는 안 된다. 그것은 중간태일 수도 있다(마 5:40; 고전 6:6; 6:1 참고). 이 경우에도 칠십인역에 본질적인 변화는 없다. 그 의미는 히브리어에서와 마찬가지다. 예외가 있다면 그것은 νικήσεις는 히브리어 תזכה와 다른 뉘앙스를 지닌다는 것뿐이다.

4 핫지는 바울은 그의 교리에 대한 유대인의 반대 의견에 답변하고 있는 것이지, 그릇된 추론에 대해 답변하고 있는 것은 아니라고 주장한다. 그렇지만 나는 바울이 자기가 진술했던 교리에서 쉽게 나올 수 있는 하나의 추론을 다루고 있다는 견해를 취한다. 바울이 적수들이나 바울의 교리를 지지한다고 고백하는 사람들로부터 이 그릇된 추론으로 비난을 받고 있다는 사실은 8절의 "어떤 이들이 이렇게 비방하여 우리가 이런 말을 한다고 하니"라는 말로 보아 분명하다. 유대인들이 이것을 바울의 교리에 대한 하나의 반론으로 제시했을지도 모른다. 그러나 어느 경우이든 바울이 지금 다루고 있는 것은 앞 구절의 교훈에서 나온 그릇된 추론이거나 잘못된 적용이다.

이 드러날 때 지극히 만족해하신다. 이 사실로 볼 때, 하나님이 하나님의 영광을 드러내 주는 행위를 보시고 불쾌하게 여겨 화를 내신다는 것이 과연 있을 수 있겠는가? 비록 그릇되었지만 하나님의 영광을 한층 더 드러내는 행위에 하나님이 진노를 내리실 수 있겠냐는 것이다. 그리하여 "선을 이루기 위해 악을 행하자"는 말은 불가피한 도덕적 교훈처럼 들릴 것이다.

5절의 두 질문에 나온 잘못된 추론과 그 악용은 7, 8절의 두 질문과 본질적으로 차이가 없다. 본질적인 차이가 있다고 생각할 만한 타당한 이유가 없다. 8절에 제시된 추론은, 만일 하나님의 진리, 즉 약속을 성취하시는 하나님의 신실하심이 인간의 불신앙과 모순에 의해 더 풍성하게 드러나서 영광을 받게 된다면, 이 믿지 않은 자는 더 이상 죄인으로 취급받을 수 없다는 주장이다. 바울은 자기를 하나님의 약속을 믿지 못한 거짓말쟁이와 동일시하여 "나의 거짓말로"라고 말한다. 이 어구는 바울의 생각을 수사학적으로 표현한 것에 불과하다. 바울이 예전의 불신앙과 그 당시 하나님의 은혜가 풍성했던 것을 회상하며 말한 것은 아니다. 이는 지금 다루는 주제와는 별개다. 바울은 지금 "죄가 더한 곳에 은혜가 더욱 넘쳤나니"(5:20)라는 말씀을 다루고 있는 것이 아니다. 7절에서 언급한 문제가[5] 8절에도 계속되고 있는데, 8절의 질문은 7절의 "어찌 나도 죄인처럼 심판을 받으리요?"라는 부분과 밀접히 연결되어 있다. 8절의 요지를 이렇게 의역할 수도 있다. "우리가 하나님의 약속을 거짓말이라고 말했다고 해서 죄인으로 취급받아 심판을 받는 대신에 차라리 선을 이루기 위해 악을 행하는 게 낫지 않을까?" 이런 표어에 담긴 부도덕성은, 하나님의 영광이 인간의 불신앙과 죄에 의해 더 분명하게 나타난다는 앞 구절들의 진술로부터 나오는 필연적인 추론으로 보인다. 이 표어는 5절 이후 바울이 다루고 있는 근본적인 가정을 예리하게 제시한다.

8절의 구조는 다소 불규칙적이긴 하지만, 위의 의역이 가리키듯이 "어떤 이들이

---

5 7절에는 δέ와 γάρ 둘 중 하나가 이 사본들에 나오는데, 이것이 어느 것과 연결되는지는 결정하기가 어렵다. 어느 것을 택하든 의미는 잘 통하고, 양자 모두 사본들의 지지를 받고 있다. 나는 이렇게 제안해 본다. 만일 우리가 δέ라는 말을 택할 경우 7절은 μὴ γένοιτο(6절)로 강조된 부정을 되풀이해서 반대하는 것이며, 만일 γάρ를 택할 경우 7절은 6절이 말한 반론의 설명 내지는 확대이다. 그리고 보면 7절은 동일한 반대의 다른 형태일 뿐이다.

우리를 비방해 우리가 이런 말을 한다고 하니"라는 어구를 삽입하기만 하면 그리 모호하지는 않다. 그런데 이 삽입된 언급이 이 구절에 많은 빛을 비춰 준다. 바울은 이 네 구절에서 전혀 근거 없는 가설적인 상황을 다루지 않는다. 바울의 설명은 도덕률 폐기론이란 비난을 받았다. 바울의 가르침은 방종을 도모하는 것으로, 아니 방종을 장려하는 것으로 해석되었던 것이다.

이것을 바울의 입장 또는 그의 가르침의 실제적인 결과라고 주장했던 사람들은 바울의 교리를 옹호하되 이렇게 왜곡했던 사람들이었을 것이다. 즉, 그들은 자칭 바울의 친구들이었을지 모른다. 바울은 나중에 은혜의 교리를 왜곡하는 것에 대해 다룬다(특히 6장). 그러나 바울이 고려하는 사람들은, 바울에게 이와 같은 악용을 전가해 그의 가르침을 중상모략하려는 율법주의적 반대자들일 가능성이 더 많다. 사람들이 이를 바울의 공개적인 가르침이라고 주장하든지, 또는 그의 가르침의 실제적인 결과라고 주장하든지, 그것은 이 구절을 해석하는 데 별로 중요하지 않다. 그러나 "어떤 이들은 이렇게 비방하여 우리가 이런 말을 한다고 하니"라는 말은 전자를 함축하고 있는 것 같다.

"그들은 정죄받는 것이 마땅하니라"는 결론적인 진술은, "이렇게 비방하던" 사람에게만 국한되지 않고 하나님 은혜의 악용을 허락하거나 또는 그것이 바울의 교훈에서 추론된 것으로 생각하는 모든 사람에게 적용된다. "어떤 이들이 이렇게 비방하여 우리가 이런 말을 한다고 하니"라는 말이 괄호로 되어 있음을 잊어서는 안 된다(개역개정판에는 괄호 표기가 없으나 개역한글판에는 표기되어 있다—옮긴이). 결론 부분은 이 괄호 안에 든 어구와 직접 연결되지 않고 그 앞에서 다룬, "선을 이루기 위하여 악을 행하자"는 슬로건으로 요약되는 잘못된 추론과 직접 연결되었다. 그러므로 하나님의 진리와 신실하심을 외설적인 것으로 바꾸는 자들이나, 바울이 가르친 교리가 부도덕한 결과를 만든다고 생각하는 사람들이 비난받아야 한다. 바울은 이 결론적인 진술을 통해 이러한 왜곡된 문제 제기를 강력하게 비난한다.

바울이 5-8절에서 다루고 있는 이 왜곡된 해석에 대해 그가 주는 답변은 무엇인가? 로마서 6장에 나오는 도덕률 폐기론적 경향에 대한 바울의 논박 형식을 생각하면 긴 설명을 예상하게 된다. 그러나 여기서는 그렇게 길게 설명하지 않는다.

우리가 기억해야 할 것은 여기에 나타난 왜곡들은 6장의 왜곡과 유사하지만 같지는 않다는 점이다. 6장에서는 바울이 은혜의 교리의 왜곡을 다루는가 하면, 3:5-8에서는 하나님의 공의 내지는 올바름에 대한 공격을 다룬다. "하나님의 의"(5절)는 의의 속성이지, 칭의의 은혜 안에 있는 '믿음으로 믿음에 이름'에 나타난 "하나님의 의"는 아니다(1:17; 3:21, 22; 10:3). 5절의 하나님의 의는 하나님의 고유한 공정성으로서 하나님의 진리 혹은 신실성과 조화를 이룬다(5, 7절). 그러므로 5-8절이 다루고 있는 악용은 다른 유형에 속하기에 당연히 바울이 길게 논박하지 않는다. 이 악용에 대한 바울의 생각은 단순히 이런 것이다. "결코 그렇지 아니하니라. 만일 그러하면 하나님이 어찌 세상을 심판하시리요?"(6절).

이런 생각은 논점을 회피하는 듯이 보일지 모른다. 만일 여기서 제기된 질문이 '하나님의 의가 우리의 불의에 의해 인정된다면 하나님의 심판이 어떻게 의로울 수가 있느냐'는 것이라면, 하나님이 세상을 심판하실 것이란 주장이 무슨 소용이 있겠는가? 이렇게 되면 더 이상 논의할 것이 없다. 그렇지만 이것이 우리가 여기서 발견하는 내용이다. 바울은 보편적 심판에 호소하지만 그것을 증명하지는 않는다. 그는 그것을 궁극적 계시의 사항으로 받아들인다. 그는 이 사실과 함께 5절에 나타난 반대 의견에 대응한다. 하나님의 심판의 확실성에 대해서는 논란이 있을 수 없다. 심판의 확실성을 인정하는 이상 5, 7, 8절에 나타난 반대 의견들은 실패로 끝난다. 바울의 대답은 우리가 궁극적인 계시의 사실들을 다룰 때에 취해야 할 입장을 잘 보여 준다. 이런 사실들은 궁극적인 것이다. 그래서 반론에 대해 단호한 선언으로 답변하는 것이다.

이 본문에서 설명이 필요한 표현이 있다. 그것은 "내가 사람의 말하는 대로 말하노니"(5절)라는 진술이다. 바울이 단지 사람으로서 말하는 경우와 사도나 그리스도인으로서 말하는 경우를 대비시킨다고 해석해서는 안 된다.[6] 지금 바울은 사도 입장에서 말하고 있기 때문이다. 바울은 지금 앞의 여러 질문을 던질 때 인간적

---

6 핫지는 이렇게 말하고 있다. 바울이 선언한 것은 "그는 한 사람의 사도나 그리스도인의 신분으로 말하는 것이 아니라 다른 사람들이 말하는 것처럼 말하고 있으며, 따라서 바울 자신의 사상을 표현하는 것이 아니라, 다른 사람들의 사상을 표현하고 있다"는 것이다(앞의 책).

인 질문과 추론의 형식을 따르고 있다는 것이다. 사실 그가 제기한 질문들은 부적절하다. 하나님의 공의는 원래부터 의문시할 성질의 것이 아니기 때문이다. 그리고 우리가 이런 질문을 던지는 것은 인간의 마음에 있는 생각을 표현하기 위함이며, 하나님이 불의할 수도 있다고 하는 제안에 혐오감을 표명할 목적으로 말하는 것일 뿐이다. 바울이 행한 것이 바로 그것이다. 그는 즉각 "천만에!"라고 강하게 부정한다. 하나님의 거룩성과 의는 하나님의 올바름이 의문시되거나 하나님의 불공정성이 제기되도록 허용하지 않는다. 바울의 변증적인 표현인 "내가 사람의 말하는 대로 말하노니"라는 말은 이런 취지를 갖고 있다. 그것은 바울이 그런 질문을 주도했다는 소리를 반박하기 위해서 언급한 것이다.

5) 결론(3:9-20)

9. 그러면 어떠하냐 우리는 나으냐 결코 아니라 유대인이이나 헬라인이나 다 죄 아래에 있다고 우리가 이미 선언하였느니라

10. 기록된 바 의인은 없나니 하나도 없으며

11. 깨닫는 자도 없고 하나님을 찾는 자도 없고

12. 다 치우쳐 함께 무익하게 되고 선을 행하는 자는 없나니 하나도 없도다

13. 그들의 목구멍은 열린 무덤이요 그 혀로는 속임을 일삼으며 그 입술에는 독사의 독이 있고

14. 그 입에는 저주와 악독이 가득하고

15. 그 발은 피 흘리는 데 빠른지라

16. 파멸과 고생이 그 길에 있어

17. 평강의 길을 알지 못하였고

18. 그들의 눈 앞에 하나님을 두려워함이 없느니라 함과 같으니라

19. 우리가 알거니와 무릇 율법이 말하는 바는 율법 아래에 있는 자들에게 말하는 것이니 이는 모든 입을 막고 온 세상으로 하나님의 심판 아래에 있게

하려 함이라

20. 그러므로 율법의 행위로 그의 앞에 의롭다 하심을 얻을 육체가 없나니 율
법으로는 죄를 깨달음이니라

9절 9절 처음부터 두 개의 짧은 질문이 나온다. 첫째 질문, "그러면 어떠하냐"는
"그러면 무엇이 뒤따르느냐?" 또는 "실상은 어떠하냐?"라는 의미가 있다. 둘째 질
문의 정확한 의미는 판단하기 어렵다. 따라서 주석가들 사이에서도 의견이 분분
하다. "우리는 그들보다 나으냐?"라는 번역이 옳은 것 같지는 않다.[7] "우리가 우
월하냐?" 또는 마이어의 견해처럼 "우리 자신을 변호하기 위해 (무엇이라도) 제시
할 수 있느냐?"를 의미할 가능성이 더 많다. 그러나 그 질문이 이방인에 대한 유대
인의 우월성이든, 그 반대이든, 또는 유대인이 소유한 특권 때문에 하나님의 심판
과 관련해 누릴 수 있는 유대인의 특권이든(1, 2절), 그것이 무슨 문제이든 간에, 이
어지는 문맥이 보여 주고 있는 사실은 첫 질문이 죄와 정죄와 관련하여 아무런 차
별이 없다는 점을 증명하는 대목의 서두라는 점이다. 질문의 정확한 취지가 무엇
이든, 그 대답은 부정적이다. "결코 아니다." "어느 면으로도 아니다." "전혀 아니

---

7 이에 관해서는 여러 가지 다른 번역이 있지만 προεχόμεθα와 무관하게 번역할 만한 충분한 근거는 없
다. 그 의미를 결정짓는 데 난점은 이 동사가 신약 가운데서 오직 여기서만 나타나며 다른 곳에서 사용
된 용례는 여기에서의 의미를 결정적으로 가리키지 않는다는 점이다. "안타깝게도 우리에게는 웨스트코
트의 관점을 능가할 만한 새로운 단서가 없다. 다만 롬 3:9의 προεχόμεθα의 뜻을 설명해 주는 '고고학
적 자료'가 발굴되거나 '파피루스'가 발견되기를 바랄 뿐이다"(Moulton and Milligan, *The Vocabulary
of the Greek Testament*). 라이트푸트는 그 형태를 수동형으로 보고, "우리가 우월하냐?"(are we
excelled)라는 번역을 택하고, 이 번역에 대한 설명을 이렇게 계속하고 있다. "유대인은 이렇게 주장한다.
'그럼 무엇이냐? 당신은 다른 사람들이 우리보다 우월한 특전을 지니고 있노라고 나에게 말하는 것인가?'
사도 바울의 대답은 이렇다. '천만의 말씀이다. 우리는 이미 전에 유대인들과 이방인들이 다 죄 아래 있다
고 말했다. 그러나 만일 우리가 이방인에게 유대인보다 나은 특권을 줄 수 없다면, 또한 유대인에게도 이
방인보다 나은 특권을 줄 수 없다. 당신의 성경은 유대인들마저도 예외가 아니라는 것을 보여 주고 있
다"(*Notes on the Epistles of St. Paul*, London, 1895, p. 267). 프레드릭 필드도 "우리가 우월하냐?"
라는 수동형의 의미는 "난점에 대한 유일한 해결책은 아니지만 최선의 것"이라고 말하며, "어떤 것을 핑계
나 변명으로 사용하기 위해"라는 의미에 반대하는 것이라고 한다. "προέχεσθαι가 그렇게 사용될 때에,
그것은 본문에서처럼 결코 완전한 설정은 아니다"(*Notes on the Translation of the New Testament*,
Cambridge, 1899, p. 153).

다."[8] "유대인이나 헬라인이나 다 죄 아래에 있다고 우리가 이미 선언하였느니라." 이 고발은[9] 바로 1:18에서 2:24에 내포된 것이다. "죄 아래에"라는 표현이 의도하는 것은 뒤에 나오는, 주로 시편에서 끌어온 구약의 인용문으로 설명된다. "죄 아래에" 있음은 죄의 지배 아래에 있다는 의미이다. 죄로 인한 타락은 다양한 모습으로 나타난다. 바울은 구약에 나타난 일련의 고발을 선정했고, 인간의 성품과 활동과 관계된 모든 영역을 언급하면서 성경의 판결은 인간이 어느 면으로 보나 보편적으로 또 전적으로 타락했다는 것이라고 말한다. 10-18절의 인용문은 구약의 어느 한 곳에서 인용한 것이 아니다. 바울은 여러 구절을 하나로 결합해 인류에 편만한 죄에 대한 구약의 증거를 요약해 보여 준다.

10절 이 구절은 어떤 성경 구절을 축어적으로 인용하지 않고 시편 14:3의 의미를 바울이 번역한 요약판이라 할 수 있다. 시편 14:3을 히브리어 성경과 칠십인역에서는 "선을 행하는 자가 없으니 하나도 없도다"라고 표현했다. 바울은 12절 끝에 가서 이 구절을 축어적으로 인용한다. 이 애초의 요약적인 진술의 적절성이나 목적에 대해서는 물을 필요가 없다. 이는 성경의 가르침을 집약한 것으로서 모든 사람이 죄 아래 있다고 한 9절의 고발과 잘 어울린다. 가장 직접적인 성경적 뒷받침을 받는 것은 "의인은 없나니 단 하나도 없도다"이다. 의는 죄를 심판하는 기준이다. 의의 부재는 죄의 현존을 의미한다.

11절 이 구절은 시편 14:2과 53:3에서 인용됐다. 그러나 이것도 히브리어 성경이나 칠십인역을 축어적으로 인용한 것이 아니다. 이 시편들은 이렇게 말한다. "하나님이 하늘에서 인생을 굽어 살피사 지각이 있는 자와 하나님을 찾는 자가 있는가 보려 하신즉"(시 53:2) 아무도 없음을 암시한다. 바울은 이와 같은 암시적 표현을 인용해 직접적인 부정의 형태로 동일한 말을 한다. "깨닫는 자도 없고 하나님을

---

8 οὐ πάντως는 고전 5:10에서처럼 이해해서는 안 되고 고전 16:12의 πάντως οὐκ로 이해해야 한다.
9 προῃτιάομαι는 신약에 나오는 ἅπαξ λεγόμενον이다. 따라서 "우리가 이미 증명했다"(we have before proved)로 번역하면 안 된다(Lightfoot, 앞의 책).

찾는 자도 없고." 10절은 일반적인 용어로 표현된 진술인 데 비해, 11절은 보편적인 죄가 나타나는 양상을 더 구체적으로 진술하고 있다. 지각의 영역에서는 깨닫는 일이 없으며, 의지의 영역에서는 하나님을 향한 움직임이 도무지 없다. 하나님과 관련해서는 모든 사람이 다 지적인 장님이며, 하나님을 향하는 열망에 있어서 모든 사람이 다 죽은 것이다.

12절 이것은 칠십인역 시편 14:3과 53:4의 축어적 인용이다. 이는 정확하게 히브리어 성경을 반영한다.[10] "치우쳤다"는 것은 퇴보와 배교다. 우리는 이 생각을 배교를 처음으로 언급하고 묘사한 1:21과 분리시킬 수 없다. 거기에서는 "하나님을 알되 하나님을 영화롭게도 아니하며 감사하지도 아니하고"라고 했다. 그러므로 퇴보는 바울이 모든 사람에 대해 제기하는 고발이다. 이 모양 저 모양으로 모든 사람은 경건의 길에서 곁길로 빠진 죄가 있다. "다 치우쳐 함께 무익하게 되고." 이 경우 헬라어 성경은 무용성에 대해, 히브리어 성경은 부패에 대해 성찰한다. 맛 잃은 소금이나 부패한 사과가 더 이상 유용한 목적을 이룰 수 없는 것처럼 모든 사람이 다 "썩어버린" 것이다. 여기엔 예외가 없다. "다 치우쳐"라는 표현이 그것을 말해 준다. 사람은 다 부패했다. 마지막 어구의 용어를 보면 예외의 여지가 전혀 없다. 선을 행하는 사람이 단 하나도 없다. 12절의 사상을 부정적으로와 긍정적으로 설명하면, 선행에 관해서는 단 하나도 없고, 악행에 관해서는 단 하나의 예외도 없다.

13-17절 13절의 처음 두 문장은 시편 5:9의 히브리어 및 헬라어 성경에서 축어적으로 인용했고, 마지막 문장은 히브리어 성경의 시편 140:3과 칠십인역의 시편 139:4와 유사하다. 14절은 히브리어 성경의 시편 10:7과 거의 일치한다(참고. 칠십인역 시 9:28). 15절은 이사야 59:7에서 인용했는데, 히브리어 성경과 헬라어 성경의

---

10 시 53:4를 히브리어로 보면 약간의 차이가 있다. 특히 53:4의 בס과 14:3의 סד의 차이이다. 그러나 의미에는 아무런 차이도 없다. 두 동사 모두 헬라어의 ἐξέκλιναν으로 잘 번역되어 있다.

단축형이다. 그렇지만 이 단축형도 본질적인 사상을 잘 전달한다. 16절 역시 이사야 59:7에서 가져왔고, 칠십인역에서 축어적으로 인용한 것인데 히브리어 성경과 약간의 차이가 있다. 17절은 이사야 59:8에서 인용했다. 그것은 59:8의 정확한 번역이지만, 예외가 있다면 칠십인역에서는 "안다"는 단어에 대해 다른 동사와 시제를 사용하고 있다는 점이다. 13-17절에서 바울은 좀 더 구체적으로 고발한다. 13절에서 신체의 다섯 지체에 대한 언급을 통해 고발이 구체적으로 드러난다. 처음 네 지체는 말에 대한 것이고, 다섯째는 발에 대한 언급이다. 13-14절에 나오는 다섯 지체에 관한 집중적인 언급은, 바울이 판단하기에 인간의 부패가 어떻게 그의 말에 드러나며, 말이 어떻게 마음의 사악함을 다양하게 표현하는지를 잘 보여 준다. 고데트에 따르면, "목구멍"(larynx)은 무덤에 비유되며, 이것은 야비하고 야만적인 사람의 언어를 가리키고, 일반적으로 묘사하면 그런 사람은 마치 다른 사람을 잡아먹으려 하는 것 같다. 그런 사람은 의인과 매우 대조적이다. 혀는 사탕발림하는 혀로서 아름다운 악기처럼 사람을 유혹한다.[11] 혹은 열린 무덤과 같은 목구멍은 악한 말을 쏟아내는 부패한 상태를 생각나게 한다.

18절 이는 히브리어 성경 시편 36:2(칠십인역 시편 35:2)을 축어적으로 인용했다. 다른 점이 있다면 앞의 여러 인용과 통일시키기 위해 복수대명사를 쓰고 있는 것이다. 성경은 하나님에 대한 두려움이 경건의 핵심이라고 가르친다. 두려움이 없음은 경건하지 않음을 의미한다. 즉, 하나님에 대한 두려움 없음은 불경건을 말한다. 이런 고발보다 더 포괄적이고 더 결정적인 고발은 없을 것이다. 앞에서는 목구멍, 혀, 입술, 입, 발을 각 경우에 맞춰 적절하게 묘사했는데, 여기서는 눈을 그렇게 묘사한다. 눈은 보는 것을 담당하는 기관이다. 하나님에 대한 두려움은 우리의 눈앞에 있는 것으로 표현되었다. 하나님에 대한 두려움은 하나님이 항상 우리 생각과 이해의 중심에 존재한다는 것을 의미하고, 그 두려움을 가진 사람의 삶은 항상 하나님께 의존하고 있음을 의식하고 그분께 대한 책임을 특징으로 하기

---

11 앞의 책, 동일한 곳.

때문이다. 하나님에 대한 두려움이 없다는 것은, 하나님이 생각의 중심에 계시지 않을 뿐만 아니라 고려 대상도 되지 않는다는 것을 의미한다. 즉, 하나님이 우리의 생각 안에 전혀 존재하지 않다는 말이다. 비유적으로 말하면, 하나님이 우리의 눈앞에 계시지 않는 것이다. 이는 철저히 불경건한 모습이다.

19절 바울은 유대인과 헬라인이 모두 죄 아래 있다고 확증한 이 서신의 앞부분 내용을 지지하기 위해 구약의 증언을 인용했는데, 19, 20절에서도 성경의 증언을 들어 누구나 예외 없이 하나님의 심판 아래 놓여 있다는 결론을 내린다. 19절에서 바울은 "우리가 알거니와 무릇 율법이 말하는 바는 율법 아래에 있는 자들에게 말하는 것이니"라고 했는데 여기에는 몇 가지 주목할 만한 사항들이 있다.

(1) 시편과 이사야서에서 인용했기 때문에 바울이 언급한 "율법"은 구약성경과 동의어로서 포괄적인 의미로 사용된 것이 틀림없다. 여기에서 "율법"은 구약에 나타난 법적인 내용에만 국한되거나 모세오경만을 의미하는 것이 아니다. 바울은 구약 전체를 "율법"이라 지칭한다. 바울이 인용한 내용이 좁은 의미의 율법에서 끌어온 것은 아니지만, 그 의미와 적절성으로 보면 율법의 성격을 띠고 있다. 구약 전체는 십계명으로 요약될 수 있는 요구 사항과 규례로 가득 차 있는 만큼 십계명만을 율법으로 생각하는 것은 바울의 사상이 아니다.

(2) 바울은 구약에 있는 율법이 지금도 말하고 있는 것으로 생각한다. "무릇 율법이 말하는 바는 율법 아래에 있는 자들에게 말하는 것이니." 성경은 죽은 것이 아니라 살아 있다.

(3) 율법은 현재에도 적실한 살아 있는 언어다. 바울은 단지 과거를 다루고 있지 않다. 그는 그 당시에 그리고 지금 우리에게도 적용되는 진리에 대해 말한다.

(4) 율법은 율법 안에 있는 자들에게 말한다.

그런데 "율법 안에"와 "법 아래에"(6:14)를 동일한 것으로 생각해서는 안 된다. "법 아래에"는 "은혜 아래에"와 반대되는 것이다. 그렇기 때문에 바울은 여기서 "율법 안에" 있는 모든 사람이 은혜의 작용에서 벗어났음을 암시하지 않는다. "율법 안에"라는 것은 율법의 영역을 의미한다. 이는 지금까지 바울이 실례를 들어 말해 온 율법의 요구 사항과 심판이 적용되는 영역이다. 그렇다면 도대체 율법이 적용되는 범위는 어디까지인가? 율법은 하나님의 말씀을 맡은 유대인에게만 적용되는가?(2절) 이 구절에서 바울은 유대인에게 내릴 심판을 보여 주고 있기 때문에 유대인에게만 적용된다는 결론을 내려도 문제가 없어 보일지 모른다. 바울의 주된 관심은 심판과 관련해 유대인이라고 해서 이방인보다 유리할 것이 없음을 말하려 했기 때문에 율법의 적용을 유대인에게 제한하는 것이 불합리하지는 않을 것이다. 이방인의 죄와 그에 따르는 정죄는 당연시되었기에 유대인들 사이에 논란의 여지가 없었다. 그렇지만 이 견해를 본문의 용어가 지지하진 않는다는 것은 의미심장한 사실이다. 바울은 "무릇 율법이 말하는 바는 율법 아래에 있는 자들에게 말하는 것이니 이는 모든 입을 막고 온 세상으로 하나님의 심판 아래에 있게 하려 함이라"라고 말하고 있기 때문이다. 여기엔 모든 사람을 포괄하는 보편성이 명백히 제시되어 있다. 특히 "온 세상"이란 말에 그런 보편성이 있다. 바울은 구약적 의미에서나 특별계시된 율법이란 의미로 볼 때, 율법을 소유하지 못했다고 할 수 있는 이방인까지 여기에 포함시킨다(2:14). 그러므로 이방인도 "율법 안에" 있는 것으로 간주된다. 즉, 바울이 인용한 율법이 적용되는 영역 안에 있다는 말이다. 이로 보건대, 이방인들은 구약 율법을 소유하지 않았으며 이 율법이 없는 자들이지만, 그들은 구약이 선언한 심판의 영역 밖에 있는 사람들은 아니라는 매우 중요한 결론을 내릴 수 있다. 이것은 위에 인용된 구절들이 유대인은 물론 이방인의 특징도 묘사하며, 그들 모두에게 그에 상응하는 심판이 내려진다는 것을 뜻한다. 따라서 그들은 하나님 앞에서 핑계할 수 없이 정죄를 받을 것이다.[12]

20절 20절의 첫 단어를 "그러므로"라고 번역하는 것은 적절하지 않다. "그렇기 때문에"가 알맞은 번역이다. 이 구절은 모든 입을 막고 하나님이 온 세상을 정죄하신 이유를 제시하면서 "율법의 행위로 그의 앞에 의롭다 하심을 얻을 육체가 없다"

---

12 ὑπόδικος는 신약에서는 오직 여기서만 나온다. 고전 헬라어에서는 '책임이 있다', 또는 '(범행이) 인정되다'라는 뜻이다. 다음을 참조하라. Moulton and Milligan, 앞의 책; J. B. Lightfoot, *Notes*.

는 것을 말해 준다. 그렇다고 해서 이것이 2:13에서 "율법을 행하는 자라야 의
롭다 하심을 얻으리니"라는 원리를 전복시키지는 않는다. 이것은 공정성의 원리
로 타당하지만 실제로 이 원리가 적용될 수 있는 사람은 없다. 율법을 행하는 자
가 없기 때문이다. 즉, 칭의의 근거를 세우거나 칭의를 이끌어 낼 만큼 율법을 이
행하지 못한다는 말이다. 그렇기 때문에 "의인은 없나니 하나도 없다"고 했다(10
절). 따라서 율법의 행위를 통한 칭의는 없다. 율법의 기능은 죄를 깨닫게 한다
(20b). 율법은 칭의와 관련해 이와 같은 필수적이고도 예비적인 역할, 즉 죄를 깨
닫게 하는 일을 한다. 율법은 죄를 알게 한다. 율법은 율법의 행위로는 아무 육
체도 의롭다 함을 얻을 수 없으며, 그러므로 모든 입을 막고 온 세상이 하나님의
심판 아래 있음을 알게 해 준다. "의롭다 하심을 얻으리라"(will be justified)의 미
래 시제와 "하나님께 책임을 지게 되리라"에 암시된 "된다"(becoming)는 미래에
있을 심판을 가리키지 않는다. 이런 표현은 이와 관계된 명제들의 보편성과 확실
성을 지적한다.

5. 하나님의 의(3:21-31)

21. 이제는 율법 외에 하나님의 한 의가 나타났으니 율법과 선지자들에게 증거를 받은 것이라
22. 곧 예수 그리스도를 믿음으로 말미암아 모든 믿는 자에게 미치는 하나님의 의니 차별이 없느니라
23. 모든 사람이 죄를 범하였으매 하나님의 영광에 이르지 못하더니
24. 그리스도 예수 안에 있는 속량으로 말미암아 하나님의 은혜로 값없이 의롭다 하심을 얻은 자 되었느니라
25. 이 예수를 하나님이 그의 피로써 믿음으로 말미암는 화목제물로 세우셨으니 이는 하나님께서 길이 참으시는 중에 전에 지은 죄를 간과하심으로 자기의 의로우심을 나타내려 하심이니
26. 곧 이때에 자기의 의로우심을 나타내사 자기도 의로우시며 또한 예수 믿는 자를 의롭다 하려 하심이라

21-23절 마이어는 21절 서두에 있는 "이제는"이란 단어가 "두 기간 사이의 대조"를 나타내는 시간의 부사가 아니라 "두 관계 간의 대조"를 표현한다고 주장한다. 두 관계란 "율법에 의지하는 관계와 율법에 대해 자립하는 관계"이다. 바울은 여기에 제정된 중추적인 대조에 주목하게 한다. 이 대조란 '율법을 통한' 칭의(사실상 있을 수 없는 것임)와 '율법 없는' 또는 '율법과 상관없는' 칭의, 다시 말해 이제 막 바울이 다루고자 하는 복음의 대책과의 대조다. 그러나 "이제는"이란 단어에서 시간의 요소를 배제시킬 필요가 있을지는 모르겠다. 바울은 율법의 행위를 통한 칭의와 율법이나 율법의 행위 없이 되는 칭의 사이의 대조를 강조할 뿐만 아니라, 예수 그리스도의 계시와 함께 도래한 후자의 출현도 강조한다. 과거와 대조적으로 "이제는" 하나님의 의가 나타났다는 뜻이다. 하나님의 의는 공개적으로 나타났기 때문에 누구나 볼 수 있다. 마이어가 그의 주석에서 이 점을 훌륭하게 보여 준다. 그러나 바울이 말하는 것은 율법 없이 되는 칭의가 이제 처음으로 나타났으

며, 이전 시대 사람들이 알고 있던 모든 것은 율법의 행위에 의한 칭의라는 의미가 아니다.[13] 결코 그렇지 않다. 과거와 현재의 그와 같은 차이를 없애기 위해 바울은 이제 나타난 하나님의 의가 율법과 선지자들이 증언한 것임을 명백히 상기시켜 준다.[14] 바울은 두 언약 사이의 연속성을 열심히 주장한다. 그러나 연속성이 있으면서도, '이제 나타난다'는 표현에서 볼 수 있듯 신약에서 중대한 변화가 있었음을 강조할 수 있다. 그런즉 "이제는"이란 표현을 이해할 때 관계상의 대조나 대조적인 두 기간의 연속성을 손상시키지 않고도 거기에 담긴 시간적인 요소도 인정할 수 있다.

바울이 "율법 없이"라고 말할 때, 우리는 이 부정의 절대성을 결코 약화시키면 안 된다. 그는 이 부분의 주제인 '의롭게 하는 의'와 관련하여 기탄없이 이 표현을 사용한다. 즉, 칭의에 있어서는 율법의 행위가 제공할 수 있는 도움이나 준비나 보조적 역할 등이 결코 있을 수 없다는 뜻이다. 이 사실은 이 표현 자체와 이 어구가 문장에서 차지하는 중요한 위치를 통해 나타난다. 이것은 로마서 전체에 걸쳐 나타나는 논증의 지지를 받고 있다. 칭의에서 율법의 행위가 아무것도 제공할 수 없다는 이 강조점을 간과한다면 로마서의 핵심 메시지를 놓치게 된다. 여기서 모호한 입장을 취하는 것은 이 서신에서 일관성 있게 명백히 진술하는 진리를 왜곡하는 것이나 다름없다.[15]

"율법 없이"라는 표현을 정경적 의미나 세대적 의미로 이해해서는 안 된다. 지금 나타난 하나님의 의가 정경으로서 또는 기간으로서의 구약과 무관하다고 말하지

---

13 샌데이와 헤들램은 마이어의 견해를 논박할 때 그 입장을 정확하게 진술한 것은 아니다. 그들은 이렇게 말하고 있다. "여기에서 두 상태 내지는 관계가 시간상으로 보아 연속적으로 나오는 두 기간과 상응하고 있다"(앞의 책). 그들이 인용한 병행 구절들(롬 16:25, 26; 엡 2:12, 13; 골 1:26, 27; 딤후 1:9, 10; 히 9:26)은 바울의 사상과 직접적으로 관계되긴 하지만, 두 관계들이 두 기간들과 상응한다는 견해를 지지하지는 않는다. 인용된 병행 구절이 증언하듯이, 여기 νυνὶ δέ에 의해 강조된 것은 나타난 형태상의 차이점이다. 그런데 샌데이와 헤들램은 다음과 같은 견해를 명백히 표명하고 있다. 즉, 바울에 의하면 "새로운 질서는 옛 질서와 결코 모순되는 것이 아니라 예견되고 준비되어진 하나의 발전이다"(앞의 책).

14 "율법과 선지자들"이란 관용구는 분명 구약성경 전반을 포괄적으로 지칭한 것이다.

15 죄를 용서하고 우리를 의롭게 하는 성화의 은혜를 중시하는 로마가톨릭교회의 칭의 교리는 칭의를 과정으로 생각하기 때문에 칭의가 선행에 의해서 증가하는 것으로 본다. 가톨릭의 입장에 대한 논박은 "칭의"에 관한 부록을 보라.

는 않았다. 오히려 바울은 그와 정반대로 "율법과 선지자들에게 증거를 받은 것"이라고 말한다. 이것은 율법과 선지자들이 그에 대해 증언했다는 의미이다.

"율법 외에"라는 표현에 나오는 "율법"은 "율법의 행위"(20절)를 의미한다. 바울은 어떤 행위를 취하게 해서 그 행위를 낳는 계명으로서의 율법은 우리의 칭의에 어떠한 기여도 하지 않는다고 말한다. 우리는 여기서 바울이 "율법"의 의미를 자유자재로 사용한 실례를 볼 수 있다. "의"는 어떤 의미의 율법과는 전혀 상관없이 획득되지만, 그러면서도 다른 의미의 율법에 의해 증언되며 선언된다. 즉, 어떤 의미의 율법은 칭의와 정반대되는 것을 선언하는가 하면, 또 다른 의미의 율법은 칭의를 전파하고 있다. 따라서 바울이 율법이란 용어를 사용할 때마다 우리는 그 의미를 명확하게 파악할 필요가 있다. 율법이란 용어가 항상 동일한 의미를 지닌다고 생각해서는 안 된다. 이런 변이를 인식하지 못하는 바람에 그릇된 주석이 제시되어 왔다. 여기서는 이 변이가 연속되는 두 어구에 나타나 있다.

21절의 "율법 외에"라는 말을 "하나님의 의"보다는 "나타났으니"와 직접 연결시키는 것도 가능하다. 이 경우에는 강조점이 율법 없는 의로움이 아니라 율법 없이 나타났다는 사실에 두어진다. 그러나 비록 구문상으로는 이 구조가 선호되었지만, 그래도 그것이 율법 없는 의라는 추론이 따라오기 마련이다. 그렇지만 여기서 "율법 없는"이란 말이 "하나님의 의"로 연결되는 것도 가능하고, 이 경우 의는 율법 없는(율법 외의) 의라는 특징을 지니게 된다. 여기서 나타났다고 한 "하나님의 의"는 1:17에서 이미 우리가 발견한 바로 그 의다. 이 구절의 주석을 참조하길 바란다.

22절의 "하나님의 의"는 21절과 1:17의 그것과 동일하며, "예수 그리스도를 믿음으로 말미암아 모든 믿는 자에게"라는 말은 1:17의 "믿음으로 믿음에 이르게 하나니"라는 표현과 의미가 같다. 그 구절에 대한 주석을 다시 참고하라. 그러나 주목할 것은 1:17에서 암시했던 것을 여기서는 명백히 제시했다는 점이다. 바울은 이 믿음을 예수 그리스도를 믿는 믿음이라고 신중하게 묘사한다. 예수 그리스도는 여기서 언급된 믿음의 대상이지 주체가 아니다. 바울이 생각하는 믿음을 예수 자신이 보여 준 모범을 본받는 믿음이라고 생각한다면, 이것은 바울의 전반적인 가르침과 이질적인 것이다. 그뿐만 아니라, 예수 자신이 소유한 믿음, 곧 예수께서 발휘하셨던 믿음에 의해 의롭게 된다는 생각은 더욱더 그렇다. 그리스도의 신실성을 고려하고 있다는 생각이 보통은 성경의 유추와 상반되지 않지만, 여기서는 1:17의 경우처럼 그렇게 해석할 만한 근거가 전혀 없다.

예수 그리스도를 믿음의 대상으로 제시하면서 바울은 지금까지 로마서에서 명백하게 언급하지 않은 사상을 중심부로 가져온다. 칭의와 관련된 믿음은 하나님에 대한 일반적인 믿음이 아니다. 또한 그것은 이해할 수 있는 명확한 내용이 없는 그런 믿음은 더더욱 아니다. 그것은 그리스도를 향한 믿음이다. "예수 그리스도"라고 이름을 밝혔을 때, 이 호칭은 예수의 과거와 현재의 인격, 역사, 사역 등 그 모든 것을 생각나게 한다. 칭의를 이루는 믿음의 대상은 로마서 1:3, 4이 말하는 예수 그리스도다. 21, 22절에 의하면 우리를 하나님의 의와 유효한 관계를 형성하도록 하는 것이 바로 이 믿음이다. 뒤에 나오는 여러 구절에서 바울은 그리스도를 이 믿음의 적절한 대상으로 만들어 준 그의 성취에 대해 밝힌다. 그 성취는 구속, 화목, 의인으로 인정됨 등으로 묘사되어 있다. 믿음의 합당한 대상은 예수 그리스도다. 그는 구속자와 화해시키는 분으로서 믿음의 대상이 될 만한 분이다. 이 믿음은 그리스도의 자격, 즉 구세주와 구속주와 주님의 자격을 가진 그분께 초점을 둔다.

"예수 그리스도를 믿음으로 말미암아"라는 표현에 함축된 이런 의미를 고려하면, "모든 믿는 자에게"라는 말이 왜 추가되었는지 의아할 수 있다. 바울의 의도를 명확하게 파악하기는 사실 어렵다. 그러나 가장 합리적인 해석은 다음과 같다 (1:17에 대한 주석 참조). 하나님의 의는 그리스도를 믿음으로 말미암아 사람들과 유효한 관계를 형성할 뿐 아니라 모든 믿는 자들과도 유효한 관계를 맺게 된다.[16] 믿음은 이것을 위해 효과가 있을뿐더러 믿는 사람이면 누구에게든지 차별이 없이

---

16 만일 우리가 D G 초서 사본 그리고 일부 번역문들, 즉 εἰς πάντας καὶ ἐπὶ πάντας τοὺς πιστεύοντας를 택한다면, 이 견해는 더욱 강화될 것이다. 그러나 ℵ* A B C의 짧은 번역과 다른 일부 번역문들, 즉 εἰς πάντας τοὺς πιστεύοντας도 동일한 사상을 지지한다. 약간의 차이가 있는 번역이라 하더라도 사상에는 전혀 영향을 끼치지 않을 것이다.

유효하다. 바울은 이 진리를 강조할 필요가 있었다. 그는 이미 유대인과 헬라인이 모두 죄 아래 있음을 증명했다. 하나님의 형벌적 심판을 받는 면에서 차이가 없다. 복음의 영광은 믿음이 그 힘을 발휘하면 하나님의 호의적인 판단에도 차별이 없다는 것이다. 신자들 간에는 차별이 없다. 하나님의 의는 차별 없이 그들 모두에게 임하기 때문이다.

이런 해석은 바로 그 다음 어구들이 확증해 준다. "차별이 없느니라 모든 사람이 죄를 범하였으매 하나님의 영광에 이르지 못하더니." 모든 사람이 죄인이듯이, 모든 믿는 자들은 하나님의 은혜에 의해 값없이 의롭다 하심을 받는다. 여기에는 서로 다른 두 가지 사상이 있다. "예수 그리스도를 믿음으로 말미암아"라는 표현은 하나님의 의가 칭의를 초래하는 것은 오직 그리스도를 믿음으로만 가능하다는 사실을 강조한다. "모든 믿는 자에게"라는 말은 이 의는 믿음이 있을 때 언제나 작동한다는 사실을 강조한다.

"모든 사람이 죄를 범하였으매"(23절)라는 어구는 모든 사람의 죄를 "과거의 역사적 사실로" 본다는 뜻이다(마이어). 여기에 사용된 시제는 인간의 죄성이 나타나는 모든 양상에 적용될 수 있는 시제다. 이 언급을 아담의 죄와 그 후손의 개입에 대한 것으로 제한하는 것은 옳지 않다(5:12). 여기서 바울의 관심은 죄성이 심화되는 정도가 인류의 여러 족속 간에 어떤 차이가 있을지라도, 어느 누구나 예외 없이 그리고 차별 없이 죄인의 범주에 속한다는 사실을 주장하는 것이다(9, 10절). 등위절인 "하나님의 영광에 이르지 못하더니"라는 어구는 그 의미가 명백하지 않다. 여기에는 몇 가지 가능성이 있다. "이르지 못하다"는 동사의 의미는 '결여되다', '부족하다', '결핍되다'는 뜻이다(마 19:20; 눅 15:14; 고전 1:7; 8:8; 12:24; 빌 4:12). 물론 어떤 상태는 그 상태를 치료하거나 예방했어야 할 행위의 부재로 말미암아 발생하지만, 여기서 가리키는 것은 어떤 행위가 아니라 상태이다.

주석가들 사이에 의견이 분분한 문제는 우리가 이르지 못한 그 하나님의 영광이 무엇인가 하는 것이다. 네 가지 가능성이 있다.

(1) 하나님께 영광을 돌리지 못한 것, 하나님을 영광스럽게 하지 못한 것, 혹은 하나님의 영광을 찬양하지 못한 것("영광"이 이렇게 사용된 참조 구절은 다음과 같다.

눅 17:18; 행 12:23; 롬 4:20; 고전 10:31; 고후 4:15; 8:19; 빌 1:11; 2:11; 살전 2:6; 계 4:9, 11; 11:13; 14:7; 16:9).

(2) 하나님이 부여하시는 영광, 존귀 또는 칭찬을 받지 못한 것(요 5:41, 44; 8:50; 12:43; 롬 2:7, 10; 히 3:3; 벧전 1:7; 벧후 1:17).

(3) 하나님의 영광을 반영하지 못한 것, 즉 하나님의 형상을 본받지 못한 것(고전 11:7; 고후 3:18; 8:23).

(4) 그리스도의 재림 시에 하나님의 백성들에게 나눠질 최고의 영광에 이르지 못하는 것(롬 5:2; 8:18, 21; 고전 2:7; 15:43; 고후 4:17; 골 1:27; 3:4; 살후 2:14; 딤후 2:10; 히 2:10; 벧전 5:1, 4).

신약에서 이와 병행되는 표현이 없기 때문에 해석에 어려움이 있는 것이 사실이다. 이상의 네 가지 해석이 각기 일리가 있으나, 다만 약간 더 가능성이 높은 것을 선택한다면 세 번째 견해다. 이렇게 생각하는 이유는 다음과 같다.

(1) 바울이 어떤 상태나 형편을 묘사할 때는 동사의 현재 시제를 사용한다. 그러므로 바울은 지금 죄의 사실 때문에 생기는 모든 사람의 현재 상태를 생각하고 있음을 추론할 수 있다. 이것은 모든 사람이 죄를 범했다는 사실과 일치한다. 이 사항은 위의 해석 가운데 네 번째 입장을 약화시킨다.

(2) 만약 바울이 위의 해석 가운데 첫 번째 견해를 생각했다면, 신약의 일반적인 용례와 바울 자신의 특유한 용례에 따라 하나님께 "영광을 돌린다(드린다)"는 용어를 사용했을 것이다. 혹은 그가 'unto'라는 전치사를 사용해 첫 번째의 경우를 지지하려고 인용한 성경 구절에서처럼 "하나님의 영광을 위해"(unto the glory of God)라고 읽을 수 있도록 전체적인 표현을 수정했을 것이다.

(3) "하나님의 영광"(the glory of God)이란 표현이 신약에서 사용된 용례로 보면, 하나님으로부터 나오는 찬양에 적용될 수도 있다(요 12:43). 그러나 여기서는 "하나님으로부터 나오는 영광"이란 의미가 더 명백하다.[17]

(4) 죄가 초래한 결과와 구속이 확보하는 것을 서로 대조하면서, 구속의 결과를

---

17 그것은 요 5:44과 벧후 1:17에 있는 대로 παρὰ θεοῦ이다.

하나님의 형상을 닮는 것으로 묘사하는 것은 바울의 특징이라 할 수 있다. 인간의 현 상태를 하나님의 형상을 잃어버린 상태로 묘사하는 것 이상으로 더 잘 서술할 방법은 없다. 인간은 하나님의 완전성(과 영광)을 반영하는 그 완전성을 잃어버린 상태이다.

24절 주석가들은 24절의 "의롭다 하심을 얻은 (자 되었느니라)"(being justified)을 해석할 때 어려움을 겪는다. 이 분사구문은 선행한 어구와 분명히 연결되는 것 같지는 않다(개역개정판에는 분사구문의 의미가 없다—옮긴이). 가장 적절한 견해는 다음과 같다.

22절 하반부와 23절, 곧 "차별이 없느니라. 모든 사람이 죄를 범하였으매 하나님의 영광에 이르지 못하더니"라는 부분을, 이 단락의 주제에 대해 괄호 안에 들어 있는 삽입절로 보는 견해다. 그러므로 문장 구성과 의도로 볼 때 "의롭다 하심을 얻은 (자 되었느니라)"이란 말은 "곧 예수 그리스도를 믿음으로 말미암아 모든 믿는 자에게 미치는 하나님의 의니"(22a)라는 말에 직접 따라오는 것으로 해석해야 한다. 바울이 '의롭게 된다'는 이 동사를 로마서의 대표적인 주제와 관련해 직접적이고 적극적으로 사용하기는 이번이 처음이라는 사실을 주목해야 한다.[18] 바울은 이미 '그리스도를 믿음으로 말미암아 역사하는 하나님의 의'라는 말로 그의 주제를 묘사했다. 그런데 이제는 '하나님의 은혜에 의해 값없이 받는 칭의'라는 분명한 용어를 사용해 그 주제를 설명한다. 바울이 말하는 두 가지 사상, 즉 이 하나님의 의는 율법의 행위로는 불가능한 칭의와 대조되는 우리의 칭의라는 것과(20절), 이 칭의는 은혜에 의해 하나님이 값없이 주시는 선물이란 것은 "의롭다 하심을 얻은"이란 분사구문의 충분한 근거가 된다. 그런즉 구성이 어색한 문장을 놓고 망설일 이유가 없다. 또 설사 "의롭다 하심을 얻은 (자 되었느니라)"이란 어구

---

18 δικαιόω 동사가 이전에 세 경우에 사용되었다. 2:13에서는 율법을 행하는 자가 의롭게 된다는 공정성의 원리와 관련하여 사용되었고, 3:4에서는 하나님을 변호하는 것과 관련해서 사용되었으며, 3:20에서는 율법의 행위로 의롭다함을 얻을 육체가 없다는 사실을 말하는 데에 부정적으로 사용되었다. 이 모든 경우에 동일한 법적 의미로 사용된 것이 명백하다.

앞에 나오는 22절 하반부와 23절을 괄호 속에 넣지 않더라도, 문장 구성에는 문제가 없다. "차별이 없느니라. 모든 사람이 죄를 범하였으매 하나님의 영광에 이르지 못했다"라는 사실은 '의롭다 하심을 얻는다'라는 분사구문에 표현된 사상과 밀접한 관련이 있기 때문이다. 이미 살펴봤듯, 이 죄의 보편성은 신자들 간에 아무 차별이 없다는 또 다른 사실과 직결된다. 즉, 모든 신자는 하나님의 의의 수혜자다. 지금 바울은 칭의라는 용어를 사용해 이 주제를 묘사하는데, 죄의 보편성은 칭의에 내포된 의미뿐만 아니라 칭의가 지닌 성격, 곧 값없이 주는 은혜의 성격과도 관련이 있다. 다시 말하면, 22절 하반부와 23절은 그 전후 구절과 아주 의미심장한 관계에 있으며, 24절은 22절 상반부의 주제를 재개하되 후자를 묘사하고 확대한다.

"값없이"와 "하나님의 은혜로"라는 용어의 결합은 하나님의 칭의가 우리의 공로가 전혀 없이 이루어졌음을 강조한다. 값없이 주시는 칭의의 주권적 은혜는 20절에서 주장한 사실, 곧 "율법의 행위로 하나님 앞에서 의롭다 하심을 얻을 육체가 없다"는 사실을 긍정적으로 보완한다. 이는 바울이 말하는 칭의 교리의 가장 핵심적인 요소이다.

하나님의 칭의는 하나님으로 하여금 그런 행동을 하게끔 유도할 만한 우리의 존재나 행위에 전혀 영향을 받지 않는다. 그뿐만 아니라 우리의 모든 것은 칭의는 커녕 오히려 심판을 자초할 뿐이다. 즉, 온 세상은 하나님 앞에 유죄 판결을 받는다. 그런즉 우리가 하나님의 칭의에 기여할 여지는 없다(9, 19절). 의롭게 하시는 행위는 하나님의 값없는 주권적 은혜의 행사인 만큼 그분의 인격과 행위에서 그 동기와 설명과 결단을 찾아야 한다. 그러므로 인간 편에서의 어떤 공로라도 칭의와 연관시킨다면, 그것은 바울이 말하는 칭의 교리와 복음과 모순된다. 값없는 은혜의 복음이라는 점이 그리스도의 복음의 영광이다.

따라서 하나님의 칭의가 값없이 주어지는 은혜라는 점은 충분히 강조되어야 한다. 그러나 그로부터 나오는 문맥상의 고려사항과 교훈도 간과해서는 안 된다. 값없는 은혜를 강조하지만, 그렇다고 이 은혜의 매개체를 배제하지는 않는다. 그래서 바울은 곧바로 다음과 같이 덧붙인다. "예수 안에 있는 속량(구속)으로 말미암아." 이 매개는 칭의의 은혜와 관련해 두 가지 사실을 보여 준다. ① 이 칭의가 우리에게 적용되기 위해 비싼 대가가 지불되었다. ② 이 칭의를 위해 지불된 비싼 대가는 그 행위의 은혜로운 성격을 부정하지 않고 오히려 드높인다. 칭의가 값없이 주어진다면 그것은 대가를 지불해서 얻어질 수 없으며, 만일 값을 지불해서 된 것이라면 값없이 주어질 수 없다고 사람들은 주장한다. 그러나 은혜로 인한 칭의와 구속을 통한 칭의, 이 둘을 나란히 놓으면 칭의에 대한 이런 그릇된 견해를 잘 교정해 준다. 칭의는 양면적이다. 칭의를 위해 지불된 값은 값없이 주는 은혜가 얼마나 놀라운 것인지를 부각시킨다. 칭의는 그리스도 예수 안에 있는 구속으로 말미암는다. 칭의를 위해 우리는 아무것도 지불하지 않는다. 값없이 주시는 은혜로 불경건한 자들이 의롭게 될 수 있도록 하기 위해 그리스도께서는 값비싼 대가를 치르셨다.

"구속"(redemption)은 본래 값을 지불하고 자유하게 한다는 뜻이다. 신약이 말하는 구속의 개념을 단순한 해방의 개념으로 격하시키면 안 된다. 우리 주님은 구속을 대속물과 그의 생명을 준다는 말로 표현했다(마 20:28; 막 10:45). 이것은 그 값으로 자신의 피를 흘리는 것과 같은 의미다. 바울이 여기서 사용하는 용어의 개념은 그의 다른 서신에 나타난 개념과 동일하다(엡 1:7; 딛 2:14; 종말론적 의미로는 롬 8:23이 있다. 고전 1:30; 엡 1:14; 4:30; 다른 신약 저자들의 경우는 눅 1:68; 2:38; 24:21; 히 9:12, 15; 벧전 1:18). 바울이 사용한 다른 용어도 같은 사상을 전한다(갈 3:13; 4:5; 고전 6:20; 벧후 2:1; 계 5:9; 14:3, 4). 그러므로 "그리스도 예수 안에 있는 속량"은 그리스도께서 피를 흘리시고 자기의 생명을 줌으로써 획득한 대속보다 낮은 용어로 격하될 수 없다.[19] 이에 덧붙여 고려해야 할 사실은 바울이 구속을 그리스도 안에 영구히 존재하는 것으로 생각했다는 점이다. 그것은 "그리스도 예수 안에 있는 속량으로 말미암아" 된 것이다. 이 구속은 우리가 단지 그리스도 안에서 소유하고

---

19 위에서 구속을 가리키는 것으로 사용된 용어들은 λύτρον, ἀντίλυτρον, λύτρωσις, λυτροῦσθαι, ἀπολύτρωσις, ἐξαγοράζω 그리고 περιποιεῖσθαι이다. 좀 더 자세한 설명을 참조하려면 다음을 참고하라. B. B. Warfield, "The New Testament Terminology of 'Redemption'" in *Biblical Doctrines*(New York, 1929), pp. 327-372.

있는 것이 아니다(엡 1:7). 그것은 그리스도로 구현된 구속이다. 구속은 그리스도에 의해 성취되었을 뿐만 아니라 구속자 그리스도 안에서 그 효력과 가치를 그대로 보유하고 있다. 이 구속은 매개체를 제공하고, 매개체를 통해 하나님의 값없는 은혜로 인한 칭의가 우리에게 적용된다.

25-26절 25절에서 우리는 또 다른 범주를 보게 된다. 이는 하나님이 우리의 칭의를 위해 마련하신 화목제물이다. 구속은 우리를 속박에서 구출해 내려는 은혜의 대책이다. 화목제물은 하나님의 진노에서 면제받도록 하기 위한 하나님의 은혜의 대책이다. 바울이 이런 방식으로 우리의 칭의를 위한 하나님의 은혜로운 대책을 선언하는 것은 이 서신에 담긴 그의 가르침과 전적으로 일치한다. 바울은 이미 "하나님의 진노가 불의로 진리를 막는 사람들의 모든 경건하지 않음과 불의에 대하여 하늘로부터 나타나나니"(1:18)라는 주장을 내세워 온 인류가 죄 아래 있음을 입증했기 때문이다. 우리는 화목제물의 개념을 껄끄럽게 생각할 필요가 없다. 하나님의 진노로 말미암아 생긴 인간의 필요와 책임을 해결하기 위한 화목제물이라는 범주는 적절하다. 그리고 이 용어는 하나님의 은혜의 대책을 묘사하기 위해 반드시 필요하다. 바울이 여기서 사용한 용어는 신약에 두 번밖에 나오지 않지만, 다른 한 경우(히 9:5)에는 명백히 지성소의 언약궤를 덮는 속죄소를 의미한다. 그러나 이 경우에는 그것이 "화목제물"을 의미하며, 따라서 그것은 요한일서 2:2과 4:10, 히브리서 2:17의 유추에 따라 해석해야 한다(참고. 눅 18:13; 히 8:12).[20] 그러므로 그리스도는 화목제물로 불리는 것이다.

본문에 사용된 정확한 언어를 주의해서 살펴보자. 여기서 그리스도께서 자기

---

20 롬 3:25과 히 9:5의 ἱλαστήριον, 요일 2:2, 4:10의 ἱλασμός, 히 2:17의 ἱλάσκεσθαι. 화목제물의 개념에 대해 보다 철저한 연구를 하려면 다음을 소개할 수 있다. Roger R. Nicole, "*C. H. Dodd and the Doctrine of Propitiation*" in The Westminster Theological Journal, XVII, 2, pp. 117-157; Leon Morris, "The Use of ἱλάσκεσθαι etc. in Biblical Greek" in *The Expository Times*, LXII, 8, pp. 227-223; *The Apostolic Preaching of the Cross*(London, 1955), pp. 125-185. ἱλαστήριον이 롬 3:25에서 화목제물을 의미한다는 견해를 참고하려면 다음을 보라. Meyer, 앞의 책. 이와 반대로 그 단어가 속죄소를 가리킨다고 보는 견해를 참고하려면 다음을 보라. Philippi, 앞의 책; Gifford, 앞의 책, pp. 96-98, pp. 156 이하.

자신을 화목제물로 드리셨다고 말하지 않는다는 사실을 주목해야 한다. 비록 그러한 표현이 성경의 가르침과 일치하지만 적어도 이 본문에서는 그렇게 말하지 않았다. 우리는 하나님이 그를 화목제물로 세우셨다[21]는 사실에 주목해야 한다. 그리스도를 화목제물로 세우신 분은 아버지 하나님이시다(5:8, 10; 8:3; 고전 8:6; 고후 5:18, 19; 엡 4:46; 히 2:10-13). 아버지 하나님이 주도적으로 구속의 대책을 마련하셨다는 점을 간과해선 안 되고, 그리스도께서 화목 사역을 완성해서 하나님의 은혜와 자비를 획득했다고 생각하는 것은 잘못이다. 바울은 여기서 아버지께서 칭의의 주도권을 잡고 화목을 위한 대책을 마련하셨다고 말한다.

"세우셨다"는 용어는 이런 의미를 가장 적절하게 전달할 수 있는 번역이다. 그것은 로마서 1:13과 에베소서 1:9에서처럼 "의도했다"는 의미일 수 있다. 그러나 다른 그리스 문헌에서 쓰인 용례를 보면 이 단어는 공중 앞에 내세운다는 것을 의미한다. 이 단어의 형태는 재귀적인 개념을 암시한다. 이 경우 하나님이 친히 자기를 위해 하나의 화목제물을 세우셨다는 사실을 다소 강조하는 것이다. 이 견해는 이 단락의 전체적인 의도와 다른 곳에 나타난 바울의 가르침과 잘 일치된다. 이는 하나님의 긴급한 유익이 화목제물을 통해 성취된다. 그렇지만 우리가 동사의 의미를 굳이 강조하지 않더라도, 아버지 하나님이 자신의 의를 보이시기 위해 그리스도를 화목제물로 세우셨다는 사실이 위와 동일한 생각을 전달해 주고 있다. 화목제물은 일차적으로 하나님과 관계가 있다. 물론 인간의 유익이 증진되는 것이 사실이지만, 그 과정에서 하나님의 긴급한 취지가 보존된다. 이에 대해 굳이 추측할 필요가 없다. 하나님이 화목제물을 세우신 것에는 하나님의 의를 드러내고자

---

21 προέθετο는 부정 과거 중간태로서 신약에서 오직 여기서와 1:13과 엡 1:9에서만 사용되고 있다. 다른 두 경우에는 그것이 실명사 πρόθεσις로서 "목적"(purpose)이란 의미로 사용되고 있다(8:28; 9:11; 엡 1:11; 3:11; 딤후 1:9). 3:25에서 목적이란 의미로 사용된 것으로 보는 게 불가능하지는 않다. 그것은 라이트풋이 채택했다. 몰튼과 밀리건은 파피리(papyri)에서 흔히 προτίθημι가 "공개적으로 세우다, 제시하다"는 의미로 사용되는 것을 보여 주는 실례들을 제공한다. 샌데이와 헤들램이 지적한 바와 같이 이 문맥은 공공연함을 가리키는 말로 가득 차 있다. 다른 곳에서의 용례와 이런 고려사항은 이 번역을 강하게 지지한다. 몰튼은 하나의 비문에서 끌어온 유추에 근거하여 "제공한다"란 의미도 가능하다고 말한다(Moulton and Milligan, 앞의 책, προτίθημι와 비교하라). "세우다", "제시한다"는 의미에서의 προτίθημι의 중간형태는 칠십인역의 시 53:5, 85:14, 100:3에도 나온다.

하는 목적이 있었다.

우리가 25절에 언급된 "하나님의 의"를 21, 22절 및 1:17과 같이 우리의 칭의를 구성하는 하나님의 의로 생각하더라도 이것이 본문의 사상과 모순되지는 않는다. 이 의는 화목제물을 통해 공개적으로 제시되었으며, 화목제물이 이런 목적을 갖고 있음이 사실이기 때문이다. 이 화목제물은 우리의 칭의를 초래하므로 겉으로 나타난 우리의 의로 해석될 수도 있다. 그러나 이 경우에는 하나님의 의를 5절에서처럼 공의의 속성으로 생각해야 할 충분한 이유들이 있다.

(1) 26절에서 바울은 다시 동일한 생각을 말한다. 바울은 구체적으로 하나님의 의가 나타난 목적을 밝힌다. 즉, 그 목적은 "자기도 의로우시며 또한 예수 믿는 자를 의롭다 하려 하심이라"는 것이다. 죄인을 의롭게 하심으로써 하나님의 공의로우심을 알리는 것이 가장 긴급한 일이다. 화목제물을 제공할 때 하나님의 공의와 죄인의 칭의가 서로 교차하는 것이다. "자기도 의로우시며"라는 표현 속에 담긴 하나님의 공의(justice)는 무엇인가? 그것은 우리의 칭의를 위해 작동하고 칭의를 구성하는 하나님의 의(righteousness)일 수는 없다. 본문의 표현 형식을 보면, 어떤 경우에도 하나님의 고유한 의는 침해될 수 없으며, 죄인을 의롭다 하실 때에도 그것은 변호되고 보존되어야 한다. 이는 26절은 물론 25절에 나타난 의가 하나님의 고유한 공의임을 보여 준다.

(2) 우리는 26절을 통해 하나님의 의가 나타난 목적과 25절을 통해 그 의가 나타나야만 했던 필연적인 이유에 대해 알게 된다. 이는 "하나님이 길이 참으시는 중에 전에 지은 죄를 간과하심으로"라고 설명된다. 사도행전에 나타난 바울의 두 편의 설교가(행 14:16; 17:30) "하나님의 길이 참으심"이 무엇을 의미하는지를 밝혀 준다. 그는 지난 세대를 가리키며 그때는 하나님이 모든 족속들이 각자 원하는 길로 다니게 묵인하셨고(행 14:16), "알지 못하던 시대"(행 17:30)였다고 한다. 그것은 하나님의 은혜의 경륜이 나타난 시대, 곧 "이제는 어디든지 사람에게 다 명하사 회개하라 하셨다"는 시대와 대조된다(행 17:30). 지나간 세대에는 하나님이 인간들의 죄에 대해 강하게 진노하거나 벌하지 않으셨다. 이런 의미에서 그들의 죄를 간과하신 것이다. 그러나 이 간과는 죄를 사면하셨다는 의미가 아니다. 죄에 대한 형

벌을 집행하지 않은 것을 용서와 동일시할 수는 없다. 이는 하나님이 지난 세대에 자기의 분노를 그대로 사람에게 집행하지 않고 참으셨음을 말한다. 여기서 바울은 하나님이 화목제물이신 그리스도 안에서 자기의 의로우심을 나타내시게 된 이유를 제시하고 있다. 하나님의 오래 참으심으로 인해 사람들은 하나님의 공의가 결코 침해될 수 없다는 사실을 망각했다. 오래 참으심은 공의의 요구사항에 무관심한 것으로 해석되기 쉬웠으며, 심판의 보류는 공의의 철회와 면제로 해석되기 십상이었다. 하나님은 그의 화목제물인 그리스도를 통해 그의 진노와 형벌적 심판을 폐기하려면 화목제물이 필요함을 공개적으로 밝히셨다. "간과하심으로"[22]는 칭의가 아니다. 칭의는 하나님의 공의를 유감없이 충족하고 입증할 수 있는 화목제물을 필요로 한다. 그러므로 하나님이 길이 참으시는 가운데 죄를 간과하던 시절에는 죄인을 의롭게 하는 하나님의 의를 입증할 필요가 없었지만, 간과하심은 그의 고유한 공의가 입증될 필요가 있게 했고, (복음이 전 세계에 선포되고 있는 시대에 살고 있는 모든 사람에게) 칭의는 예수의 피 안에서 성취된 그 화목을 요구하고 있음을 보여 줄 필요가 있었다.

그러므로 25절과 26절에 나타난 하나님의 의는 하나님의 고유한 공의라고 결론을 내릴 수 있다. 이는 우리가 바울의 가르침을 해석할 때 유념할 기본 지침이다. 바울은 죄인의 칭의를 위한 구속 및 화목제물에 관한 교리를 제시하고 있는데, 이 교리의 중심에 공의의 변호와 충족이 자리 잡고 있음을 가리키고 있다. 이는 하나님의 통치와 관련이 있다.

공의의 나타남(입증)은, 죄인의 칭의와 관련되고 그것을 보증하는 하나님의 통치에 필요하다. 그러나 화목제물에 나타난 공의는 단순히 통치와만 관련된 것은

---

22 πάρεσις가 신약에서는 단지 여기서만 나오지만 다른 헬라어 자료들을 보면 그 의미는 '벌을 받지 않고 넘기다', '지나치다'란 뜻으로 보인다(Arndt and Gingrich, 앞의 책; Moulton and Milligan, 앞의 책). 라이트푸트의 말을 빌리면 다음과 같다. "형벌 폐지인 ἄφεσις와 형벌 중지인 πάρεσις 사이의 구별은 고전적 용법이 입증하는 것이다. 이 구절에 대한 최상의 해석은 행 17:30에 나오는 바울 자신의 말이다. 이 구절에서 ὑπεριδών이란 단어가 그 사상을 정확하게 표현해 주고 있다(비교, 행 14:16). ἄφεσιν이란 단어로 πάρεσιν이란 단어를 대치하는 것은 그 의미를 완전히 파괴한다. 성육신과 그리스도의 수난에서 하나님의 의가 나타나야만 했던 것은 과거에 죄가 간과되긴 했으나 사함 받지는 못했었기 때문이다 (*Notes*).

아니다. 하나님의 진노의 심판을 제거하는 화목제물 안에 나타난 것은 하나님의 고유한 공의이다. 로마서 3:24-26에는 이처럼 복합적인 사상이 나타나 있다. 본문은 바울이 구속, 화목제물, 공의의 변호 등과 같은 범주들을 어떻게 서로 엮어주는지 보여 준다. 왜냐하면 이 세 가지는 각각 인간의 구원을 위한 하나님의 은혜를 바라보는 서로 다른 측면들이고, 또 예수를 믿는 사람을 의롭다 하실 때에 하나님도 의로우시다는 것을 여러 면으로 보여 주기 때문이다.

25, 26절에는 주석이 필요한 몇 가지 문제가 있다. "그의 피로써 믿음으로 말미암는 화목제물"(25절)이란 어구를 구성하는 요소들의 상호관계를 어떻게 해석해야 하는가? 단정적으로 말하기는 어렵다. 혹자는 "그의 피로써"(in his blood)를 믿음의 대상으로 해석하는가 하면, 또 어떤 사람들은 "그의 피로써"를 화목제물과 직접 연결시키면서 문맥상 믿음은 그리스도를 믿는 믿음이라고 말한다. 만일 우리가 "예수 그리스도를 믿음으로 말미암은 하나님의 의"라는 22절의 표현에 비추어보면 후자가 더 타당해 보인다. 화목이 그리스도 예수의 피 안에서 이뤄진 것은 의심의 여지가 없다. 그리스도의 피가 화목제물의 성격을 가리키며 공개적으로 화목제물을 세우는 역할을 했다는 것은 바울의 사상과 일치한다(갈 3:1). 더욱이, 이런 경우에 굳이 대상을 밝히지 않고 믿음을 언급하는 것(22b, 1:17), 즉 우리를 객관적인 선물의 수혜자로 만드는 도구(이 경우에는 예수의 피를 통한 화목에 동참하는 것)로 언급하는 것은 바울다운 표현방식이다. 끝으로, 22절 상반부와 26절 하반부 등에서는 바울이 그리스도를 믿음의 대상으로 제시하기 때문에, 여기서 그리스도의 피를 믿음의 대상으로 여긴다는 것은 바울의 용례에서 어긋나는 것이다.

"곧 이때에"(26절)라고 구체적으로 밝힌 것은 하나님이 자기의 공의를 나타내시는 의미심장한 역사적 시점임을 말하기 위해서다. 이는 하나님의 길이 참으심이 작용하던 지난 세대와 대조된다. 우리는 하나님의 긴급한 이권이 충족되는 사건을 초역사적 영역으로 넘겨서는 안 된다.

26절 끝에 있는 형식, 즉 "예수 믿는"(of the faith of Jesus, faith in Jesus)이란 표현은 밀접한 병행구절이 있긴 하지만(갈 2:16; 3:22; 빌 3:9), 이와 똑같은 형식으로 사용된 곳은 없다. 위에서 우리가 살펴본 것에 의하면(22절 주석과 각주 참고),

"예수 믿는"이란 표현은 바울이 사용한 "아브라함의 믿음에 속한"(of the faith of Abraham, 4:16)이란 표현과 동일하게 생각해서는 안 된다. 후자는 아브라함의 믿음의 본을 따르는 믿음을 의미한다. 그렇지만 "예수 믿는"이란 용어는 바울이 다른 본문에서 예수 그리스도, 또는 그리스도 예수, 또는 그리스도를 믿음의 대상으로 삼는 그 믿음을 의미한다. 이 표현에는 부드러움과 위엄이 공존한다. 예수라는 이름은 구세주에 대한 인격적 관계의 친근성을 암시한다. 그것은 그분이 인간의 역사 가운데 나타나서 육신으로 있을 때의 모습을 상기시킨다. 그러나 바울이 그리스도 예수를 이 믿음의 대상으로 생각할 때는 동일한 역사적 인물이신 예수를 위엄 있는 분으로 보았다는 의미도 있다.

27. 그런즉 자랑할 데가 어디냐 있을 수가 없느니라 무슨 법으로냐 행위로냐 아니라 오직 믿음의 법으로니라
28. 그러므로 사람이 의롭다 하심을 얻는 것은 율법의 행위에 있지 않고 믿음으로 되는 줄 우리가 인정하노라
29. 하나님은 다만 유대인의 하나님이시냐 또한 이방인의 하나님은 아니시냐 진실로 이방인의 하나님도 되시느니라
30. 할례자도 믿음으로 말미암아 또한 무할례자도 믿음으로 말미암아 의롭다 하실 하나님은 한 분이시니라
31. 그런즉 우리가 믿음으로 말미암아 율법을 파기하느냐 그럴 수 없느니라 도리어 율법을 굳게 세우느니라

27-31절 27-31절은 21-26절에서 묘사한 은혜의 복음을 통해 나타난 결과를 결론짓는 부분으로 봐야 한다. 본문에는 결정적인 추론과 확신이 명백히 드러난다. "그런즉 자랑할 데가 어디냐? 있을 수가 없느니라." 여기서 자랑한다는 것은 환희에 차서 자화자찬하는 행위를 말한다. 그러나 확실하지 않은 사항이 있다. 이런 진술의 대상이 유대인지 일반적인 사람인지 불확실하다. 스스로 이방인과는 달리 하나님께 용납될 수 있는 특권과 선행이 있음을 자랑하는 유대인을 생각하고

있는지, 아니면 자화자찬에 빠진 일반적인 사람들을 염두에 두고 있는지 분명하지 않다. 그러나 후자라 할지라도 유대인이 관련되어 있다(2:17-25. 특별히 23절 참고). 이 질문에 대한 답변은 아주 단호하다. 여기에 사용된 시제는 샌데이와 헤들램이 지적한 바와 같이 상당한 힘을 갖고 있다. "영원히 배제되었다", "있을 수가 없느니라"는 번역도 그 의미를 충분히 표현했다.

"무슨 법으로냐? 행위로냐? 아니라 오직 믿음의 법으로니라." 이 질문들과 답변은 "법"이란 단어가 이 서신에서 지금까지 사용되었던 것과는 다른 의미로 사용되고 있음을 보여 준다. 그리고 나중에는 이 단어가 이 구절에서와 같은 의미로 사용된다(7:21, 23; 8:2). 여기서 바울이 거론하는 "믿음의 법"은 믿음의 법에 관해 말할 때, 믿음과 정반대되는 의미의 율법을 지칭할 수 없다(참고. 19, 20, 21, 28절). 만일 그렇지 않다면 "믿음의 법"은 어불성설이 되고 말 것이다. 이렇게 보면 이 서신에서 "법"(law)이란 단어가 얼마나 유연하게 사용되며, 또 바울이 이 단어를 자유자재로 사용하고 있음도 알 수 있다. 그러므로 "법"이 "행위"와 "믿음"에 적용되는 두 경우에는 "체계", "원리", "방법", "순서" 또는 "규칙"을 의미한다. 여기서 행위로 의롭게 되는 체계와 오직 믿음으로 의롭게 되는 체계가 서로 대비된다. 후자는 21-26절에 제시된 복음에서 이끌어 온 추론으로서 바울이 당당하게 주장하는 원리다. 바울은 28절에서 믿음의 법을 주장하게 된 이유를 제시한다. "그러므로 사람이 의롭다 하심을 얻는 것은 율법의 행위에 있지 않고 믿음으로 되는 줄 우리가 인정하노라." 이 진술에는 이 사상과 특별한 관계가 있는 두 요소가 있다. 첫째, 우리가 의롭게 되는 것은 믿음으로 인함이며, 둘째, 유대인이나 이방인이나 누구든지 믿음으로 의롭게 된다는 것이다.

칭의 문제에서 믿음의 원리가 어떻게 해서 율법의 행위와 그토록 배타적이고 반립적인 관계에 있는지 우리는 묻고 싶을 것이다. 유일한 해답은, 행위의 속성과 믿음의 속성은 정반대라는 것이다. 행위에 의한 칭의는 언제나 인간의 인격과 행위에 근거를 두며 또 칭의를 받을 사람의 미덕을 고려하게 되어 있다. 그런데 믿음의 특성은 타자를 신뢰함으로 자기를 위탁하는 것이다. 믿음의 특성은 본질적으로 외향적이라서 행위와는 정반대되는 것이다. 믿음은 자기포기이지만 행위는 자화자찬이다. 믿음은 하나님이 하시는 일을 바라보지만, 행위는 우리 자신을 존경한다. 바울이 믿음의 원리에서 행위를 완전히 배제한 것은 바로 이런 반립관계 때문이다. 오직 믿음만이 21-26절에 묘사된 복음과 관계가 있다. "율법의 행위가 아니라" 믿음만이 필요하다는 말이다. 루터가 "오직 믿음으로만"이라고 말할 때는 이 단락의 의미에 아무것도 더하지 않았다.

29, 30절에서는 하나님은 한 분이라는 사실에 호소한다. 하나님은 유일한 분이라는 사상은 유대인 신앙의 첫 번째 신조이다(신 6:4; 사 45:5). 바울은 이 신조를 칭의 문제에 관련된 원리의 통일성에 적용한다. 즉, 만일 하나님이 한 분이라면, 그는 유대인과 이방인 모두의 하나님이시며(29절), 따라서 칭의에 대한 하나님의 운용 방식에 결코 다양성이 있을 수 없다. 하나님의 구원 사역 원리의 동일성은, 유일하신 만유의 하나님이 만민과 관계하시는 방식의 통일성에서 비롯한다(사 43:11; 45:21, 22). 따라서 하나님은 "할례자도 믿음으로 말미암아 또한 무할례자도 믿음으로 말미암아 의롭다 하신다"(30절). "의롭다 하실"이라는 미래 시제는 최후 심판과 관련해 사용한 것이 아니라, 마이어에 따르면 20절의 경우처럼 장차 칭의가 실현될 모든 경우를 지칭하는 것으로 이해해야 한다. "믿음으로"(by faith)와 "믿음으로 말미암아"(through faith)에서 전치사의 변화는 믿음의 의미나 관계에 어떤 차이가 있음을 가리킨다고 해석해서는 안 된다. 만일 그렇다면 이것은 "차별이 없느니라"는 주장을 손상시키게 된다(22-24절). 바울은 전자의 표현을 더 좋아했지만 두 가지 형태를 모두 사용한다. 전치사의 변화는 방법의 동일성을 강조할 뿐이다.

칭의 면에서 유대인과 이방인 사이에 아무런 차별도 없다는 바울의 주장을 우리는 당연시하게 된다. 그리고 핫지 박사가 말한 대로 "이 고상한 진리들은 우리 생각에 너무도 익숙한 것이기에 어느 정도는 이 진리의 위력이 상실되고 말았다." 그렇지만 만일 마이어의 말대로, 유대인만이 하나님의 다스림을 받는다는 배타적인 생각이나 핫지 박사가 말하는 것처럼 "유대인의 편협한 국가적, 종교적 편견"을 유념한다면, 우리는 이런 주장의 필요성을 절감하게 된다. 믿는 유대인에게는 이 진리가 "경이와 감사와 환희의 감정을 분명히 불러일으켰을"것이다(핫지). 그러나 우리는 바울이 단지 유대인의 편견을 바로잡으려 한다고 생각해서는 안 된다. 바울은 이방인의 유익에도 관심이 있었다. 이와 같은 복음의 보편성은 이방인들에게도 분명히 환희와 경이의 감정을 선사했을 것이다.

31절의 해석과 문맥과의 관계에 대해 학자들 사이에 상당한 견해 차이가 있다. 31절은 3장에 속하는가? 아니면 4장에 속하는가? 만일 후자를 택할 경우 31절에서 언급한 율법은 모세오경이나 구약 전체를 의미하는 것으로 해석해야 한다. 이는 바울이 사용하는 율법의 용례에서도 그 근거를 어느 정도 찾을 수 있다(2:18, 20; 5:13; 7:1; 고전 9:8, 20; 갈 3:19, 21, 23; 4:4). 바울은 이 경우 아브라함과 다윗에게 호소해(4:1-8), 믿음에 의한 칭의 교리가 구약 자체에 뿌리박고 있었음과 유대인들이 소유했다고 자랑하던 계시의 중심에 있었음을 보여 주기 때문이다. 31절의 "율법"이란 용어의 의미를 이렇게 생각한다면, 구약은(모세의 책이든 구약 전체든 간에) 은혜의 복음에 의해 뒤집히기는커녕 오히려 확고해진다고 바울은 말하는 셈이다. 이런 해석은 구약에 대한 바울의 견해와 또 그가 변호하는 복음과 구약의 가르침의 관계와 일치한다(4:1-25; 갈 3:17-22). 31절은 구약이 폐지되었다는 주장을 강력히 반박하고 4장의 적절한 서론으로서 구약을 확증하는 역할을 한다. 31절에 대해 너무 갑작스러울뿐더러 제기된 질문에 대한 너무 간략한 대답이라는 비판이 가끔 제기되는데, 이 견해는 그런 비판을 잘 극복한다.[23]

이상의 견해는 구약에 대한 바울의 의견과 일치하기 때문에 믿을 만하지만, "율법"이란 용어의 의미와 문맥과의 관계에 대해서 다르게 해석할 수도 있다. 그 이유는 다음과 같다.

(1) 이 구절은 앞의 내용과 논리적 관계를 갖고 있다. 이는 자연스레 불가피한 문제를 제기한다. 바울은 "율법의 행위로는" 그의 앞에 의롭다 하심을 얻을 육체가 없음(20절), 하나님의 한 의가 "율법 외에" 나타남(21절), 복음의 원리는 믿음의

---

23 "31절과 함께 새로운 장이 시작되어야 했다. 이 절은 이어지는 논의에서 다루는 주제를 담고 있기 때문이다. 만일 우리가 아우구스티누스, 베자, 칼빈, 멜랑크톤, 벵겔 등의 견해에 동조하며… 4장에 새로운 주제가 등장한다고 가정하고, 바울이 νόμον ίστῶμεν을 더 이상 논의하지 않는다고 생각한다면… 전혀 뜻밖의 현상을 접하게 되는 셈이다. 말하자면, 바울이 지극히 중요한 반론을 일방적으로 제쳐놓고, 그저 반대 주장만 일삼고, 마치 명백한 입장이 없는 자처럼, 즉시 다른 주제로 옮겨가는 것처럼 보이게 된다는 것이다"(Meyer, 앞의 책).

원리이지 행위의 원리가 아님(27절), 그리고 사람은 "율법의 행위 없이" 믿음으로 의롭게 됨(28절)을 주장했다. 율법의 행위를 거듭 부정하는 것은 불가피한 의문점을 초래한다. 그러면 율법은 어떻게 되는가? 그것은 소용없는 것인가? 폐지된 것인가? 정말로 그것은 버려도 될 것인가? 이 모든 질문은 "그런즉 우리가 믿음으로 말미암아 율법을 파기하느냐?"에 함축되어 있다.

(2) 문장의 구조를 보면 31절은 뒤에 오는 문장보다는 앞 문장과 더 밀접한 관계가 있다. 서두에 있는 "그런즉"이란 단어는 이 추론이 앞에서 언급한 사실에 근거한 것임을 말해 준다. 또 31절을 4:1과 연결할 경우, 4:1의 질문은 31절 하반부의 단언적 선언과 관계가 없어 보인다. 4장은 31절이 제공하는 서론이 필요하지 않다. 이런 이유들로 인해 우리는 31절은 3장의 주장에 대한 결론으로 봐야 한다. 이 경우 바울의 질문과 답변의 의미는 무엇이며 "율법"이란 무엇을 의미하는가? 이 질문은 사실상 위에서 해결되었다. 앞 구절들의 지속적인 주장에서 율법의 행위는 칭의의 도구가 되지 못한다고 했다. 여기서 거론되고 있는 율법은 어떤 면으로 보든지 계명의 율법인데, 순종을 요구하는 율법은 칭의를 이룰 수 없다는 것이다. 그리고 어떠한 계명에 대한 어떠한 순종도 칭의에는 아무런 소용이 없다는 것이 바울의 주장이다. 그래서 이런 질문을 하게 된다. 그러면 이것이 계명의 율법을 폐기하며 모든 면에서 아무 소용이 없는 것이 되게 하는가? 바울은 그런 생각에 반대하면서 "그럴 수 없느니라"고 말한다. 정반대로 "도리어 율법을 굳게 세우느니라"고 대답한다.

바울은 은혜의 교리에서 도덕률 폐기론적 추론이 나올 위험성을 잘 알고 있었다. 그는 이 문제를 6장에서 상세히 다룬다. 그는 도덕률 폐기론적 추론을 논박할 뿐만 아니라 그것을 터무니없는 것이라고 논증한다. 그러나 여기서는 반대 의견을 예상하고 간략하게 대답한다. 훌륭한 답변이다. 그는 잠시도 용납할 수 없는 왜곡된 견해를 경계하고 있다. 필리피의 말을 빌리면 "이 절은 나중에 좀 더 자세하게 논증할 것을 미리 예상하고 여기서 간략하게 다루고 있다.[24]

---

24 기포드의 앞의 책과 칼빈의 로마서 주석의 번역자인 존 오웬의 훌륭한 각주를 보라.

THE EPISTLE TO THE ROMANS

4장

6. 구약의 확증(4:1-25)

1. 그런즉 육신으로 우리 조상인 아브라함이 무엇을 얻었다 하리요
2. 만일 아브라함이 행위로써 의롭다 하심을 받았으면 자랑할 것이 있으려니와 하나님 앞에서는 없느니라
3. 성경이 무엇을 말하느냐 아브라함이 하나님을 믿으매 그것이 그에게 의로 여기신 바 되었느니라
4. 일하는 자에게는 그 삯이 은혜로 여겨지지 아니하고 보수로 여겨지거니와
5. 일을 아니할지라도 경건하지 아니한 자를 의롭다 하시는 이를 믿는 자에게는 그의 믿음을 의로 여기시나니

바울은 4장에서 자신이 앞서 설명한 교리의 핵심을 구약성경을 통해 입증하려 한다. 바울이 제시한 논증에 나타난 그의 주관심사는 행위에 의한 칭의와 믿음에 의한 칭의 사이의 대립관계이다(3:20, 22, 25, 26, 27, 28, 30). 바울이 구약에서 인용한 일련의 예들은 바로 그와 같은 관심을 보여 준다. 바울은 무엇보다 먼저 아브라함의 예에 호소한다. 아브라함에 호소하는 것은 매우 적절하다. "아브라함의 사례는 온 유대인의 입장을 지켜주는 요새이며 그 중심"이었기 때문이다.[1]

1절 1절의 "그런즉"이라는 단어는 추론적 성격보다는 전환적 성격을 지닌 접속사로 보는 것이 더 좋다.[2] 이 접속사는 앞 내용에 대한 결론(이것은 3:31을 4장에 속하는 것으로 보는 사람들이 지지하는 견해)이 아니라, 아브라함의 예로 인도할 뿐이다. 아브라함에 대해서는 이렇게 언급한다. "그런즉 육신으로 우리 조상인 아브라함이 무엇을 얻었다 하리요?"[3] 유능한 주석가들은 "육신으로"라는 어구가 동사 "얻

---

1 Sanday and Headlam, 앞의 책.

2 핫지의 앞의 책과 비교하라.

3 1절은 εὑρηκέναι의 위치나 존재에 관한 텍스트상의 차이로 인해 해석하기가 무척 어렵다. 몇몇 역본과 일부 교부들의 지지를 받고 있는 ℵ A C D E F G 사본에서는 그것이 Ἀβραάμ 앞에 나온다. 다수의 소문자 사본에서는 ἡμῶν뒤에 나온다. 이 독법은 또한 몇몇 교부들의 지지를 받는다. B 1739 1908*에

었다"(hath found)와 반드시 연결돼야 한다고 주장한다.[4] 그렇지만 과연 우리가 그렇게 단정할 수 있을지는 의문이다. 그 어구는 "우리 조상인 아브라함"[5]과 연결된 것으로 봐도 무방하다. 바울은 "육신으로"라는 표현을 거의 독점적으로 사용한다. 그는 "육신으로"라는 어구를 영어의 '육신적으로'(carnally)와 같이 경멸적인 의미로 자주 사용했다. 즉, '죄악된 충동과 원리에 따라'라는 뜻으로 사용한 것이다. 여기서 "육신"(flesh)은 죄의 지배를 받는 인간의 본성과 동의어다(롬 8:4, 5, 12, 13; 고전 1:26; 고후 1:17; 10:2; 11:18). 바울은 또한 "육신"이란 말을 그보다는 덜 경멸적인 의미로 사용한 적도 있지만 이 경우에도 경멸의 뉘앙스가 담겨 있다(고후 5:16). 그렇지만 전혀 경멸적인 의미를 담지 않고 사용하기도 했다. 주로 주님의 인성(롬 1:3; 9:5)과 사람을 언급할 때(롬 9:3; 고전 10:18; 엡 6:5; 골 3:22; 히 12:9) 그랬다.[6] 그러므로 바울은 로마서 4:1에서 육신이라는 용어를 출생과 관련하여 아브라함의 조상됨을 의미하는 것으로 사용했음이 분명하다. 바울이 아브라함을 "우리 조상"이라고 부른 것은 자연적 출생에 의한 조상임을 표현한 것이다. "우리 조

서는 그것은 아예 생략되고 없다. 사람들은 다음과 같이 말한 라이트푸트의 판단을 곧바로 무시할 수는 없다. 다른 여러 사본에 나오는 다양한 위치로 보나, 또 B 사본에 의해 그것이 생략되거나 서기관들이 그것을 에둘러 표현한 것을 고려할 때, "εὑρηκέναι는 적어도 의심스러운 것으로 보아야 한다"라고 말했다 (*Notes*, p.276). 비록 εὑρηκέναι가 생략된다 하더라도 그 구절의 의미는 헷갈리지 않는다는 것을 알아야 한다. 이 동사가 보존되며, 또 우리가 소문자 사본을 따라서 그 말을 ἡμῶν 뒤에 위치시킨다면, κατὰ σάρκα를 윤리적 의미로 이해해야지, 육신의 능력 이외의 다른 의미로 이해하기는 어려울 것이다. 만일 우리가 ℵ A 등의 사본을 택한다면, 그땐 κατὰ σάρκα가 자연적인 혈연관계 이외의 다른 의미로 해석되어야 할 아무런 이유가 없을 것이다. 만일 우리가 εὑρηκέναι를 생략해도 마찬가지다. 그리하여 만일 우리가 대량의 소문자 사본을 따를 경우에는 κατὰ σάρκα를 윤리적으로 해석해도 좋을 것이다. 이 해석과 관련하여 두 가지를 언급할 필요가 있다. ① 이 해석에 반대하는 외적 권위에 기대어 그것이 진짜라고 추정하면 안 된다. ② 주석적인 근거에 의하면, 사도가 아브라함이 육신의 능력으로 어떤 것을 이루었다는 것, 즉 이제 바울이 다루고 있는 주제와 관련되는 어떤 것을 이루었다는 것을 의문의 형식으로라도 시사했다고 추정하는 것은 강력한 반대에 부딪히게 된다. 이 모든 사항을 고려할 때 다음과 같은 질문으로 보는 것이 가장 합리적이다. 즉, 육신을 따라 우리의 조상된 아브라함의 경우는 어떤가? 하는 것이다.

4 마이어, 고데트, 필리피, 핫지 외. 만일 εὑρηκέναι가 바로 κατὰ σάρκα에 선행하는 독법을 택한다면 (앞의 각주를 보라), 이 해석이 가장 자연스러울 것이다.

5 προπάτορα는 ℵ* A B C* 등과 같은 것의 지지를 받는다. 이 용어가 신약에서는 오직 여기서만 사용되고 있기 때문에, 이는 필사의 관점에서 볼 때 그것을 지지하는 강력한 논증이다. 일반적인 표현은, Ἀβραὰμ ὁ πατὴρ ἡμῶν이다.

6 갈 4:23, 29에 나오는 이 표현의 정확한 의미는 잘 모르겠다.

상인 아브라함"과 "육신으로"란 표현의 연결은 이 견해를 지지해 준다. 따라서 "육신으로"라는 표현이 "얻었다"라는 단어를 수식하거나 규정하는 것으로 봐야 할 명백한 이유가 없다. 전체적으로 이 구절은 다음과 같은 의미라고 분명히 말할 수 있다. "지금 논의되고 있는 칭의 문제와 관련해 아브라함이 무엇을 얻었다고 우리가 말할 수 있는가? 아브라함의 사례는 어떠했는가?"

"육신으로"가 "얻었다"와 연결된다고 생각하면 이 구절은 이렇게 해석된다. '아 브라함이 그 자신의 능력을 활용함으로써 하나님께 칭의를 얻을 수 있었던가?' "육신"은 "행위로써"(2절), 즉 육신의 힘으로 한 행위와 병행하는 셈이다. 이런 해석을 지지하는 강력한 논리는, 2절의 첫 절이 1절에 '행위에 의한 칭의'에 관한 명백한 언급이 나오길 요구한다는 것이다. 그렇지 않으면 2절에 나오는 가설적인 추정이 너무 급작스럽게 보이고, '왜냐하면'(for, 개역개정판에는 '왜냐하면'의 의미가 명확하지 않다—옮긴이)이라는 접속사는 이에 상응하는 선행 내용이 없어지게 된다. 그러나 꼭 이렇게 결론을 내릴 필요는 없다. 바울은 앞 장에서 행위와 믿음 사이의 반립관계에 관해 충분히 생각했다. 따라서 2절에서 행위에 의한 칭의를 언급한 것은 굳이 1절에서 동일한 것을 암시하지 않더라도 그 자체로 적절한 것이다.

아브라함의 경우에는 어떠했는가? 이와 같은 질문이 하는 역할은 분명하다. 바울이 앞으로 전개할 내용을 위해 2절이 서론 역할을 할 수 있도록 하는 것이다. 그러므로 문맥상 "육신으로"가 "얻었다"와 연결되어야 한다는 견해를 지지할 만한 결정적인 논리는 없다.

2-3절 2절의 "만일 아브라함이 행위로써 의롭다 하심을 받았으면 자랑할 것이 있다"는 말은 특정한 가정을 내포한다. 만일 1절의 "육신으로"를 "얻었다"와 연결해 해석한다면, 이 가정은 1절의 내용을, 아브라함은 행위에 의해 의롭게 되었을 가능성이 있다는 식으로 유도하게 된다.[7] 또 만약 아브라함이 행위로 인해 의롭게

---

7 '자랑할 근거'는 두 가지로 생각할 수 있다. 마이어처럼 καύχημα를 물질적인 자랑(materies gloriandi)을 가리키는 것으로 볼 수도 있고, 또는 자랑(gloriatio)의 동의어로 볼 수도 있다. 참고. Lightfoot, *Notes*.

된 것이 사실이라면, 아브라함은 자랑할 만한 근거를 지녔다는 추론이 가능하다. 이 가정에 의하면, 그런 추론은 불가피하다. 아브라함은 자신이 성취한 업적을 자랑할 만하다는 추론이 나오게 마련이다. 그러나 바울은 여기서 현실성이 있는 경우를 제시하거나 가정하지 않는다. 바울은 아브라함이 행위에 의해 의롭다 하심을 얻었을 가능성을 암시하지 않는다. 그것은 어디까지나 논증을 위해 편의상 제시된 일종의 가설에 불과하다. 그것은 즉각적으로 논박을 당하게 될 가설로서 논증의 과정에서 나온 가설이다. "만일"(if)이라는 단어는 사실과 정반대되는 가설의 의미를 갖고 있다. 이런 가설의 불가피한 결과에 대해 바울은 2절 하반부에서 대답한다. "하나님 앞에서는 없느니라"(But not before God). 이 대답은 당연히 하나님과 관련해서, 또는 하나님께 대해서 자랑할 것이 없거나 자랑의 여지가 전혀 없다는 의미이다. 바울의 표현이 매우 함축적이기에 그의 논리가 우리에게 모호하게 보일 수 있다. 바울의 주장은 다음과 같은 삼단논법으로 정리할 수 있다. ① 만일 사람이 행위에 의해 의롭게 된다면 그는 자랑할 근거가 있다. ② 아브라함은 행위에 의해 의롭게 되었다. ③ 고로 아브라함은 자랑할 근거가 있다.

바울은 이 결론을 강력하게 부정한다. 사실상 삼단논법의 형식으로는 옳을지 모르나 그것이 아브라함에게 적용될 수는 없다는 것이다. 바울은 어떤 방식으로 이 결론을 반증하는가? 그는 소전제가 옳지 않음을 보여 줌으로써 반증한다. 그는 아브라함이 행위에 의해 의롭게 되지 않았음을 증명한다. 그리고 그 증명에 의해 그 결론을 반박한다. 이것이 "하나님 앞에서는 없느니라"는 문장의 의미다. 바울은 어떻게 소전제를 반증하고 있는가? 단순히 성경에 호소한다. 그는 창세기 15:6을 인용한다. 이 구절은 지금 논의하는 주제와 가장 관련이 있는 텍스트다. 창세기 15:6에는 행위에 대한 언급이 전혀 없다. "성경이 무엇을 말하느냐? 아브라함이 하나님을 믿으매 그것이 그에게 의로 여겨진 바 되었느니라"(3절). 이 본문에 호소하면서, 바울은 자신의 주장의 핵심 근거를 아브라함의 믿음에 두고 있음을 명백히 밝힌다. 4, 5절을 통해 이것이 바울의 주요 관심사임을 알게 된다. 4, 5절에서 또다시 믿음과 행위의 반립관계를 논의하기 때문이다.

히브리어 성경의 창세기 15:6은 다음과 같다. "아브람이 여호와를 믿으니 여호와께서 이를 그의 의로 여기시고." 이 형식은 비느하스가 여호와를 위해 나타낸 열심을 말할 때 사용한 것과 유사하다. "이 일이 그의 의로 인정되었으니 대대로 영원까지로다"(시 106:31). 그의 의로 인정된 것이 비느하스의 열성적인 행위였음은 의심의 여지가 없다. 창세기 15:6의 형식은 그 자체의 용어나 시편 106:31의 유추로 볼 때 하나님이 아브라함의 믿음을 그의 의로 여기셨다고 해석해야 한다. 바울의 인용도 그와 같이 해석해야 한다(9, 22, 23절; 갈 3:6). 9절은 "믿음"이 의로 여겨졌다는 것을 명백히 밝힌다. 히브리어의 경우처럼 "여기셨다"(reckoned)는 단어는 '그의 소유로 돌리다', '그에게 전가되다'는 의미다. 그리고 이 전가에 상응하는 결과가 따랐다는 뜻이 함축되어 있다.

그러나 우리는 창세기 15:6과 시편 106:31의 차이점을 인식해야 한다. 비느하스의 경우 그것은 그의 편에서 행한 의로운 행동이다. 그는 하나님을 믿는 믿음이 낳은 헌신의 소유자로 인정받았다. 그는 윤리적·종교적 의미에서 의롭다. 그러나 아브라함에게 의로 여겨진 것은 비느하스의 경우와 매우 다르다. 창세기 15:6에 대한 바울의 해석과 적용에 이 점이 명백히 드러난다. 바울이 이와 관련해 시편 106:31에 호소했더라면 그의 모든 논리가 무너졌을 것이다. 바울이 시편 106:31을 칭의의 문제, 그것도 불경건한 자의 칭의 문제(5절)에 관련해 호소했더라면, 비느하스의 사례는 내재적 모순을 제공했을 테고, 의롭고 열성적인 행위로 의롭게 되는 예를 보여 주었을 것이기 때문이다. 창세기 15:6의 형식이 시편 106:31의 형식과 비록 유사하기는 하지만, 이 두 구절이 다루는 주제들은 서로 다르다. 바울이 보여 주는 것처럼 창세기 15:6은 칭의를, 시편 106:31은 믿음의 열매인 선행을 각각 다룬다. 이런 구별은 창세기 15:6을 해석할 때, 특히 이 장에서 바울이 이 구절을 적용하는 것을 다룰 때 반드시 유념하지 않으면 안 된다.

여기서 바울의 관심사는 행위와 상반되는 믿음에 의한 칭의다. 그래서 바울은 창세기 15:6에 호소한다. 그는 아브라함의 믿음을 강조하며, 의가 그에게 전가되었다는 표현은 우리의 시선을 아브라함의 믿음이 고려되었다는 사실에 집중시킨다. 그는 하나님께서 아브라함의 칭의와 관련해 중요하게 고려하신 것은 행위와 대조되는 믿음이었다고 주장한다. 칭의와 관련하여 아브라함에게 의를 전가한 것은 믿음이었다고 바울은 말한다. 그러므로 창세기 15:6에 호소할 때마다, 의가 믿음에 기인한다는 사실을 우리는 반드시 인식해야 한다(5, 9, 10, 11, 22, 23절). 그런데 이 사항이 이 서신의 다른 곳에서 증명하는 진리, 곧 그리스도의 의가 칭의의 근거이며 우리가 그 의로 인해 의롭다 함을 얻게 되었다는 진리와 어떻게 조화를 이루는지는 반드시 짚고 넘어갈 문제다.[8] 칭의와 관련해 믿음이 의로 간주된다는 진리가 바울의 전체적인 교리와 매우 밀접한 관계에 있는데도, 우리가 그 의미를 무시하거나 강조하지 않는다는 것은 결코 있을 수 없는 일이다.

4-5절 창세기 15:6에서 믿음에 의해 아브라함이 의롭게 되었음을 보여 줌으로써, 바울은 2절의 논점, 즉 아브라함이 행위에 의해 의롭다 함을 받지 않았기에 그는 자랑할 것이 전혀 없다는 논점을 증명했다. 4-5절에 이르러 2절에 함축된 사상이 수고로 인한 빚에 해당되는 보수와 은혜의 방법을 대조시키는 것으로 확대되었다. 이 주제를 다루는 바울이 "은혜에 따른 삯"에 관해 언급할 수 있었을지는 의문이다. 실제로 바울은 그런 언급을 하지 않는다. 4절에 나오는 은혜에 대한 언급은 일하는 자의 삯이 '은혜에 따른 것'임을 부정한다. 그러므로 여기서 반립관계에 있는 것은 보상의 개념과 은혜의 개념이다. 일꾼은 보상을 바라지만 일하지 않는 사람은 은혜를 받아야만 한다. 그러므로 5절은 그와 대조적으로 "일하지 아니한 자는 그 삯을 빚으로 여기지 아니하고 은혜로 여긴다"라고 말하지 않는다. 여기서 부각시키는 것은 일하는 자와 일하지 않는 자 사이의 대조가 아니라, 일하는 자와 일하지 아니하지만 믿는 자 사이의 대조다. 이는 단순한 믿음이 아니라 구체적인 특성과 방향을 지닌 믿음이다. "경건하지 아니한 자를 의롭다 하시는 이"를 믿는 믿음이다. 이 문제는 모든 것의 중심이 되는 진리, 곧 "그의 믿음을 의로 여기시느니라"는 공식으로 표현되어 있다.

　5절에 나오는 "경건하지 아니한 자를 의롭다 하시는 이를"이란 표현은 은혜의 복음이 얼마나 관대한지를 부각시키기 위한 것이다. "경건하지 아니한 자"는 강한

---

8 부록 A를 참고하라

표현으로써 하나님의 은혜의 크기와 정도를 보여 준다. 하나님의 칭의의 판단은 단지 불의한 자뿐 아니라 경건하지 아니한 자에게도 적용된다. 5절은 은혜의 방법에 대한 일반적 진술이며 구체적으로 아브라함을 묘사하는 것은 아니다. 우리는 이 구절에서 은혜의 지배적 원리를 발견할 수 있다. 이 원리가 아브라함을 통해 잘 나타난 것은 그가 그 원리에 따라 믿었기 때문이다.

6. 일한 것이 없이 하나님께 의로 여기심을 받는 사람의 복에 대하여 다윗이
   말한 바
7. 불법이 사함을 받고 죄가 가리어짐을 받는 사람들은 복이 있고
8. 주께서 그 죄를 인정하지 아니하실 사람은 복이 있도다 함과 같으니라

6-8절 6-8절에는 이신칭의가 옛 언약의 성경에 이미 포함되어 있음을 입증하기 위해 구약에서 끌어온 두 번째 예가 있다. 여기서는 다윗의 예를 들어 그가 기록한 시편에 호소한다. 그렇지만 이 호소는 아브라함의 사례를 들어 증명한 사실과 무관하지 않다. 이는 아브라함의 경우를 확증하기 위한 인용이다. 마이어의 말을 빌리면, 일종의 '액세서리'다. 이것은 "다윗도 말한 것처럼"(even as David also)이라는 서두에 나타나고, 바울이 9절에서 다시 아브라함의 믿음으로 돌아가며 4장의 끝까지 똑같이 이어지는 것으로 봐서 알 수 있다. 그러므로 복 있는 사람에 관한 다윗의 선언은 앞의 내용을 확증해 줄 뿐만 아니라 바울 자신이 논의하는 주제의 결론과 연관이 있는 아브라함의 다른 일면으로 이끌어 준다.

다윗은 "불법이 사함을 받고 죄가 가리어짐을 받는 사람들은 복이 있고"(7절)라고 선언했다. 이것은 "주께서 그 죄를 인정하지 아니하실 사람"(8절)에게 내린 축복의 선언과 병행한다. 바울이 6절에서 "일한 것이 없이 하나님께 의로 여기심을 받는 사람의 복"과 관련해 다윗의 말을 언급할 때 염두에 두고 있는 것이 바로 이 선언이다. 죄를 인정하지 않고 용서한다는 다윗의 표현을 바울은 의의 전가라는 표현을 써 더 긍정적으로 해석한다. 여기서는 몇 가지 사항을 고려해야 한다.

(1) 다윗의 선언에 호소하는 것은 바울의 주제에 특별히 적절하다. 바울은 행위

에 의한 칭의와 반대되는 이신칭의를 다룬다. 복 있는 사람은 그 불법을 사함 받고 하나님이 그 죄를 인정하지 않는 자라는 선언은 이신칭의의 주제를 가장 잘 보여 준다. 이 선언에서 고려하는 것은 선행이 아니라 그 반대인 불법과 죄들이기 때문이다. 복 있는 사람은 선행의 공로를 인정받은 사람이 아니라, 자기의 죄를 "인정받지 아니한 사람"이다. 그러므로 다윗의 신앙은 선행의 개념에 의해 좌우되지 않고 은혜로운 죄의 면제에 의해 좌우된다. 하나님의 복은 행위에 의해 주어지는 것이 아니다. 이는 바울의 주장과 연관성이 많다.

(2) "의를 전가하는"(의로 여기는) 하나님에 관해 바울이 언급할 때(6절), 그는 분명 이 표현을 칭의와 동의어로 사용한다. 그렇지 않으면 그의 주장은 아무런 의미가 없다. 그의 논지는 행위 없이 믿음에 의한 칭의이기 때문이다. 그러므로 "일한 것이 없이 의로 여김을 받는다"는 말은 행위 없는 칭의와 동일하다. 이것은 바울이 생각하기에 창세기 15:6, 즉 "의로 여기시고"에서 유래한 표현, 혹은 6절에 나오는 "의로 여기심을 받는다"는 말은 "의롭게 한다"는 것과 동일한 의미를 지닌다. "믿음을 의로 여기다"는 말은 "믿음으로 의롭다 하심을 받는다"는 것과 동일한 내용임이 틀림없다(참고. 3:26, 28, 30; 5:1).

(3) 바울은 칭의 교리를 설명하기 위해 죄 사함을 받고 그 죄를 인정받지 않는다는 다윗의 선언과 의의 전가라는 말을 사용하는데, 이때 그가 칭의를 죄 사함으로 정의하진 않았지만 양자의 상관관계를 생각했을 것이다. 그러나 이 추론은 칭의가 은혜의 주입에 있다는 로마가톨릭의 견해와 반대된다. 죄 사함이 법적 의미를 지니듯이 칭의도 법적 의미를 지니는 것이 틀림없다.

(4) 바울이 칭의의 전반적인 성격을 죄 사함으로 규정했다고 여길 수 없다. 칭의가 있는 곳에 죄 사함이 있고, 죄 사함이 있는 곳에 칭의가 있다. 그래서 그는 이런 구절들에서 그것들을 사실상 동일한 것으로 다룬다. 그러나 이미(1:17; 3:21-26) 그리고 나중에(5:17-21; 10:3-6) 바울이 보여 주는 것처럼, 칭의가 죄 사함을 내포해야 하지만 죄 사함이 칭의를 규정짓는 것은 아니다. 여기서 바울의 관심사를 파악할 필요가 있다. 지금 바울은 특별히 아브라함에 관한 단락을 근거로 행위에 의한 칭의와 믿음에 의한 칭의의 반립관계를 보여 주기 위해 노력한다. 바울이 아브

라함에 관한 내용에 덧붙여 다윗과 시편 32:1-2을 거론하는 목적은 성경에서 말하는 복의 전형이 행위에 대한 보상이 아니라 믿음으로 말미암아 은혜로 주어지는 것임을 증명하기 위해서다. 복이란 죄 사함을 받는 것에 있지 인간의 공로에 따른 보상의 범주에 속한 것이 아니다. 본문에 죄 사함과 칭의의 관계 그리고 죄 사함과 칭의의 사실상의 동일시가 나오지만, 이런 사항은 어디까지나 바울의 관심사와 강조점에 비추어 이해되어야 한다. 그래서 죄 사함과 칭의가 동의어라서 양자가 서로를 규정짓는다는 것을 보여 주는 증거로 들면 안 된다. 물론 칭의는 죄 사함을 내포하긴 한다. 행위와 믿음을 대조해 볼 때 죄 사함이 칭의의 특성을 잘 보여 주는 것은 사실이다.

9. 그런즉 이 복이 할례자에게냐 혹은 무할례자에게도냐 무릇 우리가 말하기를 아브라함에게는 그 믿음이 의로 여겨졌다 하노라
10. 그런즉 그것이 어떻게 여겨졌느냐 할례시냐 무할례시냐 할례시가 아니요 무할례시니라
11. 그가 할례의 표를 받은 것은 무할례시에 믿음으로 된 의를 인친 것이니 이는 무할례자로서 믿는 모든 자의 조상이 되어 그들도 의로 여기심을 얻게 하려 하심이라
12. 또한 할례자의 조상이 되었나니 곧 할례 받을 자에게뿐 아니라 우리 조상 아브라함이 무할례시에 가졌던 믿음의 자취를 따르는 자들에게도 그러하니라

9-12절에서 바울은 아브라함이 할례 받기 이전에 이미 의롭다 하심을 얻었다는 사실에서 논의를 발전시킨다. 바울이 이 사실에 호소한 것은 할례가 아브라함의 칭의에 아무런 역할을 하지 못했으며, 따라서 이신칭의는 할례자와 무할례자 모두에게 해당된다는 점을 보여 주기 위함이다. 아브라함은 할례 받기 오래전에 의롭다 하심을 받았다는 역사적 사실이 창세기에 나타난다. 창세기 17:10-13에 할례가 소개된다. 그러나 아브라함의 이신칭의에 관한 언급은 창세기 15:6에 있

다. 그러니 전자와 후자 사이에는 적어도 14년의 간격이 있다. 우리에게는 이것이 아브라함을 통해 배울 수 있는 너무도 명백한 교훈인 만큼 더 이상 거론할 필요가 없어 보인다. 그러나 이렇게 명백한 교훈을 유대인들은 배우지 못했다. 유대인의 전통은 아브라함의 탁월성과 아브라함의 후손으로서의 유대 백성의 특권을 할례를 들어 해석하고, 금세 및 내세의 축복도 그 할례와 결부시키는 것을 고려해 볼때, 바울이 지금 제시하는 논증의 적절성을 알 수 있다. 그는 기록된 말씀에서 다음 사실을 보여 준다. 즉, 다윗이 선언한 축복은 할례자에게는 물론 무할례자에게도 속한다는 것. 이렇게 볼 때 유대인의 왜곡은 명백한 역사적 교훈에 역행함을 알수 있다. 따라서 바울의 논증은 적절하고 필요했다.

9-10절 9절의 "무릇 우리가 말하기를 아브라함에게는 그 믿음이 의로 여겨졌다 하노라"는 문장에서 바울이 다시 가리키는 것은 창세기 15:6이다. "무릇 우리가 말하기를"이라는 표현은 의문의 여지가 없다는 주장으로 봐야 한다. 즉, 공인된 사실이다. 여기서는 아브라함의 믿음을 강조한다. 이미 우리가 살펴본 바와 같이, "아브라함이 하나님을 믿으매 그것이 그에게 의로 여겨진 바 되었느니라"는 진술은 "아브라함이 믿음에 의해 의롭다 하심을 얻었노라"는 말과 같다. 이런 공인된 전제를 제시한 뒤에 바울은 여기서 핵심적인 질문, 곧 "그런즉 그것이 어떻게 여겨졌느냐?"라는 질문으로 나아간다. 여기에 함축된 주제는 믿음이다. 질문인즉, 어떻게 믿음이 아브라함의 칭의에 관여했는가이다. "언제"가 아니라 "어떻게"로 질문했다는 점이 중요하다. 마이어가 말한 대로, "신분과 관련하여 어떤 상황에서인가?"[9]라고 묻고 있는 것이다. 아브라함이 칭의를 받은 것이 할례를 받은 신분에서인가 무할례의 신분에서인가? "할례시냐 무할례시냐?"(10절) 바울은 날카로운 질문을 제기한다. 아브라함의 칭의가 할례를 받은 상태에서 이루어졌다면, 아브라함이 믿음으로 의롭게 되었다는 단순한 사실이 현재의 논증에서 설득력이 없을 것이다. 할례가 결정적인 요인이었다는 반론이 제기될 것이고, 그렇다면 율법주의자

---

9 앞의 책, 동일한 곳.

는 이 조건이 반드시 충족되어야 한다고 주장할 것이다. 바울의 대답은 간단하다. "할례시가 아니요 무할례시니라." 그러므로 칭의와 칭의에 이르는 믿음에 있어서 할례는 아무 소용이 없다. 하나의 조건도 되지 못한다. 이것이 아브라함의 예에서 이끌어 낸 교훈이다. 할례는 아브라함의 신앙이나 칭의와 아무런 관계도 없다.

11-12절 11절에서 바울은 우리를 위해 아브라함의 신앙과 할례의 관계를 설명한다. 할례는 믿음의 발휘나 믿음으로 말미암은 칭의에 아무것도 기여하지 않았다. 당시에는 할례가 없었기 때문이다. 그렇지만 할례는 믿음과 어떤 관계는 있다. 바울은 할례가 세속적인 의식이 아니며 단순한 인종적 정체성의 표시도 아니라고 말한다. 할례의 의미는 믿음과 관련이 있다. 바울은, 할례가 믿음을 만들어 내거나 믿음에 따라오는 복을 제공하는 데 아무런 효력이 없기 때문에 그것은 종교적 의미나 가치가 없다는 식의 중대한 과오를 범하지는 않았다. 바울은 할례의 의미가 믿음 및 믿음의 의와의 관계에서 온 것임을 보여 준다. "그[아브라함]가 할례의 표를 받은 것은 무할례 시에 믿음으로 된 의를 인친 것이니 이는 무할례자로서 믿는 모든 자의 조상이 되어 그들도 의로 여기심을 얻게 하려 하심이라"(11절). 요약하면, 할례는 아브라함의 믿음을 표시하고 확증한 것이다.

이러한 믿음과 할례의 관계는 바울의 논증을 강화한다. 만일 할례가 믿음을 표시한다면, 믿음은 그 상징보다 선재하며, 더 분명하게는, 인침 또는 확증은 인침 받는 것의 실재를 전제한다. 따라서 인침이 인침을 받은 것의 내용에 추가하는 것은 없다. 표(sign)와 인(seal)은 서로 다르다. 표는 그것이 나타내는 대상의 실존을 가리키는 반면, 인은 표시되는 것의 진정성을 확증, 보증, 인증한다. 바울은 이런 차이를 분명 염두에 두었다. 인은 표가 가리키는 것을 더 결정적으로 말해 준다. 인은 확증의 사상을 추가한다. 여기서 인은 하나님의 약속에 대한 아브라함의 믿음을 하나님이 인정하셔서 아브라함이 믿은 그 약속이 성취될 것임을 확신시켜 주는 것이다. 창세기 17:10-14은 할례가 언약의 표라고 명확히 언급한다. 여기엔 모순이 없다. 언약의 표와 인으로써의 할례는 또한 믿음의 인이며 믿음으로 말미암은 칭의의 인이다. 이것을 떠나서는 언약도 무의미하다. 아브라함은 창세기

15:4, 5의 약속과 그 약속들의 성취를 믿었던 것이며, 이 약속들은 본질적으로 창세기 17:2-14의 언약에 의해 구체화되고 확증된 것과 동일한 약속들이다(창 15:4, 5; 17:2, 4). 창세기 12:1-3, 15:4-6, 18-21, 17:1-21 등에서 하나님의 언약의 은혜와 목적이 아브라함에게 점진적으로 계시되지만 그 계시들 안에 통일성이 존재한다. 이 모든 경우에 나오는 아브라함의 믿음은 점진적으로 계시되는 하나님의 목적을 이해하고 거기에 헌신하는 믿음이다. 우리는 이런 언약의 계시들을 그로 인해 생성된 믿음에서 떼어놓고 생각할 수 없으며, 또한 아브라함의 믿음도 그와 직결된 약속 및 언약의 계시와 분리시켜 생각할 수 없다. 이 분리 불가능성이 할례가 언약의 인이며 믿음의 인이라는 두 가지 사실을 조화롭게 만들어 준다.

11절 하반부와 12절은 11절의 상반부에서 언급된 다음 두 가지 사실이 지향하는 목적을 묘사하고 있다. ① 아브라함이 할례의 표를 받았다. ② 이는 그가 할례 받기 전에 소유한 믿음의 인이었다.

두 가지 사항 모두 적실하다. 믿음의 인의 역할을 하는 할례의 의미를 감소시켜서는 안 된다. 그러나 할례가 인을 쳤던 믿음이 그의 무할례 상태에서 발휘되었다는 다른 사실도 인정해야 한다. 그럼 그 목적은 무엇인가? 바울은 먼저 두 번째 사실이 가리키는 목적을 말한다. 이것은 11절 하반부에 언급된다. 그 목적은 아브라함이 할례를 받지 않은 모든 믿는 사람들, 즉 모든 무할례 신자들의 조상이 되며, 그는 그런 모든 사람의 조상이기에 아브라함에게 전가된 의가 또한 그들에게도 전가되게 하기 위해서다. 할례와 상관없이 그런 모든 신자들은 하나님 앞에서 아브라함이 누렸던 것과 동일한 칭의를 누리게 된다. 12절에서 바울은 다른 사실의 목적도 밝힌다. 아브라함은 할례의 인을 받았는데, 이는 아브라함이 무할례자의 조상일 뿐 아니라 할례자의 조상도 되게 하기 위함이다. 한편, 무할례자라는 사실이 믿음과 믿음에 의한 칭의에 아무런 장애가 되지 않으며, 또 우리가 아브라함의 자녀가 되는 데 방해도 되지 않고, 다른 한편으로, 우리는 할례를 불리한 것으로 생각해서도 안 된다. 바울은 그런 추론을 열심히 반박한다. 유대인은 할례로 인해 어떤 불이익도 당하지 않는다. 오히려 바울은 아브라함이 "할례자의 조상"이라고 말한다(12절). 그러나 아브라함의 자녀는 할례에 의해 되는 것이 아니라는 점도 주장할 필요가 있다. 그래서 바울은 이렇게 덧붙인다. "우리 조상 아브라함이 무할례 시에 가졌던 믿음의 자취를 따르는 자들에게도 그러하니라"(12절). 할례는 걸림돌이 아니지만 그렇다고 결정적인 요인도 아니다. 할례는 다른 요소와 결부되어야 한다. 그것은 바로 아브라함의 믿음의 본보기를 따르는 것이다. 이 요소를 설명하기 위해 사용된 표현을 주목해 보자. "자취를 따른다"는 표현은 "종대로 행진한다"는 의미다. 아브라함은 한 무리의 지도자다. 그러므로 우리는 아브라함이 남긴 자취를 따라갈 때 횡대로 서지 않고 종대로 서 있다. 그것은 아브라함이 할례를 받지 않았을 때의 믿음의 자취다. 이 믿음은 할례의 영향도 받지 않고 할례를 조건으로 삼지도 않는다. 할례는 우리가 아브라함의 자녀가 되는 데 배타적 요인도 아니고 어떤 기여도 하지 않는다. 믿음에서 난 사람은 누구나 "아브라함의 자손이다"(갈 3:7). 그것은 믿는 사람들을 아브라함의 자손들이라고 언급할 때 가리키는 그 믿음이다. 마치 야발을 모든 사람의 조상이라고 할 때, 야발이 장막에 거했기 때문에 거주 양식으로 보아 장막에 거하는 모든 자의 조상이란 뜻과 같다. 유발을 수금과 퉁소를 잡은 모든 사람의 조상이라고 하는 것은 직업의 동일성을 두고 한 말이다(창 4:21).[10]

13. 아브라함이나 그 후손에게 세상의 상속자가 되리라고 하신 언약은 율법으로 말미암은 것이 아니요 오직 믿음의 의로 말미암은 것이니라

14. 만일 율법에 속한 자들이 상속자이면 믿음은 헛것이 되고 약속은 파기되었느니라

15. 율법은 진노를 이루게 하나니 율법이 없는 곳에는 범법도 없느니라.

16. 그러므로 상속자가 되는 그것이 은혜에 속하기 위하여 믿음으로 되나니 이는 그 약속을 그 모든 후손에게 굳게 하려 하심이라 율법에 속한 자에게뿐만 아니라 아브라함의 믿음에 속한 자에게도 그러하니 아브라함은 우리 모든 사람의 조상이라

---

10 참고. Hodge, 앞의 책.

17. 기록된 바 내가 너를 많은 민족의 조상으로 세웠다 하심과 같으니 그가
    믿은 바 하나님은 죽은 자를 살리시며 없는 것을 있는 것으로 부르시는
    이시니라
18. 아브라함이 바랄 수 없는 중에 바라고 믿었으니 이는 네 후손이 이같으리
    라 하신 말씀대로 많은 민족의 조상이 되게 하려 하심이라

13절 13절이 논증을 단절시키는 것은 아니다. 이 구절은 다른 사항을 설명하기
위한 전환점일 뿐이다. 이는 믿음에 의해 의롭게 되는 것이며, 아브라함은 할례자
든지 무할례자든지 모든 믿는 사람의 조상임을 구약을 인용해 입증한 것과 관련
이 있다. 그러나 바울이 계속해서 믿음과 율법의 행위를 대립시키는 것과(13, 14,
16, 22, 23, 24절) 아브라함이 모든 믿는 자들의 조상이라는 사실에 호소하는 것을
보면(16-18절 참조) 주 관심사는 변함이 없다. 하지만 13절에서 소개한 새로운 요
소는 율법과 약속 간의 반립관계이다. 앞에서 할례 전 아브라함의 믿음에 관해 설
득력 있게 말했듯이 여기서는 약속에 대해서도 그렇게 말한다.

"아브라함이나 그 후손에게 하신 언약은 율법으로 말미암은 것이 아니요."[11] 이
절은 특별히 두 가지 의문을 불러일으킨다. "율법"은 무엇을 의미하는가? 여기에
나타난 아브라함의 후손은 어떤 사람인가? 첫 번째 질문에 대해서는 앞에서 주장
한 것(3:31)과 다른 의미의 "율법"이라고 생각할 타당한 이유가 없다. "율법"이란
단어는 순종을 요구하는 계명으로서의 법을 지칭하는 것으로 봐야 하며, 따라서
이 범주에 속하는 모든 법에 적용된다. 이런 면에서 볼 때, 모세의 율법이 하나님의
법을 가장 명확하고 인상적으로 계시하며, 또 그중에서도 십계명이 계명으로서의
율법이 무엇인지를 가장 집약적으로 표현하고 있음은 분명한 사실이다. 그러나
바울이 아브라함의 약속의 시대와 모세의 시대 사이의 대조를 염두에 두고 있다고
생각한다면, 여기서 "율법"과 "약속" 사이의 반립관계를 찾을 수 없다. 모세의 통

---

11 난외역인 "율법으로 말미암은 것이 아니요"(not through law)는 타당성이 있다. 여기서 정관사의 생
략은 이 구절에서 사용된 율법이 하나의 제도로서의 모세의 율법이 아니라, 단순히 순종을 요구하는 법으
로서의 율법이라는 사실을 강조하는 역할을 한다.

치는(바울이 갈 3:17-22에서 보여 주듯이) 아브라함에게 주어진 약속을 취소하거나 중지시키지 않았다. 430년 뒤에 모세의 언약이 주어졌을 때에도 그 약속은 여전히 유효하고 살아 있었다. 그러므로 13절에 언급된 율법이 모세의 율법을 의미한다고 주장하고 그 율법을 모세의 경륜이란 뜻으로 해석하는 것은 잘못이다. 또 "율법"을 구약성경으로 보는 것은 더욱 잘못이다. 이것은 본문에서 바울이 말하는 대립관계로부터 더욱 동떨어진 것이다. 그러므로 우리는 바울이 말한 율법을 계명의 율법(law of commandment)을 의미한 것으로 봐야 한다. 즉, 계명의 율법이 요구하는 율법의 행위를 암시하는 계명의 율법으로 본다는 뜻이다. 여기서 바울은 "율법"과 "약속"이 완전히 대조된다고 주장한다. 율법은 명령하며, 지켜지지 않을 때는 진노가 따른다(15절). 율법은 은혜를 모른다. 약속은 은혜에 대한 확신이다. 그것은 값없이 받는 선물이다. 율법과 약속 사이의 대립관계를 고려하며, 바울은 아브라함에게 주신 약속은 율법으로 말미암지 않는다고 자신 있게 단언한다. 그것이 약속이었음은 의심할 수 없는 사실이다. 그러므로 여기에 함축되어 있는 대조로 인해, 약속은 율법을 통해 오지 않았다. 이것은 로마서 3:20 이후에 개진된 바울의 논증과 맥을 같이 한다.[12]

아브라함의 후손(Abraham's seed)과 관련된 문제는 쉽게 답할 수 있다. 갈라디아서 3:16에서 그 "후손"은 명백히 그리스도다. 그러나 여기서 후손은 아브라함의 모든 후손을 지칭하는 것이 분명하다. 16, 17절에서 바울이 약속에 관해 이렇게 말하기 때문이다. "이는 그 약속을 그 모든 후손에게 굳게 하려 하심이라. 율법에 속한 자에게뿐만 아니라 아브라함의 믿음에 속한 자에게도 그러하니 아브라함은 우리 모든 사람의 조상이라, 기록된 바 내가 너를 많은 민족의 조상으로 세웠다 하심과 같으니." 바울은 아브라함을 그 조상으로 하는 '많은 사람'을 가리켜 후손이라 칭한다(11, 12절). 이는 아브라함의 자연적인 후손이 아니라, 할례자든지 무할례자든지 "아브라함의 믿음에 속한" 모든 사람을 의미한다(16절). 그러므로 여기

---

12 "율법으로 말미암은 것이 아니요"의 반대말은 "믿음의 의로 말미암은 것이다"(through the righteousness of faith)이다.

서의 "약속"은 모든 믿는 자에게 주어지며, 믿는 자는 모두 아브라함의 후손이다.

"세상의 상속자가 되리라"는 절은 아브라함과 그의 후손에게 주어진 약속에 대한 설명이다. 이는 약속이 무엇이었는지를 말해 주는데, 구약에서는 이렇게 표현된 약속을 찾아볼 수 없다. 이 약속은 무엇인가? 자연스럽게 우리는 아브라함 안에서 땅의 모든 족속이 복을 얻으리라(창 12:3)는 약속과 이후에 받은 연관된 약속을 생각하게 된다(창 13:14-17; 15:4, 5, 18-21; 17:21; 22:15-18).

바울의 전반적인 가르침에 비춰 보면, 이 약속이 메시아와 관련된 가장 포괄적인 범위를 갖고 있다는 인상을 지울 수 없다. 세상의 상속자가 될 것은 아브라함에게 주어진 약속이지만, 이는 또한 그의 자손에게 주어진 약속이기도 하다. 따라서 그리스도와 그분 안에서 아브라함의 영적 자손이 된 자들에게 약속된 범세계적인 지배를 내포하고 있다. 그것은 새 하늘과 새 땅의 완성된 질서에서 궁극적으로 성취될 약속이다.

14-15절 14절에서는 "언약은 율법으로 말미암은 것이 아니요"(13절)라는 부정적 사상을 재개한다. 이러한 부정적 표현은 다음과 같은 결론을 입증하기 위해 필요하다. "만일 율법에 속한 자들이 상속자이면 믿음은 헛것이 되고 약속은 파기되었느니라." "율법에 속한"은 "믿음에 속한"이란 표현과 대조되며, 율법은 분명 순종과 실천을 요구하는 계명의 법을 의미한다. "율법에 속한 자들"은 믿음을 근본 원리로 삼는 종교를 가진 사람들과 대조되는데, 전자는 율법을 결정적인 지도 원리로 삼는 사람들이다. 율법에 속한 사람들은 "율법의 행위에 속한" 사람들이다. 여기서 율법은 13절에서처럼 통치체계로서의 모세의 경륜이 아니다. 율법의 행위에 속한 자들이 상속자들이라면 믿음도 헛것이요 약속도 파기되었을 것이라는 추론은 믿음과 행위 간의 명백한 모순에서 나온 것이다. 양자는 상호배타적이다. 율법과 약속의 관계도 마찬가지다. 약속은 믿음과 상관이 있기 때문이다.

그럴 경우에는 믿음과 약속이 그 의미를 상실하게 되는 또 다른 이유를 제공한다. 그것은 "율법은 진노를 이루게 하나니 율법이 없는 곳에는 범법도 없느니라"고 한 15절에 있다. 달리 말하면, 이것이 율법이 믿음과 약속을 헛되게 하는 특별한 이유이다. 율법이 초래하는 진노는 무엇인가? 그것은 율법이 사람들의 가슴속에 유발하는 분노나 적개심이라는 견해가 있는데, 이는 바울이 후에 강조하는 진리이기도 하다(7:8, 11, 13 참고). 이 견해가 지금 다루고 있는 주제와 관련이 없지는 않다. 율법 그 자체는 오히려 더 큰 범죄를 짓게 하고, 결코 순종이나 실천을 하도록 만들지 못한다는 사실을 상기시키는 것은 율법주의를 반박하는 좋은 방법이다. 그러나 이 진노는 하나님의 진노라고 믿을 만한 이유가 있다. 물론 바울은 인간의 거룩하지 않은 분노에 대해서도 "진노"라는 단어를 사용하긴 하지만(엡 4:31; 골 3:8; 딤전 2:8; 약 1:19, 20), 바울서신과 신약성경은 하나님의 진노를 언급할 때 이 단어를 가장 빈번히 사용했다. 로마서에서도 오직 13:4, 5을 제외하고는(거기서도 인간의 거룩하지 못한 진노는 아니다), 그것은 언제나 하나님의 진노를 의미한다. 이 경우에 이런 의미가 아니라고 말하려면 설득력 있는 이유가 반드시 있어야 한다. 바울은 죄가 계명을 통해 기회를 타서 인간의 마음속에 일으키는 적개심을 다룰 때에는(롬 7:8, 11, 13) 이 용어를 사용하지 않는다. 더욱이 "진노"라는 용어는 인간의 마음속에 발생하는 이런 반응을 전달하는 데에 가장 적절한 말도 아니다. 그러므로 이 서신에서 진노가 쓰인 용례를 검토하면 율법을 통해 발생하는 진노는 하나님의 진노라고 봐야 한다. 율법이 어떻게 하나님의 진노를 초래하느냐는 질문에 대한 대답이 그 다음 절에 나타난다. 즉, "율법이 없는 곳에는 범법도 없느니라"이다. 율법이 없으면 죄가 없다는 것이다. 죄란 법을 위반하는 것이기 때문이다. 그러므로 우리가 죄를 짓는 상황에서는 언제나 범법이 있다. 하나님의 진노를 일으키는 것은 바로 이 범법이다. 다음과 같은 순서로 진행된다. 먼저 율법이 있고, 죄인이 율법을 위반하고, 그 범법으로 인해 하나님의 진노가 유발된다. 이에 대한 바울의 선언은 간결하다. 그는 "율법은 진노를 이루게 한다"라고 말했다. 율법을 범했기 때문에 진노가 나타난다는 것이다.

율법이 진노를 초래한다는 내용은 바울이 앞 구절에서 언급한 가설과도 관련이 있다. 율법이 초래하는 것이 하나님의 진노라면, 율법에 의해서는 믿음과 약속이 전제하는 호의를 얻기가 불가능하기 때문이다. 율법에 의해 믿음과 약속이 존재할 상황이 제거되며, 오히려 진노가 작용하게 되고, 따라서 믿음과 약속은 헛것이

되고 말기 때문이다.

16절 15절에 대한 이와 같은 해석은 "그러므로 상속자가 되는 그것이 은혜에 속하기 위하여 믿음으로 되나니"라는 16절의 적절한 기초를 놓는다. 율법이 범법의 관점에서 진노를 초래하기 때문에, 율법은 은혜에 대해 무지하다. 그러므로 상속은 율법에 속하지 않고, 율법에 속한 자는 상속자가 될 수 없다. 유일한 대안은 믿음의 원리다. 상속자가 되는 것이 은혜로 이루어지려면 상속은 믿음에 속해야 한다. 믿음과 은혜는 서로 붙어 있다. 그러나 율법과 약속된 상속은 서로 모순된다.

16절 하반부는 상속이 믿음에 속하고, 따라서 그것은 은혜에 의해 이뤄진다는 사실이 지원하는 계획을 말하고 있다. "이는 그 약속을 그 모든 후손에게 굳게 하려 하심이라 율법에 속한 자에게뿐만 아니라 아브라함의 믿음에 속한 자에게도 그러니." 이것은 11절 하반부와 12절에 언급된 계획과 아주 유사하다. 그러나 16절에 나타난 계획은 약속과 관련해 언급된 데 비해, 11, 12절에서는 할례의 의미와 목적과 관련해 언급된 것이다. 16절에서는 믿음 및 은혜의 원리가 모든 약속의 후손, 즉 유대인이든 이방인이든 믿는 모든 자들을 포함하고 있음을 보증한다고 말한다(13절).

16절의 "율법에 속한"은 13절의 "율법으로 말미암은"이란 표현과 14절의 "율법에 속한"이란 표현과는 다른 사실을 언급한다. 이 양자의 경우 "율법으로 말미암은"과 "율법에 속한"은 믿음과 대립되며 믿음을 배제한다. 즉, 약속(언약)은 "율법으로 말미암은 것이 아니며"(13절), "율법에 속한" 자들은 상속자가 아니다(14절). 율법이 작용하게 되면 믿음과 약속은 무효가 된다. 그러나 16절에서는 "율법에 속한" 후손이 배제되지 않는다. 그들에게 믿음만 있다면 그 약속은 그들의 것임이 확실하다. 즉, 그들이 "율법에 속한다"고 해서 믿음의 범주 밖으로 축출되지는 않는다. 그런가 하면, 13, 14절의 "율법으로 말미암은", "율법에 속한"이란 표현은 믿음과 가장 첨예하게 대립된다. 16절의 "율법에 속한 자"란 표현은 12절의 "할례에 속한 자"와 의미상 동일하다고 결론지을 수 있다. "또한 할례자의 조상이 되었나니 곧 할례 받을 자에게뿐 아니라 우리 조상 아브라함이 무할례 시에 가졌던 믿음의 자취를 따르는 자들에게도 그러하니라"는 12절과, "율법에 속한 자에게뿐만 아니라 아브라함의 믿음에 속한 자에게도 그러하니"라는 16절은 병행하며 동일한 것을 의미한다. 16절의 "율법에 속한 자"는 "모세의 법에 속한 자"의 의미이며, 모세의 제도 아래 혜택을 누린 사람들을 가리킨다. 이 사실은 또 바울이 "법"이라는 단어를 얼마나 융통성 있게 사용하는지를 보여 준다. 우리가 바울 사상을 제대로 다루려면 이런 다양한 의미를 파악해야 한다. 13절의 "율법에 속한" 자들은 아브라함의 후손에서 제외된다. 그러나 하나의 제도로서 모세의 법에 속한 자들은 제외되지 않는다. 그러나 바울은 후자도 아브라함의 후손이 되려면 "아브라함의 믿음에 속하는" 자가 되어야 함을 강조한다.

17절 17절 서두에 나오는 바, "기록된 바 내가 너를 많은 민족의 조상으로 세웠다"는 성경에 대한 호소는 문장 구조상 괄호 안에 든 것으로 봐야 한다. 그러나 이것을 바울의 논지에서 벗어난 것으로 볼 필요는 없다. 이같이 성경에 호소한 것은 앞에 나오는 "우리 모든 사람의 조상"이라는 표현을 확증한다. 이상의 두 구절을 묶으면 11, 12절의 사상을 반복하는 것이 된다. 하지만 여기서는 모든 믿는 사람 편에서 볼 때 아브라함의 후손이기에 얻게 되는 권리와 특전을 지닌 공동체가 있음을 강조한다. 이 경우에는 아브라함이 "우리 모든 사람의 조상"이다. 또한 "내가 너를 많은 민족의 조상으로 세웠다"라고 말함으로써 이런 관계의 인종적인 보편성도 강조한다. 이 강조체는 11, 12절의 표현을 능가하는 방식이다. 앞서 바울은 논증의 필요상 "무할례자로서 믿는 모든 자의 조상"과 "할례자의 조상"이란 표현을 썼다. 그렇게 할례자와 무할례자를 명백히 구별했다. 그러나 지금 바울은 그런 구별마저 폐지하고 아무런 차별도 없이 "우리 모든 사람의 조상," "내가 너를 많은 민족의 조상으로 세웠다"라고 말한다.

　17절 상반부의 성경 인용을 삽입절로 인식하는 것은 17절 뒷부분, 곧 "그의 믿은 바 하나님은"이란 표현과의 연관성을 이해하는 데 도움이 된다. 이는 "우리 모든 사람의 조상"이란 표현과 함께 다뤄야 한다. 아브라함은 하나님 앞에서 우리 모두의 조상이라는 의미다. 아브라함의 조상됨은 하나님이 인정하셨고 구약의 제도를 통해서도 알 수 있다. 또한 아브라함을 모든 믿는 사람의 조상이 되게 한 그 믿음은 하나님의 존전에서 발휘되고 유지되었다는 의미로도 볼 수 있다(창 17:1; 고후 2:17)

"죽은 자를 살리시며 없는 것을 있는 것으로 부르시는 이시니라"는 절은 발휘된 믿음에 특별히 적절한 하나님의 속성을 말해 준다. 이 절들은 아브라함의 믿음의 근간이 되는 하나님의 속성, 혹은 아브라함이 약속을 믿어 여호와께 신뢰할 때에 그가 이해했던 하나님의 속성을 가리킨다. 이 절의 앞부분인 "죽은 자를 살리시며"는 생명을 주는 하나님의 능력을 의미한다. 이 능력은 성경에서 하나님의 전능함을 가리키는 특별한 능력으로 분류된다. 바울은 다른 곳에서도 이를 언급한다(엡 1:19, 20). 아브라함이 많은 민족의 조상이 될 것이라는 약속을 믿을 수 있었던 것은 죽은 자를 살리시는 데서 나타나는 하나님의 속성을 인정했던 때였다. 그 이유는 뒷 절에 나타나는 바와 같이, 그 약속의 성취는 죽은 자를 살리는 것만큼이나 자연적으로는 그리고 인간의 능력으로는 불가능한 것이었기 때문이다. 두 번째 부분 "없는 것을 있는 것으로 부르시는 이시니라"(who calleth the things that are not, as though they were)는 해석하기가 더 어렵다. 그래서 다양하게 해석되어 왔다.

이 절은 하나님의 명령 전에는 존재하지 않았던 것들을 존재하도록 하는 하나님의 창조 활동을 의미하는 것으로 해석되어 왔다. 아브라함의 신앙에는 적절할지 모르지만, 이 해석은 실제로 바울이 사용한 표현 형식과는 맞지 않는다. 바울은 존재하지 않은 것을 존재하도록 부르신 분이라 말하지 않고, 없는 것을 있는 것같이 부르시는 이(calleth the things that are not as being)라고 말했기 때문이다. 그리고 없는 것을 있는 것같이 부르신다는 표현은 실존하는 것과 가능한 것을 모두 좌우하시는 하나님의 명령과 통제를 가리킨다는 의견이 널리 인정받았다. 그러나 바울이 사용한 표현 형식은 이 같은 해석에 어울리지 않는다. "없는 것"을 가능한 것으로 생각하는 것은 근거가 없다. 그뿐만 아니라 심지어 하나님도 그저 가능한 것을 존재하는 것으로 여기시지 않는다. 그러나 존재하지 않는 사물을 존재하는 것으로 보는 것이 바울이 말한 내용의 의미다. 바울의 표현 형식과도 잘 어울리며 아브라함의 신앙과도 잘 조화되는 해석은, "없는 것"이란 하나님께서 이루시기로 결정해 놓으셨지만 아직까지 실현되지 않은 것으로 보는 것이다. 이런 것들은 아직은 존재하지 않으나, 하나님이 결정하신 이상 그것을 존재하는 것으로 "부르신다". 그와 같은 것들이 앞으로 반드시 존재하리라는 것은 기정사실만큼이나 확실하다. "부르시는"이란 말은 하나님의 유효한 말씀과 결정을 뜻한다. 아브라함에게 주셨던 약속이 그런 범주에 속한다. 약속을 받은 일들이 아직 발생하지는 않았다. 그것들은 실현의 관점에서 볼 때는 비존재다. 그렇지만 하나님께서 약속하셨고 그것들이 반드시 일어나도록 결정해 놓으셨기 때문에 그것들이 실현될 것은 너무도 확실하다. 하나님의 결정과 약속이 아직 성취되지는 않았으나 마치 성취된 것처럼, 즉 하나님의 분명한 목적 안에 존재하는 것이라고 말했으며, 아브라함은 이렇게 믿었을 뿐만 아니라 하나님의 그런 성품에 의지했던 것이다. 하나님의 약속이 아브라함에게는 성취된 것이나 마찬가지였다. 아직 없는 것들은 앞으로 혹 있을지도 모른다는 가능성의 범주가 아니라 결정적인 확실성의 범주 안에 속했다. 아브라함은 하나님 안에서 이런 약속들을 붙잡았던 것이다 (히 11:1).

18절 18절은 아브라함의 믿음의 특성과 이 믿음이 쓰임을 받았던 계획의 특징을 더 한층 확대했다. "바랄 수 없는"(against hope)과 "바라고"(in hope)는 반대방향을 가리킨다. 전자는 모든 소망을 파괴할 수 있는 19절의 상황을 묘사한다. 인간적 관점에서 보면 성취 가능성은 전혀 없다. 그렇지만 다행스럽게도 "바라고"라는 표현으로 대치된다. 그것은 믿음으로 대치된 것이다. 아브라함은 믿었기에 소망을 품을 수 있었으며, 그의 믿음은 하나님의 전능하심과 신실하심과 결부되어 있었다 (17절). 이 본문에서 믿음과 소망의 정확한 상호관계를 규명하기는 어렵다. "바라고 믿었으니"는 그가 자신의 소망에 믿음을 두었다는 의미가 아니다. 믿음의 대상은 분명 하나님이다. 구체적으로 말하면, 하나님의 전능한 성품, 확고한 목적, 확실한 약속을 믿었던 것이다. "바라고 믿었으니"의 의미는 하나님의 약속이 준 소망을 확신하면서 믿음을 발휘했다는 뜻이다. 믿음과 소망은 상호작용을 하며 서로를 보완한다. 믿음과 소망 모두 동일한 근원, 곧 하나님의 약속에 근거를 둔다. 믿음의 특성은 무조건 하나님과 하나님의 약속에 자신을 맡기는 것이며,

소망의 특성은 성취에 대한 기대감을 품는 것이다.

18절 하반부는 아브라함의 믿음과 관련된 계획을 진술한다. "이는 네 후손이 이 같으리라 하신 말씀대로 많은 민족의 조상이 되게 하려 하심이라." 이는 아브라함이 의식적으로 품고 있던 목적을 묘사하는 것으로, 따라서 아브라함의 믿음이 이 부분에 언급된 약속들의 성취와 관련된 것으로 볼 수도 있다. 다시 말하면, 아브라함은 자기가 많은 민족의 조상이 되고 그의 자손이 하늘의 별과 같으리라는 약속의 성취에 대해 확실한 소망을 품고 확고히 믿었다는 것이다. 본문에 언급된 두 약속, 곧 "많은 민족의 조상"과 "네 후손이 이 같으리라"는 것은 모두 아브라함에게 주어졌으므로(창 15:5; 17:5) 그것들은 아브라함의 믿음의 범위 안에 들어왔다. 아브라함의 믿음이 바로 이런 목적을 갖고 있었다는 이 견해를 무시할 만한 근거는 없다.[13] 그러나 어쨌든 그 계획은 하나님의 뜻 안에 포함되어 있다. 그런 계획이 하나님의 뜻과 의도에 좌우된다는 점을 잘 보여 주는 것은 하나님의 계획을 분명히 언급하고 있는 11절이다.[14] 그러나 11절에서 나온 논리가 반드시 이런 결론을 낳는 것은 아니다. 하지만 11절에서 언급된 계획은 하나님의 행위가 지향하는 것임이 분명한 데 비해, 18절에서 언급된 계획은 아브라함의 믿음의 행위와 직결되어 있다. 비록 분명히 언급된 것은 아브라함의 계획이지만 하나님의 뜻이 시사되어 있다. 하나님의 뜻 속에 아브라함의 계획이 들어 있지 않다고 주장할 만한 이유는 없는 것 같다.

19. 그가 백 세나 되어 자기 몸이 죽은 것 같고 사라의 태가 죽은 것 같음을 알고도 믿음이 약하여지지 아니하고
20. 믿음이 없어 하나님의 약속을 의심하지 않고 믿음으로 견고하여져서 하나님께 영광을 돌리며
21. 약속하신 그것을 또한 능히 이루실 줄을 확신하였으니

---

13 참조. Meyer, 앞의 책.
14 참조. Meyer, 앞의 책.

22. 그러므로 그것이 그에게 의로 여겨졌느니라

23. 그에게 의로 여겨졌다 기록된 것은 아브라함만 위한 것이 아니요

24. 의로 여기심을 받을 우리도 위함이니 곧 예수 우리 주를 죽은 자 가운데서 살리신 이를 믿는 자니라

25. 예수는 우리가 범죄한 것 때문에 내줌이 되고 또한 우리를 의롭다 하시기 위하여 살아나셨느니라

19절 19절의 정확한 헬라어 본문은 의문의 여지가 있다. 사본들에 상당한 차이가 있기 때문이다.[15] '그가 자기 몸을 죽은 것으로 알지 아니했다'로 읽어야 하는가, 아니면 '그가 자기 몸을 죽은 것으로 알았다'로 읽어야 하는가? 어떤 사본에는 부정적인 문장이 나오지만 다른 사본에는 그렇지 않다. 이러한 차이가 전혀 다른 해석을 낳을 수 있다고 생각할지 모른다. 그러나 이 문맥에서는 이상하게도 그 차이가 크지 않다. 두 독법이 모두 본문의 문맥과 우리가 아브라함에 관해 알고 있는 사실과 양립이 가능하다.

전자와 같이 '알지 아니했다'로 읽으면 그 의미는 다음과 같다. 아브라함은 자신의 죽은 몸과 사라의 태의 죽은 것을 의식하지 않았다. 다시 말하면, 아브라함은 믿음이 약해질 정도로 자신에게 생식 능력이 없고 사라가 임신하기에 나이가 너무 많다는 사실에 착념하거나 몰두하지 않았다(창 18:11). 이것은 그의 몸이 아이를 생산하기에는 무능함을 의미한다. 그 이유는 그가 100세이기 때문이다. 그리고 창세기 18:11은 사라도 출산할 나이가 지난 고령이었음을 입증한다. 아브라함은 이 모든 사실을 알고 있었다(창 17:17). 그렇지만 그는 하나님의 약속을 믿는 자기의 믿음이 약화될 정도로 그런 사실들을 마음속에 크게 품지 않았다. 20절에 언급된 대로 "믿음이 없어 하나님의 약속을 의심하지 않았다." 아브라함은 자기 자신과 사라의 나이를 모르는 것은 아니었지만, 하나님의 약속에 사로잡혀 믿음

---

15 긍정형의 κατενόησεν은 אּ A B C 424** 1739, 기타 수 개의 역본 및 어떤 교부들의 독법이다. 그런가 하면 부정형 οὐ κατενόησεν은 D G 다량의 소문자 사본, 어떤 역본들, 여러 교부들의 독법이다. 위의 논의로 보아 어떤 독법도 그 사상과 일치한다.

이 혼들리지 않았다.[16]

후자의 독법을 따른다면 아브라함은 자기 자신의 몸과 사라의 태가 죽은 것으로 여겼다. 이 경우는 다른 독법에 함축되어 있는 의미를 명시적으로 강조하지만, "안다"(consider)는 단어는 다른 의미를 지니게 된다. 전자의 경우에 "안다"는 단어가 '착념하다', '몰두하다'는 의미지만, 이 경우에는 '고려하다', '여기다'라는 의미다. 즉, 아브라함은 자신의 생식적 기능의 불완전성과 사라의 태의 죽음을 충분히 자각했지만(창 17:17; 18:11), 그럼에도 믿음이 약해지지 않았다. 이는 그의 시선을 하나님의 약속에 고정시킨 까닭이며, 따라서 불신으로 마음이 동요되지 않았다. 그런즉 두 독법은 강조의 차이만 있을 뿐이며, 둘 다 그 실상과 본문의 구조와 일치한다. 그러나 후자의 독법이 더 지지를 받기 때문에 이것을 따르는 것이 좋겠다.

20-21절 20절은 19절의 "믿음이 약하여지지 아니하고"에 대한 설명이며, 아브라함의 믿음에 대해 부정적으로 그리고 긍정적으로 묘사한다. 아브라함은 하나님의 약속을 듣고 동요하거나 의심하지 않았다. 이 문장은 하나님의 약속을 강조하는데, 이는 아브라함의 믿음이 어디에 초점을 두었는지를 뚜렷이 보여 주기 위함이다. 만일 아브라함이 하나님의 약속에 대해 동요했더라면 그것은 불신앙 때문이었을 것이다. 하나님의 약속에 대한 의심은 믿음과 어울리지 않으며, 바울은 그런 의심을 인정하지 않는다.

아브라함의 믿음의 긍정적 특성은 "믿음으로 견고해졌다"는 사실이다. 여기 언급된 "믿음"은 흔히 아브라함의 믿음이 연약해지지 않았다고 한 19절의 유추를 따라 아브라함 자신의 믿음을 의미하는 것으로 해석한다. 따라서 이 표현은 아브라함의 믿음이 강화되었다는 의미로 볼 수 있다. 하지만 여기에 언급된 믿음을 앞절에 나오는 불신의 경우처럼 하나의 도구로 해석하여, 아브라함이 그의 믿음에 의해 힘을 얻었다고 볼 수도 있다. 즉, 아브라함이 이삭을 낳을 수 있었던 능력을 믿음이란 도구를 통해서 얻었다는 뜻이다. 그러면 믿음이 생식 능력과 직접적 관

---

16 아브라함은 실제로 이삭을 낳았으며 사라도 실제로 잉태해서 이삭을 출산했다.

계를 갖게 된다.[17] 이삭은 아브라함이 낳고 사라가 임신했음을 잊어서는 안 된다. 따라서 "믿음으로 견고해졌다"는 말은 아브라함이 이삭을 낳은 것이 믿음에 의해 생긴 힘으로 이루어졌다는 것을 의미한다(히 11:11, 사라의 경우 "믿음으로 사라는 잉태할 수 있는 힘을 얻었다"). 그런데 마이어가 "이것은 외설적인 생각을 전달할 수도 있다"고 한 것은 이상한 편견이다.

하지만 이상의 해석을 용납할 수 없는 두 가지 이유가 있다.

(1) 아브라함이 실제로 이삭을 낳을 당시인 그의 후기에 대해 바울이 고려했다는 증거가 없다. 이 장에서 인용한 약속은 초기의 아브라함의 신앙생활과 관련이 있다(22절 참조).

(2) 아브라함이 이삭을 낳은 능력이 중심에 있다는 생각은 그 다음 절과 조화되지 않는다. "하나님께 영광을 돌리며", "확신하였으니" 등의 표현은 믿음이 견고해졌다는 것이 무엇인지, 믿음이 강해지는 것이 어떻게 표출되었는지를 묘사해 준다. 이 표현들은 믿음의 강화와 동시에 일어나는 일과 견고한 믿음 속에 내포된 요소를 가리키는 것이다. 그가 온전히 확신하고 있는 내용은 하나님은 약속하신 것을 능히 성취하실 수 있다는 것이다. "하나님께 영광을 돌리며"와 "약속하신 그것을 또한 능히 이루실 줄을 확신하였으니"는 서로 대등한 내용으로서, 아브라함의 믿음에 내포된 마음의 상태를 묘사한다. 하나님께 영광을 돌린다는 것은 하나님을 하나님으로 인정하며 그의 능력과 신실하심을 의지한다는 것이다. 확신이란 말은 완전한 신뢰와 강한 신념을 뜻한다(14:5; 골 4:12). 이 확신의 내용에 대해서는 "그[하나님]가 약속하신 그것을 또한 능히 이루실 줄을 확신하였으니"라고 말한다. 이 두 어구는 아브라함의 신앙의 힘과 강도를 완벽하게 표현해 준다.

22절 22절에 창세기 15:6에 대한 또 다른 호소가 있다. "그것이 그에게 의로 여겨졌느니라"(창 15:6; 롬 4:3, 9). 다른 경우와 마찬가지로 이 구절도 믿음을 강조한다. 이미 지적한 대로 창세기 15:6은 칭의를 의미하지만, 바울이 거기서 이끌어

---

17 이것은 앞의 각주에서 제시된 해석과 일치할 것이다.

낸 중요한 교훈은 아브라함이 믿음에 의해 의롭게 되었다는 사실이다. 그러므로 바울은 이 본문에 의지해서 아브라함의 참된 믿음에 대한 설명을 마무리해야 했다. 이 구절을 "그러므로"로 시작한 이유는 앞에서 언급한 아브라함의 신앙에 대한 분석 때문이다. 아브라함의 훌륭한 믿음은 그것이 의로 여김을 받게 된 이유를 더욱 부각시킨다. 본 서신을 읽는 독자의 관점에서는 이제 이 믿음의 진면목을 잘 평가하고, 그 믿음이 의로 여겨지게 되었던 사실을 충분히 이해할 수 있을 것이다. 그러나 만일 우리가 이 문맥에서 서로 연관된 강조점을 식별하지 못한다면, 믿음을 평가하고 규정짓는 데 있어서 그 핵심요소를 놓치게 될 것이다. 바울은 아브라함이 믿음으로 견고해져서 하나님께 영광을 돌렸다고 말했다. "그러므로"는 바로 그런 절들과 관계되는 접속사이다. 훌륭한 믿음은 곧 하나님께 영광을 돌리며 하나님의 능력과 신실하심을 신뢰하는 데 있다. 도구로써의 믿음의 효력은 그것이 하나님께 영광을 돌리며, 온전히 영광을 돌릴 수 있도록 완전한 하나님께 의존한다는 점에 있다.[18]

23-25절 이 구절들은 4장의 결론에 해당되며 아브라함의 믿음이 우리에게도 연관된다는 사실을 다룬다. 바울은 다른 곳에서 선언한 다음 원리를 칭의의 주제에 적용한다. "그들에게 일어난 이런 일이 본보기가 되고 또한 말세를 만난 우리를 깨우치기 위하여 기록되었느니라"(고전 10:11). 여기서는 바울이 이렇게 말한다. "그에게 의로 여겨졌다 기록된 것은 아브라함만 위한 것이 아니요 의로 여기심을 받을 우리도 위함이니"(23, 24a). 아브라함의 본보기로부터 끌어낸 진리를 바울은 지금 이신칭의의 주제에 적용한다. 믿음은 아브라함에게 의로 간주되었을 뿐만 아니라 모든 믿는 자에게도 동일하게 의로 여겨진다. 이는 아브라함이 믿음으로 의롭다 하심을 받았을 뿐만 아니라 아브라함의 본을 따라 믿는 모든 사람 역시 믿음

---

18 바울이 19-21절에서 창 15:6에 언급된 아브라함의 믿음보다 훨씬 훗날에 나타난 그의 믿음을 끌어오고 있지만 여기에 모순이 있는 것은 아니다. 창 15:6의 믿음은 구체적으로 상속자의 약속에 대한 것이고 (창 15:2-5), 훗날에 나타난 믿음도 동일한 약속에 대한 것이었기 때문이다. 그러므로 창 15:6은 아브라함과 그의 믿음의 내력과 관련하여 언제든지 인용할 수 있는 구절이다.

으로 의롭다 하심을 받는다고 말하는 것이다. 그리고 바울은 우리의 믿음이 누구를 그리고 무엇을 지향해야 하는지를 구체적으로 언급한다.

우리도 믿음에 의해 의롭게 되지만, 우리의 믿음이 처한 상황과 아브라함의 믿음이 처한 상황이 동일할 수는 없다. 우리가 동일한 역사적 상황에 있지 않고 우리의 믿음이 동일한 방법으로 예증되지도 않는다(특별히 19-21절 참조). 그렇다고 우리의 믿음이 다른 내용과 다른 대상을 갖고 있다고까지 말해도 좋을까? 24, 25절은 이런 사항들과 관련해 무척 의미심장하다. 바울은 믿음의 대상을 분명히 밝힌다. "예수 우리 주를 죽은 자 가운데서 살리신 이를 믿는 자"라고 말한다(24절). 다음과 같은 사항들을 통해 이 진술의 의미를 파악할 수 있다.

(1) 죽은 자 가운데서 다시 살리신 이는 하나님이다. 그러므로 아브라함의 믿음과 우리의 믿음 사이에는 다음과 같은 동일성이 있다. 우리는 하나님을 신뢰하며, 바울이 아브라함에 관해 말한 모든 것의 핵심도 바로 하나님을 믿었다는 사실이다.

(2) 우리가 믿는 하나님은 죽은 자 가운데 우리 주 예수를 살리셨던 분이다. 이것은 우리의 믿음과 아브라함의 믿음 사이에 또 다른 연결점을 설정한다. 바울은 아브라함의 믿음이 죽은 자를 살리시는 하나님을 향한 것임을 우리에게 신중하게 알려 준다(17절). 앞에서 지적한 대로, 아브라함의 믿음은 전능하신 하나님께, 구체적으로 죽은 자도 살리는 행위에서 드러난 하나님의 전능함에 초점을 두고 있다. 마찬가지로 우리의 믿음도 죽은 자 가운데서 예수를 살리신, 부활의 기적으로 입증된 하나님의 전능함에 초점을 둔다. 따라서 양자의 믿음의 특징은 본질적으로 동일하다.

(3) 죽은 자 가운데서 예수를 살리신 하나님을 믿는 우리의 믿음은 이런 이유로 기독론적으로 규정된다. 우리의 믿음은 하나님이 약속의 성취를 위해 행하신 일들과 분리될 수 없다. 여기에 다시 동일성의 원리가 나타난다. 아브라함의 믿음은 바울이 앞 구절들에서 밝힌 대로 약속과 관련이 있었다. 그의 믿음이 약속에 집중할 때 요동하지 않는 믿음이 된다. 그것은 "없는 것을 있는 것으로 부르시는" 하나님을 의뢰하는 신앙이기 때문이다(17절과 주석 참조). 아브라함은 하나님의 확실한 목적과 신실함이 보증하는 약속을 소유했다. 우리도 예수의 부활 사건으로 확

증되고 성취된 것을 보며 동일한 믿음을 갖는다.

다른 형태의 유사성과 동일성도 있지만, 이것만으로도 아브라함의 믿음과 우리의 믿음의 본질적 통일성과, 바울이 언급한 바 "그에게 의로 여겨졌다 기록된 것은 아브라함만 위한 것이 아니요"(23절)라는 진술에 담긴 연속성을 입증하기에 충분하다. 그러나 우리는 점진적 계시와 구속의 성취라는 역사적 사건에 의해 생긴 차이를 무시해서는 안 된다. 이 문단은 이런 차이점을 웅변적으로 말한다. 그리고 바울은 그 약속의 실제적 성취를 믿는 우리의 믿음의 중요성을 간과하지 않는다. 그것은 아브라함의 지평 위에 아련히 나타났던 바로 그 약속이었고, 우리에게는 이미 성취된 약속이다. 구속이 실현되는 파노라마가 우리 앞에 펼쳐져서 우리의 믿음의 내용을 제공해 준다. 그러므로 바울은 간결하게 복음의 내용과 우리의 믿음의 범위 안에 있는 것을 설명한다. 즉, "곧 예수 우리 주를 죽은 자 가운데서 살리신 이를 믿는 자니라 예수는 우리가 범죄한 것 때문에 내줌이 되고 또한 우리를 의롭다 하시기 위하여 살아나셨느니라"고 한 것이다(24, 25절). 바울은 "말세를 만나 우리"와(고전 10:11), "이제 자기[그리스도]를 단번에 제물로 드려 죄를 없이 하시려고 세상 끝에 나타나셨느니라"(히 9:26)는 사실을 잊지 않았다.

25절은 해석상 두 가지 가능성이 있다. 두 가지 표현, 곧 "우리가 범죄한 것 때문에"와 "우리를 의롭다 하시기 위하여"라는 어구가 서로 병행하며 구문상 유사하기에 그 정확한 의미가 무엇인지 궁금하다. 전자는 그리스도를 넘겨줌, 십자가에 달리심과 관계가 있고 그 이유를 제공한다. 후자는 그리스도의 부활과 관계가 있고 그 이유를 제공한다. 그러므로 두 어구가 병행하기 때문에 우리는 우리의 범죄를 그리스도의 십자가의 처형과 관계된 것으로 보고, 동일하게 '우리의 칭의'를 그리스도의 부활과 관계된 것으로 간주해야 한다. 전자가 과거에 대한 회상이라면 후자도 그렇고, 전자가 미래에 대한 전망이라면 후자도 그렇다.

앞의 해석, 즉 과거에 대한 회상을 선택할 경우에는 이런 의미를 갖는다. 우리의 죄가 예수님께 전가되었기 때문에 그분은 넘겨졌고 우리가 의롭게 되었기에 그분이 죽은 자 가운데서 살아나셨다. 이 견해에 의하면, 예수의 부활은 우리의 칭의의 결과이고, 칭의는 부활에 앞서 완성된 것으로 여겨진다. 이 해석을 따르면 우리는 칭의를 객관적, 역사적, 일회적으로 완성된 화목과 화해와 동일한 것으로 해석해야 한다. 이런 의미로 칭의를 이해하는 것이 불가능하지는 않다. 5:9에서도 이런 의미로 칭의가 사용된다. 9절과 10절 사이에는 병행관계가 있고, 10절에 나오는 것은 객관적인 화목이다. 그리고 만일 칭의가 그렇게 해석된다면, 그것은 예수의 부활을 그의 죽음에 의해 완성된 사역에 따라오는 불가피한 결과로, 또 이 완성에 대한 보증으로 보는 신약의 사상과 충분히 양립할 수 있다. 더욱이, 이와 병행하는 어구인 "우리가 범죄한 것 때문에 내줌이 되고"는 이렇게 해석할 수 있다. 예수는 우리의 죄를 친히 담당하셨기 때문에 내어줌을 당했으며, 따라서 예수의 죽음은 그에게 우리의 죄를 전가시킨 일의 불가피한 결과였다는 것이다. 따라서 이 해석은 성경의 가르침과 바울의 교리와 충돌하지 않는다.

또 하나의 해석은 미래에 대한 전망으로 예수는 우리의 죄를 속하기 위해 넘겨졌고 우리를 의롭다 하기 위해 살아나셨다는 것이다. "우리가 범죄한 것 때문에"와 "우리를 의롭다 하시기 위하여"라는 두 표현은 미래에 대한 전망을 보여 준다. 그리고 부활은 우리의 칭의의 기초를 형성한다. 이 같은 해석을 취하는 데는 그만한 이유가 있다. 앞 문맥에서 바울은 실제적인 칭의, 다시 말해 하나님이 우리를 실제로 의인으로 받아 주셨다는 주제를 다루고 있었다. "그것이 그에게 의로 여겨졌느니라"는 표현은 이 장 전체의 논증의 핵심이며, 하나님이 우리를 용납하신 것을 가리킨다. 다시 말하면, 구속의 적용에 해당하는 것이다. 그것은 믿음과는 분리할 수 없는 칭의다. 이 서신의 초반부 여러 곳에서 "의롭게 한다"는 용어는 이런 뜻으로 사용되었으며(2:13; 3:20, 24, 26, 28, 30; 4:2, 5), 바울은 바로 앞 문맥에서 동일한 것을 다루고 있기 때문에, 여기서 바울이 문맥상의 의미와 다르게 칭의라는 말을 사용하고 있다고 생각하는 것은 그의 주제에서 이탈한 것이라고 결론을 내리지 않을 수 없다. 그러므로 여기서 칭의란 믿음에 의한 실제적인 칭의를 가리키며, 예수의 부활은 이 칭의의 기초를 형성하는 것이라고 추론할 수 있다. 우리는 다른 어구도 이와 동일하게 해석해서 예수가 우리의 죄를 속하기 위해 내어줌을 당했다고 말할 수 있다.

그리스도의 죽음 및 그의 부활의 효력은 본문에 잘 드러난다. 예수께서 우리의 칭의를 보증하시기 위해 다시 사셨듯이, 우리의 범죄를 효과적으로 다루기 위해 내어줌이 되셨다. 물론 우리는 이 본문을 인위적으로 해석해 그리스도의 죽음이 우리의 칭의와는 아무런 관계가 없고, 그리스도의 부활이 우리의 죄와 전혀 관계없다는 식으로 생각해서는 안 된다. 칭의는 그리스도의 피와 직결되어 있다(3:24; 엡 1:7; 롬 5:9; 6:7; 8:33, 34). 그러므로 속죄는 우리의 칭의의 기초가 된다. 그러나 바울은 구속 행위의 중심에 있고 상호불가분의 관계에 있는 두 사건, 곧 그리스도의 죽음과 부활의 분명하고도 적절한 관계에 시선을 집중한다. 그것도 바울이 논의하고 있는 주제와 아브라함의 믿음에 관한 앞의 주장과 연관된 방식으로 그렇게 한다.

이 구절에 사용된 표현의 전환을 주목할 필요가 있다. 예수는 "내어줌이 되었고", 그는 "살아나셨다." 구속의 행위는 예수께서 순종했던 사실의 관점에서 조망되었다. 따라서 예수와 관련된 하나님의 행위에 초점을 맞추고 있다. 행동하시는 하나님과 그 행동의 대상인 우리 주 예수를 구별하고 있으므로 행위자는 아버지 하나님이심이 분명하다. 아버지께서 예수를 내어주셨고(8:32), 아버지께서 예수를 죽은 자 가운데서 살리셨다(행 3:15; 4:10; 10:40; 13:30, 37; 롬 6:4; 8:11; 갈 1:1; 엡 1:19, 20; 골 2:12; 살전 1:10; 벧전 1:21). 이는 예수의 죽음 및 부활에서 예수 자신의 행위를 손상시키지는 않는다. 그러나 다른 곳에서처럼 여기서도 바울이 구속 행위에서 아버지 하나님의 행위를 특별하게 부각시키고 있는 점을 주목하는 것이 중요하다. 이 장에서 바울의 주요 관심사와 관련해서, 죽은 자 가운데서 예수를 살리셨던 아버지 하나님을 신뢰하는 믿음(24절)이 아버지 하나님 그분을 향한 믿음이란 사실에 우리는 주목해야 할 것이다.

그리스도의 부활이 칭의의 목적에 기여한다고 생각할 수 있는 이유는 많다. 바울 자신의 가르침에서 몇 가지 사항을 끌어내 보자.

(1) 우리는 믿음으로 의롭다 하심을 받았다. 이 믿음은 예수에 대한 믿음이어야 한다(3:22, 26). 그러나 오직 살아계신 주님만이 믿음의 대상이 될 수 있다.

(2) 우리가 의롭게 되는 것은 그리스도와의 연합에 의해서다(8:1; 고후 5:21). 그리스도로부터 우리에게 주어질 수 있는 어떠한 미덕도 오직 부활로 말미암아 가능한 것이며, 살아 있는 그리스도와의 연합만이 효력이 있다.

(3) 우리의 칭의를 가능케 하는 그리스도의 의(5:17, 18, 19)는 그리스도 안에 영구히 구현되어 있다. 그러나 그 의는 그리스도가 공로의 저장소라는 사실에서 결코 분리될 수 없다. 오직 살아계신 그리스도만이 의의 구현체일 수 있고, 우리에게 하나님에게서 오는 의가 될 수 있다.

(4) 그리스도의 죽음과 부활은 불가분의 관계에 있다. 우리의 칭의에 관련된 그리스도의 죽음이나 피마저도(3:24, 25; 5:9; 8:33, 34) 부활과 분리시키면 아무런 효력이 없다.

(5) 우리가 칭의의 은혜 안에 서게 되는 것은 그리스도의 중보를 통해서다(5:2). 그러나 그리스도가 아직도 죽음의 권세 아래 있다면 그리스도의 중보는 그 효력을 발휘할 수 없다.

John *Murray*

THE EPISTLE TO THE ROMANS

5장

7. 칭의의 열매(5:1-11)

1. 그러므로 우리가 믿음으로 의롭다 하심을 받았으니 우리 주 예수 그리스도로 말미암아 하나님과 화평을 누리자
2. 또한 그로 말미암아 우리가 믿음으로 서 있는 이 은혜에 들어감을 얻었으며 하나님의 영광을 바라고 즐거워하느니라
3. 다만 이뿐 아니라 우리가 환난 중에도 즐거워하나니 이는 환난은 인내를,
4. 인내는 연단을, 연단은 소망을 이루는 줄 앎이로다
5. 소망이 우리를 부끄럽게 하지 아니함은 우리에게 주신 성령으로 말미암아 하나님의 사랑이 우리 마음에 부은 바 됨이니

이 장의 서두는 승리에 찬 결론이 나올 것을 예감하게 한다. "그러므로"는 앞 장들(3:21-4:25)에서 설명한 교리에서 이끌어 낸 추론임을 가리킨다. 1-11절에서 바울은 의롭다 하심을 받은 자에게 속한 특권을 보여 준다. 우리는 본문에서 확신과 환희에 찬 모습을 보게 된다. "하나님의 영광을 바라고 즐거워하느니라"(2절). "우리가 환난 중에도 즐거워하나니"(3절). "소망이 우리를 부끄럽게 하지 아니함은… 하나님의 사랑이 우리 마음에 부은 바 됨이니"(5절). "그러면 이제 우리가 그의 피로 말미암아 의롭다 하심을 받았으니 더욱 그로 말미암아 진노하심에서 구원을 받을 것이니"(9절). "우리 주 예수 그리스도로 말미암아 하나님 안에서 또한 즐거워하느니라"(11절). 그토록 무한한 기쁨과 확신을 불러일으키는 칭의의 결과는 무엇일까? 본문을 살펴보면 그 결과를 알 수 있다.

1절 바울은 서두에서 "우리 주 예수 그리스도로 말미암아 하나님과 화평을 누리자"(1절)[1]라고 말한다. 하나님과 누리는 화평은 칭의와 관련된 하나의 복이다. 칭

---

1 ἔχωμεν이란 말은 몇몇 번역본 및 교부들뿐만 아니라 ℵ* A B* C D E K L 및 기타 대문자 사본의 지지를 받고 있다. 비록 내적 근거에 의하면 ἔχωμεν이 문맥과 더 일치하는 것으로 보이긴 하지만, 이 독법을 지지하는 외적 권위는 매우 만만치 않기에 그저 간단히 배격해 버릴 수만은 없다. 내적 근거에 의한 독법

의의 배경은 하나님의 진노로 인한 정죄이고 우리가 하나님에게서 의인으로 인정 받는 것을 생각하고 있다. 그런가 하면 화평의 배경은 우리가 하나님에게서 멀어 져 있었다는 사실이고 우리가 하나님의 호의를 받고 그의 얼굴의 빛 안에서 새로 운 지위를 얻은 것을 생각하고 있다. 하나님과 누리는 화평이 칭의에서 나온 복 중에서 가장 우위를 차지함은 칭의가 보증하는 지위와 일치한다. "하나님과의 화 평"은 하나님과의 관계를 가리킨다. 이 화평은 우리의 정신과 마음의 평온함이 아 니라 화목에서 나오는 평화의 상태로서(10, 11절), 우리가 하나님에게서 멀어져 있 었는데 이제 그의 은총으로 새로운 지위를 얻게 되었다는 것을 의미한다. 마음과 정신의 평화는 "하나님과의 화평"에 기인하며, 칭의에 의해 맺어진 관계를 우리가 의식한 결과이다. 그러나 바울이 "하나님과의 화평"을 거론할 때 염두에 두고 있 는 것은 객관적인 관계다. 우리가 이런 화평을 얻게 된 것은 "우리 주 예수 그리스 도로 말미암는다." 그리스도의 중보 사역은 칭의에서 나오는 특권을 수여한다고 해서 폐지되는 것은 아니다. 이는 그리스도의 중보 사역에 대한 우리의 의존이 결 코 중지될 수 없음을 상기시켜 준다. 모든 영적인 복은 그리스도 안에 있다. 그러 나 그런 복은 그리스도의 계속적인 중보 사역으로 말미암아 계속 누릴 수 있다.

2절 1절에서 강조한 그리스도의 중보 사역은 2절에서도 계속된다. "또한 그로 말 미암아 우리가 믿음으로[2] 서 있는 이 은혜에 들어감을 얻었으며." 이 구절을 해석

인 ἔχομεν은 ℵ^c B^c F G P, 대부분의 소문자 사본, 몇 가지 역본, 그리고 소수의 교부들 안에서 발견된다. 내적 근거에 의한 ἔχομεν을 지지하는 입장은 아마도 마이어가 가장 강력하게 표명했을 것이다. 그는 이 렇게 말한다. "저자는 지금 새롭고 중대한 교리적 주제를 다루기 시작한다. 지금까지 명시적으로 거론하 지도 않은 주제에 관하여 시초부터 권면한다는 것은 이 단계에서는 타당하지 않은 것이다"(앞의 책). 그 렇지만 설사 우리가 권면 형식의 독법(Let us~)을 취한다 하더라도, 다른 독법의 ἔχομεν이 표현하는 직 설법이 배제되어야 한다고 생각할 필요는 없다. 그러면 다른 경우에서처럼 여기서의 권면은 직설법을 전 제하는 게 아닐까(6:12, 6:14)? 그리고 본문은 이런 사상이 될 것이다. "우리가 하나님과 더불어 화평을 누리는 이상, 우리는 이 지위를 충분히 활용하자." 역설적으로 표현하면 이런 의미도 될 것이다. "우리가 그것을 얻었으니 그것을 향유하자." "하나님과의 화평"은 칭의에서 나온 은혜의 선물인즉 칭의와는 분리 될 수 없다. 그러나 권고는 이 특권의 개발에 꼭 필요하다.
2 τῇ πίστει는 B D G 및 소수 역본에는 빠져 있다. 외적 권위는 그것을 보유하는 쪽으로 기울어져 있으 며, 그것이 필사 과정에서 첨가된 것으로 보기보다는 생략된 것으로 보는 편이 이해하기가 쉽다.

하는 데 어려움이 있지만, 우선적인 주제가 그리스도의 중보 사역이라는 사실은 분명하다. "또한 그로 말미암아"라는 표현이 이것을 명백히 한다. 첫 번째 의문은 여기서 말하는 '은혜란 무엇인가?'이다. 여기에 나오는 은혜는 앞 구절에서 언급된 어떤 은혜를 의미한다. 그리스도의 중보 사역을 강조하고 있는 만큼, 이 "은혜"라는 용어는 지금까지 구체적으로 언급한 것을 지칭하는 말로 간주해야 자연스럽다. 이미 언급한 것 외에 다른 어떤 특권을 찾아서는 안 된다. 그렇다면 2절의 은혜는 1절에서 명시된 은혜 가운데 무엇을 가리키는가? 그것이 "하나님과의 화평"이라면, 이는 불필요한 반복이다. 1절에서 "하나님과의 화평"은 그리스도로 말미암은 것임을 명확하게 진술했으며, 이 중보와 관련하여 여기서 동일한 은혜 또는 유익을 염두에 두고 있다면 "또한 그로 말미암아"라는 말을 이해하기가 어려울 것이다. 따라서 "또한 그로 말미암아"란 표현은 1절에 언급된 다른 은혜, 곧 칭의를 생각하게 만든다. 그런즉 2절의 주요 사상은 다음과 같다. 우리는 그리스도의 중보 사역으로 말미암아 지금 우리가 서 있는 칭의의 은혜 안에 들어갔으며, 이는 과거의 행위에서 생긴 영구적이고 확고부동한 지위이다.

'들어감'(access)의 정확한 의미는 무엇일까?(개역개정판에서는 "들어감"으로 번역했다—옮긴이). 그것은 입문인가? 접근인가? 만일 입문으로 해석한다면, 우리를 하나님께 가까이 인도하시고 이 은혜 안에 우리를 세워 주시는 중보자 되시는 그리스도의 행위를 강조한다.[3] 반면 접근으로 번역하면, 우리가 하나님께로 가까이 접근하는 행위를 강조하게 된다. 바울이 이 단어를 다른 곳에서 사용한 용례(엡 2:18, 3:12)는 후자를 선호하며, 이 경우 신자들이 자유롭게 하나님께 접근할 수 있게 된 특권을 먼저 언급한 것을 알 수 있다. 이 구절의 중심 사상은 의롭게 되게 하는 그리스도의 중보 사역이지만, 칭의의 은혜와 관련해서 하나님께 자유롭게 들어가거나 접근하는 일 그 자체도 그리스도의 중보를 통해 가능하다는 사실을 특별히 강

---

3 προσαγωγή는 그리스 저자들에게는 '가까이 데리고 온다' 또는 '앞으로 이끈다'의 의미를 지닌다. 이 의미가 신약에서는 προσάγω라는 동사에서 나타난다(마 18:24; 눅 9:41; 벧전 3:18). 엡 2:18에서 그것이 인도보다 접근의 개념인지는 분명하지 않다. 롬 5:2에 관한 한, 그 용어가 전달하고 있는 사상의 정확한 뉘앙스를 밝히기는 불가능하다. 어느 쪽의 의미이든 이 문맥의 핵심 주제와 잘 어울리는 만큼, 어느 하나를 독단적으로 주장하면 안 된다.

조하고 있다. 우리가 담대하게 하나님께 가까이 나아갈 수 있는 것도 그리스도의 중보에 의존한다는 말이다. 즉, 우리가 하나님께 나아가게 된 것은 그리스도로 말미암은 것이고, 이 접근은 칭의와 관련된 그 행위가 낳은 영원한 특권이다.[4] 칭의에 함축된, 하나님이 우리를 용납하신다는 요소가 가장 중요한 위치를 차지한다. 칭의의 바로 그런 면이 접근의 사상에 특별히 적합하기 때문이다.

2절 하반부는 앞에 나오는 어느 부분과 관련되는지 확정하기가 쉽지 않다. 가장 지지할 만한 견해는 앞 구절들의 중심 사상, 곧 "하나님과 화평을 누리자"와 연결된다는 것이다. 그 중간에 들어 있는 모든 것은 이런 주제에 종속되어 있다. 더 나아가서, 3절은 2절 하반부가 명시하는 영광의 추가적 측면으로서 2절의 마지막 어구와 연결된다. 여기서 "하나님의 영광을 바라고 즐거워하느니라"[5]는 최고로 기뻐하고 자랑하는 모습을 가리킨다. 그것은 진실로 환희의 기쁨이자 확신에 찬 즐거움이다(3, 11; 고전 1:31; 빌 3:3). 이 기쁨의 내용은 "하나님의 영광에 대한 소망"이라고 말한다. 이 기쁨은 현재 마음의 상태이지만, 그것을 일으키는 것은 미래에 실현될 어떤 것이다. 이 미래의 실현이 소망에 의해 현재와 관계를 형성한다. 우리는 우리 자신을 소망 가운데 미래 속에 투영한다. 우리가 기대하는 것은 "하나님의 영광"이다. 분명 이는 바울이 이 서신에서 "장차 우리에게 나타날 영광"(8:18), "하나님의 자녀들의 영광의 자유"(8:21, 23, 24)라고 언급한 것을 가리킨다. 그렇다면 바울은 왜 그것을 "하나님의 영광"이라고 부르는가? 하나님이 그의 자녀에게 부여하신 영광의 창시자이기 때문에 그것을 하나님의 영광으로 부른다는 것은

---

4 2절에 나오는 시제의 의미를 끌어내기 위해서는 다음과 같은 번역이 도움이 될 것이다. "그로 말미암아 믿음에 의해 우리가 서 있게 된 이 은혜에 들어가게 되었다"(through whom also we have come to have access by faith into this grace in which we have come to stand).

5 καὶ καυχώμεθα는 ἐσχήκαμεν과 동격이라고 볼 수 있다(참고. Lightfoot, *Notes*). 이 가정에 의하면 그것은 직설법이다. 만일 그것이 ἔχομεν이나 ἔχωμεν(1절)과 동격일 경우, 그것은 난외 번역에 있는 것처럼 '즐거워하라'는 권고 형식으로 볼 수 있다. 만일 우리가 ἔχωμεν을 1절의 진정한 독법으로 취하고, καυχώμεθα를 1절과 연결시킨다면, 그땐 의심할 것도 없이 καυχώμεθα는 ἔχωμεν과 일치하는 권고 형식으로 취급해야 할 것이다. 이런 구문에 의하면 직설법이 전하고 있는 환희의 분위기에 저촉되는 일은 없을 것이다. 왜냐하면 권고는 하나님의 영광을 바라고 기뻐할 권리를 함축하고 있으며 따라서 소망의 소유도 함축하고 있기 때문이다.

만족할 만한 설명이 아니다. 우리가 이 표현을 하나님이 소유하신 영광과 직결하지 않을 경우, 신약성경과 바울의 가르침이 지닌 한 가지 중요한 요소를 상실하게 된다. 신약성경이 가르치는 내용을 보면 구속의 완성은 하나님의 영광의 나타남과 일치된다(마 16:27; 25:31; 24:30; 딛 2:13; 벧전 4:13; 유 24). 이는 우연한 일치 그 이상이다. 장차 구속이 완성되고 성도의 소망이 실현될 때 하나님의 영광이 밝히 드러날 것이기 때문이다. 그러므로 "하나님의 영광"은 하나님이 소유하신 영광이 나타나는 것을 가리킨다. 어떻게 신자의 소망의 목표가 "하나님의 영광"이라고 말할 수 있는지 묻는다면 신약성경의 또 다른 가르침을 고려해야 한다. 즉, 신자는 장차 나타날 그 영광의 형상과 같아질 것이란 가르침이다. "그가 나타나시면 우리가 그와 같을 줄을 아는 것은 그의 참모습 그대로 볼 것이기 때문이니"(요일 3:2). 흔히 이 일치는 그의 영광의 형상인 그리스도를 닮을 것이라는 표현으로 묘사된다(요 17:22, 24; 롬 8:29; 고후 3:18; 빌 3:21; 골 3:4; 살후 2:14). 그런즉 "하나님의 영광"은 무엇보다 하나님 자신의 영광의 나타남이다. 이것이 하나님의 자녀들의 영광으로 간주되는 이유는, 그것이 나타날 때 하나님의 영광이 자녀들 안에 반영되며, 또 자녀들의 영광은 이 반영으로 구성될 것이기 때문이다(8:17; 9:23; 고전 2:7; 고후 4:17; 골 1:27; 살전 2:12; 딤후 2:10; 히 2:10; 벧전 5:1, 4, 10). 그리스도께서 오실 때 하나님의 영광이 나타나는 일은 하나님의 자녀들의 구속이 완성되는 사건으로 집약될 것이다. 구속의 복의 중심에는 '내가 너의 하나님이 되리라'는 확실한 약속이 있다. 종말에 대한 기대는 믿는 자들이 "하나님의 상속자요 그리스도와 함께한 상속자"(8:17)라는 말로 요약된다. 장차 하나님의 영광이 나타날 때 이 소유권의 의미가 온전히 드러날 것이다. 최후에 하나님의 영광이 나타나는 일은 또 다른 면에서 신자의 관심사이다. 이 신자들은 하나님의 영광이 나타나는 것 자체에 관심이 있다. 하나님의 영광은 그들의 인생 최고의 목표이며, 그들은 밝은 눈으로 하나님의 영광이 완전히 드러날 장면을 보게 될 그날을 간절히 바라고 있다.

3-4절 바울은 2절 끝부분에서 소개한 환희 내지는 기쁨의 주제에 대해 계속해서

말한다. "다만 이뿐 아니라 우리가 환난 중에도 즐거워하나니"(3절).[6] 우리는 소망 가운데 즐거워할 뿐만 아니라 현재에도 즐거워한다. 바울은 현실주의자다. 그는 현실을 무시할 정도로 미래의 영광에만 도취되어 있지 않았다. 그는 다른 신자들의 삶과 자기의 삶을 둘러싼 환난을 알았다. 그는 소망에 의한 환희를 누리고 있었지만 그 소망의 실현에 이르는 순례 길에 도사리고 있는 환난과 고통의 실재를 무시할 수 없었다. 환난에 대한 바울의 놀라운 태도는, 미래의 영광을 바라는 환희는 환난 중에도 간직해야 한다는 것이다. 바울은 고난을 견디는 자기 자신이나 다른 신자들을 가엽게 여기지 않았다. 또한 그는 현재와 미래의 영광 사이에 불가피하게 발생하는 시련을 인식하되 단지 수동적으로 순응하지도 않았다. 바울은 이런 환난 가운데서도 즐거워했고 다른 신자들도 자기와 함께 그 즐거움에 동참한다고 생각했다. 우리는 여기서 교회가 당하는 환난에 대한 통상적인 태도와는 전적으로 다른 태도를 보게 된다. 우리는 흔히 다른 사람들은 물론 우리 자신도 불쌍히 여긴다. 그러나 바울은 그렇지 않았다.

이런 환난이 무엇인지에 대해서는 조금도 의심할 것이 없다(8:35-39; 고전 4:9-13; 고후 1:4-10; 11:23-30; 12:7-10; 빌 4:12; 딤후 3:11, 12; 4:14-16). 바울이 품은 가장 중요한 생각은 이런 고난은 모두 그리스도를 위한 것이라는 점(고후 2:10)과, 그런 고난은 그리스도의 능력과 은혜가 나타나는 기회를 준다는 것(고후 12:9), 따라서 그리스도의 몸인 교회의 유익이 증진된다는 사실이다(고후 1:4-6; 골 1:24; 벧전 4:13). 이 본문은 환난이 그리스도인의 성품을 계발하고 그로 인해 영적인 진보를 가져옴을 자세히 설명한다. "환난은 인내를, 인내는 연단을, 연단은 소망을 이루는 줄 앎이로다"(3-4절). 바울이 환난은 인내를 이룬다고 말할 때, 그의 마음속에 있는 것은 그리스도인의 신앙고백에 따르는 환난이다. 인내가 사람들에게 찾아오

---

6 3절에 있는 καυχώμεθα는 3 B C 사본에서 καυχώμενοι로 읽혀지고 있으며, 이것은 일부 교부들의 지지를 받고 있다. 필사작업을 고려할 때, 이런 독법은 충분히 지지할 만하다(참고. Lightfoot: *Notes*). 그러나 καυχώμεθα를 지지하는 외적 권위 앞에서 그것을 택하기란 곤란하다. 만일 후자가 옳다면, 그것을 여기서도 권면의 형태로 간주할 수 있다. "그뿐만이 아니라 환난 중에도 즐거워하자." 이후에 따라오는 어구들은 우리가 즐거워해야 할 이유를 제시한다. ἔχωμεν과 καυχώμεθα(2절)와 관련해서 위에서 언급한 바와 같이, 이 해석은 이 문단에 반영된 기쁨에 찬 확신을 방해하지 않는다.

는 여러 고충의 결과라는 일반적인 진술이 아니다. 그것은 특정한 "환난", 즉 그리스도 안에서 그리스도를 위해 받는 환난이다. 경건한 자의 모든 고난은 이 범주에 속한다. 이런 환난의 열매는 인내이다. 여기서의 "인내"는 우리가 흔히 생각하는 수동적인 자질이 아니다. 그것은 변함없이 참고 견디는 성품이다(마 10:22; 롬 2:7; 고후 1:6; 살후 1:4; 히 10:36; 약 1:3; 벧후 1:6). 이렇게 변하지 않는 성품이 연단을 이루는데, 연단은 시험에 의해 입증된다(고후 2:9; 8:2; 13:3; 빌 2:22). 그리고 이 연단이 소망을 이룬다.

이 모든 과정의 시작은 환난이며, 마지막은 소망이다. 바울은 우리가 소망 가운데서 즐거워한다고 했다(2절). 하지만 우리는 환난 가운데서도 즐거워하는데, 환난은 소망으로 끝나는 성화 과정의 출발점이기 때문이다(3, 4절). 바울은 하나의 원을 그리고 있다. 소망으로 시작해 소망으로 끝나는 원이다. 이는 환난 가운데서 즐거워하는 것이 하나님의 영광의 소망을 즐기는 것과 분리된 그 무엇이 아니라는 교훈을 준다. 그것은 대등하지도 보완적이지도 않다. 환난 가운데서 즐거워하는 것은 종속된 것이다. 우리가 환난 가운데서 즐거워하는 것은 환난이 종말을 지향하기 때문이다. 환난은 소망을 도모하는 역할을 한다. 우리는 고린도전서 15:19을 생각하게 된다. 이 세상에서 우리의 삶은 실로 복잡하고 혼란하다. 이 땅에서의 삶은 장차 나타날 영광과는 정반대이지만 하나님의 백성들의 최종 목적지에 의해 결정되는 것이다. 따라서 순례자로 살아가는 신자의 삶은 장차 나타날 하나님의 영광과 결코 무관하지 않다.

5절 여기서 우리는 이 소망의 확고한 근거를 보게 된다. 그것은 우리에게 부끄러움을 주는 소망이 아니고 우리가 조금이라도 부끄러워할 필요가 없는 소망이다. 반대로 그것은 우리가 자랑해야 할 소망이며 모든 역경에 굴하지 않고 자신 있게 주장해야 할 소망이다. 이 소망은 우리를 실망시키지 않을 것이고, 또한 환상에 불과한 것도 아니다. 그 이유는 무엇인가? "우리에게 주신 성령으로 말미암아 하나님의 사랑이 우리 마음에 부은 바 되었기"(5절) 때문이다. 이 어구는 로마서에서 가장 압축적인 진술 중 하나로서, 불과 몇 마디로 신자의 소망의 객관적인 근거와 주관적인 확신을 전격적으로 표현한다. "하나님의 사랑"은 하나님에 대한 우리의 사랑이 아니라, 우리에 대한 하나님의 사랑이다(5:8; 8:35, 39). 만일 우리가 전자로 생각한다면 이 구절이 말하는 확신과 안전의 기초가 파괴될 것이다. 이 소망을 확고하게 하며 그 타당성을 보증하는 것은 무엇인가? 그것은 신자에 대한 하나님의 사랑이다. 이 사랑은 변하거나 바뀌지 않는다. 그러기에 그것이 약속하는 소망은 그 사랑만큼이나 취소될 수 없다. 그렇지만 하나님의 사랑이 이런 확신의 근거가 되고 그런 즐거움을 유발하려면 우리가 그 사랑을 이해하고 우리 것으로 만들어야 한다(2절). 이것이 우리 마음에 부어졌다는 말의 의미다. "부은 바 됨이니"라는 표현은 이 사랑을 풍성하게 공급해 주었다는 의미다. 신자들의 마음은 하나님의 사랑으로 충만한 것으로 간주된다. 하나님의 사랑이 신자의 마음을 통제하고 사로잡는다는 뜻이다. 하나님과 그리스도의 영이신 성령(8:9), "모든 것 곧 하나님의 깊은 것까지도 통달"하는 성령(고전 2:10)은 이 사랑을 부어주신 분이다. 그는 그 사랑의 효력과 진정성을 보증하시는 분이다. 그분은 우리에게 주어진 성령이며, 우리 속에 내주하며 다스리면서 이 사랑에 대한 확신을 주신다. 성령은 믿는 자들에게 그들이 하나님의 자녀들임을 그들의 영에 증거한다(8:16). 이 구절의 모든 요소들은 이 본문 내용의 확실성을 보증하기 위해 서로 결합하고 돕는다. 이 구절은 하나님의 불변하는 사랑, 우리에게 주어진 성령의 유효한 활동, 그리고 성령이 활동하는 영역인 생각과 생활의 중심 등을 담고 있다. 이와 같은 것들이 합류하여 다름 아닌 환희를 만들어 낸다. 이런 확신에 대한 반박은 하나님의 진실함에 대한 공격이다.

6. 우리가 아직 연약할 때에 기약대로 그리스도께서 경건하지 않은 자를 위하여 죽으셨도다

7. 의인을 위하여 죽는 자가 쉽지 않고 선인을 위하여 용감히 죽는 자가 혹 있거니와

8. 우리가 아직 죄인 되었을 때에 그리스도께서 우리를 위하여 죽으심으로 하나님께서 우리에 대한 자기의 사랑을 확증하셨느니라

9. 그러면 이제 우리가 그의 피로 말미암아 의롭다 하심을 받았으니 더욱 그
   로 말미암아 진노하심에서 구원을 받을 것이니

10. 곧 우리가 원수 되었을 때에 그의 아들의 죽으심으로 말미암아 하나님과
    화목하게 되었은즉 화목하게 된 자로서는 더욱 그의 살아나심으로 말미
    암아 구원을 받을 것이니라

11. 그뿐 아니라 이제 우리로 화목하게 하신 우리 주 예수 그리스도로 말미암
    아 하나님 안에서 또한 즐거워하느니라

6절 5절에서는 성령에 의해 우리 마음에 부어진 하나님의 사랑을 말하고 있다. 그
런데 우리는 어떻게 그 사랑을 알 수 있는가? 이 물음은 불필요하거나 무례하지
않다. 이는 하나님의 사랑을 나타낸 계시와 구속적 성취의 과정에 관한 질문이다.
6절이 이 물음에 대해 답한다. 그 사랑은 그리스도의 죽음을 통해 나타났다. "왜
냐하면 우리가 아직 연약할 때에 기약대로 그리스도께서 경건하지 않은 자를 위
하여 죽으셨기 때문이다." 이것이 6절 맨 앞에 나오는 '왜냐하면'(개역개정판에는 없
다—옮긴이)이라는 접속사의 의미. 이 접속사는 설명과 확증의 역할을 한다.[7]

우리가 하나님의 사랑을 당연한 것으로 생각한다면 바울의 생각을 제대로 파
악할 수 없다. 그러나 우리의 연약함, 특별히 우리의 경건치 않음을 생각해 보면,
하나님이 우리에게 주신 증거가 얼마나 놀라우며 필요한지 알게 된다. 우리의 불
경건함을 제대로 이해한다면, 우리가 혐오스러운 존재라는 것과 하나님의 진노를
깨닫게 되고 하나님의 사랑을 당연하게 여길 수 없게 된다. 하나님이 경건하지 않
은 자들도 사랑하실 수 있다는 것을 인간의 사고로는 이해하지 못한다. 실제로

---

7 6절이 사본에 따라 차이가 있다는 점은 다소 주목을 요한다. 외부적 권위는 ἀσθενῶν 뒤에 ἔτι를 두
는 쪽으로 기울고 있다는 점을 고려해야 한다. 이 구절의 서두와 관련된 다른 차이점들은 더 많은 문제를
일으킨다. **8** A C D* 사본과 기타 대문자 사본은 ἔτι γάρ라고 하는가 하면, Dᶜ와 다수의 소문자 사본
은 단지 ἔτι라고만 하고, Dᵇ G 사본은 εἰς τί γάρ라 하고, B 사본은 εἴ γε라 읽는다. 별로 지지를 받지
못하는 다른 변형도 있다. ἔτι γάρ를 선호하고 있는 외부적 권위에 따르면 이것이 옳은 독법이라는 결론
에 이른다. 그리고 이 독법이 ἔτι의 반복을 피하기 위하여 필사 과정에서 어떻게 변질되었는가를 알아보는
것은 어렵지 않다. ἔτι가 그처럼 가까이 두 번이나 나오는 것을 보면 둘 다를 보존하는 입장을 선호하게
되고, 이 경우 가장 강력하게 지지를 받는 이 구절의 서두의 독법은 ἔτι γάρ이다.

하나님이 그렇게 하셨다는 것은 더욱 이해할 수 없다(고전 2:9, 10). 이러한 배경에서 본문을 이해해야 한다. 하나님의 사랑이 놀라운 이유는 그것이 경건치 않은 자에 대한 사랑이기 때문이다. "그리스도께서 경건하지 않은 자를 위하여 죽으셨도다." 이것이 바로 그 증거다. 이뿐만이 아니다. 그리스도께서 그들을 위해 죽으셨을 때, 그들은 여전히 나약한 존재, 즉 불경건한 자들이었다. 그리스도의 죽음을 통해 표현되고 제공된 그 사랑은 경건치 않은 자들에게 베풀어진 사랑이다. 이 사랑은 인간 안에 있는 어떤 칭찬할 만한 자질 때문에 주어진 것이 아니다. 언젠가 하나님의 은혜의 능력에 의해 드러날 인간의 어떤 성품 때문에 주어진 사랑도 아니다. 그런 것과는 전혀 무관한 선행적(先行的) 사랑이다. 그 사랑은 사람들이 아직 불행과 죄에 빠져 있을 때에 그들을 위한 그리스도의 죽음 속에 전제되어 있던 사랑이다. 그 사랑은 자기만족의 사랑이 아니라, 그 모든 동기와 추진력이 하나님의 선하심에서 나온 사랑이다. 이것이 바로 그리스도의 죽음을 통해 나타난 사랑이다. 이것은 구원의 목적을 충분히 성취할 수 있는 사랑이다. 왜냐하면 그리스도의 죽음은 불경건한 자들을 위한 것이라서 이 문맥이 고려하는 신자의 고상한 신분을 확보할 수 있기 때문이다.

이 죽음은 "기약대로" 이루어졌다. 이 표현은 '정한 때'를 의미한다. 적절한 때를 가리키기도 한다. 우리가 구원을 위해 아무것도 할 수 없는 무력한 때가 바로 가장 적절한 때이다. 때에 대한 언급은 "경건하지 않은 자를 위해 죽으셨다"라는 말에 나타난 사상을 강화한다. 즉, 그것은 강력한 효력을 말한다. 인간의 최악의 시기는 그의 아들의 죽음에 의해 성취되는 하나님의 사역이 유효한 때다. 이와 관련하여 바울의 표현 중에서 "때가 차매"(갈 4:4)라는 언급을 제외하기는 어렵다. "때가 차매"라는 표현은 하나님이 그의 아들을 보내셔서 경건치 않은 자를 위해서 죽게 하셨던 때를 가리킨다. 때가 찬다는 것은 완성의 시기로서, "절정의 시대"[8], "시대의 종말"이다(히 9:26). 이 시기는 다른 모든 시대가 수렴하는 때이며, 모든 시대를 향한 하나님의 목적이 성취되는 시기다(행 2:17; 고전 10:11; 딤전 2:6; 딛 1:3; 히

---

8 Lightfoot, *Notes*, Eph. 1:10, p. 321.

1:2). 그리스도의 죽음은 이 세상 역사의 마지막 시기에 속한다. 우리와의 상관성, 하나님의 지혜와 사랑의 나타남, 성취의 효과, 그 모든 것이 이 사실과 묶여 있다.

7-8절 7절과 8절은 6절에 내재된 내용을 좀 더 설명한다. 7절은 경건치 않은 자를 위해 죽은 전례가 없음을 보여 주며, 8절은 그리스도께서 죄인들을 위해 죽으셨다는 사실로 하나님의 사랑을 확증한다. 7절은 흔히 "의인"과 "선인"을 구별하는 것으로 해석되어 왔다. 즉, 의인은 정의를 존중하며 의로운 길에서 벗어나지 않아 우리의 칭찬과 존경을 받는 사람이고, 선인은 공정할 뿐만 아니라 자비롭고 친절해서 사랑을 받는 사람이라고 한다. 따라서 "의인을 위해 죽는 자는 드문" 반면, 선한 사람을 위해서는 죽을 가능성이 있다는 것이다.[9] 정의를 존중하는 데서 나오는 의무감으로 의인을 위해 죽기는 어려우나, 사랑에서 나오는 의무감으로 선한 사람을 위해서는 죽을 수 있다는 말이다. 그러나 본문에서 이러한 해석을 끌어내기란 쉽지 않다. 또 의인과 선인 사이를 이런 식으로 구별하는 것을 변호하기도 어렵다. 본문의 용어들은 의인과 선인 사이의 그 같은 예리한 대조를 지지하기보다는 오히려 이 두 명사는 의로우며 선한, 동일 인물을 지칭하는 것 같다.[10] 또한 본문은 누구든 의롭고 선한 사람을 위해 죽는 것은 아주 드문 일이고, 경건치 않은 자, 곧 악한 사람을 위해 죽는 것은 훨씬 더 드문 일임을 보여 준 것이다. 그럼에도 혹 선한 사람을 위해 죽을 사람이 있을지도 모른다. 존경과 존중에서 나온 의무감으로 인해 다른 사람을 위해 죽을 수도 있다. 바로 이런 사실을 배경으로 인간과 하나님의 대조적인 모습이 확연히 드러난다. 그것이 8절의 의미다. "우리가 아직 죄인 되었을 때에 그리스도께서 우리를 위하여 죽으심으로 하나님이 우리에 대한 자기의 사랑을 확증하셨느니라." 인간 세계에서는 의롭고 선한 사람을 위해서 죽는 일도 드물지만, 죄인을 위한 그리스도의 죽음을 통해 하나님은 그분의 사랑을 드

---

9 알퍼드, 필리피, 기포드, 핫지, 샌데이와 헤들램의 책을 참고하라.
10 여기서의 논점은, 함축적으로 말해서, δίκαιος와 ἀγαθός 사이에 아무런 차이도 없다는 것이 아니다. 위에서 지적한 대로 물론 이 단어들은 서로 다른 특성을 가리킨다(Lightfoot, *Notes*). 단지 여기서의 논점은, 표면적으로 말해서, 이 두 종류의 사람들이 의인을 위해서는 못할 일도 선인을 위해서는 아마도 할 수 있을 것이라고 양자를 대조하기 위해 인용된 것은 아니라는 점이다. 참조. 칼빈, 마이어, 앞의 책.

러내고 확증하신다.

이것이 바로 하나님 자신의 사랑임을 특별히 강조한다. 문자적으로 이는 하나님 자신에 속한 사랑이다. 따라서 이 사랑은 하나님 자신을 대상으로 스스로에게 베푼 사랑이 아니라, 그리스도께서 죄인들을 위해 죽으셨다는 사실로 확증된 (3:5) 하나님 특유의 사랑이다. 하나님의 사랑은 여기서 그리스도의 죽음과 직결된다. 6절에 이 관계가 암시되어 있는데, 6절과 5절은 밀접한 관계가 있기 때문이다. 그러나 여기서는 그 관계가 명백히 진술되었다. 그 관계란 그리스도의 죽음은 하나님의 사랑의 표현이라는 것이다. 그리스도의 죽음이 하나님의 사랑을 강요하거나 유도하는 것이 아니라, 하나님의 사랑이 그 유일하고 적절한 대책으로 그리스도의 죽음을 초래했던 것이다. 하나님의 사랑은 강력한 힘이며 그 특성은 그로부터 생긴 사건 속에 나타난다. "우리가 아직 죄인 되었을 때에"라는 어구는 6절 "우리가 아직 연약할 때에"와 병행을 이룬다. 이 두 어구는 서로를 묘사해 준다. 6절에서 우리의 초점은 하나님의 사랑이 죄인인 사람들에게, 그것도 그들이 아직 죄인 상태에 있을 때에 베풀어진다는 사실에 맞춰진다. 이 사랑은 하나님을 만족시킬 만한 자질이 사람들 안에 있기 때문에 생긴 것이 아니다. 마찬가지로 그리스도의 죽음에 대한 계획은 인간의 죄인 됨을 고려한 것이며 죄인 된 사람들이 받을 유익을 생각해서 세워진 것이다.

9-10절 9절과 10절은 아포르티오리 논법(a fortiori, 만약 전에 인정한 것이 진실이라면 현재의 주장은 한층 더 강력한 이유로 인해 진실일 수 있다는 가정에 입각한 논법—옮긴이)을 사용한다. 9절의 전제는 우리가 이제 "그[예수]의 피로 말미암아 의롭다 하심을 받았다"는 것이며, 여기서 나온 추론은 우리가 그로 말미암아 더욱더 확실하게 하나님의 진노에서 구원을 얻게 될 것이라는 점이다. 10절의 전제는 우리가 아직 원수 되었을 때에 그리스도의 죽음으로 말미암아 하나님과 화목하게 되었다는 것이며, 여기서 나온 추론은 우리가 그의 살아나심으로 말미암아 더욱 확실히 구원을 받을 것이라는 점이다. 두 구절은 문장 구조상 병행을 이루며 본질적으로 동일한 진리를 선언한다. 그러나 이런 병행구조와 본질적 동일성 때문에 각 구절에 나타

난 독특한 사상을 놓치면 안 된다.

6절과 8절에서 바울은 우리를 위한 그리스도의 죽음의 본질을 구체적으로 묘사하지는 않았다. 바울이 말하는 것은 그의 죽음이 경건하지 않은 자를 위한 죽음이며(6절), 우리를 위한 죽음(8절)이란 사실뿐이다. 그의 죽음이 경건하지 않은 자와 죄인들을 위한 것이었다는 고찰 속에 어떤 의도와 유익이 암시되어 있긴 하다. 그러나 예수의 죽음 안에서 성취된 사역의 구체적 성격이나 그로 인해 경건치 않은 자에게 돌아갈 유익에 관해 부연 설명을 하지는 않는다. 바울은 3:21-26, 4:25에서 그렇게 한 적이 있다. 6절 및 8절에서는 그런 설명이 가정되어 있다. 그러나 9, 10절에서는 그리스도의 죽음의 구체적 성격과 그로 인한 유익에 관해 추가적으로 묘사하고 있다. 바울이 이 논증의 전제를 다루면서 예수의 죽음의 성격 및 의도를 설명하고 있다는 것을 간과해서는 안 된다. 따라서 이것들은 바울의 주된 결론을 뒷받침하는 가정에 해당한다. 그러나 그리스도의 죽음이 무엇이며 무엇을 성취했는지를 웅변적으로 말해 주기도 한다.

9절에서 그리스도의 죽음을 "그의 피"라고 표현했는데, 여기서는 그리스도의 죽음이 칭의와 관련하여 성취한 것에 초점을 둔다. "이제 우리가 그의 피로 말미암아 의롭다 하심을 받았으니." 우리는 서신 앞부분에서 여러 번 칭의라는 주제를 접했다. 거기서 칭의는 일률적으로 하나님의 법정 행위로 묘사되었다. 우리는 하나님의 그런 법정 행위에 의해 의인으로 선언되고 하나님께 의인으로 용납되었으며 이는 우리의 믿음과 분리해서 생각할 수 없다. 그러나 9절의 칭의라는 용어는 10, 11절의 화목과 연관된 의미로 사용되었을 가능성이 있으며, 그럴 경우 믿음에 의한 칭의에 적용되지 않고 그리스도의 죽음으로 확립된 객관적 근거에 적용된다고 볼 수 있다. 바울은 5:18에서 이 용어에서 나온 명사 상당 어구를 그런 의미로 사용하는데, 구체적인 내용은 18절을 다룰 때 살펴보겠다. 이사야 53:11에서는 "의롭게 하다"라는 표현을 이런 의미로 사용했을 가능성이 많다. 9절과 10절이 병행하는 것으로 보면 9절의 "칭의"와 10절의 "화목"은 유사하다고 가정할 수 있다. 이 해석에 따르면, 그리스도의 피는 그 자체가 객관적으로 의롭게 하는 효과를 지닌 것이며, 이때 칭의는 믿음으로 말미암은 실제적인 칭의의 근거인 그리스도의 순종과 의로움에 있다. 다른 한편, 이 칭의를 바울의 일률적인 의미를 지닌 것으로 해석한다면, 바울이 마음속에 품고 있던 것은 그리스도의 피로 말미암아 일어난 우리의 실제적인 칭의다. 그 칭의는 예수의 피 안에서 우리에게 주어진다. 이 피는 우리의 칭의의 근거다. 우리의 칭의를 확보해 주는 것은 예수의 피며, 우리의 칭의는 그의 피 뿌림을 통해 우리에게 오는 것이다. 어느 경우든 그리스도의 피는 이 서신의 핵심 교리와 관련된 효력과 가치를 지니게 된다. 칭의는 엄밀하게 말하면 법적 성격을 갖고 있다. 따라서 그리스도의 피가 칭의 자체를 구성하는 것이든, 칭의의 근거이든 법적 효험을 지닌 것으로 해석해야만 한다. 그러므로 법적 범주로 예수의 피의 효험과 가치를 묘사하지 않을 수 없다. 그것은 오직 법적 사실과 직결되기 때문이다. 이는 바울이 갑자기 제시한 것이 아니고 이미 3:25, 26에 암시되어 있었던 것이다.

그러나 9절의 주된 사상은 지금까지 설명한 것의 결론, 즉 "더욱 그로 말미암아 진노하심에서 구원을 받을 것"이라는 점이다. 이는 현재의 상태와 비교되는 미래의 상태를 말한다. 지금 우리는 칭의를 받았다. 하나님께 의인으로 받아들여져 하나님과 더불어 화평을 누리고 있다. 이것이 미래의 구원을 보증한다. 그러면 여기서 구원은 무엇인가? 본문에서 언급된 "진노"가 그 해답을 가리킨다. 그 진노는 심판의 날에 불경건한 자에게 내리는 진노, 곧 종말론적 진노다(2:5, 8; 살전 1:10; 5:9; 마 3:7; 계 6:16, 17; 11:18). 그리스도의 피 안에 있는 칭의로 보든지 그 피에 의해 획득된 칭의로 보든지, 현재의 칭의에서 우리가 확신할 수 있는 것은 심판대에서 의인에게는 진노가 내리지 않는다는 사실이다. 칭의는 정죄의 반대다. 칭의는 성취되었고 취소 불가능하기에 그리스도 예수 안에 있는 자에게는 결코 정죄함이 없다(8:1). 바울은 지금 소망의 다른 측면, 곧 하나님의 불쾌감과 하나님에게서 소외된 상태를 보여 주는 그 진노에서 벗어날 수 있다는 확신을 설명해야 하는데, 이는 하나님의 영광의 소망과 관련하며 2절 및 5절에 표현된 확신을 나타낸다. 바울은 사도로서 긍정적 표현과 부정적 표현을 사용하는 것이 당연하다. 영광의 소망은 긍정적이면서 부정적이다. 그것이 긍정적이기 위해서는 죄가 수반하는 모든 것을 부정해야 한다. 무엇을 '향한' 구원이 되기 위해서는 무엇'으로부터'의 구원이어야 한다. 바울은 무엇'으로부터'의 구원인지를 바로 하나님의 진노의 개념으로 설명한다. 바울은 하나님을 남성적인 분으로 그리고 있었다. 그가 하나님의 무서운 진노를 고려한 것도 그런 개념 때문인 것 같다. 장차 나타날 무서운 진노에서 구원받는 것이 영광의 소망에 담긴 한 요소이다.

10절은 이런 확신을 북돋우는 진리의 새로운 요소, 또는 이런 확신을 알리고 굳히는 동일한 진리의 새 측면을 소개한다. "곧 우리가 원수 되었을 때에 그의 아들의 죽으심으로 말미암아 하나님과 화목하게 되었은즉 화목하게 된 자로서는 더욱 그의 살아나심으로 말미암아 구원을 받을 것이니라." 이 본문을 분석하려면 여러 가지 표현의 의미를 이해할 필요가 있다.

(1) "우리가 원수 되었을 때에." 여기서 "원수"라는 말은 능동적인 의미가 아니라 수동적인 의미로 사용된 것으로 봐야 한다.[11] 즉, 이는 하나님을 대적하는 우리의 능동적인 적대감이 아니라, 우리에게 품는 하나님의 거룩한 적의와 하나님에게서 멀어진 상태를 가리킨다. 이 원수라는 단어는 로마서 11:28에서도 이런 의미, 즉 하나님의 은총에서 멀어져 있는 이스라엘의 모습을 묘사하는 데 사용된다. 이 상태는 11:28 하반부에 있는 "사랑을 입은"과 대조된다. "사랑을 입었다"는 표현은 물론 하나님의 사랑을 입었다는 의미이지 하나님에 대한 이스라엘의 사랑을 뜻하지 않는다. 그러므로 "원수"라는 용어는 하나님이 품은 적의를 가리키며, 하나님의 심판에 의해 이스라엘이 처한 소외 상태를 의미한다. 더욱이, 11:28에서 보는 바와 같이, 하나님에 대한 능동적인 적대감으로 해석하는 것은 문맥에 어울리지

---

11 ἐχθρός의 능동적 의미가 "신약에서 보편적으로 사용된 것"이라는 라이트푸트의 설명은 전혀 정확하지 않다. 라이트푸트의 견해를 바로잡은 것을 보려면 다음 책을 참고하라. Sanday and Headlam, 앞의 책, pp. 129f. ; Meyer, 앞의 책; Denney, 앞의 책; Gerhard Kittel, *Theologisches Wörterbuch zum Neuen Testament* ll, p. 814; Arndt and Gingrich, 앞의 책, ἐχθρός. 라이트푸트의 주장은 그가 화목에 관한 신약성경의 가르침을 이해하지 못한 데에 기인한다(이 서신서에 대한 자신의 주석서에서 골 1:21을 언급한다). 신약의 언어를 보면 하나님이 우리에게 화해되신 것이 아니라, 우리가 하나님에게 화해된 것이라는 그의 말은 옳다. 그렇지만 신약의 가르침을 잘 고려하면, 화목의 중심은 하나님께 반항하는 우리의 적의 및 그것의 제거가 아니라, 하나님께서 우리로부터 멀리 있다는 사실과 이런 상태를 제거하시기 위해 하나님이 마련하셨던 대책임을 알 수 있다. 내가 저술한 다음의 책을 참조해 주기 바란다. *Redemption Accomplished and Applied*(Grand Rapids, 1955), pp. 39ff.

않는다. 그 문맥은 이스라엘에 대한 하나님의 섭리를 다룬다. 따라서 이것이 5:10의 문맥과 어울리는 의미다. "원수 되었다"는 것은 하나님으로부터 멀어졌다는 것이고, 우리가 소외된 상태에 있을 때에 화해가 이뤄졌다는 말이다.

(2) "하나님과 화목하게 되었은즉." 하나님과 우리가 화해했기 때문에 하나님에 대한 우리의 적대감이 제거되었다고 생각할 수 있으나 사실은 그렇지 않다. 오히려 하나님이 우리에게서 멀어져 있던 상황이 제거되었음을 의미한다. 이는 우리에 대한 하나님의 거룩한 적의가 제거되었다는 뜻이다. 이렇게 해석해야만 본문의 사상과 잘 조화된다. ① "그의 아들의 죽으심으로 말미암아 하나님과 화목하게 되었은즉"이란 문장은 9절 "그의 피로 말미암아 의롭다 하심을 받았으니"란 문장과 병행을 이룬다. 위에서 본 바와 같이 후자는 법정적 의미가 있다. 그러므로 "화목하게 되었다"는 표현도 법정적 성격을 갖고 있다. 그러나 우리의 적대감이 제거된 것은, 하나님의 행위이든 우리의 행위이든, 법정적인 성격과는 대조되는 윤리적 성격을 갖고 있다. 이 자체만 고려해도 화목을 법정적 용어로 해석해야 함을 알 수 있다. 그렇지 않으면 이 병행관계가 깨어진다. ② 화목은 하나님의 아들의 죽음 안에서 단번에 성취된다. 그러나 우리 자신이 하나님을 향해 품고 있는 적대감은 역사적 과거에 단번에 제거되지 않는다. ③ 11절에서는 우리가 하나님과 화목하게 되었다고 말한다. 이런 형태의 진술은 우리의 적대감이 제거되었다는 개념에 적절하지 않다. 어떻게 해석하든 우리가 품은 적대감이 제거되었음은 주관적 변화를 가리키지만, 화목하게 되었음은 샌데이와 헤들램이 말한 대로 "그 화목은 하나님 편에서 사람에게로 온 것"을 의미한다.[12] 이것은 선물로 받은 것이다. 이 개념은, 화목이 하나님 편에서 우리에게 은혜로 부여한 신분과 관련이 있다는 사상과 전적으로 일치된다. ④ 이와 같은 화목의 개념은 이 단락의 서두에서부터 부각된 사실과 잘 맞는다. 즉, 우리가 하나님과 더불어 화평을 누리게 되었고 그 은혜 안에 서 있다는 진리와 일치된다. 하나님과의 화평은 하나님으로부터의 소외 상태가 제거됨으로써 생긴 하나의 신분이다. 이런 의미에서 화목은 하나님과의 화평과 상관이

---

12 앞의 책, p. 130.

있다. 전자는 후자의 근거이다. ⑤ 하나님의 사랑과 그리스도의 죽음이 제공하는 증거를 강조하는 문맥을 고려하면 화목에 대한 이런 해석이 가장 적절하다. 반면에 주관적인 해석은 생각의 흐름에도 맞지 않고 이 단락의 중심 사상과도 어울리지 않는다.

(3) "그 아들의 죽으심." 서론(1:3, 9) 이후 처음 나타난 "아들"이란 칭호는 몇 가지 중요한 사항을 알려 준다. ① 우리가 화목하게 된 대상은 아버지 하나님이다. 이 절에서 "하나님"이란 칭호는 그리스도께서 "그의 아들"로 불릴 수 있는 위격을 가리키고 있으며, 오직 아버지에 대해서만 그리스도는 그의 아들이라고 불릴 수 있다. ② 그러므로 8절의 "하나님"이란 칭호는 구체적으로 아버지를 염두에 둔 것이다. 그러므로 우리에게 자기의 사랑을 확증하시는 분은 아버지다. 5절도 마찬가지다. 우리 마음에 부은 바 된 것은 바로 아버지의 사랑이다. ③ 우리는 아버지와 화목하게 되었고, 우리에게 추천된 것은 하나님의 사랑이다. 따라서 하나님의 사랑은 화목에 의해 강요된 것이라든지, 선행조건으로서의 사랑과 그 결과인 화목 간에 모순이 있다는 등의 추정을 반박할 수 있다. 단순하게 표현하면, 아버지는 우리를 사랑하시고 우리와 화목하게 되었다고 말할 수 있다. 화목은 아버지의 사랑의 최고의 증거인 그리스도의 죽음의 의미와 효과를 해석하는 다양한 방법 중의 하나이다. 화목은 아버지의 사랑을 실증한다. ④ 그리스도의 죽음이 곧 하나님의 아들의 죽음이라는 점은, 이 죽음을 통해 어떻게 하나님의 사랑이 입증될 수 있는지를 보여 준다. 즉, "아들"이라는 칭호로 표현된 친밀한 관계는 죄인에 대한 아버지의 사랑이 얼마나 놀라운지를 말해 준다. 그 사랑이 호소하고 겨냥하는 일을 이루기 위해 죽으셨던 분이 "그 아들"이라면, 이 사랑은 실로 말로 형언할 수 없는 것이다! 얼마나 절박했으면 아버지께서 그의 아들을 죽도록 내어주셨을까?

(4) "그의 아들의 죽으심으로 말미암아⋯ 화목하게 되었은즉." 화목을 이루고 소외 상태에서 벗어나 하나님의 은총 안에 다시 거하게 됨은 그리스도의 죽음을 통해 가능해졌다. 그리스도의 죽음은 그리스도의 피와 동의어다. 그런즉 바울은 예수께서 흘리신 피의 의미를 해석할 수 있는 새로운 범주를 제공했다. 예수의 피를 다양한 범주로 설명하는 것은 각 범주마다 나름의 특징을 지니기 때문이다. 여

러 범주들은 우리의 필요가 지닌 다양한 측면과 이런 필요들을 해결하는 하나님의 다양한 대책을 나타내기 때문이다. 화목은 하나님에게서 소외된 우리의 상태를 배경으로 하기 때문에 절박성의 관점에서 해석해야 한다.

(5) "그의 살아나심으로(by his life) 말미암아 구원을 받을 것이니라." 여기에 언급된 그리스도의 살아나심은 그가 육신으로 이 땅에 살았던 그의 생애를 말하는 것이 아니다. 그것은 그리스도의 부활 생명이다. 이 표현의 이면에는 그리스도의 죽음과 부활 사이의 대조가 있다(4:25). 그렇지만 여기서 염두에 두고 있는 것은 단순히 하나의 사건으로서의 부활이 아니다. 바울은 그의 부활로 말미암아 구원을 얻을 것이라고 말하지 않고, "그의 살아나심으로 말미암아"라고 말한다. 그러므로 이것은 구속주의 승천한 생명이다. 지금 이 어구는 "우리가 그로 말미암아 진노하심에서 구원을 받을 것이니"라는 9절의 말씀과 병행하며, 또 후자에는 종말론적 의미가 있기 때문에 여기서 언급한 구원 또한 종말론적 구원일 가능성이 높다. 이런 가정에 의하면, 최종적인 구원의 완성을 보장하는 것은 그리스도의 승천한 생명이다. 이는 신자의 부활을 보증하는 것이 그리스도의 부활이라는 진리를 더 포괄적으로 표현한 것이다(고전 15:20-24).

본문에 나타난 바울의 논법은 아주 명백하다. 바울은 만약 우리가 하나님에게서 소외된 상태에 있을지라도 하나님이 그 자신의 아들을 죽게 하셔서 우리를 하나님과 화목하게 하시고 또 우리를 그의 은혜의 자리에 앉게 하셨을진대, 하물며 이제 소외 상태가 사라지고 그의 은혜 안에 있게 된 지금의 상황에서야 더욱더 그리스도의 승천한 생명이 우리를 끝까지 구원해 주실 것을 보증하지 않겠냐고 말한다. 하나님이 큰일에는 성공하시고 작은 일에는 실패하신다고 추정하는 것은 하나님의 지혜와 선하심과 성실하심을 부인하는 것이다. 또 이 논증은 그리스도의 죽음과 부활은 결코 분리될 수 없기 때문에 전자로 인한 유익이 후자로 인한 유익과 결단코 떨어질 수 없음을 보여 준다(6:3-5; 고후 5:14, 15; 엡 2:4-7; 골 3:3, 4). 그런즉 예수의 죽음이 주는 유익을 누리는 사람들은 또한 그의 부활의 생명에 수반되는 모든 혜택도 누린다. 이 단락은 이것을 예수의 죽으심에 의한 화목과 그에 따르는 미래의 보장을 통해 조망한다.

11절 10절과 11절의 관계에 약간의 문제가 있다. 영어권 독자는 11절을 문자적으로 번역하면 이 문제가 보일 것이다. "그뿐 아니라 이제 우리로 화목하게 하신 우리 주 예수 그리스도로 말미암아 하나님 안에서 또한 즐거워하느니라"(And not only so but also rejoicing in God through our Lord Jesus Christ, through whom now we have received the reconciliation).[13] 분사 "즐거워하는"(rejoicing)이 앞의 구절이나 문맥 중 어느 것과 연결되는가? 이는 10절의 또 다른 분사, 즉 "being reconciled"(화목하게 되었은즉)[14]과 연결될 수 있다. 이렇게 되면 화목의 사실이 미래의 구원을 확신시켜 줄 뿐만 아니라, 지금 우리가 주 예수 그리스도로 말미암아 하나님 안에서 즐거워한다는 사실도 그렇게 해 준다. 즉, 하나님 안에서의 우리의 현재의 즐거움은 우리의 미래의 구원을 보증하는 추가적인 수표에 해당한다. 또는 그 분사는 10절의 "그의 살아나심으로 말미암아 구원을 받을 것이니라"는 절과도 연결 지을 수 있다. 이 경우 우리의 화목으로부터 우리가 장차 구원을 얻을 것이라는 확신을 이끌어 낼 뿐 아니라 현재의 환희도 끌어낸다.[15]

어느 경우든 여기 언급된 환희는 현재의 즐거움으로 봐야 한다. "이제 우리로 화목하게 하신"이란 표현은 현재의 화목한 상태를 강조한다. 1, 2절에서 그리스도를 통해 화평과 칭의를 받은 사실이 강조되었듯이, 여기서도 똑같이 그리스도를 통해 화목을 받은 사실이 나타나 있다. 그러나 이 구절에서 특별히 강조하는 것은 지금 이 특권을 즐기고 있다는 사실이다. 화목은 단번에 얻은 지위다. 이는 이미 받은 것이기 때문에 우리는 하나님 앞에서의 이 지위가 지닌 의미를 인식해야 한다. 하나님 안에서 즐거워하는 것은 현재의 특권을 고려할 때 설명될 수 있다. 우리에게 있을 미래의 상황으로 인해 지금 즐거워하는 것은 아니다. 다음 사

---

13 καυχώμενοι는 א B C D 사본 및 대다수의 소문자 사본 등 외부적 권위의 압도적 지지를 받는다. καυχώμεθα는 2, 3절에 나오는 동일한 단어와 동화되어 생긴 것임이 분명하다.

14 마이어의 책을 참조하라. 그는 분사 καταλλάγεντες는 οὐ μόνον δέ가 생략된 자리에 두어야 한다고 생각한다. 따라서 그 의미는 '화목하게 될 뿐 아니라 즐거워하게 된다'가 될 것이다.

15 환희(καυχώμενοι)는 미래에 누리게 될 구원의 특징으로 볼 수도 있다. 그것은 하나님 안에서 지극히 기쁜 환희를 수반하는 그런 종류의 구원일 것이다. 그러나 이 기쁨을 미래의 것으로 추정한다는 것은 이 문단 전체에 충만한 현재의 즐거움과 잘 어울리지 않는다.

실을 유념하라. 이 단락의 특징은 우리가 영광을 바라고 즐거워한다는 점에 있다. "하나님의 영광을 바라고 즐거워하느니라"(2절)와 "우리가 환난 중에도 즐거워하나니"(3절). 바울이 현재 우리가 소유한 특권을 고려하여 하나님 안에서 확신 있게 영광을 바라고 즐거워하는 것은 너무나 당연하다. 더구나 화목에 의해 하나님과 우리의 관계가 선명히 드러났고 환희의 즐거움이 재개된 이상, 지금 하나님 안에서 즐거워한다는 표현을 얼마든지 할 수 있다는 것이다. 따라서 영광을 바라고 즐기는 데는 아무런 제약이 없다. 그것은 우리 주 예수 그리스도로 말미암아 하나님 안에서 즐거워하는 일이기 때문에 지나칠 수 없는 법이다(고전 1:30, 31). 하나님은 이 즐거움의 대상이며 근거다. 그리고 우리가 즐거워하는 것은 하나님과의 연합 및 친교 안에서 이루어지는 일이다.

바울이 "이제 우리로 화목하게 하신"이란 말을 할 때, 그는 그 객관적 성취와는 별개로 화목이 실제로 우리에게 적용되는 것을 생각하고 있다. 바울 특유의 방식으로 우리가 이 신분을 소유하고 즐기게 된 것이 그리스도의 중보를 통해 이뤄졌다고 말한다. 그리스도의 중보 사역은 화목의 성취에서는 물론 그 적용에서도 없어서는 안 된다. 하나님의 은총을 받고 그분과 교제함으로써 생기는 즐거움도 "우리 주 예수 그리스도로 말미암은" 것이다. 우리의 기쁨은 우리가 그리스도의 유효한 중보 사역을 의식하는 것과 분리해서 생각할 수 없다.

8. 유추(5:12-21)

12. 그러므로 한 사람으로 말미암아 죄가 세상에 들어오고 죄로 말미암아 사망이 들어왔나니 이와 같이 모든 사람이 죄를 지었으므로 사망이 모든 사람에게 이르렀느니라

13. 죄가 율법 있기 전에도 세상에 있었으나 율법이 없었을 때에는 죄를 죄로 여기지 아니하였느니라

14. 그러나 아담으로부터 모세까지 아담의 범죄와 같은 죄를 짓지 아니한 자들까지도 사망이 왕 노릇 하였나니 아담은 오실 자의 모형이라

15. 그러나 이 은사는 그 범죄와 같지 아니하니 곧 한 사람의 범죄를 인하여 많은 사람이 죽었은즉 더욱 하나님의 은혜와 또한 한 사람 예수 그리스도의 은혜로 말미암은 선물은 많은 사람에게 넘쳤느니라

16. 또 이 선물은 범죄한 한 사람으로 말미암은 것과 같지 아니하니 심판은 한 사람으로 말미암아 정죄에 이르렀으나 은사는 많은 범죄로 말미암아 의롭다 하심에 이름이니라

17. 한 사람의 범죄로 말미암아 사망이 그 한 사람을 통하여 왕 노릇 하였은즉 더욱 은혜와 의의 선물을 넘치게 받는 자들은 한 분 예수 그리스도를 통하여 생명 안에서 왕 노릇 하리로다

18. 그런즉 한 범죄로 많은 사람이 정죄에 이른 것 같이 한 의로운 행위로 말미암아 많은 사람이 의롭다 하심을 받아 생명에 이르렀느니라

19. 한 사람이 순종하지 아니함으로 많은 사람이 죄인 된 것 같이 한 사람이 순종하심으로 많은 사람이 의인이 되리라

20. 율법이 들어온 것은 범죄를 더하게 하려 함이라 그러나 죄가 더한 곳에 은혜가 더욱 넘쳤나니

21. 이는 죄가 사망 안에서 왕 노릇 한 것 같이 은혜도 또한 의로 말미암아 왕 노릇 하여 우리 주 예수 그리스도로 말미암아 영생에 이르게 하려 함이라

5:12-21에서 바울은 아담과 그리스도를 비교하면서 온 인류의 머리로서의 아담과 새 인류의 머리로서의 그리스도의 병행관계를 설명한다.[16] 이는 "아담은 오실 자의 모형"이라는 14절의 진술에 나타난다. 그러나 명시적으로든 암시적으로든 이 단락 전체에 걸쳐 나타난 비교를 통해서도 이 사실을 볼 수 있다(12, 15-19절). 병행관계와 비교점을 논할 때 간과해서는 안 될 사항은 처음부터 아담에 의해 가동된 과정과 그리스도에 의해 가동된 과정을 뚜렷이 대조하고 있다는 점이다. 여기에 유추가 있되 서로 반립관계에 있는 것에 관한 유추이다. 우리가 두 개의 상반된 복합체가 대조되고 있음을 인식하지 못한다면, 본문에 나타난 범세계적인 진리를 이해할 수 없다. 첫 번째는 죄—정죄—사망이, 두 번째는 의—칭의—생명이 복합적으로 얽혀 있다. 이것은 변함없는 조합들이다. 죄가 있는 곳에는 정죄와 사망이 필연적인 결과로 나타나는 반면, 의에는 칭의와 생명이 결과적으로 따라온다. 이 두 조합은 모든 점에서 서로 정반대다. 그런데 가장 중요한 사실은 인류에게 발생한 이 복합적 사건들을 원자론적으로 보면 안 된다는 점이다. 연대성이 효력을 발생한다. 죄는 아담이 인류와, 또 인류가 아담과 맺고 있는 집합적인 관계를 떠나서는 그와 관련된 연쇄작용을 일으키지 않는다. 그리고 의로움도 그리스도가 타락한 인간과, 또 타락한 인간이 그리스도와 맺고 있는 연대적인 관계를 떠나서는 아담이 촉발한 죄—정죄—사망의 조합에 영향을 미치지 못한다. 이 두 연대의 관계를 이해하지 못하면 이 단락에 나오는 지배적 원리가 그 골자를 잃게 되고, 이 단락을 달리 해석하려는 것은 헛수고에 불과하다.

우리는 바울이 여전히 로마서의 위대한 주제인 이신칭의를 다루고 있음을 잊어서는 안 된다. 1-11절에서 바울은 칭의의 결과를 몇 가지 다뤘으며, 그 열매들이 불러일으키는 하나님에 대한 확신을 언급했다. 그런데 12-21절은 바울의 주요 주제와 관련해 어떤 목적을 갖고 있는가? 이에 대해서는 여러 가지 답변이 가능하다. 그러나 가장 적절한 대답은, 지금 바울은 경건하지 않은 자를 의롭게 하시는 하나님의 방법이 하나님이 인류를 다스리시는 원리에서 필연적으로 나온다는 점

---

16 이 문단에 대한 칼 바르트의 견해를 참조하라.

을 입증하고 있다는 것이다. 하나님은 인류를 다스리며 인류와 연대 책임의 관계를 맺으신다. 온 인류가 연루되어 있는 죄, 정죄, 죽음이 순전히 개별적인 차원으로 해석되거나 평가될 수 없는 것 같이, 우리는 하나님의 은혜에 의해 제정된 연대성이 인간의 상황에 적용되는 조건 아래서만 의, 칭의, 생명이 작동하는 것을 볼 수 있다. 하나님의 작동 방식은 통일성이 있다. 하나님이 사람을 다루시는 이 방법은 그가 정하신 통치 구조에 속해 있다. 본문에는 하나님과 인간의 관계에 대한 하나님의 포괄적인 관점이 나타난다. 본문이 바울의 교리와 무관하다거나 랍비의 알레고리식 가르침이 변질된 형태라는 주장은 이 서신의 중심 주제를 놓치는 것이다.[17]

12절 본문과 앞 문단이 밀접한 논리적 관계가 있다는 사실은 12절을 시작하는 "그러므로"를 통해 알 수 있다. 앞 문맥 중 어느 부분이 12절 이하가 선언하는 결론의 기초를 제공하는 것으로 생각해야 하는지에 대해서는 상당한 견해 차이가 있다. 가령, 11절만 해당되는지, 아니면 1-11절까지인지 또는 3:21에서 5:11까지인지, 그도 아니면 1:18 이후에 나오는 내용 전부인지 분명하지 않다. (여기서) 독단적이 되는 것은 불가능할뿐더러 사실 이 문제는 그렇게 중요하지 않다. 다만 앞서 설명한 교리와 여기에 나오는 결론이 밀접한 관계가 있다는 것만 알면 된다.

12절은 분명 비교로 시작하지만 그 비교를 마무리하지는 않는다. 이 구절 중앙에 '그렇기는 하지만'(even so)이라고 번역해서는 안 될 "그래서"(and so)(개역개정판에는 '이와 같이'로 번역되었음 – 옮긴이)라는 단어가 있다. 전자는 비교를 마무리하는 단어지만, 후자는 단언한 내용을 계속 이어가는 단어다. 해석자들은 대부분 이 사실을 인정하고 문제로 삼지 않는다. 12절은 미완료 비교문이다. 조건절은 있으나 귀결절이 없다. 그러므로 미완료 상태의 문장이다. 그 이유는 쉽게 알 수 있다. 12절 끝에서, 바울은 괄호에 넣을 수 있는 어떤 사실을 언급한다. 13, 14절도 이 삽입구에 포함된다. 달리 말하면, 12절에 언급된 사실들은 지체 없이 13, 14절

---

17 신학적 관점에서 이 문단을 더 자세히 다룬 것을 참조하려면, 다음 시리즈를 보라. 내가 쓴 "The Imputation of Adam's Sin" in *The Westminster Theological Journal*. XVIII, XIX, 1 and 2, XX, 1.

에서 주어진 내용을 추가할 필요가 있다. 12절의 사상이 이 구절의 끝에서 단절된다. 그리고 바울은 12절로 되돌아와서 자신이 묘사한 비교를 완성하지 않았다. 그러나 이것이 우리를 혼란스럽게 하지는 않는다. 바울이 천편일률적으로 그의 사상을 피력하는 것이 아니고, 앞으로 우리가 보겠지만, 비교를 가로막는 괄호 문장은 매우 웅변적인 역할을 하기 때문이다. 비교가 끝까지 마무리되지는 않았지만 그렇다고 전달하려는 생각이 단절된 것은 아니다. 사상의 전개를 위해 이런 구조가 필요했던 것이다.

"한 사람으로 말미암아 죄가 세상에 들어오고"에서 그 한 사람이 아담임은 의심의 여지가 없다(14절). 창세기 3장에 나오는 이야기가 이 진술의 기초이며, 바울은 그 이야기를 진실한 것으로 인정한다. 바울이 창세기 3장의 사건을 중요시하는 이유는 그의 논증이 창세기 3장을 중심으로 전개되고 있기 때문이다.[18] 죄가 한 사람을 통해 들어왔다는 사실은 바울의 칭의 교리의 토대를 이루는 비교 내지는 병행관계의 필수적인 요소다. 이는 바울의 사상에서 핵심적인 위치를 차지한다. 죄가 세상에 들어온 사건이 우연이라고 생각한다면 아예 주석을 할 필요도 없다. "세상에 들어왔다"는 말은 인류의 죄의 시작에 대해 언급하는 것이다. 이 "세상"은 인간 실존의 영역을 의미한다. 그러나 바울은 여기서 죄 자체의 발단에 대해 생각하는 것은 아니다.[19]

"죄로 말미암아 사망이 들어왔나니." 여기서 또 창세기 2:17과 3:19을 암시한다. 죄와 사망을 나란히 배치한 것은 강조하기 위해서다. 죽음의 도덕적·영적 차원과 그 영원한 결과가 "사망"이란 단어에 포함되어 있느냐 없느냐의 문제와 관련해 반드시 고려해야 할 사실이 있다. 성경의 용례 및 바울의 사상에서 사멸은 몸과

---

18 도드는 다음과 같이 말한 바 있는데, 이는 주석적으로 말도 안 되는 것이다. "그리하여 '둘째 아담'으로서의 그리스도에 대한 바울의 교리는 문자적 사건인 타락 이야기와는 밀접한 관계가 없으므로, 우리가 타락 이야기를 그대로 받아들이지 않을 때에는 바울의 교리는 아무런 의미도 없다. 바울이 그것을 그렇게 받아들였다고 우리는 쉽사리 생각해서는 안 된다"(앞의 책, p.80). 그런데 바울의 교리에서 한 사람 아담의 한 범죄가 기본적인 것인 만큼, 이 전제를 부정하면 바울의 논증 전체가 무너진다. 바울의 가르침을 그의 틀과 다른 틀에 맞추려는 것은 주석가가 할 일이 아니다.
19 다른 곳에서 바울은 사탄의 활동에 관해 진술하고 있다(참조. 고후 11:3; 딤전 2:14).

영이 분리되고 몸이 흙으로 돌아가는 것인데, 이는 죄의 삯으로서 우리가 생각하는 것 이상으로 심오한 의미가 있다는 것이다. 죄로 말미암아 인류가 자초한 비극은 이 사멸이란 말로 요약된다. 이는 사망의 모든 측면에서 표현되는 분리의 원리를 잘 보여 준다. 14절은 바로 이러한 사망을 유념하고, 이후의 구절들에서 굳이 사망의 다른 측면들을 소개할 필요가 없다(15, 17절). 바로 사망의 이 측면이 창세기 2:17과 3:19에 두드러지게 나타난다. 사망의 모든 측면들이 죄의 삯임은 사실이지만, 바울이 "죄로 말미암아 사망이 들어왔나니"라고 말할 때, 그가 사망의 모든 측면을 염두에 두고 있다고 보기는 어렵다.

12절 하반부에는 "그래서"라는 말로 앞의 비교가 계속 이어지고 있다. 이것의 의미를 이해하기 위해서는 이 구절의 두 부분에 담긴 구체적인 생각에 주목해야 한다. 이 구절의 상반부는 '한 사람'을 통해 죄와 사망이 이 세상으로 '들어왔음'을 강조한다. 하반부는 사망이 보편적으로 '퍼져 있음'과 '모든 사람'이 죄인임을 강조한다. 사망이 세상에 들어온 방법과 그 사망이 온 인류에 퍼진 방법은 서로 상응한다. 사망은 '한 사람'의 죄로 말미암아 '들어왔고', 그 사망은 모든 사람의 죄로 말미암아 퍼졌다. 다시 말해, 죄와 사망이 한 사람의 죄로 말미암아 세상에 '들어왔듯이', 모든 사람이 죄를 범하였기 때문에 사망이 모든 사람에게 퍼진 것이다. 따라서 12절이 조건절만 있고 귀결절은 없는 미완성의 비교문이긴 하지만, 이 조건절의 두 부분에 내포된 비교는 앞 문장에 진술된 조건절과 귀결절의 형태로 표현될 수도 있다. 그러므로 바울의 사상은 명백하다. 즉, 죄와 사망이 들어온 것은 아담의 죄 때문이요, 사망의 보편적 통치(왕 노릇)는 모든 사람의 죄 때문이다. 펠라기우스파는 이 구절을 모든 사람의 실제적인 죄로 해석한다. 그런데 12절이 미완성 비교문임을 고려하여 그들의 해석을 반박할 수 있다고 생각해서는 안 된다. 12절 자체는 펠라기우스파의 해석과 양립할 수 있다. 만일 바울이 펠라기우스파의 견해를 마음에 품고 있었더라도 그는 이런 말로 잘 진술할 수 있었을 것이다. 이 문제는 12절의 마지막 어구, 즉 "모든 사람이 죄를 지었으므로"의 의미를 중심으로 움직인다. 아담의 죄가 사망이 세상에 들어온 원인이듯이, "모든 사람이 죄를 지었다"는 사실이 사망이 모든 사람에게 이르게 된 근거임이 매우 명백하게 진술되어 있다.

그런데 중요한 의문은 "모든 사람이 죄를 지었다"(in that all sinned)라는 말의 의미가 무엇인가다. 이 어구를 '그 안에서 모든 사람이 죄를 지었다'(in whom all sinned)로 번역해서는 안 된다. 이 용어는 접속사 '때문에'(because), 혹은 '그 사실에 근거하여'(on the ground of the fact)라는 뜻을 갖고 있어서 사망이 모든 사람에게 퍼지게 된 이유를 구체적으로 밝힌다. 모든 사람이 실제적인 죄를 범했기 때문에 사망이 모든 사람에게 퍼졌다는 의미로 바울이 그 말을 했더라도, 바울은 이런 식으로 표현했을 것이다. 그러면 바울은 이런 의미로 말했을까? 펠라기우스파는 물론 그렇다고 말한다.[20] 그러나 여러 사실과 주석과 신학에 근거하여 이러한 견해에 다음과 같은 반론을 제기한다.

(1) 역사적으로 사실이 아니다. 모든 사람이 실제적으로, 자원해서 죄를 범하기 때문에 다 죽는 것은 아니다. 자원해서 죄를 짓지 않은 아기도 죽는다.

(2) 13, 14절에서 바울은 정반대 사실을 말한다. 아담의 범죄를 따라 죄를 짓지 않았던 사람들에게도 사망이 왕 노릇 했다고 말한다. 이것이 지금 다루고 있는 견해와 직접적인 관련성이 있음을 부인할 수 없다. 만일 모든 사람이 실제적인 죄를 범했기 때문에 죽는다면, 그들은 아담이 죄를 범한 것처럼 죄를 범하기 때문에 죽는 것이다. 그러나 바울은 이와 정반대로 말한다. 어떤 사람들은 아담의 패턴

---

20 펠라기우스파와 관련해서 우리가 유념해야 할 것은, 비단 펠라기우스 자신의 견해뿐만 아니라 πάντες ἥμαρτον을 인간들의 개인적인 자발적 죄를 가리키는 것으로 해석하는 모든 사람들의 견해이다. *The Interpreter's Bible*(New York, 1954)을 보면 존 녹스와 제럴드 크랙은 이 문단의 주석 및 강해에서 그들이 이런 해석을 채택하지는 않았다 하더라도 적어도 이런 해석으로 분명히 기울고 있음을 보여 주고 있다. 후자의 것을 인용하면 다음과 같다. "그는 모든 사람이 죄를 지었다고 말하고 있다. 그는 자기가 전에 말한 것, 곧 '모든 사람이 죄를 범하였으매 하나님의 영광에 이르지 못하더니'라는 말을 단지 반복하고 있는 것이다. 자기 자신의 경험으로 보아 그는 예민한 유대인이 어떻게 받아들일지를 알고 있었다. 그는 관찰을 통해 이방 세계가 얼마나 절실하게 도덕적 재생을 필요로 하는지 알고 있었다. 그는 논란의 여지가 없는 것으로 보이는 사실로부터 그의 결론을 진술하고 있다."(vol. IX, p. 463). 마찬가지로 제임스 데니는 이렇게 말한다. "사실상 모든 사람이 죄인이기 때문에, 죄와 불가분의 관계에 있는 사망이 모든 사람에게 이르렀다. 이 사실을 논박하기 위해 유아의 경우를 끌고 들어오는 것은… 상황을 완전히 오해하고 있는 것이다. 즉, 바울이 생각하는 세계는 죄를 짓고 또 구원을 받을 수 있는 죄인들로 구성되어 있는 것이다"(앞의 책). C. K. Barrett, *A Commentary on the Epistle to the Romans*(New York, 1957), p. 111을 참조하라.

을 따라 죄를 짓지 않았는데도 죽었다는 것이다.

(3) 이 견해에 대한 가장 결정적인 반박은 이 문맥이 아담 한 사람이 범한 죄 때문에 정죄와 사망이 모든 사람 위에 왕 노릇 한다는 사실을 명시적으로 또 반복해서 단언한다는 점이다. 15-19절에 나오는 다섯 가지 항목이 이런 주장을 편다. "한 사람의 범죄를 인하여 많은 사람이 죽었은즉"(15절). "심판은 한 사람으로 말미암아 정죄에 이르렀으나"(16절). "한 사람의 범죄로 말미암아 사망이 그 한 사람을 통하여 왕 노릇 하였은즉"(17절). "한 범죄로 많은 사람이 정죄에 이른 것 같이"(18절). "한 사람이 순종하지 아니함으로 많은 사람이 죄인 된 것 같이"(19절). 이렇게 되풀이되는 문구를 통해 바울은 아담의 범죄로 인해 정죄와 사망이 모든 사람에게 이르게 된 것임을 우리에게 확실히 보여 준다. 이토록 거듭해서 한 사람이 한 번 범한 죄에 호소하는 것은, 그 한 번의 범죄가 무수한 개인들의 실제적인 범죄들과 동일한 것으로 해석될 수 없음을 말하는 것이라 할 수 있다.

(4) 이 견해는 이 단락의 틀을 제공하는 유추와 일치하지 않는다. 이 서신의 논증은 우리가 행위로 의롭게 된다는 논지와 정면으로 대립된다. 로마서에서는 사람이 한 분 예수 그리스도의 의를 통해 의롭다 여김을 받고 생명에 이르게 된다는 교리를 확립하고 있다. 만일 바울이 각 개인의 실제적인 범죄 안에서 모든 사람의 정죄 및 사망의 근거를 찾는다면, 정죄 및 사망의 편에서 그와 병행하는 것을 찾으라고 호소하는 것은 얼마나 큰 모순인지 모른다. 만일 각 개인의 실제적 범죄 사실에서 모든 사람의 정죄 및 사망의 근거를 찾는 것이 바울의 가르침이라면, 이에 병행하는 다른 편의 해결책은 행위에 의한 칭의일 것이다. 즉, 각자 자신의 행위에 의해 의롭게 되며 그것에 기초해서 생명을 얻게 된다는 가르침이 있어야 한다. 그러나 이는 바울의 가르침과 정반대되는 것이다.

이런 근거로 우리는 바울이 "모든 사람이 죄를 지었으므로"라고 말할 때 그것이 모든 사람이 자발적으로 실제적인 죄를 범했음을 의미한다는 해석을 배격해야 한다.

아우구스티누스의 전통에서는, 이 어구가 원죄, 즉 모든 후손이 아담 안에서 타락했다는 사실을 가리키는 것으로 주장해 왔다.[21] 모든 사람이 아담으로부터 타락한 성품을 받았기 때문에 사망이 모든 사람에게 이르렀으며, 심지어 유아들까지 포함한 모두에게 정죄와 사망이 보편적인 지배력을 행사하는 것은 이 유전적인 감염 때문이다. 이것이 앞의 견해보다 더 성경적이다. 모든 사람이 날 때부터 죄에 의해 부패하고 타락했으며 이것 자체가 보편적인 정죄와 사망을 수반하는 것이 사실이다. 그러나 이것이 바울이 "모든 사람이 죄를 지었으므로"라고 말할 때 염두에 둔 죄는 아니었다고 볼 수 있는 타당한 이유들이 있다. 이 견해에 대한 결정적인 반론은 다음과 같다.

(1) 먼저 이 견해는 한 사람 아담의 죄로 인해 정죄와 사망이 모든 사람 위에 왕 노릇 하게 되었다고 하는 15-19절의 반복되는 주장과 일치되지 않는다. 한 사람의 한 범죄에 대한 거듭된 강조는 원죄 또는 유전적 부패의 개념과 조화되지 않는다. 후자는 결코 한 사람의 한 범죄로 특징지을 수 없다.

(2) 본문 전체에 나오는 병행법과도 일치되지 않는다. 우리는 본질적으로 의인이 되었기 때문에 의롭다 하심을 얻은 것이 아니다. 그러나 만일 우리가 타락하여 본질상 죄가 있기 때문에 정죄를 받으며 죽음을 겪는다면 여기에서 가능한 유추는 우리가 본질적으로 거룩하기 때문에 의롭게 된다는 것뿐이다. 그런데 이는 분명 바울의 교리가 아니다. 우리는 한 분, 즉 예수 그리스도의 순종과 의로 인해 의롭다 하심을 얻고 생명에 이르게 된다.

만일 사람들의 실제적인 범죄나 모든 사람에게 전가된 부패가 본문의 가르침과 일치하지 않는다면 그 문제는 여전히 풀리지 않는다. 바울이 "모든 사람이 죄를 지었으므로"라고 말할 때 염두에 두었던 죄는 무엇인가? 다음의 몇 가지 사항을 고려하면 한 사람 아담의 한 죄가 모든 사람의 죄로 간주된다는 결론에 이르게 된다.

(1) 12절에 나오는 사망의 보편적 지배력이 "모든 사람이 죄를 지었다"는 사실에 근거하고 있음은 의심의 여지가 없다. "모든 사람이 죄를 지었으므로 사망이 모든 사람에게 이르렀느니라."

---

21 좀 더 자세한 주석과 논박을 보려면 각주 17번에 언급된 시리즈 중에서 XVIII, 2, pp. 153-159를 보라.

(2) 15-19절에서는 사망의 보편적 왕 노릇은 한 사람 아담의 한 죄에 근거하고 있고, 마찬가지로 보편적 정죄도 한 사람의 한 죄라는 동일한 사실에 근거한다고 명백히 주장하고 있다.

(3) 12절에서 모든 사람의 사망은 모든 사람의 죄에 근거한다고 했을 때와 그 다음 여러 구절에서 모든 사람의 사망은 한 사람의 한 죄에 근거한다고 했을 때, 바울이 두 가지 다른 사실들을 다루고 있다고 우리가 생각할 수 없다. 이 단락 전체가 한 단위이기 때문이다. 여기서 핵심 줄기는 한 사람의 죄로 인해 모든 사람에게 정죄와 사망이 이르게 된 것과, 그리스도의 의로 인해 칭의와 생명이 의롭다 하심을 얻은 자에게 이르게 된 것 사이에 존재하는 유사성이다. 더욱이 12절은 미완성의 비교다. 사망의 보편적 왕 노릇의 문제를 다루고 있는 바울이, 미완성된 서론에서 주장했던 것과 아주 다른 어떤 사실을 뒷부분에서 그토록 명확하게 계속해서 단언한다고 생각할 수는 없다. 만일 12절이 그 자체의 문맥 안에 있다면, 그리고 만일 한 주제에서 다른 주제로의 명백한 전환이 있다고 가정하면, 12절과 15-19절에서 바울이 제각기 다른 사실을 다루고 있다고 말할 수 있을 것이다. 그러나 우리는 그런 전환을 가정할 수 없다. 12절이 스스로 시작한 주제를 완결 지으려면 그 뒤에 이어지는 구절들에 의존해야 한다는 단순한 이유 때문이다. 마지막으로, 앞서 언급했듯이, 14절은 12절의 "모든 사람이 죄를 범했다"는 표현을 그 뒤에 이어지는 내용과 분리해서 해석하는 것을 불가능하게 만든다. "모든 사람이 죄를 범했다는 것"은 사람들이 자발적으로 실제로 범한 죄를 의미할 수 없다. 만약 그렇다면 바울은 스스로 자가당착에 빠지기 때문이다.

따라서 우리는 12절의 "모든 사람이 죄를 범했다"는 말과 15-19절의 한 사람의 한 범죄는 같은 사건 내지는 사실을 의미한다고 결론 내릴 수밖에 없다. 이는 동일한 사실이 한 사람의 죄와 모든 사람의 죄라는, 단수 및 복수로 표현될 수 있다는 것을 말한다. 유일한 해결책은 '하나'와 '모든' 사이에 모종의 연대관계가 있다고 보는 것이다. 그 결과 한 사람의 죄는 동시에 모든 사람의 죄인 것으로 간주될 수 있다. 이 연대관계가 무엇인지를 결정하는 것이 지금 우리의 관심사는 아니다. 그러나 일단 연대관계가 있다는 것을 이해하면, 바울이 왜 하나의 죄와 모든 사람의 죄를 거론할 수 있는지를 이해할 수 있게 된다. 우리는 단일성이나 보편성 중 어느 것도 약화시켜서는 안 된다.

이제 우리는 12절에 나오는 "그래서"라는 말에 함축된 비교 내지는 상응의 뜻을 파악할 단계에 이르렀다. 여기서는 죄와 사망이 들어온 방법과 그 양자가 보편적으로 퍼지게 된 방법이 비교되어 있다. 아담이 죄를 지었고 죄와 더불어 사망이 들어왔다. 이는 불가피한 결과이다. 그러나 이것은 모든 사람에게 적용된다. 아담의 죄는 모든 사람의 죄이기 때문에, 사망이 아담의 운명이 되어 세상에 들어왔듯이 불가피하게 모든 사람에게 퍼지게 된다. 아담과 사망의 진입을 통해 예시된 즉각적인 결과는 사망의 보편적 왕 노릇에도 적용된다. 아담과 그 후손 간에 존재하는 연대관계는 아담에게 발생한 사건과 온 인류에게 일어난 사건 간의 상응관계를 이룬다. 아담이 범죄함으로 사망이 들어오게 되었다. 아담 안에서 모든 사람이 범죄했으며, 따라서 사망이 모든 사람에게 이른 것이다. 이것이 "그래서"의 참 의미다. 아담의 경우에 발생한 것과 모든 사람의 경우에 발생한 것 사이에는 정확한 병행관계가 있다. 이 병행관계는 우리가 죄로 묶여져 있음을 고려할 때만 제대로 이해할 수 있다. 바울은 다른 곳에서 "아담 안에서 모든 사람이 죽었다"라고 말했다(고전 15:22). 이에 대한 유일하고 적절한 설명은 아담 안에서 모든 사람이 범죄했다고 하는 로마서 5:12에 있다.

13-14절 13절은 12절에 나오는 비교를 잠시 멈추고 삽입구를 시작한다. 이 삽입구가 앞 절에서 언급한 내용과 밀접한 관계가 있다는 것은 "왜냐하면"이라는 접속사로 알 수 있다. "죄가 율법 있기 전에도 세상에 있었으나 율법이 없었을 때에는 죄를 죄로 여기지 아니하였느니라." 이 구절은 14절과 밀접한 관련이 있다. 그런데 14절의 서두에 나오는 강한 반의법('그러나')은 13절의 사상이 14절의 사상에 대한 예비단계이며 그 주제와 긴밀한 관련이 있는 14절로 나아가고 있음을 의미한다. 그런즉 우리는 이 강조를 마음에 새겨 두지 않으면 안 되며, 또 이 두 구절의 일차적인 목적을 놓쳐서도 안 된다. 중심 사상은 "아담의 범죄와 같은 죄를 짓지 아니한 자들까지도 사망이 왕 노릇 하였나니"(14절)이다. 일단 우리가 이 사실

을 인정하면 이런 질문을 하게 된다. 그렇다면 이는 12절의 사상에 어떤 영향을 미치는가? 이 질문은 어렵게 생각할 필요가 없다. 12절에는 이 논증에 특별히 중요한 교리가 있다. 그것은 사망이 모든 사람에게 미친 것은 그들 자신의 실제적인 범죄나 개인적인 죄 때문이 아니라 그들이 아담의 죄 안에 포함된 사실, 즉 연대책임적인 죄 때문이라는 것이다. 바울은 이 논지에 대해 예증할 필요가 있다고 생각했다. 그래서 사망이 보편화된 이유를 분명하게 보여 주는 삽입구를 넣었다. 여기서 아담이 범한 그 죄를 짓지 않은 사람들에게도 사망이 왕 노릇 한다는 사실, 다시 말해 명백하게 계시된 하나님의 규례를 노골적으로 위반하지 않은 사람들에게도 사망이 왕 노릇 한다는 사실에 호소하는 것보다 더 적절한 것이 있겠는가? 바울의 머리 한구석에는 자기가 지금까지 설명했던 교리에 필적할 만한 다른 대안이 있었던 것이 분명하다. 그 대안이란 모든 사람이 죽는 것은 아담이 범죄했던 것과 똑같이 범죄하기 때문이라는 것이다. 그러나 바울은 그렇게 가르치지 않았다. 바울은 아담과 같은 죄를 범하지는 않으나 많은 사람들이 죽었다는 사실에 호소해서, 자기가 처음부터 제안했던 교리와는 다른 경쟁적인 교리를 배격하려고 힘을 다했다. 그러므로 14절의 명제가 12절의 요점과 직결되는 것을 알 수 있다.

우리는 이 삽입구의 다른 특징을 고찰하기 전에 14절에서 살펴볼 내용이 하나 더 있다. 14절의 결론인 "아담은 오실 자의 모형이라"는 말의 의미와 관계된 것이다. 이는 분명 그리스도의 모형(type)으로서의 아담을 가리킨다. 바울은 바로 앞에 아담의 범죄를 언급했다. 그가 아담의 모형적인 중요성과 관계를 인용한 것은 아담의 범죄에서 유추하여 그리스도의 행위를 정반대로 해석해야 한다는 것을 암시한다. 그리스도의 경우에는 아담과 정반대로 하나님께 순종했다. 우리가 나중에 보겠지만 이는 아담의 범죄와 반립관계에 있다. 바울은 이 사실을 14절의 앞부분과 12절의 주제 사이의 상관성을 언급함으로써 암시했다. 즉, 아담의 범죄와 같은 죄를 짓지 않은 사람들에게도 사망이 왕 노릇했다는 것은 이 문단의 전체 논증과 밀접한 관계가 있다. 바울의 주 관심사는 그리스도의 순종을 좇아 의롭게 행동하지 않는 사람도 의롭게 되었다는 사실을 증명하는 것이기 때문이다. 그러므로 아담의 범죄와 같은 죄를 짓지 않은 사람들에게 사망이 왕 노릇 한다는 사실에 호소한 것은 바울의 논증 전반에서 굉장히 중요한 의미가 있다. 사람들이 아담의 죄 안에 포함되었으며 아담 안에서 그리고 아담과 더불어 범죄했기 때문에 사망이 모든 사람에게 미쳤다는 것은 12절의 주장을 증명하는 역할을 한다. 그러므로 14절의 결론은 이 교리가 칭의의 교리와 얼마나 관련이 있는지를 보여 준다. "아담은 오실 자의 모형이라."

13, 14절의 주된 관심사를 이렇게 발견한 이상, 이 삽입구의 다른 특징을 생각해 보기로 하자.

(1) 율법이 없었을 때에는 "죄를 죄로 여기지 아니하였느니라"(13절)는 말은 바울이 주장하는 일반적인 원리다. "율법이 없는 곳에는 범법도 없느니라"(4:15). 죄는 율법의 위반이기 때문에, 율법이 없을 경우 죄가 있을 수 없다는 것은 명백하다. 여기서 바울의 말이 비록 죄가 있지만 율법이 없을 때에는 그것이 죄로 여겨지지 않는다는 뜻을 지녔다고 생각한다면, 이런 생각은 바울의 가르침과 일치하지 않으며 일반적인 성경의 가르침과도 일치하지 않는다.[22] 이는 4:15과 모순된다. 죄가 실제로 존재하지 않을 때는 죄로 간주되지 않지만, 엄연히 존재하는 죄가 죄로 간주되지 않은 예는 없다.

(2) "율법 있기 전에"(13절)란 말은 모세에 의해 율법이 주어지기 전이라는 뜻이다. 이것은 14절에 나오는 "아담으로부터 모세까지"의 기간을 가리킨다(갈 3:19).

---

22 이것은 가장 유능한 주석가들 중에 다수의 지지를 받는 견해이긴 하다. 그러한 해석들은 율법의 부재 시에도 죄는 있지만 그것이 죄로 간주되는 일은 없다고, 적어도 사망의 형벌을 받을 만한 범법으로 간주되지는 않았다고 보는 것이다(Philippi, Meyer, Godet, Gifford, 앞의 책; Lightfoot, *Notes*). 칼빈과 그를 따르는 사람들의 견해는 죄로 간주하는 일이 자기 전가(self-imputation)를 의미한다는 것인데, 이것은 지지할 수 없는 것이다. 왜냐하면 전가라는 것은 하나님의 심판을 가리키는 것이기 때문이다. 만일 마이어와 그를 따르는 이들의 해석을 취한다면 그것은 문단의 사상과 아주 잘 어울릴 것이다. 왜냐하면 그 경우 시내산의 사건 이전의 기간은 사람들이 그 기간에 죽은 것은 아담의 죄 때문이라는 것을 잘 보여 주기 때문이다. 만일 죄가 그 기간 동안에 간주되지 않았다면, 그때 사망 선고는 부과되지 않았을 것이다. 그러나 사망 선고는 실제로 부과되었다. 그런즉 사망 선고가 부과된 것은 간주된 죄 때문인 것임이 분명하다. 다시 말하면 그것은 아담의 죄며, 명백히 계시된 율법을 위반한 것이기 때문에 간주될 수 있었던 죄에 기초하여 사망 선고가 내려진 것이다. 내가 이 견해를 받아들이지 않는 이유는, 4:15에 있는 대로 죄는 오직 율법의 범법으로 존재하는 것이며 죄가 있는 곳에는 반드시 그것이 죄로 간주되어야 하기 때문이다.

바울은 이 기간에 "죄가 세상에 있었다"고 말한다(13절). 위에 언급한 원리에 따르면, 이는 법이 또한 존재해 왔음에 틀림없다는 뜻이다. 그런즉 모세가 시내산에서 선포한 것과 같은 율법은 비록 없었지만, 법은 있었던 것이며, 이는 죄가 있었다는 사실로 보아 알 수 있다. 만일 법이 없었더라면 죄도 없었을 것이기 때문이다. 법이 이 기간 동안에도 유효했다는 사실은 쉽게 알 수 있고, 바울이 말하는 죄의 실례도 쉽게 찾을 수 있다.

(3) 13절에서 끌어낸 이런 사항들은 그 자체로 아담의 죄로 인해 사망이 모든 사람에게 이르렀다는 논지를 지지하는 것은 아니다. 사실 어떻게 보면 정반대 방향을 가리키는 것처럼 보이기도 한다. 따라서 우리는 14절 앞부분의 강한 반의 접속사의 역할을 반드시 이해해야 하며, 아담의 범죄와 같은 죄를 범하지 않은 사람에게도 사망이 왕 노릇 했음을 강조하는 면도 이해해야 한다. 이 사상을 다음과 같이 표현할 수 있다. 아담에서 모세 때까지 세상에 죄가 있었으며, 따라서 법도 있었고, 또 죽음의 실재를 해명하는 그런 죄가 있었지만, 그 기간에도 사망은 아담처럼 명백히 계시된 법을 범한 사람에게 왕 노릇 함은 물론이거니와 그와 같이 범죄하지 않은 자, 즉 아담의 본보기를 따라 죄를 짓지 않은 자들에게도 왕 노릇 했다는 것이다. 이것이 바울의 논지이다.

(4) 그런데 왜 바울은 자신의 논지를 변호하기 위해 역사의 일부인 아담에서 모세까지의 기간을 선택했을까? 바울이 주장하는 그 진리는 인간 역사의 어느 기간을 잡든지 실증되지 않는가? 즉, 사망이 아담의 범죄와 같은 죄를 범하지 않은 자들에게 왕 노릇 한다는 진리는 언제나 실증될 수 있지 않은가? 맞는 말이다. 그러나 이 기간을 택한 이유가 있다. 모세 이후의 기간은 율법과 규례에 대한 더 풍성한 계시가 있었기 때문에, 바울의 특별한 관심사, 즉 아담의 방식에 따라 죄를 짓지 않은 사람들에게도 사망이 왕 노릇 한다는 사실을 입증하는 적절한 실례를 제공하지 못했다. 유대인 독자를 생각하면 바울의 입장은 더욱 이해할 수 있다. 유대인 독자들은 모세의 계시의 중요성을 이해했으며, 그 계시의 구체성 및 명확성은 아담에게 주어진 계시와 잘 비교가 된다. 모세 이전의 기간은 아담과 같이 범죄하지 아니한 사람들의 더 좋은 예를 제공했다. 그러나 이 기간을 선정하면서, 바울

은 그것이 율법이 작용하지 않던 기간이거나 죄가 없던 기간이거나, 또는 죄가 죄로 여김을 받지 않던 기간이라고 말하지 않고 그런 생각을 허용하지도 않는다.

(5) 13, 14절에 대한 앞의 해석에 비추어 "아담의 범죄와 같은 죄를 짓지 아니한 자들까지도"라는 어구는 제한적으로 이해해야 한다. 즉, 아담에서 모세까지의 모든 사람에게 대한 것이 아니라 인류의 일정한 부류, 곧 사람들에게 명백히 계시된 계명을 위반하지 않은 사람들에 대한 것이다. 많은 주석가들은 이 부류를 어릴 때 죽은 유아를 가리키는 것으로 해석한다. 분명히 유아들은 이 범주에 속하며, 그들은 인류의 그런 부류를 가장 명백히 대표한다. 만일 바울이 오직 유아만 생각했다면, 바울이 자신의 논지를 지지하기 위해 그들의 죽음에 호소하는 것의 적절성과 타당성을 우리는 충분히 이해해야 한다. 유아들의 죽음보다 아담의 죄 안에서 일어나는 모든 사람의 죄와 사망을 더 잘 보여 주는 것은 없기 때문이다. 그러나 여기서 유아들만 고려한 것이라고 확신하긴 어렵다. 특별계시의 영역 밖에 있는 사람들도 이 범주에 속한 것으로 볼 수 있다. 그들은 아담처럼 특별히 계시된 계명을 범하지 않았다. 이 범주에 해당하는 어른들은 자연법을 어기고 범죄했지만(2:14, 15), 바울은 그런 사람들 위에 사망이 왕 노릇 하는 사실이 아담의 죄를 가리키며, 아담의 죄 안에 모든 사람의 죄가 있다고 말하고 있다. 다시 말해, 모세 이전 기간의 모든 사실을 고려해 볼 때, 사망이 보편적으로 왕 노릇하게 된 사실을 유일하게 설명하는 방법이 있다. 그것은 모든 사람이 아담의 죄 안에 연대되어 있다는 것이다.[23]

---

23 나는 이와 같은 해석에 대한 반론을 잘 알고 있다. 지금까지 좋은 원리에 대해서는 자연법의 위반 자체가(2:14, 15) 특별계시의 영역 밖에 있는 사람들에게 사망이 부과되기에 충분한 근거가 된다고 반론을 제기할 것이다. 결국 바울의 논지에 타당한 예로 남을 수 있는 유일한 것은 유아나 저능아일 것이다. 만일 이 견해가 적절하다면, 바울이 유아들을 염두에 두고 있을 가능성이 있다. 그러나 유아를 염두에 두고 있다면, 바울은 왜 하필 이 기간을 선택했을까 하는 반론을 제기할 수 있다. 유아로 말한다면 모든 기간에 해당될 것이며, 또 어떤 기간이라고 해서 다른 어떤 기간보다 더 좋은 예가 될 수는 없기 때문이다. 이런 반박 또는 일련의 반박들에 대해 답변은 이런 것이다. 즉, 사도가 지금 생각하고 있는 것은 사망의 보편적 왕 노릇과 이와 관련된 온 인류의 연대적 관계인 것이다. 사도는 지금 인류의 개개인을 생각하는 것이 아니다. 결국 사도는 이 보편성을 반드시 설명해야 할 상황에 놓이게 된 것이다. 그래서 아담을 따라서 범죄하지 아니한 사람의 경우가 적절하다고 생각해서 인용, 제시하고 있는 것이다. 우리는 이 분류의 범위를 정확하게 정할 수는 없을지도 모른다. 왜냐하면 그의 사상의 저변의 가정은, 사망의 보편적인 왕

15절 12절에서 시작한 내용이 13-14절의 삽입구로 인해 잠시 중단되었는데, 15절에는 앞의 내용을 이어가는 표현이 나온다. "그러나 이 은사는 그 범죄와 같지 아니하니." 주목해야 할 사실은 문장의 형태가 긍정적이지 않고 부정적이라는 점이다. 그래서 우리는 유사점보다는 차이점에 주목하게 된다. 우리는 바울이 12절에서 시작했다가 18, 19절에서 다시 언급하고 있던 병행법을 이어갈 것이라고 기대했을지도 모른다. 14절 끝에서 바울은 아담이 오실 자의 모형이라고 언급했기 때문에 더욱더 그렇게 기대했을지도 모른다. 그러나 바울은 그렇게 하지 않는다. 따라서 우리는 긍정보다는 부정의 표현을 접하게 된다. 이 사실은 바울의 열정적인 관심을 말해 준다. 15절에 나타난 부정은 17절 끝까지 펼쳐지는 주제의 서론에 해당된다. 이 주제의 핵심은 쉽게 발견할 수 있다. 그것은 15절 하반부의 "더욱"과 "넘쳤느니라"는 표현이다.

15절에서 시작해 16절에 다시 나타나는 이 부정(…같지 아니하니)이 그리스도와 아담 사이의 병행관계에 대한 부정 또는 인간을 대표하는 두 대표자 사이에 있는 유사성의 부정이라고 여겨서는 안 된다. 이는 12절의 의미와 14절 마지막 어구의 명백한 진술, 그리고 18, 19절의 구문과 모순된다. 그뿐만 아니라 15-17절의 부정과 대조는 병행관계의 가정 위에 놓여 있다. 지극히 풍성한 은혜가 눈에 띄게 나타난 것은 유사성이 있기 때문이다. 이토록 은혜가 풍성하다는 사상은 왜 15절을 부정적으로 시작했는지를 설명해 준다. 15절 하반부가 값없이 주어진 그 선물이 그 범죄와 다른 이유를 말하고 있다. "곧 한 사람의 범죄를 인하여 많은 사람이 죽었은즉 더욱 하나님의 은혜와 또한 한 사람 예수 그리스도의 은혜로 말미암은 선물은 많은 사람에게 넘쳤느니라."

9, 10절과 같은 형태의 아포르티오리 논법이 여기에도 나타난다. 그러나 여기

노릇은 오직 하나님의 명백히 계시된 계명의 위반이라는 견지에서만 설명될 수 있기 때문이다. 이것은 인류에 속한 사람들 개개인의 속성이라고 단언할 수 없는 위반이다. 그러므로 사망의 보편적인 왕 노릇을 설명할 수 있는 유일한 죄는 아담의 죄이며 그 죄에 모든 사람이 가담된 것이다. 만일 우리가 어떤 소문자 사본과 또 오리겐을 비롯한 몇몇 교부들을 따라 ἁμαρτήσαντες 앞에 나오는 μή를 생략한다면, 14절의 주석은 수정되어야 할 것이다. 그러나 μή를 지지하는 주요한 외부적 권위가 이런 독법을 좋아하지 않을 것이다. μή의 보존에 관해서는 다음을 보라. Lightfoot, *Notes*.

서는 결론을 이끌어 내는 전제가 다르다. 9, 10절에 나타난 논법은 한 은혜의 현현에서 다른 은혜의 현현으로 진행되고 있다. 그러나 여기서는 사법적인 심판의 실행에서 하나님의 은혜의 수여로 진행된다.

"한 사람의 범죄"는 아담의 타락을 말하며, 그것으로 죄가 세상에 들어온 것이다(12, 14절에서 아담 및 그의 범죄에 대해 언급한 내용을 참조하라). 이것은 구체적으로 한 사람의 범죄로 밝혀지고, 많은 사람이 죽은 근거라고 명백히 진술되어 있다. 우리가 16-17절의 병행적 표현, 즉 "심판은 한 사람으로 말미암아 정죄에 이르렀으나"와 "한 사람의 범죄로 말미암아 사망이 그 한 사람을 통해 왕 노릇 하였은즉"이란 두 표현을 고려할 때, 아담의 죄와 많은 사람의 죽음 사이의 인과관계에 대해서는 아무런 의심도 할 수 없다. 아담의 죄는 수많은 사람의 사망을 초래한 사법적 근거다. 바울이 "많은 사람"이란 표현을 사용한 것은 어떤 한계를 생각했기 때문이 아니다. "많은 사람"의 범위는 12, 18절의 모든 사람과 같은 것이다. 바울이 19절에서처럼 "많은 사람"이라는 말을 사용한 것은 "한 사람"과 "많은 사람"을 더 효과적으로 대조시키고자 함이다. 즉, 단수와 복수 간의 대조이다. 그것은 "한 사람"의 범죄, 즉 한 사람의 "한 범죄"였지만(18절), 그 결과로 많은 사람이 죽었다. 그리고 더욱이, 우리가 곧 보겠지만, 그는 "많은 사람"이란 동일한 표현을 사용해서 또 다른 대조를 시도하려고 한다. 이 문맥에 담긴 사상은 "모든" 사람이 죽었다는 사실을 명백히 언급하도록 요구하지만, 만일 바울이 "모든" 사람이란 표현을 사용했더라면 강력한 효과를 낼 수 없었을 것이다.

그렇다면 지금까지의 논증을 통해 얻은 결과는 무엇인가? "더욱 넘치는 하나님의 은혜"라고 말할 수 있다. 이것은 단지 은혜의 선물에 관해 우리가 품을 수 있는 더 큰 확신[24]을 말하는 게 아니다. 물론 그런 확신도 따르지만, 바울이 지금 다루는 것은 주관적 확신에 대한 객관적 근거이다. 즉, 하나님의 은혜로부터 흘러나오는 풍성함을 말한다. 여기에 나오는 은혜의 풍성함은 하나님이 심판보다는 은혜

---

24 πολλῷ μᾶλλον을 이와 같이 해석하는 샌데이와 헤들램의 앞의 책 참조.

를 베푸시는 것을 기뻐하신다는 사실을 보여 준다.[25] 은혜의 풍성함은 바울이 뒤에서 언급한 사실, 곧 "죄가 더한 곳에 은혜가 더욱 넘쳤나니"(20절)라는 사실과 조화된다. 바울은 심판의 사실을 인정한다. 심판이 효력을 상실했다는 암시는 없다. 심판은 가차 없이 행해진다. "한 사람의 범죄를 인하여 많은 사람이 죽었은즉." 그러나 바울은 또한 은혜가 작용하게 된 것과 또 은혜가 풍성하게 부어진 사실을 인정한다. 왜냐하면 하나님의 은혜가 심판을 무효로 만들 뿐만 아니라 정반대로 칭의와 생명을 풍성하게 베풀기 때문이다. 죄가 사망에 이르도록 왕 노릇 하고 있지만, 은혜는 의로 말미암아 영생에 이르도록 왕 노릇 했다(21절). 심판의 효력이 약해진다는 암시는 없다. 그러나 은혜가 이룩한 더욱 위대한 업적이 강조된다.

우리는 하나님의 값없는 은혜를 돋보이게 하는 표현의 축적을 보지 않을 수 없다. "하나님의 은혜"는 값없이 주시는 호의이며, "값없는 은사"는 우리에게 베풀어진 "값없는 의의 선물"과 동일한 것이다(17절). 그런데 "은혜로 말미암은 값없는 선물"은 우리에게 베풀어진 것이 모두 은혜의 선물임을 가리킨다. 이렇게 계속 은혜를 강조하는 것은 지루한 반복이 아니라 바울의 특징으로, 값없이 주시는 것임을 널리 선전하는 웅변적이고 다양한 표현이다. 한편, 하나님의 선물을 묘사하는 데 사용된 각 표현은 나름의 특징이 있다. 이것은 특히 "한 사람 예수 그리스도의 은혜"라는 표현에 나타난다. 이 표현을 "한 사람 예수 그리스도에게 속하는 은혜"라고 번역할 수도 있다. 우리에게 값없는 의의 선물을 주는 그 은혜는 예수 그리스도께 속한 은혜로 규정된다. 이 구문이 가리키는 바는 그 은혜가 예수 그리스도에 의해 실행된 은혜이지 예수 그리스도를 통해 우리에게 내려진 하나님의 은혜가 아니라는 것이다. 그리스도 자신의 은혜가 우리의 칭의에 작용하고 있다(행 15:11; 고후 8:9; 딤전 1:14). 그러나 그리스도에 의해 실행된 은혜가 특별히 어떻게 나타났는지는 명백하지 않다. 즉, 그리스도께서 우리의 칭의를 확보한 것인지, 혹은 실제적인 칭의의 수여에 계속 나타난 것인지 명백하지 않다. 이 문맥과 바울의 일반적 가

---

25 겔 18:23; 33:11을 참조하라.

르침으로 보면 전자가 더 가능성이 있다.[26] 그러나 여기서 가장 의미심장한 교훈은 그리스도 한 분의 은혜가 모든 사람에게 풍성하게 주어지는 은혜와 의의 값없는 선물로 나타났다는 점이다.

16절 16절의 서론 부분은 15절의 서론과 유사한 성격이 있다. 문자적으로 번역하면 "선물은 죄를 범한 사람과 같지 않다"는 것이다. 이 문장은 축약된 형태다. 그 의미는 아담과 그리스도 사이의 병행관계가 획일적이지 않다는 것이다. 이는 15-17절에서 계속 강조되었다. 바울은 이러한 반복이 불필요하다고 여기지 않는다. 그러나 그 되풀이는 단순한 반복이 아니다. 이 되풀이는 여러 특징을 갖고 있다. 첫째, "범죄한 한 사람으로 말미암은"이란 표현은 아담과 그의 죄를 더 밀접하게 연결시킨다. 마이어는 이에 대해 "그 사람과 이미 저지른 죄악된 행동을 하나로 묶는다"라고 말한다. 둘째, 이 어구는 서론으로서, 16절이 묘사하는 은혜의 풍성함을 보여 주기에 적절한 표현이다. 16절 하반부는 이 선물의 차이점을 우리에게 알려 준다. "심판은 한 사람으로 말미암아 정죄에 이르렀으나 은사는 많은 범죄로 말미암아 의롭다 하심에 이름이니라." 여기에 나타난 대조를 이해하기 전에 몇 가지 구체적인 내용을 살펴보자.

(1) "심판"은 사법적인 선고이다. 이 선고의 성격은 "정죄"로 규정되어 있다. 지금까지 아담의 죄에 대한 심판은 사망이란 용어로 묘사되었다(12, 14, 15절). 그러나 이제는 새로운 개념을 소개하고 있는데, 그것은 정죄다. 사상이 발전하고 있는 모습이다. 이 개념의 소개가 얼마나 적절하고 필요한지를 금방 알 수 있다. 정죄는 칭의의 정반대 개념이며, 그것은 우리가 칭의의 성격을 이해하는 데 도움을 준다. 위에서 지적한 바와 같이 정죄는 사법적 선고, 우리가 의롭지 않다고 선언하는 사법적 선고이다. 사망은 죄의 형벌적 결과이지만, 정죄는 죄 위에 내려진 하나님의 선고이다.

---

26 마이어와 기포드는 ἐν χάριτι τῇ τοῦ ἑνὸς ἀνθρώπου Ἰησοῦ Χριστοῦ를 δωρεά가 아니라 ἐπερίσσευσεν과 연결시킨다. 고데트, 샌데이와 헤들램 등과 비교하라.

(2) 이 선고는 "하나로 말미암은"(from one) 것이다. 그런데 바울이 한 범죄를 의미하는지, 혹은 한 사람을 의미하는지는 판단하기 어렵다. 이 구절의 상반부에도 이와 비슷한 표현인 "하나를 통해서"(through one)가 있는데 이는 한 사람을 뜻한다. 그러나 이 구절의 하반부에 있는 "하나의"(of one, 개역개정판에서는 "한 사람"으로 번역했다—옮긴이)와 대조되는 것은 "많은 범죄"이다. 그러므로 앞의 내용에 영향을 받을 경우에는 "한 사람"이란 의미가 될 것이며, 뒤의 내용에 영향을 받는다면 "한 범죄"라는 의미가 될 것이다. 둘 중 어느 견해를 선택해야 할지는 결정하기 어렵다. 그러나 우리가 위에서 지적한 사실, 즉 그 사람과 죄악된 행위의 합일성을 고려한다면 문제는 별로 없을 것이다. 어느 경우든 그것은 한 사람의 한 범죄이기 때문이다(18절). 그러므로 여기서 단언하는 것은 하나님의 정죄 선고는(12, 15, 18절을 참고하면 모든 사람에게 해당됨) 한 사람의 한 범죄에서 나왔다는 점이다. 이 범죄가 모든 사람의 죽음에 관련되어 있다는 점은(12, 15절) 모든 사람의 정죄에도 해당된다. 한 사람의 한 죄 때문에 모든 사람이 하나님의 정죄 아래 놓이게 되었다.

(3) "값없는 은사"는 15절과 16절 상반부와 17절에 나오는데, 이는 주어진 선물을 가리키는 것으로, 그 선물의 출처인 은혜의 속성과는 구별된다.[27] "값없는 은사"는 "심판"과 대립되는 것이다. 심판은 정죄에 이르고 은사는 칭의에 이른다. 정죄가 심판과 선고의 성격을 규정짓듯이, 칭의는 은사의 성격을 규정짓는다.

(4) "많은 범죄로 말미암아"는 "하나로 말미암아", 즉 아담의 한 번의 범죄와 대조된다. 여기에 놀라운 병행관계가 암시되어 있다. 정죄의 심판은 한 번의 범죄로부터 나왔다. 즉, 한 번의 범죄가 정죄의 심판의 근거가 된다. 그러나 칭의란 은사가 많은 범죄로부터 나오고 후자에 근거하고 있다고 말할 수 있을까? 이 대조의 저변에 있는 병행법을 잘 파악할 필요가 있다. 그러나 값없는 은사가 많은 범죄에 근거하고 있다는 주장은 인정할 수 없다. 그러면 이 관계의 유사성은 무엇인가? 이렇게 설명할 수 있다. 정죄에 이르는 심판이 고려하는 것은 그 한 가지 범죄이

---

27 χάρισμα, δωρεά 그리고 δώρημα 사이에 그을 수 있는 어떠한 구별도 각 경우에 수여된 선물에 대한 언급이 있다는 결론에는 아무런 영향도 미치지 못한다.

다. 정죄의 선고에 타당성을 부여하는 것은 오직 하나의 범죄로 족하다. 사실 한 번의 범죄가 모든 사람의 정죄를 초래했다.

그러나 칭의에 이르게 하는 은사는 많은 범죄를 고려해야 하는 특성을 갖고 있으며, 그것이 그 많은 범죄를 제거하지 않는 한 값없는 칭의의 은사가 될 수 없다. 따라서 심판의 성격과 효과가 단 한 번의 범죄를 조건으로 삼듯이, 값없는 선물의 성격과 효과는 많은 범죄를 조건으로 삼는다. 이런 식으로 우리는 은혜가 고려하고 있는 많은 범죄로 인해 그 은혜가 얼마나 큰지를 알 수 있다.

(5) "의롭다 하심에 이름이니라." 이것은 정죄와 대조되며 칭의의 선고를 의미한다. 그것은 의롭게 하는 행위다.

우리가 이런 사항을 염두에 두면 16절의 서론이 이 구절의 강조점을 가리키고 있음을 알 수 있다. 다름 아닌 '하나'와 '다수' 간의 대조이다. 15절에서는 심판과 은혜의 작용이 '하나에서 다수'로 진행했다. 심판과 관련해서 보면, 한 사람의 범죄로 많은 사람들이 죽었고, 은혜와 관련해서는 값없는 은사가 한 사람 예수 그리스도로 인해 많은 사람에게 풍성하게 주어졌다. 그러나 16절에서는 사상의 중심축이 하나와 다수 사이의 반립관계이다. 심판과 정죄는 오직 한 사람의 한 죄만을 고려하기 때문에 온 인류가 정죄되었다. 그러나 값없는 은사와 칭의는 많은 사람의 죄, 즉 수많은 사람의 수많은 죄를 고려하고 있다. 이로 보건대, 죄는 얼마나 해롭고, 은혜는 얼마나 좋은 것인가!

17절 이 구절의 의미와 구조는 15절과 유사하다. 은혜의 대책들이 사망의 약탈과 대조되어 제시된다. 그렇지만 17절이 특별히 강조하는 점은, 한 사람의 한 범죄로 인한 사망의 왕 노릇과 한 분 예수 그리스도로 말미암은 생명의 왕 노릇 사이의 대조다. 15절에서 강조하는 것은 은혜의 풍성함이며, 16절에서는 칭의의 포괄적이고 확정적인 특성을, 17절에서는 은혜에 의해 제공되고 칭의에 의해 확립된 생명의 왕 노릇을 강조한다. "한 사람의 범죄로 말미암아 사망이 그 한 사람을 통하여 왕 노릇 하였은즉 더욱 은혜와 의의 선물을 넘치게 받는 자들은 한 분 예수 그리스도를 통하여 생명 안에서 왕 노릇 하리로다."

(1) "사망이 그 한 사람을 통하여 왕 노릇 했다." "그 한 사람을 통하여"라는 표현은 이 구절 마지막의 "한 분 예수 그리스도를 통하여"라는 표현과 병행하는 관계이기 때문에 아담을 가리키는 것으로 봐야 한다.[28] 바울이 그렇게 주장하는 것은 사망이 "한 사람의 범죄" 때문에 왕 노릇 했을 뿐만 아니라 그 한 사람의 중재로 말미암아 초래되었기 때문이다. 아담이 인류와 이와 같은 관계에 있기 때문에 그로 말미암아 사망이 온 인류에게 보편적인 지배력을 행사했다. 이 관계는 아담의 한 범죄가 온 후손에게 그러한 결과를 가져오게 된 이유를 설명한다. 그 결과는 사망이 발휘하는 능력에 의해 나타난다. 사망은 어김없이 왕 노릇을 했다.

(2) 아포르티오리 논법의 표현인 "더욱"은 은혜에서 나오는 생명의 더욱 풍성한 통치에 적용된다.

(3) "은혜와 의의 선물을 넘치게 받는 자들은… 생명 안에서 왕 노릇 하리로다." 이런 대조적인 표현 방식은 중요한 의미가 있다. 사망이 왕 노릇을 했다, 사망에 속한 자들이 사망 안에서 왕 노릇 했다고 말하지 않는다. 사망이 그들에게 지배력을 행사했다. 그러나 다른 한편에서는 생명이 왕 노릇 한다고 말하지 않는다. 이 표현이 부적절하지는 않지만, 여기 사용된 형태는 생명에 속한 자들이 생명 안에서 통치력을 발휘한다는 것이다. 그들이 생명 안에서 왕 노릇 하는 이유는 "은혜와 의의 선물을 넘치게 받기" 때문이다. 은혜와 선물(은사)의 차이점은 이미 밝힌 바 있다. "넘치게"란 단어가 은혜와 선물을 모두 수식한다는 점을 주목해야 한다. 이는 은혜의 속성과 부여 양면에서 풍성함을 말한다. "받는"이란 단어는 "값없는 선물"에 표명된 생각을 더 심화시킨다. 이 단어는 선물을 우리가 믿음으로 받는다[29]는 사실을 가리키는 것이 아니라, 우리가 선물을 받은 사람임을 의미한다. 우리는 은혜와 선물을 수동적으로 받는 수혜자이다.

여기서 "선물"은 우리를 위한 값없는 의의 선물, 의로움에 있는 값없는 선물이다. 그럼 이 '의'는 무엇인가? 이것을 칭의, 하나님의 의롭게 하시는 행위로 보는 것

---

28 앞 절의 τοῦ ἑνός가 아담을 가리키듯이, 15절 상반부의 동일어와 16절 상반부의 δι᾽ ἑνός와 19절 상반부의 τοῦ ἑνός도 동일하게 아담을 가리킨다.

29 οἱ λαμβάνοντες는 믿음으로 받아들이는 사람들이 아니라 단지 "수령자들"이다(Meyer).

은 문맥에서 벗어난 것은 아니지만, 의롭게 하시는 행위가 아니라 그 행위를 통해 우리가 받은 의 자체로 생각하는 편이 낫다. 그것은 우리의 의가 되는 "하나님의 의"다(1:17; 3:21, 22; 10:3; 빌 3:9). 우리를 의롭게 하는 것은 우리에게 부여된 이 의로움이며 우리는 그 의의 수혜자가 되었지만, 여기에는 의롭게 하는 행위 이상의 것이 암시되어 있다. 이제 우리가 18, 19, 21절과 관련해서 보겠지만, 여기서 우리는 의롭게 하는 의(justifying righteousness)를 소개받고 있다. 우리의 칭의는 실제로 의가 우리에게 제공된 사실에 있다. 이 의는 다음 구절들에서 더욱 분명하게 묘사된다. 그러나 현재로서는 칭의 안에는 의의 선물이 우리에게 주어졌다는 사실이 있음을 아는 것으로 충분하다.

(4) "한 분 예수 그리스도를 통하여 생명 안에서 왕 노릇 하리로다." 생명 안에서 왕 노릇 하는 사람이 그리스도와 맺는 관계의 유형은 사망의 왕 노릇을 당하고 있는 사람이 아담과 맺는 관계와 동일하다. 어떤 관계 덕분에 생기는 그리스도의 영원한 중재는 생명 안에서 왕 노릇 하는 데 필요한 조건이다. 생명 안에서의 왕 노릇은 장차 이뤄질 궁극적인 질서를 내다보는 듯하다. 그러나 미래 시제로 나오는 "왕 노릇 하리로다"라는 말은 미래에 왕 노릇 하는 것으로 국한시킬 필요가 없다. 이는 미래성보다는 생명 안에서 왕 노릇 하는 것의 확실성과 보장에 대한 표현으로 해석할 수 있다. 그러나 확실성과 보장은 그 왕 노릇이 영원히 계속되며, 바울의 가르침과 같이 미래에 가서 가장 완전한 실현 단계에 이를 것임을 의미한다.

18절 18절을 재개로 이해하든지 개요로 이해하든지[30] 그것이 12절 이후 본문에서 설명한 교리의 요약임은 의심의 여지가 없다. 18절의 각 요소는 이미 앞 구절들

---

30 만일 재개(resumptive)라면, 그것은 12절에서 이미 단절된 사상을 또다시 취하는 것이며, 만일 그것이 개요(recapitulatory)라면 12절에서 시작했다가 완성하지 못한 병행법을 15-17절에서 발전시킨 것이다. 비록 12절에서 시작된 형태와 같지 않고 18, 19절에 가서 완성된 형태와 같지는 않지만 말이다. 그런데 15-17절에 그런 병행법이 없는 것으로 생각하면 안 된다. 왜냐하면 우리가 이미 발견한 바와 같이 그 병행관계는 이런 구절들의 대조법 아래 깔려 있기 때문이다. 그러므로 그런 병행관계가 12절에서 18절까지 연기되었다고 보는 것은 타당하지 않다. 만일 그것이 12절에서 시작했다가 채 완성되지도 못한 정확한 구문의 재개를 가리키는 것이라면 "재개"란 단어를 사용하는 것이 옳다. 내용상으로 보아 18절은 앞 절들에 나온 내용을 요약한 것이다.

에서 암시적으로 또는 명백히 언급되었던 것이다. 그래서 18절이 "그런즉"으로 시작하는 것이다. 아담과 그리스도 사이의 병행관계는 매우 명백한 용어로 표현되었으며, 그 비교는 긍정적인 구문으로 완성되었다. "그런즉 한 범죄로 많은 사람이 죄에 이른 것같이 한 의로운 행위로 말미암아 많은 사람이 의롭다 하심을 받아 생명에 이르렀느니라."[31] 12절에서 시작했다가 삽입절의 개입으로 중단된 구문이 18절에 와서 이어지며 정상적인 형식으로 결론에 이르고 있다. 만일 12절에 나오는 비교 작업이 완결되었다면 12절이 어떻게 형성되었을지 이제는 알 수 있다. 다음과 같이 되었을 것이다. "그러므로 한 사람으로 말미암아 죄가 세상에 들어오고 죄로 말미암아 사망이 들어왔고 모든 사람이 죄를 지었으므로 사망이 모든 사람에게 이르렀느니라. 그와 같이 한 사람으로 말미암아 의가 세상에 들어오고 의로 말미암아 생명이 왔고, 모든 사람이 의롭게 되었으므로 생명이 모든 사람에게 이르렀느니라." 하지만 18절은 그 병행관계를 더 간결하게 묘사하고 있으며, 해석상의 어려움이나 12절에서 접한 구문상의 어려움을 주지 않는다. 이제 18절의 세부 사항을 살펴보자.

(1) "한 범죄로." 이 번역은 "한 사람의 범죄로"라는 표현보다 더욱 자연스럽다. 앞에서 아담의 죄가 암시되기는 했지만(16절) 명시적으로 "한 범죄"라고 불리기는 이번이 처음이다. 그러므로 우리는 지금 본문에 나타난 죄는 그것으로 인해 모든 사람이 죽었고 또 모든 사람이 정죄받게 되었던 바로 그 죄, 곧 아담의 한 죄라는 사실에 주의를 집중하게 된다. 그것이 금지된 과실을 따 먹은 최초의 죄라는 것도 분명하다. 바울은 이 죄를 추상적으로 생각할 수 없었다. 창세기 3장처럼 그는 특정한 죄에 초점을 둔다. 과실을 먹은 행위는 하나님을 배반하는 움직임을 가리키며 그 배반의 움직임이 곧 죄이다. 우리는 여기서 지금까지 반복했던 사실을 확인하게 되는데, 그것은 아담의 한 범죄가 모든 사람을 정죄하는 이

---

31 이 구절에서 생략된 것을 "심판이 임했다"(judgment came)란 말로 보충하는 것이 최선이다. 혹은 만일 우리가 16절의 용어를 들어 쓴다면 조건절에는 "심판(κρῖμα)이 임했다"를, 귀결절에는 "은혜(χάρισμα)가 임했다"를 삽입할 것이다. 후자의 견해를 지지하는 라이트푸트는 10:17, 갈 2:9, 고전 6:13, 계 6:6을 이런 생략된 형태의 예들로 제시하고 있다.

유가 되며 하나님이 모든 사람에게 정죄의 심판을 내리시는 매체가 되었다는 것이다.

(2) "한 의로운 행위로 말미암아." 여기서 의로운 행위는 무엇인가? 많은 주석가들은 이것을 칭의의 행위라고 생각한다.[32] 이 견해를 지지하기 위해 흔히 16절에 호소한다. 16절에서는 그것이 정죄와 대조되기 때문에 분명히 칭의를 의미한다. 그렇지만 이 견해에 대한 중요한 반론들이 있다. ① 바울이 이 두 구절에서 똑같은 단어를 동일한 의미로 사용했다고 생각할 필요는 없다. 우리는 이미 바울이 한 단어를 쉽게 다른 의미로도 사용한다는 사실을 지적했었다. 단어를 사용하는 바울의 융통성을 이해하는 것이 본문 해석의 필수 사항이다. ② 단어의 의미는 무엇보다 문맥에 의해 결정된다. 16절에서는 정죄와 대조되는 것에 근거해 그 의미가 결정된다. 그러나 18절에서는 다른 것과 대조되어 있다. 18절에서 사용한 이 단어는 정죄가 아니라 범죄와 대조된다. 이것이 그 의미를 확정한다. ③ 18절에도 정죄란 단어가 나오지만 이것은 '의로운 행위'가 아니라 '생명에 이르는 칭의'와 대조되고 있다. ④ 이 용어가 칭의를 의미한다면, 18절은 그것을 불필요하게 반복하는 셈이다. 이 경우 귀결절은 다음과 같이 되고 말 것이기 때문이다. "한 칭의로 말미암아 모든 사람에게 내려진 심판이 생명의 칭의에 이르렀느니라." ⑤ 이 단락에서 줄곧 "그 하나"(the one)는 항상 아담이나 그리스도를 의미하지만, 정관사가 없이 그냥 "한"(one)으로 표기한 것은 아담이나 그의 범죄를 가리킨다. 이와 같은 용례에 따르면 "한 의로운 행위"란 말은 아담의 한 범죄와 대조되는 그리스도의 의로운 행동임을 알 수 있다. 이러한 이유로 이 구절에 나오는 "한 의로운 행위"는 아담의 한 범죄와 대조된다고 결론을 내릴 수 있다. 아담의 범죄가 모든 사람 위

---

32 다음 사람들을 참조하기 바란다. 칼빈, 마이어, 고데트, 쉐드, 샌데이와 헤들램 그리고 필리피, 홀데인, 핫지 그리고 특이하게 라이트푸트. 라이트푸트(*Notes* 5:16)는 계 15:4, 19:8을 "의로운 행동"을 의미하는 δικαίωμα의 예들로 제시한다. 고데트는 "칭의의 선고"라는 뜻을 지지하여 "바울의 용어를 보면 의롭게 하시는 자는 하나님이지, 예수 그리스도는 아니라"고 주장하는 것은 무의미하다고 생각한다(앞의 책). 그리스도의 "의로운 행동"은 고데트가 잘 주시한 바와 같이 그리스도와 구별되는 하나님의 행동인 선고를 가리키는 것이 아니라, 그리스도의 순종의 의를 가리키는 것이며, 따라서 그것은 19절에 있는 ὑπακοή와 병행을 이룬다. δικαίωμα의 의미에 대해서는 다음을 참고하라 G. Schrenk, *Theologisches Wörterbuch zum Neuen Testament.*

에 내리는 정죄의 근거이듯, "한 의로운 행위"는 모든 사람에게 내려지는 칭의의 근거이다. 문맥에 비춰볼 때, 아담의 범죄와 병행하고 대비되는 것은 한 분 예수 그리스도의 의로운 행동밖에 없기 때문에, 이 말은 모든 사람에 대한 심판을 생명의 칭의에 이르게 하는 근거인 그리스도의 의로움을 지칭하는 것임이 틀림없다.[33] 그리스도의 의가 어떻게 "한 의로운 행위"로 묘사될 수 있느냐고 질문한다면 그에 대한 답변은 이렇다. 그리스도의 의는 한 범죄와 병행관계에 있는 것으로 간주되고, 또 그것을 한 의로운 행위로 말해도 좋은 이유는 한 범죄가 그 한 사람의 범죄인 것같이 한 의도 그 한 사람의 의이기 때문이다. 여기서 한 인격과 그의 행위가 하나로 간주되고 있다.

(3) "의롭다 하심을 받아 생명(생명의 칭의)에 이르렀느니라." 이는 칭의가 생명에 있다는 의미가 아니다. 우리는 17절에서도 이와 동일한 종류의 구문, 즉 "의의 선물"(the free gift of righteousness)이라는 표현을 보게 되는데, 이때의 의는 선물을 묘사하는 것, 즉 이 선물은 의에 있다는 뜻이었다. 그러나 18절의 경우에는 칭의가 생명 안에 존재하는 것으로 묘사할 수가 없다. 그것은 생명에 이르는 칭의, 생명으로 귀결되는 칭의다. 그러므로 이 구절에서는 의, 칭의, 생명이 하나로 묶여 있는 것이다.

(4) 18절과 관련해 가장 큰 문제는 아마도 다음 귀결절의 범위일 것이다. "한 의

---

33 만일 δικαίωμα가 여기서 그리스도의 의를 의미한다면, 사도는 δικαιοσύνη를 사용했을 것이라고 반대 의견을 제시한다면, 이에 대한 답변은 δικαίωμα가 παράπτωμα와 대조시키기에 더 적합하다고 사도가 생각했기 때문이라는 것이다. 이 문단의 다른 경우에서는 ἑνός가 아담이나 그리스도 중 한 개인을 가리키기 때문에 이 구절의 조건절 및 귀결절에 나오는 ἑνός도 분명 개인을 가리키므로 '한 사람의 범죄'와 '한 사람의 의로운 행동'이라고 주장되어 왔다. 이 주장이 결정적인 것은 아니다. ἑνός가 분명히 개인을 가리킬 경우에는 정관사가 사용되었지만(15, 17, 19절), 12절 상반부, 16절 상반부는 예외의 경우들이다. 이 두 경우에 정관사가 빠진 명백한 이유는 굳이 개인을 지칭한다는 것을 보여 줄 필요가 없었기 때문이다. 16절 하반부에서, ἐξ ἑνός는 ἐκ πολλῶν παραπτωμάτων과 대조를 이루기 때문에 "한 사람으로부터"(from one man)보다는 "한 범죄로부터"(from one trespass)로 번역하는 것이 더 합리적이다. 그러므로 18절의 두 경우에 나오는 ἑνός를 παράπτωμα와 δικαίωμα를 수식하는 단어로 봐서는 안 될 이유가 없다. 만일 바울이 ἑνός를 개인을 가리키는 단어로 썼다면, 우리는 그가 15, 17절의 구문의 양태를 따르거나 19절의 양태를 따라서 관사를 삽입했을 것으로 기대해 봄 직하다. 그렇지만 전자의 경우 ἑνός와 실명사의 소유격 때문에 모호한 점이 완전히 제거되지는 않을 것이다.

로운 행위로 말미암아 모든(개역개정판에는 '많은'—옮긴이) 사람이 의롭다 하심을 받아 생명에 이르렀느니라." 이 절을 만인을 포괄하는 것으로 해석해야 할까? 조건절에서는 그 범위가 보편적이라고 결론을 내려야 한다. 그것은 예외 없이 모든 사람에게 정죄의 심판이 내려졌기 때문이다(1:14, 15, 17). 그러면 이것이 18절의 귀결절에 동일하게 적용돼야 한다고 생각해야 할까? 바울이 귀결절도 조건절처럼 포괄적인 것이 되어야 한다고 여겼다면, 온 인류가 필연적으로 영생에 이르러야 한다는 결론이 나올 수밖에 없었을 것이다. 우리가 사람들이 영생을 얻는 문제에 대해 객관적인 대책(하나님 편에서)과 주관적인 수용(인간 편에서)을 구별한다고 해서 이런 결론을 회피할 수는 없다.[34] 또한 생명의 칭의를 영원한 멸망과 양립하는 것처럼 애매한 해석을 제시한다고 해서 이런 추론을 회피할 수 없다. 따라서 이 구절에서 바울이 다루는 칭의는 이 단락과 서신 전체에서 다루는 바로 그 칭의다. 즉, 그것은 의롭다 하심을 받은 사람들의 많은 범죄를 고려하고 있는 칭의며(16절), 은혜를 풍성하게 드러냈던 칭의며(15절), 그것을 받은 자들로 예수 그리스도로 말미암아 생명 안에서 왕 노릇 하게 한 칭의며(17절), 칭의를 받은 자들로 의인이 되게 하는 칭의며(19절), 하나님과 더불어 영원히 화평을 누리게 하는 칭의다(1, 2절). 이 칭의와 관련된 모든 논쟁을 잠재우려면 21절에 호소하는 것으로 충분하다. "죄가 사망 안에서 왕 노릇 한 것같이 은혜도 또한 의로 말미암아 왕 노릇 하여 우리 주 예수 그리스도로 말미암아 영생에 이르게 하려 함이라"(롬 5:21)는 구절은 바울의 주장 전체를 요약했다. 18절이 다루고 있는 의와 칭의는 영생에 이르도록 하는 것이고, "생명의 칭의"도 달리 해석할 수 없다.

만일 보편적 구원론이 바울의 사상이냐고 묻는다면, 단연코 부정적으로 대답해야 한다(살후 1:8, 9). 그래서 우리는 18절의 귀결절을 보편적 구원론으로 해석할 수 없다. 그리고 이 부분을 제한적인 의미로 생각하는 것이 건전한 해석 원칙에 부합한다. 고린도전서 15:22에서 바울은 "아담 안에서 모든 사람이 죽은 것같이 그

---

34 이것은 마이어의 제안이다. 그렇지만, 그는 이 문단에서부터는 최후의 ἀποκατάστασις를 지지하는 근거를 찾을 수 없다고 주장했다(앞의 책).

리스도 안에서 모든 사람이 삶을 얻으리라"고 했다. 문맥으로 알 수 있듯이, 여기서 바울은 생명의 부활과 관련하여 그리스도에게 속했다가 그분이 재림할 때에 부활할 사람들을 다루고 있다. 그러므로 처음 어구의 "모든 사람"은 제한적이지 않지만, 둘째 어구의 "모든 사람"은 제한적이다. 마찬가지로 로마서 5:18에서도 조건절의 "모든 사람"에는 나타나지 않았던 제한성이 귀결절의 "모든 사람"에는 내포되어 있다는 사실을 인식해야 한다. 바울이 여기서 보여 주려는 것은 의롭게 된 자의 숫자와 정죄받은 자의 숫자의 동일함이 아니라, 정죄에 이르는 길과 칭의에 이르는 길 사이에 존재하는 병행관계이다. 여기 나오는 것은 작동방식이다. 온 인류, 정죄를 받은 모든 사람은 아담의 한 범죄로 인해 정죄를 받았으며, 의롭다 하심을 받은 모든 사람은 그리스도의 의로 인해 의롭게 되었다는 것을 말하려고 했다. 정죄의 보편적 범위를 칭의에도 적용하자는 것이 아니다. 칭의와 정죄가 작동방식은 비슷하지만 그 범위는 동일하지 않다.

19절 19절은 18절의 내용을 설명하고 확증한다. 이 사실은 19절의 문장 구조와 내용에서, 또 진술되고 있는 방식에 분명히 드러난다. 19절은 "왜냐하면"으로 시작한다(개역개정판에는 없다―옮긴이). "왜냐하면 한 사람이 순종하지 아니함으로 많은 사람이 죄인 된 것같이 한 사람이 순종하심으로 많은 사람이 의인이 될 것이기 때문이다." 여기서 18절의 형태를 잇는 완벽한 비교문을 볼 수 있다. 이는 같은 교리를 말하지만, 이 교리의 새로운 국면을 제시하고 있다.

(1) "한 사람이 순종하지 아니함." 아담의 죄는 "범법"(14절), "범죄"(15, 17, 18절), "불순종"으로 규정되었다. 각 용어는 제각기 강조하는 것이 있다. 또한 각 용어는 죄를 어떻게 정의하든, 아담의 타락이 바울에 의해 죄로 간주되고 있음을 보여 준다.

(2) "많은 사람이 죄인 된 것같이." 앞의 여러 구절을 통해 우리는 아담의 죄로 인해 사망이 모든 사람에게 이르게 된 것을 보았다(12, 14, 15, 17절). 우리는 또한 아담의 죄로 말미암아 정죄가 모든 사람에게 이른 것도 보았다(16, 18절). 이렇게 반복된 선언 가운데서 아담과 그 후손들 간에 존재하는 연대적 관계가 은연중 암

시되었다. 사망과 정죄는 죄를 전제로 하기 때문에, 사망과 정죄 안의 연대적 관계로 미뤄 보아 죄 안에도 연대성이 있다는 것이 필연적인 추론이다. 하지만 굳이 추론할 필요가 없다. 지금 바울은 그 연대관계가 죄 자체에까지 확대되었음을 명백히 밝히고 있다. 우리는 앞에서 12절의 "모든 사람이 죄를 지었다"는 표현은 아담의 죄 안에 모든 사람이 내포되었다는 뜻으로밖에 해석할 수 없음을 알았다. 그러나 또다시 그런 해석이 적절하다는 것은 19절의 명백한 표현, 곧 "한 사람이 순종하지 아니함으로 많은 사람이 죄인 되었다"는 어구로 입증되었다. 여기 표현된 "죄인 되었다"는 것은 많은 사람이 죄인의 범주 안에 들어갔다는 뜻이다. 이것은 사망이 그들 위에 왕 노릇 한다는 것만이 아니다. 그들이 정죄의 선고 아래 놓였다는 것만도 아니다. 그들은 아담의 죄 때문에 죄인 신분이 되었다. 여기서 바울이 죄를 정의하기 위해 사용한 다양한 용어는 죄인이 되었다는 말의 뜻을 웅변적으로 말해 준다. 죄는 범법이요 범죄요 불순종이다. 그러므로 죄 안에서의 연대관계는 아담의 불순종, 범법, 범죄에 개입하는 것을 말한다. 12절의 마지막 어구도 동일한 의미다. "모든 사람이 죄를 지었다"고 말하기 때문이다. 본문에 나타난 사실을 종합해 볼 때, 아담의 죄는 곧 모든 사람의 죄였으며, 정죄와 사망의 연대관계의 근원과 근거가 죄 안에서의 연대관계임을 알 수 있다. 이 결론을 거부하는 것은 성경 해석을 포기하겠다는 뜻이다.

(3) "한 사람이 순종하심으로." 이는 18절의 "한 의로운 행위로 말미암아"라는 말과 병행하며, 따라서 그리스도의 순종을 가리키고 있음이 분명하다. 18절에 나오는 "한 의로운 행위"의 의미에 대해서는 의문이 있을 수 있으나 19절에 나오는 이 문구는 조금도 의심할 수 없다. 그리스도의 순종은 많은 사람을 의인으로 만드는 순종이다. 신자들을 대표한 그리스도의 사역에 적용된 순종의 개념은 그 어느 것보다 더 포괄적이다(사 42:1; 52:13-53:12; 요 6:38, 39; 10:17, 18; 17:4, 5; 갈 4:4; 빌 2:7, 8; 히 2:10; 5:8, 9). 여기서 순종이라는 말이 사용된 것은 의미심장하다. 이는 하나님의 칭의 행위의 기초를 구성하는 그리스도의 성취를 바라보는 넓은 관점을 가리킨다. 이 순종이 절정에 달한 것은 그리스도의 십자가와 그의 피 흘리심임이 틀림없지만, 순종은 그리스도에 의해 성취된 하나님의 모든 뜻을 포괄하는 개념이

다. 바로 이것이 "한 사람 예수 그리스도의 은혜"(15절), "한 분 예수 그리스도를 통하여"(17절), "한 의로운 행위로 말미암아"(18절)라는 표현에 내포된 의미를 가장 명료하게 밝혀 준다.

(4) "많은 사람이 의인이 되리라." 의인이 된다는 개념은 16절의 "의롭다", 17절의 "의의 선물"(15, 16절), 18절의 "의롭다 하심을 받아 생명에 이르렀느니라" 등과 동일한 범주에 속한다. 바울이 자기의 논증이 절정에 이르는 이 대목에서 지금까지 주장한 논지나 앞의 문맥과 관계없는 개념을 언급했다고는 우리가 추정할수 없다. 다시 말하면 "의인이 되리라"고 한 것은 칭의와 동일한 법정적 성격을 지닌 것이고, 둘 사이에는 단지 표현의 차이가 있을 뿐이다. 이 점을 고려하면 우리는 이것과는 대조되는 "죄인이 되리라"는 문장의 해석방향을 얻게 된다. 우리는 아담의 죄, 범법, 범죄, 불순종에 우리가 개입되어 있음을 인정해야 하지만, 이 개입은 법정적 견지에서 해석되어야 한다. 우리의 개입은 우리 편에서 개인적으로 자원해서 범죄했다는 것을 의미하지 않는다. 아담의 죄가 우리에게 전가되었다는 뜻이다. 아담이 인류를 대표하기에, 아담의 죄가 우리의 것으로 간주되었고, 따라서 죄에 수반되는 모든 결과도 우리의 것으로 간주되었다는 말이다. 하나님의 판결에 의하면 아담의 죄는 곧 모든 사람의 죄다.

"의인이 되리라"는 표현은 비록 법정적 영역에 속하지만, 이런 표현방식에서 나타나는 칭의의 특징을 간과하면 안 된다. 즉, 칭의는 단지 선언적 행위에 불과하지 않고 구성적 행위(constitutive act)라는 뜻이다. 이 구성적 행위는 우리와 그리스도의 관계로 인해 우리가 의인의 범주에 속하게 된 사실에 있다. 우리와 아담의 관계에서 나타나는 연대적 관계의 원리에 의해 우리가 아담의 죄에 개입되었는데, 이 동일한 원리는 우리와 그리스도의 관계에서도 나타난다. 즉, 아담과의 관계가 그의 불순종이 우리에게 전가된 것을 의미하듯이, 그리스도와의 관계는 그리스도의 순종이 우리에게 전가된 것을 의미한다. 우리가 아담의 죄에 개입되는 것과 동일한 원리로 칭의는 우리가 그리스도의 순종에 개입됨을 의미한다. 다시 말하지만, 우리가 그리스도의 순종에 개입되었다는 것은 우리의 개인적이고 자발적인 순종이나 우리의 주관적인 거룩함을 가리키는 것이 아니다. 이는 바울이 다루는 칭의의 법정적 성격을 위배하는 것이다. 그러나 우리는 "의인이 되리라"는 표현을 하나님 편에서의 은혜로운 판단보다 더 약화시켜서, 그리스도의 순종이 우리의 것으로 여겨졌기 때문에 그 의가 수반하는 모든 결과도 우리의 것으로 간주되었다는 사실을 희석하면 안 된다. 이 사실은 신자가 받는 "의의 선물"(17절)을 해석해 주며, 또한 어떻게 "한 의로운 행위"로 말미암아 사람들이 "의롭다 하심을 받아 생명에 이르게" 되는지를 해석해 준다(18절).

"의인이 되리라"는 말에 사용된 미래 시제는 최후의 완성단계에 이르러야 취해질 행동을 가리키는 것으로 이해해서는 안 된다.[35] 이는 신자가 이미 완성된 형태의 칭의를 지금 여기에서 선물로 받는다는 의미의 칭의의 성격을 침해하게 된다. 이 미래 시제는 하나님의 은혜의 행위가 계속 진행되고 있으며, 앞으로도 세대마다 계속 진행될 것임을 의미한다.[36] 이런 면에서 그것은 사람들을 죄인으로 만든 심판과는 다르다. 사람들을 죄인으로 만든 심판은 온 인류가 아담의 죄 안에서 아담과 동일시된 사실로 인해 단번에 모든 사람에게 내렸던 심판이었다. 이 시제의 변화는 불경건한 자를 의롭게 하시는 일에서 계속적인 은혜의 행위를 통해 그리스도의 순종의 열매가 점진적으로 실현되고 있음을 말해 준다.

20-21절 12-19절에서 바울은 아담과 그리스도 사이의 유사성을 다루었다. 이 둘은 온 인류와 독특한 관계를 맺는다. 아담을 오실 자의 모형이라고 한 14절의 진술이 이것을 선명하게 드러낸다. 아담으로 인해 세상에 죄가 들어오고, 죄와 정죄와 사망이 왕 노릇 하게 되었다. 그런데 그리스도로 인해 의가 세상에 들어오고 은혜, 의, 칭의, 생명이 왕 노릇 하게 되었다. 인류의 이 두 대표와 서로 병행하면서도 상반되는 조합들이 인간 역사를 움직이는 중심축이다. 하나님의 인류 통치는 오직 이 두 대표와 그 대표들이 움직이는 두 가지 조합의 견지에서만 해석될 수 있

---

35 마이어는 이 구절의 미래 시제를 종말론적으로 해석하는 경향이 있다(이 단락과 17절을 보라). 그는 이렇게 말한다. "그 미래는 장차 부활 후에 영광이 나타날 것을 가리킨다." 그에 따르면 미래는 17절의 βασιλεύουσι와 일치한다고 한다.
36 Sanday and Headlam, 앞의 책.

다. 이 두 대표는 구속적 계시의 중심축인데, 첫째 대표는 구속이 필요하도록 만든 인물이며, 둘째 대표는 구속을 성취하고 확보한 인물이다.

바울이 이 주제를 발전시키면서 모세를 통해 율법이 사람에게 부여된 사실을 명백히 가리키고 있는데(13, 14절), 이것은 모세의 계시가 획기적인 의미를 갖고 있음을 보여 준다. 이에 비추어 "율법이 들어온 것은 범죄를 더하게 하려 함이라"고 한 20절을 이해해야 한다. 이 "율법"이 모세에 의해 계시된 율법임은 명백한 사실이다. 모세의 제도는 은혜와 상반되는 율법적인 것이 아니었다. 그렇지만 율법과 그 형벌의 선포는 모세 계시의 두드러진 특징이었고, 이 점이 강조되어 있다. 율법이 "나란히 들어왔다"고 말한다.[37] 그것이 아담과 그리스도의 출현 "사이"에[38] 온 것은 사실이며, 이런 내용이 암시되어 있다. 그것은 보완적인 것이었다(갈 3:19). 율법의 도래는 죄 및 은혜와 관련된 어떤 목적을 대치하거나 중지시키기 위한 것이 아니라 후자를 섬기기 위한 것이다. 이 목적은 무엇인가? 그것은 범죄를 더하게 하려는 것, 곧 죄를 증가시키는 것이다. 우리는 그와는 정반대로 죄가 억제되고 제거되는 것을 기대했을 것이다. 그러나 이 구절이 말하는 바는 그렇지 않다.

이 경우 "범죄"에 대해서는 약간의 의문이 있다. 앞 구절들에서는 이 용어가 아담의 범죄를 가리킨다(15, 17, 18절. 14, 16, 19절 참조). 여기서도 이를 분명히 밝히는 것이 필요한 듯이 보일지도 모른다. 그러나 어떻게 아담의 한 범죄가 율법이 들어오는 바람에 증가하게 되었는지는 이해하기가 어렵다. 아담의 범죄가, 율법의 도입으로 죄가 증가하는 것을 보여 주는 본보기로 제공되었다고 말할 수도 있다. 아담의 범죄는 명백히 계시된 계명에 대한 불순종이었다. 그래서 율법이 모세를 통해 들어왔을 때 아담의 범죄와 같은 종류의 범죄가 증가되었다. 다시 말해, 분명하게 계시된 계명을 어기는 죄가 증가되었다는 뜻이다. 율법의 계시가 분명하면 할수록 그 율법을 범하는 행위도 더욱 증가하고 악질적이 된다. 바울은 7:8, 11,

---

37 이것은 마이어의 번역이다.
38 칼빈과 그를 따르는 사람들을 참조하라.

13절에서 충분하게 설명할 내용을 지금 여기서 성찰하고 있다. 즉, 율법이 죄인의 마음속에 더 많이 들어올수록, 그것을 범하고 싶은 적대감이 더 많이 일어난다는 것이다. 율법이 들어온 목적은 죄를 증가하게 하는 것임을 명백히 진술하고 있다. 이것이 모세를 통해 율법이 주어진 목적을 모두 망라하는 것은 아니다. 다른 곳에 서는 다른 목적도 언급한다.[39] 그러나 여기서 언급된 율법의 목적은 바울이 제시하려는 교리와 가장 관계가 깊은 것이다.

20절 하반부의 "그러나 죄가 더한 곳에 은혜가 더욱 넘쳤나니"라는 말은 우리가 이런 율법의 목적을 풍성한 은혜의 공급으로부터 떼어놓으면 안 된다고 충고해 준다. 바울은 율법의 제공이 범죄를 더욱 증가시키고 또 하나님의 은혜가 훨씬 더 풍성하게 나타나게 한다고 설명한다. 범죄가 더 증가하고 악화될수록 칭의의 충만한 은혜는 더욱더 커지고 그 은혜의 광채도 더욱더 빛나게 된다. 하나님의 풍성한 은혜의 효력과 영광은 "더욱 넘쳤느니라"는 표현으로 강조되어 있다.

20절 하반부는 21절과 밀접한 관계가 있다. 21절은 왜 은혜가 풍성하게 넘쳤는지 그 목적을 묘사한다. "이는 죄가 사망 안에서 왕 노릇 한 것같이 은혜도 또한 의로 말미암아 왕 노릇 하여 우리 주 예수 그리스도로 말미암아 영생에 이르게 하려 함이라." 이는 앞 구절들에 나타난 병행관계와 반립관계를 바울이 결론적으로 요약한 것이다. 한편에는 죄의 통치와 사망 사이에 유사점이 있고, 다른 한편에는 의의 통치와 생명 사이에 유사점이 있다. 그러나 이런 유사점은 그 병행관계에 전반적으로 나타나는 완전한 대비를 보이기 위함이다. 은혜는 영생에 이르게 하는 의로 말미암아 왕 노릇 하기 위해 넘친 것이다.

21절이 17절과 유사한 것은 확실하다. 즉, 양자에서 지배적인 사상은 왕 노릇한다는 것이다. 그러나 이 양자의 차이점도 주목할 만한 가치가 있다. 17절에서의 왕 노릇은 사망의 왕 노릇인 데 비해, 21절에서는 죄가 사망 안에서 하는 왕 노릇이며, 17절에서는 은혜의 선물을 받은 자들이 생명 안에서 왕 노릇 하는 데 비해, 21절에서는 은혜가 영생에 이르도록 왕 노릇 한다.

---

39 갈 3:17-25; 고후 3:6-11; 딤전 1:8-11을 참조하라.

"죄가 사망 안에서 왕 노릇 한다." 죄가 왕 노릇 하는 것은 앞 구절에서 언급된 사실, 즉 범죄와 죄가 증가했다는 사실에 따른 결과다. 그러므로 여기서 죄 자체가 왕 노릇 하는 사실이 강조되고 있으며, 그 죄는 "사망 안에서" 왕 노릇 한다. 한 범죄만으로도 사망이 왕 노릇 하는 일이 가능해진다면(17절), 범죄가 증가하면 이에 따른 사망도 얼마나 더 두드러지겠는가! 이 사실은 거꾸로 의로 말미암아 영생에 이르게 하는 은혜의 왕 노릇을 더욱 부각시킨다.

여기서 생각하고 있는 "의"는 의롭다 하심을 받은 자에게 부여되는 "의의 선물"(17절), 많은 사람을 의롭게 할 수 있는 수단이 되는 "한 의로운 행위"(18절), 많은 사람을 의인으로 만드는 "한 사람의 순종하심"(19절), 그리고 계시된 "하나님의 의"다(1:17; 3:21, 22; 10:3). 이 구절은 여전히 다음과 같은 서로 대립되는 두 가지 조합을 묘사하고 있다. 그것은 아담의 범죄로 인해 시작되고, 범죄가 온 인류에 퍼져 더 심각해진 '죄—정죄—사망'의 조합과, 하나님의 은혜로 시작되고 그리스도의 의로 인해 작용되는 '의—칭의—생명'의 조합 사이의 반립관계이다. 죄와 대립되는 것은 그리스도의 의와 순종이다. 바로 앞 문맥에 나타난 암시와 바울의 사상이 진전되는 모습을 보면, 여기서의 "의"는 의롭게 하시는 행위 자체라기보다는 의롭게 하시는 행위 안에 있는 의가 확실하다. 은혜가 넘쳤다는 사실은 이 의에서 나온 결과, 또는 그것이 지향하는 목적, 즉 "영생"을 통해 드러난다. 물론 이것은 사망과 대조되는 것이고, 죽음이 침입할 수 없고, 아무도 빼앗을 수 없는 생명인 영생이다.

그리스도의 중보는 은혜가 영생에 이르도록 왕 노릇 하게 하는 의의 개념 속에 함축되어 있다고 이미 언급했다. 바울은 그런 중보 사역을 명백하게 드러내려고 애쓴다. 그는 은혜가 의로 말미암아 영생에 이르도록 왕 노릇 한다는 개념을 잠시 동안이라도 "예수 그리스도 우리 주"의 중보 사역과 분리시킬 수 없었다. 분명 바울은 지금 승천해 영광을 받으신 주님을 생각하고 있다. 그는 은혜가 그리스도의 의로 말미암아 왕 노릇 하는 것을 생각할 뿐만 아니라, 이 은혜의 왕 노릇의 결과인 영생은 영광을 받으신 주님의 중보 사역을 떠나서는 결코 묘사하거나 생각할 수 없다는 사실을 성찰하고 있다.

John Murray

THE EPISTLE TO THE ROMANS

6장

9. 성화의 열매(6:1-23)

1) 은혜의 남용(6:1-11)

1. 그런즉 우리가 무슨 말을 하리요 은혜를 더하게 하려고 죄에 거하겠느냐
2. 그럴 수 없느니라 죄에 대하여 죽은 우리가 어찌 그 가운데 더 살리요
3. 무릇 그리스도 예수와 합하여 세례를 받은 우리는 그의 죽으심과 합하여 세례를 받은 줄을 알지 못하느냐
4. 그러므로 우리가 그의 죽으심과 합하여 세례를 받음으로 그와 함께 장사 되었나니 이는 아버지의 영광으로 말미암아 그리스도를 죽은 자 가운데 서 살리심과 같이 우리로 또한 새 생명 가운데서 행하게 하려 함이라

6장의 서두에서는 가르침의 국면이 바뀌는 것이 확연하게 보인다. 앞장의 12-21절에서는 칭의에 관한 논증이 극적인 결론에 도달했는데, 이는 아담과 그리스도를 서로 병행시키고 이 병행에 근거하여 지극히 풍성한 은혜의 섭리로 인해 실현된 양자의 대비를 증명함으로써 이뤄진 것이었다. 바울은 한편에 있는 아담의 죄로 도입된 죄와 정죄와 죽음의 조합과, 다른 한편에 있는 하나님의 은혜로 말미암아 그리스도의 중보를 통해 실현된 의와 칭의와 생명의 조합을 두 가지 중심 개념들로 삼아 유비와 대조법을 활용하여 설명했다. 그리고 우리는 이 두 개념들의 견지에서 하나님이 인간을 다루시는 방식을 해석할 필요가 있다. 이 서신의 기본적인 논지를 절정에 이르게 한 뒤에, 바울은 구원을 주는 하나님의 능력인 복음의 다른 요소들을 설명한다. 일반적으로 말하면, 지금까지는 칭의를 다루었고, 6장은 성화를 다룬다고 볼 수 있다. 그러나 6장의 서두에서 가르침의 국면이 바뀐다고 해서, 성화가 사실적으로나 그 의미의 진전에서나 칭의와 분리될 수 있다고 생각하면 안 된다. 성화는 칭의에 기초를 두고 칭의와 불가분의 관계에 있기 때문이다. 성화와 칭의가 결코 분리될 수 없다는 사실은, 뒤에 이어지는 장들에서 반복적으로 칭의를 언급한다는 점과, 칭의는 물론 성화도 그리스도의 죽음의 효력과 그의

부활로부터 비롯된다는 점으로 확실히 알 수 있다. 그리스도의 중보 사역은 언제나 칭의의 중심에 있듯이 성화의 중심에도 있다.

칭의와 성화의 긴밀한 관계는 5장과 6장의 연결방식으로 분명히 드러난다. 여기에 갑작스러운 전환은 없다. 6장의 처음 질문은 5장 마지막 부분의 강조에서 나온다. 은혜는 죄가 많은 곳에서 넘친다면, 또 많은 범법이 은혜의 빛을 드러내는 데 기여한다면, 모세가 시행한 율법이 범죄를 증가시키려고 끼여 들어왔다면, 하나님이 그의 은혜를 더 풍성히 내려 영화를 받으시도록 우리는 더 많은 죄를 지어야 한다는 논리적 추론이 성립될 수 있다. 그러나 이것은 은혜의 교리에 대한 도덕률 폐기론의 왜곡된 주장이며, 행위와는 무관하게 믿음으로 말미암아 값없이 주시는 은혜로 인한 칭의의 교리에 대한 율법주의자의 반론이다. 바울이 6장에서 그 왜곡된 주장과 반론에 대해 답변하고 있다. 그리고 이 답변을 제시하면서 그리스도의 죽음과 부활의 의미를 설명한다.

1-2절 "그런즉 우리가 무슨 말을 하리요 은혜를 더하게 하려고 죄에 거하겠느냐? 그럴 수 없느니라."[1] 바울은 그런 추론을 질문의 형태로 표현하고, 바울 특유의 방식으로 반감을 표명하고 있다. 2절에서 그는 그 질문에 대해 단호하고 강한 부정문으로 답해야 하는 이유를 설명한다. 바울은 그 이유를 논증의 형태로 제시하지 않고 그 추론 자체에 내포된 모순을 보여 주기 위해 질문을 던진다. "죄에 대하여 죽은 우리가 어찌 그 가운데 더 살리요?"(2절).[2] 이 경우 서두에 나오는 관계대명사(who, 죄에 대해 죽은 우리를 가리키는 관계대명사―옮긴이)는 특성을 의미하는 관계대명사이며, "이런 부류에 속한 우리" 또는 "…와 같은 많은 사람들"이라는 뜻이다.

---

1 ἐπιμένωμεν은 A B C D G와 기타 사본의 지지를 받고, ἐπιμένομεν은 ℵ 사본의 지지를 받으며, ἐπιμένοῦμεν은 대다수의 소문자 사본의 지지를 받는다. 이런 차이점으로 인해 의미에 변화가 생기는 것은 아니다. 다만 첫 번째 것은 가정법으로, 은혜를 더하게 한다는 이유로 계속 죄 안에 거할 의무가 있다는 반론을 강화시켜 준다. 이것은 본문 편집자들이 좋아하는 독법이다. 이것이 이 질문이 취할 수 있는 가장 강력한 형태이고, 따라서 "그럴 수 없느니라"(God forbid)는 답변도 그만큼 강력해진다.
2 이 구절에서 강력한 증거가 없는 ζήσωμεν보다 ℵ A B D 사본과 기타 다수의 소문자 사본의 지지를 받고 있는 ζήσομεν을 채택하는 것이 옳다.

여기서 이 관계대명사가 매우 적절하게 사용되었는데, 그것이 특정한 종류의 관계 또는 성품, 즉 죄에 대해 죽은 그런 사람들을 지적하고 있기 때문이다. 이 구절은 이 어구를 맨 처음에 배치하여 강조하고 있다. 그것이 그릇된 추론에 대한 답변을 내포하고 있기 때문이다. 우리가 죄에 대해 죽은 것이라면 어떻게 더 이상 죄 안에서 살리요? 사망과 생명은 공존할 수 없다. 우리는 동일한 것에 대해 죽은 동시에 살아 있을 수 없다.

죄에 대해 이미 죽었다는 사실은 바울 사상의 근본 전제이다. 이것이 신자의 정체성이다. 신자는 죄에 대해 죽었다는 것. "죄에 대해 죽은 상태에 있는 우리"(we that are dead to sin, KJV)라는 어구는 엄밀히 말해 적절한 번역이 아니다. 이미 죽어버린 사람이 죽은 상태인 것은 사실이지만, 이 경우에 사용된 시제는 과거의 어느 결정적 행위를 가리키는 만큼, 현재의 존재 상태를 암시하는 번역은 본문의 사상을 제대로 표현하지 못한다. 바울은 신자의 정체성을 이루는, 죄와 단번에 절교한 것을 생각하고 있다. 그러기에 신자는 죄 안에서 살 수 없다. 어떤 사람이 죄 가운데 살아가면 그는 신자가 아니다. 우리가 죄를 하나의 영역으로 볼 경우, 신자는 더 이상 그 영역 안에 살 수가 없다. 이미 죽은 사람에 대해서는 우리가 다음과 같이 말한다. "내가 지나갈 때에 그는 없어졌나니 내가 찾아도 발견하지 못하였도다"(참조. 시 37:36, 시 103:16). 이것은 죄의 영역에도 적용된다. 신자는 이미 죄에 대해 죽었기 때문에 더 이상 죄의 영역 속에 있지 않다. 이것이 앞으로 이어지는 논증의 전제인 만큼 이 전제를 이해하지 못한다면 우리는 이번 장을 오해하게 될 것이다. 신자는 단번에 죄에 대해 죽었고 다른 영역으로 옮겨졌다.

3절 3절에서 바울은 이 놀라운 전제를 변호하고 설명한다. 신자는 죄에 대해 죽었다는 명백한 진술은 입증되고 설명될 필요가 있다. 신자는 어떻게 죄에 대해 죽었는가? 그것은 무엇을 의미하는가? 신자가 옮겨진 새로운 생명의 영역은 무엇인가?

바울의 이 전제는 세례의 의미에 호소하므로 입증된다. "무릇 그리스도 예수와 합하여 세례를 받은 우리는 그의 죽으심과 합하여 세례를 받은 줄을 알지 못하느냐?"(3절). 세례에서 그리스도와 신자가 동일시됨을 사람들이 알고 있다는 사실에 호소한다. 바울이 지금 그들이 세례의 의미를 알지 못해 그들을 꾸짖고 있다고 추정하더라도, 바울이 호소하는 취지는 변하지 않는다. 바울은 세례로부터 신자는 죄에 대해 죽었다는 명제에 적실한 논리를 끌어내고 있으며, 세례 의식이 그리스도의 죽음 안에서 그분과 연합하는 것임을 말한다. 이 구절에 대해 몇 가지 사항을 말할 수 있다.

(1) 세례에 대한 호소로 보아, 이 서신의 독자는 이미 그리스도인의 신앙고백에서 세례의 위치와 중요성을 알고 있었다. 세례는 그리스도의 몸 안에서의 지체됨의 표징이요 인증이었다. 바울은 로마의 신자들이 그리스도인으로서의 신분에 대한 이 인증의 필요성과 특권을 조금도 의심하지 않는다고 생각했다. 세례는 교회의 한 표지로 간주되었다. 이는 논란의 여지가 없는 신조였다.

(2) "그리스도 예수"와 합하여 세례를 받는다는 것은 그리스도와 연합하는 세례를 의미한다. "모세에게 속하여"(고전 10:2) 세례를 받는 것은 모세의 제자가 되는 세례 또는 모세의 제도가 수반한 특권에 참여하는 세례다. "아버지와 아들과 성령의 이름으로"(마 28:19) 세례를 받는 것은 삼위일체 하나님과의 친교에 참여하는 세례를 받는 것이다. 그러기에 그리스도와 합하여 세례를 받는다는 것은 그리스도와의 연합을 의미하며 그리스도 예수가 구현하는 모든 특권에 참여하는 것이다.

(3) 세례가 그리스도와의 연합을 의미한다면, 그것은 그리스도의 전인격과 중보사역의 모든 국면에서 그와 연합한다는 것을 의미한다. 그리스도 예수는 그의 사역과 분리해서 생각할 수 없으며, 그의 사역도 그리스도 예수를 떠나서는 생각할 수 없다. 그리스도의 구속적 성취의 어느 국면이 다른 국면과 분리될 수도 없다. 그러므로 세례가 상징하는 그리스도와의 연합은, 그의 죽으심 안에서 그리스도와 연합하는 것을 의미한다. 이것이 "무릇 그리스도 예수와 합하여 세례를 받은 우리는 그의 죽으심과 합하여 세례를 받았다"는 말의 뜻이다. 그리스도와 연합하는 세례는 반드시 이런 의미를 지닌다. 이렇게 해서 바울의 전제가 정당함이 입증된다. 바울의 전제는 로마 신자들이 소중히 여기는 세례의 의미를 통해 그 정당성이 입증된다. 세례가 그의 죽으심 안에서 그리스도 예수와의 연합을 의미한다면, 신자는 그의 죽으심 안에서 그리스도와 더불어 죽은 것이기 때문이다. 이것은 그 전

제의 변호일 뿐만 아니라 신자들은 죄에 대해 죽었다는 명제의 설명이기도 하다. 바울은 이제 자신의 전제를 설명하기 위한 첫 단계를 시작했을 뿐이다. 이어지는 여러 구절을 통해 더 충분한 설명이 제시된다.

(4) 우리는 바울이 세례의 효력에 대해 사제주의적 견해를 갖고 있었다고 생각해서는 안 된다. 다만 여기서는 세례가 표징과 인증의 의미를 갖고 있다는 사실로부터 바울이 주장하는 논지인 신자가 죄에 대해 죽었다는 사실을 변호하려 했을 뿐이다. 이 점은 세례의 효력에 대한 사제주의 견해와 복음주의 견해 모두에게 해당된다. 따라서 바울의 견해를 알려면 다른 자료들을 참고해야 한다.

4절 4절은 앞에서 논의한 내용의 결과에 해당한다. "그러므로 우리가 그의 죽으심과 합하여 세례를 받음으로 그와 함께 장사되었나니." 만일 우리가 그의 죽으심 안에서 그리스도 예수와 연합된 것이라면, 우리는 그와 더불어 장사된 것이 틀림없다.[3] 예수 자신의 경우, 사망과 장사가 불가분의 관계에 있었다면, 필연적으로 그의 죽으심 안에서 그와 함께 연합된 사람의 경우도 마찬가지다. 그리스도와의 연합의 이런 측면을 중요시하는 목적은 분명히 이중적이다. 그것은 그의 죽으심 안에서 그리스도와 완전히 동일시됨을 강조한다. 여기서 예수의 장사는 그가 실제로 죽었음을 증명한다. 또한 그것은 이 구절의 하반부에 나오는 사실, 곧 그의 부활 안에서 그리스도와 연합하는 것의 예비단계에 해당한다. 부활에 의미를 부여하는 것은 장사이다.

---

3 침례교인과 비침례교인을 막론하고 많은 주석가들은, 사도가 침례의 방식을 우리가 그리스도와 장사된 것과 부활하는 것을 생생하게 보여 주는 것으로 생각한다고 추정하는데, 이것은 근거가 없는 발상이다. 이런 해석을 참조하려면 다음의 책을 보라. *A Catholic Commentary on Holy Scripture*(London, 1953), pp. 1058f. 내가 이 문제를 다룬 글을 참고하려면 *Christian Baptism*(Philadelphia, 1952), pp. 9-13, 그리고 특별히 pp. 29-33을 보라. 현재로서는 4절의 συνετάφημεν에서 세례의 방식에 대한 언급을 찾을 수 없듯이, 이는 5절의 σύμφυτοι에서와 6절의 συνεσταυρώθη 그리고 갈 3:27의 ἐνεδύσασθε에서도 찾을 수 없다는 것과, 이 모든 경우가 침례의 방식과 유사점이 없다는 점을 기억하는 것으로 족하다. 라이트푸트가 갈 3:27의 Χριστὸν ἐνεδύσασθε에 대해 "세례의식의 어떤 한 부분에서 가져온 이미지일 것이다"(*Notes*)라고 말한 것은 아무런 설득력이 없다. 골 2:12, 엡 5:15, 고전 10:2을 침례의 개념을 보여 주는 것으로 인용한 것도 아주 달갑지 않다.

"죽으심과 합하여"(into death)를 "우리가 그와 함께 장사되었나니"(3:25)와 나란히 놓고, 따라서 우리가 죽음과 합하여 장사되었다고 생각하는 것도 불가능하진 않다. 이때의 죽음은 장사에 포함되는 모든 것을 강화시키며, 장사는 죽음에 포함되는 모든 것을 확증하는 역할을 한다. 그렇지만 "죽으심과 합하여"를 세례와 같이 놓고 "그의 죽으심과 합하여 세례를 받음으로 그와 함께 장사되었나니"로 읽는 것이 더 자연스럽다. 이는 3절에 나온 "우리는 그의 죽으심과 합하여 세례를 받았다"는 말에 담긴 사상이다. 이것은 불필요하게 반복되는 것이 아니다. 4절은 예수의 죽으심과 합하여 세례 받는 것을 통해 우리는 또한 그와 함께 장사와 합하여 세례를 받는다고 선언하기 때문이다.

4절의 하반부는 우리가 그리스도와 더불어 장사된 것의 목적을 진술한다. "이는 아버지의 영광으로 말미암아 그리스도를 죽은 자 가운데서 살리심과 같이 우리로 또한 새 생명 가운데서 행하게 하려 함이라." 바울의 생각은 죄에 대해 죽은 것에 뒤따르는 새 생명으로 나아가고 있다. 두 가지 이유에서다. 죄에 대한 죽음 그 자체는 신자의 정체성을 적절하게 묘사한 것은 아니다. 물론 죄에 대해 죽는 것이 이 논증의 근본적인 전제다. 그러나 죄에 대한 죽음은 은혜의 최종 결과인 새 생명의 전제조건이다(5:15, 17, 18, 21). 그리스도와의 연합을 상징하는 세례는(3절) 또한 그리스도의 부활 안에서 그분과 연합하는 것을 의미하며, 따라서 그분의 부활 생명에 동참하는 것을 뜻한다. 이것이 바로 그리스도와 함께 장사된 목적이다. 우리는 그리스도의 죽으심에 참여하지 않고서는 그리스도의 부활 생명에 참여할 수 없다. 죽음은 장사를 통해 입증되고 확증된다. 목적을 말하는 어구들은 신자의 새 생명과 그리스도의 부활을 비교하는 형식으로 표현되어 있다. 그렇지만 그것은 단순한 비교 이상이다. 그리스도는 죽은 자 가운데서 살아나셨다. 그리스도의 부활은 신자의 부활과 유사하기 때문에 신자의 새 생명은 필연적 결과다. 그리스도께서 죽은 자 가운데서 분명히 살아나셨듯이 우리도 분명히 새 생명 가운데서 행하게 될 것이다. 이 병행관계에 내포된 이 확실성이 5절에 의해 확증된다. 5절은 4절과 밀접히 연관되며 확증의 의미를 지니기 때문이다.

그리스도는 "아버지의 영광으로 말미암아 죽은 자 가운데서 살아나셨다"고 한다. 이미 바울은 아버지께서 그리스도의 부활에 능동적으로 관여했다고 언급했다 (4:24, 25). 그러나 여기에 독특한 표현이 나온다. "영광"은 그리스도께서 죽은 자들 가운데서 살아나셨던 사건을 둘러싼 영광을 가리킬 가능성이 있다. 그러나 용례에 따르면 그리스도의 부활에서 매개체의 역할을 한 영광으로 생각하는 것이 더 자연스럽다. 하나님의 영광은 하나님의 위엄이요 그의 완전하심의 총화다. 만일 이 의미가 이 경우에도 해당된다면, 아버지의 위엄 또는 완전하심이 그리스도의 부활에서 작용한 것이며, 이는 죽은 자들 가운데서 그리스도를 살리신 아버지의 행위가 지닌 구속적, 변호적, 계시적인 의미를 신약의 어떤 다른 표현보다 더 잘 보여 줄 것이다. 아버지의 영광의 충만함이 그의 아들의 부활에서 밝히 나타났다. 하지만 아버지의 권능을 염두에 두고 있을 수도 있다(고후 13:4, 엡 1:19). 이 경우에 강조되는 것은 전능한 아버지의 영광이다. 어느 경우든 간에 영광이란 용어의 사용은 아버지의 능동적인 행위를 부각시키고 그것을 확증하기 위함이었다. "새 생명"은 생명 안에 있는 새로움을 말한다. 그리스도의 부활에 나타난 "아버지의 영광"은 이제 새 생명과 그 생명의 역동적인 실현을 보증한다.

신자가 새 생명 안에서 "행한다"는 것은 생명을 단지 소유한다는 것이 아니라, 그 생명이 신자의 행동에 관여하고 있음을 의미한다.

5. 만일 우리가 그의 죽으심과 같은 모양으로 연합한 자가 되었으면 또한 그의 부활과 같은 모양으로 연합한 자도 되리라

6. 우리가 알거니와 우리의 옛 사람이 예수와 함께 십자가에 못 박힌 것은 죄의 몸이 죽어 다시는 우리가 죄에게 종 노릇 하지 아니하려 함이니

7. 이는 죽은 자가 죄에서 벗어나 의롭다 하심을 얻었음이라

8. 만일 우리가 그리스도와 함께 죽었으면 또한 그와 함께 살 줄을 믿노니

9. 이는 그리스도께서 죽은 자 가운데서 살아나셨으매 다시 죽지 아니하시고 사망이 다시 그를 주장하지 못할 줄을 앎이로라

10. 그가 죽으심은 죄에 대하여 단번에 죽으심이요 그가 살아 계심은 하나님께 대하여 살아 계심이니

11. 이와 같이 너희도 너희 자신을 죄에 대하여는 죽은 자요 그리스도 예수 안

　　에서 하나님께 대하여는 살아 있는 자로 여길지어다

5절 5절은 4절의 내용을 확증한다. 바울은 우리가 그리스도의 죽음과 같은 모양으로 그리스도와 동일시되었고 그의 부활과 같은 모양으로 그리스도와 동일시될 것이라는 이유로 우리는 새 생명 안에서 살게 될 것이라고 말한다.

(1) 이 구절의 기본 생각은 그리스도의 죽음과 부활은 분리될 수 없는 관계이고, 이로부터 나오는 추론은, 만일 우리가 그의 죽으심 안에서 그리스도와 연합된 것이라면, 우리는 또한 그의 부활 안에서도 그분과 연합되어 있다는 것이다. 우리의 경우 이 둘의 분리는 그리스도의 죽음과 부활이 분리될 수 없듯이 불가능하다.

(2) 그리스도의 죽으심과 부활에서 우리와 그리스도의 연합을 표현한 용어는 '함께 자랐다'[4]는 뜻을 지닌다. "만일 우리가 그의 죽으심과 같은 모양으로 함께 자랐다면"이란 번역보다 연합의 친밀성을 더 적절하게 표현할 수는 없다. 이 관계를 점진적으로 실현되는 성장의 과정으로 생각해서는 안 된다. 이 어구의 용어들과 문맥은 이런 생각을 허용하지 않는다. 그리스도의 죽음은 하나의 과정이 아니며, 우리가 그리스도의 죽음과 같은 모양이 되는 것도 역시 하나의 과정이 아니다. 우리는 지금 그리스도의 죽음과 같은 모양이 된 상태에 있다. 그러나 '함께 자랐다'는 말은 그의 죽으심 안에서 그와 친밀한 관계를 맺었다는 것을 의미한다.

(3) 그리스도의 죽음과 "같은 모양"으로 우리가 '함께 자랐다'[5]는 사실을 간과해서는 안 된다. '함께 자랐다'는 것이 그리스도의 죽음과의 친밀한 관계를 가리킨다면, "모양"은 중요한 구별을 선언한다. 유사성은 동일성이 아니다. 바울은 여기

---

4 σύμφυτος는 신약에서는 여기서만 나온다. 그러나 συνφύομαι는 눅 8:7에 나온다는 것을 참고하라.
5 라이트푸트는 σύμφυτοι를 τῷ ὁμοιώματι와 묶는 점과 관련해서 이렇게 말하고 있다. "후자는 모양과 동의어인 σύμφυτοι와 밀접하게 연관시켜야 한다. 이 연관성은 συν이란 단어가 시사하고 있고, 생략된 것으로 볼 때도 그렇다"(Notes). 또 필드의 다음 언급을 참조할 수 있다. "σύμφυτος는 여격과 잘 어울린다. 그리고 그런 연관성을 가리킬 뜻이 없었다면 아마도 바울은 롬 8:3, 빌 2:7에서 쓴 것처럼 ἐν ὁμοιώματι를 사용함으로 오해가 생기지 않도록 했을 것이다."

서 우리의 신체적 죽음과 부활을 다루고 있지 않다. 그는 죄에 대한 우리의 죽음과 영적 생명에 대한 우리의 부활을 다루고 있다. 이것은 앞의 문맥에서도 분명히 드러나며, 뒷 구절들에서는 더욱 분명해질 것이다. 그래서 유추의 원리를 도입하는 것이 필요하다. 우리가 그리스도의 죽음과 부활 안에서 그리스도와 연합했다는 사실에서 친밀성을 빼면 안 되지만, 그것을 영적이고도 신비적인 관계의 견지에서 해석하지 않으면 안 된다. 그리스도의 죽음과 부활이 우리에게 미치는 영향도 그런 식으로 해석해야 한다. "그의 죽으심과 같은 모양"이란 말은 바로 이것을 가리킨다.

(4) "같은 모양으로 함께 자랐다"는 표현이 비록 둘째 어구에서는 반복되지 않았으나 거기에 함축되어 있으므로 "또한 그의 부활과 같은 모양으로 연합한 자도 되리라"로 읽어야 할 것이다. 여기에서 부활은 그리스도의 부활이다.[6]

(5) "… 자도 되리라"에 쓰인 미래 시제는 확실성을 가리킨다(5:17, 19).[7]

그러므로 5절의 전체 내용을 다음과 같이 말할 수 있다. 우리가 그리스도의 죽으심 안에서 그리스도와 동일시되었으며 그의 죽으심에서 나오는 윤리적·영적인 효력이 우리에게 귀속된다면, 우리는 마땅히 그리스도의 부활로부터 윤리적·영적인 가치도 이끌어 내야 한다. 우리와 그리스도의 연합이 지닌 이런 의미를 고려하면 은혜를 더하게 하려고 죄 안에 거해도 좋다는 추론을 내릴 수 없다. 은혜는 그리스도의 중보 사역을 통해서만 왕 노릇 한다. 그리고 이 중보 사역은 그리스도의 죽으심과 부활 안에서 그와 연합한 것을 통해 우리에게 효력을 발생한다.

6절 여기서는 그리스도와의 관계를 통해 신자에게 발생한 변화에 호소하는데, 이는 앞 절에서 언급한 내용이 이런 근본적인 변화에 대한 유일한 설명임을 보여 주기 위해서다. 주석가들은 6절을 시작하는 "우리가 알거니와"라는 표현을 신자의

---

6 ἀλλὰ καί에 관해서는 라이트푸트의 *Notes*를 참조하라. 이 절은 아포르티오리 논법을 사용한다. 라이트푸트에 따르면 "ἀλλὰ는 귀결절에 언급된 명제를 선호하는 특징이 있음을 보여 주기 위해 사용된 것이다." 혹은 알퍼드가 말한 바와 같이(앞의 책), "가정절 뒤의 ἀλλὰ는 추론을 강조하는 역할을 한다."
7 Gifford, 앞의 책.

체험에서 나온 확증에 호소하는 말로 해석한다.[8] 하지만 이는 정확한 해석은 아니다. 그보다는 오히려 바울의 논증과 직결되는, 진리의 다른 요소(9절)를 소개하는 방법으로 이해하는 편이 낫다. 다시 말하면, 지금 바울은 그 함의가 그의 독자들에게는 잘 드러나지 않아서 설명이 필요하지만, 그들이 반드시 알아야 할 진리를 말하려는 것이다. 그러면 그 진리는 무엇인가? "우리의 옛사람이 예수와 함께 십자가에 못 박힌 것은 죄의 몸이 죽어 다시는 우리가 죄에게 종노릇하지 아니하려 함이니." 이것은 이미 그들에게 알려진 내용을 묘사한다.

(1) "우리의 옛사람"은 옛 자아이다. 그것은 전적으로 중생한 새사람과 대조되는 중생하지 못한 사람이다. 신자를 옛사람이면서 새사람이라고 생각하거나, 신자 속에 (부패성이 남아 있기 때문에) 옛사람과 (중생했기 때문에) 새사람이 모두 있다는 생각은 잘못이다. 이는 바울의 사상이 아니다. 바울은 옛사람이 그리스도와 더불어 십자가에 못 박혔다고 말했으며, 그 시제는 그리스도의 십자가 죽음과 같이 단번에 이뤄진 행위임을 가리키기 때문이다. "옛사람"은 십자가에 못 박히는 과정 가운데 있는 것이 아니다. 그리스도께서 지금도 십자가에 못 박히고 계시다고 할 수 없는 것과 같은 이치다. 더욱이 이미 언급한 바와 같이, 바울은 이 문맥에서 죄와의 결정적 결별을 주장한다. 이는 그리스도의 죽음 안에서 그리스도와의 연합으로 말미암은 것이고, 옛사람이 십자가에 못 박힌 사실에 호소하는 것은 이런 주장과 조화를 이루며 특별히 이런 주장을 예증 혹은 증명한다. 에베소서 4:22-24, 골로새서 3:9, 10은 다른 견해를 지지하는 것이 아니라 위에 진술한 사상을 확증해 준다.[9]

(2) 많은 주석가들은 "죄의 몸"을 비유적으로 해석했고, 죄를 여러 지체를 지닌 하나의 유기체로 보았다. 몸을 '덩어리'(mass)로 생각하고 바울이 죄 및 부패의 덩어리를 가리킨 것이라고 해석하는 사람들도 이와 동일한 견해를 가진 셈이다.[10]

---

8 "객관적 관계는 그에 상응하는 경험적인 의식적 지식에 의해 확증된다"고 말한 마이어를 참조하기 바란다(앞의 책). 핫지의 책도 참조하라.

9 내가 제시한 이 질문에 대해 더욱 자세하게 논의한 것을 참조하려면 다음을 보라. *Principles of Conduct*(London and Grand Rapids, 1957), pp. 211-219.

10 "앞 어구에서 표현된 옛사람(old man)이 비유적이듯 또 다른 표현인 죄의 몸도 비유적이다. 이것은 인간의 몸을 의미하는 것이 아니라 부패한 원리, 성향, 그리고 정욕 등으로 구성된 전체적인 체계를 의미

그렇지만 "몸"을 비유적으로 해석할 필요가 없다. "몸"은 이 경우 신체적 유기체를 가리킬 수 있다. 12절 "너희 죽을 몸"에 나오는 "몸"도 이런 의미로 분명히 사용되었다. 이는 8:10, 11, 13, 23과 12:1에서도 마찬가지이다(참조. 고전 6:13, 15, 16, 20; 고후 4:10; 빌 1:20; 3:21; 골 2:11; 살전 5:23). 이것은 바울이 죄와 성화를 몸과 관련된 것으로 생각했음을 충분히 보여 준다. 따라서 "죄의 몸"이란 표현은 죄의 통제를 받는 몸, 죄 많은 몸을 의미한다. 이것이 맞다면, 어떻게 그가 "죄의 몸"이 없어졌다고 말할 수 있겠는가? 죄와 결정적으로 결별했다는 것은 신자의 영은 물론 몸까지도 포함한다. 이 사상은 이 단락 전체의 사상과 일치된다. 몸은 사람의 필수적인 부분이고, 옛사람이 십자가에 못 박혔기 때문에 그 사람의 전인에 발생하는 근본적인 변화 가운데는 죄의 몸의 파멸도 반드시 포함되기 마련이다. 신자의 몸은 더 이상 죄의 통제를 받지 않는다. 이제 신자의 몸은 신자의 전인을 지배하는 원리의 통제를 받게 되었다. 다시 말해 "의에 이르게 하는 순종"의 원리의 통제를 받고 있는 몸이다(16절). 이 구절은 옛사람이 십자가에 못 박힌 목적은 죄의 몸의 파멸이라고 말하고 있다. 이것은 "옛사람"으로 표현되는 개념을 축소하라고 요구하지 않는다. 또한 "죄의 몸"의 의미를 확대해야 할 필요도 없다. 옛사람이 십자가에 못 박힌 목적을 죄 많은 몸의 파멸로 규정한 것을 보면, 죄성이 몸과 크게 연루되어 있다고 바울이 생각했음을 알 수 있다. 이 서신의 나머지 부분과 또 그의 다른 서신들이 이 실제적인 관심사를 잘 보여 줄 것이다.[11]

한다. 이런 것들이 인간이 타락한 이래 인간의 본성을 사로잡았던 것이며, 모든 인간의 능력과 기능에 편만해 있었다"(James Fraster, *A Treatise on Sanctification*, London, 1897, p.61). 칼빈도 같은 취지로 이렇게 말한다. "그것은 살과 뼈가 아니라 부패된 덩어리를 의미한다. 왜냐하면 인간 본성에 남은 것은 오직 죄로 구성된 덩어리밖에 없기 때문이다"(앞의 책). 핫지는 죄가 의인화되고 있으며 지체들을 지닌 하나의 유기체로 표현되고 있다는 견해를 따랐다. 또한 그 표현을 비유적인 것이라고 본 필리피도 참조하기 바란다.

11 이 해석이 몸을 죄성의 근원이나 좌소로 보는 경향이 있다는 주장은 아무런 근거가 없다. 바울이 몸을 죄의 근원이나 좌소로 보지 않았다는 사실은 그의 서신들에 분명히 나와 있다. 그러나 사도는 구체적이며 실천적인 사람이라서 그는 경험과 관찰로부터 죄가 몸을 통해 작용하는 정도를 매우 잘 알고 있었다(위에서 언급한 참고 구절들이 가리키듯이). 인간의 영이 짓는 죄를 결코 과소평가하는 일이 없었다. 그러나 몸을 특징짓는 죄성과 특별히 몸과 관련된 죄들을 정직하게 인정하고 있었다. 여기서 몸을 죄성을 지닌 것으로 강조하게 된 것은 이와 같은 구체적인 관심사 때문이다.

(3) 6절의 결론도 목적을 표현한다. "다시는 우리가 죄에게 종노릇 하지 아니하려 함이니." 이것이 오직 앞의 어구와 관련된 것인지 아니면 앞의 두 어구와 관련된 것인지는 확실하지 않다. 그러나 불확실성이 그 의미에 영향을 주는 건 아니다. 어느 경우든 앞부분의 목적은 죄의 종노릇을 끝내는 데에 있다. 죄에게 종노릇 하다가 그 죄에서 해방되었다는 개념은 뒤에 나오는 여러 구절에 스며 있다. 이 개념은 여기서 처음 등장한다. 이 장의 기본 전제인 죄와의 결정적 결별은 믿기 이전 상태의 특징이었던 죄의 종노릇에서 구출되는 것으로 묘사된다. 이 종노릇은 우리가 자발적으로 취한 것으로 생각해야 한다. 우리는 죄를 섬긴다. 그것은 우리가 억지로 또 의무적으로 행한 것이 아니다. 이 사실은 이 단락 전체에 나타나기 때문에 반드시 고려되어야 한다.

7절 많은 주석가들은 7절을 일반적 명제로 생각한다.[12] 여기서 독단적인 주장을 할 수는 없지만, 문맥상 7절은 그리스도의 죽음과 합하여 세례를 받음으로써 그리스도와 함께 신자가 죽은 것을 다시 언급하고 있다고 보는 편이 낫다. 적어도 이 사상은 앞 구절들에서 충분히 강조했다(2, 3, 5절). 따라서 7절은 앞 구절들에서 전개한 것을 요약한 진술이며 6절에서 진술한 교리를 지지하고 확증하는 것으로 보는 게 좋다. 더욱이 8절 상반부 "만일 우리가 그리스도와 함께 죽었으면"이란 어구는 7절이 그런 의미로 해석되어야 함을 암시한다. "죄에서 벗어나 의롭다 하심을 얻었음이라"는 문구는 "의롭다 하심을 얻다"는 단어의 법정적 의미에 비추어 법정적 의미를 지니기 마련이다. 그러나 이 문맥이 죄의 권세에서의 구출을 다루므로 그것은 분명 죄로부터의 "해방"을 가리킨다. 죄의 지배력과의 결정적인 결별은 재판관이 피고인에게 무죄판결을 내리는 모습을 연상시킨다. 그렇게 무죄판결을 받은 자는 죄가 더 이상 주관하지 못한다. 죄의 권세에서 구출된다는 말의 사법적인 측면을 우리가 꼭 이해해야 한다. 이 법정적 차원은 칭의 속에 들어 있음은 물

---

12 예를 들어 보자. 이미 죽어 버린 죄수는 더 이상 자기의 중죄에 대한 형벌을 받을 책임이 없다. 그는 공정한 정의의 요구를 충족시킨 것이다.

론이거니와 성화의 기초에도 들어 있다. 그리스도의 죽음 안에서 죄의 권세에 심판이 집행되었고(요 12:31), 신자 편에서 이 권세에서 구출될 수 있는 것은 그 심판의 효력이라 할 수 있다. 이는 또한 바울이 나중에 8:1, 3에서 사용할 "정죄" 및 "정죄하다"라는 법정적 용어를 해석할 수 있게 해 주며, 이 용어들은 그리스도께서 죄의 권세에 대해 단번에 행하신 일을 가리키고(8:3), 예수의 십자가 안에서 죄에게 내린 심판 덕분에 우리가 이 권세에서 구출되었음을 보여 준다(8:1).

8절 8절의 가르침은 본질적으로 3, 5절의 가르침과 같다. 이 구절의 핵심 사상은 신자들이 "죄에 대하여 죽었다"는 것이며(2절), 뒤에 따르는 구절들은 그에 대한 설명이다. 그런데 8절에서는 신자가 죄에 대해 죽은 이유는 그리스도와 더불어 죽었기 때문이라고 말한다. 그리고 이후의 구절들은 그리스도와 함께 죽었다는 것이 어째서 죄에 대한 죽음을 의미하는지를 설명한다. 그렇지만 여기서는 그리스도와 함께 죽었다는 사실을 강조하지 않고 그와 함께 사는 것을 강조한다. 그리스도와 함께 죽은 것을 전제로 삼고, 이로부터 우리가 그리스도와 함께 살게 될 것임을 추론한다. 이 추론의 두 가지 특징을 살펴보자.

(1) 믿음의 확신은 "우리가 믿노니"라는 어구에 표현되어 있다. 예수의 부활의 생명이 그의 죽으심과 합해 그리스도와 연합한 사람들에게 속한다는 것은 추측이 아니라 믿어야 할 신조다.

(2) "우리가 살리라"에 나타난 미래 시제는 미래의 부활을 의미하는 것이 아니라, 앞에서 본 바와 같이(5절), 여기서 지금 그리스도의 부활의 생명에 확실히 참여한다는 것을 말한다. 이는 영적인 신비한 연합의 삶이다. 분명 몸의 부활은 이 연합의 궁극적인 열매이다. 그러나 우리는 이 사상을 그 소망에만 국한시킬 필요가 없다.

9절 이 구절은 그리스도와 함께 산다는 확신의 근거를 표현한다. 예수의 부활이 부정되거나 되풀이될 수 없듯이, 그리스도의 부활 생명에 참여함이 중지되거나 방해받을 수 없으며, 죄 가운데서 죽은 상태로 되돌아갈 수 없다. "그리스도께서 죽은 자 가운데서 살아나셨으매 다시 죽지 아니하시고." 신자는 그리스도의 부활에서 그리스도와 연합되었기에 이런 연합이 안겨 주는 새 생명은 그리스도의 부활이 영속적이듯 영속적이다. 예수의 부활이 취소될 수 없음은 9절의 마지막 부분에 나오는 "사망이 다시 그를 주장하지 못한다"는 말로 표현되어 있다. 이는 사망이 한때 그를 주장했음을 의미한다. 그리스도께서 우리를 대신해 죄와 동일시되셨기 때문에 그리스도는 죄의 삯인 사망과도 동일시되었던 것이다. 그렇게 해서 그는 사망의 권세의 지배를 받았다. 죽은 자 가운데서의 부활은 그리스도께서 사망의 권세를 깨뜨리셨고, 이 승리는 돌이킬 수 없는 최종적인 것임을 보증하는 사건이다. 사망이 다시는 결코 그를 주관할 수 없다. 가장 강력한 말로 그리스도 부활의 최종성이 강조되었는데, 이는 이 단락의 요점인 죄의 권세와의 결정적인 결별을 다시 입증해 준다. 신자는 그리스도와 더불어 죽고 사는 것을 되풀이하는 존재가 아니다. 분명히 신자의 삶에 점진적인 과정과 발전이 있는 것은 사실이지만, 이것은 그리스도와 함께 죽었다가 살아났다는 주장과 의미가 점진적으로 실현되는 것으로 이해하는 편이 적절하다. 그렇지만 그리스도와 함께 죽고 살아나는 것은 하나의 과정이 아니라 최종적이고 결정적인 사건이다. 그리스도 자신의 죽음과 부활을 계속적인 과정으로 해석할 수 없듯 우리가 그리스도와 더불어 죽고 산 것 역시 하나의 과정으로 해석할 수 없다.

10절 10절[13]은 그리스도의 죽음이 단번에 일어난 사건이라는 점을 강조한다. 바울은 그리스도의 죽음이 최종적이고 결정적인 사건임을 반복해서 설명한다. 이미 우리가 본 바와 같이 바울의 주요한 관심은 그리스도의 죽음이 단번에 일어났다는 사실에 담긴 의미에 있기 때문이다. 그렇다고 단조롭게 반복만 하지는 않았다. 이제 우리는 그리스도의 죽음의 의미에 관한 가장 의미심장한 진술을 보게 된

---

13 중성 ὅ는 "…관해서"라는 의미로 해석하는 게 좋다. "이 절 앞에 나오는 ὅ는 as to의 의미로(라틴어 *quod*와 같다), 롬 6:10, 갈 2:20에 나온다. 그렇지만 이 두 구절에서 ὅ는 목적격으로 볼 수도 있다. *quod vivit, vita, quam vivit*"(G. B. Winer, *A Grammar of the Idiom of the New Testament*, Andover, 1892, §24, 4, note 3).

다. "그리스도께서 죄에 대해 죽으셨다"는 것이다. 이 표현의 의미를 파악하는 건 쉽지 않다. 2절에서는 똑같은 표현이 죄에 대한 우리의 죽음과 관련해 사용되었고, 11절에서는 우리가 "죄에 대해 죽었다"고 언급된다. 그리스도의 죽음도 그와 동일한 의미라고 생각할 수 있을까? 이 표현을 2절과 11절의 의미와 전혀 다른 것으로 해석한다면 독단적으로 보일지 모른다. 더욱이 10절과 11절은 병행관계에 있다. 즉, 그리스도께서 단번에 죄에 대해 죽으심은(10절) 우리가 죄에 대해 죽은 것과 병행하며(11절), 또 그리스도께서 하나님께 대해 살아계심은(10절) 우리가 그리스도 예수 안에서 하나님께 대해 살아 있는 것과 병행한다(11절). 이 병행관계는 유사성을 가리킨다. 그리스도께서 죄에 대해 죽으신 사실이 우리가 죄에 대해 죽은 사실과 아무런 유비관계가 없다면, 그 유사성은 무너지고 만다. 그래서 우리에게 적용된 그 표현은 그것이 그리스도에게 적용될 때에도 비슷한 의미를 지닌다고 가정할 수 있게 된다.[14] 그것이 2절과 11절에서 신자들에게 적용될 때에는 신자들이 죄의 권세에 대해 죽었다는 뜻이다. 그리스도에게도 같은 말을 해도 좋을까? 죄가 우리를 지배했다는 말과 같은 의미에서 그리스도에게도 그 권세를 행사했다고 말할 수는 없다. 우리는 죄의 세력 밑에서 죄의 노예가 되어 있었다. 그러나 이와 같이 죄가 그리스도를 지배하지는 못했다. 그렇지만 그리스도는 우리를 대신하여 죄를 짊어지고 죄와 동일시되었기 때문에 죄책은 물론이거니와 죄의 권세까지 다루셨다. 그리스도께서 죄의 권세를 파괴하기까지는 사망의 지배를 받았다(9절). 그리스도께서 우리를 대신하여 죄와 동일시되었던 그 상태에 있을 때에는 죄의 지배를 받았다고 말할 수 있다. 하나님이 그를 죄로 삼으셨다(고후 5:21). 이 관계에서는 죄가 권세의 성격을 지니고 있었다. 그리스도께서 죄의 권세를 파괴하신 것은 자신의 죽음에 의해서였고 그의 부활로 죄의 규제를 받지 않는 상태로 들어가셨다. 바울이 그리스도께서 "죄에 대하여 단번에 죽으심이요"라고 말할 때, 죄

---

14 이 해석에 관해서는 마이어, 필리피, 기포드 등을 참고하라. 홀데인이 주장하는 해석은(앞의 책) 그것이 오로지 죄책에 대해서 죽은 것을 가리킨다고 하는데, 이는 1-11절의 지배적인 사상을 고려하지 못한다. 그런 해석은 또한 우리 주님께서 죄와 동일시되신 사실과, 주께서 죄의 권세를 정복하심으로 인하여 우리에게 생긴 효력의 지극히 중요한 측면을 놓치고 있다.

의 권세에 대한 승리를 유념하고 있었다고 믿을 만한 좋은 이유가 있다. 그리스도의 죽음 안에서 그와 연합한 사람들이 죄의 권세에 대해 죽고 또 죄에 대해 죽은 상태에 이르게 된 것은 그리스도께서 그의 죽으심으로 죄의 권세에 대해 승리하셨기 때문이다(2, 11절).

10절 하반부는 그리스도의 부활의 생명을 가리키며 그리스도를 하나님께 대해 살아계신 분으로 묘사하고 있다. 이는 그리스도께서 지극히 낮아지심으로 아버지께 대한 헌신을 완수했다는 뜻이 아니다. 그 의미를 알려면 그리스도의 부활 이전과 부활 이후의 상태를 대조하는 게 필요하다. 부활 이전의 상태는 그가 우리 대신 짊어지신 죄의 규제를 받았다. 죄는 하나님의 인격과 모순된다. 그러나 그리스도께서는 그의 죽으심으로 죄를 끝장냈기 때문에 그리스도의 부활 생명은 하나님과 모순되는 죄의 규제를 받을 수 없다. 즉, 이 생명에는 하나님의 완전성과 영광에 거슬리는 이질적인 요소가 일체 들어갈 수 없는 것이다.

11절 이 구절은 권면의 성격이 있다. "…여길지어다"는 서술문이 아니라 명령문이다.[15] 이 명령의 내용을 주의 깊게 살펴봐야 한다. 우리는 죄에 대해 죽고 하나님께 대해 살라는 명령을 받은 게 아니다. 이것은 이미 전제되어 있는 것이다. 이것을 사실로 여긴다고 사실이 되는 것이 아니다. 이 명령은 그리스도와 연합한 덕분에 이미 얻은 사실을 깨닫고 그것을 사실로 여겨야 한다는 의미다. "죄에 대하여 죽은"이란 표현의 의미는 다음과 같다. 그리스도의 죽음 안에서 그리스도와 연합함으로써 죄에 대해 단번에 죽었고, 그 결과 죄에 대해 영구히 죽은 상태에 이르렀다는 것이다. 그리스도의 죄에 대한 죽으심과 하나님께 대해 살아계심(10절)에 병행하는 "죄에 대한 죽음"과 "하나님께 대해 살아 있음"은 죄에 대해 죽은 상태와 같이 하나님에 대해 살아 있는 상태가 영구히 계속된다는 뜻이다. 하나님께 대한 이 생명의 안전성 및 영속성은 그것이 "그리스도 예수 안에서" 유지된다는 사실에 의

---

15 λογίζεσθε는 명령으로 보는 것이 더 좋다. 이 권고는 앞의 내용에서 자연스럽게 나오고 12, 13절에 나오는 명령과 일치한다.

해 보장된다.[16]

2) 거룩하게 된 자들을 위한 명령(6:12-23)

12. 그러므로 너희는 죄가 너희 죽을 몸을 지배하지 못하게 하여 몸의 사욕에 순종하지 말고
13. 또한 너희 지체를 불의의 무기로 죄에게 내주지 말고 오직 너희 자신을 죽은 자 가운데서 다시 살아난 자 같이 하나님께 드리며 너희 지체를 의의 무기로 하나님께 드리라
14. 죄가 너희를 주장하지 못하리니 이는 너희가 법 아래에 있지 아니하고 은혜 아래에 있음이라

12절 12절에는 또다시 앞의 내용에서 추론한 권면이 나온다. "그러므로 너희는 죄가 너희 죽을 몸을 지배하지 못하게 하여 몸의 사욕에 순종하지 말고." 이 구절을 마치 죄가 현재 신자 안에서 왕 노릇을 하고 있으므로 이제는 그런 죄의 왕 노릇을 종식시키라고 권면하는 것처럼 생각해서는 안 된다. 이는 죄에 대하여는 죽었고 하나님께 대하여는 살아 있는 신자의 상태에 관한 앞의 내용과 모순된다. 그리고 더욱이, 우리는 이 문단에서 신자는 법 아래 있지 아니하고 은혜 아래 있기 때문에 죄가 군림하지 못할 것이라는 확신을 얻게 된다(14절). 이 명령의 뜻은 명령문과 서술문의 관계에 비추어 볼 때에만 이해할 수 있다. "죄가 주장하지(혹은 다스리지) 못한다." 이것은 서술문이다. 이 서술문은 14절에 명시적으로 나올 뿐만 아니라 12절 앞에 나오는 바울의 모든 주장에도 암시적으로 들어 있다. "죄가 지배하지 못하게 하라." 이는 명령문이다. 그런데 이것은 서술문에서 나온다. "그러므

---

16 11절 끝에 첨가된 τῷ κυρίῳ ἡμῶν은 진짜가 아닌 것으로 가볍게 제외될 수 없다. 왜냐하면 그것은 고대의 어떤 역본들은 물론 ℵ C 사본과 다수의 소문자 사본에 의해 지지를 받고 있기 때문이다. 폰 소덴도 이 독법을 택한다. 이 삽입이 23절의 동화에서 생겼다고 주장하는 것이 오히려 불필요하다.

로 죄가 지배하지 못하게 하라"고 말할 수 있는 것은 죄가 실제로 지배하고 있지 않기 때문이다. 달리 말하면, 이런 권면의 전제는 죄가 왕 노릇하고 있다는 게 아니라, 왕 노릇을 못하고 있다는 것이다. 이 때문에 이 권면이 타당성과 호소력을 지닐 수 있는 것이다. 가령, 아직 해방되지도 않은 노예를 보고 "노예처럼 행동하지 말라"고 말하는 것은 그의 노예 상태를 조롱하는 것이다. 그러나 실제로 자유를 얻은 노예를 보고 그런 말을 한다면, 그것은 그의 해방의 특권과 권리를 향유하는 데 필요한 호소다. 그런즉 죄가 왕권을 갖고 있지 않는 만큼, 죄로 왕 노릇하게 허용하지 말라는 것이다. 죄의 통치에서 해방되었다는 사실은 "죄가 너희 죽을 몸을 지배하지 못하게 하라"는 권면의 기초이자 그 실현을 도모하는 것이다.

죽을 몸이 썩어 없어질 육체임은 의심할 여지가 없다(6; 8:10, 11). 정욕(사욕)은 몸과 특별히 연루되어 있다. 바울의 구체적이고 실제적인 관심은 6절에 있는 대로 몸을 통해 나타나는 정욕을 부각시키는 것으로 드러난다. 육체의 정욕은 복종을 요구하는 것으로 묘사되어 있다. 우리가 거룩해지려면 우리의 신체적 존재가 성화되어야 하는데, 이에 무관심한 것은 그릇된 영성이다. 우리는 죄에 대해 죽고 하나님께 대해 살았으며 죄의 지배에서 해방된 것이 사실이며, 이를 구체적으로 입증하는 것은 바로 몸의 정욕을 거부하고 배격하는 일이다. 그리고 '죽을 몸'은 그 정욕에 굴복하는 것이 어리석다는 점을 강조한다. 반면에 신자의 생명은 썩지 않고 죽지 않는다.

13절 13절의 해석은 앞의 12절의 해석에 영향을 받는다. 12절의 "죽을 몸"이 육체를 의미한다면, 이 구절의 "지체"는 눈, 손, 발 같은 몸의 지체를 의미한다. 죄는 우리의 지체가 불의를 도모하는 도구[17]가 되도록 지체를 마음대로 부리는 주인과 같다.

그래서 불의를 증진하기 위해 죄가 우리의 신체 기관을 마음대로 다스리도록

---

[17] 헬라어로는 '무기'이다. 13:12, 고후 6:7, 10:4을 참고하라. 라이트푸트가 잘 설명하고 있다. "죄는 하나의 군주로서(μὴ βασιλευέτω, 12절) 부하들의 군사적 복무를 요구하며(εἰς τὸ ὑπακούειν, 12절), 그들에게 무기를 할당하고(ὅπλα ἀδικίας, 13절), 또 그들에게 사망을 삯으로 지불한다(ὀφώνια, 23절)"(*Notes*).

방치해서는 안 된다고 권면한다. 적극적으로는, 죽은 자 가운데서 산 자로서 우리 자신을 하나님께 드리고, 또 우리 지체를 하나님께 의의 도구로 드려야 한다. 신체적인 것에 집중하는 것처럼 보이지만(12, 13a), 바울은 신체적인 것을 헌신의 전부라고 생각하지는 않는다. 신자는 죽은 자 가운데서 다시 산 자로서 자기 자신을 하나님께 드려야 한다. 여기서는 전인(全人)을 염두에 두고 있다. 마지막 어구에서 몸의 지체를 다시 언급한다. 여기서 사용한 시제는 우리 자신과 우리 지체의 헌신이 단번에 이뤄진다는 것을 가리킨다. 우리는 하나님을 섬기며 의를 증진시킬 목적으로 우리 자신과 우리의 지체를 하나님께 단번에 드리는 것으로 여겨지고 있다.[18]

14절 14절 상반부의 "죄가 너희를 주장하지 못하리니"라는 말은 확정된 사실을 가리킨다. 이 진술을 명령문으로 해석하거나 미래에 쌓아둔 복을 가리키는 것으로 해석해서는 안 된다. 이미 지적했듯이, 여기 나타난 미래 시제는 단언된 내용이 확실하다는 것을 표현한다. 이 확신은 명령이 아닌 서술로서 12-13절의 권면에 타당성과 적실성을 부여하며 이런 명령들이 성취되도록 격려와 자극을 제공한다. 후자에 대한 순종을 뒷받침하는 것은 하나님의 은혜가 권면의 내용을 실현할 것임을 보증한다는 확신이다.

14절 하반부 "너희가 법 아래에 있지 아니하고 은혜 아래에 있음이라"는 말은 죄가 군림하지 못할 이유를 제시한다. 여기서 "법"은 일반적인 의미의 법으로 이해해야 한다. 이 법이 하나의 제도로서의 모세 율법이 아니라는 점은 다음과 같은 사실을 보아서도 알 수 있다. 즉, 모세의 제도 아래 있던 많은 사람들이 은혜를 받았는데, 그 점과 관련하여 은혜 아래 있었던 셈이고, 또 하나의 제도로서의 모세의 율법에서 해방되는 것 자체가 사람들을 은혜 아래 두는 것은 아니라는 사실이다. 그러므로 여기서의 법은 좀 더 일반적인 용어로, 계명으로서의 법을 가리키는 것으로 이해해야 한다.

---

18 Winer, 앞의 책, §43, 3a, b; Philippi, Meyer, Gifford, 앞의 책.

이 어구의 의미를 이해하려면 법이 할 수 있는 것과 할 수 없는 것을 설명할 필요가 있다. "은혜 아래에"라는 말의 의미가 명백해지려면 그것을 법이 할 수 없는 일에 비추어 봐야 한다. ① 법은 명령하고 요구한다. ② 법은 법의 요구에 순응할 때 승인과 복을 선언한다(7:10; 갈 3:12). ③ 법은 그 요구사항에 대한 모든 위반에 대해 정죄를 선언한다(갈 3:10). ④ 법은 죄를 노출시키고 깨닫게 한다(7:7, 14; 히 4:12). ⑤ 법은 더 심각한 죄를 짓도록 죄를 충동하고 자극한다(7:8. 9, 11, 13).

율법이 행할 수 없는 것은 그 능력의 한계에 내재되어 있다. ① 법은 법을 위반한 자를 의롭게 하기 위해 아무것도 할 수 없다. ② 법은 죄의 속박을 벗기기 위해 아무것도 할 수 없다. 법은 그 속박을 악화시키고 확증시켜 줄 뿐이다.

이 어구가 특히 염두에 두는 것은 법의 무능함이란 특징이다. "법 아래에" 있는 사람은 오직 법의 영향만 받고 그의 삶은 법에 의해 지배되기 때문에 죄의 종이다. 이에 비추어 보면 "은혜 아래에"라는 표현의 의미가 드러난다. "은혜"란 단어는 법과 대조되는, 구속 안에 포함된 모든 것을 요약한다. 신자들은 그리스도의 죽으심과 부활로 요약되는 구속의 새로운 은혜 아래에 있게 되었다. 그리스도의 죽으심과 부활에서 계속 흘러나오는 미덕은 그리스도와 연합한 사람들 속에서 작동한다. "은혜 아래에"라는 표현은 이 모든 것을 함축한다. 이 단락과 그 주제에 비추어 보면, 법의 능력과 공급물과 은혜의 능력과 공급물 간에는 절대적인 반립관계가 있음을 알 수 있다. 은혜는 사람들을 죄의 노예상태에서 해방시키려고 표출되는 하나님의 주권적 의지와 능력이다. 그렇기 때문에 "은혜 아래" 있다는 것은 죄가 지배권을 행사하지 못할 것이라는 보증이다. 따라서 "죄가 너희를 주장하지 못하리니 이는 너희가 법 아래에 있지 아니하고 은혜 아래에 있음이라"고 했다.

15. 그런즉 어찌하리요 우리가 법 아래에 있지 아니하고 은혜 아래에 있으니 죄를 지으리요 그럴 수 없느니라

16. 너희 자신을 종으로 내주어 누구에게 순종하든지 그 순종함을 받는 자의 종이 되는 줄을 너희가 알지 못하느냐 혹은 죄의 종으로 사망에 이르고 혹은 순종의 종으로 의에 이르느니라

17. 하나님께 감사하리로다 너희가 본래 죄의 종이더니 너희에게 전하여 준 바 교훈의 본을 마음으로 순종하여

18. 죄로부터 해방되어 의에게 종이 되었느니라

19. 너희 육신이 연약하므로 내가 사람의 예대로 말하노니 전에 너희가 너희 지체를 부정과 불법에 내주어 불법에 이른 것 같이 이제는 너희 지체를 의에게 종으로 내주어 거룩함에 이르라

20. 너희가 죄의 종이 되었을 때에는 의에 대하여 자유로웠느니라

21. 너희가 그 때에 무슨 열매를 얻었느냐 이제는 너희가 그 일을 부끄러워하나니 이는 그 마지막이 사망임이라

22. 그러나 이제는 너희가 죄로부터 해방되고 하나님께 종이 되어 거룩함에 이르는 열매를 맺었으니 그 마지막은 영생이라

23. 죄의 삯은 사망이요 하나님의 은사는 그리스도 예수 우리 주 안에 있는 영생이니라

15절 바울은 6장을 시작할 때 언급한 것과 본질적으로 동일한 질문을 15절에서 다시 제기한다. 그러나 질문의 형태는 다르다. 질문을 유발하는 사항이 다르기 때문이다. 1절의 질문은 "은혜를 더하게 하려고 죄에 거하겠느냐?"로, 은혜를 더 넘치게 하기 위해서 우리가 계속 죄 안에 거하는 것이 좋겠다는 잘못된 추론을 겨냥한다. 그런데 15절의 질문은 우리가 법 아래에 있지 아니하니 법을 위반해도 된다는 그릇된 추론, 즉 법이 우리와 무관하니 죄를 범해도 좋다는 그릇된 추론을 겨냥한다. "그런즉 어찌하리요? 우리가 법 아래에 있지 아니하고 은혜 아래에 있으니 죄를 지으리요?" 이에 대한 대답은 흔히 쓰는 강한 부인이다. "그럴 수 없느니라." 이는 "법 아래" 있지 않다는 사실이 결코 법을 준수해야 할 의무를 덜어 주지 않고, 법을 위반하는 죄를 지어도 좋다는 면죄부도 주지 않는다는 뜻이다. 신자는 어느 의미에선 "법 아래" 있지 않지만, 다른 의미에서는 법 아래 있다(고전 9:21). 15절 이하에서, 바울은 우리가 법 아래 있지 않고 은혜 아래 있다는 이유를 내세워 죄를 범해도 좋다는 식의 추론이 용납될 수 없음을 보여 준다.

16절 여기에는 우리가 이미 3절에서 발견한 대로, 바울의 독자들이 알고 있거나 적어도 알아야 할 것에 호소하는 모습이 나타난다. 여기에 나온 원리는 우리가 자신을 바쳐 순종하는 그 대상의 종이 된다는 것이다. 주님도 이것을 말씀하셨다. "죄를 범하는 자마다 죄의 종이라"(요 8:34). "집 하인이 두 주인을 섬길 수 없나니 혹 이를 미워하고 저를 사랑하거나 혹 이를 중히 여기고 저를 경히 여길 것임이니라 너희는 하나님과 재물을 겸하여 섬길 수 없느니라"(눅 16:13). 마찬가지로, 바울은 이 구절에서 윤리적·종교적 영역에도 오직 두 가지 노선밖에 없다고 말한다. 우리가 어느 노선에 속하느냐는 우리가 무엇에 순종하느냐에 달려 있다. "죄의 종으로 사망"에 이르든지 "순종의 종으로 의"에 이르든지 둘 중의 하나이다.

여기에서 "사망"이 무엇을 의미하는지는 확정하기 어렵다. 아마 죽음의 모든 측면을 가리키는 포괄적인 용어로 사용된 것 같고, 그 절정은 "주의 얼굴과 그의 힘의 영광을 떠나 영원한 멸망의 형벌을 받는" 것(살후 1:9), 곧 영원한 죽음이다. 죄는 치명적이고, 그 결과는 총체적인 죽음이다. 마찬가지로, 순종이 증진하는 의도 의의 모든 측면을 가리키는 포괄적인 용어로 해석되어야 한다. 이 의의 절정은 새 하늘과 새 땅에서 완성되는 의로움이다.

순종을 강조하는 이유가 있다. 하나님께 순종함이 하나님을 향한 헌신의 평가 기준이며, 의의 원리는 곧 우리가 종으로서 하나님께 순종하는 것이기 때문이다.

17절 하나님께 감사를 표현하는 대목에 로마의 신자들이 "죄의 종이었던" 사실이 나온다. 여기서는 과거 시제를 강조한다. 그래서 "비록 …였지만"이란 접속사가 필요했다. "너희가 본래 죄의 종이었지만." 여기서의 강조점은 그들에게 전달된 교훈의 본에 순종할 때에 일어났던 변화에 있다. 이 본문의 하반부와 관련해 생각해야 할 질문은 다음 세 가지이다.

(1) "교훈의 본"은 무엇인가? 그것은 가르침의 표준 내지는 본보기를 의미하는 것이 분명하다. 그것을 굳이 다른 사도들의 가르침과 구별되는 바울 특유의 본

보기라고 생각할 필요는 없다.[19] 그것은 "건전한 말의 본보기"이다(딤후 1:13; 딤전 1:10; 딤후 4:3; 딛 1:9; 2:1). 여기서는 복음적 가르침의 윤리적 함의를 강조한다.

(2) 이 복음적 가르침의 본보기에 우리가 마땅히 순종해야 한다. 죄를 섬기던 삶에서 변화된 사실이 확실히 드러나는 것은 분명한 교리의 본보기에 순종하는 삶을 통해서다. 사람들은 흔히 기독교에는 생각과 실천을 규정하는 확고한 가르침의 본이 없다고 생각하지만, 이는 바울이 생각한 기독교 윤리와 전혀 맞지 않는다. 복음 안에 규정된 본보기는 신자의 참된 자유를 조금도 해치지 않는다. 신자는 "마음으로부터" 순종한다. 순종에 전제되어 있는 객관적 규정은 순종에 필요불가결한 자발적인 성격과 조금도 모순되지 않는다.

(3) 이런 교훈의 본이 신자들에게 전달되었다고 바울이 말할 것으로 우리가 예상했을지 모르지만, 바울은 오히려 신자들이 그런 교훈에 전달되었다고 말한다. 즉, 신자들이 복음적 본보기에 위탁되었다고 한다. 이는 복음에 대한 신자들의 헌신이 총체적인 성격을 지녔다는 것과 이 헌신은 그들이 선택한 것이 아니고 그 대상이 되었다는 것을 말해 준다. 이 점은 다시금 우리가 수동적으로 그 본보기에 헌신하게 되었다는 것과 더불어 그 본보기의 객관성도 강조한다. 마음에서부터 전적으로 자원해서 순종하는 사람에게는 이런 객관성과 수동성이 조금도 문제가 되지 않는다.

18절 17절의 이러한 내용은 18절에 의해 확증된다. 18절은 17절과 밀접한 관계가 있다. 18절 상반부의 "죄로부터 해방되어"는 17절의 "너희가 본래 죄의 종이더니"와 상응하며, 18절 하반부는 17절 하반부의 "너희에게 전하여 준 바 교훈의 본을 마음으로 순종하여"와 상응한다. 그렇지만 이 변화의 수동적 성격이 지닌 부정적 측면과 긍정적 측면이 표현되고 있다. 신자들은 죄에서 구출된 당사자들이며, 그들은 의의 종이 되었다. 이 두 경우에 수동적인 의미가 담겨 있음을 간과해서는 안

---

19 F. J. A. Hort, *Prolegomena to St. Paul's Epistles to the Romans and the Ephesians*(London, 1895), pp. 32f.

된다. 이는 17절에 나오는 수동적인 형태의 의미를 부각시킨다. 즉, 그들은 복음적 가르침의 본보기에 전달되었다는 내용이었다. 복음에 대한 헌신은 의에게 종이 되는 것에 상당한다.

19절 "내가 사람의 예대로 말하노니"는 앞 구절과 뒷 구절에 나오는 가르침의 형태를 가리킨다. 바울은 불신자의 상태를 죄의 종으로 묘사하고, 또 신자의 상태를 의의 종으로 묘사한다. 바울의 독자들이 잘 알고 있는 노예제도는 그 진리를 표현하는 매개체로 활용된다. 인간관계에서 이끌어 낸 유추를 사용하는 면에서 바울은 사람의 방식에 따라 말하는 것이다. 그리스도 안의 새 생명은 사람들 가운데 있는 "노예 상태"가 아니다. 그것은 가장 높고 유일한 자유다. 그러나 노예제도는, 그리스도와의 연합이 죄의 속박에서의 해방이라는 점에서 하나님께 대한 우리의 전적인 헌신을 설명하는 데 사용되었다. 바울이 그의 독자들에게 그렇게 말한 것은 그들의 육신의 연약함 때문이다. 우리의 이해력이 부족하기 때문에 인간관계에서 이끌어 낸 비유를 통해 진리를 배우지 않으면 안 된다.[20]

19절 하반부의 사상은 13절의 사상과 유사하다. 그렇지만 너희 지체를 죄의 종으로 내주었다는 말이 과거 시제로 쓰인 것은 유비 및 대조의 방법을 통해 우리의 지체를 지금은 의의 종으로 내주어야 할 필요성을 강조한다. 과거 상태를 묘사하는 용어는 특별히 죄의 노예 됨의 강도를 설명하기 위해 사용되었다. "전에 너희

---

20 이 진술에 관해서 해석가들이 서로 의견을 달리하는 것은 사도가 말하고 있는 육신의 연약함이 지적인 것인가, 아니면 도덕적인 것인가 하는 점이다. 만일 전자라고 한다면, 사도가 사람의 예대로 말하는 것은 이해력의 부족을 배려하기 위함이다. 후자라고 한다면, 그가 그렇게 말하는 목적은 독자들의 도덕적 자원에 너무 과중한 짐이 부여되지 않도록 독자들의 도덕적 약점을 배려하기 위함이다. 도덕적 요구를 우리의 연약함에 맞추는 것이다. 이 후자의 견해는 본문 문맥의 강조점과 양립할 수 없다. 왜냐하면 여기서 강조되고 있는 것은 하나님과 의를 섬기는 일에 전적으로 헌신하라는 것이기 때문이다. 마이어의 말에 의하면, 이 견해는 "도덕적 이상을 추구하는 이 권면의 특성에 부적절할 것이다. 그것은 구체적인 비유적 형태에 의해 손상되지 아니한다"(앞의 책). 이에 대해 벵겔, 기포드, 샌데이와 헤들램, 핫지를 참고하라. 그렇지만 이것은 육신의 연약이 우리의 도덕적 약점을 반영하지 않는다는 의미는 아니다. 틀림없이 약한 이해는 우리의 도덕적 약점과 묶여 있다. 요컨대, "사람의 예대로 말한다"는 것은 우리의 약점에 맞추어 요구한다는 뜻이 아니라, 우리의 이해력의 연약함에 맞추어 말의 형태를 조절한 것으로 이해해야 한다는 것이다.

가 너희 지체를 부정과 불법에 내주어 불법에 이른 것같이." "부정"은 우리가 빠져 있던 타락과 더러움을 떠올리게 하는가 하면, "불법"은 율법의 위반으로서의 죄를 생각나게 한다(요일 3:4). 불법을 따른 삶의 결말은 그 불법의 악화와 확증인 만큼 "불법에 이른다"고 표현한 것이다.

여기에 나오는 권면은 죄악된 상태의 묘사와 병행하는 동시에 대조되는 용어로 표현되었다. 병행관계는 이 문장의 구조에 나타난다. 여기에는 조건절과 귀결절이 있다. 하나가 진실인 것같이 다른 하나도 진실이 되도록 하라는 것이다. 그것은 또한 헌신의 어휘가 반복되는 데서도 나타난다. "너희 지체를 종으로 내주어라." 대조관계는 종의 직분의 종류 및 그것이 지향하는 목적 가운데 나타난다. 다시 말하면, 전자의 경우에는 "부정과 불법"에, 후자의 경우에는 "의"에게 종이 되는 것이다. 전자는 그 종 됨이 "불법"으로 나아갔는 데 비해, 지금은 "성화"로 나아가야 한다.[21] 의의 종이 되는 것은 곧 신자의 헌신을 묘사한다. 이 헌신이 지향하는 것은 마음과 생활의 거룩함이며, 이 거룩함이 없이는 아무도 하나님을 보지 못할 것이다(히 12:14; 고전 1:20; 살전 4:3, 4, 7). 구체적이고 실제적인 관심사는 13절에서처럼 우리의 육체에 주의를 집중하는 것으로 나타난다. 우리 몸의 지체에 집중하더라도 우리의 헌신이 전인적이어야 한다는 점은 변함이 없다. 이는 다음 구절에 명백히 드러난다. 그것은 단지 거룩함이 구체적으로 나타나야 한다는 점을 강조할 뿐이다.

---

21 영어의 sanctification(성화)은 하나의 과정 또는 상태를 가리킬 수 있다. 유능한 주석가들의 견해와는 달리(예. 기포드, 샌데이, 헤들램) 22절에서처럼 여기서의 ἁγιασμός는 하나의 과정이 아니라 거룩한 상태 내지는 성별된 상태를 언급하는 것이다. 다른 경우들에서는 ἁγιασμός가 상태(state)보다는 과정(process)을 생각한다는 것이 분명히 드러나지 않는다(고전 1:30; 살전 4:3, 4, 7; 살후 2:13; 딤전 2:15; 히 12:14; 벧전 1:2). 이 가운데 몇몇 경우에는 거룩 또는 성별이란 의미가 훨씬 더 적절하다. 그러나 과정이 중요시되고 있는 경우가 있는지는 의심스럽다. 더욱이, 이 문맥에서는 이미 우리가 발견한 바와 같이 죄와는 단번에 결별하고 의에 헌신한 것을 강조한다. 그러므로 KJV역의 "거룩"(holiness)은 모호한 단어인 "성화"(sanctification)보다 더 적절하다. 그리고 "성별"(consecration)은 적절한 번역이라 할 수 없으나 가장 효과적으로 그 사상을 전한다. 아른트와 깅리치(앞의 책)는 고전 1:30에 관해 말하기를, 추상적인 것이 구체적인 것, 곧 거룩의 창시자를 위해 사용된다고 했는데, 이는 충분한 근거가 없는 듯하다. 확실히 이것은 신자와 그리스도의 관계 속에 있는 핵심요소를 놓치고 있다.

20절 20절이 앞 절과 정확히 어떤 관계에 있는지는 파악하기가 쉽지 않다. 그러나 가장 신빙성 있는 견해는, 20절이 21절의 질문과 밀접한 관계가 있으며, 이렇게 해석할 때 두 구절(20, 21절)은 19절 하반부의 권면에 순종할 필연성을 강조하기 위한 것으로 볼 수 있다. 이를 반영해 의역하면 이렇다. "너희 지체를 의에게 종으로 내주어 거룩함에 이르라(19절). 너희가 죄에게 종 노릇하던 이전 상태에서는 너희가 전혀 의에 대해서 관심이 없었고, 죄를 전적으로 섬기는 데서는 아무런 선한 열매가 없었으며, 이제는 너희가 그것을 수치로 여기나니, 그 결말은 사망이다. 그러므로 의의 종이 되겠다는 헌신이 얼마나 절실하게 필요한지 모른다."

"너희가 죄의 종이 되었을 때에는 의에 대하여 자유로웠느니라." 이는 그들이 의의 종이 아니었으므로 의는 그들에게 그 권위를 행사하지 않았고 주인 노릇을 하지 않았다는 말이다. 그들은 의의 요구에 대해서는 조금도 주의를 기울이지 않았다. 그들의 마음과 눈은 오직 죄를 향해 있었으며 죄의 종노릇만 했다. 그래서 그들은 오직 그 주인밖에 몰랐다.

21절 21절의 질문은 부정적인 대답을 내포한다. "너희가 그때에 무슨 열매를 얻었느냐 이제는 너희가 그 일을 부끄러워하나니 이는 그 마지막이 사망임이라." 여기에 함축된 대답은 "아무것도 얻지 못했다"는 것이다. 이 구문에서 "열매"는 바울의 서신들에서 일관된 의미를 지니는 "선한 열매"다(1:13; 15:28; 갈 5:22; 엡 5:9; 빌 1:11, 22; 4:17). 그렇지만 21절에 구두점을 찍어 이런 질문을 만드는 것도 가능하다(개역개정판에는 이 구절이 한 문장으로 나오는데, 두 문장으로 만들 수 있다는 뜻이다―옮긴이). "너희가 그때에 무슨 열매를 얻었느냐?"[22] 이에 대한 대답은 이렇다. "너희가 그 일을 부끄러워하나니." 죄를 섬겨서 생긴 유일한 열매는 부끄러움으로 가득 찬 것들이다. 이 두 구문이 다 가능하다. 둘째 구문을 반대할 만한 결정적인 이유는 없지만, 첫째 구문이 더 좋다고 말할 이유는 여럿 있다.

---

22 마이어 자신이 타당한 이유로 거부한 이 견해를 오히려 지지하는 사람들의 명단을 보려면 그의 저서를 참조하라(앞의 책).

(1) "열매"란 용어는 그 앞에 '악한'이란 형용사가 붙지 않는 한 선한 열매를 가리키는 것이 보통인데, 둘째 견해는 이 용례에서 벗어난다.[23]

(2) 첫째 견해는 21절의 마지막 어구와 더 잘 어울린다. 이 질문에 대한 대답이 '죄악된 삶에서는 아무런 열매도 나올 수 없다'라면, "그 마지막이 사망임이라"라는 어구는 그 질문이 암시하는 부정적인 대답에 이유를 제공하거나 그것을 확증하는 역할을 한다. 즉, 선한 열매는 없으니 이런 것들의 끝은 사망이기 때문이다.

(3) 둘째 구문에 있어서는 결론절이 죄악된 생활 방식의 열매들이 부끄러움을 일으키는 이유를 제시한다. 부끄러워해야 할 이유를 단지 그 종말이 사망이라는 사실에만 국한시키는 것은 적절하지 않다. 여기서 말하는 것은 단지 죄악된 생활이 수치와 실망을 초래한다는 사실만이 아니라, 신자가 그것을 부끄러워하고 있다는 것이다.[24]

(4) "그때에"와 "이제는" 사이의 뚜렷한 대조를 위해서는 둘째 구문이 필요없다고들 주장해 왔지만,[25] 사실은 그렇지 않다. 첫째 견해를 따르더라도 대조의 의미를 충분히 유지할 수 있다. 곧 그들이 수치를 인식하기 전인 그때에도 죄를 섬기는 일에는 아무런 열매도 없었다는 것이다.

그렇지만 어느 견해를 지지하든 다음 사항들을 지적할 필요가 있다.

(1) 신자들은 자신의 과거 생활을 부끄러워한다. "그들은 군이 그것을 변명하려고 애쓰지 않는다. 반대로 그들은 스스로 수치감을 느낀다. 더 나아가 그들은 자신들의 치욕을 회상하고 부끄러워한다. 그래서 더 진실하고 더 진지하게 하나님 앞에서 겸손해지려고 한다."[26]

(2) 이런 일의 마지막인 사망은 가장 궁극적 표현으로 사용되는 사망으로서, 영

---

23 위에 언급된 것과 질문의 요점에 대한 마이어의 논의를 참조하라. 또한 라이트푸트도 참조하라 (*Notes*). 그는 이렇게 말하고 있다. "바울은 악행의 결과에 대해 καρπός를 결코 사용하지 않고 언제나 ἔργα로 대치한다. 갈 5:19, 22, 행 5:9, 11을 보라."

24 "그때 비로소 그는 기독교 철학의 원리에 고취된다. 그는 진실로 스스로를 불쾌하게 여기는 법과, 자기 자신의 비행으로 인해 수치를 느끼는 법을 잘 배운 것이다"(Calvin, 앞의 책).

25 고데트와 데니의 책을 참조하라.

26 Calvin, 앞의 책.

원한 멸망에만 국한되지는 않지만 그것도 포함한다. 죄의 종노릇에서의 해방은 이 순서를 중단시키는데, 그 이유는 거기에 죄 자체로부터의 구출이 있기 때문이다(22절). 그렇지만 사망이 죄의 불가피한 결과라는 사실은 여전히 변치 않는다. 이 순서를 피하고 그로부터 구출받는 일은 죄 자체가 제거될 때에만 가능하다.

22절 21절과 22절은 서로 강한 대조를 이룬다. 21절은 죄에 따라오는 열매 없음, 부끄러움, 사망을 보여 준다. 그런데 22절은 죄로부터 구출된 결과와 열매를 보여 준다. 이런 구출의 당사자들과 관련된 동일한 수동성이 18절에서처럼 여기서도 나타난다. 신자들은 구출을 받았으며 또 종이 되었다. 22절 상반부와 18절의 유일한 차이점이 있다면, 18절에서는 "의에게" 종이 된다고 했지만 지금 여기서는 "하나님께" 종이 되었다고 말한다는 점이다. 이는 전자가 후자를 전제하고 있음을 보여 준다. 의에게 종이 된다는 것은 어떤 추상적인 것이 아니다. 그것은 완전한 하나님이 요구하시는 의에게 종이 되는 것이고, 하나님과의 개인적 관계가 결코 방해받지 않는 상태이다.

다른 한편, 하나님께 종이 된다는 것은 의의 구체적이고도 실제적인 요구에 순종하는 모습으로 나타나야 한다. 그렇지만 22절에 나오는 대조의 주요한 특징은 지금 누리는 열매와 결과를 강조하는 점이다. 죄를 섬길 때는 아무런 열매가 없었다. 그런데 지금 그들은 거룩함에 이르는 열매를 맺는다.[27] 그리고 이 열매 맺는 삶은 결국 영생에 이른다. 죄의 결과인 죽음(21절)이 포괄성을 지니듯이 영생도 그렇다. 영생은 다가올 세상의 완성된 삶에만 국한되지 않지만, 그것도 반드시 내포한다. 죄로부터의 구출과 하나님께 종이 되는 것, 그리고 거룩함에 이르는 열매를 맺는 일 등의 최종 결과는, 다가올 세대에 썩지 아니할 생명을 소유하는 것이다.

23절 이는 6장의 내용에 대한 승리의 결론이다. 이런 점에서 5장의 승리의 결론인

---

27 "거룩"(holiness)의 번역을 보려면 각주 21번을 참조하라.

5:21과 비교해야 한다. 죄와 은혜를 대조하고 있다. 여기에는 앞에서 자세히 설명한 내용이 요약되어 있다. 그러나 새로운 요소도 있다. "삯"과 "은사"(값없는 선물) 사이의 대조가 눈에 띈다. 우리가 사망의 상속자가 되는 것은 인과응보의 원리에 따른 것이지만, 우리가 영생을 받는 것은 과분한 은총의 원리에 따른 것이다. 사망은 획득한 것이나,[28] 영생은 값없이 받은 것이다. "죄의 삯은 사망이요"라는 어구 안에는 두 개의 사상이 있다. ① 우리가 형벌로 받은 사망은 우리가 획득한 것 그 이상도 이하도 아니다. ② 사망은 죄의 불가피한 결과다. 일에 대한 삯은 정확해야 하기 때문에 우리가 진 빚에 대한 형벌을 정확하고 확실하게 받게 된다. "하나님의 은사는 그리스도 예수 우리 주 안에 있는 영생이니라"라는 어구의 지배적인 사상은 하나님의 값없는 은혜를 인과응보와 대조시키는 것이고, 이 값없는 선물의 엄청난 규모가 그 선물의 성격에 의해 강조되어 있다. 여기서 말하는 것은 값없이 주시는 은혜가 결국 우리의 영생이 된다는 것이 아니다. 이것도 맞는 말이긴 하지만, 정확하게 말하자면 값없는 선물이 영생에 있다는 뜻이다. 삯이 작용할 때는 우리의 운명은 사망뿐이다. 불가피한, 궁극적 의미의 사망이다. 그렇지만 하나님의 은사가 작용할 때 우리의 운명은 생명이다. 영원하고 불멸하는 생명이다. 그런즉 구원을 얻기 위해 어떤 공로가 필요하다는 생각은 본문의 사상에서 완전히 벗어나는 것이다.

5:21에서 바울은 은혜는 의로 말미암아 왕 노릇 해 우리 주 예수 그리스도를 통해 영생에 이르게 한다고 말했다. 그런데 6:23에서는 우리 주 예수 그리스도 안에 있는 영생에 관해 말한다. 양자의 차이점을 주목해야 한다. 후자의 강조점은 영생이 신자들에게 존재하는 것은 그리스도 예수 안에서 가능하다는 진리에 있다. 신자들은, 아버지께서 그들에게 내려주신 은사가 아무리 부요하다 하더라도, 그리스도와 분리된 존재로 결코 생각될 수 없다. 값없는 은혜가 아무리 많다고 해도,

---

28 "ὀψώνιον"이란 말은 엄밀하게는 현물 지불을 뜻한다. 그것은 장군이 그의 부하에게 금전으로 지불하는 것을 뜻한다. 그래서 τῆς ἁμαρτίας(of sin)이란 보어는 여기서 목적어의 소유격, 즉 죄를 위해(for sin) 지불된 삯이 아니라 주어의 소유격, 즉 죄에 의해(by sin) 지불된 삯임이 분명하다(Godet, 앞의 책), 각주 17번의 라이트푸트를 인용한 것을 참조하라.

아버지께서 주신 축복들 중에서 그리스도와 무관한 축복은 하나도 없으며, 또 그리스도와의 연합을 떠나서 즐길 수 있는 축복은 단 하나도 있을 수 없다.

John Murray

THE EPISTLE TO THE ROMANS

7장

10. 율법에 대한 죽음(7:1-6)

1. 형제들아 내가 법 아는 자들에게 말하노니 너희는 그 법이 사람이 살 동 안만 그를 주관하는 줄 알지 못하느냐

2. 남편 있는 여인이 그 남편 생전에는 법으로 그에게 매인 바 되나 만일 그 남편이 죽으면 남편의 법에서 벗어나느니라

3. 그러므로 만일 그 남편 생전에 다른 남자에게 가면 음녀라 그러나 만일 남편이 죽으면 그 법에서 자유롭게 되나니 다른 남자에게 갈지라도 음녀 가 되지 아니하느니라

4. 그러므로 내 형제들아 너희도 그리스도의 몸으로 말미암아 율법에 대하여 죽임을 당하였으니 이는 다른 이 곧 죽은 자 가운데서 살아나신 이에게 가서 우리가 하나님을 위하여 열매를 맺게 하려 함이라

로마서 7:1-6은 바울이 이미 6:14에서 언급한 "너희가 법 아래에 있지 아니하고 은혜 아래에 있음이라"와 연결된다. 앞 장에서는 죄가 신자를 주관하지 못한다는 확신의 근거에 대해 설명했다. 그렇지만 그때는 신자가 법 아래에 있지 않다는 명제를 확대하거나 그 근거를 설명하지는 않았다. 그 이유는 곧바로 바울이 이 명제로부터 나올지 모르는 그릇된 추론을 논박했기 때문이다. 6:14과 7:1 사이에 나오는 대목에서 바울은 이런 악용에 대한 답변을 전개하다가, 이제 7:1에서는 율법에서 해방되는 문제로 되돌아가 어떻게 이런 일이 가능하게 되었는지를 보여 준다. 그러므로 "알지 못하느냐?"(7:1)라는 질문은 6:23보다는 6:14과 연결하는 것이 더 좋다.[1]

1절 "알지 못하느냐?"라는 질문은 바울의 독자들이 알고 있는 사실에 대한 호소다. 이 사실은 다음과 같이 삽입된 문장을 통해 알 수 있다(영어성경에는 이 질문이 맨

---

1 Lightfoot, *Notes*; Meyer, 앞의 책.

먼저 나온다—옮긴이). "내가 법 아는 자들에게 말하노니." 우리는 이것을 결코 제한적인 의미로 생각해서는 안 된다. 지금 바울은 법을 아는 자들과 모르는 자들 사이를 구별하고 있는 것이 아니다. 모든 사람이 다 이 지식을 갖고 있는 것으로 간주된다.

바울이 그의 독자들도 알고 있다고 말한 그 법이란 무엇인가? 그것은 바울이 이제 막 언급하려는 일반적인 원리, 즉 "법이 사람이 살 동안만 그를 주관한다"는 원리에만 국한되지 않는다. 그의 독자들이 알고 있는 그 법은 분명 더 포괄적이다. 그리고 법이 사람을 주관한다는 그 원리는 바울의 독자들이 잘 이해하고 있었다. 그의 독자들은 광범위한 의미의 법에 대한 지식을 지녔기 때문이다. 독자들이 알고 있는 이 법은 구약에 기록된 법, 특별히 모세의 율법임이 확실하다. 바울은 이런 의미에서 법이란 용어를 사용한다(3:19; 5:13; 고전 9:8, 9; 14:21, 24; 갈 3:10, 19). 그런즉 여기서는 다른 의미를 찾아볼 필요가 없다. 로마 교회의 유대인은 물론 이방인까지도 구약을 알고 있었다. "법이 사람이 살 동안만 그를 주관한다"는 명제는 하나의 일반적인 원리를 말할 목적으로 언급했다. 바울은 이 일반 원리가 적용된 예로 2, 3절에서 인용한 결혼법만을 지칭하는 것은 아니다. 무슨 법이든 사람이 살아 있을 동안에만 구속력이 있으며, 이는 사람이 죽을 때에는 그 법의 지배도 없어진다는 의미다.

2-3절 우리는 2-3절에서 법에 대한 일반적인 원리를 결혼에 적용하는 것을 보게 된다. 여기서는 결혼한 남편과 아내 사이에 해당되는 사실을 진술한 것 외에 다른 의미가 있다고 생각할 이유가 없다. 이런 구절들을 무턱대고 알레고리칼하게 해석하는 것은 지나친 독단이다. 바울이 일반적인 결혼을 유비로 사용해 우리와 율법 및 그리스도의 관계라는 영적인 영역에 적용하기 시작하는 것은 4절에서다. 2-3절은 순전히 예를 든 것인 만큼 그 본문에서 알레고리칼한 의미를 암시하는 사항은 전혀 없다. 이 사실은 설명할 필요가 없다. 아내는 남편이 생존하는 동안에는 남편에게 매여 있는 만큼, 만일 남편 생존 시에 다른 사람에게 시집가면 그녀가 간음

을 범한 것이고, 따라서 음녀로 불리는 것이다.[2] 그러나 남편이 죽을 때는 그와 맺은 결혼 관계는 소멸되므로 여자는 자유롭게 다른 남자와 결혼할 수 있다. 이 예화의 핵심은 남편의 죽음이 아내를 결혼 관계의 속박에서 풀어 준다는 것이다. 여기서 주목할 대상은 묶여 있다가 풀려나온 여인이다. 즉, 남편의 생존 시에는 묶여 있다가 남편이 죽은 후 풀려난 여인이다. 그런데 아내의 죽음에 의해 결혼 관계에서 풀려나온 남자에 관한 진술은 전혀 없다. 그것은 그 자체가 사실이 아니기 때문이 아니라 지금 다루고 있는 주제에 적절하지 않기 때문이다.

4절 결혼 관계의 유비가 바울이 다루는 주제에 적용되는 것은 4절에서다. 이미 우리가 주목했듯이, 이 구절을 주석하기 어려운 이유는 이 예화의 지극히 제한적인 특징 때문이다. 4절의 적용에서 우리는 그리스도와 함께 죽은 자들이고 그 사건으로 인해 우리(신자들)는 율법의 속박에서 풀려났는데, 그 목적은 죽은 자 가운데서 부활하신 그분(예수 그리스도)과 연합되기 위해서다. 이 적용 부분에 일종의 도치가 있는 듯하다. 예화에 나오는 남편은 적용 대목에 나오는 율법과 상응하며, 여인은 신자와 상응한다. 다시 말하면, 여인이 남편과 결혼을 하듯 우리도 율법과 결혼했으며, 남편이 죽기까지는 여인이 해방되지 않는 것처럼 우리도 율법이 사망할 때까지는 그것에서 해방될 수 없다. 그런데 이 병행관계를 자세히 보면, 바울이, 예화 속의 여인처럼, 율법이 죽었고 그 율법의 죽음으로 인해 우리가 해방되었다고 말할 것으로 예상하게 된다. 그러나 바울은 그렇게 말하지 않는다. 오히려 그는 이렇게 말한다. "우리가 율법에 대해 죽임을 당했다." 이는 바울이 앞서 든 예화의 용어와 상응하지 않는다. 거기에서는 여인의 죽음에 대해 일절 언급하지 않고 남편의 죽음에 대해서만 말하기 때문이다. 어떻게 이 병행관계를 끝까지 밀고 나가지 못한 것을 설명할 수 있을까?

바울은 율법이 죽임을 당했다고 명백하게 언급하지는 않았지만 이런 의미가 있

---

2 간음으로 인한 이혼 문제와 관련하여 이 구절을 해석한 글을 참조하기 원한다면 내가 쓴 *Divorce* (Philadelphia, 1953), pp. 77-95을 보라.

고, 율법은 그리스도의 몸을 통해 죽임을 당한 것이라는 주장이 제시되어 왔다.[3] 이렇게 보면 도치는 없으며 단지 사상과 표현의 단축이 있을 뿐이다. 그렇지만 이 서신이나 갈라디아서 모두에서 바울은 율법과 신자의 관계를 주 관심사로 삼고 있는데도 결코 율법이 죽임을 당한 것으로 말하지 않았음을 유의할 필요가 있다. 바울의 말을 들어보자. "너희도 그리스도의 몸으로 말미암아 율법에 대하여 죽임을 당하였으니"(롬 7:4). "이제는 우리가 얽매였던 것에 대하여 죽었으므로 율법에서 벗어났으니"(롬 7:6). "내가 율법으로 말미암아 율법에 대하여 죽었나니 이는 하나님에 대하여 살려 함이라"(갈 2:19). 그런데 그가 '율법이 죽었다'든지 또는 '죽임을 당했다'와 같은 다른 표현을 쉽사리 사용할 수 있었을 텐데 굳이 사용하지 않은 것을 볼 때, 여기에 중요한 의미가 있다고 볼 수밖에 없다.[4] 결과적으로 4절에서 엄밀히 실행되고 있다고 추정하는 한 난제는 좀처럼 해결될 수 없다.

가장 납득할 만한 해결은 2, 3절의 예화에 나오는 남편의 죽음에 정확하게 상응하는 것을 4절에서 찾으려고 기대해서는 안 된다는 것이다. 이 예화의 핵심은 오직 남편의 사망으로 인해 여인이 자기 남편의 법에서 풀려났다는 점이다. 그리고 적용 부분에서의 핵심(4절)은 어떻게 우리가 법에서 풀려나느냐 하는 점이다. 후자의 경우, 부부 관계에서 이끌어 낸 유비의 패턴을 문자적으로 따르는 방법으로는 해방이 불가능하다. 그렇지만 후자의 경우에도, 남편의 죽음이 결정적이듯 묶였던 속박을 풀어 주는 죽음이 있다. 그 죽음은 그리스도의 죽음 안에서 우리가 율법에 대해 죽은 것이다. 이는 부부의 비유에서 남편의 죽음에 상응하는 결정적 사멸이다. 이제는 바울이 왜 문자적 병행관계의 견지에서 생각하거나 글을 쓰지 않았는지 그 이유가 아주 분명히 드러난다. 2, 3절에서 결혼 관계를 해소시키는 것으로서 여인의 죽음에 관해 언급했더라면, 그것은 바울이 말하고자 하는 유비

---

3 필리피의 말을 빌리면 다음과 같다. "더욱이 σῶμα τοῦ Χριστοῦ를 θανατωθέν으로 생각해야 하는 만큼, 율법도 동시에 죽임을 당한 것이다. 우리는 직유의 도치에 대해 말할 수 없다"(앞의 책).
4 율법이 죽었다는 자기의 견해를 지지하기 위하여 필리피는 엡 2:15, 골 2:14에 호소하고 있지만, 이것은 수긍할 수 없다. 이 구절들은 롬 7:4과 실제로 병행하지도 않는다. 그뿐만 아니라, 바울이 엡 2:15, 골 2:14에서 사용한 단어나 유사한 의미를 지닌 용어들을 삼가고 있는 것은 율법이 죽임을 당했다는 개념을 피하려고 하기 때문인 것이다.

를 근본적으로 망쳤을 것이다. 여인이 죽는다면 그 여인은 다른 남자와 결혼할 수 없을 것이고, 재혼이 그 예화에서는 필수불가결하기 때문이다. 그러므로 일반적인 결혼의 경우 유일한 대안은 남편의 죽음을 가정하는 것이다. 그런즉 영적인 적용에서 율법의 죽음을 거론하는 것은 잘못된 개념을 소개하는 셈이 되었을 것이다. 그러므로 우리는 율법에 대한 우리의 죽음만 이야기할 수 있다. 이것이 바로 영적인 영역에서 일어나는 사건이기에 얼마든지 가능한 것이다. 우리는 그리스도와 함께 죽고 그리스도와 함께 다시 살아난다. 일반 결혼 관계에서는 이런 일이 발생할 수 없는 법이다.

그러므로 4절은 율법과 대조되는 은혜가 우리를 죄의 주관에서 해방시키는 방법을 잘 설명하고 있다. 이미 살펴보았듯이 율법은 죄에 속박된 우리의 상태를 확증한다(6:14). 율법이 우리를 지배하고 있는 한, 죄의 속박에서 해방될 기회는 없다. 유일한 대안은 율법에서 풀려나는 일이다. 이는 우리가 그리스도의 죽음 안에서 그와 연합할 때에 생기는 일이다. 율법의 요구를 충족하는 면에서 그리스도의 죽음이 지닌 모든 미덕은 우리의 것이 되었으며, 율법으로 인해 우리가 처한 죄의 노예상태와 죄의 권세에서 우리가 자유함을 얻었기 때문이다.

"율법에 대하여 죽임을 당하였으니"라고 한 4절의 표현은 그리스도의 죽음에서 자행된 폭력을 상징하는 것으로 해석되어 왔다.[5] 그렇더라도 우리의 수동적 입장과 그 행위의 효력이 분명히 나타나 있다. "그리스도의 몸"은 우리 주께서 몸으로 십자가에 달리신 사실을 가리키며, 우리를 율법에서 풀려나게 한 그 구체적인 사건을 언급한다. 우리가 율법에 대해 죽임을 당한 목적은 이렇게 진술되어 있다. "이는 다른 이 곧 죽은 자 가운데서 살아나신 이에게 가서 우리로 하나님을 위해 열매를 맺게 하려 함이라." 율법에서 풀려나는 것 자체가 목적은 아니다. 그것은 긍정적인 목적을 지향한다. 이는 이 서신의 율법 관련 부분에서 계속 주목해 온 사실을 단지 다른 방법으로 표현하는 것이다. 즉, 그리스도의 죽음 안에서 그와의 연합은 그의 부활 안에서 그와의 연합과 도저히 분리될 수 없다는 사실이다.

---

5 Gifford, 앞의 책.

그러나 여기서 강조하는 것은 단지 그의 부활에 우리가 연합된 것만이 아니라 실제로 죽은 자 가운데서 살아나신 그와 연합되었다는 점이다. 그러므로 이 연합은 그 역사적 사건의 효력과 능력 안에서 그와 연합하는 것만이 아니라, 부활하신 주님인 그분께 속한 정체성 안에서 지금부터 영원토록 그분과 연합하는 것이다. 이 본문에서 우리는 결혼 관계의 비유에 따라 우리와 그리스도의 연합도 영구적인 것임을 생각하지 않을 수 없다. "그리스도께서 죽은 자 가운데서 살아나셨으매 다시 죽지 아니하시고"(6:9). 이 불멸성은 이 결혼 관계의 영구성을 보증한다(엡 5:22-32). 이런 연합이 지향하는 목적은 우리가 하나님을 향해 열매를 맺게 하기 위함이다(6:22). 이 열매는 하나님께 합당하며 하나님의 영광에 기여한다. 이것이 우리가 법 아래에 있지 않고 은혜 아래에 있다는 교리를 제멋대로 악용할 수 있는 모든 가능성에 대항하는 근거가 된다.[6] 여기에서 결혼의 비유가 이어질 수도 있는 것은 이 열매를 좌절을 모르는 부부 관계의 열매로 볼 수도 있기 때문이다.[7] 그러나 굳이 결혼의 비유를 계속 사용해야 할 필요성은 없다.

5. 우리가 육신에 있을 때에는 율법으로 말미암는 죄의 정욕이 우리 지체 중에 역사하여 우리로 사망을 위하여 열매를 맺게 하였더니

6. 이제는 우리가 얽매였던 것에 대하여 죽었으므로 율법에서 벗어났으니 이러므로 우리가 영의 새로운 것으로 섬길 것이요 율법 조문의 묵은 것으로 아니할지니라

5절과 6절은 뚜렷이 대조되는 내용인데, 전자는 죽음의 열매를 맺던 과거 상태

---

[6] "그리스도께서 율법의 속박에서 그들을 구출해 주셨다는 것을 구실로 삼아, 그들 자신이 육신과 정욕의 방탕함에 빠질 것을 우려해서 그는 최종적인 목적을 추가하기까지 한다"(Calvin, 앞의 책).

[7] "라이헤와 프릿체는 결혼의 열매란 의미로 해석한 καρποφ가 볼품없는 알레고리를 낳는다고 생각했는데, 이것은 수긍할 수 없다. 그리스도와의 연합을 결혼으로 볼 경우에는, 결혼의 도덕적 구상에 따라 반드시 열매를 맺는 결혼으로 생각해야 하기 때문이다"(Meyer, 앞의 책). 라이트푸트의 설명이 더 안전하다. "이것은 '자식을 낳는다'는 은유가 계속되는 것으로 볼 수 없다. 그렇지 않다면 더 분명한 단어가 사용되어야 한다"(Notes). 6:22과 여기 5절에 있는 열매를 맺는다는 개념은 결혼에 적용되는 특정한 비유를 암시하는 것이 아니다. 그러나 마이어가 그것이 볼품없는 비유라는 생각에 반대한 것은 확실히 옳았다.

를 묘사하고 후자는 율법에서 풀려난 변화된 상태를 묘사한다.

5절 "우리가 육신에 있을 때"에서 사용되고 있는 "육신"이란 단어는 6:19에서 동일한 의미로 사용되었을 가능성을 제외하면, 윤리적인 경멸의 뜻으로 쓰인 것은 이 서신에서 이번이 처음이다. 이런 뜻으로 사용된 "육신"이란 용어는 이제부터 이 서신에 자주 나타나며, 바울의 다른 서신들에서도 빈번히 사용된다. "육신"(flesh)의 의미를 정의하는 것은 매우 중요하다. 이런 경멸의 뜻을 지닌 "육신"은 "죄의 통제와 지휘를 받는 인간 본성"을 의미한다. 그것은 육신이란 말 자체가 나쁜 것을 의미하거나 악을 내포하기 때문이 아니다. 이 용어는 악한 생각이나 관념과 상관없이 자주 사용된다(요 1:14; 6:51, 53; 행 2:26; 롬 1:3; 9:3, 5; 엡 2:14; 5:29; 6:5; 골 1:22; 2:1, 5; 딤전 3:16; 히 5:7; 10:20; 12:9; 벧전 3:18; 요일 4:2). 우리 주님과 관련하여 이 용어가 자주 사용되었다는 사실은 "육신"이 본질적으로 악하지 않다는 점을 충분히 보여 준다. 또 우리는 "육신"이 죄성이란 의미를 지닐 때에도 이 특성을 몸으로부터 이끌어 낸다고 추정하면 안 된다. 죄는 우리의 몸, 즉 신체적 존재에서 나오는 것이 아니다. 심리적인 것과 구별되는 신체적 의미의 육신은 조금도 악하지 않다. "육신"이 죄성을 지니는 것은 윤리적인 의미로 사용될 때다. 흔히 이런 의미로 사용되는데, 특히 바울이 이렇게 쓰고 있다(8:4, 5, 6, 7, 8, 9, 12, 13; 13:14; 고전 5:5; 고후 10:2; 갈 5:13, 17, 19, 24; 6:8; 엡 2:3; 골 2:11, 18, 23; 벧후 2:10, 18; 유 23). 이렇게 사용될 때 "육신"은 선과 관련이 없으며 심지어 중립적 의미도 없다. 이 경우에는 무조건 악하다. 바울이 "육신"에 있었다고 말할 때는 죄가 주관하던 그 기간을 가리키는 것으로, '우리가 죄 안에 있을 때'라고 말하는 것과 동일하다.

"죄의 정욕"(the passions of sins)은 죄로 이끌고 죄악된 행위로 스스로를 나타내는 정욕을 의미한다는 것이 일반적인 해석이다.[8] "죄스러운 정욕"(sinful passions)으로 해석해도 무방하다(6:6; 골 2:11).[9] 이 죄스러운 정욕은 율법을 통해 생긴다고 말

---

8 마이어, 필리피, 기포드를 참고하라.
9 오직 여기서와 갈 5:24에서 πάθημα가 이런 의미로 사용된다. 다른 곳에서는 그것이 고통이나 고난을 가리킨다(8:18).

했다. 이를 설명하는 것은 8, 11, 13절이다. "율법으로 말미암는"이란 말은 마치 율법으로 말미암는 죄의 정욕과 그렇지 않는 정욕을 구별하는 것처럼 생각하면 안 된다. 이 죄의 정욕은 사망에 이르는 열매를 맺으려고 우리 지체 안에서 작용하고 있었다. 이것은 하나님을 위해 열매를 맺는 것과 대조적이다(4절). 사망은 우리가 열매를 맺어 바쳐야 할 주인, 다시 말해 우리가 섬겨야 할 주인으로 의인화되었다. 사망은 6:21, 23에서처럼 해석해야 한다.

6절 "이제는"은 "우리가 육신에 있을 때"와 대조된다. "우리가 얽매였던 것에 대하여 죽었으므로 율법에서 벗어났으니."[10] 이 어구는 우리가 율법에서 벗어난 방법을 묘사한다. 그것은 율법에 대한 우리의 죽음을 통해 이루어졌다. 율법에 대한 이 죽음은 그리스도의 죽음과 그의 죽음 안에서 우리가 그와 연합함으로 성취되었다. 이것은 4절에 명백히 언급된 그대로다. 6절의 하반부를 헬라어로 보면 명백히 결과를 뜻한다. 그러므로 우리가 얽매였던 것에 대해 죽었으니 그 결과 우리는 영의 새로운 것으로 섬기게 되었다는 의미다.[11]

"율법 조문의 묵은 것"과 대조되는 "영의 새로운 것"은 우리가 율법의 문자와 율법의 정신을 구별할 때처럼 '문자'와 '정신'(영) 사이의 대조가 아니다. 또 '문자적' 의미와 '영적' 의미 사이의 대조도 아니다. "영의 새로운 것"은 성령을 지칭하며, 새로운 것이란 성령이 주는 것을 의미한다. 문법적으로 그것은 성령 안에 있는 새로움이다. "율법 조문의 묵은 것"은 율법을 가리킨다. 율법은 기록된 것이기 때문에 조문으로 불린다. 조문은 십계명이 적힌 두 돌판을 의미할 수도 있고, 성경에 포함

---

10 ἀποθανόντες는 의심할 것도 없이 정확한 독법이다. KJV역이 채택한 ἀποθανόντος는 사본 권위의 지지를 받지 못한다. ἀποθανόντες 대신에 τοῦ θανάτου를 사용하면 뜻은 잘 통하지만 ἀποθανόντες를 지지하는 외부적 권위 때문에 용납될 수가 없다.

11 샌데이와 헤들램은 부정사를 포함하는 ὥστε와 직설법으로 쓰인 ὥστε는 반드시 구별해야 한다고 주장한다. 후자는 당연히 따르게 될 확실한 결과를 언급하는가 하면, 전자는 "자연적인 과정 속에서 반드시 따라야 할" 결과를 언급한다(앞의 책). 그렇지만, 이 경우 부정사를 지닌 ὥστε가 실제적이고 확실한 결과가 아닌 다른 어떤 것을 의미할 수 있을지는 분명치 않다. 앞의 어구들로 보아 이런 의미가 가능하고, 기포드가 관찰한 바와 같이 이 절은 6:22의 상응하는 어구들과 동일한 의미를 지니며, 특별히 "거룩함에 이르는 열매를 얻었으니"라는 어구와 동일한 의미를 갖고 있다.

된 율법을 말할 수도 있다. 이 기록된 율법의 특징은 낡았다는 데에 있고, 낡음이 율법 안에 존재한다. 이는 우리를 죄로부터 구출하지 못하는 율법의 무능함과 우리를 죄에 더 심하게 속박시키는 율법의 역할을 다루는 문맥으로 볼 때, 그리고 병행구절인 고린도후서 3:6로 봐서도 분명하다. 율법 조문과 성령 사이의 대조는 율법과 복음 사이의 대조다. 바울이 "율법 조문은 죽이는 것이요 영은 살리는 것"(고후 3:6)이라고 할 때, 문맥상 조문은 돌에 새긴 것, 즉 모세가 전한 율법을 가리키고, 영은 주의 영이다(17절). 그러므로 여기서 말하려는 바는, 율법에 대해 죽어서 율법에서 해방되었은즉 신자들은 더 이상 율법에 종노릇 하지 말고, 성령이 주시는 새로운 자유의 정신으로 살아야 한다는 것이다(갈 3:3).[12]

---

12 이와 똑같이 γράμμα와 πνεῦμα가 대조되고 있는 2:29을 참조하라. 소유격인 πνεύματος와 γράμματος는 그 속에 새로움과 낡음이 있음을 가리키는(Sanday and Headlam, 앞의 책) 병렬관계의 소유격들로 취급될 수 있거나 그 근원을 나타내는 소유격으로 취급될 수 있다.

11. 과도기의 체험(7:7-13)

7. 그런즉 우리가 무슨 말을 하리요 율법이 죄냐 그럴 수 없느니라 율법으로 말미암지 않고는 내가 죄를 알지 못하였으니 곧 율법이 탐내지 말라 하지 아니하였더라면 내가 탐심을 알지 못하였으리라

8. 그러나 죄가 기회를 타서 계명으로 말미암아 내 속에서 온갖 탐심을 이루었나니 이는 율법이 없으면 죄가 죽은 것임이라

9. 전에 율법을 깨닫지 못했을 때에는 내가 살았더니 계명이 이르매 죄는 살아나고 나는 죽었도다

10. 생명에 이르게 할 그 계명이 내게 대하여 도리어 사망에 이르게 하는 것이 되었도다

11. 죄가 기회를 타서 계명으로 말미암아 나를 속이고 그것으로 나를 죽였는지라

12. 이로 보건대 율법은 거룩하고 계명도 거룩하고 의로우며 선하도다

13. 그런즉 선한 것이 내게 사망이 되었느냐 그럴 수 없느니라 오직 죄가 죄로 드러나기 위하여 선한 그것으로 말미암아 나를 죽게 만들었으니 이는 계명으로 말미암아 죄로 심히 죄 되게 하려 함이라

7절 바울이 6:14과 7:1-6에서 끈질기게 논증한 것이 있다. 그것은 율법이 죄에서 우리를 해방시키기에는 무능하다는 것, 율법이 우리를 죄에 더 심하게 속박시킨다는 것, 율법과 은혜가 대조된다는 것, 그리고 은혜야말로 죄가 우리를 주관하지 못하게 보증한다는 것 등이다. 이는 율법 그 자체가 나쁘다는 식으로 율법을 평가 절하하는 듯이 보인다. 그렇기에 7절에 "그런즉 우리가 무슨 말을 하리요? 율법이 죄냐?"는 질문이 나오게 된다. 이에 대한 답변은 그 질문에 내포되어 있는 부정적인 암시, 곧 "그럴 수 없느니라"이다. 이어지는 구절들에서 바울은 율법의 가치와 그 기능에 대해 분석한다. 이것을 자신의 체험을 통해 설명한다. 여기 묘사된 그의 체험이 어떠한 것인지는 이 단락에 대한 주석의 끝부분에서 논의하겠다.

"율법이 죄냐?" 이 질문에서 "죄"는 "죄스러운"이란 의미로 해석하는 것이 자연스럽다. 여기 사용된 형식은 강도를 높이는 역할을 하여(참고. 고후 5:21) "율법이 완전히 나쁜 것이냐?"라는 질문과 같이 된다. 기포드는 이렇게 표현했다. "죄짓는 계기가 되는 율법의 본질 속에 죄가 내재되어 있느냐?"

7절 하반부는 "그렇지만(Howbeit) 율법으로 말미암지 않고는 내가 죄를 알지 못하였으니"라고 번역되었다(개역개정판에는 이 표현이 나오지 않는다―옮긴이). 이 번역은 이 어구가 제한적인 성격을 갖고 있다는 해석, 즉 "이 항변에 내포된 완전한 부정을 약화시킨다"고 보는 해석에 기초해 있다.[13] 내가 이 견해에 반론을 제기하는 이유는 구문상 매우 유사한 다른 구절들과 조화되지 않기 때문이다(3:1; 7:13; 11:11).[14] 그러므로 여기서는 "반대로"라는 번역이 옳다. KJV 성경에서는 "아니다"라고 잘 번역했다. "내가 죄를 알지 못했다"라는 번역은 "내가 죄를 아는 데 이르지 못했다"로 바꾸어도 무방하다. 지금 여기서 바울은 자신의 체험에서 입증된 것처럼 "율법을 통하여 죄에 대하여 알게 되었다"는 원리를 가리키고 있다(3:20). 죄를 아는 지식은 죄의 본질 및 실재에 대한 단순한 이론적 지식이 아니라 자기 자신이 죄인임을 아는 경험적인 확신이다. 율법이 그 자신의 죄와 죄성을 깨닫게 해 주었다. "곧 율법이 탐내지 말라 하지 아니하였더라면 내가 탐심을 알지 못하였으리라." 바울의 체험에 의하면, 율법이 그의 죄성을 폭로했다는 말이다. 율법은 계명들로 구체화되었다. 율법이 우리의 의식 속에 작동하는 것은 이런 계명을 도구로 삼아 우리의 특정한 죄를 폭로할 때다. 바울은 열 번째 계명을 통해 처음으로 죄를 깨닫게 되었다. 분명히 탐심은 바울이 가장 범하지 않은 악이라고 생각했지만, 가장 먼저 폭로된 죄였다. 이렇게 십계명 가운데서 열 번째 계명에 호소한 것은 바울이 이 문맥에서 말하는 "율법"의 의미를 보여 준다. 그것은 십계명으로 구현된 율법이다. 이 계명들을 통해 죄에 대한 지식에 이르게 된다.

---

13 Denney, 앞의 책.

14 "이제 막 논박한 그릇된 생각에 대해 사도 바울은 율법의 진정한 효과에 관한 자기 자신의 체험을 내놓고 있다. 율법의 진정한 효과는 죄의 본성을 드러내는 일이라는 것이다. 3:31, 7:13, 11:11과 비교하라. 여기에서와 같이 ἀλλά는 μὴ γένοιτο에서 거부된 것과 상반되는 개념을 도입하고 있다"(Gifford, 앞의 책).

8절 여기서 바울은 자신의 마음속에 탐욕이 작용한 것을 인식하게 된 과정을 묘사한다. "기회를 타서"란 어구가 "기회를 잡아"란 어구보다 더 나은 번역인지는 분명하지 않다. 전자는 죄에 이용될 수 있는 상황이 존재한다는 것을 가리키는 데 비해, 후자는 죄가 능동적인 역할을 하는 모습을 표현한다. 후자가 더 좋은 이유는 이 구절에서 죄는 능동적인 행위자로 묘사되어 있고, '기회를 잡는다'는 개념이 이런 성격과 일치하기 때문이다. "계명으로 말미암아"는 "이루었다"는 말과 연결시켜야 한다(13절에서 죄가 선한 것, 즉 율법 또는 계명으로 말미암아 나를 죽게 만들었다고 했다).[15] 죄는 이 수단을 통해 "온갖 탐심"을 이루었다. 앞의 사실을 밝히고 입증하는 것은 8절의 마지막 어구, 곧 "이는 율법이 없으면 죄가 죽은 것임이라"는 말이다(for apart from the law sin is dead). 헬라어 성경에는 동사가 없다. 여기서는 번역가들이 동사 "is"를 덧붙였다. 그래서 그들은 바울을 일반적인 원리를 선포한 사람으로 해석했다. 이 해석이 적절한지에 대해서는 논란의 여지가 있다. 삽입될 동사는 과거형("was")이라야 했다. 바울은 자신의 체험을 이야기하고 있기 때문이다. 바울의 체험은 물론 대표적인 것이라서 이 어구는 바울이 여기서 묘사하고 분석하는 체험의 공통적인 특징을 진술하고 있다. 그렇지만 바울이 지금 여기서 다루는 것을 다른 곳에서 진술한 원리, 곧 "율법이 없는 곳에는 범법도 없다"(4:15; 5:13; 고전 15:56)는 것으로 생각해서는 안 된다. 8절에서 바울은 죄가 아예 존재하지 않는다고 말하는 것이 아니라, 존재하되 죽어 있다고 말하고 있다. 바울은 지금 죄의 우둔함과 비활동성을 가리키고 있다. 이런 의미에서 죄가 죽은 상태라고 말할 수 있으며, 이는 곧 다룰 '죄가 살아나는 상태'와 대조를 이룬다. 그러므로 "율법이 없으면 죄가 죽어 있던 것임이라"가 더 좋은 번역이며, 또 이것은 심리학과 의식의 영역에서도 사실이다.[16] 이제 우리는 이 구절 전체를 이해하게 되었다. 여기에 묘사된 과정 이전에는 죄의 원리가 바울의 마음속에서 활동하지 않았다. 이후에 "탐내지 말라"는 계명이 그의 의식 속에 들어왔다. 그것은 능력과 권위를 가지

---

15 Alford, 앞의 책.
16 Hodge, 앞의 책.

고 가슴에 와 닿았다. 그때 바울 안에서 죄가 능동적으로 작용하게 되었다. 더 이상 죄가 죽어 있지 않았다. 죄는 온갖 탐심을 불러일으킬 기회를 잡았다. 죄는 계명이라는 도구를 통해 그렇게 했다. 죄의 원리는 계명 자체를 통해 계명에 반하는 각양 욕구를 촉발시켰다. 나중에 바울은 이 과정을 좀 더 자세히 분석하고 묘사한다.

9절 9절은 8절에서 언급한 과도기에 일어난 변화를 생생하게 묘사한다. 바울이 "전에 율법을 깨닫지 못했을 때에는 내가 살았더니"라고 말했는데, 여기서 "살았더니"는 영생이나 하나님을 향한 생명을 의미하는 것으로 볼 수 없다. 지금 바울은 앞의 두 구절에 묘사된 죄의 사나운 움직임과 깨달음을 체험하기 이전에 자기가 살았던 안일하고 자족적이며 자기 의를 내세우는 생활에 대해 말하고 있다. 우리는 바울의 생애에서 계명이 죄의 정욕을 일으키던 때가 언제였는지는 알 수 없다 (5절). 그러나 "전에 율법을 깨닫지 못했을 때에는 내가 살았더니"라는 말이 분별 없던 어린 시절만을 가리킨다고 그 시기를 국한시킬 필요는 없다(빌 3:4-6).[17] "계명이 이르매 죄는 살아나고 나는 죽었도다." 그 계명은 7절에 언급된 "탐내지 말라"는 것이다. 계명이 이르렀다는 것은 분명히 바울의 의식 속에 들어왔음을 의미한다. 의식 속에 아로새겨져 있다는 것이다. 이로써 죄가 기회를 타서 온갖 탐심을 그 안에 일으켰다. 이것은 죄가 살아난 것이다. "나는 죽었도다"는 "전에 율법을 깨닫지 못했을 때에는 내가 살았더니"와 대조된다. 그러므로 전자는 앞에서 "살았더니"가 가리키던 안일하고 평온하고 자기 확신에 찬 삶이 죽은 것으로 해석되어야 한다. 바울은 더 이상 자기만족에 빠져 있을 수 없었다. 이 죽음은 그리스도의 죽음 안에서 그리스도와의 연합에 의해, 죄에 대해 죽은 것과 동일시될 수 없다 (6:2). 그 이유는 두 가지다.

　(1) 9절에서 죽었다고 하는 것은 율법의 도구인 계명을 통해 이뤄진 죽음이다.

---

17 "바울은 어린아이처럼 죽음을 모르는 천진난만한 상태를 가리킨다(10절). 그것은 에덴동산에서의 우리의 첫 조상의 상태를 닮은 것이다"(Meyer, 앞의 책).

따라서 그 죽음은 '죄에 대한 죽음'이 아니다. 죄에 대한 죽음은 복음과 그리스도와의 연합으로 인한 것이다.

(2) 여기 나오는 죽음은 죄에 대한 죽음이 아니라 죄의 살아남이다. 내재하던 부패성이 더 노골적으로 활동하게 된 것을 말한다. "죄는 살아나고"는 "우리가 죄에 대해 죽었다"는 것과 정반대 현상이다.

10절 이 구절은 문자적 번역이 필요하다. "생명에 이르게 할 그 계명이 내게 대하여 도리어 사망에 이르게 하는 것이 되었도다." 이 말은 율법의 본래 목적을 가리킨다. 원래 상태의 인간에게 율법의 목적은 범죄의 기회를 주려는 것이 아니라, 의의 길로 인간의 삶을 지도하고 규제해 생명을 보호하려는 것이었다. 그렇지만 죄로 인해 그 동일한 율법이 죽음을 촉진한다. 범죄의 기회를 준다는 의미에서 그렇다. 죄의 삯은 사망이다. 율법이 우리 의식 속에 새겨지면 질수록, 죄는 더욱더 행동으로 나타난다. 율법은 그 자체로는 죄를 억제하거나 치료할 수 없다. 바울은 그 계명이 "사망에 이르게 하는 것"이 되었다고 했는데, 이것은 바울이 직접 경험했던 불행과 실망과 환멸을 반영한다.

11절 11절은 또다시 죄가 기회를 탄다는 개념으로 돌아간다. 그러나 이번에는 죄가 온갖 탐심을 일으키는 것(8절)과는 별도로 속임수로 묘사되어 있다. 속임수라고 부르는 것은 다음과 같은 이유에서 계명은 본래 생명에 이르게 하려는 것이었기 때문에, 계명의 효력에 대한 바울의 관념도 그렇게 형성되었고, 따라서 그와 같은 결과를 내리라고 기대했지만, 엉뚱하게도 계명은 그와는 정반대 현상을 일으키는 계기가 되고 말았다. 바울이 계명의 요구를 인식하면 할수록 더욱더 그것을 생명의 길로 의지하게 되었는데, 사실은 정반대의 결과가 더 많이 생기고 말았다. 이것이야말로 속임수다. 자기가 기대했던 것과 달리 정반대의 결과를 낳았기 때문이다. [18] 그렇지만 죄가 이 속임수의 범인이요, 율법은 단지 도구일 따름이다. 죄

---

18 "그는 생명을 기대했는데 사망을 만났다. 그는 행복을 기대했는데 비극을 만났다. 그는 거룩함을 구

가 바울을 속였기에 죄가 또한 바울을 "죽였던" 것이다. 이 죽임은 계명이라는 도구를 통해 일으킨 죄의 행위이고, 이에 바울이 종속된 것이지만, "나는 죽었도다"(9절)와 동일한 결과이다.

12절 "이로 보건대 율법은 거룩하고." 여기서 "이로 보건대"는 앞의 사실에서 나온 결론을 의미한다. 율법이 죄에게 기회를 제공하는 기능이 있음을 감안해서, 우리는 "그럼에도 불구하고 율법은 거룩하다"라는 표현을 기대했을지 모른다. 그러나 7-11절에서 끌어낸 추론은 율법은 거룩하다는 것이다. 이런 추론의 근거는 무엇인가? 그것은 율법은 원래 본질적으로 생명에 이르게 하려는 것이며, 따라서 율법은 거룩하며 의로우며 선한 것을 증진한다는 사실이다. 율법은 행동을 유발하는 원리로서의 죄 안에 있는 모순성 때문에 죄의 기회가 되는 것일 뿐이다. 그런즉 율법은 죄스러운 것이 아니다(7절).

"율법은 거룩하고 계명도 거룩하고 의로우며 선하도다." 율법은 그 자체로나 구체적 조항으로 보나 거룩하다. "계명"은 7절에서 언급한 것, 즉 "탐내지 말라"는 계명을 가리킨다. 그러나 계명이 거룩하며 의로우며 선하다는 명제는 모든 계명에 똑같이 적용된다. 그것은 거룩하고 의로우며 선한 만큼 하나님의 성품을 반영하며 그의 완전하심을 드러낸다. 율법은 그 창조자의 인상을 지닌다. 앞으로 보겠지만, 이것을 14절에서는 다른 용어로 표현한다. "거룩한" 계명은 하나님의 초월성과 순결성을 반영하며 우리에게도 그것에 부응하는 성별과 순결을 요구한다. "의로운" 계명은 하나님의 공정성을 반영하며, 우리에게도 공정함을 요구하며, 공정한 것만을 인정한다. "선한" 계명은 인간의 최고 복지를 증진하며 하나님의 선하심을 표현한다.

했으나 심해진 타락을 만났다. 그는 율법에 의해서 이 모든 바람직한 목적들이 확보되리라고 생각했건만, 율법의 작용은 오히려 정반대의 결과를 낸 것을 발견하게 되었다. 그러므로 죄는 계명을 통하여 그를 속였으며 계명으로 그를 죽인 것이다. 계명이 그에게 거룩함과 축복의 근원이 되기는커녕 그를 불행하게 한 것이다(Hodge, 앞의 책).

13-14 상반부 7절의 질문이 죄의 정욕은 율법을 통해 작용한다는 점에 의해 발생한 것같이(5절), 13절에 나오는 "그런즉 선한 것이 내게 사망이 되었느냐?"는 질문은 바울이 언급한 바 계명이 사망에 이르게 한다는 내용(10, 11절)에 의해 필연적으로 나온 것이다. 이에 대한 대답은 완강한 부정이다. "그럴 수 없느니라." 이와 반대로, 죽음을 초래한 것은 죄라고 말한다. 13절 하반부 "오직 죄가 죄로 드러나기 위하여"에 대해서는 다음 사항을 주목해야 한다.

(1) 죄는 선한 것을 통해, 즉 계명을 통해 죽음을 가져왔다. 이것은 11절에서 다른 용어로 진술된 것을 다시 말한 것이다. 그러나 여기서는 그 목적을 보여 주려고 언급했다.

(2) 그 목적은 "죄가 죄로 드러나게" 하는 일이다. 즉, 죄의 진정한 특성을 드러내려는 것이다. 죄의 진정한 특성은 선한 것을 통해 죽음을 초래한다는 사실에 의해 노출되었다. 죄는 거룩하고 의롭고 선한 것, 즉 생명에 이르게 할 그것을 오히려 죽음의 도구로 바꾸어 놓기 때문에 그 사악함이 밝히 드러났다.

(3) 죄의 악함은 죄가 선한 것을 죽음의 도구로 이용할 때 나타난 것만이 아니다. 죄는 동일한 이유로 인해 그 강도가 더 심해졌다. "이는 계명으로 말미암아 죄로 심히 죄 되게 하려 함이라." 이것은 단지 죄의 극도의 죄스러움을 입증하는 것만이 아니다. 계명의 악용은 측량할 수 없을 만큼 죄의 무거움을 가중시킨다. 마이어는 "여기서 지독하게 괴롭고 비극적인 효과"가 강조된다고 말한다. 이 모든 논의는 율법이 거룩하고 의롭고 선하다는 것을 입증하고, 율법이 죄 또는 죽음의 일꾼이란 비방을 모면하기 위한 것이다. 율법의 거룩성을 입증하는 것은 바로 죄의 사악함, 즉 율법과 모순되며 율법을 이용해 그 모순을 심화시키는 죄의 악함이다. 죄가 나쁜 것이지 율법이 나쁜 것이 아니며, 율법의 거룩함이 입증되었다.

율법은 죄를 드러내고 죄를 깨닫게 한다. 율법은 우리 안에 거하는 부패성이 활동할 기회를 준다는 점에서 죄의 계기가 된다. 율법은 죄를 더 악화시킨다. 죄는 율법이라는 도구를 통해 그 표현이 더욱 악화된다. 그러나 율법이 죄악된 것은 아니다.

14절 상반부는 위에서 변호한 내용을 확증하고, "율법은 신령하다"는 지식에 호소한다. "신령한"(Spiritual)이란 단어는 인간의 심령에서 나온 것이 아니다. 이것은 율법이 인간의 신체와 구별되는 인간의 심령과 관련된다는 의미가 아니다. 바울이 로마서에서 인간의 몸을 강조한 언급만 보더라도 그런 생각을 논박하기에 충분하다. 만일 몸에 죄성이 있고(6:6), 따라서 새롭게 하는 은혜를 받아야 한다면(6:12, 13, 19), 거룩하고 의로우며 선한 율법은 심령은 물론 몸과도 관련이 있을 수밖에 없다. 바울의 용례를 보면 "신령하다"는 단어가 성령에서 유래했음을 알 수 있다. "신령한 말"(고전 2:13)은 성령이 가르치신 말이다. "신령한 자"(고전 2:15)는 성령이 내재하시며 성령의 지배를 받는 사람이다. "신령한 노래"(엡 5:19; 골 3:16)는 성령에 의해 쓰인 노래다. "신령한 지혜"(골 1:9)는 성령이 나누어 주신 지혜다(롬 1:11; 고전 3:1; 10:3, 4; 12:1; 15:44, 46; 벧전 2:5). 그러므로 "율법은 신령하다"는 진술은 율법의 신적 기원 및 특성을 가리킨다. 율법이 신령한 것은 신적인 속성을 소유했기 때문이다. 그래서 율법은 거룩하고 의로우며 선한 것이다.

7-13절에서 바울은 자신이 경험한 것의 몇 가지 국면을 묘사했다. 그런 경험은 그 자신의 죄성에서 나왔으며, 또 하나님의 율법이 그의 의식 속에 새겨질 때 그 율법이 작용한 결과에서 나왔기 때문에, 바울은 자기의 경험이 독특하지 않음을 알았다. 다른 사람들도 마찬가지로 죄성을 갖고 있으며, 하나님의 율법이 다른 사람의 가슴속에 자기와 유사한 경험을 일으킬 것이다. 그래서 바울은 다른 사람도 경험하는 것을 대변하는 자로 글을 쓰고 있다. 분명 바울의 주된 관심사는 이러한 인간의 경험을 말하려는 것이 아니라, 하나님의 율법과 우리의 죄와의 관계를 설명하려는 것이다. 그리고 특히 한편으로는 율법이 죄에서 우리를 구해 내기에 무능하다는 사실을 밝히고, 다른 한편으로는 율법이 죄의 창시자라는 비방에서 율법을 변호하는 것이다. 그러나 문제는 그의 경험의 어느 국면이 여기에 묘사되었느냐 하는 것이다. 중생자로서의 경험이냐, 아니면 비중생자로서의 경험이냐? 자기 만족과 영적 마비 상태에 있는 비중생자로서의 체험이 아니라는 것은 아주 분명하다. 그는 죄를 깨달았기 때문이다(7절). 9절의 의미로 보면 그는 더 이상 살아 있지 않다. 계명이 도래해서 그의 마음의 탐심을 유발했다. 그러면 그는 중생자인가? 이 본문에는 이 체험이 그리스도의 몸에 의해 죄에 대해 죽었던 사람의 체험이

라는 암시가 없다.

그러나 가장 그럴듯한 결론은 다음과 같다. 5절에서 율법으로 말미암은 죄의 정욕은, 8절에서 말하는 바 "죄가 기회를 타서 계명으로 말미암아 내 속에서 온갖 탐심을 이루었나니"라고 할 때의 바로 이 정욕이다. 그런데 5절에서는 이 상태를 "우리가 육신에 있을 때"라고 했다. 이것은 말할 것도 없이 중생 이전의 상태다. 그 러므로 우리는 이 단락이 중생 이전의 체험에 대한 설명이라고 결론을 내려야 한 다. 그렇지만 그것은 중생 이전의 자기만족에 빠진 시기가 아니라, 그가 이제 막 영적인 마비 상태에서 벗어나 죄의식을 갖게 된 직후의 체험이다. 그것은 하나님의 율법의 깨우침을 받아 자기의 마음이 더 이상 평온하게 자기만족에 빠져 있을 수 없는 상태에 이른 그의 영적 순례의 과도기적 단계이다.

12. 신자의 갈등(7:14-25)

14-25절에 대한 해석에 심각한 견해 차이가 있다. 바울은 7-13절에서와 같이 자신의 중생 이전의 경험을 우리에게 계속 묘사하고 있는가? 혹은 14절의 현재 시제가 바울이 은혜 안에 있는 자기의 현재 경험을 묘사하는 듯한 쪽으로 전환했음을 시사하는가? 그런데 후자의 견해와 아주 모순되는 사항들이 있다. 따라서 많은 주석가들은 경험상의 전환이 없다는 견해를 지지하는 방향으로 기울어졌기 때문에 7-25절을 한 단위로 여겼다. 이 견해를 지지하면서 다른 견해를 반박하는 근거로 바울이 자기 자신을 묘사할 때 사용한 "나는 육신에 속해"라는 말을 내세운다. 이 표현은 바울이 "영적인 상태"와는 정반대의 상태, 즉 여전히 "육신에 있을 때"(5절)이고 죄의 주관 아래 있음을 의미하지 않는가? "죄 아래에 팔렸도다"라는 표현은 죄의 종이 되어 죄의 지배를 받고, 은혜 아래 있는 것과는 정반대의 상태(6:14)라는 것을 의미하지 않는가? 아니면, "원함은 내게 있으나 선을 행하는 것은 없노라"(18절)는 말은 그 속에 은혜의 능력이 작용하고 있지만 성령의 열매인 선행이 결여된 사람을 지칭하는가? 또다시 24절에서 "오호라 나는 곤고한 사람이로다"라고 절규했는데, 이는 복음의 기쁨과 자유함에 들어간 사람의 마음 상태와는 거리가 멀다(7:6). 그뿐만 아니라, 이 본문(21-23절)에 전제되어 있는 하나님의 율법에 대한 관계는 7-13절의 그것과 다르게 보이지 않는다. 그러므로 이런 사항들을 고려할 때 유명한 주석가들이 로마서 7:14-25의 바울은 7:7-13의 바울과 같은 상태에 처해 있으며, 따라서 로마서 8장의 기쁨과 승리에 찬 바울과는 다른 바울이라고 주장한다고 해서 놀랄 필요는 없다.[19]

---

19 대개 헬라 교부들은 이 입장을 취했다. 이 구절의 해석의 역사를 간결하게 보기를 원하거나, 큐멜, 불트만 그리고 알트하우스가 제시한 견해, 즉 바울이 여기서 율법 아래 있는 중생하지 않은 사람을 논의하고 있다는 견해를 검토하려면 다음을 참조하라. Anders Nygren, 앞의 책, pp. 284-296. 니그렌은 이 해석을 아주 효과적으로 비평한다. 그러나 내가 판단하기로는 니그렌이 인정하는 것 이상으로 롬 7:14-25에는 내면의 갈등이 훨씬 더 많이 있다고 본다. 다음과 같은 견해를 취하는 주석가들도 있다. 바울은 여기서 정상적인 또는 사실상의 그리스도인의 생활을 묘사하고 있는 것이 아니라, 중생인이든 비중생인이든 간에 성화되기 위해 율법과 자기 자신의 노력에 의존하는 사람의 상태를 묘사하고 있는 것이라는 견해다. "이 문단의 요점은, 자력으로 선하고 거룩해지기를 무척 노력하건만 자기 속에 내재하는 죄의 세

하지만 이 문제는 다른 각도에서 생각해 볼 필요도 있다. 이렇게 생각하면 14절이나[20] 적어도 15절[21]에 전환점이 있다고 보는 견해 쪽으로 기울어진다. 현대 주석가들 중 일부가 이러한 고려사항을 부적절하게 다룬 것은 매우 실망스럽다.[22] 나는 다음과 같은 이유로 본문에 나오는 바울은 중생한 상태임을 주장한다.

(1) 바울은 이렇게 말한다. "내 속사람으로는 하나님의 법을 즐거워하되"(7:22). "속사람"의 의미를 확정하는 것이 우리의 관심사는 아니다. 그 뜻이 무엇이든, 그것이 그의 인격 내의 결정적인 요소를 가리키는 것은 분명하다. 그의 의지와 정서를 좌우하는 내면의 중심점에서, 그는 하나님의 법을 즐거워하고 있다. 아직 율법 아래 있고 육신 안에 있는, 중생하지 않은 사람은 이렇게 묘사할 수 없다. 이는 바울 자신의 가르침과도 모순된다. 그가 말하기를 "육신의 생각은 하나님과 원수가 되나니 이는 하나님의 법에 굴복하지 아니할 뿐 아니라 할 수도 없음이라"고 했다(8:7). 육신의 생각은 "육신에 있는" 사람의 생각이다(8:8). 무엇보다 더 강력한 표현은 그 생각이 하나님과 원수가 된다는 것인데, 이는 하나님의 법에 반한다는 의미가 있다. 원수가 되는 것은 율법을 즐거워하는 것과 정반대다. 그러므로 7:22의 바울은 "육신 안에" 있지 않다. 그의 생각은 "육신의 생각"이 아니라 영의 생각이다(8:6).

력 때문에 패배를 당하고 있는 사람을 묘사하고 있는 것이다. 이것은 중생인이든 비중생인이든 간에 이런 실험을 한 모든 사람의 체험이다. 여기 묘사된 체험은 정상적인 그리스도인의 체험은 아니다. 즉, 6:17, 18; 7:4, 6; 8:1, 2; 벧전 1:8, 9이 말하는 정상적인 기독교는 아니다(W. H. Griffith Thomas, *St. Paul's Epistle to the Romans*, Grand Rapids, 1964, p. 191).

20 이 문단이 중생인과 그리스도인의 생활 속에서 일어나는 갈등을 가리키는 것이라는 견해는 어거스틴이 제시했으며 서방교회에서도 (대체로) 인정해 왔다. 그렇지만 최근의 유능한 몇몇 주석가들은 소위 어거스틴의 해석법을 포기했다(예를 들어 벵겔, 마이어, 고데트, 모세 스튜어트, 샌데이와 헤들램, 데니 등이 있다).

21 칼빈은 15절이 전환점이라고 본다. 여기서 바울이 이미 중생한 사람을 다루기 시작한다고 본 것이다. 만일 이 견해를 채택할 경우, "육신에 속하다", "죄 아래 팔렸도다"라는 표현을 중생한 사람에게 적용시키는 난점은 해소된다. 앞으로 보겠지만, 이런 난점들은 극복할 수 없는 것들로 생각할 필요가 없으며, 14절 하반부는 15절과 같은 상태를 묘사하는 것으로 볼 수 있다.

22 바울이 은혜의 상태 안에서 자기의 체험을 묘사하고 있다는 견해를 지지하여 이런 고려점과 문제를 유능하고도 철저하게 다룬 글을 보려면 다음을 참조하라. James Fraser, *A Treatise on Sanctification*(London, 1898, pp. 254-356). 기타 참고 문헌은 다음과 같다. Philippi, 앞의 책; Hodge, 앞의 책, pp. 239-245; Calvin, 앞의 책, 7:15-25.

(2) 22절은 25절의 의미와 유사하다. "그런즉 내 자신이 마음으로는 하나님의 법을 섬기노라." 이것은 마음과 의지의 순종을 뜻하는데, 중생하지 않은 사람에게는 불가능한 일이다. 중생하지 않은 사람은 하나님의 법에 순종하지 못하며, 그가 "육신 안에" 있기 때문에 그렇게 할 수 없다. 그는 "육신을 따르는" 사람이다. 그는 "육신의 생각을" 갖고 있다(8:5-8).

(3) 7:14-25에 묘사된 사람은 선한 것을 향한 의지가 있는 사람이다(15, 18, 19, 21절). 그가 행하는 악은 그가 뜻하고 사랑하는 것을 위반한다(16, 19, 20절). 이는 그를 특징짓는 의지, 그의 의지의 지배적 성향이 선하다는 것을 의미한다. 이는 8:5-8의 중생하지 않은 사람과는 완전히 다르다. 7:14-25의 사람은 나쁜 짓을 하지만 그것을 증오한다. 그 나쁜 짓들이 선을 지향하는 자기의 의지에 위배되기 때문이다. 중생하지 않은 사람은 선을 증오하지만 7:14-25의 사람은 악을 증오한다.

(4) 7:14-25에 나오는 긴장, 곧 바울이 즐거워하고 사랑하며 인정하고 뜻하는 것과 이에 위배되는 그의 상태와 행동 사이의 긴장은 중생한 자 속에 죄가 있는 한 불가피한 것이다. 이 양자 간의 갈등, 즉 한편에는 의가 있고 다른 한편에는 죄가 있는 이 갈등구조는 하나의 모순이다. 따라서 그가 거룩함이 요구하는 것을 더 자각할수록, 내면의 자아가 지향하는 것을 더 자각할수록, 자기 안에 존재하고 있는 모순을 더욱 의식하게 된다. 그는 성화되면 될수록 완전한 거룩성과 상충되는 요소가 자기 속에 있다는 것을 알고 더욱 괴로워할 것이다.

"오호라 나는 곤고한 사람이로다"라는 바울의 절규는 내적 갈등과 모순에 대한 괴로운 체험을 솔직하게 토로한 것이다. 24절의 절규는 자각의 증거며 솔직함의 표시다. 일단 죄가 신자 안에 계속 존재하고 있음을 우리가 인정한다면, 7:14-25의 긴장은 불가피하며, 따라서 그 사실을 무시해서는 안 된다.

(5) 7:14-25에 8장에서 그토록 두드러지게 나타날 승리에 대한 암시가 없는 것은 아니다. "우리 주 예수 그리스도로 말미암아 하나님께 감사하리로다"(25절). 이는 24절의 절규에 대한 바울의 응답이다. 이는 패배의 응답이 아니다. 그것은 확신과 소망이 가득한 응답이다. 거기에는 고린도전서 15:57과 동일한 승리의 숨결이 있다. "우리 주 예수 그리스도로 말미암아 우리에게 승리를 주시는 하나님께

감사하노니." 25절의 감사는 죄의 속박 아래 있는 중생하지 않은 사람의 말이 아니다. 그리고 25절의 결론은 그 앞에 나오는 의기양양한 믿음 및 확신과 밀접한 논리적 관계에 있다.

이런 이유들로 인해 우리는 7:14-25이 은혜의 상태에 있는 바울의 경험을 묘사했다고 결론을 내리지 않을 수 없다. 이 결론은 이 본문의 세부사항을 해석하는 데 영향을 줄 것이다.

14. 우리가 율법은 신령한 줄 알거니와 나는 육신에 속하여 죄 아래에 팔렸도다
15. 내가 행하는 것을 내가 알지 못하노니 곧 내가 원하는 것은 행하지 아니하고 도리어 미워하는 것을 행함이라
16. 만일 내가 원하지 아니하는 그것을 행하면 내가 이로써 율법이 선한 것을 시인하노니
17. 이제는 그것을 행하는 자가 내가 아니요 내 속에 거하는 죄니라
18. 내 속 곧 내 육신에 선한 것이 거하지 아니하는 줄을 아노니 원함은 내게 있으나 선을 행하는 것은 없노라
19. 내가 원하는 바 선은 행하지 아니하고 도리어 원하지 아니하는 바 악을 행하는도다
20. 만일 내가 원하지 아니하는 그것을 하면 이를 행하는 자는 내가 아니요 내 속에 거하는 죄니라

14절 "나는 육신에 속하여 죄 아래에 팔렸도다." 이 두 술어는 앞의 "영적인"(신령한)이란 말과 뚜렷이 대조된다. "육신적인"(carnal)은 "영적인"과 대조되며 "죄 아래에 팔렸다"는 말과 동격이기 때문에 도덕적 속성을 가리키는 것이즉 육적(fleshly)이라는 뜻을 갖고 있다.[23] 여기서 "육신"(5절)은 전적으로 부정적인 의미로 사용된

---

23 ℵ* A B C D E F G 사본의 지지를 받고 있는 σάρκινος가 ℵᶜ L P와 다수의 소문자 사본의 지지를 받고 있는 σαρκικός보다 낫다. σάρκινος의 의미는 "fleshy"(육적), "made of flesh"(육으로 된)이며, 그것은 "돌로 만든"(made of stone)이란 뜻을 지닌 λίθινος와 대조를 이루는 고후 3:3에서 같은 의미

다. 바울이 자기 자신을 "육신적"이라고 말한 것은 "육신"이 수반하는 윤리적 고발을 자기 자신에게 적용한 것이다. 그런데 그가 중생한 사람으로서 더 이상 "육신 안에" 거하지 않을진대 어떻게 그렇게 말할 수 있을까? "육적"(fleshly)이라는 말이 "육신 안에"(in the flesh) 있다는 말과(5절; 8:8), "육신을 따르는"(after the flesh)이라는 말(8:5)과 동일하다고 생각할 수 있을까? 그렇게 볼 수는 없다. 그 이유는 다음 두 가지다.

(1) 고린도전서 3:1, 3에서 바울은 고린도 교인들의 시기와 분쟁을 이유로 그들을 육신에 속한(carnal) 자라고 책망했다. 이것은 그들이 중생하지 않았다는 것은 아니다. 그들은 신자였지만 그리스도 안에서 어린아이였을 뿐이다. 그러므로 "육적"이라는 말은 "육신 안에" 있는 것과 반드시 같은 의미는 아니다.

(2) 바울은 아직도 자기 안에 육신이 거하고 있음을 인식했다(18, 25절). 이것은 죄가 자기 안에 거한다는 사실과 같은 뜻은 아닐지라도 밀접히 관련되어 있다(17, 20절). 육신이 아직도 바울 안에 거한다면, 자기 안에 있는 "육신"을 고려하여 자기를 "육적"이라고 부를 수밖에 없다. 그런즉 자신을 이렇게 묘사하는 것은 그가 중생자라는 사실과 모순되지 않는다.

"죄 아래에 팔렸다"라는 또 하나의 윤리적 고발은 해석하기가 더 어렵다. 이것은 강한 표현이다. 그것은 구약의 표현과 유사하기 때문에 그것을 중생한 사람의 특징으로 여길 수 없다는 주장이 제기되었다. 신약의 다른 곳에서는 그것이 이와 같은 윤리적 의미로 사용되지 않았다. 그러나 구약에서는 아합이 하나님의 목전에서 악을 행하기 위해 자기 자신을 팔았다고 한다(왕상 21:20, 25; 왕하 17:17).[24] 어떤 주석가들은 여기서 바울이 사용한 그 말은 분명히 구약의 그 표현

로 사용되고 있다. σαρκικός의 의미는 "육신적인"(fleshly)이다. 그렇지만 σάρκινος가 고전 3:3, 고후 1:12, 벧전 2:11에서 명시적으로, 그리고 고후 10:4에서 암시적으로 보여 주는 윤리적 성격을 결여하고 있다고 생각하면 안 된다. 고전 3:1에 있는 σάρκινος에서 3절의 σαρκικός에 담긴 낮은 윤리적 평가를 제거하는 것은 거의 불가능하다. 롬 15:27과 고전 9:11절처럼 σαρκικός가 낮은 윤리적 평가가 없이 사용될 수 있듯이, σάρκινος도 낮은 평가와 함께 사용될 수 있기 때문에 육신적이란 의미로 쓰일 수 있다. Lightfoot, *Notes*, pp. 184f.

24 칠십인역에서 참고할 구절은 III Kings 20:20, 25이다. IV Kings 17:17과 비교하라. 칠십인역에서 동일한 동사가 롬 7:14에서처럼 사용되고 있다. 히브리어는 히트파엘 התמכר이다.

과 동일한 의미를 지니고 있다고 생각한다.[25] 만약 그렇다면 문제는 일단락된다. 아합에게 적용된 대로, 그것은 자기 자신을 죄악에 넘겨 버린 것을 의미하기 때문에 중생한 사람에게는 해당될 수 없는 것이며, 회심한 바울에게도 당연히 해당될 수 없다. 그럼에도 주석가들이 두 형태의 표현이 동일한 의미를 지닌다고 아주 당연히 여기는 것은 이상하다. 악한 일을 하는 데 자신을 팔아 버리는 것과 죄의 세력 아래에 팔리는 것은 별개의 문제다. 전자의 경우에는 사람이 능동적 행위자이나, 후자의 경우에는 자신의 의지와 관계없이 생소한 세력에 수동적으로 종속되는 것이다. 이 본문에 나타난 모습은 후자다. 육신과 죄가 아직도 바울 안에 존재하면서 그에게 세력을 행사하기 때문에, 바울이 내재하는 죄로 인해 포로된 것에 슬퍼하고 개탄하는 것은 그의 거룩한 감성의 당연한 반응이다. 여기서 바울이 죄에게 포로가 된 것은 그의 자아나 의지와는 상관이 없다. 이 사실은 뒤에 나오는 여러 구절에 의해 충분히 입증된다. 악을 행하는 일에 제멋대로 자신을 팔아 버린 사람의 상태와, 자기가 범한 죄 때문에 자신을 책망하며 그 죄에 포로가 된 자기 존재를 개탄하는 사람의 상태는 매우 다르다. 이처럼 확연한 차이가 있는데도, 아합의 예를 들어 본문을 해석하려는 주석가들의 시도가 너무나 의아할 따름이다.[26]

바울이 자신에게 적용한 이 두 술어들이 비록 얼핏 보기에는 내가 주장한 견해에 아주 거슬리는 듯 보이지만, 좀 더 면밀히 조사해 보면 그것들이 이런 해석을 지지하는 것을 알 수 있다.

15절 이 구절은 14절과 밀접한 관련이 있다. 이것은 바울이 앞 구절에서 자신에 대해 내린 고발의 확증 또는 설명으로 볼 수 있다. 이 구절은 자신의 의지와 감정이 명령하는 것과 그 자신이 맺을 수 있었던 열매 사이의 간극에 초점을 두고 있다. 그는 자신이 행하는 것을 알지 못했다. 그리고 자신이 원하는 것을 실행하지

---

25 벵겔, 마이어, 기포드를 참고하라.

26 James Fraser, 앞의 책을 보라. pp. 271-274; G. C. Berkouwer, *Faith and Sanctification* (Grand Rapids, 1952), p. 59f.

못했다. "내가 행하는 것을 내가 알지 못하노니"에서 "알다"가 무슨 뜻인지는 파악하기가 어렵다. 가장 간단한 해결책은 바울이 "알다"라는 말을 성경에 흔히 나오는 대로 '사랑한다', 또는 '즐거워한다'는 의미로 사용했다는 것이다.[27] 그리고 이 말은 이 구절의 하반부에 나오는 "미워한다"의 반대말이다. 그러나 이 경우 이 단어가 지닌 인지적인 요소를 배제하면 안 된다. 바울은 지금 자기가 반대 세력에 의해 좌절을 겪고 있는 상황에서 여전히 지적인 면을 강조한다. 그는 이 엄연한 사실을 이해하며 알고 있다. 바울은 자기가 마음속에 생각하던 이상을 실현하지 못한 데서 오는 혼란과 당혹감을 표현하고 있는지도 모른다. 15절의 "원하는 것은 행하지 아니하고"(For not what I would, that do I practise)는 18, 19, 21절에도 약간 수정된 형태로 나오는데, 여기서 "내가 원하는"(I would)이란 표현이 어떤 심리적 상태를 말하는지가 궁금하다. 이 번역은 바울이 그의 확고한 소원과 실제로 나타난 행동을 구별하고 있음을 암시한다. 헬라어의 이런 해석은 바울의 용례에 근거를 두고 있다(1:13; 고전 7:7, 32; 고후 5:4; 12:20; 갈 4:21). 이 해석에 따르면 그것은 우리가 일상에서 쓰는 말인 "바라다" 또는 "원하다"와 같은 의미다. 하지만 이것이 본문의 생각을 표현하기에 충분한지는 의문이다. 거기에는 단호한 결단과 의지, 즉 최대한의 의지가 있는 것처럼 보이기 때문이다. 바울은 지금 자기가 행한 것을 미워한다. 그것은 자신의 의지와 반대되기에 미워한 것이다. 그러므로 자신이 단호하게 원하지 않았던 것을 결국 실행에 옮겼던 것이다.

16절 16절은 방금 언급한 것을 확인한다. 바울은 "만일 내가 원하지 아니하는 그것을 행하면"이라고 말한다. 이는 실제로 행한 것은 자기가 소원한 것이 아니라 원하지 않았던 것임을 의미한다. 그러나 16절에서 바울의 주된 관심사는 15절을 확인하는 것이 아니라 15절에 언급된 것을 전제로 하나님의 율법에 동의한다는 점을 보여 주는 것이다. "내가 이로써 율법이 선한 것을 시인하노니"라는 말은 자기 의지의 특징상 근본적으로 자기는 율법에 동의한다는 의미다. "선하다"는 단어는

---

27 "알다"의 이런 의미를 지지하는 증거를 보려면 8:29의 주석을 참조하라.

율법이 최고로 선한 속성을 갖고 있다는 뜻이다. 그러므로 율법은 뒤 문맥에서 거리낌 없이 "선한" 것으로 언급된다. 율법에 대한 이와 같은 언급은, 바울이 내리는 윤리적 평가와 자기 판단의 측면에서 율법이 바로 규범임을 증언한다. 22절과 25절에서는 하나님의 율법이 신자의 의무와 관계가 있다는 점을 강조하고 있다. 바울은 자신의 상태를 그토록 한탄하면서도 전심으로 율법을 인정하고, 단호한 의지로 율법에 동조하는 점에서 위안을 받는다.

17-18절 17절은 이전의 구절들에서 나오는 추론으로 보는 편이 가장 적합하다. "이제는 그것을 행하는 자가 내가 아니요 내 속에 거하는 죄니라." 여기서 바울은 그의 자아와 인격을 하나님의 율법에 동의하는 단호한 의지와 동일시한다. 바울은 자기 자신과 자기가 범한 죄를 분리하는 듯이 보인다. 그는 그의 자아와 자기 속에 거하는 죄를 구별하여 범한 죄의 책임을 내재하는 죄에 돌린다. 18절은 17절에서 언급된 사실을 확증하고 설명한다. "내 속 곧 내 육신에 선한 것이 거하지 아니하는 줄을 아노니." 여기에는 다음의 명제들이 명백히 함축되어 있다. ① 육신은 전적으로 죄스러운 것이다. 육신 안에는 선한 것이 아무것도 없다. ② 육신은 아직도 그의 인격과 연루되어 있다. 즉, 그 육신은 그의 육신이며, 그것은 그 안에 있다. ③ 죄도 그의 인격과 연루되어 있다. 죄는 그의 육신 안에 있기 때문이다. 그러므로 17절은 자기 안에 거하는 죄의 책임이나 자기의 단호한 의지의 좌절로 인해 범해진 죄에 대한 책임을 부인하는 것으로 해석될 수 없다. 18절 하반부는 15절과 다른 용어를 사용하지만 똑같은 의미를 갖고 있다.[28]

19-20절 19절도 15절의 사상을 되풀이한다. 다만 차이가 있다면, 15절의 "원하는 것"이 여기서는 "선"으로 규정되고, 원하지 않는 것을 "악"으로 규정할 뿐이

---

28 18절의 끝에 다양한 단어가 나온다고 해서 의미가 변하는 것은 아니다. 만일 우리가 ℵ A B C와 몇몇 소문자 사본에 따라 οὐ로 읽는다면, 앞 절에 나오는 παράκειταί μοι를 추가시켜 생각해야 할 것이다. 만일 우리가 D G 및 다수의 소문자 사본에 따라 οὐχ εὑρίσκω로 읽는다면, 동사가 제공될 것이며 바울이 그의 한탄을 강조하는 결과를 낳는다.

다.[29] 20절은 17절의 사상을 반복한다. 여기도 차이가 있다면, 20절에서는 더 이상 자기가 범죄하는 것이 아니라, 오히려 자기 속에 거하는 죄가 범죄한다는 결론에 도달한 이유를 설명한다. 그 이유는 자신은 원하지 않는 것을 행하고 있기 때문이란 것이다.[30]

21. 그러므로 내가 한 법을 깨달았노니 곧 선을 행하기 원하는 나에게 악이 함께 있는 것이로다
22. 내 속사람으로는 하나님의 법을 즐거워하되
23. 내 지체 속에서 한 다른 법이 내 마음의 법과 싸워 내 지체 속에 있는 죄의 법으로 나를 사로잡는 것을 보는도다
24. 오호라 나는 곤고한 사람이로다 이 사망의 몸에서 누가 나를 건져 내랴
25. 우리 주 예수 그리스도로 말미암아 하나님께 감사하리로다 그런즉 내 자신이 마음으로는 하나님의 법을 육신으로는 죄의 법을 섬기노라

21절 여기에 나오는 "법"의 의미에 대해 해석가들 사이에 큰 견해 차이가 있다.[31] 즉, "하나님의 법"(22절)을 가리키는지, 아니면 "다른 법", 즉 우리의 지체 속에 있는 "죄의 법"(23절)을 의미하는지에 대한 논란이다. 어느 해석이든 의미가 통하고, 양자 모두 문법 및 구문상 허용될 수 있다. 전자의 견해, 즉 "법"이 하나님의 법을 가리킨다는 주장은 다음과 같다. "선을 행하기 위해 법을 준수하려는 나에게 악도 함께 있음을 나는 발견한다." 따라서 그가 발견한 것은 하나님의 율법이 요구하는 선을 향한 단호한 의지가 있는데도 불구하고 악도 있다는 것이다. 이는 선을 향한 단호한 의지를 속사람을 따라 하나님의 법을 즐거워하는 것으로 묘사한

---

29 19절에 나타난 대조를 효과적으로 표현하기 위해 다음과 같이 번역할 수 있을 것이다. "내가 원하는 것, 즉 선은 행하지 않고, 내가 원하지 않는 것, 즉 악을 행한다"(For not that which I will, namely the good, do I do, but that which I do not will, namely the evil, this I practise). 그는 선을 원하고 악은 원하지 않는다. 그는 악을 이행하고 선은 이행하지 않는다.
30 ℵ와 다수의 소문자 사본에서는 ἐγώ가 20절의 θέλω 뒤에 삽입되어 있다.
31 여러 가지 관점에 대한 토론과 요약을 참고하려면 마이어의 책을 보라.

22절과 조화를 잘 이룬다. 또한 23절과도 일치된다. 23절은 그의 지체 속에 있는 죄의 법을 "다른 법"이라 부르고, 지금까지 이 본문에 유일하게 언급된 법인 하나님의 법과 대조시키기 때문이다. 그렇지만 "죄의 법"(23, 25절)이 고려되고 있다는 점과, 그것이 선을 행하려는 단호한 의지와 상반되는 악의 존재의 견지에서 묘사되고 있음을 지적한 후자의 해석에 대해서도 반론을 제기할 수 없다.[32] 이 번역문은 이런 견해에 근거하고 있으며, 만약 이것을 따른다면 여기서 "법"은 행위의 규칙 내지는 원리의 의미로 사용되었다. 그렇지만 일반적으로 "법"이란 용어가 행위를 요구하는 것으로 사용된다는 점을 무시하면 안 된다. 따라서 "죄의 법"은 하나님의 법에 반대되는 행위를 유발하는 것일 뿐만 아니라 그런 행위를 명하는 것이라고 생각하는 게 좋다.

22-23절 21절의 "법"이 하나님의 법이든 죄의 법이든 간에, 22, 23절은 21절에 선언된 모순적인 상황을 설명하는 것으로 생각해야 한다. 선을 행하고자 하는 단호한 의지가 있는데도 악이 어떻게 존재할 수 있느냐고 묻는다면, 이렇게 대답할 수 있다. 하나님의 법과 죄의 법이란 두 개의 상반되는 법들이 있는데, 양자 모두 우리의 인격에 영향을 미치고 양자의 대립관계가 우리의 내면에도 반영되고 있기 때문이라고 말이다.

　22절의 해석은 "속사람"의 뜻과 결부되어 있다. "속사람"이 겉사람과 대조된다고 생각하는 것은 타당하다. 바울이 이런 대조를 다른 곳에서도 사용하기에(고후 4:16), 이 구절에 비추어 해석하는 것이 좋다. 기포드는 "그것은 몸이나 육신인 '겉사람'(고후 4:16)과 대조되는 '마음'(23, 25절), '사람의 영'(고전 2:11)을 가리킨다"[33]고 말한다. 어쨌든 22절의 속사람은 바울의 속 깊은 영, 인격의 중심을 가리키는 것이

---

32 이 견해를 옹호하는 책은 다음과 같다. Philippi, 앞의 책; Hodge, 앞의 책. 마지막 절의 ὅτι를 τῷ θέλοντι 앞에 놓아야 한다고 생각하는 것은 불필요하다. 마지막 절은 "율법"이 무엇인가를 규정하고 있다. 여기 언급된 "율법"은 악의 존재이다. 22절과 관련하여 "선을 행하기 원하는 나에게"(21절)는 "내가 하나님의 법을 즐거워한다"(22절)와 상응하며, "악이 있다"(21절)는 "내 지체 속에서 다른 법이 내 마음의 법과 싸운다"(23절)와 상응한다.
33 앞의 책, 동일한 곳.

분명하다. 아울러 속사람은, 23, 25절의 "마음"과 동일하지는 않더라도 유사한 것도 사실이다. 그러나 25절에 나오는 "마음"(mind)과 "육신"(flesh) 사이의 대조가 "마음"과 "몸"(body) 사이의 대조라고 추정할 만한 근거는 없다. 바울의 용법에 의하면 "육신"(flesh)이 윤리적 의미로 사용될 때는(분명히 여기서는 그 의미로 사용됨) 몸의 활동은 물론 마음의 활동에 대해서도 적용된다. 윤리적 의미의 "육신"의 위치는 몸속에 있지 않으며, 또 육신의 기원도 사람의 영 또는 마음과 대조되는 몸에 있지 않다. 그러므로 우리는 22절의 "속사람"의 의미를 몸과 영, 정신과 물질 사이의 어떤 형이상학적 구별에서 찾으려고 노력할 필요가 없다. 여기에 나오는 "속사람"은 반드시 이 문맥에 비추어 해석해야 한다. 이 문맥은 시종일관 윤리적인 성격을 지니고 있다.

우리가 앞 구절들에 일관되게 나타난 바울의 사상을 추적하면 "속사람"의 의미가 무엇인지 잘 알 수 있다. 단지 고린도후서 4:16에 나오는 속사람의 의미를 통해서 이해하기보다는 이 문맥을 통해 이해하는 편이 훨씬 더 좋다. 바울은 자기가 원하는 것과 원하지 않는 것을 대조해 왔다. 전자는 선하고, 후자는 악하다. 바울은 자기가 원하던 것과 자기 자신을 동일시하고 있었다(17, 20절). 말하자면, 선한 것과 자기 자신을 동일시한 것이다. 그리고 바울은 자기가 원하지 않는 것, 악한 것을 자기 속에 내재하는 죄와 육신과 연루시켰다. 요컨대, 그는 가장 깊고 단호한 의지에 있어서는 자신과 선한 하나님의 법을 동일시했던 것이다. 바울이 선한 것을 향한 이 단호한 의지(그 자신과 동일시하는)를 "속사람"이라 부른다고 추론하는 것이 가장 합리적이다. 바울은 자신에 대해 도덕적 평가를 내렸다. 윤리적 평가기준에 비추어 자신과 자신의 행위를 분석했다. 이때 자신의 가장 깊고 진실한 자아를 나타내는 것은 선한 것을 향한 단호한 의지라는 점을 알았고 이것을 "속사람"이라고 부른 것이다. 그 자아가 가장 깊고 내면적인 것이므로 "속"이라고 표현했다. "속사람"의 개념을 이해하기 위해 다른 구절을 살펴볼 필요가 없다. 더욱이, 우리가 속사람에 대한 이 견해를 고수할 때 당면한 난점이 해결된다. 즉, 자기 안에 거하는 죄 및 자기의 육신과 자기의 인격을 명백히 분리시키는 이유를 이해하게 된다.[34] 바울이 확신한 것은 선을 행하고자 하는 그의 단호한 의지가 좌절됨에도 불구하고, 그는 하나님의 법을 즐거워하고 있다는 것이다. 그리고 이 즐거움은 피상적인 것이 아니라 그의 도덕적·영적 존재의 속 깊은 영역에 속한 것이다.

그러나 21절의 모순적 상황은 하나님의 법 외에 다른 법이 존재할 때에야 조성된다. 바울이 23절에서 "내 지체 속에서 한 다른 법을 본다"는 것은 이를 두고 한 말이다. 이 다른 법이란 "죄의 법"이라고밖에 볼 수 없다. 이 두 법이 모두 우리의 지체 속에 있는 만큼 양자를 구별하는 것은 거의 불가능하다. "죄의 법"은 그 다른 법을 묘사하는 것으로 해석해야 한다. 죄의 법은 죄에서 나오는 법이며 죄가 도모하는 법이다. 그것은 하나님의 법과 대조되며, 모든 면에서 하나님의 법과 대립된다. 그러기에 바울은 "내 마음의 법"과 싸운다고 말한다. 마음(mind)의 법은 엄밀히 말해 다른 법, 즉 "죄의 법"과 같은 종류가 아니다. 마음의 법은 마음에서 나오는 법이 아니며 마음에 의해 도모되는 법도 아니다. 그것은 마음을 규제하는 법이며, 또 마음이 섬기는 법으로서 하나님의 법을 말한다(25절). 죄의 법과 하나님의 법 사이의 대립관계는 우리의 인격 속에 새겨져 있으며, 이것은 우리의 의식 속에서 죄의 명령과 (우리가 마음으로 동의하고 긍정하며 기뻐하고 있는) 하나님의 법 사이의 전쟁으로 나타난다. 전쟁이란 군사적 비유는 계속해서 다음과 같은 절에도 나타난다. "죄의 법 아래로 나를 사로잡아 오는 것을 보는도다."[35] 바울은 자신을 죄의 법 아래로 사로잡혀 가는 포로로 표현한다. 이 표현의 강도는 14절의 "죄 아래에 팔렸다"는 말과 유사하며, 따라서 같은 식으로 해석해야 한다. 이 갈등을 묘사하기 위해 그토록 강한 언어를 사용한 것을 의아하게 생각할 필요는 없다. 바울의 단호한 의지가 성공적으로 실행되지 못하고(15-21절), 또 자기가 원하지 않는 것을 행하고 있는 것을 감안하면, 사로잡혀 간다는 비유는 타락된 도덕적 상태를 적절하게 묘사했다고 할 수 있다. 그는 속 깊은 결의와 모순되는 행동을 하고 있기에 더 이상 자기 자신의 주인이 아니다. 자기의 가장 깊은 의지와는 다른 한 의

---

34 내재하는 죄 및 육신과 자기 자신을 분리시키는 것에 관해서는 이 장 주석의 끝부분에서 논할 것이다.
35 τῷ νόμῳ 앞에 있는 전치사 ἐν은 외부의 권위가 너무도 강력하게 지지하고 있기에 반드시 보존되어야 한다.

지에 복종하는 상태를 가리켜, 사로잡힌 것이라고 적절히 묘사했다.

죄의 법이 내주하고 있는 "지체"는 6:13, 19에 나오는 같은 용어와 동일한 의미로 해석해야 한다. 비록 그 사상이 우리의 신체적 지체에 초점을 맞추고 있다고 하더라도, 우리는 죄의 법이 신체에서 나온다거나 거기에 자리를 두고 있다고 생각해서는 안 된다. 이미 주장한 대로, 그것은 단지 죄의 법이 표현되는 구체적이고도 명백한 방식을 부각시키고, 우리의 지체들이 죄의 법의 작용과 무관할 수 없다는 점을 가리킬 따름이다. 우리가 죄에 사로잡혔다는 것은 우리의 지체들이 죄의 세력의 도구가 되었다는 사실에 의해 입증된다. 그러나 6:13에서처럼 또다시 우리가 기억해야 할 것이 있다. 우리의 지체가 아무리 중요한 것이라 하더라도, 우리의 지체들만이 포로가 된 것이 아니라 우리의 인격도 포로가 되었다는 사실이다. "내 지체 속에 있는 죄의 법으로 나를 사로잡는 것을 보는도다."

24절 "오호라 나는 곤고한 사람이로다." 만일 우리가 앞 구절들에서 설명한 모순과 좌절을 이해하지 못한다면, 이 절규의 밑바닥에 깔려 있는 비참한 감정을 보고 의아해할 것이다. 여기 나오는 곤고함은 그 갈등에 대한 불가피한 반응이다. 바울이 모범적으로 보여 주는 그런 감수성과 분별력이 우리에게 없다면, 우리는 이런 절규를 제대로 이해하지 못할 것이다. 바울은 자신을 죄의 법에 사로잡힌 상태에서 분리시키지 않는다. 이 사실이 그의 의식 속에 반영되어 있다. 기포드는 이를 '고통의 울부짖음'이라고 표현했다. 이 구절의 난점은 "이 사망의 몸에서 누가 나를 건져내랴?"라는 말의 의미이다.

"이 사망의 몸"(the body of this death)은 "사망의 이 몸"(this body of death)으로 번역할 수도 있다. 이 경우에는 사망으로 채색된 몸을 강조한다. 그러나 문맥이 암시하는 강조점은 "사망"에 있다. 즉, 죄의 법에 사로잡힌 상태에서 흘러나오는 사망 자체를 강조한다. 그것은 포로 상태에 속하는 사망이다. 그러므로 지시대명사 "이"를 몸보다는 사망에 붙이는 것이 더 좋다. 그러면 "이 사망의 몸"은 무엇인가? 지금까지 "몸"은 "덩어리"(mass)를 의미하며, 사망의 몸은 "죄의 덩어리"를 의미하는 것으로 생각했다.[36] 그래서 바울이 갈망하는 것은 죄의 모든 면과 그 결과로부터 구출되는 것이다. 틀림없이 이것이 바울의 간절한 갈망이었고 그의 절규와 질문에 내포되어 있는 것이다. 그러나 이런 방식으로 그 표현을 해석해야 한다는 근거는 없는 것 같다. 6:6에서 말한 것처럼, 바울이 사용한 "몸"은 신체적인 몸을 가리키며, 그것이 비유적으로 사용되었다는 견해를 뒷받침하는 증거는 없다. 그러기에 이 경우에도 신체적인 몸이라고 생각할 수밖에 없다. 그러면 우리는 이 사망의 몸이라고 하는 말을 어떻게 생각해야 할까? 우리가 살펴본 것처럼, 사망은 죄의 법에 사로잡힌 상태에서 생기는 사망을 가리키는 것으로 봐야 한다(23절). 그러나 죄의 법은 우리 지체 안에서 작용한다. 우리 몸을 사망의 몸으로 보는 이유는 죄의 법이 우리 몸의 지체 안에서 작용하기 때문이다. 즉, 지체들은 죄의 법이 작용하여 죄의 삯인 사망을 초래하는 영역이다.

"누가 나를 건져내랴?" 우리가 곧 보겠지만, 그토록 갈망하던 구출, 확신하고 있는 구출은 앞 구절에서 말한 포로 상태에서의 구원을 말한다. 여기에 이 사망의 몸에서 구출받고자 하는 부르짖음이 있는 것은 몸이야말로 죄의 법이 작동하는 도구요 영역이기 때문이다. 바로 이런 이유로 감사를 외치는 다음 구절로 이어지는 것이다.

25절 "우리 주 예수 그리스도로 말미암아 하나님께 감사하리로다."[37] 이는 24절의 질문에 대한 답이다. 이 사망의 몸에서의 궁극적인 구출을 확신하는 승리의 외침, 고뇌를 유발하는 죄의 법에 사로잡힌 상태에서 벗어나는 구원의 확신을 표현한다. "가슴이 찢어지는 외침"[38]은 따라서 절망의 외침으로 해석될 수 없다. 그것은 담대한 소망과 분리될 수 없는 외침이다. 이 감사가 고려하는 것은 무엇인가?

---

36 Calvin, 앞의 책. "죄의 몸"을 같은 방식으로 생각하고 있는, 6:6에서 언급한 주석가들을 참고하라.
37 감사의 표현에 대해 여러 가지 독법이 있지만 모두 동일한 의미를 지닌다. 외부적 권위에 의하면 εὐχαριστῶ τῷ θεῷ와 χάρις τῷ θεῷ 사이에 어느 하나를 택하는 것이 좋다. 전자는 ℵ* A 사본 및 대다수의 소문자 사본의 지지를 받으며, 후자는 B 사본의 지지를 받는다.
38 이 표현은 샌데이와 헤들램에서 끌어온 것이다. 앞의 책, 7:24. 그러나 그들이 진술한 것처럼 "깊은 절망의 상태"와는 거리가 멀다.

"이 사망의 몸"이란 것이 죄의 법이 전쟁에 이용하는 수단인 몸을 가리킨다고 볼 때, 이 감사의 조건을 부활의 확신으로 해석하는 것이 최선이다. 이것은 부활의 소망을 확신하는 고린도전서 15:57과 병행하므로 이렇게 추정하는 것은 결코 비합리적이지 않다.

이런 절박한 절규의 외침과 우리의 몸이 사망의 몸임을 감안할 때, 신자가 탄식하며 기다리는 바(8:23) 우리의 비천한 몸이 그리스도의 영광의 몸의 형상으로 변화될(빌 3:21) 그때 이뤄질 구원에 대한 확신보다 더 절실한 것이 있겠는가? 바울이 복된 소망으로 갈망한 것은 사망이 아니라, 썩을 것이 썩지 아니함을 입고 죽을 것이 죽지 아니함을 입을 때(고전 15:54; 고후 5:4) 주어지는 구출이다. 본문의 감사가 매우 간결하게 표현되었다고 해서 그것이 종말론적 소망의 어구로 부적합한 것은 결코 아니다. 이는 소망의 본질을 형성하는 요소들, 즉 하나님의 능력과 은혜, 그리고 그리스도의 중보를 가장 중요시한다. 25절 하반부에서 바울이 우리에게 14-24절에서 구체적으로 밝혔던 갈등과 모순의 생활을 반복한다는 사실은 이러한 해석을 확증해 준다. 이런 반복은 상반부의 승리에 찬 감사 그 자체가 갈등을 종식시킨 것이 아님을 말한다. 다만 소망을 품게 되었고, 이 소망이 기쁨에 찬 감사의 소리로 표출된 것이다. 그러나 아직 실현되지는 않았다. 사람이 이미 본 것이라면 굳이 바랄 필요가 없기 때문이다. 그는 인내로 그것을 기다린다(8:24, 25). 바울은 계속해서 말한다. "그런즉 내 자신이 마음으로는 하나님의 법을 육신으로는 죄의 법을 섬기노라." 전쟁은 계속된다. 그러나 그는 궁극적으로 완전한 구출이 있을 것이란 확신에 의해 고무된다.

25절 하반부에서는 대립관계를 이미 앞에서 사용한 용어로 진술한다. 즉, 하나님의 법(14, 16, 22절) vs 죄의 법(23절)[39], 마음(23절) vs 육신이다(18절). 마음은 속사람(22절)과 동의어이며, 따라서 그 속에 있는 지극히 깊고 핵심적인 자아와 비슷

---

39 "'하나님의 법'(the law of God)과 '죄의 법'(the law of sin)은 둘 다 22, 23절에서 언급되었는데 각각 정관사를 지니고 있다. 그러나 여기서는 정관사가 빠졌는데, 그것은 각 법의 속성을 더 분명하게 밝히기 위해서다. 그리하여 전자는 '하나님의 법'(a law of God), 후자는 '죄의 법'(a law of sin)이다"(Gifford, 앞의 책).

한 말이다. 그는 율법도 시인하며(16절) 하나님의 법도 즐거워하고 있는 만큼(22절), 하나님의 법을 섬긴다는 말은 종 된 자세로 전심으로 하는 자발적 헌신을 의미한다. 이런 섬김의 사상은, 그 헌신이 단순히 단호한 의지의 헌신에 그치지 않고 행위의 열매가 있는 헌신임을 가리킨다. 다시 말해, 단호한 의지가 섬김을 낳는 것이다. 다른 한편 "육신"은 내재하는 죄(17, 20절)와 분명히 같은 것이다. 그것은 18절에서 바울이 "내 육신"이라 부르며 선한 것이란 아무것도 없다고 말한 것을 가리킨다. 마음은 하나님의 법을 섬기는데, 육신은 죄의 법을 섬긴다. 이 결론적 묘사의 가장 의미심장한 면은 바울이 이 두 경우 모두에서 자신을 책임 있는 행위자로 강조하는 점이다. 바울은 단순히 마음은 하나님의 법을 섬기고 육신은 죄의 법을 섬긴다고 한 것이 아니라, "내 자신"이 마음으로 이것을, 육신으로는 저것을 섬긴다고 말했다. 즉, 바울은 죄의 법을 섬길 때, 그 책임을 죄에게 돌리지 않고 자신에게 돌렸으며 자신이 행위자라고 인정한다. 17절과 20절을 보면, 바울이 죄의 법을 섬길 때 자기의 책임을 회피하는 듯이 보이지만 사실은 그렇지 않다.[40] 아니, 25절을 고려하지 않더라도, 바울이 자기의 범죄에 아무런 책임이 없다는 식으로 생각했다고 볼 수 없다. 14절에서 바울은 "나는 육신에 속했다"라고 말했다. 그는 나중에 "내 육신"이라고 부른 그 육신에 근거해서(18절) 아주 분명한 말로 그 자신을 고발한다. 더욱이, 그는 자신을 원치 않는 것을 행하는 사람이라고 단정했지만, 그럼에도 자기가 행위자라고 시인했다(15, 16, 19절). 그러나 가장 결정적인 증거는 이 25절에 나오는 바울이 두 종류의 섬김에서 "내 자신"이란 말로 자기가 주체임을 밝혔다는 점이다. 곤고하다고 외친 그 절규 자체에도 윤리적 평가가 없지 않다. 그것은 자기 고발이다.

우리가 이 본문(14-25절)을 마치기 전에 좀 더 생각해야 할 문제가 있다. 그것은 심리적인 문제다. 바울이 반복해서 "원하는" 바(15, 19절; 참조. 18, 21절)라고 한 것

---

40 기포드가 다음과 같이 말하는 것은 확실히 잘못된 것이다. "만약 그리스도가 나를 건져내는 분이라고 말한다면, 그것은 14-23절에 이미 묘사된 정신적인 혼란과 자기모순의 상태에서 그리스도의 도움 없이 '내 스스로' 벗어날 수 없다는 것을 의미하는 것이다"(앞의 책). 여기에 묘사된 체험이 하나의 현실이 될 수 있는 것은 단지 그리스도 안에서 가능하며, "내 자신"이 "하나님의 법을 마음으로 섬기는" 주체이며, 이것은 그리스도와의 연합을 떠나서는 있을 수 없는 상태임을 결코 간과해서는 안 된다.

은 선을 향한 단호한 의지임이 명백하다. 그런데 실제로 행한 일은 "원하지 아니하는 바"(16, 19, 20절)라고 언급했기 때문에, 선을 향하던 바로 그 의지가 좌절된 것이다. 그런데 여기에 문제가 있다. 실행된 악행은 선을 향한 그의 단호한 의지와 모순되므로, 바울의 편에서 볼 때 그러한 결과는 자신의 의지나 결의와 관계없이 생긴 것인가? 그렇다면 바울은 이 행동에 책임이 있는 것이 아니라 순전히 생소한 어떤 세력에 의한 비자발적이고 무력한 희생자가 되고 만다. 따라서 이렇게 된 결과에 대해 전혀 도덕적 책임이 없다. 그 행위는 그의 도덕적 책임 영역 밖에 속하기 때문이다. 그러나 이는 불가능한 가설에 불과하다.

이미 우리가 본 것처럼, 바울은 자신이 행하고 실천했던 악과 그 자신을 분리시키지 않는다. 바울은 그 악한 일 때문에 자신을 책망하고, 자신이 육신에 속했다고 단정하며, 스스로 그 악을 행했다고 말한다. 결국에는 아주 명백히 "내 자신이 육신으로는 죄의 법을 섬기노라"고 말했다(25절). 그러므로 책임 있는 행위의 필수조건인 의지가 그로 하여금 자기 자신을 정죄하고 "오호라 나는 곤고한 사람이로다"(24절)라고 토로하게 한 바로 그 행동에 개입했던 것이다. 그러면 우리는 그가 행한 것은 그가 원했던 것이 아니라 그가 원하지 않았던 것이라는 반복된 표현을 어떻게 해석해야 할까?(15, 16, 19, 20절) 이에 대해 우리가 "원하다"라고 번역된 용어는 의욕 또는 바람에 불과하고, 그가 행한 악은 그런 의욕 또는 바람과 상반된 것이었다는 식으로 해결책을 제시할 수도 있다. 그러나 심리적 관점에서 볼 때, 이것은 문제를 해결하지 못한다. 어떤 일을 행할 때는 쾌락이나 만족감이 반드시 있기 마련이다. 그렇지 않으면 어떤 일을 하고픈 의지가 없을 것이다. 그런가 하면, "원하다"는 말이 단지 바람이나 의욕에 불과하다고 나는 생각하지 않는다. 오히려 단호한 의지의 강한 힘이 실려 있다고 추정해야 한다. 그러면 해결책은 과연 무엇일까? 바울은 이 문단 전체에서 자신이 원하는 것과 원하지 않는 것, 두 경우를 말할 때 "원하다"라는 용어를 사용하지만, 그것은 어디까지나 선을 향한 단호한 의지, 즉 "속사람"(22절)의 의지인 하나님의 의지에 부합하는 그런 의지에 국한되는 뜻으로 사용한 것처럼 보인다. 육신과 내주하는 죄로 인해 좌절당한 것이 바로 이 의지다. 그가 악을 행할 때는 자신의 가장 깊고 가장 진실한 자아, 곧 속사람의 의지가 아닌 것을 행한 것이다. 이것이 두 가지 표현, 다시 말해, 자기가 원하는 것을 자기가 행하지 못하며, 자기가 원하지 않는 것을 행한다고 말한 두 가지 형태의 표현을 잘 설명해 준다.

"원하다"는 용어가 이처럼 제한된 의미로 사용되었다는 것을 우리가 이해하기만 한다면, 그렇다고 바울이 자신의 단호한 의지와 반대로 행한 일들 속에 심리적 의미의 의지가 깃들어 있지 않았다는 뜻은 아니다. 즉, 그가 행한 악한 일 속에도 의지가 있음을 알 수 있다. 이 문제의 다른 측면에 대해서도 한마디 해 두어야겠다. 바울이 자신이 원하는 것을 행하지 못했다고 말할 때(15절), 우리는 선을 향한 그의 단호한 의지가 실제로 아무런 효과적인 열매도 맺지 못한 것으로 추정해서는 안 된다. 그렇게 추정하는 것은 바울의 언어를 지나치게 보편화시키는 잘못을 범하는 것이다. 지금 바울은 죄와 육신의 실재로부터 생기는 모순된 상태를 다루고 있고, 그는 우리에게 그 열매에 대한 통계자료를 제공하는 게 아니라 선을 향한 단호한 의지가 좌절된 것을 선언하고 한탄하고 있는 중이라고 말하는 것으로 충분하리라.

John Murray

THE EPISTLE TO THE ROMANS

8장

13. 성령 안에 사는 삶(8:1-39)

1. 그러므로 이제 그리스도 예수 안에 있는 자에게는 결코 정죄함이 없나니
2. 이는 그리스도 예수 안에 있는 생명의 성령의 법이 죄와 사망의 법에서 너를 해방하였음이라
3. 율법이 육신으로 말미암아 연약하여 할 수 없는 그것을 하나님은 하시나니 곧 죄로 말미암아 자기 아들을 죄 있는 육신의 모양으로 보내어 육신에 죄를 정하사
4. 육신을 따르지 않고 그 영을 따라 행하는 우리에게 율법의 요구가 이루어지게 하려 하심이니

1절 "정죄"는 칭의와 반대다(5:16; 8:34). 칭의는 정죄가 없음을 의미한다. 이 서신의 주제인 칭의는 불경건한 자를 완전히 그리고 다시 취소할 수 없이 의롭게 한 것인즉, 칭의는 모든 정죄가 취소된 사실을 수반한다. 이것이 1절의 사상이다. 부정적인 표현이 이 점을 강조한다. "그러므로"라는 말은 이렇게 정죄가 전혀 없다는 것이 앞의 내용에서 나온 추론임을 뜻한다. 앞 문맥 중에 어느 부분이 이런 추론의 기초가 되는가? 이는 주석가들 사이에 의견이 분분한 문제다. 해답을 찾기 위해서는 사도가 이 문단에서 고려하는 정죄의 범위를 더 면밀히 조사해야 한다. 사도가 죄책과 그에 수반되는 정죄에서의 자유만을 칭의로 생각한다면, 우리는 특별히 그 주제를 다루는 부분(3:21-5:21)에서 그런 추론의 기초를 발견해야 한다. 그러나 정죄에서의 자유가 죄책에서의 구출뿐만 아니라 죄의 권세에서의 구출까지 포함한다고 본다면, "그러므로"라는 말은 저 멀리 떨어진 문맥은 물론 바로 그 앞의 문맥(6:1-7:25)과도 아주 적절히 연결될 수 있다. 두 견해 중에 후자가 더 많은 증거를 갖고 있는 것 같다. "정죄함"이란 말은 바로 그 뒤 문맥과 분리해서 해석될 수 없다. 따라서 우리는 이 문맥에 나타난 정죄의 특징을 살펴봐야 한다. 이 문맥에서, 사도는 칭의와 그리스도의 사역의 속죄의 측면을 다루지 않고 성화를 다루며, 또 우리를 죄의 권세에서 구출하시기 위해 그리스도 안에서 하나님이 행하신 일을

다루는 중이다. 그러므로 "정죄함이 없다"는 말의 중요한 의미는 죄책에서의 자유뿐만 아니라 죄의 권세에서의 자유도 포함한다. 이 점이 쉽게 이해되지 않으면, 뒷구절들을 주석할 때 이 개념을 변호할 예정이니 조금만 기다려 달라. 그렇지만 "정죄함"에 관한 이 견해를 채택한다면, 이 추론은 바로 그 앞의 내용과도 연결될 수 있다. 제한적으로나(7:25) 좀 더 포괄적으로(6:1-7:25) 연결될 수 있을 텐데, 후자가 더 좋은 듯하다.

"그리스도 예수 안에." 이것은 6:3-11로 돌아가게 만든다. 거기에는 그리스도의 죽음 및 부활의 능력 덕분에 그리스도와 우리가 연합되었다는 주제가 개진되어 있으며, 이를 중심으로 사도가 죄에 대해 죽고 그리스도 안에서 새 생명을 누린다는 것을 논증한다. 이와 관련하여 그리스도와의 연합을 상기시키는 것은 정죄에서의 자유를 확신하는 것 못지않게 적절하다. 7:14-25의 갈등에서 명백히 나타난 것과 같이 죄 및 육신의 세력이 엄연히 존재하는 만큼 예수 그리스도와 연합함으로 신자의 소유가 된 승리를 이해하는 것이 더 필요하기 때문이다. 이것은 앞 문단에 내포된 은혜를 간결하게 보여 주는 것이기도 하다.[1]

2절 2절은 1절의 확신에 대한 이유를 설명한다. "이는 그리스도 예수 안에 있는 생명의 성령의 법이 죄와 사망의 법에서 나를(혹은 너를) 해방하였음이라."[2] 1절과 2절은 "왜냐하면"(for)이라는 접속사에 의해 연결되었으며, "그리스도 예수 안에"라는 말이 2절에서도 반복된다. 2절은 1절의 끝부분에서 강조하는 그리스도와의 연합의 의미를 밝힌다. 여기서 주된 문제는 "생명의 성령의 법"이 무엇인가 하는 것이

---

1 ℵ* B C D* F G 및 소수의 소문자 사본과 기타 몇몇 번역에서는 1절의 Ἰησοῦ 뒤에 아무것도 첨가되지 않고 있다. 만일 우리가 A D^b 263 및 여러 번역본을 따라 μὴ κατὰ σάρκα περιπατοῦσιν을 추가하거나, 또는 ℵ^c D^c 및 다수의 소문자 사본을 따라 또한 ἀλλὰ κατὰ πνεῦμα를 추가한다면, 모두 추가하든 일부분만 추가하든 이 추가는 "정죄"라는 말의 포괄적인 의미를 더욱 지지해 주는 것이 될 것이다. 왜냐하면 이 경우 우리의 시선은 죄의 지배에서 벗어나면 어떤 성품과 행위가 생길지에 집중하기 때문이다. 그러나 외적인 증거에 따르면 이 추가된 부분이 진짜라고 생각할 수 없다. 아마도 그것은 필사 과정에서 4절 끝에서 삽입된 것일 가능성이 많다. 후자의 경우에는 텍스트상의 문제점은 없다.
2 2절에서 με와 σε 중 하나를 선택하기가 어렵다. 후자는 ℵ B F G의 지지를 받고, 전자는 A C D E K L P 및 소수의 번역 사본의 지지를 받는다. 편집자들이 제각기 나뉘고 있으나 의미에는 별다른 영향이 없다.

다. "생명의 성령"은 바울과 신약의 용법에 비추어 볼 때 성령을 가리킨다(6, 10, 11
절; 요 6:63; 고전 15:45; 특별히 고후 3:6, 17, 18; 갈 6:8). 성령은 생명의 창조자이며 그
자신이 바로 생명이기에(10절 참조) 생명의 성령이다. 그 다음 문제는 이와 관련된
"법"이 무엇인가 하는 것이다. 먼저 이 법과 대조를 이루는 다른 법을 알아야 한
다. 즉, "죄와 사망의 법"에 나오는 "법"이 무엇인지를 밝히기만 하면 답을 알 수
있을 것이다. 이 경우에는 문맥이 결정적인 역할을 한다. 7:23, 25에서 사도는 "죄
의 법"에 관해 말했다. 이미 우리가 발견했듯이, 이 법은 7:21에서 언급한 것과 동
일한 법일 가능성이 많다. 그의 지체 속에서 죄의 법이 활동하기 때문에 그의 몸을
"이 사망의 몸"이라고 불러야 했던 것은 의미심장한 일이다. 죄의 삯은 사망이므
로, "죄의 법"은 또한 "사망의 법"임이 분명하다. "법"이란 말이 여기서는 입법의 권
위는 물론 행동을 유발하고 통제하는 능력으로 사용되었다. 그러므로 이런 대조
의 관점에서 보면, "생명의 성령의 법"은 생명의 영이신 성령의 행동을 유발하고 통
제하는 힘으로 이해해야 한다. 죄는 사망으로 인도하는 능력을 소유한 데 비해
성령은 생명에 이르게 하는 능력이 있기 때문에 성령이 생명의 영으로 불리는 것은
지극히 당연하다. 그러므로 "생명의 성령의 법"은 사망으로 인도하는 죄의 권세에
서 우리를 해방하기 위해 우리 안에 작용하시는 성령의 권세다. 죄의 권세에서부
터의 이런 구출은 6:2-14에서 사도가 선포한 내용과 관련이 있다. 성령은 그리스
도의 영이다(9절). 성령의 능력이 생명으로 나아가게 작용하는 것은 오직 그리스도
예수 안에서 이뤄지는 일이다.

이 구절의 "그리스도 예수 안에"라는 말을 "생명의 성령의 법"과 묶을지, 또는
"나를(너를) 해방하였음이라"는 말과 묶을지는 확실하지 않다. 전자의 경우라면
생명을 부여하는 성령의 활동이 그리스도 예수 안에서 일어나는 것임을 강조하는
것이고, 후자의 경우라면 성령의 능력이 우리를 해방시키는 것이 그리스도 예수 안
에서 일어나는 것임을 강조한다. 전자는 이 생명을 주는 법이 그리스도 안에 있는
것으로, 후자는 그 행위가 그리스도 안에서 이뤄지는 것으로 본다.

이런 것들을 고려할 때, 2절은 우리 안에 작용하는 능력의 견지에서 해석해야
하며, 2절의 지배적인 사상은 죄책에서의 해방보다는 죄의 권세, 곧 "죄와 사망의

법"에서의 해방이다. 이것은 내적 작용의 영역을 얘기하는 것이지, 객관적 성취의 영역을 가리키는 것이 아니다. 그렇지만 이 내적 작용의 기반이자 그 능력의 원천을 사도가 염두에 두고 있지 않은 것은 아니다. 이 사실은 다음 구절의 전면에 분명히 드러나기 때문이다.

3절 이 경우 "율법이 할 수 없는 그것"[3]이란 말은 하나님이 행하셨던 일에 비추어 해석해야 한다. 하나님은 율법이 할 수 없는 일, 곧 육신 안에 있는 죄를 심판하는 일을 하신 것이다. 그러면 하나님 편에서 행한 일은 무엇인가? 그것이 많은 주석가의 견해처럼, 그리스도의 희생[4]에 나타난 하나님의 속죄 행위를 가리킨다고 추정할 만한 근거는 없다. 죄와 관련해 볼 때, 그리스도의 사역은 대속적이며, 이런 면에서 그리스도께서 죄로 인한 정죄를 대신 짊어지신 것은 사실이지만, 이와 같은 속죄 사역이 죄를 심판한 것으로 묘사되지는 않는다. 더욱이, 이미 우리가 발견했듯 이 구절의 주요 사상은 죄와 사망의 법에서의 구원과 관련이 있고, 따라서 우리를 지배하고 다스리는 세력인 죄에서의 구원과 연관되어 있다. 그런즉 우리는 이 구절의 주요 사상에 어울리는, 죄에 대한 하나님의 심판으로 여길 만한 어떤 측면이 있는지 알아보기 위해, 다른 방향으로 시선을 돌리지 않을 수 없다. 그리스도께서 단 한 번에 성취하신 사역을 통해 죄의 권세에 대해 결정적으로 행하신 일을 육신에 죄를 정하신 하나님의 심판으로 해석할 수 있을까? 이 질문에 대해 우리는 긍정적인 답을 내릴 수밖에 없다.[5]

---

3 τὸ ἀδύνατον τοῦ νόμου는 하나의 절대적인 주격으로 간주된다. 즉, 그것은 율법의 무능함이 전제되고 이것이 하나님께서 능히 하실 수 있는 일, 즉 "육신에 죄를 정하신"(condemned sin in the flesh) 일과 대조되고 있다는 의미다. 그것은 또한 대격으로 취급당해 오기도 했다(Sanday and Headlam, 앞의 책). 또한 주된 절인 "하나님께서 육신에 죄를 정하사"라는 것과 병렬관계에 있는 대격으로도 간주된다. ἀδύνατον이 능동태냐 수동태냐 하는 문제에 대해서는 다음을 참조하기 바란다. Gifford, Sanday and Headlam, 앞의 책.

4 참고. Calvin, Philippi, Hodge, Haldane, Shedd, 앞의 책.

5 참고. Alford, 앞의 책. 여기에 매우 유익한 논의가 있다. 마이어의 말도 역시 동일한 취지이며 따라서 인용할 만한 가치가 있다. "이렇게 죄(권세와 정사로 생각된 것)를 정죄한다는 것은 육신의 방해로 인해 율법의 편에서는 불가능한 것이다. 그러므로 그것을 다음과 같이 해석하는 것은 잘못이다. '그는 죄가 정죄받아 마땅한 것임을 보여 주셨다.' '그는 죄를 벌하셨다.' 율법은 죄가 이제까지 행세해 온 지배력

우리는 그리스도께서 단번에 성취하신 일의 이 측면이 6:2-14에서 분명히 표현된 것을 보았다. 이는 주님이 주신 분명한 가르침이며 성경의 교훈이기도 하다. 예수는 자신의 죽음과 관련해 이렇게 말씀하셨다. "이제 이 세상에 대한 심판이 이르렀으니 이 세상의 임금이 쫓겨나리라"(요 12:31). 세상과 사탄에 대한 승리는 실행된 심판으로 표현되어 있고, 이를 위해 사법적 용어가 사용되었다. 바울에 의하면, 어둠의 권세에 대한 이런 승리는 그리스도의 십자가에 의해 완성된 사역이다(골 2:15). 신약에서 "정죄하다"(혹은 심판하다)라는 말은, 유죄를 선고하는 것은 물론 '파멸에 넘겨주다'라는 의미로 사용된다(고전 11:32; 벤후 2:6). 즉, 정죄는 선고뿐만 아니라 선고의 집행까지 뜻하는 것으로 보인다. 하나님의 행동을 생각해 볼 때, 이 용어의 사용이 매우 적절하다고 할 수 있다. 하나님의 심판 선언은 그 선언된 심판을 능히 집행할 수 있기 때문이다. 사법적인 용어가 세상 및 어둠의 임금의 권세의 파멸에 적용되고, 또 "정죄"라는 말이 여기서는 그리스도의 사역과 관련하여 사용되기 때문에, 육신에 죄를 정함은 그리스도의 십자가에서 죄의 권세에 집행된 사법적인 심판을 가리킨다는 결론에 이르게 된다. 하나님은 이 심판을 집행하심으로 죄의 권세를 타도하셨다. 하나님은 죄가 어떤 것인지를 선언하셨을 뿐만 아니라 그 죄 위에 심판을 선언하고 집행하셨다. 더욱이, 율법이 할 수 없는 것과 적절한 대조를 이루는 것은 이와 같은 정죄의 의미이다. 선언적 의미로 볼 때 율법은 죄를 정죄할 수 있다. 이것이 율법의 주요 기능이기 때문이다. 그러나 율법은 죄의 권세를 파괴하기 위해 죄에 대한 심판을 집행할 수는 없다. 사도가 이미 앞장에서 거듭 보여 준 것처럼, 율법은 죄의 권세를 파괴하기보다는 죄의 권세가 더 행패를 부릴 수 있는 기회만 제공한다. 율법은 죄의 권세를 파괴할 만큼 심판을 집행하는 일에는 무능하다. 그러기에 하나님이 바로 이 일을 하시기 위해 자신의 아들을 죄 있는 육신의 모양으로 보내신 것이다. 그러므로 본문의 소극적 요소와 적극적 요소를 모두 분석해 보면 방금 제시한 해석으로 귀결된다.

을 빼앗아야 했는데도 그 죄를 정죄하는 게 불가능했다. 그 결과, 그분이 죄에게서 그 권세를 박탈했다. κατέκρινε는 이런 사실상의 사법적 정죄를 가리킨다"(앞의 책).

"육신에 죄를 정하사"라는 표현에 대한 이러한 견해는 6:7의 "죄에서 벗어나 의롭다 하심을 얻었음이라"는 표현에 의해 확증된다. 이는 그 절을 주석할 때 주목했었다. 그 문맥에서 사도는 죄의 권세로부터의 구출을 다루고 있었다. "우리가 죄에 대해 죽었다"(6:2)는 것이 그 장에서 개진된 논지이고, "의롭게 하다"라는 법정적인 용어는 그리스도의 죽음으로 죄의 권세 위에 집행된 심판을 가리킨다. 그 결과 그리스도와 더불어 죽은 모든 사람들은 이렇게 집행된 심판의 수혜자들이며, 따라서 죄의 통치에서 벗어난 사람들이다. 이것이 "죄에서 벗어나 의롭다 하심을 얻었음이니라"는 표현의 의미다. 마찬가지로 "정죄하다"(심판하다)라는 법정적 용어는 여기서 그리스도의 육신 안에서 죄의 권세 위에 집행된 사법적 심판을 표현하는 데 사용될 수 있는 것이다.

율법은 "육신으로 말미암아 연약하여" 죄의 권세를 정복할 수 없었다. 육신은 죄 있는 인간의 본성이다. 율법의 무능함은 그것이 구속적 특성 또는 효력을 가지고 있지 않다는 사실에 잘 나타난다. 그러므로 율법은 죄를 대면할 때, 육신이 야기한 급박한 상황에 대처할 능력이 없다.

"하나님은 하시나니 곧 죄로 말미암아 자기 아들을 죄 있는 육신의 모양으로 보내어 육신에 죄를 정하사."

(1) 여기서 "하나님"은 사도가 흔히 사용하는 용법대로 '아버지'를 가리킨다. 제2위격인 아들은 오직 아버지에게만 속한다.

(2) 아버지가 아들을 보내셨다. 구속을 성취하는 모든 활동은 아버지의 사랑과 은혜로 말미암은 것이다.

(3) "자기 아들." 이는 그리스도에게 속한 아들 됨의 유일무이성과 아들과의 관계에서 아버지에게 속한 아버지 됨의 유일무이성을 가리킨다. 동일한 사상이 32절에도 나온다. 바울의 이 어휘는 요한복음에 나오는 "독생자"(only-begotten)라는 칭호에 상응하는 것이다(요 1:14, 18; 3:16, 18; 요일 4:9). 여기에서 고려하고 있는 것은 영원한 아들 됨이다. 이 아들 됨은 구속함을 받은 사람들에게 속하는 양자의 직분과 유사성이 없다. 이 점은 제1위의 아버지 됨에도 그대로 적용된다. 하나님은 그의 아들의 영원한 아버지이다. 이런 의미의 아버지는 양자된 자녀들의 아버지

와 다른 개념이다.

(4) "죄 있는 육신의 모양." 이 표현은 다른 곳에는 없다. 그런데 왜 바울 사도는 여기서 이런 표현을 사용했는가? 그는 다른 곳에서 그리스도에 대해 다음과 같이 말했다. "육신으로는 다윗의 혈통(씨)에서 나셨고"(1:3; 9:5), "그는 육신으로 나타난 바 되시고"(딤전 3:16; 요 1:14; 요일 4:2), "사람들과 같이 되셨고"(빌 2:7). 그러나 이번에 유독 이런 표현을 취한 것은 특별한 목적이 있기 때문이다. 그가 "모양"이란 단어를 사용하는 것은 주님의 인성이 진짜가 아님을 암시하기 위해서가 아니다. 그렇게 생각하는 것은 로마서와 다른 바울 서신들이 명백히 말하는 것과 상충된다. 그는 "죄 있는 육신"이란 말을 쓰고 있기 때문에 이 단어를 사용하지 않을 수 없었다. 그리스도가 "죄 있는 육신"으로 보냄을 받았다고 말할 수 없었기 때문이다. 만일 이렇게 말했다면, 그것은 신약이 일관되게 주장하는 예수의 무죄성과 모순되었을 것이다. 그렇다면 주님의 육신의 무죄성을 그토록 열렬히 변호할 필요가 있을 때 왜 사도는 "죄 있는 육신"이란 말을 사용했을까 하는 의문이 생긴다. 그의 관심은 아버지께서 그의 아들을 이와 같은 죄와 불행과 사망의 세계에 보내실 때에 그 아들은 죄인이 되지 않고도 죄 있는 인간과 지극히 긴밀한 관계를 맺을 수 있는 그런 방식으로 아들을 보내셨음을 보여 주는 데 있었다. 그리스도 자신은 거룩하며 흠이 없었다. "모양"이란 말이 이 진리를 변호한다. 그러나 그리스도는 동일한 인성을 지니고 오셨다. 그러기에 "죄 있는 육신"이란 말을 사용하게 된 것이다. 이 어구가 아닌 다른 표현으로는 이상의 여러 목적들을 완벽하게 성취할 수 없었을 것이다. 사도가 한 말에는 다음과 같은 위대한 진리가 선명하게 새겨져 있다. 아버지께서 아들을 보내실 때에 하나님의 아들인 동시에 인간 본성의 측면에서는 "거룩하고 악이 없고 더러움이 없고 죄인에게서 떠나 계신"(히 7:26) 인물에게 가능한 가장 낮은 모습으로 보내셨다는 진리이다.

(5) "죄로 말미암아." 이는 아들이 파송된 목적을 가리킨다. "죄"를 속죄제의 의미로 여기는 것은 성경과 일치한다. 아버지께서 아들을 보내신 목적은 죄를 다루기 위함인즉 그 외에 다른 사상을 덧붙여야 할 이유는 없다. 단순하면서도 심오한 이 진리가 웅변적으로 표현되고 있는 만큼 주의를 다른 데로 돌리면 안 된다. 우

리는 여기서 하나님의 아들이 세상에 오신 사실이 죄의 실재를 떠나서는 아무런 의미가 없음을 잘 알기 때문이다. 그가 오신 것은 죄를 다루기 위함이었다. 앞 절에 비추어 볼 때, 우리에게 분명히 제시되고 있는 사실이 있다. 즉, 그리스도는 죄인이 되지 않고도 죄 있는 인생과 가장 긴밀한 관계를 맺는 방식으로 세상에 오셨을 뿐만 아니라, 또한 죄인이 되지 않으면서도 죄와 가장 긴밀한 관계를 맺는 방식으로 세상에 오셨다는 점이다. 그가 세상에 오신 목적을 이렇게 규정하면, 주요 문구인 "육신에 죄를 정하사"란 표현이 고려하는 제한된 결과를 충분히 이해할 수 있다.

(6) "육신에 죄를 정하사." 우리는 아버지가 이 어구의 주어이며, 따라서 아버지가 바로 행위자임을 간과해서는 안 된다. 구속의 중심부에 놓여 있는 이런 사건들에 나타난 하나님 아버지의 행위를 염두에 두지 않는다면, 그리스도의 사역에 대한 우리의 개념은 불구의 상태를 면치 못한다(4:24, 25; 8:32; 고후 5:18-21). 죄를 심판하는 이 행위를 어떻게 해석해야 할 것인지는 이미 언급한 바 있다. 그러나 다음과 같은 사항을 고려해 보자.

① 육신을 입은 예수의 흠 없는 생애가 제공한 죄의 심판만을 생각하는 것으로는 불충분하다. 물론 이것은 그 자체로 사실이다. 예수의 흠 없는 거룩과 순결은 세상의 죄에 대한, 가장 두드러지고 강력한 심판이었다.[6] 그러나 그 앞에 나오는 "죄 있는 육신의 모양"과 "죄로 말미암아"라는 어구는, 그중에 특히 후자는 이것이 지배적 개념이라는 견해에 반발한다. 아들은 죄를 다루기 위해 오셨기 때문에, 우리는 죄를 심판하는 행위를 구속적 견지에서 해석해야 한다. 그리고 위에서 언급했듯, 문맥상 이 행위는 죄에 대해 집행된 사법적 심판으로 봐야 한다. 이는 요한복음 12:31의 유추로 봐서 알 수 있다. 6:2-14에서는 비록 용어는 다르지만 더 자세하게 죄에 대해 집행된 심판을 설명해 준다. 그것은 저주의 심판으로서 그로 인해 죄는 죄의 권세를 박탈당했으며, 또 수혜자들은 죄와 사망의 법에서 해방되어 육신을 따르지 아니하고 성령을 따라 행하게 되었다. 아버지 하나님이 이 심판

---

6 고데트는 그 사상을 이 개념에 국한시키고 있다. "바울은 성령에 의한 죄의 파멸이나(4절) 또는 십자가상에서의 죄의 심판에 대해서 말하고 있는 것이 아니다. 그는 그리스도의 거룩한 삶을 죄에 대한 생생한 심판으로 보고 있다"(앞의 책).

을 집행하셨다. 그러므로 아버지의 행위가 아들이 성육신과 헌신으로 성취한 그 위대한 업적에 나타났다는 것을 알게 된다.

② "육신에." 여기서 대조할 목적으로 "육신"이란 단어가 돋보이게 사용된 것을 놓칠 수 없다. 율법이 "육신으로 말미암아 연약했다"고 했는데, "육신"은 죄 많은 인간 본성을 의미한다. 하나님은 죄 있는 육신의 모양으로 그의 아들을 보내셨다고 하면서, 또다시 "육신"이 등장하는 것은 그것이 경멸조로 쓰이는 죄의 육신을 의미하기 때문이다. 그러나 이제는 죄가 "육신" 안에서 심판을 받았다(육신에 죄를 정죄했다). 육신 안의 죄가 심판을 받은 것이 아니라[7] 죄가 육신을 통해서 심판을 받았다. (아들을 제외한) 모든 사람이 공유하는 죄 많은 본성 안에서, 모든 사람이 죄의 지배를 받는 그 본성 안에서, 죄에서 자유로운 하나님의 아들이 취한 그 본성 안에서, 하나님은 죄를 심판하시고 그 권세를 타도하셨다. 그런즉 예수는 단지 죄책을 말소하고 우리를 하나님께로 인도한 것만이 아니다. 그는 또한 권세로 행세하는 죄를 정복하사 죄의 노예로 있던 우리를 해방시켜 주셨다. 그리고 이런 일은 "육신" 안에서밖에 이뤄질 수 없었다. 죄의 처소이자 앞잡이인 우리 속의 육신 안에서 전투가 벌어져서 승리가 확보되었던 것이다.

1-3절의 논의를 끝내기 전에, 1절에서 언급된 정죄를 되짚어 보는 것이 좋겠다. 처음부터 "정죄"가 죄책으로부터의 자유보다 더 포괄적으로 해석되어야 한다고 주장하게 된 이유가 이제는 분명해졌을 것이다. 그렇다고 정죄의 엄밀한 법정적 의미를 버려야 한다고 생각할 필요는 없다. 이미 본 것처럼, 육신 안에 있는 죄에 대한 하나님의 심판이란 말은 사법적인 면을 고려하고 있다. 1절이 염두에 두고 있는 것도 우리가 죄의 권세에 노예가 된 상태의 사법적인 면이다. 우리가 죄의 노예가 된 것은 우리가 심판을 받은 것이나 마찬가지다. 사법적인 특성으로 보면 이 속박에서 풀려날 길이 없다. 즉, 권세로서의 죄가 그리스도의 십자가 위에서 사법적인 심판을 받고 우리가 그 심판의 유효한 결과를 취득하기까지는 죄에게 속박

---

7 ἐν τῇ σάρκι는 κατέκρινε와 함께 해석해야 한다. "육신 안의 죄"라고 말하는 것은 불필요한 중복일 것이다. 이에 비해 죄가 심판을 받은 것이 "육신 안에서" 이뤄졌다는 말은 문맥상 아주 적절하다.

된 상태는 계속된다는 말이다. 그러므로 정죄에서의 자유는 죄책의 심판에서의 자유는 물론 죄의 권세의 심판에서의 자유도 포함해야 한다. 정죄함이 없다고 강조하는 말은 정죄의 모든 국면이 다 없어졌음을 암시한다. 그런즉, 죄의 권세와 육신의 권세가 명백히 보이는 그 싸움에 가담한 신자에게는, 죄의 권세가 단번에 결정적으로 심판을 당했으며, 이제 신자 안에 있는 지배적 세력은 그리스도 예수 안에 있는 생명의 성령의 법이라는 확신보다 더 절실하게 필요한 것이 있겠는가!

4절 여기서 가장 중요한 것은 죄의 권세에서의 구출이고, "생명의 성령의 법"(2절)은 규제하시고 지배하시는 성령님의 권세를 의미한다. 따라서 4절은 그리스도의 십자가 안에서 죄의 권세 위에 집행된 심판과 그리스도의 십자가 안에서 단 한 번에 실현된 업적에서 나오고 또 그것에 기초한 성령의 내적인 능력이 우리에게 미치는 영향을 언급하는 것이다. "율법의 요구"는 율법의 의로운 요구 사항이다(2:26; 눅 1:6).[8] 사도는 그리스도의 구속 사역이 촉진한 궁극적 목표인 거룩함을 율법의 요구가 완성되는 것으로 생각했는데, 이것은 신자의 생활 속에서 하나님의 율법이 차지하는 위치를 설득력 있게 말해 준다. 이 견해가 이 문맥에서 더욱더 의미심장한 이유는 6:14에서 죄의 권세에서의 구출을 우리가 "법 아래" 있지 아니하고 "은혜 아래" 있다는 사실로부터 나오는 것으로 말했기 때문이다. 7장에서 그는 다시 그 주제로 되돌아가서 "너희도 그리스도의 몸으로 말미암아 율법에 대하여 죽임을 당하였으며", "율법에서 벗어났기" 때문에(7:4, 6) 우리가 "율법 아래" 있지 않다는 것을 보여 주었다. 그는 또한 죄가 기회를 타서 율법으로 말미암아 온갖 탐심을 이루기 때문에 율법은 죽음을 가져온다는 것을 보여 주었다(7:8-13). 그리고 마지막으로, 이 장에서 그는 율법의 무능함에 관해 말했다(8:3). 그런데 어떻게 그리스도인의 거룩함을 율법의 요구가 성취된 것으로 해석할 수 있을까? 그렇지만 이 사실은 논쟁의 여지가 있을 수 없다. 이것은 하나님의 율법이 은혜의 산물인 거룩

---

8 δικαίωμα는 이 서신에서 다양한 의미가 있다. 1:32에서는 사법적 선고이며 5:16에서는 의롭다 하는 선고, 즉 칭의이며, 5:18에서는 의롭게 하는 의로움이며, 여기에서는 2:26에서처럼 의로운 요구 또는 필요 조건이다.

한 상태에서 가장 완벽하고 규범적인 적실성을 지닌다는 점을 결정적으로 증거한다. 따라서 율법과 은혜의 관계를 이와 다르게 해석하는 것은 이 본문의 명백한 의미를 역행하는 것이다. 우리는 이 같은 취지로 언급된 내용을 앞에서 접한 바 있다 (3:31; 6:15; 7:12, 14, 16, 22, 25). 그리고 이 점은 앞으로 성화의 주제가 더욱 개진될 때 한층 더 확증될 것이다(13:8-10).

"이루어지게 하려 하심이니라"는 말은 율법이 완전히 성취될 것임을 표현하고, 성화의 목표는 하나님의 율법이 요구하는 완전성에 도달하는 것임을 가리킨다. 이 은혜에 참여한 사람들에 대한 묘사는 이 구절의 취지와 일치한다. "육신을 따르지 않고 그 영을 따라 행하는 우리." 여기서 "그 영"은 성령이며(2절), 이 대조문은 그들의 삶을 지도하는 세력은 육신이 아니라 성령이라는 것을 의미한다. 율법의 요구가 신자 안에서 실현되는 것은 성령의 내주와 지도에 의해서다. 은혜의 작용으로 인해, [우리에게] 요구하는 율법과 에너지를 주는 성령 사이에 어떠한 이율배반도 없다. "율법은 신령하기 때문이다"(7:14).[9]

5. 육신을 따르는 자는 육신의 일을, 영을 따르는 자는 영의 일을 생각하나니
6. 육신의 생각은 사망이요 영의 생각은 생명과 평안이니라
7. 육신의 생각은 하나님과 원수가 되나니 이는 하나님의 법에 굴복하지 아니할 뿐 아니라 할 수도 없음이라
8. 육신에 있는 자들은 하나님을 기쁘시게 할 수 없느니라

5-8절 접속사(for)의 사용으로 봐서도 분명하지만, 이 구절들은 4절과 밀접히 관련되어 있는 한 단위이다. 5절의 "육신을 따른다"라는 말은 4절의 표현과 동일한 생각의 연장이며, "영을 따른다"란 말도 그렇다. 그러므로 5절은 4절에 나오는 대조를 확증 또는 설명하는 것이다. 그리고 6절은 5절에 대한 확증 또는 설명이라고 할 수 있다. 7절은 6절에 진술된 내용의 이유를 제공한다. 8절은 7절 끝에 언급된

---

9 참고. "Law and Grace" in *Principles of Conduct*(Grand Rapids, 1957), pp. 181-201. 나의 저서임.

불가능성을 설명한다. 이 문단 전체는 육신과 성령 간의 대조를 확장하며, 이 대조되는 요소들 안에 포함된 것을 밝혀 준다. 그렇지만 4절의 강조, 즉 "육신을 따르지 않고 그 영을 따라"라는 말을 간과해서는 안 된다. 달리 말하면, 여기서의 관심사는 단순히 이 상반된 요소들을 대조하는 것이 아니라, 이 본문이 염두에 두고 있는 사람들이 왜 육신을 따르지 아니하고 영을 따르는지 그 이유를 보여 주는 것이다.

"육신을 따르는"(after the flesh, 4, 5절)과 "육신 안에 있는"(in the flesh, 8, 9절)이라는 두 표현은 동일한 뜻을 갖고 있다. 차이점이 있다면, 전자는 육신을 결정적인 본보기로 간주한 것이며, 후자는 육신을 길들여진 영역으로 본 것이다. 그래서 이 육신에 거하는 사람들은 육신에 의해 길들여지고 육신을 본보기로 삼는 사람들이다. 이 "육신"은 죄에 의해 타락하고 인도되며 통제를 받는 인간 본성이다. "영을 따르는"(after the Spirit, 4, 5절)과 "영 안에"(in the Spirit, 9절)라는 표현도 역시 동일한 의미를 갖고 있다. 이는 성령과의 관계에 비추어 본 것이다. 이 사람들은 성령에 의해 길들여지고 성령을 본보기로 삼는 사람들이다.

"육신의 일을 생각한다"(5절)라는 것은 육신의 것들에 온통 생각, 관심, 애정, 그리고 목적을 쏟는다는 것이다. "육신의 생각"(6절)은 복합적 성격을 갖고 있다. 그것은 육신에 의해 형성되고 통제를 받는 이성의 활동뿐만 아니라 감정과 의지의 활동까지 포함한다. 마찬가지로 "영의 일"(5절)은 성령의 것들에 온통 생각, 관심, 애정, 그리고 목적을 쏟는다는 것이다. "영의 생각"도 역시 복합적인 성격을 갖고 있다. 성령에 의해 형성되고 통제를 받는 이성과 감정과 의지의 활동이 모두 포함된다.

"육신을 따르는"(육신에), "육신의 일을 생각한다"(육신의 생각), "육신을 따라 행한다" 등의 표현은 서로 인과관계에 있다. 또한 언급된 순서대로 인과관계가 있는 것으로 이해하는 것이 좋다. 이렇게 보면 첫째 표현은 기본적인 도덕적 상태를 묘사하고, 둘째 표현은 그 상태에서 나온 마음과 생각의 내적 구조를 묘사한다. 셋째 표현은 첫째와 둘째에서 나오는 행위를 묘사하는데, 보다 구체적으로는 첫째가 둘째를 거쳐 나오는 것을 말한다. 동일한 원리가 이번에는 정반대 방향으로 다음과 같은 세 가지 표현에도 적용된다. "영을 따르는"(영 안에), "영의 일을 생각한다"(성령의 생각), "영을 따라 행한다."

"육신의 생각은 사망이요"(6절)는 육신의 생각이 사망을 일으키거나 사망으로 인도한다는 의미가 아니다. 이 문장 속에는 하나의 방정식이 있다. 술부는 육신의 생각이 곧 사망에 있다는 것을 구체적으로 말해 준다. 사망의 원리는 분리인데, 여기서는 그 분리의 궁극적인 실재인 하나님으로부터의 분리를 가리키고 있다(사 59:2). 이 분리는 우리가 하나님으로부터 멀어졌다는 사실을 의미하고, 따라서 우리는 허물과 죄로 죽은 것이다(엡 2:1). 그러므로 육신의 생각은 이런 종류의 사망인 것이다.

"영의 생각은 생명과 평안이니라"(6절). 같은 종류의 동일성이 여기에 나온다. "생명"은 "사망"과 대조를 이룬다. 여기서 유념하고 있는 생명의 가장 고상한 표출은 바로 하나님을 아는 지식과 하나님과의 교제이다(요 17:3; 요일 1:3). 이것은 참된 신앙의 정점인 상호교통이다. "평안"은 생명과 상관된 것임을 쉽게 알 수 있다. 이 경우에는 하나님과의 화평을 느끼는 주관적인 감정임은 말할 것도 없다(5:1). 즉, 그것은 하나님과 하나가 되었다는 느낌이며, 화해의 감정이 안겨다 주는 마음과 생각의 평온이다(빌 4:7). 평안은 죄가 유발하는 소외감과 불행한 느낌과 정반대되는 것이다.

7절은 육신의 생각이 왜 사망인지 그 이유를 말한다. 그것은 "하나님께 품는 적대감"이다. 여기에도 동일한 종류의 방정식이 나온다. 죄의 본질은 하나님을 대항하는 것이다. 그것은 하나님과 모순된다. 이 진술은 우리가 하나님의 원수라는 말보다 더 강한 표현이다. 그것은 육신의 생각, 즉 "육신을 따르며" "육신 안에 있는" 사람들을 특징짓는 생각을 하나님에 대한 "적대감"으로 채색된 것으로 묘사하기 때문이다.

하나님에 대한 적대감은 육신의 생각의 작동원리이며 지배적인 성향이다. 이와 관련해 "생각"이란 단어의 뜻을 고려해 볼 때, 그것은 모든 행동 저변에 흐르고 있는 성향이 하나님을 대항하고 증오하는 것임을 말해 준다. 7절 하반부는 상반부를 확증해 준다. 하나님의 법은 하나님의 성품과 의지를 반영하며, 이 율법에 대한 태도는 하나님과의 관계를 보여 주는 지표이다. 그러므로 율법에 대한 불순종은 하나님을 향한 적대감이 나타나는 구체적 방식으로 해석될 수 있다. "하나님에 대한 적대감"이라는 표현을 보면, 율법에 대한 불순종이 얼마나 중대한 문제인지를 알 수 있다. 그런즉 이미 우리가 거듭 발견했듯이, 율법은 그 자체로 신성하고 위엄 있는 것임을 알 수 있다. "할 수도 없음이라"는 마지막 어구는 육신의 생각으로는 이룰 수 없는 일이 있음을 가리킨다. 그것은 "육신 안에" 있는 사람들은 하나님의 율법에 순종하려는 성향이 있을 수 없다는 도덕적, 심리적 불가능성을 지적한다.

8절[10]은 7절의 마지막 어구의 생각을 잇는 내용이다. 즉, "육신 안에" 있는 사람들에게 해당되는 불가능한 일을 말한다. 그러나 사도는 "하나님을 기쁘시게"라는 말을 함으로써 그 생각에 인격적인 옷을 입힌다. 그는 "하나님을 기쁘시게"라는 표현에 내재된 넓은 범위를 암시해서 그 불가능한 일의 범위를 강조한다. "하나님의 법"은 하나님께 기쁨이 되는 것이 무엇인지를 선언하고 있음은 물론이다. 그러나 하나님을 기쁘게 하는 것은 "율법" 속에 포함된 것에만 국한되지 않고 그 이상의 것을 의미한다. 그래서 "육신에 있는 자들은 하나님을 기쁘시게 할 수 없느니라"는 말을 사용하며 그 불가능한 일의 범위를 하나님을 기쁘게 하는 일의 전반적인 영역으로 확대하고 있는 것이다. 이것은 육신의 생각은 하나님과 원수가 된다는 7절의 상반부에서 필연적으로 나온 추론이다. 그러나 사도는 그의 독자들을 추론만 하도록 남겨 두지 않았다. 그는 명시적으로 육신에 있는 자들은 하나님의 인정과 기쁨을 유발하는 일을 하나도 할 수 없다는 도덕적, 심리적인 불가능성을 지적한다. 여기서 우리는 자연인의 전적인 무능력의 교리를 접한다. 즉, 자연인은 하나님을 기쁘게 하기에는 전적으로 무능하다는 교리다.

이 문단 전체를 통해 우리는 '전적 타락'과 '전적 무능력'의 교리에 대한 성경적인 기초를 얻는다. 그러므로 반드시 인정해야 할 사실은, 이런 교리에 대항하려면 오늘날 그것을 옹호하는 자들뿐 아니라 사도 바울과도 담판을 지어야 한다는 것이다. "하나님에게 적대감을 품는다"는 것이 곧 전적 타락이며, "하나님을 기쁘게 할

---

10 8절의 δέ는 계속사(詞)로서 'and'로 해석하는 것이 가장 좋다.

수 없다"는 것이 전적 무능력이다.

9. 만일 너희 속에 하나님의 영이 거하시면 너희가 육신에 있지 아니하고 영에 있나니 누구든지 그리스도의 영이 없으면 그리스도의 사람이 아니라

10. 또 그리스도께서 너희 안에 계시면 몸은 죄로 말미암아 죽은 것이나 영은 의로 말미암아 살아 있는 것이니라

11. 예수를 죽은 자 가운데서 살리신 이의 영이 너희 안에 거하시면 그리스도 예수를 죽은 자 가운데서 살리신 이가 너희 안에 거하시는 그의 영으로 말미암아 너희 죽을 몸도 살리시리라

9절 육신과 영의 대조는 앞에서 언급한 그대로다. 사도는, "성령 안에" 있으므로 성령의 인도와 지배 아래 있는 신자들에게 확신과 위로를 주려고 애쓰고 있다. 그럼에도 그는 또한 이런 확신을 품을 수 있는 조건을 제시하고 있다. 곧 "만일 너희 속에 하나님의 영이 거하시면"이라는 조건이다.[11] 이는 신자들 속에 성령이 영구히 내주하심을 가리킨다(엡 2:22). 그리고 9절 하반부가 가리키듯이, 성령의 내주는 "성령 안"에 있는 상태의 필수조건이다. 신자에 대한 성령의 관계와 거꾸로 성령에 대한 신자의 관계를 표현하는 두 가지 방식 모두를 주목해야 한다. 즉, 신자는 성령 안에 있고 성령은 신자 안에 계신다는 것이다. 이 관계는 서로 구별은 되지만 분리될 수는 없다.

"누구든지 그리스도의 영이 없으면 그리스도의 사람이 아니라." 이것은 앞 어구에 함축되어 있는 사실을 부정적으로 강조해서 표현한다. "그리스도의 영"은 앞 어구에 나오는 "하나님의 영"을 말하며, 이는 성령이 그리스도와 맺는 관계가 그가 하나님과 맺는 관계와 비슷하다는 것을 말해 준다(고후 3:17, 18; 갈 4:6; 빌 1:19;

---

11 εἴπερ는 '…이므로' 또는 '…인 것으로 보아'라는 의미로 해석될 수도 있다(참고. 살후 1:6). 그러나 εἴπερ는 조건을 명시하는 데 더 많이 쓰인다(참고. 17절; 고전 8:5; 15:15; 고후 5:3). 여기서도 그 말은 앞 어구들의 확신이 기초해 있는 조건이나 근거를 밝힌다(참고. 골 1:23). 9절 하반부에서는 부정문의 형태로 경고를 명백히 진술하고 있다.

벧전 1:11).[12] 여기서 사도가 설정하는 판단의 기준을 잘 인식해야 한다. 어떤 사람이 성령을 모시고 있지 않다면 그는 신자가 아니다. 모든 신자는 누구나 성령이 내주하고 있는 사람이므로 성령 안에 있는 존재다. 즉, 사도가 다른 곳에서 베푼 가르침으로 표현한다면(7:14) 모든 신자는 누구나 다 "신령한"(영적인) 사람이며, 따라서 그리스도인들 사이에는 "성령 안에" 있는 사람과 "성령 안에" 있지 않은 사람과 같은 구별은 있을 수 없다. "그리스도의 사람이 아니라"는 표현은, 성령이 없는 사람은(유 19) 그리스도의 부름을 받은 자들의 울타리 밖에 있는 사람임을 말해 준다(1:6).

10절 "또 그리스도께서 너희 안에 계시면." 이는 하나님의 영의 내주하심, 그리스도의 영을 소유함, 그리고 그리스도가 우리 안에 계심이 모두 같은 의미임을 보여 준다. 그렇다고 그리스도와 성령 사이의 구별이 희미하다는 의미는 아니다. 또한 하나님의 각 위격의 독특한 내주의 양태나 독특한 활동을 부정하는 것도 아니다. 그러나 그것은 그리스도와 성령 간에 존재하는 친밀한 관계를 강조하며, 그 연합에 의해 신자는 그리스도와 성령이 모두 거하는 처소가 되는 것이다.

"몸은 죄로 말미암아 죽은 것이나." 이 구절이 그리스도와의 연합으로 말미암은 '죄에 대한 죽음'(참고. 6:2)을 가리킨다는 견해는 근거가 없다. 이 견해는 "죄로 말미암아"라는 말과 어울리지도 않는다. 11절에서 말하는 우리의 "죽을 몸"의 부활을 고려하더라도 여기 언급된 "몸"은 신체적인 몸이며, 몸의 죽음은 몸과 영이 분리될 때에 일어나는 분해라고 생각하는 것이 옳다. 사도는 죽음의 원리가 현존하고 있기에 몸은 "죽은 것이다"라고 말할 수 있었다. 마이어의 표현을 빌리면, 몸은 "사망의 먹이"이다. "죄로 말미암아"라는 말은 5:12과 6:23을 가리킨다. 그리고 이 표현은 그토록 자주 강조되고 있는 진리를 재확중한다. 그 진리란 죽음이 우리 존재의 신체적인 면에 침투한 이유는 죄 때문이라는 것이다. 육체적 죽음은 바로 죄의 삯이다.

---

12 이것은 필리오케(*filioque*) 조항을 지지해 주는 가장 강력한 근거 중 하나이다.

"영은 의로 말미암아 살아있는 것이니라." 이 번역이 취한 해석과 거의 천편일률적인 주석적 견해와 상반되게,[13] 나는 이 절에 나오는 "영"(the Spirit)을 성령으로 본다. 죽어 있는 몸과 살아 있는 영을 대조시키고 있다고 해서, 많은 주석가들의 주장처럼, 그것이 반드시 사람의 몸과 사람의 영 사이의 대조라고 볼 필요는 없다. 다음 사항들은 이것이 성령이라는 견해를 지지해 준다.

(1) 앞의 문맥과 11절에서, "영"이란 단어가 나올 때마다 틀림없이 성령을 가리키고 있다. "영 안에", "하나님의 영"(9절), "그리스도의 영"(10절), "예수를 죽은 자 가운데서 살리신 이의 영", "너희 안에 거하시는 그의 영"(11절) 등이다. 10절 끝의 영이 성령이 아니라는 주장은 근거가 별로 없다.

(2) 성령을 생명이라고 언급하고 있는 점은 11절의 서두에서 소개하는 사상과 상당히 일치한다. 신자들 안에 거하시는 성령을 생명으로 생각해야 한다는 것은 11절의 주제인 부활의 확실성에 아주 적절하다고 할 수 있기 때문이다.

(3) 이 구절에서 언급한 죽음을 단지 신체적인 것으로만 생각하는 것은 오류다. 죽음은 몸과 영의 분리이다. 물론 영은 몸에 발생하는 부패를 겪지는 않지만, 영과 몸의 분리의 당사자인 것은 사실이다. 그러므로 사도가 신자의 영을 몸의 속성인 죽음과 반립관계에 있는 것으로 설정한다고 보기는 어렵다. 그리스도의 구속이 죽음을 소멸한 것처럼 그보다 더 뚜렷한 대조를 이루는 것이 있어야 한다. 생명이 되시는 성령이 이런 반립관계에 안성맞춤이다. 그런가 하면 인간의 영은 그것이 제아무리 생명에 물들었다 해도 그만한 역할을 할 수 없다.

(4) 이 구절의 지배적 사상은 다음과 같다. 비록 신자는 죽을 것이며 이 사실이 몸의 분해에서 명백히 드러나지만, 그리스도께서 신자 안에 거하시기 때문에, 생명을 주는 위력이 죽음에까지 영향을 미쳐서 몸이 흙으로 돌아갈 때에 드러나는 분열의 세력과 이 생명이 뚜렷한 대조를 이룬다는 것이다. 성령을 생명으로 언급하

---

13 공통적 견해는 샌데이와 헤들램의 말로 진술될 수 있다. "여기에 나오는 πνεῦμα는 분명히 하나님의 πνεῦμα의 임재에 의해 주입된 생명의 속성을 지닌 인간의 πνεῦμα를 가리킨다"(앞의 책). 칼빈은 그것이 성령이라는 견해를 취한다. "독자들은 영(spirit)이란 단어를 영혼이 아니라 중생의 영으로 이해해야 한다는 것을 이미 유념하고 있다"(앞의 책). 칼빈을 전후로 일부 사람들도 동일한 견해를 취했다.

는 것은 이 사상과 잘 어울린다.

만일 이 단어가 성령을 가리킨다면, "영은 살아있는 것이니라"(혹은 영은 생명이다)는 명제는 성령을 부활 시에 죽음의 폐지를 보증해 주는 생명과 동일시하는 것으로 이해해야 한다. 사도는 우리가 이를 예측하도록 우리를 준비시켰다. 그리스도 자신이 부활이요 생명이시다(요 11:25). 그러나 위에서 언급했듯이, 사도는 성령을 "그리스도의 영"이라고 부름으로써 성령과 그리스도 간의 친밀한 관계를 보여 주었고, 성령의 내주하심을 그리스도의 내주하심과 동일시했다(9, 10a). 그러나 주목해야 할 점은, 성령을 "생명"이라고 언급할 때 그것은 죽음을 정복하고 죽음에서 구출된다는 의미의 생명을 말하며, 성령은 궁극적인 구속의 행위인 부활에 내재한 생명이란 사실이다. 이것이 "영은 의로 말미암아 살아있는 것이니라"는 말의 의미다. 성령은 그리스도께서 완성하신 구속에서 분리된 영역에 있는 생명이 아니다. 여기서 또다시 우리는 친밀한 상호의존 관계를 본다. 이는 성령이 이 서신의 위대한 주제인 의와 무관하게 거론된 생명이 아니라는 말이다. 성령이 우리의 죄 많은 상태를 좌우하는 그 죽음을 폐지하는 생명이 되는 것은 바로 바울이 "하나님의 의"라고 부르는 것, 즉 그리스도의 의와 순종 때문에 가능한 것이다.

11절 여기서 말하는 영은 성령이다. "예수를 죽은 자 가운데서 살리신 이"는 말할 것도 없이 아버지다(4:25, 26; 6:4; 갈 1:1; 엡 1:17, 20). 아버지는 그리스도의 부활을 주도한 행위자이다.

성령을 "예수를 죽은 자 가운데서 살리신 이의 영"이라고 부른 이상, 이것은 성령께서도 구속의 섭리에 해당하는 아버지의 구체적인 행위에서 아버지와 아주 밀접한 관계를 유지한다는 것을 의미한다. 성령은 "그리스도"라는 이름이 의미하는 메시아 직분과 관련하여 그리스도와 긴밀한 관계를 맺으시기 때문에 그리스도의 영인 것처럼, 성령은 아버지께서 예수를 죽은 자 가운데서 살릴 때 그분과 긴밀한 관계를 유지하기 때문에 또한 아버지의 영이다. 이런 관계가 10절의 마지막에 나오는 명제, 곧 "영은 살아있는 것이니라"는 말의 기초를 제공한다. 성령은 생명이다. 부활의 생명이다. 즉, 부활의 능력을 지닌 생명이다. 더욱이 11절 상반부의 주요 사상인 성령의 내주하심은, 성령께서 예수를 살리신 이의 영으로서 신자 속에 거하신다는 사실로 인한 내주의 특성에 비추어 조망되고 있다. 그리고 이는 그의 내주하심에서 이끌어 낸 추론과 밀접한 관계에 있다. 말하자면 "그리스도 예수를 죽은 자 가운데서 살리신 이가 너희 안에 거하시는 그의 영으로 말미암아 너희 죽을 몸도 살리시리라"는 추론이다.

"그리스도 예수를 살리신 이"도 역시 아버지다. 그러므로 그는 신자들의 부활도 주도하시는 행위자로 묘사되어 있다. 그리고 이 부활은 "너희 죽을 몸도 살리시리라"는 말로 묘사되어 있다. 이것은 죽은 상태에서의 부활을 가리키고 있기 때문에, 우리로서는 사도가 "죽을 몸"(mortal bodies)보다는 "죽은 몸"(dead bodies)이라고 말할 것으로 기대했을지도 모른다(10절). 그러나 이 표현은 의미심장하다. 여기서 "죽을"이라는 용어는 비록 현재 살아 있으나 앞으로 있을 죽음의 사건을 대기하고 있는 신자들의 몸을 묘사한다. 그런데 신자들이 부활 때에 살아날 것은 "죽은 몸"임이 분명하지만, 여기서 그것을 "죽을 몸"과 동일시한 데는 그만한 이유가 있다. 부활 때에 살아날 몸은 지금 신자들이 소유하고 있는 몸과 동일한 몸이기 때문이다. 사도가 여기서 채택하는 묘사 속에는 죽은 몸과 죽을 몸 사이의 동일성과 연속성이 암시되어 있다. 이 동일성과 연속성은 이 동일한 몸들이 부활 상태에 어울리는 새로운 속성을 지니는 것에 저촉되지 않는다(고전 15:35-54).

이 텍스트에 의하면, 성령은 부활에서 능동적인 역할을 할 것이다. "너희 안에 거하시는 그의 영으로 말미암아"라는 말이 그것을 말해 준다.[14] 물론 아버지가 그리스도의 부활에서처럼 신자들의 부활에서도 그것을 주도하는 행위자이지만, 그렇다고 성령의 행위가 배제되는 것은 아니다. 하나님의 세 위격들은 구속 사역에서 함께 일하고, 또한 궁극적인 부활에 있어서도 그렇다. 만일 우리가 이 번역을

---

14 번역문 간의 차이점은 속격의 διά와 대격의 διά 간의 차이다. 전자 τοῦ ἐνοιχοῦντος αὐτοῦ πνεύματος는 ℵ A C P² 및 소수의 사본이 지지하는가 하면, 후자 τὸ ἐνοικοῦν αὐτοῦ πνεῦμα는 B D G와 몇몇 번역 사본을 포함한 소문자 사본이 지지한다. 전자는 성령의 직접적인 행위를 가리킨다. 그렇지만 후자는 이 행위를 배제하는 것이 아니고 실로 동일한 것을 암시한다. 오직 후자의 독법을 택할 경우에 부활에 있어서의 성령의 행위를 인정하는 사상을 억제할 수 있을 것이다. 그렇지만 만일 성령의 내주하심이 이 부활의 이유로 제시된다면(대격의 διά), 성령의 작인을 배제시키기는 어렵다.

그대로 따른다면, 성령이 그리스도의 부활에도 능동적으로 개입하신 것을 알게 된다. 아버지께서 그리스도를 살리신 사건이 신자도 역시 살리실 것에 대한 보증으로 제시되어 있다. 그리스도의 부활이 제공한 패턴에 따라 신자들도 부활할 것이라는 암시도 있다(엡 1:17 이하). 그러므로 성령께서 신자들의 부활에 있어서 능동적인 역할을 한다면, 그는 또한 그리스도의 부활에 있어서도 능동적인 역할을 했다는 결론이 나온다. 후자는 전자의 기초이자 모형이기 때문이다.

이 구절의 지배적인 사상은 다음과 같다. ① 아버지께서 그리스도를 살리셨다. ② 아버지께서 예수를 살리신 분임을 생각해 볼 때 성령은 곧 이 아버지의 영이다. ③ 성령은 아버지의 영으로서 신자 안에 거하신다. ④ 성령의 내주하심은 예수를 살리신 이의 영의 내주하심이기 때문에 그 영을 지닌 자들이 죽은 상태에서 부활할 것을 보장한다.

12. 그러므로 형제들아 우리가 빚진 자로되 육신에게 져서 육신대로 살 것이 아니니라

13. 너희가 육신대로 살면 반드시 죽을 것이로되 영으로써 몸의 행실을 죽이면 살리니

14. 무릇 하나님의 영으로 인도함을 받는 사람은 곧 하나님의 아들이라

15. 너희는 다시 무서워하는 종의 영을 받지 아니하고 양자의 영을 받았으므로 우리가 아빠 아버지라고 부르짖느니라

16. 성령이 친히 우리의 영과 더불어 우리가 하나님의 자녀인 것을 증언하시나니

17. 자녀이면 또한 상속자 곧 하나님의 상속자요 그리스도와 함께 한 상속자니 우리가 그와 함께 영광을 받기 위하여 고난도 함께 받아야 할 것이니라

12절 12절은 앞 구절들에서 이끌어 낸 추론이다. 어쩌면 이 장의 전반부 전체를 이 결론의 기초로 이해할 수도 있다. 이 추론은 명백한 권고의 말은 아니지만 권면의 의미를 지니고 있다. 우리는 대체로 그리스도의 희생 사역이 우리에게 거룩한 삶을 살아야 할 빚을 안겨 준다고 본다. 그러나 여기서는 성령의 사역과 내주하

심을 성결의 삶을 살아야 할 이유로 제시한다. 우리에게 부과된 의무가 부정문으로 진술되어 있다. 즉, "우리가 빚진 자로되 육신에게 져서 육신대로 살 것이 아니니라"고 한 것이다. 여기에 우리가 성령에 빚진 자로서 성령을 따라 살아야 한다는 의미가 함축된 것은 물론이고, 이는 부정적인 반대 사실에서 추론된 것이다. 여기서 말하는 "육신"(flesh)은 죄스러운 욕망, 동기, 애정, 성향, 원리, 그리고 목적의 복합체이다. "육신대로 산다"는 것은 그런 복합체의 지배와 인도를 받는다는 것을 의미한다. 이 추론의 취지는 명백하다. 이제 우리는 성령에 의해 죄와 사망의 법에서 구출받았으며 성령이 내주하시는 사람들이 되었는데도, 그 성령께서 우리를 해방시켜 주신 것들에 순종하고 봉사하려고 한다는 것은 얼마나 모순되는 일인가.

13절 13절은 12절에 표명된 부정적 내용과 함축된 긍정적 내용 양자의 이유를 제시한다. 육신을 따르는 생활과 성령을 따르는 생활의 대표적인 결과를 보여 준다. "너희가 육신대로 살면 반드시 죽을 것이로되." 여기에 불가피하고도 변할 수 없는 순서가 있다. 이 순서는 하나님 자신도 위반하지 아니하시며 또 위반하실 수도 없다. 생명을, 육신을 좇는 삶의 결과로 만드는 것은 그 자체가 모순이다. 하나님은 육신으로부터 구원하시지만 육신 안에 있는 자를 구원하시는 것은 아니다. 바울은 지금 신자들을 향해 "만일 너희가 육신대로 살면 반드시 죽을 것이라"고 말한다. 여기에 언급된 죽음은 최대한 넓은 의미로 이해해야 한다. 따라서 이 죽음은 하나님으로부터의 영원한 분리인 궁극적인 죽음을 의미한다. 신자의 안전 보장의 교리도 이 순서를 부정하지 않는다. 죽음을 피하는 유일한 길은 육신의 생활에서 구출을 받아 그것을 단념하는 일이다. "영으로써 몸의 행실을 죽이면 살리니." 앞서 말한 육신대로 살면 반드시 죽을 것이라는 경우처럼, 이 순서도 불가피하며 변할 수 없다. 그렇지만 이번에는 사도가 "너희가 성령대로 살면"(if ye live after the Spirit)이라는 식의 표현을 쓰지 않았음을 주목해야 한다. 그는 더 구체적이 되어 부정적인 표현으로 돌아간다. 즉, "영으로써(by the Spirit) 몸의 행실을 죽이면 살리니"라고 했다. 이것은 사도의 사상이 상당히 실제적임을 보여 주며, 또 성결은 긍정적인 면과 부정적인 면이 있음을 가리킨다. 이 진술에 대해 다음 몇 가지 사항을 필히 고려해야 한다.

(1) "죽이면"이란 말은 우리 편에서의 행동을 가리킨다. 7:4에서 신자들은 죽임을 당한 것으로, 즉 그들이 얽매였던 것에 대해 죽임을 당한 것으로 진술되어 있다(7:6). 이런 구절들은 신자의 수동적 입장을 묘사한다. 지금은 신자에게 능동적인 행동을 요구한다. 후자는 전자에 기초를 두고 있다. 신자가 율법과 죄에 대해 단번에 죽었다고 해서 자기 지체에 있는 죄를 죽여야 할 필요성에서 면제되는 것은 아니다. 전자로 인해 신자가 지체 속의 죄를 죽이는 것은 꼭 필요하며 또 가능하다.

(2) "몸의 행실." 우리가 몸이라고 부르는 물리적 실체를 여기서 말하고 있음은 의심의 여지가 없다(10, 11절). 따라서 사도는 몸에 관련된 죄들을 생각하고 있음이 확실하다. 6:6과 관련해 이미 지적했듯이, 몸이 죄의 근원이란 것이 아니며, 죽여야 할 죄들이 단순히 그 몸이 집행하는 죄들이란 뜻도 아니다. 오히려 신자에게 요구되는 사항이 얼마나 구체적이고 실제적인지가 분명히 드러난다. "몸의 행실"은 죄의 몸을 특징짓는 행습들이다(6:6). 그것은 신자가 살기 위해서는 반드시 죽여야 하는 행습들이다(골 3:5).

(3) 이런 능동적 행위는 성령을 떠나서는 불가능하다. 그러기에 "영으로써"(성령에 의해) 가능하다. 신자는 그 내면에 힘을 비축할 저장소가 없다. 거룩한 행위와 거룩하게 하는 행위는 모두 언제나 "성령에 의해" 가능하다.

(4) 죽음이 그러했듯이 영으로써 얻은 결과인 생명도 최대한 넓은 의미의 생명이며, 따라서 성도들이 하나님의 존전에서 그분과 교제하며 영원히 즐기게 될 영생을 말한다.

14절 이 구절과 앞 구절 간의 관계는 다음과 같다. 영으로써 몸의 행실을 죽이는 사람은 하나님의 영의 인도를 받는다. 하나님의 영의 인도를 받는 자들은 하나님의 아들들이다. 그리고 만일 그들이 하나님의 아들들이라면, 그 신분이 영생을 보장한다. 그러므로 14절은 13절에 주어진 확신("네가 살리니")에 기초를 마련해 주는 것으로 해석해야 한다. 영생은 아들의 신분에 따르는 결과인 것이다. 영으로써 몸의 행실을 죽이는 사람은 하나님의 영의 인도를 받는다는 것이 당연시되고, 성령의 인도를 받는 사람은 누구든지 다 하나님의 아들이라고 단언한다.[15] "영으로 인도함을 받는다"는 것은 성령의 지배를 받는다는 뜻이며, 성령의 능동성과 신자의 수동성에 강조점을 두는 것이다. "몸의 행실을 죽인다"(13절)는 말은 신자의 능동성을 강조한다. 이것들은 상호보완적인 관계로, 곧 신자의 능동적 행위는 성령의 능동적 행위의 증거이며, 성령의 능동적 행위는 신자의 능동적 행위를 유발하는 원인이다.

15절 이 구절은 13-14절에 표현된 사상, 곧 아들 됨이 영생의 보증이라는 점을 좀 더 확증해 준다. 아들이 된다는 말의 의미가 무엇인지를 설명하고 있다. "종의 영"과 "양자의 영"의 의미에 대해서는 견해의 차이가 많다. 일반적 견해는 다음과 같다. "종의 영"은 복음에 의한 해방 이전에 우리를 통제하던 노예의 영 혹은 정신적 기질로서 공포와 두려움을 유발하거나 수반하는 성향이다. 이와 비슷하게, "양자의 영"은 "아빠 아버지"라는 호칭으로 표현되는 부자지간의 신뢰하는 성향이다.[16] "영"이란 단어는 선한 의미나 악한 의미에서 성향 내지는 정신의 구조라는 의미로 사용될 수 있다(11:8; 고전 4:21; 갈 6:1; 벧전 3:4; 딤후 1:7). 더욱이, "종의 영"을 이와 다른 의미로 해석하기란 불가능한 듯하다. 성령은 종의 영이 아니라 자유의 영이기 때문이다(고후 3:17). 주석가들은 "영"이란 단어에 대해 "종의 영"에서는 이런 의미로, "양자의 영"에서는 저런 의미로 해석한다는 것을 어색하다고 여겨 앞에서 말한 해석을 지금까지 채택했다. 그렇지만 이 해석을 반박해야 할 이유가 있다. 갈라디아서 4:6이 이 구절과 밀접한 유비를 이룬다. "너희가 아들이므로 하나님이 그 아들의 영을 우리 마음 가운데 보내사 아빠 아버지라 부르게 하셨느니라." 여기에 나오는 영은 분명히 성령이다. 우리가 "아빠 아버지"라 부르는 것은 성령에 의해서다. 이에 비추어 볼 때 로마서 8:15에서 "양자의 영을 받았으므로 아빠 아

---

15 οὗτοι는 강조체로서 '다른 자가 아닌 바로 이들'이라는 의미를 갖고 있다.
16 참고. Luther, Philippi, Meyer, Gifford, Sanday and Headlam, Denney, Dodd, 앞의 책. 샌데이와 헤들램은 "양자의 영"을 "종의 영"과는 다른 의미로 해석하며 전자를 성령을 가리키는 것으로 보았다. 이것은 홀데인의 입장이기도 하다. 그는 "종의 영"을 노예정신으로 해석하고, "양자의 영"은 성령으로 해석한다.

버지라고 부르짖느니라"고 할 때의 영은 성령이라는 결론을 내릴 수 있다.[17] 그를 "양자의 영"(the spirit of adoption)이라고 부른 것은 그가 입양의 주체이기 때문이 아니라, 하나님의 자녀들 안에 "아빠 아버지"라고 부르짖을 수 있도록 부자간의 사랑과 신뢰를 창조하고 또 하나님의 자녀들의 권리와 특권들을 행사할 수 있게 하시는 분이 성령이시기 때문이다.[18] "아빠, 아버지"라는 말에 관해서(막 14:36; 갈 4:6) 가장 믿을 만한 견해는 다음과 같다. 주님이 친히 이 아람어 단어와 헬라어 단어를 둘 다 사용하셨을 뿐만 아니라, 주님의 제자 중 적어도 몇몇은 그리스도의 본을 따라 두 용어를 합쳐서 사용한 것으로 본다.[19] 반복어구는 성령께서 하나님의 백성들로 하여금 자녀들을 능히 도울 준비를 갖춘 한 아버지에게 자녀로서 신뢰의 자세로 가까이 나아갈 수 있도록 담력을 불어넣는 것을 뜻한다.[20] 그런즉 아버지 되시는 하나님께 담대히 나아가지 못하고 오히려 주저하는 것은 참된 겸손의 표시가 아니다. 하나님께 다가갈 수 있는 것은 성령에 의해, 또는 성령 안에서 가능한 일임을 주목해야 한다. 성령이 불러일으키는 경외심과 애정이 없이 "아빠, 아버지"라고 부르는 것은 주제넘고 오만한 짓이다.

"양자의 영"이 성령이라면 "종의 영"은 무엇인가? 어떤 경우에는 "영"을 고유 명사로 여기고 또 다른 경우에는 그렇게 여기지 않는 것이 자의적으로 보일지 모른다. 그렇지만 성령은 "종의 영"(the spirit of bondage)이라고 부를 수 없다. 그가 계시는 곳에는 반드시 자유가 있기 때문이다. 해결책은 이렇다. "종의 영"에 관한 명제가 부정적이므로 그 생각을 이렇게 해석해서는 안 될 이유가 없는 것 같다. "너희는 성령을 종의 영으로 받지 아니하고 양자의 영으로 받았다." "다시 무서워하는"이라는 표현은, 성령을 받은 것이 회심 이전의 상태를 특징지은 노예의 두려움으로 되돌아가는 것이 아니라는 의미로 이해해야 한다. 그 이유는 성령은 종의 영

---

17 참고. Calvin, Alford, Hodge, Haldane, Godet, 앞의 책.

18 "성령이 양자로 택하기 때문에 양자의 영이며, 우리는 성령에 의해 하나님의 아들이 된다"라고 핫지가 말하는데, 이는 불필요할뿐더러 옳지도 않다(앞의 책). 양자를 삼는 분은 아버지이다. 특히 바울 서신에 나오는 증거에 따르면, 신자들이 양자의 관계를 맺는 대상은 아버지이므로 양자를 삼는 주체는 아버지이다.

19 참고. Philippi, Meyer, Godet, Sanday and Headlam, 앞의 책.

20 참고. *Westminster Shorter Catechism*, Q. 100.

이 아니라 양자의 영이고, 성령의 활동은 양자 됨과 어울리는 일을 촉진하는 것이지, 종의 모습을 촉진하는 것이 아니기 때문이다.

16절 이 구절의 사상을 이해하려면 앞 구절을 되짚어 볼 필요가 있다. 15절에서는 신자 자신의 마음속에 자녀다운 반응이 새겨져 있음을 말했다. "우리가 아빠, 아버지라 부르짖느니라." 16절의 말을 사용하면, 그것은 양자의 영이신 성령이 내주하심으로 인해 신자 자신의 의식이 내놓는 증언이다. 그런데 16절에는 성령이 친히 하는 증언이 있다. 그리고 후자의 증언은 신자 자신의 의식이 하는 증언과 함께 역사하는 것으로 간주된다. 그러므로 성령의 증언은 자녀가 된 우리 의식의 증언과는 구별되어야 한다. 그것은 우리가 내놓는 증언과는 구별되는 우리에게 주어진 증언이다. 우리에게 주어진 증언은 "우리가 하나님의 자녀다"라는 것이다.[21] 우리는 성령의 이 증언을 "네가 하나님의 자녀다"라는 직접적인 명제적(언어적) 계시로 해석해서는 안 된다. 그것은 실로 우리에게 주어진 증언이며 "우리의 영"에게 주어졌다. 그러나 이 증언에는 많은 측면이 있다. 특별히 그 증언은 신자의 마음속에 그들이 하나님의 상속자이자 그리스도와의 공동 상속자로서 받은 약속을 보증했다는 점으로 명백히 드러나며, 또 그들도 하나님의 자녀라 불릴 수 있도록 아버지께서 그들에게 베푸신 위대한 사랑에 대한 확신을 불러일으켰다는 사실로도 밝히 드러났다(요일 3:1).[22]

---

21 신약에서 바울은 υἱοθεσία라는 말을 독점적으로 사용했다(8:15, 23; 9:4; 갈 4:5; 엡 1:5). 바울은 양자 된 자들을 지칭할 때 υἱός라는 단어만 사용하지 않는다는 것을 우리는 유의할 필요가 있다. 이 장에서 바울은 용어들을 유연하게 사용하고 있다. 16, 17, 21절에서 바울은 τέκνα를 사용하고, 14, 19절에서는 υἱοί를 사용하고 있다. 우리는 다른 곳에서도 동일한 변이를 본다(즉 9:7, 8; 엡 5:1; 빌 2:15에서는 τέκνα이며, 9:26; 고후 6:18; 갈 3:26; 4:6, 7에서는 υἱοί이다). 여기서 다른 개념을 찾으려는 것은 인위적인 것일 뿐이다. 바울이 τέκνα에서 파생한 용어에 비추어 이 아들 됨을 중생에 의해 이뤄진 것으로 생각했다는 증거는 없다. 요한의 용법은 다르다. 그는 계 21:7과 아마도 요 12:36의 경우를 제외하면, υἱός를 이런 관계를 지칭하는 단어로 사용하지 않았다(그는 요 1:12; 요일 3:1, 2, 10; 5:2에서는 τέκνα를 사용한다. 참고. 요 11:52; 요이 1, 4, 13; 요삼 4). 요한은 아들 됨을 중생과 더 밀접하게 연관시키고 있는 것 같다(참고. 요 1:12, 13; 요일 2:29; 3:9; 4:7; 5:1, 4, 18). 그러나 요한의 경우에도 특권을 부여하는 행위는 역시 명백히 표현되어 있다(참고. 요 1:12; 요일 3:1).
22 유익한 주석은 다음 책을 참고하라. Robert Haldane, 앞의 책; Thomas Chalmers, *Lectures on*

17절 이 구절은 하나님의 백성에게 다가올 영광과 관련하여 아들 됨의 사실에서 이끌어 낸 추론이다. 이것은 14절과도 관련이 있다. 14절에서는 아들 됨이 영생을 보장하는 것으로 나온다. 그러나 17절에서는 이것이 더 확대되어 하나님의 백성에게 다가올 삶이 "하나님의 상속자요 그리스도와 함께 한 상속자"라는 말로 묘사된다(갈 4:7. 여기서는 동일한 논리적 순서가 더 간결하게 표현되었다). "하나님의 상속자"는 하나님의 아들들이 하나님이 직접 그들을 위해 준비하신 유업의 상속자라는 뜻을 내포한다. 그러나 여기에는 더 풍성하고 더 깊은 사상이 있다. 그의 자녀들에게는 하나님 자신이 곧 유업이시다(시 73:25, 26; 애 3:24). 그들이 "그리스도와 함께 한 상속자(공동 상속자)"라는 점을 생각해 볼 때 이런 사상을 지지하게 된다. 그리스도의 보상은 무엇보다 그가 아버지와 함께 영광을 받은 사실에 있다. 여호와께서 그의 유업의 몫이 된 것이다(요 17:5; 시 16:5). "그리스도와 함께 한 상속자"라는 말은 하나님의 자녀들이 그리스도에게 주어진 유업을 그리스도와 함께 소유하게 됨을 뜻한다. 이것은 그리스도와의 연합 및 친교를 영광의 상태에서 바라본 것이다(사도는 그리스도와의 연합 및 친교를 이 서신의 앞부분에서 강조한 바 있다). 그리스도의 고난과 죽음과 부활은 그 수혜자인 우리 인간을 떠나서는 도저히 생각할 수 없는 것처럼, 그리스도께서 완성하신 사역의 보상으로 받은 영광도 우리를 떠나서는 도저히 생각할 수 없는 것이다. 그리고 영광의 상태에 이미 들어간 사람들도 그리스도를 떠나서는 도저히 생각할 수 없다. 그러므로 그들이 유업으로 받을 영광도 그리스도께서 승천하며 보상으로 받은 영광과 다름이 없는 것이다. 이것이 이 구절의 마지막 절에 명백히 언급되었다. "우리가 그와 함께 영광을 받기 위하여"라는 어구이다. 이는 예수께서 그에게 속한 사람들을 위해 기도하셨던 내용임을 기억하라. "아버지여 내게 주신 자도 나 있는 곳에 나와 함께 있어 아버지께서 창세 전부터 나를 사랑하시므로 내게 주신 나의 영광을 그들로 보게 하시기를 원하옵나이다"(요 17:24). "그리스도와 함께 한 상속자"는 "하나님의 상속자"보다 더 높은 개념은 아니다. 그러나 "그리스도와 함께 한 상속자"라는 말은 "하나님의 상속

---

the Epistle of Paul the Apostle to the Romans, Lecture LIV.

자"가 된다는 사실에 내포된 것을 구체적으로 표현한다.

"우리가 그와 함께 영광을 받기 위하여 고난도 함께 받아야 할 것이니라"는 말은 유업을 받는 데 필요한 조건이다(9절). 그리스도의 고난에의 동참이 없으면 영광에의 동참도 없다. 고난과 그 후의 영광은 그리스도 자신을 위해 정해 놓은 순서다. 그리스도의 메시아적 과업과 계획에서는 이 순서 외에 다른 것이 있을 수 없었다(눅 24:26; 빌 2:6-11; 벧전 1:11). 이와 동일한 순서가 그리스도와 함께 상속 받는 사람에게도 적용된다. 그런데 그들이 반드시 고난을 받고 나서 영광에 들어간다는 것만이 아니다. 순서가 비슷하다는 것 이상의 뜻이 들어 있다. 그들이 그와 함께 고난을 받는다는 것이며, 이런 동참의 필요성은 영광의 경우처럼 고난의 경우에도 강조되어 있다는 점을 주목하라. 이것이 신약성경과 특히 바울이 하나님의 백성의 고난을 그리스도의 고난으로 여겨야 한다고 강조한 이유이다(고후 1:5; 빌 3:10; 골 1:24; 딤후 2:11; 벧전 4:13; 막 10:39). 신자들이 속죄, 화해, 화목, 그리고 구속의 달성을 위해 기여할 수 있는 것은 하나도 없다. 그들의 고난이 이와 같은 효력을 지니고 있다고 말하는 곳은 전혀 없다. 하나님은 그의 백성의 죄과를 오직 그리스도에게만 지우셨고, 오직 그리스도 안에서만 세상을 자기 자신과 화해케 하셨다. 그리스도만이 그의 피로 우리를 구속하셨다. 그렇지만 하나님의 자녀들의 고난이 그리스도 자신의 고난으로 분류되어야 할 다른 측면도 있다. 그들은 그리스도께서 겪으신 고난에 참여한다. 그들은 그리스도의 온 몸의 구속과 영광의 완성에 필요한 고난의 전 분량을 채우는 자로 간주되어 있다(골 1:24). 그런즉 그리스도와의 연합 및 친교는 이런 참여를 설명해 주고 확증해 주는 것이다.

18. 생각하건대 현재의 고난은 장차 우리에게 나타날 영광과 비교할 수 없도다

19. 피조물이 고대하는 바는 하나님의 아들들이 나타나는 것이니

20. 피조물이 허무한 데 굴복하는 것은 자기 뜻이 아니요 오직 굴복하게 하시는 이로 말미암음이라

21. 그 바라는 것은 피조물도 썩어짐의 종 노릇 한 데서 해방되어 하나님의 자녀들의 영광의 자유에 이르는 것이니라

22. 피조물이 다 이제까지 함께 탄식하며 함께 고통을 겪고 있는 것을 우리가 아느니라

23. 그뿐 아니라 또한 우리 곧 성령의 처음 익은 열매를 받은 우리까지도 속으로 탄식하여 양자 될 것 곧 우리 몸의 속량을 기다리느니라

24. 우리가 소망으로 구원을 얻었으매 보이는 소망이 소망이 아니니 보는 것을 누가 바라리요

25. 만일 우리가 보지 못하는 것을 바라면 참음으로 기다릴지니라

바울은 하나님의 자녀들이 그리스도를 위해 고난을 받아야 하고 이는 그리스도와 더불어 영광을 받는 데 필요한 전제조건이라고 말하면서, 그들을 격려하고 위로하기 위해 세 가지 근거를 든다. 이 단락(18-25절)은 세 가지 가운데 첫째 근거에 해당한다.

18절 이 구절은 이 세상에서 겪어야 할 고난과 하나님의 자녀들을 위해 쌓아 둔 장래의 영광 사이에 엄청난 차이가 있음을 강조한다. 즉, 현재의 고난은 장차 나타날 영광과 비교해 보면 아무것도 아니라는 것이다. 사도는 이런 점을 들어 인내로 고난을 참아야 한다고 호소한다. 그가 "생각하건대"(3:28; 빌 3:13)라고 말할 때는 반박할 수 없는 진리에 관한 그의 판단을 삼가서 말하고 있는 것이다(고후 4:17). "현재"는 이런 고난을 겪고 있는 기간을 말한다. 이것은 전문적인 표현으로서 우리가 보통 사용하는 말인 '당분간'과 동일시되어서는 안 된다. 현재는 "다가올 시대"와 대조를 이루는 "이 시대" 혹은 "현 시대"다(마 12:32; 막 10:30; 눅 16:8; 20:34-35; 롬 12:2; 갈 1:4; 엡 1:21). 다가올 시대는 부활과 영광이 나타날 시대이다. 이것은 한 신자가 죽음에 앞서 이생에서 겪어야 하는 고난과 그가 죽어서 들어가는 축복된 상태 간의 대조가 아니다(고후 5:8; 빌 1:23). 여기서 생각하고 있는 영광은 부활의 영광이며 다가올 시대의 영광이다. 이는 "우리에게 나타날 영광"이라고 언급되어 있다. 이 표현은 장차 나타날 것이 확실하다는 말이다. "나타난다"는 말에 전제되어 있는 감춰져 있음을 강조한 나머지 그 영광이 감춰진 상태로 이

미 존재하고 있고 다만 그것이 밝히 나타나기만 하면 된다는 뜻으로 생각할 수도 있다. 그 영광은 지금 그리스도께 속해 있는 것인데, 장차 신자들에게 주어질 것이다. 그렇지만 "나타난다"는 말이 반드시 이런 의미를 지니는 것은 아니다(참고. 갈 3:23). 앞으로 나타날 영광은 부활과 묶여 있기 때문에(23절), 우리는 그것이 하나님의 계획과 목적 안에 들어 있다는 점을 제외하고는 그것을 현존하는 것으로 생각할 수 없다. 이 영광은 "우리에게" 나타날 영광이다. 즉, 이 영광은 우리에게 수여될 영광이므로, 결국 우리가 실제로 그 영광에 참여하는 자가 된다. 그런즉 우리가 단지 구경꾼이 되는 그런 영광이 아니다.

19절 19절과 연결되는 것이 18절의 어느 요소인지에 관해서는 상당한 견해 차이가 있다.[23] 누구나 의심할 만한 이유가 있을 때에는 자신의 판단과 이유를 표현할 수 있을 뿐이다. 19절은 18절에서 암시적으로 신자들에게 권유한 인내와 믿음의 기다림을 확증하고 지지해 주는 구절인 것 같다. 이는 "피조물이 고대하는 바"란 말로 잘 나타난다. 만일 "피조물"이 꾸준히 고대한다면 신자도 말할 것 없이 그래야만 한다. 우리도 피조물에 올라타자는 것이다. "피조물"이란 말은 1:20에 나오는 창조 행위를 가리킨다. 여기서는 창조의 산물을 가리킴이 분명하다. 문제는 이 피조물이란 말 속에 얼마나 많은 피조물이 포함되는가 하는 것이다. 20-23절에 의해 그 한계가 정해진다는 것을 주목해야 한다. 여기서 말한 피조물의 범위를 알아내는 최상의 방법은 이 한계에서 제외된 것을 고려하는 것이다.[24] 천사는 여기서 제외된다. 천사는 허무한 데 굴복하지 않고 썩어짐에 속박되어 있지 않기 때문이다. 사탄과 마귀들도 여기서 제외된다. 그들은 하나님의 아들들의 나타남을 고대하지 않으며, 또 하나님의 자녀들의 영광의 자유에 동참하지 않을 것이기 때문이

---

23 마이어는 19절에서 증언되고 있는 것은 미래의 영광의 확실성이라고 생각하고, "μέλλουσαν의 두드러진 강조체"를 강조하고 있다(앞의 책). 필리피는 그것이 영광의 확실성보다는 미래성을 말하고 있고, 미래성은 신자 및 피조물 양자의 기대와 탄식에 의해 입증되고 있다고 본다. 다른 사람들은 19절이 미래의 영광의 위대성을 확증한다고 생각한다.

24 핫지는 이렇게 말한다. "πᾶσα ἡ κτίσις란 어구는 너무도 포괄적이기 때문에 여기서 제외되는 것은 아무것도 없다. 모두가 이 범주 속에 속한다"(앞의 책).

다. 그리고 하나님의 자녀들도 여기서 제외된다. 그들은 엄연히 "피조물"과 구별된 존재들이기 때문이다(19, 21, 23절). 만일 신자들이 22절의 탄식하는 피조물 속에 포함된다면, "이뿐 아니라 또한 우리"(23절)라는 말은 무의미한 표현이 될 것이다. 온 인류도 반드시 여기서 제외되어야 한다. "피조물이 허무한 데 굴복하는 것은 자기 뜻이 아니요"라는 말은 인류에 해당되지 않기 때문이다. 인류는 자발적인 범법 행위로 인해 온갖 악에 굴복하고 있는 중이기 때문이다. 불신자들도 포함될 수 없다. 간절한 고대가 그들의 특징이 아니기 때문이다. 현재는 불신 상태에 있으나 앞으로 믿게 될 사람들도 여기서 제외된다. 그들도 장차 나타날 영광에의 참여자로서 "피조물"과는 구별되는 하나님의 자녀 속에 포함될 것이기 때문이다(19, 21절). 따라서 20-23절에 의해 모든 이성적인 피조물들은 제외된다. 그러므로 그 범위를 생명이 있거나 없거나 모든 비이성적인 피조물로 제한해야 한다. 22절에서 사도가 "모든 피조물"을 거론하고 있으므로, 우리는 비이성적인 피조물로 제한된 영역 안에서 포괄적인 범위를 지칭하는 것으로 받아들여야 한다. 따라서 우리는 더 이상의 어떤 제한을 가해서는 안 된다. 억측은 변호될 수 없다.[25]

그러므로 사도가 "피조물의 고대하는 바는 하나님의 아들들이 나타나는 것이니"라고 말할 때, 그는 물질적인 하늘과 땅에 관해 이야기한 것이다. 여기에 의인화가 있음은 말할 것도 없다. 이것은 성경에 아주 흔히 있는 일이다(시 98:8; 사 55:12; 겔 31:15). 여기에 제시된 진리는 인격적이 아닌 것을 인격화한다고 해서 모호해지지 않는다. 비이성적 피조물은 "하나님의 아들들이 나타나는 것"과 상관이 있는 중생을 기다리고 있다.[26] 이 "나타남"은 하나님의 자녀들에게 나타날 영광

---

25 이 견해를 변호하고 반론들을 자세히 논박한 글을 보려면 다음을 참고하라. Hodge, 앞의 책; Meyer, 앞의 책. 이 견해는 주석가들이 가장 광범위하게 지지하는 것이다.

26 행 3:21의 ἀποκατάστασις πάντων도 동일한 중생을 가리키는 것으로 보는 것이 가장 합리적이다. 마 19:28에 나오는 παλιγγενεσία도 흔히 동일한 방식으로 해석되어 왔다. 벧후 3:13에 나오는 새 하늘과 새 땅도 이와 같은 중생을 가리킨다는 것을 조금도 의심할 필요가 없다. 이 후자의 구절에서 우리는 궁극적인 종말론을 접한다. 피조물이 하나님의 아들들이 나타날 때 누릴 구원의 성격에 관한 롬 8:19-23은 더 고차원적이거나 더 궁극적인 영광의 여지를 남겨놓지 않는다. 그것은 "하나님의 자녀들의 영광의 자유로 들어가는" 구원으로 묘사되고 있다. 하나님의 아들들을 위한 이 자유는 궁극적인 것이다. 그리고 피조물이 자기의 영역에서 즐기는 그 자유도 역시 궁극적인 것이다.

을 다른 측면에서 본 것이다. 그때까지는 하나님의 자녀들이 지닌 아들로서의 신분과 특권이 자기 자신들과 다른 사람들에게 밝히 나타나지 않을 것이다. 그들이 그리스도와 더불어 영광을 받게 되기까지는 그리스도의 몸의 완전성과 통일성이 분명하게 나타나지 않을 것이다(골 3:3, 4).

20절 이 구절은 왜 "피조물"이 하나님의 아들들이 나타나기를 그토록 고대하는지를 설명한다. 여기서는 세 가지 사항이 언급된다. 첫째, 피조물은 허무에 굴복했다. 둘째, 그 굴복은 자기 뜻으로 한 것이 아니다. 셋째, 피조물은 소망 가운데서 굴복했다. 피조물이 굴복한 그 "허무"는 자연의 질서를 억제하고 있는 생명력의 결핍과 자연의 세력이 그 본래의 목적을 성취하는 과정에서 직면하는 좌절을 가리킨다. 이것은 이 땅과 관련된, 사도 바울의 창세기 3:17-18에 대한 해석임이 분명하다. 그러나 우리는 "피조물"이란 말을 이 땅에만 국한시킬 수 없다. 사도의 시야는 훨씬 더 넓다. 타락이 지구에 영향을 준 만큼 창세기 3:17-18로부터 이런 허무의 개념을 이끌어 낼 수 있지만(참고. 시 107:34; 사 24:5-13), 피조세계 전체에 미친 영향을(참고. 시 107:34; 사 24:5-13) 우리가 알아낼 수는 없다. 그러나 그 모든 피조물이 영향을 받았다는 사실을 22절을 통해 분명히 알 수 있다. "자기 뜻이 아니요"라는 말은 피조물이 의지를 소유하고 있다는 의미가 아니며, 피조물이 스스로 허무에 굴복할 수도 있었다는 의미도 아니다. 이는 피조물의 굴복이 전적으로 다른 존재의 의지 때문이라는 사실을 강조하는 진술이다. "오직 굴복하게 하시는 이로 말미암음이라." 이는 사탄도 아니고 사람도 아니며 다름 아닌 하나님이시다. 사탄이나 사람은 피조물을 소망 가운데 굴복하게 할 수 없었다. 오직 하나님만이 그런 계획을 세우고 피조물을 굴복하게 하실 수 있었다. 그뿐만 아니라, 이 문맥은 언젠가 소망이 실현될 것을 시사하고, 또 오직 하나님에 의해서만 이것이 가능한 것은 하나님만이 소망의 필요성이나 근거를 설정할 수 있었기 때문이다. "그 바라는 것"(in hope, 21절)이라는 말은 비이성적 피조물이 허무에 굴복하고 있지만,[27] 그것

---

27 ἐπ' ἐλπίδι를 ὑπετάγη와 연결하든지 ὑποτάξαντα와 연결하든지 큰 차이는 없다. 그러나 분사보

은 어디까지나 궁극적인 구출을 구상한 하나님의 계획 안에서 그렇게 된 것이라는 뜻이다. 그러므로 피조물의 현재 상태는 최종적인 것이 아님을 보여 준다. 환언하면, 소망이 굴복의 조건이고, 피조물에 가해진 썩어짐과 허무함의 조건이기도 하다. 이 사실은 다음 여러 구절에서 그토록 선명하게 제시된 해방과 회복의 사상을 예기하고 확증하며 19절의 "고대하는 바"를 설명한다.[28]

21절 영어성경에서 21절을 시작하는 접속사는 "that"이다. 21절은 소망의 목적을 묘사한다. 그것은 피조물이 해방될 것이라는 소망이다. 이 접속사는 "때문에"(because)로도 번역될 수 있다.[29] 이 경우에는 피조물이 소망 가운데서 허무함에 굴복하는 이유를 말해 준다. 두 가지 번역과 해석이 모두 옳고 문맥과 잘 어울린다. 어느 것이 정확한지 결정하기는 어렵다. 그러나 불확실하다고 해서 피조물이 "썩어짐의 종노릇 한 데서 해방되어 하나님의 자녀들의 영광의 자유에 이를 것이라"는 주된 사상이 모호해지는 것은 아니다. "썩어짐의 종노릇"은 부패에 속박된 상태를 말한다. 이것은 성격상 윤리적이지 않기 때문에, 비이성적 피조물에서도 명백히 볼 수 있는 죽음과 부패를 의미하는 것으로 해석해야 한다.[30] "하나님의 자녀들의 영광의 자유"는 하나님의 자녀들의 영광 안에 존재하는 자유이다. 따라서 이 자유는 썩어짐의 종노릇과 현저한 대조를 이룬다. 이 "영광"은 17, 18절

다는 주동사와 연결하는 편이 낫다.

28 이 표현은 물질적 피조물은 멸절되고 만다는 개념과 어울리지 않는다. 왜냐하면 그러한 개념은 소망이 의미하는 것에 맞지 않기 때문이다. 소망은 소망하는 주체가 받게 될 어떤 것을 기대하는 마음을 내포한다. 이 경우에 그것은 하나님의 자녀들의 영광의 자유에 이르는 해방이다. 멸절은 이와 같은 긍정적인 요소를 제공할 수 없다. 멸절은 궁극적인 부정이다.

29 A B C D^c E K L P의 ὅτι 대신에 אּ D* F G의 διότι로 읽는 것이 필요할 것이다. 유명한 편집자들은 후자의 독법을 따른다.

30 φθορά가 여기서 윤리적인 의미를 지닌다면(참고. 갈 6:8; 벧후 1:4; 2:19), 종노릇(속박)은 인간의 윤리적 타락에서 나오는 종노릇일 것이다. 피조물이 이런 종노릇을 하게 된 것은 인간의 죄의 결과라는 뜻이다. 그러면 φθορά 그 자체는 피조물의 속성이라고 말할 수 없을 것이다. 그러나 τῆς φθορᾶς이란 단어를, 그 반대말인 τὴν ἐλευθερίαν τῆς δόξης를 해석하는 방식으로 '부패에 속박된 상태'로 해석하는 것이 더 자연스럽다. φθορά는 골 2:22, 벧후 2:12에서도 비윤리적 의미로 사용되고 있다. 고전 15:42, 50에서 역시 이와 동일한 비윤리적 의미로 사용되었을 가능성이 많다. 여기서 말하고 있는 것은 '죽을 몸'이다.

에 언급된 그 영광이다. 그러므로 피조물은 하나님의 자녀들에게 부여될 영광에 참여할 것이다. 그렇지만 피조물은 비이성적인 존재인 만큼 그 본성에 어울리는 방식으로 그 영광에 참여할 수 있을 뿐이다. 그러나 하나님의 자녀들의 영광은 피조물도 포함하는 영광이며, 따라서 우주적 중생과 무관한 것으로 생각할 수 없다. 하나님의 백성의 영광은 만물의 회복과 관련이 있다(행 3:21). 피조물을 위해 쌓아 둔 자유가 피조물이 "고대하는" 목표이며, 피조물의 탄식과 고통의 종점이다.

22절 여기서는 사도가 피조물의 소망에 관해 주장한 내용을 확증하고자 논쟁의 여지가 없는 사실에 호소한다. 피조물이 지금까지 굴복해 온 그 허무감과 썩어짐을 직접 확증하려는 의도가 있는지는 말하기 어렵다. 그러나 어쨌든 피조물이 결국 얻게 될 해방을 확증해 준다. 이 구절의 의미는 "함께 탄식하며 함께 고통을 겪고"라는 말의 의미를 이해할 때만 분명해진다. 이런 탄식과 고통은 사망의 고통이 아니라 출생의 고통이다. 칼빈의 말을 빌리면 이렇다. "피조물들이 이제부터는 썩어짐에서 해방되는 소망을 품고 있기 때문에 그들이 구출받기까지 산고를 겪는 여인처럼 탄식한다. 그런데 이것은 매우 적절한 비유이다. 사도가 말하는 이 탄식은 결코 헛되지 않을 것이다. 결국에는 기쁘고 복된 열매를 맺을 것이기 때문이다."[31] "이제까지"는 새 질서의 탄생이 아직 일어나지 않았음을 가리킨다. 아울러 출생의 고통이 끝나지 않았고 소망이 사라지지 않았다는 징표이기도 하다. "다 함께"라는 말은 피조물 전체와 각 피조물이 신자들과 함께한다는 뜻이 아니라 이 고통에 동참한다는 뜻으로 보는 게 좋다. 이 구절은 모든 피조물에 강조점을 두고, 다음 구절은 신자가 피조물에 동참한다는 사실을 밝히고 있으므로 이렇게 해석하는 것이 바람직하다. 이런 점에서 볼 때 22절의 "함께"를 필립피는 "온 우주는 하나의 웅대한 탄식의 심포니를 연주한다"라고 했다.[32]

---

31 앞의 책; 참고. Meyer 앞의 책.
32 앞의 책, 동일한 곳.

23절 "그뿐 아니라." 여기서는 하나님의 자녀들의 탄식에 대해 묵상한다. 온 피조물뿐만 아니라 우리도 탄식한다. 그렇지만 차이점이 있다는 것을 주목해야 한다. 이것은 피조물이 해방되려고 탄식하기 때문에 우리도 마땅히 탄식해야 한다는 뜻이 아니다. 또한 피조물이 해방되려고 탄식하는데, 하물며 성령의 첫 열매를 받은 우리는 더욱더 그러해야 할 것이라는 뜻도 아니다.[33] 하나님의 자녀들의 탄식은 의외의 현상으로 소개된다.[34] 비록 의외의 현상이긴 하지만, 오히려 이 때문에 그것은 피조물과 하나님의 자녀들 앞에 놓여 있는 소망을 한층 더 확증해 준다. "성령의 첫 열매를 받은"은 가능한 번역이고, 그 의미를 혼란시키지는 않는다.[35] 이 어구는 '우리가 성령의 첫 열매를 받았으므로(혹은 받았지만)'로 번역될 수도 있다.[36] 주석가들은 "비록 우리가 성령의 첫 열매를 받았지만"이라는 번역을 더 좋아한다. 즉, 비록 우리가 받은 은혜와 특권이 있긴 하지만, 우리는 아직도 속으로 탄식한다는 뜻으로 본다.[37] 그러므로 장래에 대한 신자의 관점에서 소망이 얼마나 중요한 위치를 차지하는지가 입증되었다. "성령의 첫 열매"는 성경의 유사한 용례에 따

---

33 이것은 칼빈의 견해다. "따라서 성령의 조명을 받은 우리는 확고한 소망과 뜨거운 열정을 품고 그토록 큰 유익을 얻기 위해 훨씬 더 노력해야 마땅하다"(앞의 책).

34 다음과 같은 필리피의 말을 참고하라. "우리는 자연스레 우리 안에 더 이상 στενάζειν이 없을 것이라고 기대해야 마땅하다"(앞의 책).

35 ἔχοντες는 한정사다. 그렇다 할지라도 버튼이 말한 바와 같이 그것은 "관계절과 같이 원인, 목적, 조건 또는 양보의 종속적인 개념을 전달할 수도 있을 것이다"(앞의 책, §428).

36 이 경우 ἔχοντες는 부사로 취급되었다. 물론 이 경우 주어는 성령의 첫 열매를 받은 사람들로 보는 것이 좋다. 그러나 ἔχοντες를 부사로 생각할 경우 그때에는 원인, 조건, 또는 양보의 사상이 더욱 분명히 표현된다.

37 참고. Philippi, Meyer, Gifford, Alford, Godet, 앞의 책. 문법적으로 보아 ἔχοντες가 부사라고 가정한다면, 2절을 "우리가 성령의 첫 열매를 받았으므로"라고 번역해서는 안 될 이유가 없다. 이것은 우리가 속으로 탄식하는 이유를 제시하는 셈이다. 그러면 우리가 지금 받은 첫 열매와 장래의 풍성한 수확을 대조시키는 데 중점을 둔 것으로 볼 수 있다. 첫 열매는 양자 됨이 제공해 줄 풍성한 것을 향한 흥미를 돋구어 준다. 따라서 우리는 양자 될 것을 갈망하며 그 결과로 탄식이 나오게 되는 것이다. 텍스트상의 차이는 실제적 의미에 아무런 변화도 주지 않는다. ἡμεῖς καὶ αὐτοί는 P⁴⁶ ℵ C 1908의 지지를 받고, καὶ ἡμεῖς αὐτοί는 다수의 소문자의 지지를 받으며, καὶ αὐτοί는 B 104와 라틴 벌게이트의 지지를 받으며, αὐτοί는 D G의 지지를 받고 있다.

만일 우리가 이중 처음 것을 택한다면 ἡμεῖς를 ἔχοντες와 묶을 수 있으며(참고. A. Souter, *Novun Testamentum Grace*), 만일 둘째 것을 택한다면 ἡμεῖς는 반드시 στενάζομεν과 연결해야 할 것이다. 그러나 ἡμεῖς가 아예 생략된다 하더라도, 그것을 ἔχοντες와 στενάζοεν 양자의 주어로 이해하면 된다.

라(11:16; 16:5; 고전 15:20; 16:15; 약 1:18; 계 14:4) 부활 때에 받을 풍성한 성령의 보증으로서 지금 신자들에게 주어진 성령의 선물로 해석하는 것이 좋다.[38] 여기서 소망은 풍성한 성령이 아니라 "양자 될 것, 곧 우리 몸의 속량"으로 묘사되고 있긴 하지만, 이것이 종말에 주어질 풍성한 성령의 개념을 배제시키지는 않는다. 고린도전서 15:44에서 이 개념은 부활의 몸에 적용된다. 즉, 부활의 몸은 온통 성령으로 충만하여 궁극적인 하나님의 나라에 살기에 적합해지고 하늘의 형상을 지니게 된다(고전 15:48-50). 그러므로 부활의 몸은 "신령한 몸"이다. 사도가 "성령의 첫 열매"라는 표현을 통해 이 개념을 암시한다고 봐도 아무 문제가 없다.[39] "속으로 탄식하여"라는 말은 신자들의 마음속에 일어나는 내적인 탄식을 가리킴이 분명하다. 그것은 신자들이 피차간에 탄식하며 마치 "탄식의 심포니"에 동참하는 것과 같은 그런 탄식이 아니다. "양자 될 것 곧 우리 몸의 속량을 기다리느니라." 이 탄식은 구속의 과정이 완료될 것에 대한 기대에 의해 보완된다. 그러므로 이 탄식은 현재의 불완전한 상태에 눌려 생기는 탄식이 아니라 장차 나타날 영광을 바라보는 탄식이다(고후 5:4). 출생 때의 진통의 개념이 여기서 신자에게 사용되지는 않았지만, 탄식함과 기다림을 대등하게 놓는 것은 양자 됨을 향한 소망이 탄식의 조건이 됨으로써 탄식 자체가 해방의 전조임을 보여 준다. "양자 됨"은 여기서 장차 주어질 은혜를 가리키는 말이다. 그러나 이것은 지금 누리고 있는 양자 됨의 실재와 특권

---

38 이것은 속격이 부분을 나타낸다는 말이다. 혹자는 주장하기를 그것은 "성령의 보증"이란 표현처럼 병치의 속격이라고 한다(고후 1:22; 5:5; 참고, 엡 1:14). 이 경우에 성령은 그 자신이 곧 첫 열매이며, 따라서 첫 열매는 최후에 주어질 풍성함의 징표로 성령이 나눠 주시는 것은 아니다. ἀπαρχὴ τοῦ Πνεύματος 라는 표현이 신약에서 ἅπαξ λεγόμενον이지만, ἀπαρχή와 관련하여 다른 곳에서 취하는 속격에 대한 견해 이외의 견해를 취하기란 어렵다. 그렇지만, 설사 속격이 병치의 속격이라 해도, 이것은 성령께서 최후의 완성에서 차지할 위치를 손상시키는 것은 아니라고 말해야겠다. 그런 해석은 "비록 우리가 성령의 첫 열매를 받았지만"이라는 번역에 담긴 양보의 개념을 강화시키는 데 기여할 뿐이다. 왜냐하면 만일 성령이 곧 첫 열매라면, 이 사실은 탄식 속에 내포된 고통과 진통의 필요성을 더욱더 배제하는 것으로 보이기 때문이다.

39 반론을 참고하려면 마이어의 말을 들어 보라. "ἀπ. τ. πν.에는 장차 천국에서 주어질 성령의 완전한 유출과 대조되는 성령의 잠정적인 수용이란 개념이 들어 있지 않다. 왜냐하면 만약 바울이 미래의 풍성함과 대조되는 예비적인 수용을 여기서 말하고 싶었더라면 υἱοθεσίαν나 δόξα에 관해 말했을 것이기 때문이다"(앞의 책).

과 충돌하지는 않는다(15절; 갈 4:4-6). 이는 '양자 됨'이라는 용어가 현재의 특권과 미래의 선물을 모두 가리키는 데 사용되고 있고, 후자는 지금 우리가 하나님의 아들로서 이생에서 누리고 있는 신분과 특권을 완전하게 실현해 준다는 것을 의미한다. 이 점에서 "양자 됨"은 '구원' 및 '구속'이라는 용어들과 같은 의미로 사용된다. 때로는 이런 용어들이 지금 신자가 소유하고 있는 것을 가리키지만(1:16; 11:11; 3:24; 엡 1:7), 또 어떤 때는 그리스도가 오실 때의 구원과 구속의 완성을 가리키기도 한다(13:11; 빌 2:12; 눅 21:28; 엡 1:14; 4:30). "양자 됨"은 하나님의 백성이 누릴 영광을 가리키는 데 특히 적절한 말이다. 그것은 이미 주어진 특권의 절정을 표현하는 말이기 때문이다. 양자 됨이 완전한 단계에 이르러 실제로 그것을 누리는 것보다 더 영광스러운 일은 없다. "우리 몸의 구속(속량)"[40]은 양자 됨이 무엇을 의미하는지를 구체적으로 밝힌다. 그것은 하나님의 아들들이 썩지 아니할 불멸의 몸을 입게 되는 부활이다(11절; 고전 15:50-55; 고후 5:2, 3; 빌 3:21). 양자가 된다는 것은 따라서 몸의 부활과 동일시되어야 하며, 부활을 몸의 구속으로 불러야 한다는 점은 사도의 몸에 대한 사상을 잘 말해 준다. 구속적 과정의 완성은 우리의 비천한 몸이 그리스도의 영광의 몸과 같이 변화될 것을 기다린다(빌 3:21). 그리고 하나님의 아들들이 고대하는 것도 바로 그와 같은 최후의 완성이다.

24절 "우리가 소망으로(소망 안에서) 구원을 얻었으매." 이 번역은 원문의 사상을 잘 전달한다. 여기서 동사의 과거시제는 그것이 신자가 이미 소유한 구원이지 신자에게 예비되어 있는 미래의 구원이 아님을 가리킨다. 신자가 소망에 의해서 장차 구원에 이를 것이라는 뜻이 아니다. 또한 신자가 이미 소유한 구원이 소망에 의해서 그의 것이 되었다는 뜻도 아니다.[41] 성경의 전반적인 가르침과 마찬가지로 바울의 일관된 가르침은 우리가 믿음에 의해 구원을 받았다는 것이다(1:16-17; 엡 2:8). "소망으로"(in hope)라는 말은 과거에 주어진 구원과 지금 소유하고 있는 구

---

40 τοῦ σώματατος는 그 주어의 소유격이다.
41 이런 면에서 소망은 믿음 대신에 사용되어질 수 없다. 바울은 믿음의 기능과 소망의 기능을 구별한다 (참고. 5:1-5; 고전 13:13; 골 1:5-7).

원이 소망으로 채색되어 있다는 사실을 가리킨다.[42] 소망은 이미 소유한 구원과 불가분의 관계에 있다. 이런 의미에서 구원은 소망을 그 특징으로 삼고 소망을 지향하고 있다고 할 수 있다. 이는 구원이 소망이 함축하는 전망과 결코 나누어질 수 없음을 말한다. 지금 소유하고 있는 구원은 불완전하다. 이 사실은 양자 될 것, 곧 몸의 속량을 바라며 기다리고 있는 신자의 의식 속에 반영되어 있다. 우리는 24절과 그 앞 절 사이의 관계를 주목해야 한다. 소망이 구원을 채색하고 있는 만큼, "우리까지도 속으로 탄식하며 양자 될 것을 기다린다." 이 어구에서 사용되고 있는 소망은 신자가 연습하는 소망이지, 그 다음 어구에 나오는 소망의 대상이 아니다.

"보이는 소망이 소망이 아니니 보는 것을 누가 바라리요?"[43] 이 문장은 주석이 필요 없다. 바랐던 것이 실현되었을 때에는 소망이 더 이상 작동하지 않는다는 지극히 명백한 사실을 말한다. 그렇지만 이 문장은 소망이란 용어의 두 가지 용법을 잘 보여 준다. 첫 번째 어구에 나오는 "소망"은 바랐던 것을 가리킨다. 즉, 소망의 대상을 가리킨다. 그런데 두 번째 소망은 바랐던 것과 관련된 마음의 상태를 가리킨다. 이 자명한 사실은 소망을 십분 발휘해야 할 필요성을 강조하고 있고, 이는 25절의 강조점으로 이어진다.

25절 소망은 믿음을 특징짓는 바로 그 확신으로 충만하다(히 11:1). 믿음이 보이는 것과 대조를 이루듯(고후 5:7), 소망도 그렇다. 소망의 대상을 현재 감지하거나

---

42 ἐλπίδι는 양태를 가리키는 여격이다(참고. Winer, 앞의 책, §31, 7d, p. 216; 그가 제공한 실례들을 보라. 고전 11:5; 10:30; 골 2:11; 빌 1:18; 벧후 2:4). 그 의미는 "소망에 관하여"라는 말로 표현될 수 있을 것이다.

43 본문의 번역은 24절의 끝에서 τίς ἐλπίζει의 독법을 채택했음이 명백하다. 이것은 P⁴⁶ B* 1908^mg가 지지하고 있다. 이와 경쟁하는 몇 가지 다른 표현이 있다. 예를 들면 ℵ* 1739 1908에서는 τίς καί로, 그리고 라틴어 번역과 D G에서는 τίς, τί로, A C 및 다수의 소문자 사본에서는 τίς, τί καί로 표기하고 있다. 만일 τίς, τί 또는 τίς, τί καί가 채택된다면, 그때에는 번역이 달라진다. 왜냐하면 τίς가 앞의 동사 βλέπει와 함께하게 되며 그때의 번역은 "눈으로 보고 있는 것을 어찌하여 소망하는가?" 또는 "눈으로 보고 있는 것을 또한 어찌하여 소망하는가?"가 될 것이다. 그러나 의미는 변하지 않는다. ἐλπίζει 대신에 ὑπομένει로 읽는다 해도, 의미는 역시 동일하다. ℵ* A 1908^mg는 이 후자의 독법을 지지한다.

경험할 수 없다고 하더라도 소망이 희미해지지는 않는다. "참음으로 기다릴지니라."[44] "참음"은 인내와 불변성이며, 소망이 요구하는 태도를 묘사한다. 칼빈의 말을 빌리면, "소망은 언제나 인내를 수반한다. 그러므로 적절한 결론은 이런 것이니, 곧 우리가 이생에서 십자가와 환난을 인내로 감수하지 않으면, 부활의 영광에 관한 복음의 모든 약속이 사라지고 말 것이다."[45] 인내에 대한 강조는 이 문단(18-25절)의 대미를 장식하기에 적절하다. 이 문단의 관심사는 구속의 완성이다. 그러나 궁극적인 구속의 행위는 구속의 과정을 완성시킬 것이고, 과정은 곧 역사를 의미한다. 하나님의 아들들은 지금 그 역사 속에 몸담고 있다. 인내로 기다리는 것은 하나님이 계획하신 역사와 상관이 있다. 참을성이 없는 것은 하나님의 계획에 반발하고 불평하는 것이다. 개인적인 영역이나 집단의 영역에서 종말에 속한 것을 현재 요구하는 태도는 하나님의 질서를 파괴하려는 조급함의 징후일 뿐이다. 기대와 소망이 역사의 테두리를 넘으면 안 된다. 기대와 소망은 "하나님의 자녀들의 영광의 자유"라는 최종목표를 기다려야 마땅하다.

26. 이와 같이 성령도 우리의 연약함을 도우시나니 우리는 마땅히 기도할 바를 알지 못하나 오직 성령이 말할 수 없는 탄식으로 우리를 위하여 친히 간구하시느니라
27. 마음을 살피시는 이가 성령의 생각을 아시나니 이는 성령이 하나님의 뜻대로 성도를 위하여 간구하심이니라

이 단락(26-27절)은 그리스도와 함께 영광을 받기 위한 전제조건인 고난 가운데 처한 하나님의 자녀들에게 베푸는 격려의 둘째 근거이다.

26절 "이와 같이"라는 말은 앞 문맥에 나오는 어떤 내용을 가리킨다. 그 사상은

---

44 δι' ὑπομόνης는 부대상황을 가리키는 속격이다(참고. Winer, 앞의 책, pp.379f). 그가 인용한 실례들은 롬 2:27, 4:11, 14:20, 요일 5:6 등이다.
45 앞의 책, 동일한 곳.

다음과 같다. 장차 나타날 영광에 대한 소망과 기대는 하나님의 백성들을 현재의 고난과 탄식 가운데서도 능히 보존해 준다(18-25절). 이와 같이 성령께서도 우리의 연약함을 도우신다는 것이다. 앞 구절들은 고난과 (제공된) 지원을 강조했지만, 이제 26, 27절은 우리의 연약함과 그에 대한 도움을 강조한다. 소망이 고난 가운데 있는 우리를 지탱해 주듯이, 성령도 우리의 연약함을 도우신다.

"연약함"은 그 자체가 포괄적인 용어로서, 이생에서 우리를 특징짓는 총괄적인 연약함을 전부 포함한다. 여기에 나오는 연약함이 기도의 문제에 국한된다고 추정할 필요는 없다. 그러나 "우리가 마땅히 기도할 바를 알지 못한다"[46]는 말은 우리가 연약해서 얼마나 무력한지를 부각시키고, 또 성령이 제공하는 특별한 도움을 위한 기반을 닦는다. 기도는 우리의 필요의 모든 면을 다룬다. 우리의 연약함은 우리가 마땅히 기도할 바를 모른다는 사실에 의해 실증되고 적나라하게 드러난다.[47] 이는 우리가 기도의 올바른 방법을 모른다는 뜻이 아니다. 오히려 기도의 적절한 내용에 대해 모르고 있다는 말이다. 즉, 우리는 우리의 절박한 상황에 걸맞게 기도할 바를 알지 못하고 있다.[48] 이런 곤경에 빠진 우리를 도우려고 성령이 오시는 것이다. 바울은 우리의 연약함과 관련된 성령의 은혜를 얘기하면서 바로 이런 성령의 특별한 활동에 초점을 맞추고 있다. 이 은혜는 "성령이 말할 수 없는 탄식으로 우리를 위하여 친히 간구하시는" 사실에 있다. 여기서 고려할 사항이 몇 가지 있다.

(1) 하나님의 자녀들에게는 거룩한 두 중보자가 있다. 그리스도가 하늘의 궁전

---

46 관사 τό는 τί προσευξώμεθα καθὸ δεῖ라는 절과 함께하며, 우리가 알지 못하는 것이 무엇인지를 밝힌다(참고. Gifford, 앞의 책. 눅 1:62; 9:46; 19:48; 22:2, 4, 23, 24, 37; 행 22:30; 롬 13:9; 엡 4:9; 살전 4:1).

47 καθὸ δεῖ를 "우리가 마땅히 해야 하는 대로"로 번역할지, 혹은 "적절하게"로 번역할지를 정하기가 어렵다. 고전 8:2은 전자를 암시하고 있다. 그러나 여기서는 우리의 상황에 맞게 무엇을 기도할지를 모른다는 뜻일 수도 있다. 물론 언제나 우리 편에서의 윤리적·영적 실패가 있기 때문에 우리는 마땅한 인격과 마땅한 생각과 마땅한 행동에 이르지 못하고 있는 것이다. 그러나 여기서 의무의 위반을 강조하고 있는지는 확실치 않다.

48 고후 1:7-10은 바울의 경우를 다루고 있다. 우리의 특정한 간구가 절박한 상황에 적합하게 보일지 모르나, 그것이 하나님의 지혜와 사랑과 은혜의 척도는 아니다. 후자는 흔히 우리의 간구의 부정을 요구한다. 이 사실을 사도는 이번 경우에 인식하게 되었다(9, 10절).

에서 그들을 위해 중보하신다(3:4; 히 7:25; 요일 2:1). 또한 성령이 자녀들의 마음의 한복판에서 그들을 위해 중보하신다(요 14:16, 17).[49] 그런데 성령의 중보 사역은 너무도 소홀히 취급당해 왔다. 그리스도의 중보 사역의 영광이 성령의 중보 사역을 퇴색시킬 수 없다.

(2) 성령은 "말할 수 없는 탄식으로" 간구하신다. 이 탄식에 대해 우리가 어떤 견해를 취하든 간에, 우리가 간과할 수 없는 진리가 있다. 이 탄식은 성령이 친히 발하는 탄식이라는 점이다. 이런 탄식은 성령의 중보가 구체적으로 표현되는 방식이다. 이는 성령의 간구 내용을 묘사한다. 이 탄식은 성령에 의해 창조되고 표현되었다고 말하는 것만으론 불충분하다. 이 탄식은 성령의 간구이며, 따라서 이런 간구는 탄식의 형태로 하나님의 자녀들의 마음속에 새겨지는 것이다.

(3) 여기에 "말할 수 없는"이란 말로 번역된 헬라어를 어떻게 달리 번역하든지, 그 탄식은 명확한 언어로 표현된 것이 아니라는 점을 주목해야 한다. 그것은 이해 가능한 말로 표현된 요청이나 탄원이나 간구가 아니라는 것이다. 내용과 의미와 취지가 없는 것은 결코 아니지만 명확한 언어적 표현을 초월한 것이다.

(4) 이 탄식은 하나님의 자녀들의 마음에 새겨진 탄식으로 이해해야 한다. 우리는 성령이 스스로 탄식하면서 아버지께 간구한다고 생각하면 안 되고 오직 그가 중보하는 대상을 위해 중보자로서 그렇게 한다고 생각해야 한다. 27절에 언급된 마음은 하나님의 자녀의 마음임이 명백하다. 그러므로 탄식이 일어나는 곳은 자녀들의 마음이 분명하며, 그 탄식은 성도들의 탄식이다. 그렇지만 그것은 성령의 중보의 매개체이며 탄식의 형태로 은혜의 보좌에 상달된다.

27절 우리가 26절의 주요 사상, 즉 그 탄식이 성령의 간구라는 사실을 이해할 때에야 27절을 능히 해석할 수 있다. "마음을 살피시는 이"는 하나님이시며 구체적으로는 아버지시다(대상 28:9; 시 139:1, 23; 렘 17:10; 고전 4:5; 히 4:13). 여기에 나오는

---

49 "그것은 영광을 받으신 그리스도의 그것처럼, 하늘의 성소에서 일어나는 것은 아니다(히 7:25). 그것은 신자의 마음을 무대로 삼는다"(Godet, 앞의 책).

"성령의 생각"은 성령께서 우리 속에 창조하시고 부양하신 생각이 아니다(6절). 그것은 성령의 간구에 대한 26절의 강조로 명백히 알 수 있듯이 성령 자신의 생각이며, 이는 특별히 "성령이 하나님의 뜻대로 성도를 위하여 간구하심이니라"는 구절에 의해 더욱 분명해진다. 간구하시는 분은 성령이다. 성령의 간구는 하나님의 생각 및 의지와 완전히 일치하기 때문에, 이것은 마음을 감찰하시는 이가 간구의 내용과 취지를 아신다는 것을 보증한다. 이 지식은 "성령의 생각"을 아는 것으로 진술되어 있다. 그러므로 "성령의 생각"이란 성령 자신의 생각을 말하는 것이다. 따라서 이 문단의 의미는 다음과 같다. 하나님이 그분의 자녀들의 마음을 감찰하실 때 말할 수 없는 탄식을 발견하신다. 비록 그런 탄식들은 명확한 언어로 표현될 수는 없지만, 하나님의 전지하신 눈은 그 의미와 취지를 알 수 있다. 그 탄식을 하나님은 모두 이해할 수 있다. 더욱이 그런 탄식들은 하나님의 뜻과 일치된다. 그 이유는 비록 그 탄식들이 우리의 이해와 언어를 초월하지만, 성령에 의해 발생된 탄식이며 성령의 간구가 우리의 의식 속에서 표현되는 구체적인 방식들이기 때문이다. 그 탄식들은 성령의 간구이므로, 언제나 하나님의 이해와 승인에 부합한다. 그것은 하나님의 우편에서 드리는 그리스도의 간구와 같이 하나님의 뜻에 합당하다. 하나님의 백성에게 격려가 되는 점이 있다. 말할 수 없는 탄식은 하나님이 "우리의 구하거나 생각하는 모든 것에 더 넘치도록"(엡 3:20) 주신다는 사실을 가리키는 지표라는 것이다. 또 하나님의 은혜의 척도는 우리의 부족한 이해력이나 요청이 아니라 성령의 지식과 지혜와 사랑이라는 것이다. 이런 사실이야말로 하나님의 백성에게는 더 말할 나위없는 격려가 아닐 수 없다.

28. 우리가 알거니와 하나님을 사랑하는 자 곧 그의 뜻대로 부르심을 입은 자들에게는 모든 것이 합력하여 선을 이루느니라

29. 하나님이 미리 아신 자들을 또한 그 아들의 형상을 본받게 하기 위하여 미리 정하셨으니 이는 그로 많은 형제 중에서 맏아들이 되게 하려 하심이니라

30. 또 미리 정하신 그들을 또한 부르시고 부르신 그들을 또한 의롭다 하시

이 구절들(28-30절)은 하나님의 자녀들이 이생에서 겪는 고난 가운데서 받는 격려의 셋째 근거이다. 그것은 모든 것이 합력하여 선을 이룬다는 사실에서 나오는 위로와 확신이다.

28절 "그러나"라는 접속사보다는 "그리고"라는 접속사로 이 구절을 시작하는 것이 더 정확한 번역이다(개역개정판에는 없음). 여기에 담긴 사상은 앞의 내용과 반대되는 게 아니라 전환의 성격을 갖고 있다. "우리가 알거니와"라는 말은 여기서 주장되는 진리는 부정될 수 없음을 시사한다. "하나님을 사랑하는 자들"이라는 말이 강조되어 있고, 이는 그 확신을 품은 사람들의 특징을 묘사한다. 그들의 주관적인 태도가 묘사되어 있다. 이보다 더 차별성이 있는 평가 기준은 없다. 하나님에 대한 사랑이 하나님의 호감을 받고 있다는 가장 기본적이고 가장 고상한 표지이기 때문이다. "모든 것"이라는 말은 신자들의 체험, 특히 고난과 역경을 가리키지만, 굳이 거기에만 국한시킬 필요는 없다. 일부 유능한 주석가들은 "합력하다"라는 말은 모든 것이 서로서로 협력한다는 뜻이 아니라, 모든 것이 신자나 하나님과 협력한다는 뜻이라고 주장했다.[50] 그러나 좀 더 자연스러운 의미를 무시한 해석은 불필요하며 어쩌면 독단적일 수 있다. 즉, 하나님의 포괄적인 선한 계획 안에서 별개의 요소들이 모두 하나님을 사랑하는 자에게는 합력하여 선을 이루게 된다는 것이다. 그 모든 요소들이 이 목적을 위해 스스로 협력한다고 생각하면 안된다. 비록 명백히 표현되지는 않았지만, 하나님의 주권적인 사랑과 지혜 안에서 모든 것이 선한 목표를 향해 수렴되며 기여하게 된다는 것이 지배적 사상이다. 여

---

50 참고. Philippi, Meyer, Godet, 앞의 책. 만일 우리가 두세 경우에 P⁴⁶ A B 및 오리겐을 따라 συνεργεῖ 뒤에 ὁ θεός를 둔다면, 이것은 "합력하다"는 말이 하나님과 더불어 협력한다는 뜻이라는 견해를 입증하지 못할 것이다. 이런 독법에 의하면 συνεργεῖ는 "합력하게 하다"라는 의미로 이해해야만 할 것이며, πάντα는 대격이다. 그러나 하나님께서 모든 것이 합력하도록 만드신다는 것은 여전히 사실이다. 위에서 언급한 바와 같이, 모든 것이 합력하여 선을 이룸은 하나님의 섭리에 의한 것이다. 이것은 ὁ θεός가 첨가될 때에 명백히 진술되는 셈이고, ὁ θεός가 생략되는 경우에는 거기에 암시되어 있는 셈이다.

기에 포함된 많은 것들이 본질적으로 악하지만 전체와 협력할 때는 선을 이룬다는 것이 하나님의 지혜와 은혜의 놀라운 면이다. 어느 것 하나도 하나님의 백성에게 궁극적으로 악이 되지 않는다. 결국에는 오로지 선으로 귀결된다. "그의 뜻대로 부르심을 입은 자들에게는"이란 말은 이런 확신을 지닌 자들을 더 분명하게 정의해 준다. 그러나 주목할 만한 차이점이 있다. 전자는 그들의 주관적인 태도로 그들을 묘사했는 데 비해, 후자는 오로지 하나님의 행위의 견지에서 그들을 묘사한다. 그러므로 후자에는 모든 것이 합력하여 선을 이루는 이유가 암시되어 있다. 즉, 그들의 소명과 관련된 하나님의 행위가 그러한 결과를 보증해 준다.[51] 그런 소명은 유효한 소명으로(1:7; 30) 그리스도와의 친교로 인도한다(고전 1:9). 그 소명은 예정과 영화(靈化)라는 두 가지 요소와 불가분의 관계에 있다. "뜻대로"라는 말은 의심할 여지없이 하나님의 확고하고 영원한 목적을 가리킨다(9:11; 엡 1:11; 3:11; 딤후 1:9). 디모데후서 1:9은 "뜻"이란 말로 요약된 사상을 바울 자신이 상술한 것이다. "하나님이 우리를 구원하사 거룩하신 소명으로 부르심은 우리의 행위대로 하심이 아니요 오직 자기의 뜻과 영원 전부터 그리스도 예수 안에서 우리에게 주신 은혜대로 하심이라." 소명이 확실한 효력을 지니는 이유는 그것이 영원한 목적에 따라 주어졌기 때문이다.

29절 이 구절은 28절의 "뜻"(목적)에 내포된 요소를 더 자세하게 밝힌다. 29절과 30절은 하나님의 부르심을 입은 자들에게는 모든 것이 합력하여 선을 이룬다는 진리에 대한 '계속적인 확증'[52]이다. 여기서 사도는 우리에게 하나님의 백성과 관련된 하나님의 영원한 계획을 소개하고 있고 그 다양한 측면을 묘사한다.

"하나님이 미리 아신 자들." 여기에 언급된 하나님의 예지의 뜻에 대해서는 온

---

51 "이 사상 자체를 존중한다면, 그분의 목적에 따라 부르심을 받은 것과 그들에게는 모든 것이 합력하여 선을 이룬다는 확신 사이에는 인과관계가 있다(κλητοῖς에 강조점을 두기 때문이다)"(Meyer, 앞의 책). "물론 고난은, 우리가 하나님을 사랑한다고 가정하면, 우리의 유익을 도모하게 된다. 그러나 고난이 결국 유익을 준다는 근거는 우리의 사랑에 있는 것이 아니라 하나님 뜻에 따라 부름 받은 사실에 있는 것이다"(Philippi, 앞의 책).
52 이 어구는 마이어의 표현이다.

갖 해석이 있다. 이 단어는 물론 "미리 알다"는 의미로 사용되고 있다(행 26:5; 벧후 3:17). 그러므로 이 단어를 하나님께 적용할 경우, 그것은 하나님의 영원한 선견, 즉 앞으로 발생할 모든 것을 미리 아신다는 사실을 가리킨다. 여기서도 이런 의미가 있음이 분명하다고 많은 주석가들이 주장했다. 그렇지만 하나님이 미리 아신 자들은 다른 사람들과 구별되고, 하나님이 그의 아들의 형상을 본받도록 미리 정하신 사람들과 동일시되고 있으므로, 그리고 "하나님이 미리 아신 자들"이란 표현 자체는 (이 견해에 따르면) 하나님의 백성의 차별성을 전혀 시사하지 않기 때문에, 이 차별성을 부여하는 다양한 방법이 제시되었다. 그중에서 가장 일반적인 해석은 하나님이 믿음을 예견하셨다는 것이다.[53] 하나님은 누가 믿을 것인가를 미리 아셨다. 자기에게 속한, 하나님을 믿을 사람들을 미리 아셨다는 것이다. 이 해석에 따르면 예정(predestination)은 이와 같은 믿음의 선견을 조건으로 삼는다. 예지에 대한 이 견해는 무조건적 선택 교리를 배제시키는 것으로 자주 지적된다. 그리고 이 견해를 지지하는 사람들은 예정 교리에 대한 관심이 크다.

그러나 이 해석을 반박하는 것은 예정론에 대한 관심 때문이 아니라는 점을 강조할 필요가 있다. "미리 아셨다"라는 말이 믿음의 선견을 의미하는 것으로 인정한다고 해도, 주권적인 선택의 교리가 제거되거나 반증되는 것은 아니다. 하나님은 믿음을 예견하시며, 또 앞으로 생길 만사를 예견하시는 것이 너무도 명백한 사실이기 때문이다. 그런즉 문제는 이것이다. 하나님이 예견하시는 이 믿음은 어디서 오는가? 하나님이 예견하시는 믿음은 하나님이 친히 창조하시는 믿음이다(요

---

53 "그 의미에 대해 나는 이렇게 생각한다. 그들은 영원 전부터 하나님의 사랑의 눈길이 고정되어 있던 사람들이다. 하나님께서 영원 전에 자기의 사람들로 생각하시고 구별했던 사람들이다. 어떤 면에서 하나님께서 그들을 미리 아셨던가? 한 가지 대답밖에 없다. 믿음으로 구원의 조건을 충족할 것을 미리 아신 것이다. 그렇다. 믿음으로 말미암아 그분의 것임을 미리 아셨다는 것이다"(Godet, 앞의 책). "믿음이 구원의 주관적 근거인 만큼, 올바른 견해는 칼로비우스와 우리의 옛 교의학자들이 주장하던 것이니, 곧 '누구든 믿는 자는 미리 볼 것이나 믿지 않으면 부르심을 보지 못한다'라는 것이다"(Meyer, 앞의 책; 참고. 30절). 또한 필리피의 앞의 책을 참조하라. 그는 사전에 안다는 뜻을 유일하게 합리적인 해석으로 여기며, 거기에 암시된 믿음의 자격이라고 한다. 그러나 필리피는 하나님이 미리 보시는 그 믿음을 오직 하나님 자신의 창조로 보고 있다. 그래서 그가 이 구절에서 발견한 것은 다음과 같다. "이 말씀은 예정교리를 증명한다. 절대적은 아니지만 선견에 근거하는 교리이다." 알미니안 견해의 대표자 존 웨슬리의 해석을 참고하려면 다음 서적을 보라. *The Works of the Rev. John Wesley*, London, 1878, vol, pp. 226f.

3:3-8; 6:44, 45, 65; 엡 2:8; 빌 1:29; 벧후 1:2). 이것이 유일한 성경적 해답이다. 따라서 믿음에 대한 하나님의 예견에는 그분께서 믿을 것으로 예견하신 사람들 속에 이 믿음을 창조하기로 한 그분의 작정이 전제조건으로 들어 있다. 그래서 이런 구별은 하나님의 영원하고 주권적인 선택과 그 결과에서 나오는 것이 된다. 그러므로 문제는 이 구절에 어떤 해석을 적용해야 하는가 하는 것이다. 그래서 석의적인 근거에 입각해서, 우리는 "미리 아신다"는 말이 믿음에 대한 예견을 가리킨다는 견해를 반박하지 않을 수 없다.

본문이 "미리 아신 자들"(whom he foreknew)이라고 한 것에 주목해야 한다. 여기서 'whom'은 동사의 목적어다. 아무런 수식어도 추가되어 있지 않다. 이는 "미리 아신 자들"이란 말 그 자체에 사람의 구분이 내포되어 있음을 보여 준다. 만일 사도가 "수식하는 부가어"[54]를 유념하고 있었더라면, 서슴지 않고 그것을 추가했을 것이다. 그런데 사도가 아무것도 첨가하지 않은 이상, 우리는 그 말 자체가 그런 구별을 내포하고 있지 않는가 하고 묻지 않을 수 없다. 이 질문에 대해 성경의 용례는 긍정적인 답변을 준다. "미리 알다"라는 말이 신약에서 좀처럼 사용되지 않지만, 성경의 용례에서 "알다"(know)라는 단어에 부여하는 의미를 무시하면 안 된다. 사실 "미리 알다"라는 말은 "알다"라는 단어에 '사전에'라는 개념을 더한 것이다. 흔히 성경에서 "알다"는 단순한 인지 이상의 함축적인 의미를 지니고 있다.[55] "알다"는 실제로 '사랑하다', '주목하다', '특별한 관심과 기쁨과 애정과 행위와 함께 안다'라는 말과 동의어다(창 18:19; 출 2:25; 시 1:6; 144:3; 렘 1:5; 암 3:2; 호 13:5; 마 7:23; 고전 8:3; 갈 4:9; 딤후 2:19; 요일 3:1). "알다"의 이런 의미를 이 구절에 나오는 "미리 아신다"라는 말에 적용하지 못할 이유는 없다. 그리고 동일한 종류의 구문과 명백한 선택의 사상이 들어 있는 로마서 11:2의 "미리 아신다"라는 말에 적용해서

---

54 이는 쉐드의 표현이다.
55 다니엘 휘트비까지도 이 의미를 고려해서 이 구절에 대한 자기의 주석에 그것을 사용한 것을 주목하라. 참고. *A Paraphrase and Commentary on the New Testament*, London, 1744, ad Rom. 8:29; 11:2.

는 안 될 이유도 역시 없다(11:5-6).[56] 우리가 이런 의미를 충분히 이해하면, 거기에 어떤 다른 개념을 추가할 이유가 전혀 없다. 따라서 "하나님이 미리 아신 자들"은 남과 구별되는 요소를 그 자체 속에 포함한 것으로 볼 수 있다. 이는 "하나님이 주목하신 자" 또는 "하나님이 영원 전부터 특별한 애정과 기쁨을 품고 아셨던 자"라는 의미다. 이것은 사실상 "하나님이 미리 사랑하신 자들"이라는 말과 같다. 나아가서, 이 해석은 이와 관련된 모든 사항에서 명백히 드러나고 있는 효과적이고 결정적인 행위와 일치한다. 즉, 예정하시는 분도 하나님, 부르시는 분도 하나님, 의롭다 하시는 분도 하나님, 영화롭게 하시는 분도 하나님이다. 그러므로 믿음의 예견은 이런 예들에서 서술하고 있는 하나님의 결정적인 행위와 조화를 이루지 못하고, 이 문맥에 나타난 전체적인 강조점도 약화시키고 있다. 예견설은 여기서 그토록 강조하는 하나님의 단독 행위를 공정하게 다루지 못한다. 차별성이 존재하게 하는 것은 단순한 예견이 아니라 예지이다. 존재를 인식하는 예견이 아니라 존재를 결정하는 예지이다. 그것은 절대 주권적인 하나님의 구별하시는 사랑이다.

"미리 정하신 자들." "하나님이 미리 아신 자들"에 대한 이상의 견해에 대한 반론 중의 하나는 이 견해는 예지와 예정 간의 구별을 없앤다는 것이다.[57] "미리 정하셨으니"라는 말에는 사상의 진전이 있다. 그러나 내가 제안한 해석이 이런 사상의 진전을 방해한다고 생각할 필요는 없다. "미리 아셨다"는 말은 하나님의 아들들의 선택에 작용하는 하나님의 차별적 사랑에 초점을 맞춘다. 그러나 그것은 그렇게 선택된 사람들에게 지정된 목적지에 대해서는 알려 주는 바가 없다. "미리 정

---

56 마이어가 "신약에서는 προγινώσκω가 미리 안다는 뜻 이외의 다른 뜻으로 사용된 적이 한 번도 없다(심지어 11:2; 벧전 1:20절에서도)"고 주장하는 것은 쓸데없는 소리다(앞의 책). 분명히 그것은 행 26:5, 벧후 3:17에서 이런 의미를 지니고 있다. 거기서는 그것이 사람들에게 적용되고 있다. 롬 8:29, 11:2을 제외한 신약에서의 유일한 다른 예는 벧전 1:20이다. 이 세 절에서는 하나님이 주어이다(참고. πρόγνωσις, 행 2:23; 벧전 1:2). 하나님께 적용되는 이 다섯 경우에 있어서, 정확한 의미를 정할 때 고려할 중요한 점은 함축적인 의미를 지닌 히브리어 ‏ידע‎와 헬라어 γινώσκω를 자주 사용한다는 것이다. 이 γινώσκω를 사용할 때 거기에 내포된 차별성을 명시하려고 아무 수식어 없이 대격이 나온다는 점도 역시 의미심장하다(참고, 마 7:23; 딤후 2:19; 요일 3:1).
57 마이어는 προέγνω에 대한 이와 같은 견해는 "필연적으로 προορισμός를 포함하며, 따라서 후자를 특별한 보조 행위로 배제할 것이다"라고 말한다(앞의 책).

하셨으니"라는 말이 바로 그 정보를 제공한다. 이것은 결코 불필요한 것이 아니다. 우리는 "또한 그 아들의 형상을 본받게 한다"라는 말로 표현된 고상한 운명을 생각할 때, 이것이 존귀한 작정이라는 것과 그 원천인 하나님의 위대한 사랑이 밝히 드러나는 걸 보게 된다. 하나님의 사랑은 수동적 감정이 아니다. 하나님의 사랑은 능동적 의지이며, 그것은 그의 양자 된 자녀들에게 해당되는 최고의 목표, 즉 독생자의 형상을 본받는 것을 향해 단호히 움직인다. "미리 아셨다"라는 말의 함축적인 의미가 이 고귀한 운명을 따로 선언할 여지를 두지 않는다고 주장하는 것은 아무런 근거가 없다.[58]

"그 아들의 형상을 본받게 하기 위하여"라는 말은 하나님의 선택된 자들에게 지정된 목적지를 묘사한다. 사도는 그리스도인들이 그리스도와 더불어 영광을 받게 될 때 실현될, 그리스도의 형상을 입는 것을 생각하고 있다(17절, 참고. 18, 19, 21, 23, 30절). 이는 부활의 영광의 몸을 완전히 입는 것을 말한다(고전 15:49; 고후 3:18; 빌 3:21; 요일 3:2). 그것이 하나님의 아들의 형상을 본받는 것으로 묘사된 사실은 주목할 만하다. 이는 우리를 더욱 놀라게 한다. "아들"이란 칭호는 독생자 그리스도를 가리킨다(3, 32절). 따라서 유일무이한 영원한 아들을 언급하는 단어다. 그런즉 그를 본받는다는 것은 그의 특별한 신분을 닮는다는 뜻이 아니다. 그것은 우리의 비천한 몸이 그리스도의 영광의 몸의 형상으로 변화하는 것을 의미하며(빌 3:21), 그러므로 그것은 승천으로 인해 영화롭게 된 그 성육한 아들의 형상을 본받는 것으로 이해해야 한다. 그럼에도 영광을 받으신 그리스도는 늘 영원한 아들로 남아있으며 영광을 받으신 성육한 아들은 곧 그 영원한 아들이다. 그러므로 성육하시고 영광을 받으신 그의 형상을 닮는다는 것은 곧 영원한 독생자이신 아들의 형상을 본받는 것을 말한다.

"이는 그로 많은 형제 중에서 맏아들이 되게 하려 하심이니라." 이것은 방금 말

---

58 이 점에 있어서 προώρισε와 προέγνω의 관계는 엡 1:5의 προορίσας와 ἀγάπη의 관계와 유사하다. 마이어는 거기서 ἐν ἀγάπη προορίσας의 독법을 주장하는 만큼 인과관계상 사랑이 선행하는 것으로 인정해야 한다. 그렇다면 두 용어들이 표현하고 있는 사상의 진전과 함께 8:29에서도 선택적 사랑이 선행하는 것으로 볼 수 있지 않을까?

한 형상 본받기의 최종 목적을 구체적으로 명시한다. 우리는 이렇게 질문할 수 있다. 하나님의 아들들이 그리스도의 형상을 완전히 본받는 것보다 더 궁극적인 것이 있을까? 이 질문에 비추어 볼 때 이 마지막 절의 중요한 의미가 잘 드러난다. 하나님 백성의 영화보다도 더 궁극적이고 최종적인 목표가 있다. 그것은 그리스도의 탁월성과 관련된 것이다. 마이어는 다음과 같이 정확하게 말했다. "바울은 그리스도를 하나님의 작정이 그 최종 목표로 삼은 분으로 생각한다."[59] "맏아들"이란 용어는 그리스도의 우선성과 탁월성을 가리킨다(골 1:15, 18; 히 1:6; 계 1:5).[60] 유일무이한 영원한 아들의 신분이 "아들"이라는 칭호로 나타나고, 또 그리스도의 우선성과 탁월성이 "맏아들"이라는 칭호로 나타나는 가운데, 하나님의 백성이 그리스도의 "형제들"로 그분과 같은 계열에 속한다는 것은 실로 놀라운 사실이 아닐 수 없다(히 2:11, 12). 그리스도가 가진 유일무이한 아들의 신분과 맏아들이라는 사실이 그리스도의 독특성과 탁월성을 지켜주지만, 그의 탁월성이 드러나는 것은 많은 형제들 가운데서다. 이는 그리스도와 하나님의 백성 간의 친밀한 관계를 드러내는 또 다른 실례이다. 이 연합은 또한 공동체를 의미하고, 이 공동체는 여기서 '형제들'의 것으로 표현되어 있다. 형제 관계는 예정의 궁극적 목적 아래에 포함되어 있다. 이것은 그리스도의 탁월성은 하나님의 자녀들에게 속하는 우월성을 수반한다는 뜻이다. 환언하면, 그리스도와 아버지의 관계와 그의 메시아 직분에 내포된 유일무이한 아들의 존엄성이 하나님의 백성에게 부여된 놀라운 존엄성을 더욱 증진시킨다. 아들은 하나님의 백성들을 형제라 부르기에 조금도 부끄러워하지 않는다(히 2:11).

30절 앞의 두 구절들은 하나님의 창세 이전의 영원한 계획을 다루었다. 28절의 "뜻"은 29절에서 예지 및 예정이란 말로 설명된다. 여기서 예정은 구원 계획의 최종

---

59 앞의 책. 필리피의 말을 빌리면, "하나님이 우리를 위해 그런 영광을 정하신 것은 우리를 영화롭게 하기보다 그리스도를 영화롭게 하기 위해서였다"(앞의 책).

60 πρωτότοκος의 의미에 관해서 다음을 보라. J. B. Lightfoot, *St. Paul's Epistles to the Colossians and Philemon*, ad Col. 1:15.

목표를 규정짓고 있다. 30절은 우리에게 현세적 영역을 소개하며, 그 영원한 계획을 하나님의 자녀 가운데서 실현하는 행위들을 가리킨다. 여기서는 세 가지 행위가 언급되고 있는데 소명, 칭의, 그리고 영화이다. 한편으로는 이 세 행위 사이에 끊을 수 없는 결속이 있으며, 다른 한편으로는 영원한 계획의 두 가지 요소 사이에도 그런 유대관계가 있다. 이 모든 다섯 요소는 서로 공존한다. "또한"(also)이라는 말과 30절의 "미리 정하신", "부르시고", "의롭다 하시고"라는 말의 반복은 그것들이 서로 동등함을 시사한다. 어느 한 요소가 없이는 다른 요소들도 있을 수 없다. 이 세 가지 요소는 그 영원한 계획의 결과라고 할 수 있으며, 특히 예정으로부터 흘러나오는 것이다. 예정이 그 셋 중 첫 번째인 부르심과 가장 밀접한 논리적 관계를 맺고 있기 때문이다.[61]

소명, 칭의, 영화가 하나님의 행위로 묘사되어 있다는 사실을 반드시 주목해야 한다. 즉, "하나님이 부르셨고", "하나님이 의롭다 하셨고", "하나님이 영화롭게 하셨다"는 것이다. 이와 똑같은 사실이 "그분이 미리 아셨다", "그분이 미리 정하셨다"는 표현에도 나타나 있다. 구속의 적용에 속하는 이 요소들 중 어느 하나라도 하나님의 행위임을 부인한다면, 그것은 본문의 강조와 모순된다. 이 세 요소 모두 우리 인간에게 영향을 미치고, 우리의 인격을 그 범위 안으로 끌어들이며, 구원의 체험에서 우리에게 아주 실질적인 순간임은 사실이다. 그러나 여기에 언급된 이 사건들에서는 오직 하나님만이 일하신다. 우리 인간의 행동은 그런 하나님의 활동에 조금도 관여하는 바가 없으며 그런 활동의 효과에 조금도 공헌할 수가 없다.[62] 사도가 본문에서 나열한 순서는 구속이 적용되는 순서를 그대로 제시하고 있다고 추론할 수 있다. 그 이유는 너무나 명백해서 굳이 논할 필요가 없다. 사도는 오

---

61 구원의 순서에 있어서 부르심의 우선성에 관해서는 다음을 보라. *Redemption-Accomplished and Applied*, pp. 100ff.; 114f(나의 저술).
62 소명은 적절한 반응을 일으키며, 칭의가 믿음으로 말미암아 이뤄지는 것은 사실이다. 그러므로 하나님의 이런 행위들은 믿음과 무관하게 일어나는 것이 아니다. 전자의 경우에는 믿음이 그 결과이고, 후자의 경우에는 믿음이 전제조건이다. 그러나 하나님의 이런 행위들은 인간의 활동으로 묘사되어서는 안 된다. 그러므로 소명(부르심)은 효과가 있다. 그런즉 이런 소명에 저항한다는 말은 칭의라는 신적 행위에 저항한다는 말과 같은 의미다.

직 세 가지 요소만 열거한다. 그렇지만 이 요소들은 우리의 실제적 구원에 있어 핵심적인 사건들이기에 하나님의 사랑에서 시작해 하나님의 아들들의 영화에 이르는 하나님의 구원 계획을 설명하려는 사도의 목적에 잘 부합한다. 영화는 소명과 칭의와 달리 미래의 일에 속한다. 문맥상(5:2; 17, 18, 21, 24, 25, 29) 영화를 구원 과정의 완성으로밖에 생각할 수 없다. "영화롭게 하셨다"(glorified)라는 말이 과거 시제로 표현되어 있지만, 이는 확실히 실현될 것임을 가리키는 예기적 표현이다.[63]

하나님의 백성들이 고난과 역경과 탄식과 약함에 처해 있는 모습을 보고 그들을 격려하는 바울은 이제 이런 승리의 외침으로 끝을 맺는다. 그는 지금까지 하나님의 백성이 현재 걷고 있는 순례가 하나님의 확고한 계획 속에 포함되어 있음을 보여 주었다. 그리고 이 하나님의 계획은 하나님의 주권적인 사랑과 다가올 시대에서 그리스도와 함께 누릴 영화, 이 두 가지 핵심 요소와 결부되어 있다. 하나님의 백성은 영원 전부터 존재하던 하나님의 사랑에서 출발하여 마침내 구속이 완성되는 종착역까지 이르는 위대한 파노라마를 믿음으로 바라볼 때, 현재 당하고 있는 고난을 올바른 관점에서 조망하여 그것이 순례의 일부이자 장래의 영광의 전제 조건임을 알고, 장차 나타날 그 큰 영광과 비교할 수 없다는 것을 깨닫게 된다.

31. 그런즉 이 일에 대하여 우리가 무슨 말 하리요 만일 하나님이 우리를 위하시면 누가 우리를 대적하리요

32. 자기 아들을 아끼지 아니하시고 우리 모든 사람을 위하여 내주신 이가 어찌 그 아들과 함께 모든 것을 우리에게 주시지 아니하겠느냐

33. 누가 능히 하나님께서 택하신 자들을 고발하리요 의롭다 하신 이는 하나님이시니

34. 누가 정죄하리요 죽으실 뿐 아니라 다시 살아나신 이는 그리스도 예수시니 그는 하나님 우편에 계신 자요 우리를 위하여 간구하시는 자시니라

---

63 마이어가 말한 것같이 예기적 부정과거는 이런 뜻을 갖고 있다. "너무도 필연적이고 확실하고 분명한 미래의 영화를 가리키므로, 그것은 ἐδικαίωσεν과 함께 이미 주어져서 완성된 것처럼 표현되어 있는 것이다"(앞의 책).

35. 누가 우리를 그리스도의 사랑에서 끊으리요 환난이나 곤고나 박해나 기
    근이나 적신이나 위험이나 칼이랴

36. 기록된 바 우리가 종일 주를 위하여 죽임을 당하게 되며 도살 당할 양 같
    이 여김을 받았나이다 함과 같으니라

37. 그러나 이 모든 일에 우리를 사랑하시는 이로 말미암아 우리가 넉넉히 이
    기느니라

38. 내가 확신하노니 사망이나 생명이나 천사들이나 권세자들이나 현재 일이
    나 장래 일이나 능력이나

39. 높음이나 깊음이나 다른 어떤 피조물이라도 우리를 우리 주 그리스도 예
    수 안에 있는 하나님의 사랑에서 끊을 수 없으리라

이 단락(31-39절)은 앞 구절들, 특히 18절 이후에 제시된 위로를 승리의 메시지
로 마무리하는 내용이다. 필리피의 말을 빌리면, 그것은 "18절로 시작하여 저자도
독자와 같이 올라가고 있던 위로의 사다리의 최고 단계이다."[64]

31절 "그런즉 이 일에 대하여 우리가 무슨 말 하리요?"라는 말은 "이런 일로부터
끌어낼 수 있는 추론은 무엇인가?"라는 의미이다. 이에 대한 우리의 적절한 반응
은 무엇인가? 그 대답은 또 다른 형태의 질문으로 되어 있다. 이는 수사적인 질문
으로서 하나님이 우리를 위하시면 다른 데서 오는 모든 반대는 전혀 중요하지 않
다는 뜻이다. "만일 하나님이 우리를 위하시면"이라는 말에 의심의 뉘앙스는 조금
도 없다.[65] 다만 이 어구는 그 뒤에 나오는 질문에 함축된 확신의 기초를 진술하고
있다. "누가 우리를 대적하리요?"라는 질문은 대적자가 없다는 의미가 아니다. 35
-36절은 가장 맹렬한 적대 세력을 언급한다. 여기서 말하려는 바는 하나님이 우
리를 위하실 때에는 어떠한 대적도 중요하지 않다는 사실이다. 28절의 표현방식

---

64 앞의 책, 동일한 곳.
65 불확실성을 나타내는 if가 아니라 전제를 표현하는 if이다.

을 빌리자면, 우리에게 불리하도록 궁극적으로 악을 이루게 하는 것은 하나도 없다는 말이다. 즉, 하나님이 우리를 위하시면 모든 것이 합력하여 우리의 유익을 도모하게 된다. 결국 하나님의 백성의 유익을 도모하는 궤도 속에는 그들을 대적하는 요소가 없다는 것이다. 사탄과 마귀와 인간 등 모든 대적들과 관련하여 31절이 선포하는 것이 바로 이 진리이다.

32절 이 구절에 하나님 은혜의 가장 결정적 증거가 제시되어 있다. 이 내용은 큰 증거에서 작은 증거로 진행되는 형태를 취한다. 만일 하나님이 우리의 유익을 위하여 최대의 일을 행하셨다면, 나머지 모든 축복도 따라올 것이 아니겠느냐는 말이다.

"자기 아들을 아끼지 아니하시고." 이 구절과 관련하여 다음 몇 가지 사항을 생각해 보자.

(1) 여기에 나오는 하나님은 아버지 하나님이다. 그 아들은 오직 이 아버지의 아들이기 때문이다.

(2) "자기 아들"은 아버지와 이런 관계를 맺고 있는 다른 인물은 없다는 뜻이다 (8:3).[66] 예수는 하나님을 "자기 아버지"라고 부르셨다(요 5:18). 이것은 아버지만이 예수에 대해 그런 관계를 맺고 계심을 의미한다. 하나님은 많은 아들들을 입양하셨다. 그러나 성경은 독생자의 아들 되심과 입양에 의한 아들 됨을 혼동하는 것을 허락하지 않는다. 독생자 이외의 그 누구도 아버지의 친아들은 아니다. 왜냐하면 그것은 영원하고, 비교할 수 없고, 말로 표현할 수 없는 아들 됨이기 때문이다.

(3) 아버지께서 자기 아들을 아끼지 아니하셨다. 아낀다는 말은 그가 받는 고난을 가리킨다. 세상의 부모들은 자녀들을 아껴서, 마땅히 가해야 할 체벌을 모두 내리지 않는다. 세상의 재판관들도 범죄자들을 아껴서 범죄 내용에 정확하게 상응하는 선고를 내리지 않는다. 그러나 아버지 하나님이 하신 일은 그렇지 않았

---

66 ἴδιος에 내포된 개별성 및 특수성을 보여 주는 예들을 참고하려면 아래 성경 구절들을 보라. 롬 14:5; 고전 3:8; 4:12; 7:2, 4, 7, 37; 갈 6:5; 엡 5:22, 딤전 3:4.

다. 아버지 하나님은 자기가 친히 기뻐하고 사랑하셨던 독생자에게 집행되는 그 무거운 심판을 조금이라도 철회하시거나 가볍게 하지 않으셨다. 채찍을 조금도 경감하지 않았다. 이사야 선지자는 "여호와께서 그에게 상함을 받게 하시기를 원하사 질고를 당하게 하셨은즉"이라고 말했다(사 53:10). 조금도 완화시키지 않았다. 아들에게 가차 없는 격렬한 심판이 가해졌다. "아끼지 아니하셨다"라는 말은 바로 이런 의미이다.

(4) 아낌없는 심판을 견디는 과정에서 아버지와 "자기 아들"과의 관계가 끝난 것은 아니다. 즉, 자기 아들에 대한 사랑이 중단되었다는 뜻이 아니다.

(5) 한편에는 비교할 수 없는 부자간의 관계 및 사랑이 있고, 다른 한편에는 아들을 아끼지 아니했다는 사실이 있는데, 이 둘을 결합하면 참으로 놀라운 사실이 도출된다. 사도는 이 사실로부터 그의 주장을 끌어낸다.

"우리 모든 사람을 위하여 내주신 이." 앞 어구는 부정적인 형태인 "그가 아끼지 아니하셨다"였다. 그런데 이번 어구는 긍정적인 형태이다. 즉, "그가 내어주셨다"는 것. 이는 사도가 다른 곳에서 선언한 내용, 그리스도가 우리를 대신하여 죄로 삼은 바 되었음(고후 5:21)과 저주를 받은 바 되었음(갈 3:13)을 반영한다. 아버지께서는 죄로 말미암아 자기 아들을 저주와 포기의 자리로 넘기셨다. 아들에게 집행된 정죄의 심판에는 조금도 동정의 여지가 없었다. 겟세마네와 갈보리가 그 증거다. 우리는 여기에 나타난 연관성을 간과해서는 안 된다. 아들이 그런 저주의 자리에 넘겨져서 그것을 견디고 끝낼 수 있었던 것은 오직 그분만이 그 유일무이한 관계의 주역이며 또한 비교할 수 없는 사랑의 대상이기 때문이었다. 사도는 내어줌의 또 다른 측면도 염두에 두고 있는 듯하다. 그것은 그리스도의 대원수와 그의 부하들이 그리스도에게 행할 수 있었던 모든 악행에까지 그를 넘겨주었다는 사실이다. 예수께서 고난을 받으시던 날 밤에 그의 대적들에게 이렇게 말씀하셨다. "이제는 너희 때요 어둠의 권세로다"(눅 22:53). 이와 관련하여 영감을 받은 예언적 묘사를 고려할 필요가 있다(시 22:12, 13, 16; 69:26). 예수는 "하나님의 정하신 뜻과 미리 아신 바" 대로 넘겨져서 악한 자의 손에 의해 십자가에 못 박히고 죽임을 당하셨다. 만일 하나님이 적의 권세를 억제했더라면, 예수는 흑암의 세력을 약탈하여 통치자들과 권세들을 구경거리로 만들지 않았을 것이다. 그는 그들을 무찌르고 승리를 상징하는 그의 십자가의 마차에 그들을 묶지 않았을 것이다. 이것 역시 하나님이 자기 아들을 흑암의 임금과 그 부하들의 악의와 증오, 교활함과 권세에 넘겨주어야 했다는 것, 즉 그분의 은혜를 증언하지 않는가? 그리스도를 내주신 분은 아버지이지 어둠의 군사들이 아니다. "누가 예수를 죽도록 넘겨주었는가? 돈 때문에 유다가 한 것이 아니요, 두려움 때문에 빌라도가 한 것도 아니요, 질투 때문에 유대인이 한 것도 아니라, 오직 사랑 때문에 아버지께서 그렇게 하셨다!"[67]

겟세마네와 갈보리의 고난은 그리스도께서 우리를 대신하여 짊어진 저주의 관점에서 봐야 한다. 이 저주는 가차 없는 공의로운 형벌에 따라 집행되었으며, 어둠의 군사들이 극도로 복수할 때 견뎌야 했던 것이었다. 우리가 이런 저주의 성격을 이해할 때에야 지식을 초월하는 그 놀라운 사랑을 체험하고 또 그런 아름다운 사랑을 비로소 맛볼 수 있으며, 영원토록 그 사랑을 탐구할 수 있을 것이다.

"우리 모든 사람을 위하여."

(1) 겟세마네와 갈보리의 광경은 우리를 대신해서 당하신 사건으로 볼 때에야 비로소 이해할 수 있다. 우리를 위해서 하나님이 예수를 내주신 것이다.

(2) "우리 모두"의 범위는 문맥에 의해 결정된다. 그 범위는 31절과 같다. 32절의 "우리 모두"는 31절의 "우리"보다 더 포괄적일 수는 없다. 31절의 "우리"는 앞 구절들에서 언급된 사람들이다. 그들은 아버지께서 미리 아시고, 정하시고, 부르시고, 의롭게 하시고, 영화롭게 하셨던 바로 그 사람들이다. 더욱이, 다음에 나오는 문맥은 지금 사도가 말하는 사람들을 분명히 밝혀 준다. 즉, 그들은 하나님이 택하신 자들이며(33절), 그리스도께서 위하여 간구하시는 대상들이며(34절), 그리스도의 사랑에서 결코 분리될 수 없는 자들이다(35, 39절). 이런 용어들로 표현된 그 사람들의 신분을 보면, 이 구절이 보편적 속죄의 개념을 지지하지 않는다는 것을 알 수 있다. 그리스도께서 넘겨진 것은 이 문맥에서 규정하는 범주에 속하는 "우리 모든 사람"을 위한 것이다.

---

67 Octavius Winslow, *No Condemnation in Christ Jesus* (London, 1857), p. 358.

(3) "우리 모든 사람"이 온 인류를 의미하지는 않지만, 차별이 없다는 사실을 간과해서는 안 된다. 이 범주 속에는 어떤 제한이나 배제가 없다. 개개인은 고유한 개체성을 지니고 있고, 이것은 죄와 불행과 책임의 면에서도 사실이다. 하나님은 사람들을 집단적으로 구원하지 않으신다. 하나님은 제각기 나름의 특성을 지닌 개개인을 다루신다. 이는 아버지께서 자기의 아들을 내주시는 행위와 관련해서도 마땅히 고려되어야 한다. 아버지께서는 개개인의 죄와 불행과 책임과 독특성을 감안하는 가운데 그들을 위해 자기 아들을 내주셨던 것이다. 만일 우리가 그저 대중 속에 잠겨 있었다면, 만일 우리 각자가 지닌 특성에 따라 우리가 고려되지 않았다면, 구원은 없을 것이다. 아버지께서 아들을 내주실 때, 우리 모두에게 관심을 갖고 계셨다.

"어찌 그 아들과 함께 모든 것을 우리에게 주시지 아니하겠느냐?"[68] 32절의 앞부분이 이 수사적 질문으로 이어진다. 이 결론은 그것과 정반대되는 것은 도저히 생각도 못하게 하기 위해 하나의 질문 형태로 제시된다. 이 결론의 목적은, 하나님의 백성의 영광에 필요한 모든 것, 그 영광을 확보하고 증진시키는 데 필요한 모든 것이 값없이 그리고 어김없이 주어질 것이란 확신을 품게 하는 것이다. 아버지께서 자기 아들을 아끼지 아니하시고 갈보리의 고난과 수치에 내주셨거늘, 그와 같은 희생 속에 내포된 최종 목적을 조금도 어김없이 실현하실 것이 아니냐는 주장이다. 아버지가 주신 최대의 선물, 우리에게 주신 가장 귀한 것은 사물이 아니었다. 그것은 부르심도 아니고, 칭의도 아니며, 영화마저도 아니다. 사도가 결론적으로 말하는 구원의 보장도 아니다(39절). 물론 이런 것들이 하나님의 은혜로운 계획의 성취로 제공되는 은총이긴 하다. 그러나 이루 말할 수 없고 비할 데가 없는 선물은 바로 자기 아들을 내주심이다. 이 선물은 매우 크고 놀라우며, 그 결과가 엄청나기에, 이 선물보다 작은 선물들이 값없이 주어질 것이 확실하다. "또한"이라

---

68 καί는 πῶς οὐχί와 연결되고(필리피), σὺν αὐτῷ와 연결되고(마이어) χαρίσεται와 연결되곤 한다 (고데트). 그렇지만 주된 사상에는 영향을 주지 않는다. 그러나 그것을 σὺν αὐτῷ와 연결하는 것이 더 자연스럽고 다수의 주장과 일치한다. 많은 것이 σὺν αὐτῷ에 달려 있다. 그것은 핵심적인 고려사항이다. 석의적으로 말해서 καί를 그것과 관련시키는 것이 낫다.

는 단어가 "그 아들과 함께"와 연결되든지, 또는 "(값없이) 주시지"와 연결되든지 간에 "그 아들과 함께"라는 말의 중요한 의미를 이해해야 한다. 그리스도는 우리에게 주어진 인물로 표현되어 있다. 우리를 위하여 내주셨다는 말은 우리에게 주어진 선물이란 뜻이다. 그런즉 그리스도야말로 값없이 주시는 선물의 최상의 표시이자 구현이므로, 아버지께서 그리스도를 내주신 사실이 아버지의 사랑의 최고의 표현인 만큼, 다른 모든 선물이 뒤따라오게 마련이다. 32절의 "모든 것"은 관사를 수반하고 있기 때문에 28절에 나오는 (합력하여 선을 이룬다는) 모든 것을 가리키는 것 같지는 않다.[69] 여기에 나오는 모든 것은 신자들에게 부여되는 은혜의 선물들과 축복이다. 그러므로 그것은 구원을 다루는 이 문맥에 비추어 해석되어야 한다. 어쨌든 "모든 것"은 제한적인 의미로 사용된 보편적인 용어의 한 본보기이다.

33-34절 상반부 33-35절에 나오는 질문들은 서로 관련이 있으며, 서로 다른 방식으로 그 문맥과 연관성이 있다. 그중에 "누가 정죄하리요?"(34절)라는 질문에 대해서는 의견이 분분하다. 이 질문은 바로 그 앞에 나온 내용, 즉 "의롭다 하신 이는 하나님이시니"라는 말과 직결해야 할지, 또는 34절의 하반부를 그 대답으로 삼는 질문으로 여겨야 할지 모르겠다. 전자의 견해를 따른다면, 34절의 하반부(죽으실 뿐만 아니라… 그리스도 예수시니)는 "누가 정죄하리요?"라는 질문에 대한 대답이 아니라, 35절의 질문 및 도전, 즉 "누가 우리를 그리스도의 사랑에서 끊으리요?"라는 말의 토대를 제공한다고 한다. 이런 견해 중에 어느 하나를 독단적으로 주장하는 것은 바람직하지 않다. 그러나 전자의 견해가 더 좋은 듯하다.

　(1) "누가 정죄하리요?"라는 질문은 의롭다 하신 이는 하나님이시라는 단언과 자연스럽게 병행한다. 이 도전은 단정적인 명제에서 불가피하게 나온다.

　(2) 만일 "누가 정죄하리요?"라는 질문의 대답이 같은 절의 하반부에서 나온다면, 이 경우에는 예수 그리스도가 암시적으로 의롭다 하시는 자가 되는 셈이다.

---

69 신자의 경험 속에 내포된 모든 것이 합력하여 선을 이루지만(28절), 이 모든 것을 "값없이 주어진 것"(χαρίσεται)이라고 생각하기는 좀 곤란하다.

그런데 이것은 바울의 용법이 아니다. 그리스도는 진실로 칭의의 기초를 놓으신다. 우리는 그의 의로 말미암아 의롭게 된다(5:18, 19). 그러나 그리스도와 구별되는 아버지인 하나님이 의롭게 하시는 분이다. 이 사실은 "의롭다 하신 이는 하나님이시니"라는 진술에 명백히 표현되어 있다.

(3) 35절 상반부의 질문은 34절의 내용과 잘 병행한다. 즉, 34절 하반부는 그리스도께서 행하신 일과 현재 행하고 있는 일과 관련이 있고, 35절 상반부는 그리스도에 관해 언급된 사실에서 나오는 적절한 도전이다. 34절 상반부의 도전이 의롭게 하시는 분으로서 하나님이 행하시는 일에 근거한 확신인 것과 같이, 35절 상반부의 도전은 그리스도께서 지금까지 행하신 일과 앞으로도 계속 행하실 일로 말미암아 생긴 확신이다. 이것이 더 나은 구조라고 가정하면 지금 제시한 해석이 더 합당하다.

"누가 능히 하나님이 택하신 자들을 고발하리요?"에는 31절의 "누가 우리를 대적하리요?"라는 질문에 적용했던 것과 동일한 사고방식이 적용된다. 많은 고발인을 염두에 두고 있지만 그들의 고발은 아무런 소용도 없다. 하나님이 의롭다 하시는 선고를 내리셨기 때문이다. 하나님의 법정에서 나오는 상소는 없다. 다른 모든 고발은 무시해도 좋다. "하나님이 택하신 자들"이란 호칭은 그들이 속해 있는 범주를 말한다. 그들은 말 그대로 하나님의 선택을 받은 자들이다. 그들은 하나님에 의해 이미 선택된 것으로 인정될 뿐만 아니라 하나님의 선택을 받은 자들로서 하나님과 관계를 맺고 있다. 선택이란 말은 29절에서 다른 말로 표현된 바로 그것이며, 에베소서 1:4에 나오는 바 창세전에 그리스도 안에서 택함 받은 것을 가리킨다(행 9:15; 롬 9:11; 11:5, 7; 16:13; 골 3:12; 살전 1:4; 딤후 2:10; 딛 1:1; 마 24:22, 24; 막 13:20, 22; 눅 18:7; 벧전 1:1; 벧후 1:10).

"의롭다 하신 이는 하나님이시니 누가 정죄하리요"(33b, 34a). 이미 언급했듯이 이 두 어구는 함께 묶어야 한다. 이 도전은 "누가 우리를 대적하리요?"(31절)와 "누가 능히 하나님께서 택하신 자들을 고발하리요?"(33절)라는 질문들에 적용한 방식에 따라 해석해야 마땅하다. 그렇지만 "누가 정죄하리요?"라는 도전에서 변호 작업이 절정에 도달한다. 의롭다 하신 하나님의 판결에 호소할 때 심판을 주장

하는 모든 혀들이 잠잠하게 된다(참고. 사 54:17). 이 구절과 이사야 50:8, 9의 종
(Servant)의 항의가 병행한다는 것은 논란의 여지가 없다. "나를 의롭다 하시는 이
가 가까이 계시니 나와 다툴 자가 누구냐? 나와 함께 설지어다. 나의 대적이 누구
냐? 내게 가까이 나아올지어다. 보라, 주 여호와께서 나를 도우시리니 나를 정죄
할 자 누구냐?"

34절 하반부 이제 사도는 그리스도께서 이미 행하신 일과 계속 행하실 일로 인해
하나님의 택하신 자들에게 속하는 안전으로 눈을 돌린다. 기포드의 말을 빌리면,
"마치 한 반석에서 다른 반석으로 뛰는 것 같이, 그는 아버지의 사랑에서 아들의 사
랑으로 넘어간다."[70] 그리스도의 구속 사역 안에 있는 핵심적인 네 가지 요소가 그
리스도의 사랑으로부터 아무것도 우리를 분리시킬 수 없다는 보증으로 제시된다.

"죽으신" 이는 그리스도 예수시다.[71] 여기에는 예수께서 죽으신 목적에 대한 언
급도 없고, 누구를 위해 죽으셨는지에 대한 언급도 없다. 사도는 이미 이런 것에
대해서 충분히 다루었다(3:21-26; 4:25; 5:8-11; 6:4-10; 8:3, 4). 여기서는 예수께서 죽
으셨다고 간단히 말한다. 이는 이 구절에서 예시된 구속적 사실들에서 그리스도의
죽음이 지니는 의미를 특별히 주목하라는 것이다. 그리스도 예수께서 죽어야만 했
다는 사실 자체가 우리의 마음을 끌기 때문에 단순한 진술만으로도 그 의미를 생
각하게 만들 수 있다.

"다시 살아나신 이는 그리스도 예수시니"(Yea, rather, that was raised from the
dead). 여기서 "그렇다, 오히려"(Yea, rather, 개역개정판에는 이런 표현이 나타나지 않음
—옮긴이)라는 말은 수정 내지는 교정을 가리킨다. 그러나 이는 앞에서 제시한 명
제를 취소하려는 것이 아니고 또한 예수의 죽음의 실재를 격하하려는 것도 아니
다. 그 목적은 부활을 떠나서는 예수의 죽음이 궁극적 목적을 이루는 데 아무런 소
용이 없었을 것이라는 사실을 강조하려는 것이다. 그리스도에게 속한 사람의 안전

---

70 앞의 책, 동일한 곳.
71 Χριστὸς Ἰησοῦς는 P[46] ℵ A C G L과 라틴 벌게이트를 포함한 소수의 고대 역본의 독법이다.
Χριστός 하나만 있는 것은 B D 및 다수의 소문자 사본의 독법이다.

을 보장하는 것은 바로 살아계시는 주님이다. 이미 앞에서 주목했듯이(4:25; 6:5) 그리스도의 죽음과 부활은 구속의 완성에서 서로 분리될 수 없는 관계에 있다.[72]

"그는 하나님 우편에 계신 자요." 여기에는 비유적 또는 신인 동형적인 언어가 나온다. 그렇지만 그 의미는 명백하다. 그리스도는 높이 올려지셨고, "하나님의 우편"은 그리스도가 받은 주권과 통치권을 지칭하며, 그가 쓴 영광의 관을 가리킨다(마 26:64; 막 14:62; 행 2:33; 5:31; 7:55, 56; 엡 1:20; 골 3:1; 히 1:3; 8:1; 10:12; 12:2; 벧전 3:22). 비유적 표현이라고 해서 그리스도께서 하늘에 자리 잡고 계신다는 사실을 부정해서는 안 된다. 그리스도는 신인(God—man)으로 승천하셨기 때문에, 그리스도의 인성도 반드시 하늘에서 존재한다. 그렇지 않으면 승천한 상태에서 참 인간이 아닐 것이다. 사도는 승천한 상태에서 지닌 영광, 권위, 그리고 통치에 호소하는데, 이것은 하나님의 택하심을 받은 자들이 안전하다는 확신과 직결된다. 그리스도께서 하늘과 땅의 모든 권세를 소유하고 계시는 만큼 어떠한 어려운 환경이나 적대 세력도 그리스도의 손에서 그의 백성을 떼어내거나 그의 사랑에서 그들을 분리시키지 못한다.

"우리를 위하여 간구하시는 자시니라." 앞 절이 그리스도에게 부여된 권세와 통치권을 확증하고 또 그가 행사하시는 주권을 암시적으로 확증한 것같이, 이 절은 그리스도가 계속 수행하는 대제사장 사역에 호소한다. 오직 이 구절과 히브리서 7:25에서만 하늘에서 이뤄지는 그리스도의 간구가 명백히 언급되어 있다. 그러나 다른 구절들에서는 암시적으로 표현되어 있다(요 14:16; 요일 2:1; 사 53:12). 이 구절은 '중보기도'를 언급하고 있는 것이 분명하다. 이와 동일한 말이 26, 27절에서는 성령과 관련해 사용되었다.[73] 그러므로 그리스도께서 하늘에서 간구하신다는 사실은 의문의 여지가 없다. 그리스도의 대제사장 사역이 간구에만 국한될 수는 없지만(2:18; 4:14-16), 간구야말로 하늘에서 행하시는 예수의 사역의 일면임을 분명

---

72 ἐγερθείς는 부정과거 수동태며, 따라서 예수를 일으키신 아버지의 행위를 가리킬 가능성이 있다(참고. 4:25; 6:4; 8:11). 그러나 죽은 상태에서 예수의 일어나심을 염두에 두는 것 같고, 따라서 그것은 ἀποθανών 및 ἐντυγχάνει와 연결될 필요가 있다. 내가 쓴 다음 글을 참조하라. "Who Raised Up Jesus?" in *The Westminster Theological Journal*, vol. III, pp. 113-123, 특히 pp. 115-117.

73 ὑπερεντυγχάνω(26절), ἐντυγχάνω(이 경우와 27절).

히 밝힌다. 그리고 이 사실은 신자의 모든 필요와 그의 구속이 완성되는 데 필요한 모든 은혜가 그리스도의 간구의 범주 안에 들어 있다는 것을 입증한다(히 7:24, 25). 그런즉 우리는 우리의 구속주의 부활과 승천의 영광을 신비롭게 여기지 말아야 하듯이 하늘에서의 그리스도의 간구를 신비롭게 간주해서는 안 된다. 우리가 이 네 번째 요소에 이를 때 절정에 도달했다는 느낌을 억제할 수 없다. 왜냐하면 구속주께서 그의 백성의 안전을 시종일관 염두에 두고 계신다는 것과 그리스도의 변함없는 사랑을 확신시켜 주는 것은 다름 아니라 하늘의 대제사장으로서 우리를 위해 간구하시는 사역이기 때문이다. "우리를 위하여" 그리스도께서 간구하신다는 말은, 우리가 이미 32절에서 살펴보았던, "우리 모든 사람을 위하여"라는 말에 담긴 관심과 대책을 상기시켜 준다. 간구는 분명히 개개인의 독특한 상황과 관계가 있다. 사도는 이제 35절의 질문이 선언하는 승리에 찬 도전을 접하도록 우리를 준비시켰다.

35절 "누가 우리를 그리스도의 사랑에서 끊으리요?" 이 질문은 앞에 나온 세 질문과 대등하다. "누가 우리를 대적하리요?"(31절). "누가 능히 하나님이 택하신 자들을 고발하리요?"(33절). "누가 정죄하리요?"(34절). 환난, 곤고, 박해, 기근, 적신, 위험, 그리고 칼이란 단어들은 그 자체가 우리를 그리스도의 사랑에서 끊을 가능성이 있는 것들로 간주되고 있기 때문에, 이는 동일한 질문을 증폭시킨 것으로 봐야 한다. 즉, '환난이나 곤고 등이 과연 우리를 그리스도의 사랑에서 끊을 수 있는가'라는 것이다. 그러므로 이는 일련의 질문들 중에서 최후의 질문이다. 이 모든 질문들은 제각기 승리에 찬 부정적인 대답을 수반하는 공통점이 있다. 이 질문이 여러 질문 중 최후의 것이며, 또 이 질문이 확대되고 있고 같은 주제를 이 장 마지막까지 다루고 있다는 사실을 감안하면, 이것이 절정을 이루는 질문임이 명백해진다. 승리와 확신의 어조가 이제야 최고의 지점에 이르렀다.

"그리스도의 사랑"은 분명 백성들에 대한 그리스도의 사랑이지 그리스도에 대한 백성들의 사랑이 아니다. 이 사실은 다음 두 가지 표현으로 봐서도 알 수 있다. "우리를 사랑하시는 이로 말미암아"(37절), "우리 주 그리스도 예수 안에 있는 하나님의 사랑"(39절). 그뿐만 아니라 그리스도에 대한 우리의 사랑에서 끊어진다는 관념은 납득이 되지 않는다. 이미 확증된 그리스도의 사랑에서 끊어진다는 것은 불가능하다는 말이고, 이런 확신의 근거는 34절에 언급된 사실에 의해 입증된 그리스도의 변함없는 사랑이다. 35절에 인용된 것들은 하나님의 성도들이 순례길에서 처하는 역경을 가리키고, 바울 자신이 실제로 겪었던 것이며(고후 11:23-33), 또한 그들에 대한 그리스도의 사랑을 의심하게 만드는 것이기도 하다. 이런 용어들이 가리키는 역경이 심하면 심할수록, 그리스도의 사랑의 불변성에 대한 확신도 그만큼 더 깊어진다.

36절 이는 시편 44:22(칠십인역, 히브리성경에서는 44:23)의 문자적 인용이다. 사도가 열거한 역경의 실례들(35절)은 모든 세대의 하나님 백성의 몫이기도 했다(행 14:22; 히 11:35-38). 이 인용문은 하나님의 백성이 고난을 당하며 마치 죽임을 당할 자처럼 취급받은 것은 주님을 위한 것이었다는 사실을 주목하게 한다. 이것은 쉽게 간과되곤 하지만, 사도가 설명하는 확신에 설득력을 더해 준다. 핍박은 그리스도의 치욕을 미리 보여 준다. "종일"이란 표현은 원문의 사상을 잘 드러낸다. 단순히 "매일"이 아니다. 죽음에 이르게 하는 핍박자의 폭력은 항상 현존한다.

37절 다음 세 가지 사항을 숙고해 보자.

(1) "넉넉히 이기느니라"는 말은 적절한 번역이다. 여기서 강조되는 것은 최상급의 승리다. 이와 반대로 보이는 현상은 승리의 실재와 완성을 더 뚜렷이 드러낸다. 순교는 패배로 보일 것이다. 그 가해자들도 그렇게 볼 것이다. 우리는 흔히 죄악의 세력과의 투쟁에서 거둔 열매를 일종의 도피로 여긴다. 그러나 사실 그것은 승리다. 단순한 승리가 아니라 완전하고도 영광스러운 승리다. 대적자들의 계획은 완전히 좌절되고, 우리는 정복의 월계관을 받은 승리자가 된다.

(2) 이 승리는 언제나 보장되어 있다. "모든 일에서" 그렇다. 역경을 만날 때마다, 심지어 죽음에 이르게 하는 적을 만날 때에도 무조건 승리한다. 믿기 어려울 정도다! 그렇다, 진실로 오직 믿음에 의해 인지되는 초월적 요인들이 없다면 믿을

수 없을 것이다.

(3) "우리를 사랑하신 이로 말미암아." 이는 34절에 비추어 볼 때, 그리고 35절에 나오는 그리스도의 사랑을 고려하면 그리스도를 가리키는 것이 분명하다. 동사 "사랑하셨다"(loved)의 과거시제는 십자가상의 죽음에 의해 확증된 사랑을 가리킨다. 그렇다고 그리스도의 사랑은 과거에만 속해 있다는 뜻은 아니다. 35절은 이 사랑을 영원한 것으로 보며, 그것은 신자의 안전을 보장해 주는 사랑이다. 그런데 특이한 사실은, 이 사랑이 우리가 하나님으로부터 떠나 있던 상태, 죄인으로 있던 상태, 그리고 연약한 상태에 처해 있던 우리에게 베풀어졌다는 것이다(5:6-10). 그것은 그리스도의 사랑의 실재와 강도를 확증하는 것이다. 우리는 승리를 묘사하는 최상급의 말들을 접하고 깜짝 놀라게 된다. 이를 설명해 주고 확증하는 표현이 바로 "우리를 사랑하시는 이로 말미암아"라는 말이다. 이것이 모든 현상과 상충되고 외견상의 패배를 승리로 바꾸는 초월적인 요인이다. 의심할 것도 없이 여기서 말하는 중보사역은 부활하사 하나님 우편에 계시는 그리스도의 계속적인 활동이다(34절). 그러나 우리는 그리스도의 사랑이 나타난 십자가에서 그리스도께서 단번에 획득한 승리도 생각하지 않을 수 없다. 그가 "통치자들과 권세들을 무력화하여 드러내어 구경거리로 삼으시고 십자가로 그들을 이기신"(골 2:15) 것은 바로 그때다.

38-39절 "내가 확신하노니"라는 말은 그리스도의 사랑에서 분리될 수 없다는 사실에서 나오는 믿음의 선언이다. 이것은 바울이 그 사랑의 불가항력적인 특성을 입증하는 사실들을 의식하고 있음을 보여 준다. 이후에 나오는 표현들은 우리를 그 사랑에서 끊을 수 없다는 사실을 보편화시키려는 의도로 사용되었다. 이런 표현들은 주로 짝으로 등장하고, 이 경우에 한 표현은 다른 표현의 반대말이다. 가령, 사망이나 생명이나, 현재 일이나 장래 일이나, 높음이나 깊음이나 등이다. 그러나 여기 인용된 목록을 보면 획일적인 패턴을 따르지 않고 어느 정도의 변화가 있는 것을 알 수 있다.

"사망이나 생명이나." 이 반대 사항들은 사람들 앞에 놓인 두 개의 가능성을 의미한다. 사도가 사망이나 생명을 하나님의 백성에게 유혹하는 것으로 생각했다거나, 그 자체를 그리스도의 사랑에서 끊으려는 어떤 것으로 생각했다고 보는 것은 적절하지 않다. 다만 우리에게 이 사망이나 생명 중 어느 것이 닥친다 해도 그리스도의 사랑의 포용성은 동일하다고 말하는 것으로 충분하다(참고. 14:7, 8).

"천사들이나 권세자들이나." 만일 우리가 이것들을 대조적인 표현으로 생각한다면, "천사들"은 선한 존재요 "권세자들"은 악한 존재임을 보여 주는 증거가 필요하다. 여기서 초자연적 존재들을 염두에 두고 있는 것은 분명하다. "천사들"이라는 말은 악한 영에게도 사용될 수 있다. 최초의 자신들의 신분을 지키지 못한 천사들이다(마 25:41; 벧후 2:4; 유 6). 그러나 아무런 수식어도 없이 사용된 "천사"라는 말이 신약에서 악한 영을 가리키는 경우는 없는 것 같다.[74] 그러므로 이 "천사들"은 선한 영이라는 견해가 더 적절하다. "권세자들"은 신약에서 선한 자들과(골 1:16; 2:10) 악한 자들(고전 15:24; 엡 6:12; 골 2:15) 양자에 공통적으로 사용된다.[75] 그래서 바울의 용례에 따르면, 여기에 나온 "권세자들"은 악한 권세자들을 가리킨다고 할 수 있다. 이 경우에도 그렇게 보는 것이 사도가 따르고 있는 대조적 표현 양식과 일치된다. 그러나 확실히 그렇다고 말할 수는 없다. 천사들과 권세자들 모두 다 선한 영을 가리킬지도 모르며, 이 경우에는 천사들 가운데 있는 위계를 생각하고 있을 것이다. 천상의 존재들이 우리를 그리스도의 사랑에서 끊는 데에 동원될 수 없다는 주장은 타당한 반론이 아니다. 가상적으로 바울은 하늘에서 온 천사가 다른 복음을 전하는 것에 관해 언급하기도 했으니 말이다(갈 1:8).[76] 사도는 이 문맥에서도 그와 유사하게 말했을지도 모른다. 이렇게 가정하면 갈라디아서 1:8에 나오는 저주의 의미가 더 강해진다. 이 경우에는 부정적인 표현이 강조된다. 이 밖에도, 사도의 목적은 광범위한 피조물을 망라하는 것이므로 선한 천사들

---

74 "ἄγγελοι를 선한 천사로 이해해야 하는 것은 사악한 것들은 어떤 한정적인 부가어가 없이는 결코 언급되지 않기 때문이다"라는 독단적 견해를 마이어가 취하고 있다(앞의 책). 마이어의 논점을 반박하기 위해 기포드가 인용한 실례들이 그 정반대 사실을 보여 주고 있는지는 분명하지 않다. 마이어의 추론이 "고전 6:3, 히 2:16에서는 전혀 인정될 수 없다"고 말한 기포드의 주장은 좀 지나치다(앞의 책).
75 엡 1:21은 불확실하다. 아마도 이 경우에는 선과 악 모두를 유념하고 있을 것이다.
76 이 점에 대해서는 마이어의 앞의 책을 참조하라.

을 포함시키는 것도 매우 적절하다.

"현재 일이나 장래 일이나 능력이나 높음이나 깊음이나."[77] 처음의 대조법은 수평적인 차원이나, 마지막 대조법은 수직적인 차원에 해당한다. 혹은 "시간과 공간의 차원이 없다"고 말할 수 있다.[78] 이런 표현들은 이 문단 전체의 주도적인 사상인 보편성, 즉 사도가 그의 부정적인 사례의 범위 안에 모든 것을 끌어넣고 있다는 점을 강조한다. 두 쌍들 사이에 삽입된 "능력"의 의미가 무엇인지는 알기 어렵다. 흔히 주석가들은 이 용어를 "천사들" 및 "권세자"들과 연결시켜 초자연적인 존재를 가리키는 것으로 본다. 이런 해석은 베드로전서 3:22과 바울이 고린도전서 15:24, 에베소서 1:21에서 직접 사용한 용례에 호소한다. 이 두 구절에 단수형으로 나오는 "능력"은 통치자와 권세와 연결되어 있다. 그렇지만 바울서신을 포함해서 신약에서 사용된 "능력들"(powers, 복수형)은 흔히 "큰일들" 또는 "기적"을 가리킨다(마 11:21; 눅 13:58; 행 2:22; 8:13; 고전 12:10, 28, 29; 고후 12:12; 갈 3:5; 히 2:4). 이 의미를 여기에도 적용할 수 있다. 어떤 큰일이나 기적도(특히 살후 2:9) 그리스도에게서 분리시킬 수 없기 때문이다. 그러나 위에 인용된 구절들에서처럼 인격적인 행위자들을 염두에 두었을 가능성도 있다.

"다른 어떤 피조물도." 이것은 '다른 창조'(different creation)라는 의미에서 '다른 어떤 창조'(any other creation)로 번역되어야 한다는 주장이 제기되어 왔다. 이 견해를 충분히 뒷받침하는 근거는 없다.[79] 사도는 포괄적인 목록을 제시하고 있는데, 이는 보편성을 세우기 위해서다. 그런데 이 마지막 부정적 표현은 빠져나갈 구멍을 하나도 남기지 않기 위한 것이다. 피조된 실재의 모든 영역에 있는 존재나 사물 중 그 어느 하나도 배제시키지 않기 위함이다.[80]

"우리 주 그리스도 예수 안에 있는 하나님의 사랑에서." 35절에서 사도는 하나님의 백성이 그로부터 결코 분리될 수 없는 "그리스도의 사랑"에 관해 말했다. 지

---

77 οὔτε ἐνεστῶτα οὔτε μέλλοντα οὔτε δυνάμεις라는 독법은 P⁴⁶ ℵ A B C D G와 소수의 고대 역본의 지지를 받고 있는데, 다양한 증거로 인해 선호할 만하다. 이것은 또한 좀 더 어려운 독법이기도 하다.

78 Gifford, 앞의 책.

79 고데트를 참고하라.

80 계명에 관해서는 바울이 εἴ τις ἑτέρα ἐντολή라고 말한 13:9을 참고하라.

금은 사랑의 범위를 더욱 확대시킨다. 그것은 그리스도의 사랑일 뿐만 아니라 아버지의 사랑이기도 하다(5:8; 8:29, 32, 33). 아버지의 사랑은 분명한 특징을 지니고 있다. 무엇보다도 아들을 주신 사랑이다. 그리고 그리스도의 사랑은 무엇보다도 자기를 내주신 사랑이다. 그러나 거기엔 언제나 상관성이 있고, 구속의 사역에서 삼위일체의 각 위격이 상호 협력하는 모습을 묘사하는 것이 사도의 특징이다. 바울이 칭송하는 것은 하나님 자신의 사랑이다. 그것은 그리스도께서 죽으셨다는 사실에 의해 칭송을 받는다(5:8). 이 사랑을 우리 마음에 부어 주시는 분은 성령이다(5:5). 아버지의 사랑과 그리스도의 사랑을 함께 묶으면서 사도는 31절부터 전개되는 그의 주장의 기초를 이루는 두 가지 주제를 결합하고 있다. 그것은 아버지 하나님의 사랑과 활동(31-34a), 그리고 그리스도의 사랑과 활동(34b-38절)을 말한다. 그렇지만 이 결론이 가리키는 것은 단지 아버지의 사랑과 그리스도의 사랑의 결합만은 아니다. 거기엔 또한 배타적인 면도 있다. 우리가 결코 분리될 수 없는 그 하나님의 사랑은 어디까지나 **우리 주 그리스도 예수 안에 있는** 하나님의 사랑이다. 그 사랑은 오직 그리스도 예수 안에 있으며, 오직 그분 안에서만 구체적으로 드러났고, 오직 그분 안에서만 작용한다. 따라서 우리는 우리의 주님이신 그리스도 예수 안에서만 이 하나님의 사랑의 포용성과 유대를 알 수 있는 것이다.

THE EPISTLE TO THE ROMANS

9장

14. 이스라엘의 불신앙(9:1-5)

1-2. 내가 그리스도 안에서 참말을 하고 거짓말을 아니하노라 나에게 큰 근심
  이 있는 것과 마음에 그치지 않는 고통이 있는 것을 내 양심이 성령 안에
  서 나와 더불어 증언하노니
 3. 나의 형제 곧 골육의 친척을 위하여 내 자신이 저주를 받아 그리스도에게
  서 끊어질지라도 원하는 바로라
 4. 그들은 이스라엘 사람이라 그들에게는 양자 됨과 영광과 언약들과 율법
  을 세우신 것과 예배와 약속들이 있고
 5. 조상들도 그들의 것이요 육신으로 하면 그리스도가 그들에게서 나셨으니
  그는 만물 위에 계셔서 세세에 찬양을 받으실 하나님이시니라. 아멘

1-2절 "내가 참말을 하고"라는 말은 독자들의 주의를 끌기에 충분하다(참고. 딤전
2:7). 그러나 바울은 이 단언의 진실성에 대한 궁극적인 재가를 추가한다. 사도는
이제 "그리스도 안에서" 진실을 말하려고 한다는 것이다. 이는 그리스도와의 연합
을 가리킨다. 그것은 탄원의 형식도 아니고 그리스도의 대행에 호소하는 것도 아
니다. 그리스도와의 연합은 사도의 감정이 움직이는 궤도이며 그 감정이 흘러나오
는 원천이다. 따라서 "참말"(the truth)로 거론된 것은 그 동기와 그 적절성의 보증
이 모두 이 연합에서 나오는 것이다. 어째서 이런 형식의 보증이 필요한지를 묻는
다면 두 가지 이유를 제시할 수 있다.
  (1) 이 서신의 초반부에서 바울이 유대인을 공격한 것을 바울이 자신의 동족에게
서 멀어진 것으로 여겨서는 안 된다.
  (2) 이런 형식의 보증은 거의 유례없는 탄원을 지지하는 데 필요하다. 그 탄원은
"내 자신이 저주를 받아 그리스도에게서 끊어질지라도 원하는 바로라"(3절)는 말
이다. 그러나 어쨌든, 이런 형식을 통해 자신의 진술을 지지하는 것이 바울 사도의
특징이다(14:14; 고후 2:17; 12:19; 엡 4:17; 살전 4:1).
  "내가 거짓말을 아니하노라"는 말도 바울의 표현 방식에 따라 그의 말의 진실

성을 강조하기 위해 추가된 것이다(참고. 고후 11:31; 갈 1:20; 딤전 2:7). 참말은 거짓말과 정반대되는 것이고, 그리스도가 "진리"이시기 때문에 그리스도와의 연합으로부터 그 동기와 보증을 받는 진술은 결코 거짓말에 관여할 수 없다(요일 2:21, 27). 고데트의 말을 빌리면, "바울의 눈은 그리스도 안에 있는 너무도 거룩한 어떤 것을 보기 때문에, 그리스도가 함께하는 순결하고도 빛나는 분위기 속에서는 어떠한 거짓이나 과장도 있을 수 없다는 것이다."[1]

사도는 자기의 진실성을 입증하기 위해 충분히 말한 것으로 보인다. 그러므로 그가 자신의 양심의 증언에 호소한 것은 상당히 놀랍다. 그의 다른 서신들에서 바울이 양심에 호소하는 대목들을 보면 "내 양심이 성령 안에서 나와 더불어 증언하노니"라는 표현이 불필요한 것이 아님을 알게 된다(참고. 행 23:1; 고후 1:12; 4:2; 5:11; 딤전 1:5, 19; 3:9; 딤후 1:3; 딛 1:15). 양심은 우리가 우리 자신을 판단하고 우리의 행위를 도덕적·종교적으로 검사하는 하나의 기준이다. 양심은 승인하기도 하고 승인하지 않기도 한다. 그것이 승인할 때는 우리가 선하고 순결한 양심을 갖고 있는 셈이다(행 23:1; 딤전 1:5, 19; 3:9; 히 13:18; 벧전 3:16, 21). 양심이 비난하며 죄를 깨닫게 할 때는 우리가 나쁜 양심을 갖고 있는 셈이다(요 8:9; 롬 2:15; 딛 1:15; 히 10:22). 바울이 여기서 호소하는 것은 양심의 승인이다. 그리고 그는 그것을 양심의 확증적인 증언이라는 말로 표현한다. 바울이 이 증언을 "성령 안에서" 이루어진 것으로 본 것은 더욱 의미심장하다. 앞선 바울의 주장에 대한 보증이 그리스도와의 연합에서 온 것처럼, 이제 그의 양심의 증언이 지닌 진실성도 성령에 의해 보증된다. 양심의 소리가 진리 및 정의와 일치한다는 것을 확신할 수 있는 것은 오직 우리가 성령 안에 살고, 성령이 우리 안에 거하고 우리의 마음이 성령의 지배를 받을 때뿐이다. "그리스도 안에서"와 "성령 안에서"라는 말은 바울의 사상에서 상호의존적인 관계를 맺고 있다. 그래서 이 두 표현이 여기에 진술된 목적을 위해 연달아 등장하는 것이다.

1절에 언급된 참말은 이제 이렇게 진술되어 있다. "나에게 큰 근심이 있는 것과

---

1 F. Godet, *Commentary on St. Paul's Epistle to the Romans* (E. T., Edinburgh, 1881), II, p. 131.

마음에 그치지 않는 고통이 있다." 바울이 주관적인 마음의 상태를 입증하는 궁극적인 보증을 제시한 이유는, 당면한 상황에 대한 자신의 괴로움과 절박성, 그리고 이러한 마음 상태를 야기한 어떤 사태의 심각성을 가리키기 위함이다. 요컨대, 지금 바울의 근심은 이스라엘의 불신앙이라는 심각한 문제와 관련이 있다. 사도의 근심의 강도는 리돈의 말처럼 그 근심의 중대성과 지속성 그리고 깊이로 나타난다.[2]

3절 "저주를 받아 그리스도에게서 끊어지다"[3]라는 말은 그리스도와 분리되어 멸망에 처한다는 의미다(칠십인역, 레 27:28, 29; 신 7:26; 13:16, 18; 수 6:17; 7:1, 11, 12). 신약에서 "저주"(anathema)는 이와 비슷한 뜻을 갖고 있고 저주를 당한다는 의미이다(행 23:14; 고전 12:2; 16:22; 갈 1:8, 9). 이 구절을 해석하기가 어렵다 하더라도 이 표현의 강도를 약화시킨다고 해결되는 건 아니다. 그것은 멸망에 처한다는 의미다. 그런데 바울은 멸망에 처하게 되어 그리스도와 분리되기를 바랐는가?

이 말을 바울이 과거에 그리스도와 교회를 핍박하던 당시의 태도를 가리킨다고 보는 것은 온당하지 않다. 그가 그리스도를 반대하던 일을 그리스도에게서 끊어지기를 바라는 일로 해석할 수는 없다. 또한 바울이 자기가 그리스도로부터 분리되는 것이 가능하다고 생각했다고 추정할 수도 없다. 이것은 앞 장(8:38-39)에 표현된 확고한 신념과도 모순된다. 더욱이, 이 표현은 바울 사도가 실제로 자기가 그리스도로부터 저주를 받아 끊어지기를 소원하거나 기도했다는 의미가 아니다. 헬라어에 사용된 시제는 "나는 바랄 수도 있다"(I could wish)[4]라는 번역에 잘 표현

2 H. P. Liddon, *Explanatory Analysis of St. Paul's Epistle to the Romans* (New York, 1897), p. 148.
3 D G의 지지를 받는 ὑπό τοῦ Χρστοῦ라는 독법을 따르면 안 된다. ἀπό는 강력한 증거를 갖고 있다.
4 ηὐχόμην는 미완료형으로서 신약의 다른 경우들에서도 분명히 이 사상을 표현하고 있다. 참고. E. DeWitt Burton, *Syntax of the moods and Tenses in New Testament Greek* (Edinburgh, 1955), §33; F. Blass and A. Debrunner, *A Greek Grammar of the New Testament and Other Early Christian Literature* (E. T., Chicago, 1961), §359; G. B. Winer, *A Grammar of the Idiom of the New Testament* (E. T., Andover, 1892), p. 283. 버튼이 제시한 예들은 행 25:22, 갈 4:20, 몬 13, 14 이다. 참고. J. B. Lightfoot, *St. Paul's Epistle to the Galatians*, 4:20; M. J. Lagrange, *Epitre aux Romains* (Paris, 1950), p. 225; F. F. Bruce, *The Epistle of Paul to the Romans* (Grand Rapids,

되어 있다. 만일 자기 동족의 구원을 위해 할 수만 있다면, 바울은 기꺼이 그들을 대신해 저주를 받을 의향이 있다는 뜻을 지닌 가설적인 표현이다. 이로써 동족에 대한 사도 바울의 사랑이 얼마나 강렬한지가 드러난다. 그것은 인간을 구속하기 위해 저주와 죄 덩어리가 된 구주의 사랑을 닮은 사랑이다(참고, 갈 3:13; 고후 5:21). "그러므로 바울이 유대인을 구출하기 위해, 그들에게 다가온 정죄를 자기가 친히 받기를 주저하지 않았다는 것은 지극히 열렬한 사랑의 증거다."[5] "그 소원은 비합리적인 것으로 배격되고 있지만… 이기적인 생각이란 기준은 사도가 말하는 측량할 수 없는 헌신과 사랑의 감정에는 어울리지 않는다."[6] "형제"라는 말의 사용은 사도와 동족을 묶어 주는 애정의 유대관계를 보여 준다. "골육의 친척"은 지금 사도가 관심을 두고 있는 대상이 주 안에서 형제 된 자들이 아니라는 것을 보여 주고(다음 구절들은 후자를 가리킨다. 14:10, 13, 15, 21; 16:14), "동족"이란 말에 내포된 의미를 표현하며, 자연적·유전적 관계에 의해 생겨난 사랑의 유대관계를 가리키고 있다.

4-5절 이스라엘에 대한 애착은 단지 자연적 유대관계 때문만은 아니다. 그것은 계시 역사에서 이스라엘이 차지하고 있는 위치 때문이기도 하다. 이러한 신분이 없었다면, 바울이 앞으로 다루고자 하는 엄청난 질문이 아예 생겨나지도 않았을 것이다. 그래서 바울은 유대 백성의 특권을 나열한다.

처음 언급한 것은 그들이 "이스라엘 사람"이라는 점이다. 이 이름은 창세기 32:8까지 소급된다. 야곱이 "이스라엘"이라는 이름을 받을 때 그에게 부여된 존엄성과 그의 후손에게도 수여된 존엄성을(창 48:16; 사 48:1) 떠올리게 한다. 바울은 6-7절에서 이스라엘에 속한 자가 다 이스라엘 사람은 아니며, 육신적으로 태어난 후손이 "씨"를 형성하는 것은 아니라고 분명히 말하고 있지만, 이스라엘 민족에게

1963).

5 John Calvin, *The Epistle of Paul the Apostle to the Romans*(E. T. by Ross Mackenzie, Grand Rapids, 1961).

6 Heinrich A. W. Meyer, *Critical and Exegetical Handbook to the Epistle to the Romans*(E. T., Edinburgh, 1881).

속한 특권들을 결코 과소평가하지는 않는다(참고. 요 1:47; 행 2:22; 3:12; 5:35; 13:16; 21:28; 롬 11:1; 고후 11:22; 빌 3:5).

"양자 됨"은 하나님의 은혜에 의해 형성된 하나님과의 부자관계이다(출 4:22, 23; 신 14:1-2; 사 63:16; 64:8; 호 11:1; 말 1:6; 2:10). 이스라엘의 입양은 신약에서 최고의 특권으로 거론되는 양자 됨과 구별되어야 한다(8:15; 갈 4:5; 엡 1:5; 요 1:12; 요일 3:1). 이는 갈라디아서 4:5을 보면 명백해진다. 거기서 양자는 모세 제도의 후견인 훈련과 대조되어 있기 때문이다. 구약에서 이스라엘은 실로 하나님의 자녀였지만 어디까지나 어린 나이의 자녀였다(갈 3:23; 4:1-3). 때가 차서 그리스도에 의해 확보된 양자 됨은(갈 4:4) 의례적 제도 아래 있던 이스라엘의 유아 시절과 대조되는 성숙하고 완전한 아들의 신분이다. 이런 차이점은 구약과 신약 간의 구별과도 일치한다. 구약이 예비단계라면 신약은 완성단계이다. 구약의 입양은 예비적 성격을 지니고 있었다. 신약의 은혜는 다름 아니라, 완성된 구속과 그리스도를 믿는 믿음에 의해(갈 3:26) 아무런 구별 없이 모든 사람이(갈 3:28) 모세 제도의 교육적 훈련에 해당되는 후견인의 예비 과정을 거치지 않고도, 완전한 아들의 신분을 얻게 된다는 것이다.

"영광"은 다음과 같은 영광을 가리키는 것으로 봐야 한다. 즉, 그것은 시내산에 나타나서 머물렀던 영광이며(출 24:16-17), 성막을 덮고 채우던 영광이며(출 40:34-38), 지성소의 시은소에 나타난 영광이며(레 16:2), 성전을 채우던 바로 그 영광이다(왕상 8:10, 11; 대하 7:1-2; 겔 1:28). 이 영광은 하나님이 이스라엘과 함께하신다는 징표였고, 하나님이 그들 가운데 거하시며 그들을 만나신다는 사실을 입증해 주었다(출 29:42-46).

"언약들"[7]이 복수형으로 나오는 것은 아브라함과 맺은 두 개의 언약을 언급하는 것일 수 있다(창 15:8-21; 17:1-21). 이 두 언약은 밀접하게 관련되어 있긴 하지만,

---

7 단수형 ἡ διαθήκη는 비록 P46 B D G 기타 권위의 지지를 받고 있지만 선호할 만한 것이 아니다. 내적 증거로 보면 복수형이 낫다. 이스라엘의 특권이 인용될 때 우리는 한 가지 언약 이상을 기대하게 되며, 아무런 수식어도 없는 "그 언약"이란 단어는 너무 모호해서 보기 드문 표현이기도 하다. 따라서 우리도 그런 표현을 예상하지 않는다(참고. 엡 2:12과 복수형 "promises").

양자 간의 시간, 성격, 목적상의 차이점을 간과해서는 안 된다. 그러나 이 복수형은 아브라함, 모세 그리고 다윗의 언약을 가리킨다고 보는 것이 더 합리적이다. 이 언약들은 이스라엘의 역사에서 구속적 계시의 수혜자인 그들의 독특성을 가장 잘 나타낸다. 그 점진적 언약은 구속의 약속의 성취와 보조를 맞추어 점차 그 면모가 드러났다(출 2:24; 6:4, 5; 신 8:18; 눅 1:72, 73; 행 3:25; 갈 3:17-19; 엡 2:12).

"율법을 세우신 것"은 시내산에서의 율법 선포를, "예배"는 성소의 예배를 가리킨다(히 9:1, 6). "약속들"은 메시아에게 초점을 두고 있는 약속들이다(갈 3:16). "조상들"은 분명히 아브라함, 이삭 그리고 야곱을 포함한다(4:1, 11, 12, 16, 17; 9:10; 15:8; 행 3:13, 25). 그러나 그것을 이런 족장들에게만 국한하는 것은 합당하지 않다(참고. 막 11:10; 행 2:29; 고전 10:1; 히 1:1; 8:9). 다음 문구에 다윗도 포함해야 할 이유가 나온다. 1:3에서 바울은 예수를 "육신으로는 다윗의 혈통에서 나셨고"라고 했다. 그런즉 1:3에서 언급한 조상을 제외한다는 것은 합당하지 않다.[8] 그러므로 여기서 언급된 조상들은 야곱 이후의 조상까지 포함해야 하며, 아브라함 이래 구속의 역사상 유명한 조상들을 모두 염두에 두고 있다고 결론을 내려야 한다. "조상"이란 말은 이스라엘의 언약적 역사의 전개와 특별한 관계가 있는 이름들을 가리키는 데 사용된다. 그 역사는 그리스도 안에서 절정에 이르게 되는데, 이 예수 그리스도로 말하면, "육신으로는 다윗의 혈통에서 나셨고", "성결의 영으로는 죽은 자들 가운데서 부활하사 능력으로 하나님의 아들로 선포되신" 분이다(1:3-4).

"육신으로 하면 그리스도가 그들에게서 나셨으니." 여기에서 관계상의 변화가 있다. "이스라엘 사람"이란 단어 이후에 언급된 모든 특권들이 유대 백성에게 속한 것으로 진술되어 있다. "조상들"까지도 그렇게 표현되어 있다. 그러나 절정에 이르렀을 때, 바울은 그리스도가 그들에게 속한 분이라 말하지 않고 그리스도께서

---

8 11:28의 "조상들"(fathers)은 11:16의 견지에서 보아 아브라함, 이삭, 야곱에 국한시키는 것이 좋다. 그러나 11:28의 명시적인 뜻이 그렇다고 9:5도 같은 의미라고 말할 수는 없다. 이에 대한 반론은 다음 자료를 참고하라. F. A. Philippi, *Commentary on St. Paul's Epistle to the Romans*(E. T., Edinburgh, 1879), II, p.67; Meyer, 앞의 책; Bruce, 앞의 책.

유대인의 줄기에서 나왔다고 말한다.[9] 여기에 나오는 "그들"은 "조상들"이 아니라 "이스라엘 사람"이다. "육신으로 하면"이란 말은 1:3의 비슷한 표현과 동일한 의미다(1:3의 주석을 참조하라).

그 다음 두 문구들은 그리스도를 가리키는 것이며, 그는 신성에 있어서 만유의 주, 세세토록 찬양을 받으실 그 하나님과 동일시되고 있다.

이스라엘의 특권을 나열하다가 절정에 이르러 그리스도의 탁월한 위엄을 묵상하는 것은 참으로 적절한 반응이다. 사도가 그토록 괴로워하는 중요한 이유가 있다. 그것은 이스라엘을 특별한 존재로 만들어 준 언약의 역사를 완성시킨 그 사건을 이스라엘 편에서 거부했기 때문이었다. 이 거부가 얼마나 중대한 문제인지는 유일무이한 예수의 정체성에 의해 드러난다. 사도가 다루는 상황에 비추어 볼 때, 이 서신 중에 바로 이 대목에서 그리스도의 뛰어난 위엄을 가장 적절하게 선포했다고 할 수 있다.

---

9 앞의 두 경우에 나오는 단순한 ἐξ ὧν과 달리 이 경우에는 ὧν이 나오는 걸 주목하라.

15. 하나님의 신실성과 의의 변호(9:6-33)

6. 그러나 하나님의 말씀이 폐하여진 것 같지 않도다 이스라엘에게서 난 그들이 다 이스라엘이 아니요

7. 또한 아브라함의 씨가 다 그의 자녀가 아니라 오직 이삭으로부터 난 자라야 네 씨라 불리리라 하셨으니

8. 곧 육신의 자녀가 하나님의 자녀가 아니요 오직 약속의 자녀가 씨로 여기심을 받느니라

9. 약속의 말씀은 이것이니 명년 이 때에 내가 이르리니 사라에게 아들이 있으리라 하심이라

10. 그뿐 아니라 또한 리브가가 우리 조상 이삭 한 사람으로 말미암아 임신하였는데

11. 그 자식들이 아직 나지도 아니하고 무슨 선이나 악을 행하지 아니한 때에 택하심을 따라 되는 하나님의 뜻이 행위로 말미암지 않고 오직 부르시는 이로 말미암아 서게 하려 하사

12. 리브가에게 이르시되 큰 자가 어린 자를 섬기리라 하셨나니

13. 기록된 바 내가 야곱은 사랑하고 에서는 미워하였다 하심과 같으니라

6-7절 문자적으로 번역한다면 "그러나 하나님의 말씀이 실패한 것이 아니다"라는 말이다. 이는 하나님의 신실함이 반박될 수 있는 경우가 아니라는 의미다. 앞의 문맥에서 무엇이 과연 이런 단서를 붙이게 했는가? 일부 학자는 그것을 4-5절에서 찾았고, 여기서 언급하는 "하나님의 말씀"은 위협적인 말씀이라고 추정했다.[10] 그렇지만 우리가 유념할 바는, 앞 단락의 주된 사상이 사도가 품고 있는 슬픔이라는 사실이다. 1절에 나오는 보증들은 2절에 진술된 내용의 진실성을 확신시키

---

10 참고. James Morison, *An Exposition of the Ninth Chapter of Paul's Epistle to the Romans* (Kilmanock, 1849), pp. 164ff.

려는 목적이 있고, 3절은 사도가 겪는 괴로움의 심각성을 입증한다. 4-5절은 이런 고통과 이스라엘을 향한 열정을 설명하기 위해 3절에 접속되어 있다. 4-5절에 열거된 특권의 목록이 아무리 의미심장하다 해도, 그것은 2-3절과 관련된 그 목적에서 분리되면 안 된다. 그러므로 6절에 나오는 단서는 사도의 슬픔과 연결시켜야 한다. 이 슬픔은 바울이 객관적 상황을 의식한 결과로 생긴 것이다. 사도가 느끼고 있는 고통은 그럴 수밖에 없는 이유가 있으며, 그 고통의 실재는 궁극적인 재가로 입증된다. 4-5절에 언급된 역사적 맥락에 비추어 보면 이스라엘의 불신앙과 그로 인한 바울의 고통은 하나님의 언약적 약속과 모순되는 듯이 보였을 것이다.

"하나님의 말씀"은 구체적인 의미를 지닌 것으로 이해해야 한다. 달리 말하면, 성경 전체나 복음의 진리의 말씀을 가리키는 게 아니다. 그것은 4절에 언급된 언약들 안에 있는 약속의 말씀이다. 성경에 나오는 언약은 맹세로 맺은 약속과 동의어인즉, 이 진술은 "하나님의 언약이 수포로 돌아가지 않았다"라는 뜻이다. 이어서 그 이유를 밝힌다. "이스라엘에게서 난 그들이 다 이스라엘이 아니요." "이스라엘에게서 난" 사람들은 족장들의 신체적 자손, 곧 자연적 후손이다. 여기서 이스라엘을 "야곱"으로 간주할 필요는 없다. 우리가 "이스라엘"을 야곱의 후손들로 보든, 더 거슬러 올라가서 아브라함과 이삭까지 포함시키든, 의미상의 차이는 없다. 주된 사상은, 육신에 따른 자녀라는 것이다. 달리 표현하면, "그들이 모두 이스라엘은 아니다"라는 것이다. 이는 아주 제한된 범위를 가리키며, 인종적 이스라엘 안에 "이스라엘"이 있다는 말이다. 이런 구별은 이 서신의 앞부분에서 유대인 및 할례와 관련하여 나온 적이 있다(2:28-29). 지금 이 구절의 용어를 앞의 사례에 적용하면 이렇게 된다. "유대인에게서 난 그들이 다 유대인은 아니다." "할례를 받은 그들이 모두 다 할례자는 아니다." 이와 같이 우리는 바울의 사상과 용법에 따라 9:6의 의미를 이해하게 된다.

육신의 후손에 속하는 이스라엘과 구별되는 이스라엘이 진정한 이스라엘이다. 그들이 "이스라엘에 속해" 있긴 하지만 후자와 동일한 범위를 가진 것은 아니다. 우리 주님도 지정된 부류 내에서 이런 구별을 하셨다. 그분도 일반적인 제자들과 진정한 제자들을 구별하셨다(요 8:30-32). 주님께서는 나다나엘을 "참 이스라엘 사람"이라고 말씀하셨다(요 1:47). 바울의 말을 빌리면, 이 이스라엘은 "성령을 따라 난" 이스라엘이며(갈 4:29), "하나님의 이스라엘"이다(갈 6:16). 단, 갈라디아서 6:16에 나오는 "하나님의 이스라엘"은 분명 모든 족속의 하나님의 백성을 포함하지만 말이다. 이런 구별의 목적은 하나님의 언약적 약속이 육신을 따라 난 이스라엘이 아니라 진정한 이스라엘과 관계가 있는 것임을 보여 주려고, 또 그러기에 인종적 이스라엘의 불신앙과 불순종이 하나님의 언약적 목적 및 약속의 성취를 결단코 방해할 수 없었음을 보여 주려는 것이다. 그러므로 하나님의 말씀은 수포로 돌아가지 않았다. 이런 사도의 주장은 우리가 이 서신의 초반부에서 발견하는 내용과 원리상 차이가 없다. 사도 바울의 현재의 주장과 그의 과거의 주장, 곧 "아브라함이나 그 후손에게 하신 언약은 율법으로 말미암은 것이 아니라"(4:13)는 것과 아브라함의 자녀들은 "아브라함의 믿음의 자취를 따르는 자들"(4:12)이라고 한 주장 사이에는 유사점이 있다. 여기서 관심의 초점은 약속들이 자연적인 육신의 후손을 통해 상속되지 않고, 하나님의 언약의 약속은 인종적 이스라엘 전부를 포함하도록 맺어진 것이 아니라는 데 있다. 그런즉 하나님의 언약적 은총에서 이스라엘 사람들을 제외한다고 해서 맹세의 말씀이 무효화되는 것은 아니다.

7절에서 바울은 이와 동일한 구별을 계속 지지하면서 명시적으로 그것을 아브라함의 씨에까지 소급한다. 그는 여전히 "이스라엘에 속한" 자들에 대해 말하면서 이제는 아브라함의 "씨"와 "자녀"를 구별한다. 이 경우 아브라함의 씨는 자연적 후손을 가리키고, "자녀"는 진정한 이스라엘과 동일시된다. 이런 의미에서 진정한 자녀들이 언약의 상속자들이다. 나중에 이 자녀들은 "하나님의 자녀"라고 불린다(8절). 그들이 비록 7절에서는 아브라함의 진정한 자녀로 간주되고 있지만, "하나님의 자녀"가 그들의 신분을 확정해 준다.

앞에서 말한 구별은 성경적인 근거를 갖고 있다. "이삭에게서 나는 자라야 네 씨라 부를 것임이니라"(창 21:12).[11] 여기서 이삭은 한 인물을 말하는 것이지 집단적

---

11 문자적 번역은 이와 같다. "이삭 안에서 네게 씨라 불릴 것이다." 이 언급은 이삭의 후손들을 가리키는 것 같지 않고 약속의 아들인 이삭 자신을 가리키는 것 같다. 아브라함의 진정한 씨는 어느 경우이든 이스마엘과는 구별되는 이삭에게서 볼 수 있는 본보기를 좇을 것이다.

인 의미로 쓰인 것이 아니다. 이는 이스마엘과 대조적으로 이삭을 선택한 것을 가리키고 있다. 여기서 증명하려는 것은 자연적 혈통이 진정한 자녀, 즉 약속을 소유한 자녀를 만들 수 없다는 점이다. 이스마엘은 버리고 이삭을 택했다는 사실이 이 논지를 충분히 입증한다. 더욱이 이 경우 "네 씨"를 집단을 가리키는 것으로 해석하면 안 된다. 그것은 "이삭이 네 씨가 될 것이다"라는 의미로 해석해야 한다. 여기에 나오는 "씨"는 "아브라함의 씨"와 대조적인 것으로서 진정한 씨라는 의미로 해석해야 한다. [12] 만일 우리가 7절 하반부의 "씨"를 집단을 의미하는 것으로 본다면, 샌데이와 헤들램이 해석하는 것과 같이 이삭 안에 네 진정한 후손들이 있는 것으로 간주될 것이라는 의미가 된다. 이렇게 해석하더라도, 자연적 후손이 하나님 및 그 약속의 자녀가 되는 것은 아니라는 본문의 중심 사상이 부정되는 것은 아니다. 이에 따르면, 이삭으로부터 나오는 진정한 씨를 판단할 때, 동일한 구별의 원리가 이삭 자신에게 적용되듯 이삭의 씨에게도 적용되어야만 한다는 것이다. 즉, 집단적인 "씨"는 이삭의 혈통을 지닌 후손이 아니라 "이삭에게 속한" 약속의 자녀들이다. 그렇지만 이 경우 "네 씨"가 집단을 가리킨다고 독단적으로 주장하면 안 된다. 그것은 한 개인을 가리키는 듯하다.

8-9절 8절의 서두에 나오는 "곧"이란 말은 지금까지 말한 것을 더 설명할 것이란 뜻이다. "육신의 자녀"는 7절의 "아브라함의 씨"와 동일한 의미를 지닌다. "하나님의 자녀"도 7절에 나오는 자녀와 동일하다. 그러나 여기에 추가적인 정의가 있다. 이 정의에 의해 하나님과 양자관계를 맺은 그들의 신분이 분명히 드러난다(참고. 8:16-17, 21; 빌 2:15). "약속의 자녀"는 하나님의 자녀와 동일하다. 이 명칭은 "육신의 자녀"와 대조되는 명칭이다. 후자는 육신을 따라 난 자녀들인 데 비해, 약속의 자녀들은 그들의 기원을 하나님의 약속에 두고 있는 자녀들이다. 이 약속은 아브

---

12 참고. Philippi, 앞의 책; Liddon, 앞의 책 p. 157.; Charles Hodge, *Commentary on the Epistle to the Romans*. 샌데이와 헤들램은 여기에 나오는 "씨"는 집단적 의미를 갖고 있다고 주장한다. 참고. W. Sanday and A. C. Headlam, *A Critical and Exegetical Commentary on the Epistle to the Romans*(New York, 1962).

라함에게 주어진 약속으로 9절에 인용되어 있다(참고. 창 18:10, 14). 이삭은 그 약
속의 이행 과정에 태어났다. 아브라함은 그 약속을 믿은 것이다(4:19-21). 이스마
엘의 경우에는 그런 요인들이 없다. 이스마엘은 자연적 출산 능력에 따라 잉태되
었다가 세상에 나왔다. 이 두 아들의 출생상 근본적인 차이점은 "약속"이란 말 한
마디에 전부 요약되어 있다. 이삭은 약속의 자녀였다. 이와 동일한 평가기준이 다
음과 같은 구별을 짓는 데 사용되고 있다. "이스라엘에 속한" 자와 진정한 이스라
엘 간의 구별(6절), "아브라함의 씨"와 진정한 자녀 간의 구별(7절), 육신의 자녀와
하나님의 자녀 간의 구별(8절), 자연적인 씨와 진정한 씨 간의 구별(7-8절) 등이다.
그러므로 이렇게 생각하면, 이 "약속"이란 말은 "이스라엘", "씨", 그리고 "자녀"와
같은 용어들의 포괄적인 사용과 제한적인 사용 간의 차이점을 잘 설명해 주는 단
어이다. 제한적으로 사용되는 경우에만 하나님의 약속과 연관성이 있다. 이것은
6절로 돌아간다. "그러나 하나님의 말씀이 폐하여진 것 같지 않도다." "하나님의
말씀"은 하나님의 언약의 약속이다. [13] 하나님의 말씀은 바로 그 언약의 약속에 그
정체성을 둔 사람들을 내다보고 있기 때문에 결코 무효화되지 않았다. 약속을 부
여받은 씨, 또는 적어도 약속이 염두에 두고 있는 씨는 그 속에서 그 약속이 효력
을 발휘하는 사람들이니, 곧 그들은 "약속의 자녀들"이다. [14]

10-13절 이 여러 구절에서는 족장의 역사에도 동일한 종류의 구별이 있었음을 보
여 주는 또 다른 예를 들고 있다. 아브라함의 후손이 하나님의 언약적 은혜와 약
속에 참여하게 되는 것은 육신의 혈통 때문이 아니라는 논지가 성립되었은즉 이는
마땅히 기억되어야 한다. 이것은 이삭과 이스마엘이 모두 아브라함의 아들이지만
그들 사이에 구별이 있었다는 사실에 의해 입증되었다. 이런 구별이 나타나는 것
은 단지 아브라함의 아들들의 경우만이 아니다. 이삭의 가정에서도 드러난다. 사
도의 논증은 점차 누적된다. 아브라함의 아들들의 경우에는 나타나지 않은 새로

---

13 이것은 9절도 증명하고 있다. "약속의 말씀은 이것이니." 소유격 ἐπαγγελίας는 동격을 나타낸다.
14 "κατὰ τὸν καιρὸν τοῦτον은 '다음 해 이때에', 즉 1년이 마칠 때라는 뜻임이 창세기의 본문에 의해
분명히 입증되고 있다"(Sanday and Headlam, 앞의 책).

운 요인들이 이삭의 가정에는 나타난다. 이런 점을 고려하면 하나님의 언약적 목적이 성취되는 과정에서는 구별이 불가피하다는 것을 확신할 수 있다. 고려할 사항을 정리하면 다음과 같다.

(1) 만일 하나님의 언약적 약속이 고려하는 차별성이 단지 족장의 역사상 이삭의 경우에만 나타난다면, "이스라엘에게서 난 그들이 다 이스라엘이 아니라"는 명제는 상당한 지지를 받지 못할 것이다. "이삭에게서 난 자는 네 씨라 불릴 것임이라"는 약속은 아무런 구별 없이 이삭의 모든 씨에게 해당된다고 누군가 주장할 수도 있을 것이다. 그러나 이삭의 씨 안에서도 구별 작업이 수행된다는 사실은 이삭의 경우에 실증된 그 구별이 그의 자손들 가운데서도 계속 이어진다는 것을 보여준다.

(2) 이스마엘은 계집종의 아들이지 자유 여인의 아들이 아니었다. 그러므로 이 구별은 자연적 요인에 바탕을 둔 것처럼 보이며, 그런 이유는 이 문단의 주 관심사, 즉 언약적 약속에 내포된 구별이 하나님의 주권적 행위라는 점을 약화시키는 것처럼 보인다. 그런데 하갈의 아들인 이스마엘과 관련된 이런 고려사항은 리브가의 아들들인 에서와 야곱의 경우에는 완전히 사라진다. 이 아들들은 자유 여인인 동일한 어머니의 아들들이기 때문이다.[15] 한 어머니가 동시에 그들을 잉태했으며 그들의 태아기의 성장이 동시에 일어나고 있었다는 사실 때문에 더욱 그러하다.

(3) 에서와 야곱은 쌍둥이지만 에서가 장자였다. 그런데 야곱을 선택한 것은 장자상속권이 요구하는 우선권에 상치된다. 이것은 그 구별이 주권적인 손길에 의한 것임을 더 잘 실증한다.

(4) 사도가 부각시키고 있는 것은 리브가가 "우리 조상 이삭 한 사람으로 말미암아 임신했다"라는 사실만이 아니라, 또한 차별을 선언하는 하나님의 말씀이 **그 자식들이 아직 나기도 전에**, 그리고 그들이 무슨 선이나 악을 행하기도 전에 내려졌다는 사실이다. 하나님이 아브라함에게 이삭에 관해 하신 말씀이 7절에 인용되어 있는데, 이것은 근본적으로 다른 상황을 반영한다(참고. 창 21:8-12). 앞에서 언

---

15 여기서 이삭의 아내가 단 한 명이었다는 사실을 기억할 필요도 있을 것이다.

급했듯이, 사도의 논지, 즉 육신적 후손이 하나님의 언약적 약속의 대상이 되는 조건이 아니라는 논지는 "아브라함이나 그 후손에게 하신 언약은 율법으로 말미암는 것이 아니라"(4:13)는 이전의 주장과 병행한다.[16] 이는 이 구절에서도 입증되고 있다. 즉, 자녀들이 선이나 악을 행하기도 전에 리브가에게 하나님이 말씀하셨다는 것이다.[17] 이 사실은 그 구별이 "행위로 말미암지 않고 오직 부르시는 이로 말미암아"(11절) 된 것임을 보여 준다. "행위로 말미암지 않는다"라는 말과 "육신의 자손으로 말미암지 않는다"라는 말은 상호관계가 있으며 동일한 원리를 가리키므로, 사도는 거리낌 없이 주로 후자를 다루는 논의에서 전자를 인용할 수 있었다.

이 문단에는 설명이 필요한 세 가지 특징이 있다. 첫째 특징은 하나님이 말씀하시는 차별은 "택하심을 따라 되는 하나님의 뜻이 서게 하려 함이라"고 언급되어 있다는 것이다. "택함"이란 말이 이 문단에서 명백하게 언급되기는 이번이 처음이다. 이전에는 구별의 원리로서 "약속"에 강조점을 두었으며, 이 약속이란 말에 암시되어 있는 것은 하나님의 주권적 의지와 은혜이다. 약속은 육신의 후손 및 그로부터 나오는 모든 권리나 특전과 대조된다. 그래서 결정적 요인으로서의 약속은 선택과 잘 어울린다. 그러나 여기서는 강조점을 선택에 두었으며, 더 정확하게 말해 "택하심을 따라 되는 하나님의 뜻"에 두었다. 이 문구의 의미를 알려면 다음 몇 가지를 고려해야 한다.

(1) 리브가가 들은 하나님의 말씀은[18] 택하심에 따른 하나님의 뜻을 수립하려는 목적과 직결된다. 11절은 삽입구가 아니고 구문적으로 12절과 밀접한 관계가 있

---

16 필리피는 τέκνα τῆς σαρκός(8절)가 이런 의미를 갖고 있다고 주장한다. 즉, "바울에 있어서 σάρξ라는 용어가 포괄적인 개념을 갖고 있다는 점을 감안할 때" 그 말이 가리키는 내용은 "사람이 하나님의 존전에서 권리 주장의 근거로 삼을 수 있는 감각적이고도 가시적인 신앙 고백의 모든 영역"이라는 것이다 (앞의 책, p.86).

17 왜 이삭이 아니라 리브가가 약속을 받았을까 하고 상상하는 것은 쓸데없는 것이다. 그렇지만 그녀가 고안해서 실행한 속임수는 하나님의 주권적 은혜가 인간의 모든 결점을 극복하고 능가한다는 것을 입증하는 것임을 주목해야 할 것이다.

18 10-12절의 정확한 구문은 결정하기가 쉽지 않다. 아마도 가장 좋은 제안은 Ρεβέκκα ἐξ ἑνὸς κοίτην ἔχουσα를 독립주격으로 간주하며 11절과 12절 상반부에서 언급된 것의 서론을 제공하고 또 12절 하반부의 αὐτῇ의 선행사를 제공하는 것으로 보는 것이다.

다. 그런 계시가 자식들이 출생하기 전에 리브가에게 나타난 것은 선택과 관련된 하나님의 목적이 이행되는 과정에 일어난 일이다. 하나님의 말씀은 선택과 관련된 하나님의 계획을 표현하고 실현하는 역할을 한다.

(2) 선택의 목적의 불변성은 "서게 하려 함이라"는 말에 시사되어 있다.[19] 이스라엘의 불신앙으로부터 이끌어 낸 그릇된 추론, 곧 "하나님의 말씀이 폐하여졌다"(6절)라는 추론에 대해 사도는 이 문단에서 논박한다. 11절에서 사도는 하나님의 언약적 약속 및 목적을 뜻하는 그분의 말씀이 무효화될 수 있다는 추론에 반대하여 하나님의 선택의 뜻은 변함이 없다고 주장한다.

(3) "택하심을 따라 되는 하나님의 뜻"이라는 말을 해석하는 방법은 다양하다. 선택과 뜻(목적)은 영원하며, 따라서 시간보다 앞선 개념이기 때문에, 선택이 뜻보다 더 선행한다거나 뜻이 선택보다 더 선행한다는 식의 우선순위는 전혀 있을 수 없다고 추정되어 왔다.[20] 그러나 선택의 뜻(목적)이 초시간적이라는 점이 우선순위의 개념을 배제시키지는 않는다. 시간적인 순서와는 무관하게 사유와 개념의 순서에서는 우선순위가 있을 수 있다. 우리는 이 사실을 바울의 다른 글에서도 찾아볼 수 있다(롬 8:29; 엡 1:4-6). "… 따라"(according to)로 번역된 전치사는 바울의 다른 서신들과 여러 글에서, 시간의 순서이든 논리적 관계의 순서이든, 어떤 일의 발생과 관련된 우선순위의 개념을 표현한다(8:28; 갈 1:4; 2:2; 3:29; 엡 1:5, 11; 딤후 1:9; 히 2:4; 벧전 1:2). 그런즉 이 경우에 하나님의 뜻이 선택에 따라 결정된 것으로 간주하여 순서상 선택이 앞선다고 생각해도 무방하리라. 그 뜻은 선택으로부터 발생하여 선택의 의도를 성취하는 것이다. 이 해석이 가장 타당한 것은 이 단어의 용법과 바울의 가르침에 근거를 두고 있기 때문이다. 그러나 그 뜻은 선택을 통해 표현된 것으로 생각할 수도 있기 때문에, 여기서 독단적 입장을 취하면 안 된다. 어

---

19 현재 시제 μένη가 '항존하는 상태'를 더 잘 표현하는 것 같다(Philippi, 앞의 책). 하나님의 목적은 언제나 확고하다.

20 마이어는 ἡ κατ' ἐκλογὴν πρόθεσις에 대해 이렇게 말한다. "ἐκλογή가 시간적으로 πρόθεσις를 선행한다고 해석할 수도 없다. 특히 πρόθεσις가 시간적으로 선행하는 것과 관련이 있다고 보는 것은 관계의 성격과 정면으로 배치된다." 그는 계속해서 이렇게 말한다. "ἐκλογή는 하나님의 이런 행위의 양태적 특성을 표현하는, πρόθεσις의 고유한 본질로 이해해야 한다"(앞의 책).

쨌든 그 모든 표현은 선택의 뜻을 의미한다. 그것은 선택을 특징으로 삼는 목적이고, 확고한 목적을 지닌 선택이다. "선택"과 "뜻(목적)"이란 두 용어는 성경적 의미와 바울 특유의 의미를 지니는 것으로 이해해야 한다.

(4) 이제 문제는 이 선택의 뜻이 무엇인가 하는 것이다. 선택한 목적이 무엇이었는가? 과거와 현대의 여러 주석가들은 여기서 바울이 말하는 선택은 개인의 선택이 아니라 한 민족으로서 이스라엘의 선택이며, 또 바울은 개인의 운명이 아니라 집단의 운명을 생각하고 있다고 주장한다.[21] 이 논지는 면밀한 검토가 필요하다.

첫째, 성경은 한 민족인 이스라엘의 선택에 관해 말하고 있으며, 수많은 구절에서 고려하는 것도 그 민족 집단에 대한 하나님의 관계인 것은 사실이다(신 4:37; 7:7, 8; 10:15; 14:2; 왕상 3:8; 시 33:12; 105:6, 43; 135:4; 사 41:8, 9; 43:20-22; 44:1, 2; 45:4; 암 3:2). 실제로 바울은 이 사실과 그 의미를 지극히 잘 알고 있기 때문에, 그가 이 장에서 다루는 문제는 한 민족으로서 이스라엘의 선택을 전제로 한다. 4-5절에서 밝힌 특권의 목록은 이스라엘의 "선택"을 뚜렷이 상기시키고 있다. 4절에 나오는

---

21 "이 문맥에서 사도는 어떤 개개인을 선택하는 기준이 되는 특정한 선택 계획에 대해 말하고 있는 것이 아니다. … 지금 사도가 말하고 있는 것은 전적으로 상이한 선택 계획이다. 즉, 그것은 여러 민족들 가운데서 아브라함의 허리에서 나오는 민족, 곧 특별한 은총을 받은 메시아의 씨를 선택하게 된 배경이 되는 계획에 관해 말하고 있다"(Morison, 앞의 책, p. 212).
야곱과 에서라는 이름에 관해서 린하르트는 이렇게 말한다. "여기에 언급된 이름들은 개인들을 의미하는 것이 아니라 구약의 행습에 따라 그 이름들을 따서 명명된 족속들을 의미한다. 이런 식으로 이름들을 이해하는 것이 가장 좋다. 왜냐하면 그들을 근거로 삼는 바울의 주장은 이스라엘 민족 전체의 운명에 관계된 것이지, 이스라엘을 구성하고 있는 개개인들의 운명과 관련된 것이 아니기 때문이다. 바울은 지금 집단을 생각하고 있다"(Franz J. Leenhardt, *The Epistle to the Romans* [E. T., London, 1961], p. 250). 참고. F. F. Bruce, 앞의 책, 9:13; Ernst Gaugler, *Der Romerbrief*(Zurich, 1952), II Teil, pp. 38f.; G. C. Berkouwer, *Divine Election*(Grand Rapids, 1960), pp. 210-217; Herman Ridderbos, *Aan de Romeinen*(Kampen, 1959), pp. 227-231.
칼 바르트의 선택에 대한 견해는 매우 다양하기 때문에 *Church Dogmatics*에 나오는 그 주제에 관한 폭넓은 논의를 고려하지 않고는 적절히 설명할 수가 없다. 그렇지만 다음의 인용문은 선택을 해석하는 변증법적 방식을 잘 보여 준다. "그(하나님)는 사랑받는 야곱과 미움 받는 에서의 비유 및 수수께끼를 통해 자기 자신을 알리고 계신다. 즉, 영원한 이중적인 예정의 비밀을 통해 자기 자신을 알리시는 것이다. 그런데 이 비밀은 이제는 이 사람이나 저 사람에게만 관계된 것이 아니라 모든 사람과 관련이 있다. 이 비밀로 인해서 사람들이 갈라지는 것이 아니라 오히려 연합된다. 이 비밀 앞에서는 모든 사람이 일렬로 서 있다. 왜냐하면 야곱은 언제나 또한 에서이기 때문이다. 그리고 계시의 영원한 '순간'(Moment)에는 에서가 또한 야곱이기 때문이다"(*The Epistle to the Romans*, [E. T., London, 1933], p. 347).

"그들은 이스라엘 사람이라"는 문구만 봐도 바울이 이스라엘의 선택을 염두에 두고 있음을 확실히 알 수 있다.

둘째, 리브가에게 들려주신 하나님의 말씀은 에서와 야곱만을 염두에 둔 것이 아님은 의심할 여지가 없다. 이것은 바울이 12절에서 인용하는 구약의 구절로도 알 수 있다. "두 국민이 네 태중에 있구나 두 민족이 네 복중에서부터 나누이리라 이 족속이 저 족속보다 강하겠고 큰 자가 어린 자를 섬기리라"(창 25:23). 아울러 바울이 인용한 말라기 1:2-3(13절)의 문맥으로 봐서도 명백하다. 거기에는 이스라엘 족속과 에돔 족속이 언급되어 있다(말 1:1, 4-5). 성경의 가르침에 의하면 이와 다른 것을 의미할 수가 없다. 인간들 간의 관계와 하나님과 인간의 관계는 연대성의 원리에 의해 좌우된다. 따라서 구속사에서 야곱의 선택과 에서의 배척은 그들의 자손들에게 지대한 영향을 미치지 않을 수 없는 것이다. 환언하면, 구원의 역사상 야곱과 같은 핵심적인 인물의 선택이 한 민족으로서 이스라엘의 선택으로 귀결되지 않는다고 생각한다면, 그것은 성경이 증언하는 역사적 원리와 모순이 될 것이다. 그러기에 유일한 질문은 이것이다. 이 문단에서 사도의 유일한 관심사는 단지 민족으로서의 이스라엘의 집단적인 선택뿐인가? "택하심을 따라 되는 하나님의 뜻"이라는 문구가 이 문맥에서는 개인적인 운명에는 적용될 수 없는가? 다음과 같은 사항들이 이 질문에 답변해 줄 것이다.

① 그 문구를 구성하고 있는 두 가지 요소는 바울의 용법에 따라 그 의미가 결정된다. 무엇보다 먼저 "선택"(택하심)이란 용어가 있다. 이 용어의 명사형은 물론 동사형도 고려하지 않으면 안 된다. 명사형과 관련해서는 11:28에서 이스라엘의 집단적 선택을 가리키는 말로 사용되었을 수 있다. 이 구절은 11:5, 7과 같이 나중에 논의될 것이다. 바울서신 중에 남은 유일한 구절(살전 1:4)에서는 그것이 영생에 이르는 택하심을 지칭한다(참고. 벧후 1:10). "선택된"(elect)이라는 단어는 더 자주 나온다. 16:13에서는 이 용어를 전문적인 의미로 사용하되 궁극적으로는 선택을 암시하는데, 이 경우를 제외한 모든 경우[22]에는 구원 및 영생에 이르게 하는 선

---

22 딤전 5:21은 선택된 천사를 가리키는 것이기 때문에 여기에 포함되지는 않는다.

택을 가리킨다(8:33; 골 3:12; 딤후 2:10; 딛 1:1; 마 22:14; 24:22, 24, 31; 막 13:20, 22, 27; 눅 18:7; 벧전 1:1; 2:9; 계 17:14). "택하다"(to elect)라는 동사는 바울의 서신에 자주 나오지 않는다. 아마도 에베소서 1:4이 구원을 위한 선택을 가리키는 유일하게 적실한 구절일 것이다(참고. 막 13:20; 약 2:5). 이와 같이 이 용어는 여러 가지 형태로 구원을 향한 선택에 적용되고 있기 때문에 문맥상의 뚜렷한 이유가 없는 한 다른 의미로 해석하면 안 된다.

둘째로 "뜻"(목적)이라는 용어가 나온다. 이 용어가 하나님과 관련해 사용될 때는 일률적으로 하나님의 확고한 의지를 가리킨다(8:28; 엡 1:11; 3:11; 딤후 1:9). 그래서 이 표현은 선택과 관련된 하나님의 확고한 의지를 의미한다. 이 표현에 함축된 모든 의미는 그 용어를 주어로 삼는 동사 "서게 하려 함이라"는 말로 확증된다.

② 바울이 단지 이스라엘의 집단적 선택만 다룬다고 생각하여 이 문구를 구속사의 이런 측면에만 적용시키는 것은 바울이 직면한 상황과 어울리지 않는다. 사도에게 제기된 문제는 이렇다. 이스라엘에 속한 수많은 사람들, 위에서 인용한 구약 성경(신 4:37 등)에 따라 택하신 민족에 속한 거대한 무리가 지금까지 불신앙에 머물러 있고 언약의 약속에 미치지 못하고 있는데도, 어떻게 하나님의 언약적 약속이 수포로 돌아가지 않았다고 말할 수 있는가? 바울이 단순히 이스라엘의 집단적, 포괄적, 신정주의적 선택에만 호소한다면 그의 답변은 실패할 것이다. 그와 같은 대답은 단지 자기 친족이 이스라엘이라는 것만 내세우는 결과가 될 것이며, 따라서 그들의 불신앙이 문제를 야기했다는 사실을 진술하는 데 그치고 말았을 것이다. 바울의 대답은 이스라엘의 집단적 선택이 아니라 오히려 "이스라엘에게서 난 그들이 다 이스라엘이 아니라"는 것이다. 이것은 우리가 지금 사용하는 말로 표현한다면 "선택된 이스라엘에게서 난 그들이 다 선택된 것은 아니요"라는 의미다. 위에서 이미 우리가 발견했듯이 일반적인 이스라엘과 진정한 이스라엘, 일반적인 자녀와 진정한 자녀, 일반적인 씨와 진정한 씨 사이에는 차별성이 있다. 그러한 차별성 속에 이스라엘의 불신앙에 대한 바울의 대답이 있다. 그런즉 이제는 이와 동일한 종류의 구별이 이스라엘의 집단적, 신정주의적 선택과 관련된 그 문제에까지 적용되어야 한다. 지금 우리가 고려하고 있는 논쟁에서 우리는 이스라엘의 선택(the elect of Israel)과 선택된 이스라엘(elect Israel)을 구별해야 한다. 따라서 이렇게 결론을 내릴 수 있다. 바울이 "택하심을 따라 되는 하나님의 뜻"을 이야기할 때, 그는 신정주의적 선택 안에 포함된 모든 사람들에게 적용될 수 없는, 차별적인 의미에서의 하나님의 선택의 목적에 관해 말하고 있는 것이다. 말하자면, 이 문구는 6절에 나오는 "이스라엘에게서 난"과 구별되는 "이스라엘"에 상당하는 제한적 의미를 지니고 있다는 것이다.

③ 11:5, 7에서 선택을 가리키는 동일한 용어가 또다시 사용된다. "은혜로 택하심을 따라 남은 자가 있느니라"(11:5). "오직 택하심을 입은 자가 얻었고 그 남은 자들은 우둔하여졌느니라"(11:7). 사도는 믿음의 의를 얻었던 인종적 이스라엘의 남은 자를 다루고 있는 중이다. 그러므로 "남은 자"(remnant)와 "택하심을 입은 자"(the election)는 구원을 소유하고 그것을 유산으로 받을 자들이다. 그러므로 이런 선택은 지극히 엄격한 의미에서 구원을 함축하는 선택이며, 따라서 이스라엘 민족에 속한 선택과는 마땅히 구별되어야 한다. 9:11과 그 문맥에 나오는 바울의 논증의 요건과 일치하는 것이 바로 이 선택의 개념이다. 바로 이 용어가 11:5, 7에도 등장하는 것이 분명한 만큼 9:11이 속한 전반적인 문맥에서도 그런 개념임을 더욱 확신할 수 있다.

④ "행위로 말미암지 않고 오직 부르시는 이로 말미암아"라는 문구는 지금 우리가 다루는 문구와 긴밀한 관련이 있다. 그러나 바울이 사용하는 "부르심"(calling)이 하나님의 부르심을 가리키고 또 구원의 문제에 적용되는 경우, 그것은 구원에 이르게 하는 유효한 소명이다(8:30; 9:24; 고전 1:9; 7:15; 갈 1:6, 15; 5:8, 13; 엡 4:1, 4; 골 3:15; 살전 2:12; 4:7; 5:24; 살후 2:14; 딤전 6:12; 딤후 1:9).[23] 하나님의 부르심에 대한 바울의 개념에 비추어 이 구절을 해석해야 한다면 이 경우(9:10)에는 모든 증거에 걸맞는 정의를 내려야 한다. 이 단어가 "행위로 말미암지 아니한다"는 부정문과 결부될 때에는 그럴 필요성이 더 커진다. 이는 하나님의 부르심과 관련된

---

23 이는 κλῆσις와 κλητός에도 해당된다(참고. 1:6, 7; 8:28; 고전 1:2, 24, 26; 엡 1:18; 4:1, 4; 빌 3:14; 살후 1:11; 딤후 1:9; 히 3:1; 벧후 1:10). 마 22:14은 복음의 외부적인 소명을 가리킨다. 롬 11:29도 이 점을 가리키고 있다.

여러 구절에서 부각시키는 유효성은 물론이고 자유함과 주권성도 강조한다. 선택과 관련된 문구가 이와 같은 구원의 의미를 담고 있기 때문에 "택하심을 따라 되는 하나님의 뜻"에 그보다 저급한 의미를 부여할 수 없으며, 또한 하나의 민족으로서 이스라엘이 향유한 특권을 가리키는 선택으로 이해해서도 안 된다. 이 모든 이유로 인해 이 선택을 이스라엘의 집단적, 신정주의적 선택으로 보려는 해석은 반드시 거부해야 한다. 따라서 "택하심을 따라 되는 하나님의 뜻"이란 문구는 구원을 결정짓는(구원에 이르게 하는) 선택의 뜻으로, 그리고 우리가 다른 여러 곳에서 발견하는 선택의 뜻과 동일한 것으로 이해해야 한다(롬 8:28-33; 1:4; 살전 1:4).

우리가 고려해야 할 이 문단(10-13절)의 둘째 특징은 "행위로 말미암지 않고 오직 부르시는 이로 말미암아"라는 문구이다(11절). 문제는 이것이 앞의 어느 내용과 관련이 있는가 하는 것이다.[24] 이는 하나님의 선택의 목적이 지닌 추가적 특징으로 보는 것이 최선이다. 즉, 하나님의 목적이 지닌 본질적인 요소, 곧 하나님의 목적은 인간의 의지에서 나오지도 않고 인간의 뜻에 좌우되지도 않고 단지 하나님의 확고한 의지에 따른 것임을 강조하고 확증한다(참고. 엡 1:5, 11). 이 부르심의 경우보다 하나님의 주권이 더 뚜렷하게 드러나는 곳은 없다. 오직 하나님만이 부르시는 분이기에 그 부르심에는 인간이 개입할 여지가 없다. 그러므로 우리는 이 문구를 "서게 하려 함이라"는 것과 결부하든지 선택의 뜻과 결부하든지, 그것이 앞의 내용과 얼마나 잘 조화되는지를 알 수 있다.

더 자세한 주석이 필요한 이 문단의 셋째 특징은 13절에서 말라기 1:2-3에 호소하고 있다는 점이다. "내가 야곱은 사랑하고 에서는 미워했다." 이 문장을 해석할 때 두 가지 의문이 생긴다.

(1) 이것은 야곱과 에서에게만 적용되는가? 아니면 야곱과 에서에게서 나온 민족들 전체에 적용되는가? 말라기 1:1-5에서는 이스라엘의 백성과 에돔의 백성을 지칭하고 있음을 주목해야 한다. 이 예언은 "여호와께서 말라기를 통하여 이스라엘에게 말씀하신 경고"라고 나온다(1절). 3-5절은 분명 에돔인을 가리키며 그들의

---

24 필리피는 그 문구가 ἐρρέθη αὐτῇ에 붙어야 한다고 주장하며 루터의 견해를 옳게 비판하고 있다.

땅의 황폐함을 말한다. 에돔인들은 하나님이 영원히 분개를 품으신 민족이기 때문이다. 이 집단적 또는 인종적 언급은 이미 우리가 살펴본, 리브가에게 주신 하나님의 말씀과 관련된 사실과 병행한다. 따라서 이 말이 원래 이스라엘 민족과 에돔 민족에게 전해지고 적용되었다는 점은 의심의 여지가 없다. 그러나 이 명백한 사실이 야곱과 에서와의 관련성을 아예 부인한다고 생각하면 안 된다. 우리는 이에 대해 몇 가지 사항을 명심해야 한다.

① 야곱과 에서에게서 나오는 백성들이 말라기 1:1-5(참고. 창 25:23)의 전면에 나오지만, 우리는 야곱과 에서와의 관련성을 무시해서는 안 된다. 이스라엘과 에돔 사이에 왜 이런 구분이 생겼는가? 그것은 야곱과 에서 사이에 차별성이 있었기 때문이다. 에서와 야곱에서 생긴 두 민족의 운명을 양자의 차별성과 분리시키는 것이 있을 수 없듯, 또한 두 민족의 운명 역시 두 개인의 차별성과 분리시키는 것이 있을 수 없다. 그렇다면 야곱과 에서 두 개인에게 영향을 미치는 그 차별성의 특징은 무엇인가?

② 11절과 관련해 고찰한 것처럼, 신정주의적 선택으로 인해 이스라엘 민족 전체에 속하게 된 차별성은 사도가 이 문단에서 다루는 문제를 해결할 수 없다. 즉, 인종적 이스라엘 대다수의 불신앙 문제를 도저히 설명할 수 없다. 그런즉 하나님의 말씀이 폐한 것 같다는 추론을 제거할 또 다른 요인이 작동하고 있음이 분명하다. 이 요인은 선택의 특수성에 있다. 즉, 하나의 민족인 이스라엘의 총체적 선택보다 더 구체적인 선택에 있다는 뜻이다. 이 문제를 해결할 수 있는 유일한 판단기준은 사랑인데, 그것은 에돔 백성으로부터 이스라엘 백성을 구별시켜 주는 사랑보다 더 특별한 사랑이다. 그러므로 여기서 내릴 수밖에 없는 결론은 이렇다. 바울은 자기가 지금 다루는 문제를 만족스럽게 해결할 차별성을 발견할 목적으로, 야곱과 에서라는 두 사람을 내세워 놓고 사랑과 미움의 분석 및 적용을 최대한 밀어붙이고 있다는 것이다. 사도 바울이 앞에서 하나님의 선택의 뜻을 논했던 것처럼 논했는데, 이제는 야곱을 향한 하나님의 사랑을 논한다.[25]

---

25 Sanday and Headlam, 앞의 책, 9:11; F. F. Bruce, 앞의 책, 9:12, 13; Philippi, 앞의 책, 9:13.

(2) 그 다음 의문은 야곱과 에서가 각각 그 대상이 된 사랑과 미움의 의미다. "미워하다"란 말은 "덜 사랑하다. 덜 호의적으로 대하다"라는 의미가 있다고 주장되어 왔다.[26] 이런 의미로 사용된 다양한 성경구절을 그 근거로 삼을 수 있다(창 29:32, 33; 신 21:15; 마 6:24; 10:37, 38; 눅 14:26; 요 12:25).[27] 이 의미는 거기에 가정된 차별성을 설명해 준다는 것을 인정해야 한다. 이 견해는 버림받은 자에 대한 하나님의 사랑의 문제를 거론하지 않으면서, 에서는 하나님이 야곱에게 보여 주셨던 그 사랑의 대상이 아니었다는 것, 즉 그 차별성을 설명해 주는 특별한 사랑의 대상이 아니었음을 잘 지적한다. 이 본문에 이런 의미가 담겨 있다고 볼 수밖에 없다. 확실히 에서는 야곱에게 베풀어진 사랑의 대상은 아니었다. 만약 에서가 야곱이 받은 사랑을 그대로 다 받았다면, 그들 사이에는 아무런 구별도 없었을 것이다. 그런데 본문이 분명히 밝히고 있는 것은 철저한 차별성이다.

그러나 이와 같은 결여 개념이 이 본문에 적용될 때 히브리어나 헬라어에 있는 사상을 적절히 표현하는지는 의문이다. 본래의 문맥에서는 그것이 에돔인과 관련이 있는 만큼(말 1:1-5) 사랑이나 호의의 결여는 거기에 언급된 심판을 설명하기 어렵다. "에서는 미워하였으며, 그의 산들을 황폐하게 하였고, 그의 산업을 광야의 이리들에게 넘겼느니라"(3절). "그들은 쌓을지라도 나는 헐리라. 사람들이 그들을 일컬어 악한 지역이라 할 것이요, 여호와의 영원한 진노를 받은 백성이라 할 것이며"(4절). 이런 심판들은 확실히 싫어한다는 것을 의미한다. 진노는 단순히 축복의 부재가 아니라 적극적인 심판이다. 성경에서 하나님의 진노는 하나님의 불쾌감의 적극적인 표출을 내포한다. 우리가 말라기 1:15에서 발견하는 바는 하나님의 증오가 언급되는(그 대상이 사람이든 사물이든) 구약의 여러 구절에 나오는 것이다 (시 5:5; 11:5; 잠 6:16; 8:13; 사 1:14; 61:8; 렘 44:4; 호 9:15; 암 5:21; 슥 8:17; 말 2:16). 여기에 언급된 하나님의 반응은 사랑하지 않는다든지 또는 덜 사랑한다는 정도로 축소될 수 없다. 적어도 싫어함, 거부감, 불쾌감을 가리키고 있다. 또한 맹렬한 성격

---

26 Charles Hodge, 앞의 책, 9:13.
27 때로는 잠 13:24이 인용되기도 한다. 그러나 그것의 적절성은 의문스럽다.

도 있다. 우리는 이와 같은 하나님의 증오를 죄인인 우리가 품고 있는 증오와 같은 것으로 설명해서는 안 된다.

하나님의 증오 속에는 적의, 악의, 복수심, 거룩치 못한 원한 또는 무정함이 없다. 이와 같은 증오는 성경에서 정죄되고 있는 만큼 하나님의 증오를 그런 식으로 묘사하는 것은 신성모독이다. 그러나 우리 안에는 하나님의 명예를 위하는 거룩한 질투의 표현이자 그분에 대한 사랑에서 나오는 증오가 있다(시 26:5; 31:6; 139:21, 22; 유 23; 계 2:6). 이 증오는 하나님이 자신의 영광을 위해 품는 질투심이 반영된 것이다. 그러므로 하나님 안에는 사랑하지 않는다든지 또는 덜 사랑한다는 말로는 도저히 묘사할 수 없는 거룩한 증오심이 있음을 인식해야 한다. 더욱이 하나님의 증오를 단지 '신인동감론적'(anthropopathic) 표현으로 간주하거나, "감정보다는 결과를 가리킨다"[28]라고 말함으로써 이와 같은 증오의 실재나 강도를 격하하는 일이 있어서는 안 된다. 모든 미덕과 마찬가지로, 우리 속의 거룩한 증오는 하나님 안의 거룩한 증오를 본받은 것이라 할 수 있다.

우리는 우리 속에 있는 거룩한 증오를 표현하기에 적절한 말을 찾기가 어렵다. 더욱이 하나님께 속한 거룩한 증오를 표현하는 일이란 더욱 어렵다. 우리의 거룩한 증오와 하나님의 거룩한 증오 사이의 유사성을 내세워 "내가 에서는 미워했다"고 하는 말로 명시된 그런 증오의 정확한 특성을 알 수 있다고 추정하면 안 된다. 13절의 증오는 인간에게서는 찾을 수 없는, 하나님 주권의 초월적 영역에 속한다. 우리 안에도 거룩한 증오가 있다고 말하는 것은 우리 사람에게도 악의적인 증오심과 전혀 다른 증오가 있음을 보여 주는 데 그 목적이 있다. 우리는 하나님의 증오를 이런 방향으로 해석해야 한다. 따라서 우리는 그 증오를 부정적인 개념이나 상대적인 개념으로 깎아내리면 안 된다.

그러므로 성경적 사고방식과 용법에 의거하면 "에서는 미워했다"라는 진술은 단순히 '사랑하지 않았다' 또는 '덜 사랑했다'는 의미로 해석될 수 없고, 적극적으로 싫어하는 태도를 나타내는 것으로 이해해야 한다. 에서는 야곱이 누렸던 것에

---

28 Philippi, 앞의 책, 9:13.

서 배제되었을 뿐 아니라 야곱과는 달리 불쾌감의 대상이었다. 이 불쾌감은 만약 야곱처럼 사랑을 받았더라면 생기지 않았을 것이다. 바울이 말라기 1:2-3을 인용한 목적은 방금 창세기 25:23에서 인용한 내용을 설명 혹은 확증하기 위해서였다. 그러므로 그것은 리브가에게 하신 하나님의 말씀이 적용되던 것과 동일한 상황에 적실성이 있는 것으로 해석되어야 한다. 하나님의 말씀이 자녀들이 나기도 전에 또는 무슨 선이나 악을 행하기도 전에 존재했던 차별성을 가리키는 만큼(11절), 이 경우의 차별성도 그와 마찬가지다.

"사랑했다", "미워했다"[29]라는 말이 나타내는 행위는 두 자녀의 성격적인 차이점으로 인해 생긴 것이 아니라, 오직 하나님의 주권적 의지, 곧 "택하심을 따라 되는 하나님의 뜻"에 의해 발생한 것이다(11절). 그러나 우리가 살펴본 성경적 용법에 따라 그것은 적극적인 성격을 지닌 미움으로 해석해야 한다. 이 미움은 야곱과 에서의 차별성을 초래한 확고한 목적인 동시에 결정적인 뜻이다. 하나님의 궁극적인 뜻에 관한 바울의 가르침을 감안할 때, 바울이 야곱과 에서의 궁극적 운명은 염두에 두고 있지 않다고 말할 수 없다. 그뿐만 아니라 이 문단에서(6-13절), 사도는 진정한 이스라엘과 육신을 따라 된 이스라엘, 진정한 자녀와 육적인 후손, 진정한 씨와 자연적 씨 사이의 구분을 짓고 있다. 그 목적은 하나님의 언약의 약속이 수포로 돌아가지 않았음을 보여 주는 것이다. 그 약속은 진정한 이스라엘 안에서 이루어진다. 즉, 은혜의 택하심을 따라 된 남은 자 안에서 성취된다. 진정한 이스라엘, 진정한 씨를 구원론적 의미에서 약속에의 참여자로 생각할 수 없다고 추정하면 이 문단의 전반적인 논증이 무너지게 된다. 하나님의 선택의 뜻을 거론하며, 이 뜻을 성취하기 위해 하나님이 리브가에게 하신 말씀과 "야곱은 사랑하고 에서는 미워했다"는 말씀에 호소하는 목적은 약속의 참여자와 비참여자 사이에도 그런 차별성이 있음을 확증하기 위함이다. 이 문단에서 거론된 최후의 차별성이 구원받은 것과 받지 못한 것 사이의 구별을 증명하기 위한 것으로 보지 않는다면, 그것은 바울이 쓸데없는 소리를 했다고 보는 셈이다. 그러므로 우리는 이 말 속에

---

29 부정 과거를 반드시 유의해야 한다.

인간의 궁극적인 운명과 관련한 하나님의 주권적 섭리가 담겨 있음을 알게 된다.

14. 그런즉 우리가 무슨 말을 하리요 하나님께 불의가 있느냐 그럴 수 없느니라
15. 모세에게 이르시되 내가 긍휼히 여길 자를 긍휼히 여기고 불쌍히 여길 자를 불쌍히 여기리라 하셨으니
16. 그런즉 원하는 자로 말미암음도 아니요 달음박질하는 자로 말미암음도 아니요 오직 긍휼히 여기시는 하나님으로 말미암음이니라
17. 성경이 바로에게 이르시되 내가 이 일을 위하여 너를 세웠으니 곧 너로 말미암아 내 능력을 보이고 내 이름이 온 땅에 전파되게 하려 함이라 하셨으니
18. 그런즉 하나님께서 하고자 하시는 자를 긍휼히 여기시고 하고자 하시는 자를 완악하게 하시느니라

14-16절 6-13절에서 펼친 바울의 주장은, 언약에 대한 하나님의 신실성은 아브라함의 육신적 자손들이 얼마나 구원에 참여하는지에 따라 평가되는 게 아니라는 것이다. 오히려 하나님의 신실함은 하나님의 주권적 선택을 받은 사람들이 하나님의 언약적 은혜의 소유자와 상속자가 된다는 사실에 의해 입증된다. 택하심에 따른 하나님의 뜻은 변함이 없고, 이것이 언약이 수포로 돌아가지 않았음을 보증한다. 하나님의 말씀은 실패하지 않았다. 따라서 이 구절들은 하나님의 진실함을 변호한다. 14절에서 사도는 제기될 만한 또 다른 반론을 다룬다. 하나님의 공정성의 문제다. 여기서 제기된 두 질문은 3:5의 질문과 유사하다. 둘째 질문의 형태는 조금 상이한데, 하나님의 공정성이란 결정적인 문제를 제기한다. "하나님께 불의가 있느냐?(하나님이 불공평한 분이란 말인가?)"[30] 여기에는 부정적인 대답이 내포되어 있다. 바울은 최대한 강한 형태로 부정적인 답변을 내린다.[31] 하나님께 불의가 있다는 생각은 도저히 품을 수 없기 때문에 곧바로 단호하게 부정한다. 15절

---

30 παρὰ τῷ θεῷ의 형태는 그런 주장의 신성모독성을 강조한다.
31 μὴ γένοιτο라는 부정문에 대해서는 3:4, 6의 주석을 참조하라.

은 "그럴 수 없느니라"는 말을 지지하기 위해 성경에 호소하는 내용이다. 이는 바울이 성경을 얼마나 중요하게 생각하는지를 잘 보여 준다. 하나님의 공정성과 같은 기본적인 문제에 답할 때도 성경의 증언에 호소하는 것은 무척 의미심장하다. 그는 출애굽기 33:19을 인용한다.[32] 이것은 "원하건대 주의 영광을 내게 보이소서"(출 33:18)라는 모세의 요청에 대한 하나님의 대답이다. 그러나 더 정확하게 말한다면 33:13-16에 나타난 모세의 열망에 대한 답변이라고 볼 수 있다. 그 열망은 그가 하나님의 목전에 은총을 입은 것을 알고 싶다는 것이며, 하나님이 함께하신다면 과연 이스라엘이 지상의 다른 민족들과 구별된 민족임이 입증될 것이라는 주장이었다. 바울은 이 말을 현재의 이슈에만 적용시키는 건 아니지만, 구약 당시의 특별한 상황을 고려하면 설득력이 더 강해진다. 이로써 모세에게 보인 은총은 하나님의 주권적 긍휼에서 나온 것으로 판명되었다. 모세와 하나님의 백성 모두 어떠한 은총도 요구할 권리가 없다. 그것은 전적으로 하나님의 자유로운 선택과 수여의 문제이기 때문이다.

"긍휼히 여기다"는 말과 "불쌍히 여기다"는 말을 굳이 구별할 필요는 없다. 본문에는 두 가지 강조점이 있다. 첫 번째 강조점은 하나님의 긍휼의 실재, 보장 그리고 유효성이다. 이것은 두 개의 병행 문구로 강조되는데, 하나는 긍휼이란 말로, 다른 하나는 불쌍히 여김이란 말로 하나님의 은총을 표현한다. 두 번째 강조점이 우선적인 것이다. 영어로는 관계 대명사 "on whom"을 "on whomever"(누구에게든지)로 번역하지 않은 한 하나님의 자유롭고도 주권적인 선택을 강조할 수 없다.[33] 이 문맥에서 우리는 구원론적 의미를 약화시키면 안 된다. 이것은 (6-13절에 나온 바울의 논증의 기반인) 하나님 편에서의 주권적인 차별에서 생기는 공정성의 문제에 대한 바울의 답변이다. 위에서 보여 준 바와 같이, 이런 차별성은 은혜의 선택의 수혜자들 안에서 하나님의 언약적 약속이 실현되는 것과 관계가 있다. 하나님의 긍휼과 불쌍히 여김에 충분한 중요성을 부여하지 않으면, 사도의 대답은 만족

---

32 동사 οἰκτίρω의 철자가 조금 다르지만 이 질문은 칠십인역에 있는 그대로이다.
33 강조점은 ὃν ἄν에 있다.

스러운 것이 될 수 없다.

15절의 지극히 중요한 측면은 14절의 "그럴 수 없느니라"는 말을 지지하여, 하나님의 긍휼은 그것을 받는 사람들에게 공정성의 문제가 아니라 값없는 주권적 은혜의 문제라는 것이다. 그 긍휼은 언약적 특권을 부여하는 신정주의적 선택으로 보든지, 또는 사도의 특별한 관심사, 즉 구원에 이르게 하는 자비로 보든지 간에, 그것은 어디까지나 주권적 은혜의 문제이다. 공정성은 정당한 권리 주장을 전제로 하지만, 긍휼은 공정성을 요구할 수 없는 곳에서만 작용한다. 여기서는 긍휼이 유일한 고려사항이기 때문에, 이것은 하나님의 자유롭고도 주권적인 결정으로밖에 설명할 수 없다. 하나님은 마음대로 긍휼을 베푸신다. 이것이 출애굽기 33:19의 강조점이다. 바울은 이에 호소하고 있다. 이 논지 배후에는 이 서신의 초반부에 사도가 펼친 은혜의 원리에 대한 논증이 있다.

16절은 15절에서 인용한 성경에서 이끌어 낸 추론으로 볼 수도 있지만, 방금 주장한 진리에 내포된 것을 진술한 문장으로 보는 편이 낫다. 그런즉 이런 관계가 성립된다. 만약 하나님이 원하시는 누구에게나 긍휼을 베푸신다면, "그것은 사람의 의지나 노력에 달려 있는 것이 아니라 하나님의 자비에 달려 있다"(새번역). 여기서 강조하는 바는 하나님의 자비로운 행위의 상대역으로서의 사람의 결정이 배제되어야 한다는 것이다. 첫 번째로 부정해야 할 것은 인간의 의지, 즉 인간의 뜻에 속하는 결단이다. 두 번째로 부정해야 할 것은 인간의 능동적 노력이다(참고. 고전 9:24, 26; 갈 2:2; 5:7; 히 12:1). 하나님의 긍휼은 부지런히 노력한다고 얻을 수 있는 것이 아니라 값없이 은혜로 주어지는 것이다. 이는 공정성의 요구나 수고의 보상으로 생기는 것과는 정반대라는 진술이다.

17-18절 여기서 성경의 또 다른 증언을 소개한다. 이 본문의 가장 두드러진 특징은 긍휼과는 정반대인 것을 명시적으로 언급한다는 점이다. 15-16절은 긍휼히 여기는 것만을 언급했다. 세상의 모든 사람이 다 이 긍휼의 수혜자라면, 이런 긍휼을 베푸는 주권성에 아무런 이의도 제기되지 않을 것이다. 하나님이 모든 사람에게 이 긍휼을 베풀기로 결정하신다고 해도 그것은 순전히 하나님의 자유로운 선

택의 문제일 것이다. 그렇지만 이와 같은 문맥에서는 긍휼을 베푸는 데에 차별이 있음을 생각하지 않을 수 없다. 사도가 바로 이 문제를 다루고 있기 때문이다. 그래서 이 두 번째 증언에서는 긍휼의 반대말이 진술되어 있다. "(완악하게) 하고자 하시는 자를 완악하게 하시느니라"(18절). 그러므로 사도가 거론하고 있는 주권은 추상적인 주권이 아니라, "하고자 하시는 자를 긍휼히 여기시고 하고자 하시는 자를 완악하게 하시느라"는 말이 보여 주듯이, 모세와 연관된 역사 속에 구체적으로 나타난 주권이었다. 하나님의 자유롭고 주권적인 의지를 계속 강조한 것을 보면, 이 주권은 긍휼을 보여 주실 때와 마찬가지로 완악하게 하는 면에서도 손상되지 않는다. 그렇지 않으면 지금 우리가 다루는 주제에 대한 타당성이 사라질 것이다. 이것은 하나님의 주권이 두 경우 모두에 있어서 궁극적인 요인으로 작용한다는 의미이다.

바로의 경우를 소개하는 방식도 주목할 만하다. 여기에 인용된 말은 모세를 통해 바로에게 들려주신 하나님의 말씀이다. 그러나 15절에서처럼 "그가 이르시되"가 아니라 "성경이 이르시되"로 되어 있다. 이것은 "하나님이 가라사대"와 동일한 효과를 지닌다.

여기에 인용된 말(출 9:16)은 여섯째 재앙인 사람과 짐승에게 내린 독종 재앙 이후에 모세를 통해 전달된 하나님의 말씀이다. 그 앞 절(9:15)을 고려하면, 그 구절은 독종의 해악이란 특수한 경우를 당해서도 바로를 지상에서 끊어버리지 않고 보존하는 것으로 이해할 수 있다. 그러나 바울이 여기서 사용하고 있는 "세웠다"[34]라는 말은 헬라어 구약성경에서는 특정한 목적을 위해 역사의 무대 위에 올려놓는다는 의미로 사용된다(민 24:19; 삼하 12:11; 욥 5:11; 합 1:6; 슥 11:16). 그런즉 많은 주석가들과 같이, 이 인용문은 역사의 무대 위에서 하나님의 섭리에 의해 바로가 차지한 위치를 가리키며, 또 애굽에서 이스라엘을 구속한 일과 관련해 바로가 행한 역할을 가리키는 것으로 보는 것이 가장 좋은 해석이다. 바로가 강력히 반대

---

34 바울이 사용한 ἐξεγείρω라는 동사는 칠십인역과는 다르며, "그들을 서도록 했다"는 뜻의 히브리어에 더 가깝다.

했으나 오히려 이것이 애굽에 내린 재앙들과 특별히 홍해를 건널 때 바로의 대군들이 멸망한 사건, 그리고 이스라엘이 홍해를 마른 땅처럼 건너던 사건을 통해 하나님이 크신 능력을 드러낼 기회가 되었다. 그리하여 온 땅에 하나님의 이름이 널리 알려지게 되었다는 것을 입증하는 증거는 많이 있고, 또 하나님의 능력이 이렇게 드러났다는 것이 성경 여러 곳의 주제이기도 하다(출 15:13-16; 수 2:9, 10; 9:9; 시 78:12, 13; 105:26-38; 106:9-11; 136:10-15).

18절에서 우리는 16절에서와 동일한 종류의 해석적 결론을 발견할 수 있다. "하나님께서 하고자 하시는 자를 긍휼히 여기시고." 이것은 하나님이 주권적으로 긍휼을 베푸신다는 것을 강조한 15절과 동일한 의미를 갖고 있다. 그러나 이 경우에는 새로운 특징이 있다. 하나님의 주권적이고 결정적 의지를 언급하는 동시에 그것을 강조한다는 점이다. 15절과 마찬가지로, 그것은 하나님의 긍휼의 실행에 일반적으로 적용되는 진술이다. 이런 긍휼을 받은 자는 누구나 그 은총을 하나님의 주권적 의지에 돌린다. 이 구절의 주요 의문은 "하고자 하시는 자를 완악하게 하시느니라"는 말 속에 함축된 행위의 종류이다. 15절과 18절의 상반부처럼, 이것은 이 범주에 속하는 모든 경우에 일반적으로 적용될 수 있는 진술이다. 그러나 이 구절은 17절에서 나온 추론이거나 17절에 언급된 하나님의 섭리에 내포된 것에 대한 설명이기 때문에, 우리는 바로를 하나의 실례로, 특히 여기서 고려하는 실례로 간주해야 한다. 이 문맥에서, 모세는 긍휼을 받는 실례이고 바로는 완악하게 된 실례이다. 더욱이 바로의 마음이 완악해지는 것은 17절이 들어 있는 전반적인 문맥에서 매우 자주 언급되고 있기 때문에, 여기에서 염두에 두고 있는 것이 바로가 완악해지는 것임은 아주 확실하다. 그러면 이처럼 완악해진다는 것은 무엇인가?

이 단어가 풍기는 가혹함은 하나님이 허용하셨다는 견해에 의해 완화될 수 있다. 즉, 하나님은 바로가 자신의 마음을 완악하게 하도록 허용했으나, 완악하게 되는 것은 바로 자신의 행위이다. 이런 해석을 지지하는 예들이 있다(삼하 12:11; 16:10; 시 105:25). 핫지는 이렇게 말한다. "이 구절과 이와 유사한 구절들로 봐서, 하나님이 그분의 지혜로 발생하도록 허락하신 일들을 하나님께 돌리는 것은 성경에서 흔히 사용하는 방법임이 분명하다."[35]

바로가 그 자신의 마음을 완악하게 했다는 데는 의문의 여지가 없다. 바로의 행위를 분명하게 언급한 경우는 비교적 적지만(7:13; 8:32[28]; 9:34) 그것들만으로 충분하다. 반면에 여호와께서 바로의 마음을 완악하게 했다는 표현이 압도적으로 많다(출 4:21; 7:3; 9:12; 10:1, 20, 27; 11:10; 14:4, 8). 바울이 사용한 용어도 칠십인역에서 이 후자의 각 구절에 나오는 것과 동일한 용어이다.[36] 이와 같이 하나님의 행위를 지속적으로 강조하기 때문에, 이를 부정하는 성경적 근거가 없는 한, 하나님이 바로의 마음을 완악하게 하셨다는 해석을 배제하는 것은 타당하지 않다. 문맥상으로나 로마서 초반부에 나오는 바울의 가르침으로 보나, 하나님의 행위를 염두에 두고 있다는 결론을 내릴 수밖에 없다. 본문은 하나님의 주권적 의지 및 행위에 관심이 있다. 이것은 하나님의 긍휼에도 그대로 적용된다. 그래서 "하나님이 하고자 하시는 자를 긍휼히 여기신다"라고 했다. 하나님의 확정적인 의지는 긍휼을 품는 행위로 그 효력이 발생할 것이다. 완악하게 하는 행위도 이와 똑같이 강조해야 한다. "하고자 하시는 자를 완악하게 하시느라." 여기서 긍휼과 완악함이 서로 병행한다. 따라서 하나님의 확정적 의지는 완악하게 하는 행위로 그 효력이 발생할 것이다. 더욱이 바울은 1:24, 26, 28에서 하나님이 사람들을 정욕에, 불명예스러운 욕심에, 타락한 마음에 내버려 두신다고 말함으로써 우리에게 그런 개념을 간접적으로 전달한 셈이다. 그래서 하나님 편에서 적극적인 개입이 있었다고 보는 것이 여러 고려사항에 걸맞는 유일한 해석이다.

완악하게 된다는 것은 사법적 성격을 지니고 있다. 그것은 척박한 마음을 전제로 한다. 바로의 경우에는 스스로 완악해지는 척박한 상태를 전제한다. 완악하게 되는 것은 그 요인인 죄와 결코 분리될 수 없다. 완악하게 되는 것의 사법적 성격이 본문에서 강조하고 있는 하나님의 주권적 의지와 상치되는 것으로 보일지 모른다. 이것이 지금 사도가 다루는 권고에는 해당되지 않는다는 것만 지적하고 싶

---

35 앞의 책, 동일한 곳.
36 σκληρύνω.

다. 이미 지적했듯이, 이 구절의 상반부에서 하나님의 주권적인 뜻이 강조된 만큼, 하반부에서 그 뜻을 약화시키면 안 된다. 그러나 우리가 주목할 것은 완악하게 되는 일에 전제된 죄와 척박한 마음이 긍휼히 여김을 받는 일에도 전제되어 있다는 점이다. 이 구절의 두 부분은 척박한 마음을 전제하고 있다. 하나님이 불공평하다(14절)는 반론을 논박하는 바울의 논리는 구원이 공정성의 문제가 아니라는 것, 구원은 하나님이 원하는 사람에게 긍휼을 베푸는 주권적인 행위에서 나온다는 것을 전제로 삼고 펼쳐졌다. 그러므로 18절에서 명백히 표현된 차별성은 전적으로 하나님의 주권적 의지와 결의로 말미암는다. 완악하게 되는 사법적 행위와 관련하여 하나님의 주권은 다음과 같은 사실에 있다. 곧 최후 심판은 물론이거니와 긍휼의 행위에도 전제되어 있는 죄와 척박한 마음 때문에 모든 사람은 얼마든지 완악해질 만하고, 그것도 돌이킬 수 없을 정도로 그렇게 될 만하다는 사실이다. 어떤 사람들은 완악해지도록 방치되는 한편, 똑같이 형편없지만 다른 사람들은 긍휼의 그릇이 되는 이런 차별성은 하나님의 주권으로밖에 설명할 수 없다. 그러므로 하나님이 완악하게 하시겠다는 뜻을 품거나 이런 뜻을 실제로 행동으로 옮기실 때는 피할 길이 없는 법이다. 그래서 바울은 긍휼의 경우와 마찬가지로 완악하게 되는 경우에도 조금도 주저함이 없이 "하고자 하시는 자를 완악하게 하시느니라"고 말할 수 있는 것이다.

19. 혹 네가 내게 말하기를 그러면 하나님이 어찌하여 허물하시느냐 누가 그 뜻을 대적하느냐 하리니

20. 이 사람아 네가 누구이기에 감히 하나님께 반문하느냐 지음을 받은 물건이 지은 자에게 어찌 나를 이같이 만들었느냐 말하겠느냐

21. 토기장이가 진흙 한 덩이로 하나는 귀히 쓸 그릇을, 하나는 천히 쓸 그릇을 만들 권한이 없느냐

22. 만일 하나님이 그의 진노를 보이시고 그의 능력을 알게 하고자 하사 멸하기로 준비된 진노의 그릇을 오래 참으심으로 관용하시고

23. 또한 영광 받기로 예비하신 바 긍휼의 그릇에 대하여 그 영광의 풍성함을

알게 하고자 하셨을지라도 무슨 말을 하리요

24. 이 그릇은 우리니 곧 유대인 중에서뿐 아니라 이방인 중에서도 부르신 자
    니라

25. 호세아의 글에도 이르기를 내가 내 백성 아닌 자를 내 백성이라, 사랑하지
    아니한 자를 사랑한 자라 부르리라

26. 너희는 내 백성이 아니라 한 그 곳에서 그들이 살아 계신 하나님의 아들이
    라 일컬음을 받으리라 함과 같으니라

19절 여기에 나온 반론은 "하나님이 하고자 하시는 자를 완악하게 하시느니라"
는 18절의 주장 때문에 생기는 것이다. 만일 하나님이 사람들을 완악하게 하려
고 마음먹고 그 의지를 실행하신 것이라면, 어떻게 그 대상이 된 사람들을 책망할
수 있는가? 그들은 하나님의 뜻에 의해 그런 상태에 놓이게 된 것이 아닌가? 이 의
문은 어느 누구도 하나님의 뜻을 좌절시킬 수 없다는 점에 의해 더욱 그럴 듯하게
들린다. 바울이 앞의 문맥에서 말하는 뜻, 또 여기서 반론자가 생각하고 있는 그
뜻은 가르치겠다는 뜻이 아니라 확정된 목적을 이루려는 뜻이다. 이 반론은 이 뜻
의 불가항력성과 관련된 만큼 반론이 진술된 방식을 주목할 필요가 있다. 우리는
"누가 그분의 뜻에 저항할 수 있는가?"란 질문을 예상했을지 모른다. 그러나 여기
에 사용된 시제는 현재 상태를 가리키는 것이어서, "누가 그분의 뜻을 거역한단 말
인가?"라고 번역해야 한다. 반론자는, 사도의 전제를 따르면 아무도 자기 자신을
하나님의 뜻을 거역하는 위치에 갖다 놓을 수 없다고 말하는 것이다. 필립피가 주
장하듯이, 이 반론자를 거론할 때 바울이 '교만한 유대인'을 염두에 둔 것이라고
말할 필요는 없다.[37] 이런 반론은 유기의 문제를 다룰 때 자주 등장하는 것이기 때
문이다. 우리는 하나님의 불가항력적 작정의 피해자인데, 어떻게 하나님이 우리를
비난하실 수 있는가?

---

[37] 앞의 책, 동일한 곳.

20절 이에 대한 답변은, 장엄한 하나님이 우리에게 요구하시는 바 경외하는 자세로 입을 다물라는 것이다. "이 사람아"와 "하나님"이 확연히 대비되고 있음을 주목하라. "그런데"라는 접속사(10:18; 눅 11:28; 빌 3:8, 개역개정판에는 없음)는 앞의 질문 속에 함축되어 있는 자기변호를 교정해 주는 역할을 한다. 연약하고 무지한 인간과 위엄을 지닌 하나님을 서로 대비시키면서 "네"에 강조점을 둔다. 그래서 "네가 누구이기에"라고 했다. 그 다음에 인간의 주제넘은 태도가 하나님께 반문하는 오만한 모습에 나타난다. 반론에 답변하는 방법은 3:6의 경우와 유사하다. 거기서 바울은 계시의 궁극적 논거로서 보편적 판단에 호소했다. 우리가 궁극적 진리를 다루고 있을 때는 절대적 긍정만이 요구된다. 여기에서도 하나님의 확정적인 의지는 궁극적인 실재이므로 그분이 판결을 내리셨을 때에는 우리가 하나님을 심문하거나 그분께 반문을 하면 안 된다. 우리가 누구이기에 하나님의 통치 방식에 논박하는가?

사도의 답변은 그의 방법과 그 바탕에 있는 가정을 보여 준다는 점에서 의미가 있을 뿐만 아니라, 사도가 말하지 않은 내용 때문에도 의미심장하다. 이 문제에 있어서 만일 하나님의 확정적 뜻이 궁극적이지 않다면, 또 18절의 구별이 하나님의 주권적 뜻에 기인한 것이 아니라면, 사도는 그 반론의 바탕에 있는 가정을 부인해야만 할 것이다. 그러나 그는 그렇게 하지 않는다. 칼빈의 말을 들어 보자. "그러면 왜 그는 이 짧은 답변을 활용하지 않고 하나님의 뜻에 최고의 지위를 부여하여, 어떤 다른 이유보다 오직 하나님의 뜻만으로 충분하다는 식으로 말했을까? 하나님은 자신의 뜻에 따라 은총을 베풀지 않을 자들은 버리고, 과분한 사랑을 베풀 대상은 선택하신다는 반론이 만일 잘못되었다면, 바울은 그 잘못에 대한 논박을 빠뜨리지 않았을 것이다."[38] 20절의 하반부는 21절과 더 잘 연결된다.

21절 여기서는 구약에서 거듭 언급한 것을 재생한다(사 29:15, 16; 45:9; 64:8, 9; 렘 18:1-6). 토기장이가 진흙을 다루는 권리를 갖고 있듯이, 피조물을 처분하시는 권

---

38 앞의 책, 동일한 곳.

리는 창조주인 하나님께 속하는 것이다. 그러나 여기서 반드시 유념할 것은, 바울이 사람들에 대한 하나님의 주권적 권리를 말하는 것이 아니라, 죄인 된 사람들에 대한 하나님의 권리를 말한다는 사실이다. 지금 사도 바울은 긍휼과 완악함에 대해 18절에 진술된 주권적인 차별로 말미암아 생긴 반론에 답변하고 있다. 긍휼과 완악함은 죄와 척박한 마음을 전제하고 있음을 반드시 기억해야 한다. 그러므로 21절과 그 가르침을 거기에 전제된 이런 상태로부터 떼어놓는 것은 해석학적으로 용납될 수 없다. 환언하면, 바울은 하나님의 실질적 통치와 이 통치로 실현되는 하나님의 주권적인 뜻을 다루는 중이다. 21절이 상기시키는 구약의 여러 구절들도 마찬가지다. 여기서는 이사야 64:8의 문맥을 제공하는 사 64:7, 9을 언급하는 것으로 충분하다.

이것은 토기장이의 일과 유사하다. 토기장이는 반죽된 동일한 진흙 덩어리를 가지고 각각 다른 품격의 그릇을 만드는데, 한 그릇은 고상한 목적에, 다른 한 그릇은 천한 목적에 쓰기 위해서다. 토기장이가 이렇게 구별할 권리가 있다는 데에 대해 아무도 이의를 제기하지 않는다. 토기장이는 그렇게 할 능력은 물론이고 권위도 갖고 있다. 바울이 하나님을 인류를 진흙으로 여기고 진흙처럼 다루신다고 묘사한다는 해석이나 반론은 아무런 근거가 없는 것이다. 바울은 여기서 하나의 유추를 사용하고 있을 뿐이다. 그 의미는, 마치 토기장이가 자기 영역에서 진흙을 다루듯이, 하나님도 자기가 통치하시는 영역에서 사람을 다루는 고유한 권한을 갖고 계신다는 것이다. 그러나 하나님과 토기장이 간의 차이는 사람과 진흙 간의 차이만큼 큰 것은 사실이다.

22-24절 이 구절들은 미완성 문장이다(참고. 눅 19:42; 요 6:62; 행 23:9). "만일"로 번역된 헬라어는 문자적으로는 "그러나 만일"(but if)이지만 "…라면 어떻게 될까"(what if)로 번역하는 게 더 낫다(혹은 샌데이와 헤들램의 말대로 "what and if"로 번역해도 좋다).[39] 그런즉 이 세 구절은 20절 하반부와 21절에서 말한 유추의 저변에 깔

---

39 앞의 책, 동일한 곳.

린 내용을 확대하고 적용한 것이라 하겠다. 만일 하나님이 그의 주권적 권리로 어떤 것은 진노의 그릇으로 또 어떤 것은 긍휼의 그릇으로 삼으신 것이라면, 우리가 무슨 말을 하겠는가? 이것은 20절의 질문을 수사적으로 되풀이한 것이다.

이 구절들은 다음과 같은 순서로 자세히 해석하는 게 좋겠다.

(1) "진노의 그릇"과 "긍휼의 그릇"은 21절에 비추어 해석하는 게 좋다. 토기장이는 어떤 목적이 있어서 그릇을 만든다. 여기에 나오는 그릇들은 진노와 긍휼을 위해 만든 것이다.[40] 그 그릇들이 진노를 받아야 마땅한 것은 사실이지만, 이 점이 긍휼의 그릇에게는 적용될 수 없다. 그래서 양자 모두에게 적용될 수 있는 의미로 양자를 해석해야 한다. 이 견해는 칼빈의 견해와 동일하다. 이 그릇들은 일반적인 의미의 도구들을 가리키는 것으로 해석해야 하며, 따라서 하나님의 긍휼을 드러내고 그분의 심판을 나타내는 도구들로 이해해야 한다는 것이 칼빈의 견해이다.[41]

(2) 분사 "하고자 하사"(willing)는 "하고자 하기 때문에"(because willing)나 "하고자 할지라도"(although willing) 등 두 가지 방식으로 해석되어 왔다. 전자의 경우는 하나님이 그의 진노와 능력을 더 뚜렷이 드러내고 싶어서 오래 참으셨다는 것이다. 그런데 후자의 경우는 하나님이 그의 진노를 퍼붓고 싶을지라도 오래 참음을 발휘하여 그 진노의 집행을 억제하고 연기하셨다는 뜻이다. 전자의 경우에는 오래 참음이 진노와 능력을 효과적으로 드러내는 역할을 하는 데 비해, 후자의 경우에는 공정한 처벌의 집행을 억제시키고 있다. 나는 후자를 선호한다. 2:4에 따르면 하나님의 오래 참으심은 회개에 이르게 하는 하나님의 선하심의 현현이므로 그것을 하나님의 진노의 과시를 증진시키는 수단으로 보기는 어렵기 때문이다. 우리는 이 문제에 대해 결론을 내리기 전에 22-23절의 해석과 관련된 몇 가지 사

---

40 22절의 서두에 있는 δέ는 반의적 성격이 아니라 전환적 성격을 갖고 있다. 고데트가 말한 것처럼, "비유에서 적용으로 전환되는 것"이다(앞의 책). 이에 대한 반론을 보려면 다음 책을 참고하라. Sanday and Headlam, 앞의 책.

41 앞의 책, 동일한 곳. 이와 반대로 샌데이와 헤들램은 "하나님의 진노를 받을 운명"이라는 뜻이 되려면 σκεύη εἰς ὀργήν가 필요하다고 주장한다. 그리고 앞 구절과는 다른 구문의 변화는 의도적임이 틀림이 없다고 주장한다(앞의 책). 꼭 그렇게 볼 필요는 없다. "긍휼의 그릇"은 εἰς τιμήν에 상응하고 "진노의 그릇"은 εἰς ἀτιμίαν에 상응한다.

항을 고려해야 한다.

(3) 앞 단락과 마찬가지로 22-23절의 지배적 사상도 하나님의 주권적 의지가 표현되는 이중적 방식이다. 이 점은 무엇보다도 두 가지 명칭, 즉 "진노의 그릇"과 "긍휼의 그릇"으로 인해 분명히 알 수 있다. 하나님의 확고한 의지에 대한 이와 같은 강조가 22절의 서두에 나오는 "하고자 하사"(willing)라는 말 속에도 담겨 있는 게 분명하다. 그것은 18절과 19절의 "뜻"(will)[42]이란 말을 상기시킨다. 그런즉 "하고자 하사"라는 말은 단지 소원이 아니라 결단을 의미한다.

(4) "하나님이 그의 진노를 보이시고 그의 능력을 알게 한다"(22절)는 말과 "너로 말미암아 내 능력을 보이고"(17절)라는 말이 병행관계에 있다는 점[43]을 무시하면 안 된다. 전자(22절)는 분명히 후자를 상기시킨다. 그런즉 하나님이 바로의 경우에 행하셨던 것이 21절에 나오는 진노의 그릇에도 적용된다. 위에서 설명한 대로, 바로는 하나님의 능력을 드러내고 또 하나님의 이름을 온 땅에 알리기 위한 목적으로 세움을 받아 완악하게 되었다. 만일 우리가 '참음'이란 말을 삽입한다면 그것은 하나님의 위대한 능력을 보여 주기 위해 발휘된 것이라고 말할 수밖에 없다. 이런 고려사항, 즉 두 표현 간의 병행관계를 고려해 볼 때, 22절의 오래 참으심은 하나님의 진노를 보이고 그의 능력을 알리시기 위한 것이라고 보는 게 아주 타당하다. 우리가 본문에서 그토록 강조하는 하나님의 확고한 목적을 유념하고, 이 목적에 포함된 자들은 진노의 그릇들로서 진노를 받아야 마땅하다는 사실을 기억한다면, 그들에게 베풀어지는 "오래 참으심"은 그 본연의 특성이 조금도 퇴색되지 않는다. 하나님이 척박한 마음에 내릴 처벌을 연기하시는 것은 오직 하나님의 참으심 때문이다. 더욱이, 사도는 이스라엘의 불신앙과 그 불신앙을 관용하는 하나님의 오래 참으심을 염두에 두고 있다. 사도는 믿지 않는 동족에게 다음 사실을 상기시키는 중이다. 즉, 하나님의 오래 참음은 그의 은총을 보증하는 증명서가 아니라, 진노의 그릇들인 사람들에게 하나님이 진노를 보이고 그의 능력을 알게

---

42 βούλημα는 19절의 확정적인 목적을 가리킨다.

43 Lagrange, 앞의 책, 9:22.

하기 위해 그들의 척박한 마음을 더 선명하게 드러내기 위한 것임을 알라는 말이다. 이런 점들을 감안할 때, "하고자 하사"라는 분사(22a)는 "하고자 할지라도"라는 의미보다는 "하고자 하시기 때문에"라는 의미로 이해하는 편이 낫다.

(5) 이미 지적했듯이 "하고자 하사"(22절)라는 말은 두 가지 사항과 관련이 있다. 첫째는 "진노를 보이시고 그 능력을 알게 하고자" 하는 것이며, 둘째는 "긍휼의 그릇에 대하여 그 영광의 풍성함을 알게 하고자" 함이다(23절).[44] 이것은 앞에 나오는 다른 표현들과 병행관계에 있고, 특별히 16절 하반부 및 18절 상반부와 그러하다. 그렇지만 지금까지 사용된 표현 중에 이와 비견되는 풍성함을 다룬 것은 없다. 22절에 사용된 "알게 한다"는 용어는 진노의 그릇에 대해 그의 능력을 알리시기 위한 것이라는 말에 사용된 용어와 동일하다. 그렇지만 알려지게 된 사실들은 확연히 대비되는 것들이다. 여기서는 "그 영광의 풍성함"이다. 하나님의 영광은 그의 완전성의 총화이며, "풍성함"은 이런 완전성을 특징짓는 찬란함과 충만함을 가리킨다. 여기서 유념해야 할 것은 하나님이 자비를 베푸신다고 하여 하나님의 어떤 속성이 손상되는 게 아니라는 점이다. 여기서 강조하고 있는 것은 이런 부정적인 면이 아니다. 오히려 하나님의 완전성이 자비의 행위를 통해 더 크게 보이고, 이만큼 하나님의 영광을 찬란하게 드러내는 것이 없다는 말이다(참고. 시 85:9-11; 롬 11:33; 엡 1:7, 12, 14; 2:4, 7; 3:8, 16; 골 1:27; 딤전 1:11). 이 영광은 23절의 끝부분에 언급된 영광과 동일시되어서는 안 된다. 23절의 앞에 나오는 영광은 주어진 영광이지만, 뒤에 나오는 영광은 밝히 드러난 하나님의 영광이다. 그러나 이 두 영광 사이의 상호관계는 주목할 만한 가치가 있다. 신자들이 받는 복의 찬란함은 그 안에서 하나님의 영광의 풍성함이 나타난다는 사실에 있다. 그렇지 않다면 그것은 "영광"에 미치지 못할 것이다.

(6) "진노의 그릇"은 "멸하기로 준비된" 것이다. 여기서 논란이 되는 문제는 그

---

44 이 구문을 반대할 만한 충분한 이유가 없다. καὶ ἵνα는 헬라어에서 이런 의미를 지니고 있다. 특히 하고자 한다(willing)라는 동사 뒤에서는 그러하다. William F. Arndt and F. Wilbur Gingrich, *A Greek-English Lexicon of the New Testament and Other Early Christian Literature*(Chicago, 1957), ἵνα II. 1, a. 그러므로 부정사 γνωρίσαι(22절)에서 ἵνα γνωρίσῃ(23절)로의 변화는 걸림돌이 아니다.

그릇들이 하나님에 의해 멸망을 받도록 준비된 것인가, 아니면 그들 스스로 멸망 받기에 적합한 것으로 보이는가 하는 것이다. 하나님이 긍휼의 그릇에 대해서는 영광을 받도록 "예비하셨다"라고 바울이 말하지만, 진노의 그릇에 대해서는 그렇게 말하지 않은 게 사실이다. 아마도 하나님을 진노의 그릇들을 멸망시키는 주체로 간주하는 것을 의도적으로 피한 듯하다. 그렇지만 하나님이 진노의 그릇을 멸망에 적합하게 만들 수 없다고 주장하면 안 된다. 18절을 보면 완악하게 하는 일에도 하나님이 개입하신다. 22-23절에서는 21절의 유비가 적용되고 있으며, 진노의 그릇들은 토기장이가 천하게 쓸 목적으로 준비한 천한 그릇에 상응한다. 이것들은 또한 진노의 그릇들인즉 진노를 받을 그릇들이고, 이 진노는 멸망에 상응한다. 이런 이유들로 인해, 하나님을 멸망을 받도록 준비시키는 주체로 간주해도 이 문맥의 가르침과 상치되지 않는다. 동시에 우리는 사도가 일부러 이런 개념을 전달하려고 했다고 독단적으로 주장해서도 안 된다. 여기서 주된 사상은 진노의 그릇들에 임할 멸망은 그들의 이전 상태에 걸맞은 처벌이라는 점이다. 이생에서의 그들의 상태와 나중에 그들에게 돌아갈 멸망 간에는 정확한 상응관계가 있다. 이것은 이생과 장차 다가올 삶의 운명 사이에 연속성이 있다는 것을 달리 표현한 것이다. 바울 사도의 전반적인 사상에 따르면, 인간은 자기의 책임을 모면할 수 없고, 멸망에 이르는 죄에서 벗어날 수도 없다.

(7) 하나님은 긍휼의 그릇이 "영광을 받도록 예비하셨다." 이 경우에는 그 행위자에 대한 의문이 없다. 진노의 그릇은 스스로 멸망받기에 적합하게 되었다고 말할 수 있다. 즉, 그것들은 멸망을 거두는 죄악을 스스로 행하는 자들이라고 할 수 있다. 그러나 오직 하나님만이 영광을 받도록 예비하신다. 토기장이의 비유는 여기에 그대로 적용될 수 있다. 존귀하게 쓸 그릇들은 영광을 받도록 예비된 그릇과 상응한다. "예비하셨다"라는 말은 "멸하기로 준비된"이란 말에 담긴 유사한 진리를 가리킨다. 즉, 이생에서 은혜가 이루는 일과 궁극적으로 성취될 영광 사이에는 연속성이 있다. 장차 받을 영광은 이전의 상태와 조건에 따라 긍휼의 그릇이 수령하게 될 것을 말한다(딤후 2:20-21).

(8) 24절은 6절 이후의 문단 전체에 퍼져 있는 차별성에 비추어 이해해야 한다.

이 구별은 하나님의 말씀이 폐하여진 것 같다는 반론에 대한 답변이다. 이는 택하심에 따른 하나님의 뜻이 만들어 낸 차별성으로서 "야곱은 사랑하고 에서는 미워했다"는 말로 예증되었고, 긍휼히 여기시고자 하는 자를 긍휼히 여기시며 진노의 그릇과 긍휼의 그릇을 구분하시는 하나님의 절대주권에 의해 변호되었다. 사도는 추상적으로 생각하지도 않고 단순히 과거만을 다루지도 않는 고로 그것을 그가 당면한 구체적 상황과 구원에 이르게 하시는 하나님의 주권적 의지가 현재 실현되고 있는 방식에 적용한다. 그래서 사도는 이렇게 말한다. "이 그릇은 우리니 곧 유대인 중에서뿐 아니라 이방인 중에서도 부르신 자니라." 이것은 22-24절에서 제기된 질문에 대한 결론인 동시에 우리가 하나님께 반문할 수 없다(20절)는 응답이기도 하다. 바울은 영광을 받도록 예비된 긍휼의 그릇에 관해 말했던 것을 이제는 자기 자신과 다른 사람들의 실제 체험에 적용한다. 그는 유대인 및 이방인의 부르심에서 하나님의 은혜가 작동하고 있는 실례를 발견한다.

비록 22-23절에는 "멸하기로 준비된"이란 표현과 "영광 받기로 예비하신 바"라는 표현 속에 하나님의 예정에 대한 직접적인 언급이 없더라도, 24절이 부르심을 예정과 연관시킨 앞의 문단(8:28-30)과 무관하다고 할 수 없다. 바울은 언제나 소명을 하나님의 목적과 연결시키므로, 이 구절에 언급된 부르심은 앞 절들에서 거듭 말한 하나님의 주권적인 뜻과 목적을 상기시키고 있다. 따라서 그 배후에 예정이 있음을 부인할 수 없다.

여기서 부르심은 다른 곳에서와 마찬가지로 구원에 이르게 하는 유효적 소명과 동일한 의미를 지닌다(1:7; 8:28, 30; 고전 1:9; 갈 1:15; 딤후 1:9). 23절에 언급된 예비 작업이 실질적인 부르심에 선행한다고 생각하는 것은 불필요하고 적절하지도 않다.[45] 오히려 소명은 예비 과정의 시초이다.

유대인과 이방인을 모두 거론한 것은 매우 중요하다. 유대인 중에서 부르심을 받은 자가 있다는 것은 이 문단 전체의 주장과 일치한다. 언약의 약속은 실패

---

45 이에 대한 반론을 보려면 E. H. Gifford, *The Epistle of St. Paul to the Romans*(London, 1886), 9:24을 참고하라. 그는 이렇게 말한다. "우리는 여기서 23절에 언급된 예비 작업이 실질적 부르심에 선행했다는 것을 알게 된다."

한 것이 아니라 진정한 이스라엘, 진정한 자녀, 진정한 씨를 통해 성취된다(6-9, 27, 29; 11:5, 7). 이것은 "유대인 중에서뿐 아니라"는 말에도 표현되어 있다. 그러나 이 표현형식은 언약적 약속과 하나님의 선택의 은혜가 유대인보다 더 넓은 범위를 갖고 있다는 것을 의미한다. 그래서 "이방인 중에서도 부르신 자녀라"라고 덧붙였다. 4:12-17에 나타난 사도의 관심사는 이 구절의 관심사와는 다르다. 거기에서 사도의 논지는 행함과는 반대되는 믿음에 의한 칭의에 중점을 두고 있다. 그러나 이 두 문단 사이에는 긴밀한 관계가 있다. 특히 4:16으로부터 그런 관계를 알 수 있다. 바울의 기본 사상은 아브라함에게 주신 약속을 통해 아브라함의 씨 안에서 땅의 모든 족속이 복을 얻을 것이라는 진리이다.

25-26절 이 구절들은 이방인의 부르심을 확증하기 위해 구약에 호소한 것으로 호세아 2:23과 1:10을 인용한 것이다.[46] 외견상 이 예언적 두 구절의 취지와 바울의 적용 사이에 차이점이 있는 것 같다. 호세아서에서는 이스라엘의 족속을 가리키는 것이지 이방 민족을 가리키는 것이 아니다. 여기에는 아무런 문제점이 없다. 호세아가 말한 이스라엘의 배척 및 회복은 이방인들이 하나님의 언약적 은총에서 제외되었다가 다시 그 은총 속으로 들어오는 과정과 비슷하다고 바울은 생각했다. 호세아서에서는 이스라엘에 대해 이렇게 말한다. "로루하마(긍휼히 여김을 못 받는 자-옮긴이)라 하라. 내가 다시는 이스라엘 족속을 긍휼히 여겨서 용서하지 않을 것임이니라"(호 1:6). 그러나 이는 최종적인 말씀이 아니다. 하나님은 또다시 인자를 베풀어 이렇게 말씀하신다. "전에 그들에게 이르기를 너희는 내 백성이 아니라 한 그 곳에서 그들에게 이르기를 너희는 살아계신 하나님의 아들들이라 할 것이

---

46 26절은 ἐκεῖ만 제외하고 칠십인역을 그대로 인용한 것이다. 이는 히브리어를 문자적으로 번역한 것이다(히브리어 및 칠십인역의 호 2:1). 그러나 25절은 호 2:23의 히브리어나 칠십인역과 정확하게 일치하지는 않는다. 칠십인역은 오히려 히브리어에 근접한 번역인데, 그 히브리어를 번역하면 다음과 같다. "내가 나를 위하여 그를 이 땅에 심을 것이고, 내가 긍휼을 얻지 못했던 그에게 긍휼을 베풀 것이고, 내가 내 백성이 아니었던 자들을 내 백성이라고 부르고, 그는 '그대는 내 하나님'이라고 부를 것이다." 바울은 이런 사상을 품고 있으면서도 용어를 조정하고 있다. 아마도 그 이유는 호 2:23의 사상을 롬 9:26에 그대로 인용되고 있는 호 1:10의 말에 맞추기 위해서일 것이다.

라"(호 1:10).

이방인도 마찬가지다. 이방인이 전에는 하나님께 버림을 받았으나 후에는 언약적 사랑과 은총의 대상이 된다. 동일한 과정이 두 경우에 모두 나타난다. 바울은 이스라엘이 사랑과 은총으로 되돌아오는 모습에서 이방인들이 동일한 은혜에의 참여자가 되는 하나의 모형을 발견한다.[47] "그곳에서"(26절)라는 말은 바울의 적용에 있어서 다음 사실을 가리키는 것으로 보는 것이 가장 좋다. "그 백성들이 외국인으로 여김을 받던 모든 곳에서 하나님의 자녀로 불릴 것이다."[48] 그래서 "하나님의 말씀은 부드러운 시적인 정신 속에서 **온 이방인의 땅에 울려 퍼지는 것**으로 생각된다."[49] "내가 부르리라"는 말은 24절의 "부르심"의 의미로 이해해서는 안 되고, "명명하리라"는 의미로 이해해야 한다. 여기에 새로운 명칭이 표현되어 있고, "내 백성"이란 호칭은 의미심장한 것이다(참고. 민 6:27). "내 백성", "사랑한 자", "살아계신 하나님의 아들" 등의 명칭들은 새로운 관계의 다양한 측면을 표현한다. 그리고 유효한 소명(24절)과 관련이 있는 이런 명칭들은 모두 구원의 개념을 내포하고 있다.

27. 또 이사야가 이스라엘에 관하여 외치되 이스라엘 자손들의 수가 비록 바다의 모래 같을지라도 남은 자만 구원을 받으리니

28. 주께서 땅 위에서 그 말씀을 이루고 속히 시행하시리라 하셨느니라

29. 또한 이사야가 미리 말한 바 만일 만군의 주께서 우리에게 씨를 남겨 두지 아니하셨더라면 우리가 소돔과 같이 되고 고모라와 같았으리로다 함과 같으니라

30. 그런즉 우리가 무슨 말을 하리요 의를 따르지 아니한 이방인들이 의를 얻었으니 곧 믿음에서 난 의요

31. 의의 법을 따라간 이스라엘은 율법에 이르지 못하였으니

---

47 참고. Meyer, Hodge, Sanday and Headlam, 앞의 책, 9:25.
48 Hodge, 앞의 책, 9:26.
49 Meyer, 앞의 책, 9:26.

32. 어찌 그러하냐 이는 그들이 믿음을 의지하지 않고 행위를 의지함이라 부딪칠 돌에 부딪쳤느니라

33. 기록된 바 보라 내가 걸림돌과 거치는 바위를 시온에 두노니 그를 믿는 자는 부끄러움을 당하지 아니하리라 함과 같으니라

27-29절 앞의 두 구절은 이방인을 부르신 것은 구약의 약속이 성취된 것이라고 말했다. 이 세 구절에서는 언약적 약속이 모든 이스라엘 민족의 구원을 보증하지 않았다는 바울의 논지를 확증하기 위해 이사야의 증언을 인용한다. 이는 바울이 초두에 말한 명제이다. "이스라엘에게서 난 그들이 다 이스라엘이 아니요(6절)." 이것은 "곧 유대인 중에서뿐 아니라"고 한 24절의 진술에 함축된 논지이기도 하다. 만일 모든 유대인이 유대인이란 사실로 인해 약속의 상속자라면, "이방인 중에서도"라는 진술과 이와 대등한 형태의 진술은 전혀 사용될 수 없다. 사도는 지금 구약으로부터 다음 사실을 보여 준다. 즉, 그 예언 자체는 오직 남은 자와 그 씨만 구원을 받을 것이고, 또 이 씨를 떠나서는 온 민족이 소돔과 같이 멸망당하고 말았을 것이라고 말했다는 사실이다.

27-28절은 이사야 10:22, 23을 인용했다.[50] 이 본문은 하나님의 진노의 막대기요 분개의 몽둥이인 앗수르를 통해 이스라엘에게 퍼부은 여호와의 분노에 관해 말한 문맥에 나온다(사 10:5). 오직 이스라엘의 남은 자만이 그 파멸에서 벗어날 것이다. 이것을 가리켜서 "남은 자, 곧 야곱의 남은 자가 능하신 하나님께로 돌아올 것이라"고 말했다(사 10:21). 바울은 헬라어 본문을 약간의 수정과 축약 작업을 거쳐 인용했다. 바울은 이사야 10:22의 "이스라엘의 백성"을 여기서는 "이스라엘의 자손들의 수"로 바꾸어 놓았으며, 또 이사야 10:23을 여기서는 축약시켜 놓았다. 이런 작업이 의미에는 영향을 주지 않는다. 필립피의 말처럼 "근본적인 사상은 이것이니, 곧 이스라엘의 멸망과 거룩한 남은 자의 구원의 형태로 하나님의 사법

---

50 "그가 이사야가 그냥 말한 게 아니라 외쳤다고 묘사한 것은 더 큰 주목을 끌기 위해서였다"(Calvin, 앞의 책).

적 심판이 실행되었다는 것이다."[51] 여기서 또다시 바울은 앗수르의 정복을 모면한 사실에서 이스라엘에 대한 하나님의 통치방식의 실례를 발견하여 그것을 지금 자기가 다루는 실제 상황에 적용한다. 이 성경은 하나님의 약속이 모든 이스라엘 백성과 관련된 것이 아니라 남은 자 가운데서 성취됨을 증명하고 있다.

28절의 주된 사상은[52] 곧 하나님이 그의 말씀과 그 배후에 있는 작정을 반드시 성취하신다는 것이다. 이것이 이사야 14:24의 강조점이다. "내가 생각한 것이 반드시 되며 내가 경영한 것을 반드시 이루리라." "그 말씀을 이루고"라는 말은 성취를, "속히 시행하리라"는 말은 신속하게 성취할 것임을 가리킨다. 이사야 10:22 하반부와 23절은 하나님의 형벌적 심판이 철저하고도 신속하게 집행될 것을 말한다. 또한 파멸의 범위가 매우 넓고 오직 남은 자만 모면할 것이다. 이와 동일한 강조가 사도의 인용문에도 들어 있다. 남은 자의 구원과 그 남은 자의 중요성은 심판의 어두운 배경으로 인해 한결 더 돋보이게 된다(참고. 암 3:12).

29절은 이사야 1:9의 헬라어역을 그대로 인용한 것이다. 히브리어와의 유일한 차이점이 있다면 "남은 자"가 헬라어역에서는 "씨"로 번역된 것뿐이다. 이 바울의 가르침에서는 "씨"와 "남은 자"가 동일한 의미를 갖고 있다. 8절 이후에 처음 나오는 이 "씨"는 앞에 나온 약속에 참여하는 씨와 동일한 의미를 지닌다. 남은 자를 가리킨다는 점에서 27절과 동일하지만, 두 구절의 강조점은 다르다. 27절에서는 오직 남은 자만이 구원을 받을 것이라고 했는데, 29절에서는 남은 자가 민족이 완전한 멸망에 처하지 않도록 그들을 보존해 준 씨로 묘사되어 있다. 두 구절은 28절의 사상과 밀접한 관계에 있다. 오직 남은 자만 구원을 받는다는 심판의 가혹함과 넓은 범위를 말해 준다. 남은 자가 구원을 받는다는 것은 주님의 은총에 대한 증거이며 그의 언약적 약속이 실패하지 않았다는 보증이다. 씨 하나가 보존된 것은 하나님의 은혜로운 행위에 의한 것임을 주목해야 한다. "만일 만군의 주께

---

51 앞의 책, 동일한 곳.
52 D G와 몇몇 역본 그리고 공인 본문에서 συντέμνων의 뒤에 ἐν δικαιοσύνῃ ὅτι λόγον συντετμημένον가 추가된 것은 P[46] א A B 1739 및 기타 사본들의 지지를 받지 못한다. 이 표현은 사 10:23의 칠십인역에 똑같이 나온다.

서 우리에게 씨를 남겨 두지 아니하셨더라면." 앞 문맥에서 하나님의 주권적인 의지와 확정적 목적을 거듭 강조한 것과 맥을 같이하여 그 원리가 남은 자의 보존과 씨를 남겨두는 일에도 적용되고 있다.[53]

30-33절 6-13절에서 사도는 이스라엘 민족의 불신앙과 배척이 하나님의 언약을 무효로 만들지 못했다는 것을 보여 주었다. 그 약속은 은혜의 선택과 관련이 있고 그 선택으로 실현되었다. 14-18절에서는 하나님의 주권적인 긍휼에 호소해서 이런 방법을 변호했다. 19-29절에서는 하나님의 주권적 결의가 인간의 책임과 허물을 면제시켜 준다는 반론에 대해 답변했다. 이 단원은 구약 자체와 또 구약 안에 계시된 하나님의 계획이 오직 남은 자만을 구원에의 참여자로 간주하고 있음을 보여 주는 증거로 끝을 맺는다. 씨로도 묘사된 이 남은 자란 말은 8절을 떠올린다. 그래서 한 가지 개념이 이 모든 구절들을(6-29절) 다 함께 묶어 준다. 바울이 가장 중요하게 고려하는 사항은 하나님의 주권적인 뜻이 좌우하는 차별성, 하나님의 언약이 결코 수포로 돌아가지 않음을 보증하는 차별성이다. 선택의 목적은 결코 흔들리지 않는다. 은혜의 선택에 따라 남은 자가 존재하기 때문이다.

그런데 30-33절에는 사도가 다루는 상황의 새로운 측면이 나타난다. 앞 구절들에서 하나님의 주권적 의지를 강조했다고 해서 인간의 책임이 면제되는 것은 아니며, 전자와 후자가 양립할 수 없는 것도 아니다. 또한 하나님의 주권적 의지가 인간의 의지 및 행위의 영역에 속하는 모든 것을 거스르지도 않는다. 오히려 이 경우에는 한 영역에 발생하는 것이 다른 영역에 발생하는 것과 상호관계가 있다. 인간의 의지가 하나님의 의지를 지배하고 결정하기 때문이 아니라, 하나님의 의지는 사람들과 관계가 있고 하나님이 뜻하시는 바와 사람의 주관적 상태 사이에 상응관계가 있기 때문이다. 바울이 30-33절에서 다루는 것은 인간의 주관적인 면이다.

"그런즉 우리가 무슨 말을 하리요?"라는 말은 14절과 동일한 형태의 질문이다

---

53 동사 ἐγκαταλείπω와 실명사 ὑπόλειμμα는 비슷한 생각을 표현한다. 후자는 전자에서 취한 하나님의 행위의 결과이다.

(3:5; 4:1; 6:1; 7:7; 8:31). 이 문단의 구조로 보면 이어지는 내용은 이 질문에 대한 직접적인 대답으로 볼 수밖에 없다. 이 질문은 1-3절에 거론된 이스라엘의 불신앙과 관련해 생긴 것이다. 그러나 이런 불신앙과 나란히 이방인들의 신앙도 있다(25-26절). 이런 차이점은 "우리는 어떻게 생각해야 하는가?"라는 질문을 하게 한다. 이에 대한 대답은 변칙적인 사실을 강조하는 형태로 주어진다. 그 결과는 하나님이 과거에 이스라엘과 이방인을 다루시던 것과 너무도 다르다는 것. 이 이상한 결과는, 의를 따르지 않던 이방인들이 의를 얻고, 의를 따른다고 하던 유대인들은 의에 이르지 못했다는 것이다.

이방인들이 의를 따르지 않았다는 말은 그들이 특별계시의 영역 밖에 있었으며 그들 마음대로 살도록 그대로 방치되었었다는 사실을 시사한다(1:18-32; 행 14:16; 17:30). 그러나 바울의 생각은 앞의 여러 장들과 로마서 10장에 나오는 이 서신서의 주제의 중심요소, 곧 이방인들이 칭의의 의를 추구하지 않았다는 사실에 집중된다. 그들이 도덕적 관심이 부족했다는 것이 아니라(2:12-15), 칭의의 문제와 칭의를 보장하는 의를 추구하지 않았다는 것이다. 이와 달리 하나님의 말씀을 위탁받은 이스라엘은 이런 의를 추구하긴 했다. 우리는 이 진술을 완화시킬 필요가 없다. 아브라함의 언약에 집약되어 있는 특별계시의 소유자로서 이스라엘은 칭의에 이르게 하는 하나님과의 의로운 관계에 초점을 맞추었다. 이것이 그들 종교의 중심이었다. 바로 이런 대조점이 비극적인 결과를 부각시킨다. 이방인들은 이런 의에 이르렀는데 이스라엘은 이르지 못했다는 것이다.

31절에 사용된 형식의 변화를 간과해서는 안 된다. 이스라엘은 "의의 법을 따라갔다"라고 말한다. 이것은 율법의 의, 곧 행위의 의를 가리키는 것으로 간주해서는 안 된다. 여기서의 "법"은 3:27 하반부, 7:21, 23, 8:2에서 사용된 것과 유사하며, 원리, 규칙, 질서를 의미한다. 이스라엘은 칭의와 관계가 있는 그런 질서나 제도를 추구한 것으로 묘사되어 있다. 그러나 이스라엘은 그 제도가 증언하고 있던 의를 얻는 데 실패했다. "이스라엘은 그 법(개역개정판에서는 "율법")에 이르지 못하였으니"라고 했다. 이스라엘은 그들이 자랑하는 그 제도 속에 예비되었던 것을 얻지 못한 것이다. "왜?"라고 끈질기게 묻는 소리가 들리는 듯하다. 이것을 바울은 "어찌 그러하냐?"라고 표현한다. 이 질문에 대한 답이 32-33절이다.

이 대답은 30절이 예고한 것이다. 이방인들은 "의를 얻었으니 곧 믿음에서 난 의요." 이 경우에는 그 의를 믿음의 의라고 규정할 필요가 있었다. 사도는 이 문 맥에서 이방인들이 얻었던 의라는 주제로 돌아가지 않기 때문이다. 32절의 질문 은 어째서 이스라엘은 동일한 의에 이르지 못했는가 하는 것이다. 이 고발은 앞서 3:27-4:25에서 제시한 논지의 반복이다. 여기서는 더 이상의 설명이 필요 없고 그 반립관계를 진술하는 것으로 충분하다. 한마디로 "믿음을 의지하지 않고 행위를 의지함이라"는 말이다.[54] "행위를 의지함이라"는 말은 이스라엘이 칭의를 얻는 방 법에 대해 품고 있던 개념을 말한다. 그들은 전적으로 오해한 것이다. 따라서 실 패할 수밖에 없었다.

32절 하반부는 구약에 나오는 비유의 언어로 이 치명적인 과오를 더 설명한다. 성경은 이스라엘의 넘어짐에 대해 미리 경고했다. "부딪쳤다"는 말이 마치 단순히 초조함이나 성가심을 가리키는 듯이 그 의미를 약화시킬 필요도 또 그럴 근거도 없다.[55] 그것은 분명히 넘어짐과 "걸림돌"(사 8:14)을 가리킨다. 이것은 사람이 걸려 넘어지는 돌이기 때문에 이 해석이 옳다. 30-31절에 경주의 비유가 암시되어 있고 그것이 32절까지 계속된다고 본다면, 이것은 장애물에 부딪혀 넘어져 결국 상을 얻지 못한 장면을 생생하게 묘사한 것이다.

32절은 33절에서 인용한 이사야 8:14의 내용을 더욱 확증해 준다. 33절의 인 용문은 원래 문맥상으로는 상이한 의미를 지닌 두 절을 결합한 것이다(사 8:14; 28:16). 전자에는 만군의 여호와께서 "이스라엘의 두 집에는 걸림돌과 걸려 넘어지 는 반석이 되리라"라고 진술되어 있다. 후자에 따르면, "시험한 돌이요 귀하고 견 고한 기촛돌"이 놓여 시온의 안전과 안정을 도모할 것이라고 한다. 바울은 두 구 절의 일부를 취해 한 문장으로 만드는데, 이와 같은 생략과 결합을 통해 두 구절 의 사상을 모두 이끌어 낸다. 사도는 지금 자기가 다루는 실패와 이방인의 성공이

---

54 ἔργων 뒤에 νόμου를 붙이는 것은 근거가 별로 없고, 게다가 그 뚜렷한 대조를 없애 버린다.
55 참고. 요 11:9, 10; 롬 14:13, 20, 21; 고전 8:9; 벧전 2:8.

라는 주제에 이런 이중적인 측면을 적용한다. 그리하여 성경이 이중적인 결과에 대해 이미 예언했음을 보여 준다. 그렇지만 주된 관심사는 이스라엘이 걸려 넘어진 것을 확증하는 일이다. 앞뒤 문맥에서도 명백히 드러난 바와 같이 사도의 큰 관심사는 바로 이 비극이다.[56]

바울이 두 구절을 그리스도에게 적용하고 있다는 것은 의심할 여지가 없다. 이사야 8:14의 경우는 더욱 의미심장한데, 부딪히는 돌로 언급된 분이 만군의 주시기 때문이다. 사도는 만군의 주를 가리키는 구절을 그리스도에게 적용시키는 것을 조금도 주저하지 않았다. 이런 구절들이 그리스도에게 적용되기 때문에(마 21:42; 42; 막 12:10; 눅 20:17; 행 4:11; 벧전 2:6-8), 30, 32절에 언급된 믿음은 33절에 명시된 믿음이며, 이는 그리스도를 믿는 믿음이다. 그것은 그리스도를 신뢰하는 믿음이며, 이 문맥에서(30, 31절) 칭의에 직결되는 믿음으로 간주하는 것이다. 신자가 얻는 의는 행위와 대조를 이루는 믿음의 의다. 이사야 28:16에서 인용한 "부끄러움을 당하지 아니하리로다"는 말은 히브리어와 다르다. 히브리어는 이렇게 말한다. "믿는 자는 서두르지 아니하리라." 이 말을 인용하는 바울은 헬라어 번역본을 따르고 있다. 그러나 이 번역이 히브리어의 사상과 이질적인 개념을 도입하는 것으로 간주해서는 안 된다. 헬라어 표현은 신자는 당황하지 않을 것이고, 자신의 믿음을 부끄러워할 경우가 없을 것이란 뜻이다. 그리고 히브리어 어구는 이와 비슷하게 신자가 절망에 빠져 도망치지 않을 것이라는 사상을 표현한다.

---

56 이중적인 반응은 이 구절들이 더 온전히 인용된 벧전 2:6-8에 더 자세히 묘사되어 있다. 이것이 두 구절을 축약시킨 바울의 용법에 대한 최상의 주석이다.

THE EPISTLE TO THE ROMANS

10장

16. 믿음의 의(10:1-21)

1. 형제들아 내 마음에 원하는 바와 하나님께 구하는 바는 이스라엘을 위함이니 곧 그들로 구원을 받게 함이라
2. 내가 증언하노니 그들이 하나님께 열심이 있으나 올바른 지식을 따른 것이 아니니라
3. 하나님의 의를 모르고 자기 의를 세우려고 힘써 하나님의 의에 복종하지 아니하였느니라
4. 그리스도는 모든 믿는 자에게 의를 이루기 위하여 율법의 마침이 되시니라
5. 모세가 기록하되 율법으로 말미암는 의를 행하는 사람은 그 의로 살리라 하였거니와
6. 믿음으로 말미암는 의는 이같이 말하되 네 마음에 누가 하늘에 올라가겠느냐 하지 말라 하니 올라가겠느냐 함은 그리스도를 모셔 내리려는 것이요
7. 혹은 누가 무저갱에 내려가겠느냐 하지 말라 하니 내려가겠느냐 함은 그리스도를 죽은 자 가운데서 모셔 올리려는 것이라
8. 그러면 무엇을 말하느냐 말씀이 네게 가까워 네 입에 있으며 네 마음에 있다 하였으니 곧 우리가 전파하는 믿음의 말씀이라

1절 이 장에서 사도는 앞 장의 후반부에서 다루던 것과 동일한 주제를 다룬다. 9:32, 33에서 이스라엘의 넘어짐은 믿음이 아니라 행위로 의를 추구한 데에 있었다. 이를 다르게 표현하면, 그들이 자신들의 의를 세우려고 했고 스스로 하나님의 의에 복종하지 않았다는 말이다. 이는 10:3에 진술된 그대로다. 그런즉 10:1에서 생각이 단절되지 않는다. 그렇지만 주목할 것은 지금 사도는 이스라엘의 죄를 논하는 가운데 이스라엘의 불신앙이라는 전반적인 주제(9:1-3)를 다시 개입시키고 있다는 점이다. 여기서 사도가 사용한 용어들은 이전에 사용될 때와 같은 그런 강렬함은 없다. 그렇지만 마음에 깊이 간직하고 있는, 육신적인 동족에 대한 동일한 갈망은 있다. "형제들아"라는 단어로 시작된 말에는 애정과 감정이 담겨 있고, 여

기에 나오는 이스라엘은 "형제들"의 교제권 밖에 있는 사람들을 가리킨다.

　"원한다"로 번역된 용어의 더 적절한 번역은 "기쁜 뜻"이다(참고. 하나님과 관련된 구절들은 마 11:26; 눅 2:14; 10:21; 12:32; 엡 1:5, 9; 빌 2:13. 사람과 관련된 구절들은 롬 15:26; 고후 5:8; 12:10; 살전 2:8; 3:1; 살후 2:12). 아울러 사악한 자들이 그 악한 길에서 돌이켜 사는 것이 하나님의 기뻐하시는 뜻이라고 선언된 에스겔 18:23, 32과 33:11도 상기시킨다. 바울은 이스라엘에 대해 기쁜 뜻, 마음의 소원을 품고 있다고 주장한다. 이것은 이스라엘을 위해 하나님께 드리는 간구와 연결된다.[1] "그들로 구원을 받게 함이라"는 말은 그의 마음의 기쁜 뜻과 그의 간구하는 바를 그대로 표현했다. 그러므로 마음의 근심과 고통(9:1)은 소망이 없는 우울한 감정이 아니다. 그것들은 이스라엘이 구원을 받도록 하려는 선한 뜻과 하나님께 드리는 지속적인 탄원과 연결되어 있었다. 여기서 우리는 심오하고 중요한 교훈을 배운다. 앞 장에서는 사람들을 구별함에 있어서 하나님의 절대 주권적이고 결정적인 의지를 강조했다. 하나님은 하고자 하시는 자에게 긍휼을 베푸시고 또 하고자 하시는 자에게 완악함을 주신다고 했다. 그래서 혹자는 긍휼의 그릇이 되고, 혹자는 진노의 그릇이 되었다. 그리고 궁극적인 운명은 멸망과 영광으로 귀결된다. 그러나 이런 구별은 하나님의 행위요 특권이지 인간의 권한이 아니다. 따라서 사람들에 대한 우리의 태도는 사람들을 향한 하나님의 비밀스러운 뜻에 좌우되면 안 된다. 자기 동족의 구원에 대한 사도의 열정에 뚜렷이 새겨진 것이 바로 이 교훈과 구별이다. 하나님의 주권적인 뜻을 빌미로 사람들의 영원한 운명에 대한 관심을 접어버린다면, 우리는 하나님의 특권과 인간의 권한 사이의 경계선을 침범하는 셈이다.

2-3절 "내가 증언하노니"라는 말은 이스라엘이 소유한 종교적 관심을 인정하고 이 점에서 그들을 칭찬한다는 뜻이다. 그들에게는 "하나님을 향한 열심이 있다." 그 열심이 무엇인지를 바울보다 더 잘 아는 사람은 없다. 그보다 더 큰 열심을 품

---

1 αὐτῶν이란 독법은 P[46] ℵ A B D G와 다수의 역본 및 교부들이 지지했다. τοῦ Ἰσραήλ ἐστιν은 K L P와 다수의 소문자 사본의 지지를 받는다. 문맥상으로 보아 의심할 여지도 없이 분명한 것을 언급하기 위하여 전달 과정에서 긴 독법이 단순한 αὐτῶν으로 대치되었다는 것을 쉽게 이해할 수 있다.

었던 사람이 없었기 때문이다(행 26:5, 8; 갈 1:14). 사도는 개인적 체험에 근거하여 동족의 양심과 마음의 상태를 알고 있었고, 그렇기에 그의 "증언"은 한층 더 깊은 의미를 지닌다. "올바른 지식을 따른 것이 아니니라"는 반의문은 "하나님께 대한 열심"을 판단하는 기준을 가리킨다. 열심은 중립적 속성으로서 어쩌면 큰 악덕이 될 수도 있다. 열심은 그것이 지향하는 대상에 따라 그 윤리적 성격이 좌우된다. 그러므로 판단 기준은 "지식"이다. 여기서 사용된 지식이란 말은 교만하게 만드는 지식과 구별되는 경건을 추구하는 철저한 지식을 가리킨다(고전 8:1; 13:2, 8; 엡 1:17; 4:13; 빌 1:9; 골 1:9; 3:10; 딤전 2:4; 딤후 2:25; 3:7; 딛 1:1).[2] 3절은 그들의 열심이 지식을 따른 것이 아닌 이유를 제시하고, 그 지식의 결여가 무엇인가를 설명한다. 즉, 그들은 하나님의 의를 몰랐다는 것이다. 그들이 이 의가 성경이 증언하는 것임을 알면서도 그것을 인정하지 않았다는 의미가 아니라, 이제까지 계시된 것을 이해하지 못했다는 의미다. "하나님의 의"라는 이 개념은 1:17에서 소개되었으며, 3:21-22에서 더 충분히 설명되었다(이 부분에 대한 주석을 보라). 이스라엘은 하나님의 의와 반대되는 자기 자신들의 의를 세우려고 힘썼다. 그래서 바울은 다시 하나님의 의와 인간의 의를 대립시키고 있다. 인간적 특성과 행위에서 유래된 의와 신적 특성을 지닌 의를 대조하고 있는 것이다. 이는 이 서신의 초반부에서 개진된 주제다. 9:11, 30-32절에는 3:21-5:21의 주장에 대한 암시가 나오듯이 여기서도 마찬가지다. 이스라엘의 근본적인 잘못은 칭의에 이르는 의에 관한 오해였다. 인간의 기본적 필요에 대한 대책인 하나님의 의는 여기서 복종을 요구하는 하나의 규례 혹은 제도로 간주되고 있다. 이 규례에 이스라엘은 복종하지 않았다.[3] 이스라

---

2 그렇지만, 마치 γνῶσις는 언제나 ἐπίγνωσις의 부요와 충만함에 이르지 못하며 ἐπίγνωσις는 언제나 생명에 이르는 지식을 가리키는 것처럼 신약의 용법상 전자와 후자 사이에 명확한 구분을 짓는 것은 근거가 없다(γνῶσις에 관해서는 눅 1:77; 롬 15:14; 고전 1:5; 고후 2:14; 4:6; 6:6 8:7; 엡 3:19; 골 2:3; 벧후 1:5, 6, ἐπίγνωσις에 관해서는 롬 1:28; 3:20, ἐπιγινώσκω에 관해서는 롬 1:32; 벧후 2:21을 보라).
3 ὑπετάγησαν은 부정과거 수동태이다(8:20; 고전 15:28; 벧전 3:22). 그러나 수동태와 중간태는 흔히 동일한 형태이기 때문에 이런 형태는 부정과거 중간태로 취급해야 할 것이다. 그것을 수동태로 보면 사실상 불가능한 의미로 귀결된다. 어떤 경우에는(약 4:7; 벧전 2:13; 5:5) 수동태가 불가능하지 않지만, 이와 다른 경우들과 형태들에 나오는 중간태의 패턴에 따라서 중간태로 보는 것이 더 좋다(골 3:18; 단 3:1; 벧전 3:1, 5).

엘이 의의 법에 이르지 못한 비극을 돋보이게 하는 것이 바로 "하나님께 대한 열심"
이다. 우리가 몰라서 하나님의 은혜의 대책을 놓칠 때 무지의 죄는 더욱 눈에 띄게
된다. 이것은 무지가 변명이 되고 선의가 칭찬의 기준이 된다는 통속적인 관념과
얼마나 다른가![4]

4절 이 구절은 하나님이 제정하신 바가 인간의 의가 아닌 하나님의 의라는 3절
의 논지에 대한 이유를 제시한다. "그리스도는 율법의 마침이 되시기" 때문이다.
이 말은 율법의 목적이 그리스도 안에서 성취되었다는 의미로 해석되어 왔다. "마
침"(end)으로 번역된 단어는 때로 이런 의미를 갖고 있다(참고. 눅 22:37; 딤전 1:5).
또한 율법이 모세의 제도를 의미하는 것으로 본다면, 이 제도가 그리스도 안에서
성취되었다는 것 역시 사실이다(갈 3:24). 더욱이, 그리스도께서 우리의 칭의를 위
해 마련하신 그 의는 하나님의 율법이 요구하는 모든 사항을 충족시키는 의다.
그렇지만 이 해석에 대해 다음과 같은 반론을 제기할 수 있다.

　(1) "마침"이라는 단어가 목표나 목적을 표현할 수 있지만, 특히 바울에서는 종
착점을 의미하는 경우가 압도적으로 많다(참고. 마 10:22; 24:6, 14; 막 3:26; 눅 1:33;
요 13:1; 롬 6:21; 고전 1:8; 15:24; 고후 1:13; 3:13; 11:15; 빌 3:19; 히 6:11; 7:3; 벧전 4:7).[5]

　(2) "마침"이 목적을 의미한다면, 우리는 사도가 율법의 목적이 그리스도라고 말
할 것을 마땅히 기대하게 된다.[6] 이렇게 가정하면 율법의 목적이 이 문장의 주된
사상이자 주제가 될 것이다. 그러나 다음과 같은 번역에서도 분명히 나타나는 대
로 그것은 좀 어색한 구문이 되고 말 것이다. "율법의 목적은 모든 믿는 자에게 의
를 이루기 위한 그리스도이다."

---

4 "선의(善意)에 대한 공연한 빈말을 없애 버려라. 만일 우리가 진심으로 하나님을 추구한다면, 우리 모
두 그에게 접근할 수 있는 유일한 길을 따르자. 어거스틴이 말한 대로, 엉뚱한 길을 전력 질주하는 것보
다 절뚝거리며 올바른 길을 걷는 편이 더 좋다"(Calvin, 앞의 책, 10:2).
5 만약 바울이 목적이나 목표를 말하려고 했다면, τελείωσις나 πλήρωμα와 같이 더 적절하고 분명한
다른 용어들을 사용했을 것이다.
6 τέλος는 확실히 술어이지 주어는 아니다. 딤전 1:5에서 그것이 주어로 나오는 이유는 그 절의 사상과
구문 때문이다.

(3) 이 서신과 이 문맥에서 대립관계에 있는 것은 행위의 의에 해당하는 율법의 의와 믿음의 의에 해당하는 하나님의 의다. 그 다음 구절은 이런 대립관계를 아주 선명하게, 그리고 율법을 의에 이르는 방법으로 보는 사도의 개념을 아주 분명하게 보여 준다(참고. 3:20, 21, 28; 4:13, 14; 8:3; 9:32). 이 문맥과 가장 일치하는 견해는, 사도가 4절에서 율법을 하나님 존전에서 의를 얻는 방법으로 거론하고, 그리스도께서 이 개념과 관계가 있음을 확증한다는 것이다. 그리스도께서 율법과 맺는 유일한 관계는 그가 그것을 종결시킨다는 것이다.

(4) 그렇지만 즉시 "믿는 모든 자에게"라는 단서가 추가된 것을 주목해야 한다. 이 단서는 오직 믿는 자에게만 그리스도가 의를 위한 율법의 마침이 되신다는 뜻이다. 바울은 그릇된 개념을 품는 일이 중단되었다고 말하는 것이 아니다. 3절이 증언하듯 슬프게도 그렇게 되지 않았다. 바울은 그리스도가 율법의 마침이 되신 것은 믿는 모든 자에게 국한된다고 말한다. 이 진술은 모든 신자에게 의를 얻는 방법으로써의 율법은 폐지되었다는 뜻이다. 이를 고려하면 더욱 이 해석을 지지할 만하다. 만일 바울이 율법의 목적이 그리스도 안에서 성취되었다고 말하려고 했다면, 우리는 "그리스도는 의를 이루기 위하여 율법의 마침이 되시니라"라는 절대 진술만 기대할 뿐이고, 더 이상 덧붙일 필요가 없었을 것이다.

사도의 진술의 의미에 관한 이상의 고찰은 이 구절에 대한 그릇된 해석과도 관련이 있다. 다름 아니라, 여러 주석가들이 모세의 법이 율법을 의를 획득하는 수단으로 제시했다고 주장했다는 점이다.[7]

그런데 은혜에 의해 믿음으로 말미암아 의롭게 된다는 교리를 지지하기 위해 바울이 구약성경과 심지어 모세와 모세의 율법에까지 호소하고 있는 상황에서, 이와 같은 개념을 품고 있다는 것은 무척 이상하다(3:21, 22; 4:6-8, 13; 9:15, 16; 10:6-8; 15:8, 9; 갈 3:10, 11, 17-22; 4:21-31). 신정시대에는 율법의 행위가 구원의 기초로 제시

---

7 예를 들면 마이어는 이렇게 말한다. "큰 강조점과 함께 제일 먼저 나오는 τέλος νόμου는 그리스도에게 적용된다. 그것은 그리스도의 구속적 죽음으로 인해 가능해진 것이다. 하나님의 구원의 시대가 도래했고, 이제는 구원을 얻는 기초가 옛 신정(神政) 시대와 같이 모세의 νόμος가 아니라 믿음이므로 율법은 더 이상 의를 얻는 규정적 원리가 아니다"(앞의 책).

되었었는데, 이젠 그리스도의 죽음 덕분에 구원의 방법이 믿음의 의로 대치되었다는 암시는 어디에서도 찾을 수 없다. 우리는 또다시 이 명제의 뜻을 생각해 볼 필요가 있다. 즉, '믿는 자에게' 그리스도는 의를 이루기 위하여 율법의 마침이 되셨다는 것. 바울은 계명으로서의 "율법"에 관해 말하고 있다. 그는 구체적으로 모세의 율법을 가리키는 것이 아니라 복종을 요구하는 율법, 믿음의 의와 대조되는 아주 일반적인 의미에서의 율법의 의에 관해 말하고 있다.

5-8절 사도는 3-4절에 개진된 대립관계가 모세의 책에 선언된 내용임을 발견한다. 즉, 모세는 율법에서 난 의에 관해 말하며 그 실체를 정의하고, 또 그는 믿음의 의에 관해서도 말한다. 전자에 대해서는 레위기 18:5을 인용했고, 후자에 대해서는 신명기 30:12, 14을 인용했다. 이러한 성경구절을 내세운 전반적인 목적은 분명하다. 바울 특유의 방식으로 그의 논지를 입증하기 위해 구약의 증언을 인용한다. 적어도 바울은 앞에서 설정한 대립관계를 보여 주는 실례들을 성경에서 끌어오고, 또 유대인의 성경 자체에 근거하여 자기의 논리를 확증한다. 그러나 인용된 구절들과 관련된 문제가 있고, 특히 바울의 적용에도 문제점이 있다.

레위기 18:5과 관련한 난점은 본래의 상황을 보면 은혜의 의와 대립되는 율법적 의에 대한 언급이 전혀 없는 것처럼 보인다는 사실에 있다. 지금은 바울의 형식적인 진술이 율법적 의의 원리를 표현하는 데 적절하다고 말하는 것으로 충분하다. "율법으로 말미암는 의를 행하는 사람은 그 의로 살리라"는 명제 그 자체는 율법주의의 원리에 대한 안성맞춤형 정의라고 할 수 있다.

바울은 6-8절에서 "모세가 기록하되"(5절) 또는 "이사야가 미리 말한 바"(9:29)라는 말로 신명기 30:12-14에 대한 언급을 시작하지 않는다. "믿음으로 말미암는 의는 이같이 말하되"라는 특이한 표현으로 그 구절들을 소개하고 있기 때문에[8] 그가 성경의 증거를 여기서 제시하고 있는 것이 아니라 그 자신의 독자적인 주장을 펴는 것이라고 주장할 수도 있다. 또한 사도 바울은 히브리어나 헬라어 성경에 충실하

---

8 영어 역본에서 번역상 굳이 "which is"를 넣어야 할 이유가 없다.

게 성경문구를 그대로 인용한 것이 아니라 적당히 문구를 수정하고 자기의 말도 집어넣고 있기 때문에, 자기의 주장을 입증하기 위해 엄격하게 성경을 인용하는 것이 아니라 "모세의 말을 자유롭게 채용해서 자기 사상의 적절한 기초로 사용하는 것이며", 따라서 "그 독자적인 논증"이 신명기의 구절 안에서 공식적인 뒷받침을 찾고 있는 것이라고 주장되어 왔다.[9] 그러나 신명기 30:12-14에 대한 명백한 언급과 이 본문의 부분적인 인용이 있고 또한 "믿음으로 말미암는 의는 이같이 말하되"라는 표현에 이어서 그 인용문(신 30:12)이 나오기 때문에, 레위기 18:5이 율법적 의를 규정하는 원리를 표현하는 것만큼이나 사도는 이 구절에서 믿음의 언어를 발견하고 그것을 믿음의 의에 대한 확증으로 내세웠다는 생각을 하지 않을 수 없다. 이 경우에 나오는 성경구절의 각색과 적용은 다른 경우들과 그리 다르지 않다(9:25, 26; 앞의 5절).

우리는 사도가 율법의 의와 관련된 한 구절을 택해 그것을 그와 반대되는 믿음의 의에 적용한다고 추정하여 이 구절의 난점을 가중시키면 안 된다. 모세가 이스라엘이 순종해야 할 계명과 법규를 다루고 있는 것은 사실이다. "내가 오늘 네게 명령한 이 명령은 네게 어려운 것도 아니요 먼 것도 아니라"(신 30:11)는 말은 이 계명을 가리키고 있다. 그 뒤에 나오는 구절들은 모두 언약적 규례의 근접성과 실제성을 확증하고 있다. 그것을 율법주의적으로 해석하는 것은 신명기를 완전히 오해하는 처사다. 전체적인 취지는 오히려 그와 정반대이다(신 7:7 이하; 9:6 이하; 10:15 이하; 14:2 이하; 15:5 이하; 29:9 이하, 29; 32:9; 33:29). 그러므로 지금 다루는 이 말들은 율법주의적인 틀이 아니라 언약이 증언하는 은혜의 틀 안에 두어야 마땅하다. 이 말들의 취지는 믿음과 생명을 위해 계시된 것들은 접근이 가능하다는 것이다. 즉, 우리는 그런 것들을 발견하기 위해서 하늘로 올라갈 필요도, 바다 끝으로 갈 필요도 없다. 계시에 의해 "그것들은 영원히 우리와 우리 자손에게 속해 있다"(신 29:29). 따라서 우리의 입과 마음 가까이에 있다. 바울은 이 진리가 믿음의 의 안에 나타난 것을 발견하고 그것을 그리스도를 믿는 신앙의 기본 교리에 적용

---

9 Philippi, 앞의 책.

한다. 바로 이 교리가 믿지 않는 이스라엘에게 걸림돌이었다. 그러므로 우리가 신명기 30:12-14에 표현된 진리를 생각할 때, 유대인들이 걸려 넘어졌던 그 교리가 바울이 인용한 본문의 진리성을 최대한 입증하는 바로 그 교리임을 보여 주는 데 이 본문이 적절함을 알 수 있다. 진도를 나가다 보면 우리는 그 적절성을 알게 될 것이다.

"믿음으로 말미암는 의는 이같이 말하되"라는 말은 의를 의인화한 것이다(잠 1:20; 8:1; 히 12:5). 그것은 "성경이 믿음의 의에 관하여 말하되"라는 말과 같은 뜻이다. 6절의 주된 질문은 바울 자신의 진술인 "그리스도를 모셔 내리려는 것이요"라는 말의 의미이며, 7절의 주된 질문은 "그리스도를 죽은 자 가운데서 모셔 올리려는 것이라"는 그의 진술의 의미이다.

전자의 의미는 다음과 같이 해석되어 왔다. 그리스도께서 하늘에 올라가셨은즉 앞의 질문은 불신앙에 대한 책망으로써, 그리스도를 접촉하기 위해 누가 하늘에 올라갈 수 있느냐는 것이다. 이 해석은 일리가 있지만, 이 문맥의 배경에 있는 이스라엘의 불신앙과 어울리지 않으며 이어지는 구절들의 내용과도 들어맞지 않는다. 그런즉, 그 진술을 예수께서 이 땅에 결코 내려오신 적이 없다는 의미로 해석하고, 따라서 이 질문을 불신앙에 대한 조소로 보는 것이 더 낫다. 바울이 여기서 주장한 것은 계시가 지극히 가까이 있다는 접근성이다. 그리스도께서 이미 하늘에서 내려오셔서 인간들 가운데 거하셨음이 이 사실을 보여 주는 가장 뚜렷한 증거이다. 우리는 이 진리를 발견하기 위해 하늘에 올라갈 자가 누구냐고 감히 물을 수 없다. 이 질문은 사실 성육신을 깎아내리는 것이며 성육신의 의미를 부정하는 것이기 때문이다. 그리스도 안에서 진리는 땅에 내려왔다. "그리스도를 죽은 자 가운데서 모셔 올리려는 것이라"는 다른 진술(7절)은 부활을 부인하는 말로 해석되어야 한다. "누가 무저갱에 내려가겠느냐?"라는 질문은[10] 6절과 동일한 종류의 불

---

10 이 경우에 무저갱(abyss)은 스올(sheol)과 동의어로 보는 것이 가장 적절하다. 스올은 구약에서는 자주 "무덤"(the grave)으로 표현된다. 마 11:23과 눅 10:15에서는 하늘이 hades와 대조되듯이, 여기서는 abyss와 대조된다. 그 질문이 그리스도의 부활과 관련해서 나온 것이기 때문에 무저갱은 구약에서 sheol과 hades가 자주 가리키는 의미를 지니고 있다고 할 수 있다. 칠십인역에서 ἄβυσσος는 주로 히브리어 תהום(deep)의 번역어인데, 단수와 복수 모두 바다의 깊은 곳을 지칭하는 단어이다. 칠십인역 시

신앙을 반영한다. 그것은 누가 그 진리를 발견하기 위해 음부에 내려가겠느냐는 것이다. 아래 있는 것을 대표하는 음부는 위에 있는 것을 대표하는 하늘과 대조를 이룬다. 불신앙의 표현인 그 질문은 그리스도의 부활의 의미를 깎아내린다. 그리스도의 부활은 예수께서 죽은 자의 영역에 가셨다가 다시 생명으로 돌아오셨다는 것을 의미하기 때문이다. 우리는 진리를 발견하기 위해 하늘에 올라갈 필요가 더 이상 없듯 동일한 목적으로 무저갱에 내려갈 필요도 없다. 그리스도께서 하늘에서 땅으로 내려오셨던 것같이 땅의 낮은 곳에서 다시 올라와서(엡 4:9) 사람들에게 자기 자신을 나타내 보이셨기 때문이다.

8절은 신명기 30:12-14의 요지를 다시 주장한다. 신명기 30:14을 약간 수정한 것이다. 지금 바울은 이 말씀의 정체를 밝히고 있다. 그것은 곧 "우리가 전파하는 믿음의 말씀이다". 그래서 신명기 30:14의 말씀은 사도들에 의해 전파된 복음의 메시지에 직접 적용된다.[11] "믿음의 말씀"은 믿음이 지향하는 말씀이지[12] 믿음이 발설하는 말이 아니다. 그것은 전파된 말씀이기에 복음을 우리의 입과 마음에 넣어 주는 그 메시지다.

> 9. 네가 만일 네 입으로 예수를 주로 시인하며 또 하나님께서 그를 죽은 자 가운데서 살리신 것을 네 마음에 믿으면 구원을 받으리라
> 10. 사람이 마음으로 믿어 의에 이르고 입으로 시인하여 구원에 이르느니라
> 11. 성경에 이르되 누구든지 그를 믿는 자는 부끄러움을 당하지 아니하리라 하니
> 12. 유대인이나 헬라인이나 차별이 없음이라 한 분이신 주께서 모든 사람의 주가 되사 그를 부르는 모든 사람에게 부요하시도다
> 13. 누구든지 주의 이름을 부르는 자는 구원을 받으리라

70:20에는 "땅의 깊은 곳"이 나온다.
11 17, 18절에서와 같이(참고. 엡 5:26; 벧전 1:25) 이 단어는 ῥῆμα이다.
12 τῆς πίστεως는 목적 소유격이다.

14. 그런즉 그들이 믿지 아니하는 이를 어찌 부르리요 듣지도 못한 이를 어찌 믿으리요 전파하는 자가 없이 어찌 들으리요

15. 보내심을 받지 아니하였으면 어찌 전파하리요 기록된 바 아름답도다 좋은 소식을 전하는 자들의 발이여 함과 같으니라

9-11절 복음 메시지를 요약하고 믿음의 주요한 요소들을 진술하는 방법은 다양하다. 특정한 경우에 채택되는 방법은 처한 상황과 복음을 바라보는 각도에 따라 정해진다. 이 구절은 그리스도의 주되심과 부활에 초점을 맞춘다. 예수가 주님이라는 고백과 하나님이 그를 죽은 자 가운데서 살리셨다고 믿는 믿음이 그 핵심이다. 사도가 따르고 있는 순서는 8절의 순서와 일치한다. "네 입에 있으며 네 마음에 있다"라고 말하는 8절의 순서는 인용한 본문의 순서를 따른 것이다(신 30:14).

"예수는 주님이다"라는 고백은 예수께서 승천하심으로 말미암아 발휘하게 된 주되심(Lordship)을 가리킨다(1:4; 14:9; 고전 12:3; 엡 1:20-23; 빌 2:11; 마 28:18; 행 2:36; 10:36; 히 1:3; 벧전 3:21, 22). 이 주되심은 그리스도의 성육신, 죽음, 부활을 전제로 하며 그가 우주적 통치권을 받은 사실에 있다.[13] 이 신앙고백에 얼마나 폭넓은 의미가 함축되어 있는지를 쉽게 알 수 있다. 여러 경우에 바울은 앞에서 예수 부활의 깊은 의미에 대해 성찰한 바 있다(1:4; 4:24, 25; 5:10; 6:4, 5, 9, 10. 이에 대한 주석을 참조하라). 이 경우에는 하나님이 그리스도를 살리신 것을 마음으로 믿는 것에 강조점을 둔다. 마음(heart)은 종교적인 의식의 좌소이자 기관이며 정서나 감정의 영역에 국한되어서는 안 된다. 그것은 사람의 도덕적, 종교적 상태를 결정짓는 곳이며, 따라서 정서는 물론 지성과 의지도 포함한다. 그러면 하나님이 예수를 살리신 것을 마음으로 믿는다는 것은 무엇을 뜻하는가? 그것은 다시 살아난 그리스도에 관해 많은 것을 말해 주고 하나님의 위대한 능력을 보여 주는 부활 사건이 우리 인격의 가장 중요한 요소이자 종교적 확신을 결정짓는 마음의 동의를 확

---

13 "하나님의 σύνθρονος로서의 예수의 천상의 κυριότης를 인정하는 일은 그에 앞서 하늘에서 내려온 사실, 곧 하나님의 아들의 성육신을 인정하는 것을 조건으로 한다"(Meyer, 앞의 책).

보혔다는 뜻이다. 이와 같은 고백과 믿음의 결과가 구원이라고 한다. "네가 구원을 받으리라." 우리는 고백과 믿음이 구원에 이르게 하는 동일한 효력을 지닌 것으로 여겨서는 안 된다. 입과 마음을 대조시키는 것을 주목할 필요가 있다. 그러나 입으로 하는 고백의 중요성을 약화시키면 안 된다. 믿음이 없는 고백은 헛것이다(마 7:22, 23; 딛 1:16). 그러나 고백이 없는 믿음도 가짜로 드러날 것이다. 우리 주님과 신약의 전반적인 가르침은 바울이 믿음과 고백을 연계시킨 것을 찬성한다(마 10:22; 눅 12:8; 요 9:22; 12:42; 딤전 6:12; 요일 2:23; 4:15; 요이 7). 입으로 하는 고백은 믿음의 진실성을 입증하며, 이는 마치 선행이 믿음의 진실성을 증명하는 것과 같다(12:1-2; 14:17; 엡 2:8-10; 4:1, 2; 약 2:17-22).

10절에 와서 순서가 바뀐다. 믿음이 먼저 나오고 그 뒤에 고백이 나온다. 이것을 보면 9절은 인과관계의 순서나 논리적인 우선순위를 말하려는 게 아님을 알 수 있다. 입으로 시인하기에 앞서 마음으로 믿는 믿음이 있어야 하는 것은 당연하다. 이 절은 앞의 내용을 설명한다. 이에 대해 몇 가지를 짚고 넘어가자.

(1) 문자적으로 번역하면 이렇다. "마음으로 믿어 의에 이르고 입으로 고백하여 구원에 이르기 때문이다." 이것은 "한 사람이 믿다"와 "한 사람이 고백하다"와 동일한 뜻으로 해석될 수 있다. 그러나 앞 절에서 주어를 가져와서 부활을 "믿어지다"(is believed)는 어구의 주어로, 그리스도의 주되심을 "고백되다"(is confessed)는 어구의 주어로 삼을 수도 있다. 이것은 9절에서처럼 믿고 고백하는 교리를 구체적으로 밝힌다. 그러나 바울은 더 일반적인 진술을 하며 믿음의 기관인 마음과 고백의 기관인 입에 주의를 집중시키고 있을지도 모른다. "마음"과 "입"이 강조되어 있다. 어느 경우든 이 강조점을 간과하면 안 된다. 그래서 다시금 그 강조점이 마음의 믿음과 더불어 입으로 하는 고백의 필요성에 두어지고 있다.

(2) 이 절에는 9절에 없는 특별한 명세사항이 있다. 믿음은 의에 이르게 하고 고백은 구원에 이르게 한다는 것이다. 이에 비해 9절은 구원이 양자의 공통된 결과라고 말했다. 9:30-33, 10:2-6과 마찬가지로 여기서 말하는 의는 칭의에 이르게 하는 의임이 틀림없으며, 이는 믿음이 칭의에 이르는 도구라는 이 서신 전체의 가르침과도 조화된다. 그래서 바울이 9절에서보다 더 분석적이 될 때 우리의 예상

대로 믿음이 의에 직결된다는 것을 알게 된다(다음의 주석을 참조하라. 1:16, 17; 3:22; 4:1-12). 믿음이 의에 이르게 하는 것처럼 고백은 구원에 이르게 한다. 그렇다고 고백이 믿음을 배제시킨다는 의미는 아니다. 그러한 생각은 9절 및 여러 구절과 모순된다(1:16; 엡 2:8). 그러나 이는 입으로 하는 고백의 역할을 주목하게 한다. 고백은 마음의 믿음을 입증하고 확증한다.

11절은 사도가 다시 이사야 28:16에 호소하는 내용인데(9:33) 단지 "누구든지"라는 말을 덧붙였을 따름이다. 이런 강조가 이사야서에 명시적으로 나타나진 않지만 암시되어 있다. 이는 12-13절을 내다보며 역설한 강조점이다.

12-13절 "차별이 없음이라"는 말은 11절에서 "누구든지"라는 단어를 사용한 이유를 제공한다. 한편으로 죄와 정죄에 있어서 차별이 없듯이, 다른 한편으로는 구원의 기회에 있어서도 차별이 없음을 보여 준다(1:16; 3:9, 19, 22, 23, 29, 30; 4:11, 12; 9:24). 이 본문의 특징은 하반부에 그 이유를 밝힌다는 점이다. 3:29-30에서는 하나님이 한 분이라는 사실이 하나님이 믿음으로 말미암아 유대인들과 이방인들을 의롭다 하시는 이유로 제시된다. 12절에서도 동일한 종류의 논리가 그리스도의 주되심에서 나온다. "한 분이신 주께서 모든 사람의 주가 되사."[14] 여기서 그리스도를 유념하고 있음이 분명한 것은 바울의 일반적 용례로 봐서 또 앞의 문맥으로 봐서도 알 수 있다(9절). "그를 부르는 모든 사람에게 부요하시도다"라는 말은 그리스도 안에 있는 풍성함(엡 3:8)보다는 그리스도가 자기를 부르는 모든 사람을 당장 풍성하게 영접하는 것을 뜻한다. 13절은 다시금 구약에서 끌어온 확증이다(욜 2:32; 히브리어 성경과 칠십인역 3:5). "주의 이름을 부른다"라는 말은 하나님께 드리는 예배를 표현하는 구약 특유의 방식이며 특별히 간구의 예배를 가리킨다(창 4:26; 12:8; 13:4; 21:33; 26:25; 왕상 18:24; 왕하 5:11; 시 79:6; 105:1; 116:4, 13; 사 64:7). 요엘 2:32은 다른 곳에서와 같은 의미를 지닌다. 바울이 이 동일한 말을 그리스도에게 적용한 것은 무조건 하나님을 가리키는 구약의 성경구절을 택해 그것을 그리

---

14 αὐτός는 주어, κύριος는 술어이다.

스도에게 적용하는 또 다른 실례이다. 사람들이 주 예수의 이름을 불렀다는 것은 신약 신자들의 특징이었다(행 9:14, 21; 22:16; 고전 1:2; 딤후 2:22). 이는 하나님에게만 속하는 경배를 그리스도에게도 드린 것을 말한다. 현재의 본문에서는 그 표현이 그리스도를 믿은 최초의 믿음에 적용되고 있지만, 이것을 그리스도를 믿는 믿음이 구체적으로 가리키는 그리스도에 대한 헌신의 행위에만 국한시키면 안 된다. 주의 이름을 부른다는 것은 믿음을 전제로 하는, 보다 포괄적인 예배 행위를 가리킨다.

14-15절 이 두 구절은 분명히 앞 구절과 관계가 있다. 이 두 구절은 주의 이름을 부르게 된 과정을 분석했다. 그러나 사도의 사상 전개에 있어 이 구절은 뒤의 내용과 더 밀접한 관련이 있으며 16절에 나오는 "그러나 그들이 다 복음을 순종하지 아니하였도다"라는 진술에 대한 준비작업이다. 이 두 구절에 제시된 논리적 순서는 주석을 달 필요가 없다. 요점은 그리스도의 이름을 부른다는 말에 내포된, 구원에 이르는 그리스도와의 관계는 진공상태에서 생길 수 없다는 점이다. 그런 관계는 복음 선포의 사명을 받은 사람들 편에서 복음을 선포할 때 조성되는 상황 안에서만 생길 수 있다. 그 순서는 이렇다. 공인된 전도자, 선포, 들음, 믿음, 주의 이름을 부름이다. 이는 17절에 요약되어 있다. "믿음은 들음에서 나며 들음은 그리스도의 말씀으로 말미암았느니라."

14절 상반부에 언급된 믿음은 신뢰의 믿음, 그리스도에게 헌신하는 믿음이다.[15] 여기에 내포된 명제는 우리가 그리스도의 이름을 부르려면 반드시 이런 신뢰가 있어야 한다는 것이다. 또다시 그리스도를 부른다는 말의 풍성한 의미가 나타나고 있는데, 이는 우리가 다른 모든 신뢰는 일체 포기하고 우리의 유일한 도움이 되시는 그리스도에게 전적으로 의탁한다는 뜻이다(시 116:3, 4; 욘 2:2). 다음 어구, "듣지도 못한 이를 어찌 믿으리요?"[16]에 나오는 "믿는다"는 말은 비록 구문은 다르

---

15 εἰς는 ἐπίστευσαν과 함께한다. ἐπικαλέω는 12, 13절에서와 같이 직접 목적어를 취한다.
16 영어성경에서 "him" 앞에 "in"이라는 전치사를 넣을 필요는 없다.

지만 앞 어구에 나오는 동일한 단어보다 더 약한 의미로 쓴 것은 아닐 것이다.[17] 이 어구의 특징은 파송을 받은 전도자들이 선포한 복음을 통해 그리스도의 말씀이 들린다고 말하는 점이다. 이는 그리스도께서 복음 선포를 통해 말씀하신다는 의미다. 이 어구의 전후에 나오는 내용은 반드시 이에 비추어 이해할 필요가 있다. 믿음이 수반하는 개인적 헌신은 복음 메시지 안에 나타난 예수 자신의 말씀을 만나는 것과 연관되어 있다. 나중에 나오는 것처럼, 전도자들의 존엄성은 그들이 주님의 대변자라는 사실에서 나온다. 14절 마지막 어구에서 사도는 복음을 가장 효과적이고도 정상적으로 전파할 수 있는 수단인 어떤 직분 임명을 염두에 두고 있다. 그것은 그 일에 임명받은 사람들이 지닌 공식적인 말씀 전파 직분을 말한다.[18] 15절은 이 직분을 감당할 사람들이 하나님의 위임을 받을 필요가 있다고 한다. 그런즉 스스로에게 이 직분을 부여하는 일은 주제넘은 짓이다. 말씀을 전파하는 사람들은 그리스도의 대변자이며, 그리스도께서 안수한 사람만이 그런 임무를 수행할 수 있다. 그러나 그리스도의 위임을 받을 필요가 있음을 강조한다고 해서 보냄을 받은 사실에 내포된 특권과 기쁨을 간과하면 안 된다. 그 직분의 존엄성을 증진시키는 것은 그 위임이 지닌 신성함이다. 이것이 사도가 사용한 인용문의 의미이다. 이 인용문은 이사야 52:7에서 취했는데 그 중심 사상을 표현하면서도 약간 생략된 형태이다. 원문의 배경은 바벨론에 포로로 있는 이스라엘을 위로하는 내용이므로 회복의 예언으로 보는 것이 좋다(4, 5, 9-10절). 이 텍스트는 메시아에 의해 성취된 보다 궁극적인 구원에 적용될 수도 있다. 원문에는 전도자가 시온으로 화평과 구원의 기쁜 소식을 가지고 산을 넘어 빠른 발로[19] 오고 있는 자로 묘사되어 있다. 그 발이 아름다운 것은 그 동작이 전달되는 메시지의 특성을 잘 드러내기 때문이다. 사도는 핵심 사상을 "좋은 소식을 전하는 자들의 발이여!"라는 말로 표현한다. 그 목적은 복음 선포의 직분에 내포된 측량할 수 없는 보배를

---

17 즉, "믿는다"는 말을 단순히 신뢰한다는 정도로 이해하면 안 된다.

18 "그러므로 바로 이 진술로써 그는 영생의 메시지가 우리에게 전달된 통로의 역할을 한 사도의 사역이 하나님의 말씀과 똑같이 귀중한 것임을 분명히 밝혔다"(Calvin, 앞의 책).

19 참고. Franz Delitzsch, *Biblical Commentary on the Prophecies of Isaiah* (E. T., Edinburgh, 1881), II, 사 52:7.

선언하는 일이다. 이 보배는 그리스도의 말씀을 전파하는 전도자들의 파송에 내포되어 있다. 그래서 이사야에서 인용한 말은 바벨론에서의 복귀를 그 전형으로 삼는 일에 적용된다. 그 예언이 메시아 안에서 결정적으로 성취되었듯이, 그것은 주께서 그분의 대사들로 임명한 사자들을 통해 계속 예시되는 것이다(참고. 고후 5:20).

16. 그러나 그들이 다 복음을 순종하지 아니하였도다 이사야가 이르되 주여 우리가 전한 것을 누가 믿었나이까 하였으니
17. 그러므로 믿음은 들음에서 나며 들음은 그리스도의 말씀으로 말미암았느니라
18. 그러나 내가 말하노니 그들이 듣지 아니하였느냐 그렇지 아니하니 그 소리가 온 땅에 퍼졌고 그 말씀이 땅 끝까지 이르렀도다 하였느니라
19. 그러나 내가 말하노니 이스라엘이 알지 못하였느냐 먼저 모세가 이르되 내가 백성 아닌 자로써 너희를 시기하게 하며 미련한 백성으로써 너희를 노엽게 하리라 하였고
20. 이사야는 매우 담대하여 내가 나를 찾지 아니한 자들에게 찾은 바 되고 내게 묻지 아니한 자들에게 나타났노라 말하였고
21. 이스라엘에 대하여 이르되 순종하지 아니하고 거슬러 말하는 백성에게 내가 종일 내 손을 벌렸노라 하였느니라

16-17절 16절에서 사도는 이 단원을 관통하고 있는 주제인 이스라엘의 불신앙으로 되돌아온다. "그러나 그들이 다 복음을 순종하지 아니하였도다"(그러나 모든 사람이 다 복음에 순종한 것은 아닙니다―새번역). 단지 소수의 사람들만 불순종했더라면 사실인 것처럼 들리는 방식으로 진술했지만, 실은 이스라엘의 대다수가 이 범주에 속한 것으로 간주되고 있다. 이 구절의 하반부는 순종하는 사람이 소수에 불과함을 이사야의 텍스트를 통해 암시한다. "주여 우리가 전한 것을 누가 믿었나이까?"(사 53:1)라는 그 예언자의 말은 이스라엘의 불신앙을 확증한다. 바울은 헬라

어역을 인용했다. "전한다"라는 용어는 17절에서 "듣는다"라고 번역된 용어와 동일하다. 16절에서 이 용어는 메시지 또는 전한 것, 즉 들은 것을 의미하는 게 분명하다. 이와 동일한 의미를 17절에도 부여하는 것이 불가능하진 않다. 믿음은 선포된 메시지로부터 생기고, 이 메시지는 그리스도의 말씀으로 말미암거나 그 말씀 안에 있다는 것이다. 그러나 17절에 나오는 그 단어를 들음이란 의미로 해석하는 것이 더 좋다. 동일한 문맥에서 동일한 용어를 사용할 때 한 의미에서 다른 의미로 바꾸어 쓰는 것이 바울의 특징이기도 하다(14:4, 5, 13). 그 용어에 상응하는 동사가 14절과 18절에서 들음을 의미하는 것으로 사용된다. 17절이 듣는 행위를 가리킨다는 가정 아래 두 가지 고려할 점이 있다.

(1) 믿음은 들음에서 난다는 것은 14절에 나오는 "듣지도 못한 이를 어찌 믿으리요"라는 말에 내포된 것을 반복한다. 이 말은 복음이 선포 행위로 전달되어 우리가 들음을 통해 붙잡을 수 없다면 믿음이 있을 수 없다는 뜻이다.[20]

(2) 17절에서 둘째 어구를 추가하는 것이 불필요하게 보일지도 모른다. 그리스도의 말씀은 바울이 14-16절에서 이미 말한 복음을 구성하는 것이 아닌가? 그러나 그동안 암시하던 것을 이번에 "그리스도의 말씀"이라고 명시한 이유는 복음 선포에서 접하던 것에 대한 모든 의심을 제거하기 위해서이다. 그것은 8절에서 사용된 말씀이지만 여기서의 관심사는 이 말씀이 바로 그리스도께서 하신 말씀임을 보여 주는 것이다(참고. 요 3:34; 5:47; 6:63, 68; 12:47, 48; 17:8; 행 5:20; 엡 5:26; 6:17; 벧전 1:25).

18절 17절을 읽으면, 들음은 믿음을 낳거나 적어도 경청의 의미로 사용된 것처럼 보인다. 그러나 18절이 그와 같은 오해를 제거한다. "그러나 내가 말하노니 그들이 듣지 아니하였느냐?" 이에 대한 대답은 이렇다. 그렇다, 분명히 그들이 들었지만 경청하지는 않았다!

---

20 우리는 사도가 다른 방법으로 의사소통하는 것을 배제하거나 과소평가하는 것으로 보아서는 안 된다. 그러나 이것은 복음 전파에 부여한 특별한 지위를 가리키는 지표이다.

보편적인 복음 선포의 사실을 지지하기 위해 바울은 헬라어역본에 나오는 시편 19:4의 텍스트를 그대로 인용한다(칠십인역 시 18:5). 여기서 시편 기자는 창조와 섭리 사역을 거론하는 것이고 특별계시에 관해 말하는 게 아니라는 점이 문제로 제기되었다. 이것은 기억상의 실수일까 아니면 의도적인 것일까?[21] 어느 편으로도 추정할 필요가 없다. 이 시편은 일반계시(1-6절)와 특별계시(7-14절)를 다루고 있음을 기억해야 한다. 시편 기자의 생각과 성경 전체의 교훈에서 계시의 이 두 영역은 상호보완적이다. 이것이 바울 자신의 관념이기도 하다(참고. 행 17:24-31). 지금은 차별 없이 모든 사람에게 복음이 선포되고 있는 만큼, 일반계시의 보편성과 복음의 보편성 간의 병행관계를 인식하는 것이 필요하다. 전자는 이제 땅 끝까지 복음을 전파하는 일이 좋을 좋은 본보기이다. 바울이 시편 19:4을 적용하는 방식은 이런 병행관계를 보여 줄 뿐 아니라, 그 관계에 함축된 것, 즉 은혜의 복음의 광범위한 유포에 대해서도 설득력 있게 말한다. 복음의 소리는 온 땅에 퍼지며 복음의 말씀은 땅 끝까지 이른다. 그런즉 이스라엘은 듣지 못했다고 핑계할 수 없다.

19-21절 19절의 서두에도 18절에서 사용된 것과 동일한 형태의 표현이 나온다. 유일한 차이점은 이스라엘이 명시된 것과 "듣다"라는 단어가 "알다"로 바뀐 것이다. "그러나 내가 말하노니 이스라엘이 알지 못하였느냐?" 18절이 이스라엘이 들었는지 여부를 다루었듯 19절은 이스라엘이 알았는지의 여부를 다룬다. 첫째 질문에 대한 답이 이스라엘이 들었다는 것이었듯이, 둘째 질문에 대해서도 이스라엘이 알았다고 답한다.[22] 그렇다면 유일한 질문은 이스라엘이 무엇을 알았는가이다. 이에 대한 대답은 여러 인용문으로 제시된다(신 32:21; 사 65:1, 2). 첫 인용문은 헬라어역에서 취한 것으로서 히브리어에 가깝다. 단, 동사의 목적어가 3인칭 복수에서 2인칭으로 바뀌었을 뿐이다. 모세의 노래에 담긴 이 말은 이스라엘이 불성실

---

21 참고. Leenhardt, 앞의 책.

22 μὴ Ἰσραὴλ οὐκ ἔγνω에서 μή는 부정어인 οὐκ ἔγνω에 대한 부정적 답변을 의미한다. 부정의 부정은 긍정으로서 '이스라엘은 알았다'는 의미이다. 또 다른 가능한 해석은 μή를 '아마도'라는 의미로 사용된 것으로 보는 견해다. 다시 말하면, 바울은 한 대화자가 "아마도 이스라엘은 알지 못했다"라고 말하는 것을 마음속에 그리고 있다.

과 타락으로 인해 책망을 받고 있는 문맥에 나온다. 이 문맥은 현재 바울이 다루고 있는 상황과 상응한다. 이 인용문의 의미는, 특별히 사도가 해석하고 적용한 바에 의하면, 이스라엘처럼 하나님의 언약의 은총을 향유하지 않았던 다른 민족이 이제는 이스라엘이 멸시했던 그 은총의 수혜자가 됨으로써 이스라엘의 시기와 분노를 촉발하게 되리라는 것이다. 이는 모든 민족에게 복음의 특권이 확장된 것을 의미하며, 이는 특별히 18절에서 강조한 진리다. 그러나 19절의 특징은 복음의 보편적 유포에 있지 않고 이런 유포의 부산물로서 이스라엘을 자극하는 데에 있다. 나그네들과 이방인들이 언약의 은총과 축복의 가담자가 될 것이다. 이것은 이스라엘이 알았던 사실이다. 이스라엘은 그 결과를 미리 알고 경고를 받았다. 즉, 하나님의 나라가 그들에게서 한 민족에게로 이동되어 결실을 거두게 될 것이라는 경고였다. 이 지식의 증거는 모세의 말에 호소할 때 더욱 설득력을 지닌다.[23] 모세의 증거 이상으로 이스라엘을 수긍하게 만드는 증거는 있을 수 없었다.

이스라엘이 알고 있었다는 논지를 확증하기 위해 인용된 그 다음 구절은 이사야 65:1이다. 사도의 인용문에는 두 어구의 위치 변경이 있지만 실질적으로 헬라어역을 따른 것이다. 이스라엘에게 주는 교훈은 곧 그들이 선지자를 통해 하나님의 은총이 이방인들에게 나타나게 될 것을 들었다는 사실이다. 인용문을 소개하는 방식은 이사야가 직설적으로 말했다는 것을 가리킨다. 하나님이 이 예언을 말씀하신 분이므로 "매우 담대하여"라는 말은 이방인들이 용납될 것이라는 예언의 명확성을 가리킨다. 이 구절과 9:30 사이에 상당한 유사성이 있다. 이방인들은 의를 추구하지 않았다. 이것은 지금 사용되고 있는 말, 곧 그들이 주를 찾거나 주께 묻지도 않았다는 말과 상호관계가 있다.[24] 9:30에서 믿음을 의에 이르는 길이라고 말한 것같이, 지금은 하나님의 은혜가 그것을 찾거나 묻지도 않은 사람들에게 수여되는 사건에서 명백히 나타난다.

---

23 πρῶτος는 문체상의 표현으로 이해할 수도 있다. 이것은 바울이 증거로 제시하는 첫 번째 경우이다. 그러나 그것은 모세가 이스라엘의 시기를 자극하는 것을 증언한 최초의 사람이라는 사실을 가리키는 것으로 보아야 할 것이다.
24 구하지 않았는데도 찾은 바 된 것은 은혜의 주권성을 가리킨다.

20절은 21절의 해석 및 적용과 분리할 수 없다. 현재의 관심사와 관련이 있는 것은 대조적인 모습이다. 이는 이방인에게 베푼 은총과 이스라엘의 불순종 간의 대조이다. 후자의 완고한 성격은 하나님의 오래 참으심과 인자를 표현하기 위해 사용된 용어로 더욱 두드러진다. "내가 종일 내 손을 벌렸노라." 기포드에 의하면 "그것은 지칠 줄 모르는 사랑으로 활짝 펼친 '영원무궁한 팔'을 묘사한" 것이다.[25] 이 은혜의 제안은 거부당했을 뿐만 아니라 "불순종하며 거슬러 말하는 백성"에게 베푸신 것으로 묘사되어 있다. 한편에는 이스라엘의 패역이 있고, 다른 한편에는 하나님의 강렬하고 변함없는 인자가 있는데, 후자의 특성은 전자로부터 나온다. 호소의 손길은 불순종하며 대항하는 백성을 향해 내민 것이다. 죄의 심각성은 자비의 손길에 대한 반항에서 나오는 것이다.

이번 장에서 사도는 이스라엘의 실패를 다루고 있다. 그의 분석은 이스라엘의 열심이 지식을 따른 것이 아니며, 그들은 하나님의 의에 대해 무지하며 그 의에 복종하지 않았다는 고발로 시작된다. 그는 그들이 복음에 순종하지 않았다는 것을 지적하면서 이런 고발을 계속한다. 그 고발은 이 장의 21절에 와서 절정에 이른다. 이스라엘은 불순종하고 거역하는 백성이라는 지적이다. 사도는 이스라엘이 변명할 수 없다는 점을 증명하되 그들의 성경에 호소하며 그렇게 한다. 그들은 이미 복음을 들었다. 그들은 이방인의 부르심에 관한 하나님의 계획을 미리 알고 있었다. 그들은 바울 당시에 존재했으며 또 바울의 관심사인 바로 그 상황에 대해 이미 경고를 받은 상태였다. 21절은 정죄의 종착점에 해당한다. '그 다음은?' 하고 우리가 질문할지도 모른다. 이것이 이스라엘에 대한 하나님의 자비의 종착점이란 말인가? 21절이 마지막 말인가? 이에 대한 대답은 11장이 제공한다.

---

25 앞의 책, 동일한 곳.

THE EPISTLE TO THE ROMANS

11장

17. 이스라엘의 회복(11:1-36)

1) 남은 자와 그 나머지 백성(11:1-10)

1. 그러므로 내가 말하노니 하나님이 자기 백성을 버리셨느냐 그럴 수 없느니라 나도 이스라엘인이요 아브라함의 씨에서 난 자요 베냐민 지파라
2. 하나님이 그 미리 아신 자기 백성을 버리지 아니하셨나니 너희가 성경이 엘리야를 가리켜 말한 것을 알지 못하느냐 그가 이스라엘을 하나님께 고발하되
3. 주여 그들이 주의 선지자들을 죽였으며 주의 제단들을 헐어 버렸고 나만 남았는데 내 목숨도 찾나이다 하니
4. 그에게 하신 대답이 무엇이냐 내가 나를 위하여 바알에게 무릎을 꿇지 아니한 사람 칠천 명을 남겨 두었다 하셨으니
5. 그런즉 이와 같이 지금도 은혜로 택하심을 따라 남은 자가 있느니라
6. 만일 은혜로 된 것이면 행위로 말미암지 않음이니 그렇지 않으면 은혜가 은혜 되지 못하느니라
7. 그런즉 어떠하냐 이스라엘이 구하는 그것을 얻지 못하고 오직 택하심을 입은 자가 얻었고 그 남은 자들은 우둔하여졌느니라
8. 기록된 바 하나님이 오늘까지 그들에게 혼미한 심령과 보지 못할 눈과 듣지 못할 귀를 주셨다 함과 같으니라
9. 또 다윗이 이르되 그들의 밥상이 올무와 덫과 거치는 것과 보응이 되게 하시옵고
10. 그들의 눈은 흐려 보지 못하고 그들의 등은 항상 굽게 하옵소서 하였느니라

1절 이스라엘 백성의 불신앙 때문에 생긴 질문이 이 단원을 관통하고 있다.[1] 이것은 다양한 지점에 여러 형태로 중앙에 등장한다(9:1-3, 27, 29, 31, 32; 10:2-3, 21). 11:1에서는 동일한 질문의 다른 측면이 소개된다. 9:6 이하에서 사도는 이스라엘의 불신앙의 결과, 즉 하나님의 약속의 말씀이 수포로 돌아간 듯한 문제를 다루었고, 9:14 이하에서는 하나님의 공의와 관련된 문제를 다루었다. 지금의 문제는 이스라엘의 배교가 하나님이 이스라엘을 버리셨음을 의미하는지 여부이다. 그렇지만 이런 말로 질문이 제기되지는 않는다. 그 질문은 문제의 중대성을 지적하면서도 그 대답을 예측할 수 있는 방식으로 제기되고 있다. "하나님이 자기 백성을 버리셨느냐?"라고 물었다. 이에 대한 답변은 이 서신에서 거듭 되풀이되는 지극히 부정적인 것이다(3:4, 6, 31; 6:2, 15; 7:7, 13; 9:14). 이 부정적인 답변의 근거는 질문에 사용된 용어 속에 함축되어 있다. 바울의 질문은 하나님이 그분의 백성을 버리지 않으실 것을 확증하는 구약성경 구절들을 떠올리기 때문이다(삼상 12:22; 시 94:14〔칠십인역 93:14〕; 참고. 렘 31:37).

1절 하반부는 상반부의 질문에 대해 부정적인 대답을 내려야 할 추가적 이유를 말한다. 여기서 바울이 자기의 신분, 곧 이스라엘 사람이고, 아브라함의 씨에서 났고, 베냐민 지파에 속했다는 점에 호소한 이유에 대해 두 가지 견해가 있다. 한 견해는 그가 이스라엘 사람이기 때문에, 하나님이 그를 받아주셨다는 것은 이스라엘을 완전히 포기하지 아니하셨다는 증거에 해당한다는 것이다.[2] 이전의 바울은 복음을 완강히 반대했기에 이제 자신의 구원에 호소한 것은 매우 적절한 논리이다(참고. 갈 1:13, 14; 딤전 1:13-15). 이스라엘의 불신앙(10:21)은 어느 누구보다 다소의 사울의 경우에 가장 잘 나타났었다. 그가 받은 긍휼은 하나님이 결코 이스라엘을 버리지 않으셨다는 강력한 증거다. 이 견해에 따르면, "아브라함의 씨에서 난 자요 베냐민 지파라"는 말은 사도가 그 민족의 진정한 일원임을 더욱 강조하

---

1 P⁴⁶ A D*에서 ὃν προέγνω뒤에 τὸν λαὸν αὐτοῦ라는 말을 추가하는 것은 분명히 2절의 본보기를 따른 삽입 작업이며 따라서 진정성이 없는 것이다.
2 아마도 이 견해를 가장 지지하는 사람은 필리피일 것이다(앞의 책). 그리고 루터, 칼빈, 핫지, 고데트, 리돈, 고글러 등도 참고하라.

는 역할을 한다. 다른 견해는, 자기의 신분에 대한 사도의 호소는 왜 그토록 강경하게 "그럴 수 없느니라"고 답변했는지 그 이유를 밝히는 것이며, 따라서 그것은 하나님이 그의 백성을 버리셨다는 주장에서 물러서는 이유이기도 하다.[3] 사도 바울이 이스라엘 민족의 일원, 즉 이스라엘인이란 신분이 "아마 그렇지 않을 것이다"라는 반응을 취하게 한다. 이 해석을 따르면 "아브라함의 씨에서 난 자요, 베냐민의 지파라"라는 표현에 더 많은 의미를 부여할 수 있다. 이 추가적인 말은 사도의 이스라엘에 대한 애착을 부각시키고, 하나님이 자기 백성을 버리셨다는 명제를 그가 거부하는 이유를 강조한다. 이 두 견해는 모두 가능하며, 어느 한 편을 두둔할 만한 이유가 없는 듯하다.

2절 1절 상반부의 질문에 대한 답변은 1절 하반부의 진술로 충분해 보인다. 그렇지만 부정적 답변(그럴 수 없느니라)은 이제 직접적인 부인으로 확증된다. 이 부인은 그 질문에 사용된 명백한 말에 "하나님이 미리 아신"이란 어구를 추가한 형태로 표현되어 있다. 이 어구가 말하는 조건이 그 부인의 가장 강력한 이유를 제공한다. "미리 아신다"는 것은 하나님이 자기 백성을 버리지 않으셨다는 보증이다. 다만 주석가들이 의견을 달리하는 문제는 과연 이 어구가 이스라엘 민족 전체에 적용되느냐[4] 아니면 전체 민족과는 구별되는 이스라엘의 택함 받은 자들에게만 제한적으로 적용되느냐 하는 것이다. 후자의 견해를 지지하는 가장 강력한 고려사항은 사도가 차별성에 호소해 왔다는 점, 따라서 4-7절에 나오는 특별한 선택 속에 내포된 제한성에 호소한다는 점이다. 이스라엘 민족을 하나님이 버리지 않으셨다는 것을 증명하는 것이 바로 이스라엘 중에서 남은 자를 선택했다는 사실임은 의심의 여지가 없다(5절). 일찍이 9:6 이하에 나왔던 논리가 여기서도 등장한다. 하나님의 말씀이 폐지되지 않았다는 증거가 9:6 이하에서는 진정한 이스라엘과 단순한 육적 이스라엘, 진정한 씨와 단순한 육신적 혈통 사이의 차별성에 있었다. 그와 같이 현

---

3 특별히 Meyer, 앞의 책. 그러나 샌데이와 헤들램, 기포드, 도드 등도 참고하라.
4 핫지가 이 해석을 지지하는 논증을 가장 잘 제시하고 있다(앞의 책). 칼빈과 홀데인을 참고하라. 이에 대한 반론은 마이어, 필리피, 리돈, 기포드, 고데트, 샌데이와 헤들램을 참고하라.

재의 경우에도 은혜의 선택은 이스라엘 민족이 하나님에 의해 완전히 버림받지 않았다는 증거이다. 그러나 11:2에 나오는 한정적 진술이 4-7절의 특별한 선택만을 가리키는 것으로 이해해야 하는지는 분명하지 않다. 위에서 언급했듯 1절에 나오는 것은 이스라엘 민족 전체이다.[5] 1절 하반부의 대답은 이스라엘 전체에 적용된다. 2절 상반부는 1절 하반부에 함축된 것을 설명하는 직접적인 대답이다. 가리키는 대상이 이런 직접적인 부인이 소개되고 있는 지점에서 갑자기 변경된다고 생각하기는 어렵다. 그러므로 "자기 백성"(1절)과 "그 미리 아신 자기 백성"(2절)이란 말은 동일한 실체를 가리키고, 2절에 나오는 한정적 진술도 "자기 백성"이라는 명칭 속에 함축된 것을 표현한 말로 보는 편이 더 합당하다. 이스라엘이 하나님의 "백성"이라고 불릴 수 있다면, 이 호칭을 정당화하는 것은 오로지 "미리 아신다"라는 말 속에 내포된 뜻이다. 이스라엘을 하나님이 미리 아셨던 백성으로 부르는 것은 아주 적절하다. 이스라엘은 택함을 받았으며 특별히 사랑을 받았고 이로써 모든 다른 민족으로부터 구별되었다(이에 대한 증거와 주석은 9:10-13에 대한 본서의 설명 참조). 이 경우에 "미리 아신다"라는 말이 사용된 것은 이런 의미에서다.[6] 그 후 바울은 구약에서 하나의 실례를 인용한다. 이 실례를 드는 것이 매우 적절한 이유는, 지금 사도가 다루는 상황과 유사하고, 다음 대목에 나오는 사도의 주 관심사, 곧 이스라엘 가운데 배교가 널리 퍼져 있지만 "은혜로 택하심을 따라 남은 자가 있다"는 사실을 잘 보여 주기 때문이다.

"알지 못하느냐"라는 말은 독자들이 알고 있으리라고 가정하거나, 적어도 독자들이 반드시 알아야 하는 것을 가리키는, 사도 바울이 즐겨 사용하는 표현이다 (6:16; 고전 3:16; 5:6; 6:2, 3, 9, 15, 16, 19; 동일한 의미를 지니고 있는 롬 6:3; 7:1). "엘리야를 가리켜"(of Elijah)라는 말은 엘리야를 다루는 성경의 대목을 가리킨다(그래서 헬라어역에는 "in Elijah"라고 번역되어 있다). 엘리야가 이스라엘에 반하여 하나님께 탄원

---

5 10:21에서와 마찬가지로 여기서도 민족 전체를 고려하고 있다.

6 προέγνω의 의미에 대해서는 8:29를 보라. 그 자체 속에 고유한 차별적 요소를 지니고 있다. 그러나 이 경우에는 암 3:2에서처럼 보다 일반적으로 적용되고 있고, 8:29에 나오는 구원의 의미는 지니지 않고 있다(참고. πρόγνωσις 벧전 1:2).

한 것을 이스라엘을 위해 간구한 것으로 이해해서는 안 된다. "반하여"(against)라는 말이 가리키듯 그것은 이스라엘에 반대하여 호소한 것이며, 따라서 열왕기상 19:10, 14을 인용한 3절에 나오는 고발을 가리킨다.

3-4절 순서의 도치와 약간의 생략을 제외하면 3절의 인용문은 히브리어 및 헬라어 구절을 따르고 있다. 이 구절들의 관심은 엘리야의 불평에 대한 대답, 그리고 이 대답과 바울의 주제 사이의 관계에 집중된다. 그 대답(4절)[7]은 열왕기상 19:18에서 인용했다. 그 구절의 사상은 전달하고 있지만, 여기서 사도는 다른 경우에서처럼 자유롭게 히브리어와 헬라어 본문을 수정했다. 여기에 나오는 말씀은 바알에게 절하지 않은 칠천 명이 남아 있다는 것만이 아니다. 강조점을 하나님의 행위에 두고 있다. 하나님이 그들을 보존하셨다는 것이다. 바울은 하나님이 그 자신을 위하여 칠천 명을 남겨 두셨다는 사상을 소개한다.[8] 여기에는 유효적 은혜와 차별성의 뉘앙스가 있다. 차별의 효과는 하나님의 보존하시는 은혜의 결과가 진술되는 방식에 드러난다. 그들은 바알에게 무릎을 꿇지 않았던 그런 부류였다는 것.

여기서 밝힌 숫자는 엘리야의 그릇된 상황 판단을 고쳐주고 또 그의 불평을 잠재우기에 충분하고도 남는 규모이지만, 남은 자가 고작 칠천 명밖에 되지 않는다는 사실을 주목할 필요가 있다. 이 사실은 당시 이스라엘 가운데 만연한 배교를 잘 말해 주며, 또 엘리야 시대와 사도 시대의 유사점도 지적해 준다. 이것은 바울이 구약의 구절을 활용할 때 기본적으로 고려한 사항이다. 이스라엘은 민족 전체가 배교했지만 남은 자가 있었다. 이들은 남은 자에 불과했으나 하나님이 자기 자신을 위해 보존하사 바알의 우상숭배에 빠지지 않게 지켜주셨던 자들이다. 이 예를 인용한 목적은 하나님이 자기가 택하고 사랑한 백성인 이스라엘을 버리지 않으셨다는 것을 증명하기 위해서다. 그러므로 온 백성 가운데 소규모 남은 자를

---

7 χρηματισμός는 신약에서는 오직 여기서만 사용되고 있다. 동사형은 다음 구절들에 나온다. 마 2:12, 22; 행 10:22; 히 8:5; 11:7. 그 대답은 하나님이 선포하신 말씀이다. 참고. Sanday and Headlam, 앞의 책.
8 "히브리어에는 '나를 위하여'(ἐμαυτῷ)라는 말에 해당되는 것이 없다. 이것은 바울이 하나님께서 자기 자신의 은혜로운 목적을 위해 하나님 자신에 의해 보존된 남은 자가 있다는 사상을 보다 강조하기 위해 추가한 것이다"(Gifford, 앞의 책).

구원하셨다는 사실은 이스라엘 백성이 버림받지 않았다는 충분한 증거가 되는 것이다.

5-6절 바울은 엘리야 시대의 유사한 상황을 자기 시대에 적용하면서 지금도 은혜의 택하심을 따라 남은 자가 있다고 결론짓는다. 이 논리에 따르면 이스라엘의 불신앙과 배교가 아무리 널리 퍼져 있다 해도 남은 자들이 반드시 있다. 이 필연성은 하나님이 이스라엘을 사랑하사 택하셨다는 사실에 기인한다. 이 때문에 그들은 "그분이 미리 아신 자기 백성"인 것이다. 만일 하나님이 그들을 전부 버리셨다면 그것은 선택적 사랑과 양립할 수 없다. 이와 같은 전적인 포기가 일어나지 않았음을 보여 주는 증거는 이스라엘의 만연한 배교와 그로 인한 하나님 편에서의 버림을 부인하는 게 아니라 남은 자가 존재한다는 사실이다. 그러므로 하나님의 "예지"는 그 목적을 상실할 수 없기 때문에 언제나 남은 자가 있기 마련이다. 엘리야 시대의 칠천 명은 이 원리의 작동을 실증한다. 그때는 이스라엘에서 배교가 심했던 시대였기 때문이다. 그러나 엘리야 시대에 그러했듯 지금도 마찬가지다.

남은 자에 관한 사상은 4절에 담겨 있다.[9] 9:27에서는 이 개념이 이사야 10:22을 인용한 대목에 나온다. 그렇지만 지금은 이 용어가 은혜의 선택을 받은 이스라엘의 특정한 부분을 가리키는 데 사용된다. 정확한 표현 형식을 말하자면, 은혜의 택하심을 입은 남은 자가 반드시 존재하게 되어 있다는 것이고,[10] 이는 남은 자의 특별한 정체성이 하나님의 은혜로운 선택에서 나온다는 것을 의미한다. 이런 근원에 대한 묘사는 그 차별성이 하나님의 주권적 의지로 설명되는 것이지 인간의 의지적인 결정으로 설명되지 않는다는 점을 보여 준다. 두 용어 모두 이런 의미를 지니지만 "은혜의 선택"이란 복합어는 그 점을 더욱 강조한다. 6절에서 사도는 "은혜의 선택"이라는 표현에 담긴 의미를 더 설명하는데, 이번에는 은혜와 인간의 행위를 대립시킴으로써 그렇게 한다. 은혜가 인간의 행위나 인간의 의지를 조건으로

---

9 λεῖμμα(5절)는 κατέλιπον(4절)과 같은 어원을 갖고 있다.
10 완전한 γέγονεν은 이러한 의미를 지니고 있다.

삼는 것이라면, 그 은혜는 이미 은혜가 아니다. 행위와 대조되는 은혜의 참된 특성을 구체적으로 밝히는 이 구절은 "행위로 말미암지 않고 오직 부르시는 이에게로 말미암음이니라"(9:11)는 말과 같은 목적을 이룬다(참고. 엡 2:8b).[11]

7-10절 "그런즉 어떠하냐"라는 말은 앞의 내용에서 이끌어 낸 결론이 무엇이냐는 것이다. 질문이 염두에 두고 있는 상황은 앞의 여섯 절에서 다룬 것이다. 지금 사도의 관심사는 이스라엘의 총체적인 배교이다. 그래서 하나님이 자기의 택하신 백성을 버리셨느냐는 질문을 내놓게 된다. 그 대답은 그렇지 않다는 것이지만, 이스라엘의 배교라는 경험적 사실을 부인하는 방식을 취하지는 않는다. 여기서 내린 답변은 하나님이 자기 자신을 위해 택하여 보존하신 이스라엘의 남은 자가 여전히 존재한다는 사실에 근거를 두고 있다. 이것은 곧 다수와 남은 자 간의 구별로 인해 부정적 대답이 필요하다는 말과 같다. 그러므로 "그런즉 어떠하냐"라는 질문에 대한 답변은 1-6절에 묘사된 전체 상황을 간추려 판단한 결과이다. 그리고 이 단락의 관심사인 이스라엘의 불신앙을 이스라엘의 실패로 해석하고 이 관점에서 조명한 것이다. 이스라엘의 실패를 말하는 방식, 즉 "이스라엘이 구하는 그것을 얻지 못하고"라는 표현은 우리가 이미 9:31, 32과 10:2, 3에서 발견한 바와 비슷하며 또 실제로 동일한 의미를 갖고 있다. 이 구절에 언급되진 않았지만, 이스라엘이 구하던 것은 바로 9:31과 10:3에 언급된 의(義)라고 추론할 수 있다. 이스라엘은 이런 의를 얻지 못했다. 그 이유는 9:32과 10:3에 나온다.

"택하심을 입은 자가 얻었고"라는 바울의 말은 선택받은 자를 뜻한다. 그러나 바울은 "개개인보다는 사상"[12]을 강조하기 위해 추상 명사를 사용한다(참고. 영어 성경에는 election이라는 단어를 사용하고 있다). 말하자면, 그 근거로 하나님의 행위를 강조하는 것이다. 이 구절의 상황 평가에 의하면, "택하심을 입은 자"는 4절에 있

---

11 6절은 P^{46} $\aleph^*$ A D G와 몇 개의 역본은 물론 다른 대문자 사본에서는 οὐκέτι γίνεται χάρις라는 말로 끝맺고 있다. 이보다 더 긴 종결은 $\aleph^c$ L 그리고 대부분의 소문자 사본이 지지한다. B사본은 긴 종결의 짧은 형태를 취한다. 긴 종결은 6절의 짧은 형태의 사상을 확대하는 것으로서, 전수 과정에서 본문에 들어온 난외의 주(註)일 가능성이 많다.
12 Sanday and Headlam, 앞의 책.

는 "내가 나를 위하여 바알에게 무릎을 꿇지 아니한 사람 칠천 명을 남겨 두었다" 는 말, 그리고 5절에 있는 "은혜로 택하심을 따라 남은 자"라는 말과 병행하는 것이고, 결국 하나님이 자기 백성을 버리셨다는 추론을 봉쇄하는 하나님의 은혜의 행위를 가리킨다는 점에서 동일한 목적을 성취하고 있다. 택하심을 입은 자들이 얻은 것은 하나님의 의와 더불어 하나님의 은총과 영접까지 포함한다.

5절과 7절에 나오는 "은혜의 선택"과 "택하심을 입은 자"는 개개인의 선택을 가리키므로 "자기 백성"(1절)과 "그 미리 아신 자기 백성"(2절)이란 말로 언급된 신정적 선택과는 엄연히 구별되어야 한다. 이 구별은 이미 우리가 9장 10-13절의 주석에서 살펴본 것이다. 그러나 이 문맥에서 동일한 결론을 내리게 된 이유들을 주목해야 한다.

(1) 이 단락에는 줄곧 차별성이 등장한다. 가령, 4절에는 이스라엘의 대다수와 칠천 명 간의 구별, 5절에는 대다수와 남은 자 간의 구별, 7절에는 완악한 자와 택하심을 입은 자 간의 구별이 있다. 우리는 이런 구별의 근원, 의미 그리고 결과에 관해 묻지 않을 수 없게 된다.

(2) 선택은 "은혜로 말미암은"이라고 했으며(5절), 6절에서는 사도가 행위와 대비되는 은혜의 참된 특성을 묘사한다. 바울이 이런 식으로 은혜를 강조할 때 염두에 두고 있는 것은 바로 구원에 이르게 하는 은혜이다(3:24; 4:16; 5:20, 21; 갈 2:21; 엡 2:5, 8; 딤전 1:14; 딤후 1:9).

(3) "택하심을 입은 자"(7절)가 그것을 얻었다고 했는데, 위에서 이미 말했듯이 그들이 얻은 것은 다름 아닌 영생에 이르는 의이다(5:18, 21).

(4) 칠천 명(4절)은 하나님 자신을 위해 남겨 두어 바알에게 무릎을 꿇지 않았다고 한다. 이런 특징은 하나님과의 관계를 암시하는데, 이것은 7절에서 말하는 의와 은총과 생명을 얻는 것과 유사하다. 이런 이유들로 볼 때, 여기서 말하는 선택은 사도가 다른 서신들에서 말하는 구원에 이르게 하는 선택을 가리킨다고 생각할 수밖에 없다(8:33; 엡 1:4; 골 3:12; 살전 1:4; 딤후 2:1; 딛 1:1). 이 문맥에서 끌어낸 이런 고려사항들은 9:11에 언급된 선택에 관해 우리가 이제껏 발견한 내용을 확증해 준다.

"그 남은 자들은 우둔하여졌느니라"(The rest were hardened. 여기서 'rest' 와 'remnant'가 개역개정판에는 똑같이 '남은 자'로 번역되어 있으나 'rest'는 그 나머지로, 'remnant'는 남은 자로 구별하는 게 좋겠다. 새번역에서는 '그 나머지 사람들은 완고해졌습니다'로 번역했다 — 옮긴이). 이 문맥이 선택을 전적인 은혜로 강조하고 차별성의 결정적 원인을 하나님의 자유로운 주권적 의지로 돌리는 것을 감안하면, 9:18에 진술된 것, 즉 "하나님이 하고자 하시는 자를 긍휼히 여기시고 하고자 하시는 자를 완악하게 하시느니라"는 말 속에 담긴 교리를 이 경우에도 적용하지 않을 수 없다.[13] 더욱이, 궁극적 이슈들은 완악하게 되는 것과 결부되어 있다. 이 결론에 도달한 데에는 몇 가지 이유가 있다.

첫째, 선택은 생명에 이르는 의의 문제와 결부되어 있으므로 구원과 관계가 있다. 따라서 이와 대립되는 완악함은 정반대 방향으로 나가는 만큼 그 역시 궁극적인 문제가 아닐 수 없다.

둘째, 완악하게 된 이들은 7절에서 "이스라엘이 구하는 그것을 얻지 못했다"라는 말 속에 나오는 사람들이다. "얻지 못했다"라는 말은 생명과 구원에 이르게 하는 그 의에 못 미쳤다는 뜻이다.

셋째, 9:18에 나오는 병행구를 참조하면 완악하게 된 사람들은 하나님의 긍휼에 참여하지 못한 자들, 긍휼을 입어 구원에 참여하지 못한 자들을 의미한다.

완악하게 하는 주체가 9:18에서처럼 이 구절에서는 언급되지 않는다. 그러나 이후의 구절들에 나오듯이, 9:18에 나오는 것과 동일한 주체, 즉 하나님이라는 사실을 의심할 필요가 없다. 우리는 이 완악함을 앞의 문맥에서 이스라엘에 대해 고발했던 내용으로부터 분리하면 안 된다. "의의 법을 따라간 이스라엘은 율법에 이르지 못하였으니 어찌 그러하냐 이는 그들이 믿음을 의지하지 않고 행위를 의지함이라"(9:31-32). "하나님의 의를 모르고 자기 의를 세우려고 힘써 하나님의 의에 복종하지 아니하였느니라"(10:3). "그러나 그들이 다 복음을 순종하지 아니하였도

---

13 9:18의 동사는 σκληρύνω이고, 11:7의 동사는 '눈멀게 했다'로 번역될 수도 있는 πωρόω이다(참고. 고후 3:14). 그러나 그 의미가 본질적으로 다른 것은 아니다. 두 용어 모두 도덕적, 종교적 무감각함을 가리킨다.

다"(10:16). "이스라엘에 대하여 이르되 순종하지 아니하고 거슬러 말하는 백성에게 내가 종일 내 손을 벌렸노라"(10:21). 그것은 사법적 성격을 지닌 '완악하게 하는' 것이고 그 대상의 불신앙과 불복종에 그 사법적 근거를 두고 있다. 그러나 이것은 9:18에서처럼 여기서도 나오는 구별의 원인인 하나님의 주권적 의지와 상치되지 않는다. 택하심을 입은 자들은 완악하게 되는 대상이 아니었다. 그러나 택하심을 입은 자들이 스스로 달라졌기 때문은 아니다. 선택은 전적인 은혜로 인한 것이고, 선택받은 자도 완악하게 되기에 합당한 자였다. 그러나 택하심을 입은 자들은 긍휼(9:18)과 은혜(5, 6절)로 인해 척박한 상태에 버려지지 않게 되었다. 그런즉 구별의 사유로서의 은혜와 사법적 고발의 근거로서의 불신앙, 이 양자는 각각에 걸맞은 위치와 강조점이 주어진 셈이다.

8-10절에서 구약성경을 인용하는데, 이는 7절에서 말한 "그 나머지 사람들은 완고해졌습니다"(새번역)라는 명제를 지지하고 확증하기 위해서다. 8절은 주로 신명기 29:4(칠십인역, 29:3)에서 취했다. 신명기의 부정적인 표현방식, 즉 "여호와께서 깨닫는 마음을 주지 아니하셨느니라"는 진술 대신에 긍정적인 표현방식, 즉 "하나님이 오늘까지 그들에게 혼미한 심령을 주셨다"[14]라는 진술을 채용했고, 이는 하나님이 깊이 잠들게 하는 영을 부어 주셨다고 한 이사야 29:10과 더 가깝다. 이런 표현형식을 사도가 채택한 이유는 그들을 완악하게 하는 것이 하나님의 행위임을 보여 주기 위해서다. 하나님의 행위는 또한 그 뒤에 나오는 두 어구까지 이어진다. 즉, 하나님이 보지 못할 눈과 듣지 못할 귀를 주셨다는 것이다.[15] 바울 당시 하나님이 이스라엘을 완악하게 하신 것은 모세와 이사야 시대의 그것과 유사하다. 9절과 10절은 시편 69:22-23에서 취했다(칠십인역, 68:23-24). 9절은 헬라어역을 따르되 약간 수정한 것이다. 시편 69:21은 메시아를 언급하고 있는 것이 명백하다(참고. 마 27:34, 48).

---

14 πνεῦμα κατανύξεως라는 말은 무감각한 영으로 보는 것이 최선이다. 기포드는 이렇게 말한다. "'영'은 지성의 지배적인 성향과 상태에 대해 사용된 것인데, 그 뒤에 나오는 소유격이 가리키는 특성이다"(앞의 책).

15 "오늘까지"라는 말을 스데반의 고발—"너희 조상과 같이 항상 성령을 거스르는도다"(행 7:51)—과 비교해도 좋다.

그 다음 절들에서는 다윗이 저주를 발하는 하나님의 대변자로 등장하고 있다.[16] "올무", "덫"[17], "거치는 것"이란 말들은 서로 밀접하게 관련되어 있으며 그 의미를 억지로 구별하려 해서는 안 된다. 이런 말들을 통해 "그들의 밥상"이 그 의도와는 정반대로 바뀐 것을 강조하려는 것이다. 밥상은 하나님의 섭리에 따른 풍성한 은혜를 상징하며, 이와 관련된 사람들은 편안하고 만족스럽게 그런 선물을 받는 자로 간주되지만, 그들은 그것을 평화롭게 누리지 못하고 오히려 하나님의 심판을 받아 올무와 덫에 갇히고 말았다(참고. 단 5:1, 4-5). 어쨌든 위안과 기쁨을 주려고 했던 밥상이 정반대의 경우가 되어 버렸다. "보응"이란 말은 보복을 의미하므로 완악하게 하는 것(7절)과 혼미한 심령(8절)의 사법적 성격을 확증한다. 8절에서 이미 언급한 대로 처벌로 인해 눈이 멀어진다는 사실은 10절 상반부에서 더 강력한 말로 되풀이된다. 10절의 마지막 어구는 히브리어와는 다르나 헬라어역과는 동일하다. 등이 굽은 모습이 무거운 짐에 눌린 노비들의 속박을 상징하는 것인지 또는 슬픔이나 특히 공포로 인해 굽어 있는 것을 나타내는지는 알 수 없다. "그들의 허리가 항상 떨리게 하소서"라는 히브리어는 후자를 암시한다.

바울 당시의 유대인의 불신앙에 대해 이런 구약 구절들을 적용한 것은 이전의 이스라엘 역사에서 일어난 어떤 사건보다 더 적실하다고 할 수 있다. 구속의 계시와 역사의 움직임이 그리스도의 강림 및 성취에서 최절정에 이르렀고, 이스라엘의 반항(10:21)은 이스라엘 역사의 무대에서 줄곧 나타난 중대한 죄가 최절정에 이른 것이었다.

---

16 "시편 109편과 시편 139:21에 나오는 '여호와여 내가 주를 미워하는 자들을 미워하지 아니하오며 주를 치러 일어나는 자들을 미워하지 아니 하나이까'라는 말과 같이, 여기서도 시편 기자는 하나님의 통치에 반하는 원수를 시편 기자 자신의 원수로 여기며, 또 자기 자신의 원수를 세상의 하나님의 질서에 반항해서 싸우고 있는 원수로 여기고 있는 것이다. 그러므로 저주는 공격적인 악의 존재 앞에서 '당신의 뜻이 이루어지이다'라는 간구가 취할 수 있는 유일한 형식이다. 그것들은 원수에 대항해서 진리와 의의 대의를 보호하려는 행동에서 하나님의 공의가 나타나기를 바라는 기도이다. 그것들은 '특이한 유대교의 도덕적 표준'에서 나왔기에 여기서도 그것들은 기독교의 영감을 받은 교사들이 일부러 채택한 것이다"(Liddon, 앞의 책, p. 202).

17 καὶ εἰς θήραν은 바울이 추가한 것이다.

2) 이스라엘의 충만함(11:11-24)

11. 그러므로 내가 말하노니 그들이 넘어지기까지 실족하였느냐 그럴 수 없
    느니라 그들이 넘어짐으로 구원이 이방인에게 이르러 이스라엘로 시기나
    게 함이니라
12. 그들의 넘어짐이 세상의 풍성함이 되며 그들의 실패가 이방인의 풍성함이
    되거든 하물며 그들의 충만함이리요
13. 내가 이방인인 너희에게 말하노라 내가 이방인의 사도인 만큼 내 직분을
    영광스럽게 여기노니
14. 이는 혹 내 골육을 아무쪼록 시기하게 하여 그들 중에서 얼마를 구원하려
    함이라
15. 그들을 버리는 것이 세상의 화목이 되거든 그 받아들이는 것이 죽은 자 가
    운데서 살아나는 것이 아니면 무엇이리요

11-12절 앞 구절들에서는 비록 이스라엘 민족은 불순종했지만 남은 자가 있었기
에 하나님이 자기 백성을 버리지 않으셨다는 것이 주요 논지이다. 이스라엘의 버
림은 총체적인 것이 아니었다. 다음 구절들에 나오는 논지는 그 버림이 최종적인
게 아니라는 것이다. 이스라엘의 버림이 총체적이지 않고 부분적인 것이며 또 최종
적이지 않고 한시적인 것이라는 두 가지 고려사항은 하나님이 자기 백성을 버리지
않으셨다는 명제를 지지해 준다.

"그러므로 내가 말하노니"라는 말은 1절에서처럼 그 앞의 내용에서 나올 듯한
결론을 방지하려고 하나의 질문을 소개하는 바울 특유의 방법이다. "그들이 넘어
지기까지 실족하였느냐?"라는 질문에 대한 답변은 "그럴 수 없느니라"는 강한 부
정문이다. 이스라엘의 대다수가 걸려 넘어졌음은 의심할 여지가 없다(9:32-33). 그
리고 이것이 굉장히 중대한 결과를 초래한 추락이었다는 것도 의심의 여지가 없다

(7-10절). 그런즉 걸려 넘어진 것과 이에 따른 추락[18] 어느 것도 부인하지 않는다. 그러면 그럴 수 없다는 부정적인 대답의 의미는 무엇인가? 그 구문이 대답을 제공한다. 여기서의 질문은 "그들이 걸려 넘어졌느냐?"가 아니다. 이 질문이라면 긍정적인 답변이 필요하다. 그러나 여기서 중요한 말은 "(회복할 수 없을 만큼) 넘어지기까지"라는 표현이다. 그 부정적인 대답은 이런 의미가 있다. 그들이 넘어진 것은 일어날 수 없을 만큼 쓰러지기 위함이 아니라 다른 목적을 위해 계획된 것인데, 그 목적은 이 절의 하반부에 나타나 있다. 그러나 이 목적은 마치 이스라엘이 이방인의 구원을 촉진시킬 의도로 넘어지거나 한 것처럼 그들이 품고 있던 것이 아니다. 그것은 사도가 생각하고 있는 하나님의 목적이며, 이스라엘이 넘어진 목적은 이 대목에서 긍정적으로나 부정적으로 거론되지 않는다. 그러므로 우리는 이스라엘의 넘어짐과 추락과 관련해 하나님의 계획이 있었음을 알게 된다. "그들이 넘어짐으로 구원이 이방인에게 이르러 이스라엘로 시기나게 함이니라." 이 번역은 부적절하다. "그들이 넘어짐으로"보다 "그들의 범죄로"(by their trespass)라고 번역하는 편이 낫다. 여기서 말하는 것은 이스라엘의 넘어짐, 곧 구주이신 그리스도를 배척한 일이다. 이것이 그들의 범죄였고, 이로 인해 구원이 이방인에게 돌아갔다. 이런 전개는 예수의 예언과 사도 시대의 역사 속에 나타나 있다(참고. 마 8:12; 21:43; 행 13:46; 18:6; 28:28). 동일한 사실이 15절과 25절에도 다시 언급되어 있다. 이방인의 구원 자체가 이스라엘의 범죄를 통해 은혜로운 계획이 성취된 것을 입증하기에 충분하며, 따라서 이스라엘은 쓰러질 목적으로 넘어졌다는 명제를 부인하기에도 충분하다. 그렇지만 구문으로 보아 이방인의 구원은 또 다른 계획에 종속되어 있다. 이 종속관계가 이방인의 구원의 중요성을 회석시키지는 않는다. 이에 대해서는 바

---

18 만일 πέσωσιν이 '철저하게 영구적으로 넘어지는 것'을 의미하는 것으로 본다면(필리피와 리돈을 참고하라), 여기서 부인되고 있는 것이 이스라엘의 영구적인 버림일 것이며, 이런 식으로, 필리피가 말한 대로 "사도는 그 뒤에 올 강해의 결론적 생각을 미리 암시한다"라고 볼 수 있다(앞의 책). 그러나 이 시점에서는 그런 생각을 품은 것 같지 않다. 물론 걸려 넘어진 사람들은 궁극적인 결과를 안고서 쓰러졌다. 이 사람들은 7절에서 "그 남은 자들은 우둔하여졌느니라"고 언급된 바로 그 사람들이 아닌가? 바울은 여기에서는 22절에서 "넘어지는 자들에게는 준엄하심이 있으니"라고 하던 그런 사람들에 대해서 생각하고 있지 않는가? 그러므로 이렇게 해석해야 할 것이다. 즉, 바울이 지금 여기서 생각하고 있는 것은 그가 다루고 있던 당시의 이스라엘 대다수의 넘어짐과 추락에 내재된 하나님의 보다 궁극적이고 은혜로운 계획이다.

울이 나중에 또 설명한다. 그러나 이 결과가 이스라엘로 하여금 구원에 관심을 갖도록 기여했다는 것은 참으로 놀랍다. 그것은 "이스라엘에게 질투심을 유발시키기 위함이다." 11절 하반부에서 몇 가지 사항을 끌어낼 수 있다.

(1) 앞의 여러 장들에 나온 이방인과 이스라엘 간의 인종적 구별이(9:25-26, 30-31; 10:19-20) 다시 여기서 전면에 나타난다. "이스라엘로 시기나게 함이니라"는 말 속에 내포된 구원 계획은 한 인종으로서의 이스라엘의 구원을 고려하고 있다. 이는 하나님의 구원 계획은 이스라엘이 과거의 구속사에서 차지했던 위치로 인해 특별히 구별되는 종족적 실체로서의 이스라엘을 포함하지 않는다는 주장을 일축한다. 그리스도의 업적에서 생겨난 특권과 관련해서는 더 이상 유대인이나 이방인이 없으며 또 이방인도 "복음으로 말미암아 그리스도 예수 안에서 함께 상속자가 되고 함께 지체가 되고 함께 약속에 참여하는 자가 되는 것"(엡 3:6)은 틀림없는 사실이지만, 그렇다고 이스라엘이 하나님의 범세계적인 구원 목적의 실현에서 어떤 특별한 계획도 더 이상 성취할 수 없다는 것은 아니다.

(2) 역설적으로, 이스라엘의 불신앙은 이스라엘의 신앙의 회복을 지향하고 이스라엘의 실패는 그들의 복귀를 지향한다. 우리는 벌써 바울의 경탄에 찬 말을 기대하게 된다. "깊도다 하나님의 지혜와 지식의 풍성함이여"(33절).

(3) 시기나게 하는 것은[19] 회개와 믿음을 불러일으키는 자극이 된다. 이런 면에서 그것은 하나님의 계획에 들어 있다. 뒤에 가서(14절) 사도는 이방인에 대한 그의 사역도 동일한 목적을 겨냥하고 있다고 말한다. 이것은 하나님이 이방인들에게 부여하시는 은혜와 축복 그리고 그로 인해 생긴 하나님 나라의 특권을 주시해 오던 유대인들이 이방인과 경쟁하고픈 마음이 생겨 주께 돌아오게 될 것이라는 뜻이다. 복음에 대한 믿음이 확보하는 그런 선물을 놓고 경쟁하는 것은 너무나 합당하다.

(4) 이스라엘의 불신앙은 이방인들의 구원을 촉진하는 역할을 한다. 그러나 이방인들 편에서의 믿음은 이스라엘의 구원에 불리한 영향을 끼치지 않는다. 이방인

---

19 이 말을 사용함으로써 바울은 10:19에서 인용하고 있는 신 32:21에 나오는 모세의 말을 상기시킨다.

들의 믿음 또한 이스라엘의 구원을 촉진한다.

　12절도 이렇게 번역해야 한다. "그들의 범죄가 세상의 풍성함이 된다면." 이 범죄는 11절 하반부에 있는 것과 동일하며, 11절 상반부의 넘어짐을 가리킨다. 12절은 아포르티오리 논법의 시작이며, 11절 하반부에 언급된 사실을 사용하여 이스라엘의 불신앙과 대조를 이루는 그들의 신앙에 의해 이방 세계에 생겨날 더 위대한 결과를 확신시키고 있다. "세상의 풍성함"은 이스라엘의 범죄(불신앙)로 인해 이방인들에게 온 구원이다. 이 구절에서 "세상"과 "이방인들"은 동의어라고 볼 수 있다.[20] 그런 만큼 "범죄"와 "실패" 간의 구별에 강조점을 두고 있다고 봐야 한다. "세상의 풍성함"과 "이방인의 풍성함" 사이에 차이점이 없다면, 이런 어구가 되풀이되는 이유를 설명하기는 어렵다. "실패"라고 번역된 그 단어는 다양하게 해석되었다. "감소"(diminishing)라는 번역(KJV)은 용법상 지지할 수 없는 것이고, 그것을 채택하는 이유는 충만함과 잘 대조된다는 것뿐이다. 증거에 따르면 그 용어의 의미는 패배, 전복(顚覆), 좌절 등이다(참고. 사 31:8; 51:7; 고전 6:7; 벧후 2:19-20).[21] 더욱이 "감소"라는 단어는 이 단락에 나오는 병행 어구들과도 잘 맞지 않는다. 만약 "감소"를 염두에 두고 있다면 이것은 오직 소수의 남은 자에게만 적용될 것이다. 그러나 여기서 바울이 말하는 것은 이스라엘의 대다수에 해당되는 사실, 즉 그들의 넘어짐(실족)과 추락(11a), 그들의 범죄(11b, 12a)이다. 그래서 "실패"(loss)는 이스라엘의 대다수에게 속하는 것이지 남은 자를 특징짓는 것이 아니다. 더욱이 "패배"(defeat)라는 의미는 "그들의 범죄가 세상의 풍성함이 되며 그들의 패배가 이방인의 풍성함이 된다"라는 표현을 납득시킬 수 있을 만큼 범죄(trespass)와 충분히 구별되는 것이다. 여기서 고려하는 것은 이스라엘이 하나님의 나라를 빼앗길 때

---

20 표현을 다양하게 함으로써 아무런 목적도 이루지 못한다는 뜻은 아니다. κόσμος는 인종적 보편성을 강조하는 역할을 한다.

21 Frederick Field, *Notes on the Translation of the New Testament* (Cambridge, 1899), pp. 160f; Lagrange, 앞의 책, p. 276; Gaugler, 앞의 책, p. 183; Philippi, 앞의 책, pp. 193ff. 신약에서 ἥττημα가 나오는 유일한 다른 예는 고전 6:7이다. 그러나 다음을 참고하라. 벧후 2:19, 20와 칠십인역에서의 ἡττάομαι와 사 31:8에서의 ἥττημα. 사 8:9; 13:15; 19:1; 20:5; 30:31; 31:4; 33:1; 51:7; 54:17 등에 나오는 동사형.

당하는 커다란 상실로서 전투에서 뒤집어지는 것과 같다. 이스라엘은 패배당한 군사들의 모습으로 묘사되고 그들의 유업을 박탈당하는 꼴로 나타난다.[22]

"하물며 그들의 충만함이리요." 이는 분명히 한 백성으로서의 이스라엘의 충만함을 말한다. 걸려 넘어짐도 그들의 것이요, 추락도 그들의 것이요, 범죄도 그들의 것이요, 실패도 그들의 것이다. 그러므로 충만함도 그들의 것일 수밖에 없다. 그러면 "그들의 충만함"이란 도대체 무엇인가? 이 말은 다양한 의미가 있으며 여러 가지로 적용된다. 그것은 흔히 풍성함 또는 전체를 뜻한다. 그것은 완전한 보충일 수도 있다. 이 경우에는 "상실"과 대조될 뿐 아니라 "범죄"와도 대조를 이룬다. 이런 의미를 표현하는 정확한 용어가 무엇이든 간에, 여기에 언급된 상태는 사도가 기록할 당시의 이스라엘의 불신앙, 범죄 그리고 실패와 뚜렷이 대조되는 것이었음이 분명하다. 그러므로 그것은 여러 면에서 서로 대립되는 상태를 가리킨다. 이는 과거 이스라엘이 불신앙과 범죄와 실패로 점철된 민족이 된 것과 달리, 이제는 그리스도를 믿고 의를 얻고 하나님 나라의 축복을 되찾는 민족이 된 것을 의미한다. 이런 완벽한 대조를 표현하는 데 "충만함"이란 단어보다 더 나은 것은 없다. "충만함"이란 말이 전달하는 개념이 바로 완전함이기 때문이다. 하나의 민족으로서 이스라엘이 믿음과 특권과 축복을 회복하는 일만이 이 용어에 걸맞은 사건이다. 이런 의미를 지닌 이스라엘의 "충만함"이 전제조건이고 이로부터 나오는 결론은, 이스라엘의 불신앙 때보다 이스라엘의 충만함의 때에 이방인들이 복음의 축복을 더 크게 누리게 된다는 것이다. 그런즉 이방인들은 이스라엘의 배교 때에 그들이 경험했던 것을 훨씬 능가하는 복음의 축복을 장차 누리게 되리라. 이 유례없는 풍성함은 일찍이 이스라엘이 불순종할 때의 규모와 맞먹는 규모로 이스라엘의 회심이 일어날 때에 초래될 것이다. 여기서 이 유례없는 축복이 무엇인지는 알 수 없다. 그러나 이 문맥을 지배하고 있는 사상의 견지에서 보면, 확대된 축복이 성공적인 복음의 확장과 하나님의 나라의 확장일 것으로 예상할 수 있다.

---

22 범죄(παράπτωμα, 12절)가 11절의 넘어짐(ἔπταισαν)에 상응하는 것처럼, 12절의 실패가 11절의 넘어짐(πέσωσιν)과 병행하는 것으로 간주해도 무방할 것이다.

13-14절 앞의 두 구절은 이스라엘의 불신앙으로 이방인들에게 부여된 은혜와 또 이스라엘이 주님께 돌아올 때 이방인들에게 더 큰 축복이 있을 것이라는 약속을 다루었다. 그러므로 주제는 이방인의 구원이다. 이제 바울은 이방인에게 직접 이야기하면서[23] 이스라엘의 회심이 그들에게 최고의 축복을 가져다준다는 점을 강조한다. 그런즉 양자의 유익을 분리시킬 수 없다. 이방인의 사도로서(1:5; 12:3; 15:15, 16; 갈 2:7-9; 행 26:17-18) 그런 사역을 이루려는 바울의 수고는 결코 이스라엘의 유익과 상충되지 않는다. 즉, 그의 이방인에 대한 사역이 성공을 구가하면 할수록 이스라엘의 구원이 더욱 증진된다. 이것이 그가 이방인의 사도로서 "내 직분을 영광스럽게 여기노라"고 말한 이유다. 이런 긴밀한 관계가 있는 이유는 하나님의 목적과 섭리와 관련하여 11절에 진술된 바 있다. 즉, 이방인의 구원은 이스라엘에게 질투를 유발하게 하려는 것. 그런데 지금 사도는 그 자신이 이방인 사역을 확대하고 촉진하는 것도 동일한 목적을 위한 것이라고 말한다.[24] 이런 자극의 적절성에 관한 앞의 진술(11절)이 이번에는 사도의 동기에도 적용된다.

12절은 이스라엘의 대규모 회복을 내다본다. 그러나 14절에서 바울은 이스라엘의 질투를 유발하는 그의 활동이 이스라엘의 충만함을 이루기 위한 것이라고 말하지 않는다. 그는 훨씬 소박한 목표를 말한다. 그가 지향하는 목표는 이스라엘 가운데 경쟁심을 불러 일으켜 "그들 중에서 얼마를 구원하는" 것이다.[25] 일찍이 말한 바 있는 그의 동족에 대한 애정과 그들의 구원에 대한 열정이(9:2-3; 10:1) 여기서 다시 나타난다. 그러나 그의 열정은 그의 사역의 성공에 대한 지나친 장담으로 이어지지 않고, 또 이스라엘로 시기하게 만드는 자기의 사역이 어떻게 이스라엘의 "충만함"과 연관되는지를 주제넘게 떠벌리지도 않는다.

---

23 "이방인인 너희"라는 어구가 독자를 제한하는 것은 아니다. 바울은 이방인인 독자들에게 말하고 있는 중이다. 따라서 로마의 기독교 공동체가 주로 이방인으로 구성되어 있었다고 추론하게 된다.

24 "내 직분을 영광스럽게 여긴다"라는 표현은 이방인 사역에 열심히 종사한다는 의미를 포함하고 있다. 그러나 "영광스럽게"라는 용어 자체가 이것을 표현해 주지는 않는다. 이는 그의 직분을 높이 생각한다는 의미다.

25 시기하게 하는 것이 이스라엘의 회심을 유도하는 한 요인이며(11절), 바울은 그 목적 달성을 위해 자기의 사역을 수행하고 있기 때문에, 일부를 구원하는 것은 분명히 이스라엘의 "충만함"에 기여한다. 그러나 그는 이것을 말하지는 않는다.

15절 비록 사도는 14절에서 어떻게 자기의 사역이 이스라엘의 "충만함"과 연관되어 있는가를 말하지는 않았지만 13-14절과 15절 사이에는 밀접한 관계가 있다. 이것은 15절을 시작하는 "만약"(for if)이란 말에 나타나 있다. 이 단원(11절 이하)의 논지는 이스라엘의 배교가 최종적인 게 아니라는 것이다. 이 고려사항으로 인해 사도는 이방인 사역을 열심히 수행해 나가고 또 그 직분을 영광스럽게 여기게 되었다. 사도의 사역이 성공적일수록 이스라엘의 질투심이 유발되어 그들의 구원이 더 증진될 것이고, 이스라엘의 구원은 이방인의 더 풍성한 축복을 초래할 것이기 때문이다. 그래서 12절의 사상이 15절에서도 되풀이된다. 이번에는 13-14절에 나오는 이방인에 대한 사도의 사역을 지지하기 위해서다. 그 사상이 15절에 반복되고 있지만 사용된 용어가 다른 것이 중요하다.

처음으로 바울은 이스라엘을 "버림"[26]에 대해 이야기한다. 지금까지 바울이 말한 것은 이스라엘의 불순종, 그들의 넘어짐, 그들의 범죄, 그들의 패배였다. 물론 하나님에 의해 버림받았다는 사상이 분명히 암시되어 있고, 특히 "패배"(defeat)라는 말 속에 들어 있다. 그렇지만 강조점은 이스라엘 편에서의 행위 또는 행위의 실패에 두어졌다. 하나님의 나라를 그들은 빼앗겼다(참고. 마 21:43). 넘어짐과 범죄가 이스라엘의 대다수에게 일어난 일로 언급되었듯이 버림받은 것도 마찬가지이다. 그들의 버림받음이 세상과의 화해를 이루는 것이라고 하는데, 이것은 11-12절에 나오는 결과, 곧 이방인의 구원, 세상의 풍성함, 그리고 이방인의 풍성함과 병행하는 것이다.

그러나 이 용어는 그 자체의 특별한 의미가 있으며, 이것이 11-12절과는 구별되는 이 구절의 교훈과 밀접한 관계가 있다. "화목"(화해)은 "버림"과 대조되어 있다. "버림"이란 말은 하나님의 은총과 축복에서 제외되는 것을 의미하며, 따라서 이스라엘에 대한 하나님의 태도와 이스라엘과 하나님의 관계를 가리킨다. 그러므로 여기서의 강조점은 하나님의 태도와 행위에 있다. 화해 역시 하나님의 태도, 관계

---

26 ἀποβολή는 실패 이상의 뜻을 갖고 있다(참고. Philippi, 앞의 책). 여기에 가혹하다는 의미가 내포되어 있음을 배제할 수 없다. 그 의미는 πρόσλημψις와 대조할 때 확실히 드러난다.

및 행위를 가리키는 말이다. 이방인들이 전에는 하나님으로부터 멀리 떨어져 있었으며 그의 은총에서 제외된 것으로 보였다. 그런데 하나님의 행위로 인해 이런 소외가 화목으로 바뀌었고 비호의적 태도가 호의적 태도로 변했다. 이것이 "화목"이란 말이 가리키고 있는 뜻이다.

이 구절에도 12절에서처럼 아포르티오리 논법이 나온다. "받아들이는 것"은 "버리는 것"과 대비되는 만큼 이스라엘을 또다시 하나님의 은총과 축복의 영역으로 받아들임을 뜻한다. 거듭 말했듯이 이 문단의 관점에서 보면 이는 이스라엘 전체를 가리키며 또 이러한 회복의 규모는 이스라엘이 버림받았을 때의 규모와 같다. 다시금 하나님의 행위를 강조하는데, 이번에는 심판과 대조되는 은혜의 행위와 이스라엘을 향한 하나님의 태도 변화이다. 이와 같은 이스라엘의 회복은 특별히 유익한 결과를 낳는데, "죽은 자 가운데서 살아나는 것"으로 묘사되어 있다. 이 결과가 무엇이든, 이전에 하나님의 계획이 펼쳐지면서 얻었던 것보다 그 규모가 훨씬 큰 축복을 가리키는 것임이 틀림없다. 이런 면에서 그것은 이스라엘의 충만함에서 생기는 결과에 상응할 것이다(12절).

15절의 구문이 12절과 다르다는 점은 주목할 가치가 있다. 바울은 12절에서 "하물며 그들의 충만함이리요"라고 말했는데 15절에서는 "하물며 그들을 받으심이리요"라고 말하지 않는다. 12절에 나오는 "하물며… 이리요?"라는 말이 무슨 뜻인지는 우리가 추론해야 한다. 분명하게 정의되어 있지 않기 때문이다. 그러나 15절에서는 이렇게 나온다. "그 받아들이는 것이 죽은 자 가운데서 살아나는 것이 아니면 무엇이리요?" 더 커다란 축복이 무엇인지가 명시되어 있는 것이다. "죽은 자 가운데서 살아나는 것"이란 무엇을 말하는가?

이것은 "세상의 화목"이 최고조로 실현되도록 하는 것을 뜻한다. 이 표현은 '궁극'이란 뜻을 담고 있다. 고대나 현대의 많은 주석가들은 부활을 가리키는 것으로 보고, 최후에 일어나는 이 사건 이외에 어떤 것도 "죽은 자 가운데서 살아나는 것"이란 말에 내포된 궁극적 성격과 일치할 수 없다고 주장했다.[27] 죽은 자 가운데서

---

27 "아직도 회심하지 아니한 유대인들의 προσλημψις(받아들임)은… 너무도 영광스러운 성격을 지니

의 부활과 이에 수반되는 영광이 이 문맥에 나오는 유대인과 이방인에 대한 하나님의 구원 계획이 펼쳐지는 과정에서 절정에 해당하는 것임은 의심할 여지가 없다. 더욱이, "죽은 자 가운데서 살아나는 것"이란 말 자체가 부활을 가리킬 수 있다. 그렇지만 이런 해석이 입증될 수 없음을 가리키는 몇 가지 중요한 고려사항들도 있다.

(1) "살아나는 것"(생명)으로 번역된 용어(life)는 구체적으로 부활을 언급할 수 있으며(참고. 요 5:29; 11:25; 고후 5:4), 그 동사형 역시 죽은 상태에서 일어나는 행위나 일어난 행위를 가리킬 수 있고(마 9:18; 눅 20:38; 요 4:50, 51; 11:25; 롬 14:9; 고후 13:4 히 7:25; 계 1:18; 2:8; 20:5), "죽은 자"라는 단어는 흔히 문자적인 죽음을 가리키지만 이 용어들이 또한 영적인 생명과 죽음을 가리키는 비유적인 의미로 사용되기도 한다. "생명"은 흔히 그리스도 안에 있는 새 생명을 가리킨다(행 11:18; 롬 5:18; 6:4; 8:6; 고후 2:16; 엡 4:18; 빌 2:16; 요일 3:14; 5:11-13). 이 명사의 동사형 역시 이와 같은 종교적인 의미로 사용된다(롬 6:10-11, 13; 8:12, 13; 10:5; 고후 5:15; 요일 4:9). "죽은 자"라는 단어도 많은 경우에 이런 비유적인 의미를 지닌다(눅 15:24, 32[28]; 롬 6:11, 13; 행 2:1, 5; 골 2:13; 히 6:1; 9:14; 약 2:17; 계 3:1). 이런 비유적인 용례가 바울의 서신들에 아주 많이 나오고 로마서에도 적지 않게 나타난다는 사실은 의미심장하다. 가장 주목할 만한 곳은 로마서 6:13이다. "… 오직 너희 자신을 죽은 자 가운데서 다시 살아난 자 같이 하나님께 드리며 너희 지체를 의의 무기로 하나님께 드리라." "살다"(live)라는 동사를 "삶"(life)이란 명사로 대치하면, "죽은 자 가운데서

기 때문에(비교. 엡 1:18), 그것은 결국 가장 행복한 발전을 초래한다. 즉, 그것은 αἰὼν ὁ μέλλων에서 죽은 자의 부활과 더불어 시작된 생명이니, 곧 ζωὴ αἰώνιος이다. 이는 죽음에서 깨어나는 것을 전제로 한다"(Meyer, 앞의 책). "하나님의 계시의 결과로 일어나는 그 사건의 궁극적 성격은 이 구(ζωὴ ἐκ νεκρῶν)를 순전히 은유적인 것으로 취급하여 단지 영적인 부흥을 뜻하는 것으로 격하시키지 못하게 한다. '죽은 자 가운데서 살아나는 것'이란 말은 부활을 가리킴이 분명하며, 따라서 그것은 종말론적 드라마의 마지막 장의 시작을 전제하고 있는 것으로 이해해야 할 것이다"(Geerhardus Vos, *The Pauline Eschatology*[Princeton 1930], pp. 87f). 참고. Barret, 앞의 책; Lagrange, 앞의 책; 더 좋은 해석으로는 Sanday and Headlam, 앞의 책 등이 있다.

28 눅 15:24, 32을 인용한 것은 다른 구절들에 있는 "죽은 자"와 동일한 언급이 나오기 때문이 아니라, 이 용어의 비문자적인 사용을 잘 보여 주기 때문이다.

다시 살아난 자"라는 표현은 "죽은 자 가운데서 살아나는 삶"(새번역)이란 표현과 매우 비슷하다.[29] 그러나 "죽은 자 가운데서 다시 살아난 자"라는 말은 부활이 아니라 그리스도 안에 있는 새 생명을 가리킨다.

(2) 만약 여기서 바울이 부활을 말하려고 했다면 그의 서신들과 신약성경에서 그리스도의 부활과 사람들의 부활을 가리킬 때 흔히 사용하는 그 용어를 왜 굳이 사용하지 않았는지 의아하다(롬 1:4; 6:5; 고전 15:12-13, 21, 42; 빌 3:10; 행 4:2; 17:32; 23:6; 24:15, 21; 26:23; 히 6:2; 벧전 1:3).[30] "죽은 자 가운데서의 부활"이란 표현은 바울과 신약에 나오는 다른 화자들과 저자들이 부활을 가리킬 때 공통적으로 사용하던 표준적인 어구이다. 바울은 자기의 의도에 따라 강조하기 위해 언어를 다양하게 구사할 수도 있다. 그러나 이 경우가 그런 사례인지는 분명하지 않다. 그리고 바울이 "생명"과 "죽음"이란 말을 사용한 것으로 보아(특히 이 서신의 경우에는), 그가 굳이 부활을 가리키려고 의도했다면 모호한 것을 피하기 위해서라도 "부활"이란 말을 사용했을 것으로 예상된다. 그뿐만 아니라, 다른 어디에도 "죽은 자 가운데서 살아나는 것"이란 표현이 부활을 가리킨 곳은 없다. 그리고 이 표현과 가장 유사한 표현인 "죽은 자 가운데서 다시 살아난 자"(6:13)라는 말은 영적 생명을 의미한다.

이런 이유들로 인해 여기서 바울이 부활을 염두에 두고 있다는 일반적인 해석을 독단적으로 주장하면 안 된다. 오히려 복음의 확장과 성공을 통해 세상에 유례없는 각성이 일어났음을 말한다는 해석이 훨씬 더 호감이 간다. 이스라엘의 충만함에서 생기는 더 큰 축복은(12절) 자연스럽게 그 구절의 상반부에서 언급된 것을 더욱 강화시킨다. 15절은 12절의 주제를 되풀이하지만 더 큰 축복이 무엇인지를 구체적으로 밝힌다. "생명"과 "죽음"이라는 말의 비유적 용법에 걸맞게 "죽은 자 가운데서 살아나는 삶"이란 표현은 이스라엘 대다수의 회심과 그들이 하나님의 은총과 나라 안으로 용납됨으로 인해 온 세상에 미치는 생명력을 가리키는 데 적절

---

29 ἐκ νεκρῶν ζῶντας를 ζωὴ ἐκ νεκρῶν과 비교하라.

30 ἀνάστασις.

히 사용된 것이다.[31]

16. 제사하는 처음 익은 곡식 가루가 거룩한즉 떡덩이도 그러하고 뿌리가 거룩한즉 가지도 그러하니라

17. 또한 가지 얼마가 꺾이었는데 돌감람나무인 네가 그들 중에 접붙임이 되어 참감람나무 뿌리의 진액을 함께 받는 자가 되었은즉

18. 그 가지들을 향하여 자랑하지 말라 자랑할지라도 네가 뿌리를 보전하는 것이 아니요 뿌리가 너를 보전하는 것이니라

19. 그러면 네 말이 가지들이 꺾인 것은 나로 접붙임을 받게 하려 함이라 하리니

20. 옳도다 그들은 믿지 아니하므로 꺾이고 너는 믿으므로 섰느니라 높은 마음을 품지 말고 도리어 두려워하라

21. 하나님이 원 가지들도 아끼지 아니하셨은즉 너도 아끼지 아니하시리라

22. 그러므로 하나님의 인자하심과 준엄하심을 보라 넘어지는 자들에게는 준엄하심이 있으니 너희가 만일 하나님의 인자하심에 머물러 있으면 그 인자가 너희에게 있으리라 그렇지 않으면 너도 찍히는 바 되리라

23. 그들도 믿지 아니하는 데 머무르지 아니하면 접붙임을 받으리니 이는 그들을 접붙이실 능력이 하나님께 있음이라

24. 네가 원 돌감람나무에서 찍힘을 받고 본성을 거슬러 좋은 감람나무에 접붙임을 받았으니 원 가지인 이 사람들이야 얼마나 더 자기 감람나무에 접붙이심을 받으랴

16절 이 구절의 사상은 민수기 15:17-21에서 끌어왔다. 여호와께 바친 처음 떡 반죽은 전체 떡덩이의 성별됨을 의미했다. 이 비유의 적용에서 "처음 익은 곡식 가루"는 남은 자라기보다는 족장들이다. 처음 익은 곡식 가루와 떡덩이는 뿌리와 가지

---

31 참고. Calvin, Philippi, Hodge, Gifford, Godet, Leenhardt, 앞의 책; H. C. G. Moule, *The Epistle of St. Paul to the Romans* (New York. n. d); David Brown, *The Epistle to the Romans* (Edinburgh, n. d).

와 병행한다. 뿌리는 확실히 족장을 뜻한다. 더욱이 28절에서 이스라엘은 "조상들로 말미암아 사랑을 입은 자"라고 했다. 전자의 경우에 그것은 이스라엘에게 해당하는 성별이요, 후자의 경우에는 이스라엘에게 베풀어진 사랑이다. 그러나 이 두 경우 모두 족장 가문이기 때문에 생기는 것이다. 여기서 우리는 또다시 하나님과 이스라엘의 관계와 이스라엘에 대한 하나님의 계획의 특별한 성격을 알게 된다. 족장들로부터 유래한 성별의 사실은 사도가 이스라엘의 궁극적 회복을 주장하는 근거로 도입한 것이다. 회복될 수 없을 만큼 이스라엘을 버리는 일은 있을 수 없다. 신정적 성별의 거룩함은 결코 폐지되지 않고 언젠가 이스라엘의 충만함과 회복 사건을 통해 입증될 것이 확실하다.

17-21절 뿌리와 가지를 가진 나무의 비유는 이 다섯 절에서도 계속되며 22-24절에도 나온다. 이스라엘을 묘사하는 감람나무의 비유는 구약의 용법과 일치한다(렘 11:16, 17; 호 14:6).[32] 15절에서는 이스라엘을 향한 심판의 행위를 "버리는 것"으로 말했지만 여기서는 가지를 꺾는 것으로 묘사한다. 이것은 지금 사용되는 비유의 견지에서는 적절한 표현이다. 그렇지만 "가지 얼마"는 이스라엘의 대다수가 버림을 당했다는 사실과 일치하지 않는 듯이 보인다. 그러나 지금 사도의 주요 관심사는 이방인들의 접붙임과 이스라엘의 꺾임이라는 것을 유념한다면, 후자의 규모에 대해서는 굳이 생각할 필요가 없었다.

족장에 뿌리를 둔 이스라엘은 경작한 감람나무로 간주되고(24절) 이방인들은 돌감람나무로 묘사된다. 후자가 전자에 접붙여졌다. 돌감람나무 전체가 좋은 감람나무에 접붙임을 당한다고 생각하는 것은 이 유추를 지나치게 해석하는 것이다. 24절에 나오듯이 돌감람나무의 가지들이 접붙여지는 것으로 간주되고 있다. 우리는 여기서 바울이 말하는 감람나무의 경작 문제를 놓고 왈가왈부할 필요가 없다. 일반적으로 나무를 경작하는 것을 보면 좋은 나무에서 순을 따가지고 와서 그것을 어린 나무에게 접붙여 그 어린 나무로 하여금 열매를 맺기에 필요한 원기

---

32 참고. 시 80:8-16; 사 5:1-7; 요 15:1ff.

를 접목의 진액에서 끌어오도록 한다. 바울이 말하는 것은 이와 정반대이다. 그렇지만 돌감람나무를 경작된 참감람나무에 접붙이는 일도 어떤 특별한 목적을 위해 행해졌다는 것이 입증되었고,[33] 따라서 바울도 이런 형태의 감람나무 경작을 알고 있어서 이 경우에 적용한 것일 수도 있다. 그러나 사도는 자기가 알고 있는 경작법을 암시하지 않았고 또 일반적인 경작법과 자기가 사용하는 비유 간의 차이점을 알고 있었다고 추정하더라도, 이것은 조금도 그의 비유의 적절성을 손상시키지 않는다. 바울은 비유의 적용에서 접붙임의 초자연적 성격을 더 현저하게 드러내기 위해 일반적인 감람나무 재배법과는 다른 하나의 유추를 사용한다고 해석할 수도 있다. 우리가 반드시 기억해야 할 것은 바울이 지금 그의 말대로 "본성을 거스르는 것"을 다루고 있다는 사실이다(24절). 더욱 고려할 점은 그가 원예기술로는 생각할 수 없는 것, 즉 꺾어진 가지들이 이제 그것들이 떨어져 나왔던 감람나무로 다시 접붙임을 당하고 있는 것에 대해 생각한다는 것이다(23-24절).

17절의 두 진술은 이후에 나오는 이방인들에게 주는 경고와 중요한 관련이 있다. 첫째는 "네가 그들 중에 접붙임이 되어"라고 한다. 이방인들이 누리던 특권은 이처럼 유대인들과 밀접한 관계가 있는 특권이다. 은혜의 택하심을 따라 남은 자는 언제나 있는 법이다. 꺾임을 당하는 것을 진술한 방식, 곧 "가지 얼마가 꺾이었는데"라는 말은 모두가 다 꺾인 것은 아니라는 사실을 강조한다. 둘째는 "참감람나무 뿌리의 진액을 함께 받는 자가 되었다"라는 말이다. 이방인들은 그들이 누리고 있는 모든 은혜가 그 뿌리를 이스라엘의 족장에 두고 있는 나무에서 나오는 것임을 기억해야 한다. 이방인과 유대인이 동일한 뿌리에서 나오는 특권에 다 함께 참여하게 되었다.[34] 이 동일한 교훈이 18절에 더 강력하게 드러난다. "네가 뿌리를 보존하는 것이 아니요, 뿌리가 너를 보존하는 것이니라." 그래서 "그 가지들을 향하여 자랑하지 말라"고 경고하는 것이다. 이 가지들은 꺾임을 당한 가지임이

---

33 참고. W. M. Ramsay, "The Olive-Tree and the Wild-olive" in *The Expositor*, Sixth Series, Vol. XI(1950), pp. 16-34, 152-160.
34 ℵ* B 사본의 지지를 받고 있는 τῆς ῥίζης τῆς πιότητος는 보다 어려운 독법이다. καί를 삽입한 것은 이 난점을 해결하기 위한 시도로 설명될 수 있다. τῆς πιότητος를 속성의 소유격으로 해석하면 이해하기가 쉽다.

분명하다. 19절에서 이방인이 다음과 같이 말하는 것으로 나오기 때문이다. "그러면 네 말이 가지들이 꺾인 것은 나로 접붙임을 받게 하려 함이라." 여기서 정죄되고 있는 자랑은 믿는 이방인들이 이스라엘 대신에 하나님의 나라에서 그들이 차지하고 있는 영예로운 자리와 특권을 생각할 때 흔히 범하기 쉬운 교만과 자만심이다. 자만은 19절에 나오는 대조, 곧 "꺾인 것"과 "접붙임을 받은 것", "가지"와 "나" 사이의 대조를 통해 감지할 수 있다.[35] 유대인에 대한 경멸의 기미도 포착할 수 있다. 교회 생활에서도 이와 비슷한 모습을 쉽게 발견할 수 있다. 다른 사람이 징계를 받아 그 자리를 메우기 위해 부르심을 받은 사람은 잘못하면 의기양양한 태도를 취하고 쫓겨난 사람을 경멸의 눈초리로 바라보기 쉽다.

20절에 나오는 꺾임을 당한 가지들의 불신앙에 대한 언급은 이스라엘의 넘어짐과 범죄에 대한 반복된 언급을 상기시키고(9:32; 10:21; 11:11-12), "완고하게 된 것"(11:7)과 "버리는 것"(11:15)의 사법적 성격을 기억하게 해 준다. "그들은 믿지 아니하므로 꺾이고"라는 표현은 이방인들이 감람나무에 들어와서 자리 잡게 된 것은 바로 믿음에 의한 것임을 강조한다. 이 문맥의 주 관심사는 헛된 자랑을 책망하고 바로잡는 일이다.[36] 자랑의 모든 근거를 제거하는 것은 믿음이기 때문에 믿음을 강조하고 있다. 접붙임을 받은 자들이 믿음에 의해 서게 되었다면[37] 공로의 개념은 모두 배제된다(9:32; 11:6). "그런즉 자랑할 데가 어디냐? 있을 수가 없느니라. 무슨 법으로냐, 행위로냐, 아니라 오직 믿음의 법으로니라"(3:27). 더욱이 믿음에 대한 강조 및 불신앙과의 대조는 이 믿음을 유지해야 할 필요성을 강조하는 역할을 하고, 또 믿음과는 정반대인 교만으로 인해 이방인들이 동일한 심판을 받는 일이 생기지 않도록 각별히 주의해야 할 필요성을 강조하기도 한다. 믿음 안에서는 차별이 없다. 복음은 믿는 모든 자를 구원에 이르게 하는 하나님의 능력이다(1:16; 3:22). 불신앙에 대해서도 하나님은 차별하지 않으신다(2:11). 하나님은 본래의 가

---

35 이런 자랑의 이기주의와 헛된 영광을 표현하고 있는 ἐγώ를 주목하라.
36 바울이 경고하는 것은 이스라엘을 넘어지게 했던 바로 그것이다. 이방인도 그와 동일한 자기 의에 빠지는 날에는 동일한 심판이 그들에게 내릴 것이다(참고. 9:32, 33; 10:3, 21).
37 "섰느니라"(stand)는 말이 참감람나무 안에 서 있는 것을 가리킨다고 추정할 필요는 없다. 이것이 전혀 불가능한 비유는 아니지만 말이다.

지를 아끼지 아니하셨으니 이방인도 아끼지 아니하실 것이다(21절). 그들이 만일 믿음 안에 계속 거하지 않으면 그들 역시 꺾임을 당할 것이다(22절). 믿음과 양립할 수 있고 또 믿음을 증진시킬 수 있는 자세는 낮은 마음과 더불어 두려워하는 마음이라는 사실을 주목하라(20절). 그리스도인의 경건이란 것은 언제나 믿음에 해로운 것을 인식하며, 곧 닥칠 위험도 지각하면서 하나님의 소명이 부과하는 높은 요구를 두려움과 떨림으로 대하는 것이다(고전 2:3; 빌 2:12; 히 4:1; 벧전 1:17). "그런즉 선 줄로 생각하는 자는 넘어질까 조심하라"(고전 10:12).[38]

22절 이것은 앞 구절에서 묘사한 하나님의 두 가지 행위, 즉 꺾음과 접붙임의 의미를 생각할 것을 이방인에게 호소하는 구절이다. 이는 하나님의 인자와 준엄하심과 연관된 교훈이다. 이 연관성은 실행 자체에만 국한되지 않고 그 배후의 성품과도 관련이 있다. "인자"(goodness)의 경우에 이 사실을 쉽게 볼 수 있다. 그것은 하나님을 특징짓는 사랑을 가리키며 이 사랑은 은총을 베푸시는 행위로 표출된다. "준엄"(severity)이라는 단어는 신약에서는 여기서만 나오지만[39] 하나님의 진노와 보응적인 공의 속에 내포된 것을 지칭한다(1:18; 2:4-16).[40] 이 구절에 나오는 조건절인 "너희가 만일 하나님의 인자하심에 머물러 있으면"이란 말은 인내를 떠나서는 결코 안전보장이 없음을 상기시킨다. 배교에도 불구하고 하나님의 은총 안에 계속 거하는 일은 있을 수 없다. 하나님의 구원적 포용과 인내는 서로 관련되어 있기 때문이다. 다른 곳에서도 바울은 동일한 종류의 조건을 천명한다. 만일 우리가 "믿음에 거하고 터 위에 굳게 서서 복음의 소망에서 흔들리지 아니하면"(골 1:23; 히 3:6, 14), 우리는 하나님과 화해하게 되고 거룩하고 책망할 것이 없는 자로 세워질 것을 확신해도 좋다. 이방인이 계속 거해야 할 그 "인자"는 앞의 어구에 언급된 하나님의 인자하심이다. 여기서 말하는 것은 신자가 반드시 드러내야 하며 또 인내에 포함되어 있는 윤리적 올곧음이 아니다. 신자는 하나님의 인자를 계속 누려야

---

38 P⁴⁶ D G 등에 따라 21절의 οὐδέ 앞에 μήπως를 삽입시키면 정언적(定言的) 진술을 약화시킬 것이다.
39 부사로 사용된 경우를 참고하려면 고후 13:10과 딛 1:13을 보라.
40 인자와 준엄의 상보관계는 구약의 특징이다(참고. 시 125:4, 5; 사 42:25-43:1; 50:10, 11; 나 1:5, 6).

한다는 것이며, 이는 경건한 자에게 "항상 하나님의 은혜 가운데 있으라"고 촉구하는 사도행전 13:43의 권면과 동일하다. 그렇지만 여기에는 이렇게 인자 안에 계속 거하려면 앞 대목에서 강조한 낮은 마음과 견고한 믿음이 필요하다는 것이 암시되어 있다. 이와 다른 길은 준엄한 어조로 표현되어 있다. "그렇지 않으면 너도 찍히는 바 되리라." 이것은 이 구절의 맨 처음에 언급된 것과 동일한 성격과 단호함을 지닌 준엄성이다.

23-24절 앞 구절에 역설된 대안, 특권적 위치에 오른 이방인 신자들에게 경고와 함께 적용된 대안들이 이번에는 추락한 상태의 이스라엘에게 적용되되 격려와 소망을 주는 방향으로 적용된다. 네(이방인)가 계속 믿음 안에 거하지 아니하면 너도 꺾임을 당한다. 그들(이스라엘)이 불신앙에 계속 거하지 아니하면 그들도 접붙임을 받으리라. 이 구절에 이스라엘이 불신앙에서 돌아선다는 확신은 없다. 다만 이스라엘이 만약 믿음으로 돌아온다면 또 돌아올 때에는 그들에게 확실히 접붙임이 있을 것임을 강조한다. 이 구절의 마지막 어구는 이스라엘이 접붙임을 받는 이유, 좀 더 구체적으로 불신앙을 포기하면 접붙여질 수밖에 없는 이유를 제시한다. 여기서는 하나님의 능력을 강조한다. 이를 강조하는 이유에 관해서는 의견이 분분하다. 24절의 논리는 이렇다. 돌감람나무에서 나온 이방인들도 본성을 거슬러 좋은 감람나무에 접붙임을 받았는데 이스라엘이 원래의 감람나무에 접붙임을 받는 것은 더욱 자연스러운 일이라는 것이다. 앞 구절들에 나오는 대로 일단 이방인들의 부자연스러운 접붙임을 가정한다면 하나님의 능력을 강조할 필요는 없는 듯이 보인다. 그런즉 이 구절에 대한 최선의 견해는 이렇다. 24절에서 하나님의 능력에 호소하는 것은, 이방인들이 앞 구절에서 정죄한 바 있는 그릇된 자만심에 빠져서 이스라엘은 일단 상속권을 박탈당하고 버림을 받았으므로 다시는 하나님의 언약적 은총과 축복 속에 자리 잡을 수 없을 것이라는 생각을 제거하려는 것이거나 그런 생각에 대한 응답이라는 견해다. 그것은 이스라엘을 회복시킨다는 것은 그들을 버린 사실(15절)과 모순되며, 따라서 또다시 접붙임을 받는다는 것은 하나님이 정하신 질서를 침해하는 것이라는 생각이다. 이런 생각을 바울은 "하나님은 하실 수

있다"라는 말로 반박한다. 하나님의 능력이 전면에 나오고 있지만, 그 저변에는 이스라엘을 또다시 접붙이는 일이 하나님의 계획 및 질서와 일치한다는 인식이 있다.[41] 그릇된 가정에 대해 바울은 하나님의 전능하심에 직접 호소해서 대처한다. 24절은 이스라엘의 버림받음에서 나오는 그릇된 추론을 상쇄하기 위한 추가적인 논증이다.

24절의 논점은 명백하다. 이방인을 영접한 하나님의 은혜로운 행동이 돌감람나무에서 나온 가지들을 참감람나무에 접붙이는 일과 비슷하다면, 참감람나무 가지를 참감람나무에 접붙이는 행습에 따라 이스라엘을 다시 영접하는 일은 더욱더 합당한 일이 아닌가? 그러나 여기서 고려할 두 가지 사항이 있다.

(1) 이 비유는 단지 한 참감람나무의 가지를 또 다른 참감람나무에 접붙이는 일이 아니라 동일한 감람나무에 접붙이는 비유라는 것을 주목해야 한다. 이것이 곧 "자기 감람나무에 접붙이심"이란 말의 의미다. 여기서는 이스라엘을 다시 받아들이는 일이 합당하다는 것을 강조한다. 이 논증에 내포된 교리는 이 문단 전체를 관통하는 것으로서 유대인과 이방인을 위한 하나님의 구속적 은혜는 이스라엘의 족장의 언약에 그 근거를 두고 있다는 것이다. 여기서 바울의 비유를 사용한다면, 족장의 뿌리는 결코 뽑혀서 대체되는 법이 없는 고로 계속해서 구속사의 전반에 걸쳐 그 효력을 발생한다. 이런 이유로 이스라엘의 접붙임은 하나님의 범세계적 목적이 펼쳐지는 것과 조화를 이룬다. 이것은 하나님의 구원 계획은 역사를 통해 실현된다는 위대한 진리를 상징적으로 보여 준다.

(2) 24절의 "얼마나 더"라는 말은 이런 사실에 비추어 이해해야 한다. 이 말이 추가된 것은 마치 하나님이 이방인을 접붙이는 것보다 이스라엘을 접붙이는 일이 더 쉽기 때문인 것처럼 생각하면 안 된다. "얼마나 더"라는 말은 구원이 온 세상에 이르는 통로인 언약이 본래 이스라엘 고유의 것이란 사실과 관계가 있다.

---

41 δυνατός에 믿음이 하나님의 선물이라는 사실에 대한 성찰이 담겨 있는 것은 아니다.

3) 이방인의 충만한 수와 이스라엘의 구원(11:25-32)

25. 형제들아 너희가 스스로 지혜 있다 하면서 이 신비를 너희가 모르기를 내가 원하지 아니하노니 이 신비는 이방인의 충만한 수가 들어오기까지 이스라엘의 더러는 우둔하게 된 것이라

26. 그리하여 온 이스라엘이 구원을 받으리라 기록된 바 구원자가 시온에서 오사 야곱에게서 경건하지 않은 것을 돌이키시겠고

27. 내가 그들의 죄를 없이 할 때에 그들에게 이루어질 내 언약이 이것이라 함과 같으니라

28. 복음으로 하면 그들이 너희로 말미암아 원수 된 자요 택하심으로 하면 조상들로 말미암아 사랑을 입은 자라

29. 하나님의 은사와 부르심에는 후회하심이 없느니라

30. 너희가 전에는 하나님께 순종하지 아니하더니 이스라엘이 순종하지 아니함으로 이제 긍휼을 입었는지라

31. 이와 같이 이 사람들이 순종하지 아니하니 이는 너희에게 베푸시는 긍휼로 이제 그들도 긍휼을 얻게 하려 하심이라

32. 하나님이 모든 사람을 순종하지 아니하는 가운데 가두어 두심은 모든 사람에게 긍휼을 베풀려 하심이로다

25절 "형제들아 너희가 모르기를 내가 원하지 아니하노니"라는 말은 다른 경우에서와 같이(1:13; 고전 10:1; 12:1; 고후 1:8; 살전 4:13) 언급될 내용의 중요성과 그것을 충분히 고려할 필요성을 강조하는 표현이다. 여전히 사도는 이방인에게 말하는 중이고, 이방인 편에서 품기 쉬운 그릇된 생각과 헛된 자만심을 염두에 두고 있다. 이 사실은 사도 바울이 이방인들에게 신비를 밝히는 목적, 곧 "너희가 스스로 현명하다고 생각하는 일이 없게 하려고"(새번역)란 진술로 분명히 알 수 있다(18-21절). 사도 바울이 이제 막 밝히려는 것은 "신비"이다. 이 단어가 바울서신에서는 자주 나타나지만 로마서에서는 이번이 처음이며 이 다음에는 16:26에 나타난다. 후자

의 경우는 사실상 이 용어의 정의를 제공하고 있다.[42] 우리는 신비란 말을 비밀이나 불가해한 신비로움의 개념과 연관시키기 쉽다. 그러나 이는 바울이 사용한 그 단어의 의미가 아니다. 16:26에 나오듯이 이 신비란 말의 배후에는 하나님의 생각과 계획 속에 감춰진 그 무엇이 있으므로(엡 3:9; 골 1:26-27) 하나님이 기꺼이 그것을 알리시지 않으면 우리 인간은 도저히 그것을 알 수 없다는 사상이 있다. 그렇지만 이 구절에 분명히 나타나듯이, 이 용어의 특징은 감춰졌다는 점이 아니라 그 무엇이 계시되었기 때문에 널리 알려져서 자유롭게 전달할 수 있게 되었다는 점에 있다. 바울은 독자들이 이 신비를 모르기를 원치 않으므로 알려 주려고 한다. "신비"란 말은 계시와 지식을 강조할 뿐만 아니라 계시된 진리의 위대성과 고귀성에 주목하게 만든다. 여러 경우에 신비란 말이 가리키는 진리의 이루 말할 수 없는 장엄함이 명백히 드러난다(고전 2:7; 4:1; 15:51; 엡 1:9; 3:3, 4; 5:32; 골 1:27; 2:2; 4:3; 딤전 3:16).[43] 여기에 나오는 계시(25절)가 바울에게만 주어졌다고 생각할 필요는 없다.[44] "이 신비"로 표현된 진리는 "이방인의 충만한 수(혹은 충만함)가 들어오기까지 이스라엘의 더러는 우둔하게 된 것"을 말한다. 이 두 요소가 명백히 표현되어 있다. 이스라엘의 우둔함은 부분적이지 전체적인 것은 아니라는 점과[45] 한시적이지

---

42 16:26의 주석을 참조하라.

43 Sanday and Headlam, 앞의 책, p. 334.

44 엡 3:5에서 바울은 다른 사도들과 예언자들을 자기와 같은 계시의 도구들로 보았다. 한편, 바울이 확증을 위해 구약에 호소한 것은(26, 27절) "신비"라는 말로 지칭된 진리가 구약에서 전혀 나타나지 않은 것은 아니었다는 사실을 보여 주고 있다. 다만 여기서는 그 계시의 충만성과 명료성이 신약에서 드러났음을 강조하고 있는 것이다.

45 "더러는"(in part)이란 말은 완악함의 정도를 가리키지 않고, 모든 사람이 다 완악해진 것은 아니라는 사실을 가리킨다(7, 17절). 이 구절의 마지막 어구는 이스라엘의 완악함이 종결되는 시점을 가리키는 것이 분명하다. 이 어구를 "이방인의 충만한 수가 들어오는 동안"이라고 번역할 근거는 전혀 없다. 히 3:13에서 ἄχρις οὗ가 "동안"이라는 의미를 지니고 있는 건 사실이다. 그러나 거기서는 현재시제 καλεῖται와 더불어 사용되고 있으므로 다른 번역은 불가능하다. 행 27:33에서도 그 접속사는 "동안"이란 의미를 지니고 있을 것이다. "날이 밝는 동안." 눅 21:24에서 ἄχρι οὗ를 가진 어구를 다음과 같이 번역하는 것이 불가능하지는 않다. "이방인의 때가 차는 동안." 그러나 이것은 부자연스러운 번역이다. 그리고 부정과거 수동형 가정법 πληρωθῶσιν의 견지에서 볼 때 의심스러운 번역이다. 그것이 부정과거와 같이 쓰이든 미래형과 같이 쓰이든 간에, 신약의 다른 모든 경우에는 반드시 "까지"로 번역해야 하고 그것은 어떤 일이 발생했던 시점이나 종결점을 가리킨다(참고. 행 7:18; 고전 11:26; 15:25; 갈 3:19; 계 2:25). 따라서 롬 11:25에서 이 어구를 "이방인의 충만한 수가 들어오기까지"로 번역할 수밖에 없다. 문맥을 보아도 반드

최종적인 것은 아니라는 점이다. "더러는"(혹은 일부는)이란 말은 전자를, "이방인의 충만한 수가 들어오기까지"란 말은 후자를 가리킨다. 이스라엘의 회복이 24절에 암시되어 있긴 하지만 명백하게 진술되지는 않았다. 지금은 분명한 확신이 표현되었다. "신비"란 말 자체가 신적 계시가 부여하는 확신을 보증해 준다.

이스라엘의 부분적 우둔함(혹은 완고함)은 언젠가 끝날 것이다. "이방인의 충만한 수"가 그 종착점의 표시이다. 이 "충만한 수"(충만함)란 무엇인가? 이스라엘에게 적용되었던 이 용어(12절)는 그 문맥에 걸맞은 의미를 지닌다. 그것은 그들의 범죄 및 실패와 대조되는 것이다. 이 문맥은 그 용어를 이방인들에게 적용하는 만큼 이에 걸맞은 의미가 있다고 볼 수 있다. 그러나 12절에서 우리가 발견한 기본적인 의미를 버리는 것은 합당하지 못하다. 15절의 "받아들이는 것"과 마찬가지로, 12절의 "충만함"은 남은 자와 대비되는 이스라엘의 대다수가 회복되어 회개와 믿음, 하나님의 언약적 은총 및 축복, 그리고 하나님의 나라로 돌아오는 것을 가리킨다. 환언하면, 숫자 개념을 무시하면 안 된다. 25절에서 이 개념을 배제하는 것은 이 용어의 의미에 관한 이번 장의 암시와 양립할 수 없다. 적어도 우리는 이렇게 말할 수 있다. 즉, 이방인의 "충만한 수"라는 것은, "그들의 충만함"(12절)과 그들을 "받아들이는 것"(15절)에 내포된 확대된 이스라엘의 복에 비교될 만한 확대된 이방의 복을 가리킨다고 볼 수 있다.

이 문맥에서 나오는 또 다른 사항들을 고려하는 일도 필요하다.

(1) "이방인의 충만한 수"를 그 주어로 하는 동사인 "들어오다"라는 말은 하나님의 나라와 생명으로 들어가는 것을 가리키는 신약의 표준어이다(마 5:20; 7:13; 18:3; 막 9:43, 45, 47; 눅 13:34; 요 3:5; 행 14:22).[46] 그러므로 이방인들이 하나님의 나라에 들어오는 것을 의미한다. 적어도 사도의 관점에서 보면 미래에 일어날 일이다. 이미 하나님의 나라에 들어온 사람들까지 포함시킬 수 있는 유일한 길은 "이방인의 충만한 수"라는 말이 이방인들 가운데서 선택받은 사람의 총계를 의미한다

시 이렇게 해석해야 한다.

46 때로 이 동사는 여기서처럼 완전히 이런 의미로 사용된다.

고 추정하는 것이다. 조금 뒤에 이 추정에 대해 다룰 예정이다. 여기서 핵심은 "들어오다"라는 표현에서 하나님의 나라에 들어오는 숫자의 개념을 배제할 수 없다는 점이다.

(2) "더러는 우둔하게 된 것이라"는 말 속에는 숫자에 대한 암시가 있다. 즉, 모든 사람들이 다 완악해진 것은 아니다. 언제나 남은 자는 있게 마련이며, 우둔함이 모두의 특징은 아니었다.

(3) 앞으로 보게 되겠지만, 26절의 "온 이스라엘"은 남은 자와 대비되는 이스라엘의 대다수를 가리킨다. 이런 사항을 고려할 때 "이방인의 충만함"이라는 표현에 수적 비율의 개념이 없다고 주장하는 것은 설득력이 없다.

이제까지 "이방인의 충만한 수"(혹은 충만함)라는 말은 이방인들[47] 가운데 선택받은 사람들의 총수 또는 선택받은 이방인의 총수를 구성하는 데 필요한 추가 숫자를 의미하는 것이라고 주장되어 왔다. 이 견해에 따르면 이스라엘의 회복의 신호는 이방인들 가운데서 구원받게 되는 총수가 다 차는 순간이다. 물론 "충만함"이라는 말 자체가 그 숫자가 채워지는 것을 가리킬 수 있다. 그렇지만 문맥을 고려해 볼 때 이런 해석은 불가능하다.

(1) 이스라엘의 "충만함"(12절)은 이스라엘의 선택받은 자의 총계일 수가 없다. 그 "충만함"은 이스라엘의 범죄 및 실패와 대비되고 있는 만큼 이스라엘 민족 전체가 믿음을 회복하고 회개하는 것을 가리킴이 분명하다. 이스라엘의 선택된 자의 총수나 이 총수를 구성하는 데 필요한 숫자는 이상의 대조관계를 보여 주지도 못하거니와 그 구절이 요구하는 회복도 표현하지 못한다. 선택받은 자의 총수나 그 총수를 구성하는 나머지 숫자는 단지 모든 세대에 걸친 남은 자의 총수에 불과할 것이다. 그러나 12절은 장차 구원받을 남은 자가 아니라 구원받은 대다수가 존재하는 상황을 바라보고 있다. 12절의 "충만함"이란 용어의 용법을 25절의 경우에 적용하면, 하나님의 나라에 들어가는 어마어마하게 많은 이방인들의 숫자를 생각하지 않을 수 없다. 그러나 어느 경우든 이스라엘의 "충만함"은 단순히 이스

---

47 참고. Barrett, 앞의 책.

라엘의 선택받은 사람의 총수를 의미할 수 없으며, 또한 그 총수를 완성시키는 데 필요한 추가적 숫자를 의미할 수도 없다. 그러므로 그 개념을 25절의 "충만함"이라는 용어에도 부과할 수 있는 근거는 없다. 결정적인 반증이 있기 때문이다.

(2) "충만함"이 이방인들 중에 선택받은 자들의 완성에 필요한 추가적 숫자를 의미한다는 견해는 "들어오다"라는 표현과 잘 어울린다. 그러나 "충만함"이라는 말이 선택된 이방인의 총수를 의미한다는 견해는 "이방인의 충만한 수가 들어오기까지"라는 어구에 암시된 관점과 조화되지 않는다. 그 이유는 이 어구가 장차 일어날 사건을 가리키기 때문이다. 총수는 이미 들어온 사람들을 포함하므로 이미 들어온 사람을 두고서 "그들이 들어오기까지"라고 표현하는 것은 부자연스럽다. 그래서 "총수"라는 해석은 배제된다. 그러나 비록 우리가 "충만한 수"라는 말이 추가적 숫자를 뜻한다는 견해, 즉 "들어오다"라는 말과 양립할 수 있는 그런 견해를 취한다 할지라도, 우리는 12절의 유추, 즉 "충만함이" 앞의 경우와 대조되는 비율을 암시한다는 점을 여전히 고려하지 않으면 안 된다. 환언하면, 우리는 "충만함"이라는 말에서 12절의 "충만함"이 필연적으로 내포하는 축복의 증진 및 확장의 개념을 배제시킬 수 없다. 이 경우에 이런 증가는 하나님의 나라에 들어가는 것과 연관시켜 해석해야 하며, 따라서 엄청나게 불어난 이방인들이 하나님의 나라로 왕창 들어오는 것을 의미한다.

(3) 12절에서 이스라엘의 충만함은 이방인들에게 더 커다란 축복을 안겨 줄 것이라고 말했다. 위에서 고찰했듯이, 문맥과 가장 조화를 이루는 해석은 같은 구절에서 세상의 풍성함과 이방인의 풍성함으로 언급되어 있는 축복의 커다란 확장이다. 그러나 "이방인의 충만함"이 이방인들 중에 선택받은 자의 총수를 의미한다면, 이스라엘의 충만함은 12절이 암시하는 그런 축복이 이방인 가운데 계속 확장되는 것을 그치게 할 것이다.

그러므로 문맥에 비추어 볼 때 "이방인의 충만함"은 "그들의 충만함"(12절)과 그들을 "받아들이는 것"(15절)이란 말로 표현된 이스라엘의 축복의 확장과 비슷한 이방인의 축복을 가리킨다고 결론을 내릴 수 있다.

앞의 해석이 바울의 가르침과 상충되는 면이 있다는 반론이 제기될 수도 있다.

한편으로, 이스라엘의 "충만함"이 이방인에게 전례 없는 축복을 안겨 준다(12, 15절). 다른 한편으로, "이방인의 충만함"은 이스라엘의 완악함에 종지부를 찍고 그들이 회복되는 것을 말한다(25절). 그러나 만일 우리가 유대인과 이방인 간에 서로의 축복을 증진시키는 상호관계가 있음을 유념한다면, 이 두 가지 관점은 일관성을 유지할 수 있다. 우리는 31절의 사상, 즉 이방인에게 보여 준 긍휼로 인해 이스라엘도 또한 긍휼을 얻는다는 사상을 적용할 필요가 있다. 이방인의 충만한 수로 인해 이스라엘은 회복되고(25절), 이스라엘의 회복으로 인해 이방인은 비교할 수 없을 만큼 풍성함을 얻는다(12, 15절). 이런 견해에 단 하나의 장애물이 있다면 그것은 "이방인의 충만한 수"는 이방인의 축복이 완성되는 것이라서 더 이상 복음의 축복이 확장될 여지가 없다고 하는, 아무런 근거도 없는 가정이다. "이방인의 충만한 수"는 그들에게 주어질 전례 없는 축복을 가리키지만 그렇다고 뒤에 따라올 더 큰 축복을 배제하지는 않는다. 이스라엘의 회복이 바로 이와 같은 후속적인 축복에 기여하는 것이다.[48]

25절에서 사도의 주요 관심사는 이스라엘의 완악함을 제거하고 그들 전체가 회심하는 일임을 우리가 잊어서는 안 된다.[49] 이것이 11-32절의 주제다. 이것은 12절에서 분명하게 진술되었으며, 15절에서는 다른 용어로 되풀이되었고, 25절에 다시 등장했다. 17-22절에서 바울은 이방인들에게 헛된 자랑을 삼가도록 경고할 필요성을 느꼈다. 그러나 그는 23절에서 다시 이스라엘의 회복이라는 주제로 되돌아와 23-24절에서 어째서 이스라엘이 접붙임을 받게 될 것인지를 고려했고, 25절에서는 이 순서를 확증해 주는 최후의 증거로서 하나님의 계시에 호소한다. 이로써 우리는 26절을 해석할 준비를 갖추었다.

26-27절 26절을 시작하는 "그리하여"라는 말은 이제 진술될 명제가 앞 절에 나온

---

48 "바울은 고전 14:6에서 말한 한 사람의 예언자 ἐν ἀποκαλύψει로서 말하고 있으며, 따라서 그의 언어는 예언 해석의 원리에 따라 해석해야 한다는 것을 우리는 기억해야 한다. 예언은 예기적인 역사가 아니다"(Hodge, 앞의 책, p. 588).
49 이스라엘의 회복과 더불어, 이 회복으로 인해 이방인들에게 큰 유익이 생긴다(12, 15절).

계시와 병행하거나 거기서 흘러나오는 것임을 가리킨다. 이는 "따라서"라는 의미가 있다. 앞의 사상의 연속선상에 있거나 거기에 함축된 의미를 끌어낸다는 뜻이다.[50] "온 이스라엘이 구원을 받으리라"는 말이 바로 그 명제이다. 이 구절에서 말하는 "이스라엘"은 이 장 전체에서 이 단어에 부여하는 의미를 그대로 부여해야지 그것과 다른 의미를 부여하는 것은 주석적으로 불가능하다. 이 점은 이 부분에 나오는 여러 문맥으로 보아도 아주 분명하다. 앞의 주석에서도 입증된 바와 같이 이스라엘과 이방인은 꾸준히 대조되어 왔다. 그런데 앞 구절에 나오는 이스라엘을 다른 의미로 해석할 수 있는가? 바울이 말하는 것은 이스라엘 민족이므로, 이스라엘은 이방인을 포함할 수 없다. 26절은 25절과 병행하는 진술 내지는 상호 연관된 진술이기 때문에 "이스라엘"의 의미는 25절에 나오는 것과 같다.[51]

"온 이스라엘"이 9:6에 나오는 구별에 따라 이스라엘의 선택된 자, 곧 육신을 따른 이스라엘과 대조되는 진정한 이스라엘을 의미한다는 해석은 다음과 같은 몇 가지 이유로 견지될 수 없다.

(1) 이스라엘의 모든 선택받은 자, 곧 진정한 이스라엘이 구원을 받을 것임은 사실이다. 이것은 너무도 당연하고 명백한 진리다. 그런고로 이 진리를 여기서 재차 주장하는 것은 이 부분을 지배하는 사도의 주 관심사와 특별한 연관성이 없다고 할 수 있다. 더욱이, 구원을 보장하는 선택의 사실이 계시된 진리임은 틀림없지만, 그것은 "이 신비"(25절)란 말에 암시되어 있는 특별한 종류의 계시가 필요한 범주에 속하는 것은 아니다. 그리고 26절은 25절과 밀접히 관련되어 있기 때문에 "온 이스라엘이 구원을 받으리라"는 확신은 단지 25절에서 "이 신비"라고 부른 바를 다

---

50 καὶ οὕτως는 앞의 내용과 상호관련이 있는 무언가를 소개한다는 뜻일 수도 있다.

51 "여기에 나온 '이스라엘'을 25절의 '이스라엘'과 다른 의미로 해석하는 것은 불가능하다"(F. F. Bruce, 앞의 책; Calvin, 앞의 책). 칼빈이 한 것처럼 갈 6:16에 호소하는 것은 전혀 소용없다. 이 문단에서 이스라엘과 이방인은 꾸준히 대비되어 왔다. 갈 6:16의 문맥에서는 이런 대조가 없다. 칼빈은 "온 이스라엘"이 유대인들과 이방인들을 포함하는 하나님의 모든 백성을 가리키는 것으로 간주하면서도, 하나의 민족으로서 이스라엘이 믿음의 순종으로 회복되는 것을 배제하지는 않는다. "이방인들이 들어올 때에 유대인들도 동시에 그들의 변절에서 믿음의 순종으로 돌아오게 될 것이다. 이 양자에서 나오게 되는 하나님의 이스라엘의 구원은 완전히 실현될 것이다. 하나님의 가족 중 장자인 유대인이 첫자리를 차지하는 방식으로 그렇게 될 것이다"(앞의 책; 11:15의 주석과 비교하라).

른 형태로 진술한 것이거나 거기에 함축된 의미를 이끌어 내는 방식에 불과하다. 모든 선택받은 자가 구원을 받을 것이라는 명제는 "신비"란 말에 내포된 특별한 의미를 갖고 있지 않다.

(2) 이스라엘의 모든 선택받은 자의 구원은 단지 모든 세대에 걸친 이스라엘의 남은 자의 구원을 확증하는 말일 뿐이다. 그러나 26절은 이 교리를 훨씬 뛰어넘는 논리를 최절정에 이르게 한다. 지금 바울의 관심사는 역사상 펼쳐지는 하나님의 구원 계획과 그 결과로 일어날 유대인과 이방인을 위한 최고의 발전 양상이다. 이 어구는 이와 같은 역사적 관점에서 해석해야 한다.

(3) 26절은 25절과 밀접한 전후 관계가 있다. 25절의 주요 논지는 이스라엘의 우둔함이 그치고 그들이 회복된다는 것이다. 이는 12절에서 이스라엘의 "충만함", 15절에서 "받아들이는 것", 23-24절에서 접붙임이라고 불렀던 것을 다른 방식으로 주장하는 것이다. "온 이스라엘이 구원을 받으리라"고 한 최고의 진술을 이와 달리 해석하는 것은 주석상의 왜곡이다.[52]

우리가 이 장의 주제와 이스라엘의 회복에 관한 끈질긴 강조를 유념한다면, "온 이스라엘이 구원을 얻으리라"는 명제를 하나의 민족으로서 이스라엘의 충만함, 받아들임, 접붙임의 견지에서 해석하는 것 외에 다른 방법은 없다. 즉, 이스라엘이 불신앙에서 완전히 돌아서서 이제는 믿음과 회개로 나아오고 복음의 은총과 축복으로 회복되는 것을 말한다. 앞의 여러 구절들이 26절과 밀접히 관련되어 있는 만큼, 이스라엘의 구원은 그들의 범죄, 실패, 버림당함, 꺾임, 완악함 등과 맞먹는 규모로 정반대 방향으로 향하는 것을 가리킨다. 이것이 충만함, 받아들임, 접붙임 그리고 구원이란 말 속에 함축된 대조관계가 지닌 의미이다. 요컨대, 사도의 주장은 이스라엘의 대다수가 구원받으리라는 것이다. 그렇지만 이 의미를 지나치게 확장하지 않도록 두 가지를 유의해야 한다.

첫째, 이는 종말에 이르러 이스라엘 사람 개개인이 다 회심할 것을 의미하는 것

---

52 그뿐만 아니라, 모든 선택받은 자는 구원을 받을 것이라는 바울의 모든 가르침에 내포된 일반적인 진리가 이 문맥에서는 용두사미격으로 끝나고 만다.

으로 해석해서는 안 된다. 여기에 사용된 유추는 그런 주장에 반대한다. 이스라엘의 배교, 범죄, 실패, 버림받음, 완악함은 모든 사람을 포함하는 보편적인 것이 아니었다. 언제나 남은 자가 있었고, 모든 가지가 꺾임을 당한 것이 아니며, 그들의 우둔함은 부분적인 것이었다. 마찬가지로 회복과 구원도 이스라엘 사람 개개인을 다 포함할 필요는 없다. "온 이스라엘"은 대다수를 가리킨다. 그것은 이 장에 나오는 패턴에 따라 민족 전체를 가리키는 말이다.[53]

둘째, 바울은 하나님의 최종 심판에서 구원받은 유대인의 상대적 비율의 문제를 생각하고 있는 것이 아니다. 우리는 다시금 이 부분에 나오는 역사적 관점을 상기할 필요가 있다. 사도는 이스라엘의 우둔함이 종결될 미래의 한 시점을 생각하고 있다. 충만함, 받아들임, 접붙임이 시간과 관련되어 있는 것처럼 이스라엘의 구원도 그렇다. 그러므로 이 명제는 장차 역사의 어느 한 시점 또는 시기에 이루어질 사건을 생각하고 있을 뿐이다.

이 서신과 특히 9-11장의 특징이 그렇듯 여기서도 성경에서 그 근거를 찾는다(9:12, 15, 17, 25, 27, 29, 33; 10:5, 8, 11, 18-19, 20-21; 11:8-9). 상반부는 이사야 59:20-21에서, 하반부는 예레미야 31:34에서 인용했다.[54] 바울이 이런 구약 구절들을 이스라엘의 회복에 적용할 수 있다고 간주한 것은 틀림없는 사실이다. 이 부분에 속한 앞의 여러 대목에서는 여러 가지 논지와 주장을 지지하기 위해 성경을 인용

---

53 "πᾶς가 지닌 적절한 의미를 파악해야 한다. '전체로서의 이스라엘, 한 민족으로서의 이스라엘'이다. 그것은 이스라엘 사람 개개인을 모두 포함하는 것이 아니다. 참고. 왕상 12:1; 대하 12:1; 단 9:11"(Sanday and Headlam, 앞의 책).

54 사 59:20의 두 번째 어구는 헬라어와 히브리어가 다르다. 바울은 헬라어를 그대로 인용했으나, 히브리어는 "야곱 안에 있는 범죄에서 돌이키는 그들에게"로 되어 있다. 바울의 인용문의 첫 어구는 히브리어나 헬라어에 정확히 일치하지는 않는다. 전자는 "to Zion" 또는 "for Zion"(לְצִיּוֹן)으로 되어 있으며, 헬라어는 이것을 아주 적절하게 "on behalf of Zion"(ἕνεκεν Σιων)으로 옮기고 있다. 그러나 바울은 시 14:7(칠십인역 13:7)에 있는 대로 "out of Zion"으로 옮기고 있다. 큰 문제는 없다. 히브리어에 포함된 전치사는 두 가지 번역이 모두 가능하다. 바울은 재량껏 번역하고 있다. 두 가지 의미 모두 참되다. 즉, 구원자가 시온에서 나오며, 시온의 구출을 위해서 나온다는 것이다. 바울의 강조점은 구원자가 시온을 위해 행하실 일에 있다. 그러나 첫 어구는 9:5의 패턴을 따라 구원자가 시온과 맺는 관계에 집중되고 있다. 이것은 이 문맥의 전반적인 강조점과 관계가 있고, 구원자의 구원사역이 이스라엘 민족과 상관이 있음을 강조한다.

했다. 그중의 몇몇 경우에는 이스라엘의 회심에 관한 암시도 있는 듯하다(10:19; 11:1-2). 그러나 이것은 대규모 회복을 지지하기 위해 성경에 명백히 호소한 첫 사례이다. 앞의 여러 대목에서 간접적인 언급이라도 있었는지는 의문이다. 이와 같은 명백한 적용은 이사야 59:20-21과 같은 성격의 여러 다른 구약의 구절에도 적용할 수 있는 해석의 원리를 보여 준다. 말하자면, 그런 구절들은 바울이 25-26절에서 말하는 것과 같은 복음의 축복이 확장되는 것을 약속하고 있다는 뜻이다.[55] 이런 인용문들의 여러 요소는 우리에게 이스라엘의 구원 속에 내포된 것이 무엇인가를 구체적으로 말해 준다. 그 요소들은 구속,[56] 불경건에서 돌아서는 것, 언약적 은혜의 인침, 죄를 없애는 것 그리고 복음의 핵심적 축복 등이며, 이런 것들은 이스라엘의 구원이 의미하는 바를 가리키는 하나의 지표이다. 여기에는 어떠한 특권이나 지위에 대한 아무런 암시가 없고 그리스도를 믿는 믿음 안에서 유대인과 이방인이 공유하는 것만 있다.

"그들에게 이루어질 내 언약이 이것이라"는 어구는 좀 더 설명이 필요하다. 족장의 언약이 언급된 9:4을 제외하면 이것이 이 서신에서 언약에 대한 유일한 언급이다. 맹세로 맺은 약속이란 성경적 언약 개념에 따라 여기에 하나님의 약속에 대한 신실성과 약속의 확실한 성취에 대한 보증이 있다. 우리는 이 언약적 확신을 인용된 본문이 지지하는 명제나 28절에서 말하는 내용으로부터 분리할 수 없다. 따라서 장래에 일어날 이스라엘의 회복은 다름 아닌 언약의 정립에 속하는 확실성에 의해 보증되는 것이다. 언약에 관한 어구와 함께 나오는 다른 어구들은 하나님 또는 구원자가 앞으로 할 일을 가리키고 있음을 주목해야 한다. 언약의 개념과 일치하는 방식으로 하나님이 장차 행하실 일, 곧 단독으로 행하실 일을 강조한다. 이사야 59:21에서는 언약이 하나님의 영과 말씀을 영구히 두겠다는 말로 진술되어

---

55 참고. 시 14:7; 126:1, 2; 사 19:24, 25; 27:13; 30:26; 33:20, 21; 45:17; 46:13; 49:14-16; 54:9, 10; 60:1-3; 62:1-4; 미 7:18-20. 사 59:20, 21이 60:1-3의 토대가 되고, 시 54:9, 10절에서도 사도가 호소하고 있는 본문인 59:20, 21에서처럼 언약의 신실성이 강조되고 있음을 감안하면, 이 점이 더욱 뚜렷하게 드러난다.

56 히브리어 성경에 사용되고 있는 גאל는 구약에서 구속의 의미를 지닌 표준어 중의 하나이다.

있는데, 이것은 언약적 은혜와 관련된 확실성을 가리키는 또 다른 지표이다.[57]

28-29절 28절 상반부는 사도가 이미 11, 12, 15절에서 지적한 것과 관련이 있다. 추가적인 설명이 필요한 것은 "원수"라는 단어의 의미다. 이는 유대인이 이방인에 대해 또는 이방인이 유대인에 대해 품고 있는 주관적인 적대감으로 이해하면 안 된다. 그것은 하나님의 은총과 축복에서 소외된 상태를 가리킨다. 이것은 하반부의 "사랑을 입은 자"라는 말과 대조되는 것이다. "사랑을 입은 자"라는 말은 하나님의 사랑을 입은 자란 뜻이다. "원수"는 15절의 "버림"이 뜻하는 것과 동일한 관계, 즉 화목과 받아들임, 다시 말하면 하나님의 은총과 축복으로 영접되는 것과 대조되는 그런 관계를 말한다. 그러므로 "원수"는 바울이 이 장 전체에서 다루는 이스라엘의 버림받음을 가리킨다. 그것이 복음을 이방인들에게 전하게 되는 계기였다. 문맥에 있는 대로 이방인들에게 말하는 중이다.

　28절 하반부는 더 어려운 문제를 야기한다. 이 구절의 상·하반부는 모두 당시의 이스라엘에 대한 하나님의 관계를 가리키고 있음을 주목해야 한다. 이스라엘은 "원수"인 동시에 "사랑을 입은 자"다. 복음의 관점에서 보면 원수요, 택하심의 관점으로 보면 사랑을 입은 자다. 이 대조가 의미하는 것은, 이스라엘이 복음을 거부함으로 그들은 버림을 당했고 복음이 이방인에게 주어지게 되었지만, 그럼에도 선택받았다는 사실 때문에 또 그들의 조상들과의 관계로 인해 사랑을 입은 자였다. 이 경우의 "택하심"은 11:6-7의 그것과 같지 않다. 후자에서의 선택은 버림을 받아 완악해진 대다수와 구별되는 남은 자에게 속하며, 따라서 믿음의 의와 구원을 보증하는 특별한 선택을 가리킨다. 그러나 이 구절에서의 선택은 이스라엘 민족 전체, 곧 불신앙으로 하나님의 은총에서 소외된 이스라엘을 염두에 두고 있다.[58] 그러므로 이 선택은 하나의 민족으로서 이스라엘의 선택이며, 2절에서 "그 미

---

57 비록 바울은 이스라엘과 이스라엘, 씨와 씨, 자녀와 자녀 사이를 구별하고 있으나(참고. 9:6-13), 그는 "언약"의 견지에서 차별성을 두어 넓은 의미에서 언약 안에 있는 자들과 실제로 그 은혜에 참여하는 자들을 구별하는 것은 아니라는 점에 주목할 필요가 있다.
58 "우리가 반드시 기억할 것은 그는 어떠한 개인의 사적인 선택을 다루고 있는 것이 아니라, 민족 전체의 공통적인 입양을 다루고 있는 것이다"(Calvin, 앞의 책).

리 아신 자기 백성"으로 표현된 신정적 선택과 일치한다. 이것은 "조상들로 말미암아"라는 표현으로 더욱 명백해진다. 16절에서 처음 익은 곡식과 뿌리라는 말로 진술되었던 것을 다른 방식으로 말하고 있을 뿐이다. 그래서 "사랑을 입은 자"라는 말은 하나님이 그 조상들과 맺은 언약으로 말미암아 택한 백성이 된 이스라엘에 대한 관계를 취소하거나 중지하지 않으셨다는 뜻이다. 비록 이스라엘이 신실하지 못하고 그로 인해서 꺾임을 당하긴 했지만, 하나님은 그들에 대한 특별한 사랑의 관계를 아직도 유지하신다. 이 관계는 장차 이스라엘이 회복될 때에 입증될 것이다(12, 15, 26절).

이에 비추어 우리는 29절을 이해해야 한다. "하나님의 은사와 부르심"은 9:4-5에 언급된 이스라엘의 특전과 특권들과 관계가 있다. 이것들에 대해 "후회하심이 없느니라"는 것은 양자 삼음, 언약 그리고 약속들이 이스라엘에게 주어졌던 것이 무효화된 적이 없었다는 뜻이다. 그 근거로 하나님의 신실하심에 호소한다(3:3). 하나님의 진실성이 조상들과 맺은 언약이 제정한 그 관계의 지속성을 보증한다. 이것은 언약적 증언의 확실성을 가리키는 또 다른 지표이다.

30-31절 바울 사도는 여전히 이방인에게 말하는 중이다. 30절은 11, 12, 15, 28절에 이미 진술된 내용을 다른 말로 되풀이하고 있다. 그 내용은 이방인이 이스라엘의 불순종으로 인해 하나님의 긍휼을 받게 되었다는 사실이다. 31절은 앞의 여러 절들과 병행관계가 없는 것은 아니지만(11b, 14, 25b), 이방인의 구원과 이스라엘의 회복의 상호관계를 명백히 표명한다. 이방인의 구원은 이스라엘의 불순종으로 인해 증진되었다. 그러나 이스라엘의 구원의 증진은 그것과 정반대 현상으로 인해 일어난다. 즉, 이제 이스라엘의 회심이 실현되는 것은 이방인에게 보인 긍휼 때문이지[59] 이방인들의 불순종이나 변절 때문이 아니다. 유대인과 이방인의 구원을 위한 하나님의 은혜로운 계획은 이렇게 진행될 것이다. 이 두 구절에 긍휼이란

---

59 τῷ ὑμετέρῳ ἐλέει는 그 다음에 나오는 ἵνα와 더불어 해석해야 한다. 참고. 고후 2:4과 갈 2:10에 나오는 동일한 구문.

말이 세 번이나 나오는 것은(참고. 9:15-16) 여기에 묘사된 전 과정 속에 나타나는 하나님의 주권적 은혜를 강조하기 위함이다. 이로써 우리는 32절에 나오는 하나님의 자비로운 계획에 관한 진술을 맞이할 준비가 되었다.

32절 앞의 두 구절에서 긍휼이란 단어가 세 번 나타났다. 이것은 하나님의 긍휼이 인간의 구원에서 차지하는 위치를 크게 부각시킨다. 그러나 불순종이란 단어가 세 번 나타난 것도 주목할 필요가 있다. 그 교훈은 명백하다. 긍휼이 그 적실성과 의미를 지니게 되는 것은 오직 불순종의 맥락 안에서다. 긍휼의 이러한 특성 때문에 불순종은 긍휼의 전제가 되고, 긍휼은 오직 불순종에 대해 발휘될 때에만 비로소 존재하고 작용한다. 하나님의 섭리적 행위의 견지에서 32절이 말하는 것은 바로 이 진리다. 이것은 단순히 사람이 불순종해서 긍휼을 받을 만한 상태에 처했다가, 하나님의 주권적 은혜로 긍휼의 대상이 된다는 것이 아니다. 여기서는 하나님의 단호한 행위를 강조하고 있다. "하나님이 모든 사람을 순종하지 아니하는 가운데 가두어 두셨다." 하나님의 심판이 그렇게 명했기 때문에 모든 사람들은 결국 불순종의 울타리 안에 갇히게 되며, 또 그렇게 불순종에 속박되어 있는 만큼 하나님의 긍휼이 풀어 주지 않는 한 거기서 벗어날 길이 없다. 여기에 언급된 행위의 가혹함을 완화시키는 것은 불가능하다.

그렇지만 이것은 이 구절의 주된 사상의 영광을 보여 주는 가혹함이다. "모든 사람에게 긍휼을 베풀려 하심이로다." 우리가 이 구절의 상반부를 더 깊이 생각할수록 하반부의 내용이 더욱 놀랍게 다가온다. 여기에 나온 것은 단순히 불순종과 긍휼의 상호관계가 아니다. 가혹함을 조금도 완화시키지 않고 불순종에 가두어 두심은 결국 긍휼을 보여 주기 위한 것이었다. 사도는 이 두 사건의 보완관계를 넘어서 종속관계로 나아간다. 만일 우리가 여기에 언급된 계획의 깊이에 민감하다면 우리는 도무지 헤아릴 수 없다고 느끼게 될 것이 분명하며, 따라서 "주의 길이 바다에 있었고 주의 곧은 길이 큰 물에 있었으나 주의 발자취를 알 수 없었나이다"(시 77:19)라고 고백하지 않을 수 없을 것이다. 이것이 바로 바울 자신의 반응이다. 그는 이렇게 외쳤다. "깊도다 하나님의 지혜와 지식의 풍성함이여, 그의 판단은 헤아리지 못할 것이며 그의 길은 찾지 못할 것이로다"(33절). 이것은 괴로운 혼돈의 반응이 아니라 기쁨과 찬양이 가득한 경탄의 반응이다. 우리의 믿음과 이해력이 계시의 지평선을 바라보면 우리의 마음과 생각은 하나님의 행하신 일과 방법의 불가해한 신비로 압도당하게 된다.

바울 자신의 가르침으로 볼 때(2:4-16; 9:22; 살후 1:6-10) 32절의 마지막 어구가 온 인류의 구원을 가리킨다고 보는 것은 불가능하다. 문맥이 그 범위를 결정한다. 사도는 현재 유대인과 이방인을 생각하고 있다. 앞 문맥에서 그는 하나님의 범세계적 구원의 목적이 펼쳐지는 과정에서 유대인과 이방인의 상이한 역할을 다뤘다(11-12, 15, 25-28절). 바로 위의 두 구절에서도 이 차별성이 어느 정도 존재하고 있다. 이방인들은 이스라엘의 불순종으로 인해 긍휼을 얻었고 이스라엘은 이방인들에게 베풀어진 긍휼로 인해 긍휼을 얻는다. 그러나 32절은 구별 없이 모든 사람에게 공통적인 사실을 강조하고 있다. 즉, 모든 사람들이 불순종에 가두어지게 된 것은 그로 인해 긍휼의 대상이 되게 하고자 한 사실이다. 그러나 이것이 예외 없이 모든 사람에게 적용되는 것은 아니다. 마치 30절과 31절이 모든 이방인과 유대인에게, 그리고 26절이 과거와 현재와 미래를 총망라한 모든 이스라엘에게 적용되지 않는 것과 같다. 그런즉 "모든 사람에게 긍휼을 베푼다"는 말은 이 긍휼을 받는 모든 사람에게 차별 없이 긍휼이 주어진다는 뜻이다. 32절의 첫 어구는 예외 없이 모든 사람에게 해당되지만(참고, 갈 3:22), 바울이 지금 그 사실을 생각하고 있는지는 분명하지 않고 이방인과 유대인의 구별 없이 양자 모두 불순종에 가둬졌다는 점을 강조하고 있다.

4) 송영(11:33-36)

33. 깊도다 하나님의 지혜와 지식의 풍성함이여, 그의 판단은 헤아리지 못할
    것이며 그의 길은 찾지 못할 것이로다
34. 누가 주의 마음을 알았느냐 누가 그의 모사가 되었느냐

35. 누가 주께 먼저 드려서 갚으심을 받겠느냐

36. 이는 만물이 주에게서 나오고 주로 말미암고 주에게로 돌아감이라 그에게
영광이 세세에 있을지어다 아멘

33-36절 33-34절의 주제는 하나님의 불가해한 계획이다. "헤아리지 못할 것"이란
말과 "찾지 못할 것"이라는 말이 이것을 가리킨다. 그렇지만 하나님의 불가해함이
그분의 계시되지 않은 은밀한 계획에만 적용된다고 생각하는 것은 잘못이다. 하
나님이 계시하지 않으신 것은 우리 지식의 범위 안으로 들어올 리가 없다. 그것은
알 수도 없거니와 이해하기도 불가능하다. 그러나 불가해함의 가장 중요한 측면
은 그것이 하나님이 계시하신 것에 대해서도 적용된다는 점이다. 이 문단에 뚜렷이
나타난 것이 바로 이 진리다. 송영이 터져 나오게 한 것은 계시된 계획, 특별히 32
절의 계획이다. 사도는 앞의 문맥에서 담론의 주제였던 구원 계획의 이루 측량할
수 없는 깊이에 압도당했다. 그뿐만 아니라, 그가 매우 깊다고 느끼는 하나님의
부요와 지혜와 지식은 계시되지 않은 것이 아니다. 그것들은 은혜와 긍휼의 풍성
함이며, 성령이 계시하신 하나님의 깊은 일들이며, 이 세상에 속하지 않은 성도들
에게 밝혀진 지혜다(고전 1:24; 2:6-8). 더욱이, 헤아리지 못할 판단과 찾지 못할 길
은 사도가 그 실례를 들었던 것들이다.

이 송영이 이 서신의 얼마만큼의 내용을 결론짓는 것인지는 확실하지 않다. 그
범위가 지금까지의 내용 전체일 수도 있다. 이 장의 끝부분에는 그리스도인의 삶
과 행위의 영역에 적용되는 구체적이고 실제적인 사항들로 바뀌는 전환점이 있다.
이 송영은 앞서 다룬 모든 것에 대한 적절한 결론이다. 또한 9:1부터 11:36에 이
르는 부분의 정점이라 할 수도 있다. 이런 문제를 놓고 독단적 자세를 취해서는
안 된다. 그러나 어느 것이 좋으냐고 선택하라고 한다면 둘째 경우를 택하고 싶
다. 이스라엘의 문제가 이 부분의 화두였다. 사도는 이스라엘의 불신앙과 버림받
음과 관계가 있는 하나님의 계획의 여러 측면을 다루었다. 11장 후반부(11절 이
하)에서는 하나님의 범세계적 구속 계획과 관련하여 이스라엘을 다루며, 이스라엘
의 버림받음과 회복, 이 두 가지가 어떻게 땅의 여러 민족들의 구원을 촉진하고 있

는가를 보여 준다. 사도는 장래에 펼쳐질 이 구원 계획의 전개로 눈을 돌려 이방인과 이스라엘의 충만한 수가 찰 것을 내다본다. 이 양자는 상호 의존적 관계를 맺고 있다. 이스라엘의 문제에 최종적인 답변은 이런 풍성한 은혜의 연속적인 출현이다. 그 결과는 하나님의 긍휼, 오직 그 긍휼에 의해서만 맺어지는 열매이다. 사도는 이 예언적 담론을 개진하면서 이스라엘의 불신앙과 온 열방의 불신앙까지도 하나님의 자비로운 계획의 관점으로 조망하고, 32절의 놀라운 진술을 한다. 이것이 장엄한 최절정이다. 송영을 유발시키는 것이 특별히 이 최절정인즉 이 송영은 이 부분(9:1-11:32)의 주제와 직결된다고 할 수 있다.

　　33절의 "풍성함"이라는 말은 번역된 대로 하나님의 지혜와 지식의 풍성함을 가리키는 것으로 볼 수 있다. 바울이 이 말을 가장 자주 사용하는 경우는 하나님의 어떤 속성이나 그의 영광의 풍성함에 관해 말하거나(참고. 2:4; 9:23; 엡 1:7; 2:7; 3:16) 다른 어떤 것의 풍성함에 관해 말할 때이다(참고. 고후 8:2; 엡 1:18; 2:4; 골 1:27; 2:2). 그러나 그리스도의 풍성함에 관해 말하듯이(엡 3:8; 고후 8:9) 하나님의 풍성함 자체를 거론하는 경우도 있다(빌 4:19). 그래서 이 세 용어들을 대등한 것으로 보면 이렇게 번역할 수도 있다. "깊도다 하나님의 풍성함과 지혜와 지식이여." 여기에서 "풍성함"은 앞의 문맥에서 그토록 강조했던 하나님의 긍휼과 자비를 두고 하는 말이다. 그러면 35절 상반부의 도전은 "풍성함"이란 단어에서 그 적절한 선례와 이유를 찾는 문제일 것이다. 이것이 두 번째 번역문을 지지해 주는 가장 강력한 논거이다. 다른 한편, 명시되지 않은 하나님의 풍성함은 지혜와 지식을 포함하는 것으로 볼 수 있고, 이 두 가지가 따로 언급되고 있기 때문에, 사도의 의향은 "깊도다 풍성함이여"라는 감탄사를 통해 하나님의 지혜와 지식의 특징을 묘사하려는 것이었다고 주장하는 것도 가능하다. 더욱이, 사도는 이어서 하나님의 판단과 길에 관한 언급을 한 뒤에, 동일한 순서로 지식과 지혜와 관련된 34절의 도전을 말한다. 그러므로 이 두 구절에서 지혜와 지식을 강조해야 했던 좋은 이유가 있는 셈이다. 하나님이 자기의 계획에 따라 정한 목적을 향해 섭리하시는 과정에서(32절) 가장 감탄과 찬양을 받을 만한 것은 그분의 지혜와 지식이기 때문이다. 그러나 문제가 완전히 일단락되는 건 아니다. 위에서 제시한 두 가지 번역이 모두 문맥에 적당하다.

지식은 하나님의 포괄적이고도 완전한 인지 및 이해를 가리키고, 지혜는 그의 거룩한 목적을 성취하는 방향으로 모든 것을 배열하고 조정하는 것을 가리킨다. 하나님 안에서 이것들은 상관관계가 있으므로 무리하게 구별하려고 애쓸 필요는 없다. 하나님의 지식은 상호관계들에 대한 완전한 이해를 포함하며, 이것들은 거꾸로 그의 지혜에 의해 결정된다. 사물들의 관계는 하나님의 포괄적인 계획 안에서 증진할 목적이 있기 때문에 존재하는 것이다.

"판단"은 결정 또는 결의라는 의미로 사용될 수 있다. 이 의미는 그 동사형이 사용될 때 자주 나타난다(13b; 고전 2:2; 7:37; 11:13; 고후 2:1; 딛 3:12). 그러나 신약에는 "판단"이란 단어가 판결 또는 선고를 가리키는 경우가 압도적으로 많다. 앞의 문맥에서도 하나님 편에서 그와 같은 종류의 심판을 말한 예들이 여럿 있었다 (9:18, 22; 11:7b, 8-10, 20-22, 25, 32). 그래서 하나님의 사법적 행위를 염두에 두고 있을지도 모른다. 어쨌든 이런 의미를 배제하면 안 된다. 하나님의 "길"은 우리의 구원과 인도를 위해 계시된 하나님의 길이라는 좁은 의미로 이해하면 안 된다(참고. 마 21:32; 눅 1:76; 행 13:10; 18:25, 26; 롬 3:17; 고전 4:17; 히 3:10). 이 경우에는 하나님이 사람을 다루시는 방식을 가리키며, 따라서 하나님의 법령적인 뜻이 실현되는 다양한 섭리를 포괄하는 것으로 이해해야 한다. 하나님의 판단은 측량할 수 없고 그의 길은 찾아낼 수 없다(참고. 엡 3:8). 하나님의 지혜와 지식의 풍성함에 관한 찬양은 하나님의 지식과 우리의 지식이 얼마나 다른지를 설득력 있게 증언한다. 바울이 측량할 수도 없고 찾아볼 수도 없다고 말할 때 그는 우리의 이해력을 두고 한 말이다. 그런데 우리의 이해력이 한계에 부딪히는 것은 하나님의 지혜와 지식이 너무나 깊기 때문이다.

34-35절은 이 부분에 자주 나오는 패턴을 따라 구약에서 이끌어 온 증언이다. 34절은 이사야 40:13의 헬라어역을 그대로 인용했다. 이 인용은 비록 순서는 다르지만 33절에 있는 지혜와 지식에 붙여도 무방하다. "누가 주의 마음(mind)을 알았느냐?"라는 말은 하나님의 지식의 측량할 수 없는 깊이를 증거한다. "누가 그의 모사가 되었느냐?"라는 말은 피조물에게 자문을 구하지 않고 오직 하나님만이

그 섭리를 집행할 계획을 고안하셨음을 의미한다. 35절은 욥기 41:11(히브리어 성경 41:3)[60]에서 끌어온 것 같다. 다만 차이가 있다면 욥기에서는 1인칭인 것을 여기서는 3인칭으로 고친 것뿐이다. 위에서 언급했듯이 이것은 하나님의 풍성함을 가리킬지도 모른다(33절). 그렇지만 꼭 그렇다고 할 수 없고 오히려 인위적인 해석일 수도 있다. 앞 문맥에서 하나님의 은혜와 긍휼에 대한 반복된 호소가 있었기에 송영이 시작되는 클라이맥스 부분에서 그보다 더 적절한 주제는 생각할 수 없다(32절). 하나님은 누구에게 빚을 지신 적이 없다. 하나님의 은총은 결코 무엇에 대한 보상이 아니다. 어떤 누구의 공로도 하나님의 긍휼을 강요할 수 없다. 모두 부정적인 대답만을 함축하고 있는 세 개의 수사적 질문들은 그 반대편에 하나님의 자족성, 주권성 그리고 독립성을 두고 있다. 이 진리는 다음과 같은 송영의 정점에 그 근거를 갖고 있다. "이는 만물이 주에게서 나오고 주로 말미암고 주에게로 돌아감이라"(36절).

36절은 비슷한 정서를 표현하는 바울의 다른 텍스트들과 비교할 필요가 있다(고전 8:6; 엡 4:6; 골 1:16; 히 2:10). 옛 주석가들의 견해에 따르면, 아버지는 만물의 기원(of)으로, 아들은 만물의 중재자(through)로, 성령은 만물이 지향하는 목적(unto)으로 묘사되고 있다고 하는데, 이는 근거 없는 해석일 뿐이다. 이것이 그릇된 해석임은 성령이 다른 어디에서도 모든 것이 지향하는 삼위일체 하나님의 위격으로 묘사되지 않는다는 사실로부터 쉽게 알 수 있다. 바울은 여기서 포괄적 의미의 하나님에 관해 말하고 있는 중이다. 즉, 다른 구절에서처럼 명백히 위격 간을 구별 짓지 않고 있다는 뜻이다(고전 8:6; 엡 4:5-6). 삼위일체 되시는 하나님에게 이 모든 것이 귀속된다. 하나님은 만물이 그로부터 나왔다는 의미에서 만물의 근원이다. 하나님은 창조주시다. 하나님은 만물이 그로 말미암아 존재하게 된 중개자이고, 만물이 또 그 본연의 목적에 따라 궁극적으로 지향하는 분이다. 하나님은

---

60 히브리어 성경이나 칠십인역 양자의 본문은 욥 41:3이다. 여기서 바울은 칠십인역을 따르지 않는다. 그는 히브리어 성경에 더 가깝다. 문자적으로 번역하면 이러하다. "누가 내가 갚을 것을 나에게 기대했느냐?" 바울이 그의 번역문에서 이 생각을 재생산하고 있다. 칠십인역은 τίς ἀντιστήσεταί μοι καὶ ὑπομενεῖ이다. ἀντιστήσεται는 히브리어 동사 םדק에서 유래했을 수 있다. 그렇지 않으면 히브리어와 유사성이 없는 듯하다.

모든 만물이 영광을 돌리게 될 최후의 목표이시다. 사도는 피조적, 섭리적 질서 안에 들어오는 모든 것에 대해 생각하는 중이다. 하나님은 알파와 오메가요 처음과 나중이시다(잠 16:4; 계 4:11). 모든 영광이 그분에게 귀속되어야 할 뿐 아니라 결국 모든 영광이 그분께 돌아갈 것이다.

THE EPISTLE TO THE ROMANS

12장

18. 그리스도인의 생활 방식(12:1-15:13)

1) 실제적인 의무들(12:1-21)

1. 그러므로 형제들아 내가 하나님의 모든 자비하심으로 너희를 권하노니 너희 몸을 하나님이 기뻐하시는 거룩한 산 제물로 드리라 이는 너희가 드 릴 영적 예배니라
2. 너희는 이 세대를 본받지 말고 오직 마음을 새롭게 함으로 변화를 받아 하나님의 선하시고 기뻐하시고 온전하신 뜻이 무엇인지 분별하도록 하라

이 장 서두에서 갑자기 주제가 돌변한다. 사도는 처음부터 성화의 주제를 다루고 있다. "오직 마음을 새롭게 함으로 변화를 받으라"(2절)는 말은 성화의 과정에 대한 권면이며, 여기서 사용된 용어들은 성화에 대한 정의에 특별히 맞춰져 있다. 그렇지만 바울은 성화의 주제에 관한 자신의 가르침을 굳이 이 지점까지 연기한 것은 아니다. 6-8장이 바로 그 성화의 주제를 다루었다. 특별히 이와 관련된 권면은 물론이거니와 성화의 기초도 6:1-7:6에서 설명했다. 그러면 이전의 여러 장들과 12장을 필두로 전개되는 내용의 차이는 무엇인가? 여기서 사도는 구체적이고 실제적인 적용을 다루고 있다. 두 대목의 관계를 주목하고 또 6:1-7:6에서 개진된 측면의 우선성을 이해하는 것이 중요하다. 성화의 기초나 순종의 원천을 떠나서 성화에 대해 실제적인 권면을 한다는 것은 그야말로 소용없는 일이다.

성화의 기초와 원천은 그리스도와의 연합이다. 좀 더 구체적으로 그리스도의 죽음의 효능과 그의 부활의 능력 안에서 그리스도와 연합한 것을 말한다(6:2-6; 7:4-6). 죄의 권세와 오염에서 벗어나고(6:14) 예수의 부활에 힘입어 새 생명을 얻은 것(6:4, 10-11)은 오직 그리스도와의 연합으로 인해 가능하게 된 일이다. 신자들은 육신이 아니라 성령을 따라 행한다(8:4). 그리고 그리스도의 죽음과 부활에는 이런 효력뿐만 아니라, 그리스도와의 연합이 영구적인 만큼 그리스도로부터 끊임없이 유출되고 갈수록 더 거룩해지게 하는 효험도 있다. 성령은 승천하신 주님의 영이

시다(8:4, 9). 그러므로 12:1에서 바울이 실제 적용의 영역에 진입할 때는 이전의 가르침을 기초로 삼는다. 초두에 나오는 "그러므로 내가 너희를 권하노니"(참고. 고전 4:16; 엡 4:1; 딤전 2:1)는 앞의 문맥에서 이끌어 낸 결론을 지적한다. 하나님의 값없고 과분한 은혜의 풍성함을 찬탄하던 최절정의 대목 그 자체만도 12장에서 시작된 권면을 이끌어 내기에 충분하지만, 이 서신의 교리적인 부분 전체, 특히 성화에 할애한 부분을 배제하는 것은 바람직하지 못하다. 이것은 윤리가 반드시 구속적 성취를 그 기초로 삼아야 한다는 바울의 가르침의 특징을 잘 보여 준다. 좀 더 구체적으로 진술하면, 윤리는 그리스도와의 연합으로부터 나오며, 따라서 윤리는 십자가에 못 박히셨다가 부활하고 승천하신 구속자 그리스도에 속한, 그리고 그리스도께서 발휘하는 능력에 참여하는 데서 나온다고 할 수 있다. 그리스도 안에 있는 하나님의 높은 소명과 어울리는 윤리는 구속이 적용되는 모습의 일부다. 그것은 성화에 속한다. 윤리는 교리와 구별되는 것이 아니다. 윤리는 윤리적 가르침에 기반을 두고, 가르침은 곧 교리이기 때문이다. 가장 중요한 교리의 상당수가 그리스도인 생활의 가장 실제적인 항목들에 관한 가르침 속에 나타난다.

1-2절 사도가 실제적인 권면을 시작할 때 먼저 인간의 몸을 다룬다는 사실은 중요하다. "너희 몸을 산 제물로 드리라." 사도는 "몸"이란 용어를 전인(全人)을 상징하는 말로 사용하므로 "너희 온 인격을 드리라"는 의미로 이해해야 한다는 주장이 주류를 이뤘다. 물론 바울은 여기서 헌신을 신체에 국한시킬 의도는 없다. 그러나 "몸"이란 단어를 전인의 동의어로 해석할 만한 근거도 충분하지 않다. 다른 여러 곳에 나온 바울의 용례는 그가 구체적으로 몸에 대해 생각하고 있음을 가리킨다(6:6, 12; 8:10-11, 23; 고전 5:3; 6:13, 15-20; 7:4, 34; 9:27; 15:44; 고후 5:6, 8, 10). 이런 구절들을 연구해 보면 바울의 사상에서 몸이 얼마나 중요했는지, 특히 구원 과정의 여러 측면에서 몸이 얼마나 의미심장했는지를 알게 된다. 그가 실제적 권면을 할 때 맨 먼저 몸의 성별에 이토록 강조점을 두는 것은 그만한 이유가 있다. 헬라 철학은 몸을 경시하는 경향이 있었고, 윤리적 이상은 몸과 몸의 부정적 영향에서 해방되는 것이었다. 몸에 관한 이런 견해는 성경의 전반적 증언과 정면으로 배

치된다. 몸은 처음부터 인간의 필수 불가결한 요소였다(창 2:7, 21-23). 몸의 해체는 죄의 삯이며 따라서 비정상적인 것이다(창 2:17; 3:19; 롬 5:12). 구속의 완성은 몸의 부활을 기다린다(롬 8:23; 고전 15:54-56; 빌 3:21). 그러므로 성화는 몸을 그 범위 안으로 가져와야만 한다. 이런 권면이 필요했던 것은 몸을 경시하는 풍조 때문만이 아니라 몸과 밀접히 관련된 악의 방종이 너무나 유행해서 윤리적 요구에서 빠질 수 있기 때문이기도 했다. 그런 실제적 상황에 비추어 사도의 이 명령을 이해해야 한다. 바울은 현실적인 인물이었기에 만일 성화가 신체적인 면을 포함하지 않는다면 처음부터 아무 소용도 없을 것임을 잘 알고 있었다.

바울의 명령은 무엇인가? "너희 몸을 산 제물로 드리라"는 것이다. 이것은 제사 의식에 속하는 말이다. 그렇지만 큰 차이가 있다. 구약에서 생명체를 바칠 때는 반드시 죽여서 피를 흘려야만 했다. 인간의 몸은 죽여서 드릴 수 없다. 물론 그리스도와 연합함으로써 신자들은 죽임을 당했다(롬 6:2; 7:4, 6). 이는 또한 죄의 몸에도 적용된다(롬 6:6). 그러나 산 제물로 바쳐야 할 것은 죄의 몸이나 죄 많은 몸이 아니다. 로마서 6:13이 이 말의 의미를 이해하는 데 필요한 실마리이다. "또한 너희 지체를 불의의 무기로 죄에게 내주지 말고 오직 너희 자신을 죽은 자 가운데서 다시 살아난 자 같이 하나님께 드리며 너희 지체를 의의 무기로 하나님께 드리라." 신자가 드려야 하는 것은 죽음에서 살아난 몸, 죄의 몸이 멸해졌기 때문에 죽음에서 살아난 몸이다. 드려야 할 그 몸은 그리스도의 한 지체며 성령의 전이다(고전 6:15, 19). "산"(living)이란 말은 또한 이 제사의 영구성을 반영하는 것일 수 있고, 따라서 끊임없는 헌신이 요구되는 것이다.

"하나님이 기뻐하시는 거룩한." 거룩은 죄의 몸을 특징짓는 더러움 및 모든 감각적 정욕과 대조를 이룬다. 거룩은 근본적인 성품이며 하나님을 기쁘게 하는 데 필요한 신자의 지배적인 원리이다. 이런 특징들은 신자의 영은 물론 몸과도 관련이 있고, 몸과 그 기능이 얼마나 윤리와 밀접한 관계가 있는지를 보여 준다. "거룩한"과 "하나님이 기뻐하시는"이란 말 이상으로 이 사실을 입증해 주는 것은 없다. 바울 당시는 물론이거니와 오늘날에도 만연되어 있는 각양각색의 성적 부도덕을 생각해 볼 때 여기서 언급되고 있는 표준과 그것이 얼마나 상충되는지를 알게 된다.

"너희가 드릴 영적 예배니라." 여기서의 영적이란 말은 신약에서 보통 "영적인"(신령한)이란 말로 번역되는 용어가 아니다. 좀 더 문자적으로 번역하면 합당한 또는 합리적이란 의미이다. 물론 몸을 산 제물로 드림은 영적인 제사, 즉 성령의 지도에 따라 드린 제사다(벧전 2:5). 그러나 바울이 다른 곳에서는 결코 사용하지 않았고 신약 전체에서 다른 한 곳에만(벧전 2:2) 나오는 이 용어를 쓰는 데는 분명한 이유가 있다. 여기서 생각하는 제사는 예배의 성격을 띤 제사이다. 사도가 그것을 '합리적'(rational)이라고 묘사하는 이유는 그것이 우리의 정신과 이성과 지성을 동원한다는 사실로 인해 하나님께서 받으실 만한 예배이기 때문이다. 그것은 기계적이고 자동적인 것과 반대로 합리적인 예배다. 우리의 신체적 기능 중의 상당수는 우리의 의지를 동원하지 않는다. 그러나 여기서 명하는 영적 예배는 지적인 의지를 동원해야 한다. '합리적'이라는 말에서 나오는 교훈은, 우리가 우리의 몸을 하나님을 섬기는 일에 의식적, 지성적으로 그리고 구별해서 헌신하지 않고는 결코 성경적 의미에서 '영적인' 사람이라고 할 수 없다는 사실이다. 더욱이, 이 표현은 기계적 형식주의와는 정반대되기 때문에 이 예배는 리돈이 말한 것같이 "유대교와 이교 예배의 외형적 의식과"는 대조를 이룬다.[1] 어쨌든 이 용어는 우리의 몸과 우리가 합리적이고 책임 있는 존재로서 드리는 예배가 얼마나 밀접한 관계에 있는지를 보여 준다.

이 구절의 첫마디를 간과해서는 안 된다. 부드러운 호소의 말이다. 요한일서 2:1에서 요한이 그랬듯이 우리는 바울의 진지한 갈망을 느낄 수 있다. "그러므로 형제들아 너희를 권하노니." 이것은 사랑의 관계에서 나오는 호소이다. 그러나 권면의 심정은 "하나님의 자비하심으로"라는 표현 속에 있다. 이것은 하나님의 온화한 자비이며 풍성한 연민이다(참고, 고후 1:3; 빌 2:1; 골 3:12). 자비하심을 바탕으로 우리의 몸을 살아 있는 제물로 바칠 것을 탄원한다. 바울은 성화에 대한 탄원에서 하나님의 준엄한 심판에 호소할 수도 있다(참고, 롬 8:13; 갈 6:8). 그러나 여기서 우리는 하나님의 다양한 자비에 사로잡힌 모습을 볼 수 있다. 마음을 녹이는 것은

---

1 앞의 책, p. 229.

하나님의 자비이다. 우리가 우리의 몸으로 헌신해야 함을 알게 되는 것은 이와 같은 하나님의 자비로 인해 감동을 받을 때다(고전 6:20). 바울이 부드럽게 호소하는 모습은 그가 절박한 이유로 간청하는 습관을 연상시킨다.

2절의 주된 사상은 행동방식이다. 구체적인 실생활의 이모저모와 관련하여 우리가 따르는 사고방식과 행동방식보다 더 중요한 문제는 없다. 우리가 따라야 할 표준이 무엇인가? 우리가 몸담은 사회적 환경에서 통용되는 행동방식과 결별한다는 것이 얼마나 어려운지 우리는 잘 알고 있다. 질서, 예의, 친절의 관습을 위반하면 안 된다고 이해하고 있다. 이 장 후반부에서 바울은 이런 명령을 한다. "할 수 있거든 너희로서는 모든 사람과 더불어 화목하라"(18절; 참고. 히 12:14). 그러나 절대로 따라가서는 안 될 방식이 있다. 이것이 바로 "너희는 이 세대를 본받지 말라"는 말의 의미이다. 이 명령에 대해 다음 세 가지 사항을 유의하라.

(1) 부정적 명령이다. 바울의 윤리는 현실적이기 때문에 부정적이다. 그것은 죄의 존재를 고려한다. 에덴동산의 중요한 시험도 범죄할 가능성이 있었기 때문에 부정적이었다. 십계명 중 여덟 계명은 죄가 존재하기 때문에 부정적인 계명이다. 기독교 신앙의 첫 번째 증거는 죄에서 돌아서는 것이다. 데살로니가 교인들은 우상을 버리고 하나님께로 돌아와서 살아계시는 하나님을 섬겼다(살전 1:9).

(2) "이 세대"(age)라는 단어는 다가올 세대와 대조를 이룬다. "이 세대"는 우리가 흔히 영원이라고 부르는 것의 이편에 서 있는 것이다. 그것은 지나가는 한시적인 세대다. 이 세대를 본받는다는 것은 한시적인 것들에 휘말리는 것이며, 또 우리의 모든 생각을 가시적이고 한시적인 것으로 향하게 함을 의미한다. 즉, 시류에 영합하는 자가 되는 것이다. 이 명령의 범위는 얼마나 넓은지 모른다! 만일 우리의 계산, 계획, 야망이 이생의 것에 의해 결정된다면 우리는 이 세대의 자녀들이다. 그뿐만 아니라, 이 세대는 악한 세대이다(고전 2:6, 8; 갈 1:4). 만일 우리가 이 세대의 풍조를 따른다면 이 세대의 악한 성격이 우리의 삶을 지배한다.

(3) "본받다"라는 용어는 그 자체가 현 세대의 부질없는 특성을 반영하지 않을지 몰라도, 우리가 피해야 할 방식과 우리가 좇아야 할 방식 간의 차이점에 주

목하게 한다.[2] 이 세대를 특징짓는 것 안에는 영원한 것이 하나도 없다. "이 세상도, 그 정욕도 지나가되 오직 하나님의 뜻을 행하는 자는 영원히 거하느니라"(요일 2:17). 우리는 영원히 남을 본보기, 곧 다가올 세대의 보증이 되고 그 세대와 연속성이 있는 본보기를 취해야만 한다. 우리는 다음과 같은 기준으로 우리 자신을 한번 시험해 보는 것이 좋다. 우리는 다가올 세대의 유익과 소망이 요구하는 것들에 입각하여 생각하고 있는가?

"오직 마음을 새롭게 함으로 변화를 받아." 우리는 사유와 이해의 좌소인 마음을 새롭게 함으로써 끊임없이 변형되는 과정 중에 있어야 한다는 뜻이다. 앞의 어구에 이 세대의 덧없는 풍조에 대한 암시가 있다면, 여기서는 새롭게 되는 과정에 의한 깊고도 영구적인 변화에 대한 성찰이 있다. 성화는 의식의 중심부에서 일어나는 혁명적인 변화의 과정이다. 이것은 성경적 윤리의 기본에 해당한다. 이것은 지속적인 진보의 사상으로서 흔히 그리스도인을 채색하는 정체, 안일 그리고 성취로 인한 자만심을 공격한다. 사도가 제의하는 것은 제2의 축복이라는 빈약한 개념이 아니라 의식의 좌소에서 일어나는 변형의 사상, 곧 지속적인 갱신의 사상이다. 우리는 여기에 사용된 표현을, 동일한 변화의 과정을 더 충분히 진술한 바울의 말과 연결시켜야 한다. "우리가 다 수건을 벗은 얼굴로 거울을 보는 것 같이 주의 영광을 보매 그와 같은 형상으로 변화하여 영광에서 영광에 이르니 곧 주의 영으로 말미암음이니라"(고후 3:18).

이렇게 마음을 새롭게 하는 일이 낳는 실제적이고도 경험적인 결과는 그 새로움이 지향하는 목표로 나타난다. "하나님의 선하시고 기뻐하시고 온전하신 뜻이 무엇인지 분별하도록 하라." "분별하다"(prove)는 말은 하나님의 뜻이 좋은지 나쁜지를 알기 위해 시험하라는 뜻이 아니다. 조사하라는 뜻도 아니다(고전 11:28; 고후 13:5). 그것은 좋다고 인정하는 것이다(롬 2:18; 빌 1:10). 그러나 이것은 경험으로 하나님의 뜻이 무엇인지를 발견하거나 배우는 것이며, 따라서 하나님의 뜻이 참으로 옳다는 것을 배우는 것이다. 그것은 결코 부족함이 없는 것으로 드러날 뜻이

---

2 참고. J. B. Lightfoot, *Saint Paul's Epistle to the Philippians*(London, 1908), p. 130.

다. 만일 인생에 목적이 없고 침체되고 열매가 없으며 알맹이가 결여되어 있다면, 그것은 우리가 경험적으로 하나님의 뜻의 부요함 속으로 들어가지 않기 때문이다. 하나님의 계명은 매우 범위가 넓다. 만일 우리가 하나님이 우리에게 나타내신 풍성한 계획에 반응하기만 한다면, 우리의 인생에서 하나님의 뜻이 명령하지 않는 순간이 없으며, 또 의미로 충만하지 않은 환경도 없다.

이런 질문이 있을 수 있다. 이것은 확정적인 목적을 지닌 뜻인가 혹은 계명의 뜻인가? 그 용어가 전자의 의미로 사용된다는 것은 틀림없는 사실이다(마 18:14; 요 1:13; 롬 1:10; 15:32; 고전 1:1; 고후 1:1; 갈 1:4; 엡 1:5, 11; 벧전 3:17; 4:19; 벧후 1:21). 그러나 그것은 또한 흔히 후자의 의미로도 사용된다(마 7:21; 12:50; 21:31; 눅 12:47; 요 4:34; 7:17; 9:31; 행 13:22; 롬 2:18; 엡 5:17; 6:6; 골 4:12; 살전 4:3; 5:18; 히 10:10; 13:21; 벧전 4:2; 요일 2:17; 5:14). 이 경우에는 후자에 해당되는 것이 분명하다. 그것은 점진적 성화에 있어서 우리의 책임 있는 활동과 관련이 있으므로 하나님의 뜻이다. 하나님의 법령적인 뜻은 우리의 생활이 따라야 할 규범이 아니다.

하나님의 뜻은 신자들의 생활을 규제하는 것이다. 그 뜻이 "선하시고 기뻐하시고 온전하시다"란 말로 묘사될 때, 이 구문은 이런 용어들이 하나님의 뜻을 묘사하는 형용사들이 아님을 시사한다. 오히려 하나님의 뜻은 "선하고 기꺼이 받아들일 만하고, 온전하다"[3]는 말이다. 사도가 지금 다루는 주제와 관련하여 하나님의 뜻은 선하고 기꺼이 받아들일 만하고 온전하다. 하나님의 뜻은 하나님의 법이며, 그 법은 거룩하고 의로우며 선하다(7:12). 우리는 하나님이 우리에게 주신 표준이 단지 비교적 선하거나 받아들일 만하거나 온전하다고 우려할 필요가 없다. 즉, 우리의 현 상황에 맞춰진 타협한 규범이라서 완전한 하나님의 표준에 미치지 못하는 것으로 염려할 필요가 없다. 하나님의 뜻은 하나님의 완전하심의 표출이며 그분의 거룩함, 공의 그리고 선하심을 온전하게 반영한다. 우리가 하나님이 온전하

---

3 τὸ ἀγαθὸν καὶ εὐάρεστον καὶ τέλειον은 형용사의 실명사적 사용의 실례나 실명사적 형용사로 취급해도 좋다(참고. 1:19; 2:4; 7:18, 21; 8:3). 관사 τό는 비록 반복되지는 않았으나 εὐάρεστον과 τέλειον에 적용되는 것으로 볼 수 있다(참고. G. B. Winer, 앞의 책, p. 127. 그가 인용한 예. 막 12:33; 눅 1:6; 14:23; 골 2:22; 계 5:12).

신 것 같이 온전하라는 명령을 받을 때(마 5:48), 그의 말씀을 통해 우리에게 계시된 하나님의 뜻 "하늘에 계신 너희 아버지의 온전하심과 같이"라는 말로 표현된 그 본보기와 완전히 일치한다. 그러므로 신자가 이런 완전함에 이르게 되는 날에 그 기준은 하나님의 뜻으로 지금 계시된 것과 다르지 않을 것이다. 장차 성도들에게 이뤄질 완전함은 현재 진행 중인 것과 연속선상에 있고 후자의 완결판이다(참고. 골 1:28; 4:12; 시 19:7-11).

3. 내게 주신 은혜로 말미암아 너희 각 사람에게 말하노니 마땅히 생각할 그 이상의 생각을 품지 말고 오직 하나님께서 각 사람에게 나누어 주신 믿음의 분량대로 지혜롭게 생각하라
4. 우리가 한 몸에 많은 지체를 가졌으나 모든 지체가 같은 기능을 가진 것이 아니니
5. 이와 같이 우리 많은 사람이 그리스도 안에서 한 몸이 되어 서로 지체가 되었느니라
6. 우리에게 주신 은혜대로 받은 은사가 각각 다르니 혹 예언이면 믿음의 분수대로
7. 혹 섬기는 일이면 섬기는 일로, 혹 가르치는 자면 가르치는 일로
8. 혹 위로하는 자면 위로하는 일로, 구제하는 자는 성실함으로, 다스리는 자는 부지런함으로, 긍휼을 베푸는 자는 즐거움으로 할 것이니라

3-5절 앞의 두 구절에 나온 성화에 대한 권면은 모든 사람에게 동일한 의미를 지닌다. 즉, 차이가 있을 수 없다. 그러나 3절에는 명백한 변화가 있다. 이 변화는 바울이 말하려고 하는 내용이 일부에게만 적실하다는 것이 아니다. 그것은 모든 사람과 관계가 있다. "너희 각 사람에게 말하노니." 그 변화란 사도가 지금 신자들 사이에 존재하는 차이점, 즉 하나님의 주권적 섭리와 그의 은사의 분배로 인해 생긴 차이점을 고려하고 있다는 점이다. 이런 차이점은 여러 가지 표현에 함축되어 있다. "오직 하나님께서 각 사람에게 나누어 주신 믿음의 분량대로"(3절). "모든

지체가 같은 기능을 가진 것이 아니니"(4절). "우리에게 주신 은혜대로 받은 은사가 각각 다르니"(6절). 그런즉 현재 유념하고 있는 것은 재능, 은혜, 기능, 직분, 믿음과 관련된 다양성이다. 여기서 우리는 하나님의 뜻이 이런 다양성을 고려할 때 그리스도의 교회 안에 필요한 성화의 지침을 보게 된다.

처음에 사도는 자기 자신에게 주어진 은혜를 언급한다. "내게 주신 은혜로 말미암아 말하노니." 그에게 주어진 은혜를 생각할 때 자기를 구원해 준 은혜, 그 자신과 모든 신자가 공유하는 은혜를 생각하지 않을 수 없었다(갈 1:15; 딤전 1:13-16). 그러나 바울은 구체적으로 그의 사도직과 관련된 은혜를 생각하고 있다(1:5; 15:15, 16; 고전 3:10; 15:3,10; 갈 2:9; 엡 3:7, 8; 딤전 1:12). 그는 이 은혜를 적절하게 평가해서 활용했다. 사도가 그리스도의 몸의 통일성 안에 있는 다양성을 인정하고, 이 다양성의 중요성을 이해하지 못할 때 깨어지기 쉬운 질서와 조화를 유지하기 위해 이런 지침을 담대하게 줄 수 있었던 것은 그가 맡은 직분을 수행하는 과정에서 이루어진 일이다.

사도가 생각한 그 계획을 좌절시킬 수 있는 한 가지 요인은 교만의 죄이다. 교만은 우리에게 속하지 않은 특권을 탐내거나 행사하는 데 있다. 여기서도 주목해야 할 것은 부정문이다. 누구나 방종에 빠지기 쉽기 때문에 이 권면을 모든 사람에게 할 필요가 있다. "너희 각 사람에게 말하노니." 스스로를 과대평가할 위험이 없는 사람은 없다. 마이어의 말을 들어 보자. "공동체 안에서 더 높거나 다른 지위와 활동의 영역을 탐내면서 자기에게 주어진 믿음의 분량에 맞는 것에 만족하지 못하는 사람은 고의적인 자만심을 드러낸다. 이런 자만은 과도한 것이고 하나님에게서 난 것이 아니다."[4]

그러나 우리는 금지된 것 못지않게 권하고 있는 것도 주목할 필요가 있다. 우리는 "분수에 맞게 생각하라"는 권면을 받는다. 하나님의 은혜로 자기가 어떤 사람인지를 겸손하고도 신중하게 평가하는 일이 필요하다. 우리가 우리에게 없는 은사를 소유한 것으로 생각한다면, 우리의 위치와 기능에 관한 과장된 개념을 지니

---

4 앞의 책, 12:3.

고 있는 셈이다. 우리는 스스로를 실상보다 높이 평가함으로써 죄를 범한다. 그러나 만일 우리가 자신을 과소평가한다면, 그것은 하나님의 은혜를 인정하기를 거절하는 것이며, 하나님이 우리 자신의 성화와 다른 사람의 성화를 위해 베푸신 것을 활용하지 못하는 자가 된다. 바울의 권고는 곧 그릇된 겸손에 대한 책망이며, 이는 자만과 마찬가지로 하나님의 은혜를 제대로 평가하지 못하고 또 각각 다른 은혜로 각자에게 부여된 소명도 제대로 판단하지 못한다.

건전한 판단의 기준은 하나님이 각 사람에게 나누어 주신 "믿음의 분량"이다. 각자의 믿음이 그가 건전한 판단력을 행사할 정도를 결정한다는 의미가 아니다. 여기서 생각하고 있는 것은 판단의 특성이 아니다. 앞의 어구가 그 필요성을 다뤄 준다. "믿음의 분량"은, 각자 스스로를 평가하고 또 교회 안에서 수행할 역할을 결정할 때 건전한 판단이 고려해야 할 것이다. 그러면 "믿음"은 무엇을 가리키느냐는 질문이 생긴다. 우리 구원의 수단이 되었던, 그리스도를 믿는 일반적인 의미의 신앙인가?(엡 2:8) 혹은 하나님이 신자들에게 나누어 주신 다양한 은사들을 가리키는 구체적인 의미의 신앙인가? "믿음"이란 용어를 믿음의 내용, 즉 복음의 진리라는 의미로 이해해서는 안 된다(갈 1:23; 딤전 5:8; 유 3). 이것은 각 신자에게 서로 다른 분량으로 주어질 수 없는 것이다. 그런즉 여기서 "믿음"은 신자에 의해 발휘되는 믿음으로 이해해야 한다. 또한 "믿음의 분량"을 마치 믿음을 여러 부분으로 나누어 측량할 수 있는 것처럼 이해해서도 안 된다. "믿음의 분량"은 교회 안에 존재하는 다양한 기능들의 견지에서 믿음이 발휘되고 있는 여러 측면을 가리키는 것이 분명하다. 따라서 이 말의 의미는 그 뒤에 나오는 표현들에서 이끌어 낼 수 있다. "모든 지체가 같은 기능을 가진 것이 아니니"(4절). "우리에게 주신 은혜대로 받은 은사가 각각 다르니"(6절). 6-8절에서는 다양한 기능과 은사들이 열거된다. 각각의 은사는 그 활용에 필요한 은혜를 요구하고, 그 자체가 이 은혜를 증명하고 있다. 그 은사들은 은혜에 따라 주어진 것이기 때문이다(6절). 그러므로 기독교 공동체의 지체들 간에는 다양하게 분배된 서로 다른 재능들이 있다. 이것을 가리켜 각자 받은 믿음의 분량이라고 일컫는 것이다. 이에 따른 유일한 질문은 다음과 같다. 왜 이처럼 서로 다른 은사가 주어진 것일까?

어떤 은사를 소유해서 활용한다는 것이 마치 구원의 믿음이 더 크다거나 믿음의 증거 내지는 성령의 열매(갈 5:22-24)라고 부르는 은혜들을 더 풍성하게 활용하는 것을 의미하는 것처럼, 여기서 고려하는 것이 구원에 이르는 믿음의 강도라고 생각하면 안 된다. 모든 신자들은 이 믿음과 그 열매를 보여 주도록 부름을 받았다는 점에서는 차이가 없지만 여기에 나온 믿음의 분량이란 말에는, 다음 문맥이 보여 주듯이 각 은사가 그 소유자의 활동 영역을 제한시킨다는 의미가 있다. 믿음의 분량이라고 불리는 것은 은사의 활용과 관계가 있는 제한적 의미의 믿음을 가리키기 때문이다. 이렇게 부르는 이유는 믿음이란 것이 우리가 공동체의 지체가 되는 일뿐만 아니라 지체로서 특정 기능을 수행하는 일에도 가장 중요한 요인임을 강조하기 위해서다. 사도가 다른 곳에서 "내게 능력 주시는 자 안에서 내가 모든 것을 할 수 있느니라"(빌 4:13)고 말한 것처럼, 그 어떤 은사도 하나님을 향한 믿음, 구체적으로는 그리스도를 향한 믿음을 떠나서는 결코 발휘될 수 없다.

주석가들은 그리스도와 그의 몸의 지체들 사이에 분량의 차이가 있다는 사실에 주목했다. 그리스도는 "은혜와 진리가 충만하더라"(요 1:14). "모든 충만으로 예수 안에 거하게 하시는 것"을 아버지께서는 기뻐하셨다(골 1:19). "그 안에 지혜와 지식의 모든 보화가 숨겨져 있다." 그의 재능은 측량할 수 없다. 그런데 교회에는 은사의 분배가 있다. 각각의 지체는 자기 자신의 분량을 소유하고, 이에 상응하는 믿음이 있고, 이 믿음에 따라 은사가 활용된다.[5]

3절 마지막에 언급된 다양한 재능과 기능이 이제 4절에서는 사람의 몸에 비유되어 설명된다. 인간의 몸이 다양한 기능을 지닌 많은 지체를 소유한 것과 같이 그리스도의 교회도 그러하다.[6] 인간의 몸에 대한 이런 호소는 5절에도 나타난다. "이와 같이 우리 많은 사람이 그리스도 안에서 한 몸이 되어 서로 지체가 되었느니라." 다음 두 가지 사항을 주목해 보자.

---

5 "믿음"이란 용어를 이런 의미로 사용한 두드러진 예는 고전 12:9이다. 여기서 믿음은 "지혜의 말씀", "지식의 말씀", "치유의 은사" 등과 동등한 것이다(참고. 14:22, 23; 고전 13:2).
6 참고. Liddon, 앞의 책, p. 233. 고대 로마세계에서 사회적 또는 정치적 몸과 관련해 이 비유를 사용한 경우이다.

(1) 교회의 개념이 "그리스도 안에서의 한 몸"으로 표현되어 있다. 이 구절은 이 서신에서 이 명칭이 나오는 유일한 곳이다. 같은 사상이 고린도전서 10:17에도 나타난다. "많은 우리가 한 몸이니, 이는 우리가 다 한 떡에 참여함이라." 바울은 이 두 구절에서 신자들을 "그리스도의 몸"이라고 부르지 않지만 고린도전서 12:27에서는 "너희는 그리스도의 몸이요 지체의 각 부분이라"고 말한다. 그런데 여기에 나온 사상이 너무도 비슷해서 우리로서는 바울이 다른 구절들(롬 12:5; 고전 10:17)을 기록할 때 교회를 그리스도의 몸으로 생각했다는 것을 의심할 수 없다. 에베소서와 골로새서에는 교회가 그리스도의 몸이란 교리가 더 자세히 설명되어 있다.[7] 이 서신들에서 이 교리가 특별한 위치를 차지하는 이유는 거기서 전개되고 있는 주제들에 매우 적절하기 때문이다. 그러나 이 후기 서신들의 교리가 로마서와 고린도전서에 내재되어 있지 않다고 생각하면 안 된다. "그리스도 안에서의 한 몸"이라는 표현이 좋은 예라고 볼 수 있다. 지금 사도의 관심사는 신자들의 공동체에 인간의 몸에 나타나는 현상을 적용할 필요성이다. 즉, 지체는 많으나 그 지체들이 동일한 기능을 수행하는 것은 아니라는 점이다. 이 문단의 지배적인 사상, 즉 상호존중과 상호의존의 조화 속에서 믿음의 분량에 따라 발휘되는 은사와 직분의 다양성이 표현양식을 결정한다. 그리고 이 경우에는 "그리스도 안에서의 한 몸"이라는 것 외에 다른 말이 필요하지 않다.

(2) 신자들은 한 몸의 지체일 뿐만 아니라 상호 간의 지체이기도 하다. 이것은 공동체적 관계를 표현하는 특이한 방법이다(참고. 엡 4:25). 그렇지만 중복되는 것은 아니다. 그것은 통일성이란 말로는 표현되지 않는 것, 즉 소유의 공동체, 신자들이 서로 나누는 친교를 가리킨다. 그들은 서로 재산을 공유한다. 따라서 그들은 은사 및 은혜도 공유한다. 이것은 사유 재산을 파괴하는 공산주의가 아니다. 이는 하나님이 나눠 주신 독특한 은사들을 인정하므로 개체성은 그대로 유지된다. 그러나 하나님이 자신의 뜻에 따라 분배해 주신 성령의 모든 은사들을 공유하기 때문에 다양성이 각 지체를 풍요롭게 한다.

---

7 참고. 엡 1:23; 2:16; 4:4, 12, 16; 5:23; 골 1:18, 24; 2:19; 3:15.

6-8절 6절은 5절의 연속으로 볼 수 있으며 5절의 사상을 이어간다. "이와 같이 우리 많은 사람이 그리스도 안에서 한 몸이 되어 서로 지체가 되었느니라. 우리에게 주신 은혜대로 받은 은사가 각각 다르니." 따라서 이 세 어구(영어성경 참고)는 "많은 사람"을 주어로 삼고 있는 대등절이다. 번역문에 나오는 구문을 따라가고 6절을 새로운 문장의 도입으로 간주하는 것이 구문상 더 부드럽고 6절 하반부, 7절, 8절과도 잘 어울린다. 이 견해에 따르면 우리는 이 구절 중간에 하나의 동사를 삽입해야 할 텐데, 이것이 반론이 될 수는 없다. 이런 조처는 신약에서 드문 일이 아니다. 그 동사는 예언의 은사의 사용에 아주 어울리는 동사일 것이다. 마치 7절과 8절에서 섬기는 일, 가르치는 일, 위로하는 일 등과 같은 은사들의 사용에 어울리는 동사가 삽입되어야 하는 것과 같다. 6절에서는 번역문이 시사하듯이 "예언하다"라는 동사가 적절하다.

이 구절들에서 일곱 개의 은사가 언급된다. 고린도전서 12:8-10에서는 아홉 가지 은사가 명시되어 있고, 고린도전서 12:28-29에서도 역시 아홉 가지 은사가 나오며, 에베소서 4:11에는 "목사와 교사"가 한 직분이냐 두 직분이냐에 따라 네 가지 또는 다섯 가지 은사가 나타나 있다. 이런 목록들에서 언급된 은사들 중 일부는 로마서 12장의 목록에는 빠져 있다. 고린도전서 12:28에는 서열이 분명히 진술되어 있는데, 서열별로 말한다면 사도, 예언자, 교사의 순이다. 사도 다음 예언자의 순서는 에베소서 2:20, 3:5, 4:11에도 나타난다. 이 마지막 구절에는 복음 전도자의 직분이 세 번째로 나오지만, 다른 목록에는 포함되어 있지 않다. 순서가 암시되어 있는 모든 경우를 보면 사도가 첫째요, 예언자가 둘째다. 그래서 이 문단(롬 12:6-8)에서는 예언의 은사가 나오고 사도의 직분은 나오지 않기 때문에 예언이 제일 먼저 언급된 것이다.

바울이 사도 직분을 언급하지 않은 이유는 명백하다. 로마 교회에는 사도가 없었기 때문이다(15:15-29, 특히 20절). 그는 3절에서 자신의 사도적 임무를 암시했다. 한 사도가 직분 수행과 관련하여 다른 사도에게 지시를 내리는 일은 신약에 나오는 본보기와 어울리지 않는다. 다른 한편, 사도직이 우선하기 때문에 바울이 예언자에게 "믿음의 분수대로" 그의 은사를 사용하도록 명령하는 것이 매우 적절하다.

이미 말했듯이 다른 곳에 언급된 모든 은사들이 이 본문에 명시되어 있는 것은 아니다. 여기에 언급된 은사들만이 로마 교회에 있었다고 추론하는 것은 합당하지 못하다. 그렇지만 여기서 다루는 은사들과 그에 상응하는 지침들이 로마 교회에 적절했다는 것과 여기에 선정된 은사들이 3-5절에 나온 규제 원칙들을 구체적으로 시행하기에 충분했다고 추론해도 좋다.

예언은 하나님으로부터 온 진리의 계시를 전하는 기능을 가리킨다. 예언자는 일종의 계시의 기관이었다. 그는 하나님의 대변인이었다. 예언자의 직분은 미래에 대한 예측에 국한되지 않았다. 물론 하나님이 예언자에게 미래의 사건을 열어 보이시기를 기뻐하실 때는 그것이 그의 특권이긴 했지만 말이다(행 21:10, 11). 여기서 바울이 말하는 예언의 은사는 구약과는 구별되는, 사도 교회에서 사용되는 것을 일컫는다. 구약에서는 예언자들이 신약의 예언자들에게는 부여되지 않는 우선적인 지위를 점유하고 있었다(민 12:6-8; 신 18:15-19; 행 3:21-24; 히 1:1; 벧전 1:10-12). 그러나 사도 교회에서 예언의 은사가 중요한 위치를 차지하고 있음을 오순절 날에 성취된 요엘의 예언(욜 2:28; 행 2:16, 17), 예언자의 서열이 사도 다음이라는 사실, 교회가 "사도들과 선지자들의 터 위에 세워진다"(엡 2:20)는 사실로 알 수 있다. 사도들은 예언의 은사를 소유했다. 그들 또한 계시의 기관이다. 그러나 사도들은 다른 자격들도 갖추었기 때문에 최고의 직분을 부여받은 것이다. 그런데 "예언자들"은 사도들이 아니었다.

예언자에게 주어진 규제원칙은 "믿음의 분수대로" 자기의 은사를 사용해야 한다는 것이다.[8] 이 말은 문자적 번역이 암시하는 것처럼 "믿음의 유추에 따라"로 해석되어 왔다. 이 믿음은 계시되고 믿게 된 진리를 가리키는 객관적인 의미의 믿음이다. 이 견해는 성경의 유추라는 표현과 잘 상응한다. 이것은 성경은 성경에 따라 해석해야 한다는 것, 즉 성경 해석의 무오한 잣대는 바로 성경 자체[9]라는 것을 의미한다. 이 해석을 지지할 만한 이유는 많다.

---

8 "믿음"과 결부된 소유대명사는 없다.
9 참고. 루터, 칼빈, 필리피, 핫지, 쉐드 등.

(1) 만일 그 표현이 "믿음의 크기"(proportion of faith)를 의미한다면 "믿음의 분량"(measure of faith)(3절)과 동일한 의미를 지닌다. 각 사람이 자기에게 주어진 믿음의 분량에 따라 자기를 판단하고 자기의 은사를 사용해야 한다면, 굳이 그것을 되풀이하고 구체적으로 예언자에게 적용할 필요가 있는가?

(2) 예언자에게 그가 받은 새로운 계시가 기존의 계시와 결코 충돌하지 않는다는 사실을 상기시킬 이유는 충분히 있다. 이것이 진정한 예언자의 특징이다(신 13:1-5; 18:20-22; 고전 14:37; 요일 4:1-6).

(3) 사람들이 예언자의 주장을 판단하는 시금석은 그들이 소유한 계시의 규범(canon)이다(참고. 행 17:11).

(4) "유추"(analogy)가 다른 무엇과 일치하거나 상응한다는 뜻을 갖고 있다는 사실은 고전 헬라어에서도 인정하는 것이다.[10]

다른 한편, 이 해석을 확증하기에 충분한 증거는 없다. 이 용어는 신약의 다른 곳에는 나타나지 않는다. 다른 곳에서는 수학적 비중과 수열에 사용되고 있으며, 비율과 관계의 의미로 사용되기도 한다. "균형이 안 맞는"(out of proportion)이란 어구도 나온다. 분량의 개념이 압도적으로 많은 편이다. 이 의미가 여기에 적절한 듯하다. 예언자가 하나님의 말씀을 전할 때는 하나님이 자신에게 말하라고 주신 것을 벗어나면 안 된다. 위에서 언급했듯, 모든 은사는 믿음의 한계 내에서 사용되어야 하며, 그 은사의 영역과 목적에 국한되어야 한다. 예언자는 이 규제원리에 각별히 주의해야 하는데 그 이유는 계시의 기관이 주제넘게 자기의 권위에 입각해서 말하는 것보다 더 위험천만한 일이 없기 때문이다. "믿음의 분수"는 또한 다른 방향도 가리킨다. 예언자는 자기의 은사를 사용할 때 그의 특권을 최대한 활용해야 한다. 즉, 자기에게 위임된 진리를 알리지 않으면 안 된다. 바울은 이 점에 있어서 자신의 신실함을 주장했다(행 20:20). 더욱이, 이는 "믿음의 분량"(3절)을 단순히 반복한 것이 아니다. 그 경우에는 신중한 판단을 강조했다. 6절에서는 예언적 기

---

10 ἀναλογία는 신약에서는 오직 여기서만 나타난다. 칠십인역에는 아주 드물다. 고전 헬라어에서는 그것이 수학적 비율에 사용되고, 사용될 때는 균형이 맞지 않은 것을 의미한다. ὑπέρ와 더불어, 그리고 ὁμοιότης와 비슷하게 일치 또는 상응의 의미를 지니기도 한다.

능의 적절한 수행을 강조하기 때문에 "믿음의 분수"가 매우 적절한 명령이다.

그 다음에 언급된 은사는 "섬기는 일"(ministry)이다. 이 말은 말씀 사역에 대해 사용되며, 심지어는 사도가 수행하는 이런 사역도 그렇게 부른다(행 6:4; 20:24; 21:19; 롬 11:13; 고후 4:1; 5:18; 6:3; 엡 4:12; 골 4:17; 딤전 1:12; 딤후 4:5, 11). 이 말이 사용되는 용례를 보면 이것이 말씀 사역을 가리킨다는 견해는 충분한 근거가 있다. 게다가, 이 직분은 사도의 목록에서 예언 다음에 나오고 가르치는 일보다 앞에 등장한다. 만일 우선순위에 따라 나열되고 있다면, 우리는 당연히 섬기는 일을 말씀 사역으로 봐야 한다. 왜냐하면 교회의 직무 중에 일반적인 말씀 사역을 제외하고는 가르치는 일보다 더 높은 자리를 차지하는 것은 없기 때문이다. 이런 가정에 의하면, 처음 네 기능들은 분명히 서열에 따라 열거되었다. 즉, 예언, 말씀 사역, 가르치는 일, 위로하는 일의 순서이다. 이 견해가 아무리 합리적으로 보일지라도 확실한 것은 아니다.

(1) "섬기는 일"이란 용어는 물질적 필요와 관련된 구제사역이라는 제한된 의미로 사용되기도 한다(행 6:1; 11:29; 12:25; 고후 8:4; 9:1, 12, 13). 더욱이 이 서신에서 (15:31) 그 말은 15:25-27에 나와 있듯이 바울 자신이 예루살렘의 구제에 참여하는 사역에 사용됐다. 이 말이 유연하게 사용되었다는 사실은 바울이 "직분은 여러 가지다"라고 말하는 고린도전서 12:5에서도 분명히 나타난다.

(2) 열거된 은사들이 서열에 따른 것인지는 분명하지 않다(참고. 고전 12:8-10). 만일 우선순위에 따른 것이 아니라면, 구제사역이 언급되지 않을 이유가 없다.

(3) 비록 이 용어가 집사직을 지칭하는 데 사용되지는 않았어도, 그에 상응하는 용어, "종"은 "집사"의 의미로 사용되며, 그 동사는 집사의 직분을 발휘한다는 뜻으로 사용된다(빌 1:1; 딤전 3:8, 10, 12-13).

(4) 만일 말씀 사역을 염두에 두었다면, 이 문맥의 전제라고 할 수 있는 은사와 기능의 구별을 주장하기가 어려울 것이다. 만일 섬기는 일을 넓은 의미로 이해한다면 그 기능은 한편으로는 예언자에게, 다른 한편으로는 교사에게도 적용될 것이다. 그렇게 되면 우리가 예상하는 은사 간의 차별성이 사라지게 된다.

그러므로 여기서 섬기는 일이 집사직을 가리킨다는 견해를 배격할 만한 결정적인 이유는 없는 것 같다. 만일 그렇다면, 집사들에게 섬기는 일에 힘쓰라고 권면할 만한 타당한 이유가 있다. 그것은 가난한 자와 약한 자들에 대한 자비의 사역이다. 그런데 이 직분과 관련해 경계해야 할 두 가지 악이 있다. 이 직분이 물질적 혜택 및 신체적 유익과 관련되기 때문에 비영적인 것으로 과소평가되기 쉽다. 그래서 이 직분이 경시될 수 있다. 또 다른 악은 이 때문에 집사는 더 수지맞는 봉사로 보이는 다른 기능들을 탐하기 쉽다는 점이다. 경시하는 태도와 주제넘은 태도 모두 반드시 피해야 한다. 집사로 하여금 자기의 직분과 관련된 사역에 전념하게 하라. 이 직분은 매우 영적인 사역이고, 이 직분에 대한 과소평가는 교회의 증언에 큰 손실을 끼쳤다. 반대로 "집사의 직분을 잘한 자들은 아름다운 지위와 그리스도 예수 안에 있는 믿음에 큰 담력을 얻느니라"라고 했다(딤전 3:13).

"혹 가르치는 자면 가르치는 일로." 처음 두 은사를 다룰 때에는 사도가 "예언"과 "섬기는 일"이란 용어를 사용했다. 이제 사도는 더 구체적이 되어 다섯 가지 기능을 다룰 때는 그 은사들을 사용하는 사람들에 관해 말한다. 가르치는 직분은 예언의 직분과 다르다. 하나님의 말씀을 해설하는 사람은 계시의 기관이 아니다. 예언자는 진리를 전달하는데, 그만큼은 가르침을 베푸는 셈이다. 그러나 예언자는 계시된 진리의 의미를 설명하는 역할을 하는 교사가 아니다. 교사의 일은 특히 이해시키는 것과 관계가 있다. 교사는 이 일에 헌신하고 만족해야 한다.

"혹 위로(권면)하는 자면 위로(권면)하는 일로." 가르치는 일이 이해시키는 것과 연관되듯이 권면하는 일은 마음, 양심, 의지와 관련이 있다. 말씀 사역의 이 두 가지 측면은 서로 연결되어 있다. 이 두 가지 일이 때로는 동일한 사람의 사역 속에 결합되어 있다(딤전 4:13; 딛 1:9). 예언하는 일 또한 덕을 세우고 위로하는 일과 더불어 권면하는 일로 언급되기도 한다(고전 14:3). 여기에 사용된 용어는 구체적으로 위로를 가리킬 수도 있다. 이 용어가 신약에서는 이런 의미로 사용되기 때문이다. 이렇게 해석된다면, 이 특별한 은사는 위로를 잘하는 성향을 가리키며 특별히 고난 중에 있는 사람들을 위로하는 것을 말한다. 그러나 이 용어가 권면의 뜻을 갖고 있다 할지라도, 그것을 위로에 적용하는 일이 필요하다.

그 다음에 언급된 은사는 구제하는 일이다. 구제를 하되 성실함으로 하라는 것이다. 이 용어는 때로 관대함을 의미하기도 하지만(고후 8:2; 9:11, 13) 다른 곳에서는 동기와 목적에 있어서 순수하라는 뜻을 지닌다(고후 11:3; 엡 6:5; 골 3:22). 이중에서 어느 뜻을 유념하고 있는지는 알 수 없으나, 순수성을 선호하는 쪽으로 기울어진다. 여기서 구제는 사적인 재산을 주는 것을 말한다. 교회의 헌금으로 구제하는 것이 아니다. 교회에서 구제하는 일은 집사의 책임인데 이 긍휼의 사역을 염두에 두고 있다는 증거는 없다.[11] 교회의 헌금에서 기금을 분배하는 문제에서는 관대함이나 성실함이 그리 적절한 명령으로 보이지 않는다. 반면에 각 개인이 자신의 소유로 구제하는 경우에는 이런 미덕이 아주 적실하다. 그뿐만 아니라, 증거가 암시해 주듯 "섬기는 일"(7절)이 집사직을 가리킨다면, 그것은 사도의 관심사에 부합하지 않게 이중적인 표현이 되고 말 것이다. 사도의 관심사는 하나님이 교회에 나눠 주신 여러 은사의 사용에 있기 때문이다. 그런즉 여기서의 구제는 개개인의 소유물을 나눠 주는 일이며, 따라서 순수한 동기와 목적을 강조하는 것이 적절하다. 구제는 자신의 영향력과 이점을 얻고자 하는 숨은 동기로 행해서는 안 된다. 이것은 교회에 헌금을 많이 바치는 부자들이 흔히 빠지기 쉬운 함정이다.

"다스리는 자는 부지런함으로."[12] 여기서 가리키는 대상이 교회 내에서 치리와 감독을 맡고 있는 사람들임은 의문의 여지가 없다(살전 5:12; 딤전 5:17). 뒤에서는 "장로들"이라고 부른다. 고린도전서 12:28에서는 이 직분이 다른 용어 즉, "다스리는 것"(governments)으로 표현되어 있다(개역개정판에는 동일하게 번역되었음). 그런데 오직 한 사람에 의한 다스림을 암시한다는 생각은 터무니없는 발상이다. 다른 성경구절을 보면 장로들이 복수로 나온다(행 15:2, 4, 6, 22-23; 16:4; 20:17, 28; 딛 1:5; 히 13:7, 17). 사도는 여러 은사들을 소유해서 사용하는 사람들의 수에 대한 언급이 없는, 다른 네 경우와 같이 이 경우에도 단수형을 사용한다. 그런즉 이 본문을 근거로 교회 정치에서 우두머리가 한 사람이어야 한다거나 다스리는 사람들을 대표하는 한 명이 있어야 한다고 주장할 수 없다. 부지런하라는 권면은 교회의 지도

---

11 여기서 사용된 동사는 μεταδίδωμι, '몫을 주다'이다(참고, 눅 3:11; 롬 1:11; 엡 4:28; 살전 2:8).
12 προΐστημι가 지배한다는 의미로 쓰인 경우는 살전 5:12; 딤전 3:4, 5, 12; 5:17이며, 유지한다는 의미로 쓰인 경우는 딛 3:8, 14을 참고하라.

자들이 늘 깨어 있어야 한다는 말이다. 그들은 하나님의 교회를 목양하고 성령께서 그들에게 맡기신 양떼를 보살펴야 한다(행 20:28). 그들은 자신들의 보호 아래 있는 사람들의 영혼을 지켜야 한다(히 13:17). 교회는 진리의 기둥과 터라는 사실과(딤전 3:15) 또 다스리는 일을 위반하거나 소홀히 하는 것은 교회가 맡은 진리의 증언을 직접적으로 손상시킨다는 사실이 사도의 권고에 강력한 힘을 실어 준다.

"긍휼을 베푸는 자는 즐거움으로 할 것이니라." 이 은사는 구제의 은사와 밀접한 관련이 있다. 그러나 "긍휼"(mercy)이란 단어에는 궁핍한 사람들을 더 직접적이고 개인적으로 섬기는 개념이 깃들어 있다. 앞에서 말한 구제는 반드시 개인을 포함하는 건 아니지만, 이 긍휼의 사역은 좀 더 친밀한 봉사를 의미한다. 이 경우와 관련된 미덕이 이런 점을 시사한다. 즐거운 마음으로 하라는 것이다. 종종 긍휼의 일은 마음에 잘 내키지 않아서 인색하고 형식적으로 수행되기 쉽다. 이런 태도는 긍휼의 목적에 어긋난다. 칼빈의 말을 들어 보자. "병이나 기타 이유로 고통을 당하는 이들에게 줄 수 있는 가장 큰 위로는 그들을 민첩하게 돕는 사람들의 즐거운 모습이다. 반대로 고통당하는 이들이 그들을 돕는 사람들의 얼굴에서 마지못해 돕는 표정을 본다면 지금 경멸을 당하고 있는 것으로 느끼게 된다."[13]

처음 네 가지 은사의 경우에는 그 은사가 사용되어야 할 영역과 관련된 권면이 주어진 반면에, 나머지 세 은사의 경우에는 그것을 행하는 마음과 의지의 성향과 관련된 권면이다.[14]

9. 사랑에는 거짓이 없나니 악을 미워하고 선에 속하라
10. 형제를 사랑하여 서로 우애하고 존경하기를 서로 먼저 하며
11. 부지런하여 게으르지 말고 열심을 품고 주를 섬기라
12. 소망 중에 즐거워하며 환난 중에 참으며 기도에 항상 힘쓰며
13. 성도들의 쓸 것을 공급하며 손 대접하기를 힘쓰라

---

13 앞의 책, 동일한 곳.
14 참고. Meyer, 앞의 책, 12:8.

14. 너희를 박해하는 자를 축복하라 축복하고 저주하지 말라

15. 즐거워하는 자들과 함께 즐거워하고 우는 자들과 함께 울라

16. 서로 마음을 같이하며 높은 데 마음을 두지 말고 도리어 낮은 데 처하며 스스로 지혜 있는 체 하지 말라

17. 아무에게도 악을 악으로 갚지 말고 모든 사람 앞에서 선한 일을 도모하라

18. 할 수 있거든 너희로서는 모든 사람과 더불어 화목하라

19. 내 사랑하는 자들아 너희가 친히 원수를 갚지 말고 하나님의 진노하심에 맡기라. 기록되었으되 원수 갚는 것이 내게 있으니 내가 갚으리라고 주께서 말씀하시니라

20. 네 원수가 주리거든 먹이고 목마르거든 마시게 하라 그리함으로 네가 숯불을 그 머리에 쌓아 놓으리라

21. 악에게 지지 말고 선으로 악을 이기라

앞의 여섯 절에서 사도는 다양한 직분과 기능을 다루며 각각의 경우에 적절한 권고를 했다. 9-21절에서는 모든 신자들이 준수해야 하는 의무를 말한다. 12장 전체가 성화의 구체적이고 실제적인 측면들과 관련이 있기 때문에 이 권면들은 삶의 다양한 상황을 다뤄야 한다. 그러나 3-8절은 모든 사람에게 적용되지 않는 의무를 다룬다. 반면에 9-21절은 아무도 무시할 수 없는 의무를 다룬다. 사랑, 형제애, 열심, 소망, 참음, 기도, 손 대접, 관용, 동정 그리고 겸손과 같은 미덕은 모든 사람에게 해당된다. 이제 사도가 다루는 것은 바로 이런 온갖 미덕이다.

9-10절 "사랑에는 거짓이 없나니." 우리는 이 목록이 사랑으로 시작할 것이라고 기대할 법하다(참고. 롬 13:8-10; 고전 13:13; 갈 5:22). 사랑의 우선성에 비추어 그 사랑의 특징이 어떻게 묘사되는지를 주목하라. 사랑에는 거짓이 없어야 한다. 이 강조점은 다른 곳에서도 볼 수 있다(고후 6:6; 벧전 1:22). 위선보다 더 비난받아 마땅한 악은 없다. 거짓은 진실과 모순되기 때문에 성실을 파괴하는 악덕이다. 주님께서 다음과 같이 유다에게 말씀하실 때 거짓의 악마적 특성을 폭로하셨다. "네가

입맞춤으로 인자를 파느냐?"(눅 22:48). 사랑이 미덕의 총화이며 거짓이 악덕의 축소판이라고 한다면, 양자를 함께 묶는다는 것은 얼마나 큰 모순인가! 그야말로 가증한 위선이다!

악과 선의 반립관계에 대한 우리의 태도보다 더 중요한 것은 없을 것이다. 악의 모든 형태에 대한 우리의 반응은 즉각적인 증오여야 하며, 우리는 "그 육체로 더럽힌 옷까지도 미워해야" 한다(유 23). 선에 대한 우리의 태도는 결혼관계에서 볼 수 있는 애착이어야 한다.[15] 어둠의 왕국에 속한 것에 대해서는 증오하며 뒤로 물러나고 하나님을 기쁘게 하는 선한 것에 대해서는 온통 애착을 품어야 한다(참고. 살전 5:22; 빌 4:8, 9). 선이 우리 삶을 둘러싸고 있다면, 우리는 죄악의 길과 불경건한 자들의 모략 안에서는 질식하게 된다(시 1:1-2).

다음에 나오는 일련의 명령은 그 구문이 유사하다. "…에 있어서는 …하고"라는 식으로 되어 있다. "형제를 사랑하여 서로 우애하고." 9절의 사랑은 우리의 동료 인간에 대한 사랑이며, 문맥상 교회의 친교 안에서 행해지는 사랑을 가리킨다. 그러나 이 구절과 이후의 대목에서는 다양한 사랑의 표현이 언급되어 있다. 이 구절에서는 성도의 교제를 가족관계로 보고 있으므로 교회 생활에서 가족 간에 품고 있는 애정 같은 것을 나누도록 요구하고 있음이 명백하다.[16] 따라서 신자들 간에 나누는 사랑이 특별한 것임을 지적하고 있다. 가장 높은 수준의 사랑이라도 질적인 차별성이 있기 마련이다. 이런 차별성이 바울의 다음과 같은 말에 담겨 있다. "그러므로 우리는 기회 있는 대로 모든 이에게 착한 일을 하되 더욱 믿음의 가정들에게 할지니라"(갈 6:10).

"존경하기를 서로 먼저 하며." 이 말의 실제적 의미는 명백하다. 그러나 이 말의 취지가 바울이 다른 곳에서 "자기보다 남을 낫게 여기라"(빌 2:3)고 한 권면과 동일한 것인지, 또는 우리가 존경을 하는 면에서 앞장서야 한다는 것인지는 의문이다. 말하자면, 우리가 다른 사람의 칭찬을 기다리지 말고 먼저 그들을 존경해야 한다

---

15 κολλάω에 관해서는 마 19:5; 고전 6:16, 17에 나오는 용례를 보라.
16 Φιλόστοργοι는 신약의 다른 부분에서는 나오지 않지만 고전 헬라어에서는 가족의 애정을 가리키고 있다.

는 뜻일 가능성이 있다. 이 가운데 어느 것인지를 확실히 알 수 없다. 그러나 어느 경우든 이 권면은 우리 자신을 다른 사람들보다 내세우는 자만심에 대한 경고이다. 여기서 권하는 겸손은 3절에 나오는 냉정한 판단과 양립이 가능하다. 우리는 하나님이 우리에게 부여하신 은사를 인식하고 사용하되 이와 동일한 은사를 소유하지 못해서 특정한 기능이나 특권이 없는 사람들을 의식할 필요가 있다. 겸손은 믿음의 친교 안에 존재하는 차이점을 간과하지 않으며 또한 게으름의 핑계가 되어서도 안 된다. 바울은 자기 자신을 가리켜 "모든 성도 중에 지극히 작은 자보다 더 작은 나"라고 했다(엡 3:8). 하지만 그렇게 평가하면서도 그리스도의 사도요 일꾼으로서 자신의 특권을 당당하게 주장했다. 그는 자신이 여기서 권하는 내용과 "오직 하나님께서 각 사람에게 나누어 주신 믿음의 분량대로"(3절) 생각하는 냉정한 판단을 실천한 가장 훌륭한 모범이다.

11절 이 절에 나오는 세 가지 권면은 서로 밀접한 관련이 있다.[17] "부지런하여 게으르지 말고, 열심을 품고, 주를 섬기라." 첫 권면은 부정적 표현으로서 선행을 하다가 지치지 말라고 격려한다(갈 6:9).[18] 둘째 권면은 긍정적인 것인데 우리의 영이 열정으로 타오르기를 권하고 있다. 여기에 나오는 "영"이 성령을 가리키는 것으로 해석되어 왔는데, 그렇다면 '성령 안에서 뜨거워지라'는 뜻이리라.[19] 이 의미는 특별히 주를 섬기라는 다음 어구에 비추어 볼 때 적절하다고 할 수 있다. 하지만 우리의 영은 성령에 고무될 때에만 뜨거워지는 것도 사실이다. "영"(spirit)이란 용어는 성령의 고유명사로 이런 의미로 사용될 때가 많지만, 또한 인간의 영을 가리키

---

17 새번역은 이렇게 번역한다. "열심을 내어서 부지런히 일하며, 성령의 뜨거워진 마음을 가지고, 주님을 섬기십시오."

18 마 25:26에서 ὀκνηροί의 의미는 "나태한"이고, 빌 3:1에서는 "성가신" 혹은 "골칫거리인"이다. 여기서도 비슷한 개념이 표현되고 있다. "게으르지 말며", "요구사항으로 인해 성가신 존재가 되지 말라." σπουδή는 때로는 조급함을 의미하며(막 6:25; 눅 1:39), σπουδάζω도 딤후 4:9, 21; 딛 3:12에서 이런 의미를 지니고 있을 가능성이 있다. 그러나 σπουδή는 근면 또는 주의를 의미하는 경우가 더 많고(참고. 고후 7:11, 12; 8:7, 8, 16; 히 6:11; 벧후 1:5; 유 3), σπουδάζω도 전부는 아니지만 대부분의 경우에 동일한 의미를 지니고 있다.

19 참고. Barrett, 앞의 책.

기도 하고 바울의 서신들에서는 이런 의미로 자주 사용된다(롬 1:9; 고전 2:11; 5:4; 7:34; 고후 7:1; 엡 4:23; 살전 5:23). 인간의 영을 가리킨다고 보는 것이 여기서는 적절하기 때문에 굳이 성령을 가리키는 것으로 볼 필요는 없다. 셋째 권면은 게으름을 피하고 열심을 내어 무엇을 할지를 규정해 준다.[20] 주님을 섬기고 있음을 상기하는 일은 피곤에 대한 효과적인 해독제이며 열심을 불러일으키는 자극제이다. 실망이 그리스도인을 사로잡고 그 결과 심령이 허약해 있다면, 그 이유는 주님을 섬기고 있음을 맨 먼저 생각하지 않기 때문이다. 이 권고는 삶의 모든 상황에 적용되는 일반적인 것이지만, 이 일련의 권면에도 어울리는 것이다.[21] 이 권면은 게으름을 피하게 하고 한결같은 헌신을 격려하며, 주님을 위한 봉사의 궤도를 벗어나는 대담한 열정을 경계할 목적으로 주어졌다. "주를 섬기라"는 권면은 게으름에서 벗어나게 하고 열심을 품게 하려는 이중적인 목적을 갖고 있다.

12절 다음 세 가지 권면도 서로 밀접한 관련이 있다. "소망 중에 즐거워하며, 환난 중에 참으며, 기도에 항상 힘쓰며." 소망은 미래와 관계가 있다(8:24, 25). 신자는 그의 시야를 지금 눈에 보이는 현실로 제한하면 안 된다(2절). 현재 소유한 구원은 소망을 조건으로 하기 때문에 소망이 없으면 구원의 특성이 부정된다. "우리가 소망으로 구원을 얻었으매"(8:24). 소망은 하나님의 영광을 바라는 것이며(5:2) 신자에게는 순수한 최고의 축복 중 하나이다. 실현된 소망은 구름 없는 아침과 같을

---

20 Κυρίῳ 대신에 καιρῷ로 읽는 독법은 외부적 증거에서 별로 근거를 찾을 수 없다. P⁴⁶ ℵ A B L 다수의 소문자 사본과 기타 문헌은 이에 반대한다. καιρῷ는 저명한 주석가들에게 호응을 받고 있다(마이어와 고데트를 참고하라). 자기 자신을 시대의 환경에 적응시킨다는 의미에서 시세에 영합한다는 개념은 헬라어와 라틴어에 나타난다. 기회를 잘 이용한다는 사상은 바울 안에 나타난다(ἐξαγοραζόμενοι τὸν καιρόν, 엡 5:16; 골 4:5; 참고. 갈 6:10). 그러니까 시세에 영합한다는 개념이 바울의 교훈에 낯선 것도 아니며 본문의 문맥에 부적절한 것도 아니다. 더욱이, 어떻게 καιρῷ가 Κυρίῳ를 대치할 수 있었는지 이해하기가 쉽지 않다. 거꾸로 놓으면 쉽게 이해할 수 있기 때문이다. 그러나 그 혼란은 철자의 유사성에서 나왔을지도 모른다. 외부 증거를 보면 우리는 καιρῷ를 적절한 본문으로 채택할 수 없을 것이다. 우리는 칼 바르트의 주석에서 변증법적 경향을 포착하지 않을 수 없다. "시세에 영합하라. 현재의 위기에 뛰어들라. 거기에서 결단을 내려야하기 때문이다"(앞의 책).

21 고데트가 다음과 같이 말하는 것과 비교하라. "주를 섬기라는 교훈은 너무도 일반적인 것이기에 아주 특수한 일련의 권면들 속에 자리 잡기가 어렵다"(앞의 책).

것이다. 그곳에서는 선과 악, 기쁨과 슬픔이 혼합되는 일이 없을 것이다. 그런즉 현 상황에서도 "소망 중에 즐거워한다." 그렇지만 여기서 소망이 즐거움의 대상이 되는 것은 아니다. 필리피의 말을 들어보자. "여기서 명하는 바는 소망을 즐거워하라는 것이 아니라, 소망에 의해 또는 소망 덕분에 즐거워하라는 것이다."[22] 소망은 기쁨의 이유 또는 근거이다. 시련이 아무리 심하다 해도, 소망을 고려한 적절한 반응은 기뻐하는 일이다. 슬픔에 빠져 있을 때에는 소망의 조명을 받는 것 말고는 어떤 위로도 있을 수 없다. 바울은 다른 서신에서 사람들이 자는 자들에 대해 슬피 우는 것을 보고 이렇게 권면한다. "이는 소망 없는 다른 이와 같이 슬퍼하지 않게 하려 함이라"(살전 4:13).

"환난 중에 참으며." 필리피가 지적했듯이, 이것은 환난을 참아내는 것이 아니라 환난 가운데서도 흔들리지 않는다는 뜻이다.[23] 우리는 이미 신자의 순례를 특징짓는 환난과 이에 대한 신자의 태도에 관해 주목한 바 있다(5:3). 바울은 자신이 직접 견뎌 낸 고난을 여러 곳에서 언급한다(고후 1:4, 8; 2:4; 6:4; 7:4; 엡 3:13; 살전 3:7). 바울이 신자의 환난에 관해 말할 때 삶의 다양한 측면을 염두에 두고 있다는 것도 주목할 만하다(8:35; 고후 1:4; 4:17; 8:2; 살전 1:6; 3:3; 살후 1:4). 이것들은 흔히 핍박의 형태를 취한다. 그래서 우리는 "무릇 그리스도 예수 안에서 경건하게 살고자 하는 자는 핍박을 받으리라"(딤후 3:12; 롬 8:35; 고후 12:10; 살후 1:4; 딤후 3:11)는 말씀과 "우리가 하나님의 나라에 들어가려면 많은 환난을 겪어야 할 것이라"는 말씀을 기억한다(행 14:22; 계 7:14). 지금 본문의 권면은 신앙생활에서 늘 접하는 환난 중에 한결같이 인내해야 할 필요성을 말한다. 이 권면은 그 다음에 나오는 "기도에 힘쓰라"는 명령과 연관성이 있다(행 1:14; 6:4; 골 4:2). 우리가 환난 가운데 버티는 인내의 정도는 기도에 힘쓰는 정도에 비례한다. 기도는 우리가 당하는 모든 긴급 상황에 대처하도록, 특히 환난을 당할 때 약해지는 마음에 은혜를 공급하시는 하나님의 방편이다.

---

22 앞의 책, 동일한 곳.
23 앞의 책, 동일한 곳.

이 세 가지 미덕이 상호의존 관계에 있음을 주목하라. 기도 없이 당하는 환난이 얼마나 우울하겠으며(고전 15:19), 또 기도를 통해 우리에게 전달되는 소망과 인내의 자원이 없다면 우리는 얼마나 불행하겠는가! 다윗의 생각도 이 권면을 반영한다. "내가 주의 지성소를 향하여 나의 손을 들고 주께 부르짖을 때에 나의 간구하는 소리를 들으소서… 여호와를 찬송함이여, 내 간구하는 소리를 들으심이로다. 여호와는 나의 힘과 나의 방패시니 내 마음이 그를 의지하여 도움을 얻었도다. 그러므로 내 마음이 크게 기뻐하며 내 노래로 그를 찬송하리로다"(시 28:2, 6, 7).

13절 "성도들의 쓸 것을 공급하며."[24] 만일 우리가 이 권면을 따르려면, 성도의 필요를 채우기 위해 우리 자신의 소유를 분배하고 나누어야 한다. "공급하다"라는 말로 번역된 이 용어는 다른 곳에서 나눈다(참여한다)는 의미로 사용된다(15:27; 딤전 5:22; 히 2:14; 벧전 4:13; 요이 11). 빌립보서 4:14에서도 그런 것 같다. 이 용어의 명사형은 참여자라는 의미다(동역자란 의미는 마 23:30; 고전 10:18, 20; 고후 1:17; 몬 17; 히 10:33; 벧전 5:1; 벧후 1:4; 눅 5:10; 고후 8:23에 나오고; 이 동사의 복합형이 나오는 곳은 엡 5:11; 빌 4:14; 계 18:4).[25] 그러므로 그 의미는 우리가 성도의 필요에 공감해서 그것을 우리의 필요로 삼아야 한다는 것이다. 우리는 5절의 의미에서 다른 사람들의 은사들에 참여하는 것처럼 또한 그들의 궁핍과 필요에도 참여하게 된다.[26] 15절에서 명하는 대로 우리가 다른 사람의 사정에 함께하는 태도가 여기서는 성도의 결핍에 적용된다.

그 다음의 권면도 밀접히 연관된 것이다. "손 대접하기를 힘쓰라". 여기서 "힘쓰다"는 추구한다는 의미다. 즉, 손님 대접이 불가피할 때 우리가 불평하며 하는 것이 아니라(벧전 4:9), 능동적으로 해야 한다는 것이다. 여기서 말하는 능동적 행위가 다른 곳에서는 사랑과 평안, 의와 선, 그리스도 예수 안에서 하나님의 부르

---

24 μνείαις의 변형은(χρείαις은 보통 '필수품'으로 해석된다) 어떠한 이유로도 따를 수 없다.

25 갈 6:6이 "소통하다"(communicate)의 한 예라 할 수 있다.

26 필리피의 말은 우리가 성도들의 필요와 소통하는 것이 아니라, 성도 자신들과 소통하는 것을 의미한다(앞의 책).

심의 상을 얻는 것 등과 연관되어 있다(14:19; 고전 14:1; 빌 3:12, 14; 살전 5:15; 딤전 6:11; 히 12:14; 벧전 3:11). 사도 시대에는 이런 미덕을 실천해야 할 절박한 필요성이 있었다. 그리스도인들은 핍박 때문에 이주해야 하는 상황이었다. 그리고 또 다른 이유들도 있었다. 복음의 사신들은 자기들의 임무를 수행하기 위해 지역을 순회했다. 그런데 세상은 무정했다. 그러므로 손님을 대접하는 일은 신자들이 성도의 쓸 것에 참여하는 방법 중에 최고의 본보기였다. 사도 시대의 일반적인 상황이 우리 시대에도 세계 곳곳의 상황인 만큼 이 은혜의 필요성은 지금도 절실하다고 할 수 있다. 우리 시대의 경제적·사회적 환경이 좋아졌다 할지라도 손님 대접의 실천은 여전히 필요하다. 우리가 의무와 특권과 축복에 늘 깨어 있으면 손님 대접의 기회가 찾아올 것이다(히 13:2; 딤후 1:16-18).

14절 "너희를 박해하는 자를 축복하라"는 명령만큼 우리 마음에 부담을 주는 권면이 없다. 이 박해에는 부당하고도 적의에 찬 학대가 함축되어 있다. 그 박해는 우리의 악행이 아니라 오히려 선행에 의해서 촉발되었다(참고. 벧전 3:13-17). 박해의 이유는 "육신의 생각은 하나님과 원수가 되기" 때문이며(롬 8:7), 진리와 경건을 증언하는 하나님의 증인들에 대한 적대감으로 인해 유발된다. 이런 부당성은 신자의 마음속에 분개를 촉발하여 보복심이 생기게 한다. 바로 이런 점에서 본문이 명하는 것에 동의하기가 어렵다. 우리가 보복적 행동은 삼간다 할지라도 보복적인 생각을 품기가 너무나 쉽기 때문이다. 그런데 이 본문의 요구는 단순히 그것을 억제하라는 것이 아니며 또 단지 박해를 참고 견디라는 것도 아니다(참고. 벧전 2:20). 더 나아가, 가해자들을 축복하며 친절한 마음을 품으라는 것이다. 축복한다는 것은 여러 의미를 갖고 있다. 우리가 하나님을 송축할 때에는 마땅히 그분에게 돌려야 할 찬양을 하는 것이다(눅 1:64, 68; 2:28; 24:53; 약 3:9). 하나님이 우리를 축복하신다는 것은 우리에게 복을 주시는 것이다(마 25:34; 행 3:26; 갈 3:9; 엡 1:3). 우리가 사람이나 사물을 축복할 때에는 하나님이 그들에게 복 주실 것을 비는 것이다(눅 2:34; 고전 10:16; 히 11:20). 본문의 권면에 적용되는 것은 이 마지막 의미다. 이것은 이 동일한 의무를 권하는 수많은 경우에도 적용된다. 사도의 말은 우리 주님의 교훈과 동일한 의미를 지닌다(마 5:44; 눅 6:27, 28). 바울이 "축복하고 저주하지 말라"고 덧붙인 것은 우리의 태도가 축복과 저주의 혼합이 아니라 순전한 축복의 태도가 되어야 함을 강조하기 위해서다. 이런 요구는 두 가지 사항을 가리킨다.

(1) 하나님의 인자하심과 은혜만이 우리의 기준이다(마 5:45-48).

(2) 그리스도 예수 안의 전능한 은혜만이 이런 신자의 의무를 수행할 수 있게 해 준다.[27]

15-16절 우리는 위에서 신자는 타인의 필요에 동참해야 한다는 것을 배웠다(13절).[28] 15절에서 우리는 이런 공감의 다른 예를 보게 된다. 우리가 즐거워하는 자와 더불어 즐거워하는 것은 쉽고 자연스러운 일이라고 생각할지 모른다. 그러나 본문에서 말하는 기쁨은 그런 기쁨이 아니다. 주님 앞에서, 주님 안에서 만족하는 데서 나오는 기쁨이다(빌 4:4). 여기서 말하는 기쁨은 하나님의 은총과 축복이 "즐거워하는 자들"에게 부여된 특별한 경우에 생기는 것이다. 이 권면의 핵심은 마치 우리에게 일어난 일인 것처럼 그들의 즐거움 속으로 들어가라는 것이다. 이웃을 우리 자신과 같이 사랑한다면, 그리스도의 몸 안에 있는 공동체에 감사한다면, 다른 사람의 기쁨이 우리의 것이 될 것이다(참고. 고전 12:26b). 이런 상호관계는 우리에게 자연스러운 게 아니다. 질투와 시기, 증오와 적의가 우리의 타고난 성향이다(갈 3:20-21; 딛 3:3). 미덕의 목록에 있는 다른 것과 마찬가지로 이 권면도 "그리스도 안에서 한 몸이 된" 사람들(5절) 속에서 이뤄질 변화(참고. 2절)를 보여 준다.

"우는 자들과 함께 울라." 이 명령은 이루 말할 수 없는 악덕, 즉 타인의 재난에 마냥 기뻐하는 태도에 대한 경고다(잠 17:5). 우리 자신을 다른 사람의 처지와 동일시하라는 권면이다. 운다는 것은 마음의 슬픔, 고통과 비애를 의미한다. 운다는 것은 즐거운 일이 아니다. 어느 누구도 슬픔을 바라지 않는다. 그러나 우리가 타인을 사랑한다면 하나님의 섭리가 그리스도 안의 형제들에게 주는 슬픈 마음이

---

27 참고. 고전 4:12; 벧전 3:9.

28 χαίρειν과 κλαίειν은 명령형 부정사들이다(참고. 빌 3:16에 나오는 στοιχεῖν).

우리 속에서도 생길 것이다.

이 명령은 우리의 기쁨과 슬픔의 감정과 관련되어 있다. 신자의 삶에는 희로애락이 있기 마련인데, 각 경우마다 적절한 반응이 있는 법이고, 신자라면 누구나 민감하게 반응해야 하며 다른 사람의 상황이 불러일으키는 심정을 억압해서는 안 된다. 우리는 신약에서 말하는 다음과 같은 권면도 기억한다. "너희 중에 고난당하는 자가 있느냐? 그는 기도할 것이요. 즐거워하는 자가 있느냐? 그는 찬송할지니라"(약 5:13). 우리는 또 솔로몬의 지혜에 공감한다. "마음이 상한 자에게 노래하는 것은 추운 날에 옷을 벗음 같고 소다 위에 식초를 부음 같으니라"(잠 25:20).

"서로 마음을 같이하며."[29] 주 안에서 한마음이 되라는 권면은 흔히 나온다 (15:5; 고후 13:11; 빌 2:2; 4:2). 사도는 이 권면을 앞의 구절과 연관시켜 서로 간에 뜨거운 동료의식을 지녀서 즐거워하는 자들과 함께 즐거워하고 우는 자들과 함께 울어야 한다는 의도로 말했을 가능성이 있다(참고. 빌 2:4). 하지만 굳이 그렇게 연결시킬 필요는 없다. 위에서 인용한 경우들과 같이 앞 구절이 말한 공감보다 더 넓은 의미로 조화를 강조했을 만한 충분한 이유가 있다. "서로 뜻이 같게 하여"(the same mind one with another, 15:5)라는 말과 "서로 마음을 같이하며"(the same mind one toward another, 12:16)라는 말 사이에는 차이가 있다. 후자는 각 사람이 상대방에 대하여 품을 생각을 가리키며, 서로에 대한 생각의 상호작용에 조화가 있어야 한다는 것이다. 이런 상호관계에 불협화음이 깃들여서는 안 된다.

그 다음 두 어구는 헛된 야망과 지위와 명예를 잡으려고 하는 교만에 대한 경고다. 높은 것은 낮고 천한 것과 대조를 이룬다. "낮은 데"가 가리키는 것이 사물이냐 인물이냐는 의문으로 남아 있다. 주석가들은 이 문제를 놓고 견해를 달리한다. 사물을 가리킨다는 견해가 옳은 것 같다. 그것은 "높은 데"(high things)와 대조를 이루기 때문이다. 이것이 본문이 의미하는 바라면, 우리는 낮은 지위와 천한 일로

---

29 분사 φρονοῦντες가 앞의 부정사에 의존한다고 볼 필요는 없다. 앞의 문맥에는 명령적 의미를 지닌 수많은 분사가 있고 나중에는 17, 18절에도 있다. 만일 우리가 이런 종류의 의존관계를 주장한다면, 동일한 점이 다음 두 분사들에게도 적용될 것이며, 또 그것들은 그러한 구문에 적합하지 않을 것이다. 우리는 그것들을 μὴ γίνεσθε와 연결시켜 해석할 수도 없다(16b).

도 만족해야 한다는 뜻이다(빌 4:11; 딤전 6:8-9; 히 13:5). "처하며"라는 말은 이끌려 간다는 뜻이며(참고. 갈 2:13; 벧후 3:17), 따라서 우리의 정서와 태도가 낮고 천한 것과 맥을 같이 하여 완전히 그런 환경에 익숙해져야 함을 가리킨다. 그런데 "낮은 데"(the lowly)라는 말이 사람을 가리킨다면,[30] 우리는 비천한 사람과 친숙히 지내야 한다는 뜻이 된다. "낮은 데"라는 말의 의미가 무엇이든지 간에, 실제적인 의미는 이 두 가지를 모두 포함한다. 하나는 다른 하나를 수반하기 때문이다. 이 권면이 경계하는 악덕은 흔하기 때문에 사도가 그토록 강조하는 그리스도의 공동체의 뿌리를 갉아먹는다. 교회에는 귀족주의가 있을 수 없으며, 가난한 자를 배격하는 부유층의 무리가 있어서도 안 된다. 그리고 사회적인 지위와 경제적 지위를 갖고 있거나 교회에서 직분을 맡았다고 해서 접근하기 어려운 높은 자리에 앉아서도 안 된다(벧전 5:3). 교회의 머리가 되시는 예수께서 "나는 마음이 온유하고 겸손하니"(마 11:29)라고 말씀하신 것에 비하면 이런 허세들은 얼마나 모순되는지 모른다.

"스스로 지혜 있는 체하지 말라."[31] 문자적인 번역은 이렇다. "네 눈에 지혜로운 자가 되지 말라"(11:25; 잠 3:7). 여기서 지혜 있는 체하는 것은 자만심으로 말미암아 우리 자신을 너무 높게 평가한 나머지 다른 근원에서 오는 지혜를 존중하지 않는 것이다. 그것은 다른 사람의 판단에 아랑곳하지 않는 고집 센 사람을 겨냥한다. "오직 위로부터 난 지혜는 첫째 성결하고 다음에 화평하고 관용하고 양순하며"(약 3:17). 자기 것만 옳다고 고집을 피우는 사람은 다른 어떤 충고에도 귀를 기울이지 않는다. 교회 안에 사회적 귀족이 없듯이 지적인 독재자도 있을 수 없다.

17-21절 이와 같은 권고에 대해 우리가 흔히 오해하는 이유는 그것들이 사적이고 개인적인 대인관계와 관련이 있는 것이지, 행정적이고 사법적인 집행과는 관련이 없다는 점을 보지 못하기 때문이다. 사도가 이런 권고 직후에 행정관의 권한과

---

30 다른 모든 경우에 ταπεινός는 사람들을 가리킨다(마 11:29; 눅 1:52; 고후 7:6; 10:1; 약 1:9; 4:6; 벧전 5:5).

31 παρ' ἑαυτοῖς는 "네 자신이 보기에", "네 자신이 판단하기에"란 의미를 지니고 있다(참고. Arndt and Gingrich, 앞의 책, παρά II, 2, b).

기능 그리고 시민적, 사법적, 형벌적 제도에 대해 다루고 있음을 주목할 필요가 있다. 행정 당국에는 악행자를 심판하는 칼의 권력이 주어졌다(13:4). 행정관이 악행을 처벌한다면 그는 형벌의 악을 가하는 셈이다. 그러나 행정 당국이 악을 악으로 처벌하지 않고 진노를 실행하지 않으면(13:2, 5-6) 그들은 하나님이 그들에게 위임한 권한과 책무를 포기하는 것이다. 그러므로 정치적인 법체계에 속한 것과 사적인 관계에 속한 것 사이의 차이점을 아는 일이 필요하다. 각 영역에서의 명령과 금지 규정을 서로 바꾸는 것은 왜곡과 악용이며, 매우 심각한 문제를 낳을 것이다. 이 부분은 성경의 각 대목을 해석하고 적용할 때 그 담론의 세계를 주시해야 할 필요성을 보여 주는 적절한 예다.

"아무에게도 악으로 악을 갚지 말고." 14절에 나오는 적극적인 명령을 보완해 주는 소극적인 명령이다. 이것은 행정관에 의해 처벌을 받을 만한 범죄에 대해서도 우리의 대인관계에 적용할 만한 권고이다. 우리는 시민으로서 정치의 영역에 속하는 공의의 집행을 스스로 떠맡아서는 안 된다. "내 사랑하는 자들아, 너희가 친히 원수를 갚지 말라"(19절). 그러나 이 권면의 본질은 우리는 결코 보복적인 행동을 해서는 안 된다는 것이다(참고. 살전 5:15; 벧전 3:9).

그 다음의 호소는 인간관계에서 정직할 것을 요구하는 말이 아니다. 물론 이것이 그 속에 포함된 중요한 요소이긴 하지만 말이다.[32] 그 호소는 "모든 사람이 보기에 명예로운 일을 생각하라"는 것이다. 이 장에서는 처음으로[33] 사람들에게 인정을 받는 품행을 유지해야 할 필요성이 나타난다. 이것과 비슷한 구절인 "이는 우리가 주 앞에서뿐 아니라 사람 앞에서도 선한 일에 조심하려 함이라"(고후 8:21)는 말도 같은 것을 말한다. 여기서 강조점은 하나님의 인정을 받는 것과 더불어 사람 앞에서도 명예로운 일을 행할 필요성에 두고 있기 때문이다.

다른 곳에서 바울은 "하나님 앞에서 각 사람의 양심에 대하여 스스로를 추천한다"라고 말한다(고후 4:2). 그는 또한 감독은 "외인에게서도 선한 증거를 얻은 자"

---

32 προνοέω의 유사한 용례를 참고하려면 딤전 5:8을 보라.
33 참고. 2:24.

여야 한다고 요구한다(딤전 3:7). 그러므로 본문의 "모든 사람"은 교회 밖에 있는 사람을 포함한다. 이것은 그리스도인의 행동을 지배하는 행위 규범은 불신자까지도 인정할 만한 규범이라는 것과 그리스도인들이 이런 행동규범을 범할 때는 그리스도의 이름과 자기들의 신앙고백에 치욕을 자초한다는 점을 상기시킨다. 그렇다고 불신 세계가 그리스도인의 행동규범을 규정한다는 뜻은 아니다. 단지 하나님의 선하시고 기뻐하시고 온전하신 뜻이 무엇인지를 증명할 때 그리스도인은 사람들이 명예로운 것으로 판단하는 일을 존중해야 한다는 뜻이다. 우리는 모든 사람의 마음에 기록된 율법의 행위로 인한 효과를 간과해서는 안 된다(참고. 2:15). 불신자는 신자들의 증언에 담긴 모순에 매우 민감하다는 사실도 간과하면 안 된다.

"할 수 있거든 너희로서는 모든 사람과 더불어 화목하라."[34] 이것은 앞의 어구와 같이 그 범위가 포괄적이다. "모든 사람"이라는 표현에는 제한성이 없다. 그렇지만 이 경우에는 화목해야 할 의무와 관련해 하나의 유보사항이 있다. "할 수 있거든"이라는 말은 언제나 그럴 수 있는 것은 아님을 가리킨다. 그런데 여기에 암시된 불가능성은 우리의 연약함에서 생기는 무능력, 즉 우리가 분노의 충동을 억제하지 못하는 따위의 무능력에서 생긴 불가능성이 아니다. 이 불가능성은 다른 성격에 속한다. 그것은 "객관적 불가능성의 경우로서… 주로 진리, 정의, 그리고 의무가 저항을 명하는 경우다."[35] 이런 우선적인 가치마저 희생하면서 화목하려고 하는 것은 예수님의 증언에 위배된다(참고. 마 10:34-36; 눅 12:51-53). "오직 위로부터 난 지혜는 첫째 성결하고 다음에 화평하고"(약 3:17). 따라서 우리는 화평함과 거룩함을 따라야만 한다(히 12:14). 필립피가 말하듯이, "사랑 안에서 진리를 말하는 일 옆에는 진리 안에서 사랑하는 일도 서 있어야 하는 법이다."[36]

"너희로서는." 앞의 어구는 객관적인 고려사항에서 나오는 불가능성을 지적하지만, 이 표현은 우리가 다른 동료 인간들과 화목하기 위해서 우리의 능력 안에 있는

---

34 εἰ δυνατόν을 앞의 내용과 연결시키는 것은 변호될 수 없을 뿐만 아니라 곡해된 것이다. 앞의 내용에는 어떤 조건도 붙일 수 없다. 뒤의 내용에는 조건이 필요하다.

35 Philippi, 앞의 책.

36 앞의 책, 동일한 곳.

온갖 수단을 사용할 것을 말한다. 불협화음에 대한 책임이, 우리 편에서 거룩함, 진리, 정의와 양립 가능한 모든 것을 행하지 못한 사실로 귀결되어서는 안 된다.

이 권면은 사람들과 불화할 목적으로 불협화음을 일으키거나 반드시 그럴 필요가 없는데도 화목을 깨는 행위가 악하다는 점을 강조한다. 화평한 기질과 행위는 모든 사람들과 맺는 인간관계에서 개발되어야 할 하나의 미덕이다. 화목을 유지하고 증진하려는 우리의 노력을 그만둬도 좋을 상황은 존재하지 않는다. 이것이 "너희로서는"이라는 말의 의미다. 다른 한편, 우리는 죄와 오류와 화목해서는 결코 안 된다. 만일 평화가 죄나 잘못과 공모하거나 그런 것을 조장하는 것을 의미한다면, 평화가 희생되어야 마땅하다. 우리는 이웃을 우리 자신과 같이 사랑해야 하므로, 이웃에게 최대의 유익이 되는 것이라면 그들을 책망하고 의견을 달리하는 일도 주저해서는 안 된다.

19절에서는 이 장을 시작할 때의 부드러운 호소가 다른 형태로 소개된다. 1절에서의 탄원은 하나님의 자비하심에 대한 호소로 시작되었다. 그런데 지금은 사도가 독자들과 자기를 묶어 주는 애정의 관계에 비추어 "내 사랑하는 자들"이라고 부른다. 이보다 더 큰 사랑과 존경을 표현하는 말은 없을 것이다(16:5, 9, 12; 엡 6:21; 골 1:7; 4:7, 9, 14; 딤후 1:2; 몬 1). 그것은 신자들은 복수하려 해서는 안 된다는 말을 할 때 바울이 품고 있던 간절한 마음을 보여 준다. 이 금지사항과 17절의 악을 악으로 갚지 말라는 금지사항은 밀접한 관계가 있다. 그러나 어느 정도의 차이점은 있다. 칼빈이 말하듯, 이것은 아마도 더 심각한 가해와 그와 관련된 보복을 염두에 두고 있는 듯하다. 억제하라는 말과 더불어 "진노하심에 맡기라"고 명령한 것을 보면 보복을 생각하는 것이 당연하지만 우리가 그것을 집행하면 안 된다는 것을 알 수 있다. 17절에서는 그러한 보복을 염두에 둔 것 같지 않다.

그럼 우리가 맡겨야 하는 진노는 무엇인가? 이에 대해서는 여러 가지 해석이 제안되었다. 한 가지 해석은 그것이 우리 대적의 진노라는 것이다. 그의 진노에 양보하라. 진노가 있어야 한다면, 진노할 여지가 필요하다면, 그것이 너희의 진노가 아니라 너희 원수들의 진노가 되게 하라. 그래서 너희 진노가 들어설 여지가 없게 하라. 이 견해는 누가복음 14:9의 "이 사람에게 자리를 내주라"는 말에서 약간의 지지를 받을 수 있다. 또 다른 견해는 우리 자신의 진노에 자리를 양보하라는 뜻이라고 한다. 진노에 시간을 줘서 스스로 소진되게 하라, 진노에서 멀리 떨어져서 그것이 사라지도록 하라. 갇힌 분노는 폭발하기 쉽다. 셋째 견해는 이 진노는 13:4-5에서 언급된 진노로, 곧 악행에 대한 공의로운 집행을 맡은 행정관에 의해 부과되는 사법적 형벌(13:2)이라는 것이다. 넷째 견해는 이 진노를 하나님의 진노로 본다.

첫째 견해에 대한 가장 결정적인 반론은 여기서 대적의 진노를 고려한다고 보기는 어렵다는 것이다. 이는 문맥에 없는 것을 끌어들이는 것이다. 가해자의 진노가 없더라도 우리가 보복하고픈 심정을 품는 경우가 상당히 많다. 그런고로 자의적인 추정을 전제로 하는 해석은 아무런 근거가 없다. 둘째 견해는 그 말이 사용되고 있는 용례를 보면 추천할 만한 것이 못 된다.[37] 우리의 복수적 분노를 터뜨려서는 안 되는 것이 분명하다. 이것이 금지사항의 뜻이다. 그러나 우리의 분노를 억제하고, 그것을 마음에 품지 않으려면 에베소서 4:27의 유추에 따라 우리는 진노에 자리를 양보하면 안 된다. "맡기라"는 말이 동일한 생각을 표현한다면 이는 후자와 모순이 될 것이다. 이런 반론들이 셋째 견해에는 적용되지 않는다. 바울은 곧이어 행정관의 직분을 다루면서 "하나님의 사역자가 되어 악을 행하는 자에게 진노하심을 따라 보응하는 자니라"라고 말하기 때문에 셋째 견해를 추천할 만한 이유가 다분히 있다. 보복적 조처는 행정관의 권한이므로 이 권면은 "행정관에게 보복권이 있으니, 네가 주제넘게 그것을 차지하지 말라"는 것이다. 그렇지만 무엇보다 넷째 견해를 가장 추천할 만하다.

(1) 바울의 용례를 보면, "그 진노"(the wrath)와 관사가 없는 "진노"(wrath)는 대개 하나님의 진노를 말한다(2:5, 8; 3:5; 5:9; 9:22; 엡 2:3; 살전 1:10; 2:16; 5:9). "그 진노"는, 13:5을 제외하고, 명시되지 않은 채 사용되는(3:5, 5:9, 9:22, 살전 2:16) 모든 경우에 하나님의 진노이다. 지금까지의 어떠한 논리도 이 점을 반박할 수 없다.

(2) "진노하심에 맡기라"는 권고는 성경의 지지를 받는다. 여기에 인용된 성경

---

37 라틴어 *dare irae spatium*은 시간적 의미를 지니고 있다. 그러나 τόπος 그 자체는 시간적 개념이 없다.

(신 32:35)은 하나님의 권한임을 주장하고 있다. "원수 갚는 것이 내게 있으니 내가 갚으리라고 주께서 말씀하시니라." 이것은 진노를 묘사하며, 매우 결정적인 반증이 없으면 이 명시된 사실을 부인할 수 없다. 다음 질문만으로도 충분하리라. 하나님의 진노가 아닌 다른 어떤 진노가 이런 하나님의 특권에 대한 호소로 지지를 받을 수 있겠는가?

여기서 우리는 경건의 본질에 속하는 것을 알 수 있다. 불경건의 본질은 우리가 주제넘게 하나님의 자리를 차지하여 만사를 우리의 손아귀에 넣으려는 것이다. 우리 자신을 하나님께 맡기며, 우리의 모든 염려를 하나님께 던지고, 우리의 모든 유익을 주님께 귀속시키는 것이 믿음이다. 우리가 악행의 피해자가 될 때, 믿음의 길은 하나님이 심판자이심을 인정하고 원수 갚는 것과 보복을 그에게 맡겨 버리는 것이다. 우리는 개인적인 인간관계에서 악행에 마땅한 보복을 집행하려 해서는 안 된다. 우리는 기독교 윤리의 실질적인 세목이 어떻게 경건의 본질을 드러내는지를 보게 된다. 베드로가 그리스도의 본보기에 호소하는 내용은 얼마나 적절한지 모른다. "욕을 당하시되 맞대어 욕하지 아니하시고 고난을 당하시되 위협하지 아니하시고 오직 공의로 심판하시는 이에게 부탁하시며"(벧전 2:23; 참고. 시 37:5-13).

심판을 하나님께 맡긴다는 것은, 우리를 희생자로 만든 가해자를 하나님 편에서 반드시 심판해 주기를 갈망한다는 인상을 풍길지도 모른다. 그러나 이것은 14절과 상충할 뿐 아니라 20절과도 저촉된다. 사도가 이 장에서 구약의 잠언을 얼마나 자주 인용하는가를 주목하라(16절은 잠 3:7에서, 17절은 잠 3:4에서, 20절은 잠 25:21, 22에서 인용함). 여기서 말하는 친절은 14절에서 권면하는 성향을 실제적이고도 구체적으로 보여 주는 것이다. 그러나 20절에서는 신체적인 필요의 공급 이상의 것을 염두에 두고 있다. 그러나 실제적인 도움을 주지 않는다면 그와 같은 성향이 있는지 의심스럽다(약 2:15-16). 이 구절의 유일한 문제는 마지막 어구의 의미다. "네가 숯불을 그 머리에 쌓아 놓으리라." 한 가지 해석은 이 숯불을 하나님의 원수 갚음과 보복의 집행과 관련시킨다(19b).[38] 이것은 우리의 친절한 행위가 이 목

---

38 참고. 시 11:6; 140:10; 겔 10:2. II Esdras 16:53이 때로는 이 해석을 지지하기 위해 인용되기도 한다.

적에 기여하며, 따라서 우리가 원수를 갚는 집행자가 되지 않고, 우리의 친절이 그런 결과를 촉진시킬 것이라는 사실로 인해 위로를 받는다는 것을 뜻한다. 이 견해에 대해 두 가지 반론이 있다.

(1) 우리가 원수에게 친절을 베푸는 일이 하나님의 보복을 호소하는 것이란 주장은 성경적인 근거가 전혀 없다. 원수 갚는 것이 하나님께 속했다는 것은 우리가 원수 갚는 일을 해서는 안 된다는 이유이긴 하지만 선행의 이유는 아니다.

(2) 21절은 20절과 밀접한 관계에 있으며 우리의 자비로운 행위에 따르는 결과를 가리킨다. 그것은 곧 악을 이기기 위해서다. 앞으로 다루게 되겠지만, 이것은 20절이 염두에 두고 있는 악행자의 구원을 내다보고 있다.

둘째 견해는 원수에게 생기는 마음 상태에 대해서는 약간의 차이점이 있지만,[39] 가장 널리 받아들여지고 있다. 즉, 머리 위에 숯불을 놓는다는 것은 우리가 원수에게 베푸는 친절에 의해 그들에게 뜨거운 수치심과 양심의 가책을 불러일으키는 것을 말한다고 본다. 첫째 견해를 용납할 수 없다면, 이런 방향으로 해석하는 게 반드시 필요하다. 우리의 원수에게 생기는 마음 상태가 뜨거운 수치심이든 참회의 심정이든, 이는 원수의 적대감을 완화시키는 것임이 분명하다. 그리고 원수의 머리에 숯불을 놓는 행위는 바로 그런 결과를 얻기 위해서다.

21절은 20절과 밀접하게 관련되어 있다. 여기서 말하는 "악"이 우리의 원수가

그러나 이 절이 나오는 단락은 후대에 기록된 것으로 믿어지고 있다. 15장과 16장에 관련해서 외스털리는 이렇게 말하고 있다. "이 장들은 주후 240년과 270년 사이에 기록된 것으로 어느 정도 자신 있게 말할 수 있다"(*An Introduction to the Books of the Apocrypha*, pp. 155f). 참고. C. C. Torrey, *The Apocryphal Literature*(New Haven, 1945), pp. 116f; Bruce M. Metzger, *An Introduction to the Apocrypha*(New York, 1957), p. 22.

39 "우리의 적은 친절로 인해 누그러질 수 있다. 혹은 만일 그가 너무 사나워서 그를 달랠 수 있는 방법이 없다면, 그는 우리의 친절에 압도당할 그의 양심의 증거로 찔림을 받을 것이다"(Calvin, 앞의 책). "그러므로 적을 정복하는 진정한 기독교적 방법은 '선으로 악을 이기는' 것이다. 이 문맥 전체와 아주 잘 어울리는 이 해석은 그 다음 구절 때문에 필요한 것으로 보인다"(Hodge, 앞의 책). 보다 최근에 소개된 통찰력 있는 연구는 다음 자료를 참고하라. William Klassen, "Coals of Fire: Sign of Repentance or Revenge?" in *New Testament*, 9, pp. 337-350. 클라센은 다양한 견해를 소개하고 검토한 뒤에 이런 결론을 내린다. "오늘날 널리 받아들여지고 있는 해석, 곧 숯불이 수치심, 가책 혹은 징벌을 가리킨다는 해석은 본문에서 근거를 찾을 수 없다. 이집트 문헌과 잠언에 따르면, '숯불'은 사랑의 행위로 말미암아 일어나는 마음의 변화를 가리키는 역동적인 상징이다"(p. 349).

저지른 악행인지, 아니면 우리가 범하기 쉬운 복수의 행위(19a)인지는 의문이다. 만일 후자라면, 우리는 보복이란 악행을 범해서는 안 되고, 오히려 그런 충동에 저항하고 우리의 원수에게 친절을 베풀어서 복수를 하지 않음으로써 시험에 승리하고 우리의 성화를 촉진해야 된다는 뜻이다. 우리는 우리의 원수에게 선행을 베풀어 줌으로써 우리 자신의 영혼 안에서 벌어지고 있는 투쟁에서 승리를 거둔다. 이 해석은 앞 문맥과의 연관성을 무시하지 않는다. "악"은 "친히 원수를 갚지 말라"는 명령을 상기시키고(19절), "선"은 우리의 원수에게 베푸는 친절을 떠올린다(20절).

첫째 견해가 일반적으로 더 용납되는 것은 다음 이유들 때문이다.

(1) 원수를 갚겠다는 악한 충동이 여기서 전면에 나오지 않는다. 그것은 17, 19절에 있다. 그러나 여기서의 초점은 원수의 악행과는 대조적인 신자의 선행에 있다. 앞부분에는 원수의 적대감이 전면에 나온다.

(2) 이 견해가 더 적절한 20절의 결론이다. 숯불을 올려놓는 것이 유익한 결과를 가리킨다면, 21절 하반부는 이런 유익한 결과를 시사하며, 승리를 거둔 선은 20절 상반부의 선이다. 이것은 20절에서 말한 것에 어울리는 권면이다.

(3) 이긴다는 개념은 내적 충동보다는 외부에서 오는 공격과 더 잘 들어맞는다.

(4) 이 단락은 17절 상반부로 시작된다. 그것은 우리가 악을 선으로 갚아야 한다는 것이다. 만일 우리가 이런 대립관계를 적용한다면, 21절에 있는 악은 17절 상반부처럼 타인에 의해 저질러진 악이며 따라서 반드시 이겨야 할 악이다.

따라서 우리는 우리 위에 쌓인 악에 의해 윤리적으로 정복당해서는 안 된다는 뜻이다. 반대로 우리는 선을 행함으로써 우리를 핍박하고 학대하는 사람들의 적대감과 악행을 가라앉히는 도구가 되어야만 한다. 이것이야말로 신자의 고귀한 소명에 얼마나 잘 어울리는가! 복수와 앙갚음은 다툼을 조장하며 분노의 불꽃을 부채질할 뿐이다. 우리의 원수가 회개하게 되어 적대감이 일삼던 악행을 삼가고 또 그만두도록 수치심을 불러일으키는 일은 얼마나 고상한 목표인가!

THE EPISTLE TO THE ROMANS

13장

2) 국가의 관원(13:1-7)

1. 각 사람은 위에 있는 권세들에게 복종하라 권세는 하나님으로부터 나지 않음이 없나니 모든 권세는 다 하나님께서 정하신 바라
2. 그러므로 권세를 거스르는 자는 하나님의 명을 거스름이니 거스르는 자들은 심판을 자취하리라
3. 다스리는 자들은 선한 일에 대하여 두려움이 되지 않고 악한 일에 대하여 되나니 네가 권세를 두려워하지 아니하려느냐 선을 행하라 그리하면 그에게 칭찬을 받으리라
4. 그는 하나님의 사역자가 되어 네게 선을 베푸는 자니라 그러나 네가 악을 행하거든 두려워하라 그가 공연히 칼을 가지지 아니하였으니 곧 하나님의 사역자가 되어 악을 행하는 자에게 진노하심을 따라 보응하는 자니라
5. 그러므로 복종하지 아니할 수 없으니 진노 때문에 할 것이 아니라 양심을 따라 할 것이라
6. 너희가 조세를 바치는 것도 이로 말미암음이라 그들이 하나님의 일꾼이 되어 바로 이 일에 항상 힘쓰느니라
7. 모든 자에게 줄 것을 주되 조세를 받을 자에게 조세를 바치고 관세를 받을 자에게 관세를 바치고 두려워할 자를 두려워하며 존경할 자를 존경하라

이 부분은 12:1부터 15:13 사이의 대목에 괄호로 삽입된 것이 아니다. 우리가 정부 당국에 순종해야 하는 의무는 "하나님의 선하시고 기뻐하시고 온전하신 뜻"(12:2)에 속한다. 바로 이 지점에 이런 주제를 다루는 이유를 앞의 내용과 연계시켜 인위적으로 찾을 필요는 없다. 예컨대, 그리스도인들이 개인적인 원수들의 손에 당할 수 있는 불의의 문제를 다루는 12:19-21과 그리스도인들이 행정관의 손에 당할 수 있는 불의나 치안관이 적절히 보복하는 불의의 문제를 다루는 13:1-7을 굳이 연관시킬 필요가 없다는 말이다. 물론 우리가 이미 살펴본 것처럼, 12:17-21과 13:1-7을 병치시키는 것은 12:17-21의 교훈을 그릇되게 적용하는 것을 피하

기 위해서는 매우 중요하다.[1] 그러나 이 때문에 바울이 이런 순서로 말한다고 볼 수는 없다. 12:3-21에서 다루는 신자의 생활의 구체적 측면이 매우 다양하고, 특별히 신자의 사회생활의 수많은 상황을 바울이 염두에 두고 있다는 것은 자명한 사실이다. 13:1-7에는 신자의 삶과 증언에 영향을 끼치는 매우 중요한 관계가 나온다. 그리고 바울이 그 관계를 서신의 이 부분에서 다루어야만 했던 이유가 있다. 다스리는 관원의 권한과 이와 관련된 백성의 의무에 관한 가르침을 로마에 있는 신자들에게 베풀어야 할 절실한 필요가 있었다고 생각할 만한 충분한 근거가 있다.

우리는 신약성경으로부터 유대인들이 로마 정부의 권리에 대해 의문을 갖고 있었다는 사실을 알고 있다(마 22:16, 17; 막 12:14; 눅 20:21-22). 또한 유대인들이 자신들의 독립성에 대해 자부심을 품고 있었다는 사실도 알고 있다(요 8:33). 우리는 반란 운동이 있었다는 것도 알 수 있다(행 5:36-37). 다른 자료들에 따르면, 유대인들은 로마의 멍에 아래서 안정을 찾지 못했다.[2] 우리는 글라우디오가 "모든 유대인을 명하여 로마에서 떠나라"고 한 사실도 알고 있다(행 18:2). 이런 추방이 불가피했던 이유는 유대인이 제국의 유익에 방해가 되었기 때문이거나 유대인 반란의 여파 때문이었을 것이다. 로마 당국자들은 기독교가 유대교와 연루되어 있어서 기독교인들도 유대인의 반동적인 기질을 그대로 갖고 있다고 생각했다. 그렇기 때문에 기독교인들은 정당한 권한을 행사하는 관원에 반항하는 것은 물론 일체의 혁명적인 야망이나 행동들도 피해야 할 상황이었다. 기독교 공동체는 유대교와 관련한 이런 위험만 갖고 있었던 것은 아니다. 기독교 공동체 내에도 그리스도의 왕되심과 주되심의 견지에서 본 왜곡된 자유 개념의 위험성이 도사리고 있었다. 바울이 그의 서신들에서 세 번에 걸쳐[3] 관원에 대한 우리의 의무를 다룰 필요가 있었다는 점과 또 베드로도 그의 첫 서신에서[4] 그럴 필요가 있었다는 사실은 신자들에

---

1 12:19의 주석을 보라.
2 Liddon, 앞의 책, p. 246.
3 롬 13:1-7 외에도 참고할 곳은 딤전 2:1-3; 딛 3:1이다.
4 벧전 2:13-17

게 관원의 권위에 복종해야 함을 상기시킬 이유가 있었음을 보여 준다.

더욱이, 그리스도인들이 이 당국의 손에 고통을 받았기에 그리스도께 충성하기 때문에 당국에 불복종해야 할 경우(참고. 행 4:19,20; 5:29)와 복종해야 할 경우 사이에 선을 그을 필요성도 있었다.

1-2절 "위에 있는 권세들"은 확실히 국가의 정치적 권력을 가리킨다. "권세들"(authorities)이라는 말은 문자적인 번역으로서, 다스리는 자들의 통치권과 백성들 편에 요구되는 복종을 가리킨다. 바울이 이 편지를 쓸 당시에는 통치권이 로마 정부에 의해 행사되고 있었으므로 이는 로마 정부의 관리를 가리킨다. 유일한 문제는 "권세들"이 통치자들의 배후에 있는 비가시적인 천상의 권세들도 가리키느냐의 여부이다. 만일 신약과 특히 바울서신에서 "권세"라는 말이 초인간적 존재들을 가리키는 데 사용되지 않았다면 이런 문제는 아예 생기지도 않았을 것이다. 오스카 쿨만은, 이 경우에 권세라는 말은 이중적인 언급, 즉 천상의 권세와 인간 집행자 양자를 가리키는 것이라고 강력히 주장했다.[5] 정부의 권세라는 것은 국가 안에서 통치하는 권한과 권력을 부여받은 사람들이다. 여기서 인간 집행자 외에 다른 존재를 시사한다는 증거는 없다.

"각 사람"은 복종해야 한다. 각 사람은 모든 개개인을 의미한다. 각 사람(every soul)은 몸(body)과 구별되는 영혼(soul)을 말하는 것이 아니다. 흔히 성경에서 "영혼"(soul)이란 말은 전인(全人)과 동의어로, 때로는 인칭대명사와 동일한 것으로 사용된다(마 12:18; 눅 12:19; 행 2:27, 41, 43; 3:23; 7:14; 롬 2:9; 히 10:38-39; 약 1:21; 5:20; 벧전 1:9; 3:20; 계 16:3). 이는 이런 권위에 대한 복종에서 면제되는 사람은 아무도 없다는 뜻이다. 어느 누구에게도 정부 당국의 법령을 제멋대로 위반하거나 무시할 수 있는 특권이 없다. 신자든 불신자든 아무도 복종의 의무에서 면제될 수 없다. 바울이 지금 이 편지를 교회에 쓰고 있다는 사실은 무척 의미심장하다. 웨스트민스터 신앙고백은 이에 대해 잘 진술한다. "불신자든지 종교가 다르다는 이

---

5 이 주장의 해석과 비판을 보려면 부록 G를 참고하라.

유로 정부 관원의 정당하고도 합법적인 권위를 무효로 만들 수 없고, 또 그에 대한 마땅한 복종에서 면제될 수 없다. 성직자들도 제외되지 않고 교황이 정부 관원에게 이단이나 어떤 딱지를 붙이더라도, 그들의 통치 영역에서는 그들보다 우위의 권력과 사법권을 가질 수 없다."[6]

"복종"(subjection)이라는 말은 "순종"(obedience)보다 더 포괄적이다. 이 단어는 순종해야 할 법령을 유념할 때에는 순종을 의미하지만 그 이상의 의미가 들어 있다. 복종은 정부 관원의 관할구역 내에 우리가 종속되어 있음을 인정하고 그들의 권위에 기꺼이 순응하는 것을 의미한다. 만일 이 어구가 재귀형태로 번역되었더라면 더 강한 의미를 띄었을 것이다. "각 사람으로 하여금 정부 당국에 복종하게 하라." 이 번역은 복종의 의무에 능동적으로 참여하는 것을 강조한다.

다음 두 어구는 이런 복종의 이유를 제시한다.[7] 이 두 어구는 서로를 설명해 주고 있다. 양자는 국가의 통치권의 근원과 복종해야 하는 당위성을 가리킨다. 이 말의 의미는 다음 고려사항들을 통해 알 수 있다.

(1) 바울은 현존하는 정부의 집행자들을 다룬다. 이것이 "위에 있는 권세"(the powers that be)라는 말의 의미다. 지금 그는 추상적인 정부에 관해 이야기하는 것도 아니고, 여러 형태의 정부의 문제를 다루는 것도 아니다. 그는 실제로 존재하고 있는 권세에 대해 단정적인 진술을 하는 중이다.

(2) 권세가 하나님으로부터 났다는 말은 그 권세들의 기원, 권리, 그리고 권력이 하나님으로부터 유래되었다는 뜻이다. 이 사실은 나중에 나오는 몇 가지 사항으로도 알 수 있지만, 여기서 그것이 명백히 진술되어 있으며, 또 아예 처음부터 국가의 권세는 피지배자 편에서의 동의에 기초한 것이라는 모든 개념을 배제시킨다. 지배자의 권세와 피지배자의 복종은 전적으로 하나님이 정하신 제도라는 사실에 근거한다.

---

6 Chapter XXIII, Section IV.
7 첫 어구에서 ὑπό가 더 강력한 증거를 갖고 있다. ἀπό는 우리가 예상했을 법한 전치사이고, 그래서 D G 기타 문헌에 나오고 있는 듯하다. 둘째 어구에서 οὖσαι 뒤에 ἐξουσίαι를 추가하는 것은 반론이 많아서 채택할 수 없다.

(3) 권세는 하나님으로부터 났으며 하나님이 세워 주신 것이란 명제는 단지 하나님의 법령적 의지만을 가리키는 것으로 이해해서는 안 된다. 이 말은 하나님의 법령적 임명을 표현하는 데 사용될 수도 있지만 여기서 그런 의미로 사용된 것은 아니다. 지금 사도가 말하는 세워 주심은, 정해진 기능을 이행해야 할 책임을 지닌 제도의 정립임을 문맥으로 알 수 있다. 국가의 관원은 하나님의 섭리에 따라 악행자를 처벌하는 수단일 뿐만 아니라, 질서를 유지하고 또 그 질서를 파괴하는 자를 처벌하기 위해 하나님이 제정하고 권위를 주고 규정하신 도구이기도 하다. 국가의 관원이 국가 기관을 통해 범죄에 정당한 심판을 집행할 때 그는 하나님의 법령적 뜻을 집행할 뿐만 아니라, 하나님의 교훈적 뜻을 성취하고 있는 것이다. 그런즉 국가의 관원이 그런 일을 행하지 않으려는 것은 죄가 된다.[8]

이런 이유들로 인해 마땅히 복종해야 하고, 저항은 하나님의 법을 위반하는 것인즉 심판을 받게 된다. 3절은 다스리는 관원이 악한 일에 대해 "두려움"이 된다고 말하기 때문에 국가의 치안관이 악행자에게 가하는 형벌적 심판과 관련이 있음에 틀림없다. 그러나 앞의 모든 내용이 하나님의 임명을 강조하므로 이런 형벌적 심판이 하나님의 재가를 받은 것이고, 또 치안관의 징벌이 하나님의 심판을 표현하는 것이란 사상이 담겨 있다. 우리는 이 "심판"이란 용어를 두 가지 측면에서 볼 필요가 있다. 우선 심판은 정부의 권세에 의해 집행되는 형벌이다. 그러나 그것은 또한 하나님의 진노를 표현한다. 이 사실로 인해 하나님의 재가를 받았다고 할 수 있고 그것의 적절성이 입증된다.[9]

바울이 다루지 않는 실제적인 실천 차원에서 생기는 문제가 많이 있다. 이 여러 구절에는 복종의 의무와 관련된 조건이나 유보사항에 대한 언급이 없다. 그러나 특정한 의무를 다룰 때 절대적인 용어를 사용하는 것이 바울의 특징이다. 동시에 다른 곳에 나오는 그의 가르침이나 비슷한 성경의 가르침을 보면, 우리는 예외적인 경우를 고려하지 않을 수 없다. 이 경우도 마찬가지다. 바울이 베드로를 비롯

---

8 *The Westminster Theological Journal*, VII, 2, May 1945, pp. 188ff에 실린 저자의 비평을 참고하라.
9 ἑαυτοῖς λήμφονται는 스스로 자초한다는 개념을 표현할 수 있고, 그럴 경우에는 형벌적 심판에 대한 책임이 표현되는 셈이다.

한 여러 사도들이 한 다음과 같은 말에 찬동하고 그렇게 실천했을 것으로 믿지 않을 수 없다. "사람보다 하나님께 순종하는 것이 마땅하니라"(행 5:29; 4:19-20). 국가의 치안관이라고 해서 무오한 것은 아니며 완벽하게 옳은 것만도 아니다. 인간의 요구와 하나님의 명령 사이에 갈등이 있을 때에는 베드로의 말이 효력을 발휘해야 한다.

또 바울은 혁명과 관련된 문제들도 다루지 않았다. 이 두 구절에 혁명이 일어날 때 우리가 마땅히 행할 바에 대한 지침이 없는 것은 아니다. "위에 있는 권세"라는 말은 사실상의 치안관을 가리킨다. 그리고 이 문단 전체에 혁명의 옳고 그름의 문제와 관련된 원리들이 들어 있다. 그러나 양심적인 그리스도인들에게 심각한 문제가 되는 것은 여기서 다루지 않는다. 그 이유는 표면에 드러나 있다. 사도는 지금 사례 중심의 신학에 관한 논문을 쓰고 있는 것이 아니라, 정부의 제도와 그리스도인의 행위에 관한 중대한 원리들을 제시하는 중이다.[10]

3-4절 3절의 첫 어구는 2절의 마지막 어구와 연결되지만, 전자가 반역자들이 스스로 형벌적 심판을 초래할 근거라고 말하는 것은 적절하지 않다.[11] 이는 하나님의 임명으로 생기는 관원들의 권한을 말하는 것이며, 따라서 관원들이 행하는 형벌적 심판에 정당성을 부여하는 것이다. 이 어구는 치안관의 기능에 대해 분명히 암시하고 있다. 치안관이 형벌을 가할 권세를 지닌 것은 이런 직분을 행사하기 때문이다.

다스리는 치안관들이 악한 일에 대해 "두려움"이 되는 것은 이런 형벌을 집행할 권세가 그들에게 있어서 사람들의 마음에 형벌에 대한 두려움이 생기기 때문이다. 이런 공포는 두 가지 종류가 있다. 악행을 억제시키는 공포심과 악을 저질렀을 때에 생기는 공포심이다. 여기서는 후자인 것 같다. 그 다음 어구에 나오는 "네가 권

---

10 "바울의 관심사는 정부의 기원이나 정치적 형태가 아니다. 또한 혁명 기간의 어느 시점에 기존의 정부가 더 이상 존재하지 않는 것으로 봐야 하는지도 다루지 않는다. 본래 정통성이 없던 정부가 언제 정당성을 확보하는지도 논하지 않는다"(Liddon, 앞의 책, pp. 247f 참조).
11 리돈과 마이어를 참조하라.

세를 두려워하지 아니하려느냐?"라는 질문은 악행에 따른 두려움의 부재를 추궁한다. 이것은 4절에 나오는 "네가 악을 행하거든 두려워하라"는 진술에 의해 확증된다. 그것은 치안관이 칼을 지닌 자로서 집행하는 형벌에 대한 공포다. 그렇지만 악행을 억제시키는 공포심과 관계가 있을 수도 있다. 만일 우리가 선행에만 신경을 쓴다면 악행을 제지하는 공포에 의해 움직일 이유가 없다.

"다스리는 자들은 선한 일에 대하여 두려움이 되지 않고 악한 일에 대하여 되나니." 여기서 선한 일과 악한 일이 의인화되었다. 이는 악을 행하는 사람에게 두려움이 된다는 뜻이다. 이 어구에 대해서 생각할 점은 다음 두 가지다.

(1) 악행에 대한 형벌에 집중하고 있다. 치안관에게 주어진 특수한 기능들을 다루면서 제일 먼저 사도가 이것을 말한다는 것은 의미심장하다. 오늘날에는 정부의 치안 업무의 형벌적인 면을 과소평가하여 관원의 권위의 이 중요한 측면을 약화시키는 경향이 있다. 사도의 가르침은 그렇지 않다.

(2) 치안관의 관심사는 행위이다. 바울은 선한 일과 악한 일에 관해 말한다. 관원의 권한은 모든 죄를 다루는 것이 아니라, 그가 유지하고 촉진하도록 위임받은 질서를 파괴하는 행동으로 나타난 죄를 다루는 것이다.

그 다음 어구는 의문형이나 서술형 어느 것으로든지 해석이 가능하다. 후자의 경우라면 "그러면 네가 권세를 두려워하지 않을 것이다"라고 번역할 수 있다. 그 의미는 "네가 만일 권세를 두려워하지 아니하려거든 선한 일을 행하라"는 것이다. 그러나 그것을 의문형으로 보는 것이 더 좋다. 그 의미는 동일하다. 그러나 의문형이 그 의미를 더 강력하게 표현한다. 만일 우리가 선한 일을 행하면 통치하는 권세를 두려워할 아무런 이유가 없을 것이다.

"그리하면 그에게 칭찬을 받으리라." 치안관이 주는 칭찬은 보상이 아니다. 악행자는 형벌적 보응을 받으나 선을 행한 사람은 아무런 공로상도 받지 않는다. "칭찬"으로 번역된 용어는 이런 의미보다는 인정을 받는다는 뜻이며(고전 4:5; 고후 8:18; 빌 4:8; 벧전 2:14), 하나님의 은혜의 풍성함으로 인해 그분께 돌아갈 찬양을 가리킬 때 쓰이고 있다(엡 1:6, 12, 14; 빌 1:11). 물론 이런 칭찬이 어떤 경우에는 보상을 수반할지 모르나 그 단어 속에는 보상의 개념이 내포되어 있지 않다. 선한 행위를 하는 사람은 국가에서 좋은 지위를 확보할 수 있다. 즉, 동경과 장려를 받을 만한 지위를 누릴 수 있는 것이다.

4절의 첫 어구는 치안관의 권위의 주된 목적을 긍정적으로 서술한다. 관원은 하나님의 사역자로서 선을 위해 존재하는 자다. "하나님의 사역자"라는 말은 "권세"가 하나님에게서 났으며, 하나님이 정하신 바요, 하나님의 임명이라고 말하는 1-2절을 상기시킨다. 그러나 여기서는 이런 임명에 내재하는 특수한 자격을 암시해 준다. 하나님의 사역자라는 명칭은, 치안권이 본래 악이지만 단지 더 작은 악으로 더 큰 악에 대처한다는 의미에서만 선에 기여한다는 생각을 배제시킨다. 국가의 관원에게 주어진 하나님의 사역자라는 칭호는, 관원이 통치 영역 안에서 하나님의 종에게 속하는 존엄성과 인가를 부여받았음을 보여 준다. 이것은 그가 하나님의 종이 된 그 목적을 살펴볼 때 더 확실하게 밝혀진다. 관원은 선한 일을 도모하는 하나님의 사역자다. 우리는 이 경우 "선"(유익)이란 말의 의미를 약화시키면 안 된다. 바울은 "우리가 모든 경건과 단정함으로 고요하고 평안한 생활을 하려 함이라"(딤전 2:2)라고 말함으로써 임금들과 권세를 잡은 사람들을 위해 기도하라고 요구하는데, 여기서 정부의 권위로부터 얻을 수 있는 유익을 알 수 있다. 치안관이 증진하는 선은 경건생활에 유익한 것이다.

이 문장에는 "네게"라는 직접적이고도 개인적인 말이 있다. 이것은 치안관이 수행하는 봉사가 신자 개개인의 평안과 관계가 있음을 보여 준다.

위에서 고찰했듯, 둘째 어구는 3절에 나오는 그런 두려움을 가리키며, 셋째 어구는 두려움을 품어야 할 이유를 제시한다. 그 이유란 관원은 "공연히 칼을 가지지 않았다"는 것이다. 칼은 관원이 지닌[12] 장비 중에서 가장 중요한 것으로 그의 권위의 표시일 뿐 아니라, 형벌 행위에서 그것을 휘두를 수 있는 권한의 상징이기도 하다. 칼을 휘두른다는 것이 오로지 사형의 집행만을 의미한다고 추정할 필요는 없다. 칼은 형벌에 대한 두려움을 불러일으키기 위해 휘두를 수도 있고 사형보다 덜한 형벌을 집행하기 위해 휘두를 수도 있다. 그러나 사형에 해당하는 범죄에

---

12 동사는 φορέω이며 여기서는 φέρω보다 더 분명한 뜻을 전달한다.

사형을 배제시키는 것은 칼이 상징하고 수행하는 것과 전적으로 모순된다. 이 점을 확증하려면 신약성경의 용례를 살펴보는 것으로 충분하다. 칼은 흔히 형벌 집행의 도구로서 죽음과 관련이 있기 때문에(마 26:52; 눅 21:24; 행 12:2; 16:27; 히 11:34, 37; 계 13:10), 이 경우에 그런 목적으로 칼이 사용된다는 것을 배제한다면 명백한 증거와 모순되는 독단적 견해가 될 것이다.[13] "공연히"라는 말은 아무런 목적이 없음을 의미한다.

"곧 하나님의 사역자가 되어 악을 행하는 자에게 진노하심을 따라 보응하는 자니라." 첫 어구에서는 관원이 선을 이루는 하나님의 사역자라고 말했다. 그런데 지금은 동일한 직분자를 악에 보응하는 자라고 한다. 병행관계를 주목하라. 동일한 존엄성과 직임이 선을 증진시키는 기능은 물론이거니와 형벌의 권한에도 주어진다. 이 형벌의 기능은 악행자에게 "하나님의 진노를 집행하는" 일을 말한다. "진노"란 말이 국가 관원에 대해 사용되는 최초의 경우다. 우리는 2절의 "심판"이 하나님의 심판을 암시하고 있음을 알았다. 그런데 이 하나님의 심판은 국가 관원에 의해 집행된 보응으로 표현되며, 여기에 보응의 정당한 근거가 있는 것이다. 그런데 여기에 나오는 진노는 하나님의 진노인가, 관원의 진노인가, 아니면 양자의 진노인가? 12:19의 "진노"가 하나님의 진노였으므로 여기서도 동일한 결론을 내릴 수 있겠다. 그리고 범죄에 대한 관원의 반응을 진노의 견지에서 해석할 만한 아무런 근거가 없다. 그기에 이 "진노"는 하나님의 진노로 봐야 한다. 관원은 악행자에게 내리는 하나님의 진노의 심판을 집행하는 사람인 것이다. 또다시 우리는 관원의 기능을 재가하는 내용을 접한다. 즉, 관원은 하나님의 진노를 집행하는 대행자라는 것이다. 또한 형벌적 보응의 기초로서 공의의 이행 대신에 가해자의 유익을 주장하는 입장이 성경의 가르침과 얼마나 다른지도 알 수 있다. 즉, 재판 과정이 무조건 범죄자에게 유리해야만 한다는 생각은 성경의 가르침과 전혀 다르다.

5절 여기에 나오는 필요성이 4절의 진술에서 생긴 것인지 아니면 앞의 문맥 전부

---

13 칼은 삶과 죽음에 대한 사법권을 상징한다.

를 상기시키는지 여부를 놓고 주석가들 사이에 의견이 분분하다. 어떤 견해를 따르든지 "그러므로"라는 말이 가리키는 이 구절에 나오는 결론의 의미는 비슷하다. 4절 하반부의 내용만으로도 5절의 결론의 충분한 근거가 된다. 관원은 하나님의 진노를 집행하는 대행자라는 언급은 물론이거니와 "하나님의 사역자"라는 명칭도 복종을 요구하는 직임을 지적한다. 그러나 비록 4절의 마지막 어구에서 5절의 직접적인 근거를 발견한다 하더라도, 우리는 4절 하반부를 하나님의 임명에서 나오는 관원의 권한에 관해 앞에서 진술한 모든 내용으로부터 분리시킬 수 없다. 아무튼 이 문단에서 우리가 "양심을 생각해서" 반드시 복종해야 한다는 점 이상으로 정부에 대한 하나님의 재가를 더 잘 표현해 주는 명제는 없다. 바울은 "양심"이란 말을 자주 사용하는데, 그것은 하나님을 향한 양심임이 분명하다(행 23:1; 24:16; 고후 1:12; 4:2; 5:11; 딤전 1:5; 3:9; 딤후 1:3). 여기서의 의미는 우리가 하나님께 대한 의무감에서 순종해야 한다는 것이다. 불복종이 형벌적 심판을 우리에게 초래하기 때문에 순종해야 할 뿐만 아니라, 하나님의 뜻에 순종해야 할 고유한 의무가 있기 때문에도 순종해야만 한다는 것이다. 하나님만이 양심의 주인이시기에 양심 때문에 혹은 양심을 위해 어떤 일을 행함은 하나님에 대한 의무감으로 행하는 것이다. 이것은 베드로전서 2:13에 명백히 진술되어 있다. "인간의 모든 제도를 주를 위하여 순종하되." 그러므로 불가피한 결과 때문이 아니라(마 18:7; 눅 21:23; 고전 7:26), 윤리적 요구 때문에(고전 9:16) 복종할 필요가 있는 것이다.

6절 국가 관원의 임무 수행은 하나님의 재가를 받은 것이라는 5절의 내용을 감안할 때, 6절에 나오는 "이로 말미암음이라"(혹은, 같은 이유로)는 말에 대한 근거를 다른 데서 찾을 필요가 없다. 관원이 하나님이 자기에게 주신 임무를 이행하려면 그의 수고에 필요한 물질적인 수단이 있어야 한다.[14] 조세를 지불하는 것은 폭군의 강요가 아니라 정부를 지탱하기 위해 백성 편에서 감당해야 할 몫이다. 이렇게 세금을 내야하는 이유는 이 구절의 하반부에 명시되어 있다. "그들이 하나님의 일

---

14 τελεῖτε를 명령형으로 생각할 이유가 없다.

꾼이 되어 바로 이 일에 항상 힘쓰느니라."

이 경우의 "일꾼"(ministers)이란 말은 4절에서 두 번 사용되고 있는 것과는 다르다. 그러나 세금 징수는 금전 문제이기 때문에 여기서 더 저급한 의미를 지닌 용어를 사용하여 그보다 덜 존엄한 사역을 가리키는 것은 아니다. 이 용어와 동족어들은 신약에서 단 하나의 예외를 제외하고[15] 하나님을 섬기는 일을 가리키고, 때로는 하나님을 경배하는 최고의 사역을 가리키기도 한다(눅 1:23; 행 13:2; 롬 15:16, 27; 고후 9:12; 빌 2:17; 히 1:7, 14; 8:2; 10:11). 그러므로 이 명칭은 관원의 사역에 대해 더 큰 존엄성을 부여한다. 세금과 관세에 관련한 일을 생각할 때 그들의 직분을 결코 평가절하해서는 안 된다. 비록 헬라어에서는 그들을 "하나님의 일꾼"(ministers of God)이라 부르지만, "하나님을 섬기는 일꾼"(ministers of God's service)이란 번역이 이런 사상을 적절히 표현한다.

관원들이 종사하고 있는 "바로 이 일"이란 문맥상 세금을 언급하는 것임이 분명하다. 따라서 이것을 앞의 여러 구절에서 명시한 일반적인 기능들을 가리킨다고 보는 것은 합당하지 않다. 여기서는 세금을 지불하는 문제에 집중하고 있으므로 그것이 "바로 이 일"이다. 이 어구에서 사용되고 있는 동사 역시 관원의 이런 집무 수행의 타당성과 존엄성에 대한 강조를 강화하고 있다(행 1:14; 2:42; 6:4; 롬 12:12; 골 4:2).[16]

이 구절에는 세금을 거두는 목적과 그것이 쓰이는 용도도 암시되어 있다. 세금 징수는 관원들이 위임받은 일을 수행하기 위한 것이지, 그 과정에서 흔히 발생하는 남용을 위한 것이 아니다. 칼빈의 말을 빌리면, 관원들은 "그들이 국민으로부터 징수하는 모든 것이 공공재산이며, 결코 그들의 사적인 사치와 향락을 만족시키는 수단이 아니라는 것을 기필코 명심해야 한다."[17]

---

15 빌 2:25; 참고. 빌 2:30. 헬라어 단어는 λειτουργός이다(4절의 διάκονος와 다르다).
16 προσκαρτερέω. 눅 20:22-25에서 예수 자신이 관세와 세금을 인정하시고, 눅 23:2에서는 거짓 고소를 당하고 계신다.
17 앞의 책, 동일한 곳.

7절 "모든 자에게 줄 것을 주되." 이것은 우리가 모든 사람에 대한 의무를 이행해야 한다는 일반적인 권면이 아니다. 국가에서 권위를 지닌 자들에 대한 의무를 수행해야 한다는 뜻이다. 이런 제한적 의미는 문맥을 통해 알 수 있다. 우리의 포괄적 의무는 8-10절에서 다룬다. 그러나 국가 관원에 대한 의무의 영역 안에는 온갖 부채가 다 포함된다. "의무"는 단지 세금과 관련된 문제에 국한되지 않는다. 이 구절의 나머지 부분이 가리키듯이 존경과 명예의 빚까지 포함된다. 그러므로 이 축약된 명령은 국가 통치의 영역 안에서 이루어져야 할 모든 의무를 총망라한다. 명령형의 형태는 이 점을 강조한다.

"조세"는 사람 및 재산에 대해 부과되는 "세금"에 해당한다(눅 20:22; 23:2). 그리고 "관세"는 재화에 대해 징수하는 세금을 가리킨다.

"두려워할 자를 두려워하며." 여기서 두려움이란 말은 3절의 '두려움'과 동일하다. 그러나 후자에서는 두려워할 필요성을 미연에 방지하는 행위를 하라고 명하고, 따라서 두려움이 없는 상태를 칭찬하고 있다. 두려움은 악행에 수반되는 것이다. 이런 이유로 이 권면은 치안관을 염두에 두고 있지 않다고 생각할 수도 있다. 두 개의 상반된 태도를 권할 수는 없기 때문이다. 그래서 베드로전서 2:17의 "하나님을 두려워하며 왕을 존대하라"는 말대로 하나님이 두려움의 대상이라고 해석한다. 그러나 이와 같은 해석은 필연적이지도 않고, 적절하지도 않다.

(1) 3절에 나오는 두려움, 즉 악행에 대한 형벌의 두려움은 치안관은 물론 하나님에 대해서도 품는 일이 있어서는 안 된다. 우리는 하나님의 보복을 받을 만한 행위를 피해야 할 더 커다란 의무를 지고 있기 때문이다. 그래서 하나님을 그 두려움의 대상으로 삼는 것은 두 구절 간의 간극을 해소하지 못한다.

(2) 지금 사도는 국가의 권위에 대한 우리의 의무를 다루고 있다. 그러므로 우리가 하나님께 품어야 할 두려움을 여기서 언급하는 것은 문맥에 맞지 않는다. 네 가지 명령이 동일한 형태를 지니고 있다는 사실은 그것들이 동일한 영역에 속한다는 것을 보여 준다. 만일 여기서 하나님에 대한 두려움을 말하고 싶다면, 그 흐름의 단절을 시사하기 위해 하나님의 명칭이 반드시 언급되었을 것이다.

그런즉 여기서는 하나님이 두려움의 대상이 아니다. 3절의 두려움은 가해질 형

벌에 대한 두려움인 반면에 7절의 두려움은 존경과 공경의 두려움이다. 하나님과
의 관계에서 이것은 경외의 두려움이며(참고. 행 9:31; 롬 3:18; 고후 7:1; 엡 5:21), 사람
과의 관계에서는 그들의 지위로 인해 마땅히 드릴 존경이다(참고. 엡 6:5; 벧전 2:18).
"두려움"과 "존경"이란 말은 국가 관리들 사이의 직위상의 차이를 시사한다고 보
는 것도 가능하다. 즉, 두려움은 최고의 지위에 있는 사람에게 드리는 경의이고,
존경은 그보다 낮은 직위를 가진 사람에게 드리는 것으로 볼 수 있다는 뜻이다.
그러나 이런 차별성을 주장할 만한 충분한 근거는 없다. 양자 모두 관원에게 마
땅히 복종할 의무뿐만 아니라 하나님의 사역자인 그들에게 존경을 표해야 할 의
무를 강조할 목적으로 사용될 수 있다.

3) 사랑의 우위성(13:8-10)

> 8. 피차 사랑의 빚 외에는 아무에게든지 아무 빚도 지지 말라 남을 사랑하는
>   자는 율법을 다 이루었느니라
> 9. 간음하지 말라, 살인하지 말라, 도둑질하지 말라, 탐내지 말라 한 것과
>   그 외에 다른 계명이 있을지라도 네 이웃을 네 자신과 같이 사랑하라 하
>   신 그 말씀 가운데 다 들었느니라
> 10. 사랑은 이웃에게 악을 행하지 아니하나니 그러므로 사랑은 율법의 완성
>   이니라

8-10절 이 지점에 와서 주제가 바뀐다. 1-7절에서는 국가 및 우리와 국가의 관계
를 다루었다. 그러나 8-10절은 이 영역에 국한되지 않는다. 7절 초두의 명령이 치
안관과 그 일꾼들에 대한 의무를 다루듯이, 8절의 명령은 모든 관계에 적용된다.
그렇지만 이 변화는 갑작스러운 것은 아니다. 사도는 국가의 관원들에 대한 빚을
주제로 삼았다가 이제는 모든 사람에 대한 우리의 의무로 자연스럽게 넘어간다.
그래서 그는 "아무에게든지 아무 빚도 지지 말라"고 한다. 이것을 명령형으로 간

주하는 것이 필요하다. 서술형으로 볼 수도 있는데, 이 경우에는 이런 문장이 된다. "너희는 서로 사랑하는 것 외에는 아무에게도 아무 빚도 지지 아니한다." 이는 사랑의 우위성을 강조하기 위해서다. 그러나 주석적으로 볼 때 이 구문은 고려할 가치가 없다. 바울이 국가의 권위에 대한 빚을 갚아야 한다고 주장한 직후에 이런 말을 한다는 것은 사실 좀 이상하다. 그뿐만 아니라, 바울은 우리가 사람들에게 지고 있는 유일한 빚이 사랑이라고 말하지 않는다. 그는 사랑이 우리로 하여금 사람들에 대한 우리의 의무를 다하게 해 준다고 말하지, 사랑이 다른 모든 계명을 대치한다고 가르치지 않는다.

이 명령은 우리가 빚을 갚지 않고 그냥 두면 안 된다는 뜻이다. 즉, 우리는 어느 누구에게도 빚을 져서는 안 된다는 것이다. 그러나 성경의 유추에 따르면, 이것은 우리가 결코 재정적인 빚을 지지 말아야 한다든지, 우리가 어려울 때 남에게 아무것도 빌려서는 안 된다는 의미는 아니다(참고. 출 22:25; 시 37:26; 마 5:42; 눅 6:35). 그러나 우리가 걸핏하면 빚을 지거나, 빚을 갚는 데 무관심한 태도를 취하는 것은 정죄한다. "악인은 꾸고 갚지 아니한다"(시 37:21). 빚을 잔뜩 지고도 갚으려 하지 않는 것만큼 신앙고백을 모독하는 일은 없다.

"피차 사랑의 빚 외에는." 이 말은 흔히 앞의 내용에 예외적인 조항으로 간주되고, 갚지 않은 유일한 빚이 사랑의 빚이고, 이웃에 대한 사랑은 결코 갚을 수 없는 빚이라는 뜻으로 여겨진다. 물론 사랑은 다함이 없는 것이다. 사랑은 우리가 결코 벗어날 수 없는 의무이다. 필립피는 이렇게 말한다. "사랑은 본질상, 그 빚을 갚는다 해도 다 갚을 수 없는 의무이다. 사랑을 그만두기 위한 목적으로 행하는 사람은 진실로 사랑하는 사람이 아니기 때문이다. 사랑을 할수록 사랑은 더 강렬해지는 것이며, 사랑을 하면 할수록 좀 더 사랑하고 싶은 아쉬움만 남는다."[18] 그러나 사랑을 명하고 그 우위성을 주장하는 대목에서 사랑은 못 갚은 빚이라고 말하는 것은 어울리지 않는 것 같다. 그러므로 "외에는"(save)이란 말로 번역된 헬라어를 달리 해석해야 한다. 이 단어는 흔히 "제외하고"(except)라는 의미로 앞의 주

---

18 앞의 책, 동일한 곳.

장에 예외적인 조항을 말할 때 사용된다. 그렇지만 '그러나' 내지는 '오직'이란 의미로 사용되기도 한다(참고. 마 12:4; 요 17:12; 롬 14:14; 갈 1:19). 이 경우에는 앞의 내용에 대한 예외를 진술하는 것이 아니라 방금 진술한 내용과 관련이 있는 다른 고려사항 내지는 유보사항을 말하는 것이다. 여기서는 이런 용례를 따르는 것이 더 좋을 것 같다. 그러면 이렇게 된다. "아무에게든지 아무 빚도 지지 말라. 오직 피차 사랑하기만 해라." 즉, 사랑은 못 갚은 빚으로 간주되지도 않고, 또한 사랑과 관련된 무한한 빚에 대해 생각하는 것도 아니며, 단지 사도는 사랑의 문제에서 우리가 빚지고 있다는 점을 상기시켜 주고 있을 따름이다. 사랑은 영구적인 의무라는 것을 우리는 기억해야만 한다.[19]

그러면 여기서 말하는 사랑은 무엇인가? 그것은 믿음의 공동체 안에서 신자들이 서로에게 베풀 사랑인가, 모든 사람에 대한 포괄적인 사랑인가? 신자들 사이에 주고받는 사랑에 독특한 특성이 있는 것은 사실이다. 바울이 12:9-10에서 말한 것이 바로 이런 사랑이다. 이 절에 나오는 "피차"라는 표현이 동일한 것을 암시하는 듯하다. 이 문제는 다음과 같이 해결할 수 있다. 지금 바울은 교회에 편지를 쓰면서 사랑의 우위성을 말하고 있는 만큼 성도들의 친교 안에서 주고받는 최고 수준의 사랑보다 더 낮은 사랑에 대해 생각한다는 것은 불가능하다. 그래서 바울이 "피차"라는 말을 한 것은 이 서신을 받을 공동체를 겨냥한 것이다. 그렇지만 그 사랑을 신자의 모임에만 국한시키는 것은 설득력이 없다. 왜냐하면 그 직후에 사랑과 하나님의 율법의 관계를 말하고, 그 하나님의 율법은 우리가 모든 사람과 맺는 사회적 관계상의 행위를 규제하는 것이기 때문이다. 사도가 말하는 그 사랑이 율법의 완성이라면, 그 사랑은 율법 자체만큼이나 광범위한 것이고, 율법은 모든 사람들에 대한 우리의 관계와 관련이 있다. 이 점은 그 다음 어구에 시사되어 있다. "남을 사랑하는 자는 율법을 다 이루었느니라."[20] "남"이란 자신을 제외한 다른 사람을 가리키는 것이며 그 대상을 굳이 신자들에게만 국한시킬 수는 없다.[21]

---

19 참고. Barrett, 앞의 책.
20 이것은 문자적 번역이다. "이웃"이 9절에는 있으나 8절에는 없다.
21 "남"이 다른 율법, 즉 나머지 율법이라고 추정할 이유는 없다. 다른 계명들은 "남"이 아니라 사랑이 완

이 대목에서 사도가 하나님에 대한 사랑을 다루는 것은 아님이 명백하다. 그는 뒤에 인용된 계명들이 보여 주듯이 동료 인간들에 대한 사랑만을 다루는 중이다. 물론 하나님에 대한 사랑이 하나님에 대한 우리의 관계와 관련된 율법의 완성임은 사실이다(마 22:37, 38; 막 12:29, 30; 눅 10:27). 그러나 여기에 나오는 사랑은 인간 상호 간의 사랑이다(마 22:39; 막 12:31; 눅 10:29-37). 그래서 이 경우 사랑이 완성한다는 그 율법은 인간의 상호관계에 관한 율법이다.

"율법을 다 이루었느니라"는 완결된 행위의 완료시제이다. "이루다"는 말은 "순종하다"보다 더 풍성한 용어로, 율법의 요구가 온전히 채워졌다는 의미다. 완전한 순종이 이렇게 표현되었다(참고. 갈 5:14).[22] 마치 이른바 "사랑의 법"이 복음 아래서 계명의 법을 대치한 것인 양 사랑이 율법을 폐지하거나 대신하는 것으로 생각해서는 안 된다. 바울은 율법이 곧 사랑이라 말하지 않고, 사랑이 율법을 완성하며 따라서 율법은 조금도 평가 절하되거나 그 승인된 사실이 취소되지 않는다고 말한다. 사랑이 이런 속성과 기능을 부여받기 때문에 율법 역시 그 적실성과 존엄성을 인정받고 있는 셈이다.

사랑은 감성과 추진력과 구축력을 지니고 있다. 감성적이기 때문에 대상에 대한 친화성과 애정을 창조한다. 추진력이 있어서 행동을 유발시킨다. 구축력이 있어서 사랑이 증진시키는 유익에 이질적인 것을 구축한다.

사랑이 율법의 완성이라는 말은 어느 율법이든 사랑을 떠나서는 완성될 수 없다는 의미이다. 그러므로 이것은 국가 안에서의 우리의 행동을 지배하는 율법에 틀림없이 적용된다(1-7절). 국가 안에는 공의의 질서가 있고, 다른 영역들, 특별히 교회 안에는 사랑의 질서가 있다고 추정하는 것은 큰 잘못이다. 이런 구별은 존재하지 않고, 대립관계는 더더욱 존재하지 않는다. 우리가 공의의 요구를 충족할 수 있는 것은 오직 사랑을 통해서다. 국가의 관원은 하나님에 대한 사랑과 자기 관할권에 속한 사람들에 대한 사랑에 의해 움직이지 않는다면 자기의 권위를 제대

성하는 그 계명들이다.

22 참고. Arndt and Gingrich, 앞의 책, πληρόω, 3.

로 행사할 수 없다. 백성들도 하나님의 제도를 인정하고 경건한 두려움으로 그 제도에 순종하지 않는다면, 관원에게 합당한 존경을 표할 수 없고 양심에 따라 법을 준수할 수도 없다. "하나님을 두려워하며 왕을 존대하라"(벧전 2:17).[23]

　　9절은 8절에서 단언한 것을 확증하고 부연한다. 바울은 8절에서 율법을 언급했다. 지금은 율법이 무엇인가를 구체적으로 밝히고 있다. 그는 십계명 중에서 네가지[24]를 열거한다. 여기서는 구약의 헬라어역에 나타난 순서를 따른다(신 5:17-21). 간음에 대한 계명이 신약의 다른 곳에서처럼 살인에 대한 계명보다 선행한다(눅 18:20; 약 2:11). 십계명에 근거해 이렇게 나열하는 것은 사랑이 완성하는 그 율법은 십계명에 축약되어 있다고 보는 바울의 생각을 보여 준다. 여기에 언급된 것들이 율법 전체를 포함하는 것은 아니라는 사실을 "그 외에 다른 계명이 있을지라도"라는 표현으로 알 수 있다, 이렇게 십계명에 호소하는 것은 다음과 같은 명제들을 보여 준다. ① 십계명은 영구적이고 항상 적실한 것이다. ② 십계명은 사랑이 완성한다는 그 율법의 본보기이므로 사랑과 연관된 것이다. ③ 십계명과 그에 순종할 의무는 사랑의 실행과 저촉되지 않는다. 양자는 양립이 불가능하지 않다. ④ 계명들은 사랑이 따라야 할 규범들이다.

　　여기에 언급되고 있는 계명들이 모두 부정형이라는 사실을 주목해야 한다. 흔히 주장하기를 윤리는 부정적이지 않고 긍정적인 형태를 지녀야 한다고 한다. 이런 요구는 비현실적이기에 잘못된 것이다. 죄의 실존을 간과하기 때문이다. 물론 죄에 빠지기 쉬운 성향과 죄 자체가 없다면, 무엇이든 금지할 필요가 없을 것이다. 십계명 중에서 여덟 가지 계명이 부정적이며 다른 하나도 부정적 요소를 지니는 것은 하나님의 율법이 현실적이기 때문이다. 하나님의 율법은 죄의 부정일 수밖에 없

---

23 "그것은 마치 바울이 다음과 같이 말한 것과 같다. '내가 여러분에게 통치자들에게 복종하라고 말할 때, 나는 모든 신자들이 사랑의 법에 의해 행할 바를 요청하는 것일 뿐입니다. 만일 선한 사람들이 흥하기를 바란다면… 모든 사람들이 법의 수호자들에게 순종하도록 법과 심판이 효력을 발휘하게끔 노력해야 합니다. 그 사람들이 우리로 하여금 평화를 누릴 수 있게 해 주기 때문입니다.' 그러므로 무정부 상태를 도입하는 것은 사랑에 위배되는 일이다"(Calvin, 앞의 책).

24 οὐ ψευδομαρτυρήσεις는 ℵ과 소문자 사본 대다수와 몇몇 역본에서는 οὐ κλέψεις 뒤에 오지만, P[46] A B D G L과 몇몇 역본에서는 생략되어 있다.

다. 바울이 말하는 절대적인 금지 사항은 "악은 어떤 모양이라도 버리라"는 것이다(살전 5:22). 진리는 오류의 부정이고, 올바름은 그릇됨의 부정이고, 의로움은 불법의 부정이다. 복음은 무엇보다 죄로부터의 구원이기에 기쁜 소식이다(마 1:21). 사랑조차 부정적 성격을 갖고 있다. 즉, 사랑은 "이웃에게 악을 행하지 아니한다"(롬 13:10). 9절에는 사랑이 범할 수 없는 악행의 실례가 나온다. 간음, 살인, 도적질, 탐내는 것 등이다. 사랑의 계명은 긍정적인 것이다. 다른 곳에서 바울은 우리에게 사랑의 긍정적 성격을 말해 준다. "사랑은 오래 참고 사랑은 온유하며… 진리와 함께 기뻐하고 모든 것을 참으며 모든 것을 믿으며 모든 것을 바라며 모든 것을 견디느니라"(고전 13:4, 6-7). 그러나 이 대목에도 사랑의 부정적인 면이 있다. "사랑은 시기하지 아니하며, 사랑은 자랑하지 아니하며, 교만하지 아니하며, 무례히 행하지 아니하며, 자기의 유익을 구하지 아니하며, 성내지 아니하며, 악한 것을 생각하지 아니하며, 불의를 기뻐하지 아니하며"(고전 13:4, 5-6). 우리가 이것들을 사랑하라는 명령으로 바꿀 때에는 모두 부정문이 된다. 사랑의 명령에 이처럼 긍정적인 면과 부정적인 면이 모두 담겨 있다는 점을 누가 부인할 수 있겠는가?

"네 이웃을 네 자신과 같이 사랑하라." 이것은 레위기 19:18을 그대로 인용한 것이다. 구약 문단에서는 대부분이 부정적 금지 형태로 되어 있는 일련의 계명들(9-18절) 끝부분에 나오고 있다. 바울이 모든 계명이 "그 말씀 가운데 다 들었느니라"고 말한 것은 그런 계명들의 요점이 반복되었다는 뜻인지, 혹은 단순히 축약되어 있다는 뜻인지는 확실하지 않다. 어느 경우이든 주된 사상은 사랑이 실행될 때 모든 계명들은 완성되는 것이며, 따라서 그 계명들은 사랑의 요구로 환원될 수 있다는 것이다. 자기 이웃을 자기 자신처럼 사랑하는 사람은 금지된 악행을 이웃에게 행하지 않을 것이고, 반대로 선행을 베풀 것이다.

흔히 간과되는 점이 있다. "네 자신과 같이"라는 표현이다. 이것은 우리가 우리 자신을 사랑한다는 것을 전제로 한다. 자신에 대한 사랑을 이기주의나 자기중심주의와 동일시해서는 안 된다. 우리가 우리 자신과 같이 이웃을 사랑하지 않을 때 이기주의자가 된다. 우리 자신에게만 몰두한 나머지 다른 사람을 배려하지 않는 경우이다. 다른 사람에 대한 이타적 관심은 다음의 명령을 성취한다. "각각 자기 일을 돌볼뿐더러 또한 각각 다른 사람들의 일을 돌보라"(빌 2:4). 그러나 이 것은 우리 자신의 일, 특히 우리 자신의 존재에 대해 잊어버려도 된다는 말이 아니다. 우리가 우리 자신을 사랑하지 않는 것은 부자연스러우며 또 불가능하다. "누 구든지 언제나 자기 육체를 미워하지 않는다"(엡 5:29). 이와 마찬가지로 바울은 "자기 아내를 사랑하는 자는 자기를 사랑하는 것이라"고 말한다(엡 5:28). 자기를 사랑하는 것과 외견상 모순되는 듯이 보이는 여러 가지 명령들은 서로 양립할 수 없는 것이 아니다(12:10; 빌 2:3). 우리가 우리 자신보다 타인을 더 좋게 평가하거나 타인의 유익을 위해 우리 자신을 희생할 때(요 15:13; 롬 5:7) 우리 자신을 더 이상 사랑하지 않는 것은 아니다. 하나님에 대한 사랑은 비할 데가 없는 최고의 사랑이다. 우리는 우리 자신이나 우리의 이웃을 사랑하듯이 하나님을 사랑하라거나 하나님을 사랑하듯이 우리 이웃을 사랑하라는 명령을 받지 않는다. 하나님에게는 우리의 모든 관계에서 우리의 존재 전체가 사랑과 경배와 섬김을 바쳐야 한다. 우리 자신이나 피조물에 대해 그런 것을 바치는 일은 그야말로 불경건한 것이다. 이런 차별성에 대해 우리 주님은 이렇게 말씀하신다. "네 마음을 다하고 목숨을 다하고 뜻을 다하고 힘을 다하여 주 너의 하나님을 사랑하라 하신 것이요, 둘째는 이것이니 네 이웃을 네 자신과 같이 사랑하라 하신 것이라"(막 12:30-31).

"그러므로 사랑은 율법의 완성이니라." 영어 성경들은 대체로 '완성되고 있는'(fulfilling)이 아니라 '완성'(fulfillment)이란 용어를 선택했다. 전자는 진행 중인 과정을 시사하는데, 여기서는 그런 의미가 아니다. 8절에 나오는 동사의 시제는 완결된 행위를 가리킨다. 그런즉 이 명사는 충만한 정도를 의미한다. 흔히 주석 가들은 이 명사의 사용을 8절에 나오는 동사의 완료 시제와 동일한 목적을 가리키고 동일한 의미를 표현하는 것으로 간주한다. 이 견해는 좀 의심스럽다. 그 동사는 흔히 "이루다"[25]라는 의미를 지니기 때문에 그 어구를 "남을 사랑하는 사람은 율법을 이루었느니라"고 번역하는 것이 적절하다. 그러나 이 명사가 "이루다"[26]

---

25 참고. 마 1:22; 3:5; 눅 1:20; 4:21; 요 12:28; 행 1:16; 롬 8:4.
26 혹자는 롬 11:12을 이런 의미로 해석했다. 그 명사는 πλήρωμα이다.

가 표현하는 그 의미를 지니고 있는지는 의문이다. 대체로 이 명사는 "채우는" 것 내지는 "채워지는" 것이란 뜻을 갖고 있기에, 적절한 번역은 "충만"'(fullness)이다 (요 1:16; 롬 15:29; 고전 10:26; 갈 4:4 엡 1:10; 3:19; 4:13; 골 1:19; 2:9). 때로 그것은 뭔가를 완결 짓기 위해 채워지는 것을 의미한다(마 9:16; 막 2:21).[27] 에베소서 1:23에서는 보충한다는 뜻이다.[28] 그래서 용례에 따르면 그것은 "충만"이란 뜻임을 암시하며, 사도는 10절에서 명사를 사용하여 사랑이 율법의 요구를 완전한 정도로 성취한다는 것을 가리킴으로써 8절에 나오는 성취의 개념을 더 풍성하게 만들었다. 뭔가 더 채워져야 할 것으로 보였던 그 율법이 이제는 사랑에 의해 가장자리까지 가득 차게 되었다. 처음부터 끝까지 채우는 것은 사랑이며, 이런 의미에서 율법이 채워지는 것은 사랑과 더불어 또는 사랑에 의해 이뤄진다.

4) 임박한 종말(13:11-14)

11. 또한 너희가 이 시기를 알거니와 자다가 깰 때가 벌써 되었으니 이는 이제 우리의 구원이 처음 믿을 때보다 가까웠음이라

12. 밤이 깊고 낮이 가까웠으니 그러므로 우리가 어둠의 일을 벗고 빛의 갑옷을 입자

13. 낮에와 같이 단정히 행하고 방탕하거나 술 취하지 말며 음란하거나 호색하지 말며 다투거나 시기하지 말고

14. 오직 주 예수 그리스도로 옷 입고 정욕을 위하여 육신의 일을 도모하지 말라

11-12절 "또한"이라는 말은 "진실로" 혹은 "더욱이"라는 의미다(엡 2:8; 빌 1:28). 그러므로 이런 말을 도입부에 사용한 것은 독자에게 "네 이웃을 네 몸과 같이 사랑

---

27 이 경우에 옷을 완전하게 하는 것은 채워져야 할 어떤 것이다. 여기서 말하는 것은 헌 옷에다 새 천 조각을 붙여서 옷을 완전하게 하려고 했지만 옷을 완전하게 하기는커녕 도리어 상하게 한다는 것이다.
28 그러나 주석적으로 말하면, 엡 3:19, 4:13에 비추어 볼 때 선호할 만한 구절이 아니다.

하라"는 최고의 법을 이뤄야 할 또 다른 이유를 가리키기 위함이다. 그 이유는 "이 시기를 알거니와"라는 말로 표현되어 있다. 이 시기는 일반적인 의미의 시기가 아니라 특별한 의미를 지닌 시기, 즉 실제적으로 중대한 때인 만큼 잠에서 깨어나야 할 시기이다. 이 "시기"의 다른 특징은 우리가 처음 믿을 때보다 더 가까워졌다고 말하는 "구원"을 어떻게 해석하느냐에 달려 있다.

"구원"이란 말은 어떤 현세적 압박이나 고통으로부터의 구출이란 의미로 사용될 수 있다(빌 1:19). 그러므로 사도는 로마 교회가 현재 겪고 있는 환난에서 곧 구출되기를 바라는 마음을 표현한 것일지 모른다. 그렇지만 신약의 용례를 보면, 이 말이 미래와 관련해 사용되는 경우에는 그리스도의 강림 때 실현될 구원의 완성을 가리킨다는 결론을 내리게 된다(빌 2:12; 살전 5:8, 9; 히 1:14; 9:28; 벧전 1:5; 2:2). 그런즉 우리가 믿었을 때보다 더 가까워졌다는 구원은 구원 과정의 완성을 말한다. 이 완성은 종말론적 소망의 핵심과 결부되어 있기에, 이 구절은 종말론적 강조점을 내포하고 있는 것으로 봐야 한다. "시기"라는 용어는 이 강조점을 표현하기에 적절한 의미를 지니고 있다. 이 용어 자체는 종말론적 의미를 갖고 있지 않다.[29] 그것은 어떤 특정한 시기든 가리킬 수 있다(마 11:25; 12:1; 눅 4:13, 21, 36; 행 7:20; 12:1; 14:17; 고전 7:5; 갈 4:10; 엡 2:12; 딤후 4:6). 흔히 이 용어는 정해진 때와 관련해 사용되고 있으며, 따라서 어떤 사건이나 심지어 의무를 위해 정해진 때를 가리킨다(마 26:18; 눅 19:44; 요 7:6, 8; 행 17:26; 롬 5:6; 9:9; 고후 6:2; 갈 6:9, 10; 살후 2:6; 딤전 2:6; 6:15; 딛 1:3; 벧전 5:6). 때로는 하나님의 구속 계획이 이행되는 과정에서 정점에 해당하는 시기를 지칭하는 데 사용되기도 한다(마 26:18; 막 1:15; 롬 3:26; 계 1:3). 그 용어의 복수형도 비슷한 의미로 사용되었다(딤전 2:6; 딛 1:3). 그러나 그 용어는 또한 종말론에 사용되기도 한다(막 13:33; 눅 21:8; 벧전 1:5; 계 11:18). 복수형이 종말론적 측면에 사용된 경우는 누가복음 21:24, 사도행전 3:20, 디모데전서 4:1, 6:15

---

29 καιρός에 대한 최근의 연구와 χρόνος와 καιρός를 뚜렷이 구별하면서 후자를 개인적 행동과 관련이 있는 때로 간주하는 견해에 대한 날카로운 비판은 다음 책을 참고하라. James Barr, *Biblical Words for Time, Studies in Biblical Theology* No. 33(Napervill, 1962). 동일 저자의 *The Semantics of Biblical Language*(London, 1961).

등이다. 이처럼 이 용어가 다양하게 사용되지만, 우리가 지금 다루는 본문에서는 사도가 편지를 쓰던 당시를 완성으로 종결되는 시기로 생각하고 있는 듯하다. 이는 세계 역사의 마지막 시대로서 복잡한 최후의 사건들이 임박한 시기이다. 이는 마지막 날이다(행 2:17; 딤후 3:1; 히 1:2; 약 5:3; 벧전 1:20; 벧후 3:3; 요일 2:18). 독자들이 자신의 역사적 위치에 대해 잘 알고 있는 것으로 바울은 생각하고 그들에게 경건한 삶과 관련된 의미를 상기시켜 주고 있는 중이다. 독자들은 "때가 찬" 시대에 (갈 4:4), "때가 찬 경륜의" 시대에(엡 1:9), "말세"에(고전 10:11), "시대의 종말"에(히 9:26) 몸담고 있다. 그러므로 이 권면은 다른 곳에 나오는 바울의 권고(딛 2:12-13)와 베드로의 권고(벧후 3:14)와 동일한 의미를 갖고 있다. 이 "시기"는 현 시대가 조급히 향하고 있는 최후의 사건들, "우리의 크신 하나님과 구주 예수 그리스도의 영광이 나타나실"(딛 2:13) 일을 중심으로 한 사건들로부터 그 특성을 부여받는 때이다. "구원"과 "시기"에 대한 이런 해석은 11-12절의 세부적인 사항을 이해하는 데 도움을 준다.

"밤이 깊고 낮이 가까웠으니." 바울을 비롯한 신약 저자들이 특정한 수식어 없이 사용한 "낮"(the day)은 종말론적 의미를 지니고 있다(고전 3:13; 살전 5:4; 히 10:25; 벧후 1:19). "낮"이라는 단순한 표현은 "그 날", "큰 날"과 같은 비슷한 표현으로 그 뜻이 밝혀진다(마 7:22; 24:36; 살후 1:10; 딤후 1:12, 18; 4:8; 유 6). 구체적으로 명시되지 않은 "낮"과 "그 날"이란 말이 종말론적 날을 가리키는 데 사용될 수 있는 것은, "날"이란 단어가 다른 단어와 합쳐져서 종말을 지칭하는 데 자주 사용되기 때문이다. 예를 들면, "심판의 날", "마지막 날", "진노의 날", "주의 날", "하나님의 날", "인자가 나타나는 날", "그리스도의 날" 등이다(마 10:15; 12:36; 눅 17:24, 30; 요 6:39; 14:48; 행 17:31; 롬 2:15-16; 고전 1:8; 5:5; 엡 4:30; 빌 1:6, 10; 살전 5:2; 살후 2:2; 벧후 3:7, 10; 요일 4:17). 이런 많은 용례를 감안하면, 본문에 나오는 "낮"이란 말은 그리스도께서 자기 백성을 구원하러 오실 그 날을 가리키는 것으로 해석하지 않을 수 없다. 그러면 바울은 어떻게 그리스도의 날이 가까이 왔다고 말할 수 있었을까? 흔히들 다른 신약의 저자들과 마찬가지로 사도도 빠른 시일 내의 그리스도의 강림을 기대했으며, 또 그런 기대가 단언의 형태로 그의 가르침에 재생된 것이라고(참고. 고전 7:29-31) 주장한다.[30] 따라서 바울의 기대는 물론 그의 가르침까지도 잘못되었음이 증명되지 않았는가 하고 묻는다. 이 질문에 대한 답변은 다음 두 가지 사항에 들어 있다.

(1) 신약은 주의 날이 가까이 왔다고 가르친다(빌 4:5; 약 5:8; 벧전 4:7; 계 22:10-12, 20). 그러나 그 말의 의미를 우리가 생각하는 임박성으로 해석해서는 안 된다. 주의 날이 가까이 왔다고 표현하던 바울 자신마저도 임박한 것으로 생각하지 말도록 경고해야 했다(살후 2:1-12). 바울은 비록 편지를 쓰던 당시 이스라엘의 회심과 관련된 자신의 예언이 이뤄지고 있다는 아무런 징표도 없었지만 로마서에서 이스라엘의 회복을 가르쳤다(11:12, 15, 26). 베드로도 "만물의 마지막이 가까이 왔으니"(벧전 4:7)라고 기록했지만, 시간이 흐르면서 반론을 다뤄야 했다. 그래서 베드로는 그의 독자들에게 "주께는 하루가 천 년 같고 천 년이 하루 같다"라는 사실을 상기시키고(벧후 3:8), 천년이란 세월도 단 하루와 마찬가지로 약속의 성취와 강림의 확실성에 영향을 미치지 않는다고 했다. 그러므로 주님의 재림이 가까이 왔다는 신약적 개념에 대해 이런 관점을 취하는 것이 필요하다. 그것은 예언적 관점에서 본 가까움이지 연대기적으로 계산한 것이 아니다. 하나님의 구속적 목적이 성취되는 과정에서, 그리스도의 죽음, 그분의 부활 및 승천, 오순절의 성령 강림과 상관성이 있는 그 다음의 커다란 획기적인 사건은 바로 영광 가운데 오실 그리스도의 재림이다. 이것은 신앙의 지평선 위에 어렴풋이 드러나는 사건이다. 현재와 이 획기적 구속사건 사이에 이와 비슷한 사건은 하나도 없다. 이런 의미에서 그것은 가까이 있다. 그리고 이 점은 오늘날에도 사실이듯 바울 당시에도 사실이었다.

(2) "낮"이 가까웠다는 사실과 상관성이 있는 또 다른 진술은 "밤이 깊다"는 말

---

30 현존하는 가장 오래된 바울서신인 데살로니가전후서를 보면 당시 바울은 주님의 재림이 몇 달 안에 일어날 것이라고 생각했음을 암시하는 내용이 있다. 당시 그 교회의 교인들은 죽기 전에 주님이 오실 것임을 확신했다. 동일한 사상이 고린도전서에도 나오고 그것은 윤리 문제에 대한 바울의 판단에도 영향을 미친다(7장을 보라). 로마서에서는 이 소수의 구절만 제외하고 재림이 임박했음에 대한 언급이 없다는 사실은 매우 충격적이다. 모든 주장은 그러한 기대와는 상관없이 유효하다. … 오직 이 본문에만 주님의 날이 가까이 왔다는 오래된 관념이 살아남아 그의 도덕적 권면의 조건이 되고 있다(Dodd, 앞의 책, p. 209; 참고. Leenhardt, 앞의 책, p. 339).

이다. 분명히 "낮"과 "밤"이 대조되어 있고, "낮"의 특징이 빛으로, "밤"의 특징이 어둠으로 묘사되어 있다. "낮"은 밝히나(고전 3:13), "밤"은 감춘다. 주의 강림은 "어둠에 감추인 것들을 드러내는" 것으로 묘사되어 있다(고전 4:5). 따라서 그때에는 역사의 모든 파노라마가 하나님의 심판의 빛 안에 놓이게 될 것이다(롬 14:10; 고후 5:10). 이 빛의 광채에 비추어 볼 때, 그리스도의 강림 이전의 모든 것들은 상대적으로 어둠이기에 "밤"이라 불린다. 그리고 그리스도의 강림에 선행하는 것은 "이 세대"로서 "장차 올 세대"와 대조를 이루는 악한 세대이다(눅 16:8; 롬 12:2; 고전 1:20; 2:6-8; 고후 4:4; 갈 1:4; 딤후 4:10). 이것은 그리스도의 강림 이전의 기간을 "밤"이라 부르며 어둠과 연관시키는 또 다른 이유이다.

우리는 또한 "밤이 깊었다"라는 진술을 조명해 주는 관점을 제공받았다. "밤"은 "이 세대"와 동일시되고 있으며, 따라서 그리스도의 강림 이전의 세계 역사의 전 기간과 동일시되고 있기 때문이다. 사도는 지금 이 세계의 남은 역사가 비교적 짧다고 보고, 역사가 종착점을 향해 걸음을 재촉하고 있다고 생각하는 것이다. 다른 곳에서 바울은 지난 과거를 "만세와 만대"라고 했다(골 1:26). 그는 현재를 "말세"로 묘사했다(고전 10:11). 그리고 히브리서 9:26에서는 "시대의 종말"이라고 했다. 이런 관점에서 보면 "밤이 깊었다"라고 말하는 것은 적절할 뿐 아니라 꼭 필요하다. 이제 사도는 이 진리를 실제적인 경건에 적용한다. "어둠의 일을 벗고 빛의 갑옷을 입자"(롬 13:12).

잠자는 것, 밤, 어둠은 모두 우리의 일상에서 서로 관련되어 있다. 도덕적·종교적 영역에서도 마찬가지다. 이제 사도가 강조하는 것은 지금 신자들이 구속의 큰 드라마에서 차지하고 있는 위치와 도덕적·종교적 수면상태는 양립할 수 없다는 점이다. 우리 이웃을 우리 자신과 같이 사랑하라는 근본적인 명령은 신약뿐 아니라 구약에도 적용되었다(8-10절). 그러나 지금 바울이 호소하는 내용은 이 본문이 가리키고 또한 거룩한 삶의 이유로 제시되고 있는 특정한 "시기"에만 적용되는 것이다. 그리스도의 날은 아직 오지는 않았지만, 거꾸로 현재에 빛을 비추고 있다. 신자들은 이제 그 빛 안에서 살아야 한다. 그것은 전례 없는 영광의 날의 여명이다. 지금은 이 사실을 알고, 영적 마비 상태에서 깨어나며, 잠옷을 벗고, 구속사

(史)에서 이런 "시기의 과업"에 어울리는 무기를 착용해야 할 때다. 날마다 우리는 최종적 구원의 날에 더 가까워지고 있다. 영원의 문제를 좌우하는 것은 이생에서의 삶인 만큼 죽음은 개개인에게 그리스도의 강림 이전의 "시기"가 얼마나 짧은가를 지적한다. "우리가 다 반드시 그리스도의 심판대 앞에 나타나게"(고후 5:10; 롬 14:10) 되며, 그리스도께서 "살아있는 자와 죽은 자를 심판하실"(딤후 4:1; 벧전 4:5; 약 5:9) 것이며, 육신적인 방종은 신자의 신앙과 소망에 모순되는 것이다.

"어둠의 일"은 어둠에 속하고 어둠을 특징으로 삼는 일이다. 여기서 어둠은 윤리적 의미로 해석해야 한다(고전 4:5; 6:14; 엡 5:8, 11; 골 1:13). "빛의 갑옷" 역시 윤리적·종교적으로 이해해야 하고, 신자의 생활은 믿음의 선한 싸움임을 시사하고 있다(고후 6:7; 엡 6:10-18).

13-14절 13절에서 사도가 열거한 무절제한 행위들은 그 당시 제국에서 흔히 볼 수 있던 일이며, 특히 이 서신을 쓰고 있던 고린도에서 다반사로 일어나던 일이다. 이 말은 방탕에 내버려 두는 것과 그에 따른 다툼을 가리킨다. 14절의 적극적인 권면은 그리스도의 주되심이 창조하고 요구하는 대조적인 모습을 부각시킨다. 그리스도로 옷 입는 것을 비유로 사용한다. 다른 곳에서 바울은 새 사람을 입으라(엡 4:24; 골 3:10), 하나님의 전신 갑주를 입으라(엡 6:11), 진리의 허리띠를 띠고 의의 호심경을 붙이라(엡 6:14; 골 3:12; 살전 5:8)고 말한다. 그러나 그 가운데 어느 것도 이 표현만큼 의미심장한 것은 없다. 이는 다른 곳에서 단 한 번 사용되었다(갈 3:27). 이 후자의 본문은 로마서 6:1-10에 비추어 해석해야 한다. 그리스도로 옷 입는다는 것은 그리스도의 죽음뿐만 아니라 그의 부활에 있어서도 그와 동일시된다는 뜻이다. 이는 그의 부활의 생명의 모양으로 그에게 연합한다는 의미다. "주 예수 그리스도"라는 명칭은 이 권면의 포괄성을 강조한다. 악을 완전히 부정하고, 오직 그리스도 안에 나타난 완전한 순결과 덕이 신자에게 요구되는 습관의 구성 요소이다. 우리가 거룩하고, 악의가 없으며, 깨끗하고, 죄인들과는 완전히 구별되는 그리스도를 생각할 때, 13절에서 묘사된 악과 14절의 본보기가 완전히 대조를 이루는 것을 볼 수 있다. 긍정적인 것을 모두 받아들이는 만큼 부정적인 것은

빠짐없이 거부해야 한다. 우리는 육신의 정욕을 채우기 위해 무슨 일이든 도모하면 안 된다. 육신은 몸과 동일시되면 안 되지만 모든 죄악된 성향을 포함한다(7:5; 8:5-8; 갈 5:19-21; 6:8; 엡 2:3).

John Murray

THE EPISTLE TO THE ROMANS

14장

5) 약한 자와 강한 자(14:1-23)

1. 믿음이 연약한 자를 너희가 받되 그의 의견을 비판하지 말라
2. 어떤 사람은 모든 것을 먹을 만한 믿음이 있고 믿음이 연약한 자는 채소만 먹느니라
3. 먹는 자는 먹지 않는 자를 업신여기지 말고 먹지 않는 자는 먹는 자를 비판하지 말라 이는 하나님이 그를 받으셨음이라
4. 남의 하인을 비판하는 너는 누구냐 그가 서 있는 것이나 넘어지는 것이 자기 주인에게 있으매 그가 세움을 받으리니 이는 그를 세우시는 권능이 주께 있음이라
5. 어떤 사람은 이 날을 저 날보다 낫게 여기고 어떤 사람은 모든 날을 같게 여기나니 각각 자기 마음으로 확정할지니라
6. 날을 중히 여기는 자도 주를 위하여 중히 여기고 먹는 자도 주를 위하여 먹으니 이는 하나님께 감사함이요 먹지 않는 자도 주를 위하여 먹지 아니하며 하나님께 감사하느니라
7. 우리 중에 누구든지 자기를 위하여 사는 자가 없고 자기를 위하여 죽는 자도 없도다
8. 우리가 살아도 주를 위하여 살고 죽어도 주를 위하여 죽나니 그러므로 사나 죽으나 우리가 주의 것이로다
9. 이를 위하여 그리스도께서 죽었다가 다시 살아나셨으니 곧 죽은 자와 산 자의 주가 되려 하심이라
10. 네가 어찌하여 네 형제를 비판하느냐 어찌하여 네 형제를 업신여기느냐 우리가 다 하나님의 심판대 앞에 서리라
11. 기록되었으되 주께서 이르시되 내가 살았노니 모든 무릎이 내게 꿇을 것이요 모든 혀가 하나님께 자백하리라 하였느니라
12. 이러므로 우리 각 사람이 자기 일을 하나님께 직고하리라

14:1에서 15:13까지는 이 서신에서 잘 정돈된 또 다른 부분이다. 이 부분은 12–13장에 나오는 내용과 상관성이 있다. 신자의 생활의 구체적이고도 실제적인 측면을 다루며, 특히 교회 내에서의 신자의 생활을 다룬다는 점에서 그렇다. 그러나 이 부분의 관심사는 약한 자와 강한 자가 서로 취해야 할 태도의 문제이다.

여기서 다루는 주제는 바울의 다른 서신들에 나오는 내용과 유사성이 있다. 그중에서 가장 눈에 띄는 것은 바울이 고린도전서 8:1-13과 10:23-33에서 다루는 상황과의 유사성이다. 그러나 갈라디아서와 골로새서에도 접촉점이 있는 것 같다. 로마서 14:5에는 날들의 구별에 대한 언급이 있는데, 갈라디아서 4:10에는 이런 말이 나온다. "너희가 날과 달과 절기와 해를 삼가 지키니." 골로새서 2:16-17에는 장차 올 것의 그림자로서의 절기, 월삭, 안식일에 대한 언급이 있다. 더 나아가서, 골로새서 2:16, 20-23에는 먹고 마시는 것과 관련된 종교적 규정에 대한 암시가 있다. 이것을 지지하는 자들의 슬로건은 "붙잡지도 말고 맛보지도 말고 만지지도 말라"(골 2:21)는 것이었다. 이 두 서신들의 경우에 가장 두드러진 점은 유사성이 아니라 사도 편에서 취한 전혀 다른 태도이다. 이 두 서신에는 이 동일한 문제들과 관련된 심한 논박과 비난이 있다. 갈라디아서에는 날과 절기의 준수에 대한 심각한 우려가 표명되어 있다. "내가 너희를 위하여 수고한 것이 헛될까 두려워하노라"(갈 4:11). 마찬가지로 골로새서에서도 금욕주의자들에 대해 격심한 책망을 퍼붓는다. "너희가 세상의 초등학문에서 그리스도와 함께 죽었거든 어찌하여 세상에 사는 것과 같이 규례에 순종하느냐… 이런 것들은… 오직 육체 따르는 것을 금하는 데는 조금도 유익이 없느니라"(골 2:20, 23). 그러나 이와 같은 가혹한 반박은 지금 우리가 다루는 본문에서는 찾아볼 수 없다. 여기에는 근본적으로 다른 태도를 반영하는 부드러움과 관용이 있다. "믿음이 연약한 자를 너희가 받되"(14:1). "어떤 사람은 이 날을 저 날보다 낫게 여기고 어떤 사람은 모든 날을 같게 여기나니 각각 자기 마음으로 확정할지니라"(14:5). 왜 이렇게 다를까? 그 이유는 명백하다. 갈라디아서에서는 바울이 복음의 핵심을 왜곡하고 있는 유대주의자들을 다루는 중이다. 그들은 날과 절기를 지키는 것은 칭의와 하나님의 용납하심에 필요하다고 주장하는 율법주의 선동가들이었다. 이것은 "약하고 천한 초등

학문"으로 다시 되돌아감을 의미했다. 그것은 "복음 외의 다른 복음"이며, 사도의 저주를 받아 마땅한 것이었다(갈 1:8-9). 로마서 14장에는 이 날을 저 날보다 낫게 평가하는 사람들이 이런 치명적인 오류에 빠졌다는 증거가 전혀 없다. 그들은 복음의 심장부를 겨누던 의식주의 선동가들이 아니었다. 그러므로 여기에는 바울의 관용과 제지가 있는 것이다. 골로새의 이단은 갈라디아의 이단보다 더 복잡하고 미묘했다. 골로새에서 바울이 논박한 오류는 근본적으로 영지주의였으며, 브루스가 말하듯이 "영적인 영역과 물질적 영역을 구분하는 이원론"을 주장하며, 구원을 물질적인 것으로부터 영적인 것을 해방시키는 것으로 보았다. 그래서 "금욕주의는 이런 해방의 과정에서 하나의 중요한 요소로 간주되었다."[1] 또한 천상의 존재에 대한 숭배도 있었다(골 2:18). 이런 존재들은 하나님으로부터 오는 계시의 전달자로 여겨졌으며, 사람이 하나님을 향해 드리는 모든 기도와 예배의 목적을 이루게 하는 중개자들로 간주되었다.[2] 금욕은 이런 천사의 총애를 받게 해 주는 의례의 일부이기도 했다. 이런 이단은 복음의 심장부를 공격했고, 하나님의 충만하심이 거하는 자(골 2:9)이자 신과 인간의 유일한 중보자이신 그리스도의 탁월성을 부정했다. 그래서 바울이 격렬한 비난을 퍼부은 것이다. 로마서 14장에 나오는 연약한 자의 금욕주의가 골로새의 이단 사상과 결부되었다는 증거는 조금도 없다. 그러므로 분위기가 근본적으로 다르다.

로마서 14장에서 말하는 연약함이 고린도전서 8장의 연약함과 동일할 가능성이 상당히 많다고 주장하는 것은 가능하다. 후자는 우상에게 바친 음식은 우상숭배에 의해 오염되었기 때문에 그리스도인이 그런 음식을 먹는 것이 합당하지 않다고 보는 사람들의 확신을 다룬다. 고린도전서에 나오는 문제점은 우상에게 바친 음식과 관련이 있다. 로마서 14장에 그와 비슷한 태도와 명령이 나오기 때문에 동일한 문제를 다루는 것처럼 보일 수 있다. 이 추론은 성립되지 않는다. 증거에 의하면, 로마서 14장의 연약함은 더 다양한 성격을 지니고 있다. 그러나 우상에게

---

1 F. F. Bruce, *Commentary on the Epistle to the Colossians* (Grand Rapids, 1957), p. 166, n. 10.
2 앞의 책, p. 167.

바친 고기와 관련된 연약한 믿음을 염두에 두고 있지 않다는 말은 아니다. 이 경우는 좀 더 많은 것을 고려해야 한다는 뜻일 뿐이다. 이런 결론을 내리는 이유는 다음과 같다.

(1) 로마서 14장에는 우상에 바친 음식이나 술에 관한 언급이 없다. 만일 오직 이것이 문제였다면, 고린도전서 7장과 10장에서처럼 분명한 언급이 있었을 것이다.

(2) 날의 구별이 로마서 14장에는 있다. 이것이 고린도전서의 본문에는 나오지 않는다. 날을 꼼꼼히 지키는 일과 우상에게 바친 음식에 관련된 행습 사이의 관계를 추적하는 것은 대단히 어려운 일이다.

(3) 로마서 14장의 연약함은 채식주의와 관련이 있다(2절). 우상에게 바친 음식에 관해 연약한 입장을 취한 자들이 우상에게 바치지 않은 고기에 대해서도 망설였다는 증거는 없다. 이런 여러 이유 때문에 우리는 로마서 14장의 연약함은 좀 더 일반적인 성격을 지녔다고 결론을 내리게 된다.

그런데 이 연약함의 근원과 이 문제를 복잡하게 만든 배경에 관해서는 의견 차이가 크다. 일부 주석가들처럼 확고한 입장을 취하는 건 바람직하지 않다. 로마는 세계적인 수도였고 로마 교회도 세계적인 성격을 지니고 있었다. 다양한 배경과 영향에서 생기는 다양한 형태의 연약함을 사도가 염두에 두고 있었다는 논지가 가장 설득력이 크다. 연약한 자의 범주에 속하는 모든 사람이 동일한 종류의 연약함을 안고 있었다고 추정할 필요는 없다. 어떤 면에서 연약한 자라도 다른 사람이 약한 다른 면에서는 강했을 수도 있다. 이런 다양성이 바울의 진술을 잘 해명해 줄 수 있다. 이 문단은, 이 장에 나오는 이슈와 같은 것들과 관련해 종교적 문제가 발생하는 모든 경우에 적용될 수 있는 방식으로 연약한 자와 강한 자의 문제를 다룬다.

1-3절 "너희가 받되." 이 권면은 연약한 자의 범주에 속하지 않는 자들에게 한 말이다. 즉, 이 권면은 강한 믿음이 있어서 양심의 가책을 느끼지 않는 자들에게 준 것이다. 이것은 "강한 너희는 연약한 자를 받으라"(참고. 15:1)는 형태가 아니기 때문에, 로마 교회 전체가 연약한 것이 아니라 연약한 자는 소수였음을 암시한다.

여기에 나오는 권면이 주로 강한 자를 대상으로 했다는 사실이 이 견해를 지지해 준다. "너희가 받되"라는 말은 신뢰, 존중, 애정의 면에서 결코 차별이 있을 수 없음을 뜻한다. 이 호소가 설득력이 있는 이유는, 3절에서 하나님의 용납을 말하고 15:7에서 그리스도의 용납을 말할 때에도 동일한 용어를 사용한 것으로 알 수 있다. 15:7은 그리스도께서 우리를 받아 하나님께 영광을 돌리심과 같이, 우리도 서로 받아야 한다고 말함으로써 상호용납의 필요성을 강조한다. 이렇게 서로 받아 주라고 하는 탄원에도 불구하고 차별한다면 그것은 부끄러운 일이며 주님의 태도와 모순되는 것이다.

"그의 의견을 비판하지 말라." 여기에 표현된 전반적인 생각은 분명하다. 연약한 자를 받아 주는 것이, 먹고 마시는 것이나 날을 지키고 안 지키는 것과 같은 문제에 대한 확신의 차이에서 생기는 분열을 부채질해서는 안 된다는 말이다. 그러나 정확한 생각을 파악하기는 어렵다. "의견"으로 번역된 이 말은 "생각"을 의미하며, 때로는 경멸조로 사용되어 "악한 생각"을 의미하기도 한다(눅 5:22; 6:8; 9:46, 47; 24:38; 롬 1:21; 고전 3:20; 빌 2:14; 딤전 2:8). "비판[판단]"이란 말은 복수형으로써, 차별 행위를 가리킬 가능성이 많다(고전 12:10; 히 5:14). 따라서 "생각을 차별하지 말라"는 뜻인 듯하다. 즉, "서로의 확신과 생각에 비판적인 잣대를 들이대기 위한 것이 아니라"는 말이다. 이것은 "너희가 받으라"는 말과 대조를 이루고, 후자는 강한 자들에게 주어진 것인즉, 연약한 자의 의견이 분석이나 비평의 주제가 될 경우 그들에게 생길 분노를 피할 필요성을 강조한다.

2절에는 강한 자와 연약한 자를 구별하는 방식이 나온다. 연약한 자는 채소를 먹는 자인 데 비해, 강한 자는 어떤 음식이든 다 먹을 수 있는 자다. 3절에서 사도는 두 집단이 빠지기 쉬운 잘못을 지적한다. 강한 자의 잘못은 연약한 자를 경멸하고 무시하는 성향이며, 연약한 자의 잘못은 강한 자를 비판하는 성향이다. 양자는 동일하게 정죄된다. 실제로 이런 악덕은 경멸조의 비웃음과 비판조의 찡그린 얼굴로 나타난다. 사도는 이런 태도를 정죄하고 있으며, 또 그런 태도는 "너희가 받으라"는 말이 중시하는 공동체 안에서 분열을 조장하게 된다.

"이는 하나님이 그를 받으셨음이니라"는 3절의 결론절은, 먹지 않는 자와 먹는 자 모두를 가리키는 것으로 해석되어 왔다. 하나님은 강자뿐만 아니라 약자도 받으시는 게 사실이고, 하나님이 약자를 받으신 것이 1절에 언급된 강자에 대한 권고의 이유가 된다. 그러나 이 경우에 이 권면이 위치상 약자에게 더 가깝고 약자가 범하기 쉬운 비판과 더 관계가 깊은 것을 고려하면, 이는 하나님이 강한 자를 받으신 것을 가리킨다고 보는 편이 낫다. 그리고 잘못된 비판을 다음과 같이 책망한다. 즉, 만일 하나님이 어떤 사람을 그의 사랑과 친교의 유대관계 속으로 받아 주시고, 지금 문제시되는 행동이 하나님의 영접에 아무런 방해가 안 된다면, 우리가 하나님이 인정하시는 것을 정죄하는 일은 범죄에 해당한다는 것이다. 그런 짓은 우리가 하나님보다 더 거룩한 척하는 것이다. 더욱이 그 다음 구절은 연약한 자의 악덕을 가리키며, 또 하나님이 강한 자를 받아 주셨음과 관련하여 강한 자에 관해 이렇게 주장한다. "그가 세움을 받으리니 이는 그를 세우시는 권능이 주께 있음이라."

4절 이 구절은 연약한 자들 편에서의 혹독한 비판이 잘못된 이유를 그들의 주제넘은 태도에서 찾는다. 이 질문에 표현된 바는 다른 사람의 가정사에 참견하는 것은 합당치 못하다는 것이다. 이는 이어서 그리스도의 주되심과 신자의 관계에 적용된다. "그가 서 있는 것이나 넘어지는 것이 자기 주인에게 있으매"라는 어구가 어느 집의 주인을 가리키는 말인지, 주 그리스도를 염두에 둔 말인지는 확실하지 않다.[3] 비록 집의 주인을 고려하고 있을지라도 그 비유는 곧바로 다음 어구에서 신자를 주관하는 그리스도의 주되심에 적용된다. "그가 세움을 받으리니 이는 그를 세우시는 권능이 주께[4] 있음이니라." 이 경우의 주는 물론 주 그리스도이시다. 이는 신자가 그리스도를 섬기는 데 굳건히 서게 된다는 확신을 표명한다. 이 경우에 굳게 선다는 말은 최후 심판과 관련이 있다고 이제까지 주장되어 왔다. 심판의 사상이 이 구절에 있는 것은 사실이다. 가정의 영역에서 다른 집의 종은 우리의 규범에

---

3 κυρίῳ는 가정의 주인을 가리키는 듯하다. 다음의 내용이 보여 주고 있듯이 그리스도의 가정에서는 서거나 넘어지는 일이 일어나지 않는다.
4 Κύριος는 P46 ℵ A B C 그리고 P의 지지를 받는다.

따라 판단을 받는 것이 아니라 자기 주인의 규범에 따라 판단을 받는다. 그 종은 자기 주인의 판단에 따라 제대로 설 수도 있고 못 설 수도 있다. 마찬가지로 신자와 그리스도의 관계에 있어서도 가장 중요한 것은 그리스도의 판단이지 우리의 판단이 아니다. 그러나 이 판단을 최후 심판으로 추정할 만한 근거는 전혀 없다. "서 있는"이라는 말은 지금 여기에서 연약한 자들 편에서 내어놓은 비판적인 판단을 책망하기 위해 사용한 용어이다. 연약한 자들은 강한 자들의 자유를 그리스도에 대한 헌신의 부족으로 간주했고, 따라서 주님이 싫어하시는 일을 한다고 보았다. 그러나 바울은 그와 정반대로 강한 자가 서 있다고 말함으로써 그의 행위가 주님의 인정을 받은 것으로 간주하고 있다. 강한 자는 굳건히 설 것이다. 그 이유는 구주의 권능이 강한 신자의 굳건히 서는 일을 보증하기 때문이다. 그리스도의 권능에 이렇게 호소하는 것은 비판적인 판단의 죄를 날카롭게 질책하기 위함이다. 연약한 자들은 그러한 그리스도의 권능을 의심하는 셈이다. 즉, 그들은 그리스도께서 인정하는 행위가 그 당사자의 확고부동함을 위협할 수 없다는 사실을 간과하고 있는 것이다.

5-6절 이 두 구절에서는 또 다른 문제가 소개된다. 그것은 일부 신자들이 어떤 날들을 신성하게 여기는 일과 관련이 있다. 여기서 차이점은 다른 신자들은 이 특별한 날들에 특별한 종교적 의미를 부여하지 않았다는 사실에 있다. "어떤 사람은 이 날을 저 날보다 낫게 여기고[5] 어떤 사람은 모든 날을 같게 여기나니." 이 의견의 차이는 특정한 음식을 둘러싼 의견 차이와 같은 범주에 속한다. 사도가 6절에서 먹고 먹지 않는 주제로 다시 돌아가서 어느 날을 더 존중하는 것도 먹고 먹지 않는 것과 같이 주님께 대한 헌신의 문제라고 말하기 때문이다.

　나중에 논의하겠지만, 이 주도면밀한 문제에 대한 가장 합리적인 견해는 일부 신자들은 과거에 의식을 행했던 성일들을 영원히 거룩한 것으로 간주했다고 보

---

5 우리는 여기서 사도가 같은 용어를 사용하면서도 이런 의미에서 저런 의미로 바꾸어 쓰고 있는 좋은 실례를 본다. 3절과 4절에서는 κρίνω가 비판적 판단의 의미로 사용되고 있다. 5절에서는 비판의 뉘앙스가 전혀 없는 '존중하다'란 의미로 사용되고 있다.

는 것이다.[6] 다른 이들은 의식 제도가 사라짐과 동시에 의례의 준수도 폐지된 것으로 생각했다.

이와 같은 신자 간의 서로 다른 확신은, 특정한 음식을 먹는 문제에 대한 차이와 동일한 범주에 들어 있다. 그래서 우리는 날을 준수하는 것이 영구적인 신성한 의무에서 나오는 게 아니라고 결론을 내려야겠다. 모든 날을 다 같게 여기고 특정한 날에 특별한 종교적 의미를 부여하지 않는 사람이 올바른 입장을 취하고 있다고 바울이 인정하기 때문이다. 만일 날의 구별이 신성한 의무의 문제라면 그렇게 인정할 수 없을 것이다. 그런즉 이 날을 저 날보다 낫게 여기는 자는 믿음이 연약한 자이다. 그는 아직도 옛 제도에서 새 제도로의 변화에 담긴 의미를 이해하지 못했다. 그렇지만 우리는 또다시 사도의 관용과 요구를 주목해야 한다. 그는 이런 연약한 자들도 교회의 믿음과 친교의 공동체로 영접해야 한다고 말한다. 다양한 신념을 인정하는 태도는 다음과 같은 명령에 의해 입증된다. "각각 자기 마음으로 확정할지니라." 이는 주님께 헌신하는 마음으로, 이런 행위의 문제에서 개인적인 입장을 취하는 일이 반드시 필요하다는 말이다. 그리고 다음 구절들은 주님에 대한 헌신을 신자의 삶을 규제하는 기준으로 제시한다. 먹든지 말든지, 날을 중요하게 여기든지 그렇지 않든지, 모두 주님을 위하여 하라는 것이다(6-8절). 각자 마음에 확신하라는 명령은 사적인 판단의 권리를 가리킬 뿐 아니라 요구사항도 가리키고 있다. 이 주장은 이 장의 주제 전체와 관련이 있다. 어떤 것에 대한 태도가 다르더라도 서로를 받아 주라고 호소한다. 의견일치를 강요하는 것은 이 모든 권면과 책망의 목적에 위배된다.

6절의 구조를 보면 어느 날을 다른 날보다 낫게 여기는 경우를 언급한 직후에 강한 자의 먹는 행습이 나오기 때문에 전자도 강한 자의 행습이라는 견해를 취하기 쉽다. 그러나 이미 언급한 여러 이유로 인해 받아들일 수 없는 견해이다. 그뿐만 아니라, 다른 서신들에서(갈 4:10-11; 골 2:16-17) 날을 준수한다는 것은 갈라디아와 골로새 교회 안에 만연된 이단들과 결부되어 있었기 때문에 가차 없이 정죄

---

6 더 자세한 논의를 보려면 부록 H를 참고하라.

를 받는다. 로마 교회에서의 그런 행습이 용납되고 있는 것은 이단과 결부되어 있지 않기 때문이다. 아무튼 이 때문에 날을 준수하는 자들은 믿음이 연약한 자들이었음이 틀림없다.

"주를 위하여"라는 말이 6절에서 세 번이나 반복되는데, 이것은 종교적 확신을 표현한다. 즉, 다양한 행습이 지향하는, 주님을 향한 양심을 말한다. 이것이 두 경우에 정당성을 부여하는 근거이다. 자유의 영역에서 신자의 행위는 결코 비종교적이지 않다. 그가 무엇을 하든지 하지 않든지 모두 "주를 위한" 것이다. 그러므로 그는 그리스도를 섬기고 있다는 의식을 잃어버리면 안 된다(고전 10:31). "주를 위하여"라는 6절의 표현은 7-8절의 내용으로 연결된다.

강한 신자가 주님을 위하여 먹는다는 증거는 그가 하나님께 감사를 드린다는 사실에서 나온다. 감사는 하나님께 고마움을 표시하는 것으로서 그가 먹는 것이 하나님의 선물임을 인식하는 것이다. 이러한 마음 상태는 주님을 위하여 먹는다는 확신을 수반한다. 다른 곳에서는 감사가 음식을 거룩하게 하는 것으로 묘사되어 있다. "하나님께서 지으신 모든 것이 선하매 감사함으로 받으면 버릴 것이 없나니 하나님의 말씀과 기도로 거룩하여짐이라"(딤전 4:4-5). 이 감사는 대체로 음식을 앞에 두고 하는 축복기도로 표현된다(참고. 마 15:36; 행 27:35; 고전 10:30).

주님께 헌신한다는 마음은 특정한 음식을 먹지 않는 연약한 자에게도 역시 해당된다. "먹지 않는 자도 주를 위하여 먹지 아니하며." 그러므로 연약한 신자를 과소평가할 이유가 없다. 그도 그리스도에게 헌신한 사람으로 인정받고 있고, 그 역시 감사를 드린다. 그러나 이것을 연약한 자가 먹지 않음을 인해 감사한다는 의미로, 혹은 강한 신자가 먹는 것을 삼가기 때문에 하나님께 감사를 드린다는 의미로 해석하면 안 된다. "하나님께 감사하느니라"는 말은 자기가 먹고 있는 음식에 대한 감사를 표현하는 것으로 해석해야 한다.[7] 그리고 이 경우도 하나님께 대한 빚진 심정과 그리스도에 대한 헌신의 표현이다. "이는 하나님께 감사함이

---

[7] "그러나 감사를 드리는 것은 그가 먹지 않는 음식 때문도 아니고 그가 먹지 않는다는 사실 때문도 아니다. 전자는 터무니없는 태도이고, 후자는 바리새적인 태도이다(눅18:11). 감사하는 것은 그가 먹는 것, 곧 채소 때문이다"(Philippi, 앞의 책).

요"에서 "하나님께 감사하느니라"로의 변화는 주목할 만하다. 전자는 이유를 말하는 반면 후자는 사실을 진술한다. 그렇지만 이런 차이를 중시하여 연약한 자는 먹지 않는데도 불구하고 감사를 드린다는 의미로 오해하면 안 된다.

7-8절 7절은 흔히들 생각하듯이 사람이 사회적·경제적 영역에서 홀로 살 수 없다는 뜻이 아니다. 사회질서 내에서의 이기주의 및 자아 중심적 독립성을 반대하는 것도 아니다. 이런 태도는 이 문단 전체에서 정죄를 받고 있고, 타인을 배려하라는 권고가 주어진다. 그러나 이 구절이 주장하는 바는, 8절이 말해 주듯이, 신자는 자신을 위해 살아서는 안 되고 오직 주님을 위해 살아야 한다는 것이다. 이것은 6절에서 세 번 반복되는 "주를 위하여"라는 말과 8절에서 "주를 위하여" 살고 "주를 위하여" 죽으리라는 내용을 부정문으로 표현한 것이다. 이 두 구절은 신자의 주관적 태도를 규제하는 원리는 바로 주님께 순종하고 헌신하는 성향이라고 말한다. 이는 앞서 언급했듯이(12:2) 신자의 주된 목적은 주님을 기쁘게 하는 것임을 가리킨다. 이것을 12:2에서는 하나님을 기쁘시게 한다는 말로 진술했는데, 여기서는 주 그리스도를 대상으로 삼고 있다. 그러나 양자 사이에 아무런 갈등도 없다. 우리가 하나님의 선하시고 기뻐하시고 온전하신 뜻이 무엇인가를 경험적으로 발견한다면, 그것은 삶의 모든 영역에서 그리스도의 주되심을 인정하게 되었기 때문이다. 중보자로서의 그리스도의 주되심은 하나님의 주권만큼이나 포괄적이며 보편적이다(마 11:27; 28:18; 요 3:35; 5:23; 행 2:36; 엡 1:20-22; 빌 2:9-11; 벧전 3:22). 우리가 하나님의 뜻이 무엇인지 발견할 수 있게 되는 것은 오직 예수를 믿고 그에게 순종할 때이다.

7-8절은 더 이상 주님께 대한 의식적인 헌신을 말하지 않고 그리스도와 신자의 객관적 관계를 묘사하는 것으로 보일 수도 있다. 우리의 죽는 행위가 어떻게 주님께 대한 헌신의 표현으로 간주될 수 있겠는가? 이런 생각을 배격하는 데에는 두 가지 이유가 있다.

(1) "주를 위하여"라는 표현은 6절에서 세 번 반복되고 있는데, 그 의미는 8절에 나오는 동일한 표현에도 부여되어야 한다. 이것은 특별히 "우리가 살아도 주를 위

하여 살고"라는 말에 나타나 있다. 7절은 우리가 먹든지 말든지 그것이 주를 위한 것인 이유를 제시하고, 8절은 7절의 부정적인 표현을 긍정적으로 표현한 것이다. 따라서 이 세 구절의 밀접한 관계를 감안하면, 6-7절에 명백히 나오는 주님에 대한 의식적인 섬김이 8절의 "주를 위하여"라는 말의 의미를 결정해야 마땅하다.

(2) 물론 죽음의 사건은 우리의 의지에 의해 결정되지 않는다. 그러나 이 점은 여기서 죽음과 대조를 이루는 삶(life)에도 해당된다. 수명을 결정하는 것은 우리의 의지가 아니다. 그러므로 삶과 죽음 사이에는 어느 정도의 유사성이 있다. 그런즉 여기서 말하는 사상은, 신자는 이 땅에서 취하는 모든 구체적인 행위는 물론 죽음을 생각할 때도 주님의 뜻을 의식하게 되며, 죽음의 순간에도 주님께 대한 헌신이 중지되지 않는다는 것이다. 죽음에 관한 한, 자기가 주님의 것임을 의식하는 것이 가장 중요하지만, 여기서는 신자의 바람직한 의식을 강조한다(고후 5:8-9; 빌 1:20-25). 이처럼 의식적으로 죽음을 수용하는 태도는 8절 하반부에 언급된 확신에 근거를 두고 있다. "그러므로 사나 죽으나 우리가 주의 것이로다."

비록 이 확신이 살든지 죽든지 주님께 헌신하는 데 필수적인 요소이긴 하지만, 이는 신자가 의식적으로 발휘하는 믿음을 가리키는 것이 아니라, 그리스도께서 신자와 맺고 있는 관계, 즉 소유의 관계[8]를 가리킨다. 이는 9절에서 주장하는 그리스도의 포괄적인 주되심으로 이어진다.

이 두 구절에서 우리는 신자의 삶에서 죽음에 대한 태도가 획기적으로 바뀐 것을 목격하게 된다. 죽음 그 자체가 죄의 삯이라는 특성을 잃었거나 더 이상 마지막 원수가 아니기 때문이 아니다. 죽음이 결코 선이 되지는 않는다. 그것은 악이다. 죄가 세상에 가지고 온 비정상적 상태. 바울 역시 이렇게 인식하고 있었음을 다음의 말로 알 수 있다. "벗고자 함이 아니요 오히려 덧입고자 함이니"(고후 5:4). 우리는 또한 오직 부활 안에서만 사망이 삼켜질 것임을 알고 있다(고전 15:54). 죽음에 대한 변화된 태도(히 2:14-15)는 죽음의 성격에 어떤 변화가 있었기 때문에 생

---

8 "그런즉… 그는 어느 상태에 있든지 주님의 소유로 남아 있는 것이다. 이 구절의 상반부에 나오는 여격 τῷ κυρίῳ, 즉 '주를 위하여'가 헌신을 표현하는 것같이, 마지막에 나오는 소유격 τοῦ κυρίου, 즉 '주의'는 소유를 표현한다"(Godet, 앞의 책).

긴 것이 아니라, 그리스도께서 죽음에 대해 행하신 일과 그리스도께서 마지막에 행하실 일에 대한 소망으로부터 생기는 것이다. 신자의 죽음에 대한 관계를 변화시키는 것은 그리스도의 부활, 그분과 같이 우리도 부활한다는 소망, 죽음의 독침인 죄가 제거되었다는 사실 등이다. 이 변화는 너무나 파격적이어서 바울은 이렇게 고백했다. "세상을 떠나서 그리스도와 함께 있는 것이 훨씬 더 좋은 일이라"(빌 1:23).

9절 이 구절은 8절의 하반부를 상기시키며 방금 언급한 소유의 주되심을 뒷받침하는 근거를 진술한다. 그렇지만 그 근거는 그리스도께서 이런 주되심을 확보한 방법으로 진술되어 있으며, 구체적으로는 그리스도께서 이 주되심을 확보하시기 위해 죽었다가 다시 살아나신 목적의 견지에서 진술되어 있다. 이 본문에 관해 몇 가지 사항을 살펴보자.

(1) 여기서 다루는 그리스도의 주되심은 하나님의 아들로서 타고난 권리로 그리스도에게 속한 것이 아니다. 그 주되심은 획득해야 할 것이었다. 그것은 구속적 관계의 주되심이므로 그리스도의 창조자 되심에 의해 그에게 귀속되는 주권에 내재되어 있지 않았다. 이 주되심은 중보적 업적으로 얻은 것이며, 그의 치욕에 대한 보상이다(행 2:36; 롬 8:34; 빌 2:9-11).

(2) 그가 "죽었다가 다시 살아나신" 목적은 이 주되심을 획득하여 행사하기 위해서다.[9] 여기서 다시 살아나셨다는 말은 그의 죽음 이전의 지상생활이 아니라 그의 부활을 가리킨다.[10] 어순이 이 점을 시사한다. 만약 지상의 생활을 가리키려 했다면, 그 순서가 "살았다가 죽었다"로 되어야 했을 것이다. 그뿐만 아니라 바울

---

9 ἀπέθανεν καὶ ἔζησεν은 ℵ* A B C 그리고 여러 역본이 지지하고 있는데, 이것은 G 및 벌게이트의 지지를 받고 있는 ἀπέθανεν καὶ ἀνέστη보다 낫고, 또 이보다 긴 독법 가운데 가장 중요한 형태는 L P 및 대부분의 소문자 사본이 지지하는 ἀπέθανεν καὶ ἀνέστη καὶ ἔζησεν이다.

10 그분이 죽은 자 가운데서 살아난 것을 표현하기 위해 부정과거가 채택되었다. 이것은 동작의 시작을 나타내는 부정과거다. 흔히 그리스도의 부활은 성부 하나님의 행위로 묘사되어 있다. 이 경우는 요 2:19, 10:17, 18의 유비에 따라 예수 자신의 행위를 언급하는 것으로 봐도 무방하다. 그러나 여기서는 누구의 행위인지는 생각하지 않고 있는 듯하다. 그가 다시 살아났다는 사실에 초점을 두고 있을 뿐이다.

은 부활을 가리킬 때 그 명사형인 "생명"을 사용한다(5:10; 고후 4:10).[11] 여기서 부활에 관한 언급은 그리스도의 주되심이 성취되는 과정의 불가결한 사건으로 등장한다. 부활을 가리킬 때 다른 용어보다 이 용어가 사용된 것은 매우 적절하다. 7-8절에서 이와 동일한 용어가 사용되고 있으며, 특히 "죽었다가 다시 살아나셨으니"라는 말은 이 절의 하반부에 나오는 "죽은 자와 산 자"라는 말과 병행하기 때문이다. 신자가 주님을 위해 사는 것은 예수께서 그의 부활 능력으로 영위하는 바로 그 삶에 의해 가능하다. 그래서 "살아 있는" 것으로 묘사된 예수의 부활과 그리스도에 대한 헌신의 삶 사이에는 상응관계가 있는 것이다(6:4-5; 고후 4:10-12; 골 3:1-3).

(3) 그리스도는 "죽은 자와 산 자"의 주님으로 묘사되어 있다. 이 순서는 그리스도께서 "죽었다가 다시 살아나셨다"는 말과 일치한다. "죽은 자와 산 자"라는 표현은 그리스도께서 양쪽 세계에 동시에 행사하시는 주권을 강조한다. 그리스도께서 이런 통치권을 획득한 것은 친히 죽음의 영역에 들어가셨고, 죽음을 정복하셨으며, 승리를 거두시고 생명의 주가 되셨기 때문이다. 그리스도는 양쪽 세계에서 자기의 탁월성을 확립하셨으며 신자들이 어디에 몸담고 있든지 그리스도의 소유가 되는 것이다. 그리스도께서 그들을 위해 죽으셨다가 다시 살아나셨기 때문이다. 이 주되심의 개념은 에베소서 4:9-10에 상세히 설명되어 있다. 그리스도는 만물을 충만하게 하는 분이며, 만물의 주가 되시기 위한 과정으로서 땅 아래로 내려가셨으며 하늘 위에 오르셨다고 한다.[12]

(4) 그리스도가 죽은 불신자와 살아 있는 불신자까지 모두 다스리고 있다고 생각하는 것이 합당하긴 하지만(요 5:26-29), 문맥상 이 본문이 그 모든 자를 다 포괄한다고 생각하는 것은 바람직하지 않다. 우리는 8절의 마지막 어구를 포괄적으로 해석할 수 없다. 반드시 기억해야 할 점은 9절이 "우리가 주의 것이로다"라는 확신, 즉 신자들에게만 속하는 확신의 근거를 제시한다는 것이다.

---

11 계 1:18, 2:9은 ζάω가 부활을 언급하는 단어로 사용되는 중요한 병행 구절들이다.
12 참고. E. K. Simpson, *Commentary on the Ephesians* (Grand Rapids, 1957), p. 91. n. 17.

10-12절 여기서 사도는 다시 3절의 생각으로 되돌아가고 있다. 연약한 자는 강한 자를 비판해서는 안 되며, 강한 자는 연약한 자를 업신여겨서는 안 된다는 것이다. 그러나 3절과 다른 형태는 각각의 악덕에 대한 고발에 힘을 더해 준다. 3절에서는 이런 태도를 삼갈 것을 권고하고 있다. 이제는 의문문의 형태로(참고. 4a) 형제를 비판하거나 업신여기는 일이 주제넘은 짓임을 지적한다. 그것은 다음과 같이 표현될 수 있다. "네 형제를 비판하는 너는 누구냐?" 또는 "네 형제를 업신여기는 너는 누구냐?" 이 책망의 근거는 앞에 나오는 바 그리스도가 주님이란 사실과 뒤에 나오는 바 우리 모두가 하나님의 심판대 앞에 설 것이라는 점이다. 그러므로 각 경우의 죄는 그리스도와 하나님께만 속하는 권한을 우리의 것으로 착복하는 것이다.

10절의 책망은 10절 마지막에 나오는 하나님의 심판대에 대한 호소를 인해 더 강해지고 있다.[13] 그러나 하나님의 심판이 오직 연약한 자의 "비판" 행위와 관계가 있다고 생각하거나, 연약한 자와 관련이 더 많다고 생각해서는 안 된다. 강한 자의 악덕도 장래의 심판이 요구하는 절제와 양립할 수 없다. 모든 사람이 하나님의 심판대 앞에 서게 될 것이라는 사실은, 우리가 다른 사람을 정죄하거나 멸시하는 심판자의 입장에 서는 불경건한 모습에 대해 제시할 수 있는 가장 심한 책망이다.

의로운 자와 불의한 자에 대한 최후 심판의 보편성에 대해 사도는 이 서신의 앞부분에서 말했다(2:5-16). 이 본문에서 사도는 신자들에게 다음과 같은 말을 한다. "우리가 다 하나님의 심판대 앞에 서리라." 고린도후서 5:10에서 "우리가 다 반드시 그리스도의 심판대 앞에 나타나게 된다"고 말한 것도 신자들이 그 대상이었다. 그러므로 이 두 본문은 논란의 여지없이 신자들에 대한 미래의 심판의 확실성을 말해 준다. 따라서 이에 대해 신자가 의심을 품거나 그 생각이 미래의 심판의 규제를 받지 않는 것은 비성경적인 사고방식이다. 더욱이, 이 심판은 단지 사람에 대한 것만이 아니다. 바울이 여기서 말하는 것은 신자들의 행위에 대한 것이다. 미

---

13 θεοῦ라는 독법은 대문자 사본의 지지를 받고 있기 때문에 그것과 다른 Χριστοῦ라는 말은 채택될 수 없다. 그것은 아마도 고후 5:10의 Χριστοῦ가 롬 14:10의 본문에 영향을 주었기 때문일 것이며, 이것이 후자의 경우에 θεοῦ라는 말을 채택할 만한 또 다른 이유이기도 하다.

래의 심판을 언급한 것은 나쁜 행위를 교정하기 위함이었다. 행위는 심판을 받게 되어 있다. 다른 성경 본문도 분명히 이 사실을 말한다. "이는 우리가 다 반드시 그리스도의 심판대 앞에 나타나게 되어 각각 선악 간에 그 몸으로 행한 것을 따라 받으려 함이라"(고후 5:10; 고전 3:8-15; 4:5; 전 12:14). 심판은 모든 사람은 물론 모든 행위까지 포함한다.

사도는 11절에서 이사야 45:23을 인용해 성경적 근거를 제시한다. 인용된 부분 중 히브리어 및 헬라어와 다른 유일한 점은 "내가 나를 두고 맹세하기를"이란 표현 대신에 동일한 뜻을 지닌 또 다른 구약적 표현인 "내가 나의 삶을 두고 맹세하노니"(개역성경에는 '주께서 이르시되, 내가 살았노니')라는 말을 사용한다는 점이다(민 14:28; 신 32:40; 사 49:18; 겔 33:11). 나머지 부분은 단어의 순서에 약간의 변화가 있는 것만 제외하면 헬라어역과 일치한다. 이사야 45장에서 거듭 반복되는 것은 주는 여호와시요 다른 신은 없다는 말이다(사 45:5-7, 14, 18, 21-22). 이것은 심판의 실재와 직접적인 관계가 있다. 그가 역사의 모든 파노라마를 최종적 판결을 위해 자기 앞에 끌어오는 이유는 오직 하나님만이 하나님이시요, 그 외 다른 신은 없기 때문이다. 모든 것이 공평하게 판결되어야 한다. "그가 의로 세계를 심판하시며 그의 진실하심으로 백성을 심판하시리로다"(시 96:13; 98:9). 이와 같은 보편적이고도 총괄적인 심판의 실재를 쉽게 받아들이지 않는 이유는 신자들이 하나님의 영광과 하나님의 요구에 대해 생각하기보다는 그리스도께서 재림하실 때의 위로와 기쁨만을 생각하기 때문이다. 신자는 언제나 하나님의 영광과 그분의 관심사 및 요구를 제일 먼저 생각해야 한다. 그러나 하나님은 선과 악을 모두 심판하시지만, 신자의 기쁨은 조금도 줄어들지 않는다는 점을 기억해야 한다. 신자가 구원을 받을 때 하나님의 영광이 온전하게 드러나게 될 것이기 때문이다. 그 영광이 완전히 드러날 때에야 신자의 기쁨이 완전한 상태에 도달할 수 있다. 심판은 엄격함을 내포한다. 신자는 이 점을 고려하면서 신앙생활을 영위해야 한다. 그러나 심판은 만물의 완성은 물론이고 구속의 완성에도 필수불가결한 장엄함으로 가득 차 있다.[14]

---

14 참고. 사 45:23을 인용한 다른 예로는 빌 2:10, 11이 있다.

12절은 각 사람이 자기 일을 하나님께 사실대로 아뢰어야 할 것임을 상기시킴으로써 심판의 실재에 대한 호소를 마무리한다. 각 사람은 사람들에게가 아니라 하나님께 직고할 것이다. 그는 자기 일을 사실대로 아뢰어야지 남을 대신할 수는 없다. 그런즉 궁극적으로 하나님 앞에서 설명할 것에 비추어 현재 우리 자신을 판단할 필요가 있는 것이다.[15] 우리는 다른 사람을 판단하는 자리에 앉기보다는 우리 자신을 판단해야 한다.

13. 그런즉 우리가 다시는 서로 비판하지 말고 도리어 부딪칠 것이나 거칠 것을 형제 앞에 두지 아니하도록 주의하라

14. 내가 주 예수 안에서 알고 확신하노니 무엇이든지 스스로 속된 것이 없으되 다만 속되게 여기는 그 사람에게는 속되니라

15. 만일 음식으로 말미암아 네 형제가 근심하게 되면 이는 네가 사랑으로 행하지 아니함이라 그리스도께서 대신하여 죽으신 형제를 네 음식으로 망하게 하지 말라

16. 그러므로 너희의 선한 것이 비방을 받지 않게 하라

17. 하나님의 나라는 먹는 것과 마시는 것이 아니요 오직 성령 안에 있는 의와 평강과 희락이라

18. 이로써 그리스도를 섬기는 자는 하나님을 기쁘시게 하며 사람에게도 칭찬을 받느니라

19. 그러므로 우리가 화평의 일과 서로 덕을 세우는 일을 힘쓰나니

20. 음식으로 말미암아 하나님의 사업을 무너지게 하지 말라 만물이 다 깨끗하되 거리낌으로 먹는 사람에게는 악한 것이라

21. 고기도 먹지 아니하고 포도주도 마시지 아니하고 무엇이든지 네 형제로 거리끼게 하는 일을 아니함이 아름다우니라

22. 네게 있는 믿음을 하나님 앞에서 스스로 가지고 있으라 자기가 옳다 하

---

15 12절의 끝에 있는 τῷ θεῷ를 생략해야 할 타당한 이유는 없다.

는 바로 자기를 정죄하지 아니하는 자는 복이 있도다

23. 의심하고 먹는 자는 정죄되었나니 이는 믿음을 따라 하지 아니하였기 때
문이라 믿음을 따라 하지 아니하는 것은 다 죄니라

이 대목(13-23절)은 주로 강한 자를 겨냥하고, 연약한 자를 위한 사랑의 행위를
하도록 권고한다. 우리는 로마서의 이 부분이 사랑을 얼마나 강조하고 있는지를
봤다(12:9; 13:8-10). 사랑에 따라 행해야 할 필요성(15절)은 이 대목에서 연약한 형
제의 평안을 배려해야 할 강한 자에게 적용된다.

13-14절 13절에는 "비판하다"(판단하다)라는 단어가 두 번 나오고, 각각 다른 시
제를 사용하고 있다(개역개정판에서는 두 번째 것을 "주의하라"고 번역했고 난외에 "판단하
라"고 되어 있다 — 옮긴이). 첫 번째 경우는 '비판적 판단'이란 뜻으로 사용되고, 두 번
째 경우는 '결심하라'는 좋은 뜻으로 사용된다(참고. 고후 2:1). 이와 유사한 구별을
4-5절에서도 지은 바 있다. 이것은 사도가 동일한 용어를 다른 의미로 사용한 또
다른 예이다. 다른 시제의 의미는 이렇게 표현해도 좋을 것이다. "더 이상 서로 계
속 비판하기를 그치고 차라리 이렇게 결심하라." 올바른 판단을 내리는 것이 기존
의 그릇된 판단과 대비되어 있다.[16]

비판적 판단은 연약한 자의 악덕이기 때문에(3, 4, 10절), 이 권고를 연약한 자들
에게 준 것으로 생각할 수도 있다. 그렇다면 13절의 하반부는 연약한 자들에게
적용되는 것이라서 그들이 강한 자들의 길에 걸림돌을 놓을 수 있다는 의미로 해
석될 것이다. 이렇게 생각하는 것이 불가능하지는 않다. 어떤 연약한 사람이 절제
를 강력하게 주장하는 바람에 강한 사람의 마음속에 의심을 불러일으켜 그의 믿
음이 약해져서 넘어지게 될 수 있다. 의심이 없어야 할 곳에 의심이 생기게 되고, 이
에 따른 혼란은 도움이 되기보다는 장애물이 되는 것이다.

---

16 κρίνωμεν에 담긴 명령의 의미를 지닌 현재 가정법과 부정과거 명령형인 κρίνατε와의 구별에 관해서
는 다음을 참고하라. Blass and Debrunner, 앞의 책, pp. 172.

그러나 이런 해석을 14-15절에 적용하는 것은 불가능하다. 이 구절들에서 넘어져서 슬퍼하는 자는 바로 연약한 사람이다. 14-15절은 13절과 매우 밀접히 연결되어 있기 때문에, 13절 하반부는 연약한 자의 넘어짐을 가리키는 것으로 봐야 하며, 따라서 그 권고는 강한 자에게 주어진 것이다. 10-12절은 두 부류를 모두 생각하고, 양측의 악덕은 하나님에게만 속한 심판의 권한을 자기 것으로 삼은 주제넘은 행위에 있다는 사실을 기억해야 한다. 이와 같이 강한 자의 악덕도 일종의 '판단행위'로 간주되고 있다. 10-12절이 표명하는 넓은 시각에 비춰 보면, 13절의 권고는 강한 자에게 적용되는 것으로 보는 게 좋고, 심지어는 오로지 그들에게만 준 권면으로 간주해도 무방하다. 13절의 금지사항은 두 부류 모두에게 주어진 것으로 봐도 문제가 되지 않는다. 그러나 긍정문은 반드시 강한 자에 적용되어야 하며, 또 부정문과 긍정문은 상호의존적이기 때문에 전반적인 권고가 강한 자에게 주어진 것으로 보는 편이 더 좋다.[17] 강한 자들은 연약한 형제의 길에 "부딪힐" 것이나 "거칠 것"을 두어서는 안 된다는 것이다.

부딪힐 것이란 어떤 사람을 넘어지게 하는, 길 위에 놓인 장애물을 말한다. 거칠 것이란 문자적으로 덫을 가리킨다. 이런 용어들은 은유적으로 사용된 것이며, 죄에 빠지게 되는 계기를 일컫는다. 최악의 경우는 다른 사람을 유혹할 의도로 그런 걸림돌을 갖다 놓는 것이다. 고의적으로 넘어뜨리는 경우이다. 하지만 이 경우에 강한 사람들이 노골적으로 그런 의향을 품고 있는 것으로 추정할 필요는 없다. 그러나 이 권고는 강한 자들에게 약한 형제를 배려하도록 역설하고 있다. 그런즉 강한 자들이 연약한 형제를 넘어지게 하는 언행을 중단하지 않을 때 그것은 걸림돌을 두는 셈이 되는 것이다. 여기서 정죄를 받는 것은 연약한 사람의 신앙적 유익을 전혀 배려하지 않는 태도이다.

특정한 식품과 음료를 삼가는 것은 그것들이 본질상 악하기 때문에 그것을 먹고 마시는 것은 그리스도인들의 도덕에 위배되며 우리를 더럽힌다는 신념 때문이

---

17 13절의 첫 권고는 두 부류 모두에게 준 것이고, 둘째 어구는 강한 자에게만 국한되는 것으로 볼 수도 있다. 그러나 이미 말한 이유 때문에 두 어구가 동일한 대상을 겨냥한 것으로 보는 편이 더 합리적인 듯하다.

다. 그런데 사도는 무엇이나 본질상 불결한 것은 없다는 성경적 원리를 제시하고, 다른 곳에서는 이렇게 말했다. "하나님께서 지으신 모든 것이 선하매 감사함으로 받으면 버릴 것이 없다"(딤전 4:4). 그리고 이것은 우리 주님께서 단언하신 진리다(막 7:15). 바울의 진술에서 의미심장한 점은 이것을 표현하는 방법이다. 즉, 그는 "내가 주 예수 안에서 알고 확신하는 것"이라고 말했다. "내가 알고 확신한다"는 말보다 그의 뚜렷한 신념을 더 잘 표현해 주는 말은 없다. 거기에 덧붙인 "주 예수 안에서"라는 말 이상으로 이 확신의 정당성을 입증해 주는 것도 있을 수 없다. 이 표현은 단지 예수께서 육체로 살아 있을 때의 가르침에 호소하는 것으로만 해석하면 안 된다(막 7:19). 물론 그 가르침도 상관성이 있긴 하지만 말이다. 바울은 여기서 그리스도와의 연합 및 친교를 가리키며, "주 예수 안에서"는 그의 확신이 그리스도와의 연합 및 교제에서 나오고 그것과 일치하고 그에 의해 입증된다는 뜻이다. 이는 바울이 구주와의 관계를 묘사하는 특유의 방식이다.

"속되다"란 용어는 본래 통속적이란 의미인데, 나중에 더럽거나 불결하다는 뜻을 지니게 되었다(막 7:2, 5; 행 10:14; 히 10:29; 계 21:27). "스스로 속된 것이 없으되"라는 말은 모든 것을 먹을 수 있다는(2절) 강한 자의 신념을 정당화시켜 주는 것이고, 이는 어떤 이들의 절제가 연약한 믿음에 기인한 것임을 보여 준다. 이 원리는 죄악의 책임이 인간의 마음에 있는 것이 아니라 사물 자체에 있다고 말하는 모든 금지령을 논박한다. 이런 윤리의 근본적인 오류는 창조주 하나님에게 책임을 돌리고, 신성모독과 인간의 책임을 모면하려는 시도를 한다는 점이다. 그래서 바울은 먼저 스스로 속된 것은 없다는 주장을 내세우면서 강한 자들에게 호소할 필요가 있었다. 그렇지 않다면 연약한 자의 신앙적 유익만을 고려한 호소가 되어 설득력을 잃고 말았을 것이다. 만일 어떤 사물이 본질적으로 악하다면, 강한 자는 자신의 신앙적 유익을 위해서라도 그것을 삼가야 할 것이다.

무엇이든지 그 자체로 불결한 것은 없지만, 그렇다고 모든 것이 누구에게나 정결한 것은 아니다. 이것이 14절 하반부의 의미다. 개개인의 신념을 고려해야 한다. 이 상황은 바울이 고린도전서 8:4, 7에서 다루는 상황과 유사하다. 바울은 "우리가 우상은 세상에 아무것도 아니며 또한 하나님은 한 분밖에 없는 줄 아노라”고 말했다. “그러나 이 지식은 모든 사람에게 있는 것은 아니라”는 사실을 고려해야 한다. 마찬가지로 “스스로 속된 것은 없다”는 지식이나 신념을 누구나 다 가지고 있는 것은 아니다. 여기서는 객관적으로 옳은 것과 주관적으로 옳게 생각하는 것 사이를 구별하고 있다.

접속사 “다만”은 이 절의 상반부에서 주장한 것에 대한 예외를 진술하는 것이 아니다. 한 가지 고려사항을 소개할 뿐이다. “스스로 속된 것은 없다.” 이것은 절대적으로 또 보편적으로 참된 명제이며 예외는 없다. 그러나 모든 사람이 이 명제를 알 만큼의 믿음을 소유하고 있지 않다는 것도 역시 사실이다.[18]

15절 위에서 지적했듯 강한 자에 대한 호소는 그들 자신의 신앙적 유익이 아니라 연약한 자의 신앙적 유익에 대한 배려에 기초해 있다. 강한 자들은 연약한 형제의 길에 걸림돌을 놓아서는 안 된다. 후자는 무엇인가가 불결하다고 생각하기 때문에 연약한 것이다. 이런 고려사항이 15절의 초두에 나오는 “만일”이라는 말을 설명해 준다. 이런 고려사항들은 13-14절을 가리키며 어째서 강한 신자가 어떤 음식을 삼가야 하는지 그 이유를 소개한다. 만일 강한 자가 연약한 자의 의심을 무시하여 그의 신앙적 유익을 배려하지 않는다면, 그는 사랑의 명령을 위반하는 셈이다.

상반부에서 궁금한 것은 “네 형제가 근심하게 되면”이라는 말의 의미다. 이 근심은 연약한 형제 입장에서 보면 금지된 음식을 강한 신자가 서슴지 않고 먹을 때, 연약한 신자가 느끼는 괴로움과 불쾌감처럼 보인다. 연약한 신자는 강한 신자가 행사하는 자유 때문에 상처를 받는다. 이 해석은 로마서 15:1-2이 지지하는 듯이 보인다. “믿음이 강한 우리는 마땅히 믿음이 약한 자의 약점을 담당하고 자기를 기쁘게 하지 아니할 것이라. 우리 각 사람이 이웃을 기쁘게 하되 선을 이루고 덕을 세우도록 할지니라.” 그래서 이렇게 말할 수도 있다. “타인을 불쾌하게 하는 것을 피하고, 그들이 바라는 것과 기뻐하는 것을 존중하라.” 연약한 신자들의 입장에

---

18 εἰ μή의 이런 용법에 대해서는 13:8의 주석을 보라.

서는 다른 이들이 부적절한 자유를 누리며 서슴지 않고 행하는 것을 볼 때, 마음의 고통을 느끼는 것이 사실이다. 그런즉 강한 신자는 사랑으로 동료 신자의 고통을 덜어 주려고 노력해야 한다. 그렇지만 근심에 대한 이런 견해를 배격해야 할 타당한 이유들이 있다.

(1) 이 해석은 13절에 나오는 "부딪칠 것"과 "거칠 것"이란 말 속에 포함된 것을 납득시키지 못한다. 그런 말들은 연약한 신자가 죄에 빠진다는 것을 의미한다. 만일 근심이 단지 연약한 사람의 심리적인 괴로움에 불과하다면, 이것을 타락으로 해석할 수는 없을 것이다. 연약한 자의 불쾌함은 자신의 비판적 판단, 즉 바울이 정죄하는 그릇된 판단(3, 4, 10절) 때문에 생긴 것이 사실이다. 그러나 사도는 13절에서 "부딪칠 것"과 "거칠 것"이란 말을 사용하여 앞의 대목에 나오지 않은 것, 연약한 자가 범하기 쉬운 행동의 새로운 면을 소개한다. 이것은 단순히 불쾌감으로는 설명할 수 없는 새로운 요소이다. 걸림돌로 말미암아 연약한 자가 범하는 죄는 강한 자의 본보기에 이끌려 자기가 틀린 것으로 여기는 행위를 범할 때 일어나는 양심의 위반이다. 연약한 자는 자신의 종교적인 양심을 위반한다. 이것이 13절에서 말하는 부딪칠 것과 거칠 것이다.

(2) 15절은 이 근심이 중대한 문제임을 시사한다. 강한 자의 행동을 보고 느끼는 불쾌감 정도가 아니다. "그리스도께서 대신하여 죽으신 형제를 네 음식으로 망하게 하지 말라"는 권고는 연약한 자에게 닥치는 근심이 도덕적·종교적으로 파괴적인 것임을 암시한다. 그러므로 이 죄는 실로 심각한 것이고, 이 근심은 신자가 양심을 위반하여 그리스도에게 불충한 짓을 행할 때 느끼는 바로 그 양심의 고통이다.

(3) 20-23절은 이 결론을 확증해 준다. 여기서 또다시 부딪침의 개념이 도입되고, 이는 믿음이 아닌 의심을 품고 먹고 마시는 일을 가리킨다. "믿음을 따라 하지 아니하는 것은 다 죄니라"(23절).[19]

---

19 약한 자 편에서 강한 자에 대한 역(逆)비판이 강하면 강할수록 넘어질 가능성은 줄어들 것이며, 강한 자의 행동을 보고 근심을 더 많이 느낄수록 연약한 자는 강한 자의 본보기를 덜 따르게 될 것이다. 이에 대한 적절한 설명을 참고하려면 다음을 보라. Philippi, 앞의 책.

그러므로 연약한 신자가 "근심하게" 되는 것은 자신의 종교적 신념을 위반하여 양심의 가책에 시달리고 결국 죄책감을 느낄 때이다. 강한 신자가 반드시 고려해야 할 것이 연약한 신자에게 닥치는 이런 비극적 결과이다. 강한 자의 자유로운 행위가 연약한 자로 양심을 범하게 할 때, 그는 연약한 자의 신앙적 유익을 존중하여 자신의 권리를 포기해야 한다. "네 지식으로 그 믿음이 약한 자가 멸망하나니 그는 그리스도께서 위하여 죽으신 형제라"(고전 8:11)는 말보다 더 강력한 호소는 없다.

사도가 그리스도의 대속적인 죽음에 의지해 호소한 것은 강한 신자에게 다음과 같은 두 가지 사실을 상기시키기 위해서다. ① 그리스도의 사랑은 연약한 신자에게까지 미친다. ② 그리스도의 죽음은 신자들 사이에 친교의 끈이 된다. 그리스도께서는 연약한 신자를 사랑하사 그의 구원을 위해 자신의 생명을 내놓으셨다. 그런데 강한 신자가 그 연약한 형제의 신앙적 유익이 걸려있는데도 불구하고 특정한 음식을 삼가는 일을 거절한다면, 이는 그리스도가 베푸신 그 귀한 사랑의 요구와 얼마나 거리가 먼 소행인가! 여기서 그리스도가 보여 준 극단적인 희생과 우리가 연약한 형제의 유익을 무시하고 하찮은 요구사항조차 수행하지 않는 비열한 태도가 큰 대조를 이룬다. 모든 신자를 위한 구속의 값을 치른 그리스도의 죽음이 신자들을 친교 가운데 묶어 주는 끈이라면, 그리스도의 죽음이 보여 준 그 사랑에 따라 행동하지 않는 것은 얼마나 큰 모순인가! "만일 음식으로 말미암아 네 형제가 근심하게 되면 이는 네가 사랑으로 행하지 아니함이라."

"망하게 하지 말라"(destroy not)는 명령은 연약한 자가 자기의 양심을 과감하게 범할 때 생길 중대한 결과를 가리킨다. 여기서는 연약한 자에게 닥치는 손해가 강한 자의 책임이라는 것을 강조한다. 강한 자가 걸림돌을 놓는 것을 금하지 않음으로 인해 이런 범죄를 저지르게 되는 것이다. "망한다"는 표현은 강한 말이며(마 10:28; 18:14; 눅 9:25; 13:3; 요 3:16; 10:28; 롬 2:12; 고전 8:11; 15:18; 고후 4:3; 벧후 3:9), 강한 자가 연약한 자의 약점을 배려하지 못하는 바람에 저지른, 그 자신과 연약한 형제가 연루된 그 범죄가 매우 심각하고, 또 그에게 책임이 있음을 강조한다. 강한 자가 망한다고 말하지 않았다. 이 문단이 강조하듯이, 강한 자의 죄는 자기 형제를 사랑하라는 명령을 위반한 것이다. 또 형제의 신앙적 유익을 배려하지 못한 것이다. 그는 자기 이웃을 자신처럼 사랑하지 않았다(13:8). 그러므로 강한 자에 대한 고발(15a)과 명령(15b)은 모두 아디아포라(adiaphora)라고 불리는 영역, 아니 더 적절하게 표현한다면, 옳고 선한 것들을 사용할 때에도 사랑의 의무를 다해야 한다는 것을 보여 준다.

"망하게 한다"라는 말의 강도는 연약한 자를 유혹하는 걸림돌이 얼마나 심각한 것인지를 보여 준다. 그러면 연약한 신자가 결국에는 망한다는 말인가? 연약한 신자가 범한 죄가 아무리 중대하다 할지라도 그것을 배교로 볼 근거는 전혀 없다. "망하게 하지 말라"는 권고는 강한 신자를 겨냥한 것이다. 이와 유사한 상황에서 연약한 사람이 멸망하는 것으로 묘사되기도 한다(고전 8:11). 그러나 여기서도 역시 배교로 생각할 수 있는 근거는 없다.[20] 더욱이, 연약한 자에게 닥치는 멸망을 최후의 멸망으로 해석해서는 안 된다. 모든 죄는 파괴적이며, 이 경우 연약한 자의 죄는 믿음에 저촉되는 것이어서 시정되지 않으면 최후의 멸망으로 귀결될 것이다. 여기서 강조하는 바는 죄의 성격과 그 결과다. 그 목적은 강한 자에게 약한 자를 넘어지게 하는 행위가 얼마나 심각한 죄인지를 인식시켜 주는 것이다. 연약한 신자가 자신의 죄로 인해 영원한 멸망의 상속자가 된다고 추정하는 것은 이 권면의 의도에 맞지 않는다. 그렇지만 이것은 강한 신자에게 주는 경고로서 죄의 성격과 성향을 고려하고 스스로 안전하다고 생각하지 말라는 것이다.

16-17절 16절의 문제는 "너희의 선한 것"이란 말이다. 이에 대해서는 다양한 견해가 있다. 그것은 복음, 신앙고백, 하나님의 나라 등으로 해석되어 왔다. 그러나 강한 신자가 먹고 마시는 문제에서 누리고 있는 자유라는 견해보다 문맥에 더 잘 어울리는 것은 없다. 그렇다면 그것은 강한 자가 독점하는 자유를 의미하기 때문에 너무 제한적이라는 이유로 그동안 배격을 당해 왔다. 그러나 이런 반론은 타당성이 없다. 이 문맥은 강한 자를 대상으로 삼고 있는 만큼(13, 15, 19-21절)

---

20 필리피는 이것을 "배교의 가능성을 가리키는 진술이다"라고 반론을 제기한다(앞의 책).

더 넓게 적용할 필요가 없다. 강한 자가 자신의 자유를 부당하게 사용한 결과를 피하라는 권고를 받지 말아야 할 이유가 있는가? 다른 문맥에서 바울은 이렇게 항의하기도 했다. "내가 감사하는 그 음식 때문에 비방을 받을 까닭이 어디에 있습니까?"(고전 10:30, 새번역). 강한 신자가 감사하는 그것(6절)을 "선한 것"으로 간주하는 게 좋다. 하나님이 창조하신 것을 감사함으로 받아 즐기는 것이 그리스도 안에서 누리는 그의 자유다. 그러나 15절에서 언급했듯 연약한 자에게 손해를 초래할 때 그 자유는 불명예가 되고, 이것이 16절의 권고가 방지하고자 하는 악이다.

17절에서는 강한 자가 자제해야 할 이유를 제시한다. 여기서 하나님의 나라에 대해 긍정적으로 또 부정적으로 묘사하는 일보다 더 적절한 것은 없다. 하나님의 나라는 신자가 속한 영역이다. 신자들은 그 나라의 시민이라는 말보다 그들의 신분을 더 잘 묘사할 수는 없다(요 3:3-8; 살전 2:12). 강조점이 하나님의 통치에 있다는 사실을 잊어서는 안 된다. 이는 하나님의 주권이 존중되고 하나님의 뜻이 최고로 받들어지는 영역이다. 그래서 하나님의 나라에 관한 언급은 언제나 신자들에게 그들의 소명에 따라 하나님의 뜻에 순종하도록 촉구하는 효과를 발휘해야 한다. 이런 관점에서 보면 "하나님의 나라는 먹는 것과 마시는 것이 아니요"라는 말을 제대로 이해할 수 있다.[21] 먹고 마시는 문제가 우리의 주된 관심사가 된다면, 우리의 생각과 행위가 하나님 나라의 관심사에서 얼마나 멀어졌는지를 알 수 있다(마 63:31-33).[22]

주석가들 사이에 "의와 평강"의 의미에 대한 견해 차이가 있다. 어떤 이들은 이것을 법정적 용어로 간주하여, 의는 칭의를 가리키고(1:17; 3:21-22; 10:3, 6) 평강은 하나님과의 평화(5:1)를 언급한다고 주장한다.[23] 또 다른 이들은 이 용어를 윤리적으로 이해해야 한다고 하며, 신자들에 의해 성취된 의와 신자들에 의해 증진되고

---

21 βρῶμα와 πόμα가 아니라 βρῶσις와 πόσις인 것을 주목하라.
22 고전 8:8을 참조하라. 이것은 이 본문의 부정적 표현에 대한 바울 자신의 논평이다.
23 참고. Calvin, Philippil, Hodge, 앞의 책.

보존되는 평강을 가리킨다고 주장한다.[24] 신자들이 준행하는 모든 올바른 행위와 조화로운 모습이 칭의 및 하나님과의 평화에 기초하고 있음은 사실이지만, 두 번째 견해를 선호할 만한 이유가 더 많다.

(1) "성령 안에 있는 희락"은 주관적이다. 그것은 신자의 마음속에 있는 기쁨이다. 그런데 이 희락은 의와 평강과 연결되어 있으므로 의와 평강도 동일한 범주에 속하는 것으로 볼 수 있다.

(2) 18절은 17절을 가리킨다. "이로써"(이렇게)라는 말은 17절에 명시된 요소들을 가리킨다. 이런 요소들을 통해 신자는 그리스도를 섬기고, 하나님을 기쁘게 하며, 사람에게 칭찬을 받는다고 한다. 의심할 것도 없이 그리스도를 섬기는 것은 우리에게 부과된 의무이며, 이것을 이행함으로써 우리는 하나님을 기쁘게 할 수 있다. 이런 관념은 법정적 의미의 의와 평강과는 어울리지 않는다.

(3) 19절에도 우리의 책임과 관련된 권면의 말이 나온다. "서로 화평을 도모하는 일에 힘쓰라"고 한다. 이것은 교회 안에서 서로 하나가 되라는 명령이고, 17절에서 말하는 "평강"의 의미를 설명해 준다. 나아가서, 서로 덕을 세우는 일에 힘쓰라는 명령도 같은 방향을 가리킨다. 이런 이유로 "의"와 "평강"은 교회의 친교에서 신자의 태도와 행위를 채색해야 할 올바름과 조화로움을 말하고 있음이 분명하다. 그렇지만 태도와 행위의 주관적 영역에서 얻는 것과 법정적 영역에서 옳은 것 사이에는 병행관계가 있다. 이것은 5:1-2을 14:17과 비교해 보면 알 수 있다. 칭의, 하나님과의 평화, 하나님의 영광의 소망 가운데서 기뻐함은 성령 안에서의 의, 화평, 희락과 상응한다. 우리 안에 있는 모든 은혜가 하나님 편에 참조점이 있다는 것 역시 명백한 사실이다. 그것은 성령 안에 있는 기쁨이고, 의로움과 평화가 기준으로 삼아야 할 것은 하나님의 뜻이다.

18절 여기서 6-8절에 제시된 원리가 다시 확증되고 있다. 이것은 12:2에 나오는 것과 동일한 신자의 삶의 지배원리이다. "사람에게도 칭찬을 받느니라"는 것은 16

---

24 참고. Meyer, Godet, Sanday and Headlam, Barrett, 앞의 책.

절에 나오는 비방과 정반대되는 것이다. 여기서 말하는 칭찬을 믿음의 가정에 속한 사람들의 것으로 국한시킬 필요는 없다. 강한 신자들의 무분별한 행동은 외부인의 판단에 영향을 미쳐서 교회에 해를 끼치므로 사랑과 조화의 공동체란 교회의 아름다운 이름이 늘 유지됨으로써 대적들에게 공격의 여지를 주지 않도록 해야 한다(2:24; 딤전 3:7; 6:1).

19절 앞의 구절들이 이 권면의 의미를 명백히 밝히고 있다. 앞의 구절들과 20-22절, 그리고 여기서도 권면의 대상은 강한 자들이다.

20절 20절 상반부는 15절 하반부와 같은 의미를 갖고 있다. "무너지게 한다"라는 말은 19절의 "덕을 세운다"라는 말의 반대어이다. "하나님의 사업"은 비록 연약하나마 그래도 하나님의 작품인(엡 2:10) 연약한 신자를 가리키는 것으로 이해하면 된다. 하나님은 세우시는 분이다. 무정하게 자유를 휘두르는 것은 무너뜨린다. 이 얼마나 대조적인가! 20절 하반부는 14절을 요약한 형태로 반복한 것이다. "거리낌으로 먹는 사람"은 연약한 신자일 가능성이 많다. 그가 먹을 때 넘어지는 것은 믿음과 깨끗한 양심을 따라 하지 않기 때문이다. 이것은 14절 하반부에 상응한다. 21절에서 넘어지는 형제를 언급하고 있는 사실이 이 견해를 지지한다.[25] 그는 양심을 위반하고 있기 때문에 거리낌으로 먹는 것이다.

21절 이것 또한 강한 자에게 주는 권면이다. 처음으로 우리는 연약한 자에게 거리낌이 되는 것 중에 포도주를 마시는 문제가 포함되어 있다는 사실을 알게 된다.[26]

---

25 διὰ προσκόμματος는 2:27의 διὰ γράμματος καὶ περιτομῆς와 같이 부대환경의 속격이다.
26 κρέα은 살코기로서 20절에 나오는 βρῶμα보다 더 구체적인 표현이다. 물론 채식이 2절에 분명히 언급되어 있다. 21절은 다양하게 표현되어 있다. 끝에 ἢ σκανδαλίζεται ἢ ἀσθενεῖ를 더하는 것은 B D G 대부분의 소문자 사본, 그리고 일부 역본에서 볼 수 있다.

22절 22절 상반부는 강한 자를 향한 또 다른 권면이며, 강한 자들은 연약한 자에게 악영향을 주지 않도록, 또한 앞에서 묘사한 악한 결과를 동반하지 않도록 하기 위해 자신들의 권리와 자유를 주장해서는 안 된다는 것을 의미한다. "하나님 앞에서 스스로 가지고 있으라"는 말은 강한 자들이 소유하고 확신하는 자유에 대해 그들을 변호하는 또 다른 표현이다(14a, 20b). 그들은 이런 확신을 하나님 앞에서 품고 있고, 그것을 포기하지 않아도 된다. 그러나 그들이 다른 사람을 파멸시킬 만큼 그 자유를 함부로 휘두르면 안 된다. 22절 하반부는 방금 언급한 내용을 좀 더 확증해 주는 말이다. 이는 먹고 마시는 문제에 거리낌이 없는 지성적이고 성숙한 믿음을 칭송하는 말이다. 여기서 말하는 것은 미래의 축복이 아니라, 기포드가 말하듯이 "의심치 않는 깨끗한 양심에 대한 현재의 축복이다."[27] 강한 신자들에게 축복을 선언하는 가운데서도 이 문단의 주된 호소를 취소하는 일은 없다. 이런 마음과 양심의 상태는 축복받은 것이기 때문에 오히려 타인의 연약함을 배려하며 절제할 필요가 있는 것이다.

23절 이 구절은 연약한 자와 관련이 있다. "연약한 형제의 위험은 이제 믿음이 강한 사람의 행복한 상태와 전적인 대조를 이루게 되며, 사랑으로 인해 자유를 억제해야겠다는 동기를 부여해 준다."[28] 우리는 연약한 신자가 깨끗한 양심이 없이 먹을 때 당하는 정죄를 약화시키면 안 된다. 그것은 단지 자신의 양심이 발하는 정죄가 아니다. 그것은 하나님 앞에서의 정죄다. 이 점은 "믿음을 따라 하지 아니하는 것은 다 죄니라"는 마지막 문장이 증명하고 있다. 강한 신자가 하나님 앞에서 자유에 대한 확신을 품으며(22a) 하나님 앞에서 복을 받은 것과 같이(22b), 연약한 자도 자기의 확신을 위반할 때 하나님 앞에서 정죄를 받는다(14b, 15절). 결론적인 말도 지금 우리가 다루는 주제에 적용되는 것으로 봐야 한다. 믿음이 없이는 하나님을 기쁘시게 할 수 없는 것이 사실이다(8:7-8; 히 11:6). 그래서 불신자는 거룩

---

27 앞의 책. μακάριος는 특별한 칭송의 말로서 14절 상반부에 언급된 원리에 기초를 두고 있다.
28 Gifford, 앞의 책.

함과 올바름의 기준에 비춰 볼 때 하나님을 기쁘게 하는 일은 전혀 할 수 없는 것이다. 그러나 사도는 이 경우에 이런 일반적인 원리를 진술하는 것이 아니라, 신자가 자신의 신념과 믿음으로 승인할 수 없는 것을 행할 때 죄를 짓고 있는 것이란 사실을 재확인하는 것이다.

THE EPISTLE TO THE ROMANS

15장

6) 그리스도의 모범(15:1-6)

1. 믿음이 강한 우리는 마땅히 믿음이 약한 자의 약점을 담당하고 자기를 기쁘게 하지 아니할 것이라
2. 우리 각 사람이 이웃을 기쁘게 하되 선을 이루고 덕을 세우도록 할지니라
3. 그리스도께서도 자기를 기쁘게 하지 아니하셨나니 기록된 바 주를 비방하는 자들의 비방이 내게 미쳤나이다 함과 같으니라
4. 무엇이든지 전에 기록된 바는 우리의 교훈을 위하여 기록된 것이니 우리로 하여금 인내로 또는 성경의 위로로 소망을 가지게 함이니라
5. 이제 인내와 위로의 하나님이 너희로 그리스도 예수를 본받아 서로 뜻이 같게 하여 주사
6. 한마음과 한 입으로 하나님 곧 우리 주 예수 그리스도의 아버지께 영광을 돌리게 하려 하노라

1-2절 14장과 동일한 주제가 계속되면서 연약한 자에 대한 강한 자의 의무가 더 다뤄진다. 이 대목은 "강한 자"라는 말이 제한적인 의미로 사용된 유일한 경우이다. 물론 일반적인 의미로 사용된 경우는 다른 곳에서도 찾아볼 수 있다(고후 12:10; 13:9). "담당하다"라는 말은 우리가 흔히 생각하는 '견디다'는 의미로 해석해서는 안 되고, '끌어안다' 또는 '짊어지다'는 의미로 해석해야 한다(11:18; 갈 5:10; 6:2, 5).[1] 강한 자들은 연약한 자들을 돕고 그들의 유익을 증진하고 덕을 세워야 한다(2절). 더구나 연약한 자들은 "약점"을 지닌 자들로 묘사되어 있으므로 갈라디아서 6:2의 권면이 반드시 적용되어야 한다. "우리 각 사람이 이웃을 기쁘게 하되"라는 권면은 "자기를 기쁘게 하지 아니할 것이라"는 소극적인 권고와 마찬가지로, 동료 신자들의 바람까지 무시하고 언제나 타인의 기분과 바람에 따라 그들을

---

1 계 2:2에서 βαστάζω는 "견디다"라는 의미를 지닌다. 하지만 신약의 다른 어느 곳에서도 이런 의미를 지니고 있는지는 의심스럽다.

기쁘게 하는 행동만 취하라는 의미로 해석해서는 안 된다. 사람을 기쁘게 하는 것이 그리스도인의 생활원리는 아니다(갈 1:10). 바울은 기쁘게 한다는 것이 무슨 뜻인지를 다른 곳에서 밝히고 있다(고전 10:33). 이 본문에서는 당시의 상황에 국한시킬 필요가 있다. 강한 자들은 자유를 함부로 사용해서 연약한 자에게 걸림돌을 놓아 근심을 불러일으키고 14:15에 나오는 그런 불쾌감을 유발해서는 안 된다는 것이다. 연약한 자들은 강한 자들의 행동을 따라 하면 양심의 평안이 깨어지지만, 약한 자들을 기쁘게 하면 그 평안이 유지될 수 있다(고전 8:12). 이렇게 연약한 자를 기쁘게 하는 목적은 "선을 이루고 덕을 세우는" 것이며, 이는 강한 자가 늘 염두에 두어야 할 점이다. [2] 연약한 자의 양심을 무시하면 하나님의 일이 무너지며 (14:15, 20) 악한 결과가 따르게 된다. 반면에 그들을 배려하면 선한 일이 촉진되며 연약한 자들은 물론 온 공동체를 세우게 된다(14:19).

3절 앞의 두 구절에서 말하는 의무를 더 강조하기 위해 최고의 본보기를 들어 호소한다. 사도가 지극히 실제적인 의무를 권유하기 위해 지극히 초월적인 성격을 지닌 그리스도의 모범을 인용하는 것은 주목할 만하다(고후 8:9; 빌 2:5-8). 여기서는 그리스도의 이타적인 모습에 초점을 맞춘다. 그리스도는 자신의 일을 생각하지 않으셨고 다른 사람의 일을 생각했다. 그분은 자기가 구원하러 오셨던 사람들의 최상의 유익을 위해 아버지의 뜻을 성취하는 과정에서 크나큰 수치와 모욕을 견디셨다. 시편 69:9을 인용한 것은 바울이 다루는 의무와 가장 연관성이 있는 면, 즉 자신을 기쁘게 하지 않으셨던 그리스도의 특별한 면을 부각시키기 위해서다. 사도는 이 말씀을 그리스도의 자기비하를 예견한 것으로 보았다. 이 시편이 신약에서 자주 인용되며 그 자세한 내용이 그리스도 안에서 성취된 것으로 보아 메시아 시편임이 분명하다. [3] 여기에 인용된 부분은 그 시편의 앞부분에 비추어 해석해야 한다. "주의 집을 위하는 열성이 나를 삼키고." 이것은 우리의 비방이 아

---

2 기포드는 εἰς는 목적을, πρός는 판단기준을 가리킨다고 서로 구별하는데, 이는 근거가 별로 없다.
3 메시아 시편의 목록과 비교를 참조하려면 다음을 보라. Liddon, 앞의 책, p. 274.

니라 하나님을 겨냥한 불명예스러운 비방이다.[4] 불경건한 자들이 하나님께 퍼부은 이런 비방이 그리스도에게 돌아갔다. 즉, 하나님에 대한 인간의 모든 적대감이 그리스도에게 향했던 것이다. 그리스도는 이런 공격의 희생자였다. 이것을 바울은 그리스도께서 "자기를 기쁘게 하지 아니하셨다"라는 주장의 본보기로 삼는다. 그러면 이런 의문이 떠오른다. 우리 주님의 치욕이 우리의 이웃을 기쁘게 하는 의무와 무슨 관계가 있는가? 이것은 예수의 모범과 상이한 것처럼 보인다. 그리스도께서 행하신 것과 강한 자들이 행해야 할 일 사이에는 큰 간극이 있다. 그리스도는 하나님에 대한 인간의 모든 적대감을 견디시고 "자기를 기쁘게 하지 아니하셨으며", 하나님의 명예를 위한 열심 때문에 이런 비방도 감내하셨다. 예수는 어떠한 공격도 피하지 않으셨다. 그렇다면 강한 자라고 하는 우리가 먹고 마시는 문제로 하나님의 성도들에게 악영향을 끼치고 그리스도의 몸에 덕도 세우지 못하면서 자신을 기쁘게 하겠다고 고집할 수 있을까? 이 호소의 설득력은 그리스도의 상황과 우리의 상황이 완전한 대조를 이룬다는 점에 있다.[5] 이 원리는 그리스도의 모범이 인용되는 모든 성경구절에, 그리고 특히 이 경우에 적용된다.

4절 이 구절은 "왜냐하면"(for)으로(개역개정판에는 번역되지 않았다 ─ 옮긴이) 시작하는데, 이것은 성경에 호소한 이유를 가리킨다. 바울은 시편 69:9의 인용이 타당함을 하나님이 의도하신 성경의 목적을 들어 입증한다. "무엇이든지 전에 기록된 바는 우리의 교훈을 위하여 기록된 것이다"(참고. 고전 10:6, 10; 딤후 3:16-17). 바울의 사상이 이 진리에 얼마나 좌우되고 있는지는 이 서신에서 자주 성경에 호소하고 있는 사실로 알 수 있다. 이 구절과 위에서 인용한 병행 구절들을 보면, 성경의 모든 부분이 우리의 교훈을 위한 것이고 구약은 이 마지막 날에 우리에게 소명의 성취에 필요한 교훈을 제공하는 것이 목적이며, 또 이런 목적을 위해 기록되었다는

---

4 이에 대한 반론은 Sanday and Headlam, 앞의 책을 참고하라.
5 연약한 형제들이 강한 형제들에게 던지는 비방을 염두에 두고 있어서, 그리스도와 강한 자의 유사성을 암시하고 있을지도 모른다. 그렇지만 이런 추정은 본문의 사상과 멀어 보인다. 설사 그렇다고 치더라도 그리스도와 강한 신자가 대조되고 있다는 사실을 부인할 수 없다. 그리스도가 받은 비난이야말로 비할 데가 없을 만큼 수치스러웠던 것이다.

것이 바울의 사상임을 알 수 있다. 성경이 주는 교훈은 인내와 위로와 관계가 있다. "인내"는 견딤과 버팀이다. 버팀과 위로는[6] 모두 성경에서 나온 것이며, 그러기에 그것들은 성경에 의존하며 성경으로부터 그 특성과 가치를 끌어낸다. 이 미덕들은 성경에 의해 창조된 것이며 그 속성은 성경에 의해 결정된다. 그렇지만 인내와 위로는 더 궁극적인 것, 즉 소망의 수단이라고 한다. 이 경우의 소망은 신자가 품고 있는 마음의 상태로 이해하는 게 좋다. 소망이란 것은 그 바라는 대상이 있어야만 발휘될 수 있는 법이다. 그러나 "소망을 가진다"는 것은 곧 소망을 발휘하는 것이다(행 24:15; 고전 3:12; 10:15; 엡 2:12; 살전 4:13; 요일 3:3). 성경에서 유래한 교훈, 인내, 위로는 모두 소망의 발휘에 기여하는 것으로 묘사되어 있는 만큼 신자와 장래의 신앙공동체에 매우 중요한 것임을 알 수 있다(8:13, 8:23-25).

5-6절 이 구절들은 하나님께 드리는 기도의 형태를 취하고 있지 않다. 하나님이 이 권면을 사람들 가운데 성취해 주실 것을 바라는 소원의 형태를 취하고 있는데, 이는 사람들을 권면하고 하나님께 기도하는 일석이조의 효과를 내는 훌륭한 표현 방식이다. 하나님의 은혜가 없다면 권면이 결실을 맺지 못한다. 그러므로 양자가 다 필요하다. 이보다 더 효과적인 권면의 형태는 없다. 우리가 고려할 사항이 몇 가지 있다.

  (1) "인내와 위로의 하나님"이라는 호칭은 4절에 있는 "인내"와 "위로"라는 말을 가리키며, 하나님이 이런 것들의 근원이요 창시자임을 의미한다(고후 1:3).[7] 하나님은 신앙생활과 친교에 필요한 은혜를 나눠 주시는 분이다.

  (2) 하나님과 성경의 밀접한 관계가 명백하게 나타난다. 인내와 위로는 성경에서 나온(4절) 동시에 하나님에게서 나왔다. 성경은 하나님의 영원한 말씀이자 살아 있는 말씀이다. 하나님이 그분의 인내와 위로를 우리에게 나눠 주시는 것은 성경이라는 수단을 통해서다. 바울의 사상은 성경이 하나님의 말씀이며 하나님과

---

6 παράκλησις는 위로이므로 '권면'이란 뜻으로 해석할 필요가 없다.
7 참고. "평강의 하나님"(15:33; 16:20; 고후 13:11; 빌 4:9; 살전 5:23; 히 13:20), "소망의 하나님"(15:13).

영원한 관계를 맺고 있다는 것이다(3:1-2).

(3) "서로 뜻이 같게 하여 주사"(참고. 빌 2:2, 5)[8]는, 이 부분의 처음부터(14:1) 호소했던 것으로 서로 존중하고 관용하라는 탄원이며 연약한 자와 강한 자 모두에게 해당되는 말이다. "그리스도 예수를 본받아"라는 것은 그리스도의 뜻을 따르라는 뜻이다. 그렇다면 서로 조화를 이루는 일은 그리스도의 뜻과 일치하는 것인즉 결코 그리스도를 본받는 일과 무관한 것이 아니다. 이는 그리스도를 본받으라는 뜻이며, 이를 3절에 나오는 구체적인 본보기에만 국한시킬 필요는 없다(참고. 빌 2:5). 그러나 이 경우에도 다른 의미를 함축하고 있을 수 있다. 그리스도의 모범을 따른다는 것은 언제나 그리스도의 뜻을 따르는 것이어야 한다.

(4) 이런 조화가 지향하는 목표가 이 두 구절의 특징이다. 이런 조화와 연합을 통해 그들이 아버지 하나님께 영광을 돌리게 하려는 것이다. "한마음과 한 입"(참고. 행 1:14; 2:46)은 내적 및 외적으로 하나님을 영화롭게 할 때 수반되는 연합을 표현한다. 하나님을 영화롭게 한다는 것은 그의 영광과 영예를 드러내는 일이다. 그 배후에는 성도의 교제가 의심과 불화로 인해 깨어지고 특별히 이번 경우에는 강한 자의 교만과 연약한 자의 넘어짐으로 인해 그렇게 될 때 교회가 지향할 최종 목표에 차질이 생긴다는 사상이 있다. 그런즉 우리의 모든 태도와 행위를 좌우하는 목적인 하나님의 영광을 상기시키는 것보다 더 설득력 있는 권면은 없다. 아버지를 부르는 칭호는 "하나님, 곧 우리 주 예수 그리스도의 아버지" 혹은 "하나님이자 우리 주 예수 그리스도의 아버지"로 번역될 수 있다. 이 번역을 강력히 주장할 근거는 없다. 아버지는 단지 그리스도의 아버지로만 묘사되지 않고 우리 주 예수 그리스도의 하나님으로 묘사되어 있다(마 27:46; 요 20:17; 엡 1:17; 히 1:9).[9] 그러므로 이 번역은 신약의 사고방식과 일치하며 매우 적절하다고 할 수 있다. 그러나 어느 경우든, 우리는 하나님께 영광을 돌리는 것, 즉 아버지 하나님께 영광을 돌리는 일이 궁극적인 목표임을 알게 된다.[10]

---

8 헬라어는 ἐν ἀλλήλοις.

9 이 번역을 옹호하는 입장은 Sanday and Headlam, 앞의 책을 참고하라.

10 이런 궁극적인 것이 예컨대 다른 곳에서는 하나님의 사랑으로 나와 있다. 아버지의 사랑이 궁극적이며

7) 하나가 된 유대인과 이방인(15:7-13)

> 7. 그러므로 그리스도께서 우리를 받아 하나님께 영광을 돌리심과 같이 너희
>   도 서로 받으라
> 8. 내가 말하노니 그리스도께서 하나님의 진실하심을 위하여 할례의 추종자
>   가 되셨으니 이는 조상들에게 주신 약속들을 견고하게 하시고
> 9. 이방인들도 그 긍휼하심으로 말미암아 하나님께 영광을 돌리게 하려 하
>   심이라 기록된 바 그러므로 내가 열방 중에서 주께 감사하고 주의 이름을
>   찬송하리로다 함과 같으니라
> 10. 또 이르되 열방들아 주의 백성과 함께 즐거워하라 하였으며
> 11. 또 모든 열방들아 주를 찬양하며 모든 백성들아 그를 찬송하라 하였으며
> 12. 또 이사야가 이르되 이새의 뿌리 곧 열방을 다스리기 위하여 일어나시는
>   이가 있으리니 열방이 그에게 소망을 두리라 하였느니라
> 13. 소망의 하나님이 모든 기쁨과 평강을 믿음 안에서 너희에게 충만하게 하
>   사 성령의 능력으로 소망이 넘치게 하시기를 원하노라

7절 5-6절에서 연약한 자와 강한 자를 다 염두에 두었듯이 여기서도 그렇다. 14:1에서는 연약한 자와 관련해 이와 동일한 권면을 강한 자에게 주었으나, 지금은 두 부류 모두에게 서로 신뢰와 사랑으로 포용할 것을 권고한다. 그리스도께서 하신 일을 들어 그 필요성을 강조한다. 그리스도께서 우리를 받아 주셨을진대,[11] 우리가 그리스도께서 받아 주신 그들과 교제하기를 거절할 수 있으랴? 만일 우리가 신자들을 받아들이는 일에 제한을 가한다면, 모든 교제의 근거가 되는 구속적 행위의 본보기를 위배하는 셈이다. 14:3에서는 하나님이 강한 신자를 받으셨기

본원적이다(참고. 요 3:16; 롬 5:8; 8:29; 엡 1:4, 5; 요일 4:9, 10).

11 ἡμᾶς보다 ὑμᾶς가 더 강력한 지지를 받고 있다. 후자는 bij ℵ A C G 그리고 대부분의 소문자 사본 및 여러 역본의 지지를 받는다. 이 서신에 나타나는 텍스트의 패턴으로 보면 ἡμᾶς를 옹호하기가 어렵다. 이 경우 내적 증거는 하나의 요인이 되지 않는다.

때문에 연약한 신자도 강한 신자를 받아야 한다고 했다. 그리스도께서 아무런 차별 없이 모든 사람을 받아 주신 것은 친교에 조금도 제한이 없어야 할 근거가 된다. "하나님의 영광을 드러내는 일"은 우리를 받아 주시는 그리스도의 행위와 함께 묶어야 한다.[12] 8-9절에서는 그리스도께서 할례의 사역자(추종자)가 되심으로 하나님의 영광이 나타난 두 가지 측면이 언급되어 있다. 그러나 우리는 7절에 나오는 하나님의 영광을 제한해서는 안 된다. "하나님의 영광을 드러내는 일"(7절, 새번역)과 아버지께 영광을 돌리는 것(6절) 사이에는 밀접한 관계가 있다.

이런 일치와 조화는 아버지 하나님의 영광을 위한 것이다. 조화와 마찬가지로 일치도 그리스도의 본을 따르는 일이다. 그리스도께서 우리를 받아 주신 것은 하나님의 영광을 드러내는 일이다. 그리스도께서 강한 자와 약한 자 모두를 받아 주신 것은 하나님의 영광과 일치될 뿐만 아니라 그 목표와 직결되어 있다는 사실보다 상호 간의 신뢰와 사랑의 필요성을 강조하는 것은 없을 것이다. 그리스도가 행하신 일의 궁극적 목표 역시 아버지의 영광이다(요 17:4). 우리에게 주어진 최고의 은혜와 하나님의 영광의 증진이 서로 연결되어 있음을 알 수 있다(참고. 엡 1:14; 빌 2:11).

8-9절 상반부 이 두 구절은 그리스도께서 차별 없이 모든 사람을 받아 주셨음을 증명하기보다는 앞에서 촉구한 조화와 친교의 의무를 지지하는 추가적 논증이라 할 수 있다. 우리는 여기서 로마서의 이 부분에서 명백하게 언급되지 않은 구별, 곧 유대인과 이방인의 구별을 접하게 된다. 여기서 연약한 자는 유대인이요, 강한 자는 이방인이라고 추론할 것까지는 없다.[13] 연약한 자와 강한 자는 두 인종에 똑같이 존재했을 것이다. 그러나 유대인과 이방인에 대한 언급은 적어도 다음 사실을 암시해 준다. 즉, 서로 용납하라는 권면이 로마 교회 내에서 인종적 편견과 차별을 극복할 필요성이 있었다는 점이다. 그 다음 대목에서 이방인을 강조하고 있

---

12 인용된 번역의 구두점은 "하나님의 영광"과 "서로 받으라"는 말이 함께 간다는 가정에 기초한 것이다. 이 구문을 따를 수는 없다. KJV을 참고하라.
13 이에 대한 반론은 Gifford, 앞의 책을 보라.

는 것은 그리스도가 "할례의 사역자"로서 성취한 그 범세계적인 구속을 강조할 필요성이 있었기 때문이다. 이 사역의 적실성을 단지 이스라엘에게만 국한시키는 경향은 배제되었다. 몇 가지 고려사항은 다음과 같다.

(1) "할례"는 할례에 속한 자들, 즉 육을 따라 난 이스라엘을 상징한다(3:1, 30; 4:12; 갈 2:7-9). "조상들"(8절)과 "이방인들"(9절)을 구별하는 사실이 이 점을 입증해 준다. 그리스도께서 "할례의 사역자가 되셨다"[14]는 것은 이스라엘이 그리스도의 선교의 범위 안에 들어 있음을 재차 강조하는 말이다(마 15:24; 요 4:22).

(2) "할례"라는 말에는 더 중요한 암시가 들어 있다. 할례는 아브라함과 맺은 언약의 표시이자 보증이다(창 17:1-21; 4:11). 그러므로 그리스도는 할례로 보증되는 그 언약의 사역자(minister)이고, 그 언약을 이행하기 위해 여기에 언급된 직분을 성취하신 것이다(갈 3:16).

(3) 그리스도께서 할례의 사역자가 된 것은 조상들에게 주어진 약속들을 확증하기 위함이었다. [15] "확증하다"는 말은 확립하고 실현한다는 뜻이다. 이것은 할례로 보증된 언약을 성취한다는 것과 동일하다. 언약은 약속을 보증하며, 언약의 성취는 그 약속의 성취이기 때문이다. 오직 이에 비추어 "하나님의 진실하심"이라는 말을 이해해야 한다. 맹세로 확증한 약속이 하나님의 약속이며, 하나님의 진실하심은 이런 약속들의 성취에 따라 입증된다. 하나님의 신실하심은 입증될 수밖에 없다. 그래서 그리스도께서 하나님의 신실하심을 변호하고 입증하기 위해 오셨다(마 26:54).

(4) 8절과 9절의 관계는 다음 질문과 관련이 있다. 할례의 사역자란 그리스도의 직분이 이방인에게는 무슨 의미가 있는가? 이방인에 대한 그리스도의 사역은 독자적인 다른 노선을 따른다고 생각할 수도 있다. 그러나 이런 생각은 사도가 이 서신의 앞부분에서 주장해 온 모든 논지와 대립된다(4:11, 12, 16, 17, 23-25; 11:11-32).

그러나 그것만이 아니다. 이 구문이 설득력 있게 말해 주는 사실이 있다. 이방인

---

14 완료시제를 주목하라. γεγενῆσθαι.

15 τῶν πατέρων은 조상들에게 속하는 약속이란 뜻이므로 조상들에게 주어진 약속으로 이해하는 것이 좋다.

에게 베풀 긍휼도 그리스도께서 할례의 사역자가 된 목적이었다는 점이다. 할례의 사역자가 된 것은 약속들을 확증하기 위해서뿐 아니라, "이방인들도 그 긍휼하심으로 말미암아 하나님께 영광을 돌리게 하기" 위해서였다. 이것은 이방인들도 하나님의 긍휼을 받는 자임을 의미한다. 그렇지만 6-7절에서 하나님의 영광을 강조한 점에 걸맞게, 그리고 앞의 "확증하다"는 말과 병행을 이루며 그에 따른 유익한 결과를 증진시키기 위해, 사도는 "그 긍휼하심으로 말미암아 하나님께 영광을 돌리게 하려 하심이라"고 표현했다. 바울은 이를 증명하기 위해 일련의 구약 성경 구절을 인용한다.

9절 하반부-12절 첫 인용문은 사무엘하 22:50과 시편 18:49에서 끌어왔다. "여호와여"라는 호격을 생략한 것을 제외하고는 시편 18:49의 헬라어역을 그대로 인용한 것이다(히브리어역 18:50; 칠십인역 17:50). 그리고 후자는 히브리어에 매우 가깝다. 10절은 신명기 32:43에서 인용한 것으로 헬라어역보다는 히브리어를 따른다. 11절은 시편 117:1에서 인용한 것으로 히브리어와 헬라어역과 약간 다른 점은 둘째 어구에 나오는 인칭의 변화뿐이다. 12절은 이사야 11:10에서 인용한 것인데, 약간 생략했을 뿐 헬라어역을 따른다. 사도의 여러 인용문에서 공통적인 것은 이방인들에 대한 언급이라는 점이다. 9절에서 분명히 볼 수 있듯이 이것이 이런 구절들을 선택한 기준이었다.

이 모든 인용문이 인용된 것은, 그리스도께서 할례의 사역자가 되신 목적의 하나는 이방인을 구원하기 위함이었다는 것과 아브라함의 언약의 중심부에 놓여 있던 축복이 모든 열방에게 주어질 것임을 구약성경이 내다보았다는 것을 입증하기 위해서였다.

바울이 여기서 인용한 본문들과 다른 무수한 본문들이 일관되게 증언하고 있는 것은 구약의 전망이 아브라함에게 주신 약속에 의해 규제되고 그로부터 영감을 얻어왔다는 점이다(창 12:3; 22:18). 비록 처음의 세 인용문은 이방인들이 그들에게 주어진 증언(9절)이나 명령(10-11절)에 반응을 보일 것임을 명백히 진술하진 않지만, 이 인용문들은 마지막 인용문(12절)에 언급된 이새의 뿌리에 대한 복종을 함축하고 있는 것으로 해석해야 한다.[16] 비록 이런 추론을 하지 않더라도, 이 인용문들은 영감을 받은 저자들과 바울에 따르면, 언약관계에서만 가능한 일, 즉 주님을 찬송하고 즐거워할 의무가 이방인에게도 해당됨을 보여 주는 것이다.

13절 이 구절은 서신의 이 부분을 종결짓는 것으로 간주해도 좋다. 마지막 인용문(12절)과 동일하게 소망에 강조점을 두었다. 이 문장에서 주절(主節)은 "성령의 능력으로 소망이 넘치게 하시기를 원하노라"이다. 이 구절의 형식은 5절의 형식과 같다. 이는 하나님께 대한 간접적인 기도이고 기원과 권면을 합친 것이다. "소망의 하나님"이라는 칭호는 5절에 있는 칭호들과 "평강의 하나님"(33절; 살전 5:23; 히 13:20)과 같은 방식으로 해석해야 한다. 하나님은 우리 안에 소망을 창조하시니 소망의 하나님이시다. 하지만 이 경우에는 이 칭호가 또한 하나님이 소망의 대상임을 가리킨다는 생각을 억누를 수 없다. 하나님은 하나님의 백성들의 분깃이요 유업이며 처소이시기 때문에 그들의 궁극적 소망인 것이다(시 73:24-26; 90:1; 엡 3:19; 계 21:3).

사도가 독자들에게 불러일으키는 충만한 기쁨과 평강은 "소망의 하나님"이라는 칭호 속에 내포된 의미에 기초를 두고 있다. 오직 하나님이 창조하신 소망만이 기쁨과 평강을 보증한다. 그리고 이런 소망이 있을 때 기쁨과 평강이 충만하게 된다. 이 기쁨은 주님 안에 있는 기쁨이고(갈 5:22; 빌 4:4; 요일 1:4), 이 평강은 하나님의 평강이다(빌 4:7).[17] 기쁨과 평강은 소망을 조건으로 하기 때문에 믿음에 의해 생기며 소망을 북돋운다.

기쁨과 평강이 충만하게 되는 것은 소망을 품은 사람들의 마음속에 소망이 더욱 많아지게 하기 위함이다. 신자들 속에서 작동하는 은혜들은 더 이상 더해질 수 없을 만큼 충만한 지점엔 결코 이르지 못한다. 기쁨과 평강은 소망에서 나오고 소망이 더욱 풍성해지도록 만든다. 이 소망의 대상은 인간의 개념을 훨씬 초월하

---

16 이 점은 신 32:43의 히브리어가 번역되는 방식에 비추어 볼 때 특히 10절에 해당된다.
17 이것은 하나님과의 평화가 아니다(5:1). 우리는 하나님과의 평화로 충만해질 수는 없고, 여기서 평강은 기쁨과 연결되어 있다.

며, 신자의 현재 상태와 장래 상태(참고. 요일 3:2)의 간극이 너무 크기 때문에 인간적인 소망은 주제넘은 것인즉 오직 성령이 창조하고 보증하는 소망만 품어야 한다. 이것이 "성령의 능력으로"라는 말로 표현된 결론의 의미이다. 오직 이 영역 안에서만 찬란한 소망을 품을 수 있으며, 그 안에서 소망은 성령의 보증수표를 지니게 된다(참고. 엡 1:13-14).

19. 이방인을 위한 바울의 사역, 정책, 계획(15:14-33)

14. 내 형제들아 너희가 스스로 선함이 가득하고 모든 지식이 차서 능히 서로 권하는 자임을 나도 확신하노라

15. 그러나 내가 너희로 다시 생각나게 하려고 하나님께서 내게 주신 은혜로 말미암아 더욱 담대히 대략 너희에게 썼노니

16. 이 은혜는 곧 나로 이방인을 위하여 그리스도 예수의 일꾼이 되어 하나님 의 복음의 제사장 직분을 하게 하사 이방인을 제물로 드리는 것이 성령 안 에서 거룩하게 되어 받으실 만하게 하려 하심이라

17. 그러므로 내가 그리스도 예수 안에서 하나님의 일에 대하여 자랑하는 것 이 있거니와

18. 그리스도께서 이방인들을 순종하게 하기 위하여 나를 통하여 역사하신 것 외에는 내가 감히 말하지 아니하노라 그 일은 말과 행위로

19. 표적과 기사의 능력으로 성령의 능력으로 이루어졌으며 그리하여 내가 예 루살렘으로부터 두루 행하여 일루리곤까지 그리스도의 복음을 편만하게 전하였노라

20. 또 내가 그리스도의 이름을 부르는 곳에는 복음을 전하지 않기를 힘썼노 니 이는 남의 터 위에 건축하지 아니하려 함이라

21. 기록된 바 주의 소식을 받지 못한 자들이 볼 것이요 듣지 못한 자들이 깨 달으리라 함과 같으니라

14절 이 지점부터 로마서의 결론 부분이 시작된다. 이 부분은 격려, 설명, 인사, 그 리고 최후 송영으로 구성되어 있다. 이전의 여러 부분에는 혹독한 책망, 교정, 경고 가 있었다. 그러나 사도는 이런 지적으로 인해 로마 교회의 수준을 낮게 평가하고 있다는 인상을 주고 싶지 않았다. 처음부터 사도는 로마 신자들의 신앙을 칭찬했 고, 그들을 방문하게 된다면 그들에게 받을 격려에 대해 기대감을 표명했다(1:8, 12). 그러나 지금은 더 강한 어조로 그들의 미덕을 인정하고 있다. 친밀한 유대감

이 "내 형제들아"라는 표현 속에 나타난다. "나도 확신하노라."[18] 이 말보다 그들 가운데 맺힌 복음의 열매에 대한 바울의 개인적 확신을 더 잘 전달하는 표현은 없을 것이다. 바울은 로마의 신자들이 "선함이 가득하고" "모든 지식이 넘치는" 것으로 믿었다. 이 표현은 로마 교회가 성숙한 공동체임을 가리킨다. "선함"(갈 5:22; 엡 5:9; 살후 1:11)은 야비하고 악한 것과 반대되는 미덕으로서 정직, 친절, 덕스러운 마음과 생활을 포함한다. "지식"은 기독교 신앙에 대한 이해이며, 특별히 다음 어구에 나오는 서로 가르치는 능력과 관계가 있다. 특히 이 두 가지 자질이 언급된 것은 앞부분(14:1-15:13)에서 다룬 주제와 관계가 있기 때문이라고 생각하는 것도 가능하다. 선함은 강한 자가 연약한 자에게 상처를 줄 만한 일을 삼가게 하는 자질이고, 지식은 연약한 믿음을 바로잡아 주는 재능이다. 14:1부터 15:13까지 양자의 차이점을 다룬 것은 가상적인 상황이 아니라 실제 상황에 근거한 것임이 틀림없다. 그러나 우리는 그 상황을 과장해서는 안 된다. 로마 교회는 "선함이 가득하고 모든 지식이 넘치는" 공동체였다. 그러기에 거기 있는 신자들은 서로 가르치고 훈계할 능력이 있었던 것이다.

15절 사도는 14절의 칭찬을 한 뒤에 어째서 이렇게 담대하게 편지를 쓰게 되었는지를 설명한다. 그는 "담대히"라고 말하지 않고 "더욱 담대히"라고 말한다. 이것은 '담대한 것 이상으로'라는 의미가 아니라 '다소 담대하게'란 뜻이고, 거기에 "어느 정도"(개역개정판에는 '대략'으로 번역됨)라는 말을 첨가하여 그 강도를 완화시킨다.[19] 이 모든 것은 담대함의 강도를 신자들이 제대로 평가해 주길 바라는 바울의 마음을 나타낸다. 그 이유는 그들의 기억을 새롭게 하기 위함이었다. 그런데 여기에 또다시 그들의 선함과 지식을 인정한 것과 어울리는 부드러움이 있다. 주된 해명이 그 다음 어구와 16절에 들어 있다는 것을 주목하는 것이 매우 중요하다. 그

---

18 다른 이들이 이런 평가를 했다고 가정하기도 한다. 그러나 바울은 남을 따라 평가하지 않았다.

19 ἀπὸ μέρους는 확실히 '부분적으로'라는 의미이며 '어느 정도'로 번역하는 것이 좋다. 그러나 그것을 이 서신의 '일부'를 가리킨다고 보는 것은 근거가 없다. 물론 바울의 담대함이 드러나는 경우가 혹독한 어투로 말하는 여러 대목에 나오는 것은 사실이지만 말이다.

가 이렇게 담대하게 글을 쓰게 된 것은 다만 하나님이 그에게 주신 은혜 때문이었다. 이것이 바울의 특징이다. 사도가 자신의 사역을 행하는 것은 하나님이 주신 사명과 그에 따른 은혜로 인한 것이다(고전 9:16; 엡 3:7-9).

16절 여기서 우리는 15절의 마지막 어구(한국어와 영어의 어순이 정반대임을 유의하라)에 암시된 직분에 관해 알게 된다. 사도는 이방인을 위한 그리스도의 일꾼이 되기 위해 은혜를 받은 것이다. 바울은 이 직분에 대해 거듭 말했었다(1:5; 11:13; 12:3). 그러나 이 구절에는 주목해야 할 몇 가지 특징이 있다.

(1) 그가 자신을 그리스도의 "일꾼"(minister)이라고 부를 때 사용한 용어는 여러 파생어가 예배에 속하는 신성함이란 뜻을 지닌 것이었다(눅 1:23; 행 13:2; 롬 15:27; 고후 9:12; 빌 2:17; 히 1:7, 14; 8:2, 6; 9:21; 10:11). 이 단어는 이런 개념을 지닌 것으로 이해해야 한다. 이는 나중에 그의 사역의 성격에 대해 말할 때 사용한 개념과 일치하기 때문이다.

(2) 사도는 자신의 사역을 "하나님의 복음의 제사장 직분을 하는 것"으로 묘사하는데, 이 단어(ministering)는 신약성경의 다른 곳에는 전혀 나오지 않는 것이다. 따라서 복음의 사역이 제사장의 직무를 따른 것으로 여겨지고 있다. 복음 그 자체를 제물로 간주하면 안 된다. 제물은 그 다음 어구에 명시되어 있다. 이로써 복음을 전파하는 직분의 존엄성이 강조되고, 사도의 직분은 레위기의 제사장직과 전혀 다르며, 그리스도의 제사장직과도 다른 것으로 입증되었다.

(3) "이방인을 제물로 드린다"는 표현도 신약의 다른 곳에서 찾아볼 수 없는 것이다. 그러나 이사야 66:20에 이와 유사한 표현이 있다. "그들이 너희 모든 형제를 뭇 나라에서 나의 성산 예루살렘으로 말과 수레와 교자와 노새와 낙타에 태워다가 여호와께 예물로 드릴 것이요."[20] 바울은 이 개념을 모든 열방과 족속에게 복을 준다는 이사야서의 문맥(사 66:18)에 속한 이 구절에서 끌어왔는지도 모른다.

---

20 히브리어는 מנחה이고, 칠십인역은 δῶρον이다. 그러나 바울이 사용한 단어인 προσφορά가 더 적절할 것이다.

그러면 이것이 이방인의 사도인 바울이 제사장으로서 하나님께 드리는 제물이다. 복음적 신앙으로 개종한 이방인은 하나님께 드리는 거룩한 제물로 간주되고 있다. 또 여기서 우리는 새 언약의 일꾼들이 행하는 제사장적 기능이 레위기의 형태와 얼마나 다른지 알 수 있다.

(4) 제사장의 활동과 관련된 개념을 전개하는 과정에서 바울은 "받으실 만한"이라는 말을 추가한다(참고. 벧전 2:5). 하나님께 합당한 제물은 순결의 조건에 부합해야 한다. 이 경우에도 마찬가지다. 거룩한 상태는 성령에 의해 창조된다. "성령 안에서 거룩하게 되어"라는 말은 "받으실 만한"이란 말과 병행한다. 사도는 자신의 제사장 역할을 성령의 은혜로 효력을 발휘하는 복음의 사역으로 생각한다. 그래서 이방인들은 하나님이 받으실 만한 제물이 되는 것이다. 이것이 바울이 독자들의 기억을 새롭게 하려고 사용했던 담대함에 대한 해명이다. 그는 이 서신을 변호하고 또 그의 가혹함 때문에 생길 수 있는 어떠한 비난도 잠재우기에 충분할 만큼 해명했다.

17-19절 상반부 앞 구절에 명시된 결과, 곧 이방인을 제물로 바치는 일과 하나님의 은혜로 수행되는 복음의 사역은 자랑의 근거가 되기에 충분했으므로 "그러므로 내가 자랑하는 것이 있다"라고 말했다.[21] 그는 지금 자랑하는 행위를 언급하고 있다. 이 자랑의 근거는 15절 하반부와 16절을 가리키는 "그러므로"라는 말 속에 함축되어 있다. 그렇지만 그는 신중하게 "그리스도 예수 안에서"라는 말을 덧붙인다. 자랑은 오직 주님 안에서만 해야 하기 때문이다(고전 1:29-31; 고후 10:17). 그리고 사도는 또 다른 유보사항을 언급한다. 그의 자랑은 "하나님의 일에 대한" 것이라고. 이것은 하나님과의 개인적인 관계로 이해해서는 안 되며, 앞뒤 구절이 가리키듯이 복음과 하나님의 나라와 관계된 일로 이해해야 한다. 사도의 자랑에는 자기중심적인 요소가 전혀 없다. 그것은 하나님의 은혜를 자랑하는 것

---

21 헬라어에는 '나의'에 해당하는 소유대명사가 없다. 그것은 τὴν καύχησιν인데, 관사는 P⁴⁶ ℵ A 대부분의 소문자 사본에서는 생략되어 있다. 그 뒤에 오는 말에 명시된 내용으로 보아 관사의 유무가 의미에는 영향을 미치지 않는다.

인 만큼 지나칠 위험이 없다.

바울이 17절에서 자기를 통하여 이뤄진 복음의 승리(참고. 고후 2:14)에 대해 생각하고 있다는 점은 18절에 의해 입증된다. 여기서 그리스도께서 그를 통해 이루신 일에 대해서만 감히 말하겠다고 단언하기 때문이다. 하지만 그 일에 대해서는 담대하게 말한다. 그는 "내가 그리스도를 통해서 이룬 일"이라고 말하지 않는다. 그것은 어디까지나 사도를 통해 이룬 그리스도의 행위이고 이는 "말과 행위"를 모두 포함한다. 하지만 그가 여기서 자랑삼아 말하는 것은 다른 사람이 아니라 그 자신을 통해서 된 일에 국한된다. 바레트는 이 두 가지 사상을 간결하게 표현했다. ① 나는 만약 그것이 (나의 일이기보다) 그리스도의 일이 아니라면 이에 대해 감히 말하지 않겠다. ② 나는 만약 그것이 (다른 사람보다) 나를 통해 이뤄진 그리스도의 일이 아니라면 이에 대해 감히 말하지 않겠다.[22] "말과 행위"는 "순종"이 아니라 "그리스도께서 나를 통하여 역사하신 것"과 함께 해석해야 한다. 이는 그리스도께서 영광스런 자리에서 행하시는 사역의 두 가지 방식—말과 행위—을 잘 증언한다. 이 원리는 그리스도께서 지상에서 살아 있는 동안 행하신 일에도 그대로 적용된다. 이것은 또한 바울의 말과 행위의 배후에 그리스도의 활동과 권위가 있었음을 입증한다.

19절 상반부는 바울을 통해 그리스도께서 행하신 일을 더욱 상세하게 밝히며, 18절의 "말과 행위로"의 연장선상에 있다. 이것은 18절에서 언급된 일들을 성취할 때 사도를 통하여 그리스도께서 행하셨던 방법을 구체적으로 밝히는 것으로 볼 수 있다. 그리스도께서는 표적과 기사의 능력으로 일하셨다. 그러나 이 진술은 그리스도께서 사도를 통하여 행하신 일들을 추가적으로 밝히는 것으로 보는 편이 더 좋을 듯하다. 표적(signs)과 기사(wonders)를 18절의 "행위"와 동일시하면 안 된다. 표적과 기사도 행위이긴 하지만 모든 행위가 이 범주에 속하는 것은 아니다. "능력"이라는 말은 표적 및 기사에서 나오는 능력으로 주석가들은 보고 있다. 뒤에 나오는 "성령의 능력"은 확실히 성령으로부터 나오는 능력이다. 더 정확하게

---

22 앞의 책, 동일한 곳.

표현하면, 성령이 발휘하는 능력을 말한다. 그러나 앞의 "능력"은 표적과 기사를 통해 나타난 능력이라고 생각해도 틀리지 않다.

신약에는 기적(miracle)을 지칭하는 세 개의 표준적인 용어가 있는데, 그것은 권능(powers)과 표적과 기사다. 이중에 둘만이 여기서 사용된다. "능력"(power)이라는 말은 방금 언급한 이유로 표적 및 기사와 함께 사용되었다. 표적과 기사는 서로 다른 별개의 사건들을 가리키지 않는다. 동일한 사건을 다른 측면에서 본 것이다. 기적은 표적인 동시에 기사이다. 기적은 표적으로서 그것을 일으킨 행위자를 가리키는 만큼 증인의 성격을 갖고 있다. 기사로서는 사건의 경이로움을 강조한다. 기록된 역사를 보면 바울의 사역이 기적으로 점철된 것으로 보이지 않는다. 그러나 이 본문은 그런 오해를 바로잡아 준다(참고. 세 단어가 모두 나오는 고후 12:12와 갈 3:5, 그리고 히 2:4에 나오는 일반적인 적용). "성령의 능력으로"라는 말은 이 구절의 상반부에 언급된 능력을 다시 정의하는 것으로 볼 수 있다. 표적과 기사의 능력은 성령의 능력에서 분리될 수 없기 때문이다. 그러나 바울의 전반적인 가르침은 이와 같은 제한적인 해석을 반대한다. 사도에 의하면, 성령의 능력은 복음이 모든 면에서 효과를 발휘하게 해 주는 것이다. 그러므로 이와 비슷한 가르침에 따르면, 그는 지금 성령의 포괄적인 활동, 곧 그의 사역의 모든 양상이 성공을 거둘 수 있게 해 준 그 활동을 언급하는 중이다(참고. 고전 2:4; 살전 1:5-6; 2:13). 그가 구원에 이르게 하는 복음의 능력을 언급할 때마다 성령에 의존하고 있음을 밝히는 것이 그의 특징이다. 또 이와 관련하여 성령의 사역과 그리스도의 사역을 분리시키지 않는 것도 그의 특징이다(8:9-11; 고후 3:6, 17-18).

16-19절 상반부에서 바울이 그의 가르침을 하나님의 세 위격들과의 관계 및 그들의 역할을 중심으로 엮어가는 것을 주목할 필요가 있다. 이 사실은 바울의 사상이 삼위일체 교리로 채색되어 있고, 구원의 섭리가 세 위격의 특성과 권한에 달려 있음을 보여 준다. 바울은 이 세 위격을 인위적으로 그의 가르침에 엮어 넣는 게 아니라, 그의 의식이 삼위일체 하나님을 믿는 믿음으로 채색되어 이런 말로 표현하지 않을 수 없었던 것이다(참고. 30절, 엡 4:3-6).

19절 하반부–21절 여기서 바울은 앞의 문맥에서 다룬 헌신과 능력의 결과를 말하며, 이것을 자신이 이방인을 위한 그리스도의 일꾼으로서 수고한 정도의 견지에서 거론한다. 우리는 순회사역의 출발점이 수리아의 안디옥으로 언급될 것으로 예상했을지 모른다(행 13:1-4). 그러나 사도가 예루살렘을 언급하는 것을 보면 정확한 출발점을 유념하지 않고 선교활동의 동남 한계점을 생각하고 있는 것 같다. 더욱이 그의 선교활동의 범위를 논하면서 예루살렘에 대한 언급이 빠졌다면 그야말로 이상하게 보였을 것이다. 사도는 예루살렘에서 복음을 전했으며(행 9:26-30) 거기서 복음이 퍼져 나갔기 때문에 "예루살렘으로부터"라고 말하는 것은 적절하기도 하며 필요하기도 했다.

또 다른 한계 지점은 일루리곤이다. 이는 서북 변경을 말한다. 일리리아(Illyria)는 아드리아의 동부 해변으로 대략 지금의 유고슬로비아와 알바니아를 포함하는 곳이다. 따라서 마게도냐와 아가야의 서북쪽에 해당한다. 바울의 편에서 열심히 수고한 지역이다. "일루리곤까지"라는 말이 그가 그 지방까지 깊이 들어갔음을 의미하는지, 아니면 단순히 그 접경까지 이르렀음을 의미하는지는 확실하지 않다. 그는 사도행전 20:1-2에 언급된 여행 중에 일리리아에서 복음을 전했을 수도 있고, 고린도에 체류하는 동안 이 지역으로 전도 여행을 갔을 수도 있다(참고. 행 18:1, 18; 20:3). 그러나 확실히 알 수는 없다. 일리리아의 접경이 "일루리곤까지"라는 말을 만족스럽게 설명한다고 본다. "두루 행하여"라는 말은 예루살렘의 근처를 가리키는 것으로 이해해서는 안 된다. 바울이 이런 언급을 할 정도로 예루살렘 부근을 두루 선교했다는 증거는 없으며, 지금 예루살렘에서 일루리곤에 이르는 지역에서의 이방인을 위한 자신의 사역을 다루고 있기 때문에 "두루 행한다"라는 말을 예루살렘 부근에 제한시키는 것은 그 전 지역에서 "두루" 수고했다는 말과 일치하지도 않는다.[23] 그는 복음을 "편만하게 전하였노라"고 말한다. 이는 사도가

---

23 신약 중에 오직 여기서만 κύκλῳ가 μέχρι와 함께 나오므로 이 점을 충분히 고려할 필요가 있다. 그것은 일루리곤까지 두루 행한 것이지 예루살렘을 두루 행한 것이 아니다. 바울 자신의 증언에 의하면 "유대 온 땅에" 복음을 전한 것이 사실이고(행 26:20), 이것은 예루살렘 부근을 두루 행한 것으로 해석될 수도 있다. 그러나 방금 언급한 이유와 또 유대에서의 바울의 사역이 긴 기간에 걸쳐 수행되지 않았다는 이유로 인해 "두루 행한다"는 말은 여기에 명시된 모든 지역에서의 그의 선교사역을 가리키는 것으로 보는

복음을 "남김없이 전했다"는 것을 의미한다(참고. 골 1:25). 바울은 자신의 임무를 수행했으며, 위에서 밝힌 넓은 지역에서 그의 사역의 계획을 완수했다. "편만하게 전하였노라"는 말은 그 지역에 속한 모든 지방과 모든 사람에게 빠짐없이 복음을 전했다는 의미는 아니다. "바울이 생각했던 사도의 의무는 그가 교회를 개척하고, 그렇게 놓은 터 위에 다른 사람이 교회를 세우도록 맡겨 두는 일이었다(고전 3:7, 10)."[24] 그리고 그의 역할과 관련하여 "이제는 이 지방에 일할 곳이 없다"라고 말했다(23절).

20-21절에서 우리는 사도의 사역 정책에 관해 듣는다. 그는 한편으로 앞 절에서 말한 그의 주장의 범위를, 다른 한편으로는 그 한계를 설명한다. 다른 사람이 닦아 둔 터 위에 세우지 않은 것은 그의 확고한 방식이었다(고전 3:10). 이것은 "내가 그리스도의 이름을 부르는 곳에는 복음을 전하지 않기를 힘썼노니"라는 사도의 말을 이해할 수 있게 해 준다. "이름을 부르는"이라는 말은 단순히 그리스도의 이름이 알려졌다는 의미가 아니라 그리스도를 인정하고 고백한다는 뜻이다(고전 5:11; 엡 3:15; 딤후 2:19). 기초가 놓이면 교회가 존재하는 것으로 간주되었고, 그런 센터들에서는 선교사역을 하지 않는 것이 그의 정책이었다. 그렇다고 바울이 다른 사람이 세운 교회를 방문하지 않거나 그러한 곳에서 사도가 해야 할 증언과 활동을 일절 삼갔다고 생각하는 건 옳지 않다. 그는 수차례 예루살렘을 방문했고 거기서 복음을 증거했다. 당시에 그는 마게도냐와 아가야의 교회가 보낸 헌금을 예루살렘에 전하여 예루살렘의 유대인 교회와 이방인 교회들 간의 유대관계를 도모할 목적으로 막 예루살렘을 향해 떠나려는 순간이었다. 그는 로마를 방문하기로 결심했다. 여기에는 모순이 없다. 20절에서 바울이 품고 있던 생각은 그의 사도적 활동은 교회를 개척하는 일과 그런 교회를 양육하는 일이지 다른 사람의 수고의 열매인 교회를 세우는 일은 아니라는 것이다. 21절에서는 이사야 52:15을 인용해 자신의 사상을 지지한다. 이 인용문은 히브리어 본문과 약간 다르나 용어의 위

것이 이 표현 및 알려진 사실과도 일치한다.

24 Sanday and Headlam, 앞의 책, p. 409. 문단 전체에 주목해야 한다.

치를 바꾼 것 외에는 헬라어역과 동일하다. 이 본문은 메시아의 희생의 범세계적인 결과를 내다보는 문맥에서 나오는 것인즉 사도의 이방인 사역에 적용하기에 적합하다. 사도는 그리스도의 일꾼으로 수행하는 그의 사역을 이 예언을 성취하는 것으로 보았으며, 이는 하나님의 계획에 따른 것일 뿐만 아니라 특별히 이 성경 본문이 요구하는 것으로 보았다.[25]

22. 그러므로 또한 내가 너희에게 가려 하던 것이 여러 번 막혔더니
23. 이제는 이 지방에 일할 곳이 없고 또 여러 해 전부터 언제든지 서바나로 갈 때에 너희에게 가기를 바라고 있었으니
24. 이는 지나가는 길에 너희를 보고 먼저 너희와 사귐으로 얼마간 기쁨을 가진 후에 너희가 그리로 보내주기를 바람이라
25. 그러나 이제는 내가 성도를 섬기는 일로 예루살렘에 가노니
26. 이는 마게도냐와 아가야 사람들이 예루살렘 성도 중 가난한 자들을 위하여 기쁘게 얼마를 연보하였음이라
27. 저희가 기뻐서 하였거니와 또한 저희는 그들에게 빚진 자니 만일 이방인들이 그들의 영적인 것을 나눠 가졌으면 육적인 것으로 그들을 섬기는 것이 마땅하니라
28. 그러므로 내가 이 일을 마치고 이 열매를 그들에게 확증한 후에 너희에게 들렀다가 서바나로 가리라
29. 내가 너희에게 나아갈 때에 그리스도의 충만한 복을 가지고 갈 줄을 아노라

22-24절 22절에서 바울은 1:13에서 말한 것을 그대로 반복한다. 두드러진 차이점은 로마에 가려고 했으나 여러 번 방해를 받게 되었던 이유를 말하는 점이다. 이것이 "그러므로 또한"의 의미다. 바울은 더 인접한 지역에서 사역을 완수해야 했기

---

25 19-21절의 해석에 대한 반론을 참고하려면 샌데이와 헤들램의 뛰어난 논의를 보라. 앞의 책, pp. 408-410.

때문에 방해를 받은 것이다. 즉, 바울은 당시까지 수고했던 지역에서 복음을 충분하게 전하기 전에는 떠날 수가 없었다. 그러나 "이제는"(23절) 입장이 달라진 것이다. 그는 예루살렘에서 일루리곤에 이르는 지역에서 복음을 완전히 전했으므로 더 이상 이런 사역을 할 장소가 없었다. 그래서 자신의 선교적 안목을 더 먼 지평선으로 돌릴 수 있게 되었다. 그렇지만 그가 20-21절에서 설명한 정책에 따라 수고할 곳으로 생각하는 장소는 로마가 아니다. 20, 21절에 선언된 바울의 계획에 비추어, 로마가 사도의 다음 프로젝트와 어떤 관계가 있는지를 주목하는 것이 매우 중요하다. 바울의 야망은 로마를 훨씬 뛰어넘는 지역을 향해 있고, 다음의 내용이 보여 주듯 로마는 그 길목에 있는 중간 휴식처일 뿐이다. "언제든지 서바나(스페인)로 갈 때에"[26]라는 말은 바울의 목적지를 가리키고 있고, 20-21절에 나타난 원칙에 명백하게 부합하는 지역이다.[27] 바울이 서바나에 도착했는지 여부는 확실하지 않다. 그러나 그가 그런 소원과 소망을 품었다는 것은 의문의 여지가 없으며, 뒤에 나오는 내용이 가리키듯이 예루살렘에 대한 임무가 끝나는 대로 유럽의 서쪽 경계선까지 여행하는 것이 사도의 의향이었다.

24절 하반부에서 사도는 로마 방문 계획의 성격을 밝히고 있다. 그것은 고린도나 에베소에서 완수했던 그런 사역을 수행하려는 것이 아니었다. "지나가는 길에 너희를 보고 싶다"고 한다. 이는 서바나로 가는 길을 말한다. 그의 계획은 지나는 길에 방문하는 것이다.[28] 그러나 짧은 방문이라고 해서 1:11-13에 언급한 것을 서

---

26 24절의 Σπανίαν 뒤에 ἐλεύσομαι πρὸς ὑμᾶς를 덧붙이는 것은 충분한 근거가 없다.

27 바울이 서바나로 가려고 했던 소원을 실현했다고 추정할 만한 가장 강력한 근거는 로마의 클레멘트가 「고린도인에게 보내는 편지」(The Epistle to the Corinthians)에서 바울에 대해 δικαιοσύνην διδάξας ὅλον τὸν κόσμον καὶ ἐπὶ τὸ τέρμα τῆς δύσεως ἐλθών(V)라고 말한 대목이다. τὸ τέρμα τῆς δύσεως라는 표현에 근거하여 라이트푸트는 이렇게 결론을 내린다. "클레멘트의 말로 보아 이 의도 (롬 15:24)는 성취된 것으로 보인다." 그는 그 표현은 서바나의 서쪽 극단을 가리킨다고 주장한다. "사도 바울의 이 서부 여행은 골(Gaul) 지역 방문을 포함했을 것이다(딤후 4:10; Galatians, p.31)"(J. B. Lightfoot, The Apostolic Fathers, London, 1890, Part I, Vol. I, p.30). 바울이 서바나를 방문했다는 또 다른 언급은 무라토리 단편에 나온다. 라이트푸트는 그 라틴어 사본을 이렇게 수정했다. "그러나 또한 바울이 로마 이후 스페인으로 떠남으로 성취되었다"(앞의 책). 이런 언급에 대한 보다 신중한 해석도 참고하라. Sanday and Headlam, 앞의 책.

28 διαπορευόμενος는 이런 의미를 지니고 있다.

로 주고받지 못할 정도의 기간은 아니다. 이 구절에서 그가 얻고 싶은 유익을 그들과의 교제를 통해 "기쁨을 누리는 것"으로 표현한다. "얼마간"(어느 정도)이라는 수식어는 인간으로부터 끌어낼 수 있는 기쁨의 양을 과소평가하려는 의도로 쓴 말이 아니다. 다만 독자들에게 그의 방문이 지나는 길에 이뤄지는 만큼 최대한의 만족감을 누리지 못할 것이라는 점을 상기시키고 있을 뿐이다.[29] 이 구절에서 가장 의미심장한 부분은 "너희가 그리로 보내주기를 바람이라"는 말이다. "그리로"는 서바나를 가리킨다. 그는 일찍이 다른 교회들의 손길에서 체험했던 것과 같은 추천과 축복을 받으며 파송되기를 기대한다(행 13:1-4; 14:26; 15:40). 우리는 여기서 바울이 사도의 사명을 수행하는 데 있어서 교회들과 사도 간의 유대가 얼마나 밀접했는지를 볼 수 있다.

25-26절 이제야 로마 여행이 지연된 이유와 그가 예루살렘을 향해 떠나는 목적을 설명한다. 지금 사도는 예루살렘으로 구제사역을 하러 가는 중이다. 우리는 여기서 사도의 우선적 역할(16절)이 물질과 관련된 부차적인 일로 인해 지연되었다는 사실에 놀랄지도 모른다. 구제사역의 중요성을 간과할 때에만 그렇게 생각할 수 있다. 이 점을 상기시켜 주는 것은 바울이 범세계적 선교사역에서 사도로서 맡은 역할을 밝히는 대목이다(갈 2:7-9). 그 대목에 추가된 부분도 읽어야 한다. "다만 [그들이] 우리에게 가난한 자들을 기억하도록 부탁하였으니 이것은 나도 본래부터 힘써 행하여 왔노라"(갈 2:10). 바울은 이 사역을 결코 소홀히 하지 않았다. 그러기에 "내가 성도를 섬기는 일로 예루살렘에 간다"고 말하는 것이다. 여기에 함축된 의미는 나중에 밝힌다(31절).

사도가 예루살렘에 가지고 가는 헌금은 마게도냐와 아가야의 성도들이 보낸 것이다. 헌금의 자발적인 성격은 "기쁘게 얼마를 연보하였음이라"는 말에 암시되어 있다(참고. 고후 8:1-5; 9:1-5). "연보"(구제금)라는 단어는 다른 곳에서 "교제"로 번역

---

29 참고. Meyer, Gifford, 앞의 책.

된 것과 같은 용어이다.[30] 그래서 "얼마를 연보했다"는 말은 통상적인 의미에 따라 "어떤 교제를 확립했다"는 말로 번역되어야 한다는 주장이 있다. 그러나 "연보"의 의미를 지지할 만한 근거가 있다. 그러나 이 경우 연보라는 용어에 친교의 개념이 포함되어 있음을 부인할 수는 없다. 연보를 내게 하는 것은 성도들 간에 존재하는 친교의 유대감이다. 또 연보는 그런 친교를 촉진하고 굳게 하기 위한 것이다.

27절 이 구절은 헌금의 자발적 성격을 다시 말해 준다. 이것은 바울이 이어서 말하는 빚과 모순되지 않는다. 자선은 하나의 의무이지만 세금은 아니다. 여기에 언급된 의무는 구체적인 것이다. 이것은 우리가 맺은 계약에 따르는 상업적인 빚과 동일한 범주에 속하지 않는다. 그것은 우리에게 큰 은혜를 베푼 자에 대해 느끼는 채무감과 같은 것으로 우리가 받은 유익에서 나오는 빚진 심정이다. 이방인들은 유대인과 예루살렘에서 나온 영적인 것에 동참하게 되었고, 이런 영적인 것들은 최고의 가치를 지니고 있었다. 사도는 여기서 하나님의 구속적 은혜의 철학에 속한 것을 말한다. "이는 율법이 시온에서부터 나올 것이요 여호와의 말씀이 예루살렘에서부터 나올 것임이니라"(사 2:3b, 2-3a을 참고하라). "만군의 여호와께서 이 산에서 만민을 위하여 기름진 것과 오래 저장하였던 포도주로 연회를 베푸시리니"(사 25:6). "이방에 정의를 베풀" 자는 "이새의 줄기에서 나오는 한 싹"인 여호와의 종이다(사 11:1; 42:1). 시온에 여호와의 영광이 나타나고 "나라들은 네 빛으로, 왕들은 비치는 네 광명으로 나아오리라"(사 60:3). "구원이 유대인에게서 남이라"(요 4:22). 바울은 이 서신에서 자주 이 관계를 말했었다(3:2; 4:16-17; 9:5; 11:17-24). 그래서 지금은 이 진리를 구체적이고 실제적인 일에 적용한다. 즉, 이방인들은 물질적인 것으로 유대인을 섬겨야 한다는 것. 여기서 "육적인"(carnal)이란 단어는 악과 전혀 관계가 없다. 그것은 만질 수 있는 물질적 소유물을 가리킨다. 그리고 이 사역은 사도가 사용하는 용어로 보건대 예배의 신성함을 부여받는다.[31]

---

30 κοινωνία의 의미는 '참여'와 '친교'다. 따라서 이 절은 이렇게 번역되기도 했다. "그들은 가난한 이들과 친밀한 관계를 맺으려고 했다"(Arndt and Gingrich, 앞의 책). TWNT, III, p.809을 참고하라.
31 λειτουργῆσαι. 16절을 참고하라.

28-29절 바울은 다시 스페인으로 가는 길에 로마를 방문할 계획을 말한다. 28절에는 서두르는 듯한 느낌이 담겨 있다. "그러므로 내가 이 일을 마치고 이 열매를 그들에게 확증한 후에 너희에게 들렀다가 서바나로 가리라."[32] 헌금을 "이 열매"라고 부른 것이다. 이것은 마게도냐와 아가야에 있는 신자들의 믿음과 사랑의 열매며, 그 지역의 신자들과 예루살렘의 성도들 간에 존재하는 친교의 표시이다. 그러나 27절에 비추어 보면 그것은 예루살렘으로부터 나온 "영적인 것"의 열매로 간주되고 있는 듯하다. 복음은 유대인으로부터 나와서 온 세계로 퍼져 갔다. 먼 이국에서 맺은 이 열매가 예루살렘에 있는 가난한 성도들의 필요를 채우기 위해 예루살렘으로 되돌아오고 있다. 그리고 이것은 "영적인" 것과 "물질적인" 것 사이의 긴밀한 관계를 보여 준다. 그들에게 이 열매를 확증한다는 것이 무슨 뜻인지는 이해하기가 어렵다. 바울은 자신을 그 열매를 확증하는 자로 말하고 있기에, 예루살렘에 있는 성도들에게 전달된 헌금이 그곳의 교회들에게 복음에서 나온 열매임을 확인시켜 주고, 이런 헌금에 담긴 사랑을 증명해줄 것이란 뜻으로 보는 게 좋다.

29절에는 확신이 내포되어 있다. 하지만 로마에 확실히 갈 것이란 뜻은 아니다. 이 문제에 대해 앞에서 언급한 적이 있고(참고. 1:10), 이후에 언급할 것처럼(33절) 바울은 하나님의 주권을 인정했고 하나님이 자신을 위해 준비하신 일이 무엇인지 알지 못했다고 한다(참고. 행 20:22-24). 그는 명확한 계획이 있었고 마침내 로마에 도착하리라는 소망도 있었다. 그러나 그 확신은 하나님이 원하시면 그가 가지고 갈 "그리스도의 충만한 복"과 관련이 있다.[33] 이것은 그리스도께서 나누어 주시는 복이다. 사도는 자신이 로마에 있으면 이 충만한 복이 함께할 것이란 확신이 있었다. 이보다 그 복의 충만한 정도를 더 잘 표현할 수는 없다. 이를 그의 사역에 수반되는 풍성한 복이라고 생각하기 쉽다. 당연히 그런 의미도 있다. 그러나 그것으로 국한시키면 안 된다. 그 말은 바울이 그리스도의 충만한 복을 소유하고 거기에 갈 것이라는 뜻이다. 이것은 그리스도의 풍성한 은혜와 능력이 함께하는

---

32 "스페인으로 떠날 것이다." 이는 바레트의 인상적인 번역이다.
33 אᶜ L 다수의 소문자 사본에서는 εὐλογίας 뒤에 τοῦ εὐαγγελίου τοῦ가 추가되어 있으나 어떤 역본들은 이를 채용하지 않고 있다.

그리스도의 임재에 대한 확신을 보여 준다. 이로 말미암아 바울은 제국의 수도와 서부 변방까지 나아가려는 여행을 담대하게 계획할 수 있었던 것이다. 이 문장에 반드시 이런 의미가 담겨 있다고 주장할 수는 없지만, 바울의 전반적인 생각(1:12; 15:24)에 그리스도의 충만한 복이 로마에 있는 신자들에게 나누어질 것이라는 확신이 내포되어 있음을 부인할 수 없다.

30. 형제들아 내가 우리 주 예수 그리스도와 성령의 사랑으로 말미암아 너희를 권하노니 너희 기도에 나와 힘을 같이하여 나를 위하여 하나님께 빌어

31. 나로 유대에서 순종하지 아니하는 자들로부터 건짐을 받게 하고 또 예루살렘에 대하여 내가 섬기는 일을 성도들이 받을 만하게 하고

32. 나로 하나님의 뜻을 따라 기쁨으로 너희에게 나아가 너희와 함께 편히 쉬게 하라

33. 평강의 하나님께서 너희 모든 사람과 함께 계실지어다 아멘

30-32절 바울은 로마 신자의 성숙한 모습(14절)과 그들에게 기대하는 격려와 기쁨(1:12; 15:32)에 근거하여 자기를 위해 기도해 달라고 부탁한다. 하지만 성도들에게 기도를 부탁하는 것은 바울의 특징이기도 하다(고후 1:11; 빌 1:19; 골 4:3; 살전 5:25; 살후 3:1). 그래서 그는 로마 신자들에게 간청하는 것이다. "우리 주 예수 그리스도에 의해"(개역개정판은 '말미암아')라는 말은 그들에 대한 그의 간청의 매개체를 가리키는 듯하다. 즉, 그는 그리스도의 중개가 없으면 그의 형제들에게 간청할 수조차 없었음을 보여 주는 것 같다. 그러나 이런 뜻은 아닌 듯이 보인다. 오히려 그리스도 예수께 힘입어 그런 부탁을 한다는 뜻이다(12:1; 고후 10:1). "우리 주 예수 그리스도"라는 총칭은 그 간청에 힘을 더해 준다. "성령의 사랑"도 동일한 의도로 사용되었다. 주석가들은 대개 이 사랑을 성령께서 우리 안에 불어넣은 사랑, 성령의 열매로 본다(참고. 갈 5:22).[34] 그러나 성령의 신자에 대한 사랑으로 봐서는 안

---

34 브루스의 앞의 책에서는 "성령이 나눠 주고 유지하는 사랑"이라고 해석되어 있다.

될 만한 이유도 없다.[35] 더구나, "성령의 사랑"은 "우리 주 예수 그리스도"와 병행하기 때문에, 우리에 대한 성령의 사랑을 의미하는 것으로 충분히 볼 수 있다. 이 간청은 그리스도의 인격에 근거하여 권유되고 있는 만큼, 암묵적으로 성령의 특징에 초점을 맞추고 있는 것도 사실이다. 이것은 독특한 강조점이다. 성령과 관련하여, 성령의 사랑을 상기시키는 일보다 바울의 부탁에 힘을 실어 주는 것이 있을까? 하나님의 사랑이 소망을 불어넣고 확증하듯이(5:5), 성령의 사랑은 기도하도록 만들어야 한다.

바울의 부탁은 "너희 기도에 나와 힘을 같이하여 나를 위하여 하나님께 빌어 나로 유대에서 순종하지 아니하는 자들로부터 건짐을 받게" 하는 일 등이다. "힘을 같이하여"라는 말은 기도에 내포된 씨름을 암시한다. 기도는 끈기와 열심이 있어야 한다. 주석가들이 말하듯이, 세상과 육신과 마귀의 저항 때문에 끈기 있는 기도가 필요한 것이다. 그러나 "힘을 같이하여"라는 말이 가리키는 더 중요한 기도의 본질이 있다. 그것은 간절하고 헌신적인 기도는 끈기와 몸부림을 수반한다는 점이다. 그것은 하나님의 은혜로운 계획을 성취하기 위해 하나님이 정하신 수단이며, 믿음과 소망의 열매이다. 기도할 내용은 두 가지로 제시되어 있다. 첫째로는 유대에서 순종하지 않는 자들로부터 구원되게 해 달라는 것이다. 이들은 불신자들이다. 그 뒤에 일어난 사건을 보면 그렇게 부탁할 만한 타당한 이유가 있었다 (행 20:22-23; 21:27-36). 사도는 복음증거를 위해 자기의 생명을 귀한 것으로 여기지 않는다고 단언했고(행 20:24), 또 "나는 주 예수의 이름을 위하여 결박당할 뿐 아니라 예루살렘에서 죽을 것도 각오하였노라"고 했으며(행 21:13), 따라서 그의 생명을 구하고자 복음을 타협할 생각이 없었음에도 불구하고, 그는 일부러 순교를 당하려고 하지는 않았다. 더욱이 그가 불신자들의 살인 음모에서 벗어나려고 한 것은 복음을 증진시키기 위해서였다. 그뿐만 아니라, 자신의 운명을 사람들의 불경건한 계획에 맡겨 버리는 것은 모든 기독교의 원리와 상충되는 일이다. 그래서 그

---

35 Barrett, 앞의 책. "소유격은 목적격일 수 없다. 그 단서는 5절에 있다." 유념할 것은 우리 마음에 부어진 하나님의 사랑(5:5)은 우리를 향한 하나님의 사랑이며 이 소유격은 주격이라는 점이다.

는 로마에 있는 신자들에게 그렇게 간청한 것이다. 비록 바울은 사건의 정확한 흐름을 예측할 수 없었지만 바울과 로마 신자들의 기도가 응답받았다는 것을 우리는 알고 있다(행 21:31-33; 23:12-35). 두 번째 기도제목은 그가 섬기는 일이 성도들에게 받아들여지게 해 달라는 것이다. 이상한 부탁이다. 가난한 성도들에게 주는 선물은 당연히 받아들여지지 않을까? 사도는 자신의 이방인 사역이 의심을 받고 있다는 사실을 잘 알고 있었고, 아마도 예루살렘에 유포되고 있는 거짓 소문에 대해 들었을 것이다(행 21:20-21). 그러므로 마게도냐와 아가야에서 그가 거둔 열매가 환영을 받지 못할지도 모른다는 우려가 있었다. "율법에 열심이 있고" 특별히 할례를 중시하는 믿는 유대인의 눈에는 그 헌금이 그 귀중한 전통을 파괴하는 사역에 의해 모금된 것으로 비쳤을 터이다. 바로 이것이 바울이 내다본 상황이다. 우리는 바울의 염려와 간절한 기도의 필요성을 쉽게 공감할 수 있다. 이 헌금이 거절당한다면 양자 간의 교제에 얼마나 파괴적인 영향을 미치겠는가! 예루살렘으로부터 나온 복음의 열매, 믿음과 사랑의 열매, 신자들의 친교와 유대의 표시, 그리고 사랑의 유대를 결속시키고 성도의 필요를 채워 주는 이 헌금이 거절당한다면 그것은 커다란 비극이 아닐 수 없었다. 복음에 미칠 부정적인 영향과 구속의 끈으로 묶인 교제에 미칠 치명적인 결과를 바울은 두려워하는 것이다. 하지만 이 기도 역시 응답을 받았다(행 21:17-20).

이런 기도제목에는 한 가지 계획이 덧붙여졌다(32절). 그 계획은 그가 기쁨으로 로마에 가서 거기 있는 신자들과 더불어 편히 쉬려는 것이다. 그가 로마에 도착하면 기뻐할 만한 이유가 여럿 있었다. 수년 동안 꿈꾸어 오던 계획과 소망의 실현, 예루살렘에 있는 그의 적으로부터의 구출, 헌금이 잘 수용되어 예루살렘을 방문한 목적의 성취, 로마에 있는 신자들과의 친교, 새로운 지역에서 사도적 활동을 계속할 수 있을 것이라는 전망 등이다. 그가 바라는 쉼은 여가가 아니라 이 새로운 친교가 선사하는 새 힘과 격려이다. 아주 중요한 말은 "하나님의 뜻을 따라"라는 조건의 표현이다. "뜻"이라는 용어는 흔히 신약에서 하나님의 교훈적인 뜻을 가리키는 데 사용된다. 즉, 우리에게 계시된, 생활과 행위를 규제하기 위한 뜻이다(마 6:10; 12:50; 요 7:17; 롬 2:18; 12:2; 엡 5:17; 6:6; 살전 4:3). 그러나 하나님의 단호한 뜻을 가리키기도 한다. 즉, 섭리를 통해 실현될 하나님의 뜻이다(마 18:14; 요 1:13; 롬 1:10; 갈 1:4; 엡 1:5, 11; 벧전 3:17; 벧후 1:21; 계 4:11). 이 경우에는 후자의 의미로 사용 되었다. 주목할 점이 두 가지 있다.

(1) 여기서 특별히 로마에 가게 해 달라는 기도에는 이것이 하나님의 확정적인 뜻으로 드러나길 바라는 심정이 담겨 있다. 하나님께서 이 부탁을 들어주셔서 그 것이 그분의 확정적인 뜻으로 입증되기를 바라는 기도이다.

(2) 거기에는 또한 하나님은 주권자이시므로 이런 사건들이 일어나는 것은 하 나님의 주권적 의지에 달려 있다는 인식이 있다. 여기서 사도는 자신을 하나님의 뜻과 지혜에 맡긴다. 바울이 로마에 가는 것이 바울에게 계시된 하나님의 뜻은 아 니다. 그런즉 바울을 향한 하나님의 뜻에 순종하겠다는 유보사항이 있는 것이다.

결국 바울은 로마에 갔다. 그러나 그가 전혀 예상하지 못한 상황에 이끌려 한 참 뒤에야 성사되었다. 하나님은 기도에 응답하셨으나 바울이 바라거나 예상하 지 못한 방법으로 그렇게 하셨다. 이 대목(30-32절)에서 우리가 얻는 교훈은 무수 히 많다.

33절 하나님은 평강의 창시자이시기 때문에 평강의 하나님으로 불리는 것이다(5, 13절). 하나님과의 평화를 강조하는 대목들로부터(5:1; 16:20; 엡 2:14, 15, 17; 살전 5:23; 히 13:20) 우리는 하나님과의 평화가 우선적인 것임을 추론할 수 있다. 그러나 그 결과를 배제시키면 안 된다. 그것은 하나님의 평강(빌 4:7; 골 3:15)과 신뢰와 평 온함 속에서 누리는 마음과 정신의 평화이다. 바울이 그의 축도에서 얼마나 자주 하나님을 평강의 하나님이라 부르고, 그의 독자들에게 하나님으로부터 오는 평화 를 빌었는지를 주목할 필요가 있다(1:7; 15:13; 고전 1:3; 13:11; 고후 1:2; 갈 1:3; 엡 1:2; 빌 1:2; 4:9; 골 1:2; 살전 1:2; 살후 1:2; 3:16; 딤전 1:2; 딤후 1:2; 딛 1:4; 몬 3). 그러므로 이 서신의 이 부분을 마무리하는 축도에서 이보다 더 풍성한 표현은 있을 수 없을 것 이다. 평강의 하나님이 그들과 함께해 주실 것을 바라는 기도에는 평강의 하나님 의 임재가 보장하는 모든 복이 포함되어 있다.

THE EPISTLE TO THE ROMANS

16장

20. 인사와 마지막 송영(16:1-27)

1) 바울 자신의 인사(16:1-16)

1. 내가 겐그레아 교회의 일꾼으로 있는 우리 자매 뵈뵈를 너희에게 추천하노니
2. 너희는 주 안에서 성도들의 합당한 예절로 그를 영접하고 무엇이든지 그에게 소용되는 바를 도와 줄지니 이는 그가 여러 사람과 나의 보호자가 되었음이라
3. 너희는 그리스도 예수 안에서 나의 동역자들인 브리스가와 아굴라에게 문안하라
4. 그들은 내 목숨을 위하여 자기들의 목까지도 내놓았나니 나뿐 아니라 이방인의 모든 교회도 그들에게 감사하느니라
5. 또 저의 집에 있는 교회에도 문안하라 내가 사랑하는 에배네도에게 문안하라 그는 아시아에서 그리스도께 처음 맺은 열매니라
6. 너희를 위하여 많이 수고한 마리아에게 문안하라
7. 내 친척이요 나와 함께 갇혔던 안드로니고와 유니아에게 문안하라 그들은 사도들에게 존중히 여겨지고 또한 나보다 먼저 그리스도 안에 있는 자라
8. 또 주 안에서 내 사랑하는 암블리아에게 문안하라
9. 그리스도 안에서 우리의 동역자인 우르바노와 나의 사랑하는 스다구에게 문안하라
10. 그리스도 안에서 인정함을 받은 아벨레에게 문안하라 아리스도불로의 권속에게 문안하라
11. 내 친척 헤로디온에게 문안하라 나깃수의 가족 중 주 안에 있는 자들에게 문안하라
12. 주 안에서 수고한 드루배나와 드루보사에게 문안하라 주 안에서 많이 수고하고 사랑하는 버시에게 문안하라

13. 주 안에서 택하심을 입은 루포와 그의 어머니에게 문안하라 그의 어머니는 곧 내 어머니니라
14. 아순그리도와 블레곤과 허메와 바드로바와 허마와 및 그들과 함께 있는 형제들에게 문안하라
15. 빌롤로고와 율리아와 또 네레오와 그의 자매와 올름바와 그들과 함께 있는 모든 성도에게 문안하라
16. 너희가 거룩하게 입맞춤으로 서로 문안하라 그리스도의 모든 교회가 다 너희에게 문안하느니라

1-2절 이 서신을 로마의 교회에 전달한 사람은 뵈뵈일 가능성이 아주 높다. 추천서는 어떤 신자가 한 신앙공동체에서 다른 낯선 신앙공동체로 여행할 때 필요했다. 그리고 뵈뵈가 이 서신을 전했다면 다른 어떤 이유도 있을 법하다. 나중에 분명히 알게 되겠지만 뵈뵈는 교회를 탁월하게 섬긴 여성이었고, 추천서는 그녀의 성품과 헌신에 대한 것이었다. 겐그레아는 고린도 항구의 하나였다. 거기에 교회가 있었으며 뵈뵈는 이 교회의 일꾼이었다. 보통은 뵈뵈에게 "여집사"의 호칭을 부여하고 교회에서 남자 집사의 직분에 상응하는 봉사를 한 것으로 간주한다(참고. 빌 1:1; 딤전 3:8-13). "일꾼"이라는 용어는 집사를 지칭할 때에도 사용되지만 모든 유형의 사역에 종사하는 사람을 가리키는 것으로도 사용된다. 2절에서 분명히 알 수 있듯이, 뵈뵈가 성도들을 섬겼다면 그녀는 교회의 일꾼일 터이다. 그렇다면 집사 직분과 같은 교회의 공식 직분을 가졌다거나 행했다고 굳이 추측할 필요도 없고 근거도 없다. 물론 그녀가 행한 봉사는 집사들에게 맡겨지는 일과 유사했다. 집사의 직무에는 가난하고 병들고 외로운 자에게 구제를 베푸는 것도 포함된다. 이것은 여성들도 참여할 수 있는 영역이다. 그러나 과부의 경우에는 디모데전서 5:9-10에 언급된 자격을 지녔을 경우에 교회의 보호대상이 될 수 있었기 때문에 뵈뵈가 굳이 공식적인 직분을 가졌던 것으로 볼 만한 근거는 없다.

로마의 신자들은 "주 안에서 성도들의 합당한 예절로 그를 영접하라"는 지시를 받았다. 주 안에서 영접한다는 것은, 그리스도와의 연합의 친교 속에서 그들과 유

대를 맺은 사람으로 받아들이는 것이다. "성도들의 합당한 예절"은 "한 명의 동료 신자를 영접하듯이"라는 뜻일 수 있다. 그러나 오히려 "신자를 영접하는 성도다운 모습으로"란 뜻일 가능성이 높고, "합당한 예절"은 그녀에게 진 신세가 아니라 그들의 성도다운 모습을 생각하라는 말이다. 뵈뵈를 추천한 것은 그녀가 많은 사람과 특별히 바울을 도와주었기 때문이다.[1] 이 미덕은 뵈뵈가 교회에 바친 특별한 헌신의 특징으로 언급된 것이고, 이 때문에 그녀가 교회의 일꾼으로 불렸던 것이다. 그런데 이 미덕은 또한 그녀에게 필요한 어떤 도움이든지 주라는 권면을 하기 위해 언급된 것이기도 하다. 뵈뵈가 베푼 도움이 어떤 것인지는 언급되지 않았다. 아마도 그녀는 재산과 사회적 영향력이 있어서 후원자로 활동했을 것이다. 그녀의 봉사는 고난받는 자와 궁핍한 자들을 돌보는 것과 같은 일이었을 가능성도 있다. 어떤 상황에서 그녀가 바울의 돕는 자가 되었는지는 알 수 없다. 하지만 그녀의 도움은 빌립보의 루디아가 베푼 것과 같은 종류였을 것이다(행 16:15). 뵈뵈는 헌신적인 복음 사역으로 인해 신약성경에서 기억하고 있는 여러 여성 중의 한 사람이며, 그녀의 명예는 그녀의 사회적 지위나 교회 내의 공식적 직분에 의해 결코 무색해질 수 없는 것이다.

3-4절 때로 브리스길라로 불리는 브리스가와 아굴라는 바울이 고린도에서 처음

---

1 러셀은 προστάτις는 '주관하는 사람'이라는 의미이며 또 그 어원에 해당하는 동사 προΐστημι(참고. 12:8)의 뜻에 따라 해석해야 한다고 주장하고 있는데, 이것은 충분한 증거가 없는 주장이다. 남성형 προστάτης는 '지배자' '지도자' '의장'을 의미할 수 있으며 그에 상응하는 동사들인 προστατεύω와 προστατέω도 유사한 의미를 지닌 것은 사실이다. 그렇지만 προστάτης는 또한 '후원자' 혹은 '돕는 자'라는 의미를 지닐 수도 있다. 여성형 προστάτις도 동일한 의미를 지닐 수 있다. 그뿐만 아니라, 이 문장에서 '의장'이라는 뜻은 적절하지 않다. 바울은 말하기를 뵈뵈는 "여러 사람과 나의 προστάτις가 되었다"라고 했다. 우리는 그녀가 사도를 주관했다고 추정할 수 없다. 그녀와 사도의 관계는 다른 이들과의 관계와 동일했다. 러셀이 "내가 그녀를 많은 이들의 감독으로 직접 임명했다"라고 한 번역은 전혀 근거가 없다. 더욱이 로마의 신자들은 지금 뵈뵈를 "도와줄 것"을 당부받고 있는 것이다(παραστῆτε αὐτῇ). 2절의 마지막 어구는 이런 권면의 이유를 제시하고 있다. "이는 그가 여러 사람과 나의 보호자(돕는 자)가 되었음이라." 교회에 그녀에게 베풀라는 봉사와 그녀가 친히 다른 사람에게 베푼 봉사 사이에는 정확한 상응관계가 있다. 주관자의 개념은 여기에 어울리지 않는다. Russell C. Prohl, *Woman in the Church*(Grand Rapids, 1957), pp.70ff를 보라.

만났던 사람들이다(행 18:2). 그들은 글라우디오 황제가 모든 유대인에게 로마에서 떠나라고 명령했기에 이탈리아를 떠나 고린도에 도착한 때였다. 그들은 고린도에서 바울에게 거처를 마련해 주었다(행 18:3). 이후 그들은 바울을 따라 에베소까지 가서 거기에 머물렀다(행 18:18-19). 거기서 아볼로에게 복음에 대한 좀 더 정확한 지식을 전해 주었다(행 18:26). 그들은 바울의 다른 두 편의 서신에서도 인사말에 언급된다(고전 16:19; 딤후 4:19). 바울이 로마서를 기록할 때 그들은 이미 로마로 돌아와 있었다. 이는 놀랄 것이 없다. 글라우디오 황제는 이미 사망했고, 그의 칙령(행 18:2)은 이런저런 이유로 더 이상 효력을 발휘하지 못했기 때문이다. 아굴라와 브리스가는 순회전도자였기에 위에 언급된 제약이 사라지거나 완화되었을 때 다시 로마로 돌아오지 못할 이유가 전혀 없었다. 사도행전 18:26에 기록된 사건이 보여 주듯 그들은 믿음에 정통한 자들이었으므로 바울은 그들을 "그리스도 예수 안에서의 동역자"라고 불렀다. 그리스도 예수 안에 있는 형제자매라면, 천막을 만드는 세속적인 일을 같이 한다 해도 동역자라는 존엄한 호칭이 전혀 부적절하지 않다(행 18:3). 그러나 9절과 21절에 비추어 볼 때 우리는 그런 협동이, 그리스도와의 연합과 친교 안에서 복음을 위한 수고에 합류한 것을 가리킨다고 봐야 한다. 여기서 우리는 바울이 다른 곳에서 규정한 범위 내에서(고전 11:3-16; 14:33b-36; 딤전 2:8-15), 교회와 복음의 일에 기여한(6, 12절) 또 다른 여성의 본보기(브리스가)를 볼 수 있다. 우리는 언제 브리스가와 아굴라가 바울을 위해 생명의 위험에 처하게 되었는지는 모른다. 아마도 그런 일이 고린도나 에베소나 다른 어느 곳에서 있었겠지만 그 정황은 알 수 없다. 그들의 목까지도 내어놓았다는 말은 문자적으로 해석해도 좋다. 그러나 그들이 바울의 생명을 구하려다 처하게 되었던, 핍박으로 인한 극단적인 위험을 표현하는 비유적인 언어로도 볼 수 있다. 이 사건은 매우 유명해져서 이방인의 모든 교회에 알려지게 되었으며, 이와 같은 희생적인 행위로 인해 모든 교회들도 감사한다고 4절 하반부에서 말한다. 그러나 어쨌든 브리스가와 아굴라의 명성은 널리 퍼졌기 때문에 바울뿐만 아니라 "이방인의 모든 교회도 그들에게 감사한다." 앞에서 인용한 사도행전 18장은 이 부부가 순회전도자였다는 사실과 그들의 헌신을 잘 보여 준다. 그들이 로마로 돌아와야 했다는 것은 우리가 알고 있는 그들의 성품과 행습과 잘 어울리는 사실이다.

5절 다른 대목들(고전 16:19; 골 4:15; 몬 2)과 마찬가지로 집에 있는 교회에 대한 이 언급은 굳이 가정에만 국한시킬 필요가 없다(참고. 행 10:2; 11:14; 16:15, 31; 18:8; 고전 1:16; 딤전 3:4; 5:13; 딤후 1:16). 지금도 그런 경우가 있지만, 바울의 시대에는 그리스도인들이 성도들의 모임을 위해 자기 집을 내어놓는 일이 필요했다. 당시와는 판이하게 다른 오늘날에도 가정교회의 관행이 복음 전파를 위해 필수적인 것으로 인식되고 또 회복되고 있는 것은 의미 있는 현상이다. 로마나 에베소 같은 도시에는(고전 16:19) 그러한 회중이 하나 이상이었을 것이다. 아굴라와 브리스가의 집에서 모이는 교회가 이 인사의 목록에 특별히 언급된다는 사실은 그것이 로마 교회 전체를 의미하지는 않았음을 보여 준다. 그러므로 거기에는 다른 교회들도 있었을 것인즉, 로마에 있는 교회들이라고 말하는 것이 적절하리라.

에배네도는 암블리(8절), 스다구(9절), 버시(12절)와 마찬가지로 "사랑하는" 형제로 불린다. 다른 사람들과는 달리 이들에게 "사랑하는"이란 말을 쓴다고 해서 차별한다고 생각할 필요는 없다. 이런 경우들은 이미 타인의 인정을 받고 있었기에 바울이 특별한 애정을 표현할 필요가 있었을 것이다. 가령, 에배네도의 경우가 그러하다. 그는 아시아[2]에서 그리스도께 회심한 첫 열매였다. 그래서 특별한 애정 관계가 돋보인다.

6절 마리아는 교회를 위하여 수고한 여성의 또 다른 본보기이다. 바울이 이처럼 구체적으로 언급할 만큼 로마의 사정을[3] 자세하게 알 수 없었을 것이라는 반론은 타당성이 없다. 바울은 그가 처음 고린도에 도착했을 때 이제 막 로마에서 온 아굴라와 브리스가로부터 많은 소식을 들었을 것이 틀림없다. "많이 수고했다"는 말은 마리아가 로마 교회의 초창기 교인이었다는 것과 로마 교회의 조직이 그녀의

---

2 Ἀχαίας는 적절한 독법이 아니다. Ἀσίας가 P⁴⁶ ℵ A B D* G 그리고 다수의 역본의 지지를 받는다. 고전 16:15에 나오는 Ἀχαίας를 참조하라.
3 εἰς ὑμᾶς가 외적 및 내적 근거에 의해 선호되고 있다.

영향력에 크게 힘입었음을 암시한다.

7절 안드로니고와 유니아는 바울의 친척이었다. 그들이 유대인이었다는 사실 이상의 의미가 있는지는 알 수 없다(9:3). 하지만 그들은 헤로디온(11절), 누기오, 야손, 소시바더(21절)와 같이 가까운 친척이었을 것이다. 친척이라 부르지 않고 따로 언급된 유대인들도 있는 것을 보면(3절), 친척이라고 불린 사람들은 가까운 친족관계였을 가능성이 많다. 그들이 바울의 집안을 망라한다고 생각할 필요는 없다. 안드로니고와 유니아가 언제 바울과 함께 갇혔는지는 알 수 없다. 사도는 자주 투옥되었는데(고후 6:5; 11:23), 그중에서 적어도 한 번은 그들이 함께하는 영예를 누린 것이다. "사도들에게 존중히 여겨지고"라는 말은 그들도 사도였음을 의미할 수도 있다. 그렇다면 "사도들"이란 단어가 사신(messenger)이라는 일반적인 의미로 사용된 것이리라(고후 8:23; 빌 2:25). 그렇지만 바울은 보통 그 용어를 제한적인 의미로 사용하기 때문에, 그 말은 이들의 뛰어난 믿음과 봉사로 인해 사도들에게 잘 알려졌다는 뜻일 가능성이 높다. 곧이어 이런 설명이 나온다. 그들은 바울보다 먼저 그리스도인이 되었으며, 따라서 예루살렘이 아니라면 유대에 있던 사도들의 집단과 교류했음이 틀림없다. 인사 대목에서 그들을 언급한 데는 네 가지 이유가 있었던 셈이다.

8절 암블리아는 "주 안에서" 사랑하는 자였다. 사랑한다고 언급한 모든 사람들도 마찬가지이다. 매 경우마다 그것을 명시할 필요가 없었다. "주 안에서"라는 말은 기독교적 사랑의 유대관계의 유일한 기초인 그리스도와의 관계를 강조한다.

9절 우르바노라는 이름은 원래 로마인이었음을 암시한다. 그가 우리의 동역자라고 불리는 것을 보면 바울 자신의 동역자라고 불리는 브리스가와 아굴라(3절) 그리고 디모데(21절)와 같은 사도의 동반자는 아니었다. 스다구는 단지 "사랑하는"이라는 말로만 묘사되어 있을 뿐 암블리아처럼 다른 칭찬거리는 없다.

10절 아벨레는 "그리스도 안에서 인정을 받은" 자로 구별되었다. 이런 영예를 얻은 것은 특별한 시련과 시험을 잘 인내하여 그 믿음이 입증되었기 때문이다. 아리스도불로가 언급된 것은 그의 집안에 신자들이 있었기 때문이다. 나깃수처럼(11절) 그는 사회적 지위가 높은 사람이었음이 분명하다. 라이트푸트는 그가 헤롯 대왕의 손자였고, 아그립바 장로와 헤롯(칼키스의 왕)의 형제이며, 글라우디오 황제의 가까운 친척이었다고 주장한다.[4] 그의 집안에 있는 사람들은 종이나 노예였을 것이다. 나깃수의 집안에서 문안을 받고 있는 사람들은 "주 안에" 있는 자들이라고 해서, 아리스도불로 집안에 있는 모든 사람이 다 그리스도인이었다고 추론할 필요는 없다. 그 말은 한 경우에만 언급되어 있지만 이 유보사항은 양자 모두에 적용된다.

11절 헤로디온이라는 이름과 이 문맥이 암시하는 바는 그가 헤롯 가문에 속했다는 것이다. 그는 바울의 친척이므로 유대인이며, 위에서 암시했듯이 사도와 어떤 식으로든 인척관계에 있었던 듯하다. 라이트푸트는, 나깃수는 그 이름이 말해 주는 대로 권력이 막강한 자유인이었는데 네로 즉위 후 얼마 되지 않은 시점, 즉 바울이 이 서신을 기록하기 몇 년 전에 죽임을 당했다고 주장한다.[5] 비록 그는 죽었지만 아리스도불로의 경우처럼 그의 집안은 여전히 그의 이름으로 일컬어졌다.

12절 드루배나와 드루보사는 자매였을 것으로 추측된다. 버시 역시 여성이다. 이 세 사람은 모두 주 안에서 수고한 자라고 했다. 드루배나와 드루보사의 경우에는 현재 시제가 사용되었고 버시의 경우 과거 시제가 사용되었는데(개역개정판에는 이런 시제의 차이가 나타나지 않는다), 이 점을 지나치게 부각시킬 필요는 없다. 이 차이점이 버시의 충성을 반영하는 것으로 해석해서도 안 된다. 그녀는 "사랑하는" 자매로 불리고 있고, 많이 수고한 사람으로 묘사되어 있다. 이 두 가지 면에서 그녀

---

4 *Saint Paul's Epistle to the Philippians*(London, 1908), pp. 174f. 참고. F. F. Bruce, "Herod" in *The New Bible Dictionary*(London, 1962), pp. 521-523.
5 *Philippians*, p. 175.

는 드루배나와 드루보사보다 더 탁월한 인물로 간주되었다. 시제상의 차이는 바울이 품고 있는 유보사항을 가리키는지도 모른다. 그는 버시가 과거에 많이 수고했던 것은 알았지만 이 편지를 쓸 당시에는 동일하게 말할 수 없었을 것이다. 혹은 연령이나 허약함으로 인해 버시가 더 이상 과거처럼 활동적이지 못했을 가능성도 있다. 에배네도, 암볼리아, 스다구에 대해서는 바울이 "나의 사랑하는"이란 말을 썼으나, 버시에 대해서는 그냥 "사랑하는"이란 말만 사용했다. 그녀에게는 "나의" 사랑하는 이라고 부르는 것이 무례한 언사였을 것이다.

13절 루포는 마가복음 15:21에 나온 인물과 동일인으로서 구레네 사람 시몬의 아들일 것이다. 그렇다면 마가가 그의 이름을 언급한 것은 그럴 만한 이유가 있었기 때문이다. "주 안에서 택하심을 입은"이란 말은 그리스도 안에서 선택되어(엡 1:4) 구원에 이른 것을 가리키지 않는다. 이는 이 장에서 언급한 모든 성도들에게 적용된다. 그것은 "정선된 것"을 의미하며 루포가 지닌 어떤 탁월함을 가리킨다. 루포의 어머니가 문자적으로 바울의 어머니는 아니었다. 이 말은 그녀가 바울에게 어머니의 역할을 해 주었다는 뜻이다. 언제 어디서 그런 역할을 했는지는 알 수 없다.

14절 이 구절에 나오는 이름들과 그들과 함께 있는 형제들은 모두 남성으로 구성된, 특정 지방에 있거나 직업에 속한 어떤 신자 공동체를 가리킨다.

15절 율리아는 여성일 가능성이 많다.[6] 그리고 빌롤로고의 아내였을 것이다. 이 구절에 언급된 다섯 사람과 그들과 함께 있는 성도들은 하나의 공동체를 형성했으며, 이는 또 다른 회중의 실례로 보인다. 14절의 경우보다 그럴 가능성이 더 큰 이유는 "그들과 함께 있는 모든 성도"라는 표현과 남녀 두 성이 모두 포함되어 있다는 사실 때문이다. 교회나 집에 있는 교회라는 언급이 없다고 해서 이런 가정을

---

6 "황실에서 섬기는 노예 여성들 가운데서도 쉽게 찾을 수 있는 이름이다"(Arndt and Gingrich, 앞의 책). 참조. Lightfoot, 앞의 책, p.177.

반박하기는 어렵다. 어쩌면 자기 집을 내어놓고 교회로 사용하도록 환대를 베푸는 가정이 없었을지도 모른다. 이런 점에서 브리스가와 아굴라는 특별했기 때문에 5절에서 그들의 집이 언급되었을 것이다.

16절 "거룩한 입맞춤"은 이 서신은 물론 다른 서신에서도 권유되고 있다(고전 16:20; 고후 13:12; 살전 5:26). 베드로도 같은 권면을 하면서 그것을 사랑의 입맞춤이라 부른다(벧전 5:14). 우리는 예수께서 바리새인 시몬을 꾸중하실 때 "너는 내게 입맞추지 아니하였으되"(눅 7:45)라고 말씀하신 것을 통해 입맞춤이 다정한 인사의 관습이었음을 알게 된다. 입맞춤이 그리스도인의 사랑의 표시로 행해지고 있었다는 것은 의문의 여지가 없다. 베드로의 호칭('사랑의 입맞춤')이 이를 분명히 말해 준다. 입맞춤 그 자체가 사랑의 표시인 것은 사실이나, 유다의 위선은 "네가 입맞춤으로 인자를 파느냐?"라는 예수님의 질문으로 폭로되고 말았다(눅 22:48). 바울은 이런 입맞춤을 거룩한 것으로 규정하고 그것을 선정적이거나 육감적인 것과는 완전히 구별한다. 서구 교회 안에서 거룩한 입맞춤의 부재가 눈에 띄는 것은 교회의 첫 사랑의 열정을 상실한 것은 아닐지라도 불필요한 절제를 드러낼 뿐이다. 이 대목의 마지막 인사인 "그리스도의 모든 교회가 다 너희에게 문안하느니라"는 21-23절에 나오는 것이 더 적절했을지도 모른다. 이 구절들은 바울 자신의 문안보다도 다른 사람들의 문안을 다루기 때문이다. 그러나 좀 더 면밀히 살펴보면 여기서 그런 말을 한 이유를 알 수 있다. 바울은 이방인의 사도로서 모든 교회, 특히 이방인의 모든 교회와 너무나 동일시되었기 때문에 그의 문안은 모든 교회의 문안과 분리될 수 없었다. 보편적인 교회와 맺은 유대관계가 그의 의식을 지배하고 있으며, 이방인의 사도로서 그는 그의 문안을 전할 때 모든 이방인 교회를 대표한다. 또 하나 주목할 점은 "교회들"이라는 복수형이다. 우리는 교회의 연합을 가볍게 보면 안 된다. 이 연합은 바울의 편지에 자주 반복되어 있다(11:16-24; 엡 2:16, 18-22; 4:2-16). 그러나 바울은 또한 성도들이 그리스도가 제정하신 바에 따라 그리스도의 이름으로 함께 모이는 곳에는 그리스도의 교회가 있다는 것을 열심히 주장한다(5절). 끝으로, 브루스의 말을 인용할까 한다. "이 인사는 이 문안들이 모두 로마로 향하고 있음을 가리키는 강력한 논증이다. 그러면 왜 바울은 모든 교회로부터 일상적인 편지의 대상인 다른 한 교회에게 향하는 문안을 전하고 있는 것일까? 그것은 바울 사역의 매우 중요한 한 단계가 끝나는 시점에, 그 단계와 연관된 모든 교회의 문안을 다른 한 교회에 전달할 필요성을 느꼈기 때문인데… 그 교회는 세계에서 특별한 위치를 차지할뿐더러 사역의 새로운 단계를 시작하는 시점에 중요한 역할을 담당할 것이었기 때문이다."[7]

2) 속이는 자에 대한 경고(16:17-20)

17. 형제들아 내가 너희를 권하노니 너희가 배운 교훈을 거슬러 분쟁을 일으키거나 거치게 하는 자들을 살피고 그들에게서 떠나라
18. 이같은 자들은 우리 주 그리스도를 섬기지 아니하고 다만 자기들의 배만 섬기나니 교활한 말과 아첨하는 말로 순진한 자들의 마음을 미혹하느니라
19. 너희의 순종함이 모든 사람에게 들리는지라 그러므로 내가 너희로 말미암아 기뻐하노니 너희가 선한 데 지혜롭고 악한 데 미련하기를 원하노라
20. 평강의 하나님께서 속히 사탄을 너희 발 아래에서 상하게 하시리라 우리 주 예수의 은혜가 너희에게 있을지어다

이 대목은 이 서신의 나머지 부분과 그 내용과 어조가 다르지만 그 차이점을 과장해서는 안 된다. 혹독한 분위기와 표현은 이 서신의 여러 곳에 나온다(2:1-5; 3:8; 6:1-3; 9:19-20; 11:20; 14:15-16). 경고는 편지 전체에 나온다. 샌데이와 헤들램은 다음과 같이 적절하게 말한다. "이 격렬한 폭발은 결코 부자연스러운 것이 아니다. 이와 같은 오류에 대해 바울은 지금까지 그의 독자들에게 간접적인 방법으로 경고해 왔으며 또 생활과 행동에 대한 광범위한 원리를 제시함으로써 그런 오류에 넘

---

7 *Romans*, p. 276.

어가지 않도록 독자들을 준비시켜 왔는데, 그가 편지를 끝마치기 직전에 거짓 교사에 대한 명확하고도 직접적인 경고를 내리고 있다."[8] 우리는 이 미혹자들과 거짓교사들이 로마의 교회로 실제로 침범했다고 상상할 필요는 없다. 아마도 그렇지 않았을 것이다. 만약 그랬다면, 갈라디아서와 골로새서에서처럼 이 서신의 내용에 그들과 대결하는 대목이 있었을 것이다.[9] 그러나 바울은 이런 이단들의 존재를 잘 알고 있었고, 설사 그들의 선전이 로마에까지 이르지 않았다 하더라도 위험이 임박했음을 우려할 만한 충분한 근거가 있었다.[10] 이 경고는 빌립보서 3:2, 18-19절에 나오는 경고와 비슷하고, 골로새서 2:16-23은 동일한 악이나 적어도 그와 가까운 악을 다룬다.

17-18절 문제를 일으키는 사람들은 누구였는가? 어떤 이들은 도덕률 폐기론을 주장하는 자유주의자라고 주장하고, 또 어떤 이들은 유대주의를 신봉하는 열심당이라고 한다. 이 두 견해가 상반되는 듯이 보이지만 실제로는 비슷한 결과를 낳는다. 하나님이 명하지 않으신 것에 열심을 내는 사람은 하나님의 규례보다 자기자신이 만든 규례를 더 많이 쌓기 마련이다. 18절을 보면 그들이 에피쿠로스 학파에 속했다는 견해가 그럴 듯해 보인다. 그들은 "자기들의 배만 위하는 자"로 알려져 있다. 그렇지만 이 표현이 식욕에 사로잡힌 상태를 가리키는 것으로만 생각할 필요가 없다. 그 말은 주 예수 그리스도를 섬기는 것과 대조되는 자아를 섬기는 것을 묘사할 수도 있다(약 3:15; 유 19). 따라서 세상적이며 감각적인 것과 동일시될 수 있다. 골로새서 2:20-23이 정죄한 자들, 곧 "붙잡지도 말고 맛보지도 말고 만

---

8 앞의 책, p. 429; F. J. A. Hort, *Prolegoment to St. Paul's Epistles to the Romans and Ephesians*(London, 1895), pp. 53-55.

9 Hort, 앞의 책, pp. 53f. 그는 이렇게 말하고 있다. "바울이 그의 편지를 막 끝마치거나 보내려는 순간인데 로마에 교리적인 문제가 임박했다는 새로운 소식을 들었을 가능성이 있다."

10 이단들이 아직 로마에 이르지는 않았다는 추정에 대한 반론은 다음을 참고하라. Dodd, 앞의 책, p. 242. 도드는 이렇게 말하고 있다. "그(바울)는 자기가 개척한 여러 교회들의 평안을 어지럽히던 사람들이 로마에서도 활동하고 있다는 것을 이미 알고 있거나, 우려할 만한 이유가 있었다. 그는 이 서신의 본문에서 그들과 관련된 논쟁은 피하고 있었지만, 최후의 권면에 이르자 로마인들에게 그런 사람들을 경계하라는 호소를 하지 않을 수 없게 된 것이다."

지지도 말라"는 표어를 내세운 자들도 동일한 고발을 당할 수 있다(참고. 빌 3:19). 18절을 이렇게 해석한다면, 거짓 교사들은 유대주의를 신봉하는 열심당일 것이다. 이들은 여러 경우에 사도의 대적자들이었고, "너희가 배운 교훈을 거슬러 분쟁을 일으키거나 거치게 하는 자들"이라는 말을 듣기에 알맞은 자들이다.[11] "거치게 하는"(넘어지게 하는)이란 단어는 14:13에 단수형으로 나오는 것과 똑같다. 하지만 바울이 동일한 상황을 염두에 두고 있는 것 같지는 않다.[12] 14:13에서는 강한 신자가 약한 신자를 넘어지게 하는 계기가 되는 것이고, 이는 사랑에 저촉되는 일이다. 그러나 거기에는 이 대목에 담긴 중대성이 없는 것 같다. 이 대목에 나오는 것은 거짓 교사들과 선전가들이다. 이들은 14장에서는 나타나지 않는다. 그러므로 넘어짐은 거짓 교리로 인해 생기는 것이며, 갈라디아서에서 저주를 받아야 한다고 말한 그런 오류의 범주에 속한다. 이 명령은 그런 성격의 오류에 잘 어울린다. 사람들은 그런 자들을 "경계하고" 그들을 피하며 "그들에게서 떠나야" 한다. 이와 같은 권고가 14장에서는 통하지 않는다. 이 교사들은 "교활한 말과 아첨하는 말"로 속이는 데 아주 능수능란하다. 이는 복음의 순수성과 단순성을 오염시키는 자들의 특징이다. 속임에 넘어가는 것이 가장 큰 위험이다. "순진한 자들의 마음을 미혹하느니라." 여기서 "순진하다"는 말은 속임수를 모른다는 의미이고 거짓과 교활함이 없는 사람을 가리키므로, 그들은 타인에게 그런 것이 있을 것으로 의심하지 않는다. "순진한" 사람들은 의심을 하지 않기에 겉모습에 쉽게 넘어간다. 바울은 다른 곳에서 속이는 책략에 대해 말한다(참고. 고후 4:2; 엡 4:14). 20절의 견지에서 볼 때 뱀의 속임에 대한 암시가 있음을 부정하기 어렵다(창 3:1-6; 참고. 고후 11:3; 딤전 2:14).

19-20절 18절은 "왜냐하면"으로 시작하여 앞의 권면에 대한 이유를 제시한다(개

---

11 어쩌면 이 이단들은 영지주의에 속하는 파로 골로새서에서 다뤘던 자들과 비슷할지 모른다(특히 골 2:4, 8과 롬 16:18을 참고하라). "아마도 그들은 유사－영지주의(quasi－gnostic) 사상과 관계가 있었을 것이다. 조금 후에 골로새에 나타난 것과 같은 부류일 것이다(Dodd, 앞의 책, p. 243).
12 이에 대한 반론은 "연약한 자와 강한 자 간의 분쟁을 지금도 유념하고 있을 가능성이 있다"고 말한 바레트를 참조하라(앞의 책).

역개정판에는 이 접속사가 없다—옮긴이). 사도는 지금 로마의 신자들이 품고 있는 그리스도를 향한 일편단심이 변질될까봐 염려하고 있다. 로마 교회의 성숙과 헌신에 대한 높은 평가(15:14)는 바울로 하여금 이런 충성심을 계속 유지하도록 열심히 권면하게 만든다. 로마의 기독 공동체의 명성은 모든 교회에 널리 퍼졌다. 사도는 이 명성을 그들의 "순종"이 소문났다는 말로 표현한다. 이 순종이라는 단어는 이 서신 특유의 표현으로서 그가 현재 거론하는 주제에 맞춘 것이다(1:5; 6:16; 15:18; 16:26). 로마 교회의 평판과 로마 교회가 차지하는 중심적인 위치는 그런 오염을 더욱 비극적인 사건으로 만들 것이다. 그래서 더욱이 17절의 긴급한 경고와 명령을 줘야 했던 것이다. 19절과 그 앞에 나오는 내용 간에는 또 하나의 관계가 있다. 바울은 거짓 교훈이 로마의 교회에 이미 들어왔다고 암시할 생각이 없다. 그는 그들의 충성심을 확신한다고 되풀이하며 그들로 인해 기뻐한다. 그렇기 때문에 그들은 더욱 조심해야 하며, 사도는 그들이 그렇게 해 줄 것을 간청한다. "너희가 선한 데 지혜롭고 악한 데 미련하기를 원하노라." 이 간청과 비슷한 것은 다른 곳(참고. 렘 4:22; 마 10:16; 고전 14:20; 빌 2:15)에도 나오고, 일반적인 뜻은 분명하지만 앞의 내용과 관련해 정확한 의미가 무엇인지는 분별하기 어렵다. 선과 악, 지혜와 미련(순진함)이 서로 대비되어 있는 것은 분명하다. 이 간청은 선한 것을 따르는 데에는 지혜롭고 악의 유혹에는 우둔해야 한다는 뜻이리라. 그래서 이 명령은 "범사에 헤아려 좋은 것을 취하고 악은 어떤 모양이라도 버리라"(살전 5:21-22)는 것과 동일한 의미를 지닌다고 할 수 있다. "지혜로운", "미련한"이란 용어는 거짓 교사들의 교활함에 대해 늘 깨어 있고 분별해야 한다는 것을 강조하기 위해 사용되었다(18a).

20절 상반부에는 창세기 3:15에 대한 암시가 있다.[13] "평강의 하나님"이라는 명칭은(15:33; 고후 13:11; 빌 4:9; 살전 5:23; 살후 3:16; 히 13:20) 바울이 다른 곳에서 사용한 것과 같은 이유로 사용했을 뿐 아니라 사탄을 상하게 하는 일과 관련이 있기 때문에 그렇게 했다. 사탄을 상하게 한다는 것은 사탄의 패배로 귀결될 그와의 투

---

13 칠십인역이 아니라 히브리어를 따른 것이다.

쟁을 묘사한다. 앞 구절들은 사탄의 도구들에 의해 생기는 분열을 유념한다(참고. 고후 11:12-15). 사탄을 상하게 하고, 갈등과 불화와 분열과 대조되는 평강을 수립하는 분은 하나님이다. 그러므로 그분은 평강의 하나님인 것이다. 이 구절이 주는 확신은 훈계에 주의하라는 격려와 다름없다. 이 구절의 구성요소는 모두 의미심장하다. 하나님은 사탄을 쳐부술 것이다. 하나님이 사탄을 신자들의 발 아래에서 상하게 하시리라. 그것도 속히 그렇게 하시리라. 승리의 약속이 믿음의 싸움을 뒷받침한다. 모든 원수들의 최후의 정복이 이 약속의 지평 안에 들어 있다(참고. 고전 15:25-28). 그러나 우리는 최후 승리가 현재에도 영향을 미치고 있다는 사실을 배제시키면 안 된다(참고. 요일 2:14; 4:4).

20절 하반부는 이 서신의 중간 대목의 끝부분에 삽입된 축도의 또 다른 예다(참고. 15:33). 이것은 여러 서신들의 종결 축도와 유사하다(고전 16:23; 갈 6:18; 빌 4:23; 살전 5:28; 살후 3:18; 딤후 4:22; 몬 25). 그러나 다른 곳에서 언급된 것처럼[14] 한 서신의 중간에 축도가 나오는 경우가 많기 때문에 이 경우도 비정상적인 것이 아니다.

3) 친구들의 인사(16:21-23)

21. 나의 동역자 디모데와 나의 친척 누기오와 야손과 소시바더가 너희에게 문안하느니라
22. 이 편지를 기록하는 나 더디오도 주 안에서 너희에게 문안하노라
23. 나와 온 교회를 돌보아 주는 가이오도 너희에게 문안하고 이 성의 재무관 에라스도와 형제 구아도도 너희에게 문안하느니라

21-23절 이 구절들은 사도와 관련된 사람들의 인사다. 디모데에 대해서는 설명할 필요가 없다. 누기오와 야손과 소시바더는 바울의 친척이라고 했다(7, 11절).

---

14 부록 J를 참고하라.

친척이라고 부른 사람이 모두 여섯 명인데, 그들이 단순히 유대인이 아니라 바울의 친족이라고 본다면 그리 많은 수가 아니다. 더디오의 경우에는 직접 인사를 하고 있다.[15] 그는 바울의 비서였다. 이 문안이 여기에 삽입된 것은 뜻밖이다. 이 문안의 앞부분과 뒷부분은 모두 바울이 독자들에게 하는 말이기 때문이다. 더디오의 개인 인사가 이 단락의 끝에 나오지 않고 굳이 여기서 나타난 이유를 우리는 모른다. 바울이 대필자를 사용한 일은 다른 서신들에도 나온다(고전 16:21; 갈 6:11; 골 4:18; 살후 3:17). 가이오는 바울이 고린도에서 세례를 준 가이오임이 분명하다(고전 1:14). 그리고 바울이 그의 집에 들어간 바 있는 사도행전 18:7의 디도 유스도라고 여길 만한 근거가 있다. 가이오는 바울을 대접한 집주인이었을 뿐 아니라 교회를 유치한 사람이기도 했다. 가이오를 디도 유스도와 동일시할 경우, 온 교회를 유치했다는 것은 그의 집이 고린도 신자들의 모임 장소였음을 의미할 것이다(5절).[16] 하지만 가이오의 집이 고린도를 방문하는 모든 그리스도인에게 개방되었음을 의미할 수도 있다. 이 경우라면 그는 손 대접의 은혜를 베푼 뛰어난 본보기일 것이다(12:13). 이 가이오를 다른 경우에 나오는 동일한 이름의 인물과 동일시해도 될 만한 충분한 이유는 없다(행 19:29; 20:4; 요삼 1). 에라스도는 그 도시에서 영향력이 큰 지위를 갖고 있었다. 이는 회당장 그리스보의 경우처럼(행 18:8) 고린도 교회에 사회적 지위가 있는 사람들이 있었음을 보여 준다. 이 에라스도를 다른 곳(행 19:22; 딤후 4:20)에서 언급되는 에라스도와 동일시할 수 있는 충분한 증거는 없다. 구아도는 형제라고 불린다. 에라스도나 더디오의 형제라기보다는 그리스도 안에서의 형제를 의미하는 것 같다. 이 문안(21-23절)에 언급된 모든 사람들은 이름이 밝혀졌을 뿐만 아니라 추가적인 사항도 덧붙여져 있다. 그런데 구아도의 경우에 이름만 거명한 것은 다소 뜻밖이다.[17]

---

15 "우리는 이 짧은 대목에서 바울 특유의 예절을 보게 된다. 동시에 이는 이 대목의 진정성을 보여 주는 강력한 증거이기도 하다. 위조자라면 그와 같은 내용을 소개할 생각을 했겠는가?"(Gifford, 앞의 책).

16 만일 가이오가 행 18:7의 유스도와 동일시된다면, 후자에서는 디도(Titus)보다 디디오(Titius)로 표기하는 것이 좋을 것이다. '가이오 디디오 유스도'란 이름에서 첫 두 부분은 이방인의 이름이고 마지막 부분은 로마 시민의 성이기 때문이다.

17 D G 소문자 사본의 대부분과 일부 역본에서 20절에 나오는 축도를 반복하는 것은 내적 증거의 관점

4) 송영(16:25-27)

25. 나의 복음과 예수 그리스도를 전파함은 영세 전부터 감추어졌다가
26. 이제는 나타내신 바 되었으며 영원하신 하나님의 명을 따라 선지자들의
    글로 말미암아 모든 민족이 믿어 순종하게 하시려고 알게 하신 바 그 신
    비의 계시를 따라 된 것이니 이 복음으로 너희를 능히 견고하게 하실
27. 지혜로우신 하나님께 예수 그리스도로 말미암아 영광이 세세무궁하도록
    있을지어다 아멘

25-27절 이 송영은 바울의 다른 서신들에 나오는 송영보다 길다. 그러나 우리는
히브리서 13:20-21과 유다서 24-25절에서 매우 유사한 송영을 발견하게 된다.
이 서신의 서두에서 바울은 자신이 로마를 방문해 그곳의 신자들이 견고히 설 수
있도록 어떤 영적인 은사를 나눠 주기를 원한다고 말한 바 있다. 그와 같은 목적
과 이 송영의 첫 마디 사이에 적절한 연관성이 있다. 성도들을 세우고 굳게 할 수
있는 분은 하나님이시다. 이 사실을 사도는 자기 자신과 독자들에게 상기시키고
있다. 그러나 이 첫 마디의 적실성을 보여 주는 더 깊은 관계가 있다. 17-20절에
서 사도는 속이는 자의 유혹을 경고했으며, 신자들은 사탄의 희생자가 되지 않기
위해서 언제나 굳건히 서 있어야 한다. 오직 하나님만을 신뢰해야 한다. 하나님이
견고하게 세우시는 일은 "나의 복음과 예수 그리스도를 전파함"을 따라 이뤄질 것
이라고 말한다. 그가 말하는 "나의 복음"(2:16; 살전 1:5; 딤후 2:8)은 그에게 위탁되
어 그가 전파한 복음을 의미한다(고전 15:1; 갈 1:11; 2:2, 7; 엡 3:6; 살전 2:4; 딤전 1:11).
"예수 그리스도를 전파함"은 바울을 도구로 삼아 그리스도 편에서 전파하는 것

에서 불가능하다고 할 수 없을 것이다. 20절의 축도는 바울 자신의 인사와 경고 부분을 종결짓는 것이다
(16:1-20). 여기서의 송영은 다른 사람들에 대한 문안에 할애된 부분을 끝맺을 것이고(21-23절), 이어서
결론적인 송영이 있을 것이다(25-27절). 이런 끝맺음이 이상하게 보이면 살후 3:16, 18과 비교해 볼 필요
가 있다. 텍스트의 문제는 외적 증거에 달려 있다. P⁴⁶ ℵ A B C 라틴 벌게이트, 그리고 다른 일부 역본에
는 축도가 빠져 있다. 이미 20절에 나오는 중간 축도와 마지막 축도가 양립할 수 없다는 그릇된 생각 때
문일 것이다.

을 의미할 수도 있다(15:18). 그러나 예수 그리스도에 관한 복음전파를 의미할 가능성이 더 높다. 복음은 본질상 그리스도를 주인공으로 전파하는 일이다. 바울은 그리스도를 전파했다(고전 1:23; 고후 4:5). 그래서 견고하게 세우는 일은 바울이 전한 예수 그리스도에 관한 복음에 따라 수행되어야 한다. 바울의 복음과 그리스도의 전파 사이에 부조화는 없다. "전파"라는 말을 단지 전파하는 행위만을 가리키는 것으로 이해해서는 안 된다. 그것은 전파된 메시지를 가리키며, "예수 그리스도를 전파한다"는 말은 사실상 예수 그리스도를 주제로 삼는 복음이다.

"그 신비의 계시를 따라"라는 말을 한 의도는 분명하지 않다. 즉, 그 말은 신자들이 굳건히 서는 데 필요하고 "나의 복음"과 "예수 그리스도의 전파"와 대등한 또 다른 규범을 명시하는 것인지, 아니면 "복음"과 "전파"가 그 신비의 계시와 일치한다는 것을 주장하는 것인지가 확실하지 않다. 그러나 후자가 더 좋을 듯하다. 바울이 전파한 복음은 계시된 신비와 일치한다. 이 "신비"는 11:25에 나오는 동일한 단어보다 훨씬 많은 뜻을 내포하고 있다. 거기서 말하는 신비는 하나님의 계시된 섭리의 제한된 측면을 가리켰다(참고. 고전 15:51). 그러나 이 신비는 포괄적인 의미의 복음을 가리킨다. 하지만 "신비"란 단어 자체는 11:25과 동일한 의미를 지니고 있다.[18] 이 경우에는 명백하게 계시를 강조하고 있고, 계시와 관련이 있는 것, 곧 그것이 영세 전부터 감추어졌다는 사실도 강조한다. "영세 전부터"(time eternal) 라는 말을 이 세계 역사의 초창기를 가리키는 것으로 이해한다면[19] 우리는 26절이

---

18 11:25의 주석을 참고하라.

19 χρόνοις αἰωνίοις의 분명한 의미를 밝히는 것은 매우 어렵다. 딤후 1:9과 딛 1:2에서 πρὸ χρόνων αἰωνίων은 "세상이 시작되기 전"을 의미할 수 있다. 따라서 "영세 전부터"는 이 세계 역사의 어느 시기를 가리킬 것인즉 이 경우에는 창조에서 그리스도의 강림에 이르는 시대를 지칭할 수 있다. 그러나 확실하지는 않다. 라그랑즈의 표현을 빌리면 그 말은 "하나님의 영원성"을 의미할 수 있다. 그는 고전 2:7의 πρὸ τῶν αἰώνων과 엡 3:9의 ἀπὸ τῶν αἰώνων에 호소하고 있다. 그 의미는 "26절에서 하나님에 관해 말할 때 αἰώνιος를 사용한 것이 시사하고 있다"(앞의 책)고 한다. 만일 그렇다면 그 계획은 하나님의 영원한 뜻 가운데 감추어져 있었으며, 이 은혜는 영원 전부터 하나님에 의해 계획된 것이라는 진리를 말해 준다는 뜻이다. 선택의 비밀이 창세전에 그리스도 안에서 있었다는 사실에 의해 부각되듯이(엡 1:4), 이 비밀의 영광도 비록 감추어져 있긴 하지만 하나님에게는 감추어져 있었던 것이 아니라 영원 전에 그의 계획 속에 포함되어 있었다는 사실에 의해 입증된다. χρόνοις αἰωνίοις가 만일 이런 의미를 지니고 있다면, 구약 시대 동안 상대적으로 감추어져 있었다는 생각은 여기에 담겨 있지 않을 것이다. 그렇지만 신약 계시

한편으로는 구약 계시를, 다른 한편으로는 신약 계시를 정당하게 다루는 것을 볼 수 있다.

(1) "이제는 나타내신 바 되었으며"라는 어구를 25절의 "침묵"과 "계시"에 대한 강조와 결부시키면 구약 성경에는 이 신비에 대한 계시가 전혀 없었다는 인상을 받을지도 모른다. 그렇지만 그와 같은 인상은 "선지자들의 글로 말미암아"라는 말로 인해 즉각 배제되거나 수정되고 만다. 이 글들이야말로 바울이 복음을 확증하기 위해 이 서신에서 거듭 호소하고 있는 성경이다(1:2; 3:21; 11:25, 26). 그런즉 구약은 이 비밀에 대해 침묵을 지키지 않았다. 구약은 이 주제와 관련된 계시의 매개체였다.

(2) 하지만 "이제는 나타내신 바 되었다"라는 말이 의미심장하다는 점도 인정해야 한다. "영세 전부터 감추어졌다"라는 말과 관련해 신약 계시를 강조하는 일을 금해서는 안 된다(딤 1:2, 3). 양자의 대조는 절대적이 아니라 상대적이다. 이 상대적인 대조를 결코 무시해서는 안 된다. 또다시 우리는 "나타나다"(reveal)라는 말의 함축적 의미를 이해해야 한다(1:17). 구약에서는 온 열방이 모일 것이라고 예언했다. 이 약속은 아브라함에게 주어진 것이며(창 12:3; 22:18) 점진적으로 펼쳐졌다. 시편과 이사야서에서는 그것이 일종의 후렴이다. 그러나 그리스도의 강림과 분리의 담이 무너지는 일과 더불어 결국 이 약속은 실현되었고 그 함축적 의미가 명백히 드러나게 된다. 그래서 그 약속은 성취를 통해 드러났다. "신비"에 관한 계시 역사의 모든 특징이 여기서 사도가 사용한 말로 표현되어 있다.[20] "모든 민족이 믿어 순종하게 하시려고 알게 하신 바"라는 말은 신약에서 성취될 것에 관해 방금 말한 것을 분명히 해 준다. 예언의 글들은 그리스도의 명령에 따라, 그리고 오순절의 능력으로 복음이 온 세상에 전파되기까지는 모든 민족의 소유물이 아니었다(마 28:18-20; 행 1:4-8). 이와 같은 세계적인 복음전파와 더불어 비로소 성경은 차별 없이 모든 사람의 소유물이 되었고, 이 성경을 매개로 해서 그 신비가 온 민족에게

의 상대적 충만성과 확장성은 26절에 암시되어 있다.

20 Calvin, 앞의 책, p. 328; Philippi, 앞의 책, 16:25; Bruce, 앞의 책, 16:26.

알려진 것이다.

복음 사역 및 계시와 관련된 이런 커다란 변화(행 17:30)는 "영원하신 하나님의 명을 따라" 생긴 것이다(딤전 1:1; 딛 1:3). 이것은 하나님이 세계적인 복음전파에 부여한 권위뿐만 아니라 바울 자신이 받은 사명도 가리키고 있다. 여기에는 은혜의 색채도 깔려 있다. 이 좋은 소식이 모든 사람에게 미치는 것은 하나님의 명령에 의한 것이며, 하나님의 명령이 함축하는 권위를 지니게 된다. 이 신비가 지향하는 목표는 "믿어 순종하게" 하는 일이다. 이는 모든 민족이 믿고 순종하도록 부름 받았다는 뜻이고, 이 사상은 그 신비가 모든 민족에게 알려졌다는 사실에 내재되어 있다. 복음이 전파되는 어디에서나 사람들은 그것을 믿도록 부름을 받는다.[21]

"유일하게 지혜로우신 하나님께"(27절)라는 말은 송영의 첫 대목인 "능히 견고하게 하실 분"을 생각나게 한다(25절, 개역개정판에는 26절에 나온다). 후자는 하나님의 능력을 강조한다. 모든 속임수와 타협에 대항하여 신자들을 견고히 세우는 일에는 오직 하나님의 능력이 절실히 요청되기 때문이다. 이 본문의 마지막 부분에서는 하나님의 지혜가 전면에 나온다(11:33; 엡 3:10). 25절 하반부와 26절이 말하는 "신비"가 하나님의 지혜를 주목하게 하고 그 지혜를 찬송하게 하기 때문이다(고전 2:6-13). 그래서 "유일하게 지혜로우신 하나님"이 적절한 호칭이다. 그분은 유일하신 하나님이시요 그분의 신비로운 뜻이 드러날 때 보이는 지혜는 오직 그분의 것일 뿐이다. 이 번역문이 따르는 독법에 따르면, 이 송영은 미완성 문장으로 되어 있다. 이것을 문제로 삼을 필요는 없다. 분명한 사실은 하나님께 영광을 돌리고 있다는 것이다. 그런즉 우리가 말끔하게 완성된 구문을 요구하지 않아도 된다. 지금 바울의 마음은 경배로 충만하며, 구문상의 문제가 경배에 아무런 지장을 주지 않는다. 그런데 문제는 누구에게 영광을 돌리느냐 하는 것이다. "지혜로우신 하나님에게?" 아니면 "예수 그리스도에게?" 그리스도께 드리는 송영이란 견해

---

21 오묘하여 오직 엘리트에게만 속하는 그런 신비의 개념과 바울이 생각하는 신비의 개념을 가장 뚜렷이 구별하는 본문이다. 이 신비의 특징은 다음과 같다. ① 이 신비는 모든 민족에게 알려졌다. ② 그것은 만인의 소유물인 성경을 통해 알려졌다. ③ 그것은 하나님의 명령에 의해 만인에게 알려졌다. ④ 그것은 모든 사람을 믿어 순종하게 하려는 목적으로 계시되었다.

를 지지하기 위해 다른 구절들이 인용되곤 한다. 디모데후서 4:18에서도 같은 형태가 사용되는데 그리스도에게 송영을 돌리고 있다. 이와 관련해 인용된 다른 구절들(히 13:21; 벧전 4:11)에서도 그 송영을 그리스도에게 드리고 있는지는 분명하지 않다. 그러나 이런 송영을 그리스도에게 드리지 못할 이유는 없다(벧후 3:18; 계 1:6; 5:12-13). 그러나 이 경우에는 "지혜로우신 하나님께" 영광을 돌린다는 견해를 지지할 만한 이유가 많다. 이것이 더 자주 등장하는 패턴이다(11:36; 갈 1:5; 엡 3:21; 빌 4:20; 딤전 1:17; 벧전 5:11; 유 24-25).[22] 더욱이 이 송영의 첫 부분(25절, 원래 '능히 견고하게 하실 분'이 여기에 나온다 — 옮긴이)과 동격으로 나오는 "지혜로우신 하나님"은 다른 유사한 송영에서와 마찬가지로 최고의 위치를 차지하며, 따라서 우리는 끝맺는 말이 하나님에게 적용되는 것으로 기대하게 된다.[23] 앞의 견해가 부적절하게 보이는 이유는 송영의 초반에 초점을 맞췄던 호칭들이 나중에 송영에서 빠진다면 앞뒤가 맞지 않기 때문이다. "예수 그리스도로 말미암아"라는 말은 그를 통하여 영광을 하나님께 돌리게 되고, 또 그를 통하여 하나님의 영광이 알려지고 높임을 받는다는 뜻이다. 따라서 이 송영은 "예수 그리스도를 통하여 유일하게 지혜로우신 하나님께 영원히 영광이 있을지어다"라는 뜻일 것이다.

---

22 특별히 딤전 1:17이 적실하다.
23 ᾧ에 대해서는 갈 1:5, 히 13:21을 참조하라.

THE EPISTLE TO THE ROMANS

부록

부록 A

칭의(justification)

구약

I. 용례

구약의 용례와 관련해 우리의 주 관심사인 뿌리는 צדק이란 어근으로서 실명사, 형용사, 동사 등 다양한 형태로 나오는 것이다. 실명사로서는 구약성경에서 특히 하나님께 해당되는 정의 또는 공의의 속성으로 자주 사용되고 있다. 이 단어가 하나님께 적용되는 경우, 그의 정의 또는 공의의 속성을 가리킨다. 이는 또한 사람들에게 해당되기도 하는데, 이 경우에는 그들의 성품이나 행동이, 또는 둘 다 정직하거나 공의롭거나 정의롭다는 뜻이다. 그런데 여기서 우리의 관심사는 동사적 형태로서 그 다양한 줄기와 부분을 살펴보는 일이다.

이 동사가 다양한 뜻을 갖고 있다는 것은 쉽게 입증될 수 있다.

1. **상태.** 이는 어떤 존재의 상태를 가리킨다는 뜻이다. 능동형 어간과 함께 사용될 때는 유다가 다말에 대해 "그는 나보다 옳도다"(창 38:26)라고 말한 것으로 기록되어 있다. 또는 욥 4:17—"사람이 어찌 하나님보다 의롭겠느냐?"—에 이런 의미가 명백히 나타난다(참고. 욥 9:15, 33:12, 34:5, 시 19:10, 겔 16:52). 구약성경에서 보통 (정의롭다고 선언된다는 의미에서) 법정적으로 번역되는 일부 사례들은 이 범주에 속할 수도 있다. 예컨대, 시 143:2에서 "주의 눈앞에는 의롭게 될 인생이 하나도

없나이다"라는 어구가 "주의 눈앞에는 의로운 인생이 하나도 없나이다"(개역개정판의 번역)로 번역될 수 있다(참고. 겔 16:52). 이 용도는 성품이나 행위를 생각하되 사람에게 사용될 경우 어떻게 그런 상태가 생겼는지는 다루지 않는다.

2. **원인(사역적).** 이는 의롭게 되게 하는 것이나 의롭게 만드는 것을 가리킨다. 성소에 대해 미완료 동사가 사용된 단 8:14은 "성소가 의롭게 되리라"로 번역하기가 어렵고, 오히려 정결해져서 옳게 만들어질 것이란 의미에서 "성소가 의롭게 만들어질 것이라"고 번역하는 편이 적절하다. 어쩌면 단 8:14의 경우엔 의심의 여지가 있을지 모르지만 단 12:3의 경우엔 의심이 있을 수 없다. 여기에 사역능동 분사가 사용되어 문자적으로 번역하면 "많은 사람을 의롭게 만드는 자들"이 된다. 여기서 고려하는 사람들은 많은 이들을 의로움으로 돌아오게 하는 도구들이다. 이런 의미에서 그들은 다수를 의롭게 되도록 만든다. 비록 단 12:3이 사역적(원인) 의미로 사용된 유일한 사례이긴 하지만, 이는 צדק가 이런 의미로 사용될 수 있다는 증거이고, 따라서 사람들에 대한 하나님의 행동을 염두에 둘 때, 사역능동태가 사람들을 옳게 만드는 하나님의 내적 작용과 관련해 사용되면 안 될 이유가 없다. 그리고 이런 용례를 우리가 기대할 수밖에 없는 것은 그 실명사와 형용사의 형태와 그 동사의 능동형 어간에 담긴 뿌리가 성품과 행동의 의로움을 가리키는 데 자주 사용되기 때문이다. 그런데 우리가 기대할 만한 것이 실제로는 그렇지 않다는 것은 참으로 의외의 사실이다. 동사가 나오는 단 8:14만 제외하면, 단 12:3이 "의롭게 만들다"란 사역적(使役的) 의미로 사용되는 유일한 사례이다. 하나님과 의로운 종을 각각 염두에 두는 사 50:8과 53:11을 이렇게 생각하는 것은 추상적으로는 가능하다. 그러나 그 문맥을 보면 이 두 경우에는 또 다른 의미가 적합하다는 것을 알게 된다. 이런 사역적 의미가 자주 사용되지 않는 이유는 곧 언급할까 한다.

3. **증명.** 이 경우에 그 뜻은 의롭다는 것을 보여주는 데 있다. 겔 16:51, 52은 Piel을 사용하는 흥미로운 예를 제공한다. 예루살렘의 혐오스런 행위를 책망하는 대목에서 예루살렘은 그의 누이인 소돔과 사마리아를 의롭게 했다고 한다. 말하자면, 예루살렘이 불법 행위에 있어서 소돔과 사마리아를 능가했고, 비교해서 말

하자면, 그런 의미에서 그녀의 누이들을 더 유리한 고지에 두었다는 것이다. 그래서 예루살렘이 그들을 의롭게 했다고 말하는 것이다. 이는 예루살렘의 심한 죄를 표현하는 수사적 방법이다. 하지만 이는 법정적인 의미가 아니다. 예루살렘이 사마리아와 소돔을 의롭다고 선언했다는 뜻이 아니라 그 누이들이 더 의롭게 보이도록 했다는 뜻이다. 예루살렘이 그들을 의롭게 보이도록 한 것은 그들이 그녀보다 더 의로웠기 때문이다. 렘 3:11도 비슷한 의미를 지니고 있다. 여기서도 Piel이 사용되고 있는데, 이는 "배역한 이스라엘은 반역한 유다보다 자신을 더 의롭게 했다"라고 번역할 수 있다. 하지만 이보다 더 알맞은 번역은 "배역한 이스라엘은 스스로 반역한 유다보다 더 의롭다는 것을 보여 주었다"이다. 여기서는 증명의 의미가 명백히 나타난다.

4. **법정적.** 이것은 "의롭다 하다"라는 뜻이다. 이는 사역적인 의미와 뚜렷이 구별되는 선포의 의미이다. 사역능동(Hiphil)으로 명백히 나타나는 곳은 다음과 같다. 출 23:7, 신 25:1, 왕상 8:32, 대하 6:23, 욥 27:5, 잠 17:15, 사 5:23. Piel로 나타나는 욥 32:2, 33:32에서는 그 뜻이 덜 명백한 것은 아니고, 재귀형(Hithpael)으로 나오는 창 44:16도 본질적으로 다르지 않은 것 같다. Hiphil과 Piel로 나오는 사례들은 너무도 명백해서 논의할 필요가 없다. 다른 어떤 의미도 적합하지 않기 때문이다. 앞서 언급했듯이, 사 50:8, 53:11이 추상적으로 사역적인 의미를 지닐 수도 있지만, 그 문맥들에 따르면 법정적인 의미로 확실히 기울어진다. 50:8에 따라오는 항의는 당시의 상황이 사법적 과정과 정당화의 맥락임을 분명히 보여 준다. "나와 다툴 자가 누구냐? … 나의 대적이 누구냐? … 나를 정죄할 자 누구냐?"(8, 9절). 이는 담대한 도전이고, 이 도전의 전제는 바로 "나를 의롭다 하시는 이가 가까이 계시다"라는 주장이다. 이 번역은 그 문맥의 사상을 적절하게 표현해 준다. 그리고 그 용어에 정당화의 의미를 부여한다고 할지라도, 그 개념은 법정적인 범주에 속하기에 "의롭다고 선언하다"라고 번역되어야 할 것이다. 사 53:11의 문맥의 속죄적인 성격은 확실히 동일한 방향을 가리키며, 나중에 살펴보겠지만, Hiphil과 Piel로 나타나는 법정적인 의미가 너무나 널리 퍼져 있어서 이와 반대되는 뚜렷한 고려사항이 없는 한 다른 어떤 의미로도 해석할 수 없다.

Qal에서는 앞에서 언급한 대로 상태의 의미가 나타나는 사례가 여럿 있다. 단호한 입장을 취하기 어려운 경우도 몇 가지 있다. 다음 경우들은 상태를 가리키거나 법정적인 뜻을 지닐 수 있다. 욥 13:18, 25:4, 시 51:4(6), 143:2, 사 45:25. 하지만 욥 40:8의 경우에는 "정죄하다"와 대조되고 있는 만큼 미완료 Qal을 "의롭다 하다"는 법정적인 뜻으로 해석하는 편이 더 자연스럽다. 욥 9:20도 동일하게 해석하는 편이 더 자연스럽다. 사 43:9, 26은 오직 법정적인 의미만이 적절하다. 26절의 문맥이 이런 의미를 요구하고 있음을 쉽게 알 수 있다. 미완료 Qal이 사용된 몇 가지 사례에서 이런 법정적인 개념을 찾을 수 있다면, 다른 사례들, 곧 그 문맥은 결정적이지 않아도 이를 선호할 만한 약간의 근거가 있는 곳이면 법정적 의미를 충분히 지지할 수 있다. 예컨대, 욥 9:20, 시 51:4(6), 143:2, 사 45:25 등이다.

그러므로 Qal, Hiphil, Piel 어간에서는 어근 צדק가 법정적인 뜻으로 널리 사용되고 있으며, Hithpael의 한 사례(창 44:16)도 본질적으로 다르지 않다는 것을 알게 된다. Hiphil과 Piel과 관련해서는 그런 용례가 지배적이라서 다른 의미를 요구하는 명백한 고려사항이 없다면 법정적인 의미로 볼 수밖에 없다.

칠십인역의 용례가 중요한 것은 이 번역판이 구약의 히브리어 용례와 신약을 잇는 연줄이기 때문이다. Hiphil에서 법정적인 뜻이 명백히 드러나는 앞서 인용한 사례들의 경우, 칠십인역은 욥 27:5과 잠 17:15을 제외하고 동사 δικαιόω를 사용하며, 후자에 사용된 번역(δίκαιος κρίνειν)은 법정적인 개념을 똑같이 명백히 드러낸다. 법정적인 개념이 덜 분명하게 드러난다고 여겼던 Piel의 경우(욥 32:2, 33:32), 욥 32:2은 선언적 의미를 전달하는 ἀπέφηνεν ἑαυτὸν δίκαιος로 번역되어 있고 욥 33:32에는 δικαιόω가 나온다. 그리고 Hithpael의 유일한 사례(창 44:16)는 δικαιόω로 번역되어 있다. 아울러 우리의 논의에 등장했던 미완료 Qal의 사례들(시 51:4(6), 143:2, 사 45:25, 겔 16:52, 참고. 사 43:9, 26)에서도 δικαιόω로 번역되어 있고, 사 50:8, 53:11도 마찬가지라는 사실은 무척 의미심장하다. 그리고 사역적인 의미가 나타나는 단 8:14, 12:3에서는 칠십인역이 δικαιόω의 사용을 삼가고 있는 것도 흥미롭다. 히브리어 זכה의 Piel이 나오는 시 73:13을 보면, 칠십인역(72:13)이 그 어구를 ματαίως ἐδικαίωσα τὴν καρδίαν μου로 번역하고 있다. 이 경우에는 δικαιόω의 사역적인 의미가 유독 가능하다. 그러나 이것을 고집할 수는 없다. 어쩌면 "스스로를 깨끗하게 한다"라는 뜻일지도 모른다. 이어서 나오는 어구, "내 손을 씻어 무죄하다 한 것"은 그의 손을 더러움에서 씻었다는 뜻이 아니라 그의 무죄함의 증거로 그의 손을 씻었다는 뜻인 듯하다. 그래서 그의 마음을 정당화시키는 일은 그의 마음을 불결함에서 씻어내는 것이 아니라 스스로 결백함을 입증한다는 뜻일 것이다. 따라서 시 73:13(칠십인역 72:13)조차 사역적인 의미의 δικαιόω가 나오는 사례로 들 수 없다. 아울러 히브리어로 그 의미가 상태를 가리키는지, 아니면 법정적인 것인지가 불분명한 몇몇 사례에서도 칠십인역이 δικαιόω를 사용하고(참고. 시 51:4(6), 143:2), 또 증명의 뜻이 어렴풋이 나타나는 겔 16:51, 52, 렘 3:11의 경우도 모두 δικαιόω로 번역되어 있다.

우리는 히브리어로 צדק가 상태를 가리키는 것으로—특히 Qal 어간에서—반복해서 나타나는 사례들을 발견했다. 몇몇 경우에는 이것이 칠십인역에 동사 δικαιόω로 번역되어 있다(창 38:26, 시 19:10, 칠십인역 18:10). 하지만 번역자들의 의도가 상태의 개념을 표현하는 것이었는지는 확실하지 않다. 의심할 만한 이유가 있다. 히브리어에서 완료형 또는 미완료형 Qal의 사용과 함께 상태의 개념이 나타나는 많은 경우에는 칠십인역이 δικαιόω를 사용하지 않고 εἶναι δίκαιος 또는 εἶναι καθαρός 또는 δίκαιος ἀναφαίνομαι를 사용하기 때문이다(욥 4:17, 9:2, 15, 20, 10:15, 11:2, 13:18, 15:14, 25:4, 34:5, 35:7, 40:8). 이런 사례들에서는 δικαιόω가 적합하지 않다고 여겨진 것이다. 그러나 창 38:26과 시 19:10에서 완료 수동태를 사용한 것은 완료 시제로 표현된 사상이 상태의 개념을 전달하기에 적합했음을 시사한다. 우리가 나중에 살펴볼 것처럼, 이와 똑같은 현상이 신약성경에도 나타나는 듯하다.

II. 사람을 의롭다 하시는 하나님

왕상 8:32은 하나님께서 의로운 자를 의롭다 하시고(justify), 출 23:7은 그분이 악인을 의롭다고 하지 않으실 것이라고 한다. 하나님이 의로운 자를 의롭다고 말씀하실 때, 이 심판의 행위는 그 실상으로 생각되는 것을 그대로 선언하는 일이다.

그 사람은 의로운 성품과 행위를 갖고 있고, 의롭다 하는 행위는 선행하는 사실에 따른 심판이다. 하나님께 사용되는 "의롭다 하다"는 용어는 신 25:1에서 사람들에게 사용되는 것과 똑같다. 이는 재판관에게 "의인은 의롭다 하고 악인은 정죄할 것"을 요구하는 대목이고, 암시적으로 잠 17:15—"악인을 의롭다 하고 의인을 악하다 하는 이 두 사람은 다 여호와께 미움을 받느니라"—과 똑같은 내용이다. 각 경우는 재판을 할 때 공정성이 필요하다는 점을 강조하며, 하나님의 심판은 언제나 진실에 따라 이뤄지므로 의로운 자를 의롭다 하고 악한 자를 의롭다고 하지 않을 것이다. 하나님의 심판이 이런 성격을 갖고 있는 만큼 우리가 알아야 할 바가 있다. 구약의 용례에 따르면, 하나님이 친히 고려하는 바 사람의 속성으로 간주되는 의로움이 존재하고, 이에 기초해 그분이 그들을 의롭다고 말씀하신다는 것, 즉 그들을 있는 그대로 선언하신다는 것이다. 특히 하나님의 경우, 그분은 사실에 따라 심판을 내리신다.

이는 즉시 구약에 다양한 형태로 나타나는 항의, 즉 하나님이 보시기에 의로운 사람이 하나도 없다는 항의로 의문을 제기하게 만든다. "인생이 어찌 하나님 앞에 의로우랴?" 하고 욥이 물었고, 빌닷도 똑같은 말을 되풀이한다(욥 9:2, 25:4). 시편 기자는 이 사실을 긍정적으로 진술한다. "주의 종에게 심판을 행하지 마소서. 주의 눈앞에는 의로운 인생이 하나도 없나이다"(시 143:2). 또한 "여호와여 주께서 죄악을 지켜보실진대 주여 누가 서리이까?"(시 130:3)라고 기록되어 있다. 앞에서 언급된 욥의 질문과 빌닷의 질문이 부정적인 대답을 함축하고 있다는 점은 다음과 같은 발언으로 분명히 알 수 있다. "사람이 하나님께 변론하기를 좋아할지라도 천 마디에 한 마디도 대답하지 못하리라"(욥 9:3). "여자에게서 난 자가 어찌 깨끗하다 하랴"(욥 25:4). 그 무엇보다 더 포괄적인 고발은 이것이다. "선을 행하는 자가 없으니 하나도 없도다"(시 14:3, 53:3).

이처럼 우리가 구약에서 신자 편에서 결백성을 주장하는 대목을 접할 때 그것을 하나님 앞에서의 죄성에 대한 인식과 양립될 수 없는 자기 의(義)의 호소로 반드시 간주할 필요가 없다. 욥도 이런 취지로 계속 항의하는 모습을 볼 수 있다(참고. 욥 6:29, 12:4, 13:18, 19, 16:19-21, 17:9, 27:5, 6, 29:14, 31:1-40). 올바른 사람이 친구들과 대적들의 거짓 고발에 맞서 자신의 결백을 호소하는 일은 합당하다. 욥 9:2은 우리가 하나님의 흠 없는 심판의 저울에 달렸을 때 취하는 말 못하는 모습이다. 이 사상은 시 143:2, 곧 주의 눈앞에는 의로운 인생이 하나도 없다는 사상, 또는 시 130:3−"여호와여 주께서 죄악을 지켜보실진대 주여 누가 서리이까?"−의 사상과 똑같다. 이것은 욥의 경우에 나중에 나오는 속 깊은 표현, "보소서 나는 비천하오니 무엇이라 주께 대답하리이까? 손으로 내 입을 가릴 뿐이로소이다. 내가 한 번 말하였사온즉 다시는 더 대답하지 아니하겠나이다"(욥 40:4, 5), "내가 주께 대하여 귀로 듣기만 하였사오나 이제는 눈으로 주를 뵈옵나이다. 그러므로 내가 스스로 거두어들이고 티끌과 재 가운데에서 회개하나이다"(욥 42:5, 6) 등의 대목과 마찬가지다. 빌닷과 그의 친구들의 잘못(참고. 욥 25:4)은 거짓 고발에 맞선 욥의 결백 주장과 관련하여 이 진리에 호소했다는 점이다. 아무도 하나님의 절대적이고 궁극적인 심판의 저울에서 의로운 자리에 설 수 없다는 사실이 사람들의 부당한 주장에 맞선 자기변호와 양립할 수 없는 것은 아니다. 이것은 시편 기자에게서도 발견할 수 있는 점이다. "내가 나의 완전함에 행하였사오며 흔들리지 아니하고 여호와를 의지하였사오니 여호와여 나를 판단하소서"(시 26:1)라는 기도는 시 130:3과 143:2과 모순되지 않는다. 마치 전자는 자기 의를 자랑하는 말이고 후자는 그와 대조적으로 겸손한 통회의 표현인 것처럼 생각하면 안 된다. 이 두 가지 태도는 각각의 관점에서 올바른 자세이다.

하나님의 눈앞에는 아무도 의롭다 할 수 없고, 의로운 자가 단 하나도 없다는 진리, 구약의 경건에 깊이 새겨진 이 진리는 구약의 경건에 가득한 두 가지 특징, 곧 자비의 탄원과 용서의 탄원의 기반을 놓아 준다(참고. 시 32:1, 2, 51:1, 2, 130:4, 단 9:9, 18, 19). 자비의 탄원은 공의에 대한 항변이 없다고 인정하는 경우에만 타당할 수 있다. 그리고 용서의 탄원은 정죄를 받고 그 정죄 의식에 시달리는 사람의 간청이다. 용서에 대한 믿음이 구약의 경건에서 그토록 중심적인 자리를 차지하는 것은 은혜 언약에 담긴 이 약속의 중심성에서 흘러나온다(참고. 출 34:6, 7, 사 43:25, 44:22, 미 7:18, 19).

그러므로 이 모든 사항은, 하나님의 심판석 앞에서 어느 누구도 똑바로 서서 자신의 의로움을 지지하려고 의롭다는 주장을 내세울 수 없다는 것이 구약성경에 뿌리박은 진리임을 보여 준다. 의로운 사람은 단 한 명도 없다.

그런데 이 사실은 구약의 가르침의 또 다른 줄기로 이어진다. 그것은 하나님께서 실제로 의롭다고 하시고, 또 하나님이 보시기에 의롭지 않은 사람들에 대해 그분이 의롭다고 하신다는 것이다. 이는 모순되는 듯하다. 사람들 사이에 통용되는 평가기준에 따르면, 이런 자료는 모순적이다. 사람들 사이에선 악한 자를 의롭다 하는 것이 주님께 미움을 받는 짓이다. 그러나 이것이 하나님이 행하시는 일이다. 그래서 이런 말씀이 기록되어 있다. "너는 말하여 네가 의로움을 나타내라"(사 43:26). "이스라엘 자손은 다 여호와로 말미암아 의롭다 함을 얻고 자랑하리라"(사 45:25). "나의 의로운 종이 자기 지식으로 많은 사람을 의롭게 하며"(사 53:11).

하나님의 의롭게 하시는 행위와 관련해 우리가 고려해야 할 점이 있다. 의롭다 하는 행위는 엄밀히 말해 법정적인 성격을 갖고 있으나 그래도 당사자의 성품과 행위의 의로움과 관련이 있을 수 있다는 점이다. 왕상 8:32의 유비에 따라 그렇게 볼 수 있다. '의롭다고 하다'(justify)란 용어가 가리키는 선언적 행위 자체는 그 근거로 여겨지는 의가 주관적인 성품과 행위의 의로움일 때에도 그 법정적인 의미를 잃지 않는다는 것을 기억해야 한다. 이 경우는 다음과 같이 묘사될 수 있다. 모든 사람은 죄로 타락한 상태이다. 따라서 하나님의 정죄 아래 놓여 있다. 그러나 은혜로운 하나님은 사람들을 새롭게 하시고 그들에게 새로운 성품과 행위를 부여하신다. 이 변화에 기초해 그분은 그에 따라 판단하신다. 즉, 그분은 그 사람을 변혁의 은혜를 받아 변화된 사람으로 선언하신다. 의롭게 하시는 행위의 근거가 되는 그 과정은 능동적인 또는 사역적인 성격을 띠지만, 그 행위 자체는 오직 법정적인 성격을 띤다. 따라서 '구약의 가르침이 과연 이 패턴을 따르고 있는가?' 하고 묻지 않을 수 없다.

이 질문에 대답하는 과정에서 계시의 역사상 최초로 하나님의 칭의를 명시적으로 언급하는 창 15:6을 간과할 수 없다. "아브람이 여호와를 믿으니 여호와께서 이를 그의 의로 여기시고." "의롭다 하다"는 용어는 나오지 않지만 이 본문이 그 문제와 관련이 있음을 부인할 수 없다. 즉, 의의 문제에서 하나님의 판단과 관련이 있다는 말이다. 네 가지 고려사항을 주목할 필요가 있다.

(1) 전면에 부각되어 있는 아브라함의 결정적 특징은 믿음, 곧 주님을 의지하고 신뢰하는 태도로서의 믿음이다. 믿음은 하나님의 성품에 초점을 두는데, 이 경우에는 구체적으로 그분의 능력과 신실하심에 초점을 둔다.

(2) 아브라함에 관한 하나님의 판단은 무언가를 그의 것으로 간주한 것이었다. 그것은 하나의 전가(轉嫁)였다.

(3) 간주된 것은 의(義)였다.

(4) 의로 간주된 것은 바로 아브라함의 믿음이었다. 이 경우에 고려된 것은 성품이나 행위의 의로움이 아니라 그 의의와 효능을 하나님의 성품에서 끌어온 그 무엇이었다.

이런 고려사항들로부터 우리는 여기에 아브라함의 의로운 성품과 행위에 대한 인정에 기초한 하나님의 칭의의 행위가 있다는 관념을 끌어내지 않는다. 오히려 의로 간주된 것은 믿음이었다는 사실을 강조한 것을 보면 정반대 방향을 가리킨다. 그것은 하나님의 능력과 진실을 부각시키는 믿음인즉 개인적인 행위와는 대비되는 믿음이기 때문이다. 달리 말해, 여기에는 왕상 8:32의 사상과는 무척 다른 사상의 분위기가 있다. 왕상 8:32에서는 하나님께서 의로운 자를 의롭다 하시고 그의 의로움에 따라 갚아 주신다. 창 15:6에서는 이와 상반된 모습이 우리의 주목을 끈다.

창 15:6이 제공하는 방향을 염두에 둔 채 이제는 정죄를 배경으로 칭의를 거론하는 것과 연관된 다른 증거를 고려할 필요가 있다. 이 증거는 구약의 가장 두드러진 특징 중의 하나로서 주님 안에서 하나님의 백성이 의롭게 된다는 진리이다. 이 진리는 적어도 세 가지 측면을 지니고 있다. ① 이스라엘이 의롭다 함을 받는 것은 주님 안에서다. ② 그들의 의로움은 주님 안에 있다. ③ 주님 그분이 그의 백성의 의로움이다. 이 진리를 잘 표현하고 있는 책은 이사야서와 예레미야서, 그리고 시편이다.

사 45:25은 이렇게 말한다. "이스라엘 자손은 모두 주 안에서 의롭다는 인정을 받고, 영예를 얻을 것이다"(새번역). 그 동사가 상태를 가리키는 것으로 번역되든—"의롭게 되다"—법정적인 의미로 번역되든—"의롭다 함을 받을 것이다"—별 차이가 없다. 중요한 점은 어느 경우든 "주님 안에서" 이뤄진다는 것이다. "주님에 의해"라는 번역보다는 "주님 안에서"란 번역이 더 낫다. 앞 절에 나오는 동일한 표현은 분명히 "주님 안에"란 뜻이고, 이 번역이 "주님에 의해"란 번역보다 "영예를 얻을 것이다"란 다른 동사와 더 잘 어울린다. 앞 절(45:24)은 이 진리의 다른 측면을 진술하고 있다. "'참으로 주님께만 공의와 능력이 있다'고 사람들이 나에게 고백할 것이다." 이 경우에는 "공의"(의로움)의 개념이 크기 내지는 충만함을 나타내는 복수형의 사용으로 더욱 강화되고 있다. 이스라엘이 주님 안에서 의롭다고 인정받는 것은 주님 안에 있는 의가 이스라엘에게 전가되기 때문임은 의문의 여지가 없다. 이를 확증하는 구절로는 사 54:17을 들 수 있다. "너를 치려고 제조된 모든 연장이 쓸모가 없을 것이라 일어나 너를 대적하여 송사하는 모든 혀는 네게 정죄를 당하리니, 이는 여호와의 종들의 기업이요 이는 그들이 내게서 얻은 공의니라 여호와의 말씀이니라." 이 두 구절에서 끌어낸 사항들은 주님의 의가 그 백성의 구원을 위해 가까이 왔거나 곧 나타날 것이라는 일련의 구절들과 조율되어야 한다(사 46:13, 51:5, 6, 8, 56:1, 61:10, 11, 62:1). 가까이 다가온 구원과 곧 나타날 의, 구원의 옷을 입는 것과 의의 옷을 걸치는 것, 가까운 의와 앞으로 나간 구원 간의 병행관계는 여기서 생각하는 의가 구원을 향한 의임을 가리킨다. 적어도 그것은 구원과 상관관계가 있는 의로움인즉 사람의 자녀들에게 전가된 의다. 그것은 의로움이 유도하는 그 심판의 목표, 의롭다는 판단을 향해 작동하는 의로움이다. 그러므로 구원의 행위에서 드러나는 것은 바로 하나님의 의다. 그리하여 우리는 주님의 의로움 안에서 이스라엘이 의롭게 되고, 이스라엘의 의가 그분의 것이라고 말하는 이유를 알게 된다(참고. 시 24:5, 89:16(17), 103:17, 사 32:17, 63:1).

렘 23:6은 메시아 예언이다. 5절이 이를 분명히 밝힌다. "여호와의 말씀이니라. 보라 때가 이르리니 내가 다윗에게 한 의로운 가지를 일으킬 것이라, 그가 왕이 되어 지혜롭게 다스리며 세상에서 정의와 공의를 행할 것이며." 우리의 주 관심사인 6절의 특징은 "의로운 가지"가 불릴 이름에 있다. 이 어구를 어떻게 번역할지 모르젔지만, 그 이름은 당사자의 구체적인 신분을 가리키고 있다. 다음 두 가지로 번역할 수 있다. "이것이 주님이 부르실 그의 이름인즉, 우리의 의라." 또는 "이것이 그가 불릴(그분이 그를 부르실) 그의 이름인즉, 주님 우리의 의라." 전자의 경우는 우리가 그의 의로움 안에 자산을 갖고 있다는 뜻이다. 즉, 그는 우리의 의로움이다. 그는 의로운 가지로서 우리와 그런 관계를 맺게 되었은즉 그의 의로움이 어떻게든 우리의 의로움이다. 따라서 어느 면에서 여기서 생각하는 사람들의 의는 그들 자신의 것이 아니고 그 의로운 가지 안에서 그들이 갖고 있는 의이다. 이 번역은 그 자체로 주님이 그의 백성의 의라고 말하진 않을 것이다. 그러나 위에서 세운 다른 두 가지 측면―주님 안에서 이스라엘이 의롭다 함을 받고, 그들의 의가 주님 안에 있다는 것―과 조율이 되면, 우리가 의로운 가지를 주님과 동일시함으로써 의로운 가지가 그 안에서 이스라엘이 의롭게 되는 주님이고, 주님 안에 있는 의는 바로 의로운 가지의 의라고 말할 수 있다.

하지만 다른 번역, 곧 "주님"과 "우리의 의"가 합쳐져서 그 의로운 가지가 불릴 이름이 되는 후자를 지지하기 위해 거론할 만한 고려사항들도 있다. ① 마소라 본문의 상호구두점은 틀림없이 이것이 마소라 본문의 해석이었음을 가리킨다. ② 구약성경에는 4자로 된 말(tetragram)이 따라오는 말과 합쳐져야 하는 다른 사례들이 있다. 물론 이런 사례들이 정확히 병행하는 것은 아니지만 다른 구문을 허용하지 않는다. 그럼에도 불구하고 그 사례들은, 렘 23:6의 경우 다른 경우들에 너무나 분명히 나오는 구문을 따르는 것을 지지해 준다. 말하자면, 이 다른 사례들에 나오는 결합이 렘 23:6의 해석에 하나의 패턴을 제공한다는 뜻이다. 다른 구절들은 다음과 같다. 창 22:14, 출 17:15, 삿 6:24, 겔 48:35. ③ 물론 4자로 된 말이 "그를 부를"이란 어구의 주어일 수 있다는 것(참고. 창 26:18)은 인정하지만, 만일 4자로 된 말이 주어라면 우리는 수많은 구약 구절들의 패턴에 따라 다른 구문을 기대하게 될 것이다. 말하자면, 먼저는 "부를"이란 동사를, 이어서 주어인 4자로 된 말을, 다음에는 ("그의 이름"과 동격으로서) "우리의 의"와 함께 나오는 목적어로서의 "그의 이름"을 기대한다는 뜻이다(참고. 창 3:20, 4:25, 5:3, 16:11, 19:22, 25:30, 29:34, 35:18, 수 7:26, 대상 4:9, 사 7:14, 렘 11:16, 20:3). ④ 렘 33:16

은 23:6과 매우 유사하고 똑같은 명칭이 똑같은 구문과 함께 나온다. 이 경우에는 예루살렘을 언급하는 만큼 "이 성은 여호와 우리의 의라고 불릴 것이다"로 번역할 수 있다. 석의적인 근거로 "이것은 주님이 그녀를 부를 것, 곧 우리의 의다"라는 번역은 결코 옹호될 수 없는 것이다. 이유는 명백하다. 구약 가르침의 유비로 보나 건전한 상식으로 보나 예루살렘을 이스라엘의 의라고 부르는 것은 있을 수 없는 일이다. 따라서 우리는 이 경우에 4자로 된 말과 "우리의 의"를 결합하고 이 어구를 예루살렘이 장차 "여호와 우리의 의"란 모토에 의해 확인될 것이란 뜻으로 해석해야 한다. 렘 33:16이 제공하는 패턴은 23:6의 구문을 똑같이 이해하는 데 거의 결정적이다. 이 모든 사항을 고려하면 4자로 된 말과 "우리의 의"를 결합한 것이 메시아가 불릴 이름이라는 견해로 기울어지지 않을 수 없다.

하지만 여기서 의로운 가지가 "주님 우리의 의"인가, 아니면 그의 이름이 "주님 우리의 의"인가 하는 의문은 여전히 남는다. 전자의 경우에는 그가 "주님"으로 불릴 것이고, 후자의 경우에는 그가 반드시 그렇게 불리진 않을 것이다. 렘 33:16에서 예루살렘에 붙여진 호칭은 예루살렘을 주님과 동일시하는 것으로 해석될 수 없고, 그 호칭의 뜻은 따라서 "주님이 우리의 의이다"라는 것일 터이다. 앞에서 인용한 다른 사례들에도(창 22:14, 출 17:15, 삿 6:24, 겔 48:35) 우리는 동일한 번역을 채택해야 한다. 이런 사실들을 감안하면 우리는 23:6에 나오는 "주님 우리의 의"를 번역할 때 독단적이 될 수 없다. 달리 말하면, 우리가 주장할 수 있는 바는 "주님이 우리의 의이다"라는 것뿐이다. 그러나 이것은 중요한 논지를 분명히 정립하는데, 구약의 사상에서 주님 그분이 그의 백성의 의로 제시되어 있다는 점이다. 그런즉 우리는 사람이 의롭게 되는 일이 세 가지 측면에 근거를 두고 있음을 알 수 있다. 사람이 의롭다 함을 받는 것은 주님 안에서다. 그들의 의는 주님 안에 있다. 주님 그분이 그들의 의로움이다. 이것이 바로 '사람이 어떻게 하나님과 의롭게 될 수 있는가?'라는 질문에 대한 대답이다. 그리고 이것은 정죄와 칭의 간의 모순의 딜레마에 부응한다. 여기서 우리는 우리의 주제와 관련된 구약 계시의 최고의 지점을 만나게 된다. 어떻게 주님 그분이 우리의 의가 되는지를 이해하려면 신약의 빛이 필요하다. 그런데 신약 계시의 최고점을 이해하려면 이런 구약 증언의 배경이 필요하다는 것도 사실이다. 바울의 교리, 곧 믿음에서 믿음에 이르는 하나님의 의에 관한 교리를 이해하는 것도 그것을 구약의 상대역에 비춰 봐야 가능하다고 할 수 있다.

신약

Ⅰ. 용어

신약성경에서 칭의의 개념을 표현할 때 가장 많이 사용된 용어는 δικαιόω다. 이런 질문이 생긴다. 신약성경에서도 이에 상응하는 히브리어 어근—상태, 원인, 증명, 법정적인 뜻—의 사용에서 나타난 이 용어의 다양한 의미를 발견할 수 있는가?

많은 사례를 검토해 보면 δικαιόω란 용어가 능동태로는 상태를 가리키는 뜻으로 사용된 적이 전혀 없다는 사실을 알 수 있다. 이는 행동을 표현하는 동사이지 어떤 상태를 가리키지 않는다. 눅 7:29은 그 능동적인 뜻이 얼마나 뚜렷한지를 보여 준다. "모든 백성과 세리들은 이미 요한의 세례를 받은지라 이 말씀을 듣고 하나님을 의롭다 하되." 눅 10:29이 율법교사에 대해 "그 사람이 자기를 옳게 보이려고"라고 말할 때와 눅 16:15—"너희는 사람 앞에서 스스로 옳다 하는 자들이나"—도 마찬가지다(참고. 롬 3:26, 30, 4:5, 8:30, 33, 갈 3:8). 대다수의 경우에는 직접 목적어를 취하지만 항상 그런 것은 아니다(참고. 롬 8:33). 이 사실로 말미암아 수동태는 "능동태가 가리키는 행동에 종속되어 있는 것"을 의미한다고 추정할 수 있다. 칠십인역(창 38:26, 시 19:10)에서 볼 수 있듯이 완전 수동태가 상태를 가리키는 뜻으로 사용될 가능성이 있다. 눅 18:14에 나오는 세리에 관한 언급은 "이 사람이 의롭게 되어 그의 집으로 내려갔다"라고 번역될 수 있다. 즉, 의로운 상태가 되었다는 뜻이다. 완전 수동태가 이런 의미에 적합하긴 하지만(참고. 고전 4:4) 다른 시제들도 비슷한 의미를 낳을 수 있다. 행 13:39에 나오는 이와 관련된 현재 수동태의 어구는 "이 사람을 힘입어 믿는 자마다 의롭게 되는 것이라"고 번역될 수 있다. 롬 3:4의 경우, 우리가 히브리어에 대해 발견한 것처럼, 그 시제가 비록 부정과거형이라도 "주께서 주의 말씀에 의롭게 되기 위하여"라고 번역될 수 있다. 롬 2:13, 3:20에서는 미래 수동태가 이렇게 해석될 수 있고, 롬 3:28, 갈 2:16, 3:11, 5:4, 약 2:24에서는 현재 수동태가 그렇게 해석될 수 있다.

그렇지만 수동적인 뜻을 선호할 만한 이유들이 있다.

(1) 상태를 가리킬 수 있는 이런 사례들 중 여럿은 수동적인 번역이 더 자연스럽다. 특히 직접적인 문맥과 관련이 있을 때에는 상태로 번역하는 것이 가혹하다(참고. 롬 3:20, 고전 4:4).

(2) 이처럼 상태의 뜻을 지녀서 반드시 그렇게 번역해야 하는 사례는 하나도 없는 듯하다.

(3) δικαιόω는 행위 동사이므로 자연스런 수동의 뜻이 의도되지 않았음을 보여 주려면 강력한 증거가 필요하다. 그런데 이 증거는 찾을 수 없다.

(4) 많은 사례에 나오는 부정과거 수동태는 상태의 개념과 잘 일치하지 않는다.

(5) 많은 경우에는 이런 상태의 뜻이 배제된다(참고. 마 11:19, 12:37, 눅 7:35, 롬 3:24,6:7, 고전 6:11, 딤전 3:16). 이런 경우들은 이 점을 보여 줄 논증이 필요 없다.

이런 이유들로 인해 우리는 신약성경에서 δικαιόω가 상태를 나타내는 것으로 사용된다고 볼 수 없다. 단, 나중에 살펴보겠지만, 법정적인 개념에 가까운 상태의 개념이 있기는 하다.

원인의 뜻과 관련해서는, 칠십인역이 히브리어 어근이 그런 뜻으로 사용된 사례들(단 8:14, 12:3)에서는 δικαιόω를 사용하지 않았다는 사실을 이미 살펴봤다. 단지 시 73:13(칠십인역 72:13)에서만 이런 의미가 나타나는 듯한데, 이마저도 이것이 정확한 의미인지가 의심스럽다. 이런 칠십인역의 용례를 감안하면, 신약성경에서 δικαιόω가 나오는 어느 경우이든 그것을 사역적인(원인) 의미로 해석하기가 어렵다고 추정할 수 있다. 단, 그렇게 해석할 만한 강력한 이유가 있을 경우만 제외하고 말이다. 따라서 이런 질문이 생긴다. 신약성경에서 의롭게 혹은 순결하게 만든다는 사역적인 의미가 나타나는 사례를 하나라도 찾을 수 있는가? 우리는 그 압도적인 뜻에 기초해 이 문제를 미리 판단하면 안 된다. 신약성경에서는 용어들의 정확한 의미가 유동적이기 때문에 오직 문맥에 따라 한 용어의 뜻을 정할 수 있을 뿐이다. 이 점은 δικαιόω가 주로 등장하는 사도 바울의 서신들에도 해당된다. 한 경우에는 그 문맥 때문에 ἐδικαιώθητε가 "너희가 순결하게 되었다"(고전 6:11)라는 뜻으로 주장되고 있다. 이것이 월터 바우어(Griechisch-Deutsches Wörterbuch ad δικαιόω; Arndt and Gingrich의 앞의 책도 참고하라)와 일부 주석가들의 견해이다. 이 경우에는 그 문맥이 정화(淨化)를 다루고 있고—"너희가 씻겨지고, 거룩하게 되고"(새번역)—해당 어구는 이런 앞의 어구들과 연속선상에 있다. 그러므로 씻음과 거룩하게 됨과 동일한 범주에 속하는 해석을 선호하게 된다. 더 나아가, 이 구절의 끝에 나오는 어구, "우리 하나님의 성령에 의해"는 이 세 동사들과 함께 해석되든지 말든지 ἐδικαιώθητε와 분리될 수 없다. 만일 이 용어가 칭의를 언급하는 것으로, 즉 법정적인 뜻으로 해석된다면, 바울의 가르침에서 이와 유사한 경우를 찾기 어려울 것이다. 즉, 성령을 칭의의 행위자로, 또는 우리가 "그 안에서" 의롭다 함을 받는 위격으로 묘사하는 경우가 없다는 뜻이다. 그러므로 여기서는 비(非)법정적인 해석을 충분히 지지할 만하다. 하지만 다음과 같은 이유로 이 문제가 아직 완결된 것은 아니다. ① 딛 3:5-7에서 δικαιόω(부정과거 수동태)는 고전 6:11의 용어들과 같은 범주에 속한 용어들과 긴밀하게 연결되어 있다. "오직 그의 긍휼하심을 따라 중생의 씻음과 성령의 새롭게 하심으로 하셨나니, 우리 구주 예수 그리스도로 말미암아 우리에게 그 성령을 풍성히 부어 주사 우리로 그의 은혜를 힘입어 의롭다 하심을 얻어 영생의 소망을 따라 상속자가 되게 하려 하심이라." 물론 여기에 고전 6:11과 똑같은 대등관계가 있는 것은 아니지만 고전 6:11의 대등관계의 효과와 관련해 너무 쉬운 가정을 취하지 못하게 하는 긴밀한 상관관계와 종속관계가 있다. ② 딛 3:7에 나오는 δικαιόω를 법정적인 용례로 봐서는 안 될 타당한 이유가 없다. 이 용어와 관련된 어구 "그의[하나님의] 은혜를 힘입어"와 이 용어가 지시하는 어구 "영생의 소망을 따라 상속자가 되게"는, 다른 곳에 나오는 바울의 가르침을 보면, 칭의와 연관되어 있다. 우리의 결론은 고전 6:11이 사역적인 의미를 보여 주는 한 실례일지 모르나 의문의 여지가 없는 것은 아니란 것이다. 설사 여기에 순결하게 되었다는 뜻이 나타난다고 할지라도, 이런 의미가 드물다는 사실은 그것이 매우 예외적임을 보여 주고, 신약성경에 칠십인역의 상황과 실질적으로 동일한 상황이 존재한다는 것을 알 수 있다.

신약성경에는 사역적인 의미가 난센스로 취급될 수 없는—추상적으로 가능한—다른 사례들도 있다. 다른 한편, 도무지 사역적인 의미로 볼 수 없는 사례는 너무나 많다. 법정적인 의미를 가리키는 상관관계와 반립관계의 표현에서 생기는 다른 고려사항이 너무나 많은 경우들이고, 이 경우들은 사역적인 의미의 추상적 가능성이 존재하지만 법정적인 의미가 적합하기 때문에 신약의 압도적인 용례와 반대로 추상적 가능성을 강요하는 것은 완전히 자의적이라서 변호될 수 없다고 하겠다.

고전 6:11처럼 사역적 의미가 뚜렷한 경우와 법정적인 의미와 융합되는 상태의 용례를 보여 주는 경우를 제외하면, 이제 증명의 의미와 법정적인 의미만 남게 된다. 이 두 가지 의미의 차이는 "의롭다는 것을 보여 주다"와 "의롭다고 선언되다"의 차이라고 할 수 있다. 그런데 우리가 신약에서 δικαιόω가 나오는 사례들을 검토해 보면, 전자가 더 정확한 뉘앙스를 전달한다고 판단되는 경우라도 이런 의미를 견지하는 것이 적절한지는 충분히 도전받을 수 있다. 마 11:19과 눅 7:35은, 지혜는 그 행한 일로 인하여 또는 자기의 모든 자녀로 인하여 옳다 함을 얻는다고 말한다. 이 구절들을 지혜가 그 행한 일이나 그 자녀들로 인해 옳다는 것이 보인다는 뜻으로 해석할 만한 이유는 약간 있는 듯하다. 적어도 "옳다 함"(justify)이란 용어는 선언적 의미보다 증명의 의미를 더 많이 갖고 있는 것 같다. 눅 16:15은 "너희는 사람 앞에서 스스로를 의로운 자로 돋보이게 하는 자들이라"는 사상인즉 그들 자신을 의롭다고 "선언한다"는 뜻은 아닐 것이다. 롬 3:4에는 하나님에 대해 이런 의미가 잘 표현되어 있다. 즉, 하나님은 그의 판단에 의롭다 함을 받으신다는 것이다. 이와 똑같은 뜻이 고전 4:4과 딤전 3:16에도 나타나는 듯하다. 만일 이 의미가 괜찮다면, 약 2:21, 24, 25도 이렇게 해석하는 것이 가능하고, 얼핏 보이는 바울의 가르침과 야고보의 가르침 간의 간극이 상당히 줄어들 것이다. 어쨌든 일단 우리가 어떤 경우에는 사법적인 선언과 구별되는 증명의 개념에 강조점이 두어진다는 것을 인정한다면, 맨 처음 공공연한 모순으로 보였던 것을 해결하는 데 상당한 진전을 이룬 셈이다. 왜냐하면 야고보서에서는 강조점을 선행의 입증에 둔

데 비해, 바울의 논증에서는 분명히 강조점이 사법적인 선언에 두어지기 때문이다.

그러므로 극소수의 예외를 제외하면, 신약성경에 나타나는 뜻은 증명과 법정적인 것밖에 없고, 양자의 사상은 너무 가깝고 어떤 경우에는 증명을 선호하는 정도가 너무 미미해서 법정적인 의미와 구별하기가 힘든 상황이다. 법정적인 뜻을 지지하는 증거는 너무나 많아서 굳이 상세하게 인용할 필요가 없다. 칠십인역에는 이런 의미가 무척 만연되어 있어 신약성경에 나오는 동일한 용어를 이해하는 데 필요한 결정적인 자료가 된다. 눅 7:29은 "의롭다고 선언하다"라는 뜻만 가능하고 "의롭게 만들다"라는 사역적인 개념은 완전히 배제된다. 바울이 믿음으로 의롭다 함을 받는다고 논증하는 대목에서 롬 8:33은 "정죄하다"와 "의롭다 하다"를 대조시키는데, 후자는 법정적인 의미임이 확실하다. 30절에 나오는 동일한 용어의 뜻도 확정적이다. 그리고 구원의 사슬에서 칭의가 중추적인 요소의 하나로 언급되는 구절에서 이 용어가 그런 뜻이라면, 이와 동일한 뜻이 칭의를 주제로 삼는 (로마서의) 앞부분 전체에 적용되어야 마땅하다. 이를 확증해 주는 것은 롬 4장에 나오는 이에 상당하는 표현, 즉 아브라함에게 믿음이 의로 여겨졌다는 말이다(4:3, 5, 6, 11, 22, 23). 창 15:6에서 끌어온 이 표현이 어떤 문제를 야기하든지 간에, 이 말은 분명히 전가(轉嫁)의 방향을 가리키고, 사역적인 의미가 수반하는 주관적으로 작동하는 개념과는 전혀 친화성이 없다. 의를 우리의 것으로 간주한다는 것은 분명히 법정적인 영역에 해당한다.

법정적인 뜻이 신약의 용례를 지배한다는 사실은 분명하지만, "의롭다고 선언하다"는 용어가 거기에 내포된 모든 뜻을 표현하기에 완전히 적합하다는 말은 아니다. 어떤 경우에는 이 표현으로 다 전달할 수 없는 뜻이 더 있다고 충분히 추정할 수 있다. 눅 18:14—"이 사람이 의롭다 하심을 받고 그의 집으로 내려갔느니라"—의 경우, "의롭다고 선언되었다"는 말은 그 사상을 표현하기에 너무 약하다는 인상을 받는다. 물론 그 개념을 사법적 내지는 법정적인 영역에서 이동하면 결코 안 된다. 그러나 여기에는 선언된 상태뿐만 아니라 간주된 상태에 대한 성찰도 있는 것이 확실하다. 세리는 의로운 상태로 그의 집으로 내려갔다. 그리고 "의롭다 하심을 받다"라는 용어는 거기서 선언된 의로운 상태뿐만 아니라 초래된 의로운 상태도 가리킨다. 법정적인 뜻을 제대로 견지한다면, 그 사상은 그 사람이 "의로운" 상태로 그의 집에 내려갔다는 말로 표현될 수 있다. 여기서 상태의 개념은, 비록 그것이 법정적인 뜻에 융합되지는 않더라도, 후자에 무척 가깝다. 이와 마찬가지로 롬 3:24-"하나님의 은혜로 값없이 의롭다 하심을 얻은 자 되었느니라"-에서도 단순한 선언의 개념이 그 의롭다 하는 행위에 내포된 풍성한 뜻을 모두 표현하기엔 역부족이다. 달리 말하면, 불경건한 자를 의롭다고 하시는 하나님의 행위는 선언의 말로 완전히 표현되지 않는다는 뜻이다. 바울이 사용하는 다른 말이 이 추가적인 요소를 발견하는 데 도움을 준다. 그것은 의로움을 한 사람의 것으로 간주한다는 말이다. 이 단계에서 이 말이 정확히 무슨 뜻인지를 미리 판단하지 않더라도, 적어도 의롭다고 하는 행위에 선언적 행위와 더불어 전가의 행위도 있다는 것만은 분명하다. 그것은 선언적 행위이되 또한 전가적 행위이기도 하다고 말해도 무방하다. 우리가 "의롭다고 선언하다"라는 말에서 느끼는 부족함을 채워주는 것은 바로 이 전가의 개념이다. 그리고 이처럼 보다 적극적인 행동이 내포되어 있다는 점은 "의롭게 간주되었다"(롬 5:19)는 표현-문맥으로 보면 칭의와 같은 뜻을 갖고 있다-이 더욱 확증해 준다. 칭의의 행위는 구성적 성격을 지니고 있다. 그런데 이는 법정적인 뜻을 무효화할 수 없는 고로 법정적인 영역 안에 있는 것이 틀림없다. 그러므로 불경건한 자의 칭의는 구성적으로 또 전가적으로 선언적 성격을 갖고 있다고 요약할 수 있다.

II. 의(righteousness)

만일 우리가 칭의를 의롭다고 선언하는 것, 즉 선언적인 것으로 생각한다면, 의로운 상태 또는 관계는 그 선언으로 인해 존재하는 것 또는 존재하게 된 것으로 생각해야 한다. 만일 우리가 법정적인 뜻에 초점을 맞춘다면, 여기서 생각하는 심판은 심판의 토대로서 의로움을 고려하고 있음이 틀림없다. 만일 우리가 롬 5:19의 패턴에 따라 구성적 행위의 견지에서 생각한다면, 이 상태를 구성한 의로움이 전제되어 있는 것이다. 그리고 끝으로, 만일 전가적인 개념을 명시적으로 고려한다면, "하나님이 의를 전가하신다"(롬 4:6)는 표현대로 의로움이 전가되는 것으로 볼 수 있다. 그러면 하나님께서 불경건한 자를 의롭다고 하실 때 그 의는 무엇인가?

창 15:6에서 끌어온 이 표현은 믿음이 의로 간주되었다는 뜻이다(롬 4:3, 5, 9, 10, 22, 23, 갈 3:6, 약 2:23). 이는 '믿음 자체가 전가된 의다'란 뜻인 듯하다. 만일 믿음 자체가 여기서 생각하는 의로움이고 하나님께서 불경건한 자를 의롭다고 하시는 이유라면, 이것은 어떻게 이와 관련된 신약 가르침과 조화를 이룰 수 있는가 하는 문제가 생긴다. 말하자면, 그리스도 안에 있는 구속, 그의 피를 통한 속죄와 화해, 그리고 죽기까지 한 그의 순종이 죄인들이 의롭다 함을 받는 토대를 구성한다는 가르침과 어떻게 조화될 수 있는가? 만일 믿음 그 자체가 의라면, 바울의 가르침이 가리키듯이 그리스도의 구속 사역이 어떻게 우리의 칭의와 직접적인 관계를 맺게 되는가? 신학의 역사를 보면 이 난점을 해결하기 위해 다양한 시도가 있어 왔고, 많은 경우에는 창 15:6과 이에 상응하는 신약 구절들에서 믿음 자체가 의로 해석되면 안 된다는 것을 해결책으로 내놓았다. 만일 우리가 이런 해결책에 의지한다면, 가장 용납할 만한 해석은 이런 것이다. "의로 전가되다" 또는 "의를 전가하다"란 표현은 "의롭다 하다"는 동사의 (구약에서 끌어온) 동의어일 뿐이고, 따라서 "믿음이 의로 전가되었다"란 말은 "믿음이 의롭게 한다" 또는 한 사람이 "믿음에 의해 의롭다 함을 받는다"란 뜻이라고. 하지만 이 말을 자의적으로 해석하는 것을 막기 위해 의로 간주된 것은 아브라함의 믿음이었다는 뜻으로 생각하는 편이 더 낫다. 시 106:31에 나오는 (용어에 약간의 차이가 있지만) 이와 동일한 종류의 표현도 바로 이런 의미를 지니고 있다. 그렇다면 하나님께서 아브라함이 발휘한 믿음을 의로 간주하셨다고 말할 수 있다. 믿음은 하나님을 기쁘게 하고, 이런 면에서 믿음은 의로 간주되거나 인정받은 것이다.

만일 이 해석을 받아들인다면, 믿음 자체가 칭의에 이르게 하는 의(義)라는 논지를 지지하는 듯이 보이는 두 가지 고려사항이 있다. ① 이 표현은 율법의 행위로 인한 칭의와 대조를 이룬다(참고. 롬 4:2-6, 13, 14, 16, 갈 3:5, 6, 참고. 롬 10:5, 6). 행위에 의한 칭의의 경우에는 행위 자체가 칭의의 근거임이 분명하다(롬 2:13). 만일 믿음이 행위와 대조된다면, 우리는 믿음이 행위에 의한 칭의의 경우에 행위가 차지한 위치를 점유할 것으로 예상한다. ② "믿음의 의"라는 표현(참고. 롬 4:11, 13)은 믿음 안에 있는 의라는 뜻으로, 믿음이 동격의 소유격인 것으로 해석될 수 있다.

만일 그 표현을 이렇게 해석해야 한다면, 따라서 우리는 우리의 의문을 제쳐놓고 믿음이 바로 칭의 안에 있는 의라고 말하며 더 이상 성경 강해가 필요 없다고 진술해야 할까? 결코 그렇지 않다고 응답할 이유가 여럿 있다. 어떤 표현이 아무리 중요하다 할지라도, 그 표현 하나로 칭의의 근거에 관한 교리 전체를 결정할 수는 없다.

1. 바울이 이 표현을 계속 사용하는 문맥을 살펴보면, 믿음의 전가보다 의의 전가에 더 많은 것이 포함되어 있다는 생각이 든다. 롬 4:6-8에서 바울은 다윗에, 특히 시 32:1, 2에 호소한다. 여기서 바울은 다윗이 말하는 것, 즉 "일한 것이 없이 하나님께 의로 여기심을 받는 사람의 복"(6절)을 해석한다. 그러므로 바울은 지금 이 문맥에서 거듭 인용하는 창 15:6에 언급된 의의 전가를 유념하고 있음이 틀림없다. 따라서 시 32:1, 2에서 끌어온 인용문은 바울이 생각하는 의의 전가가 무엇인지를 조명해 준다. 다윗이 단지 허물의 용서, 죄의 가려짐, 죄의 무(無)전가에 관해 말한다는 것은 의미심장하다. 이는 모두 부정적인 형식인즉, 다윗은 의의 전가란 면에서 긍정적으로 말하지 않는다. 그러나 바울은 긍정적으로 말하고 있고, 그는 의의 전가가 죄의 무(無)전가와 용서를 포함하는 것으로 생각하고 있음에 틀림없다. 석의학적으로 이 지점에서는 의의 전가에 이런 무(無)전가와 용서 이상의 것을 포함시키는 것은 정당화될 수 없다. 그런데 만일 전가된 의가 단지 믿음 안에 있다고 바울이 생각한다면, 그것은 제한된 개념인 만큼 죄의 무(無)전가와 용서를 포함하기 어려울 것이다. 그런즉 바울이 창 15:6을 최대한 활용하는 문맥에서 우리는 적어도 전가된 의에 믿음 그 자체보다 더 넓은 의미를 부여하는 한 가지 고려사항을 끌어내게 된다. 즉, 우리는 바울의 가르침 안에서 죄의 무(無)전가와 상관된 어떤 것, 곧 "의를 전가하다"란 표현이 요구하는 긍정적 요소를 제공할 그 무엇을 찾는 방향으로 나가게 된다.

2. 롬 10:10에는 "마음으로 믿어 의에 이른다"는 표현이 나온다. 여기에 나오는 의는 다름 아닌 6절에 언급된 "믿음의 의"(개역개정판: 믿음으로 말미암는 의)일 수

있고, 결과적으로 3절에 나오는 "하나님의 의"와 동일시되어야 한다. 10절이 암시하는 이 의의 특성은 6절을 해석할 때 반드시 고려되어야 한다. 그리고 10절로부터 끌어낸 것, 믿음과 이 의의 관계와 관련된 것은 6절의 "믿음의 의"와 관련이 있을 것이다. 10절에 나오는 이 어구는 동일한 절의 다른 어구, "입으로 시인하여 구원에 이른다"와 병행하는 것임을 주목해야 한다. 그리고 후자는 전자에 나오는 믿음과 의의 관계를 이해하는 데 도움을 준다. 구원이 시인(고백)에 있지 않고 시인의 견지에서 규정되지 않는 것처럼, 의는 믿음에 있지 않고 믿음의 견지에서 규정되지 않는다. 따라서 믿음은 의에 이르게 하는 것인즉 6절의 "믿음의 의"는 믿음 안에 있는 의를 의미하는 게 아니라 "믿음의"(믿음으로 말미암는)라는 말은 신약의 다른 여러 곳과 같이 도구적인 의미를 지닌 것으로 봐야 한다.

더군다나 만일 믿음 자체가 의라면, 3절에 나오는 표현, "[그들이] 하나님의 의에 복종하지 아니하였느니라"는 말은 어색하기 짝이 없을 것이다. 믿음은 우리 자신을 하나님의 의에 복종시키는 수단인즉 우리 자신을 복종시키는 대상이 될 수는 없기 때문이다.

3. 바울의 가르침에서 칭의에 내포된 의가 "하나님의 의"라는 것은 의심의 여지가 없다. 롬 1:17에서는 그것이 "믿음에서 믿음에 이르게 나타난 하나님의 의"라고 불리기 때문에 논란의 여지가 없어진다. 그리고 이런 연유로 "하나님의 의"가 무슨 뜻이든, 또는 "믿음에서 믿음에"란 어구가 무슨 뜻이든 간에, 여기서 생각하는 것은 바울이 다른 곳(롬 4:11, 13, 9:30, 10:6)에서 "하나님의 의"라고 부르는 것, 칭의에 내포된 그 의임에 틀림없다. 그런즉 롬 1:17과 다른 구절들(롬 3:21, 22, 10:3, 고후 5:21, 빌 3:9, 참고. 벧후 1:1)에 나오는 "하나님의 의"란 표현은 우리가 지금 고려하는 그 의임이 분명하다. 그런데 만일 믿음 자체가 의라면, 그것이 어떻게 하나님의 의라고 불릴 수 있겠는가? 이 의는 신적 속성을 지닌 의이고 인간의 의와 구별되는 하나님-의(God-righteousness)인데 어떻게 그것이 가능한가? 우리가 아무리 상상력을 동원해도 어떻게 믿음이 하나님의 의로 불릴 수 있는지 모르겠다.

더 나아가, 하나님의 의가 나타났다고 말한다(롬 1:17, 3:21). 이 면에서 그것은 복음의 메시지를 구성한다. 그것은 하나님이 계시하시고 사람이 선포한 복음 안에 있는 하나님의 은혜의 대책이다. 그런데 믿음 자체를 그런 묘사에 어울리는 것으로 또는 그런 조건을 충족하는 것으로 생각하기란 불가능하다.

4. 그리스도께서 친히 우리에게 의가 되셨고 우리는 그분 안에서 하나님의 의가 되었다고 한다(고전 1:30, 고후 5:21). 이 구절들에 깔려 있는 가정은, 그리스도가 친히 그 의라는 것, 그리고 그분과의 연합 또는 그분과의 모종의 관계에 의해 우리가 그 의의 속성을 얻게 된다는 것이다. 이 의는 이런 구절들의 패턴에 따라 하나님의 의라고 명시적으로 불리는 것이다. 그런데 어떻게 우리의 믿음이 (그리스도 그분인) 그 의와, 그리고 우리가 그분 안에서 되는 그 의와 동일시될 수 있는가?

5. 칭의에 이르는 의로움은 값없이 받은 선물이다(롬 5:17). 물론 믿음이 하나님의 선물인 것도 사실이다. 그러나 그것은 믿음이 하나님의 은혜로 마음속에 생겼다는 의미에서 그렇다. 롬 5:17의 표현은 객관적인 부여를 가리키지 주관적인 갱신을 가리키지 않는다.

6. 그리스도의 순종이야말로 우리가 의롭다 함을 받는 통로라고 가장 명시적으로 표현되어 있다(롬 5:19). 이 문맥에서 "의롭게 되는 것"은 "의롭다 함을 받는 것"과 동일한 뜻이고, 의를 이루는 것이 그리스도의 순종임은 의문의 여지가 없다.

7. 믿음이 이 의롭게 하는 의와 연관되는 방식을 보면 믿음 자체가 의로움이라는 것은 결코 아니다. 롬 3:22은 밝히 나타난 하나님의 의를 "예수 그리스도를 믿음으로 말미암아 모든 믿는 자에게 미치는 하나님의 의"라고 묘사한다. "예수 그리스도를 믿음으로 말미암아"는 이 의로움이 우리와 연관되게 하는 수단을 가리키는 것이지 그것이 곧 의로움 그 자체라고 시사하는 것은 결코 아니다. 그런데 마지막 어구를 고려하면 그 난점은 극복하기가 불가능해진다. 만일 믿음이 곧 의로움이라면 모든 믿는 자에게 미치는 것이 "믿음"이라고 생각해야 하는데, 이는 불가능한 개념이다. 빌 3:9에서도 그 의를 "믿음에 의한 하나님의 의"로 묘사하고 있고, 그 구문상 그런 개념과는 전혀 어울리지 않는다. 그뿐만 아니라, 만일 믿음이 곧 의라면, 우리는 "믿음 때문에"(διὰ πίστιν)라는 구문을 예상하게 되는데, 이는 신약성경에 전혀 나오지 않는다.

8. 칭의에 내포된 의는 다른 구절들에서 그런 맥락에 소개되기 때문에 이런 경

우에 의를 "믿음"으로 대체하는 것은 불가능하다. 롬 5:21은 12절 이후 바울의 논증을 요약하고 있다. '은혜가 왕 노릇하여 영생에 이르게 하는 그 의는 무엇인가?' 하고 묻는다면, 이렇게 대답해야 할 것이다. 그것은 값없는 은혜로 주어진 의(17절), 한 의로운 행위(18절), 한 사람의 순종(19절)이라고. 이 가운데 어느 것도 믿음과 동일시될 수 없다. 고후 3:9에서 바울이 말하는 "의의 직분"은 칭의의 복음이 중심 주제로 삼는 그 의일 수밖에 없는데, 우리는 그것을 믿음의 직분과 동일시할 수 없다. 다른 예를 들자면, 히 11:7은 노아가 믿음에 의한(κατὰ πίστιν) 의의 상속자가 되었다고 말한다. 여기서 생각하는 것은 유산이고, 이 유산은 "의"로 묘사되어 있다. 믿음은 하나의 유산으로 간주될 수 없을 뿐만 아니라 그 의는 "믿음에 따른" 것으로 특징지어져 있다. 이는 믿음과 그 유산의 관계는 잘 묘사하지만, 믿음이 그 유산 자체라고 말할 수는 없다.

9. 칭의와 관련하여 사용된 전치사들─소유격과 함께 사용된 διά와 ἐκ, 여격과 함께 사용된 ἐπί와 ἐν, 대격과 함께 사용된 κατά와 εἰς ─은 믿음의 뜻에 대한 그런 견해와 거리가 멀다. 그리고 "믿음의 의"(롬 10:6), "믿음에서 난 의"(롬 9:30), "믿음에 따른 의"(히 11:7)와 같은 표현에서도 이 전치사구들은 믿음이 의가 아니라 후자와 수단의 관계를 맺고 있음을 명백히 시사하고 있다.

이런 이유들 때문에 우리는 신약의 가르침에서 칭의에 내포된 의는 믿음 자체가 아니라 믿음에 의해 우리가 소유하게 된 그 무엇이라고 말하지 않을 수 없다. 그러면 왜 바울이 인용한 창 15:6에서는 믿음이 의로 간주되었다고 말하는가 하는 의문이 여전히 남는다. 이 질문에 결정적인 답변을 내놓는 것은 가능하지 않을지 모른다. 그러나 다음과 같이 생각하는 것이 좋을 듯하다. 칭의에 내포된 의는 행위에 의한 의와 대조되는 믿음에 의한 의이고, 비록 그것이 하나님-의(God-righteousness)이지만 그와 더불어 믿음-의(faith-righteousness)이기도 하다는 것을 똑같이 강조하고 있다는 것이다. 사실 이 두 가지 특징은 상관관계가 있다. 그것은 믿음에 의한 의이기 때문에 우리와 관계를 맺게 된 하나님의 의이고, 그것은 하나님-의이기 때문에 우리가 이 의의 수혜자가 된 것은 믿음에 의해서다. 불경건한 자의 칭의에 있어서 이 상보관계는 너무나 필수불가결해서 그 의가 "하나님의 의" 또는 "믿음의 의"라고 불릴 수 있는 것이다. 그러나 믿음과 이 의로움의 관계가 하나님과 후자의 관계와 똑같다는 암시는 조금도 하지 않는다. 이와 마찬가지로, 창 15:6에서 믿음이 의로 여겨진 그것으로 간주될 수는 있으나, 그렇다고 믿음과 칭의의 관계가 하나님의 의와 칭의의 관계와 똑같다고 시사하는 것은 아니다. 그 의는 하나님-의이고 또 믿음-의이기도 하다. 그것은 신적 속성을 갖고 있기 때문에 하나님-의라고 할 수 있고 믿음에 의해 우리에게 영향을 미치기 때문에 믿음-의라고도 할 수 있다. 믿음이 의로 간주되었다고 말할 때는 이 표현의 차이가 의와 믿음의 상관성에 의해 정당화되는 것이고, 이 표현은 동일성의 견지가 아니라 상관성의 견지에서 해석되어야 한다.

하나님께서 불경건한 자를 의롭다고 하실 때 그 의의 본질에 대한 바울의 교리는 특히 롬 1:17, 3:21-26, 4:25, 5:12-21 등의 주석에서 충분히 다뤄지고 있는 만큼 이 부록에서 더 자세하게 다룰 필요가 없겠다.

로마 가톨릭의 칭의 교리

로마 가톨릭의 교리는 트렌트 공의회의 법규와 법령에 진술되어 있고(Session VI, "Decree Concerning Justification") 6장과 7장에 요약되어 있다. 그 교리는 다양한 목적들의 견지에서 제시되어 있다. **목적** 원인은 하나님의 영광과 그리스도의 영광이다. **동력** 원인은 씻으시고 성화시키시는 자비로운 하나님이다. **공로** 원인은 그의 수난으로 칭의를 획득하고 우리를 위해 아버지를 만족시킨 주 예수 그리스도이다. **수단** 원인은 세례라는 성례이다. **형상** 원인은 우리를 의롭게 하는 하나님의 공의, 성화의 은혜의 주입에 있는 하나님의 공의이다. 이 법규가 **준비** 원인에 대해선 명시적으로 말하지 않지만, 그 두 장의 가르침을 보면 이와 동일한 것을 가리키고 있고 이 원인을 믿음, 두려움, 소망, 사랑, 통회 등의 용어로 묘사한다.

이른바 **공로** 원인과 관련해서는 로마 가톨릭이 그리스도께서 그의 공로와 속죄로 우리를 위해 획득하신 것이라고 주장한다. 그러나 이것을 그리스도의 의로움과 순종으로 우리가 의롭게 되었다는 뜻으로 해석하면 안 된다. 법규 X는, 한편으로, 그리스도께서 그의 의로움으로 우리가 의롭게 되도록 공로를 세우셨다고 주장하면서, 다른 한편으로는 그 의로움으로 우리가 공식적으로 의롭게 되었다고 말하는 사람은 누구나 저주를 받는다고 선언한다. 이 차이점은, 로마 교회가 칭의를 법정적 내지는 선언적 행위로 보지 않고 내적인 사람의 성화와 갱신에 있는 것으로 본다는 점을 염두에 두면 분명히 이해할 수 있다. 칭의는 소극적으로는 죄의 용서에 있고, 적극적으로는 영혼의 갱신에 있다. 그런데 칭의에서 이 두 요소의 인과관계를 보면, 영혼의 갱신, 즉 중생에 의해 "한 사람의 죄가 지워지고 그는 참으로 의롭게 된다"고 할 수 있다(Joseph Pohle ed. Arthur Preuss: *Dogmatic Theology*, VII, St. Louis, 1934, p.303).

로마 가톨릭의 주장은 칭의 교리가 성화와 갱신, 곧 의로움의 주입과 성화의 은혜에 있다는 것이고, 로마의 입장과 프로테스탄트의 입장 간의 논쟁점은 바로 이 지점이다. 구약성경과 신약성경에 나타난 용례에 대한 앞의 연구가 증명한 것이 있다면, 그것은 칭의가 법정적인 뜻을 지닌 용어이고 사법적 지위와 관련된 심판을 언급한다는 점이다. 로마 가톨릭이 이 점을 인정하기를 그토록 꺼리는 것은 이상하다. 로마 가톨릭은 비록 칭의의 성격이 법정적임을 시인하지만, 그들은 여전히 자기네 입장, 즉 하나님의 우호적인 심판의 근거가 그리스도의 의와 순종이 아니라 사랑으로 형성된 믿음(*fides formata*)의 열매인 행위 안에 주입되고 뒤섞인 의로움이란 입장을 고수한다. 이런 시인은 물론 로마의 입장과 이를 반대하는 프로테스탄트의 입장을 바꿔 놓을 수도 있다. 그러나 논쟁의 핵심은 여전히 주입된 의로움 vs 그리스도의 대속적인 전가된 의로움의 문제일 것이다. 하지만 로마 가톨릭은 칭의가, 트렌트의 법령에 따라, 성화와 갱신, 성화의 은혜의 분여에 있는 것으로 정의되어야 한다는 강경한 입장을 고수한다. 그런즉 로마 가톨릭과 논쟁해야 할 두 가지 문제는 바로 칭의의 **성격**과 **근거**이다.

로마가 가장 강력하게 논박하는 것은 우리가 오직 믿음으로만 의롭게 된다는 교리이다. 이는 칭의의 성격에 대한 로마 가톨릭의 개념에 기인하는 것이며, 특히 칭의의 점진적 성격과 신자가 믿음의 행위로 얻는 공로를 중시하는 입장 때문이다. 바로 여기서 로마 가톨릭은 성경의 지속적인 증언, 즉 우리가 행위와 상관없이 믿음으로만 의롭게 된다는 가르침에서 일탈한 것이다. 우리가 이 주석과 부록에서 이제껏 다룬 증거에 따르면, 바로 "믿음"에 칭의와 관련하여 수단적 기능이 부여되었다고 할 수 있다. 로마 가톨릭의 교리의 오류를 가장 잘 보여 주는 것은 믿음에 대한 이런 지속적인 강조와, 행위와 그에 따른 공로에 대한 강조가 양립 불가능하다는 점이다. 세례를 수단적 원인으로 생각해야 한다는 것은 로마 가톨릭의 입장과 성경의 가르침 간의 총체적인 간극을 보여 주는 징조이다. 성경이 믿음에 부여하는 효율성을 로마 가톨릭은 세례에 부여하는 셈이다. 그런 칭의 교리의 표현이 의심스러운 것은 다음과 같은 질문만 던져도 알 수 있다. "의롭다 하다"는 용어가 가리키는 하나님의 행위와 관련하여 세례는 도대체 어디에 위치하는가? 이와 반대로, 행위를 배제시킨 채 믿음은 칭의와 관련하여 얼마나 자주 거론되는가!

로마 가톨릭은 추정상의 심판과 선언적 심판의 영역에서 하나님의 행위로서의 칭의의 정확한 성격을 인식하는 데 실패한 것이다. 이 면에서 로마의 교리는 성경의 용례상 "의롭다 하다"와 그 유사어들의 지배적인 뜻과 정면으로 배치된다. 칭의가 중생과 갱신과 성화와 혼동되고 있다. 그 결과 믿음을 통해 은혜로 의롭게 된다는 위대한 칭의 조항이 복음에서 제거되는 것이다. 이처럼 칭의의 독특하고 참된 성격을 제대로 인식하지 못하는 데서 일련의 일탈과 왜곡이 발생한다. 이 입장에 따르면, 그리스도의 순종의 의는 중생과 성화와만 관계를 맺지 칭의와는 관계를 맺을 수 없다고 한다. 우리를 의롭게 하는 것은 그 의가 아니라는 것이다. 그런데 이것은 다른 성경 내용은 말할 것도 없고 롬 5:17, 18, 19, 고후 5:21, 빌 3:9에 나온 바울의 가르침과 정면으로 충돌하고 있다. 다시 말하건대, 믿음이 성경의 보편적 증언이 요구하는 위치로부터 쫓겨나는 셈이다. 믿음은 성령의 다른 모든 미덕은 물론 행위로부터도 구별되는 독특한 성격을 갖고 있고, 그로 인해 오직 믿음만이 칭의와 수단적 관계를 맺게 된다는 가르침이다. 더군다나, 성경이 강조하는 칭의의 값없는 특성이 로마 가톨릭의 교리에서는 무효화된다. 인간의 사죄와 공로에 부여되는 위치가 은혜의 개념과 상충되기 때문이다. 끝으로, 로마 가톨릭은 칭의를 내재적 과정으로 보는 나머지 칭의의 결정적 성격을 배격하게 된다. 그들은 트렌트 공의회가 선언했듯이, 칭의 덕분에 의롭게 된 자는 칭의로 받은 의로움이 갈

수록 더 커지고 아직도 더욱 의롭게 되고 있다고 믿는다(Chapter X). 이로써 로마 가톨릭 교리의 다양한 측면이 서로 결합되어 있음을 분명히 볼 수 있고, 그들이 칭의의 독특한 성격과 은혜를 제대로 인식하지 못하는 바람에 성경의 증언에 뚜렷이 제시되어 있는 것을 논박하기에 이르렀다는 것을 알 수 있다.

부록 B

믿음에서 믿음으로

최근에 가브리엘 허버트는 *Theology*(Vol. LVIII, No. 424, Oct. 1955, pp. 373-379)에 기고한 "'Faithfulness' and 'Faith'"란 글에서 구약에 나오는 emunah의 뜻에 맞추어 신약의 여러 경우에 πίστις를 우리의 믿음(faith)이 아닌 하나님과 그리스도의 신실함(faithfulness)을 가리키는 것으로 해석해야 한다고 주장한다. 그래서 롬 1:17의 "믿음에서 믿음으로"를 "하나님의 신실함에서 사람의 믿음으로"라는 뜻으로 해석해야 한다는 것이다. 아울러 롬 3:22에 나오는 "예수 그리스도의 믿음을 통하여"(개역개정판에는 "예수 그리스도를 믿음으로 말미암아"로 번역됨)라는 말도 예수 그리스도의 신실함을 언급하는 것으로 해석해야 한다고 한다. 그는 다른 여러 구절—롬 3:26, 갈 2:16, 3:22, 엡 3:12, 빌 3:9, 골 2:12—에도 똑같은 해석을 적용한다.

토마스 토랜스 역시 구약 용어들에 관한 더욱 폭넓은 연구를 바탕으로 똑같은 논지를 제의하고 이와 똑같은 해석을 롬 1:17, 3:22, 갈 2:16, 20, 3:22, 빌 3:9 등에 적용한다(*The Expository Times*, Vol. LXVIII, No. 4, Jan. 1957, pp. 111-114, "One Aspect of the Biblical Conception of Faith"). 하지만 토랜스는 이런 주장을 편다. "이런 구절들 대다수에서 *pistis Iesou Christou*(예수 그리스도의 믿음)는 그리스도의 신실함 또는 그에 응답하는 사람의 신실함 중 어느 하나만을 가리키는 게 아니라, 본질적으로 그리스도의 신실함을 그 주된 요소로 가리키는 양극화된 표현인 동시에 그에 응답하는 사람의 신실함을 내포하거나 적어도 암시하는 것이다"(p. 113).

이 둘은 무척 흥미로운 글들이다. 필자가 이 견해를 비판한다고 해서 신구약에 나오는 믿음의 뜻과 밀접한 관계가 있는 이런 용어들과 관련된 구약의 용례가 중요하다는 점을 모르는 것은 아니다. 허버트와 토랜스 모두 매우 중요한 고려사항을 전면에 부각시키고 있다. 여기에 제시된 결론은 필자가 증거를 검토한 끝에 내릴 수밖에 없는 것일 뿐이다. 롬 1:17, 3:22, 갈 2:16, 20, 빌 3:9과 같은 구절들을 살펴보면 허버트와 토랜스가 제의한 논지가 해당 본문에서 지지를 받지도 못하고 다른 신약의 자료에서도 뒷받침을 얻지 못하는 듯이 보인다. 다음 연구는 대체로 토랜스의 제의에 반대하는 내용이고, 양극화된 상황을 "양극화된 표현"과 혼동하는 문제는 허버트에겐 적용되지 않는다. 허버트는 이 표현을 사용하지 않을뿐더러, 비록 한 단락에서는 똑같은 생각을 품고 있는 듯이 보이지만(p. 378) 그 표현의 사용에 찬성했을지는 전혀 분명하지 않기 때문이다.

πίστις란 단어가 하나님의 신실함을 가리키곤 한다는 것은 사실이다. 신약에는 이런 뜻이 너무나 명백한 단 하나의 경우가 있을 뿐이다(롬 3:3). 그런데 이 경우는 너무나 명백하고, πίστις는 하나님과 관련해 너무나 자주 사용되고 있어서(고전 1:9, 10:13, 고후 1:18, 살전 5:24, 딤후 2:13, 히 10:23, 벧전 4:19, 요일 1:9) 다른 구절들의 경우에도, 즉 롬 3:3 만큼 명백하진 않아도 πίστις가 문맥상 하나님의 신실함을 지칭하는 것으로 해석해도 좋은 경우에도 그렇게 해석하지 말아야 할 이유는 없다. 마찬가지로, πίστις가 어떤 구절에서 분명히 그리스도의 신실함을 가리키지 않을 때에도 이 단어는 그에 관해 서술하는 경우가 많고(살후 3:3, 히 2:17, 3:2, 계 1:5, 3:14, 19:11), "예수의 믿음"이 그의 신실함을 가리키면 안 될 이유가 없다.

더 나아가, 하나님과 그리스도의 신실하심이 우리의 칭의와 관련이 있다는 것은 의심의 여지가 없고, 다양한 측면에서 이것이 옳고 적실하다고 생각할 수 있다. 예컨대, 만일 하나님이 신실하고 의로우셔서 우리의 죄를 용서하신다면(요일 1:9) 우리가 의롭다 함을 받는 것에 대해서도 똑같이 말할 수 있다. 그리고 만일 그리스도의 순종이 곧 우리의 칭의라면(롬 5:19), 이 순종은 아버지의 임무와 명령에 대한 그의 신실하심과 분리될 수 없는 법이다. 그런즉 설사 롬 1:17에서 ἐκ πίστεως 가 하나님의 신실하심을 가리킨다고 해석할지라도 그 자체는 바울의 가르침과 상반되는 점이 하나도 없다. 그리고 롬 3:22에서 διά πίστεως가 예수 그리스도의 신실함을 지칭한다고 해석해도, 이는 그리스도의 순종이나 의로움이 우리의 칭의에서 차지하는 위치에 관한 바울의 전반적인 가르침과 일치한다고 할 수 있다. 이에 덧붙여, 만일 "믿음"이 두 구절의 두 가지 경우 모두에서 그리스도에 대한 우리의 믿음을 가리킨다면 이는 불필요한 중복처럼 보이기 때문에, 이 해석은 그런 문제를 잘 해결해 줄 것이다. 사실 이 문제는 주석가들에게 큰 골칫거리였고 이에 대해 다양한 해석이 제시되어 왔다.

더구나, 칭의의 문제에서 하나님의 신실하심과 "그에 응답하는 우리의 신실함"(토랜스의 표현) 사이에 상관성이 있다는 것은 의심할 필요가 없다. 그리고 만일 πίστις가 때로는 두 가지 요소를 모두 지칭하는 "양극화된 표현"이라면, 본질적으로 그런 생각에 반대할 만한 이유가 없다. 우리의 믿음은 실로 하나님의 신실하심과 그리스도의 신실하심에 대한 응답이다.

그렇다면 문제는 이런 구절들에서 πίστις가 하나님이나 그리스도의 신실하심을 가리킨다는 견해가 성경적 교리 내지는 특히 바울의 교리와 양립할 수 있는지의 여부가 아니라, 이 소견이 신약의 자료의 의해 입증되는지 여부에 있다. 이제 우리는 이 문제를 다뤄야 한다. 문제의 성격상 주로 바울의 용례를 다루게 될 것이다.

I. 무엇보다 먼저 πίστις가 분명히 우리 편의 믿음이라서 하나님의 신실하심을 의미할 수 없는 구절들을 제시하는 게 필요하다. 롬 1:8에 나오는 믿음은 로마에 있는 신자들의 믿음을 말하는 것이 자명하다. 다음에 열거하는 경우들도 마찬가지다. 롬 14:1, 22, 23, 고전 2:5, 12:9, 13:2, 13, 15:14, 17, 고후 1:24, 10:15, 갈 5:6, 22, 엡 6:23, 빌 2:17, 살전 1:3, 8, 3:2, 5, 6, 7, 10, 살후 1:3, 4, 3:3, 딤전 1:5, 19, 2:15, 4:12, 6:11, 딤후 1:5, 2:18, 22, 딛 2:10, 몬 5, 6, 히 4:2, 6:1, 11:1, 3, 4, 5 등, 약 1:3, 6, 2:5 등, 벧전 1:7, 벧후 1:1, 5, 요일 5:4, 계 2:19, 13:10. 이것은 총망라한 목록이 아니고 우리가 곧 다루게 될 다른 경우들을 포함

하지도 않는다. 그러나 이런 경우들을 선택한 것은 πίστις가 얼마나 자주 하나님이나 그리스도를 향한 우리 편에서의 마음과 생각의 활동을 의미하는지를 보여주기 위해서다. 달리 말하면, 하나님의 신실하심이란 개념을 그 용어의 고유한 요소로 부착할 수 없는 경우들이다.

II. 둘째 부류는 문맥상, 특히 행위와 대조하는 문맥을 고려할 때 πίστις가 인간 주체 편의 활동인 것이 분명히 드러나는 경우들이다. 이 그룹에서 가장 중요한 대목은 롬 4장으로서 바울이 행위에 의한 칭의와 대조시켜 믿음에 의한 칭의를 변호하기 위해 창 15:6에 호소하는 부분이다. 3절과 4절이 바울의 논증에서 핵심을 이룬다. "아브라함이 하나님을 믿으매 그것이 그에게 의로 여겨진 바 되었느니라"(3절). 일에 따른 빚(4절)과 대조적으로 은혜에 의한 칭의를 증명하기 위해 전면에 내놓은 것은 바로 하나님에 대한 아브라함의 믿음이다. 이 대목(5, 9, 11, 12, 13, 14, 16, 20절)에서 줄곧 등장하는 믿음(πίστις)은 따라서 아브라함이 하나님께 둔 믿음이다. 이 점은 이 대목에서 동사 '믿다'와 실명사 '믿음'을 계속 교체하는 것으로 충분히 확증되고 있다. "일을 아니할지라도 경건하지 아니한 자를 의롭다 하시는 이를 믿는 자에게는 그의 믿음을 의로 여기시나니"(5절, 참고. 3, 11, 17, 18, 24절). 여기서 믿는다는 것(believing)은 오직 아브라함과 그의 믿음을 좇는 이들이 발휘하는 믿음만을 가리킨다. 그런즉 이 대목에 나오는 πίστις는 물론 아브라함의 믿음이 지시하는 하나님의 신실하심과 능력을 지향하고는 있지만 그 의미 속에 하나님의 신실하심이 포함되어 있다고 해석할 수는 없다. 이 믿음이 하나님의 신실하심을 포함하고 있다고 생각하는 것은 아브라함의 믿음에 대한 지속적인 호소와 상반될 뿐만 아니라 그 믿음의 성격과도 배치된다. 이 고려사항은 갈 3:2-14에 나오는 πίστις의 해석에도 영향을 미친다.

만일 이런 대목에서 행위와 대조되는 면과 믿는 행위에 대한 강조점으로 인해 πίστις의 정확한 의미가 확정된다면, 이 결론은 적어도 이런 문맥에 나오는 ἐκπίστεως의 의미에 영향을 미치게 된다. 토랜스의 주장은 ἐκ πίστεως의 의미와 상당히 관계가 있다. 그런데 이런 문맥에 나오는 ἐκ πίστεως는 아브라함과 그의 발걸음을 좇는 이들의 믿음이 아닌 다른 것을 가리킬 수가 없다. 구체적으로 말하면, 롬 4:16, 갈 3:7, 8, 9, 11, 12에 나오는 그 표현은 이런 문맥에서 πίστις와 πιστεύω가 가리키는 것과 똑같은 것을 가리키는 게 틀림없다는 뜻이다. 그리고 롬 5:1에 나타난 ἐκ πίστεως가 앞선 맥락의 관점에서 달리 해석될 수 없다.

롬 10:3-12에서 바울은 다시금 율법의 행위에 근거한 의와 믿음에 근거한 의를 대조시키고 있다. 그의 논증은 이스라엘에 대한 고발의 형태를 취해 "하나님의 의를 모르고 자기 의를 세우려고 힘써 하나님의 의에 복종하지 아니하였느니라"(3절)고 지적한 다음 "그리스도는 모든 믿는 자에게 의를 이루기 위하여 율법의 마침이 되시니라"(4절)라고 덧붙인다. 여기서 "모든 믿는 자"란 어구는 현재 우리의 관심사에 중요한 의미가 있다. 9, 10, 11, 14절에 동일한 용어가 사용되고 있을 뿐만 아니라 이 문맥에서 "믿음"(πίστις)이란 용어를 어떻게 이해해야 하는지도 가르쳐 주기 때문이다. "믿음의 의"(6절, 개역개정판에는 "믿음으로 말미암은 의")라는 표현에 나오는 믿음은 우리 편에서의 믿음의 발휘로 이해해야 하고, 여기에 다시 ἐκ πίστεως라는 표현이 나온다. 이미 언급한 그 이유들로 인해 하나님의 신실하심이 그 용어의 정의에 포함될 수 없다. 바울의 논증이 계속 이어지는 것을 감안하면 롬 9:30, 32에 나오는 동일한 용어도 이렇게 이해해야 마땅하다.

주목할 점이 있다. 바울은 ἐκ πίστεως라는 표현을 무척 좋아한다는 점이다. 그래서 특히 칭의와 관련하여 다른 어떤 전치사 구문보다도 더 많이 등장한다. 우리는 이런 문맥들에서 그 표현이 사용될 때 정확히 어떤 범위를 염두에 두고 있는지 고려하지 않을 수 없고, 그것이 바울의 서신들 전체에서 매우 중요하다는 생각을 하게 된다. 이와 더불어 갈 3:14의 διὰ τῆς πίστεως에 나오는 "믿음" 역시 그 문맥상 똑같은 뜻을 갖고 있는 것이 틀림없다. 그것은 우리가 하나님을 믿는 그 믿음이다.

III. 어떤 구절들은 믿음이 그리스도 예수 안에 있다고 말한다. "너희가 다 믿음으로 말미암아 그리스도 예수 안에서 하나님의 아들이 되었으니(…through the faith in Christ Jesus)"(갈 3:26). "주 예수 안에서 너희 믿음과 모든 성도를 향한 사랑을 나도 듣고… 너희로 말미암아 감사하기를 그치지 아니하고"(엡 1:15, 참고. 골 1:4). "집사의 직분을 잘한 자들은 아름다운 지위와 그리스도 예수 안에 있는 믿음에 큰 담력을 얻느니라"(딤전 3:13, 참고. 딤후 1:13). "성경은 능히 너로 하여금 그리스도 예수 안에 있는 믿음으로 말미암아 구원에 이르는 지혜가 있게 하느니라"(딤후 3:15). 이런 경우에는 하나같이 전치사 ἐν이 사용되었다. 골 2:5에서는 바울이 "그리스도를 믿는 너희 믿음이 굳건한 것"을 본다고 말하는데, 여기서는 전치사 εἰς가 사용되고 있고, 그 믿음은 이 신자들 편에서 그리스도를 향한 믿음을 가리키는 것이 틀림없다. 그리스도는 믿음의 대상이지 그 주체가 아니다. 하지만 이런 구절들에서는 그 전치사가 믿음의 대상이 되는 인물(to whom)을 가리키지 않고 그 안에서 믿음이 작동하는 인물(in whom)을 가리킬 수 있다. 믿음이 그리스도와의 연합 가운데 발휘되는 것이다. 어느 경우이든 그것은 신자들이 발휘하는 믿음이다. 이 가운데 그리스도의 신실함으로 생각하는 것이 전혀 불가능하진 않은 딤전 3:13만 제외하고, 다른 모든 경우에는 πίστις를 그리스도의 신실함으로 볼 수 없고 또 그리스도의 신실함을 πίστις가 가리키는 것의 한 요소로 간주할 수도 없다. 골 2:5을 고려하고 그와 비슷한 맥락에 나오는 동사 πίστεως의 용례를 제대로 감안하면(참고. 마 18:6, 요 2:11, 3:15, 16, 18-15에 나오는 ἐν αὐτῷ가 16절과 18절에 나오는 εἰς αὐτόν과 같은 뜻임에 틀림없다─4:39, 6:29, 35, 40, 7:5, 31, 38, 39, 8:30, 31, 14:1, 16:9, 행 9:42, 10:43, 11:17, 16:31, 18:8, 롬 4:24, 9:33, 10:11, 14, 갈 2:16, 빌 1:29, 딤전 1:16, 딤후 1:12, 벧전 2:6, 요일 5:10, 13), 이런 구절들에서는 그리스도를 믿음이 지향하는 대상으로 간주하고 있다고 생각할 만한 이유가 충분히 있다. 그뿐만 아니라, 이것이 이런 문맥들에서는 보다 자연스러운 해석이다(특히 갈 3:26, 엡 1:15, 골 1:4, 딤후 3:15을 참고하라).

IV. 우리는 이제 πίστις가 그리스도 또는 하나님의 신실하심을 가리킨다는 주장에 좀 더 우호적인 구절들을 살펴보자. 이는 πίστις가 예수 그리스도의 소유격과 함께 구문에 나오는 대목들이다(롬 3:22, 26, 갈 2:16(2), 20, 3:22, 엡 3:12, 빌 3:9). 토랜스가 그의 논지를 잘 예증하는 사례로 드는 것들이다. 문제는 이런 경우에 소유격이 주어의 소유격인가, 아니면 목적어의 소유격인가 하는 것이다. 물론 롬 3:3에 나오는 "하나님의 믿음"(개역개정판에는 "하나님의 미쁘심")이란 표현처럼 주어의 소유격인 경우도 있다. 더 나아가, 그리스도의 신실하심이 칭의의 주제와 밀접한 관계가 있다는 것도 의문의 여지가 없다. 유일한 의문은 이 해석이 과연 그 문제와 직접 관련이 있는 증거에 의해 입증되고 있느냐 하는 것이다. 다음과 같은 사항들을 고려할 필요가 있다.

1. 신약에는 πίστις가 이런 소유격 구문에 나오고 그 소유격이 분명히 목적어의 소유격인 사례가 여럿 있다. 막 11:22에는 그리스도께서 제자들에게 "하나님을 믿으라"–Ἔχετε πίστιν θεοῦ–고 말씀하시는 대목이 나온다. 이는 하나님을 그 대상으로 삼는 믿음임이 분명하다. 어쩌면 근원의 소유격, 즉 하나님으로부터 나오는 믿음일 가능성은 있다. 그러나 이것은 문맥상 지나친 해석이고, 그뿐만 아니라 그럴 경우라도 그것은 주어의 소유격은 아닐 것이다. 행 3:16에는 "그이름을 믿으므로"(by the faith of his name)라는 말이 나오는데, 이는 예수의 이름을 믿는 것임에 틀림없다. 약 2:1의 "우리 주 예수 그리스도에 대한 믿음"(the faith of our Lord Jesus Christ)에 나오는 소유격은 막 11:22처럼 주어의 소유격이 아님이 명백하다. 두 구절 모두 우리가 발휘하는 믿음을 염두에 두고 있다. 계 2:13–"네가… 나를 믿는 믿음(my faith)을 저버리지 않았다"–에 나오는 소유격은 주어의 소유격으로 생각할 수도 있다. 그러면 "네가 나의 신실함을 저버리지 않았다"가 된다. 그러나 이 번역은 인위적이고 그것을 지지할 만한 것이 없다. 이 "믿음"은 목적격의 의미로 사용되었을 가능성이 많다. 즉, 신약에 자주 나오는 대로 복음의 진리를 믿는 믿음이란 뜻이다. 만일 믿음이 이런 의미로 사용되었다면, 그 소유격은 목적어의 소유격이라서 "네가 나에 대한 네 믿음에 불신실한 것으로 입증되지 않았다"라는 뜻이 된다. 어쨌든 그 소유격을 주어의 소유격으로 생각할 만한 근거가 없다. 계 14:12–"그들은 하나님의 계명과 예수에 대한 믿음(faith of Jesus)을 지키는 자니라"–에 나오는 "믿음"은 예수에 관한 메시지인 복음을 믿는다는 의미로 사용된 것이 틀림없다. 만일 "믿음"이 주어가 발휘하는 것이라면, 소유격은 목적어의 소유격인 셈이다. 어쨌든 "예수의 신실함"이란 해석은 이 문장에 전혀 어울

리지 않는다. 우리가 그리스도의 신실함을 지키지 않는다? 우리는 예수와 함께 믿음(faith)을 지키든지 우리는 그 믿음(the faith)을 지킨다(딤후 4:7). 여기서는 후자가 더 적합한 대안이다. 그런즉 이런 구절들 가운데 어느 것도 주어의 소유격이 분명한 경우는 없다. 단 한 사례는 가능성이 있으나 이 경우도 인위적이고 자의적이라고 볼 수밖에 없다. 그르므로 단 하나만 제외하고 모두 배제해도 무방하다. 더군다나 이런 경우들은 우리가 지금 고려하고 있는 다른 구절들—롬 3:22, 26, 갈 2:16, 20, 3:22, 엡 3:12, 빌 3:9—과 가장 가까운 병행구절들이다. 만일 이런 병행구절들이 그런 견해, 즉 그 소유격이 주어의 소유격이란 견해를 지지하지 않는다면, 다음 두 가지를 언급할 필요가 있다. 첫째, 유비로 보건대 그 해석을 찬성할 만한 이유가 없다. 둘째, 유비로 보건대 그 소유격이 목적어의 소유격이란 견해, 즉 "예수 그리스도의 믿음"은 그에 대한 믿음이란 견해를 강력하게 주장할 수 있다. 최소한으로 말해도, 롬 3:22, 26 등에는 이 해석을 지지하는 길이 활짝 열려 있다고 할 수 있다.

2. 토랜스는 그의 글에서 엡 3:12에는 호소하지 않는다. 그러나 여기에 다른 구절들과 동일한 구문이 나온다. "우리가 그 안에서 그[그리스도 예수 우리의 주]를 믿음으로 말미암아(through the faith of him) 담대함과 확신을 가지고." 만일 다른 구절들에서 그리스도의 신실함을 가리키고 있다면, 여기서도 똑같이 생각하는 것이 합리적일 테다. 그리고 표면상 이 경우에 그리스도의 신실함으로 생각하는 것이 불가능하진 않다. 그러나 이 소유격을 목적어의 소유격으로, 즉 그리스도에 대한 믿음으로 간주할 만한 석의적인 이유들이 있다. 가장 중요한 고려사항은 롬 5:2에 나오는 일종의 병행구절이다. 바울이 예수 그리스도를 가리키며 "그로 말미암아 우리가 믿음으로 서 있는 이 은혜에 들어감을 얻었으며"라고 말한다. 여기에 언급된 믿음은 분명히 그리스도에 대한 우리의 믿음이다. 엡 3:12에 나오는 믿음도 롬 5:2에 나오는 것과 같다. 엡 3:12에서 담대함과 접근과 확신에 두는 강조점은 다른 곳에서 그토록 강조하는 예수 그리스도에 대한 믿음을 가리키고 있다고 볼 수 있다. 그리고 "믿음"이 명시적으로 언급될 때는 담대함과 접근에 필수불가결한 것이 바로 믿음이란 뜻이라고 결론을 내릴 수밖에 없다. 그래서 엡 3:12의 경

우는 목적어의 소유격으로 보는 것이 낫고, 따라서 우리가 문제시하는 해석을 지지하는 구절로 볼 수 없다.

3. 이제 해당 구절로 되돌아가서 그 문맥을 살펴보면 그리스도의 신실함을 생각하고 있다고 추정할 만한 증거를 찾을 수 없다. 이와 반대로 일반적으로 수용되는 해석을 가리키는 고려사항들이 있다. 롬 3:22, 26에서는 문맥상 어떤 "믿음"을 다루고 있는가? 이 단락(21-31절)에서 믿음은 22절과 26절에 나오는 것을 제외하고 모두 여섯 번 언급되고 있다. 28절—"그러므로 사람이 의롭다 하심을 얻는 것은 율법의 행위에 있지 않고 믿음으로 되는 줄 우리가 인정하노라"—을 봐도 여기에 나온 믿음은 행위와 대조되는 우리의 믿음임을 충분히 알 수 있다. 그리고 오직 이 의미가 다른 다섯 경우에도 나타난다. 굳이 이것을 증명할 필요는 없겠다. 그런데 무슨 이유로 우리가 22, 26절에 나오는 "믿음"이 예수님의 "신실하심"을 의미한다고 주장할 수 있을까? 더 나아가, 다음 장에서 행위와 달리 믿음으로 의롭게 된다는 명제를 지지하기 위해 아브라함의 믿음에 줄곧 호소하는 것은 3:21-5:11에 나오는 논증의 주 관심사인 "믿음"의 정의를 확정해 준다. 아울러 이와 동일한 종류의 구문이 나타나는 대목들(막 11:22, 행 3:16, 약 2:1, 계 2:13, 14:12)이 주어의 소유격의 견지에서 해석하도록 요구하기는커녕 그와 다른 방향을 가리키고 있다는 것도 알았다. 그러면 유비로 보건대 주어의 소유격이 아니라 목적어의 소유격임이 분명하다면, 그리고 롬 3:22, 26의 문맥이 하나님이나 그리스도를 향한 믿음을 분명히 고려하고 있다면, 이 두 구절에 언급된 "믿음"에 대한 다른 견해를 지지할 만한 증거가 없고 또 그리스도의 "신실함"이 그 믿음의 정의에 속하는 한 요소라고 추정할 만한 증거도 없는 셈이다.

이제 갈 2:16로 돌아가면, 여태껏 논의한 고려사항들이 이 구절에 나오는 두 가지 표현, 즉 "예수 그리스도의 믿음"과 "그리스도의 믿음"에 영향을 미친다는 것을 알게 된다. 이 구절의 전후 문맥을 볼 때 바울이 다시금 행위에 의한 칭의와 믿음에 의한 칭의의 반립관계를 주장하고 있음을 기억할 필요가 있다. "사람이 의롭게 되는 것은 율법의 행위로 말미암음이 아니요 오직 예수 그리스도를 믿음으로 말미암는 줄 알므로 우리도 그리스도 예수를 믿나니 이는 우리가 율법의 행위로써가 아니고 그리스도를 믿음으로써 의롭다 함을 얻으려 함이라." 롬 4장에 나오는 진리가 분명히 여기에서도 진리다. 내용인즉, 행위에 의한 칭의와 대조되는 것은 주님에 대한 아브라함의 믿음의 본보기를 따르는 믿음이라는 것. 이에 덧붙여, 바울은 "우리도 예수 그리스도를 믿나니"라고 말하는데, 여기에 두 차례 언급된 믿음이 이와는 다른 믿음을 염두에 두고 있다고 추정할 만한 근거가 없다. 그리고 바울이 "우리도 그리스도 예수를 믿나니 이는… 그리스도를 믿음으로써 의롭다 함을 얻으려 함이라"고 말하는 것은 결코 불필요한 언사가 아니다. 왜냐하면 바울은 여기서 우리가 다른 이유가 아니라 의롭다 함을 얻기 위해 그리스도를 믿었다는 것을 주장하기 때문이다. 또한 그의 강조점을 납득시키는 한편 행위를 완전히 배제시키기 위해 "우리도 그리스도 예수를 믿나니 이는… 그리스도를 믿음으로써 의롭다 함을 얻으려 함이라"고 말할 뿐만 아니라 "우리도 믿음으로써 의롭다 함을 얻으려 함이라"고도 말할 필요가 있는 것이다. 말하자면, 우리가 그리스도를 믿은 것은 바로 그런 믿음으로 우리가 의롭다 함을 얻기 때문이란 뜻이다. 그런즉 롬 3:22, 26은 물론 갈 2:16에도 우리가 문제시하는 해석을 지지할 만한 증거가 없을 뿐 아니라 석의적인 고려사항들도 그런 해석에 반기를 들고 오히려 목적어의 소유격을 보는 견해를 지지한다.

다른 사례들(갈 2:20, 3:22, 빌 3:9)을 구체적으로 다루는 일은 불필요하고, 다만 롬 3:22, 26, 갈 2:16과 관련해서 언급한 고려사항들을 거기에도 제시할 수 있을 것 같다. 빌 3:9을 봐도 이 주장이 옳다는 것을 알 수 있다. 그리고 갈 2:20은 특이한 구문—"하나님의 아들을 믿는 믿음 안에서"(the faith which is of the Son of God)—이지만 여전히 그 논지를 지지할 만한 증거를 제공하지 않는다. 만일 우리가 발견한 대로, 다른 곳에 나오는 이런 소유격 구문이 이 견해를 지지하지 않고 오히려 목적어의 소유격을 가리킨다면, 그리고 만일 딤전 3:13과 딤후 3:15에 나오는 "그리스도 예수 안에 있는 믿음"이 그리스도를 대상으로 삼는 믿음을 가리킬 수 있다면, 갈 2:20을 하나님의 아들을 향한 믿음을 가리키는 것으로 해석할 만한 타당한 이유가 있는 셈이다.

V. 롬 1:17과 "믿음에서 믿음으로"란 표현과 관련하여, 앞의 결론이 타당하다면, 이 경우에 ἐκ πίστεως가 하나님의 신실하심을 가리킨다고 주장할 만한 타당한 이유가 없다. 우리는 ἐκ πίστεως가 하나님이나 그리스도를 향한 신자의 믿음을 가리키는, 바울이 좋아하는 표현임을 알게 되었다. 그런즉 그 표현 자체가 "하나님의 신실하심"이란 뜻을 지지해 주는 것은 아니다. 이와 반대로, 용례는 신자가 발휘하는 믿음을 가리킨다는 견해를 선호한다. 롬 3:22과 관련해서 발견한 사항은 특히 롬 1:17과 상관성이 많다. 주석에서 이미 밝힌 것처럼, 바울이 롬 3:22에서 "예수 그리스도를 믿음으로 말미암아(through faith of Jesus Christ) 모든 믿는 자에게 미치는"이란 표현을 사용한 이유는 두 가지 진리, 즉 우리가 믿음으로 의롭게 된다는 것과 칭의는 믿음이 있는 곳에서 일어난다는 것을 강조하기 위해서다. 이와 비슷하게 롬 1:17에서도 이와 똑같은 강조점이 나타나는 것이 적절하다. 하지만 그것은 롬 1:16에 함축되어 있는 것을 되풀이하는 내용이다. 복음은 "모든 믿는 자에게 구원을 주시는 하나님의 능력이 됨이라 먼저는 유대인에게요 그리고 헬라인에게로다."

VI. 이런 반론이 제기될 수 있다. 앞의 논증이 적실성이 없는 이유는, 그 논지의 관심사가 πίστις는 신자의 믿음을 가리킴을 부인하는 데 있지 있고 단지 πίστις는 그리스도의 신실함과 그에 응답하는 신자의 믿음을 모두 포함하는 "양극화된 표현"이라고 주장하는 데 있기 때문이라는 것이다. 그래서 단지 후자만 증명하는 것은 핵심에서 벗어나는 것이라고 한다. 이에 대해 몇 가지 사항을 지적할까 한다.

1. 믿음이 있는 곳이면 어디에나 그 믿음이 지향하고 또 그 기원이 되는 하나님과 그리스도의 신실하심이 언제나 있는 법이다. 달리 말해, 믿음은 항상 이런 양극화된 상황을 내포하고 있다. 그러므로 이것은 문제가 되지 않는다.

2. 증거를 검토해 보면 해당 구절들이 가리키는 바는 그리스도를 향한 믿음이라고 생각한다. πίστις εἰς Χριστόν 또는 ἐν Χριστῷ와 같은 표현이다. 그런데 그리스도를 향한 믿음은 그리스도 자신의 신실하심에 있을 수는 없다. 이 신실하

심은 믿음의 대상인 그리스도 안에 있는 것이고, 그 믿음에 믿음의 대상에게 속하는 신실함을 주입시키는 것은 혼동의 결과이다. 그러므로 일단 해당 구절들에서 생각하는 것이 신자의 믿음임이 증명되면, 그리스도의 신실하심은 당연히 그 믿음에 포함되지 않는 것이다. 달리 말하면, 우리의 믿음이 언제나 양극화된 상황을 포함한다고 말하는 것과 믿음은 양극화된 표현이라고 말하는 것은 완전히 별개이다. 이 논증이 폭로하려 했던 것은 바로 이런 혼동이다.

3. 만일 이런 경우들에 믿음이 "양극화된 표현"이라면, 이것이 롬 1:17, 3:22과 같은 경우에는 어떻게 타당할 수 있는가? 이를 전제로 하면, 전자의 경우에 ἐκ πίστεως는 하나님의 신실하심을, 그리고 εἰς πίστιν는 사람의 믿음을 가리키기 때문이다. 그리고 후자의 경우에는 διὰ πίστεως가 그리스도의 신실하심을, 그리고 εἰς πάντας τοῦς πιστεύοντας는 사람의 믿음을 가리키게 된다. 양극화된 상황은 실로 이런 표현들에 의해 다뤄질 것이다. 그러나 어느 경우도 πίστις라는 용어 자체가 양극화된 표현은 아니다. 한 경우에는 πίστις가 하나님이나 그리스도의 신실하심을 가리키고, 다른 한 경우에는 사람의 믿음을 가리키는 만큼, 양자를 동시에 가리키는 경우는 없다.

그러므로 우리는 이렇게 결론을 내릴 수 있을 뿐이다. 그 논지는 증거의 뒷받침을 받지 못한다는 것과 그것은 πίστις의 뜻을 더 잘 이해하도록 돕기는커녕 오히려 양극화된 상황(그 가운데 우리의 πίστις는 하나의 요인이다)을 양극화된 표현으로 혼동한다는 것이다.

부록 C

이사야 53:11

우리의 특별한 관심사는 "나의 의로운 종이 자기 지식으로 많은 사람을 의롭게 하며"(בדעתו יצדיק צדיק עבדי לרבים)라는 어구이다. 부록 A에서 이미 언급한 이유로 Hiphil יצדיק는 법정적으로 해석해야 한다고 가정할 때, 문제는 בדעתו 를 종의 편에서 가진 지식으로 해석해야 하는가, 아니면 의롭게 된 자들의 편에서 가진 종에 관한 지식으로 해석해야 하는가 하는 것이다.

I. בדעתו라는 표현에 있는 접미사가 의로운 종을 언급하고 있다는 점은 의심할 여지가 없다. 그것이 그가 소유한 지식이든 다른 이들이 소유한 그의 관한 지식이든지 상관없이 말이다.

II. 여기에 나오는 דעת는 명사거나 단순 부정사 Qal이다. 즉, 지식 또는 앎(knowing)이란 말이다. 후자의 명백한 사례들로는 창 38:26, 신 9:24, 사 7:15 등이 있고 그럴 개연성이 높은 구절로는 욥 9:24, 사 48:4이 있다. 그리고 명사로 사용되는 사례는 잠 3:20, 22:17, 사 44:25, 47:10을 들 수 있다. 욥 13:2도 같은 범주에 속할 가능성이 높지만 단순 부정사 역시 가능하다. 사 53:11에 나오는 דעת는 명사로 이해하는 편이 훨씬 자연스럽고 다른 대안을 암시하는 면은 전혀 없다. 그래서 "그의 지식으로"란 번역이 자연스러운 것이다.

III. 문제는 접미사를 어떻게 이해해야 하는가 하는 점이다. 그 지식은 당사자와 관련해 주격인가 목적격인가? 그것은 종이 소유하는 지식, 즉 그 자신의 지식(주격)인가, 아니면 다른 이들이 소유하는 그의 관한 지식, 즉 그를 아는 지식(목적격)인가? 어떤 주석가들은 이처럼 다른 두 가지 의미를 가리키기 위해 능동과 수동이란 용어를 사용한다. "능동"이란 그 지식이 종의 편에서 하는 활동을 포함한다는 뜻이고, "수동"이란 그가 대상이 되고 다른 이들이 주체가 되는 지식이란 뜻이다.

이 문제를 다루려면 접미사가 단순 부정사나 명사와 결합되는 구약의 용례를 검토할 필요가 있다.

창 38:26에서는 접미사가 분명히 목적격이다. 그것은 접미사가 가리키는 사람 편에서 유다를 아는 것이 아니라 유다 편에서 아는 것이다. "다시는 그를 가까이 하지 아니하였더라"(he did not know her[Tamar] again). 다말이 바로 접미사가 가리키는 사람인즉 그녀가 앎의 대상이다. 신 9:24에서는 모세가 화자이고 접미사가 가리키는 사람이다. "내가 너희를 알던 날부터 너희가 항상 여호와를 거역하여 왔느니라." 여기서는 그들이 모세를 아는 것이 아니라 모세가 그들을 아는 것이 주격이다. 욥 10:7에서는 접미사에 언급된 인격이 하나님이다. 욥이 화자이다. "주께서는 내가 악하지 않은 줄을 아시나이다." 다시금 주격으로 나온다. 즉, 하나님이 욥을 아는 지식을 말한다. 욥 13:2은 עַדַד이 명사든 단순 부정사든 상관없이 주격의 사례임이 분명하다. 사 7:15에서는 접미사가 가리키는 것은 아이다. "그가 악을 버리며 선을 택할 줄 알 때가 되면." 여기서 생각하는 것은 아이의 지식이고 그 생각은 주격이다. 사 48:4—"내가 알거니와 너는 완고하며"—에서는 화자의 지식을 가리키므로 주격이 선명하게 나타난다. 이처럼 단순 부정사가 있는 경우에는 주격이 압도적으로 많다.

עַדַד이 실명사로 사용되는 경우에도 주격이 압도적으로 많다. 잠 3:20—"그의 지식으로 깊은 바다를 갈라지게 하셨으며"—에서는 접미사가 하나님을 가리키는 경우라서 주격임이 분명하다. 잠 22:17—"내 지식(my knowledge)에 마음을 둘지어다"—에서도 주격일 가능성이 있다. 그렇다면 우리는 우리가 아는 것이 아니

라 하나님께서 아시는 것에 주의를 기울여야 한다는 뜻이다. 우리 자신의 지식과 판단이 아니라 하나님의 지식과 판단에 주목하라는 말이 되는 것이다. 그러나 그것을 목적격으로 봐서 하나님에 대한 우리의 지식을 가리키는 것으로 해석하는 편이 더 자연스럽다. 이 경우에는 우리는 우리가 가진 하나님에 관한 지식에 마음을 기울여야 한다는 뜻이 되리라. 우리는 그분을 아는 데 주의를 기울여야 한다. 사 44:25, 47:10은 분명히 주격을 보여 주는 사례들이다.

그러므로 이렇게 결론을 내릴 수 있다. דעת이 동사형이든 명사형이든 상관없이 접미사를 지닌 경우에는 주격인 경우가 압도적으로 많다는 것이다. 즉, 거기서 고려하는 바는 접미사가 가리키는 사람이 소유한 지식이거나 발휘하는 앎의 행위란 말이다. 그러므로 다른 곳의 용례로 보건대 사 53:11에서 가리키는 지식이나 앎은 의로운 종이 소유한 지식임이 분명하고, 그의 지식으로 많은 사람을 의롭게 한다는 말이다. 물론 목적격을 유념하고 있다고 보는 것도 가능하다. 이 경우에는 의롭게 된 사람들이 가진 그에 대한 지식이 된다. 이처럼 다른 구절들을 살펴본 목적은 용례가 목적격을 지지하지 않는 편이고, 용례에 관한 한 주격으로 볼 수 있다는 것을 보여 주기 위해서다. 그 표현 자체만으로는 어느 쪽으로든 결정을 내리기 어렵다.

IV. 가장 유능한 일부 주석가들은 그 표현을 목적격을 의미하는 것으로 받아들인다. 예컨대, 헹스텐베르크(Hengstenberg), 알렉산더(Alexander), 반즈(Barnes) 등이다. 프랜츠 델리취(Franz Delitzsch)는 주격을 채택한다.

헹스텐베르크는 이렇게 말한다. "그 지식은 하나님의 종 안에 거하는 한 그에게 속해 있지 않고 그에 관한 것이다. … 그래서 '그의 지식으로'란 말은 그들이 '그를 앎으로써, 그와 친숙해짐으로써'라는 말과 같다. 그의 주된 사역에 따라 하나님의 종을 아는 지식, 즉 앞에서 묘사된 중보적 직분 또는 **믿음**이 칭의의 주관적 조건이다. 하나님의 종이 겪은 대리적 고난이 그것[믿음]을 유발하는 효과적인 원인으로써 앞의 문맥에 묘사되어 있었다. 그 예언 전체에서 하나님의 종은 선생이 아니라 구속주로 나타난다. צדיק와 הצדיק의 관계는 여기서도 그가 그런 인물로 간주되고 있음을 보여 준다"(*Christology of the Old Testament*, E. T. Edinburgh, 1861, vol. II, p. 304). 물론 이 문맥에서 의로운 종이 구속주로 나타나는 것은 인정해야 한다. 그러나 그가 구속주로서 메시아 사역을 수행하는 데 필요한 의로운 종의 지식과 명철의 중요성을 인정하지 않는 것은 엉성한 견해이다. 그 종이 가진 지식이 그의 구속적 역할과 상관이 없다고 생각하는 것은 근거가 없다. 그뿐만 아니라, 우리가 나중에 살펴보겠지만, 그 문맥이 그의 지혜에 대해 생각하고 있는데, 그의 지식에 대해 생각하면 안 될 이유가 있는가? 헹스텐베르크의 주장은 설득력이 별로 없다.

조셉 에디슨 알렉산더의 견해는 독단적이고도 간결하다. "유일하게 만족스런 구문은 그 어구를 다른 이들 편에서 가진 **'그에 대한 지식으로'**라는 뜻으로 보는 수동적인 형태이다. 따라서 전반적인 전후관계에 의해 실제적인 경험적 지식을 뜻하는 것으로 결정하게 된다. 이는 믿음과 메시아의 의를 스스로 전유하는 것을 포함하는 것이며, 그 결과는 다음과 같이 표현할 수 있다"(*The Later Prophecies of Isaiah*, New York, 1847, p. 273).

앨버트 반즈도 단호한 판단을 내린다. "**그의 지식으로**. 이는 '그에 대한 지식으로'란 말이다. 말하자면, '그 자신과 그의 구원 계획에 대해 충분히 친숙해짐으로써'라는 개념이다. 여기서 **지식**이란 단어는 그와의 친숙함을 구성하는 **모든 것**을 가리키는 넓은 의미로 사용된 것이 분명하다"(*Notes: Critical, Explanatory, and Practical on the Book of the Prophet Isaiah*, Boston, 1840, vol. III, pp. 455f.).

에드워드 영은 그 지식을 종이 소유하는 것으로 보는 견해에 대해 이렇게 말한다. "그런 개념은… 그 문맥에 무척 생소한 것처럼 보인다. 이 구절에 따르면, 많은 사람을 의롭게 하는 일은 종이 가진 지식으로가 아니라 그가 그들의 죄악을 짊어짐으로써 이뤄진다. … 그러므로 그것은 그 자신이 가진 지식이 아니라 그가 의롭게 할 자들이 소유한 지식이다. … 그것은 한 사람이 다른 사람에 대해 가진 지식과 같이 개인적이고 친밀한 지식이다. 그 지식은 믿음, 신뢰, 지적인 이해와 신념을 포함한다"(*Isaiah Fifty-Three*, Grand Rapids, 1953, p. 74).

다른 한편, 프랜츠 델리취는 그 접미사를 목적격으로 보는 앞의 견해를 인정하면서도 "실제적인 사실의 측면에서 정확한 뜻"을 제공하는데, 체인과 브레덴 캄프와 오렐리와 더불어 잠 22:17과 같이 접미사를 주격으로 보는 편을 선호하며, 이 견해를 지지하는 구절로 말 2:7, 단 12:3, 11:2, 마 11:27을 든다(*Biblical Commentary on the Prophecies of Isaiah*, E. T., Edinburgh, vol.II, pp.309f.).

V. 이 문제는 사 53장의 해석과 칭의의 주제에 관한 구약의 가르침에 근본적인 영향을 미치진 않지만, 그 지식을 종이 소유한 지식, 곧 그의 의롭게 하는 역할에 영향을 미치는 지식으로 보는 견해가 문맥이나 성경의 유비와 전혀 상반되지 않는 이유를 제시하려고 한다.

이 구절의 요지인 속죄 사역에서 지식을 의로운 종이 갖출 필수적인 조건의 하나로 볼 수 있는데, 그 지식은 여러 측면이 있다. 그것은 그의 사명에 관한 지식, "의롭게 하다"는 동사가 가리키는 행동의 수행에 영향을 미치는 그 의미에 관한 지식일 수 있다. 그것은 그의 성공적인 업적이 도모하는 목적에 관한 지식일 수 있다. 또는 그가 임무를 수행할 수 있게 해 주는 지식을 가리킬 수 있다. 그가 주님의 종으로서 떠맡아서 완수한 과업을 어떤 각도에서 보든지 간에 지식은 종에게 기대되는 순종의 필수불가결한 요소이다. 왜냐하면 지식이 없는 순종은 그가 주님의 뜻을 독특하게 성취하는 데 필요한 미덕을 지닐 수 없기 때문이다. 그런 순종이 되려면 그것은 **지적인** 의지가 개입하는 순종이어야 했다. 만일 칭의가 구속의 적용 내에 있는 것이라면, 지식이 종의 편에서 취하는 지속적인 행동의 필요조건일 것이다. 그러므로 그 종의 지식은 의롭게 하는 그의 행동과 상관이 있을 뿐만 아니라 그 임무의 수행에도 필수불가결하다고 볼 수 있다. 그 행동이 단 한 번의 속죄 사역이든 승천한 주님으로 취하는 지속적인 행동이든지 상관이 없다.

VI. 이 예언의 다른 곳과 특히 같은 대목에서 메시아가 소유한 지식을 특별히 강조하고 있다는 사실을 간과하면 안 된다. 사 11:2은 지식의 영이 지혜와 총명의 영과 더불어 그에게 강림한다는 사실을 주목하게 한다. 사 50:4에 나오는 말씀ㅡ "주 여호와께서 학자들의 혀를 내게 주사 나로 곤고한 자를 말로 어떻게 도와 줄 줄을 알게 하시고"—을 그 종에게 적용하는 것도 정당하지 않은가? 52:13은 그 종의 속죄 사역을 소개하는 구절로서 그 종의 지혜와 지식을 명시적으로 언급하고 있다. "보라! 내 종은 지혜롭게 행할 것이며"(현대인의 성경). 에드워드 영의 글을 인용해 보자. "일차적인 의미로 보면 지식이나 지성으로 행한다는 뜻이다. 하지만 그런 지적 행동은 보통 성공으로 귀결되므로 그 동사는 또한 효과적인 행동의 개념을 포함하게 된다. 그래서 그 종이 지혜롭게 행동할 것인즉 풍성한 열매가 그의 노력을 보상할 것이란 뜻으로 이해해야 한다"(앞의 책, p.10). 물론 지식이 이처럼 의롭게 하는 행동과 연관이 있어서 그런 행사를 좌우하고 그 효과를 보장한다는 것은 적절하다. 더 나아가, 53:3에서 "그는 질고[슬픔]를 아는 자"라는 어구는 그가 경험한 슬픔의 정도를 나타낸다. 이는 슬픔을 아는 그의 지식을 강조하는 것이다. 그는 철저히 슬픔에 정통하여 슬픔을 편하게 느낀다는 말이다. 이 구절에 그 종의 경험에 대한 성찰이 있다는 것은 그의 경험적 지식이 그의 속죄 사역에 영향을 미친다는 것, 또는 그의 속죄 사역이 이런 슬픔에 대한 경험적 앎을 요구했다는 것을 가리킨다. 그가 유혹에 대해 "알았고" 고난으로 순종을 배웠다는 사실은 속죄의 성취에 불가결하고, 우리의 연약함에 공감하는 자비로운 대제사장이 되는 데도 불가결한 것이 아닐까? 그리고 끝으로, 그 문맥에는 그의 영혼의 진통에 따른 그의 심리적 활동에 대한 성찰이 있다. "그가 자기 영혼의 수고한 것을 보고 만족하게 여길 것이라."

그래서 그 종의 사역에 내포된 영혼의 경험을 강조한다는 것은 이런 경험에 내포된 경험적 인지 상태와 그로부터 나오는 결과가 의롭게 하는 행동의 효과적인 수행에 영향을 준다고, 실은 그것이 많은 사람을 의롭게 하는 데 원인으로 작동한다고 결론을 내려도 좋다. 그리고 이와 더불어 우리는 의롭게 하는 행동이 단 한 번의 속죄인지, 아니면 지속적인 칭의의 행위인지에 대해 생각해야 한다. 후자는 이 권한을 행사하는 그의 역량에 속한 그의 지식과 별개로 생각할 수 없다. 더 나아가, 우리는 구약의 용례에서 지식과 자주 연관되는 풍부한 뜻을 고려해야만 한다(롬 8:29에 대한 주석을 보라). 그런 경우에 나오는 이 개념은 거의 인지적인 것이 아니다. 오히려 감정과 의지의 요소를 갖고 있다. 그리고 이 경우에 그 개념이 그 종의 칭의의 행동 배후에 있는, 그리고 그 행동에 영향을 주는 인지적, 감정적, 의지적 활동을 표현하는 것으로 생각해서는 안 될 이유가 없다. 이는 구약성경에 나오는, 히 10:10−"예수 그리스도의 몸을 단번에 드리심으로 말미암아 우리가 거룩함을 얻었노라"−의 상대역에 해당할지 모른다. 이 모든 고려사항에 비춰 볼 때 그 종의 지식이라는 해석, 즉 죄를 짊어진 자로서, 속건 제물로서, 자신을 드리는 대제사장으로서 그 종이 행하는 사역에 적용되는 그의 지식이란 해석을 기각할 만한 타당한 이유가 없는 듯하다.

VII. 만일 여기에 언급된 칭의가 단 한 번의 객관적 성취의 영역에 속해서 사실상 속죄의 동의어라면, 그 지식은 다름 아닌 그 종이 소유한 것일 수 있다. 왜냐하면 그에 관한 우리의 지식은 그의 속죄 행위에 전혀 도움이 되지 않기 때문이다. "의롭게 하다"란 용어가 이런 뜻을 지닐 수 있다는 것을 배제하면 안 되고, 이런 견해를 지지해 주는 중요한 고려사항들이 있다.

1. 이 장은 특히 그 종의 속죄 사역을 다루고 있는 것이 분명하다. 전후문맥에 속죄에 대한 언급이 있다. "그의 영혼을 속건 제물로 드리기에 이르면"(10절), "그가 그들의 죄악을 친히 담당하리로다"(11절). 우리가 다루는 어구가 비슷한 의미를 가진 것으로 생각할 수 있고, 특히 그 직후의 어구와 연관시키면 더욱 그러하다. 만일 이 두 어구가 대등한 개념을 표현하는 것으로 보면, 둘째 어구가 틀림없이 속죄를 말하기 때문에 둘 다 속죄의 의미를 갖고 있는 셈이다. 해당 어구가 그 종의 사역의 속죄의 측면을 가리키는 것이 틀림없다는 주장은 아니다. 전후 문맥의 다른 어구들이 그의 속죄 사역의 결과를 언급하고 있어서 이 어구도 그럴 수 있다는 말이다. 여기서 주장하는 바는 문맥상 속죄로 해석하는 것이 충분히 가능하다는 것이다.

2. "그의 지식으로"라는 표현을 목적격의 의미로 받아들인다면, 우리는 그 진리가 어색하게 표현되고 있다는 사실을 알게 된다. 왜냐하면 그럴 경우에 암시되는 것은 실제적인 칭의이지 속죄의 행위가 아니기 때문이고, 실제적인 칭의와 관련해서는 믿음과 칭의의 관계를 이상하게 진술하는 것이 될 터이다. 다음과 같이 풀

어서 묘사하면 그 이상한 면이 드러날 것이다. "그리스도를 믿는 믿음에 의해, 그리스도는 많은 사람을 의롭게 할 것이다." 이런 식의 표현은 어디에서도 찾아볼 수 없다. 그런데 만일 그 지식이 의롭게 되는 이들의 것이라면, 그 생각을 표현하기 위해 이런 방식을 따를 수밖에 없을 것이다.

3. 성경의 용례를 보면 칭의와 관계가 있는 것은 믿음이다. 구약에서는 창 15:6이 이 사실을 부각시키고 있고, 이 본문은 바울의 교리에서 중심을 차지한다. 물론 믿음은 지식을, 구체적으로 그리스도에 대한 지식을 내포하고 있다. 알렉산더의 글을 사용하자면, "믿음과 메시아의 의를 스스로 전유하는 것을 포함하는, 실제적인 경험적 지식"(앞의 책, 같은 곳)이다. 그러나 칭의의 도구를 다룰 때 믿음을 "지식"으로 대체하는 것은 성경적인 근거가 없다. 이처럼 성경의 용례에서 벗어나는 일은 어떤 설득력 있는 이유가 있을 경우에만 필요한 해석으로 용납할 수 있다. 위에서 제시한 이유들 때문에 이 설득력 있는 고려사항은 존재하지 않는다. 그리고 믿음이 칭의와 이런 도구적 관계가 있는 이유를 염두에 둘 때, 특히 믿음이 은혜로운 칭의와 어울리는 특별한 속성을 갖고 있기 때문에 성경의 전반적인 강조에서 일탈하는 견해를 받아들이기는 지극히 어렵다.

4. 위에서 제시한 이유 때문에 실제적인 칭의와 관련해서만 목적격의 해석이 가능하다. 이 견해를 제기하는 이들은 그 사실을 가정하고 있다. 그런데 성경의 유비에 비춰 보면, 실제적인 칭의가 그리스도의 행위가 아니라 아버지의 행위로 묘사되어 있다는 점도 이 문제와 관련이 있다. 따라서 우리는 그 행위가 그 종의 것이 아니라 주님의 것(참고. 1, 6, 10절)으로 예상하게 된다. 주격의 해석을 채택하게 되면 칭의를 그 종의 속죄 사역에 적용하는 길이 열리고, 성경의 유비에서 일탈하는 일도 없다. 이는 구체적으로 메시아의 사역에 속하는 속죄이다.

결론적으로, 이 경우에는 성경의 전반적인 용례를 따르지 않는다고 주장하려면 가장 강력한 이유를 제시해야만 한다. 그런데 그럴 만한 이유가 별로 없다. 그 종이 가진 지식이 그의 칭의의 행위에 기여하고 또 필수불가결하다고 생각할 만한 수많은 측면이 있다. 이것이 속죄의 범주에 속하든 속죄의 적용의 범주에 속하든지 상관없이 그러하다. 그리고 목적격의 해석에 반대하고 주격의 해석에 찬성할 만한 이유들은 상당히 많은 편이다. 그래서 사 53:11에 나오는 지식을 그 종이 소유한 것으로 보는 견해가 우세하다.

부록 D

칼 바르트의 로마서 5장 해석

칼 바르트는 *Theologische Studien*의 35번째 책인 *Christus and Adam nach Röm 5*(1952년 출간)를 통해 롬 5장에 관한 도전적이고 흥미로운 연구를 내놓았다. 스메일(T. A. Smail)이 이 책을 영어로 번역해 최근에 하퍼 앤 브라더스 출판사(New York, 1957)에서 *Christ and Adam: Man and Humanity in Romans 5*란 제목으로 출판했다. 바르트의 입장을 평가하는 이 글은 인용문을 번역판에서 가져왔다. 이 부록은 내가 이미 *The Westminster Theological Journal*(1958년 5월, Vol. XX, No. 2, pp. 198ff.)에 실은 서평을 대체로 재생산한 것이다.

이 글이 다루는 논점들은 바르트의 롬 5장 해석의 중심에 해당하고, 그 논점들은 인간학과 구원론에 관한 바르트 사상의 중추적인 요소들을 보여 준다. 나의 비판은 석의적인 성격을 띠고 있다. 이는 바르트의 연구의 성격과 이 주석의 성격에 따른 것이다.

처음에 바르트는 로마서 첫 부분의 주된 주제가 하나님의 의의 계시라고 올바로 인식한다. 이것을 "하나님의 최종적인 의로운 결정으로서 그것을 믿음으로 인정하는 모든 사람에게는 구원에 이르게 하는 하나님의 능력이다"라고 정의한다(p. 20). 의로운 결정이란 말로 된 이 정의는 처음부터 끝까지 견지되고, 그리스도의 피가 이룬 일과 칭의에 대한 바르트의 생각을 결정짓는 것이다. 이 정의는 바르트에게 칭의는 믿음의 사건 이전에 하나님의 심판 안에 일어나는 그 무엇이라는 것을 시사한다. 믿음이란 단지 그것을 인정하거나 파악하는 것일 뿐이다. 믿음에 의해 그것이 신자에게 알려진다는 뜻이다. "믿는 것으로써 그들은 그분[그리스도] 안에서 내려진 그들에 관한 결정에 따를 뿐이다"(p.24). 그리고 이것이 칭의에도 적용되고 있다는 사실은 다음 문장을 명백히 보여 준다. "하나님은 주권적으로 우리의 믿음을 예상하시는 가운데 그리스도의 희생적인 피를 통해 우리를 의롭게 하셨다"(p.22).

이 구문은 적어도 두 가지 측면에서 바울의 가르침을 대변하지 못하고 있다. 바울에 따르면 우리는 믿음으로 의롭게 되고, 칭의란 용어를 믿음과 상관이 없는 것에 무차별적으로 적용하는 일은 바울의 강조점에서 근본적으로 일탈하는 것이다. 물론 믿음에 선행하는, 그리스도의 피를 통한 단 한 번의 성취가 있는 것은 사실이다. 바울은 그것을 속죄, 화해, 구속이라 부른다. 그러나 거의 모든 경우에 "칭의"와 그에 상당하는 용어는 믿음을 도구로 삼는 하나님의 심판을 지칭하는 데 사용되고 있다. 이 믿는 행위는 우리가 의롭게 되었다는 사실을 지향하지 않고, 우리가 의롭게 되기 위해 그리스도를 지향하고 있다(참고. 갈 2:16). 로마서에서 바울이 δικαιοσύνη, δικαίωσις, δικαίωμα를 동의어로 사용한다고 생각하면 안 되는데 바르트는 그렇게 생각한다(참고. p.20). 5:16에 나오는 δικαίωμα와 5:18에 나오는 δικαίωσις는 하나님의 의롭게 하시는 행위를 가리킨다. 그러나 석의적으로 볼 때 이 행위를 1:17, 3:21, 22, 10:3의 δικαιοσύνη θεοῦ와 동일시하는 것은 용납될 수 없다. 후자는 의롭게 하는 의인즉 의롭게 하는 행위와는 구별되어야 한다. 다시금, 구속도 그렇고 칭의와 관련해서도 만인구원론이 바르트의 구문에 내재되어 있다. 그리스도가 아담과 맺는 관계에 대한 그의 해석을 보면 그리스도가 구원의 직분과 관련하여 인류와 맺는 관계가 아담만큼 포괄적이어야 한다는 입장을 견지한다. 이 입장의 함의는 나중에 드러날 것이다.

바르트의 주 관심사는 롬 5:12-21과 아담과 그리스도의 병행관계이다. 먼저 바르트는 아담을 인류 역사 초기에 특정한 죄를 범한 역사적 인물, 즉 인류의 다른 모든 구성원이 개입한 유일무이한 죄를 지은 인물로 간주하지 않는다는 사실을 알아야 한다. 바르트는, 아담은 전형적인 사람이고 다른 사람들이 그의 죄에 동참하는 것은 그의 죄가 그들 안에서 반복되고 그들이 아담처럼 죄를 짓기 때문이라고 명백히 주장한다. 다른 모든 사람의 죄는 아담의 죄 안에서 "예상된" 것이고, "아담 이후 다른 모든 사람의 삶은 그의 삶, 그의 시작과 그의 끝, 그의 죄와 그의 죽음의 반복과 변형이었을 뿐이다"(p. 29). "12절에서 바울은 이미 '모든 사람이 죄를 지었다'는 것, 말하자면 모두가 아담의 죄악된 행위를 반복했다는 것을 분명히 했다"(p. 62). 바르트는 아담을 대표적인 사람으로 여기고 있고, 이런 의미에서 아담을 인류의 "책임 있는 대표자"라고 말할 수는 있지만, 이는 그가 창 2장과 3장의 역사성을 받아들이거나 아담의 죄를 그 함의와 관계 때문에 유일무이한 죄로 간주하기 때문이 아니라 단지 아담의 죄가 반복되고 아담이 죄와 죽음의 면에서 동료 중 제1인자로서 대표적인 사람이라고 보기 때문일 뿐이다(참고. pp. 92f.). "우리는 옛 아담과 같고 우리의 모든 동료 인간들도 마찬가지다. 그리고 한 사람 아담이 우리와 모든 사람의 모습이다. 사람은 한 개인이며, 오직 한 개인일 뿐이고, 동시에 그의 개체성을 잃지 않는 가운데 모든 사람의 책임 있는 대표자이다"(pp. 90f.). 그런즉 아담의 유일무이한 개체성과 그가 다른 모든 사람과 맺는 독특한 관계로 인한 그의 죄의 특수성, 그리고 다른 사람들이 그의 죄에 개입하는 점 등은 모두 사라진다. 우리는 모두 아담이다.

우리가 만일 이러한 롬 5:12-19의 해석을 받아들인다면 석의를 포기하지 않으면 안 된다. 바울이 강조하는 한 가지가 있다면, 그것은 한 사람 아담의 한 범죄로 많은 이들이 죄인으로 간주되었고 죽음이 모두에게 왕 노릇을 하게 되었다는 것이다. 바울이 한 범죄와 한 사람, 한 사람의 한 범죄를 강조하는 점은 바르트 해석의 중심점인 **반복**의 개념과 정반대되는 것이다. 바울은 한 범죄를 반복해서 강조하는데, 이와 양립할 수 있는 유일한 석의는 모든 사람이 그 한 범죄에 개입했다는 연대성을 인정하는 것이다. 하지만 이 연대성은 우리가 다른 사람들과 맺는 연대관계에 나타나는 범죄에의 개입과는 동일시될 수 없다. 바르트는 바로 이 유일무이한 아담과 유일무이한 그의 범죄에의 개입을 제거하고 있다. 바르트는 [교회교의학]에서도 이렇게 설명한다. "그것은 그 개인과 다수와 관련된 사례이며, 각 사람은 그 자신의 책임과, 각 사람은 그 자신의 특별한 형태의 자만과 함께하고,

각 사람은 그 자신의 타락 안에, 각 사람은 그 자신의 구체적인 방식 안에 있는 것이다"(IV. 1, E. T., p.504).

바르트 해석의 가장 큰 특징은 아담과 그리스도의 유비의 저변에 깔린 정렬원리에 대한 그의 견해와 관계가 있는 듯하다. 아담은 다가올 사람의 전형이므로, 아담과 우리 모두의 관계는 그리스도와 우리의 관계에 상응하도록 정렬되었을 뿐만 아니라 후자가 일차적인 인간학적 진리이자 정렬원리이기도 하다고 바르트는 주장한다. "사람의 본질적이고 원초적인 본성은 그런즉 아담이 아니라 그리스도 안에서 찾아야 한다. … 그러므로 아담은 그리스도의 빛 안에서만 해석될 수 있고 거꾸로 생각하면 안 된다"(p.29). 그래서 "우리와 아담의 관계로 제정된 인간 존재는 그 자체의 독자적 실재, 신분, 또는 중요성이 없고, 아담과 우리의 관계는 "본래 본질적으로 그리스도와 우리 사이에 존재하는 관계이다"(p.30). 이 유비와 그 기반이 되는 정렬원리가 바르트의 인간학과 구원론에서 차지하는 중요성을 감안하면 이에 초점을 맞출 필요가 있다.

1. 이는 그리스도와 사람들과의 관계가 아담과 사람들과의 관계만큼 포괄적인즉 정죄가 아담을 통해 모든 사람에게 내려진 것처럼 "의로운 결정"이 모든 사람에게 내려진다는 뜻이다. "한 분의 존재 안에서, 그리스도 안에서, 모든 사람에게 주어진 결과는 하나님의 의로운 결정과 영생의 약속을 통한 은혜의 왕 노릇이다"(p.32). 바르트가 이런 보편적 용어로 반복해서 표현한다는 것은(참고. pp.26, 31, 32, 46, 48, 49, 51, 53, 72, 84, 88, 89) 곧 이 보편성을 의미하고, 그리스도와 사람들의 관계(이것이 없으면 아담의 관계가 타당성이나 의미가 없다)에 부여된 우선성은 그리스도가 대표자이자 계시자로 뚜렷이 나타나는, 이 보편적인 그리스도와 사람의 관계를 요구한다(참고. p.31). 그리고 만일 바울의 석의에서 가장 중요한 논점을 완전히 제거하지 않는다면, 이는 모든 사람이 예외 없이 궁극적으로 의를 통해 영생에 이르도록 왕 노릇하는 그 은혜(5:21)의 수혜자가 되는 것이 틀림없다는 뜻이다. 바르트는 모든 사람의 궁극적 구원에 대한 함의를 끌어내지 않고는 그리스도와의 관계를 다루는 한 지점에서 만인구원론을 견지할 수 없다. 바르트의 해석

이 요구하듯이, 만일 18절과 19절의 귀결절에 분배적 만인구원론이 있다면, 21절의 귀결절에도 반드시 있어야 하고, 의를 통해 영생에 이르게 하는 은혜의 왕 노릇은 모든 사람을 예외 없이 포용해야 마땅하다. 그러나 이것은 바울의 가르침이 아니고(참고. 살후 1:9, 2:10-14), 롬 5:18b의 보편주의적 용어가 만인의 궁극적 구원을 요구한다고 주장하는 것은 수많은 보편주의적 표현의 해석에서 얻은 석의의 규범을 이 본문에 적용하지 못하는 것이다.

2. 아담이 그리스도의 전형임은 의문의 여지가 없다(14절). 관계의 유사성이 분명히 있고, 정렬원리의 동일성을 거론하는 데는 반론이 있을 수 없다. 죄와 정죄와 죽음과 관련된 우리와 아담의 관계는 의와 칭의와 생명과 관련된 우리와 그리스도의 관계의 패턴을 따른다. 그리고 이것은 하나님의 설계였다는 것을 인정해야 한다. 구원론은 우리의 죄와 멸망에서 예시된 관계와 똑같은 종류의 관계 위에 세워져 있다. 그리고 죄와 정죄와 죽음이 인류에 군림하게 한 정렬원리는 구원에 이르게 하는 의의 정렬원리가 똑같은 종류일 것을 요구했다. 그러나 바울의 가르침은 그리스도와의 관계가 우선적이라는 바르트의 주장을 지지하지 않는다. 바울이 말하듯이, 바르트가 이 관계에서 끌어내는 모든 추론이 없이도 아담은 그리스도의 전형이 될 수 있다. 14절에 언급되고 후속 구절들에 적용된 유형론적 자료에서 끌어낼 수 있는 모든 것은 단지 (죄와 죽음의 영역에서의) 우리와 아담의 관계와 (의와 생명의 영역에서의) 우리와 그리스도의 관계 사이에 유비가 있다는 것뿐이다. 추가적인 자료가 없기에 그것은 우리 스스로 더 많이 추론한 결과이다. 그리고 고전 15:45-49에 나온 바울의 가르침―아담은 첫 사람이고 그리스도는 둘째이자 마지막 아담이란 것―은 이 주제와 가장 밀접한 관계가 있는 것으로서, 우선성을 언급하는 해석은 후자에 나온 바울의 명시적인 표현과 상반된다고 경고한다. 바르트가 고전 15:45-49을 다룬 것을 보면 바울과 바르트의 간격은 여전히 좁혀지지 않는다. 바울의 가르침에 따르면 "그리스도가 위에 있고, 아담이 아래에 있다. 아담이 진정한 사람인 것은 그가 아래에 있고 위에 있지 않기 때문이다"(p.34)라는 말은 옳다. 그러나 바르트가 바울이 설정한 순서―아담이 첫째이고 그리스도는 둘째이자 마지막이다―를 다룰 때, 아담이 "'첫 사람'의 권리를 갖고 있고 그리스도처럼 인

류의 머리라는 것이 명백하다"(p.34)라고 말하는 것은 바람직하지 않다. 그뿐만 아니라, 여기서의 문제는 "우리의 머리라서 우리를 그의 몸의 지체들로 만드는 아담의 권리"(p.34)가 아니라 바울의 진술에 제시된 순서와 관련된 관계이다.

3. 15절과 17절의 πολλῷ μᾶλλον에 기초한 바르트의 주장은 그의 논지를 지지하려고 사용하는 석의 방법을 보여 준다. 롬 5:9, 10에는 이와 똑같은 표현이 화해에서 종말론적 구원으로 진행되는 바울의 '하물며' 논증에 나온다. 그리고 바르트는 이것을 "우리는 그리스도께서 우리의 화해를 성취하셨다고 확신하기 때문에 그가 우리의 구원도 성취했다고 '더욱더' 확신할 수 있다"(p.45)고 옳게 해석한다. 이와 똑같은 사고 노선을 15절과 17절의 πολλῷ μᾶλλον에도 적용하여 "똑같은 예수 그리스도가 이미 아담 안에서 진리에 관여하고 있다"고, "예수 그리스도는 아담의 죄와 모든 사람의 죄를 위해 고난을 당하고 죽었다"고, 십자가에 의해 "아담과 모든 사람이 화해되고 용서받았다"고 결론을 내린다(pp.47f., 참고. pp.43-49). 9절과 10절의 πολλῷ μᾶλλον은 우리가 화해되었기 **때문에** 우리는 더욱더 마지막에 구원받을 것―후자가 반드시 전자로부터 나온다―이란 뜻임은 분명하다. 그런데 따라서 15절과 17절에 나오는 πολλῷ μᾶλλον도 똑같은 의미를 갖고 있어서 두 요소 간에 똑같은 인과관계를 설정한다고 말할 수 있을까? 15절은, 한 사람의 범죄로 인해 많은 사람이 죽었기 **때문에 그러므로** 하나님의 은혜가 많은 사람에게 넘칠 것이라는 뜻인가? 또는 17절이, 한 사람의 범죄로 죽음이 왕 노릇했기 **때문에 그러므로** 많은 사람이 예수 그리스도를 통해 생명 안에서 왕 노릇할 것이란 뜻인가? 먼저 πολλῷ μᾶλλον이 9절과 10절에서 지닌 뜻과 똑같은 뜻을 언제나 지녀야 한다고 주장하는 것은 터무니가 없다. 언어는 그토록 천편일률적인 뜻을 갖고 있지 않고 특히 바울의 용례에서는 그렇지 않다. 이 구절들(15, 17절)에서 바울이 강조하는 바는 은혜의 지극히 풍성함이다. 물론 작동방식의 유사성은 있다. 만일, 이 작동방식에 비춰 볼 때, 많은 사람이 한 사람의 범죄로 인해 죽었다면, 은혜가 작동하여 똑같은 작동방식을 따를 때에는 많은 사람이 얼마나 더 생명 안에서 왕 노릇하겠는가 하고 말하는 것은 옳다. 그러나 우리는 이 '하물며'로부터 "예수 그리스도가 이미 아담 안에서 진리에 관여하고 있다"고, 그

리고 "아담과 모든 사람이 화해되고 용서받았다"고 추론해서는 안 된다. 정렬원리의 동일성, 아니 작동방식의 동일성이 이런 추론을 내포하고 있지 않고, 이 경우에 '하물며'는 결코 9절과 10절에 나오는 관계를 설정하지 않는다. 만일 우리가 그리스도의 죽음으로 화해되었다면 우리가 그의 생명으로 구원받을 것임은 필연적으로 따라온다. 전자가 후자를 보장하는 것이다. 그러나 한 사람의 범죄로 많은 이가 죽었다는 사실은 은혜로 많은 이가 생명 안에서 왕 노릇할 것이란 확신을 수반하지 않는다. 15절과 17절에 담긴 바울의 주된 사상은 형벌적 심판과 대조되는 하나님의 은혜의 풍성한 값없음과 자비로움이다. 그리고 죽음이 왕 노릇하게 하는 심판이 한 범죄로부터 나온다는 잔인한 논리는 수많은 범죄가 용서받고 칭의와 생명에 이르게 하는 그 어마어마한 은혜를 더욱 부각시켜 준다. 이 '하물며' 용례는 기본적으로 9절과 10절의 그것과 다르다. 후자에서는 조건절과 귀결절이 모두 은혜의 영역 안에 있기 때문이다. 그리고 15절과 17절에 나오는 '하물며'는 필연적인 결과, 즉 아담의 범죄를 통해 죽음에 이르는 심판을 받은 것이 그리스도의 의를 통해 생명에 이르는 심판을 받을 것임을 보장하다는 뜻이 아니라, 우리의 정죄에서와 같이 우리의 칭의에서도 똑같은 작동방식이 적용되었은즉 은혜의 성격을 감안하면 이와 똑같은 정렬원리가 작용해서 얼마나 더 칭의와 생명에 이르게 하겠느냐는 것이다. 여기서 전면에 등장하는 것은 유례없는 은혜의 풍성함과 효능이다. 따라서 우리는 심판이 있었기 때문에 반드시 은혜가 따라온다는 식으로 추론해서는 안 된다. 바르트가 πολλῷ μᾶλλον에서 찾은 그런 관계는 본문의 강조점에서 벗어난 것이고 생소한 것이다.

부록 E

로마서 9:5

이 구절의 마지막 두 어구의 해석은 무엇보다 먼저 구두점의 견지에서 논의할 수 있다. 이제까지 제안된 대안은 세 가지다. ① σάρκα 뒤에 마침표나 콜론을 두고 이후의 내용을 송영의 형태로 그리스도가 아니라 하나님을 가리키는 것으로 간주하는 것. ② ὁ ὤν이 선행사를 ὁ Χριστός 안에 두고 있다고 간주하고 이후의 모든 내용이 그리스도에게 적용된다고 해석하는 것. "만물 위에 계신 분이니, 하나님께서 세세에 복을 주신 것이라. 아멘." ③ 셋째 견해는 에라스무스가 제안한 것으로서 ὁ ὤν ἐπὶ πάντων을 ὁ Χριστός와 묶고 나머지 부분인 Θεός εὐλογητός εἰς τοὺς αἰῶνας를 하나님께 드리는 송영으로 보는 것이다.

1안과 3안을 지지하는 것으로는 바울은 보통 송영을 그리스도와 구별되는 하나님께 적용한다는 점을 들 수 있다(고후 1:3, 엡 1:3, 참고. 벧전 1:3). 이 구절의 하반부를 하나님께 드리는 송영으로 보고 이 본문에서는 Θεός란 호칭이 그리스도를 서술하지 않는 것으로 간주하는 것이 가능하다. 하지만 다음 사항들을 언급할 필요가 있겠다.

1. 칠십인역과 신약성경에 나오는 송영의 형태는 롬 9:5에 나오는 패턴을 따르지 않는다.[1] 송영의 형태는 오히려 εὐλογητὸς ὁ Θεός이다. 이 형태가 칠십인

---

1 바렛은 이 점을 제대로 인지하고 있다. "만일 바울이 '하나님이 찬송을 받을지라'고 말하고 싶었다

역에는 매우 자주 나오고 종종 εὐλογητὸς κύριος ὁ Θεός의 형태를 띤다. 시 67:19(68:19)에는 κύριος ὁ Θεός εὐλογητός로 나온다. 그러나 이것을 송영으로 간주할 만한 충분한 이유는 없다. 히브리어에는 이에 상응하는 어구가 없다. 그 다음 어구(67:20)에는 일반적인 송영인 εὐλογητὸς κύριος ἡμέραν καθ᾽ ἡμέραν 가 나오는데, 이는 히브리어(68:20) ברוך אדני יום יום에 상응한다. 그래서 칠십 인역 67:19b는 송영이 아니라 단언으로 추정된다. 칠십인역 시 112:2(113:2)에는 εἴη τὸ ὄνομα κυρίου εὐλογημένον이 나오고, 왕상 10:9에는 γένοιτο κύριος ὁ Θεός σου εὐλογημένος가 나오며, 대하 9:8에는 ἔστω κύριος ὁ Θεός σου εὐλογημένος이, 그리고 욥 1:21에는 εἴη τὸ ὄνομα κυρίου εὐλογημένον이 나온다. 그러나 이런 것들은 위에서 언급한 패턴의 예외가 아니다. 이런 동사들의 기원형이나 명령형이 먼저 나오고 εὐλογημένος와 결합된다. 신약성경에서는 칠십역만큼 자주 나오진 않지만, εὐλογητός이든 εὐλογημένος이든지 똑같은 순서를 따른다(마 21:9, 23:39, 막 11:9, 10, 눅 1:42, 68, 13:35, 19:38, 요 12:13, 고후 1:3, 엡 1:3, 벧전 1:3). 롬 1:25과 고후 11:31은 송영이 아니라 단언—하나님은 영원히 찬송을 받으신다—이다.

신구약의 이런 압도적인 용례를 감안하면, 1안의 구두점이든 3안의 구두점이든 상관없이 롬 9:5b를 하나님께 드리는 송영으로 간주해야 한다는 견해에 대한 반론이 성립한다. 그 논지를 지지하려면 바울이 왜 여기서는 일반적인 표현에서 벗어났는지 그 이유를 밝혀야 한다. 그런데 우리가 나중에 살펴볼 것처럼 그런 이유를 찾을 수 없다.

2. 만일 이 어구들이 롬 1:25과 고후 11:31을 따라 하나님께 드리는 송영으로 의도되었다면, 우리는 Θεός 또는 이와 동등한 호칭이 방금 인용한 경우들처럼 선행할 것으로 예상하게 된다. 즉, 이 패턴에 따르면, ὁ ὤν가 롬 1:25의 ὅς ἐστιν와 고후 11:31의 ὁ ὤν처럼 앞의 문맥에 명시된 인물 안에서 그 선행사를 찾을 것이란

면 '찬송을 받다'(εὐλογητός)란 단어를 문장의 맨 처음에 두었을 텐데 그렇게 하지 않는다"(앞의 책, p. 179).

뜻이다. 그런데 롬 9:5에 명시된 유일한 인물은 ὁ Χριστός이다. 여기서의 주장은 ὁ ὤν가 새로운 주어를 도입할 수 없다는 것이 아니라(참고. 요 3:31, 롬 8:5, 8)[2], 이 경우에는 그런 구문이 부자연스럽고 바울의 다른 구절들과 상반된다는 것이다. 문법이나 구문을 감안할 때 이 어구들이 그리스도를 가리키지 않는다고 볼 만한 이유가 없다.

3. 이 어구들을 그리스도에게 적용하는 해석이 문맥과도 잘 맞는다. 샌데이와 헤들램은 이렇게 말한다. "바울은 지금 이스라엘의 특권을 열거하는 중이다. 최고의 그리고 최후의 특권은 바로 이 유대 혈통에서 그리스도가 인간의 본성을 입고 오신 것임을 상기시켜 주며, 이 점을 강조하기 위해 육신에 따라 유대인의 메시아로 오신 그분의 고상한 성품을 숙고하고 있는 것이다."[3] 예수님의 초월적인 존엄성을 표현하는 어떤 서술이 없다면 어떤 문장도 이 절정에 해당하는 결론부에 적합하지 않을 것이다.

4. 이 어구들이 아버지께 바치는 송영이란 견해는 바울이 그리스도를 Θεός로 묘사하는 경우가 전혀 없다[4]는 사실을 내세우는데, 이와 관련해 다음 사항들을 고려할 필요가 있다.

(1) 바울이 그리스도께 Θεός란 호칭을 결코 사용하지 않는다고 생각하면 안 된다. 살후 1:12에서 τοῦ Θεοῦ ἡμῶν이 그리스도를 가리키고, Θεοῦ가 κυρίου로서의 Ἰησοῦ Χριστού와 동일한 관계에 있다고 말할 수 있다. 이는 딛 2:13에 나오는 τοῦ μεγάλου Θεοῦ에도 그대로 해당된다. 이 경우는 살후 1:12보다 더 이 구문을 지지한다고 말할 수 있다(참고. 벧후 1;1). 따라서 바울이 그리스도에 대해 Θεός를 결코 사용하지 않는다고 독단적으로 주장하면 안 된다.

(2) 바울은 예수에게 완전한 신성을 부여하는 여러 표현을 사용한다. 가장 눈에 띄는 곳은 빌 2:6 – ἐν μορφῇ Θεοῦ ὑπάρχων – 일 것이다. μορφή는 구체적

---

2 Sanday and Headlam, 앞의 책, p.235. 이 참고 구절들의 출처이다.

3 앞의 책, p.236.

4 참고. Dodd, 앞의 책, p.152. 하지만 도드는 바울이 "그리스도에게 신성에 어울리는 기능과 존엄성을 부여한다"는 사실을 인정한다.

인 성품을 의미하고, 이 경우에는 단순한 Θεός보다 더 생생한데, 그 이유는 신성의 충만함과 실재를 강조하기 때문이다. 그리스도의 기원과 "하나님의 형상"으로서의 현 상태를 묘사할 때 Θεός란 호칭을 사용하길 삼간다고 해서 그의 신적 속성을 부인하는 게 아니며, 필요할 경우에는 이따금 바울이 그리스도를 Θεός로 거론하곤 한다. 이에 못지않게 중요한 구절은 골 2:9로서, πᾶν τὸ πλήρωμα τῆς Θεότητος가 그리스도 안에 거한다는 대목이다. 이는 "신성의 충만함"이란 뜻이고 이보다 더 그리스도의 신성을 효과적으로 표현할 수는 없다. 빌 2:6에 나오는 τὸ εἶναι ἴσα Θεῷ도 그리스도의 존엄성을 지칭하는데, 그 앞의 용어가 그의 본질적 존재의 존엄성을 다루고 예수에게 오직 하나님께만 속하는 동일성을 부여하기 때문이다. 이 밖에 다른 표현들도 끌어올 수 있다. 하지만 이런 구절들만 봐도 바울의 가르침에서, 요 1:1과 20:28을 패턴을 좇아 그리스도를 Θεός로 묘사하고 있음을 도무지 의심할 수 없다.

(3) 설사 살후 1:12의 가능성과 딛 2:13의 개연성을 제쳐 놓고 롬 9:5을 바울이 Θεός를 그리스도에게 적용하는 유일한 사례로 간주한다 할지라도, 이것은 이 어구들의 자연스런 해석에 걸림돌이 되지 않는다. 우리는 방금 바울의 가르침에서 Θεός에 속하는 모든 것이 그리스도에게 적용된다는 것을 살펴보았다. 바울이 보통 Θεός란 호칭을 그리스도에게 사용하길 삼가는 이유는 ὁ Θεός를 아버지의 이름으로, 그리고 ὁ Κύριος를 그리스도의 이름으로 자주 사용하는 바울 특유의 방식 때문이다. 그러나 한 경우에 바울이 Θεός를 그리스도에게 명시적으로 사용했다고 해서 놀랄 필요는 없다. 바울이 품고 있는 그리스도의 개념은 그것을 허용할 뿐만 아니라 요구하기 때문이다. 고후 3:17에서 바울은 ὁ δὲ Κύριος τὸ Πνεῦμά ἐστιν이라고 말한다. 이것은 특이한 표현이라서 바울의 신학을 모르면 우리가 이 진술의 적절성을 의심하게 될 것이다. 이 문제는 바울 특유의 호칭 사용이 아니라 그리스도와 성령의 관계에 대한 그의 개념으로 풀어야 한다. 롬 9:5도 마찬가지다.

(4) 그리스도의 주되심을 주장하는 어구인 ὁ ὢν ἐπὶ은 다른 곳에 나오는 바울의 가르침과 일치한다(참고. 1:4, 14:9, 엡 1:20-23, 빌 2:9-11, 골 1:18, 19. 병행구절로

는 다음을 참고하라. 마 28:18, 요 3:35, 행 2:36, 히 1:2-4, 8:1, 벧전 3:22). 어느 면으로 보든지 이 지점에서 그리스도의 주권에 호소하는 것은 무척 적절하다. 이 두 어구가 모두 아버지를 지칭한다는 견해는 이 어구를 그리스도에게 적용하고 Θεός εὐλογητός를 아버지에게 적용하는 입장과 상반된다는 생각에 대한 반론은 이미 다룬 바 있다. 그러므로 가장 자연스러운 번역은 "만물 위에 계시는 분, 하나님께서 세세에 복을 주셨다"일 것이고, 따라서 "하나님께서 세세에 복을 주셨다"는 앞의 내용과 동격이 되는 것이다.

그래서 이 구절의 전통적인 구문과 해석에서 일탈할 타당한 이유가 없고, 이를 채택할 만한 압도적인 이유는 많다고 결론을 내릴 수 있겠다.

부록 F

레위기 18:5

바울이 롬 10:5에서 다른 어떤 구약 구절보다 더 직접적으로 레 18:5을 암시하고 있음은 의심할 여지가 없다. 그는 레 18:5에 진술된 원리를 믿음으로 말미암는 의와 대립시키며 그것을 "율법으로 말미암는 의"라고 부른다. 문제는 레 18:5이 믿음의 의와 상반되는 율법적 의를 다루는 문맥에 나오지 않는다는 점이다. 레 18:5의 문맥은 구속받은 언약 백성에 대한 하나님의 요구가 관철되고 있는 대목이다. 이 면에서 레 18:1-5은 출 20:1-17과 신 5:6-21의 병행구절이다. 서문 "나는 여호와 너희의 하나님이니라"(레 18:2)는 십계명에 대한 서문(출 20:2, 신 5:6)에 상응한다. 이 구절은 십계명과 마찬가지로 "율법주의적"이 아니다. 그래서 "사람이 이를 행하면 그로 말미암아 살리라"(5절)는 말은 율법주의적인 틀 안에서 취하는 행위가 초래하는 삶이 아니라 하나님과의 구속적인 언약관계에서 순종에 수반되는 축복을 가리킨다. 이 면에서 레 18:1-5은 모세오경과 다른 곳에 수많은 병행구절이 있다(참고. 신 4:6, 5:32, 33, 11:13-15, 26-28, 28:1-14, 겔 20:11, 13). 이는 제5계명에 명시적으로 선언된 원리이다(참고. 출 20:12, 엡 6:2, 3). 따라서 이런 질문이 생긴다. 바울은 믿음의 의와 상반되는 행위의 의를 예증하기 위해 레 18:5에 호소한 것이 옳았을까? 이 질문에 답하려면 "그로 말미암아 살리라"는 원리와 상관성이 있는 세 가지 관계를 다룰 필요가 있다.

1. 엄밀하게 말하면, 이 원리는 전적으로 온전한 상태와 관계가 있고 그런 상태

에 적용할 수 있다. 하나님의 통치방식에 속하는 공정성의 원리이다. 하나님이 요구하시는 의로움이 최대한 있는 곳에는 그에 상응하는 칭의와 생명도 있는 법이다. 이는 바울의 논증이 로마서의 앞부분에서 중심으로 삼는 원리이다. 죄-정죄-사망이 하나님의 심판에서 변함없는 연합체인 것처럼 의-칭의-생명도 그러하다. 하나님의 심판은 언제나 진실에 따라 내려진다. 완전한 의는 하나님의 총애나 만족을 끌어내고, 이 총애와 잘 맞는 생명이 함께한다. 이는 특별 은총이 예상했을 특별한 체질과 별개로 아담을 위해 죄가 없는 온전한 상태를 획득했을 것이다.

이 관계는 타락 이후에는 인류에게 적용될 수 없었다. 이것은 하나님이 사람을 용납하시는 일과 그에 수반되는 생명을 위해 다시는 작동될 수 없다. 현재 단순한 공정성의 견지에서 작동하는 유일한 연합체는 죄-정죄-사망이다.

2. "(사람이 이를 행하면) 그로 말미암아 살리라"는 원리는 죄의 영역 안에서는 전혀 작동할 수 없는 것으로 간주되어야 한다. 불경건한 자의 칭의와 그로 인한 의에 관한 바울의 논증을 살펴보면 그 저변에 바로 이 진리가 깔려 있다. 행위에 의한 칭의는 믿음에 의한 칭의와 상충된다. 행함(doing)은 인간의 의로움을 고려하는 것이고, 죄 많은 상황에서 작동할 수 있는 유일한 의로움은 복음이 보여 주는 하나님-의다(참고. 1:17, 3:21, 22, 10:3). 바울이 롬 10:5, 6에서 말하는 것이 바로 이 둘의 대조이다. 그는 이 지점에서 레 18:5을 암시하며 "사람이 이를 행하면 그로 말미암아 살리라"는 표현을 사용하는데, 이는 그 자체로 믿음으로 말미암는 의와 대조되는 행위로 말미암은 의의 원리를 잘 대변한다. 우리는 이 목적으로 레 18:5의 말을 사용하는 바울의 권리에 반대할 권리가 없다. 그 말은 율법의 의가 작동하여 칭의와 생명에 이르게 할 때에는 타당한 것을 묘사하고 있고, 또한 그것을 하나님의 용납을 받는 방법으로 신봉하는 사람의 관념을 표현하기 때문이다(참고. 갈 3:12).

3. 그러므로 "이를 행하면 그로 말미암아 살리라"는 원리가 우리의 죄 많은 상태에선 하나님께 용납을 받고 의롭게 되는 방법으로서 타당성이 없음을 알아야 한다. 타당성이 있다고 주장하는 것은 우리의 죄의 실재와 꼭 필요한 복음의 대책을 부인하는 것이다. 그러나 생명의 길로서 계명을 행하는 것이 모든 타당성이나

적용점을 상실했다고 생각하면 안 된다. 이렇게 생각하는 것은 행위로 인한 의를 칭의의 길로 제시하는 것만큼 큰 잘못이다. 믿음을 통해 은혜로 의롭게 되는 영역 안에는 그리스도의 의를 통해 의인으로 하나님의 용납을 받는 일이 있을 뿐만 아니라 신자가 영위하는 새로운 삶도 있다. 바울은 이 새로운 삶의 필요성과 성격을 6-8장에서 설명했다. 새로운 삶은 하나님의 계명에 순종하는 의로운 삶이다(참고. 6:13, 14, 16, 17, 22, 8:4). 한마디로, 그것은 순종의 삶이다(참고. 13:8-10). 그래서 바울이 가장 단호한 말투로 이렇게 말할 수 있는 것이다. "너희가 육신대로 살면 반드시 죽을 것이로되 영으로써 몸의 행실을 죽이면 살리니"(8:13). 그러므로 은혜의 영역에서는 순종이 삶의 방식이다. 하나님의 계명을 행하는 사람은 그 안에서 산다. 그렇게 될 수밖에 없다. 성령의 열매는 하나님을 기쁘게 하고 그 열매가 바로 순종이다. 구원과 성화를 초래하는 은혜의 영역에서 우리는 의—인정—생명의 연합체로 되돌아오게 된다. 신자의 구속받은 언약의 삶이 이렇게 될 수밖에 없다는 성경의 증언은 곳곳에 널려 있다. 이것이 바로 레 18:5과 앞서 인용한 다른 구약의 구절들이 말하는 원리이다. "여호와를 경외하며 악을 떠날지어다. 이것이 네 몸에 양약이 되어 네 골수를 윤택하게 하리라"(잠 3:7, 8).

부록 G

로마서 13:1에 나오는 권세

오스카 쿨만(Oscar Cullmann)은 이런 주장을 편다. "사람들의… 천사들에 관한 후기 유대교의 가르침"은 "신약에 나오는 탄탄한 신앙의 내용"에 속하고[1], 이 신앙에 의거하면 "현존하는 지상의 정치권력은 그런 천사의 권세의 영역에 속한다."[2] 롬 13:1에 나오는 ἐξουσίαι는 바울의 용례에 따라 **"국가 정부의 배후에 있는 보이지 않는 천사의 권세"**로 생각해야 한다고 주장한다. "그 결과 그 용어는 바울에게 이중적 의미를 지니는데, 국가는 실로 비가시적인 권세의 대리인인 만큼 그 용어가 이 경우에는 그 내용에 정확히 상응하는 것이다."[3]

바울의 가르침과 관련해서는 쿨만이 특히 고전 2:8, 6:3에 호소한다. 전자의 경우 그 유비가 완벽한 것은 "ἄρχοντες τοῦ αἰῶνος τούτου가 비가시적인 '이 세대의 통치자들'과 가시적인 통치자들, 즉 빌라도와 헤롯 모두를 의미하는 것이 명백하기"[4] 때문이라고 그는 주장한다. 후자는 "원시적 기독교의 견해에 따르면 이런 비가시적인 천사의 권세가 지상의 국가들 뒤에 있다는 것을 증명해 준다"[5]고 그가 말한다.

---

1 *Christ and Time*(E. T., Philadelphia, 1950), p.192. 개정판(London, 1962)도 참고하라.
2 앞의 책, p.193.
3 앞의 책, p.195.
4 위와 동일
5 앞의 책, p.193.

먼저 쿨만의 주장은 단수의 용례가 아니라 전적으로 복수형과 단수의 복수적 용례에 기초를 두고 있다는 것을 알아야 한다.[6] 더 나아가, 쿨만이 인간 대리인의 배후에 있는 비가시적인 천사의 존재로 간주하는 것은 선한 천사들이 아니라 악한 천사들로서 "그리스도에게 복종함으로써… 그 악한 성격을 잃어버리고… 지금은 그리스도의 주되심 아래, 그리고 그 안에 서 있는" 존재들이다.[7] "그들에 관해서는 그들이 이전에는 적이었으나 지금은 '섬김을 위해 파송된 섬기는 영들'이 되었다고 매우 긍정적으로 말할 수 있다"(히 1:14).[8]

이 논지를 다룰 때 무엇보다 먼저 롬 13:1에 나오는 ἐξουσίαι에 대한 이 해석을 지지할 만한 바울의 용례의 특징을 고려하는 것이 필요하다. 여러 경우에 이 용어가 천사들, 때로는 선한 그리고 때로는 악한 천사들에게 사용된 것은 사실이다(엡 3:10, 6:12, 골 1:16, 2:15, 참고. 벧전 3:22). 단수로 사용될 때는 엡 2:2과 골 1:13의 경우 사탄의 권세를 가리킨다(참고. 행 26:18). 그리스도의 고귀한 주되심을 언급하는 구절들에서는 초인적인 대리자들에 대한 암시가 분명히 있다(엡 1:21, 골 2:10, 참고. 빌 2:9-11). 모든 적의 최종적인 정복을 내다보는 고전 15:24에서도 초인적인 권세들을 생각하고 있다. 이런 경우에 "권세"라는 용어가 "권력"(ἀρχή)과 함께 나온다는 점도 주목해야 한다(엡 1:21, 6:12, 골 1:16, 2:10, 15). 롬 13:1과 거의 병행하는 딛 3:1에서는 바울이 정부 관료를 지칭할 때 "권세"는 물론 "권력"도 사용하고 있다.

둘째로, 그 용어(ἐξουσίαι 또는 단수의 복수적 용례)가 여러 경우에 초인적 존재를 가리키고 있음은 인정하지만, 쿨만의 논지는 증거로 입증되진 않았다. 이제 다음 몇 가지 사항으로 비판할까 한다.

1. 쿨만의 주장은 복수의 용례에 기반을 두고 있다.[9] 그러나 단수의 용례가 이 문제와 전혀 상관이 없는 것은 아니다. 그 주장은 단수가 다양하게 사용되고 있음을 고려해야 한다. 단수형은 초자연적인 존재를 언급하지 않고도 자주 사용되

---

6 앞의 책, pp. 194f. ; pp. 209f. 도 참고하라.

7 앞의 책, p. 196.

8 앞의 책, p. 198; 참고. Cullmann, *The State in the New Testament*(New York, 1956), p. 66과 이 책의 "Excursus" pp. 95-114.

9 각주 6의 인용문을 보라.

고 있다. [10] 그렇다면 복수형도 이처럼 비가시적인 천사들을 암시하지 않는 가운데 사용되지 말란 법이 있는가? 이 점에 주의하면서 증거를 검토하는 게 필요하다.

2. 쿨만은 고전 6:3에 비가시적인 천사의 권세에 대한 언급이 있다고 확신한다. "이렇게 가정해야만 바울이 교회에게 주는 훈계─그리스도인들 사이에서는 국가의 법정에서 재판받는 것을 피하라는 것─를 교회의 교인들이 마지막 날에 '천사들'을 심판할 것이란 사실에 비추어 정당화할 수 있다."[11] 이 가정은 너무나 위태로운 석의에 기초를 두고 있다. 성도가 천사를 심판할 것이란 사실에 호소하는 이유는 그 본문의 표면에 있는 내용으로 제대로 설명할 수 있다. 그것은 사실상 '하물며' 논증이다. 만일 성도가 천사들을 심판하게 되어 있다면, 그들은 이생과 관련된 분쟁을 얼마나 더 유능하게 해결해야 하겠는가! 이는 쿨만이 증거로 드는 것이 얼마나 자의적인지를 보여 줄 뿐이다.

3. 쿨만이 그토록 자신 있게 호소하는 고전 2:6, 8 역시 필요한 근거를 제공하지 않는다. 장차 없어질 이 세대의 통치자들(6절), 영광의 주를 십자가에 못 박은 자들(8절)은, 신약에 기초하여 천사의 권세들이란 것을 입증할 수 없다. 신약성경 어디에도 십자가 처형을 천사의 탓으로 돌리는 곳은 없다. 이 범죄를 사람들, 특히 통치자들의 짓으로 간주한다(행 2:23, 3:17, 4:26-28, 13:27). 몇 군데에서 통치자들을 가리킬 때 고전 2:6, 8에 사용된 용어와 똑같은 용어를 사용하는 것은 의미심장하다(행 3:17, 4:26, 13:27). 그러므로 이 세대의 통치자들을 십자가 처형의 집행자였던 인간 권력자들로 보는 것이 확실하다. 바울이 이 본문(고전 2:6, 8)과 롬 13:3 이외에도 엡 2:2에서 사탄을 가리키는 데 이 용어(통치자, ἄρχων)를 사용하지만, 이와 다른 어떤 경우에도 사용하지 않는다. 복음서들에서는 인간 통치자를 일컫는 데 자주 사용된다(참고. 마 9:18, 20:25, 눅 12:58, 23:13, 24:20, 요 3:1, 7:26, 48, 12:42). 그런즉 신약성경의 용례로 보면 고전 2:6, 8에 나오는 이 세대의 통치자들을 비가시적인 권세들로 생각할 수 없다. 그 용례는 다른 방향을 가리킨다. 다시

---

10 참고. 마 8:9, 10:1, 막 13:34, 눅 19:7, 23:7, 요 1:12, 고전 7:37, 8:9, 9:4, 11:10, 살후 3:9.
11 *Christ and Time*, p. 193.

금, 쿨만의 주장은 그 증거가 부족한 것으로 드러난다.

4. 그리스도께서 통치자들과 권세들을 이기고(골 2:15) 이 세상의 임금을 심판했지만(요 12:31, 히 2:14), 바울의 가르침을 보면 사탄과 악마의 권세들이 굉장히 활발하게 하나님의 나라를 대적하고 있다(참고. 고후 4:4, 엡 6:12). 롬 13:1-7에 담긴 바울의 가르침에 따르면, 정부의 권세들은 선을 증진하고 악을 억제하는 하나님의 일꾼으로 묘사되어 있으므로 사탄과 악마의 영향력에 맞서고 있는 셈이다.[12] 악한 권세들은 예속된 것으로 묘사되어 있고, 그들이 선행을 하는 존재로 여겨지는 곳은 아예 없다. 그뿐만 아니라, 만일 "권세들"이 한때는 악했다가 지금은 그리스도에게 예속되어 하나님의 일꾼이 된 천사들이라면, 이런 천상의 존재들에 대해 이중적이고 대립적인 역할을 서술하면서 그들에게 적용될 수 있는 어떤 차별성의 원리가 있을 수 있겠는가? 바울의 저술에는 이런 차별성이 들어설 자리가 없다. 프랜츠 린하르트(Franz J. Leenhardt)는 이렇게 말한다. "바울은 이 악마적 권세들을 악하고 유해한 존재로 언제나 묘사한다. 그리스도께서 그들과 싸워서 그들을 정복하셨다. 그분은 그들을 자기를 섬기는 자리에 두지 않으셨고, 승리하신 그리스도가 공급하는 힘으로 아직도 그들과 싸워야 하는 선택받은 자들을 해롭게 하지 못하도록 그들을 무력하게 만드셨다. 그런데 우리가 어떻게 이런 권세들이 회심하여 선을 행하는 일꾼들이 된다고 생각할 수 있는가? 어떻게 신자들에게 여전히 싸워야 할 대상인 그 권세들에게 복종하라고 권면할 수 있는가? 방금 신자를 그의 주님에게서 떼어 놓으려고 하는 권세들을 언급한(8장) 바울이 어떻게 그 권세들을, 신자의 양심적인 복종을 받을 만한 유용한 권위의 근거로 간주할 수 있겠는가?"[13] 만일 "권세"가 타락하지 않은 천사들로 간주된다면, 쿨만의 논지가 훨씬 더 개연성을 갖게 될 것이다. 그러나 이것이 쿨만의 입장은 아니다. 이들은 그리스도 이전에 이미 **"예수 그리스도를 통해 예속되도록 운명 지어진"** "악마적 존재들"[14]이고, 지금은 그분께 예속되어 있으며, "여기서 그들에게 부여된 기능에 의해 최고

---

12 참고. Barrett, 앞의 책, p. 249.

13 앞의 책, p. 329, n.

14 *Christ and Time*, p. 209.

로 존엄한 자리로 승격된" 자들이다.[15]

5. 벧전 2:13-17은 롬 13:1-7과 거의 병행하는 대목이다.[16] 그런데 베드로는 행정관을 "인간의 제도"(ἀνθρωπίνη κτίσις)라고 부른다. 이 호칭은 쿨만의 논지와 정면으로 충돌한다. 그는 천사의 권세가 국가의 배후에 있다고 인정하지만, 그래도 베드로의 호칭은 천사의 조직과 상반되는 것이다.

6. 눅 12:11에서는 "권력들(위정자)"(ἀρχαί)과 "권세들"(ἐξουσίαι)이 인간 통치자를 가리키는 데 사용되고 있다. 이 경우는 두 용어의 복수형이 인간 권력자들에게 사용될 수 있음을 분명히 보여 준다. 따라서 이 용어들이 롬 13:1과 딛 3:1처럼 정치권력을 가리키는 데 사용될 때는 인간 대리인들뿐만 아니라 비가시적인 천사의 권세들도 있다는 논지를 입증하려면 결정적인 증거가 반드시 필요하다. 쿨만이 개진하는 논증은 그의 논지를 입증하기에 불충분하다. 그런데 쿨만이 강력한 주장을 펼침에도 불구하고 "부기"(附記)에서 이런 결론은 내리는 것은 의미심장하다. "이 논지는 하나의 가설이고, 따라서 바울이 ἐξουσίαι란 단어의 세속적인 뜻뿐만 아니라 그가 다른 모든 구절에서 그 단어에 부여하는 뜻도 염두에 두었다고 우리가 최종적으로 확실하게 말할 수는 없다. 하지만 나는 우리가 신약학의 분야에서 반드시 사용해야 하는 다른 모든 가설들이 이 가설만큼 든든한 근거를 갖고 있기를 바랄 뿐이다."[17]

---

15 앞의 책, p. 202.

16 쿨만은 그것을 "이 바울의 구절에 대한 최초의 석의"라고 부른다(앞의 책, p. 197).

17 *The State in the New Testament*, p. 114.

부록 H

로마서 14:5과 매주 안식일

문제는 매주 안식일이 바울이 롬 14:5에서 생각하는, 날을 구별하는 문제의 범위에 속하느냐의 여부이다. 만일 속한다면 우리가 다음의 함의들을 고려해야 한다.

1. 이는 십계명에 나오는 안식일 계명이 더 이상 신약시대에 속한 신자들에게 구속력이 없다는 뜻일 것이다. 칠일 중 하루를 거룩한 날로 지키고 제4계명이 말하는 신성함을 부여하는 일은 폐지되고 **준수**와 관련해선 모세의 의식법과 같은 범주에 속하게 될 것이다. 이렇게 가정하면, 칠일마다 하루를 거룩하게 지켜야 한다는 주장은 레위기의 명절을 계속 지켜야 한다는 요구처럼 유대화시키는 일이 되리라.

2. 매주 첫날은 중요한 종교적 의미를 지니지 못하게 될 것이다. 그리스도의 부활을 기념하는 날로 구별되지도 않을 테고, 날마다 주 그리스도를 섬기면서 사는 것과 달리 주님의 날로 간주될 수도 없을 것이다. 아울러 다른 어느 날도 이런 종교적 의미를 지닌 날로 간주되지 못할 것이다.

3. 매주 안식일 또는 주님의 부활을 기념하는 날을 지키는 것은 믿음이 약한 사람의 특징이 될 텐데, 이 경우에는 그 사람이 기독교 제도에서는 모든 날이 동일한 범주에 속한다는 것을 미처 깨닫지 못했기 때문에 믿음이 약한 것으로 간주되는 것이다. 마치 연약한 그리스도인이 모든 음식이 깨끗하다는 걸 알지 못하는 것처럼, 그 사람은(또는 누구든지) 모든 날을 똑같이 생각하지 못하는 셈일 테다.

그 논지가 지닌 이런 함의를 도무지 피할 수 없다. 이제 성경 전체가 제공하는 고려사항에 비추어 그 함의들을 검토할 필요가 있다.

1. 안식일 제도는 창조 규례이다. 그것은 십계명이 두 돌판에 새겨져 모세에게 주어졌을 때 시내산에서 타당성을 지니기 시작했던 것이 아니다(참고. 창 2:2, 3, 출 16:21-23). 하지만 그 제도는 시내산에서 공표된 법에 합병되었는데, 이는 창 2:2, 3에 선언된 그 중요성과 목적에 비추어 충분히 예상할 수 있는 것이다. 그 제도는 이 언약법에 깊이 뿌리박고 있다. 따라서 그 영구적인 적실성에 대해 그 맥락과 다른 특성을 지닌 것으로 간주하는 일은 두 돌판에 새겨진 내용의 통일성과 중요성에 배치되는 것이다. 우리 주님이 친히 우리에게 그 목적을 말해 주고 자신이 메시아로서 그 주인이라고 주장하신다(막 2:28). 우리가 검토하는 이 논지는 다음 사항들을 가정하지 않으면 안 된다. 창조 사역에서 하나님이 제공하신 그 본보기(창 2:2, 3, 참고. 출 20:11, 31;17)가 사람의 삶을 규제하는 면에서 더 이상 적실성이 없다는 것, 십계명 중 아홉 계명만 그리스도인에게 권위가 있다는 것, 본래의 제도에 담긴 유익한 의도가 복음 아래서는 적용되지 않는다는 것, 안식일에 대한 그리스도의 주되심은 그것을 폐지하려는 목적을 갖고 있었다는 것 등이다. 이것들은 필연적인 결론이다. 그런데 이 가운데 어느 것도 뚜렷한 근거가 없다. 이 사항들을 다 묶어 놓으면, 성경 전체가 이 가정과 상충된다는 것을 입증할 수 있다.

2. 예수님이 죽은 자 가운데서 살아나신 날을 기념하는 매주 첫날(마 28:1, 막 16:2, 9, 눅 24:1, 요 20:1, 19)은 신약성경에서 예수님의 부활에서 나오는 중요한 의미를 지닌 것으로 인정하고(행 20:7, 고전 16:2), 이 때문에 요한이 그날을 주의 날이라고 부른다(계 1:10). 그것은 이런 특별한 종교적 의미를 지닌 하루이다. 이는 칠일마다 생기기 때문에 예수님의 부활이 구속의 성취에서 차지하는 비중에 비례하는 종교적 의향과 특성을 지닌 영구히 반복되는 기념일이다. 이 성취에 속한 중추적인 두 사건은 그리스도의 죽음과 부활이며, 신약이 제정한 두 가지 기념 규례는 주님의 만찬과 주님의 날인데, 전자는 예수님의 죽음을, 후자는 그의 부활을 기념한다. 만일 바울이 롬 14:5을 모든 날의 구별이 폐지되었다는 뜻으로 말한 것이라면, 매주 첫날을 주님의 날로 여기며 그날에 특별한 의미를 부여할 수 없게 된다.

하지만 첫날이 기념일의 성격을 지닌다는 것은 증거가 확실하므로 논란의 여지가 없다. 따라서 이런 면에서 기독교에서는 모든 날의 종교적 특성이 완전히 폐기되었다는 가정은 받아들일 수 없다.

3. 성경의 유비와 특히 바울의 가르침에 따르면, 롬 14:5은 레위기의 의식적인 성일을 가리키는 것으로 간주될 수 있다. 이런 의식을 지키는 의무는 신약에서 명백히 폐기되었다. 그런 날들은 더 이상 적실성이 없고, 롬 14:5에 묘사된 상황은 바울이 종교적 양심이나 그런 날의 부재에 관해 말할 내용과 잘 일치한다. 레위기 의식의 준수가 복음을 타협하지 않는 단순한 종교적 관습인 경우에는 바울이 그 준수의 불연속성을 굳이 강조하지 않았다(참고. 행 18:18, 21, 21:20-27). 바울 자신이 편의상 디모데에게 할례를 받게 했다. 그러나 그와 다른 상황에서는 "보라 나 바울은 너희에게 말하노니 너희가 만일 할례를 받으면 그리스도께서 너희에게 아무 유익이 없으리라"(갈 5:2)고 쓸 수 있었다. 의식적인 명절은 바울이 다음과 같이 말할 수 있는 범주에 속한다. "어떤 사람은 이 날을 저 날보다 낫게 여기고 어떤 사람은 모든 날을 같게 여기나니." 다수의 유대인은 복음의 모든 함의를 이해하지 못하고 이런 모세의 규례들을 철저히 지켜야 한다고 생각했을 것이다. 그런 도덕관념에 대해서는 바울이 확실히 관용했을 것이고, 이것이 이 본문에 잘 들어맞는다. 그런 준수를 넘어서는 어떤 것을 굳이 가정할 필요가 없다. 주님의 날과 매주 안식일을 동일한 범주에 두는 것은 석의상의 필요조건을 뛰어넘는 것일 뿐 아니라 성경의 총제적인 증언에 뿌리박은 원리들과도 상충된다. 이런 모순을 내포하는 해석은 결코 채택될 수 없다. 그래서 칠일마다 반복되는 그날은 창조 때의 하나님의 안식과 그리스도의 부활을 기념하는 신성한 날이므로 롬 14:5에 의해 손상되지 않는다.

부록 I

연약한 형제

오늘날에는 롬 14장에 나오는 바울의 가르침을 어떤 것의 과다한 사용, 특히 폭음에 기인하는 상황에 적용하는 것이 다반사이다. 무절제에 중독된 사람은 "연약한 형제"라 불리고, 중독되지 않은 이들은 무절제한 사람의 연약함을 존중하여 그런 행위를 삼가라는 권면을 받는다. 절제하는 이들이 무절제한 사람의 길에 걸림돌을 둔다고 비난을 받는 것은 그들의 물질 사용이 연약한 자가 그 악덕에 빠지도록 유혹한다고 보기 때문이다.

곧 명백해질 것처럼 이런 적용은 바울의 가르침을 완전히 왜곡한 행태이고, 이는 성경을 엉성하게 해석하고 적용한 하나의 본보기다.

1. 바울은 어떤 음식을 과도하게 사용하는 문제를 다루고 있는 것이 아니다. 이런 남용은 이 대목이나 고린도전서의 다른 대목에서 그의 범위 안에 들어오지 않는다. 롬 14장의 연약한 자는 지나친 행위에 빠진 사람이 아니다. 오히려 정반대이다. 그들은 어떤 음식을 완전히 삼가는 자들이다. 무절제에 중독된 "연약한" 자들은 삼가지 않는다. 너무 많이 섭취하는 이들이다.

2. 과도한 지경에 빠지는 이들의 "연약함"은 바울이 여기서 다루는 연약함과 완전히 다른 범주에 속한다. 극단의 "연약함"은 사악함이고, 이런 죄를 짓는 자들은 바울이 전혀 다른 견지에서 다룬다. 예컨대, 술 취하는 자는 하나님의 나라를 유업으로 받지 못할 것이라고 말하고(고전 6:10), 신자들에게 술 취한 자를 사귀지도 말

고 그런 자와는 함께 먹지도 말라고 명한다(고전 5:11). 이는 롬 14:1—"믿음이 연약한 자를 너희가 받으라"—과 얼마나 다른가! 롬 14장의 연약한 자를 무절제한 자 및 술 취한 자와 혼동하면 성경 해석에 얼마나 큰 악영향을 미치고 교회의 순수함과 통일성을 유지하는 데 필요한 기준에도 얼마나 큰 해를 끼치는지 모른다.

3. 무절제한 삶에서 돌이켰으나 여전히 옛 악덕의 유혹에 시달리는 경우를 생각하더라도, 우리로서는 롬 14장과 유사한 상황을 찾을 수 없다. 때로는 그런 사람이 치를 대가가 철저한 금주인 것은 사실이다. 더 강한 신자들은 그 사람이 굴복하기 쉬운 유혹에 맞서도록 그를 뒷받침하기 위해 온갖 배려와 대책을 제공해야 마땅하다. 그러나 그의 "연약함"은 바울이 다루는 상황에 나오는 약자의 연약함이 아니다. 후자는 양심의 가책의 연약함이고, 전자는 과도함에 빠지는 성향의 연약함이라서 양심적인 신앙적 가책과는 거리가 멀다.

4. 특정한 것에 중독되었다가 돌이킨 사례가 있다. 그런 사람이 예전에 빠졌던 악이나 방탕에 대해 신앙적 가책을 품는 경우도 때때로 있다. 그래서 신앙적인 이유로 철저히 삼가는 사람이 된다. 그 사람이 잘못된 판단을 내려서 예전의 문제에 대한 책임을 올바로 분석하지 못했을 수도 있다. 그러나 그가 신앙적인 이유로 그 특정한 것을 사용하길 삼간다는 사실은 그대로 남는다. 그는 믿음이 연약한 경우라서 롬 14장에 나오는 약자의 범주에 속한다. 따라서 이 경우에는 강자에게 준 권고가 적용될 것이다. 하지만 과거의 중독은 그의 신앙적 가책의 이유를 설명하는 요인으로 작용할 뿐이므로, 로마교회의 약자가 품은 가책의 뿌리가 이런 성격을 지녔다고 생각할 만한 근거는 없다. 그러나 이 예화에 나오는 연약함은 여전히 잘못 품은 가책의 경우에 해당한다. 강한 자가 이 사람과의 관계에서 고려할 바는 신앙적 가책이지 과도함에 빠지는 그의 성향이 아니다. 롬 14장의 사례에는 과도함에 빠지는 성향이 없다.

그러므로 롬 14장에 나온 바울의 가르침은 종교적 신념에서 생기는 가책을 중심으로 한다. 따라서 이 원리를 중심으로 해석하고 또 적용해야 옳다. 그런즉 이런 종교적 요인이 없는 상황에 바울의 가르침을 적용하는 것은 권면의 범위와 의도를 지나치게 넓히는 것이므로 그 가르침을 왜곡하는 행태이다.

부록 J

로마서는 한 편의 서신인가?

이 문제는 거의 전적으로 롬 15장, 16장과 관련이 있다. 이 두 장이 바울이 로마교회에 보낸 편지에 속한다는 전통적 견해와 달리하는 가설들은 언제나 텍스트 자료에 기반을 둔 것은 아니었다. 그런데 지난 수십 년간 논의가 진행되면서 제기된 가설과 의견들은 대체로 텍스트의 차이와 관련이 있다. 이제 적실한 증거와 관련된 다양한 질문에 초점을 맞추기 위해 가장 중요한 자료를 간단하게 요약하는 게 좋겠다.

1. 1:7의 ἐν Ῥώμῃ가 10세기의 그레코-라틴 사본인 G에는 생략되어 있다. 1739년과 1908년도 소문자판의 난외 주석은 "로마에서"가 오리겐의 텍스트와 주석에는 없었다고 한다. 또한 다른 라틴 텍스트들에는 "로마에서"가 G 사본이 대변하는 잘못된 텍스트에 복원되어 양자의 조합이 생기는 결과를 낳았다는 증거가 있다.

2. 1:15의 경우 G는 다시금 τοῖς ἐν Ῥώμῃ를 생략하고 있고, 맨슨이 말하는 6세기 2개 국어판인 D에 있는 이른바 "조각보"[1]가, 그를 비롯한 몇 사람이 주장하듯이, D와 G의 조상이 1:7, 15에서 로마에 대한 언급을 생략했다는 것을 입증하

---

1 참고, F. F. Bruce, *Romans*, p. 26.

는 듯하다[2].

3. 압도적인 증거는 14:23로 끝나는 것을 지지한다. 그러나 8세기의 언셜 사본인 L, 104와 1175 소문자 사본, 오리겐에게 알려진 사본들에서는 16:25-27의 송영이 23절 이후에 나타난다.

4. A와 P 언셜 사본과 5와 33 소문자 사본에서는 송영이 14:23 뒤에, 그리고 이 서신의 끝부분(16:25-27)에 나타난다.

5. G에서는 송영이 전혀 나타나지 않는다. 그러나 14:23 뒤에 공간이 있는데, 이는 필사자가 송영을 의식하고 그것을 삽입할 충분한 공간을 남겨 놓았음을 시사하는 듯하다. 마르키온(Marcion, 100-160, 영지주의 성향의 이단 사상가–옮긴이)의 텍스트 역시 송영을 생략하고 14:23로 끝났다.

6. 3세기 파피루스인 P[46]에는 16:25-27의 송영이 이 서신의 끝이 아니라 15:33 뒤에 나온다. 이것이 이 지점에 삽입한 유일한 증거이다. 그러나 P[46]의 연대를 일찍 잡는 일부 사람들은 이 독법에 상당한 비중을 부여했다.

7. 이 서신의 교정본들이 14:23 이후의 송영으로 끝났다는 증거가 약간 있다. 불가타 성서의 아미아티누스 사본의 장(章) 구분과 요약을 보면 마지막 장(51번)이 14:13-23에서 제50장으로 다뤄진 부분 직후에 나오는 송영을 포함했다는 사실이 특히 의미심장하다.

이제까지 제의된 수많은 이론을 비평할 필요는 없겠다. 예컨대, 레낭(E. Renan)은 네 개의 독특한 종결(15:33, 16:20, 16:24, 16:25-27)을 바탕으로 4등분 서신 이론을 내세웠는데, 이는 이미 라이트푸트(J. B. Lightfoot, *Biblical Essays*[London, 1893], pp. 293-311)가 철저하게 다루면서 그 주요 주장들을 효과적으로 논박한 바 있으므로 굳이 반복할 필요가 없다. 단지 이 문제를 다룰 때는 관련 자료에 대한 라이트푸트의 대가다운 논의를 항상 고려해야 한다고 말하는 것으로 충분하리라.

맨 먼저 진술할 필요가 있는 바는 텍스트의 증거에 관한 한 "로마에서"(1:7), "로마에 있는 너희"(1:15), 송영(16:25-27) 등의 텍스트가 진정한 것임을 의심할 근거가

---

2 참고, F. F. Bruce, *Romans*, p. 26.

없다는 점이다. 논의가 필요한 문제는 몇몇 권위 있는 사본이 1:7, 15에서 로마에 대한 언급을 생략하고 있다는 점과 위에서 언급한 전통들에서 송영의 위치가 서로 다르다는 점이다. 송영이 G에는 나오지 않고 또 마르키온의 텍스트는 송영을 담고 있지 않지만, 이것이 송영이 진짜 바울의 글인지 의심할 이유는 되지 않는다.

마르키온의 교정본, 말하자면 14:23 이후의 모든 내용을 배제한 이유를 아는 것은 어렵지 않다. 바울의 텍스트 가운데 15:4, 8, 9보다 구약을 경시하는 마르키온의 입장과 더 대립하는 것은 없다. 이 점은 16:26에도 적용된다.[3]

증거에 따르면 이 서신의 더 짧은 교정본이 유통되었다고 한다. 위에서 언급한 아미아티누스 사본이 하나의 본보기다. 더 나아가, 키프리안(Cyprian, 200-258, 카르타고의 감독—옮긴이)이 "다양한 도그마에 대한 증거 텍스트의 병기고"[4]를 제공하는 『구약성서의 증언』(Testimonia)은 롬 15장과 16장의 일부 내용이 그의 표제들과 직접 관계가 있는데도 그런 텍스트를 증거로 명백히 제시하지 않는다.[5] 마찬가지로 터툴리안도 『마르키온에 반하여』(Against Marcion)란 책에서 이 두 장으로부터 아무것도 인용하지 않는다. 브루스(F. F. Bruce)가 말하듯이, 거기에는 "마르키온을 반대하는 데 필요한 무기가 가득한데"[6]도 불구하고 말이다. 아울러 터툴리안은 14:10을 인용한 후 이것이 그 서신의 끝부분에 나온다고 말한다.[7] 이런 증거는 더 짧은 교정본이 16:25-27의 송영과 함께 또는 송영이 없이 14:23로 끝났다는 견해를 지지할 것이다. 그런데 문제는 이 더 짧은 교정본을 어떻게 설명할 것인가 하는 것이다.

가장 저명한 학자들은 15장과 16장이 바울의 글임을 의심하지 않은 채, 바울이야말로 당시에 유통되었던 로마서의 더 긴 형태와 짧은 형태 간의 간극에 대한 책임이 있다는 입장을 취했다. 라이트푸트는 바울이 처음에는 그 서신을 더 긴 형태(15장과 16장을 포함한)로 써서 로마에 있는 교회로 보냈다는 입장을 견지했다. 그

---

3 참고. Manson, 앞의 책, p. 230.

4 Kirsopp Lake, *The Earlier Epistles of St. Paul*, London, 1927, p. 337.

5 참고. Lake, 같은 책, pp. 337f.

6 앞의 책, p. 27.

7 참고. Lake, 앞의 책, pp. 338f.

러나 "그 서신이 비록 순회 편지는 아니었지만 이런 편지에 담길 만한 일반적이고 포괄적인 특성을 지녀서 편지이기보다는 논문에 더 가까웠기"[8] 때문에, 바울 자신이 그것을 또한 순회 편지 내지는 일반적인 편지로 만들었는데, 따라서 개인적인 사안을 제거하고 교회 전반에 알맞게 만들기 위해 마지막 두 장을 생략했다는 것이다. 라이트푸트의 추정에 따르면, 이 순회 편지가 1:7, 15에서 로마에 대한 언급을 생략하고 송영을 덧붙였는데, 이는 현존하는 대다수 사본과 번역판에선 끝부분에 나오지만 로마에 보낸 본래의 편지에는 속하지 않았던 것이라고 한다.

이 가설의 수용이 표준판 텍스트에 대한 바울의 저작권 주장에 불리하지는 않을 것이다. 그런데 라이트푸트가 가정한 전제에 대해 한 가지 만만찮은 반론이 있다. 이 반론은 여러 유능한 비평가들이 개진했는데, 그 내용은 14:1-23과 15:1-13이 한 단원을 이루고 있어서 바울이 그의 저술을 14:23에서 나누는 것은 무척 부자연스럽다는 것이다. 샌데이와 헤들램은 이렇게 말한다. "다음 열세 절[15:1-13]에 일반적인 유통에 적합하지 않은 내용은 하나도 없다. 실은 14장보다 순회 편지에 더 적절한 편이다. 사도 바울이 그 결론 부분을 잘라내어 자기 논증을 절단해야 했다는 것은 도무지 생각할 수 없는 일이다."[9]

14:1-23과 15:1-13의 통일성을 감안한다면, 더 합리적인 가설은 14:23에서 끝나고 1:7, 15에서 로마에 대한 언급을 생략하는 더 짧은 교정본이 일반적 서신의 형태를 띤 원본이었다고 보는 것이다. 그 원본에 두 장에 추가되어 서신 전체가 로마교회에 보내졌을 때, 1:7, 15에 "로마"가 삽입된 것은 쉽게 이해할 수 있고, 15:1-13은 14:1-23(특히 13-23절)에 다뤄진 주제를 적절하게 확장한 것으로 간주할 수 있다.[10] 이 가설에 대한 중요한 반론도 있다. 1:7, 15에서 로마에 대한 언급을 제거한다고 해서 1:8-15에 내포된 목적지의 명확함도 제거되는 것은 아니라는 반론이다. 순회 편지 내지는 일반적인 서신은 바울이 방문했던 교회들을 포함할

---

8 앞의 책, p. 315.
9 앞의 책, p. xcv, 참고. *Biblical Essays*(pp. 321-351)에 실린 라이트푸트의 이론에 대한 F. J. A. Hort 의 자세한 분석.
10 참고. Lake, 앞의 책, pp. 362-365.

터인데, 이 구절들은 그가 아직 방문하지 못한 공동체를 염두에 두고 있음이 명백하다. 한마디로, 1:7, 15에서의 로마의 생략이 1:8-15에 나오는 통보를 제거하진 않는다는 것이고, 후자는 바울의 순화용 교정본이란 가설에 불리하다.[11]

14:23로 끝나는 한 텍스트가 3세기에 존재했다는 증거가 있는데, 우리는 이 축약판을 어떻게 설명할 수 있을까? 위에서 제시한 이유들로 인해, 그리고 맨슨의 말을 빌리자면, "그것은 저자의 작품일 수 없다"[12]라고 말할 수 있다. 어느 가설보다 더 지지를 받는 가설은, 이 절단된 형태로 유통된 것은 마르키온의 작품에 기인했다는 것이다. 마르키온이 14:23 이후의 모든 내용을 잘라냈다는 것은 오리겐의 말이다.[13] 마르키온의 삭제판이 상당한 영향력을 발휘했기 때문에 그런 형태가 특정한 지역들에 유통되었다는 것을 의심할 이유는 없다. 이것이 터툴리안의 손에 들어간 텍스트였을 것이다. 그러나 터툴리안이 더 긴 텍스트도 잘 알고 있었으나 마르키온에 반대하는 책에서 15장과 16장에 호소하길 삼간 이유는 마르키온이 이 장들을 바울 서신 전집에 포함시키지 않았기 때문이라고 생각하는 것도 불가능하진 않다.

로마서의 마지막 두 장, 특히 송영 및 16장과 관련하여 또 다른 가설이 있다. 백 년이 넘도록 16:1-23은 로마교회가 아니라 에베소교회에 보낸 것이라는 주장이 있어 왔다. 이는 레난(E. Renan)의 논지였다. 그러나 이 주장의 원조는 레난이 아니었다.[14] 파피루스 사본 P[46]의 발견은 그 가설에 새로운 추진력을 제공했는데, 앞서 언급했듯이 P[46]은 15장 끝부분에 16:25-27의 송영을 덧붙이므로 이 면에서 이 위치의 유일한 증언이기 때문이다. 이를 바탕으로 맨슨은 이런 결론을 내린다. "우리는 P[46]의 1-15장이 로마에서 받은 그 서신의 형태를 담은 것으로 간주해야 하고, 어쩌면 더 중요한 점은 그 텍스트가 마르키온 이전의 로마서 텍스트에서 내

---

11 참고. Hort, 앞의 책, pp. 347-350. 여기에 두 가지 바울의 교정본에 대한 반론이 요약되어 있다.

12 앞의 책, p. 233.

13 참고. Bruce, 앞의 책, p. 27. Manson, 앞의 책, p. 233. 더 완전한 변호를 보려면 Sanday and Headlam, 같은 책, pp. xcvi-xcviii를 참고하라.

14 R. Schumacher와 David Schulz에 대한 언급은 Manson, 앞의 책, pp. 231, 234를 참고하라.

려온 것으로 봐야 한다는 것이다."[15] 그러나 프레드릭 케년(Frederic Kenyon) 경은 다음과 같이 이의를 제기한다. "확정적인 증거 없이 이 추론을 채택하는 것은 위험하다. 그리고 (송영의) 가변적인 위치는 그것이 찬송가의 송영처럼 취급되기 때문이고, 주로 일련의 이름들이 등장하는 16장이 생략될 때에는 14장이나 15장의 끝에 두기 때문일 가능성이 있다."[16]

이제는 16:1-23이 에베소에 보낸 편지의 일부라는 추정에 주목할 필요가 있겠다. 에베소에 보낸 편지란 견해를 지지하는 논증이 다양하게 개진되어 왔다. 최근에는 브루스가 이런 논증들을 잘 요약했는데, 그 자신은 그 가설을 변호하지 않는다.[17] 라이트푸트는 레난의 논지를 철저하게 분석해서 다른 누구보다도 더 충분히 그리고 유능하게 로마가 목적지였다는 입장을 제시한 바 있다.[18] 로마 쪽을 지지하는 입장 가운데 브루스보다 더 간명하고 설득력 있는 진술을 한 사람은 없다.[19]

에베소 쪽을 지지하는 가장 개연성 있는 논증은 브리스가와 아굴라 및 그들의 집에 있는 교회에 대한 언급(16:3, 5)과 관련이 있다. 바울이 처음 브리스가와 아굴라를 만난 곳은 고린도였다. 그들이 글라우디오의 칙령 때문에 로마에서 고린도로 온 직후였다(행 18:2). 바울이 18개월 후에(행 18:11, 또는 더 길었을 수도 있다. 행 18:18) 고린도를 떠날 때에는 브리스가와 아굴라를 대동했으며, 에베소에 도착한

---

15 앞의 책, p. 236. 이 견해에 따르면 마르키온이 그의 텍스트에서 삭제한 것이 15장과 1:7, 15절에 있던 로마에 대한 언급뿐일 것이다. 만일 마르키온을 제외시킨다면, 중요한 문제는 두 유형의 텍스트, 즉 열다섯 장으로 된 로마서와 (맨슨이 말하는) 16장으로 된 이집트 텍스트(참고. 같은 책, p. 237)를 설명하는 일이 될 것이다.

16 *Our Bible and the Ancient Manuscripts*, Revised by A. W. Adams, London, 1958, p. 189.

17 앞의 책, pp. 266f.

18 앞의 책, pp. 294-306. 참고. Lightfoot의 *St. Paul's Epistle to the Philippians*, London, 1908, pp. 171-178. 레이커는 기존의 전통을 제외하면 로마 가설을 지지하는 입장이 약하다고 생각하지만 이렇게 덧붙인다. "그래도 롬 16:1-23이 우리가 현재 보유한 모든 사본의 불가결한 일부란 사실은 언제나 남아 있다. 그래서 가장 초창기 전통은 그것을 에베소가 아니라 로마와 연결시킨다. 이것이 전부는 아니라도 상당한 중요성을 지닌다. 아마도 이것은 에베소 가설이 만장일치로 수용되는 것을 막기에 충분한 듯하고, 어차피 그 가설이 완전히 입증될 수는 없기 때문에 당연히 그러하다"(앞의 책, p. 334).

19 앞의 책, pp. 267-270.

뒤에 그들을 거기에 남겨두었다(행 18:18, 19). 바울이 에베소에서 고린도전서를 쓸 때(고전 16:8)에는 브리스가와 아굴라가 여전히 거기에 있었고, 바울이 다시금 그들의 집에 있는 교회를 언급한다(고전 16:19). 디모데후서가 기록된 당시에도 그들은 다시 에베소에 있었고(딤후 4:19), 적어도 로마에 있지는 않았다. 롬 16:3, 5이 기록된 당시 그들이 에베소에 거주했다는 주장은 비교적 짧은 기간, 즉 고린도전서의 저술 시기와 로마서의 저술 시기 사이의 기간에 기초해 있다. 어떤 계산법에 따르면, 그 경과 시간이 너무 짧아서, 롬 16:3, 5이 전제하듯이, 그들이 로마로 돌아가서 거기에 정착할 수 없었을 것으로 생각할 수 있다. 그러나 그 중간기를 대충 일 년으로 보게 하는 주지의 사실들, 그리고 다른 계산법으로는 일 년 이상을 잡는 것과는 양립이 가능하다. 아굴라는 본도 사람이었다. 브리스가와 아굴가는 글라우디오의 칙령 이후 로마에서 고린도로 왔다. 그들은 바울과 함께 고린도를 떠나 에베소에 머물렀다. 이런 이주경로만 봐도 이 부부의 유동성을 알 수 있고, 따라서 그들이 로마로 돌아가지 않았다고 추정할 만한 이유는 없다. 그들이 로마에서 왔다는 사실과 텐트를 만드는 직업을 감안하면 다시 로마에 정착하며 사업을 꾸려 나가기가 쉬웠을 것이다. 사실 로마에 있던 한 지부가 그들에게 복귀를 요청했을 수도 있다. 브루스의 말을 빌리자면, "브리스가와 아굴라와 같은 장인들은 당시에 매우 유동적인 삶을 영위했기에, 그들이 이런 식으로 로마와 고린도와 에베소를 오고가는 것은 전혀 부자연스럽지 않다."[20]

바울이 쓴 로마서가 한 편의 서신임을 지지하는 입장을 다음과 같이 요약할 수 있다.

1. 증거에 따르면 16:25-27을 포함해 15장과 16장이 모두 바울의 저작임이 분명하다.

2. 송영을 15:33 뒤에 두더라도 그것이 바울이 쓴 것임을 의심할 필요가 없다. 그 지점에 둬도 적절한 결론이 될 것이다. 이럴 경우에는 16장이 대체로 인사에 할애된 부록이 되리라.

---

20 앞의 책, p. 268.

3. 송영을 이 위치에 두는 것을 선호하는 유일한 사본은 P⁴⁶이다. 이것이 송영을 16:25-27에 두는 압도적인 증거에 맞서기는 한참 역부족이다. 그뿐만 아니라, 그것은 서신을 축도가 없이 끝내는 바울의 일관된 패턴과도 상반된다. 16:24의 축도를 지지하는 증거가 충분하지 않은 만큼 한 서신을 16:23으로 끝내는 것은 바울의 관행에서 완전히 일탈하는 일이다. 사실 이 송영은 축도가 아니라는 점에서 바울의 패턴에서 일탈한 것이다. 그러나 이 송영이 서신 전체의 내용과 잘 조화된다는 점, 서신 자체의 특징, 이 서신의 한 명확한 대목의 결론 역할을 하는 11:33-36의 유비, 15:13, 15:33, 16:20에 나오는 축도 등을 모두 고려하면 이 서신을 간단한 축도보다 긴 송영으로 마무리하는 것이 더 적합하다.

4. 만일 송영을 15:33 뒤에 둔다면, 이것은 16:24의 진정성을 지지하는 추가적인 논증을 구성하고 또 축도 없이 끝나는 이례적인 경우를 모면할 수 있을 것이다. 그러나 송영을 거기에 두는 입장을 지지하는 증거가 불충분하다.

5. 에베소를 16:1-23의 목적지로 가정할 만한 타당한 이유가 없다. 그래서 전통적인 입장이 압도적인 증거의 뒷받침을 받고 있는 만큼 앞으로도 계속 수용되어야 한다.

찾아보기_주제

세대, 세상(age, world) 525f.

세례(baptism) 263ff.

소망(hope) 191f., 211, 361f., 364f., 366ff., 543ff., 620, 626f.

속된(불결한, unclean) 605f.

속사람(inward man) 320f.

손 대접(hospitality) 545f.

신구약의 통일성(unity of Testaments) 39f., 151

신령한(영적인) 은사(spiritual gift) 58

신비(mystery) 500f., 505f., 663ff.

신성, 그리스도의(divinity, of Christ) 723ff.

심판(판단, judgment) 96f., 101f., 106f., 117ff., 242f., 383, 511, 515, 554, 563, 581f., 592f., 601f., 604, 729

십계명(Decalogue) 575

씨(seed), 의 뜻(meaning of) 441ff.

아담(Adam), 그리스도의 모형(a type of Christ) 235f., 239, 254, 718ff.

아담의 대표적 머리됨(representative headship of Adam) 225f.

아디아포라(adiaphora) 609

아브라함(Abraham) 171ff., 676

안식일(Sabbath) 736ff.

약속(promise) 183-186, 194, 409f., 412, 416, 423f., 438f., 442f., 472, 624

양심(conscience) 400, 568, 612f.

언약(covenant) 182, 407f., 424f., 438f., 455, 466, 497, 501, 509

 - 아브라함의(Abrahamic) 31f., 410ff., 443

 - 조상들의(of the fathers) 403ff., 498, 508, 510

에돔(Edom), 에돔사람(Edomites) 415, 418ff.

역사(history), 구속의(redemptive) 498

연합(union), 그리스도와의(with Christ) 399f., 521f., 605

열심(Zeal) 48

 - 의 특성(character of) 450ff.

영광(glory) 435, 601, 623

영화(glorification) 378ff.

예언(prophecy), 사도 교회에서의(in the apostolic church) 533f.

예정(foreordination) 190f., 376

예정(predestination) 437

예지(foreknowledge) 373f.

예지(미리 아심, foreknowledge) 474, 476

옛사람(old man) 207f.

오래 참음(longsuffering) 433f.

완성(consummation) 579f., 582, 601

완악하게 함(hardening) 427ff., 432, 480f., 495, 501f., 504, 506f.

원죄(original sin) 231f.

위엄(majesty), 하나님의(of God) 431

유대교(Judaism) 560

유대인(Jews) 64f., 93f., 106ff., 121ff.

유업(inheritance) 356f.

유효소명(effectual call) 417, 437

육신(flesh) 171ff., 299, 314f., 318, 341ff.

윤리(ehtics) 522f., 575

율법(law) 108ff., 111ff., 114ff., 125ff., 397ff., 151f., 165f., 167f., 189, 234, 255f., 279, 294ff., 299ff., 306ff., 317f., 319f., 551, 577f.

 - 그리스도와(Christ and) 452f.

 - "사랑의 법"("law of love") 574f.

 - 모세의(Mosaic) 453f.

 - 과 의(and righteousness) 443, 454, 729

 - 왕의(최고의, royal) 579

 - 율법주의(legalism) 454f., 588

"율법의 마침"("End of the law") 452

찾아보기_저자

고글러(Gaugler, E.) 414n21, 472n2, 485n21

고데트(Godet, F.) 45n9, 48n10, 59, 60n18, 69n30, 95n4, 106, 111n21, 112n22, 126, 146, 172n4, 236n22, 242n26, 248n32, 287n25, 289n28, 312n20, 338n6, 354n17, 354n19, 364n37, 370n49, 372n50, 374n53, 385n68, 394n79, 400, 433n40, 472n2, 473n4, 492n31, 543n20-21, 597n8, 611n24

기포드(Gifford, E. H.) 75, 78n39, 93, 105, 121n33-34, 123, 124n40-41, 129, 130n50, 159n20, 168n24, 215n9, 236n22, 242n26, 269n7, 275n14, 279n18, 284n20, 285n21, 297n5, 299n8, 300n11, 303, 316n25, 320, 323, 325n39, 326n40, 334n3, 353n16, 364n37, 369n46, 388, 393n74, 394n78, 437n45, 467, 473n3-4, 475n8, 480n14, 492n31, 613, 618n2, 623n13, 638n29, 661n15

깅리치(Gingrich, F. W.) 82n45, 105n15, 162n22, 219n11, 285n21, 435n44, 549n31, 574n22, 639n30, 654n6, 682

녹스(Knox, J.) 230n20

니그렌(Nygren, A.) 68n26, 69n32, 311n19

니콜(Nicole, R. R.) 159n20

데니(Denney, J.) 127n46, 127n48, 129n49, 219n11, 230n20, 287n25, 303n13, 312n20, 353n16

델리취(Delitzsch, F.) 462n19, 709

도드(Dodd, C. H.) 26n13, 68n27, 159n20, 228n18, 353n16, 473n3, 581n30, 657n10, 658n11, 725n4

라그랑즈(Lagrange, M. J.) 401n4, 434n43, 485n21, 490n27, 663n19

라이트푸트(Lightfoot, J. B.) 18n3, 23n10, 69n31, 70n33, 122n35, 136n1, 143n7, 144n9, 148n12, 160n21, 162n22, 172n3, 173n7, 208n5, 210n6, 214n8, 215n10, 219n11, 236n22, 239n23, 247n31, 248n32, 265n3, 268n5, 269n6, 278n17, 287n23, 289n28, 293n1, 298n7, 315n23, 378n60, 401n4, 526n2, 637n27, 653, 654n6, 742ff., 746

라이헤(Reiche) 298n7

랑게(Lange, J. P.) 45n9

랜스키(Lenski, R. C. H.) 45n9

램지(Ramsay, W. M.) 18, 494n33

레난(Renan, E.) 742, 745f.

레이크(Lake, K.) 743n4-7, 744n10

렝스토르프(Rengstorf, K. H.) 38n2

루터(Luther, M.) 166, 353n16, 418n24, 472n2, 534n9

리델보스(Ridderbos, H.) 414n21

리돈(Liddon, H. P.) 401, 409n12, 472n2, 473n4, 481n16, 483n18, 524, 531n6, 560n2, 564n10-11, 618n3

린하르트(Leenhardt, F. J.) 414n21, 465n21, 492n31, 581n30, 734

마르키온(Marcion) 742f., 745, 746n15

마이어(Meyer, H. A. W.) 42n3, 45n9, 55n14, 57n15, 59n17, 67n22, 69n29, 73, 77, 78n39, 79, 81, 83n46, 85, 95n3, 104, 109n19, 112f., 116n30, 122, 124n40, 125n42, 126, 129n49, 143, 150, 151n13, 154, 159n20, 166, 167n23, 172n4, 173n7, 177, 180, 192n13-14, 195, 206n1, 215n10, 219n11, 223n14,

236n22, 242, 245n29, 248n32, 250n34, 254n35, 255n37, 270n8, 275n14, 279n18, 284n20, 286n22, 287n23, 293n1, 298n7, 299n8, 305n17, 312n20, 316n25, 319n31, 334n5, 346, 353n16, 354n19, 359n23, 360n25, 363n31, 364n37, 365n39, 372n50, 373n51-52, 374n53, 376n56-377n58, 378, 380n63, 385n68, 393n74-76, 402n6, 404n8, 413n20, 439n47, 439n49, 453n7, 458n13, 473n3-4, 490n27, 529, 539n14, 564n11, 611n24, 638n29

맨슨(Manson, T. W.) 741, 743n3, 745, 746n15

머리(Murray, J.) 563n8

메이첸(Machen, J. G.) 45n9

메츠거(Metzger) 555n38

멜랑크톤(Melancthon, P.) 167n23

모리스(Morris, L.) 159n20

모리슨(Morison, J.) 406n10, 414n21

모울(Moule, H. C.) 492n31

몰튼(Moulton, J. H.) 160n21, 143n7, 148n12, 160n21, 162n22

밀리건(Milligan, G.) 143n7, 148n12, 160n21, 162n22

바(Barr, J.) 579n29

바렛(Barrett, C. K.) 15n1, 18, 45n9, 104n15, 230n20, 502n47, 542n19, 573n19, 611n24, 642n35, 723n1, 734n12

바르트(Barth, K.) 40, 226n16, 414n21, 543n20, 716-722

바우어(Baur, W.) 682

반즈(Barnes, A.) 709f.

버르카워(Berkouwer, G. C.) 316n26, 414n21

버턴(Burton, E. D.) 401n4

베자(Beza, T.) 167n23

벵겔(Bengel, J. A.) 42n4, 167n23, 284n20, 312n20, 316n25

보스(Vos, G.) 43n5, 45n9, 490n27

불트만(Bultmann, R.) 311n19

브라운(Brown, D.) 492n31

브레덴캄프(Bredenkamp) 711

브루스(Bruce, F. F.) 401n4, 404n8, 414n21, 419n25, 505n51, 589, 641n34, 653n4, 655, 664n20, 741n1, 742n2, 743, 745n13, 746f.

블라스와 더브룬너(Blass and Debrunner) 603n16

사우터(Souter, A.) 364n37

샌데이(Sanday, W.) 19, 130n50, 285n21

샌데이와 헤들램(Sanday and Headlam) 18n3, 23n9, 42n3, 45n9, 78n40, 103n13, 127n47, 151n13, 160n21, 165, 171n1, 215n9, 219n11, 220, 240n24, 242n26, 248n32, 254n36, 284n20, 300n11, 301n12, 312n20, 324n38, 334n3, 347n13, 353n16, 354n19, 409, 410n14, 419n25, 432, 433n40, 433n41, 439n47, 473n3, 473n4, 475n7, 477n12, 490n27, 500n43, 507n53, 611n24, 619n4, 621n9, 635n24, 636n25, 637n27, 656, 725, 744, 745n13

소덴(Soden, H., von) 277n16

쉐드(Shedd, W. G. T.) 86, 102n11, 130n50, 248n32, 334n4, 375n54, 534n9

슈렝크(Schrenk, G.) 248n32

슈마허(Schumacher, R.) 745n14

슐츠(Schulz) 745n14

스튜어트(Stuart, M.) 93n1, 312n20

심슨(Simpson) 599n12

아담스(Adams, A. W.) 746n16

아른트(Arndt, F.) 435n44

아른트와 깅리치(Arndt and Gingrich) 82n45, 105n15, 162n22, 219n11, 285n21, 549, 574n22, 639n30, 654n6, 682

아우구스티누스(Augustine) 167n23, 231

알렉산더(Alexander, J. A.) 709f., 714

알트하우스(Althaus) 311

알퍼드(Alford, H.) 45n9, 107n17, 215n9, 269, 304n15, 334, 354n17, 364n37

영(Young, E. J.) 710, 712

오렐리(Orelli, J. C.) 711

오리겐(Origen) 239n23, 372n50, 741f., 745

오웬(Owen, J.) 168

와이너(Winer, G. B.) 274n13, 279n18, 367n42, 368n44, 401n4, 526n3

외스털리(Oesterley, W. O. E.) 555n38

요세푸스(Josephus) 124n39

워필드(Warfield, B. B.) 158n99

웨스트코트(Westcott, F. B.) 143n7

웨슬리(Wesley, J.) 374n53

윈슬로(Winslow, O.) 384n67

이그나시우스(Ignatius) 122n35

잔(Zahn, T.) 18n3, 21ff

찰머스(Chalmers, T.) 355n22

체인(Cheyne, T. K.) 711

칼빈(Calvin) 48n11, 72n34

케년(Kenyon, Sir F.) 746

코우츠(Coates, J. R.) 38n2

쿨만(Cullmann, O.) 561, 731-735

큐멜(Kummel, W.) 311n19

크랙(Cragg, G. R.) 230n20

클라센(Klassen, W.) 555n39

클레멘트(Clement of Rome) 637n27

키텔(Kittel, G.) 38n2, 79, 219n11

키프리안(Cyprian) 743

터툴리안(Tertullian) 743, 745

토랜스(Torrance, T. F.) 69n29, 695-698, 700, 702

토리(Torrey, C. C.) 555n38

토마스(Thomas, W. H., Griffith) 312n19

폴레(Pohle, J.) 692

프레이저(Fraser, J.) 312n22, 316n26

프릿체(Fritzsche, O. F.) 298n7

필드(Field, F.) 143n7, 268, 485n21

필리피(Philippi, F. A.) 42n4, 45n9, 67n24, 68n28, 73, 84n48, 99n7, 104n14, 111n21, 112n22, 113n25, 125, 129n49, 159n20, 172n4, 215n9, 236n22, 248n32, 271n10, 275n14, 278n18, 296n3-4, 299n8, 312n22, 320n32, 334n4, 353n16, 354n19, 359n23, 364n34, 364n37, 372n50, 373n51, 374n53, 378n59, 381, 385n68, 404n8, 409n12, 412n16, 413n19, 418n24, 419n25, 421n28, 455n9, 472n2, 473n4, 483n18, 485n21, 488n26, 492n31, 534n9, 544, 545n26, 551n35, 595n7, 607n19, 609n20, 610n23, 664n20

핫지(Hodge, C.) 72n34, 102n12, 129n49

허버트(Herbert, G.) 695f.

헤들램(Headlam, A. C.) 130n50

헹스텐베르크(Hengstenberg, E. W.) 709f.

호트(Hort, F. J. A.) 283n19

홀데인(Haldane, R.) 42n4, 95n5, 102, 130n50, 275n14, 334n4, 353n16, 354n17, 355n22, 473n4

휘트비(Whitby, D.) 375n55

34:6, 7	674	8:18	404	33:29	455
40:34-38	403	9:6ff.	455, 472f.	34:5	38
		9:24	707f.		
레위기		10:15	414	**여호수아**	
10:11	122	10:15ff.	455	1:1, 2, 7	38
16:2	403	10:16	128	2:9	427
18:1-5	728	11:13-15	728	2:10	427
18:2	728	11:26-28	728	6:17	401
18:5	454f., 458, 728ff.	13:1-5	535	7:1, 11, 12	401
19:18	576	13:16, 18	401	7:26	678
27:28, 29	401	14:1-2	403	9:9	427
		14:2	414	13:27	44n8
민수기		14:2ff.	455	15:12	44n8
6:27	439	15:5ff.	455	18:20	44n8
12:6-8	534	18:15-19	534	22:29	136n1
12:7, 8	38	18:20-22	535	23:4	44n8
14:28	601	21:15	420	24:16	136n1
15:17-21	492	24:8	122		
24:19	426	25:1	670, 673	**사사기**	
34:6	44n8	28:1-14	728	6:24	678
		29:4	480		
신명기		29:9ff.	455	**사무엘상**	
4:6	728	29:29	455	2:30	136n1
4:37	414, 416	30:6	128	12:22	472
5:6	728	30:11	455	16:7	107n18
5:6-21	728	30:12	454f.	24:6	136n1
5:17-21	575	30:12-14	454-457	26:11	136n1
5:32	728	30:14	454, 457f.		
5:33	728	32:9	455	**사무엘하**	
6:4	166	32:21	465, 484n19	7:5, 8	38
7:7, 8	414	32:35	553	12:11	426f.
7:7ff.	455	32:40	601	16:10	427
7:25, 26	124	32:43	625, 626n16	22:50	625
7:26	401	33:10	122		

7:15	707f.	43:9, 26	671	52:7	462
8:9	485n21	43:11	166	52:13	712
8:14	444	43:20-22	414	52:13-53:12	252
10:5	440	43:25	674	52:15	635
10:21	440	43:26	675	53	711
10:22	440f., 476	44:1, 2	414	53:1	463
10:23	440, 441n52	44:22	674	53:1, 6, 10	714
11:1	639	44:25	707, 709	53:3	712
11:2	711	45	601	53:10	383
11:10	625	45:4	414	53:11	217, 669ff., 675, 707, 709, 715
13:15	485n21	45:5	166		
14:24	441	45:5-7	601	53:12	389
19:1	485n21	45:9	431	54:9, 10	508n55
19:24, 25	508n55	45:14,18	601	54:17	65, 485n21, 388, 677
20:3	38	45:17	508n55	55:12	360
20:5	485n21	45: 21-22	601	56:1	65, 677
24:5-13	361	45:21, 22	166	59:2	343
25:6	639	45:23	601	59:7	145
27:13	508n55	45:24	677	59:8	146
28:16	444f., 460	45:25	121, 671, 675f.	59:20	507n54
29:10	480	46:13	65, 508n55, 677	59:20, 21	508n55
29:15, 16	431	47:10	707, 709	59:20-21	507f.
30:26	508n55	48:1	402	60:1-3	508n55
30:31	485n21	48:4	707f.	60:3	639
31:4	485n21	49:14-16	508n55	61:8	420
31:8	485	49:18	601	61:10, 11	65, 677
32:17	677	50:4	711	62:1	65, 677
33:1	485n21	50:8	669ff.	62:1-4	508n55
33:20, 21	508n55	50:8, 9	388	63:1	677
37:35	38	50:10, 11	496n40	63:16	403
40:13	515	51:5, 6, 8	677	64:7	432, 460
41:8, 9	414	51:5-8	65	64:8	403, 431f.
42:1	252, 639	51:7	485	64:9	431f.
42:25-43:1	496n40	52:5	125	65:1	466

6:63	333, 464	15:1ff.	493
6:68	464	15:13	577
7:5, 31, 38, 39	700	15:16, 27	38
7:6, 8	579	16:9	700
7:17	527, 643	16:12-14	38
7:26, 48	733	17:3	343
8:9	400	17:4	623
8:30, 31	700	17:4, 5	252
8:30-32	407	17:5	356
8:33	560	17:8	464
8:33, 39, 53	94	17:12	573
8:34	282	17:22, 24	209
8:50	155	17:24	356
9:22	459	20:1, 19	737
9:31	527	20:17	53, 621
10:17, 18	252, 598n10	20:21-23	38
10:28	608		
11:9, 10	444n55	**사도행전**	
11:25	348, 490	1:2-8	38
11:52	355n21	1:4-8	664
12:13	724	1:4, 8	64
12:25	420	1:14	544, 569, 621
12:28	577n25	1:15-26	38
12:31	273, 335, 734	1:16	577n25
12:34	111	1:21	38
12:36	355n21	2:1, 5	490
12:42	459, 733	2:16, 17	534
12:43	155	2:17	214, 580
12:47, 48	464	2:22	394, 403
13:1	452	2:22-34	44n6
14:1	700	2:23	44, 109, 376n56, 733
14:16	389	2:26	299
14:16, 17	350	2:27	561
14:48	580	2:29	404

2:30	40
2:32	38
2:33	389
2:33-36	44n6
2:36	46, 458, 596, 598, 726
2:38	99
2:39	65
2:41	561
2:41, 43	106
2:42	569
2:43	561
2:46	621
3:12	403
3:13	404
3:15	38, 200
3:16	701, 703
3:17	733
3:19	99
3:20	579
3:21	360n26, 363
3:21-24	534
3:23	106
3:25	404
3:26	546
4:2	491
4:10	200
4:11	445
4:19-20	564
4:19, 20	561
4:26	733
4:26-28	733
5:9, 11	287n23
5:20	464
5:29	561, 564

20:2-3	18	26:3	62n19	1:8	697
20:3	634	26:4	24n12	1:8, 12	628
20:4	661	26:5	15, 374, 376, 451	1:8-15	745
20:6	18	26:9	15	1:9	543
20:7	737	26:10, 11	15	1:10	527, 640, 644
20:17	538	26:12-18	15, 48	1:10, 11, 13	37
20:20	535	26:16, 17	39	1:10-15	26
20:21	99	26:17	17	1:11	309, 538n11
20:22-23	642	26:17, 18	49	1:11-13	17, 33, 637
20:22-24	640	26:17-18	487	1:12	641
20:24	642	26:18	732	1:13	17, 24, 49, 160, 286,
20:28	538	26:20	634n23		317, 499
21:10, 11	534	26:23	55, 491	1: 14, 15, 17	250
21:13	642	26:30-27:2	19	1:15	26, 33, 742
21:17-20	643	27:23	55	1:16	27, 31, 103, 106, 366,
21:20-21	643	27:33	500n45		460, 495, 705
21:20-27	738	27:35	595	1:16-17	26, 30, 62, 366
21:27-36	642	28:19	24n12	1:16, 17	103, 460
21:28	403	28:28	483	1:17	27, 101, 152f., 161,
21:31-33	643				163, 178, 246, 257, 451,
22:16	461	로마서			610, 664, 688, 691, 695ff.,
22:21	17	1:1	15		717, 729
22:30	369n46	1:1-7	38	1:18	26, 71, 100, 102, 105,
23:1	400, 568	1:2	664		159, 496
23:6	491	1:3	172, 299, 337, 404f.	1:18-32	26, 93, 95, 445
23:9	432	1:3-4	26, 404	1:18-2:24	144
23:12-35	643	1:3, 4	43n5, 102, 153	1:18-3:20	13, 71, 102
23:14	401	1:3, 9	221	1:19	527n3
24:15	491, 620	1:4	44n6, 420, 458, 491	1:20	95, 359
24:16	568	1:5	487, 630, 659	1:21	591
24:17	18, 24n12	1:5, 13	23	1:21-23	89
24:21	491	1:6	419n23	1:21-25	86
24:27-25:12	19	1:7	373, 644, 741f.	1:23	74n35
25:22	401n4	1:7, 15	741ff.	1:24	428

2:11	155, 458, 601n14, 623	4:11	549	2:1, 5	299
2:12	366, 496, 579	4:12	154, 210	2:2	500, 514
2:13	450	4:13	530	2:3	451n2
2:14	79n42, 591	4:14	545	2:4, 8	658n11
2:15	355n21, 409, 659	4:17	60, 286	2:5	700
2:16	490, 726	4:19	514	2:9	41, 52, 578, 589, 726
2:17	569, 630, 697	4:20	666	2:10	393, 732
2:22	211	4:23	660	2:11	271, 299, 367n42
2:25	569n15, 652			2:12	200, 265n3, 695
2:30	569n15	**골로새서**		2:13	490
3:1	542n18	1:1	37	2:14	296n4
3:2	657	1:2	51f., 644	2:15	335, 392f., 732, 734
3:3	208	1:2, 23	104	2:16	588
3:4-6	305	1:3	54	2:16-17	588, 594
3:5	403	1:4	700	2:16-23	657
3:8	431	1:5-7	366n41	2:18	589
3:9	66, 163, 208, 246,	1:7	552	2:19	532n7
	688f., 693, 695f., 700, 702,	1:9	309, 451, 531	2:20, 23	588
	704	1:13	583, 732	2:20-23	588, 657
3:10	357, 491	1:15, 18	378	2:21	588
3:12	58, 546	1:16	393, 516, 732	2:22	362n30, 527n3
3:13	358	1:18	532n7, 726	3:1	389
3:14	417n23, 546	1:19	41, 578, 726	3:1-3	599
3:16	547n28	1:21	219	3:3, 4	222, 361
3:18-19	657	1:22	299	3:4	103, 155, 209
3:19	452, 658	1:23	56, 345n11, 496	3:5	81, 352
3:21	209, 271, 325, 366,	1:24	210, 357, 532n7	3:8	187
	377, 523	1:25	635	3:9, 10	270
4:2	548	1:26	582	3:10	451, 583
4:4	547, 626	1:26, 27	151n13	3:12	51, 98n6, 387, 415,
4:5	581	1:26-27	500		478, 524, 583
4:7	52, 343, 626, 644	1:27	155, 209, 435, 500,	3:15	417, 532n7, 644
4:8	541, 565		514	3:16	309
4:9	541, 620n7, 644, 659	1:28	528	3:17	55

1:11	435, 662	4:12	697	2:13	696
1:12	529, 536	4:13	537	2:18	697
1:12-16	48	5:8	530, 550n32	2:19	375, 376n56, 635
1:13	15	5:9-10	648	2:20-21	436
1:13-15	472	5:12	96	2:22	461, 697
1:13-16	48, 529	5:13	651	2:25	451
1:14	241, 478	5:17	538	3:1	580
1:17	666	5:21	415n22	3:5	123
2:1	521	6:1	612	3:6	99
2:1-3	560n3	6:8-9	549	3:7	451
2:2	566	6:11	546, 697	3:8	87
2:4	451	6:12	417, 459	3:11, 12	210, 544
2:6	214, 579	6:15	579	3:15	700, 704
2:7	17, 399f.			3:16-17	619
2:8	79n42, 187, 591	**디모데후서**		4:1	117, 583
2:8-15	650	1:1	37	4:3	283
2:14	228n19, 658	1:2	51, 552, 644	4:5	536
2:15	285n21, 697	1:3	54, 57, 400, 568	4:6	579
3:4	382n66, 651	1:5	697	4:7	702
3:4, 5, 12	537n12	1:7	353	4:8	101n10, 580
3:6	96	1:8	63	4:9	542n18
3:7	550, 612	1:9	48, 50, 160n21, 373, 413, 416f., 417n23, 437, 478, 663n19	4:10	582, 637n27
3:8	536			4:11	537
3:8-13	648	1:9, 10	151n13	4:14-16	210
3:9	400, 568	1:12	580, 700	4:18	666
3:10	536	1:13	123, 283, 700	4:19	650, 747
3:12	536	1:16	651	4:20	661
3:13	536f., 700, 704	1:16-18	546	4:21	542n18
3:15	538	1:18	580	4:22	660
3:16	44, 299, 337, 500, 681, 683	2:1	478	**디도서**	
4:1	579	2:8	662	1:1	37, 387, 416, 451, 478
4:4	605	2:10	155, 209, 387, 416	1:2	663n19, 664
4:4-5	595	2:11	357	1:3	214, 579, 664f.

11:5	697
11:6	613
11:7	475n7, 690
11:11	195, 367
11:20	546
11:34	567
11:35-38	391
11:37	567
12:1	425
12:2	389
12:5	456
12:9	172, 299
12:14	285, 525, 546, 551
13:2	546
13:5	549
13:7	538
13:15	55
13:17	539
13:18	400
13:20	620n7, 626, 644, 659
13:20-21	662
13:21	527, 666

야고보서

1:3	211, 697
1:6	697
1:9	549n30
1:18	365
1:19, 20	187
1:22	111
1:21	561
2:1	107n18, 701, 703
2:5	416, 697
2:11	575

2:15-16	554
2:17	490
2:17-22	459
2:21, 24, 25	683
2:23	686
2:24	681
3:1	96
3:9	546
3:15	657
3:17	549, 551
4:6	549n30
4:7	451n3
5:3	580
5:8	581
5:9	583
5:13	638
5:20	561

베드로전서

1:1	387, 416
1:2	285n21, 376n56, 413, 474
1:3	83, 491, 723f.
1:4	104
1:5	579
1:7	103, 155, 697
1:8, 9	312n19
1:9	561
1:10-12	534
1:11	346, 357
1:17	107n18, 496
1:18	158
1:20	376n56, 580
1:21	200

1:22	49, 540
1:25	457n11, 464
2:2	523, 579
2:3	98n6
2:5	55, 309, 524, 631
2:6	700
2:6-8	445
2:8	444n55
2:9	416
2:11	315n23
2:13	451n3, 568
2:13-17	560n4, 735
2:14	565
2:16	38
2:17	570, 575
2:18	571
2:20	546
2:23	554
3:4	128, 353
3:9	547n27, 550
3:11	546
3:13-17	546
3:16, 21	400
3:17	527, 644
3:18	44, 207, 299
3:20	561
3:21, 22	46, 389, 458
3:22	394, 451n3, 596, 726, 732
4:1	44
4:5	583
4:7	452, 581
4:9	545
4:10	58

1:6	666	19:8	248n32
1:10	737	19:11	696
1:18	490, 599	20:5	490
2:2	617n1	21:3	626
2:6	421	21:7	355n21
2:8	490	21:27	605
2:9	121, 599	22:10-12	581
2:13	701, 703	22:20	581
2:19	697		
2:25	500n45	II Esdras	
3:1	490	16:53	554n38
3:9	121		
3:14	696		
4:9, 11	103, 155		
4:11	517, 644		
5:9	158		
5:12	527n3		
5:12-13	666		
5:13	103		
6:6	247n31		
6:16, 17	218		
7:14	544		
11:13	155		
11:18	218, 579		
13:10	697		
14:3, 4	158		
14:4	365		
14:7	155		
14:12	701, 703		
15:4	248n32		
16:3	561		
16:9	155		
17:14	416		
18:4	545		

로마서 주석

초판 1쇄 인쇄   2017년 10월 13일
초판 2쇄 발행   2022년 9월 23일

지은이 존 머리
옮긴이 아바서원 번역팀
펴낸이 정선숙

펴낸곳 협동조합 아바서원
등록 제 274251-0007344
주소 경기도 고양시 덕양구 삼원로 51 원흥줌하이필드 606호
전화 02-388-7944 **팩스** 02-389-7944
이메일 abbabooks@hanmail.net

ISBN 979-11-85066-69-1 (93230)

이 도서의 국립중앙도서관 출판예정도서목록(CIP)은 서지정보유통지원시스템 홈페이지(http://seoji.
nl.go.kr)와 국가자료공동목록시스템(http://www.nl.go.kr/kolisnet)에서 이용하실 수 있습니다. (CIP
제어번호 : CIP2017024825)

잘못 만들어진 책은 구입한 곳에서 교환해 드립니다.